JN436823

마하트마 간디의 도덕·정치사상 2

진리와 비폭력

나남
nanam

나남신서 1862

마하트마 간디의 도덕·정치사상 2
진리와 비폭력

2018년 1월 15일 발행
2018년 1월 15일 1쇄

엮은이_ 라가반 이예르
옮긴이_ 허우성
발행자_ 趙相浩
발행처_ (주) 나남
주소_ 10881 경기도 파주시 회동길 193
전화_ (031) 955-4601 (代)
FAX_ (031) 955-4555
등록_ 제 1-71호(1979.5.12)
홈페이지_ http://www.nanam.net
전자우편_ post@nanam.net

ISBN 978-89-300-8862-6
ISBN 978-89-300-8941-8 (세트)
책값은 뒤표지에 있습니다.

마하트마 간디의 도덕·정치사상 2

진리와 비폭력

라가반 이예르 엮음 | 허우성 옮김

나남
nanam

The Moral and Political Writings of Mahatma Gandhi : Truth and Non-Violence
First Edition, Volume 2

일러두기

1. 영어 원전(*The Moral and Political Writings of Mahatma Gandhi*)에는 산스크리트어나 구자라트어 등이 나올 경우 그 해당 글의 말미에 미주의 형식으로 영어로 설명되어 있다. 한글 역《마하트마 간디의 도덕·정치사상》에서는 간략한 미주의 경우 각주로 처리했다. 〈용어해설〉에 등장하는 산스크리트어나 힌디어에 대한 간단한 설명도 각주로 처리하여 손쉬운 이해를 돕고자 했다.

2. 영어 원전을 번역하는 데 결정하기 어려웠던 문제의 하나는 존칭의 사용 여부였다. 편지에서 상대방이 간디를 바푸(아버지)로 부르는 경우 비칭체(卑稱體)를 사용했고 그 이외의 경우에는 경어체를 썼다. 연설이나 강연의 경우 모두 경어체로 처리했다. 여기에 'I'의 번역에 어려움이 있었다. 정중한 호칭을 요구하는 집단으로 추정되는 경우에만 '저'를 사용하고 대부분은 '나'를 유지했다. 독자와 문답을 주고받는 글은 질문과 답변을 모두 경어체로 처리했다.

3. 주와 〈용어해설〉에 대한 원칙은 다음과 같다. 원주는 따로 표시하지 않았고 역주는 〔역주〕로 표시했다. 단 원주를 역주로 보충해야 할 경우 각각 〔원주〕, 〔역주〕라는 말로 갈라서 표시했다. 서양인의 경우 그 인물이 누구인지 확인할 목적으로만 주를 간략하게 달았다. 인도 근대사나 간디와 관련이 깊은 인물이나 지명에 대해서는 보다 상세한 주를 달았다. 영어 원전 각 권의 말미에 〈용어해설〉이 붙어 있는데 내용상 대동소이하다. 그래서 역자는 공통의 〈용어해설〉을 만들어 각 권의 말미에 붙였다.

4. 영어 원전의 편집자는 모든 글에 대해서 그것이 최초로 쓰이거나 발표된 장소와 일시를 밝혀 두었다. 그것들이 분명한 경우(주로 편지에 해당)에는 편집자가 괄호 없이 그것을 밝혀 두고 있고, 추정치의 경우에는 괄호를 사용하고 있다. 역자도 그것을 따랐다.

5. 산스크리트어를 영어 알파벳으로 표기할 때 영어 원전을 따라서 일체의 발음 구별 부호를 생략했다.

6. 역자는 《간디전집》(*CWMG*, 90권)을 담고 있는 《마하트마 간디 전자책》(*Mahatma Gandhi E-book*, 전 98권, Mumbai, Gandhi Book Centre, 1999)을 입수할 수 있었다. 그래서 그 전자책을 번역 원전과 비교하기도 하고 그곳의 주를 참조하여 번역에 반영하기도 했다. 따라서 번역에서 언급된 《간디전집》은 모두 전자책을 본 것이지만, 전자책이 《간디전집》에 기초한 것이므로 간단히 《전집》으로 표기한다. 각 글의 말미에 전자책 《전집》 내의 출전을 밝혔으며, '《전집》 ○ : ○○'의 형식은 권과 번호를 나타낸다. 다만 《마하트마 간디의 도덕·정치사상》 1권, 2권, 3권의 엮은이 서문에 나오는 출전은 전부 《간디전집》(*CWMG*) (90권)을 가리킨다.

약어표기

CWMG 《간디전집》(*The Collected Works of Mahatma Gandhi*, 90권), 인도 정부 출판국

CW 전집 사무실 공문서 보관소, 뉴델리

G. 원래 구자라트어로 쓴 것이거나 말한 것

GN 간디 기념관과 도서관, 뉴델리

H. 원래 힌디어로 쓴 것이거나 말한 것

Hu. 원래 힌두스타니어로 쓴 것이거나 말한 것

MMU 이동용 축소 복사 필름, 간디 기념 재단과 박물관, 뉴델리

SN 사바르마티 박물관, 아메다바드

SWMG 《마하트마 간디의 연설과 저서》(*Speech and Writings of Mahatma Gandhi*), 나테산, 마드라스

간디의 참모습*

함석헌

1월 30일, 오늘은 지금부터 17년 전, 1948년 간디가 세상을 떠나던 날입니다. 그는 그의 조국 인도를 몸과 마음을 다 바쳐서 사랑해왔고, 그 민족을 압박자의 불의와, 스스로의 죄악과 그 둘의 합한 결과로 오는 불행에서 해방시키려고 하는 고통과 갖은 위험을 다 겪으며 일생을 두고 싸워왔습니다. 그러던 때 우리 경우와 마찬가지로, 하늘이 무심치 않고 또 그의 일생의 힘쓰고 애씀이 헛되지 않아, 제2차 세계대전 후, 해방의 기운이 돌아왔습니다. 그리하여 그는 그 평생의 확신이요 맹세이었던 진리와 비폭력의 원리를 토대로 그 위에 빛나는 '하나의 인도'를 세우려고 최후의 노력을 아끼지 않았습니다. 그러나 참과 대국을 내다보지 못하고 옅은 감정과 권력욕에 취하는 회교도와 힌두교도는 민족의 역사적 대업은 잊어버리고 서로 미워하고 서로 싸우기만 하여 곳곳에서 학살과 방화와 약탈과 강간의 끔찍한 일이 벌어졌습니다. 그는 이것을 하나로 화해시키려고 그 둘 사

---

* 이 글은 〈사상계〉 1965년 4월호와 《咸錫憲全集》 7(《간디自敍傳》, 한길사, 1993)에 실린 글임을 밝혀 둔다. 또한 옮기는 과정에서 표준어 규정에 의거하여 약간의 수정을 가하였다.

이에 나서 무기한의 단식까지를 해가며 힘쓰다가 마침내 어리석은 종파주의자의 총알에 맞아 무참하게 쓰러졌던 것입니다.

어려운 고비를 당하여서 그것을 어떻게 이기고 넘었던가, 그러한 때의 간디의 모습을 그려 보라는 부탁을 받고 이리저리로 바쁘게 돌아다니다가 정작에 붓을 들고 자리잡고 앉는 날이 하필이면 오늘인 것도 생각하면 이상합니다. "이 사람을 보라!" 하며 한 형상이 가는 길 위에 막아서는 듯한 느낌이 있습니다.

간디의 일생은 파란 많은 일생이요, 그의 남겨 놓은 공적도 가지가지로 많습니다. 그것은 마치 히말라야같이 자꾸만 올라가는 기세요, 올라갈수록 더 험하고 험할수록 그 보여주는 시야가 더 넓습니다. 그것은 운명의 탓이라고만 할 수는 없습니다. 그는 확실히 하나님의 섭리를 믿었습니다. 그의 자서전을 읽는 사람은 곳곳에서 "그러나 하나님의 뜻은 그렇지 않았다" "하나님이 원하시는 것은 그것이 아니었다" 하는 귀절을 볼 수 있을 것입니다. 그러므로 그 의미로 하면 그의 그 파란 많은 일생은 하나님의 경륜이라 할 수 있습니다. 그러나 그보다도 그것은 그가 스스로 지은 것입니다. 그는 믿음의 사람이지만 또 의지의 사람이요, 행동의 사람이었습니다. 그것은 그가 자서전의 제목을 《나의 진리 실험의 이야기》라고 한 데서 잘 알 수 있습니다. 그러므로 그의 당한 모든 어려움은, 빨리 닫는 사람이 평지에서도 풍파를 만나는 모양으로 스스로 일으킨 것이었습니다. 우연히 온 것 같은 데 있어서도 그는 그 까닭을 자기 속에 찾습니다. 그러므로 '대우주는 소우주 속에'라는 것이 그의 신조였습니다.

행동의 사람인 그는 자연 용기를 귀히 알았습니다. 그가 가장 싫어하는 것은 비겁이었습니다. 그는 비겁을 첫째 죄악으로 알았습니다. 그렇기 때문에 불살생, 비폭력을 절대 주장하는, 그러면서도 대적을 미워함 없이 죽을 각오로 대할 실력이 없거든 차라리 폭력을 써서라도 힘껏 대적해 싸우다 죽을지언정 결코 구차하게 살려고 도망하거나 빌붙지는 말라고 합니다. 그가 스물다섯 살 청년으로 남아(南阿)에 갔을 때 마차를 타고 여행을 하려다가 차표는 당당히 가지고도 유색인종이라 해서 발판에 내려앉으라는 모욕을 당한 일이 있었습니다. 거기 응하지 않자 차장은 그를 마구 끌어내리려고 주먹으로 치고 발로 찼습니다. 그래도 그는 팔목이 빠져라 하고 마차채를 붙잡고 놓지 않아서 종시 이겼습니다. 그때에 벌써 대영제국이 백만 대군을 두고도 인도에서 물러나야만 하는 역사는 시작됐던 것입니다.

그러면서도 그는 결코 만용(蠻勇)을 믿는 사람은 아닙니다. 어려운 일을 당했을 때 그가 일의 핵심을 뚫어보는 통찰력은 실로 놀라운 것이었습니다. 먼저 그 문제의 요점이 어디 있는지를 집어내기를 힘씁니다. 남아에서 인도사람들이 선거권을 위해서 싸울 때, 보어전쟁에 참가할 때, 제1차 세계대전 때, 인도인 지원 위생병을 모집해 내던 때, 1919년에 큰 비폭력 반항운동을 일으켰다가 히말라야적 오산이라 하고 퇴각을 명할 때, 제 2차 세계대전 때에 인도 국민의 태도를 결정할 때가 다 그러한 실례입니다. 그런 때 얼핏 보기에 잘못하는 것 같고 반대 의견이 많았지만 결국 나중에 가서 보면 그가 바로 보았다는 것을 알게 됩니다. 그리고 이 놀라운 통찰력, 바른 판단은 어디서 왔느냐 하면 반드시 천재적인 천분(天分)이라기보다는 그의 참을 사랑하는 데서 오는 것입니다.

그다음 겸손입니다. 모든 위대한 인격이 다 그러한 것 같이, 이도 모순된 성격에 소유자였습니다. 자신으로 하면 그렇게 자신이 강한 사람이 없건만 그러면서도 또 지극히 겸손했습니다. 그것은 그의 선배에 대한 태도에서 잘 알 수 있습니다. 그는 어려서도 자기는 어른에 대해서는 무조건 존경을 했노라 하지만 남아에서 처음 본국으로 돌아올 때는 이미 상당한 실력을 얻은 때요 사회적으로 움직일 수 없는 지위를 얻은 때입니다. 그러나 그가 돌아오자마자 그 순간부터 한 일은 각 지방의 모든 선배를 찾아뵌 일입니다. 그것도 결코 의례적으로 하는 것이 아니라 진심으로 존경해서 또 더구나 자기 앞에 놓인 일을 성공적으로 하기 위해서 하는 것이었습니다. 물론 그들을 다 우상같이 숭배하는 것은 아닙니다. 그들의 결점도 잘 알고 자기와 다른 점도 잘 알고 자기의 지킬 것은 어디까지 지키면서 하는 것입니다. 그중에서도 그가 정치 면에서 가장 존경했던 것은 고칼레였는데 그가 고칼레에 대하는 심정을 보면 실로 눈물 없이는 볼 수 없습니다.

그리고 어떤 새로운 생각이 났을 때는 혼자서 하려 하지 않고 반드시 친구에게 내놔서 그 의견을 구했습니다. 그랬기 때문에, 이와 같이 겸손하고 조금도 교만한 기색이 없었기 때문에 그 주창한 일이 일반이 얼핏 따르기에는 매우 어려운 일이었음에도 불구하고 많은 사람의 협력과 온 국민대중의 지지를 얻을 수가 있었고, 생명을 내걸고 싸운 대적에게서도 결코 미움을 사지 않았습니다.

그러나 그의 가졌던 모든 미덕 중에 가장 크고 가장 밑이 되는 것은, 그가 자기 일생을 참에 대한 실험이라 했고, 자기의 운동을 진리파지라 이름했더니만큼, 역시 참입니다. 그는 이것으로 모든 문제를 해결했고 모든 어려움을 이겼습니다. 그래서 그는 이때껏 세상에서 보통 "하나님은 참이다" 하던 말을 뒤집어 차라리 "참은 하나님이다" 해야 한다고 했습니다.

그의 참에 관한 이야기를 하자면 한이 없습니다. 그러나 특별히 우리가 어떤 위기에 빠진 때를 위해서 말을 한다면 이 한 가지를 주의할 필요가 있습니다. 그는 결코 무슨 술책을 쓰지 않았다는 것입니다. 그가 우리에게 보여준 것 중에 가장 큰 것의 하나는 "수단이 옳아야 옳다"는 것입니다. 일반 세상에서는 목적을 위해서는 수단을 가리지 않습니다. "목적만 옳으면 수단도 저절로 옳은 것이 된다" 하는 것이 그 상식입니다. 그러나 간디는 분명히 절대적으로 주장합니다. 목적이 문제 아니라 수단이야말로 문제라고 그리고 실지로 술책을 쓰지 않고 참대로 하면 일은 실패될 것만 같지만 사실로는 그것이 이기는 길이요 가장 가까운 길이라는 것을 증명해 주는 것이 그의 생애입니다.

위에서 간디의 모습은 히말라야 같다 했습니다마는 그 이모저모를 그리자면 한이 없을 것입니다. 산의 참모습을 단번에 보려면 그 절정에 서야만 하는 것같이 간디의 참모습도 그 마지막 장면에 단적으로 잘 나타나 있습니다. 가슴 앞에 다가들어 들이대고 쏘는 권총 알을 세 방이나 바로 맞아 쓰러지는 그는 한 마디 유언을 할 겨를도 없었습니다. 그를 '마하트마'(大聖)라 존경하고, '바푸'(아버지)라 사랑하고, 그에게서 한순간의 '다르샨'(감격)을 얻기 위해서 천 리를 멀다 아니하고 따라오는 그들이 그렇게 어려운 때를 당하여 그렇게 갑자기 잃어버리게 되는 지도자를 놓고 그렇게도 듣고 싶었을 마지막 유언이건만도 그것은 할 수가 없었습니다. 있은 것은 오직 한 마디 "아이, 라마" 뿐이었습니다. "오, 하나님" 하는 말입니다.

말이라기보다는 한 마디 부르짖음이지만 사실은 그것이 그의 유언이요, 그 이상 더 그의 참모습을 드러낼 말은 없습니다. 그것은 결코 죽는 입에서 무의식적으로 나온 소리가 아닙니다. 그가 그렇게 갑자기 죽음을 당하지 않고 병으로 인하여 정신이 똑똑한 가운데 천천히 숨이 지면서 모든 제자 동지를 불러 놓고 지나온 일생 앞에 올 세상을 생각하면서 마음껏 정성껏 있는 말을 다했다 하더라도 그 뜻을 요약한다면 이 한 마디에 지날 것이 없습니다. '하나님'은 그에게는 결코 말이 아니었습니다. 신조조차도 아닙니다. 그것은 곧 그의 숨이요, 얼이요, 그의 자아(自我), 곧 그 자신이었습니다. 그는 자기의 살고 힘쓰는 모든 일의 목적은 자아의 실현 곧 하나님과 얼굴과 얼굴을 맞댐, 다른 말로 해서 '목샤'에 이름이라고 말했습니다. 그가 하나님을 말할 때는 "사람은 그 앞에서 자기를 낮추기를 제 발밑에 티끌보다 더 낮게 해야 한다"고 합니다. 그런데 그러는 그로서 어떤 때는 자기는 아직 하나님을 얼굴과 얼굴을 맞대고 보려면 멀고 멀었지만 그래도 "때로는 잠깐 그 모습을 어렴풋 보는 때가 있다" 하는 것을 보면 그의 힘씀이 대개 어떠했고, 그 혼이 이른 지경이 어디임을 짐작할 수 있습니다.

갑자기 죽임을 당했다 했지만 결코 갑자기 죽은 것이 아닙니다. 겉으로 남이 보기에 그렇지 자기로서는 결코 불의에 죽음이 온 것 아닙니다. 자기편에서 스스로 죽음을 향해서 나간 것입니다. 이 점에서 그는 예수와 비슷합니다. 그날이 오기 며칠 전에 예배 시간에 그가 말을 하고 있을 때 폭탄을 던진 사람이 있었습니다. 다행히 맞지는 않았으나 굉장한 소리가 났고 모든 사람이 놀랐습니다. 그때 그는 조금도 놀람이 없이 "저거 뭐요? 나 모르지만, 걱정 마시오. 말씀이나 들으시오" 했습니다. 그리고 이튿날 모든 사람이 그가 그 순간에 꼼짝도 하지 않았다 해서 칭찬을 올렸을 때 그는 자기는 그 폭발 소리를 군사 연습으로 알았으니 자기가 칭찬받을 것은 없다 하면서, "내가 정말 그러한 폭탄에 맞아 쓰러지면서도 내 얼굴에 웃음을 띠고 그렇게 한 사람을 향해서 미워하는 생각이 없다면 그때는 칭찬을 받을 만하지. 아무도 그 폭탄을 던진 청년을 나쁘게 보지 마시오. 그는 잘못 생각하고 한 거지. 그는 아마 나를 힌두교에 대적이나 되는 것으로 알았던 것이오" 했습니다. 그리고는 이제는 위험하니 예배 시간에 오는 사람들을 이상한 사람은 좀 검문을 하자는 의견이 나오는 것을, 검문을 하면서 예배가 무슨 예배냐고 물리치고 말았습니다. 그래서 그 전날 폭탄을 던졌다가 실패하고 잡힌 자의 동지가 아무 어려움 없이 권총을 품속에 넣고 간디 앞에 나와 인사를 하고는 쏠 수가 있었습니다. 그러므로 그는 죽음이 기다리고 있는 줄 알면서도 두려워함 없이 그리로 향해서 간 것입니다.

죽음을 향해서 두려워하지 않고 나갔으니 죽음을 이긴 것입니다. 죽음을 이기는 사람이 못 이길 위기나 난관이 있을 리 없습니다. 과연 간디는 많은 사람이 말하는 것같이 살아서보다 죽은 후에 더 많은 더 큰 일을 했습니다. 그를 쏘는 사람은 비폭력주의를 쓰다가는 힌두교도는 회교도한테 망해 버릴 것 같고 그 대신 그 하나만을 없애 버리면 모든 힌두교도는 다 한데 뭉쳐 회교도를 쳐 없앨 것 같아서 그런 짓을 했지만 결과는 생각했던 것과 반대였습니다. 그 무섭고 슬픈 소문을 듣자 여러 폭력단체가 스스로 해체를 해버리고, 전에 진리파지 운동에 대해서 반신반의를 하던 사람, 그보다도 반대를 하던 많은 사람이 그의 주의를 찬성하고 돌아오게 되었습니다. 온 세계가 그의 죽음을 슬퍼했고 날이 갈수록 그를 존경합니다. 한 사람 간디가 죽은 대신 억만의 간디가 생긴 것입니다. 그것이 이긴 것 아닙니까? 모든 위기가 무서운 것은 결국 그 뒤에 숨어 있는 죽음의 사자 때문인데, 죽음을 이기는 것은 피해서 되는 것이 아니고 능히 죽어 보여줌으로만 할 수 있습니다. 예수도 그렇게 해 이겼고 간디도 그렇게 해서 이겼습니다.

그랬기 때문에, 참으로 이겼기 때문에 처칠조차도 그 죽음 앞에

절하고 조의를 보내지 않을 수 없었던 것입니다. 처칠이 무엇입니까? 무너져가는 대영제국의 마지막 충신이었고 역사의 쓰레기통에 들어가려는 폭력주의의 낡은 정치사상의 한 상징입니다. 그 처칠은 일찍이 간디가 원탁회의를 하기 위해서 런던에 갈 때 "그 반나체의 비렁뱅이 중놈"을 어찌 우리 폐하의 어전(御前)에 서게 하느냐고 약이 올라 반대했고 제2차 세계대전 때에 인도는 절대로 독립을 주어서는 아니 된다고 간디를 잡아 감옥에 넣도록 지시했던 사람입니다. 그것을 생각하고 오늘 인도를 볼 때 세계는 참 달라진 것을 알 수 있습니다. 처칠은 물론 위대합니다. 그러나 간디는 보다 더 위대합니다. 사람들이 처칠은 잊을 날이 올 것입니다. 간디를 잊을 날은 없을 것입니다.

간디는 무엇으로 죽음을 이겼습니까? 그의 믿음으로 이겼습니다. 그것이 "아이, 라마"입니다. 그는 평생에 '라마나마'를 외었습니다. 어려운 일이 있을 때, 걱정이 되고 용기가 줄려 할 때, 그저 "라마, 라마, 라마, 라마" 하고 외운다는 것입니다. 그는 이것을 어렸을 때 자기 집 늙은 식모한테 배웠다고 합니다. 그는 겁이 많아서 밤에는 밖에 나가지를 못했는데 그 식모가 그럴 때 라마의 이름을 자꾸 부르면 무서움이 없어진다 해서 그대로 했고 그랬더니 과연 효과가 있다는 것입니다. 돌아갈 무렵에는 정치관계에서 떠나 시골 가서 불쌍한 농민들에게 자연요법을 가르쳐 주었는데 그중 하나가 이 라마나마를 외는 것이었습니다.

1942년 인도 국민의회는 간디의 지시에 따라서 저 유명한 '인도를 떠나시오' 운동의 결의를 했습니다. 그때는 여러 모로 보아 도저히 반항운동을 일으킬 수 없는 때였습니다. 그러나 인도 민중의 의사를 묻지도 않고 인도를 전쟁으로 끌고 들어간 영국에 분개한 간디는,

> 세계의 모든 나라가 다 반대를 하더라도, 온 인도가 다 일어나서 나를 잘못이라 하더라도 나는 나서련다. 인도를 위해서 또 세계를 위해서.
>
> 나도 지금 우리나라가 순수한 비폭력의 정치 불복종운동을 하기에는 준비가 되어 있지 않다는 것을 안다. 그러나 군사가 준비되지 못한다고 도망을 가는 장군은 스스로를 깎아내리는 것이다. 하나님은 내게 가장 귀한 비폭력의 무기를 주셨는데, 만일 내가 오늘의 위기에서 그것을 쓰기를 꺼린다면 하나님은 나를 용서 않으실 것이다.

하고 나섰습니다.

그는 날마다 저녁때면 예배를 드렸습니다. 그런데 언젠가 한번은 지방을 돌다가 길이 늦어져서 밤늦게 도착해서 미처 예배를 드리지 못하고 자게 되었습니다. 비서들은 먼저 자리에 들고 간디는 회를 마치고 한 시나 되어서 들어와 자리에 눕더니 조금 있다 곧 일어나 어둠 속에 앉아 밤새도록 울며 회개하는 기도를 하더랍니다. "하나님은 이날껏 나를 잊으신 날이 없는데 나는 조금 바쁘다고 예배하기를 잊었으니 어찌합니까" 하면서. 죽음도 무서워 아니한 간디, 원자폭탄이 만일 떨어지면 "나는 폭탄을 떨어친 당신을 미워하지는 않습니다 하는 얼굴을 보여주며 죽고 싶다" 하던 간디 속에는 그러한 단순한 신앙이 있었던 줄을 알아야 할 것입니다.

마하트마 간디의 도덕·정치사상 2

진리와 비폭력

차 례

제 3 권 차 례 비폭력 저항과 사회변혁

I

서 문*

간디 사상이 갖고 있는 윤리적 힘은 도덕적 명징성과 형이상학적 단순성에 기초를 두고 있었다. 간디는 자신이 무오류라고 착각하거나 없어서는 안 될 존재라는 망상에 빠지지 않았으며, 지성과 직관 사이에서 균형을 얻기 위해서 노력했고, 약점을 합리화하거나 변덕스러운 감정주의(*emotionalism*)에 빠지지 말 것을 추종자들에게 경고했다. 그는 신앙과 경험의 강력한 결합, 순수이성과 일상적인 응용의 결합이 자기를 개혁하며 동시에 전파력이 있다는 점을 여러 차례 발견했고, 자신의 삶이 그 결합의 힘을 입증하고 있다고 느꼈다. 그는 일체의 마니교적 경향을 하나의 올가미로 일축하고, 신은 형상이 없으며 어떤 공식화(公式化)도 철저히 넘어선다는 자신의 확신을 심화시켰다. 간디는 진리와 비폭력, 즉 사탸와 아힘사 사이의 밀접한 관계를 성찰하고 그 관계를 강화함으로써 개인적인 통합과 자기초월이 성취될 수 있다고 생각했다. 자신의 윤리 아래에 있는 개념적 토대가 강건하고 건전하다는

* 이 '서문'은 엮은이 라가반 이예르(Raghavan Iyer)의 글이다.

그의 난공불락의 믿음은 그로 하여금 유연성 속에 항구성을 찾을 수 있게 해 주었다. 간디는 이렇게 난공불락의 믿음을 갖고 있으면서도 일상의 경험이 요구할 때에는 언제나 자신의 통찰력을 세련시켜 갔다.

간디는 실천적 이상주의자였다. 간디는 화석처럼 굳은 습속의 무게에 속박되지 않았고, 형식적 일관성에 대해서도 개의치 않았다. 카르마 요긴[1]이었던 간디는 체계적인 철학을 펼칠 시간도 없었고 거기에 맞는 적성 또한 없었다. 대신 그는 원형적 유형이 존재한다는 점, 그리고 사람들의 상호작용이 수시로 바뀌는 상황에서, 그들이 영원히 성장할 수 있다는 점을 감지했다. 그는 "인간은 선하다. 하지만 그들은 선한 일을 하고 있다는 거짓된 믿음 아래 자신들을 불행하게 만드는 가련한 희생자들이다"[2] 라고 말했다. 인간은 사유와 행위의 거짓된 토대를 극복하기 위해서 '자신과 타인을 심문하는 것을 배워야만 한다. "우리는 모두 우리가 옳다고 느낀 바를 실천하게끔 되어 있다"고 간디가 말하고 있기 때문이다. 간디는 자신의 형이상학적 가정을 윤리적 원리로 옮김에 있어서, 언제나 모든 행위 아래 있는 기초적 충동들을 지적했다. 간디는 신성한 존재(*the Divine*)를 반영하는 보편적 인간 본성이 존재한다고 생각한다. 보편적 인간 본성을 가장 잘 성격화한다면 순수 잠재력이라고 부를 수 있을 것이다. 간디는 자신의 삶을 자신의 원리와 계율을 실험할 수 있는 도가니로 이용하는 것을 자연스럽게 여겼다. 간디는 다음과 같이 느꼈다. 즉 남녀 대중이 자신에게 과도하리만치 극단적으로 쏟아붓는 기대의 짐은 그들이 느끼고 있으면서도 좀처럼 스스로 경험하기 힘든 자유와 자립에 대한 그들의 열망을 표현한다고. 간디는 대신 자신의

---

1 〔역주〕《바가바드 기타》에서 말하는 행위의 요가를 실천하는 자. 〈용어해설〉 참조.
2 A. H. West에게 보낸 편지, 《전집》 권 10, 127면.

한계를 자각하며, 자신이 도와주려고 했던 무식쟁이 농민들의 잠재적 선함으로부터 힘을 얻었다.

우주의 상호의존성과 자연적 조화, 이것들에 관한 법칙에 지성적으로 순종하게 되면, 자신의 진정한 존재의 항구적인 완성을 낳는다고 간디는 생각했다. "바닷물 한 방울은 바다와 따로 떨어져 자신의 개체성을 가질 것인가? 그렇다면 해탈한 혼(*liberated soul*)도 그 자체의 개체성이 있다." 이 진부한 비유는 간디에게 있어서 개체와 전체의 형이상학적 관계에 대한 열쇠를, 다시 말하자면 플라톤이 일(一)과 다(多)의 문제로 정형화했던 것에 대한 열쇠를 간직하고 있다. "자기 자신의 개성·관능성·인격, 당신이 뭐라고 부르든, 이런 것들의 완전한 절멸(絶滅)이 완벽한 기쁨과 평화의 절대 조건이란 점을 나는 진실로 믿고 있습니다."[3] 인간의 기원이 아무리 짐승과 같다고 해도, 인간은 잠재적으로 그리고 본질적으로 신성하므로 인간이다. 인간이 가지고 있는 원초적 통일에 적대적인 유형의 사유, 적대적인 에너지의 방향 그리고 행동 노선은 그것들이 어떤 것이든 결국 좌절과 불행을 낳는다. 그 원초적 통일에 부합하는 행동은 행복한 결과를, 때로는 예상치 못한 결과를 낳는다. 그래서 진실로 인간적 존재가 되기 위해서는 세상 사람들의 눈에 자신을 영(零)으로 줄여야만 한다. 그렇게 되면 그는 자신의 심정과 삶 속에서 무한(*infinitude*)을 반영할 수 있다.

간디는 인간 본성에 대한 적절한 관념이 있다면 그것은 반드시 인간의 성취와 간구(懇求)의 깊이뿐만 아니라 높이도 허용해야 한다고 느꼈다. 감각 인상들 그리고 충돌하는 욕망들은 혼란을 만들어낸다. 이 혼란을 종식시키기 위해서 간디는 사탸와 아힘사, 즉 진리와 비

3 〔원주〕 편지, 《전집》 권 29, 397~398면. 〔역주〕 《마하트마 간디의 도덕·정치사상》 권 2, 5번 참조.

폭력이라는 궁극적이며 보편적인 원리를 사용했다. 인간은 도덕적 설득에 순종하는 심정을 가진 존재이다. 그러므로 저항하기 어려운 도덕적 호소력이란 것이 있다면 그것은 개별적 인격을 구성하는 습관과 특질의 집합을 겨냥할 것이 아니라 사람의 혼을 겨냥해야 한다. 사람이 진리(*Truth, sat*)의 수월성(秀越性)과 지고성에 대해서 부단히 자각하게 되면, 그는 부분적, 개별적 진리의 불필요한 과도한 주장으로부터 또는 그 진리의 폭력적인 활용으로부터 해방될 것이다. "나의 아네칸타바다(*anekantavada*: 실재의 다면성에 대한 믿음)는 사탸와 아힘사라는 쌍둥이 원리의 결과이다."[4]

간디는 인간의 존엄성을 약화시키고 도덕적 성장을 방해한다는 이유로 현대문명의 많은 부분을 혹평했다. 현대문명은 정글의 법칙 위에, 그리고 긴박하고 경쟁적인 쥐 경주 위에 사회구조를 건설하고 있는데, 그 경주는 은밀한 자기탐닉의 순간적 발작에서만 완화된다. 소금물 한 방울이 바다 없이 존재할 수 없듯이 바다도 수많은 물방울로부터 독립해서 존재할 수 없다. 간디는 또 다른 비유를 사용하여, "우리는 모두 신성한 존재(*the divine*)의 편린(片鱗)이다. 그래서 그 존재의 본성을 분유(分有)하고 있다. 자기탐닉과 같은 것은 신성한 존재에게는 있을 수 없는 것이므로, 인간의 본성에도 반드시 낯선 것임에 틀림없을 것이다"[5]라고 했다. 따라서 개인의식의 내부에서부터 불을 댕기기 시작해서, 그것을 대중 사이로 확산시켜서 궁극적으로 사회질서 전체를 변화시켜야 한다. 그런 변화를 낳기 위해서는, 정신적으로

---

4 〔원주〕 세 개의 핵심 질문, 〈영 인디아〉, 1926. 1. 21. 〔역주〕《마하트마 간디의 도덕 · 정치사상》 권 2, 6번 참조.

5 〔원주〕 편지, 《전집》 권 49, 231면. 〔역주〕《마하트마 간디의 도덕 · 정치사상》 권 2, 10번 참조.

나태하고 도덕적으로 비겁한 자가 상관없는 것이라고 도외시했던 문제들을 정직하게 대면해야만 한다. 전도(顚倒)된 관념들은 반드시 교정돼야 한다. 그리고 근본적 문제들 — 자각의 범위, 인생의 목표 그리고 개인의 역할 — 을 성찰하고, 또 성찰해야 한다.

간디에게 그와 같은 모든 추구의 출발점은 다음과 같은 중심 진리이다. "인생의 목적이 자신을 아는 데 있다는 것은 의심할 여지가 없는 사실입니다. 우리가 살아 있는 모든 존재와 우리 자신을 일치시키기를 배우지 않는다면 자아를 알 수 없을 것입니다. 모든 생명의 총합이 신입니다."[6] 비록 개인적 완성이 멀리 있다고 해도, 인간의 완성 가능성은 모든 곳에 퍼져 있다. "완성을 이 지상에서 얻을 수 없다고 말하는 것은 신을 부정하는 일입니다. … 내가 만일 지상에서 완전한 사랑을 얻을 수 없다고 한다면 나는 삶에 대해서 모든 흥미를 잃게 될 것입니다."[7] 완성에 대한 항구적 가능성은 사랑과 진리의 부단한 확장이란 말로 옮겨질 수 있을 것이고, 사랑과 진리는 사심 없는 봉사로 구현된다. 하지만 붙들기 힘든 이상과 실재하는 현실 사이에 존재하는 간극은 개인적 완전에 대한 우리의 이해를 반드시 왜곡시킬 것이다. 각 개인은 이상과 현실의 관계에 대한 감수성을 부단히 재고하고 그것을 새롭게 해야 한다. 개인은 이런 사안들에 대해서 지식을 넘어서는 신앙으로, 하지만 이성에 어긋나지 않는 신앙으로 성찰해야 한다. "신앙이란 손으로 거머쥐는 무엇인가가 아닙니다. 그것은 우리가 성장해가는 경지를 말합니다."[8] 그리고 "완전은 봉사를 통해

---

6 편지, 《전집》 권 50, 80면.

7 에스더 패링(Esther Faering)에게 보낸 편지, 《전집》 권 14, 176면.

8 〔원주〕 편지, 《전집》 권 61, 28면. 〔역주〕 《마하트마 간디의 도덕·정치사상》 권 2, 21번 참조.

서 얻어질 수 있다."[9] 확고한 신앙은 사심 없는 봉사를 촉진시키고, 사심 없는 봉사는 확고한 신앙을 유지하게 해 준다. 이와 같은 것이 개인적 완전과 보편적 해탈로 가는 유서 깊은 통로이다.

종교적 신앙을 고백한 사람이 타락하게 된다고 해도 신앙 자체를 비난할 일은 아니다. 위대한 지성을 가졌다고 해도 지적 명민함이 때때로 심정의 직관을 흐리게 할 수 있다. 지성은 심정과 조화를 이룰 때에만 그 자체를 이기주의의 폭정에서 구원할 수 있고 인류를 위한 봉사에 동원될 수 있다. 그러나 정화의 과정은 참으로 힘들다. 자기중심성과 적의가 초극된다고 해도, 비합리적 공포와 의심, 긴장과 압박이 남아 있을 수 있기 때문이다.

따라서 인간의 도덕적 함양은 도덕의 외면적 향상과 함께 시작되는 것이 아니라 마음의 기초적인 변화와 의지의 체계적 훈련과 함께 시작되어야 한다. 오직 끈질기게 유지되는 타파스(*tapas*) —자기고통— 만이 항구적으로 사람을 정화한다. 장기간의 고통은 만인을 위해서 그리고 진리를 위해서 수행되었을 경우에만 치료의 효과가 있다. "전진은 고통을 겪는 자의 고통의 양에 의해서 헤아려져야 할 것이다."[10] 진리를 위해서 겪는 고통은 자기지식을 촉진시킨다. 게다가 그 고통은 개인과 주변의 사람을 불가사의하게 치유할 수 있다. 간디는 집단적으로 상승하는 직선적인 역사 과정을 상정할 만한 아무 이유도 찾지 못했지만, 타파스가 목샤 곧 해탈의 조짐(兆朕)이라고 봄으로써 그리고 인간 정신이 신성한 존재와 하나라고 확신함으로써 자신의 낙관주의를 강화

9 〔원주〕 산타남(K. Santanam)에게 보낸 편지, 《전집》 권 30, 180면. 〔역주〕 《마하트마 간디의 도덕·정치사상》 권 2, 25번 참조.

10 〔원주〕 고통의 법칙, 〈영 인디아〉, 1920. 6. 16. 〔역주〕 《마하트마 간디의 도덕·정치사상》 권 2, 27번 참조.

했다. "오직 무신론자만이 비관론자가 될 수 있다."[11] 그의 낙관주의는 만사가 만인의 행복을 반드시 증대시킬 것임을 의미하는 것이 아니라, 모든 도덕적 분투들이 궁극적으로 그 열매를 거둘 것임을 의미한다.

망각과 공포의 장막이 거둬지면, 개인은 윤리적 원리들을 직관할 수 있기 때문에, 그리고 원리들을 끈기 있게 적용하는 것이 자기교정에 의해서 강화되기 때문에, 아무도 무엇이 옳은 것인가에 대해서 배울 필요가 없고, 자기점검에 대해서 남이 나에게 보여줄 필요도 없게 된다. 대신 각자에게 자신이 옳다고 믿는 바를 실증하여 보여 달라고 권유만 하면 된다. 참된 종교를 확인시켜 주는 것은 신학적 정교함이나 충고의 기술이 아니라 도덕적 활력과 전파력 있는 모범이다. 간디는 성인(聖人)인 체하는 믿음이 위선적 행위와 결탁하여 만들어내는 최면적인 마법을 끊임없이 깨뜨렸다. 그는 단순한 도덕주의가 자연(*Nature*)의 리듬으로부터 소외된 물질주의적 사회구조를, 그리고 탐욕과 착취를 배양하는 경제적 틀을 구제할 수 없다는 점을 알았다. "영혼에 관련된 것과 영원한 가치 등이 우리의 청년들에 의해서 유토피아적인 것으로 치부되고, 일시적 임시변통들만이 실용적인 것으로 그들에게 호소력이 있다는 점은 얼마나 비극적인 일인가?"[12]라며 간디는 개탄했다. W. M 솔터의 《윤리적 종교》의 꿰뚫은 듯한 명징성이 간디의 심정에 말을 걸었고, 간디는 그 책에서 8개의 장을 구자라트어로 풀어썼다. 간디는 윤리적 이념이 실천되지 않는다면 그 이념이 소용없다는 솔터의 논증된 확신을 강력하게 지지했다. 물론 올바른

---

11 〔원주〕 낙관주의, 〈나바지반〉, 1921. 10. 23. 〔역주〕 《마하트마 간디의 도덕·정치사상》 권 2, 30번 참조.

12 〔원주〕 학문적인 것 대 실천적인 것, 〈영 인디아〉, 1929. 11. 14. 〔역주〕 《마하트마 간디의 도덕·정치사상》 권 2, 8번 참조.

행위라고 해서 그것이 다른 사람에 의해서 항상 인정되거나 보상받을 수 있는 것은 아니다. 하지만 양심에 충성하는 일은 대중적 지지가 전혀 필요 없다. 그것은 그 자체로 보상받는다.

사람들 속에 내재해 있는 도덕적 충동이 아무리 강하다고 해도, 이 세상을 살아가는 일은 견딜 수 없는 타협, 하지만 불가피한 타협을 요구하는 것 같다. 이런 사실에 대해서 간디는, 모든 사회개혁가들은 기꺼이 책임질 것, 그들이 안고 있는 모든 한계를 인정할 것, 신(神)에 해당하는 진리를 믿을 것을 충고했다. "바다가 좋은 강과 나쁜 강을 구별하지 않고 모든 강을 정화하듯이, 비폭력과 진리에 의해서 심정이 정화되고 확장되어 있는 사람은 심정 안에 만사를 받아들이더라도 심정은 넘치거나 고요를 잃지 않을 것이네."[13] 거룩한 불만족과 목샤(해탈), 즉 해방을 자연스럽게 간구(懇求)하는 일이 이기적인 구원주의(*selfish salvationism*)나 영리한 도피주의로 빠져서는 안 된다. 연기(緣起)된 존재의 굴레로부터의 해방은 지름길도 도피처도 인정하지 않지만, 그 해방은 다르마, 즉 의무의 길에서 꾸준히 인내하면 구하지 않아도 오게 된다. 간디에게 다르마는 의식(儀式)이나 습속과는 아무 관련이 없다. 이는 참종교가 교회에 가는 일이나 사원 예배와 아무 관련이 없는 것과 같다. 다르마는 로카상그라하(lokasangraha), 즉 세상의 복지에 대한 점진적 관심과 다르지 않다. 자아실현이 자아정복에 의존하고 있듯이, 양자 모두 공동선에 기여한다는 의미에서 소중하게 여겨야만 한다. 다르마는 부단히 발견되어야 한다. 다르마는 자신의 길들을 스스로 선택한다.

간디는 궁극적 가치와 구체적 응용을 확고하게 나누었다. 궁극적인

---

13 〔원주〕 강가벤 바이드야(Gangabehn Vaidya)에게 보낸 편지, 《전집》 권 35, 220면. 〔역주〕《마하트마 간디의 도덕·정치사상》 권 2, 34번 참조.

가치의 경우에는 어떤 양보와 타협도 불가능하며, 구체적인 응용은 사건들의 흐름 속에서 의미와 진리를 간파하고자 하는 끈질긴 노력에서 나오는 것이다. "내가 제시해 둔 원리들에 대해서 자네가 신앙을 가져도 좋지만 특정한 사실에서 내가 도출한 결론은 신앙의 대상이 될 수 없네"[14]라고 간디는 쓰고 있다. 이 거머쥐기 힘든 이상은 사람에 따라서 달리 해석된다. 하지만 다르마가 관념의 획일성을 확보하는 데 있지 않고, 이상을 실현하려고 분투하는 데에 있다는 것은 언제나 진실이다. 단 이상이 멀리 있다고 해서 사람으로 하여금 그 이상을 약화시키거나 왜곡시키게 해서는 안 된다. 어떤 상황에서도 "그 분투는 의식적이고, 의도적이며 열심이어야 합니다."[15] 자아 훈련은 테크닉의 문제가 아니라 삶의 길이 되어야만 한다. 더구나 자아 훈련이 점점 미묘하게 되면 타협하고 싶은 유혹은 더욱 강해진다. "인간의 이상은 나날이 성장한다네. 때문에 이상은 자신에게서 점점 멀어진다네."[16] 참된 지식과 자유 행위가 인간 행위에 선행하는 질서와 일치하기 때문에, 인간의 도덕적 위상은 사람이 특정한 가치를 신성하고 절대적인 것으로 주창할 각오가 항상 되어 있는지에 달려 있다고 간디는 느꼈다. 첫 단계에서 사람은 보편적으로 타당한 윤리적 질서로부터 자신을 일탈시키는 모든 것을 포기해야 한다. 사람은 정염과 편견에서 자신을 해방시켜야 하고, 일정한 조건하에서 형성된 인격의 낙인, 그리고 제한된 주변 환경의 낙인이 찍힌 모든 것으로부터 자신을

---

14 〔원주〕 마투라다스에게 보낸 편지, 《전집》 권 38, 216~217면. 〔역주〕 《마하트마 간디의 도덕·정치사상》 권 2, 58번 참조.

15 〔원주〕 선생들과의 토론, 〈하리잔〉, 1936. 9. 5. 〔역주〕 《마하트마 간디의 도덕·정치사상》 권 2, 63번 참조.

16 〔원주〕 강가벤 바이드야(Gangabehn Vaidya)에게 보낸 편지, 《전집》 권 43, 451면. 〔역주〕 《마하트마 간디의 도덕·정치사상》 권 2, 59번 참조.

해방시켜야 한다. 우리는 보편적으로 사고하고 살기 위해서, 즉 최고로 진실한 개별화의 삶을 살기 위해서 반드시 우리 자신을 정화하는 훈련이 필요하다. 그런 훈련의 모든 차원에서 구속력 있는 선서의 도움을 받을 경우에 훈련은 가장 잘 수행될 수 있다.

그런 서약은 단순히 자신이 할 수 있는 범위 내에서 최선을 다하겠다고 자신에게 약속하는 것이 아니다. 서약에 단서조항을 붙이는 것은 인간의 가능성에 대한 천박한 관념 그리고 자기신뢰의 결여를 드러내기 때문이다. "만일 우리가 무엇을 하기로 결심하고 그 과정에 목숨조차 바칠 각오가 되어 있을 때, 우리는 서약했다고 말한다"[17]라고 간디는 썼다. 무조건적 서약을 하는 것은 타락할 위험을 인정하기도 하지만, 성장을 위한 기준과 동기부여도 제공한다. 간디는 도덕적 성장을 아예 불가능하게 만드는 도덕적 애매성과 함께 사느니 실패하고 배우는 편이 훨씬 낫다고 생각했다. "서약 없는 인생은 닻 없는 배이고, 단단한 암석 위가 아니라 흐르는 모래 위에 세운 건물과 같다."[18] 서약의 도움이 있다면 타파스(고행)는 단순한 고통이 아니라 더 활발한 촉매작용을 갖게 된다. 타파스는 창조적 자기규제와 치료적 자기희생으로 변한다. 그것은 의식을 정화하고 비전을 맑게 해 준다. 서약은 자기지식(*self-knowledge*)을 낳는 일을 도우며, 자기초월을 고양시킨다. 서약은 다르마를 세련되게 만드는 일, 능숙함과 시중(時中)을 갖춰 의무를 수행하는 일, 그리고 점진적 자기개혁 프로그램의 내용을 그대로 고수하게 하는 일을 하도록 박차를 가할 수 있다.

---

17 〔원주〕 서약의 효능, 〈인디언 오피니언〉, 1913. 10. 8. 〔역주〕《마하트마 간디의 도덕 · 정치사상》 권 2, 64번 참조.

18 〔원주〕 서약의 효험, 〈영 인디아〉, 1929. 8. 22. 〔역주〕《마하트마 간디의 도덕 · 정치사상》 권 2, 72번 참조.

간디에게 '서약'(*vow*)이란 영어 단어는, 산스크리트어 브라타(*vrata*: 엄숙한 결단 또는 영적인 결심)와 야마(*yama* : 영적 훈련 또는 스스로 부과한 규제)가 가진 모든 의미를 함께 가지는 것이었다. 브라타는 가장 오래된 의미로는 우주의 질서를 수립하고 보존하는 신성한 의지 또는 신성한 명령을 지칭하는 것이다. 이러한 신성한 본성(*divine nature*)은 인간의 핵심적 본성과 분리될 수 없으므로, 개인은 서약을 통해서 의도적이며 깨어 있는 다르마 수행을 함으로써 우주 질서를 반영한다. 간디는 사람이 이룰 수 있는 도덕적 발전과 영적 결단의 정도에 한계를 설정하지 않았다. 자신의 능력에서 벗어난 서약을 하는 것은 경솔함과 균형의 상실을 드러낸다. 서약의 본질적 가치는 모든 난관에도 불구하고 그것을 고수하려고 하는 차분한 결심에 달려 있기 때문이다. 자신의 심정 안에서 서약을 그대로 지키면, 혼의 에너지가 방출되어 자신의 본성을 변화시킬 수 있을 것이다.

양심은 모든 사람들 속에 잠재력으로 존재하는 힘이다. 하지만 그것은 너무나 많은 사람의 마음속에서 어슴푸레 잠자고 있다. 서약의 힘으로 "양심은 일깨워져야 한다."[19] 무의식적인 사회적 · 환경적 압력들이 자극해서 일으키는 감정들(*emotions*)은 양심으로 간주될 수 없다. 자신의 양심을 의식적으로 강화하고 예민하게 만들기를 시도하지 않았던 자는 양심이 있다고 말할 수 없다. "아이들에게 양심이 있다고 일반적으로 주장해서는 안 된다. 양심은 근면한 훈련으로 획득되는 자질이나 상태이다. 자의(恣意, *willfulness*)는 양심이 아니다. … 양심은 섬세하게 조정(調整)된 가슴에만 깃들 수 있다."[20] 양심은 더구나 인간

---

19 고페 구르북사니(Gope Gurbuxani)에게 보낸 메모, 《전집》 권 79, 206면.

20 〔원주〕 양심의 가면 아래, 〈영 인디아〉, 1924. 8. 21. 〔역주〕 《마하트마 간디의 도덕 · 정치사상》 권 2, 93번 참조.

존엄성의 타락에 저항하는 단 하나의 가장 강력한 힘이다. 사람이 일단 양심을 상실하고 형식적 행위를 하는 기계적 산물로 전락하게 되면, 그는 주체(*subject*)가 아니라 객체가 되고 본질적 목적이 아니라 수동적 도구가 된다. 간디는 서약을 빌려 양심을 닦은 다음, 사회적 양심을 내면화하는 대신 개인의 양심을 사회화하고자 했다. 깨어난 양심, 우리를 몰아대며 자신을 확증하는 존재로서 깨어난 양심은 내면의 소리이자 신 즉 진리의 소리이다. 그와 같은 내면의 소리의 진실성은 타파스 훈련을 통해서 생기는 직접체험에 의해서만 확인된다. 하지만 간접적인 증명은 소크라테스 또는 간디와 같은 사람이 가지는 내면적 일관성과 투명한 통일성에서 나올 수 있다. 잘 양육된 양심은 영웅적 행위, 겸손 그리고 고상한 성자의 태도를 낳는다. 그런 덕들은 타파스차르야(*tapascharya* : 고행) ― 엄혹하지만 자신을 초조하게 만들지 않는 공약으로 이루어진 봉헌의 삶 ― 가 일궈낸 성숙한 열매이다.

영웅주의(*heroism*)는 심정의 자질로, 공포와 분노의 온갖 흔적에서 자유롭고, 일체의 명예 손상에 대해서 즉각적 회개를 실행하고자 결심한다. 규칙이 지배하는 어떤 도덕성보다도 영웅주의는 시련과 고립의 시기에 우리로 하여금 홀로 우뚝 서게 해 준다. 영웅주의는 양심에 충직한 남녀 동지들 사이에 깊은 화합의 자리도 마련해 줄 수 있다. 하지만 간디가 보기에는 영웅적 이상을 사회에 체현하는 데(*incarnation of the heroic ideal in society*) 최대의 장애물은 역설적이게도 겸손의 부족이다. 사람들은 자신들의 오류 가능성을 적절하게 인정하지 않는다면, 개인의 양심을 일깨우려는 노력을 충분히 기울이지 않을 것이다. 그들은 잘못된 안전감에 빠지고 집단적 무력감을 지닌 '우민'(愚民)의 신세로 전락하고 말았다. 심정이 신성한 진리의 위대성으로 감동받을 때, 이상과 현실 사이의 거리가 고통스럽지만 분명히 드러날 것이다.

그리고 그럴 경우에만 겸손이 용솟음칠 것이다. 영웅주의가 닦여진 행위의 기술(技術 : *karma yoga*)이라면, 겸손은 노력 없이 실천되는 심덕(*buddhi yoga*)이다.

> 겸손은 그 자체로 규율일 수 없다. 의도적으로 실행될 수 있는 것은 아니기 때문이다. 하지만 그것은 아힘사의 불가결한 검증 수단이다. 자신 안에 아힘사를 가진 자에게 겸손은 그의 본성 자체의 일부가 될 것이다. … 진리는 사랑을 닦을 수 있는 것처럼 닦을 수 있다. 그러나 겸손을 닦는다는 것은 위선을 닦는다는 것과 같다.[21]

인간 본성, 사회적 유대, 역사적 약속, 이것들에 대한 간디의 관념은 그의 궁극적 원리들을 부단히 다시 생각하게 만들었다. 한평생을 걸쳐서 간디는 신이 진리임을 확신했다. 하지만 사트(*sat*), 즉 진리가 신의 핵심이라면, 모든 상대적 진리는 특정한 각도에서 본 신의 반영일 것이다. 모든 입장이나 관점들이 진리의 중심에 있는 핵의 일부를 지니고 있기 때문에, 신은 무소부재이다. 1929년 간디는 '신이 진리'가 아니라 '진리가 신'이라고 선언함으로써 강조점을 미묘하게 바꾸었다. '진리가 신'이라는 동의어들의 단순 병렬은, 그가 자문자답해야 한다고 느꼈던 문제들을 근본적으로 바꾸었다. 어떤 명제가 참인가를 사람들은 언제든지 물을 수 있다. 하지만 진리의 실재성과 편재성을 증명하기 위해서 애쓸 필요는 없다. 질문을 할 수 있다는 것, 심지어 숨 쉴 수 있다는 것, 그것 자체로 충분한 증명이다. 더구나 진리가 신이라는 간디의 공식은 신을 인격화하고자 하는 충동을 억누른다.

---

21 〔원주〕 나란다스 간디(Narandas Gandhi)에게 보낸 편지, 《전집》 권 46, 203면.
〔역주〕《마하트마 간디의 도덕·정치사상》 권 2, 110번 참조.

그것은 진리와 사랑의 긴밀한 관계도 분명히 해준다. 타락한 사랑은 여전히 사랑일지 모르지만, 진리가 타락한다면 그것은 더 이상 진리가 아니다. 사람은 진리의 확증을 얻게 되면 자신의 사랑으로부터 위안이 되는 망상을 말끔히 씻어 버린다. 형이상학적 우선성에서 보면 우리는 '진리가 신'이라고 말해야 하고 그다음 '신이 사랑'이라는 것을 보태야 할 것이다. 하지만 "진리로 가는 최단거리 지름길은 사랑이다."[22] 플라톤처럼 간디도 여기에서 우리가 아는 방식과 배우는 방식을 구별했다. 15년 뒤 간디는 "나는 인격신을 믿지 않는다. 하지만 진리와 사랑—나는 사랑을 비폭력이라고 번역했다—의 영원한 법칙은 믿는다. 이 법칙은 왕의 법칙과 같이 죽어 있는 것이 아니라 살아 있는 것이다. 법칙과 법칙 부여자는 하나이다"[23] 라고 말했다.

간디는 진리(*Truth*)를 고수하기 위해서 모든 작은 진리들(*truths*)을 다 알아야 한다는 주장에는 아무 의미가 없다고 생각했다. 아무리 작고 부분적인 진리일지언정 우리가 알고 있는 작은 진리를 따르기만 하면 된다. 아는 것에 충실하고 보다 더 큰 지혜를 소망하는 사람은, 자신의 구도(求道)에서 자신을 영(零)으로 만들기 위해서 노력할 것이다. 간디에게는 진리(*truth*)와 떨어져서는 아름다움도 예술도 있을 수 없다. 사람은 진리를 아름답다고 볼 때, 진정한 예술을 발견할 것이다. 사람은 진리(*Truth*)를 사랑할 때 진실하고 무조건적인 사랑을 표현한다. 구도자는 자신에 대해서는 정직해야 하고 타인에 대해서는 진실해야 한다. 큰 위해를 가하지 않고서는 진리를 말할 수

22 〔원주〕 로잔느(Laussane) 집회에서의 연설, 《전집》 권 48, 404면. 〔역주〕 《마하트마 간디의 도덕 · 정치사상》 권 2, 121번 참조.

23 〔원주〕 로이 워커에게 보낸 편지, 《전집》 권 77, 390면. 〔역주〕 《마하트마 간디의 도덕 · 정치사상》 권 2, 134번 참조.

없는 경우, 사람은 침묵하는 편이 좋다. 하지만 간디는 칸트와 마찬가지로 거짓말을 해서는 절대 안 된다고 역설했다. 진리추구자는 자신의 안전이나 위로에 관심을 기울인 나머지 보다 더 큰 의무를 방기해서는 안 된다. "삶이 어떤 상황에 처해 있더라도 진리를 따르는 자만이 진리를 사랑하는 자이다."[24] 진리의 진정한 추구자는 대부분의 종교와 철학전통들이 강조했던 덕들을 낯설다거나 자신의 관심사가 아니라는 이유로 거부해서는 안 된다. 그는 응당 아힘사, 즉 비폭력—진리의 움직이는 이미지이며 결정적인 시금석—안에 이들 덕을 통합해야 한다. 만일 만물이 신성한 존재의 거울이라면, 어떤 유형의 폭력도 신 자체에 대한 신성모독적인 거부이다. 만일 모든 혼들이 초월적 진리 안에 거하는 신성한 존재의 편린이라면, 일체의 폭력은 신을 죽이는 행위의 일종이다.

겸손이 진정한 영웅주의에 자연스럽게 수반되는 것이라면, 아힘사는 무외(無畏)의 필연적 상관물이다. 간디의 비전에서는 도덕적 위상의 유지와 영적 존엄의 유지는 반드시 아힘사의 실천 위에 근거해야 한다. 그는 아힘사를 야즈냐(*yajna*) 곧 희생에 절대적으로 필요한 부분이라고 생각했다. 야즈냐는 자애로운 우주 질서라는 인도(印度)적 관념과, 자기정화와 자기점검을 요구하는 인간적 훈련의 관념에 뿌리내린 개념이다. 간디는 따라서 아힘사, 즉 비폭력에 의해서 생성되는 도덕적 힘이 이기성에 토대를 둔 어떤 힘보다 무한히 위대하다고 여겼다. 간디는 비폭력의 본질적 힘이 때로는 '혼의 힘' 때로는 '진리의 힘'이라고 생각했다. 이 두 용어는 근본적으로 동의어이며, 오직 심리적인 강조점에서거나 존재론적인 강조점에서 다를 뿐이었

24 〔원주〕 편지, 《전집》 권 50, 76면. 〔역주〕 《마하트마 간디의 도덕·정치사상》 권 2, 151번 참조.

다. 간디에게 아힘사는 권력의 부정(否定)을 의미하는 것이 아니라, 온갖 유형의 강요와 강제를 방기(放棄)하는 것을 의미하는 것이었다. 그는 사실상 아힘사가 지상의 어떤 권력도 계속 저항할 수 없는 힘을 가졌다고 생각했다. 비록 간디는 사회·정치 영역에서 아힘사의 신봉자로 유명했지만, 그가 아힘사를 가장 근본적으로 가장 친밀하게 사용한 경우는 자유로운 혼들을 도덕적으로 설득할 때였다.

간디가 모든 덕들을 포함하기 위해서 가끔 아힘사라는 말을 확장했듯이, 그는 온갖 종류의 기만과 불의를 포함하기 위해서 힘사 곧 폭력의 관념을 확장했다. 힘사는 공포에서 나온 것이며, 공포는 무지한 이기주의의 그림자이다. 힘사를 심정에서 추방하자면, 분석의 영역을 넘어서는 신앙의 행위가 요구된다. 하지만 간디는 지성이 폭력을 세속적으로 사용하는 데에 큰 역할을 하듯이, 비폭력의 장(場)에서 더 큰 역할을 한다고 믿었다. 심정(*heart*)의 인도를 받는 마음(*mind*)은 아힘사를 체현(體現)하기 위해서 모든 요소의 이기주의를 반드시 청소해야 한다. 간디는 사람 안에 남을 죽이고 싶어하는 살의가 흔쾌히 죽으려는 태도와 반비례하여 존재한다고 상정했다. 살의는 탄하(*tanha*),[25] 즉 살려고 하는 의지로 이해되어야 한다. 이 탄하는 어느 정도 모든 인간 안에 다 있으면서 분리적 경향이 있는 에고(*ego*)의 개념을 강화한다. 에고는 본성상 실체가 없고 찰나적이며, 자신의 미래를 두려워하는 필연적 경향성과 더불어 폭력으로 향하는 불가피한 성향을 가진다. 간디는 아힘사가 힘에 의해서가 아니라 모범을 보임으로써만 교수될 수 있고, 훈육될 수 있다고 생각했다. 강제는 진실로 그것 자체로 아힘사에 모순된다. 폭력과 힘사의 뿌리는 마음과 심성에 있다. 그래서 외면적 규제나 폭력의 절제, 단순히 이

25 〔역주〕 불교에서는 삼독(三毒)의 하나로 애(愛) 또는 갈애(渴愛)로 한역되었다.

것들만으로는 진정한 아힘사로 간주될 수 없다. 힘사 곧 폭력을 완전히 피하기란 불가능하므로, 간디는 아힘사란 단어를 선택했다. 아힘사라는 말은 우리가 극복해야 할 대상을 강조한다. 간디는 모든 존재에서 어느 정도의 폭력이 있을 수 있음을 인정하면서도, 그런 폭력이 치유될 수도 없고 감소될 수도 없다는 점은 결코 인정할 수 없었다. 무력을 정당화하면서 시작하는 사람들은 무력에 탐닉할 것이지만, 자신의 삶에서 힘사를 실제로 줄이려는 사람들은 부단히 자기정화에 전념해야 한다고 간디는 생각했다.

아힘사는 가장 넓은 의미로는 모든 존재를 자기 자신처럼 취급하려는 자발적 의사를 의미한다. 그래서 아힘사는 아나사크티(*anasakti*), 즉 사심 없는 행위의 토대이다. 그것은 절대적 진리의 실현과 동등한 것이고, 진실한 사람들이 모두 비록 부지불식간이긴 하지만 자연스럽게 그곳으로 향해서 가는 목표이다. 아힘사는 홀로 실현될 수 있는 것이 아니라, 보편적 인간의 상호작용과 고양의 맥락에서만 의미를 지닌다. 진리와 마찬가지로 아힘사가 참이라면 모든 영역에까지 그 자체에 대한 확신을 확산시킨다. 하지만 아힘사는 사랑의 수많은 유형과는 달리, 간구나 결핍에서 움직이는 구도자에 의해서가 아니라, 보편적 책임감에서 움직이는 구도자에 의해서 구현된다(*embodied*). 사람이 아힘사 서약을 하게 될 때 비로소 도덕적 부적합성이라는 말로 자신의 명백한 실패를 가늠할 수 있는 능력을 갖게 된다. 아힘사가 갖는 최소한의 의미는 상해를 가하기를 거부하는 것이다. "아힘사는 그 적극적 형태로는 최대의 사랑, 최대의 자선을 의미한다."[26] 간디는 성인(聖人)과 범인(凡人)에 대해서 서로 다른 기준을 두기를 거부했는

---

26 〔원주〕 아힘사에 대하여, 〈모던 리뷰〉, 1916. 10. 〔역주〕《마하트마 간디의 도덕·정치사상》 권 2, 159번 참조.

데, 이것은 아힘사에 순전히 신비적 용법 대신 실제적 사회적 기능을 부여하려는 그의 관심과 결합되어, 아힘사라는 말을 색다른 방식으로 확장·적용하게 했다. 아힘사가 소환할 수 있는 정치력은 폭력의 영향보다 더 위대하고 심원한데, 그것은 아힘사가 정확하게 불멸의 혼과 동질적인 것이기 때문이다. 그러므로 시민불복종을 포함하여 일체의 사회적 개혁이나 정치적 개혁 프로그램은 영웅적 개인에서부터 시작해야 한다. 왜냐하면 그런 선구자들이 아힘사의 광채를 발산할 때에만 모든 인류가 고양될 것이기 때문이다.

모든 사람들은 누군가의 지지가 없을 때에도 심지어 적대감에 맞서서도 비폭력을 실천할 수 있다. 참으로 역경 속의 아힘사는 자기정화를 위한 지상(至上)의 방법이 되고, 자기지식으로 나가는 가장 진실한 길이 된다. 아힘사는 자연(*Nature*)에 존재하는 부 엔트로피 힘(*anti-entropic force*)이고, 파기할 수 없는 인류의 법칙이다. 진리(*Truth*)에 대한 무조건적인 공약이 행동에서는 한정된 진리(*limited truth*)로 나아가듯이, 아힘사라는 보편적 강령도 적합한 비폭력 정책을 낳을 것이다. 진리추구가 진리의 능동적 측면이듯이, 정책으로서의 비폭력은 건설적인 정치적·사회적 행동의 한 양상이다. 진리와 비폭력은 혼이 갖고 있는 통일된 불변의 힘이다. "비폭력과 진리는 모든 종교의 직각(直角)을 이루고 있는 셈이다."[27]

하지만 우리는 아힘사를 강령(*the creed*)으로서는 의심하면서 하나의 정책으로서 편의상 믿는 일이 없도록 유의해야 한다.[28] 개별적 정책

27 〔원주〕(비폭력의) 문제, 〈나바지반〉, 1925. 8. 9. 〔역주〕《마하트마 간디의 도덕·정치사상》권 2, 162번 참조.

28 Iyer, Raghavan N., 《마하트마 간디의 도덕·정치사상》(*The Moral and Political Thought of Mahatma Gandhi*, Oxford University Press, 1973) 8장을 볼 것.

하나가 분명히 효과가 있을지의 여부와 관계없이, 아힘사 강령을 고수하는 것은 필수적이다. 더구나 간디는 정책(*policy*)과 단순한 책략(*mere tactics*) 사이를 구분했다. 성공적 책략들의 일부는 때때로 적합하지 않을 수 있다. 하지만 정책 자체는 항상 적합한 것이다. 간디는 그의 비폭력적 프로그램이 영국인들에게는 작용했음을 인정하면서도, 히틀러나 무솔리니와 같은 자에게는 반드시 실패했을 것이라고 역설하는 사람들에 대해서 놀라워했다. 이와 같은 견해는 영국인들의 자선을 낭만적으로 보고, 폭군이 인간의 일부라는 사실을 전면적으로 부인하는 것이다. 자신의 확고한 신앙 때문에 간디는 누구에 대해서도 그 사람의 성장 가능성과 심정의 변화 그리고 그 사람이 꼭 필요하다는 사실을 인정하지 않을 수 없었다. 하지만 간디 자신은 영국인들이 지독하게 무자비하거나 빗나갈 수 있다는 사실을 경험했다. 아힘사의 보편타당성에 도전하기 위해서는, 미묘한 인종주의보다 더 합리적인 무엇이 요구될 것이다.

하지만 아힘사를 전쟁과 평화의 이슈에 적용하면, 간디 가르침이 도저히 타협이 불가능하다는 사실을 우리는 알 수 있다. 비폭력은 대적과 싸우지 않으려는 태도를 의미하는 것이 아니다. 그러나 그의 논의에 따르면 우리의 적수는 언제나 무지(無知)와 사람이 범하는 악이지, 사람들 자신 속에 있는 것이 아니다. 간디가 전쟁과 모든 유형의 폭력을 혐오하기는 했으나, 우리는 그를 정통 평화주의자로 분류할 수는 없었다. 전쟁에 대해서 간디는 실제로 다음과 같이 생각했다. 즉 전쟁 자체는 전쟁이 일어나도록 부추기거나 허락했던 사람들의 암울한 도덕적 오점이지만, 전쟁에 휩쓸려 들어간 개인들이 종종 보여주는 용기와 영웅주의는 그들의 도덕적 성격을 잘 반영해 준다고 생각했다. 간디는 전쟁에 간접적으로 참여하기를 거부했고, 다른 사람들이 간디를 위해서 간디 자신의 전투를 싸우겠다는 것도 허락하지 않았다. "내 이웃을 죽여 달라고 군인들에게 돈을 지불하는 일, 그리고 스스로 군인이 되는 일 사이에서 양자택일해야 한다면, 나는 나의 강령에 따라서 폭력의 힘을 통제하거나, 잘하면 내 동료를 개심시킬 희망을 품고 군인으로 입대할 것이다. 나는 마땅히 그래야만 할 것이다."[29]

간디는 전쟁 훈련이 민중의 기운을 떨어뜨리고 짐승처럼 만들며, 그 후 국가들을 절망과 불만의 나락으로 떨어뜨린다고 믿었다. 그래서 그는 비폭력이 테러리즘과 고문에 대항하는 가장 순결한 무기라는 점을 보여주고자 노력했다. 고상할 정도의 존엄성과 형제애를, 심지어 죽음에 이르기까지 고수하는 자는 공격을 혼란에 빠뜨리고 공격자를 수치스럽게까지(*shame*) 한다고 간디는 단언했다. 간디는 복수의 흔한 악순환을 종료시킬 수 있는 유일한 수단이 비폭력이라는 점을 역설하면서도, 비폭력에는 숙련된 시중(*timeliness*, 時中)이 필요하다고 했다. 시중에 맞지 않는 일은 무모함 때문에 자살이나 순교에 이를 수도 있다. 그리고 비폭력의 이름으로 본의 아니게 죽는 것보다 그것을 위해서 살아가는 것에 더 높은 진리가 있다고 간디는 생각했다. 간디는 보어전쟁으로부터 제2차 세계대전에 이르기까지 그 전쟁 과정을 지켜보고, 비폭력의 근본 강령에 대한 확신을 더욱더 강화해갔다. 그는 히로시마 원폭 투하에 대해서 들었을 때 "이제 세계가 비폭력을 수용하지 않는다면, 원자탄은 인류에게 명백한 자살을 의미한다"고 선언했다.[30] 비폭력 국가에서 무기를 들지 않고

---

29 〔원주〕 (실천의) 어려움, 〈영 인디아〉, 1930. 1. 30. 〔역주〕 《마하트마 간디의 도덕 · 정치사상》 권 2, 267번 참조.

30 〔원주〕 어느 영국인 언론인과의 대담, 〈하리잔〉, 1946. 9. 29. 〔역주〕 《마하트마 간디의 도덕 · 정치사상》 권 2, 292번 참조.

무력 침공에 저항할 수 있는 비폭력 군대를 양성하는 일이 결국엔 이루어져야 할 것이다. 비록 그런 예상이 아무리 요원한 것이라고 해도, 간디는 그것을 단념하기를 거부했다. 왜냐하면 폭력에 의한 승리가 인간의 야만화와 더 많은 폭력의 영속화만을 보증한다는 점을 그는 알았기 때문이다.

완전한 인간이 되기 위해서 — 사탸와 아힘사를 최고의 경지로까지 구현하기 위해서 — 노력하는 개인은, 내면적 변화의 성숙한 성과에 해당되는 도덕적 용기를 현시하기 위해서 타인들에게 의존해서는 안 된다. 그렇지만 유사한 심성의 탐구자들과 추구자들은 서로에게 도덕적 지지와 상호 격려를 보낼 수 있을 것이다. 한 국가의 정치적 삶이 영화(靈化) 되려면(*to be spiritualized*), 그 과정은 유목적적 공동체에서 시작되어야 한다. 간디의 아슈람은 그와 같은 선구적인 시도로 그런 공동체가 주창했던 원리들의 구현을 공약했던 작은 공동체였다. 이 원리들 중 가장 주요한 것은 사탸와 아힘사 서약이었다. 자기규제와 정화는 신구의(身口意)의 억제, 미각의 통제, 그리고 무소유와 무외의 서약이었다. 또 가장 넓은 의미에서의 불투도(不偸盜) 그리고 스와데시 곧 자립의 서약 역시 필수적인 것이었다. 아슈람의 힘은 삶을 위해서 상세한 규칙들을 제정하는 데 있는 것이 아니라, 공유하고 있는 관점을 사례를 통해서 드러내고 '진리실험'을 실시하려는 의식적 노력에 있다.

아슈람은 연대의 처소로 볼 수 있는데, 거기에서 사람은 자기 자신을 넘어서 진리를 한 걸음 더 멀리 움직이는 시도를 통해서 자신을 검증할 수 있다. 거기에서 아나사크티(사심 없는 행위)는 양육될 수 있었고, 오류는 교정될 수 있었고, 해결책은 시도될 수 있었고, 타파스(고행)는 배가될 수 있었다. 행운아라면 아슈람 안에서 "행복한 인생의 비결이 포기에 있다"[31]는 점을 발견할 수 있었다. 간디에게 아슈람은 대우주의 완전한 잠재력을 비춰 줄 수 있는 소우주였다. 즉 희미하게 빛나는 바다를 비춰 주는 작은 물방울 하나이다. 간디는 우리가 하찮은 자아(*puny selfhood*)를 점진적으로 포기하면 마음과 심정을 모든 인류의 자아(*Self*)에게 열 수 있다고 느꼈다. 간디는 지구 전체를 포용하면서 다음과 같은 희망을 품었는데, 자신의 세대뿐만 아니라 모든 후대의 사람들에게도 해당되는 말이다.

> 따라서 아힘사 원리가 육신 속의 삶과 얼마나 어울릴 수 있고, 그 원리가 일상적 행위에 어떻게 적용될 수 있는지를 발견하는 일은, 나와 같이 포기의 원리를 고수하는 자들의 몫으로 남아 있다. 다르마의 덕성 중의 하나는 바로 그것이 보편적이고, 그 실천이 소수의 독점이 아니라 만인의 특권이어야 한다는 점이다. 진리와 아힘사의 영역은 범세계적이란 것이 나의 확고한 신념이다. 이런 이유로 나는 진리와 아힘사를 추구하는 데 나의 생명을 바치면서 말로 설명할 수 없는 기쁨을 찾았고, 같은 행동을 함으로써 그 기쁨을 나와 함께 나눌 수 있도록 다른 사람을 초청하는 바이다.[32]

---

31 〔원주〕 125살까지 살기, 〈하리잔〉, 1946. 2. 24. 〔역주〕 《마하트마 간디의 도덕·정치사상》 권 2, 366번 참조.

32 〔원주〕 자이나교의 아힘사, 〈영 인디아〉, 1928. 10. 25. 〔역주〕 《마하트마 간디의 도덕·정치사상》 권 2, 163번 참조.

II

인간 본성, 완전성과 역사

1. 인간 본성

1) 인간은 선하다

1910. 1. 12

친애하는 웨스트 씨께,
당신께 개인적인 편지를 쓰기를 자주 소망했습니다만 여의치가 않았습니다.

육신과 마음 그리고 혼에 있어서 안녕하십니까? 전보다 요즘 더 편안하십니까? 집안 분위기는 어떻습니까? 새로운 조치가 당신 부인의 마음에 듭니까? 지금 데비는 평화롭습니까? 정착지의 다른 사람들도 안녕하십니까?

나에 대해서 말하자면 지금 많은 싸움을 벌이고 있습니다. 현재의 주변 상황은 전혀 우호적이지 않습니다. 하지만 내 마음은 평안하다고 생각합니다. 당신이 아시다시피 내 마음은 지극히 활동적이어서 절대로 쉬는 법이 없습니다. 지금 나는 대담한 실험을 하고 있는 중입니다. 매사냥의 윤리는 내 생애에 일어날 일의 조짐으로 보일 뿐입니다. 내가 관찰하면 할수록, 현대 생활에 대한 불만은 커질 뿐입니다. 그 안에서 좋은 것을 전혀 볼 수가 없습니다. 사람들은 선합니다. 하지만 그들은 자신들이 선행을 하고 있다는 거짓된 믿음하에 자신들을 불행하게 만드는 가련한 희생자입니다. 나는 이런 믿음의 배후에 어떤 오류가 있다는 것을 압니다. 나는 내 주변에 있는 것을 점검한다고 주장하지만 실은 도착(倒着)의 바보일지도 모릅니다. 우리 모두 이런 종류의 위험은 감수해야 합니다. 사실을 말하자면, 우리는 모두 우리가 옳다고 느끼는 바를 행하도록 되어 있습니다. 내 입장에서 보면 현대 생활은 옳지 않습니다. 그 확신이 크면 클수록 내 실험은 더욱 대담해질 것입니다.

귀하의 신실한 친구

M. K. 간디

추신 이 글을 쓰는 내내 마음이 불안합니다. 하지만 당분간 위의 글로 충분할 것입니다.

웨스트(A. H. West)에게 보낸 편지,
CW 4413 ; 《전집》 10 : 217

2) 인간과 신

델리, *1924. 10. 6*

오늘로 고행과 기도를 시작한 지 20일째이다. 나는 지금 평화의 세계에서 투쟁의 세계로 들어간다. 그 점에 대해서 생각하면 할수록 점점 더 무력해지는 것 같다. 수많은 사람이 일치대회가 시작했던 일을 내가 마치기를 기대한다. 수많은 사람이 내가 정치 당파들을 결집하기를 기대한다. 그러나 내가 아무 일도 못할 것임을 나는 안다. 오직 신만이 만사를 하실 수 있다. 주님이시여! 저를 당신의 적합한 도구가 되게 하시고, 저를 당신의 뜻대로 써 주십시오.

인간은 아무것도 아니다. 나폴레옹은 많은 것을 계획했지만 세인트헬레나섬에 포로가 되고 말았다. 강력한 카이저는 유럽의 제왕을 목표로 했지만 일반 시민의 처지로 전락하고 말았다. 신의 뜻이 그랬기 때문이다. 그런 사례를 숙고하고 겸손해지자.

은총, 특권 그리고 평화와 더불어 보내는 요즘의 나날, 나는 우리가 사탸그라하 아슈람에서 자주 부르던 찬송가를 콧노래로 불렀다. 그것이 너무 좋아서 그 원문에 얽매이지 않는 번역을, 독자와 나누고 싶은 유쾌한 마음을 억누를 수 없다. 찬송가의 가사는 내가 쓸 수 있는 어떤 것보다 내 사정을 잘 표현하고 있다.

찬송가는 아래와 같다.

신이시여. 제 영광은 당신이 지켜 주심에 있습니다.
당신은 언제나 제 피난처이십니다.
당신은 약자들의 보호자이시기 때문입니다.
당신은 죄인들의 통곡을 들어주실 것을 약속하십니다.
저는 늙은 죄인입니다. 저를 도와주소서.
이 어둠의 바다를 건널 수 있도록.
죄와 인류의 불행을
없애는 것은 당신의 존재이십니다.
툴시다스에게 은혜를 베푸시고
그를 당신의 귀의자로 만드시기를.[1]

나의 피난처, 〈영 인디아〉,
1924. 10. 9 ; 《전집》 29 : 192

1 〔역주〕 원전은 툴시다스의 찬송이었다. 《전집》 권 29, 236면.

3) 혼의 힘

1924. 11. 15

스와미지,

당신은 나에게 세 가지 질문을 하셨습니다.

1 타파스야(고행)의 힘이 상업화되면 그것은 중지되고 말 것입니다.
2 야즈냐(희생제사)는 힘을 얻기 위해서 수행되므로, 그것이 진행중일 때 외부의 보호가 필요합니다.
3 라마의 공적을 설명할 때, 나는 그가 육신의 힘을 통해서 승리를 얻었음을 보여주는 아무 증거를 찾지 못했습니다.
4 크리슈나 얘기에서, 많은 것이 비유적 성격을 띱니다. 그 안에는 물리력이 아니라 혼의 힘에 대한 증거밖에 없습니다.

우리는 오늘날에도 지성의 힘이 육신의 힘을 능가하는 것을 봅니다. 하지만 이 양자 모두 혼의 힘(*soul-force*) 앞에서는 대수롭지 않은 것입니다.

귀하의 신실한 친구
모한다스 간디

스와미지(Swamiji)에게 보내는 편지(H.),
《마하데브 데사이의 일기》(필사본) ; 《전집》 29 : 305

4) 악의 인격화

한 투고자는 다음과 같이 쓰고 있다.

> 수개월 전 당신은 어떤 종교 체계들과 신에 대한 믿음에 관한 제 편지를 내용에 비추어 꼭 맞지 않는 제목 아래 출판하셨습니다. 당신의 글과 연설에서 당신이 매우 자주 사용하는 이름, 그분의 대적(셈족의 믿음에 따라서)에 대해서 당신에게 질문을 던지려 합니다. 당신

의 잡지(1925년 8월 6일호)에 실린 '사탄의 덫'이란 기사에서 보듯이, 그것〔대적이라는 단어를 사용하는 것〕은 물론 효과가 없는 것은 아닙니다. 당신이 기독교라는 셈족의 교리를 통해서 사탄의 존재를 믿도록 교육을 받아왔던 민중의 언어로 글을 쓰거나 연설을 하기 때문에, 그것이 의도한 바가 수사적 효과뿐이라면, 저는 할 말이 없습니다. 하지만 다른 것들은 그만두고라도 언급된 기사는 당신이 사탄의 존재를 믿고 있다는 점을 실제로 지적하는 것으로 보입니다. 사탄의 존재에 대한 믿음은, 제 소견으로는 상당히 비힌두교적입니다. 인간의 지속적인 타락의 원인이 무엇입니까 하는 아르주나의 질문을 받고, 크리슈나는 '그것은 욕정(*kama*)이고, 그것은 분노' 등등으로 대답하셨습니다. 힌두교 믿음에 따르면, 유혹자는 우리 외부에 있는 어떤 인격도 아니고 어떤 다른 존재[2]도 아닙니다. 경전들이 인간의 '여섯 원수들'을 열거하고 있기 때문입니다. 카마(욕정), 크로다(*krodha*: 분노), 로바(*lobha*: 탐욕), 모하(*moha*: 무지),[3] 마다(*mada*: 아만), 마트사라(*matsara*: 선망 또는 질투)입니다. 그러므로 힌두교 안에는 사탄, 타락한 천사, 유혹자 또는 프랑스 작가 아나톨 프랑스가 일컬었던 '신의 인간사'(*God's man-of-affairs*)가 들어설 자리가 없음이 분명합니다. 그런데 힌두교도인 당신이 어떻게 악마(*the Old One*)의 참존재를 믿는 것처럼 말하고 글을 쓸 수 있습니까?

이 투고자[4]는 〈영 인디아〉지의 독자에게는 잘 알려져 있는 분이다. 그는 활짝 깨어 있어서 내가 사탄이란 단어에 부여할 수 있었던 의미에 대해서 충분히 알고 있는 사람이다. 하지만 나는 그의 내부에 어떤 성향—아주 작은 오해라도 있을 가능성이 있는 문제들에 대해서, 또는

---

2 〔역주〕 인격은 'person', '어떤 다른 존재'는 'one'의 역어이다.

3 〔역주〕 투고자가 영어 infatuation으로 번역한 산스크리트어 모하(*moha*)는 불교에서는 치(痴)로 한역되어 왔다.

4 S. D. Nadkarni.

좀더 상세한 해명이 필요하다고 여겨지는 많은 문제에 대해서 내 입을 열게 하는 성향—이 있음을 본다. 내 생각으로 힌두교의 아름다움은 모든 것을 포함하는 포괄성에 있다. 《마하바라타》의 거룩한 저자가 그의 위대한 창조물에 대해서 말한 것은 힌두교에도 같이 적용된다. 일체의 다른 종교에 포함되어 있는 주요한 것은 힌두교에서도 항상 발견된다. 그것에 포함되지 않은 것은 하찮거나 불필요한 것이다. 나는 힌두교 안에도 사탄이 들어올 여지가 있다고 믿어 의심치 않는다. 기독교 성경의 사탄 개념은 새롭지도 않고 독창적인 것도 아니다. 사탄은 성경에서조차도 인격이 아니다. 또는 라바나 또는 아수라 종족 전체가 힌두교에서 인격이라면, 사탄은 성경에서 하나의 인격이다.

나는 역사적인 사탄의 존재를 믿지 않듯이, 머리 10개, 팔 20개를 가진 역사적 라바나의 존재도 믿지 않는다. 그리고 사탄과 그 무리가 타락한 천사이듯이, 라바나와 그 패거리도 타락한 천사들이다. 당신이 원한다면 그들을 신들(*gods*)이라고 부를 수도 있다. 사악한 정염과 고상한 사유에 인격체를 부여하는 일이 죄가 된다면, 그 죄에 대해서는 아마 힌두교가 가장 큰 책임을 져야 할 것이다. 내 투고자가 언급한 여섯 정염들과 이름 없는 다른 정염들은 모두 힌두교 안에 육신으로 나타나지 않았던가? 드리타라슈트라와 그의 백 명의 자식들은 누구이고 무엇인가? 시간의 마지막까지 상상력, 즉 시(詩)는 인간의 진화에 유익하고 필수적인 역할을 하게 될 것이다. 정염들이 마치 사람이라도 된 것처럼 우리는 그것들에 대해서 계속 말하게 될 것이다. 그것들이 사악한 사람들처럼 우리를 괴롭히지 않던가? 그래서 다른 무수히 많은 일에서와 마찬가지로 지금 주목하고 있는 사안에서도, 문자는 생명을 죽이고 정신은 생명을 준다.

힌두교에 사탄이 존재하는가?, 〈영 인디아〉, 1925. 9. 17 ; 《전집》 32 : 263

5) 개체성 (*Individuality*) 과 자기초월

사바르마티, *1926. 1. 12*

안녕하십니까?

여유가 좀 생기는 대로 당신에게 답장하기 위해서 당신의 편지를 최근 늘 지니고 있었습니다.

대략 말씀드리자면 나는 나에 대한 당신의 표현 속에서 내 자신을 볼 수 없었습니다. 당신이 제시했던 이념들은 상당한 힘이 있습니다. 그것들을 이제 내 나름의 방식으로 제시해 보겠습니다.

1 음악을 비롯한 예술은 인간의 영적 진보에 적절한 위상을 갖고 있지만, 예술은 평가받기 위해서 지각에 의존해야만 하는데, 인간이 예술을 대체할 때가 올 것입니다. 그래서 내가 이해하는 예술은 그것 자체로 절대 목적일 수 없습니다.

2 하늘의 무한한 아름다움을 지각하는 자는 그것을 향유하는 데 캔버스가 필요 없듯이, 내면에 있는 하늘의 아름다움을 읽을 수 있는 자는 머리 위의 하늘을 거의 필요로 하지 않을 것입니다. 사실상 이 세 과정은 함께 진행됩니다. 가장 진실한 내면적 기쁨은 육체적으로 눈멀고 귀먹고 벙어리인 사람도 즐길 수 있습니다.

3 자기 자신 — 당신이 자기 자신을 개체성 · 관능성 · 인격 등 뭐라고 부르든 — 의 완전한 절멸이 완벽한 기쁨과 평화의 절대 조건입니다. 하지만 개체성 · 인격 등은 무엇입니까? 나는 불교의 니르바나와 샹카라의 브라마 니르바나를 구별하지 않습니다. 하지만 샹카라가 불교의 니르바나를 단순한 공(*emptiness*)으로 이해했는데, 그의 관점에서 보면 옳았음이 분명합니다. 그러므로 개체성에 대한 당신의 정의는 내 것과 전적으로 다를 가능성이 매우 높습니다. 바다의 물 한 방울이 바다를 떠나서 그 자체의 개체성을 가집니까? 그렇다면 해탈한 혼은 자체의 개체성이 있습니다. 질병에 대한 의식.[5] 하지만 나는 더 이상 깊은 물속으로 들어가지 않으렵니다.

4 내가 차르카(물레)를 제시하는 것은 그들 모두의 영적 해방을 위해서가 아닙니다. 하지만 그것은 나에게 그리고 물레를 중심에 두고 내가 설립한 단체에게는 영적 해방을 의미합니다. 그것은 유럽인에게 라마나마(*Ramanama*)는 무의미하지만 툴시다스와 그와 같은 부류의 사람들에게는 천상의 음악이었던 것과 같습니다.

당신의 진지한 질문에 대해서 내 대답이 얼마나 불완전한지 압니다. 당신이 원하신다면 다른 도리가 없지만, 만일 당신이 내 의견을 원하신다면 나는 그 대답을 출판하지 마시기를 강력하게 권고합니다. 무엇보다도 그것이 지나치게 상세해서 이해하기 어렵습니다. 그 간극을 메울 수 있는 이전의 토론 덕분에 당신은 이해하실 것입니다만.

편지, SN 14080 ; 《전집》 33 : 298

6) 한 분이지만 다수이시다

친구 한 사람이 아주 겸손하게 다음 세 가지 질문을 해왔다.

1 당신은 카스트의 사성(四姓) 구분이 태생에 근거한 것으로 간주합니다. 당신은 한 카스트가 다른 카스트에 속하는 의무를 수행하는 것을 금지하지 않는다는 점을, 그리고 어떤 사람도 그 태생과 관계없이 브라만(*Brahmin*, 婆羅門), [6] 크샤트리아, 수드라의 특성을 가질 수 있다는 점도 믿습니다. 만일 사실이 그러하다면, 이 구분을 유지하는 것, 그리고 결과적으로 우등과 열등의 질서를 유지하는 것이 무슨 소용이 있습니까? 우연적인 태생이 어떻게 사람을 브라

5 〔역주〕 해탈한 혼과 질병의 의식 사이의 관계? 질병의 의식이란 구절만 있어서 어떤 의미인지는 분명치 않다. 개체적 존재를 갖는다는 해탈한 혼이 병적임을 말하는 것일까?

6 〔역주〕 우주적 신적 원리로서의 브라만(*Brahman*, 梵)과는 엄격히 구별되어야 한다.

만, 크샤트리아, 수드라로 만들 수 있습니까? 태생에 왜 커다란 중요성을 부여합니까?

2 당신은 불이론(不二論, 아드바이티즘)을 믿는다고 하면서도, 세계가 시작과 끝이 없으며 참이라고 말합니다. 당신은 개체적 아트만(*the individual atman*)의 자유를 믿으니 이원론자도 아닙니다. 그렇다면 당신을 아네칸타바디(*anekantavadi*) 또는 스야드바디(*syadvadi*)[7]라고 부르는 것 역시 적절하지 않을 것입니다.

3 당신은 신이 정염이나 속성에서 자유로운 존재, 비인격적 절대 존재라고 자주 말씀하십니다. 이는 그가 우주의 창조주가 아님을, 앉아서 인간의 선악을 심판하는 자가 아님을 의미합니다. 그리고 당신은 자주 신의 의지에 대해서 말씀하십니다. 그런데 일체의 속성도 없는 신이 어떻게 의지를 가집니까? 당신의 의지를 그분의 의지에 어떻게 순응하겠습니까? 당신의 아트만은 자신이 좋아하는 것을 자유로이 행합니다. 만일 아트만이 그런 일에 실패한다면, 그것은 아트만의 과거 행위에 대한 결과이기 때문이며, 신은 그 일과는 아무 관련이 없습니다. 그렇지만 당신은 일반인들을 속이기 위해서 신의 의지에 대해서 말씀하실 수도 없습니다. 당신이 사탸그라히이기 때문입니다. 그런데 왜 이러한 숙명론이 있습니까?

1 내가 사성의 구분을 수용한다는 것은 자연(*Nature*)의 법칙을 간단히 수용한다는 것이고, 인간 본성에 내재적인 것, 유전의 법칙을 당연지사로 수용한다는 것이다. 우리는 부모의 특질 중 일부를 갖고 태어난다. 인간이 인간의 종에서만 태어난다는 사실은 카스트 등과 같은 어떤 특성이 태생에 의해서 정해진다는 것을 보여준다. 우리가 물려받은 성격을 어느 정도까지 개혁할 수 있는 만큼 자유의지의 영역은 존재한다. 단 한 번의 탄생으로 우리 과거 행위에 대한 결과를

7 〔역주〕 번역하면 '다면성 이론 신봉자'가 될 것이다.

모조리 없애는 것은 불가능하다. 그런 관점에서 브라만 부모에게서 태어난 사람을 브라만으로 간주하는 것은 모든 면에서 옳고 적절하다. 브라만은 수드라의 행위를 함으로써, 금생에서는 수드라가 될 수 있다. 하지만 그를 계속 브라만으로 다룬다고 해서 세상이 잃을 것은 아무것도 없다. 오늘날 존재하는 카스트는 인간의 상이한 직업들을 규정할 따름인 원래의 사성을 곡해한 것이다. 사람들은 원래의 사성 구분을 경박하게 다루면서 무효화시켜 버렸다. 하지만 바로 그 이유를 내세워 내 눈앞에서 한 걸음마다 완성되고 있는 자연의 법칙을 어떻게 버릴 수 있겠는가? 내가 만약 자연의 법칙을 버린다면 많은 문제를 없앨 수 있음을 알고 있지만, 그것은 쓸데없는 지름길이 될 것이다. 나는 우리의 카스트가 자만해야 할 일이 아니며, 이들 사성 어느 것에도 우월성을 부여하지 않는다는 점을 천명(闡明)해왔다. 진정한 브라만이라면 수드라 중 가장 비천한 자들에게 봉사하는 일을 명예로 느낄 것이다. 사실상 진정한 브라만이 되기 위해서는 자신의 성질에다 크샤트리아, 바이샤, 수드라의 성질까지 겸비해야 한다. 오직 그런 사람만이 현저하게 신성한 지식의 소유자일 것이다. 오늘날의 카스트는 가혹한 시련 속에 빠져 있다. 오직 하늘만이, 또는 아마도 브라만들만이 최종결과를 알 것이다.

2 나는 불이론자이지만 드바이티즘(*dvaitism* : 이원론)도 지지할 수 있다. 세계는 매 순간 변한다. 그래서 그것은 비실재이고, 영속적 존재를 전혀 갖지 않는다. 하지만 그것이 부단히 변화하면서도 무엇인가 지속하고 있는 것이 있는 만큼 그것은 참이다. 그래서 그것이 참이라고 하든 거짓이라고 하든, 나는 반대하지 않겠다. 그래서 나는 아네칸타바디 또는 스야드바디로 불리는 것이다. 하지만 내가 말하는 스야드바다(*syadvada*: 다면성 이론)는 학자들의 것이 아니라 내

나름의 독특한 것이다. 나는 그들과 토론할 수는 없다. 내 경험에 따른다면, 내 자신의 관점에서 보면 나는 언제나 진실하지만 내 정직한 비판자들의 관점에서 보면 종종 틀린다. 각자의 관점에서 보면 우리 모두가 옳다는 것을 나는 안다. 그리고 이런 사실이 내 대적자들과 비판자들이 나쁜 의도가 있다고 생각하는 것을 막아 준다. 코끼리에 대해서 7개의 다른 진술을 한 7명의 소경들이 각자의 관점에서 보면 모두 옳고, 다른 사람들의 관점에서 보면 모두 틀리고, 코끼리를 아는 사람의 입장에서는 옳기도 하고 틀리기도 하다. 나는 실재의 다면성(*the manyness of reality*) 교의를 매우 좋아한다. 무슬림은 무슬림 자신의 입장에서, 기독교도는 기독교도 자신의 입장에서 판단하도록 나를 가르친 것은 이 이론이었다. 이전에 나는 적들의 무지를 원망하곤 했다. 오늘날에는 다른 사람이 나를 보듯이 나를 보고, 그리고 나는 다른 사람을 내 자신처럼 보는 눈을 부여받았으므로 그들을 사랑할 수 있다. 나는 내 사랑의 품안으로 온 세상을 받아들이기를 원한다. 내 아네칸다바다(다면성 이론)는 진리와 아힘사라는 쌍둥이 교의의 결과이다.

3 나는 내가 신을 믿는 그대로 신에 대해서 얘기한다. 내가 왜 민중을 기만하여 오류에 빠지게 하고, 나 자신의 파멸을 초래할까? 나는 그들로부터 아무 보상을 구하지 않는다. 나는 신이 비창조적이기도 하고 창조적이기도 하다고 믿는다. 이것 역시 실재의 다면성 교의의 수용에서 나온 결과이다. 나는 자이나교도의 견지에서 신의 비창조적 측면을 증명할 수 있고, 라마누자(*Ramanuja*)의 견지에서는 신의 창조적 측면을 증명할 수 있다고 여긴다. 우리는 사실상 생각조차 할 수 없는 존재(*the Unthinkable*)를 생각하고, 묘사할 수도 없는 존재(*the Indescribable*)를 묘사하며, 미지의 존재(*the Unknown*)를 알려

고 하는 것이 아닌가. 바로 그 때문에 우리의 말이 더듬거리며, 부적절하고, 흔히 모순에 빠지기도 한다. 그렇다면 《베다》는 왜 브라만(*Brahman*, 梵)[8]을 '이것도 아니고', '저것도 아니다'라고 묘사했는가? 그러나 만일 그분 또는 그것이 이것이 아니라고 해도, 그분 또는 그것은 존재는 할 것이다. 만일 우리가 존재하고, 만일 우리 부모, 그리고 그 부모의 부모가 존재했다면, 피조물 전체의 부모(*the Parent*)를 믿는 것이 적합하다. 그분이 존재하지 않는다면 우리는 어디에도 존재하지 않는다. 그리고 바로 그 때문에 우리 모두는 한목소리로 하나의 신을 파람아트만, 이슈와라, 시바, 비슈누, 라마, 알라, 쿠다, 다다 호르무즈다, 야훼 또는 하느님, 그리고 무한히 다양한 이름들로 부른다. 그는 한 분이지만 다수이시다. 그는 원자보다 작고 히말라야산보다도 크시다. 그는 바다의 물 한 방울 안에도 거하시지만, 일곱 대해마저도 그분을 다 포함할 수 없다. 이성은 그를 아는 데에는 무능하다. 그는 이성의 범위나 능력을 초월한다. 하지만 나는 이 점을 설명하기 위해서 더 이상 수고하지 않으련다. 신앙은 이 문제에 있어서 필수적이다. 나의 논리는 수많은 가설을 세우기도 하고 부술 수도 있다. 무신론자는 토론에서 나를 궁지에 몰아넣을 수 있다. 하지만 내 신앙은 내 이성보다 훨씬 빨리 달리므로, 나는 세상 전체에 도전하며 "신은 존재하신다, 존재하셨고, 항상 존재하실 것이다"라고 말할 수 있다.

그러나 신의 존재를 부인하고 싶은 자들이 부인하는 것은 자유다. 그는 인자하고 자비로우시다. 그는 지상의 왕처럼 군대를 동원하여 당신의 지배를 받아들이도록 우리에게 강제하는 분은 아니시다. 그

---

8 〔역주〕 사성의 하나가 아니라, 우주적 신적 원리이다. 그런데 간디는 이 원리를 'It'이라고도 부르지만 이 원리에 인격성도 부여하고 있다.

는 우리에게 자유를 허락하시지만, 그의 자비는 그의 의지에 순종하도록 명하신다. 하지만 우리 중 누구든 그의 의지에 경배하기를 경멸한다면, 그분은 "그렇게 하도록 하라. 내 태양은 그대에게 적게 비치지는 않을 것이고, 내 구름이 그대에게 적은 비를 내리지 않을 것이다. 내 지배를 받아들이게 하기 위해서 그대를 강요할 필요가 없다"라고 말씀하신다. 무지한 자들로 하여금 그분의 존재에 대해서 논란을 벌이도록 하라. 나는 그분을 믿는 수백만 현자들 중 하나로 그분에게 경배하고 그분의 영광을 노래하는 일에 지치지 않을 것이다.

세 가지 핵심 질문, 〈영 인디아〉, 1926. 1. 21 ; 《전집》 33 : 313

7) 인간의 존엄과 사명

사바르마티 아슈람, *1926. 4. 9*

사랑하는 친구에게,

당신의 편지를 받았습니다. 나 역시 도마뱀이 바퀴벌레를 먹고, 바퀴벌레는 보다 작은 벌레를 잡아먹는 것을 자주 보았습니다. 그렇다고 해서 큰 놈이 작은 놈을 먹고 사는 법칙의 작용을 막으라는 소명이 나에게 주어진 것 같지는 않습니다. 내가 장엄한 신비를 꿰뚫어 본다고 주장하는 것은 아닙니다만, 이와 같은 법칙의 작용을 보고 짐승의 법칙이 인간의 법칙(*the law of the Man*)이 아니라는 사실을 배웠습니다. 그리고 인간은 고통스런 노력을 통해서 자신 속에 있는 동물적인 것을 극복해야 하며 동물적인 것이 있음에도 불구하고 살아남아야 한다는 사실을, 자신의 주위에서 작용하는 힘사의 비극을 통해서 스스로 아힘사라는 지고의 교훈을 알아야 한다는 사실을 나는 배웠습니다. 그래서 인간이 자신의 존엄성과 사명을 실현하자면, 파괴에 참여하기를 중지해야 하고, 자신보다 약한 동료 피조물을 포식하기를 거부해야 합니다. 그것을 자신을 위한 이상으로 삼아 거기에 도달하기 위해서 매일매일 노력할 수 있을 것입니다. 완전한 성공은 우리가 목샤 곧 해탈을 얻었을 경우에만 가능합니다. 해탈이란 영혼이 육체적 존재에서 독립해서 독립한 상태로 남아 있는 경지입니다.

귀하의 신실한 친구

Sh. V. N. S. Chary
7, High Road
Egmore

차리에게 보낸 편지, SN 19438 ;《전집》35 : 69

8) 혼[9]의 힘의 가능성

한 학생이 다음과 같이 썼다.

> 당신은 비판자들에게 학문적 의미에서 대단히 옳은 대답을 자주 해주었습니다. 그것은 마음에 일종의 일시적인 만족을 줍니다만 실제적 실천에서는 여느 때와 마찬가지로 수수께끼를 해결하지 않은 채 남겨 둡니다. 당신의 말을 사례로 들어보겠습니다. "오직 겁쟁이만이 수의 힘을 믿고 싸운다." 이 말은 추상적 의미로 보면 옳은 말이고, 잠깐 동안은 사람에게 일종의 심리적 확증을 줍니다. 하지만 실제적 실천에서 그것이 무슨 소용이 있습니까? 당신은 혼의 힘에 대한 복음을 누구나 할 것 없이 모든 사람들에게 설교합니다. 그러나 물레와 카디(수직의 천) 조차 믿지 않는 자들이 당신의 이상주의적 충고를 진지하게 받아들일 가능성이 있다고 생각합니까? 당신의 설교는 오리목에 물 붓기와 같이 완전히 헛된 일이 아닙니까?

---

9 〔역주〕 'soul'의 역어이다. 적어도《전집》에서는 'spirit'과 'soul'은 동의어로 사용된 것으로 보인다. 역자는 전자는 '영혼(靈)'으로, 후자는 '혼'으로 옮겼다.

혼의 힘에 대한 나의 충고가 당분간은 소용없는 것으로 보일지 몰라도 완전히 낭비되지 않았기를 분명히 바란다. 영국 속담에 "떨어지는 물방울은 바위도 뚫는다"라는 것이 있다. 나는 투고자에게 오늘날 유토피아적인 것으로 보이는 것도 내일이면 실용적인 것으로 간주될 것이라고 믿는다. 역사는 그런 사례들로 가득 차 있다. 만일 '혼의 힘'이라는 말이 오늘날의 우리 학생들에게 의미 없는 것으로 보인다면, 그것은 우리가 얼마나 비참한 궁지에 빠져 있는지를 보여줄 따름이다. 우리 청년들이 혼이나 영원한 진실들과 같은 것들을 유토피아적인 것으로 간주하고, 찰나적 임시변통만이 그들에게 실용적인 것으로 호소력을 가진다면, 이는 가장 비극적인 것이 아닐까?

우리는 단순한 수의 허망함을 매일매일 맨눈으로 입증하고 있다. 이 말을 입증하기 위해서 오늘날 3억 인도인들의 나라가 10만도 못 되는 영국인들에 의해서 지배받고 있다는 사실보다 더 큰 증거가 무엇이 필요할까? 한 마리 사자의 출현이 1천 마리의 양들을 도망가게 한다. 이유는 간단하다. 양들은 자신들의 단점을 자각하고 있고 사자는 자신의 힘을 자각하고 있기 때문이다. 힘에 대한 사자의 의식이 양들의 수적 힘을 압도한다. '혼의 힘'(*soul-force*) 또는 '영혼의 힘'(*spirit force*)이란 것이 상상력에서 나온 단순한 망상이나 허구가 아니라 실체적 실재라는 것을 이 비유에서 알 수 있지 않을까?

나는 수의 힘을 깔보고 싶지는 않다. 하지만 그것은 영혼에 내재한 힘의 지지를 받아야만 쓸모가 있다. 수백만 개미떼들이 코끼리의 약한 부위를 일제히 공격한다면 코끼리를 죽일 수도 있다. 그들의 연대감이, 즉 많은 수의 몸들에도 불구하고 하나의 영혼(*oneness of spirit*)에 대한 의식, 다시 말해서 영혼의 힘이 개미들을 불가항력의 존재로 만든다. 이처럼 우리가 개미처럼 하나의 집단이 된 느낌을 갖는 순간,

우리도 불가항력의 존재가 되고 쇠사슬에서 우리 자신들을 해방시킬 수 있다.

우리의 민족학교 학생들은 아주 소수에 불과하지만, 그들이 희생과 봉사의 참정신에 의해서, 그리고 이상에 대한 열렬한 신앙에 의해서 고취된다면, 정부교육기관 전체의 모든 학생들보다 나라에 더 큰 도움이 될 것이라는 것이 내 확고한 신념이다. 양보다 질이라는 이론은 그것이 실천에 있어서 진실하기 때문에 타당한 이론이다. 실천에서 증명될 수 없는 것은 이론상으로도 타당할 수 없다고 나는 진정 생각한다.

갈릴레오가 지구는 공처럼 둥글며 축 위에서 회전하고 있다고 선언했을 때, 그는 공상가, 몽상가라고 조롱당하며 욕설을 들었다. 하지만 오늘날 우리는 갈릴레오가 옳았으며, 지구가 정지되어 있고 접시와 같이 평평하다고 믿었던 그의 적수들이 무지의 꿈나라에 살았던 것임을 알고 있다.

현대교육은 우리의 눈을 영혼으로부터 외면하게 만드는 경향이 있다. 그래서 영혼의 힘, 또는 혼의 힘의 가능성이 우리에게 호소력을 가지지 못한다. 그래서 결과적으로 우리의 눈은 일시적, 찰나적, 물질적 힘에 끌리고 있다. 분명히 말하지만 이것은 상상력 하나 없는 아둔함의 한계이다.

하지만 나는 희망과 인내로 살아간다. 나는 내 주장의 정확함에 대해서 불굴의 신앙이 있다. 그 신앙은 나와 동료들의 경험에 근거한다. 우리 학생들 중 누구든 끈기 있고 공평한 탐구력을 갖추기만 한다면, 실험을 통해서 자신의 힘으로 다음 사실을 증명할 수 있을 것이다.

1 숫자만으로는 소용이 없다.

2 혼의 힘 이외의 다른 모든 힘은 찰나적이며 헛된 것이다.

만일 위의 명제들이 옳다면, 모든 학생들이 반드시 자기훈련과 자기정화를 통해서 무적의 힘, 즉 영혼의 힘으로 자신을 무장하도록 부단히 노력해야 할 것임은 말할 것도 없다.

학문적인 것 대 실제적인 것(G.),
〈영 인디아〉, 1929. 11. 14[10] ; 《전집》 47 : 226

9) 개체성과 인격

예라브다 만디르,[11] *1930. 9. 8*

친애하는 매튜 씨께,

인간의 말은 실재를 표현하는 데에는 부족합니다. 혼은 태어나는 것도 아니고 파괴되는 것도 아닙니다. 인격(*personality*)은 멸망하는 것이고, 반드시 그래야만 합니다. 바다의 물방울 하나가 개체이기도 하고 아니기도 한 것처럼, 개체성(*individuality*)은 존재하기도 하고 존재하지 않기도 합니다. 물방울이 바다에서 떨어져 있다고 해서 존재하지 않는 것은 아닙니다. 만일 물방울이 존재하지 않는다면, 즉 개체성을 갖지 않는다면 바다 역시 존재하지 않을 것이기 때문입니다. 이 둘은 아름답게 상호 의존하고(*interdependent*) 있습니다. 그리고 만일 이 말이 물리적 세계에 대해서 진실이라면, 영적 세계에 대해서는 얼마나 더 진실이겠습니까?

사랑을 담아서,

매튜(L. C. Mathew)에게 보낸 편지,
GN 1544 ; 《전집》 50 : 53

---

10 〔역주〕 구자라트어 원본은 1929년 10월 6일자 〈나바지반〉지에 실렸고, 이것은 피아렐랄의 번역이다. 《전집》 권 47, 202면.

11 〔역주〕 만디르는 성소(聖所)의 의미이지만, 간디는 예라브다 교도소를 성소라고 불렀다.

10) 자기탐닉과 자기통제

1932. 3. 24

나의 사랑,

자네는 자기규제(*self-restraint*)를 위한 계획을 실시함에 있어서, 우리 모두가 신성한 존재(*the divine*)의 편린이므로 그 본성을 분유하고 있다는 사실에 대해서, 그리고 신성한 존재에게는 자기탐닉이란 것이 존재할 수 없으므로 자기탐닉(*self-indulgence*)이 마땅히 인간 본성에 낯선 것이라는 사실에 대해서 한순간도 소홀히 해서는 안 되네. 만일 우리가 이와 같은 기초적 사실을 분명히 터득했다면, 우리는 자기통제(*self-control*)를 얻는 데 아무 난관이 없을 것이네. 바로 그것에 대해서 우리는 매일 노래한다네. 자네는 신을 정면에서 바라볼 때에만 자기탐닉에 대한 갈망이 줄어들 것이라고 말한 구절을 한번 상기해 보게.

바푸로부터 사랑을

편지, CW 8961[12]; 《전집》 55 : 126

11) 자기지식(自知)

1932. 6. 21

아름다운 사물에 대한 갈망은 아주 자연스런 것입니다. 문제는 아름다움에 대한 절대적 기준이 없다는 것입니다. 그래서 나는 그 갈망이 충족될 수 없다는 점과 우리 외부에 있는 사물에 대한 갈망으로부터 우리가 내면의 아름다움 보기를 배워야 한다는 점을 생각하게 되었습니다. 우리가 그렇게 하게 되면, 아름다움에 대한 전체적 전망이 우리 앞에 펼쳐질 것이고, 사유화(私有化)에 대한 사랑은 줄어들 것입니다. 비록 내 자신을 서투르게 표현했습니다만, 당신은 내가 의미하는 바를 알기를 바랍니다. …

12 〔역주〕《전집》에는 1932년 3월 14일자의 '틸라감에게 보낸 편지'로 되어 있다.

인생의 목적이 자신을 아는 데 있다는 것은 의심할 여지가 없는 사실입니다. 우리가 살아 있는 모든 것과 우리 자신을 일치시키기를 배우지 않는다면, 우리는 우리 자신을 알 수 없습니다. 모든 생명의 총합이 신입니다. 따라서 우리는 각자 안에 살아 계시는 신을 실현할 필요가 있습니다. 이 지식을 얻을 수 있는 수단은 무한한, 사심 없는 봉사입니다.

편지, 《마하데브바이니 일기》 권 1, 242~243면 ; 《전집》 43 : 56

12) 무지와 사악함

1932. 11. 15

생각해 보니, 오늘의 나는 1921년 간디와 같은 사람입니다. 하지만 나는 같은 방향으로 더 진보해왔기를 바랍니다. 세상의 어떤 것도 고정된 것은 없습니다. 사태는 진보하든지 퇴보하든지 합니다. 나는 당신이 사악하다고 생각한 자들에 대해서 글을 쓰지는 않았습니다. 사악한 자라고 묘사될 만한 사람의 수는 항상 적습니다. 나는 셀 수도 없이 많은 수백만 명의 사람에 대해서 글을 썼습니다. 그들은 무지하고 우둔할 수는 있지만 사악하지는 않습니다. 더 깊이 성찰해 보면, 이런 사실에 대해서 당신은 확신할 수밖에 없을 것입니다. 당신이 사용하고 있는 억압이란 말의 의미에 대해서 보다 분명히 설명해 주셨으면 좋겠습니다.

바산트람 샤스트리(Vasantram Shastri)에게 보낸 편지(G.),
《마하데브바이니 일기》 권 2, 247면 ; 《전집》 57 : 682

13) 평화와 경건함

〔*1935*〕

영구 평화의 가능성을 믿지 않는 것은 인간 본성의 경건함(*godliness*)을 불신하는 것이다. 지금까지 노력해왔던 자들은 최소한의 성실성이 결여되어 있었으므로 여태 수용된 방법들이 실패했던 것이다. 하지만 그들은 성실성의 결여에 대해서 깨닫지 못하고 있다. 화학적 결합은 조건이 완전하게 충족되지 않으면 불가능하듯이, 조건들의 부분적 충족만으로는 평화를 얻을 수 없다. 파괴의 엔진들을 통제하고 있는 인류의 저명한 지도자들이 그것들의 사용이 낳을 결과를 완전히 알고서 전면적으로 사용을 포기할 경우에만 영구 평화가 달성될 수 있다. 이런 일은 지구의 강대국들이 제국주의적 구도를 포기하지 않는 한 분명히 불가능할 것이다. 이것은 또 강대국들이 혼을 파괴하는 경쟁에 대한 신념을 포기하고, 욕구를 증대하려는 욕망과 그에 따른 물질적 소유물을 증가하려는 욕망을 포기하지 않는다면 불가능해 보인다. 악의 뿌리는 살아 있는 신에 대한 살아 있는 신앙의 결핍이라고 나는 확신한다. 예수를 평화의 왕자라고 묘사하면서, 예수의 메시지를 믿는다고 주장하는 지상의 사람들이 실제 행동에서 그 믿음을 거의 보여주지 않는 것이 인간 최대의 비극이다. 독실한 기독교 성직자들이 예수의 메시지 범위를 선택받은 개인들에게 한정하는 것을 보는 것은 고통스런 일이다. 나는 인간의 기본적인 덕목들이 인간들 중 가장 비천한 자들에 의해서도 길러질 수 있다는 진리를 어린 시절부터 배워왔고 경험으로 검증해왔다. 이와 같은 보편적 가능성, 의심할 수 없는 보편적 가능성이야말로 다른 피조물로부터 인간을 구별짓는다. **만일 어떤 위대한 나라가 혼자서라도 포기라는 지고의 행위를 무조건 수행한다면, 우리 중 많은 사람이 살아 있는 동안 지구에 가시적인 평화가 확립되는 것을 볼 수 있을 것이다.**

〈코스모폴리탄〉(*The Cosmopolitan*) 지에 보내는 대답,
〈하리잔〉 1938. 6. 18 ; 《전집》 68 : 265

14) 전면적인 발전

1945. 3. 23

교육이 갖는 하나의 의미는 자아(*the Self*)[13]에 대한 지식이다. 그것은 그 자체로 완벽하다. 하지만 오늘날 이것은 잘못 해석되고 있다. 따라서 자아에 대한 지식이 인간에 대한 전면적인 발전이라는 점을, 그런 방향으로 발전할 수 있도록 도와주는 사람이 참선생이라고 말하고 싶다.[14]

바푸로부터 축복을

고페 구르북사니에게 보낸 메모(H.),
GN 1331 ;《전집》86 : 178

15) 자아와 인격

1945. 3. 24

인격, 즉 자신의 특성은 선할 수도 악할 수도 있다. 만일 그것이 자아와 일치하면 선하고 그것이 자아를 무시하면 악하다. 자아에 대해서 명상하고 그 성질들을 이해하게 되면 인격은 선하게 되고 발전할 것이다.[15]

바푸로부터 축복을

고페 구르북사니에게 보낸 메모(H.),
GN 1334 ;《전집》86 : 185

---

13 〔역주〕 간디는 아트만을 염두에 둔 것 같다.

14 〔역주〕 수신자는 교육의 목표는 무엇이며 누가 선생일 수 있는지 물었다.《전집》권 86, 92면.

15 〔역주〕 수신자는 인격이 무엇이며, 어떻게 형성할 수 있을지를 물었다.《전집》권 86, 95면.

2. 심정, 이성과 신앙

16) 심정과 지성

1924. 10. 22

타라마티 님의 불행[16]을 나는 가엾게 여겼습니다. 그리고 그녀가 분명히 매우 슬퍼했을 것이고 아난드도 당연히 깊이 영향을 받았을 것이라 생각하니 마음이 아팠습니다. 나는 인간의 생과 사에 대해서 너무 무덤덤해졌으므로, 나에게는 아무런 영향도 미치지 않았습니다. 생각하면 할수록, 생과 사는 동일한 것의 다른 모습에 불과하다는 점을 더욱 잘 알게 됩니다. 어제 나는 우연히 다음과 같은 구절을 읽었습니다. "인간이여, 당신은 왜 죽음을 슬퍼하는가? 사후에는 혼이 더 나은 처지에 있게 될 것임을. 혼이 절대 죽지 않는다는 점을 당신은 알지 못하는가?" 지성은 이 모든 것을 수용합니다. 하지만 많은 경우 심정은 그러지 않습니다. 그것이 난점입니다. 진정한 힘은 심정의 힘입니다. 지성은 사소한 것처럼 보입니다. 지성이 "나는 너를 사랑해"라고 말하지만, 심정이 그러기를 거절한다면, 사랑한다고 말하는 것이 무슨 소용이 있겠습니까?

마투라다스 트리쿰지 (Mathuradas Trikumji) 에게
보낸 편지(G.), 《바푸니 프라사디》, 79면 ; 《전집》 29 : 232

17) 신앙과 이성

나는 내 글 '성상(聖像) 숭배'(*Image Worship*)에서 신앙이란 이성이 실패하는 곳에서 시작한다고 말했다. 다시 말하자면, 신앙은 이성 너머에 있다. 많은 독자는 신앙이 이성 너머에 있다면 신앙은 맹목적

---

16 〔역주〕 사산아 분만. 《전집》 권 29, 272면.

일 수밖에 없다고 주장했다. 하지만 내 견해는 정반대이다. 맹목적인 것은 신앙이 될 수 없다. 만일 어떤 사람이 완전한 확신을 가지고 하늘에 꽃이 있다고 단언한다면, 그것은 타당한 것으로 간주될 수 없다. 수없이 많은 사람의 경험이 이와 반대되기 때문이다. 공화(空華)의 존재에 대한 믿음은 신앙이 아니라 지독한 무지이다. 공화의 존재 여부는 합리적 탐구에 따라야 하며, 그런 탐구는 그 주장의 오류를 증명해 줄 것이다. 반대로, 우리가 "신은 존재한다"고 말할 때, 아무도 그 명제가 오류임을 증명할 수는 없을 것이다. 우리가 아무리 열심히 이성을 통해서 신의 존재를 반증하고자 노력한다고 해도, 모든 사람들의 마음에는 여전히 의심이 남아 있을 것이다. 반면 수백만 명의 사람들의 경험이 신의 존재를 증명하고 있다. 신앙은 매사에 반드시 경험적 지식에 의해서 지지되어야 한다. 궁극적으로 경험은 신앙의 토대이고, 신앙이 있는 이는 누구든 언젠가는 경험을 통과해야 한다. 하지만 신앙이 있는 자는 경험을 원치 않는다. 진실한 신앙은 의심을 용납하지 않기 때문이다. 하지만 이것은 신앙을 가진 사람이 둔한 자가 된다는 것을 의미하지는 않는다.

신앙이 순결한 자는 항상 예민한 지력을 갖고 있다. 그의 이성은 신앙이 경험보다 높다는 점을, 신앙이 경험을 초월한다는 점, 그리고 그것이 이성이 미치지 못하는 곳에 간다는 점을 말해 준다. 이성의 자리는 마음(*mind*)이고, 신앙의 자리는 심정(*heart*)이다. 심정이 마음에 비해서 1천 배나 더 강력하다는 것은 인간의 공통된 경험이었다. 신앙은 배를 항해하게 할 수 있고, 사람으로 하여금 위대한 행위 심지어 산을 움직이는 행위를 하게 해준다. 그 누구도 신앙을 가진 사람을 패배시킬 수 없다. 현자는 언제나 패배를 두려워한다. 소년 프라흘라드에게 지성은 약간 결여되어 있었겠지만, 신앙은 수

미산같이 꿈쩍하지 않았다. 신앙은 논증을 용납하지 않는다. 그래서 한 사람의 신앙은 다른 사람에게 쓸모가 없다. 신앙이 있는 사람은 강물을 건널 것이지만, 맹목적으로 따라가는 이는 분명 익사할 것이다. 그 때문에 크리슈나가 《기타》 17장에서 "사람이란 그의 신앙이 만든 것이다"라고 말했던 것이다.

어느 누구도 툴시다스의 신앙을 능가하지 못했다. 《라마야나》와 같은 보배를 힌두교 세계에 준 것은 그의 신앙이었다. 《라마야나》는 학식으로 가득한 책이다. 그 학식의 효과는 신애(信愛, *bhakti*)의 효과에 비하면 아무것도 아니다. 신앙과 지성은 서로 다른 두 영역에 속하며, 신앙은 내면적 지식 곧 자아 지식을 기르도록 도와줌으로써 내면적 순결로 안내해 준다. 지성은 우리로 하여금 외면적 지식 곧 세속적 지식을 얻도록 도와주지만, 내적 순결과 아무 인과적 관련이 없다. 위대한 지성인들의 인격은 때로는 극단적으로 타락할 수 있지만, 도덕적 타락을 신앙과 연결하기란 불가능하다. 독자들은 여기에서 어떻게 아이가 최고 수준의 신앙에 도달하면서도 지성이 균형을 유지하는가를 이해할 수 있을 것이다. 그 신앙을 어떻게 찾는가? 《기타》와 《라마차리타마나사》는 그에 대한 답변을 제공한다. 그것은 헌신을 통해서, 선량한 자들과의 친교를 두텁게 함으로써 얻을 수 있다. 사트상(*satsang*: 종교적 담화)에서 이익을 얻은 자들은 "종교적 담화가 인간에게 어떤 선을 행하지 않을까?"라는 말의 진리를 깨달을 수 있을 것이다.

이성 대 신앙(H.), 〈힌디 나바지반〉, 1929. 9. 19 ; 《전집》 47 : 119

18) 심정의 교육

고라크포르, *1929. 10. 7*

자매들이여,

나는 수많은 경우에 여러분을 생각한다네. 여행하는 동안 여성들을 보고 그들의 처지를 관찰하며 나는 여러분 앞에 놓인 과업을 생각하고, 참교육이란 심정을 교육하는 것임을 깨닫네. 만일 순수한 사랑이 심정에서 솟아난다면, 모든 것이 보태질 것이네. 봉사의 땅은 무한하네. 봉사를 위한 우리의 능력 역시 한정이 없는데, 혼의 힘에는 한계가 없기 때문이네. 우리 심정의 문이 열려만 있다면 만물을 포용할 수가 있네. 열려 있는 사람이 이룩한 일은 아주 작은 일이라도 빛나게 될 것이네. 반대로 심정이 닫혀 있는 사람은 많은 일을 할 수는 있겠지만, 그것은 거의 인정을 받지 못할 것이네. 이것이 비두라(*Vidura*)가 바지(*bhaji*: 찬송)를 바친 얘기와 두르요다나(*Duryodhana*)[17]가 과일을 바친 얘기의 의미이네.

바푸로부터 축복을

아슈람의 여성들에게 보낸 편지(G.),
GN 3704 ; 《전집》 47 : 232

19) 마음을 내면으로 돌리기

〔*1930. 5. 12* 또는 그 이후〕

안녕, 부디차크라!

부디차크라(*Buddhichakra*)라는 별명이 자네에게 잘 어울리는 것 같네. 그것은 나쁜 이름이 아니네. 사람의 지성(*buddhi*)이 원(*chakra*)과 같다

17 〔역주〕 두르요다나(불패의 전사)는 《마하바라타》의 주요 인물. 맹인 왕 드리타라슈트라의 백 명의 아들(카우라바스) 가운데 장남으로 판다바의 형제들과 전쟁을 벌이게 된다.

고 하는 것은 완벽한 인격자를 의미하네. 원은 완전한 것이기 때문이네. 직선과는 달리 원은 시작도 끝도 없네. 더구나 마음을 내면으로 향한 채 사는 사람은 지성이 원과 같은 사람으로 간주되어야 할 것이네. 그것이 우리의 마음을 내면으로 돌린 참 지성이네.

바푸로부터 축복을

발바드라(Balbhadra)에게 보낸 편지,
《아슈람 사마차르》(*Ashram Samachar*),
1930. 5. 18, SN 16834-A; 《전집》 49 : 282

20) 심정이라는 잣대

1932. 8. 14

너의 심정이 틀렸다고 선언하기 전에는 어떤 것도 틀린 것으로 간주하지 마라. 궁극적으로 우리에게는 다른 잣대가 없다. 그 때문에 우리는 우리의 심정을 순수하게 지키려고 한다. 사악한 자는 심정이 불순하기 때문에 죄를 옳다고 여긴다. 심정이 어찌되었든 그는 깨달을 때까지 죄를 지을 것이다. 오직 너만이 너에게 좋은 것이 무엇인지를 판단할 수 있다. 내가 너에게 말해 줄 수 있는 것은, 우리가 진리와 비폭력의 길을 밟아가야 하고, 그 목적을 위해서 어떤 규칙과 규제를 준수해야 한다는 것 정도이다.

어느 소녀에게 보낸 편지(H.),
《마하데브바이니 일기》 권 1, 361~362면 ; 《전집》 56 : 355

21) 내면으로부터의 성장

1935. 5. 3

신앙이란 손으로 거머쥐는 무엇인가가 아닙니다. 그것은 우리가 성장해가는 경지를 말합니다. 성장은 내면에서 오는 것입니다.

편지, 《마하데브 데사이의 일기》(필사본) ; 《전집》 67 : 53

22) 장애물이 되는 지성

〔*1938. 6. 18* 이전〕

칼리다스 낙(Kalidas Nag) 제가 어디로 가든… 비폭력은 문제 중의 문제였습니다. 하지만 그것은 단순히 문제 또는 의심거리였습니다.… 불교는 광범위하게 확산된 유약(柔弱, *emasculation*)에 책임을 져야 하지 않습니까? 비폭력의 능력이 무엇이든, 그것은 방어 무기로 사용될 수는 없는 것 아닙니까?

간디지 당신은 내가 이런 문제에 대답하기를 원하십니까? 당신이 이미 대답을 하지 않았습니까?

칼리다스 낙 저는 제 자신의 역사적 성향에 따라서 그것들에 대답해 왔습니다만, 이제 당신의 대답을 듣고 싶습니다. 당신의 대답이 올바른 대답일 것이기 때문입니다.…

간디지 인도에서 일어나는 실제적인 일들이 그에 대한 답이 될 것입니다. 중국과 일본의 사례를 드는 것은 소용이 없습니다. 그 대답이 올 것이라면 인도야말로 유일한 곳입니다. 인도에서의 경험은 상당히 고무적입니다. 물론 지성의 면에서 본다면, 서양에 있는 많은 사람들도 폭력의 헛됨을 인정하기 시작했고, 비폭력이 한번 시도해 볼 만한 가치가 있는 것이 아닌지 묻기 시작했습니다. 스탠리 존스 박사[18]는 '중국 소요의 간디식 해결'이라는 그의 최근 기사 한 부를 나

---

18 〔역주〕 Eli Stanley Jones(1884~1973) : 감리교 선교사. 미국 볼티모어 태생. 스탠리 존스는 인도의 식자층에게 종교 간 이해를 돕는 강연으로 주로 기억된다. 그는 간디와 네루 가족과 많은 시간을 보냈다. 간디는 존스와 인도에 있던 수천 명의 서양 선교사들에게 인도 문화와 종교를 존중하기를 촉구했다. 존스는 간디에 대한 책 두 권을 집필했다.

에게 보내주었습니다. 그는 다양한 형태들의 비협조를 진지하게 논의하고 있는데, 그것들은 성공적으로 채택될 수도 있을 것입니다. 한때 존스 박사는 비협조에 대한 강한 믿음은 없었지만, 이제 비협조를 비폭력적인 해결책의 하나로 진지하게 제시하고 있으며, 유럽에 가서 평화를 가르치라는 압박을 나에게 가하기도 합니다. 그러나 인도에서 내 사명이 완수되지 않는다면, 평화의 사명을 띠고 유럽에 가는 것은 분명히 공연(空然)한 노력일 것입니다. 비폭력이 인도에서 상당히 진전된 것은 사실이지만, 외부인에게나 비판자에게는 별 가치가 없습니다.

칼리다스 낙 마하트마지, 당신이 말씀하신 바는 대단히 옳습니다. 다시 말하자면 이미 대답은 주어졌습니다. 비협조 운동이 만일 우리나라 크기의 규모로 실시된다면, 그것은 가장 효과가 있을 것입니다. 그들이 비폭력과 비협조를 수용한 것은—비록 지성의 면에서 수용한 것이라도—겸허한 정신으로 했기에 가능했을 것입니다.

간디지 본질적으로 혼에 속하는 것이 도대체 지성을 통해서 전달된다는 것은 불가능합니다. 그것은 신에 대한 신앙을 지성을 통해서 전달하려는 것과 같습니다. 신앙은 본질적으로 심정의 일이므로 지성으로는 전달될 수가 없습니다. 신앙은 경험의 의해서 지식으로 변할 수는 있습니다. 신앙은 지성을 통해서가 아니라 오직 심정을 통해서만 올 수 있습니다. 지성이 어떤 기능을 가진다고 해도 그것은 신앙의 일에 장애물로 작용할 것입니다.

칼리다스 낙과의 토론, 〈하리잔〉, 1938. 6. 18 ; 《전집》 73 : 293

23) 텅 빈 곳(*Emptiness*)을 향한 설교

세바그람, *1946. 8. 16*

다운즈(Downes)는 제7일 안식일 예수재림교도였고, 나처럼 엉터리였습니다. 그는 수십 년 전 더반에서 내 손님이 된 적이 있었습니다. 어느 날 그는 그의 말을 듣고 싶어하는 자들에게 소박한 삶에 대해서 설교해야 한다고 말했습니다. 그는 머큐리 가에 있는 예배당을 한 시간 동안 빌리는 데 성공했고 나에게 사회를 맡아 달라고 부탁했습니다. 나는 그에게 나를 사회로 삼을 경우 청중을 기대할 수 없다는 점을 경고했습니다. 당시는 아마 1894년으로 남아프리카에서 내 인생의 초창기를 보낼 때였기 때문입니다. 그는 경고를 들으려고 하지 않았습니다. 광고된 바로 그 시간에 다운즈는 한 사람의 청중을 두고 설교를 시작했습니다. 나는 그에게 다른 내방객을 위해서 몇 분 더 기다리기를 청했지만 허사였습니다. 그는 신의 시간을 훔치는 일에 가담하려 하지 않았으며, 태연한 모습이었습니다. 그는 설교를 이어갔습니다. 내 기억으로는 10명 미만의 지각자들이 설교 도중에 왔습니다. 델리에 있는 동안 이 경험을 호러스 알렉산더(Horace Alexander)에게 말하게 되었습니다. 그는 더 기이한 얘기, 즉 스테판 그렐렛(Stephen Grellet)에 대한 얘기를 들려주었습니다. 그는 퀘이커로서 텅 빈 곳을 향해서 설교했다는 것입니다. 나는 그에게 〈하리잔〉지 독자를 위해서 설교의 원본을 달라고 요청했습니다. 그것은 신에 대한 살아 있는 신앙의 풍부한 경험이었기 때문이었습니다. 나는 아래에 호러스 알렉산더가 보내준 얘기를 게재합니다.

텅 빈 곳을 향한 설교, 〈하리잔〉, 1946. 9. 8 ; 《전집》 92 : 35

3. 완전성

24) 지상(地上)에서의 완전

모티하리, *1918. 1. 13*

사랑하는 에스더에게,

돌아다니느라 자네 편지에 답장을 보낼 수 없었네. 나는 캘커타를 거쳐서 봄베이로, 다시 아슈람을 거쳐서 어제야 돌아왔네. 여러 가지 경험을 했지만 시간상 여기서는 설명할 수가 없겠네.

지상에서 완전을 얻을 수 없다고 말하는 것은 신을 부정하는 것이네. 우리 자신으로부터 죄를 제거하기가 불가능하다는 선언은 분명히 인생에서 하나의 단계를 지칭하는 것이네. 하지만 그 주장을 옹호하기 위해서 경전을 찾을 필요는 없네. 사실 사람들이 노력과 훈련으로 부단히 개선되는 것을 목격하고 있다네. 향상을 위한 능력을 제한해야 할 경우는 없네. 만일 내가 지상에서 완전한 사랑을 얻지 못할 것이라고 느꼈다면, 나는 삶에 대해서 모든 흥미를 잃어버렸을 것이네. 결국 중요한 것은 사랑을 위한 우리의 능력이 부단히 확장된다는 점이네. 그것은 완만한 과정이라네. 자네가 선행을 하는데도 자네를 방해하는 사람들이 있다면 그들을 어떻게 사랑할까? 하지만 그때가 최고의 검증 순간이네.

자네가 이제 보다 더 큰 마음의 평화를 누리기를 바라네. 아슈람에 대한 자네의 사랑이 그곳[19]에서 자네의 의무를 수행하는 데 있어서 힘의 원천이 되기를 바라네. 아슈람은 우리가 부여받은 과업을 최고도의 집중과 명랑함으로써 수행하도록 가르치려는 곳이 분명하네. 우리의 소원이 (아무리 순수하다고 해도) 성취되지 않을 때 거기에는 의미가

---

19 〔역주〕 당시 패링이 있었던 인도 남부 지방의 티루코일루르. 《전집》 권 16, 203면.

있을 것이네. 우리의 뜻이 아니라 그분의 뜻이 행해질 것이네.

타밀어 공부에 진보가 있기를 바라네.

나테산가(家) 회사가 내 연설문과 글을 포함하여 출판한 책을 받았는가? 나는 사회봉사에 대해서 캘커타에서 연설한 것이 있는데 그것을 자네에게 보내네.

안녕, 바푸로부터

에스더 패링에게 보낸 편지, 《내 사랑하는 아이》 (*My Dear Child*), 24~25면 ; 《전집》 16 : 104

25) 봉사를 통한 완전

사바르마티 아슈람, *1926. 5. 11*

친애하는 산타남 씨께,

라자고팔라차리는 아슈람에 있으면서 당신의 난관에 대해서 나와 논의했습니다. 당신에게 공감합니다. 하지만 행위에 대한 절대 규칙에 순응하는 것은 어렵습니다. 스스로 최대한도를 수행하려는 것은 올바른 일이지만, 그 이상적 높이에 도달하기 전까지 봉사하기를 거부하는 것은 그 높이에 도달할 수 있는 가능성을 차단하는 것입니다. 우리는 실제 봉사에 의해서, 그리고 봉사하며 실수할 위험을 감수함으로써 성장합니다. 누구도 완벽한 자는 없습니다. 우리 중 누구도 영적인 야망의 전체를 실현할 수 없습니다. 그렇지만 가장 겸허한 마음으로 계속 봉사해야 하고, 봉사를 통해서 언젠가는 야망을 이룰 수 있기를 소망해야 합니다. 만일 우리가 완전을 이루기 전에 봉사하기를 거부한다면, 봉사란 존재하지 않을 것입니다. 사실 완전은 봉사를 통해서 얻어지기 때문입니다. 만일 우리가 완성되기 전에 권력을 잡거나 수락해서는 안 된다고 말한다면, 나는 전적으로 당신에게 동의하는 바입니다. 그래서 권력을 결코 잡지 않는 것이 최선입니다.

만일 권력이 당신에게 주어지면, 봉사를 위해서만 사용하십시오. 나는 당신이 자신의 결점들을 간파하더라도 카디 봉사에 방해만 되지 않는다면, 카디 봉사를 하는 일을 거부하지 않기를 바랍니다. 부정직, 음주 등의 약점들을 지닌 자는 당연히 그 봉사에 부적합합니다. 끈질긴 노력에도 불구하고, 자신을 처의 오빠나 남동생으로 보아서 자신의 처와 절제하지 못하는 자라고 해도 그 봉사에 부적합한 것은 아닙니다. 내가 내 생각을 아주 분명히 드러냈기를 바라며, 당신이 사랑하는 카디 일로 돌아가서 잘 해내시길 바랍니다.

귀하의 신실한 친구

Sjt. K. Santanam
Kummutti Thidal
Tanjore Dt.

K. 산타남에게 보낸 편지,
SN 19545 ;《전집》35 : 280

26) 완전성

난디 힐스, *1927. 5. 28*

사랑하는 굴자릴랄에게,

자네 소식을 듣고 기뻤네. 나는 침대에 누워 자네와 같은 사람들에 대해서 늘 생각하고 있었네. 나는 그들에게 깊은 관심을 갖고 있고, 신이 그들 앞에 놓여 있는 과업을 위해서 필요한 건강을 주시기만 한다면 그들이 훌륭한 일을 할 것으로 기대하네.

진실한 종교적 삶에 대한 자네의 서술은 정확하다네. 나는 내면적 기쁨 그리고 불안으로부터의 자유와 같은 지복의 경지가 생각할 수 있는 최대의 시험기 한가운데서도 지속될 것이라는 점에 대해서 터럭만큼도 의심하지 않는다네. 축복받은 경지는 어떤 예외도 인정하지 않을 것이네. 그 경지는 아주 소수에 의해서만 얻어질 수 있는데,

그건 자연스러운 일이네. 하지만 나는 그것이 인간이 얻을 수 있는 경지라는 점에 대해서 전혀 의심이 없다네. 우리가 그와 같은 경지에 도달한 사람에 관련된 역사적 기록을 갖고 있지 않다는 것은, 우리가 갖고 있는 모든 기록이 불완전한 존재들에 의해서 마련되었다는 점을, 불완전한 존재들이 완전한 존재들에 대한 충실한 기록을 남기는 일이 불가능하다는 점을 나에게 증명해 줄 따름이네. 같은 얘기를 우리 자신의 경험에 대해서도 말할 수 있을 것이네. 자네가 기술했던 바와 같은 완전한 혼을 만나기 위해서는 우리 자신은 거의 완전해야 할 것이네. 그렇다고 해서 보통 사람은 기술할 수 없거나 보통 사람은 경험할 수 없을 정도의 황당한 명제를 내가 제시했다고 생각할 필요는 없네. 그런 의심을 제기하는 것은 선결 문제의 오류에 빠지는 일일 것이네. 우리가 여기에서 비범한 인물들을—비록 그들이 가멸자이긴 하지만—상상하고 있으며, 그런 비범한 인물들을 찾기 위해서는 비범한 능력이 요구된다는 것은 분명하기 때문이네. 이런 주장은 그보다 훨씬 못한 일에도, 황당한 일이면서도 성취하기는 매우 어려운 일에 대해서도 마찬가지이네. 예를 들면, J. C. 보세 경의 발견이나 훌륭한 회화와 같은 것들이 있다네. 양자 모두 우리 같은 보통 사람들은 신뢰 위에서 받아들여야 하네. 이러한 발견이나 그림을 이해하고 평가하기 위한 특별난 재능을 지닌 사람들은 특권을 지닌 소수밖에 없네. 저런 발견이나 회화가 믿어지지 않는 것이어서 그것들을 신앙에 근거해서만 받아들일 수 있는 것은 아니라네. 이것들에 대해서 수없이 많은 증언이 존재하기 때문이네. 그 수는 최고 유형의 인간의 완전성과 같은 영원한 가치를 지닌 것들에 대한 증언들의 수보다 훨씬 많다네. 그래서 자네가 받아들인 한계는 당분간은 실행 가능한 일이네. 왜냐하면 한계가 있긴 하지만,

슬픔과 시험의 맹공격에 직면하여 평온을 얻고 유지할 수 있는 경지, 그리고 그 경지의 향상을 위한 지평을 확장할 수 있는 충분한 여지가 존재하기 때문이네. 저 맹공격은 우리가 갱생하지 않는다면 우리를 불구로 만들고 말 것이네.

자네가 헌신을 더욱 강화했다고 하니 기쁘네. 나는 자네가 지금 무엇을 읽고 있는지 모르네. 우리는 반드시 여러 책의 위로가 필요한 것이 아니라, 하나의 책이 필요한 모든 것을 줄 수 있게 되는 순간에 도달해야 하네. 내가 이 말을 자네에게 했는지는 모르겠네. 물론 최후의 단계, 즉 삶이 완전한 순종과 완전한 자기말소의 단계에 이르면, 단 한 권의 책의 지지도 불필요하게 될 것이네. 지금 나는 많은 것을 읽고 있지만, 《바가바드 기타》가 점점 더 유일한 무오류의 지침, 유일한 참고 서적으로 되어가고 있으며, 그 안에서 모든 슬픔과 걱정, 모든 시험들이 놀라운 해결책과 더불어 알파벳 순서대로 정렬되어 있는 것을 본다네. 《천상의 노래》(*Song Celestial*)는 내가 만났던 《바가바드 기타》의 번역 중에 최고였다고 말했던 것으로 기억하네. 하지만 자네가 산스크리트어를 모른다면, 《바가바드 기타》를 이해하게 해 줄 정도의 산스크리트어 지식은 쉽게 얻을 수 있을 것이라고 생각하네. 자네는 대략 한 달 정도면 산스크리트어 원전을 이해할 정도로 산스크리트어를 알 수 있을 것이네. 영어 번역이 아무리 훌륭하다고 해도, 그리고 힌디어 역이나 우르두어 역도 구할 수 있겠지만, 원전만 한 것이 없다는 것은 분명하네. 원전은 자네 자신의 의미와 주석을 달 수 있게 해 줄 것이네. 《기타》는 역사 기록이 아니라 저자 자신의 구체적 경험의 기록이네. 그 저자가 브야사든 아니든 나는 관여치 않겠지만…. 그리고 만일 《기타》가 어떤 사람의 경험을 기록한 것이라면, 그와 같은 경험의 반복을 통해서 그것이 담고 있는 진리를 검증할 수 있으므로, 우리의 경험 범위 바깥에 있는 것은 아닐세. 나는 살아오는 동안 거의 매일매일 그 진리를 검증하고 있지만, 한 번도 그 진리가 실패하는 것을 본 적이 없다네. 그 책 2장의 말미에서 묘사되어 있는 경지에 내가 도달했다는 뜻은 물론 아니네. 하지만 우리가 그 안에 주어진 처방을 더 많이 실천하면 할수록 완전한 경지를 설명하는 말에 대해서 더욱 가까이 응답할 수 있을 것임을 나는 알고 있다네.

자네가 늘 건강하기를 바라네. 나는 물론 꾸준한 진보를 이루고 있다네.

귀하의 신실한 친구
바푸가

굴자릴랄 난다(Gulzarilal Nanda)에게
보낸 편지, CW 9641 ; 《전집》 38 : 449

4. 역사

27) 고통을 통한 진보

고통의 불을 통해서 정화되지 않고서 어떤 나라도 흥기(興起)한 적이 없다. 어머니가 고통을 겪기 때문에 아이가 살아간다. 밀의 성장 조건은 씨앗이 되는 알곡이 썩어야 한다는 것이다. 생명은 죽음(*Death*)에서 나온다. 인도가 고통을 통한 정화라는 영원한 법칙을 완수함이 없이 어떻게 노예 상태에서 벗어날 것인가?

만일 나의 충고자들이 옳다면, 인도는 분명히 산고 없이 자신의 운명을 실현할 것이다. 그들의 주요 관심사는 1919년 4월의 사건이 반복되어서는 안 된다는 것이다. 그들은 비협조가 다수 대중의 고통을 야기할 것으로 보고 두려워한다. 만일 햄던(Hampden)이 그렇게 주장했다면, 건함세(建艦稅)의 지불을 중지하지 않았을 것이고, 와트 타일러(Wat Tyler)는 반란의 기준을 제고(提高)하지 않았을 것이다. 영국과 프랑스의 역사는 수반되는 고통의 양이 많더라도 권리의 추구를 지속한 자들의 사례로 가득 차 있다. 행동가들은 과연 무지한 민중이 자신도 모르게 고통받지 말아야 하는가에 대해서 생각하려고 하지 않는다. 왜 우리는 역사를 다른 방식으로 기술하려고 하는가? 우리가 더욱 잘하기를 원한다면 선배들의 잘못으로부터 배울 수 있을 것이지만 우리 존재에 없어서는 안 될 조건 중 하나인 고통의 법칙을 폐기할 수는 없다.

할 수만 있다면, 우리의 폭력을 없애 진보의 속도를 촉진하고 고통이라는 방법에 보다 더 큰 순수함을 도입하는 것이 더 잘하는 길일 것이다. 오늘날 신 페이너(Sinn Feiners)는 행악자를 물리력으로 굴복시키지만 우리가 원한다면, 조급함에서 나오는 그런 물리력 행사를 그만둘 수 있고, 혹은 작년에 하르탈(보이콧)을 할 때 우리 중 몇 사람이 시도한 방법을 우리 이웃에게 강요하기를 그만둘 수 있다. 전진은 고통받는 자가 감수해야 할 고통의 양으로 헤아려져야 할 것이다. 고통이 순수하면 순수할수록 전진의 폭은 더욱 커진다. 따라서 예수의 희생은 비탄(悲嘆)에 빠진 세상을 구하는 데 충분했다. 그는 앞으로 나아감에 있어서 이웃들에게 초래될 고통—그들이 그 고통을 자발적으로 수용하든 말든—이란 대가를 염두에 두지 않았다. 하리슈찬드라(Harishchandra)[20]와 같은 사람이 겪은 고통은 진리의 왕국을 재건하는

20 〔역주〕 아요드야 국의 전설적 왕. 말한 것은 반드시 지키고 거짓말은 결코 하지 않는 성격을 지녔다. 그는 이러한 진리에 대한 충성을 아내, 자식, 왕국과 부위에 두었다. 결국 수많은 고통을 겪은 다음 자신과 가족, 신하들은 모두 천국의 지복을 맛보게 되었다. 《전집》 권 20, 397면.

데 충분했다. 그는 그가 왕위를 포기하게 되면 신하들이 비자발적으로 고통을 겪을 것이라는 점을 분명 알았을 것이다. 하지만 그는 진리를 따르는 길 이외에 다른 방법이 없었으므로 이에 상관하지 않았다.

나는 잘리안왈라 바그(Jallianwala Bagh)의 살육을 개탄하기보다는 우리 손으로 저지른 영국인 살인과 재산 파괴를 더 개탄한다는 점을 이미 천명했다. 대중은 암리차르에서 발생한 끔찍한 사건 때문에 라호르에서 벌어지는, 속도가 더디지만 더 끔찍한 사건을 주목하지 못하고 있다. 라호르에서는 점진적 과정을 거쳐서 거주민들을 무력화시키려는 시도가 진행되고 있다. 그러나 우리는 고통을 자발적으로 받아들이고 그 안에서 기쁨을 찾을 때까지 그런 과정을 수차례 더 겪고 난 뒤에라야 보다 높이 일어설 수 있을 것이다. 라호르인은 그들이 당했던 그런 잔인한 모욕을 받을 일을 결코 한 적이 없고, 단 한 명의 영국인을 해친 적도 없었으며, 어떤 재산도 파괴한 적이 없었다고 나는 확신한다. 그런데 무지막지한 지배자들은 목을 옥죄는 멍에를 벗어 던지려고 노력할 뿐인 민중의 정신을 짓밟으려고 결심하고 있다. 만일 누군가가 이 모든 것이 내가 사탸그라하를 가르친 탓이라고 한다면, 나는 다음과 같이 대답할 것이다. 바로 그 때문에 나에게 숨이 붙어 있는 한 나는 사탸그라하를 더욱더 강력하게 가르칠 것이고, 다음번에는 민중에게 오도여(O'Dwyer)식의 모욕에 대해서 강제적 판매 요구의 위협에 맞서 가게를 열지 않음으로써 대응할 것이 아니라, 그 폭군으로 하여금 최악의 짓을 하게 하고, 자신들의 불굴의 혼을 빼놓고는 모든 것을 팔도록 그 폭군에게 허용함으로써 대응하라고 말할 것이다.

예전의 성자들은 자신들의 정욕을 누르며 고행했는데, 그 목적은 내면의 영혼을 자유롭게 하기 위함이고, 폭군들이 자신들의 의지를 강요하기 위해서 그들 위에 가할지도 모를 어떤 위해(危害)에도 대항할 수 있는 증거로 훈련된 육신들을 제시하기 위함이었다. 그와 같이 인도가 만일 고대의 지혜를 부활하고 유럽의 과오를 피하기를 원한다면, 그리고 인도가 유럽을 삼켜 버린 사탄의 왕국 대신 신의 왕국을 지상 위에 건설하기를 원한다면, 나는 인도의 아들딸들에게, 우리를 울 속에 가둬 버리는 화려한 말과 끔찍한 교묘함 그리고 인도가 겪어야 할지도 모를 고통에 대한 공포에 속지 말라고 강조하고, 유럽에서 오늘날 일어나는 일을 보라고 강조하고, 거기에서 우리가 유럽이 겪었던 고통 — 다른 사람을 괴롭히는 그런 과정은 아니고 — 을 응당 겪어야 한다는 점을 이해해야 할 것임을 강조할 것이다. 독일은 유럽을 지배하기를 원했고 연합국 또한 독일을 분쇄함으로써 동일한 것을 원했다. 독일의 멸망으로 유럽이 나아진 것은 없다. 독일이 그랬듯이 또는 그랬을지도 모를 만큼 연합국들 또한 기만적이고 잔인하고 탐욕스럽고 이기적이었음이 드러났다. 독일은 연합국들이 내린 수많은 처분과 관련된 속임수, 즉 성자인 체하는 속임수는 피할 수 있었을 것이다.

작년에 개탄했던 나의 오산(誤算)은 민중에게 부과된 고통과 관련된 것이 아니라, 민중이 사탸그라하 메시지를 충분히 이해하지 못함으로써 저질렀던 과오와 폭력에 대한 것이었다. 그렇다면 비협조의 의미는 고통의 법칙(*Law of Suffering*)이란 말로 하면 무엇인가? 우리의 의지에 반대하여 통치하는 정부에 대한 지지를 철회하게 되면 손실과 불편이 발생할 것인데, 그것들을 우리는 자발적으로 감수해야 한다. 소로(H. D. Thoreau)는 불의의(*unjust*) 정부 아래에서 권력과 부를 소유하는 일은 죄이며, 그런 경우에는 가난이 덕이라고 말했다. 전환기에는 우리가 오류를 범할 수도 있고, 피할 수 있는 고통이 있을 수도 있다. 하지만 이런 것들이 차라리 민족이 거세되는 것보다는 낫다.

악을 행하는 사람이 자신의 불공정함(*inequity*)에 대해서 각성하기 전까지 그 악행이 교정되었다고 볼 수 없다. 우리는 그것이 교정될 때까지 기다리기를 거부해야 한다. 우리 자신이나 다른 이들은 고통을 당할지도 모른다는 공포 때문에 악행에 참여해서는 안 된다. 그러나 우리는 행악자를 직간접적으로 돕기를 중지함으로써 악행과 싸워야 한다.

아비가 불의(*injustice*)를 저지르면, 자식들은 부모의 집을 떠나는 것이 의무이다. 학교장이 부도덕한 토대에 근거하여 학교를 운영한다면, 생도들은 마땅히 학교를 떠나야 한다. 회사 사장이 부패했다면, 사원들은 회사를 그만둠으로써 자신들의 손을 깨끗이 씻어야 한다. 마찬가지로 정부가 심대한 불의를 자행한다면, 국민은 지배자가 자신의 사악함에서 충분히 멀어지도록 전면적 또는 부분적으로 협력을 철회해야 한다. 위에서 내가 예로 든 개개의 경우에 정신적인 것이든 육체적인 것이든 고통의 요소가 있다. 그와 같은 고통 없이는 자유(*freedom*)를 얻을 수 없다.

고통의 법칙, 〈영 인디아〉,
1920. 6. 16 ; 《전집》 20 : 156

28) 과거와 미래의 역사

와르다, *1938. 4. 24*

우리는 이 기술학교를 자유를 얻기 위한 학교로, 그리고 모든 질병을 치유하는 학교로 만들어야 합니다. 질병 중에 가장 큰 병은 집단 간의 분쟁입니다. 따라서 우리는 비폭력에 주목해야 합니다. 히틀러와 무솔리니의 학교는 폭력을 근본 원리로 수용했습니다. 우리의 원리는 국민회의에 따르면 비폭력입니다. 따라서 모든 문제는 비폭력적으로 해결되어야 합니다. 우리의 산술·과학·역사는 비폭력적인 접근법을 가져야 하고, 이러한 과목들 안에 있는 문제들은 비폭력으로 윤색되어야 합니다. 하리데 에딥 하눔(Halide Edib Hanum) 부인이 자미아 밀리아 이슬라미아(Jamia Millia Islamia)[21] 대학에서 터키에 관해서 연설을 했을 때, 나는 역사가 일반적으로 왕들과 그들의 전쟁에 대한 연대기이지만, 미래의 역사는 인간의 역사일 것이라고 말했습니다. 그러한 역사는 비폭력일 수 있고, 오로지 비폭력적인 것입니다. 그렇다면 우리는 도시 산업에 주목할 것이 아니라 촌락산업에 주목해야 할 것입니다. 다시 말하면, 만일 우리가 70만 개 촌락들 가운데 일부가 아니라 전부를 살리자면, 촌락 수공업을 부활시켜야 합니다. 그리고 여러분은 수공업을 통해서 학문적인 훈련을 전수할 수 있다면 혁명을 일으킬 수도 있다는 점을 확신할 수 있을 것입니다. 우리의 교과서도 같은 목적을 갖고 준비되어야 합니다.

여러분이 내가 말하는 것에 대해서 심사숙고하기를 바라지만, 그것이 호소력이 없는 것이면 거부하셔도 됩니다. 내 말이 우리의 무슬림 형제들에게 호소력이 없다면, 그들은 그것을 간단히 거부해도 좋습니다. 내가 원하는 비폭력은 영국인들과의 투쟁에 한정된 것이

---

21 〔역주〕 1920년 알리가르에 설립된 대학. 우르두 언어로 Jamia는 대학을, Millia는 국립을 의미한다. 이슬람권 내의 반식민지 운동, 서양에서 교육받은 무슬림 지성인들의 존재가 이 대학의 설립의 배경에 있었고, 간디와 국민회의의 비협조 운동이 촉매의 역할을 했다. 즉 간디가 반영운동의 일환으로 식민지배 세력에 의해서 지지되거나 운영되는 모든 교육기관에 대한 보이콧을 호소하자, 일단의 선생과 학생들이 친영의 성향을 지닌 알리가르 무슬림 대학을 그만두고 설립한 대학이다. 당시 이 운동의 주도적 인물은 Maulana Mahmud Hasan, Maulana Mohamed Ali, Hakim Ajmal Khan, Mukhtar Ahmad Ansari 박사, Abdul Majid Khwaja 등이다. 1988년 인도의회의 법안에 의해서 중앙대학(Central University)의 하나가 되었다.

아니라, 우리의 모든 내부적 사안들과 문제들에 적용되어야 할 것입니다. 내가 바라는 진실하고 능동적인 비폭력에서 힌두·무슬림의 생동적인 일치가 나오는데, 이것은 히틀러와 무솔리니의 조약과 같이 상대방에 대한 공포에 근거한 일치는 아닙니다.

신교육 구상이 처음 시작되었을 때 나는 완전한 자신감이 있었는데 이제 그것을 잃고 말았습니다. 당시는 내 말에 힘이 있었는데 오늘날 그 힘이 없어진 것 같습니다. 이런 자신감의 결여는 외부의 일 때문이 아니라 내면의 일 때문입니다. 내 감각이 마비되어서 그런 것은 아닙니다. 내 지성은 나이에 비해서 잘 움직입니다. 비폭력에 대해서 신앙을 상실한 것도 아닙니다. 그 신앙은 여느 때보다 더 환하게 타오르고 있습니다. 하지만 지금 나는 자신감을 상실했습니다. 그래서 나는 여러분이 나에게서 어떤 것도 맹목적으로 수용하지 말 것을 요구합니다. 여러분에게 확신을 주는 것만을 수용하십시오. 하지만 우리가 만일 두 개의 학교를 올바른 방향으로 운영한다면, 나는 기뻐 춤출 것입니다. 그 점은 확신합니다.

힌두스타니 타밀 집회에서의 연설, 〈더 힌두〉,
1938. 4. 25 ; 〈하리잔〉, 1938. 5. 7 ; 《전집》 73 : 130

29) 역사는 무엇을 가르치나?

판츠가니, 〔*1946. 7. 28* 또는 그 이후〕

질문 영국인들은 인도, 스리랑카, 남아프리카의 유색인종들을 오랫동안 압제해왔습니다. 그들의 행위가 그들의 문명에 어떤 영향을 남기지 않을까요? 한 국가가 압제를 통해서 진보를 이루거나 존재를 유지할 수 있습니까?

답변 압제자(*oppressor*)는 결국에는 망합니다. 하지만 압제자라는 단어가 영국인들에게만 적용될 수 있을지에 대해서는 의심스럽습니다. 그들이 최고의 악질이 아닌 것만은 분명합니다. 나는 압제자들에 대해서 신의 법칙을 간단히 언명했을 뿐입니다. 모든 종교들이 그 법칙을 증명합니다. 영국인들이 다른 국가를 정복하고 착취하는 것이 전문적 의미에서 압제라고 불릴 수 있을지의 여부와 관계없이 영국인들의 힘은 영원히 지속될 수 없습니다. 압제는 죄입니다. 하지만 압제에 굴종하는 것 역시 그에 못지않은 죄입니다. 역사는 압제자의 권력도 압제받는 자의 고통도 영원히 지속될 수 없음을 가르치고 있습니다. 둘 다 반드시 끝날 것입니다.

질문에 대한 답변, 〈봄베이 크로니컬〉,
1946. 7. 29 ; 《전집》 91 : 427

5. 낙관주의

30) 낙관주의와 비관주의

낙관주의는 신앙을 지칭한다. 무신론자만이 비관주의자가 될 수 있다. 낙관주의자는 신에 대한 두려움 안에서 살고, 겸손한 마음으로 내면의 소리를 듣고, 그것이 일러 주는 대로 순종하고, 신이 만사에 대해서 최선의 것을 미리 정해 두셨다는 점을 믿는다.

비관주의자는 만사를 행하는 것이 자신이라고 헛되이 믿는다. 그는 어떤 일에 실패하면, 자신을 제외한 타인들을 비난한다. 그는 신의 존재 여부는 확신할 수 없다고 하며 헛되이 재잘거리는 일에 탐닉하고, 결국 세상은 무가치하며 오로지 자신만이 착하지만 진가를 인정받지 못한다는 결론에 도달하여 자살하고 만다. 만일 그가 자살하지 않는다면, 죽음에 비해서 나을 것이 없는 생존을 견뎌나갈 뿐이다.

낙관주의자는 사랑과 자선을 생각하면서 기쁘게 살아간다. 그는 어느 누구도 자신의 적으로 간주하지 않기 때문에 숲 속에 있든 사람 속에 있든 아무 공포도 없이 활동한다. 그는 흉포한 동물에 대해서 혹은 마찬가지로 끔찍한 인간들에 대해서 공포가 전혀 없다. 그의 혼은 뱀이 물 수도 없고, 죄인의 검이 뚫을 수도 없기 때문이다. 그런 자는 자신의 육신에 대해서 많이 생각하지 않을 것이며, 육신은 언젠가는 부서질 운명을 타고난 유리그릇처럼 부서지기 쉬운 것으로 간주하고 육신의 건강을 유지하기 위해서 온 세상을 방랑하지는 않을 것이다. 낙관주의자는 어떤 인간 존재라도 그를 죽이거나 괴롭히지 않을 것이다. 내면의 귀는 그의 혼의 달콤한 음악에 언제나 동조한 채로 기쁨의 바다에 떠돌아다니며 살아갈 것이다.

비관주의자는 스스로 폭력적 집착과 혐오의 먹이가 되어서 모든 사람들을 자신의 적수로 간주하고 두려워한다. 그에게는 내면의 목소리 같은 것도 물론 없다. 꿀벌처럼 그는 날마다 쾌락에 물리고 날마다 새로운 쾌락을 찾아서 이 쾌락에서 저 쾌락으로 훨훨 날아다니다가, 사랑을 받지 못하고 눈물을 흘려 주거나 노래 불러 주는 사람 없이 마침내 죽어간다.

바로 이것이 나의 견해이므로, 누구도 스와라즈가 금년 안에 얻어지지 않으면 내가 자살할 것이라고 말했다는 것을 믿지 않기를 바란다. 나는 강간으로부터 자신을 구하는 일을 제외하고서는 자살이란 중대한 죄이고 비겁한 행위라고 생각한다. 인도가 스와라즈를 얻지 못했다고 해서 내가 왜 자살해야 하는가? 만일 인도가 스와라즈를 진지하게 원한다면 인도로 하여금 그것을 위해서 싸우게 하고 얻게 하라. 인도는 스와라즈의 가치를 실현한 바 있고 그 맛도 보았다.

만일 인도가 진실로 자치를 원한다면, 인도로 하여금 대가를 지불케 하여서 그것을 확보케 하라. 인도가 자치를 위해서 싸우든 말든, 내가 자살해야 할 이유가 무엇인가?

하지만 나는 몇몇 친구 앞에서 한 가지를 언급한 적이 있다. 우리가 내년 1월까지 자치를 얻지 못한다면 어떻게 할까라는 질문을 받았을 때, 나는 이 나라에 대해서 커다란 믿음이 있으므로 우리가 스와라즈를 꼭 얻을 것을 12월 마지막까지 계속해서 믿겠다고 말해 주었다. 그래서 1월에는 내가 무엇을 하게 될지를 전혀 모르겠다고 말했다. 민중이 나를 떠나간다면, 나는 고요한 장소로 물러나 혼자 살아가거나, 아니면 '스와라즈' 하의 헌법을 초안하는 일에 최선을 다하면서 나라를 기꺼이 도울 것이다. 만일 우리가 내년까지 스와라즈를 얻지 못한다면 그때 살고 싶은 생각은 없다. 그 경우에는 너무 고통스러워 육신이 스러지고 말 것이다. 나는 육신이 스러지길 원할 것이다.

나는 이 나라에서 너무 많은 경제적 도덕적 고통을 목격해오면서도 불꽃 속에서 스러지지 않았다. 그것은 민중이 내 속에 고취시켜 준 희망, 즉 '우리는 하루 만에 우리 자신들을 정화할 수 있을 것이다' 그리고 '오늘 우리 수백만 민중은 자신들의 뼈다귀 위에 살을 좀 찌웠을 것이다'라는 희망 덕분이다. 나는 그런 희망으로 나날이 지탱해간다. 그런 것들을 실현하는 데 1년이면 충분하다고 나는 믿는다. 1920년 9월, 이것이 가능하다고 믿고 말했던 사람은 나 혼자뿐이었다.

12월 다른 사람들이 만장일치로 그 프로그램을 받아들였다. 만일 이제라도 국민회의가 공약을 지키는 일에 실패한다면, 나 같은 사람은 어떤 입장을 취해야 할까? 그것은 분명 국민회의에도, 그에 못지 않게 나에게도 파탄을 가져다줄 것이다. 만일 의회를 신뢰하여 초안을 작성했는데도 그것이 존중되지 않는다면, 나는 어디로 가야 하는가? 금년에 우리가 스와라즈를 얻지 못할 경우, 1월 1일에 내가 고통당하듯이 모든 사람들이 고통당해야만 한다. 그것을 나는 간절히 바란다. 모든 사람들이 음식 부족을 느낄 때만큼이나 강하게 다르마의 부족을 느껴야 한다.

한 친구는 이것이 비겁이 아니냐는 질문을 나에게 해왔다. 나는 그렇게 생각하지 않는다. 나는 그 안에 자비의 표현을 본다. 그것은 나에게 자명한 상식이다. 봉사가 봉사로서 귀하게 여겨지지도 않는데 봉사를 계속해야 할 이유는 없을 것이다. 살아가는 데 선이 없다면 살아가는 사람은 아무도 없을 것이다. 육신 자체가 다 닳게 되면, 해골에 불과한 육신을 바산트말라티(*vasantmalati*)[22]나 그와 유사한 다른 물질로 처리함으로써 연명하게 하는 것보다, 갠지스 강가에서 살면서 그것이 서서히 죽어가도록 내버려 두는 편이 더 낫지 않을까? 오늘 현재의 판단으로서는, 나는 '스와데시를 수용하고 스와라즈를 획득하라'는 것 이외의 다른 대안을 절대 권하지 않을 것이다. 만일 다른 것을 전혀 생각할 수 없다면 내가 무슨 소용이 있을까?

우리는 지금 사다리의 마지막 가로장 위에 서 있다. 지금 서 있는 곳에서 기운을 회복하지 않고 한 단 더 올라가는 것은, 궁극적으로 후퇴를 의미한다. 나는 싱가드(Sinhgad) 산성[23]으로 이어지는 산길을 올라갈 때 더 이상 도저히 기어올라갈 수 없었던 지점이 있었음을 기억한다. 나는 잠시 쉬어 기운을 회복한 다음에야 비로소 등산을 재개할 수 있었다.

---

22 〔역주〕 인도 《아유르 베다》 전통에서 사용된 해열제의 일종.

23 마하라슈트라 주의 푸나 인근의 산성(山城).

우리는 동일한 입장에 처해 있다. 우리가 스와데시 프로그램에서 완전한 성공을 거둘 때까지는 앞으로 전진할 수 있는 기운을 얻지 못할 것이므로, 내가 살아 있는 것 또는 사회 안에서 계속 살아가는 것은 스와데시의 성공에 달려 있다. 이것이 내가 오늘 세상을 보는 방식이고, 나의 심리 상태이다. 내일이 무엇을 가져올지는 오직 신만이 아신다.

낙관주의(G.), 〈나바지반〉, 1921. 10. 23 ; 《전집》 24 : 221

31) 성공을 위한 격률

우리는 흔히 산스크리트어로 되어 있고 경전(샤스트라)이라고 불리는 모든 것에 대한 맹목적 집착을 본다. 이런 집착에 응답하며, S. D. 나드카르니(Nadkarni) 씨는 권위가 있다고 보편적으로 간주되는 자료에서 뽑은 글귀, 이성의 최종적 권위를 지지하는 글귀를 나에게 보내주었다.

> 경전이란 인간이 지은 것이지만 그것이 이성에 합당하면 반드시 수용해야 하고 그렇지 않다면 비록 그것이 영감을 받은 것이라고 해도 거부해야 한다. 정당한 것에 대한 감각만이 우리를 안내해야 한다. 이성에 어울리는 말은 아기가 말한 것이라고 해도 수용되어야 한다. 이와 반대되는 것은 비록 브라마 신에게서 나왔다고 해도 한 가닥의 지푸라기처럼 거부해야 한다.
>
> 《요가바시슈타》에서, 《니야야프라카라남》
>
> 착한 사람들의 모임은 《베다》와 같이 훌륭한 권위를 가진다(《마다바스므리티》, 혹은 《마다비야 브야크야》로도 불린다).

위의 글귀는 경전이 이성을 대체하기 위한 것이 결코 아니라 보충하는 것이고, 불의(*injustice*)나 거짓을 옹호하기 위해서는 결코 거론될 수 없었음을 보여준다.

성공하고 싶은 자를 위하여[24]

한편으로는 심한 낙담이 있고 다른 한편으로는 성공을 저지하는 허세가 있으므로, 한 친구가 건네준 다음 격률들은 낙담자를 고무하고 허세 부리는 자를 경고하기 위해서 여기에 흔쾌히 다시 기록한다. 가망이 전혀 없어 보일 때에도 인내하는 자에게는 불가능한 일은 없다. 자랑하고 허세 부리고 보기에만 화려한 자에게는 모든 것이 전부 불가능하다. 다음이 그 격률이다.

> 모든 고귀한 업적은 처음에는 불가능해 보인다.
>
> 칼라일

> 성공은 대부분의 경우 성공하는 데 어느 정도 시간이 걸리는지 아는 데 있다.
>
> 몽테스퀴에

> 성공은 가장 잘 견디는 자의 것이다.
>
> 나폴레옹

> 부단한 분투와 확신은 난관을 쉽게 극복하고, 외견상 불가능한 일을 물러나게 한다.
>
> 제러미 콜리어(Jeremy Collier)

24 〔역주〕《전집》 권 41, 261면에 따라서 소제목을 단다.

물처럼 출렁이면 당신은 특출난 사람이 될 수 없다.
결코 긴장을 풀지 않는 신경, 절대 초점을 잃지 않은 눈, 절대 헤매지 않는 생각, 이런 것들이 성공의 비결이다.

버크(Burke)

낮 동안 당신이 아무리 불화하고 동요되었다고 해도, 자기 전에는 반드시 당신의 정신적 균형을 회복하고, 감각기관들을 평안케 하고, 마음을 고요하게 하시오.

카트라이트(Cartwright)

메모, 〈영 인디아〉, 1928. 3. 8 ; 《전집》 41 : 294

III

원리와 서약

1. 윤리적 종교

32) 윤리적 종교

(1) 도덕적 책임감

서문[1]

우리는 앞으로 몇 주 동안 〈인디언 오피니언〉지의 독자들을 위해서 이 주제에 대해서 일련의 기사를 쓰고자 한다. 오늘날은 세상에 위선이 증가했다. 무슨 종교를 믿든 사람들은 종교의 외면적 형식만을 생각하고 참된 의무를 제대로 실천하지 못하고 있다. 부에 대해서 우리

---

1 〔원주〕 이 논문과 다음 7개의 논문에서 간디는, 시카고 윤리문화협회의 창립자인 윌리엄 매킨타이어 솔터의 책 《윤리적 종교》(*Ethical Religion*)를 구자라트어로 요약하고 있다. 이 책은 합리주의자 출판협회에 의해서 출판된 시리즈 중의 한 권으로 1889년 3월 미국에서, 나중에 1905년 영국에서 각각 출판되었다. 구자라트어 시리즈에서 간디는 15장 중 8개 장만을 요약했다. 〔역주〕 William MacIntyre Salter (1853∼1931) : 철학을 주제로 몇 권의 책을 썼다. 니체에 관해서 비판적이지만 오랫동안 읽히는 책을 집필했다. 시카고대학 철학과의 특별 강연자이기도 했다.

는 광란의 추구를 하면서도 다른 사람들에게 입히는 위해(危害) 또는 그 위해의 가능성에 대해서는 거의 생각하지 않는다. 유럽 여성들은 부드러운 〔가죽〕 장갑을 만들기 위해서 어리고 부드러운 동물을 죽여야 하는 데도 장갑의 사용을 조금도 꺼리지 않는다. 세상에서 가장 부자라고 하는 록펠러 씨가 많은 도덕 규칙들을 어기면서 부를 축적한 이야기는 온 세상에 알려져 있다. 주변의 상황이 이러하므로 유럽과 미국의 많은 사람이 종교에 반대하고 있다. 그들은 종교라는 이름에 걸맞은 종교가 세상에 존재한다면 온 세상에 팽배해 있는 과도한 사악함은 존재하지 않을 것이라고 말한다. 이는 잘못된 견해이다. 노동자가 연장을 나무라면서 자기 자신의 잘못을 찾으려고 하지 않듯이, 사람들은 자신들 속에 있는 사악함 자체에 대해서 생각하는 대신 종교 자체를 사기라고 낙인찍고 그들 마음대로 행동하며 살아간다.

이런 시류를 관찰하고, 만일 종교가 전부 파멸된다면 거대한 재앙이 세상을 덮칠 것이고 사람들이 도덕의 길을 전면적으로 내버릴 것을 두려워한 나머지, 수많은 미국인과 유럽인은 사람들이 그 길로 되돌아가도록 다방면에 걸쳐서 앞장서 노력하고 있다.

한 협회[2]가 창립되어 모든 종교들을 검토한 이후 다음과 같은 사실을 제시했다. 즉 모든 종교들은 도덕을 가르칠 뿐만 아니라 대체로 윤리적 원리에 근거한다는 사실, 우리가 종교를 믿는다고 고백하든 말든 윤리 법칙에 순종하는 것이 의무라는 사실, 그 법칙에 순종하지 않는 사람들은 자신들과 타인들에게, 현세에서나 내세에서[3] 아무런 선

2 시카고 윤리문화협회(The Society for Ethical Culture, Chicago).

3 〔역주〕 이 구절은 윤회전생에 대한 믿음은 아니더라도 최소한 사후 세계의 삶에 대한 믿음은 상정하고 있다. 솔터는 실제로 아래 1장, 3장에서 이런 믿음을 갖고 있는 자들에 대해서 언급하고 있다.

도 베풀지 못할 것이라는 사실을 제시했다. 이러한 협회의 목표는 세상에 팽배해 있는 위선 때문에 모든 종교들을 멸시하게 된 사람들에게 영향을 주고자 하는 것이다. 그 협회는 모든 종교들의 기본을 발견하고 그 종교들에 공통적으로 존재하는 윤리적 원리들에 대해서 토론을 벌이고 그 원리들에 대해서 글을 쓰며, 그 원리들에 따라서 살아간다. 그들은 이런 강령을 윤리적 종교(*Ethical Religion*)라고 부른다. 특정 종교를 비판하는 것은 협회의 목적에 포함되어 있지 않다. 어떤 종교라도 그것을 고백하는 사람들은 협회에 가입할 수 있고, 실제로도 가입하고 있다. 이런 단체의 이득은 회원들이 그들 자신의 신앙을 보다 엄격히 고수하며, 도덕적 가르침에 보다 더 큰 주의를 기울이고 있다는 점이다. 회원들은 사람이 도덕법칙(*laws of morality*)을 준수해야 한다는 점, 그리고 만일 그렇지 않으면, 그것이 세상 속의 모든 질서에 종지부를 찍는 것, 궁극적 파멸을 의미할 것이라는 점을 굳게 믿는다.

학식 있는 미국인 솔터 씨는 위의 주제에 대해서 아주 훌륭한 책을 출판한 바 있다. 그 책은 특정 종교를 특별히 다루지는 않지만 보편적으로 적용할 수 있는 가르침을 담고 있다. 우리는 매주 가르침의 핵심을 게재할 것이다. 저자에 대해서 말하자면 그는 타인에게 권면하는 것이면 무엇이든 먼저 실천하고 있다. 우리는 독자에게 자신의 마음에 드는 도덕적 규율에 따라서 살도록 노력해야 한다는 것을 호소하고 싶다. 그럴 경우에만 우리의 노력이 결실을 맺었다고 말할 수 있을 것이다.

1장

사람이 착하고 고상한 생각에까지 오를 수 있는 것은 그의 도덕적 본성(*moral nature*) 덕분이다. 여러 과학은 우리에게 세상을 있는 모습 그대로를 보여준다. 윤리학은 세상이 어떠해야 하는가를 말해 준다. 그것은 사람이 어떻게 행위해야 하는가를 알게 해준다. 사람의 마음에는 두 개의 창이 있다. 사람은 하나의 창을 통해서 자아의 모습 그대로를 볼 수 있고, 다른 창을 통해서 자아가 무엇이어야 하는가를 볼 수 있다. 사람의 육신, 두뇌 그리고 마음을 제각각 분석하고 탐구하는 것은 우리의 과업이다. 그러나 만일 여기에서 멈춘다면 과학 지식이 있음에도 불구하고 우리는 아무 이익을 얻지 못할 것이다. 따라서 불의·사악·허영 등의 사악한 결과들에 대해서 그리고 이들 셋이 합쳐졌을 때 일어나는 재앙에 대해서 아는 것이 필수적이다. 단순한 지식만으로는 충분치 않으며, 반드시 적절한 행위가 뒤따라야 한다. 하나의 윤리적 이념은 건축가의 설계와 같다. 설계는 건물이 어떻게 지어져야 하는가를 보여준다. 하지만 건물이 설계에 따라서 건축되지 않는다면 설계는 무용지물이 된다. 마찬가지로, 윤리적 이념도 적합한 행동이 수반되지 않는다면 무용지물이다. 도덕적 규율을 외우고 설교하는 사람들은 많이 있다. 하지만 그들은 그것을 실천하지도 않고 그럴 의향도 없다. 도덕원리란 현세에 실천될 것이 아니라, 다른 세상—죽음 이후의 세상—을 위한 것이라고 믿는 자들도 있다. 위대한 사상가 한 사람이 다음과 같이 쓰고 있다. "만일 당신이 완전을 얻고 싶다면, 어떤 희생을 치르고서라도 바로 오늘부터 도덕법칙에 따라서 살기를 시작해야 한다"고. 이런 생각에 대해서 겁을 먹고 미리 도망갈 필요는 없다. 반대로 우리는 그 사안에 있어서 우리의 책임을 생각하면서 즐겁게 그런 생각을 따라서 살아야 할 것이다. 씩씩한 펨브로크(Pembroke) 백작은 아우버코치(Aubercoche) 앞에서 더비 백작에게 다가가며 이미 전투가 승리로 끝난 것을 발견하고는, "사촌이여, 그대는 나를 불러 놓고는 기다리지 않았고 나의 적수와 싸움을 했으므로 예의도 없었고 명예롭게 행동하지도 않았네. 이건 분명하네"라고 말했다. 도덕적 책임을 흔연히 받아들일 준비가 되어 있을 때, 사람들은 덕의 길을 이행(履行)할 것이다.

신은 전능하시고 완전하시다. 그의 연민, 선함, 정의에는 제한이 전혀 없다. 그런데 만일 그러하다면 그에게 묶인 노예들인 우리가 어떻게 도덕의 길에서 이탈하여 헤맬 수 있을까? 윤리적 원리를 따르는 일에 실패한다면, 그것은 원리의 잘못이 아니다. 도리어 도덕을 위반하는 사람들은 자신을 비난해야 할 것이다.

도덕의 길에는 도덕적 행위에 대해서 보상과 같은 것이 있을 수 없다. 만일 어떤 선행을 한다고 해도 그것은 박수갈채를 얻기 위해서가 아니라 해야 하기 때문에 행하는 것이다. 음식과 선(善)을 비교해 본다면, 그에게 착한 일을 하는 것은 양질의 음식일 따름이다. 만일 어떤 사람이 그에게 선행할 기회를 준다면 그는 감사를 표할 것이다. 굶주린 사람이 음식을 준 자에게 감사해하고 그를 축복하듯이.

우리가 말해왔던 윤리적 종교는 신사다움(*gentlemanliness*)을 기르는 것을 의미하지 않는다. 윤리적 종교는 우리가 좀더 부지런하고, 좀더 교육받고, 좀더 청결하고 보다 단정해야 함 등등을 의미한다. 이 모든 것이 분명히 신사다움 안에 포함되어 있다. 하지만 그것은 윤리적 종교의 변죽만을 울리고 있다. 이 길을 따라가려고 하는 사람은 더 많은 일을 해야 할 것이다. 그리고 그런 것들을 행하더라도 그것들을 그의 본성의 일부로 알고 어떤 세속적 이익을 얻기 위해서가 아니라 의무의 일로 해야 한다.

《전집》 6 : 208

(2) 최고의 도덕[4]

도덕에 대한 오늘날의 견해들은 그리 고차적인 것이 아니다. 어떤 사람들은 도덕이란 그리 본질적인 것이 아니라고 믿는다. 다른 사람들은 종교와 도덕 사이에 아무 관계가 없다고 생각한다. 하지만 세계의 종교들을 검토해 보면 도덕 없이 종교가 유지될 수 없음을 보여준다. 진실한 도덕(*true morality*)은 종교의 대부분을 포함한다. 도덕법칙을 이기적 목적 아니라 그것 자체를 위해서 준수하는 자는 종교적 인물로 간주될 수 있다. 러시아에는 나라의 선을 위해서 목숨을 바치는 사람들이 있다. 그런 사람들은 진실로 도덕적이다. 영국인 제러미 벤담(Jeremy Bentham)과 같은 사람은 영국의 입법을 위해서 훌륭한 원리들을 많이 찾아냈고, 영국인들 사이에 교육을 확산시키기 위해서 매우 열심히 노력했으며, 죄수들의 처우를 향상시키는 데 중요한 역할을 했는데 이런 사람도 진실로 도덕적이라고 할 수 있다.

그것 이외에도 이미 잘 닦여진 길을 따라가는 것만으로 충분치 않다는 것이 이상적 도덕(*ideal morality*)의 규칙 중 하나이다. 친숙함의 여부와 관계없이 우리에게 진실하다고 알려진 길을 따라가야 한다. 즉, 어떤 길이 올바른 길임을 알면 우리는 두려움 없이 그 길로 나서야 한다. 이런 식으로 우리가 도덕법칙을 준수하는 경우에만 우리는 전진할 수 있기 때문에 진실한 도덕, 진실한 문명, 진실한 진보는 항상 함께 발견되는 것이다.

우리의 욕구를 검토해 보면 우리는 이미 가진 것은 원하지 않는다는 것을 알게 된다. 우리에게 없는 것이 언제나 더 귀해 보인다. 하

---

4 〔역주〕《전집》 권 6, 221면에 따르면 '이상적 도덕'으로 되어 있다.

지만 욕망에는 두 종류가 있다. 하나는 단순한 자기 이익의 추구이다. 이런 종류의 욕망을 충족시키려는 시도는 부도덕(*immoral*)하다. 다른 욕망은 우리 자신을 향상시키고 타인에게 선을 행하라고 부단히 우리를 재촉한다. 아무리 큰 선행을 했다고 해도 우리는 우쭐대지 말아야 한다. 왜냐하면 선행을 평가하는 것은 우리가 아니다. 따라서 우리는 보다 착한 사람이 되기를, 더 큰 선행을 행하기를 부단히 소망해야 한다. 진실한 도덕은 그런 소망을 성취하려고 하는 우리의 노력에 있다.

우리가 만일 우리 자신의 집이나 가족이 없다면 그것은 부끄러워 할 일이 아니다. 하지만 만일 우리가 가정을 가지면서 그것을 학대한다면, 기업을 가지면서 사기를 자행한다면, 우리는 도덕의 길에서 일탈하는 것이다. 도덕은 우리가 해야 할 바를 행하는 데 있다. 몇몇 사례를 통해서 도덕의 필요성을 증명할 수 있다. 불화(*disunity*)와 허위 따위의 부도덕의 씨앗이 발견되었던 많은 민족, 많은 가정은 파멸이라는 운명을 겪어왔다. 장사와 사업에서 예를 들자면, 진리(*truth*)를 따라서는 안 된다고 말하는 사람은 단 한 사람도 없다. 정의와 선의 효과를 외부에서 느낄 수는 없다. 이 자질들은 우리 안에 존재한다. 4백여 년 전 유럽에는 많은 불의와 허위가 횡행하고 있어서 민중은 단 한 순간도 평화롭게 살아갈 수가 없었다. 이런 사태가 일어난 원인은 사람들에게 도덕이 없었기 때문이다. 모든 도덕법칙들(*moral laws*)의 본질을 추출해 보면, 인류를 위해서 선행을 하려는 시도가 최고의 도덕이라는 점을 발견할 것이다. 이 열쇠를 이용해서 도덕의 보고(寶庫)를 열어 보면 그 안에 다른 원리들도 전부 발견하게 될 것이다.

모든 독자들이 이익을 얻고 기억하길 바라는 마음에서 이 기사의 말미에 도덕과 관련 있는 구자라트와 우르두 시인의 시를 게재한다.

그리고 말바리(Malbari) 씨의 책,[5] 《아다미 아네 테니 두니야》에서 얻어온 발췌와 더불어 시작한다.

《전집》 6 : 216

(3) 선(善)을 위한 선행(善行)

특정 행위는 어떤 경우에 도덕적이라고 말할 수 있을까? 이런 질문을 던지는 의도는 도덕적 행위와 부도덕한 행위를 대조하기 위해서가 아니라, 관례의 관점에서는 반대할 수 없는 우리의 많은 일상적 행위, 그러나 일부의 사람이 도덕적인 것으로 간주하는 행위를 성찰하기 위한 것이다. 우리의 행위 대부분은 아마도 비(非)도덕적인(*non-moral*) 것이다. 왜냐하면 반드시 도덕과 관련된 것은 아니기 때문이다. 우리는 대부분의 경우 우세한 관례에 따라서 행동한다. 그와 같은 관례적 행위는 흔히 필요하다. 그런 규칙들이 준수되지 않는다면 무정부 상태가 초래될 것이고, 사회 혹은 사회적 관계가 무너질 것이다. 하지만 습속(*custom*)과 관습(*usage*)의 단순한 준수를 도덕이라고 부르는 것은 부적절하다.

도덕적 행위는 마땅히 우리 자신의 행위여야 한다. 우리 자신의 의지에서 나와야 한다. 만일 우리가 기계적으로 행동한다면 우리의 행위에는 도덕적 내용이 일체 없을 것이다. 만일 우리가 기계처럼 행동하는 것이 타당하다고 생각하고 그렇게 행동하는 경우라면 도덕적이다. 그렇게 하면서 우리는 분별력(*discrimination*)을 사용하기 때문이다. 우리는 기계적으로 행동하는 것과 의도적으로 행동하는 것 사이의 구별을 염두에 두어야 한다. 왕이 범죄자를 사면하는 것은 도덕적일 수 있지만 왕의 명령을 전달하는 사자(使者)는 왕의 도덕적 행위에서 기계적인 역할을 담당하고 있을 뿐이다. 그러나 만일 사자가 왕의

5 〔역주〕 이 책의 제목은 《인간과 그의 세계》이다. 《전집》 권 6, 222면.

명령을 전달하는 것을 자신의 의무로 여긴다면, 그의 행위는 도덕적인 것이 될 것이다. 자기 자신의 지성과 사유의 힘을 사용하지 않고 급류에 떠내려가는 통나무와 같이 자신을 떠내려가게 한다면 그런 사람이 어떻게 도덕을 이해할 수 있을 것인가? 때때로 사람은 관례(*convention*)를 거부하고 절대선을 목표로 하여 스스로 행위한다. 웬델 필립스[6]가 그와 같은 위대한 영웅 중의 하나이다. 민중의 집회에서 연설하면서 그는 "여러분이 여러분 자신들의 의견을 형성하고 그것을 표현하기를 배우기 전까지 나는 여러분이 나에 대해서 뭐라고 생각하든 별로 개의치 않겠습니다"라고 말한 적이 있었다. 그래서 우리 모두가 우리의 양심이 말하는 것만을 유념할 때, 우리는 그때에만 도덕의 길에 들어섰다고 할 수 있다. 우리 안의 신, 만유의 신이 우리의 모든 행위들을 항상 지켜보는 증인이심을 믿지 않는다면 그리고 그 믿음을 경험하지 않는다면 우리는 이런 경지에 도달할 수 없다.

우리의 행위가 그 자체로 선하다고 하는 것만으로는 충분치 않다. 그것은 선을 행하려는 의도(*intention*)를 갖고 행한 것이어야 한다. 다시 말하면 어떤 행위가 도덕적인지의 여부는 행위자의 의도에 달려 있다. 두 사람이 정확히 같은 일을 할 수 있다. 하지만 한 사람의 행위는 도덕적이고 다른 사람의 행위는 반대일 수 있다. 예를 들면, 한 사람은 깊은 연민에서 가난한 자를 먹였고 다른 한 사람은 같은 행위를 했지만 특권을 얻으려는 동기에서 또는 어떤 이기적 목적을 위해서 했다고 해 보자. 비록 행위는 같지만 한 사람의 행위는 도덕적이고 다른 한 사람의 행위는 비도덕적이다. 여기서 독자는 비도덕이란 말과 부도덕(*immoral*)이란 말의 차이를 기억해야 한다. 우리는 도덕적 행위에서 언제나 좋은 결과가 나온다고 볼 수는 없을 것이다. 우리가 도덕을 생

6 〔역주〕 Wendell Phillips(1811~1884): 미국의 노예 폐지론자.

각할 때 알아야 할 필요가 있는 것은, 그 행위가 선하고 선한 의도로 행해진다는 점이다. 그 행위의 결과는 우리 통제 범위에 있지 않다. 오로지 신이 과실(果實)의 수여자이기 때문이다. 역사학자들은 알렉산더 대왕을 '위대'하다고 불렀다. 그가 어디로 가든 그리스어와 그리스 문화, 예술과 풍속을 가져갔으며, 덕분에 우리는 오늘날 그리스 문명의 혜택을 향유한다. 하지만 모든 행위의 배후에 있는 알렉산더의 의도는 오직 정복과 명성(*renown*)뿐이었다. 그러므로 누가 그의 행위가 도덕적이었다고 말할 수 있을까? 그가 '위대'하다고 불리는 것은 괜찮을지 모르지만 도덕적인 사람으로 불릴 수는 없다.

이렇게 성찰해 보면 도덕적 행위가 선한 의도를 갖고 행해졌다는 것만으로는 충분치 않으며, 그것은 어떤 강요 없이 행해져야 한다. 만일 내가 사무실에 늦게 출근하게 되면, 일자리를 잃을지도 모른다는 두려움에서 아침 일찍 기상했다면, 그 행위에는 아무 도덕이 없다. 그와 유사하게 내가 달리 살 방도가 없어서 단순하고 수수한 삶을 산다면 거기에 아무런 도덕이 없다. 하지만 내가 부자임에도 주변 세계의 모든 궁핍과 불행을 생각하고, 평범하고 단순한 삶, 안락과 사치가 전혀 없는 삶을 살아야 한다고 느끼며 소박, 단순하게 살아간다면 그것은 도덕적일 것이다. 그와 같이 어떤 고용주가 종업원이 떠나지 못하도록 하기 위해서 그들에게 동정심을 느끼거나 보다 높은 임금을 지불한다면, 그것은 이기적 행위일 따름이지 도덕적 행위가 못된다. 만일 고용주가 자신의 번영이 그들의 덕분이란 점을 자각하고 그들이 잘 살기를 바라면서 친절하게 대해 준다면, 그것은 도덕적 행위가 될 수 있다. 이 사실은 어떤 행동이 도덕적인 것이 되기 위해서는 공포와 강요에서 자유로워야 함을 의미한다. 농민들이 봉기하여 핏발 선 눈으로 영국왕 리처드 2세에게 그들의 권리를 요구했을 때

왕은 그들에게 자신의 옥쇄와 서명으로 권리를 허락했다. 하지만 위험이 지나가자 그는 문서를 내놓으라고 강요했다. 리처드 왕의 첫 번째 행위는 도덕적이고 두 번째 행위는 부도덕한 행위였다고 말하면 잘못이리라. 왜냐하면 그의 첫 번째 행위는 공포에서만 나온 것이므로 거기에는 도덕이 전혀 없었기 때문이다.

도덕적 행위가 공포 또는 강요에서 자유로워야 하듯이 배후에 자기 이익(*self-interest*)이 있어서도 안 된다. 이것은 자기 이익에 의해서 부추겨진 모든 행위들이 무가치하다고 말하는 것은 아니다. 하지만 그런 것들을 도덕적 행위라고 하는 것은 도덕적 이념에서 멀어지는 것임을 말할 뿐이다. 정직이 최선의 정책이란 믿음으로 행해지는 정직은 오래가지 못한다. 셰익스피어가 말했듯이 이윤의 동기에서 나온 사랑은 사랑이 아닌 것이다.[7]

여기 지구상에서 물질적 이득을 동기 삼아 행동하는 것이 비도덕적이듯이, 다른 세상에서의 안락과 개인적 행복을 고려해서 행하는 것도 비도덕적이다. 선을 실현하기 위해서 하는 행동만 도덕적 행위이다. 성 프랜시스 사비에르(St. Francis Xavier)라는 위대한 기독교인은, 자신의 마음이 언제나 순결하기를 열심히 기도했다.[8] 그에게 있

---

7 〔원주〕 사랑이 사랑의 본질을 떠나서 타산적이면 그것은 진정한 사랑은 아니다.
〔역주〕《리어왕》 1막 1장. 출전을 찾아 준 경희대 송창섭 교수께 감사드린다.

8 그렇다면, 축복받은 예수 그리스도시여,
제가 왜 당신을 열렬하게 사랑하지 않겠습니까?
천국을 얻기 위함도 아니며
지옥을 피하기 위함도 아닙니다.
무언가를 얻기를 바라서도 아니고
보상을 구하는 것도 아닙니다.
오직 당신께서 저를 사랑하셨기 때문입니다.
오 영원의 주님이시여.

어서 신에 대한 헌신은 사후에 높은 자리를 향유하기 위한 것이 아니었다. 그는 기도가 인간의 의무이기 때문에 기도했다. 위대한 성녀(聖女) 테레사는 불로 하늘의 영광을 태워 버리고 물로 지옥의 불을 끄기 위해서 오른손엔 횃불을 들고 왼손엔 물그릇을 들기를 원했다. 그리고 그녀는 사람들이 지옥에 대한 공포 없이 그리고 천국의 지복에 대한 유혹 없이 오직 사랑으로만 신을 섬기기를 배울 것을 원했다. 이런 식으로 도덕을 보존하는 것은 죽음마저 직면할 각오가 되어 있는 용감한 사람을 요구한다. 친구에게만 진실하고 원수와 우리 사이의 믿음을 깨는 짓은 비겁하다. 공포에서 그리고 우물쭈물하며 선을 행하는 자들은 도덕적인 덕이 없다. 친절함으로 알려져 있는 헨리 클레이(Henry Clay)는 확신을 야망에 바친 적이 있다. 다니엘 웹스터[9]는 위대한 지성과 영웅적이고 고상한 것에 대한 감수성에도 불구하고 한때 자신의 지적 청렴(淸廉)함을 돈을 받고 팔아넘겼다. 그는 단 하나의 비열한 행위로 그의 모든 선행을 날려 버렸다. 이런 사실은 사람의 마음을 꿰뚫어볼 수가 없으므로 인간 행위의 도덕을 판단하기가 얼마나 어려운지 보여주는 것이다, 그러므로 이 장의 시작 부분에 제기된 질문, 즉 '도덕적 행위란 무엇인가'라는 질문에 대한 답도 얻게 되었다. 그것에 덧붙여 우리는 어떤 종류의 인간들이 그러한 도덕에 따라서 살아갈 수 있었는지도 살펴보았다.[10]

---

9 〔역주〕 Daniel Webster(1782~1852) : 미국의 정치가, 변호사. 그의 전기 작가들은 그가 개인적으로 부정직했던 적은 한 번도 없었음을 역설한다. 《전집》 권 6, 231면.

10 〔역주〕 다음에 구자라트어 시 선집인 《카브야도한》(*Kavyadohan*)의 시가 나오지만 《전집》은 그것을 싣지 않는다고 했다. 《전집》 권 6, 231면.

(4) 도덕법칙의 지고성

우리는 행위의 가치에 대해서 부단히 판단을 내린다. 어떤 행위들은 우리를 만족시키고 어떤 것들은 그렇지 못하다. 행위의 선악은 행위의 이해(利害)에 달려 있지 않다. 그 행위를 판단할 때, 우리는 상당히 다른 기준을 적용한다. 우리는 우리 마음에 어떤 관념들을 가지며 그것들에 의거해서 타인의 행동을 판단한다. 어떤 사람이 다른 사람에게 잘못된 행위를 할 때, 우리에게 영향을 주든 말든 우리는 그것을 잘못이라고 느끼는 것이 사실이다. 때때로 우리는 행악자에게 일말의 동정심(*sympathy*)을 갖기도 한다. 하지만 그런 동정심에도 불구하고 우리는 서슴없이 그의 행위가 잘못이라고 선언한다. 물론 종종 오판할 수도 있을 것이다. 우리는 한 사람의 동기를 항상 헤아릴 수는 없으므로 그에 대해서 오판할 수 있다. 하지만 의도가 밝혀지기만 하면 행위를 판단하는 데에는 아무 난점이 없다. 때때로 잘못된 행위가 우리에게 개인적 이익을 가져다주기도 하지만 속으로는 그것이 잘못이라고 느끼는 것은 사실이다.

어떤 행위의 옳고 그름이 그 사람의 자기 이익에 근거하지 않는다는 점은 확립되었다. 그것은 자신의 희구에 근거하지도 않는다. 도덕(*morality*)과 동정심 사이에는 차이가 있다. 어린아이에 대한 동정심에서 우리는 뭔가를 주고 싶어한다. 하지만 물건이 아이에게 해로운 것이라면 그것을 주는 일은 부도덕하다고 말한다. 동정심을 보이는 것은 분명 좋은 일이지만, 도덕적 사려분별(*moral considerations*)에 의해서 제한받지 않으면 독으로 변한다.

우리는 도덕법칙이 불변하다는 점도 안다. 의견은 변하지만 도덕은 변하지 않는다. 우리는 눈을 뜨면 태양을 본다. 눈을 감으면 그것은 보이지 않는다. 여기서 말하는 변화는 우리 시각의 변화이지 태양이 존재한다는 사실이 변한 것은 아니다. 도덕법칙에서도 마찬가지다. 무지 상태에 있을 때는 무엇이 도덕적인가를 모를 가능성이 있다. 하지만 지식의 눈이 열리면 그것을 아는 데는 아무 문제가 되지 않는다. 사람들은 좀체 사물의 옳고 그름을 한결같이 보려고 하지 않는다. 우리는 흔히 사적인 고려에 의해서 부도덕한 것을 도덕적인 것으로 잘못 묘사한다. 자기중심적 고려로부터 스스로 해방시켜 주의를 전적으로 도덕의 관념들에만 기울일 때가 도래해야 한다. 도덕문화(*moral culture*)는 여전히 유아기에 머물러 있다. 베이컨이나 다윈과 같은 사람이 탄생하기 전에도 과학이 존재했지만 도덕문화는 지금 존재한다. 사람들은 진리가 무엇인지에 대해서 알기를 갈망해왔다. 그들은 도덕을 탐구하기 전 지구의 운동법칙 등 자연법칙들을 발견하는 일에 여태까지 종사해왔다. 우리는 도덕을 추구하는 사심 없는 학도(學徒), 인내력이 있으며 수고를 아끼지 않는 학도, 초기에 가진 미신적 관념을 제쳐 버리고 이상적인 선(*the ideal good*)만을 추구하는 일에 자신의 생명을 바치는 학도를 어디에서 찾을 수 있을까? 지금 사람들이 자연의 영역을 열렬히 탐색하듯이 도덕적 이념의 세계를 그 정도로 열렬히 탐색하는 시간이 오면, 우리는 도덕에 대한 갖가지 관념들을 통합할 수 있을 것이다. 과학의 문제에 관해서 지금 사람들 사이에는 의견이 다양한데, 그와 같은 다양성이 도덕의 이념들에 대해서는 없을 것 같다. 하지만 우리는 당분간 도덕법칙에 관한 의견일치에 도달하지 못할 것이다. 그러나 이것이 옳고 그름을 분간하기가 불가능하다는 것을 의미하는 것은 아니다.

따라서 우리는 사람들의 소원이나 의견으로부터 별개로 독립된 도덕법칙이라고 불러도 괜찮을 정도의 도덕적 기준 같은 것이 존재한다는 것을 안다. 국가의 법률(*laws of the state*)이 존재한다면 왜 도덕법칙 역시 존재하지 않겠는가? 그 법칙은 인간의 문자로 쓴 것이 아니어도 상관이 없다. 아니 그럴 필요가 없다. 도덕법칙이 존재한다는 사실을 인정하거나 생각한다면, 우리가 국가의 법률에 순종해야 하듯이 도덕법칙에 순종하는 것이 우리의 의무다. 도덕법칙은 국가의 법률이나 사업의 법칙과 구별되며 보다 고차원적인(*better*) 것이다. "내가 사업의 법칙을 따르지 않아 가난하게 산다면 무슨 상관이냐. 내가 국가의 법률에 순종하지 않고 지배자의 불쾌감을 유발한다고 해도 무슨 상관이냐"라고 물을 수도 있다. 하지만 "내가 거짓말을 하거나 진실을 말하는 것이 무슨 상관이냐"라는 말은 그 누구도 하지 못할 것이다.

따라서 도덕법칙과 일시적 법률 사이에는 큰 차이가 있다. 도덕은 우리 심정들에 존재하기 때문이다. 부도덕을 저지른 사람조차 그가 부도덕했다는 점을 수용할 것이다. 잘못은 절대 옳은 일이 될 수 없다. 도덕법칙을 준수하지 않아서 타락한 곳에서도 사람들은 그것을 준수하는 척 가장할 것이다. 그래서 그들은 도덕법칙이 준수돼야 한다는 점을 인정할 수밖에 없다. 그것이 도덕의 위대성이다. 도덕은 습속이나 여론에 상관하지 않는다. 도덕적인 사람에게 여론이나 습속은 도덕법칙과 조화를 이룰 때에만 강제력이 있을 것이다.

이 도덕법칙은 어디에서 오는가? 그 법칙은 국가가 제시하는 것이 아니다. 국가마다 다른 법률이 존재하기 때문이다. 소크라테스가 당시 준수했던 도덕에 많은 사람이 반대했다. 하지만 지금 세상은 그가 준수했던 도덕이 영원히 도덕이며 앞으로도 도덕으로 남을 것임을 인정하고 있다. 로버트 브라우닝은 "사탄이 이 세상에 증오와 허위의 법칙을 선언했다고 하더라도, 정의와 선성(善性), 그리고 진리는 계속 신성한 것으로 남을 것이다"라고 말했다.[11] 우리는 여기에서 도덕법칙이 최고이며 신성하다(*divine*)는 결론을 도출할 수 있다.

그러한 법칙은 시간의 끝까지 어떤 민족도 어떤 개인도 범할 수 없다. 이미 말했듯이 위험한 폭풍우도 결국은 지나가듯이 부도덕한 인간들도 반드시 파멸하고 말 것이다.[12]

아시리아와 바빌론에서 사람들의 죄의 잔은 채워지자마자 부서졌다. 로마가 부도덕의 길을 가자 로마의 어떤 위인들도 로마를 구할 수가 없었다. 고대 그리스인들은 하나의 완성된 민족이었으나 그들의 예술과 철학은 자신들의 부도덕 때문에 얼마 가지 못했다. 프랑스혁명은 부도덕에 대한 저항이었을 따름이다. 미국의 경우도 마찬가지였다. 선량한 웬델 필립스는 부도덕은 왕좌에 앉혀도 견디지 못할 것이라고 발언하곤 했다. 이와 같이 신비로운 도덕법칙은 그것을 준수하는 자에게는 번영을 가져다주고, 그것에 순종하는 가정을 지탱할 것이고, 그것에 의지해서 살아가는 공동체를 늘 번성시킬 것이다. 스스로 이러한 최고법의 지배를 받는 국가는 자유와 평화 그리고 행복이 그들의 몫이 될 것이다.[13]

《전집》 6 : 233

11 정의, 선, 진리는 늘 신성했다. 비록 악마의 의지에 의해서 증오와 사악이 선포되었다고 해도. 세상 전체를 통해서 엉뚱한 것이 법과 권리라고 불렸더라도(《크리스마스 이브》 17).

12 회오리바람이 지나갈 때 나쁜 사람은 사라져도 착한 사람의 터전은 길이 서 있다(〈잠언〉, 10 : 25, 《공동번역 성서》, 대한성서공회, 1977, 1037면).

13 〔역주〕 이다음에 《카브야도한》의 시가 나온다. 《전집》 권 6, 249면.

(5) 도덕과 종교

이 장의 주제는 기이한 것으로 보일 수도 있다. 도덕과 종교는 별개라고 보통 생각한다. 하지만 이 장은 도덕을 하나의 종교로 간주하려고 한다. 어떤 독자들은 필자가 혼란에 빠졌다고 비판할 수도 있다. 그런 질책은 두 부류의 사람들에게서 올 수 있다. 한 부류는 종교를 도덕 이상(以上)이라고 생각하는 사람들이고, 다른 부류는 도덕이 있는 곳에 종교가 있을 필요가 없다고 여기는 사람들이다. 하지만 필자의 의도는 양자의 긴밀한 관계를 보여주는 데에 있다. 윤리적 종교 또는 종교적 윤리(*religious ethics*)를 확산시키는 사회는 도덕을 통해서 종교를 믿는다.

일반적으로 생각하면, 종교 없이 도덕이 존재하고 도덕 없이 종교가 존재한다고도 할 수 있다. 우리는 많은 죄를 범하면서도 종교적이라고 주장하는 수많은 부도덕한 인간을 만난다. 반면 고 브래들로(Bradlaugh) 씨와 같은 도덕적 인간도 있다. 그들은 자랑스럽게 무신론자로 자처하면서 종교의 이름에서 도망할 것이다. 두 견해 중 어느 하나만 주장해도 잘못이다. 첫 번째 견해를 주장하는 자는 잘못일 뿐만 아니라 종교의 가면 아래 부도덕을 실천하므로 위험스럽기조차 하다. 그래서 이 장에서 우리는 지적으로, 과학적으로 생각하여 종교와 도덕이 결합되어 있으며, 반드시 결합해야 한다는 점을 보여줄 것이다.

도덕이란 처음에는 단순히 한 공동체의 습관적 행위, 즉 함께 살아가는 사람들이 자연스레 벌이게 되는 안정된 행동방식이었다. 자연적인 과정을 통해서 좋은 습속은 살아남고, 나쁜 습속은 사라지는 경향이 있었다. 만일 나쁜 습속이 죽지 않는다면 그것이 공동체를 약화시키고 멸망에 이르게 할 것이기 때문이다. 오늘날에도 이런 과정이 작용하고 있음을 목격한다. 사람들이 별 생각 없이 좋은 습속을 지키는 것은 도덕도 아니고 종교도 아니다. 하지만 오늘날 세상에서 도덕으로 통하는 대부분은 앞서 지적한 바대로 좋은 습속이다.

더구나 사람들은 대개 종교에 대해서 그저 피상적인 생각을 가지고 있을 뿐이다. 때때로 사람들은 자신들을 위협하는 위험을 피할 수단으로만 종교를 믿는다. 공포에 기인한 사랑에서 행해진 행동을 종교적인 것으로 고상하게 만드는 것은 잘못일 것이다.

하지만 사람들이 의식적으로, 확고한 의지를 갖고 일부러, 득실이나 생사를 따지지 않고, 뒤를 돌아보지 않으며, 자신들을 희생할 각오로 도덕의 길을 밟기 시작하는 때가 마침내 오고 있다. 그렇게 되면 사람들은 진정한 도덕으로 충만해 있다고 말할 수 있을 것이다.

그러한 도덕이 종교의 지지 없이 어떻게 유지될 수 있을까? 어떤 사람은 자신에게 이런 말을 한다. "타인에게 작은 해를 가하면 나의 개인적 이익을 보장할 수 있다. 그런데 내가 왜 작은 해를 가하지 말아야 할까?" 하고. 해를 가하여 얻는 이익은 이익이 아니라 적극적 손실이다. 이런 맛없는 1회분의 약이 어떻게 사람의 목으로 넘어갈 수 있을까? 독일의 표면상의 이익을 위해서 비스마르크는 끔찍한 행위를 범했다. 그의 교육은 어디로 갔던가? 평소에 그가 학교 학생들 앞에서 큰 소리로 말하던 도덕의 준칙들은 어디로 사라졌던가? 이런 모든 질문들에 대한 대답은 분명 가능할 것이다. 그가 이와 같은 난관에 직면하여 그의 도덕을 유지할 수 없었던 이유는 그의 도덕이 종교에 근거하지 않았기 때문이다. 도덕의 씨앗이 종교의 물을 먹지 않는다면 싹을 틀 수 없다. 그것은 물이 없으면 시들고 결국 죽고 만다. 그래서 진실한 도덕 또는 이상적 도덕은 진실한 종교를 포함해야 한다는 것을 알게 될 것이다. 달리 표현하자면, 도덕은 종교 없이 준수될 수 없다. 즉, 도덕은 하나의 종교로서 준수되어야 한다.

더구나 세계의 위대한 종교들 안에 제시되었던 도덕 규칙들은 대체로 동일하다는 것을 알 수 있다. 그런 종교들의 개조(開祖)들도 도덕이 종교의 근본이라고 설명했다. 토대가 제거되면 상부건물은 바닥으로 무너진다. 마찬가지로 도덕이 파괴되면 그 위에 건축된 종교가 무너져 내릴 것이다.

저자는 도덕을 종교라고 부르는 데에 아무 잘못이 없다고 덧붙인다. 코이트(Coit) 박사는 그의 기도에서 "나는 공정(*righteousness*) 이외의 다른 신을 갖지 않을 것이다"라고 말했다. 하지만 조금만 성찰해 보면 우리가 팔 아래 단검을 숨긴 채 신의 이름을 불러 보고 도와달라는 열렬한 기도를 해봐도, 그분이 우리를 돕지 않을 것이고 응답하지 않을 것임을 우리는 깨닫게 될 것이다. 두 사람의 경우를 살펴보자. 한 사람은 신의 존재를 믿는다고 하지만 그분의 계명을 모두 부수는 사람이고, 다른 한 사람은 신을 이름으로는 인정하지 않지만 자신의 행동으로는 섬기고 그분의 법칙들에 순종하며, 신성한 법칙들에는 입법자가 있음을 인정하는 사람이다. 두 사람 중 누구를 우리가 종교와 도덕의 사람이라고 불러야 할까? 단 1초만 생각해도 사람들은 두 번째 사람만이 종교적이며 도덕적인 사람으로 간주되어야 한다고 힘주어 대답할 수 있을 것이다.[14]

《전집》6 : 245

14 〔역주〕 이다음에 번역되지 않은, 베흐람지 말바리의 시가 있다. 《전집》 권6, 264면.

(6) 도덕적 힘

이 장을 요약하기 전 다윈에 대한 설명을 먼저 하는 것이 필요하다. 다윈은 지난 세기의 위대한 영국인으로서 위대한 과학적 발견을 한 자이다. 그의 기억과 관찰력은 경이로웠다. 그는 읽고 숙고할 가치가 있는 책 몇 권을 썼다. 대규모의 증거와 논증으로 그는 인간이 어떻게 생성하게 되었는지, 인간이 어떻게 특정한 종류의 원숭이에서 진화했는지를 보여주었다. 그는 수많은 실험과 증거에 대한 정밀 조사 이후, 인간의 해부학적 구조와 유인원의 해부학적 구조 사이에 커다란 차이가 없음을 깨달았다. 이 결론의 타당성 여부는 윤리와 별로 상관이 없다. 이외에도 다윈은 도덕의 이념들이 어떻게 인류에게 영향을 미치는가도 보여주었다. 많은 학자가 다윈의 저작에 신뢰를 갖고 있으므로 우리의 저자는 다윈의 견해를 6장에서 다루었다.

다윈의 윤리관[15]

6장

착하고 옳은 일을 자발적으로 하는 것은 고상하다. 사람의 고귀함을 보여주는 진정한 표시는 바람 앞의 구름처럼 몰려가는 대신 당당히 서서 정당하다고 여기는 것을 행할 수 있고 실제로도 행한다는 점에 있다.

그럼에도 불구하고 환경이 우리의 본능에 부여한 방향을 알아야 한다. 우리는 우리 자신이 부분적으로는 삶의 주인이 아니라는 점을 안다. 우리의 외부에는 우리 자신을 거기에 맞춰 조절해야 하는 조건들이 존재한다. 예를 들면 히말라야의 냉기가 우세한 땅에는 신체를 따뜻하게 유지하기 위해서 싫든 좋든 적당한 의복을 걸쳐야 한다.

15 〔역주〕《전집》 권 6, 267면에 따라서 소제목을 단다.

다윈 (Charles Darwin, 1809~1882)
진화론을 주창한 영국의 생물학자이다.
주요 저서로는 《종(種)의 기원》이 있다.

즉, 우리는 사려분별(*prudence*)을 갖고 행동해야 한다.

이제 다음과 같은 질문이 생긴다. 환경의 영향이 우리를 도덕적이게 하는가? 우리를 둘러싼 힘들은 도덕과 무관하다고 할 수 있는가?

바로 여기에서 다윈의 견해를 고찰하는 것이 필요하다. 비록 다윈이 도덕철학자로서 글을 쓴 것은 아니지만 도덕과 환경의 관계가 얼마나 긴밀한가를 보여주었다. 도덕이 중요하지 않으며 육체적 힘과 정신적 능력만이 문제가 된다고 생각하는 자들은 다윈을 반드시 읽어야 한다. 다윈에 따르면 다른 피조물과 마찬가지로 인간 역시 자기보존의 본능이 있다. 생존경쟁에서 살아남은 자가 성공한 자로 간주될 수 있다고, 즉 부적격인 자는 절멸하는 경향이 있다고 그는 말했다. 하지만 생존경쟁이란 이슈는 오직 물리적 힘에만 의존하는 것이 아니다.

인간을 곰이나 버펄로와 비교해 보면 육체의 힘에 있어서는 곰과 버펄로가 인간보다 우월하다는 것을 알 수 있다. 만일 격투라도 하게 되면 인간은 간단히 지고 말 것이다. 하지만 지성(*intelligence*) 덕분에 인간은 그들보다 우위이다. 마찬가지로 우리는 인간의 여러 종을 비교할 수 있다. 전쟁에서 승리하는 편은 수가 가장 많거나 가장 강건한 군인들이 아니라, 수가 적고 체력이 강건하지 않더라도 가장 유능한 장군들과 최선의 전략을 가진 편이다. 이런 사례들에서 우리는 지성의 우월성을 본다.

다윈은 하지만 나아가서 도덕적 힘(*moral strength*)이 육체와 지성의 힘보다 더 우월하다는 점을 보여준다. 여러 도덕적 자질을 갖춘 사람이 그 자질들이 결여된 사람들보다 오래 견딘다는 점을 우리는 여러 방면에서 보아왔다. 혹자는 다윈이 힘이면 충분하다는 점을, 즉 육체적으로 강한 자들이 궁극적으로 살아남는다는 점을 가르쳤다고 주장한다. 피상적인 사상가들은 도덕이 아무 소용이 없다고 믿을 것이다. 하지만 이것은 결코 다윈의 견해가 아니다. 인류의 초기 역사의 증거를 보면 우리는 도덕이 없는 인종들이 완전히 사라져 버렸음을 알 수 있다. 소돔과 고모라의 사람들은 지극히 부도덕했기 때문에 지금은 완전히 절멸해 버렸다. 우리는 도덕이 없는 인종들이 서서히 쇠퇴해가고 있음을 오늘날에도 볼 수 있다.

몇 개의 간단한 사례를 들어서 인류를 유지하는 데 적어도 공통의 도덕이 긴요하다는 점을 살펴보자. 평화로운 성향은 도덕의 한 요소이다. 처음에는 폭력적 성향을 가진 민족이 인생에서 흥기할 것으로 보일 수도 있다. 하지만 조금만 생각해 보아도 폭력의 검이 떨어지는 장소는 바로 자기 자신의 목이라는 것을 알 수 있다. 악습에서 벗어난 자유는 도덕의 다른 요소를 이룬다. 영국에서 나이 30세에 폭음하는 사람은 그다음 13~14년 이상 살아갈 가능성이 거의 없고, 반면 절대 금주하는 사람의 수명은 70세라는 통계가 증명하듯이 말이다. 도덕의 또 다른 요소는 순결이다. 다윈은 방탕아가 조기 사망한다는 것을 보여주었다. 그들은 아이를 갖지 못하게 되고, 있다고 해도 약할 것이다. 방탕아는 마음이 연약해지고 시간이 지나면 백치같이 된다.

여러 공동체의 도덕을 고찰해 보면 우리는 동일한 사태를 확인하게 된다. 안다만(Andaman) 제도[16]의 남편은 자식이 엄마로부터 떨어져 혼자 돌아다니기 전까지만 아내를 돌보고 이후에는 아내를 버린다. 그들에게는 애타주의의 자질이 없고 지독한 이기주의가 팽배해 있다. 결과적으로 그 인종은 서서히 멸종하고 있다. 다윈은 애타적 본능이 어느 정도까지는 동물에게도 나타난다는 점을 보여준다. 어리석은 새들도 제 새끼를 방어할 때에는 기운을 낸다. 이 사실은 만일 동물 사이에 무사(無私)의 정신(*selflessness*)이 없었다면, 우리가 이 세상에 풀과 독 있는 식물 이외에 다른 생명을 거의 갖지 못했을 것임을 보여준다. 인간과 다른 동물들 사이의 중요한 차이점은 인간이 동물보다 무사의 정신이 많다는 점이다. 인간은 그의 힘에 비례하여 다른 사람들을 위해서 자신의 생명을 희생해왔다. 즉 자식을 위해서, 가족 그리고 공동체와 나라를 위해서 자신을 희생해왔다.

다윈은 도덕적 힘이 최고라는 점을 분명히 보여준다. 고대 그리스인들은 오늘날의 유럽인들보다 더 높은 지성을 가지고 있었다. 하지만 그리스인들이 도덕을 포기했을 때 그들의 지성은 적이 되었고 오늘날 그들의 자취는 남아 있지 않게 되었다. 국가는 부에 의해서도 군대에 의해서도 지탱되지 않고 오직 공정(*righteousness*)에 의해서만 지탱된다. 이 진리를 마음에 간직하여 도덕의 최고 형태인 애타주의를 실행하는 것이 인간의 의무이다.

《전집》 6 : 248

---

16 〔역주〕 인도 안다만니코바르 연방직할주에 속한 제도(諸島). 벵골만 남동부에 있다.

(7) 도덕과 사회

모든 도덕은 사회적 관계와 관련이 있다고 종종 말한다. 이것은 옳은 말이다. 예를 들어 판사가 정의에 대해서 합당한 감각을 가진다면 법정에 가는 자들은 만족을 얻을 것이다. 이와 마찬가지로 사랑, 친절, 관대 그리고 다른 자질들도 오직 다른 사람들과의 관계에서만 나타날 것이다. 충성의 힘은 우리와 다른 사람의 관계에서만 증명될 수 있다. 애국심에 대해서도 물론이다. 진실로 말하자면 도덕은 어떤 면이든 그 이익이 도덕의 실천자에게만 국한되는 것은 아니다. 진실성(*truthfulness*) 및 다른 덕들이 다른 사람과 아무 관계도 없고 전적으로 개인적인 것이라고 말하는 경우도 종종 있다. 하지만 우리가 어떤 사람에게 거짓말을 해서 그를 속이면 그에게 위해를 가하는 것이고, 우리가 진실을 말하게 되면 그에게 위해를 가하지 않는다는 것은 당연히 수용해야 한다.

마찬가지로 어떤 사람이 어떤 법률 또는 습속에 반대하면서 사회에서 물러날 경우에도 그의 행위는 사회에 영향을 미친다. 그런 사람은 이상 세계(*world of ideals*)에 살고 있다. 그가 생각하는 이상 세계가 아직 탄생하지 않았다고 해도 그는 걱정하지 않는다. 지금 현재 우세한 기준이 좋지 않다고 그가 생각하기만 하면, 그 자체가 그 기준에 저항하도록 자신을 충분히 촉구할 것이다. 그는 다른 사람들의 삶의 방식을 자신의 것으로 바꾸기 위해서 부단히 노력할 것이다. 이런 방식으로 예언자들은 세상의 바퀴를 다른 방향으로 굴러가도록 했다.

이기적이기만 하고 타인의 행복을 배려하지 않는 사람은 동물보다 나을 바가 없다. 아마 더 나쁠 것이다. 동물에 대한 인간의 우월성은 그가 가족을 배려할 때에만 보인다. 그가 가족의 개념을 확장하여 나라 또는 공동체까지 포함할 때 그는 더욱 인간적으로, 즉 동물보다 훨씬 고상한 존재가 된다. 그가 인류를 자신의 가족으로 여기게 될 때에는 더욱 높은 수준에 오를 것이다. 인간은 그가 인류에 대한 봉사에 뒤떨어지는 만큼 동물이 되고 〔인간으로서〕[17] 불완전하게 된다. 내가 아내의 상처 또는 내 공동체의 상처는 느끼지만 그 범위 외부에 있는 어느 누구에게도 동정심을 느끼지 못한다면, 인류 자체에 대해서는 아무 느낌이 없음이 분명하다. 하지만, 나는 이기심에서 또는 분별심에서 내 것으로 삼고 있는 내 아내, 내 아이, 내 공동체에 대해서는 어떤 특별한 느낌을 갖고 있다.

다시 말하자면 모든 인간들에게 동정심을 느끼지 못한다면 우리는 윤리적 종교를 실천한 것도 아니고 인지한 것도 아니다. 이제 우리는 고급 도덕(*the higher morality*)이라면 그것이 포괄적이어야 한다는 것, 즉 모든 인간들을 포함해야 한다는 것을 알게 되었다. 인류에 대한 우리의 관계를 성찰해 보면, 각자가 모두 우리에게 뭔가를 요구하고 있고, 언제나 그와 같은 개개인을 섬기는 것이 우리의 의무이다. 우리는 타인들에게 아무 요구가 없는 것처럼 행동해야 한다. 이런 식으로 행동하는 사람이 세상의 쟁탈전에서 짓밟히고 말 것이라고 주장하는 자는 아주 무지한 자이다. 진심으로 타인에게 봉사하는 사람은 신이 언제나 구원해 주신다는 것이 보편적 경험이기 때문이다.

이런 도덕기준에 따르면 모든 인간들은 평등하다. 이 말이 만인의 위치와 기능의 평등(*equality*)을 의미하는 것으로 해석되어서는 안 된다. 내가 만일 고위 직책을 가졌다면 내가 그 직책에 따른 의무와 책임을 다할 수 있는 능력도 가졌음을 의미할 뿐이다. 그래서 나는 보다 적은 책임을 지닌 자들에 대해서 냉정을 잃고 그들을 나보다 열등한

17 〔역주〕《전집》 권 6, 283면에 따라서 추가한다.

자로 간주해서는 안 된다. 평등은 우리의 마음 상태에 의존해 있고 우리의 마음이 그 경지에 도달하기 전에는 후진성을 면치 못할 것이다.

이런 도덕기준에 따르면 어떤 국가도 이기적 목적으로 다른 국가를 지배할 수 없다. 미국인이 토착민들에게 열등한 지위를 부여하고 정부를 운영하는 것은 부도덕하다. 미개인과 접촉하는 문명화된 인종(*civilized race*)이 현재 수준으로 상승하게 된 것은 미개인 덕분이다. 동일한 표준적 규칙은 다음과 같이 판정한다. 즉 왕은 백성의 주인이 아니라 종이다. 관리들은 권력을 향유하기 위해서 있는 것이 아니라 백성을 행복하게 해 주기 위해서 있다. 만일 민주주의 국가의 민중이 이기적이라면, 그런 국가는 어떤 선(善)에도 이르지 못할 것이다.

더구나 이 법칙에 따르면, 한 국가 또는 공동체에서 강한 자들은 약한 자들을 억압해서는 안 되고 오히려 보호해야 한다. 그런 정부 아래서는 기아가 있을 수 없고 부자들에 의한 과도한 부의 축적도 있을 수 없다. 우리는 이웃들이 곤궁 속에서 여위어 가는 것을 보고 결코 행복할 수 없기 때문이다. 이와 같은 고상한 도덕기준을 따르는 자는 결코 부를 축적하지 않는다. 도덕적인 사람이 되려고 하는 자는 이상적인 도덕을 따르는 자가 거의 없을 것이라는 생각에 두려워할 필요가 없다. 그는 도덕의 주인이지 그가 얻은 결과의 주인은 아니기 때문이다. 그가 만일 도덕을 실행하지 않는다면 그는 유죄로 간주될 것이다. 그러나 그의 부도덕한 행동이 사회에 아무 영향을 미치지 않는다고 해도 그를 나무랄 사람은 아무도 없을 것이다.

《전집》 6 : 260

(8) 우리 자신들에 대한 우리의 의무

"내가 이 일에 책임이 있다." "이것은 나의 의무이다." 이런 말은 감동적이고 놀라운 생각이다. 신비롭게 울려 퍼지는 목소리가 다음과 같이 말하는 듯하다. "오 인간이여, 이 과업은 너 개인에게 주어졌다. 승리든 패배든 모두 그대의 것이야. 그대의 존재는 이 세상 어느 누구의 존재도 아니야. 자연은 어디에도 유사한 것 두 가지를 만들지 않기 때문이네. 그대에게 이 세상 누구도 할 수 없는 의무가 있네. 만일 그대가 그 의무를 수행하지 않는다면, 그 손실은 세상의 대차대조표에서 그대의 빚으로 기재될 것이네"라고.

"내가 내 자신에게 진 의무는 무엇일까?" 어떤 사람은 다음 시를 인용할 수 있을 것이다.

> 인간을 신이라 부르지 마오. 인간은 신이 아니기 때문이오.
> 하지만 인간은 신의 영광에서 멀리 떨어져 있지 않소이다.

그리고 그는 다음과 같이 대답할 것이다. "나의 의무는 내가 신의 빛 한 줄기라는 믿음을 굳건히 지키는 것이다." 어떤 사람은 의무가 타인에 대해서 동정심과 형제애를 갖는 것이라고 대답할 수도 있다. 또 어떤 사람은 부모를 공경하고, 자신의 처자를 돌보고, 형제·자매·친구들에 대해서 책임이나 의무를 다하는 것이라고 대답할 것이다. 이 모든 덕들과 함께 내가 타인을 존중하듯이 나 자신을 존중하는 것도 내 의무의 일부이다. 내가 내 자신을 이해하지 못한다면 어떻게 타인을 이해할 수 있을까? 내가 모르는 타인을 어떻게 존중할 수 있을까? 많은 사람은 적절한 행동이라는 의무가 타인들과의 관계에서〔만〕18 일어나는 것이고, 그런 관계가 없다면 마음대로 해도 좋다는 견해를 피력한다. 하지만 이런 견해를 펴는 자는 그가 무슨 말을 하는지 모른다. 이 세상에 어느 누구도 벌 받지 않고 제 마음대로 할 수 있는 자는 없다.

이제 우리 자신에 대한 의무가 무엇인가 살펴보자. 먼저, 우리 자신만이 아는 우리의 여러 개인적 습관을 보자. 그것들이 우리의 성격에 영향을 주므로 우리는 책임이 있다. 하지만 이것이 전부는 아니다. 그것들은 타인들에게도 영향을 주므로 우리는 거기에도 책임이 있다. 모든 사람들은 자신의 충동을 자제해야 하고, 육신만 아니라 혼도 정결하게 유지해야 한다. 한 위대한 사람이 말했다. "사람의 개인적 습관을 말해다오. 그러면 그가 무엇이고 무엇이 될지를 말해줄 수 있다." 그래서 우리는 모든 욕망을 통제하면서 과도하게 먹거나 마시지 않는다. 욕망을 통제하지 않으면 우리는 기운과 고명(高名)을 잃고 말 것이다. 감각적 쾌락을 멀리하지 않는 자, 그래서 육신·마음·지성 그리고 혼을 구원하지 않는 자에게는 세속적인 성공조차 결코 오지 않는다.

우리는 이런 식으로 논의하고 자신의 본능들을 순결하게 지키면서 그것들을 어떻게 사용할까를 더 숙고해 보아야 한다. 사람은 삶에 확고한 목표가 있어야 한다. 만일 우리가 인생의 목표를 발견하지도 못한 채, 계속 그 길을 가다 보면 망망대해의 키 없는 배처럼 휩쓸려가고 말 것이다. 도중에 〔도덕적으로〕[19] 비틀거릴 것이다. 인생의 최고 목표는 인류를 섬기는 것이고 인류의 상태를 향상시키는 일에 자신의 역할을 다하는 것이다. 이것은 진실한 예배이자, 진실한 기도이다. 그는 신의 일을 행하는 신의 사람이지만 신의 이름을 부지런히

18 〔역주〕《전집》 권 6, 293면에 따라서 추가한다.

19 〔역주〕《전집》 권 6, 294면에 따라서 추가한다.

들먹이는 위선자와 사기꾼은 많다. 앵무새가 신의 이름을 말한다고 해서 아무도 그것이 경건하다고는 하지 않는다. 인간의 삶 속에 있는 이상적 질서에 대한 기여는 우리 모두가 목표로 삼을 수 있다. 어머니라면 이런 목표를 염두에 두고 자식을 올바로 키울 수 있고, 법률가는 자신의 직업을 추구할 수 있고, 상인은 사업을 하거나 교역할 수 있고, 노동자는 노동할 수 있을 것이다. 그와 같이 확고한 목표를 가진 사람은 도덕의 길에서 결코 이탈하는 법이 없을 것이다. 만약 그가 거기에서 이탈했다면 그는 인류를 고양한다는 자신의 목표를 성취할 수 없었을 것이기 때문이다.

이 문제를 좀 자세히 다뤄 보자. 우리의 삶의 방식이 인간의 삶을 향상시키는가, 아니면 악화시키는가를 부단히 점검해 보아야 한다. 상인은 거래를 하면서 자신이나 타인을 속이고 있는가를 자문해 보아야 한다. 변호사와 의사가 이런 기준에 따라서 행동하게 되면, 수임료나 치료비보다 고객이나 환자를 더 고려할 것이다. 자식을 키우는 어머니는, 잘못된 사랑이나 이기적 이익 때문에 아이를 망치지 않도록 매우 조심스럽게 자식을 돌봐야 할 것이다. 노동자 역시 이런 반성의 안내를 받으면서 자신의 의무를 수행해야 할 것이다. 이 모든 것의 결과는 만일 노동자가 도덕적 이상에 따라서 자신의 기능을 완수하면, 아무 훈련 없이 살아가는, 부유한 상인, 의사 또는 변호사보다 더욱 나은 사람, 높은 사람으로 간주될 것이다. 노동자는 진짜 돈일 것이고, 이기적인 사람들은 더 똑똑하고 부자라고 해도 위조지폐일 것이다. 이것은 더 나아가 어떤 사람이든 인생에서 자신의 위치가 무엇이든 이 목표를 완수할 힘이 있다는 것을 보여준다. 사람의 가치는 지위에 달려 있는 것이 아니라 삶의 방식에 달려 있다. 사람의 삶의 방식은 보이는 외면의 행동에 의해서가 아니라 내면적 성향에 의해서 판단되어야 한다. 예를 들어, 두 사람이 있다고 해보자. 한 사람은 가난한 자를 면전에서 쫓아 보내 버릴 목적으로 그에게 1천 원을 주었고, 다른 사람은 그 사람에 대한 사랑과 자비에서 5백 원을 주었다고 해보자. 5백 원을 준 사람은 진실로 도덕적이지만, 1천 원을 준 자는 죄인임이 분명하다.

요약해서 말한다면, 자기에게 성실하고, 어떤 악의도 품지 않으며, 아무도 착취하지 않고, 언제나 순결한 마음으로 행동하는 사람, 오직 그런 사람만이 종교적이고 행복하며 부유하다. 그런 사람만이 인류에게 봉사할 수 있다. 축축한 성냥개비가 어떻게 통나무에 불을 지필 수 있을까? 도덕을 실천하지 않는 사람이 어떻게 그것을 다른 사람에게 가르칠 수 있을까? 물속으로 가라앉는 사람이 어떻게 익사하는 사람을 구할 수 있을까? 도덕적인 삶을 사는 사람은 세상을 어떻게 섬길까 하는 질문을 절대 제기하지 하지 않는다. 절대로 의심에 빠지지 않기 때문이다. 매튜 아널드[20]가 한 친구에 대해서 다음과 같이 말했다.

그의 육신은 민감하고
혼은 기죽어 있음을 보았네.
그런데 그가 건강, 성공 그리고 명성을 얻기를 소망했네.
그러나 이제 나는 그것을 소망하지 않네.
이것들은 모두 제값을 부르고 있고
어떤 선도 남기지 않기 때문이네.
이것들이 우리를 유혹에 빠지게 하며,
너무나 자주—우리를 완악(頑惡)하게 하고
덜 겸손하게, 덜 순수하게, 덜 친절하게 만든다네.

20 Matthew Arnold, 1822~1888: 영국 빅토리아 시대의 시인, 문학·사회 비평가.

아널드가 친구의 건강, 성공 그리고 명성을 빌었던 때가 있었다. 하지만 그는 이제 그것을 빌지 않는다. 친구의 행복과 불행이 그것들의 유무에 달려 있지 않았기 때문이다. 그래서 그는 친구의 도덕이 언제까지나 견뎌나가기를 빌었다. 에머슨은 "역경은 위대한 자의 번영이다"라고 말한다. 비천한 자들에게 속하는 돈과 명성은 그들과 세상에게 불행이다.[21]

《전집》 6 : 269 ; 윤리적 종교 1~8(G.),
〈인디언 오피니언〉, 1907. 1. 5~2. 23

2. 도 덕

33) 현재만 걱정하기 〔*1927. 6. 27* 이전〕

과거에 대해서 생각에 잠기는 것이 소용없듯이, 미래에 대해서 머리를 굴리는 것도 소용없습니다. 지혜의 음성이 '한 걸음씩'[22]이라고 말합니다. 미래를 안다는 것이 우리에게 무슨 소용이 있습니까? 과거와 미래가 현재 속으로 모여들지 않습니까? 현재와 과거는 미래를 가집니다. 변화가 시시각각 우리에게 닥쳐오는데, 먼 미래에 대해서 생각하는 것은 공중누각을 짓는 일입니다. 오직 바보만이 공중누각을 지을 것입니다. 현재는 바로 이 순간의 우리 의무를 의미합니다. 만일 바로 이 순간에 우리가 알고 있는 의무를 수행하는 데 진력을

21 〔역주〕 다음에 나지르가 지은 우르두어 시를 구자라트어로 음역해 실었다. 《전집》 권 6, 295면.

22 〔역주〕 뉴먼의 찬송가 '늘 인도하소서'의 한 구절. 《마하트마 간디의 도덕 · 정치사상》 권 1, 225번 참조.

다한다면, 우리는 인간으로서 할 수 있는 최고의 노력을 기울이는 것이 됩니다. 슬픔은 미래를 꿈꾸고 과거를 한탄하는 데에서 나옵니다. 따라서 현재만 걱정하여 자신의 의무를 수행하는 자는 생도 사도 없습니다.

편지(G.), 《마하데브 데사이의 일기》
(필사본) ; 《전집》 39 : 127

34) 정화와 고요

월요일 〔*1927. 11. 7*〕

강가벤(시니어) 안녕,
라미벤과는 우연히 기차에서 만났네. 그녀와 함께 메흐메다바드에서 나디아드까지 여행했네. 그녀는 늘 자네에 대해서 말했다네. 자네가 애들을 돌보지 않아서 그녀는 괴로워하고 있다네. 만일 자네가 제시한 조건하에서 자네가 아이들을 맡고, 그 이후 아무도 참견하지 않는다면, 자네는 그들에 대해서 책임지기를 분명히 동의할 것이라고 나는 그녀에게 말해 주었다네. 이 점에 대해서 그녀는 아무 말도 하지 않았다네. 자네가 때때로 그녀에게 편지를 쓰고 있다고 나는 확신하네. 그녀의 이상은 훌륭한 것이라네. 현재 그녀는 문자 지식을 얻기 위해서 시간 전부를 바치고 있다네.

자네에게 주어진 책임을 피하지 말도록 하게. 자네가 얻었던 지식과 경험이 이제 검증을 받고 있는 중이네. 자네는 인내, 착한 성질, 그리고 심정의 관대함으로써 모든 난관을 극복할 수 있을 것이네. 바다가 모든 강물을 자신 안에 받아들이고 정화하여 다시 돌려주듯이, 자네가 자신을 바다처럼 만든다면 자네 역시 모든 사람들을 받아들일 수 있을 것이네. 바다가 좋은 강과 나쁜 강을 나누지 않고 모든 강을 정화하듯이, 비폭력과 진리로 심정이 정화되고 확장되어 있는 사람은 심정 안에 만사를 받아들이더라도 심정은 넘치거나 고요를 잃지 않을 것이네. 자네가 그와 같은 사람이 되기를 목표로 삼아야 함을 기억해 두게나.

바푸로부터 사랑을

강가벤 바이드야(Gangabehn Vaidya)에게
보낸 편지(G.), CW 8706 ; 《전집》 40 : 233

35) 느리게 하지만 끈질기게

사바르마티, 사탸그라하 아슈람, *1928. 3. 20*

사랑하는 친구에게,

당신의 편지를 받았습니다. 이렇게 먼 데서 당신을 지도하기란 어렵습니다. 하지만 당신이 가능한 한 완만하게, 그렇지만 꾸준히 해나가기를 바랍니다. 만일 당신이 야심에 찬 기획을 출발시킨다면 그것은 결국 난처한 일이 될 것이라는 점을 당신은 알게 될 것입니다.

귀하의 신실한 친구

Sjt. M. R. Madhava Warrier, B. A., LL. B.
President, Municipal Council
Quilon
Travancore

M. R. 마다바 워리어에게 보낸 편지,
SN 13115 ; 《전집》 41 : 337

36) 도덕적 결함

사바르마티 아슈람, *1928. 4. 6*

사랑하는 친구에게,

당신의 편지를 받았습니다. 나는 어떤 기적도 행하지 않으며 믿지도 않습니다. 당신보다 더 나쁜 곤경에 빠져 있는 사람이 많다는 것을 명심하여, 신이 당신에게 주신 것에 만족하시기를 충고 드립니다. 결국 나쁘기로 말하자면 육체적 실명은 도덕적 실명에 비해서 절반에도 미치지 못합니다. 그리고 육체적 질환에 대해서는 적극적 통제가 전혀 있을 수 없지만, 도덕적 질환에 대해서는 통제할 수 있습니다. 그래서 만일 기적 같은 것이 있기라도 하면, 그것은 사람의 도덕적 복리(*moral welfare*) 이후에 시도되어야 할 것입니다.

귀하의 신실한 친구

Charlie U. Morselow, Esq.
P. O. Box 123, Waterloo
New York, U. S. A.

찰리 U. 모스로우에게 보낸 편지,
SN 14282 ; 《전집》 41 : 432

37) 의무의 충돌

바르돌리 사탸그라하 캠프에 있는 남자 한 분이 다음과 같은 글을 보냈다.[23]

이 남자가 놓여 있는 상황은 이 나라의 많은 사람도 직면하고 있다. 사심 없는 봉사를 자신의 의무로 수용한 자가 그것을 위해서 가족을 희생하게 된다는 것은 하나의 규칙이다. 하지만 우리가 이러한 근본적 규칙을 알고 있다고 해도, 우리 행동에 있어서 우리를 지도할 곧은 원리를 언제나 발견하는 것은 아니다. 사람은 보통 가족에 대한 의무와 나라에 대한 의무 사이에서 방황한다. 이상적 여건에서는 이 두 개의 의무가 상충하지 않지만, 현 상황에서 우리는 양자 사이에 충돌만

23 투고자는 만일 그가 나라의 일을 하기로 하고 급료를 받지 않고 사탸그라하 투쟁에 참여하면 부양가족에게 무슨 일이 일어날 것인지 물었다.

일어나는 것을 자주 본다. 그것은 가족 사랑이 이기성(*selfishness*)에 근거하고 있으며, 가족 구성원들이 이기성의 숭배자들이기 때문이다. 그래서 인도에서 가난한 사람의 수준에 맞춰서 가족들의 필요를 충족시키고 난 다음, 나라에 대한 봉사에 뛰어들어야 한다는 것이 정상적인 길로 제안될 수 있을 것이다. 아무도 가족을 자활하라고 내버려 두고는 나라에 봉사할 수 없을 것이다. 그런데 가족이란 무엇인가? 그리고 가족 안에서 누가 부양을 받아야 하는가? 이 기사는 자신과 같은 카스트에 속하는 모든 사람들을 자신의 가족으로 간주함으로써 자신을 기만하는 자를 위한 글이 아니다. 이 글은 집 안에 앉아 있는 신체 튼튼한 가족 구성원들을 먹여 살리기를 원하는 자들을 위한 글도 아니다. 나라를 섬기려는 자는 그런 비난을 넘어서서 계속 자신의 일을 할 수 있을 것이다. 그런 사람들의 가족들은 굶어 죽지 않는다는 것이 나의 경험이다. 나라에 대한 봉사에 전념하는 사람들은 자신들의 필요에 따라서 충분히 얻어야 하는 것이 권리이다. 그런 권리로 수백 명의 사심 없는 일꾼들이 자신들과 가족들을 부양한다.

자원봉사자의 딜레마(G.), 〈나바지반〉,
1928. 7. 1 ; 《전집》 42 : 209

38) 의무는 빚이다

바르돌리, 스와라즈 아슈람, *1928. 8. 4*

사랑하는 친구에게,

당신의 편지를 받았습니다.

만일 당신이 마음의 기운이 있다면 분명 카디를 입을 것입니다. 그것이 비록 당신 고용주를 불쾌하게 만든다고 하더라도 말입니다. 우리의 의무는 타인들에게 상해를 일으키지 않도록 행동하는 것입니다. 의무는 빚이고, 빚을 갚는 것은 자기만족 이외에 따로 보상이 따르지 않습니다.

우리는 강건하기를, 정화되기를 기도합니다.

귀하의 신실한 친구

D. C. Rajagopalachari

L / 78 / 3 Coral Mechant Street, Madras

D. C. 라자고팔라차리에게 보낸 편지,
SN 13903 ;《전집》42 : 368

39) 모든 행위의 결점

어떤 공장의 젊은 종업원이 편지에서 다음과 같이 말하고 있다.

> 저는 어떤 공장의 기계 부문에서 일하고 있습니다만 이 일에 신물이 납니다. 제가 돌봐야 하는 친척은 최소한 6명 이상입니다. 다른 직업에 대해서 훈련을 받아 본 적이 없으므로 그들 모두를 먹여 살릴 만한 다른 필요 수단을 어떻게 조달할지 모르겠습니다. 제게 매월 필요한 돈은 1백 루피입니다. 방적공들에게 매일 가해지는 불의, 공장 소유주들의 지독한 이기와 무자비함을 보고 저는 공장에 봉사하는 것이 정부의 공무를 보는 것보다 더 나쁘다고 느끼기 시작했습니다. 이런 처지에 있는 저에게 어떤 조언을 해주시겠습니까? 제 나이는 26세이며, 대학 입학허가를 받았습니다.

영국의 한 속담이 말하듯이, 사람은 케이크를 먹으면서 동시에 남길 수는 없다. 마찬가지로 공장의 일을 그만두면서도 매월 1백 루피를 벌 수는 없다. 인도에 보수가 좀 높은 모든 직업들을 좀더 자세히 살펴보면, 그것들은 거의 전부 본질적으로 영국이 인도를 통치하는 데에서 나온 산물임을, 또한 다소간 그 통치를 지탱하고 있음을 알 수 있을 것이다. 하루 평균 일당이 7파이스인 나라는 높은 급료를 지불할 능력이 없다. 그 이유는 단순히, 그렇게 되면 이미 빈곤으로 거의 짓밟히다시피 고생하고 있는 이 땅의 수백만 민중의 수고에 더 큰 부담을 줄 것이기 때문이다. 그래서 공장들이 대변하는 착취제도로부터 도망가고 싶은 사람이 선택할 유일한 길은, 가족의 예산을 극단적으로 줄이는 것이다. 이것은 두 가지 방식으로 가능하다. 자신의 삶을 극단적으로 단순화하든지, 부양해야 할 가족 수를 줄이는 것이다. 성인이면서 신체가 튼튼한 모든 가족 구성원은, 정직하고 근면함으로써 가족을 부양하는 데에 자신의 몫을 다해야 한다. 우리에게는 커다란 자본의 투자 없이도 집에서 쉽게 배우고 실천할 수 있는 여러 가지 가내공업이 있다. 만일 이 둘 중 어느 것도 따를 준비가 되어 있지 않다면, 하고 있는 일을 고수하면서 할 수 있는 봉사를 하는 것이 낫다. 공장에 고용되어 있다면, 공장 노동자의 운명으로 생각되는 어려움과 곤경에 대해서 자세하고 동정적인 연구를 해야 하고, 그것들을 경감하기 위해서 그 상황에서 가능한 모든 일을 해야 할 것이다. 모범이 되는 순결, 정직 그리고 행동의 올곧음을 기르고, 이상을 통해서 동료 종업원들에게 영향을 주도록 하자. 만일 하위직 종업원들이 모두 올곧은 행동을 한다면, 그것으로 그들은 순수한 분위기를 만들게 되고, 이 분위기가 결국 주인들에게 영향을 미칠 수밖에 없게 되며, 공장 노동자를 위한 정의를 주인들에게서 얻게 해 줄 것이다.

세상의 모든 행위는 그 안에 결점이 있다. 그것을 줄이는 일, 그리고 그 결점 한가운데에 살면서도 가능한 한 그것에 의해서 오염되지 않는 일은 인간의 의무이고 특권이다. 극단적인 사례를 보면 아마 자비로운 도살자(*compassionate butcher*)라는 말처럼 모순이 큰 말은 없을 것이다. 하지만 도살자의 마음에 어떤 연민이라도 있다면 그 도살자도 자비로울 수 있다. 실제로 나는 거의 기대할 수 없을 정도의 친절함을 가진 도살자들을 많이 알고 있다. 《마하바라타》에 나오는 도살자 카우시카에 대한 유명한 얘기가 그 사례이다. 이것은 투고자와 유사한 상황에 처해 있는 모든 청년들이 곰곰이 생각하고 소화해야 할 얘기이다.

난문(G.), 〈영 인디아〉, 1929. 8. 1 ; 〈나바지반〉, 1929. 5. 19 ; 《전집》 46 : 23

40) 포기, 회개, 애타주의

남자 한 분이 다음과 같은 질문을 해왔다.

1 다르마의 진정한 성격과 목표는 무엇입니까?
오늘날 종교의 이름으로 자행되는 악은 정말로 놀랄 정도입니다. 우리는 종교 아래 아주 사소한 문제를 논합니다. 하지만 오늘날 종교의 목적과 성격을 이해하는 사람이 있습니까? 이것은 모두 종교교육의 부족 때문입니다. 이 문제와 다음의 다른 문제들에 대해서 당신의 견해를 〈힌디 나바지반〉지에 밝혀 주시길 바랍니다.
2 혼의 평화를 얻는 방법, 그리고 현세와 내세에서 자신의 목표를 실현하는 방법은 무엇입니까?
3 사람이 과거의 비행에 대해서 회개하면 처벌을 피할 수 있습니까?
4 인생에서 가장 주요한 목적과 의무는 무엇입니까?

〈영 인디아〉지, 구자라트어 〈나바지반〉지 그리고 〈힌디 나바지반〉지의 독자들 가운데 종교에 관련된 질문을 해온 사람들은 대부분 힌디어 독자들이었다는 점은 기쁘고 놀라운 일이다. 그렇다고 다른 지역 사람들이 반드시 종교적 사안들에 대해서 호기심이 부족하다는 뜻은 아니다. 하지만, 어느 누구보다도 〈힌디 나바지반〉지의 독자들이 종교 토론을 즐겨하고 그들의 종교적 문제들을 해결하는 데 내 도움을 기대한다는 것은 사실이다. 내가 경전에 대해서 심원하고도 직접적인 지식이 있다고 주장할 수는 없다. 하지만 종교 원리들을 지키려고 노력하고 있다는 점은 물론 주장할 수 있다. 노력의 과정에서 얻은 경험이 독자들에게 도움이 될 수 있다면, 그 경험은 독자들에게 크게 환영받을 것이다. 이 점에서 내 한계를 말했으므로 이제 질문들에 대해서 답해 보겠다.

1 우리나라에 종교교육이 결핍되어 있는 것은 사실이다. 종교적 훈육은 종교의 실천을 통해서만 전달될 수 있으며, 단순한 학문의 현시(顯示)만으로는 안 된다. 바로 그 때문에 어떤 사람이, "종교 모임(*satsang*)[24]이 사람에게 충분하지 않는다는 것은 무엇 때문인가? 종교 모임의 중요성에 대해서 툴시다스가 강조했다는데 누가 그것을 모르는가?"라고 말했다. 이 말은 종교 서적을 읽거나 이해할 필요가 없다는 뜻이 아니다. 사람이 종교 모임에 참석하여 어느 정도 자신을 정화하고 난 다음에야 서적 등에 대한 공부가 필요하게 될 것이다. 이런 단계에 도달하기 전에 종교 서적을 공부하기 시작하면, 이것은 평화를 가져오는 대신 성장을 방해할 것이다. 이는 영리한 사람은 갖가지 문제에 대해서 고민하는 대신 종교를 단도직입적으로 실천해야 한다는 것을 의미한다. '개인이 하는 대로 세계도 따라한다'라는 격언에 따라서 사람은 다른 사람들에게 영향을 미치기 마련이다. 만일 우리 각자가 우리 자신을 돌볼 수 있다면, 아무도 다른 사람들에 대해서 걱정할 필요가 없을 것이다.

---

24 〔역주〕 본 번역 원전의 〈용어해설〉에는 '종교 담화'로 되어 있으나 《전집》 권 46, 395면에는 '선, 또는 선한 자들과의 연대'로 되어 있어서, 후자에 기초해서 '종교 모임'으로 옮겼다.

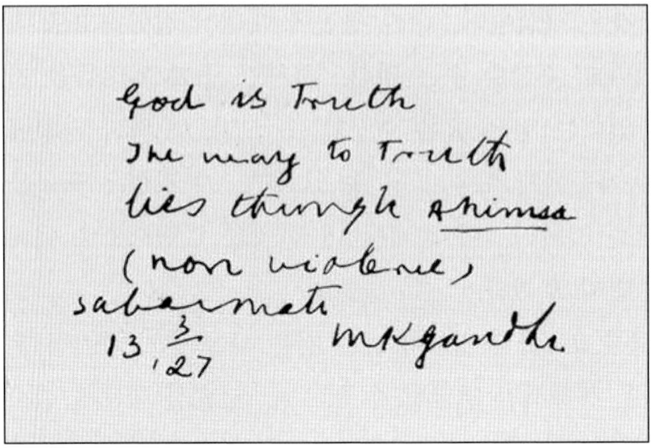
God is Truth
The way to Truth
lies through Ahimsa
(non violence)
sabarmati
13.3.'27
mkgandhi

간디의 친필 메모 (1927. 3. 13)
마하트마 간디는 "신은 진리이다. 진리로 향하는 길은 아힘사(비폭력)를 통과한다"
[*God is Truth. The way to Truth lies through Ahimsa* (*non-violence*)]는 메모를 남겼다.

2 우리는 성자의 삶을 살아야만 평화를 얻을 수 있다. 이것이 현세와 내세에서 성취에 다다르는 길이다. 성자의 삶은 진리, 아힘사 그리고 자제를 실천하는 삶이다. 쾌락을 향유하는 것이 결코 자신의 다르마일 수 없다. 다르마는 포기(抛棄) 안에서만 그 원천을 갖는다.

3 자신의 과거 비행에 대해서 속죄할 수 있고, 그렇게 하는 것이 의무다. 속죄(*atonement*)에 단식 등의 방법이 있지만 그것은 애원·울기·훌쩍거림이 아니다. 참회(*repentance*)가 진정한 속죄이다. 다시 말해서 과오를 다시는 범하지 않겠다는 결의가 바로 진실한 참회의 고행(*penance*)이다. 비행의 결과는 어느 정도 사라질 것이다. 죄에 대해서 속죄하지 않으면 그것은 복리 이자처럼 계속 불어날 것이다. 우리가 참회의 고행을 하는 순간 그것은 멈춘다.

4 인생에서 사람의 목적은 자아실현이다. 이것을 실현하는 유일무이한 길은 진실한 애타주의적 정신으로 인류에 대한 봉사에 자신의 삶을

쓰는 것이고, 이 일에서 자신을 잊고 생명의 하나됨을 실현하는 것이다.

어떤 종교적 질문들(H.), 〈힌디 나바지반〉, 1929. 8. 15 ; 《전집》 46 : 358

41) 진실한 무집착

러크나우, *1929. 9. 28*

안녕, 츠하간랄!

이맘 사헤브가 오늘 아침 여기에 도착했는데 그는 괜찮네.

영적인 지식 없이 진실한 무집착(*non-attachment*)이 있을 수 없다는 것은 정말로 사실이라네. 무집착은 무지, 잔인 그리고 무관심을 포함하지 않네. 무집착의 참정신으로 가득한 사람이 하는 일은 집착하는 사람의 일보다 훨씬 잘 빛나고 더 잘 성공하네. 후자는 염려 때문에 때로 화내고 일을 잊어버리기도 하네. 그는 때로 악의를 느끼기도 하며 그 결과 일을 망치기도 한다네. 집착이 없는 사람은 이런 모든 결점에서 자유롭네. 내가 이런 일을 자네에게 글로 쓰거나 설명할 필요가 없네. 하지만 어떤 사람이 적당한 때 우리가 알고 있는 일에 대해서 우리로 하여금 주목하게 만들었을 때, 그 일은 전혀 다른 영향력을 우리에게 행사하네. 나는 내 머리에 떠오르는 이와 같은 유용한 생각을 시간 나는 대로 자네에게 보내주겠네. 그렇게 되면 자네가 불안하지 않을 것이네.

자네가 비드야피트와 연락하는 일은 나에게는 괜찮은 일이네. 교육기관의 이사로서 자네가 달리 할 수는 없었을 것이네. 자네 행동이 오해를 불러일으킨다면 그 오해를 일시적인 것으로 여기고 참길 바라네. 자네 스스로 어떤 일을 악의 없이 했으며, 감정(*emotion*)에 쓸려 한 일이 아니라고 확신하는 한, 자네가 그 문제에 대해서 전혀 염려할 필요가 없기 때문이네.

츠하간랄 죠시(Chhaganlal Joshi)에게 보낸 편지, GN 5448 ; 《전집》 47 : 177

42) 의무 수행

1932. 4. 9

안녕, 라오지바이!

자네 편지를 받았다는 것을 알리기 위해서 편지를 쓰네. 자신의 능력을 넘어서는 일을 시도하는 자는 지혜가 없는 자이네. 자신의 능력껏 의무 수행을 하는 자는 칭찬받을 만하네. 진실을 말하자면, 의무에 대한 헌신 때문에 칭찬을 받을 필요는 없지만, 대부분의 사람이 그들의 책무를 내팽개칠 때, 책무를 다하는 소수의 사람은 칭찬을 받을 만하네.

바푸로부터 축복을

라오지바이 파텔 (Raojibhai M. Patel) 에게
보낸 편지(G.), CW 9014 ; 《전집》 55 : 253

43) 절대적 도덕과 상대적 도덕

1932. 4. 10

안녕, 파라스람!

미라벤이 가져다준 굵은 고치(슬리버, *sliver*)는 다 쓰지 않았네. 더구나 마하데브는 5일부터 소모기(梳毛機)로 소모를 시작했다네. 나는 그가 만드는 굵은 고치를 나눠 쓴다네. 나는 지난 수감 기간 동안 마사지를 그만두었네. 하지만 마하데브가 버터기름으로 발바닥을 문질러 주었네.

가능하면 선생이라는 주제에 대해서 쓰겠네. 아이의 훔치기와 같은 습관을 포기하게 하기 위해서는 공포가 아니라 사랑을 통해서 해야 하네. 아이를 꾸지람하는 것은 거의 효과가 없다네.

아첨과 순수한 봉사의 차이는 거짓과 진실(*truth*) 사이의 차이와 같다네. 사람이 해서는 안 될 일에 대해서는 사회적 비판에 대한 공포가 합당한 역할을 할 것이네. 우리는 사회적 비판을 두려워할 필요도 없지만 그것을 무시해서도 안 되네.

도덕은 절대적이기도 하고 상대적이기도 하네.

화학 자체는 우리에게 어떤 위해도 주지 않을 것이지만 그것의 오용이 해를 입힐 것은 분명하네. 그것은 심하게 오용되고 있네.

바푸로부터 축복을

파라스람 메흐로트라(Parasram Mehrotra)에게
보낸 편지(G.), CW 4970 ; 《전집》 55 : 263

44) 의무에 대한 무지

1932. 4. 18

안녕,

무지가 우리 주변에 그득한 것을 보고 있다네. 그 때문에 의기소침해할 필요는 없지만, 우리 자신의 무지를 제거하는 노력은 해야 하네. 만약 우리가 그렇게 한다면 다른 사람들의 무지 역시 아마 사라질 것이네. 무지라는 말은 자신의 의무에 대한 무지를, 또는 자신의 의무가 무엇인지를 알면서도 하기를 꺼려하는 성향(*disinclination*)을 의미하네.

바푸로부터 축복을

편지(G.), CW 9030 ; 《전집》 55 : 291

45) 정치와 사업에서의 도덕

1932. 4. 22

안녕, 파라스람!

자네가 구자라트어로 쓰는 것을 누가 도와주었는가? 그가 누구이든 그의 서체는 탁월하네. 실제 말은 자네 것이라고 추정하고 있네만.

우리는 같은 구루의 사형사제들이나 또는 다른 사람과 사랑의 경쟁(*loving rivalry*)을 벌여도 분명히 괜찮네. 다시 말하자면, 우리는 우리보다 잘하는 사람이면 누구든 우리의 이상과 전진의 표시로 삼을 수 있네. 여기에 질투(*envy*)가 조금이라도 있으면 안 되네. 이런 것을 시사하기 위해서 나는 위에서 '사랑의'라는 말을 사용했네. 사랑의 경

쟁에서는 우리의 이상으로 수용했던 사람이 나날이 자신의 기술을 향상시키기를 그래서 우리가 전진해가면서 이루고자 하는 그 이상이 항상 높아지기를 진심으로 소망해야 할 것이네. 우리가 부단히 전진할 것이기에 그런 소망은 우리에게도 유익한 결과를 가져올 것이네.

나는 만일 어떤 사람이 삶의 한 영역에서 도덕원리를 범했다면 그 행위는 다른 영역에도 영향을 미칠 것이라는 견해를 굳게 믿고 있으며, 내 경험 역시 그러하다네. 다른 말로 하자면, 부도덕한 인간이 정치 영역에서 아무 해도 끼치지 않을 것이라는 일반적 믿음은 대단히 잘못된 것이라네. 사업에서 도덕원리를 범하는 사람이 개인적 삶이나 가족의 일에서 도덕적일 수 있다는 믿음 역시 잘못된 것이네. 따라서 우리가 악을 행할 때마다 우리는 악으로 향한 경향성을 극복해야 하네.

바푸로부터 축복을

파라스람 메흐로트라에게 보낸 편지(G.),
CW 9437 ; 《전집》 55 : 322

46) 영(零) 되기

1932. 8. 4

바발바이에게,

자네 편지를 받았네.[25] 온 세상이 어떻게 올바르게 살아갈지에 대해서 염려하는 대신, 우리는 자신이 어떻게 그렇게 할 수 있는지를 생각해야 할 것이네. 나의 경험이 그렇게 말해 주고 있다네. 우리는 세상이 올바르게 살고 있는지, 아니면 잘못 살고 있는지조차 모른다네. 하지만 만일 우리가 올바르게 산다면 다른 사람들도 같이 할 것이라는 점을 느끼게 될 것이고, 아니면 그들로 하여금 그렇게 하

25 〔역주〕 수신자는 그 편지에서 "세상은 지금의 모습대로 항상 그래 왔습니다. 세상은 언제 좋아집니까?" 라고 물었다. 《전집》 권 56, 287면.

도록 설득시킬 수 있는 길을 찾게 될 것이네.

아트만을 안다는 것은 육신을 망각하는 것, 다른 말로 하면 영이 되는 것이네. 누구든 영이 된 자는 아트만을 실현하게 될 것이네.

바푸가

바발바이 메타(Babalbhai Mehta)에게
보낸 편지(G.), SN 9449 ; 《전집》 56 : 291

47) 다르마와 자기정화 *1932. 8. 14*

자기 자신, 가족, 국가와 세계에 대한 사람의 의무는 엄격하게 구획되지 않네. 자신 또는 가족에게 가해진 상해(傷害)가 국가의 선을 가져올 수는 없다네. 이와 마찬가지로 세계 전체에 대항함으로써 국가에 유익을 줄 수는 없다네. 그래서 가족의 이익을 위해서 우리는 우리 자신을 희생해야 하고, 가족은 국가를 위해서, 국가는 세계를 위해서 자신을 희생해야 한다는 것이 나의 뜻이네. 하지만 희생은 반드시 순수해야 하네. 그러므로 그것은 전부 자기정화에서 시작한다네. 심정이 순수하면 우리의 의무는 매 순간 저절로 분명해 보인다네.

편지(H.), 《마하데브바이니 일기》 권 1, 362면 ; 《전집》 56 : 356

48) 행위가 중요하다 *1932. 9. 11*

중요한 것은 우리의 행위입니다. 생각, 그것이 아무리 좋다고 해도, 그것이 행위로 옮겨지지 않는다면 가짜 진주와 같습니다.

우리는 언제나 우리 이웃의 덕과 우리 자신의 결점을 보아야 합니다. 툴시다스와 같은 자는 그의 온갖 선에도 불구하고 자신을 비뚤어진 자로 묘사했습니다.

편지(G.), 《마하데브바이니 일기》 권 2, 15면 ; 《전집》 57 : 29

49) 스와다르마(자신의 다르마) *1933. 11. 20*

친애하는 코트왈 님에게,
구하지도 않았는데 우리에게 오는 것이 스와다르마[26]이네. 어떤 기관에 소속된 자는 누구든 현재의 투쟁에 참여하지 않는 것이 일반적 규칙이라네. 자신의 다르마는 다른 사람이 지적해 줄 수는 없다네. 그것을 안 자는 온 세상의 반대에도 불구하고 그것을 고수한다네.

우리는 다른 사람을 재단하지 말아야 하네. 모든 경우는 궁극적으로 각각의 장점에 따라서 판단되어야 하네. 그래서 가상의 경우에 대한 해결책을 지침으로 삼는 일은 위험하네.

바푸로부터 축복을

코트왈(Kotwal)에게 보낸 편지(G.),
GN 3604 ; 《전집》 62 : 215

50) 운명과 노력 *1945. 3. 16*

운명(*fate*)은 카르마의 결실이네. 운명은 좋을 수도 나쁠 수도 있다네. 인간의 노력은 불운한 운명을 극복하거나 그 영향력을 감소하는 데 있네. 운명과 인간의 노력 사이에 부단한 투쟁이 있네. 둘 중 실제로 무엇이 이길지 누가 말할 수 있을까? 그러므로 계속 노력하고 결과는 신에게 맡겨 두게나.[27]

바푸가

고페 구르북사니에게 보낸 메모(H.),
GN 1327 ; 《전집》 86 : 108

---

26 〔역주〕 본 번역 원전에는 svadharma로, 《전집》(권 62, 203면)에는 swadharma로 각각 표기되어 있다.

27 수신자가 '운명이란 무엇입니까? 그것이 인간의 노력과 어떤 관계가 있습니까?' 하고 물었다.

51) 유가 다르마

마하발레슈와라, *1945. 4. 30*

이 나라의 자이나교 사두들은 유가 다르마(*yuga dharma*)를, 즉 그 시대의 종교(*the religion of the age*)와 그에 대한 자신들의 의무를 이해해야 한다. 그렇지 않으면 그들의 설교와 가르침은 무용지물이 될 것이다.

'자와하르 자이나교도 즈요티'를 위한 메시지,
〈봄베이 크로니컬〉, 1945. 5. 1 ; 《전집》 86 : 480

52) 불간섭

1945. 10. 7

안녕, 아민!
자네에게 이미 편지를 썼다네. 죄를 파괴하는 것은 모든 사람들의 의무라네. 하지만 그것은 우리 자신의 죄에 대해서만 그렇다네. 타인의 죄에 대해서는 불간섭(*non-interference*)의 태도, 즉 그 경우에는 오직 비폭력만이 우리의 의무여야 한다네. 내 어머님은 사원에 가시곤 했지만, 나는 그러지 않았다네. 나는 그녀가 예배하곤 했던 우상을 뺏거나 파괴하지 않았다네. 남을 재판하지 말게. 물론 나는 당신의 봉사정신을 존경한다네. 하지만 자네는 무분별하고 성질이 급하다네. 이 두 단점을 제거하게. 그러면 자네는 봉사를 위한 능력을 배가시킬 것이네.

Aminbhai
Anti-cholera Camp
Sindi Khandala
Wardha

자틴다스 아민(Jatindas M. Amin)에게
보낸 편지(G.), 《피아렐랄 페이퍼스》 ; 《전집》 88 : 269

53) 도덕에 알리바이란 없다

판츠가니, *1946. 7. 13*

방금 불렀던 노래에서 세상은 비탄과 고통의 골짜기로 잘 묘사되어 있습니다. 신만이 우리로 하여금 그 세상에 용감하게 맞서게 해 주십니다. 그런데 그 시인은 한 걸음 더 나아가 세상을 미망과 꿈이라고 불렀습니다. 기쁨이나 행복이라고 부르는 것이, 찰나의 덧없는 세계, 즉 만물이 사라지는 주마등과 같은 세계일 수도 있습니다. 진실로 그런 세계이기도 합니다. 하지만 우리는 동료들의 고통을 실재하지 않는다고 하고, 우리 자신을 위한 도덕적 알리바이로 삼을 수는 없습니다. 꿈조차도 그것들이 지속되는 동안은 참이며 고통받는 자에게 고통은 엄연한 현실입니다. 좌우간 이 세상이 참이든 비실재든 이 세상에 살아가는 동안, 우리가 당연히 직면해야 하고 이해해야 하며 올바르게 수행해야 할 정해진 의무가 있습니다.

기도회에서의 연설의 일부, 〈하리잔〉, 1946. 7. 21 ;
〈더 힌두〉, 1946. 7. 15 ; 《전집》 91 : 329

3. 원리들

54) 스스로 자신의 결론을 끌어내기

1924. 8. 13

모든 사안들에 대해서 내게 명령을 받는 것은 과오이며 위험한 일이라고 믿고 있네. 내 대답은 문제가 제기된 방식에 맞출 수밖에 없다네. 나는 답변을 하는 중에 오류를 범할 수도 있네. 보편적 원리로부터 결론을 끌어내는 일은 각자의 몫이네.

마투라다스 트리쿰지에게 보낸 편지,
《바푸니 프라사디》, 74면 ; 《전집》 28 : 279(일부)[28]

55) 원리와 실제

1926. 1. 9

바이슈리 카카 님께,

당신의 편지를 받았습니다. 나는 우리 교육체계 어딘가에 영어를 위한 자리가 있어야 한다는 점을 확신합니다. 만일 우리가 서구와 서구문학과 접촉을 가질 만한 가치가 있다면, 우리는 지금 당장 영어를 가장 잘 사용할 수 있을 것입니다. 이런 이유로 나는 영어를 고등학교 교과과정에 배치했습니다. 《천로역정》(*Pilgrim's Progress*)에 대해서는 당신과 동감입니다. 하지만 그 책이 당시 내가 제의할 수 있는 것 중에는 가장 쉬운 것이었습니다. 그래서 나는 그것을 시작했습니다. 아슈람의 구성원들은 그 책을 나에게서 얻어갔던 것으로 보입니다. 내가 만일 다른 것을 시작했다면, 그것은 작위적인 것이었을 것입니다. 나는 《기타》와 《라마야나》에 대해서 생각해 보았습니다. 하지만 나는 이것들을 잘 다룰 만한 자격이 없었습니다. 《라마야나》의 말은 어렵사리 이해할 수 있습니다. 이와 마찬가지로 《기타》의 말도 내가 바라는 것만큼 그리 분명하게 이해하지는 못합니다.

내가 가진 지식의 양이 얼마이든 간에 그것을 모든 사람들과 공유하는 것이 나의 의무입니다. 그 공유가 바람직하지 못한 결과를 낳지 않도록 하면 됩니다. 나는 당신의 결정을 원칙적으로 수용합니다. 하지만 그 결정은 우리 상황에 적용되지 않을 것으로 보입니다. 그리고 영어에 대한 내 상당한 지식과 영어를 통해서 사람들과 광범위하게 교섭했던 것이 우리의 단순한 인도 대중에게는 일종의 방해물이 되었다고 분명히 말씀드리지 않았던가요? 하지만 이런 일은 불가피하며 우리가 참고 견뎌야 할 것으로 보입니다. 또 한 통의 편지

---

28 〔역주〕 본 번역 원전과 《전집》 사이에 약간의 차이가 있다.

를 보내주십시오. 당신의 편지를 아이들에게 아직 읽어 줄 수 없었습니다. 그와 같은 편지를 망설이지 말고 써 주기를 바랍니다. 나는 당신의 편지가 아주 좋습니다.

비노바와 압파는 여기에 있습니다.

카레를카르 (D. B. Kalelkar) 에게
보낸 편지 (G.), SN 12178 ; 《전집》 33 : 284

56) 이상과 타협

사바르마티, 사탸그라하 아슈람, *1928. 3. 12*

친애하는 친구에게,

나는 당신이 내 견해와 겨루는 방식을 좋아합니다. 나와 당신의 차이를 오리사(Orissa)[29]에 있을 때 이미 발견했습니다. 나에게는 개인적 입장과 사회적 입장 사이에 아무 차이가 없습니다. 동시에 당신이 제안했던 종류의 타협을 할 충분한 여지가 있습니다. 그것은 내가 원했기 때문이 아니라 타협이 불가피했기에 개인적 행동에서조차 내 이념들을 양보했다는 사소한 이유 때문입니다. 그리고 사회적 정치적 문제들에서도 나는 내가 믿어왔던 이념을 완전히 성취해 본 적은 한 번도 없었습니다. 하지만 사람이 여기까지만, 그 이상은 안 된다고 말할 때가 있으며, 그때마다 분계선은 사안에 따라서 그어져야 합니다. 일반적으로 말해서 어떤 운동의 총합이 악일 경우 나는 비협조가 유일한 치유책이라고 주장했고, 총합이 인류의 선에 도움이 되는 것이었을 때 나는 타협에 근거한 협조를 가장 바람직한 일로 생각해왔습니다. 내가 지금 현재 정치적 운동에 좀 소원해 있는 것으로 보인다면, 그것은 내가 그 운동이 스와라즈를 증진시키려는 경향이 아니

29 〔역주〕 인도 동부에 있는 주. 남동쪽으로 벵골만, 북서쪽으로 서벵골 주, 북쪽으로 비하르 주, 남쪽으로 안드라프라데슈 주와 이웃한다.

라 오히려 억제하려는 경향이 있다고 믿기 때문입니다. 내가 오판했을 수도 있습니다. 만일 그렇다면, 그것은 오직 인간적인 것입니다. 나는 내가 무오류(*infallible*)라고 주장한 적이 절대로 없습니다. 이 점에 대해서는 내가 지난번 전쟁에 참여한 일을 다루고 있는 최근에 쓴 자전적인 글의 한 장[30]에서 좀더 부연 설명된 것을 볼 수 있을 것입니다. 내가 당신의 질문에 답변을 했는지를 이제 말씀해 주십시오. 내가 수수께끼를 풀지 못했다고 하더라도 말입니다.

앤드루스가 여기에 있는데 며칠 더 묵을 것입니다. 당신이 만일 여기에 와서 며칠 나와 함께 조용히 지내며 당신이 편지에서 제기했던 중요한 문제들을 논의할 수 있다면 얼마나 좋겠습니까? 그렇다고 해서 그 문제들을 서신의 왕래를 통해서 논의할 수 없다는 것을 말하는 것은 아닙니다. 필요하시다면 그렇게 해주십시오.

귀하의 신실한 친구

B. W. Tucker
Calcutta

B. W. 터커에게 보낸 편지, SN 13104 ; 《전집》 41 : 313

57) 이기주의 가운데의 무집착 *1928. 7. 5*[31]

이 세상에서 자행되고 있는 불의를 왜 불의로 받아들이는가? 세상 자체가 이기주의(*selfishness*)를 의미하는 것은 아닌가? 이기주의 없이 세상이 어떻게 지속될 수 있을까? 《기타》가 우리에게 무집착(*detached*)하라고 가르친 것은 이런 이기주의적 세상에서 그렇게 하라는 것이

30 〔역주〕 《자서전》 4부 38장을 볼 것. 《전집》 권 41, 276면.

31 〔역주〕 《전집》 권 42, 270~271면에는 '1928. 7. 21'로 되어 있고, 내용에 약간의 차이가 보인다.

네. 자네는 왜 이기주의자가 결핵 또는 유사 질병의 희생자에게 동정심을 발휘하도록 기대하는가? 자네에게 지혜를 말해야 할 필요가 있을까? 나를 놀라게 한 것은, 방갈로 주인이 자네에게 취한 행동으로 자네가 상처를 받았다는 점이네.

마투라다스 트리쿰지에게 보낸 편지(G.), 《바푸니 프라사디》, 94면 ; 《전집》 42 : 310

58) 원리와 사실

와르다, *1928. 12. 13*

안녕, 마투라다스!
자네 앞에 놓여 있는 길이 분명치가 않네. 동봉한 편지를 읽어 보게. 나는 심지어 람 사하이에게 자네와 한번 말해 보라고 제안하기조차 했네. 무한한 사랑을 보여주게. 만일 자네가 인내심을 발휘해서 실망 속에 포기하지 않는다면 승리는 궁극적으로 자네의 것이네. 자네가 한 일에 쉽사리 만족하지 말게. 양자 모두에게 사랑을 보여주게. 그것이 평등심(*equal mind*)이 의미하는 바네. 우리가 배고픈 사람에게 빵을 주고 소화불량으로 고통받고 있는 사람에게 단식하라고 충고할 때, 두 경우 모두 사랑으로 움직인 것이네. 이것이 평등심을 보이는 것, 개미와 코끼리를 평등하게 고려한 것이네. 그를 다룸에 있어서 자네의 새로운 방식이 완전히 성공했다고 상정하지는 말게. 만일 자네가 예전의 방식을 주장하는 사람들에게 끈기 있게 설명하고 그들을 내버리지 않는다면 최소한의 마찰만이 있을 것이네.

수용 방식이 옛것이건 새것이건 그것을 충실하게 따라야만 하네. 자네가 당하고 있는 어려움에 대해서 때때로 나에게 편지해 주게. 조금도 걱정하지 말게. 만일 내 결론이 부적절한 자료 또는 부적절한 합리화에 근거해 있다고 느낀다면 언제든 그 사실을 적시(摘示)해 주게. 내가 제시해 둔 원리들에 대해서 자네가 신앙을 가져도 좋지만, 내가 특정한 사실에서 도출한 결론은 신앙의 대상이 될 수 없네.

이성으로 파악할 수 있는 사안에 신앙이 들어설 여지는 없네. 따라서 자네가 사실에 대해서 내 무지를 보거나 그리고 그 무지에 의한 잘못된 합리화를 보게 되면 언제든 나를 고쳐 주게. 만일 이런 일을 자네가 규칙적으로 실천한다면 나는 자네에게 더 자유롭게 편지를 쓸 것이고 자네를 더 잘 안내할 수 있을 것이네.

바푸로부터 축복을

마투라다스에게 보낸 편지(G.), GN 4213 ; 《전집》 43 : 488

59) 이상에 도달하도록 분투노력함 예라브다 만디르〔교도소〕, 침묵의 날, 〔*1930. 6. 30*〕

안녕, 강가벤!

우리 모두는 지금 우리의 이상에서 멀리 떨어져 있고 앞으로도 그럴 것이네. 우리의 의무는 거기에 도달하도록 노력하는 데 있네. 인간의 이상은 나날이 성장한다네. 때문에 이상은 자신에게서 점점 멀어진다네. 자네는 부단히 분투하고 있다네. 그리고 그것이 자네가 할 수 있는 모든 것이네. 우리의 노력은 순수하고 끈기 있어야 하네.

바푸로부터 축복을.

강가벤 바이드야(Gangabehn Vaidya)에게
보낸 편지(G.), CW 8751 ; 《전집》 49 : 353

60) 내면적 삶과 외면적 삶의 규칙들 *1932. 8. 15*

아차라(*achara*)는 삶의 외면적 모습을 의미하고 때때로 변화될 수 있네.[32] 내면적 삶의 규칙들은 동일한 것으로 남아 있어야 하네. 즉 사

32 〔역주〕 수신자는 "아차라는 다르마의 첫걸음이다"라는 구절을 언급하며 그 의미를 물었다. 《전집》 권 56, 342면.

람은 진리·아힘사 등을 고수해야 하네. 그것들을 추종함에 있어서 우리는 필요할 때마다 삶의 외면적 모습의 규칙을 바꿀 수는 있네. 특정 경전(샤스트라)에 따라서 아차라가 다르마의 첫걸음이라는 점을 우리가 말하거나 믿으면서 어떤 것도 고수할 필요는 없네. 산스크리트어로 주어진 모든 규칙들이 경전은 아니었네. 《마나브다르마샤스트라》라는 제목의 책도 실제로는 경전은 아니네. 경전은 책 안에 쓴 것이 아니네. 그것은 살아 있는 것이어야만 하네. 따라서 행동과 말이 부합하는 훌륭한 인격을 가진 현자의 말이 우리의 경전이네. 만일 그와 같이 우리를 인도하는 등대가 없다면 우리에게 진리로 보이는 것이 우리의 경전일 것이네. 우리의 마음과 심정들이 이미 정화되었다면 말이네….

편지(G.), 《마하데브바이니 일기》 권 1, 364면 ; 《전집》 56 : 364

61) 사안에 따라서

1935. 5. 13

타쿠르 프라사드 샤르마 씨에게,

결점을 숨긴다면 우리는 좋은 관계가 될 수 없습니다. 양편이 공동으로 중재자를 임명한다면 그들은 법정에 갈 필요도 없을 것입니다. 하지만 이것이 불가능하다면 법정을 통해서 정의를 얻으려고 하더라도 아무 잘못이 없을 것입니다. 그러한 문제에 있어서는 확정된 원리를 제시할 수 없습니다. 개개의 경우는 사안에 따라서 판단되어야 합니다.

M. K. 간디

Shri Thakur Prasad
Jalpa Devi
Benares City

타쿠르 프라사드 샤르마에게 보낸 편지(H.), CW 9754 ; 《전집》 67 : 99

62) 이론을 실천으로 옮기기

1935. 6. 18

친애하는 자간나트다스에게,

자네가 나체주의(*nudism*)[33]에 대해서 나에게 긴 편지를 쓴 일은 잘한 일이네. 나는 이론의 면에서 자네의 말에 서슴없이 동의하네. 하지만 이론이 항상 실천으로 옮겨질 수 있는 것은 아니네. 예를 들면 기하학과 같은 엄밀한 수학에서도 이론이 언제나 실천으로 옮겨질 수 없을 것이네. 기하학의 상상적인 직각이 집을 건축할 수는 없을 것이네. 하지만 벽돌공과 목수들이 사용하는 거의 완전에 가까운 직각이 많은 훌륭한 일을 책임진다네. 인도에서건 서양에서건 나체주의의 실천은 허용되지 않는다네. 모든 남녀들이 순결한 마음을 지닌 양 행동하는 것은 큰 실수라는 점을 나는 확신한다네. 그래서 나는 그것이 위험한 일로 본다네.

귀하의 신실한 친구
바푸가

Sjt. C. G. Jagannathdas
459 Mint Street
Park Town, Madras

C. G. 자간나트다스에게 보낸 편지,
GN 9091 ; 《전집》 67 : 272

63) 영원의 원리에는 타협이 없다

〔*1936. 9. 2* 이전〕

학교의 일부 선생들이 어느 날 아침에 '지식이 덕이다'라는 오래된 플라톤 문제를 갖고 세가온(Segaon)에게 가서 그것이 진실이냐고 물었다. 우리는 왜 특정한 행동

33 수신자가 6월 15일자 편지에서 나체주의의 채용을 옹호하는 입장을 밝혔다. 그는 착복이 부자연스럽고 건강하지 못하다고 논했다.

노선이 도덕적으로 잘못이라는 점을 알면서도 그것을 피할 수 없었던지 하고 물었다. 간디지는 그들에게 대답했다.

인생이란 타협의 연속이고 우리가 이론상 옳다고 여긴 것을 실행으로 옮기기가 언제나 쉬운 것은 아닙니다. 다음과 같은 간단한 사례를 들어봅시다. 《기타》는 우리가 유식한 학자, 개 그리고 개고기 먹는 자를 평등의 눈으로 보아야 한다고 말했듯이, 원리상으로는 모든 생명이 하나이므로 우리는 죄인과 성자를 동등하게 대접해야 합니다. 하지만 나를 보십시오. 나는 비록 뱀을 죽이진 않았지만 그것을 죽이는 데 일조했다는 점을 알고 있습니다. 또한 내가 그러지 말았어야 했다는 것을 압니다. 이외에도 뱀이 크세트라팔(땅의 수호신)이며, 그래서 그것을 죽이는 데 돕지 말았어야 한다는 것을 나는 압니다. 하지만 여러분이 아시다시피 그것을 피할 수 없었습니다. 그러나 그것을 피할 수 없는 일이라고 생각하더라도 그 생각은 소용없는 일입니다. 모든 생명이 하나라는 원리, 언제나 진실한 이 원리를 나는 포기할 수 없습니다. 그리고 나는 신이 나에게 뱀에 대한 공포를 거두어 주시고 우리가 다른 가축을 다루듯이 뱀을 다루는 데에 필수적인 비폭력을 성취할 수 있게 해주시기를 신에게 기도합니다. 또 다른 아주 간단한 사례를 들어 봅시다. 나는 촌민이고 촌락 기술(*village crafts*)의 향상을 내 사업으로 삼고 있습니다. 그런 사람으로서 촌락 제조의 면도날을 사용해야 한다는 것을 알고 있지만, 보시다시피 나는 외제품을 사용하고 있습니다.[34]

내가 만일 친구에게 편지를 써서 촌락 제조의 면도날을 구하려고 했다면 구할 수 있었을 것입니다. 하지만 나는 촌락 이발사가 어떤 종류의 면도날을 사용하든 촌락 이발사를 도와야 한다고 생각했습니다. 그래

34 선생들이 방문했을 때 간디는 면도하고 있었다.

서 나는 그를 훈육시키기로 하고 그의 더러운 옷과 꿀불견의 도구를 참았습니다. 하지만 내가 타협할 수 없는 것이 하나 있었습니다. 그건 그가 나를 면도하는 것과 같은 방식으로 하리잔을 면도할 수 없다고 한 것입니다. 그래서 나는 서비스를 받지 않기로 했습니다. 그래서 촌락이 만든 면도날을 얻을 수 있는데도, 나는 외제 면도날로 면도하고 있는 것입니다. 이것은 분명 옹호할 수 없는 타협입니다. 그렇지만 이런 식으로 설명은 드릴 수 있습니다. 나는 사랑하는 한 자매가 나에게 준 면도 용구를 계속 사용하고 있는데 그녀의 선물을 물리칠 수가 없었고, 외제 면도날을 거부하고 촌락 제조의 면도날을 고집함으로써 그녀의 감정에 상처를 줄 수 없었습니다. 바로 이것이 타협인 것입니다. 나는 그것을 모방하라고 추천하지는 않습니다. 우리는 원리를 위해서는 가장 사랑하는 자들까지도 불쾌하게 만들 각오가 되어 있어야 합니다.

일체의 타협을 용납할 수 없는 영원한 원리들이 존재하고, 이러한 원리들을 실천함에 있어서 우리는 자신의 생명을 내놓을 각오가 되어 있어야 합니다. 어떤 사람이 칼을 들이대고 여러분의 종교를 포기하고 다른 종교를 받아들이라고 강요한다면 여러분은 그러시겠습니까? 어떤 사람이 여러분에게 술과 쇠고기를 먹으라고 강요하고 거짓말을 하라고 강요한다면, 여러분은 강요에 굴복하기보다는 여러분의 생명을 내놓지 않겠습니까? 그렇습니다. 원리는 원리입니다. 우리는 원리를 실천할 수 없다는 이유로 어떤 경우에도 거기에다 물을 타서는 안 됩니다. 우리는 그것을 성취하도록 분투노력해야 하고 그 분투노력은 반드시 의식적이고, 의도적이고, 열심이어야만 합니다.

우리의 시인[35]이 두려움 없는 분투노력만이 바로 자유의 조건이라고 늘 노래하지 않았습니까?

35 라빈드라나트 타고르.

마음에 공포가 없는 곳, 머리를 곧추 쳐든 곳…
줄기찬 분투노력이 그 팔을 완전으로 뻗친 곳…
저 자유의 하늘로, 오 아버지시여, 제 조국을 깨워 주소서.

선생들과의 토론, 〈하리잔〉, 1936. 9. 5 ; 《전집》 69 : 436

4. 서 약

64) 서약과 자기훈련

우리가 무엇을 하기로 결심하고 그 과정에 목숨마저 바칠 각오가 되어 있을 때 우리는 서약했다고 말한다. 서약(*vow*)을 지키기 위해서 자신을 훈련하는 일은 필수적이다. 우리는 그렇게 함으로써 의지력을 강화할 수 있고, 보다 더 큰일에 대비할 수 있다. 사람은 먼저 쉽고 간단한 서약을 하고 그다음에 더 어려운 서약을 따를 수 있다. 콩고의 흑인들이 그와 같이 〔간단한〕[36] 서약을 한 것으로 보인다. 지난 3년 동안 백인들은 현지의 흑인으로 하여금 고무를 추출하도록 열심히 강요해왔지만, 흑인들은 그들의 선조가 일을 하지 않기로 스스로 선서했다고 대답했다. 그래서 그들은 선조들의 선서를 어길 수가 없었다. 우리는 역사상 선서를 위해서 크나큰 고통을 당하는 사람들의 여러 사례를 찾을 수 있을 것이다. 사탸그라하를 수용하는 것은 위대한 서약을 하는 셈이다. 그런 서약을 했다면 사람은 그것을 버리느니 차라리 죽어야 한다. 바로 이것이 사탸그라하의 심오한 의미이다. 바로 이런 이유에서 사탸그라하는 패배를 모른다고 말할 수 있다.

서약의 효능(G.), 〈인디언 오피니언〉, 1913. 10. 8 ; 《전집》 13 : 229

36 〔역주〕《전집》 권 13, 363면에 따라서 추가한다.

65) 서약의 필요성

〔*1915. 3. 14* 이후〕

네가 비폭력에 대해서 생각하고 있는 것은 옳다. 그 핵심은 다야(*daya*: 자비)·아크로다(*akrodha* : 분노에서 벗어나는 자유)·아만(*aman* : 존경받고 싶은 욕망에서 벗어나는 자유) 등이다. 사탸그라하는 비폭력에 기초해 있다. 우리는 이것을 캘커타에서 분명히 보았고 비폭력을 우리 서약 가운데 포함시켜야 한다는 결론에 도달했다. 생각해 본 결과, 우리가 모든 야마(*yama*)[37]를 준수해야 한다는 결론, 그것들을 서약으로 준수하면 우리가 비폭력의 내면적 의미를 파악할 것이라는 결론에 도달했다. 여기에 있는 수백 명의 사람들과 얘기하면서, 나는 다른 모든 것에 우선해서 몇몇 야마를 제시한다.

> 만일 시타와 라마에 대한 사랑의 감미(甘味)로 촉촉이 젖어 있는 바라타가 태어나지 않았다면, 성자들의 상상력이 거의 통하지 않는 판에 누가 자기통제, 엄격한 준수, 성욕의 억제, 자제 그리고 종교적 서약을 수행했겠는가?[38]

나는 이 시구를 캘커타의 행사에서 기억해내고 그것에 대해서 깊이 숙고했다. 인도의 구원과 우리의 구원이 이 서약들의 준수를 통해서 성취될 것이라는 점이 내 마음에는 너무나 명백하다.

비축적(*non-hoarding*)의 서약을 준수함에 있어서 명심해 둬야 할 요점은 우리에게 필요 없는 그 어떤 것도 저장해서는 안 된다는 점이다. 농사에서 황소가 필요하다면, 황소와 그것을 위한 용구를 가질 수 있다. 기근(饑饉)이 반복 발생할 위험이 있는 곳에서는 분명히 곡

37 모든 위대한 도덕적 종교적 의무 또는 규율.

38 《아요드야칸다》, 툴시다스의 《라마야나》.

식을 저장해야 할 것이다. 하지만 황소와 곡식이 진정 필요한 것인지에 대해서 항상 자문해 보아야 할 것이다. 우리는 생각으로도 모든 야마를 준수해야 한다. 그러면 우리는 야마에 있어서 나날이 안전하게 성장할 것이며, 새롭게 버려야 할 것에 대해서 생각이 미치게 될 것이다. 포기(抛棄)에는 한계가 없다. 우리가 더 많은 것을 내버릴수록 아트만에 대한 지식에서 더욱 성장할 것이다. 만일 마음이 축적의 욕망을 포기하는 쪽으로 계속 움직이고, 그리고 만일 우리가 육체적으로 가능한 한도 이상으로 축적하기를 실제로 포기한다면, 우리는 비축적의 서약을 지키는 셈이 된다.

불투도(不偸盜, *non-stealing*)의 서약에 대해서도 마찬가지다. 비축적이란 필요 없는 물건들을 쌓는 일에 대해서 한 말이다. 불투도란 그러한 물건의 사용에 관한 것이다. 내가 만일 내 몸을 덮는 데 상의 한 벌만 필요한데도 두 벌을 사용한다면 나는 한 벌을 다른 사람에게서 훔치는 죄를 범하는 것이다. 다른 사람을 위해서 사용될 수도 있었던 상의 한 벌은 나에게 속하는 것이 아니기 때문이다. 내가 자신을 유지하는 데 5개의 바나나가 있으면 충분한 데에도 내가 6개째를 먹는다면, 그 여섯 번째의 것은 절도한 것이 된다. 우리가 라임 열매 50개를 모두 필요할 것이라고 생각하고 비축하고 있다고 해보자. 나는 오직 두 개만 필요한데 많이 가졌다는 이유로 3개를 먹는다면 이것 역시 절도다.

그와 같은 불필요한 수요 역시 비폭력 서약의 위반이다. 불투도의 이상을 염두에 두면서 소비를 줄인다면 우리는 보다 관대해질 것이다. 우리가 비폭력의 이상에 의해서 소비를 줄인다면, 우리는 보다 더 자비로워질 것이다. 이를테면 일체의 동물이나 살아 있는 것들이 우리 때문에 공포를 느끼지 않도록 보장해 주는 가운데, 우리는 그것들에 대한 자비, 즉 사랑을 즐긴다. 사랑을 즐기는 자는 모든 살아 있는 존재를 자신에게 유해한 것으로 보지 않을 것인데, 생각에서조차도 그러지 않을 것이다. 그것이 내 경험과 경전의 가장 중요한 결론이다.

이들 모든 서약의 기초가 되는 원리가 진리이다. 사람은 자기기만을 통해서 절도와 축적을 있는 그대로 인정하기를 거부할 수 있다. 따라서 우리는 조심스런 생각을 통해서 한 걸음을 내디딜 때마다 진리가 지배하도록 보증할 수 있다. 우리가 어떤 특정한 물건을 저장해야 하는가의 가부에 대해서 의심이 생길 때에는 그것을 저장하지 말아야 하는 것이 간단한 규칙이다. 포기에는 진리의 위반이 전혀 없다. 발언의 지혜에 대해서 의심이 생길 때, 진리 서약을 한 자는 말하지 않는 것이 의무이다.

나는 여러분 모두가 하고 싶은 서약만, 그것도 자유의지하에서 하기를 원한다. 나는 서약이 필요하다고 항상 느낀다. 하지만 서약을 하는 자는 그가 그 필요성을 느낄 때에만, 그리고 그가 원하는 서약만 해도 좋다.

람찬드라는 위대한 용기의 사람이며 수많은 공훈을 쌓았고 수십만의 괴물을 죽였던 인물임이 틀림없을 것이다. 하지만 그가 그를 따르는 락슈마나와 바라타와 같이 헌신적인 자들을 갖지 못했다면, 오늘날 그 누구도 그에 대해서 생각하지 않았을 것이다. 요점은 만일 람찬드라가 전사로서 비범한 힘을 가진 것에 불과하다면, 그의 위대성은 얼마 후 망각되었을 것이다. 그처럼 괴물을 죽인 용감한 전사들은 많이 있었지만 그 누구도 명성과 위대성이 모든 가정에서 칭송되고 있는 사람은 없다. 람찬드라는 특별한 힘이 있어서 그 힘을 락슈마나와 바라타 안에 넣어 줄 수 있었고, 그 힘 덕택에 두 사람은 위대한 고행자가 되었다. 툴시다스지는 이들의 고행을 찬양하며, "만일 바라타가 탄생하지도 않고 위대한 성자조차 할 수 없는 고행을 수행하지 않았다면 자신과 같이 무지한 어느 누가 라마를 찾아갈 수 있었을까" 하고 물었다. 이는 락슈마나와 바라타가 라마의 명성의 수호자, 즉 그의 가르침의 수호자였다고 말하는 것과 다르지 않다.

더구나 고행이 만사는 아니다. 왜냐하면 락슈마나가 14년 동안 먹지도 않고 자지도 않고 살았다면 인드라지트[39]도 그랬으니까 말이다. 하지만 인드라지트는 락슈마나가 라마에게서 배웠던 고행의 진정한 의미를 몰랐다. 오히려 그는 고행으로 얻었던 힘을 오용하는 단점이 있어서 하나의 괴물로서만 알려지게 되었고, 자기를 통제하는 사람이며 신을 사랑하는 자, 구원의 추구자였던 락슈마나 손에 패배하게 되었다. 마찬가지로 구루데브[40]의 이상이 아무리 위대했다고 해도 그것을 실현할 사람이 없다면 기나긴 세월의 깊은 어둠 안에 숨겨져 있을 것이다. 반대로 만일 그것을 실천할 사람이 있었다면, 그것은 그 빛을 수배로 강화하여 사방으로 방산(放散)했을 것이다. 이상을 실천에 옮기기 위해서 사람이 올라가야 하는 계단들이 있는데 그것이 바로 타파스다. 따라서 타파스—훈련—를 아동들의 삶 안에 도입하는 일이 얼마나 필요한 일인지를 깨달아야 한다.

마간랄 간디에게 보낸 편지, 《간디지니 사다나》
(*Gandhijini Sadhana*) ; 《전집》 14 : 325

66) 서약과 비행

사바르마티, *1926. 3. 13*

슈크데브 프라사드 싱 님께,
당신의 편지를 받았습니다. 서약은 선행에만 적용됩니다. 사람은 나

---

39 〔역주〕 라바나의 아들 메가나드. 신 중의 신 인드라를 이겼으므로 인드라지트라는 이름을 얻었다. 《전집》 권 14, 385면.

40 라빈드라나트 타고르.

쁜 짓을 하려고 결심할 수는 없습니다. 만일 무지 때문에 그와 같은 서약을 했다면, 그것을 깨는 것이 의무입니다. 예를 들어 간통하기로 서약을 했다면 정신 차려 즉각 서약에서 물러나야 합니다. 그렇지 않으면 그는 죄를 범하게 됩니다.

귀하의 친구
모한다스 간디

슈크데브 프라사드 싱(Shukhdev Prasad Sinha)에게
보낸 편지(H.), SN 19862 ; 《전집》 34 : 133

67) 서약과 위선

〔*1926. 3. 20*〕

프라부다스께,

손목시계에 대한 내 서약에 대해서 당신이 글을 쓴 것이 있는데, 그것에 대해서 나는 당황했습니다. 서약 때문이 아니라 〔당신의〕 마음이 아직 아파리그라하(무소유) 훈련이 되어 있지 않았기 때문입니다. 하지만 나는 소유욕에 대항해서 마음을 훈련하는 다른 방법을 모릅니다. 여러 개의 시계를 갖고 있는 사람이 그중 하나에 대해서 무관심하다면 그것은 그렇게 큰 장점이 못됩니다. 아마도 그의 무관심은 다른 사람들을 희생했을 것입니다. 무소유 서약에도 불구하고, 그리고 이 시계를 잃게 되면 다른 시계를 얻을 수 없다는 것을 알고 있는데도, 어떤 사람이 자신의 시계에 대해서 걱정하지 않는다면 아파리그라하를 얻을 가능성이 약간은 있습니다. 다시 말하자면, 하나의 물건만을 갖겠다는 서약을 한 사람이 질투를 느낀다면 그것은 그에게 새로운 잘못은 아닙니다. 마음에 잠재되어 있던 것이 접촉에 의해서 다시 살아난 것입니다. 이것은 그렇다면 서약의 덕입니다. 마음에서 한 가지 물건마저 청산되면 다른 모든 오물 역시 빠져나옵니다. 그리고 우리가 한 가지 서약에서 성공한다면 모든 다른 더러움들도 한꺼번에

쏟아져 나올 가능성이 있습니다. 서약을 진지하게 하지 않는 사람은 서약한 것도 아닙니다. 그는 위선자입니다. 그리고 우리는 위선자의 기준으로 진지한 자를 판단할 수 없습니다.

《아요드야칸다》[41]는 1천 번을 읽어도 물리지 않는 책입니다. 그것을 열심히 배우면 배울수록 당신은 더 많은 보상을 받게 될 것입니다.

프라부다스(Prabhudas)에게 보낸 편지(G.), SN 19878-A; 《전집》 34 : 170

68) 절대 패배를 받아들이지 말아라

한 학생이 다음과 같이 쓰고 있다. …[42]
모든 사람들이 때때로 이 질문을 하지 않을 수 없다. 하지만 그 질문은 오해에 기초하고 있다. 서약에도 불구하고 우리가 타락할 가능성이 있기 때문에 서약은 우리를 고양시키는 효과가 있다. 그런 위험이 없다면 분투할 여지가 없을 것이다. 서약은 등대가 수행하는 목표와 같은 것을 수행한다. 우리가 등대에서 눈을 떼지 않으면 어떤 폭풍우 속에서도 안전하게 살아남는다. 등대 자체가 폭풍우를 잠재우지는 못해도 폭풍우에 갇힌 선원들을 안내하고 폭풍우와 싸우는 것을 도와준다. 그와 마찬가지로 서약은 일종의 강력한 힘으로 심정에 들끓는 수많은 파도에서 인간을 구원해 준다. 이것은 사실이지만 서약한 사람이 결코 실패하지 않기를 보장할 수 있는 방법이 발견된 적도 없었으며 쉽사리 발견될 것 같지도 않다. 그리고 이런 일은 마땅히 그래야 할 것이다. 그렇지 않으면 진리 등에 대한 도덕적 명령들은 그것들에 부여된 위대한 가치를 상실하게 될 것이다. 사람은 일상적 지

---

41 《라마야나》 권 2.

42 편지는 여기에 출판하지 않는다. 투고자는 항상 서약을 지킬 수 있는 방도가 있는지를 물었다.

식을 얻기 위해서 또는 기금용의 수십만 루피를 모으기 위해서 열심히 애를 써야 할 것이다. 단지 북극과 같이 생명이 없는 장소를 보기 위해서 아무렇지도 않게 목숨을 거는 사람들이 많다. 그렇다면 우리가 분노·악의 등 강력한 적수들을 정복하기 위해서 1천 배나 어려운 노력을 기울여야 할 경우, 우리가 의심하거나 불행해야 할 이유는 없다. 우리의 성공은 불사(不死)의 영광(*deathless glory*)을 위한 고투 그 자체에 있다. 노력 자체가 성공이다. 만일 북극으로 항해하는 자들이 그들의 목표에 실패한다면 자신들의 노력이 헛되이 낭비되었다고 생각할 수 있을 것이지만, 우리가 인생에서 집착과 혐오라는 적수들을 정복하기 위해서 기울이는 일체의 노력은 우리를 전진시킬 것이다. 그래서 그런 목표를 향해서 기울인 어떤 사소한 노력도 낭비되지 않는다. 이것은 주님이 보증하신다.[43]

따라서 내가 학생에게 줄 수 있는 유일한 격려는 계속 분투하고 절대 낙담하지 말라는 것이다. 절대로 서약을 버려서는 안 된다. 그의 사전에서 '불가능'이라는 단어를 추방해야 한다. 만일 어느 때든 서약을 망각했다면 그는 참회(*prayaschitta*)를 해야 하고 서약을 다시 상기해야 한다. 그것을 범할 때마다 그는 다시 시작해야 하고, 결국 성공할 수밖에 없다는 완전한 자신감을 가져야 한다. 영적 자각(*spiritual illumination*)을 얻은 사람들 중 그 누구도 허위가 승리했다는 경험을 말한 적이 결코 없다. 그와 반대로 그들 각자는 진리가 결국 승리할 것이라는 경험을 이구동성으로, 그리고 아주 힘차게 선포하고 있다. 우리는 이런 사람들의 경험을 가슴에 새기고 선한 목적을 위해서 분투할 때 어떤 종류의 의혹도 품어서는 안 된다. 그렇지 않으면 고결한 목적을 갖고 서약하는 일을 두려워해야 할 것이다. 판디트 람부즈 다

43 《바가바드 기타》, 2 : 40.

트 차우다리는 편자브어로 된 시를 우리에게 남겼는데 그 시에 다음과 같은 후렴이 있었다.

'결코 패배를 인정하지 말라. 네 목숨을 잃을지라도.'

서약의 의미(G.), 〈나바지반〉, 1926. 8. 1 ; 《전집》 36 : 158

69) 서약에 내재된 원리들

아슈람 재소자의 한 사람이 아슈람 규칙서에 그가 필수적이라고 간주하는 것을 추가로 제안해왔다. 그것들이 미묘한 내용을 지니고 있고 서약의 준수에 도움이 될 것이므로 나는 아래에 그 요점을 제시한다. 개개의 서약은 힌두교 경전을 인용함으로써 최종적으로 지지하려고 했다. 이 경전들은 규칙서에서 의도적으로 생략되었는데 서약에 내재된 원리들이 힌두교의 독점물이 아니라 모든 신앙들에 공통된 것이라고 아슈람이 믿기 때문이다. 그 원리들을 지지하기 위해서 인용된 문장들이 아름다워, 독자에게 정보를 주기 위해서 여기에 제시해 본다.

진리 진리의 갑옷이 간결(簡潔, *brevity*)이듯이 진리는 간결 속에 들어 있다. '진리만이 승리하고 허위는 승리하지 못할 것이다.'

비폭력 비폭력은 모든 종교들이 제시한 한계이다. '죄는 죄로 응답할 수 없다.'

브라마차르야(梵行)의 서약 이 서약은 모든 감각들의 완전한 통제를 의미한다. '신을 얻기를 바라는 자들은 범행을 실시해야 한다.'

아스테야 [불투도(不偸盜)] 신의 선물을 신에게 봉헌하지 않고 향유하는 자는 진실로 도둑이다.

아파리그라하(무소유) '소유물을 버리고 난 다음 그것을 즐겨라.'

무외(無畏)의 서약 공포와 도덕은 상호 모순되는 개념이다. 무외는 다이비 삼파드(*daivi sampad* : 거룩한 유산)의 기초이다. '다른 사람 안에 있는 공포를 쫓아 버리는 자만이 무외의 자이다.'

아스바드(asvad : 미각의 통제) 미각을 만족시킬 목적으로 음식을 먹는 일은 폭력이다. '섭생의 순결은 심정의 순결로 나가며 심정의 순결은 아트만의 깨달음을 고취하고 그다음에는 그 깨달음이 모든 족쇄를 부순다.'

스와데시 비폭력이 다르마에 한계를 설정하듯이 스와데시는 행동에 한계를 설정한다. 자신의 다르마를 수행하는 가운데 죽음조차 마다하지 않아야 한다.

육체노동 '아무 욕망 없이 자신의 육신을 움직이는 자는 아무 죄도 범하지 않는다.'

불가촉천민제도의 폐지 지위의 고하를 막론하고 모든 사람들에게 인사하자.

관용 감내(堪耐)란 모든 종교들에 대한 관용을 의미한다.

나의 메모(G.), 〈나바지반〉, 1928. 6. 17 ; 《전집》 42 : 150 (일부)

70) 서약의 사전(辭典)

규칙서를 읽은 아슈람 재소자(在所者)가 그 서약들을 다음과 같은 방식으로 비판하고 난 다음 '사전'이란 항목 아래 자신의 정의를 내렸다.

비록 아슈람 서약들에 대한 정의가 망라되었다고 하더라도, 그것들이 쉽게 이해될 수는 없다. 사람이 무엇을 해야 할지는 분명치가 않다. 따라서 내가 이해하는 대로 의미를 제시해 보았다. 달리 말해 서약들에 대한 사전을 마련해 보았다.

진리 사람은 어떤 대가를 치르더라도 인위성(*artificiality*)을 거부해야 하고 자기 속에 있는 가장 내밀한 본성(*inmost nature*)을 찾아야 한다.

비폭력 우리는 인간이든 짐승이든 어떤 피조물도 저버려서는 안 된다. 불화와 그에 따른 고통이 있을 때마다 우리는 상대방을 괴롭혀서는 안 되며 모든 고통을 스스로 받아들여야 한다.

브라마차르야 정염이 넘쳐흐르려고 할 때, 우리는 미세한 것이든 거친 것이든 일체의 정염을 가라앉혀야 한다. 우리는 언제나 명랑해야 한다. 24시간 내내 거룩한 사업에 전념해야 한다.

아스바드 우리는 지독하게 배고플 때에만 먹기 위해서 앉아야 하고, 위가 반만 차면 자리를 떠나야 한다. 많은 사람이 크나큰 수고를 해서 마련한 음식이나 유혹을 강화할 수 있는 음식은 손대지 말아야 한다.

아스테야 우리는 자신의 욕구를 최소 수준으로 감소시켜야 한다. 오늘의 필요는 어제의 필요보다 분명 적어야 한다.

아파리그라하 모든 디왈리[44]와 거룩한 날, 우리는 자신이 소유하고 있을 25루피 이상의 돈은 모두 없애야 한다. 누구도 1년의 경비보다 더 많은 돈을 가져서는 안 된다.

왜 1년 동안의 경비인가?

육체노동 우리는 자신을 아껴서는 안 된다.

스와데시 우리는 이웃들에게 불충하면 안 된다.

무외 민중에 대해서 먼저 외경심을 일으키지 않는 자에게 민중은 외경심을 느끼지 않는다.

불가촉천민제도의 폐지 비참하고 불행하다고 여겨지는 어떤 사람도 자신보다는 비참하거나 불행하지 않다는 강렬한 느낌.

관용 자신이 눈으로 보지 않는 것은 존재하지 않는다는 교만한 믿음을 포기한다.

사전(G.), 〈나바지반〉, 1928. 6. 24 ; 《전집》 42 : 189

---

44 〔역주〕 인도 주요 종교 축제.

71) 서약을 준수하는 힘

1929. 5. 8

안녕, 수렌드라!

자네 수기를 읽고 놀랐네. 그것은 논의의 전개상 심각한 오류가 있네. 자네 행위는 부자연스럽네. 누구든 자신의 본성에 따라서 살아가는 것이 올바른 일이라네. 만일 180㎝의 사람이 몸을 굽혀서 150㎝로 보이게 한다면 그는 타인을 기만하는 죄를 범하는 것이네. 진정한 겸손을 지닌 사람이 코끼리를 탈 수도 있고, 위선자가 오두막에서 살 수도 있을 것이네. 서약의 무게에 짓눌린다고 느끼는 사람은 그 서약에서 자신을 해방할 수 있을 것이네. 그렇다고 해서 전진하는 데 서약으로부터 도움을 받고 있는 사람이 그것을 포기해야 할까? 만일 다른 모든 사람들이 셋집에 산다면, 나는 어떻게 해야 할까? 만일 모든 사람들이 이것 이외의 다른 방식으로 살 수 없다면 나는 무엇을 해야 할지 안다네. 그러나 자네와 같은 사람이 셋집에서 살기로 계획하고 있다면 나는 무엇을 해야 할지 생각해 보아야 하네. 아이를 낳고 싶어하는 사람이 있다고 해 보세. 자네는 그들과 동료가 되기 위해서 그들처럼 결혼하고 살 것인가?

수기를 쓰기 전 자네는 그 문제를 나와 논의했어야 했다네. 만일 아슈람 서약을 준수하는 일이 자네의 능력에서 벗어나 있다면, 자네는 무슨 수를 써서라도 셋집에 살아야 하네. 반면에 자네에게 그럴 만한 힘이 있다면 그리고 서약에 대해서 신앙이 있다면 자네의 과오를 인정하고 자네의 수기를 철회하게.

바푸로부터 축복을

수렌드라(Surendra)에게 보낸 편지(G.),
《바푸나 파트로》 7 ; 《전집》 45 : 447

72) 서약의 윤리

〈나바지반〉지의 정기독자, 신중한 독자로 보이는 투고자가 다음과 같이 쓰고 있다.

> 저는 규칙적으로 물레를 돌리고 있습니다. 하지만 문제는 제가 서약으로 저를 물레질에 묶어야 할지에 대한 여부입니다. 만일 제가 매일 한 시간씩 물레질을 하기로 서약한다면 그것은 무슨 일이 일어나든 실수 없이 한 시간의 정직한 물레질을 해야 함을 의미합니다. 가령 서약을 했는데, 긴 여행을 떠나야 할 경우 어떻게 물레질 서약을 완수할 수 있겠습니까? 제가 심각한 병에 걸렸다고 해 봅시다. 그때에도 저는 물레질을 해야 할 것이고, 그렇지 못하면 인간과 신 앞에서 제 서약을 깨뜨리는 죄를 범하게 됩니다. 반면에 제가 서약을 하지 않는다면 아주 중대한 순간에 결심이 무너지고 자신을 배반하지 않을 것이라는 보장이 어디에 있습니까?
>
> 당신은 아마 결심은 보다 단단한 것으로 만들어져야 한다고 말할 것입니다. 그러나 이 나라의 인정받고 있는 지도자들조차 매 시간 그들의 결심을 깨뜨리고 있는 마당에 우리와 같은 오합지졸로부터 무엇을 기대할 수 있겠습니까? 저같이 더 못난 인간들은 어떻게 해야 합니까? 저의 딜레마를 제발 좀 풀어 주십시오.

어린 시절부터 서약하기에 익숙한 나는 실천을 옹호하는 강한 편견이 있음을 고백한다. 서약은 위기의 여러 순간 나를 구원해 주었다. 그리고 나는 서약이 수많은 곤경에 처한 다른 사람을 구하는 것을 목격했다. 서약 없는 인생은 닻 없는 배이고, 단단한 암석 위가 아니라 흐르는 모래 위에 세운 건물과 같다. 서약은 사람의 성격에 안정, 견실함 그리고 확고부동함을 준다. 이런 본질적 자질들이 결여된 사람에게 무엇을 신용할 수 있을까? 협정은 서약의 상호교환과 다름없다. 사람이 자신의 말을 상대방에게 주는 바로 그 순간 선서를 하게 된다.

예전의 저명한 사람들의 입에서 나오는 말은 보증서와 같이 유효한 것으로 간주되었다. 그들은 구두 협정으로 수백만 루피의 거래를 성사시켰다. 실제로 우리가 살아가는 사회 전체의 구조가 선서의 존엄성에 근거한다. 만일 도달된 협정에 이와 같은 안정성이나 최종성의 요소가 없다면 세상은 산산조각이 나고 말 것이다. 히말라야산은 그 장소에 부동의 자세로 영원히 고정되어 있다. 만일 히말라야산의 견고성이 사라진다면 인도는 멸망하고 말 것이다. 태양, 달 그리고 다른 천체들은 오차 없는 규칙성을 가지고 움직인다. 그렇지 않다면 인간사는 정지되고 말 것이다.[45] 그러나 태양은 과거 셀 수 없이 오랜 세월 동안 정해진 시간에 규칙적으로 떠올랐고, 미래에도 그러할 것임을 우리는 알고 있다. 차가운 둥근 달은 과거 오랫동안 태엽 장치처럼 규칙적으로 그랬듯이, 앞으로도 계속 차고 기울 것이므로 우리는 태양과 달을 우리 사업의 증인으로 초대한다. 우리는 달력의 원리를 태양과 달의 운동에 두고 있고, 그것들의 출몰(出沒)에 의해서 시간을 조정한다.

천체를 조정하는 법칙은 똑같이 인간에게도 적용되는 것이다. 서약에 의해서 구속받지 않는 자는 절대적 신뢰를 결코 얻을 수 없다. 다음과 같이 말하는 것은 오만한 일이다. "이것은 나에게 자연스럽게 왔다. 내가 왜 서약에 의해서 영구히 나를 구속해야 할 것인가? 비상시 나는 나 자신을 잘 돌볼 수 있다. 내가 왜 절대금주 서약을 해야 하는가? 나는 결코 취하지 않는다. 내가 왜 이유 없이 때때로 한 잔 술에서 얻는 쾌락을 금해야 하는가?" 이런 식으로 논의를 펴는 자는 중독에서 절대 물러나지 않을 것이다.

45 〔역주〕 앞의 두 문장의 경우 《전집》 권 46, 374면의 해당 부분에 오류가 있는 것으로 보인다.

서약하기를 움츠리는 것은 우유부단함, 결단의 결핍을 드러내는 것이다. 사람은 우유부단함으로써 이 세상에서 영구적인 것은 어떤 것도 성취할 수 없다. 예를 들면, 당신은 결단과 결의 없이 "내가 할 수 있는 한 막아 보겠습니다"라고 말하는 장군이나 군인을 어떻게 믿을 수 있겠는가? 야간순찰자가 "가능하면 지킬 것입니다"라고 말한다면 주인은 결코 안심하고 잠들 수 없을 것이다. "가능하면 지키겠다"는 원리에 따랐던 장군이 승리한 적은 한 번도 없었다.

나는 내키는 대로 물레질하는 사람들의 무수한 사례를 안다. 그들 모두 조만간 슬픔에 빠지고 말았다. 반면에 성사(聖事)처럼 행하는 물레질은 그것을 습관으로 삼은 사람의 전 생애를 변화시켰다. 그들이 산더미처럼 쌓아올린 원사가 이를 말해 준다. 서약은 직각과 같다. 대수롭지 않아 보이는 직각이 웅장한 건축물에 있어서 세련과 추함, 견고성과 불안정성 사이에 차이를 만들어낼 것이다. 우리 일생의 안정성과 불안정성, 순결과 불순함도 모두 서약에 달려 있다.

중용과 절제가 바로 서약의 핵심이란 것은 물론이다. 실현 불가능한 것, 자신의 능력에서 벗어나는 것을 서약하는 것은 경솔함과 균형감의 부족을 드러낸다. 마찬가지로 서약의 효과 또는 서약의 덕을 잃지 않으면서도 거기에 어떤 조건이 부가될 수 있다. 가령, 여행할 때와 아플 때는 예외로 하고, 적어도 하루 한 시간씩, 최소 180m의 실을 뽑아내겠다는 서약을 한다면 거기에 아무 잘못이 없다. 그와 같은 서약은 상당한 형식을 갖추고 있을 뿐만 아니라 준수하기도 쉽다. 서약의 핵심은 그것을 수행하는 데 따른 난관에 있는 것이 아니라, 난관을 무릅쓰고 꿈쩍 않고 고수하겠다는 서약 배후의 결의에 있는 것이다.

자기규제는 서약 윤리(*the ethics of vow-taking*)의 초석이다. 가령, 사람은 자기탐닉의 서약, 먹고 마시고 즐기겠다는 서약, 간단히 말한다면 마음대로 하겠다는 서약을 할 수는 없다. 의심스런 내용을 서약의 방법으로 감추려는 시도가 있었다는 사례를 알고 있으므로 이런 경고는 필수적이다. 비협조 운동이 정점에 도달했을 때, 우리는 "정부에 봉사하겠다는 계약을 맺은 내가 어떻게 공무 수행에서 물러날 수가 있겠는가", 또는 "내가 5년 동안 주류점을 운영하기로 한 계약에 묶여 있는데, 어떻게 그것을 닫을 수 있겠는가?" 하는 반대의 말조차 들은 바 있기 때문이다. 이와 같은 질문들이 때때로 곤혹스런 것으로 보일 때도 있을 것이다. 하지만 세심하게 생각해 보면 서약은 부도덕한 행위를 지지하거나 정당화하는 일에는 절대로 사용될 수 없음을 알게 될 것이다. 서약은 사람을 위로 인도해야 하지, 지옥을 향해서 아래로 인도해서는 안 된다.

투고자는 이 나라의 '인정받고 있는 지도자들'에 대해서 악담하며 결론을 내리고 있고, 자신의 입장을 정당화하기 위해서 이른바 그들의 변덕을 인용하고 있다. 이런 종류의 논의 전개는 취약점을 드러낼 뿐이다. 우리는 지도자들의 실수가 아니라 덕을 본받고 모방하기를 노력해야 한다. 우리의 국가 지도자들은 완벽의 전형을 주장하지는 않는다. 그들은 그들 인격이 보여주는 어떤 자질 덕분에 공직 생활에서 고위직을 차지하고 있다. 이러한 자질을 곰곰이 생각해 보고 소화·흡수하면서, 그들의 단점은 생각조차 하지 말자. 만일 어떤 자식이 부모의 단점만 흡수하거나 또는 그 단점을 제거할 능력이 없었다는 것만 내세운다면, 그런 자식은 훌륭한 자식이 못된다. 진정한 유산이 되는 것은 부모의 약점이 아니라 덕이다. 부모의 빚에 보태기만 하는 자식은 부끄러운 자식이라고 기록해야 할 것이다. 훌륭한 자식이라면 부모의 빚을 청산하고 물려준 유산을 늘릴 것이다.

서약의 효험, 〈나바지반〉 1929. 8. 11 ; 〈영 인디아〉, 1929. 8. 22 ; 《전집》 46 : 331

73) 서약 지키기

쿨라파하르, *1929. 11. 21*

바이슈리 모한랄 님께,

당신의 편지를 받았습니다. 단순히 세 사람이 아니라 3천 명의 친구들이 그렇게 하라고 강요하고, 당신이 말을 듣지 않으면 위해를 가하겠다고 협박한다고 해도, 한 번 맹세한 서약을 포기해서는 안 됩니다.

인도 만세

모한다스로부터

보한랄 메타(Mohanlal K. Mehta)에게
보낸 편지(G.), GN 235 ;《전집》48 : 49

74) 서약—힘의 표시

1930. 10. 14, 화요일 아침

안녕, 나란다스!

이번 시리즈에서 나는 서약의 중요성에 대해서 간략하게 다루었다. 서약과 거룩한 삶의 관계를 좀 자세히 다룰 필요가 있을 것 같다. 지금까지 스와데시 서약을 제외한 모든 서약을 논의했으므로 이제 서약의 불가결성에 대해서 숙고해 보자. 어떤 규칙을 준수하는 것이 적절하다는 것을 인정하면서도 서약의 불가결성을 인정하지 않는 사상가들의 강력한 학파가 존재한다. 그들은 심지어 서약이란 연약함의 표시이며 해롭기조차 하다는 말까지 하고 있다. 그리고 만일 어떤 규칙이 결과적으로 불편하거나 유죄의 것으로 판명된다면 그런 판명 이후 그 서약을 고수하는 일은 단연코 잘못이라고 말한다. 그들은 말한다. "술을 금하는 것은 좋은 일이다. 하지만 이를테면 의학적인 이유에서 이따금 마시는 일이 무슨 해가 될까? 절대금주의 선서는 불필요한 장애가 될 것이다. 다른 일도 술과 마찬가지일 것이다. 우리는 왜 선량한 목적을 위해서 거짓을 말하면 안 되는가?" 하고. 이런 논의는 나에게 확신을 주지 않는다. 서약은 꿈쩍도 않는 결의를 의미하고 유혹에 대항하여 우리를 도와준다. 만일 불편하다는 이유로 결의를 굽힌다면 결의는 아무 가치도 없을 것이다.

인간의 보편적 경험은 불굴의 결의 없이는 진보가 불가능하다는 견해를 지지한다. 죄를 범하겠다는 서약은 있을 수 없다. 그런 서약은 사악한 본성을 나타낸다. 처음에는 유익하다고 여겨진 서약이 나중에 유죄로 판명되었다면 그것을 포기할 분명한 이유가 있다. 애매한 사안에 대해서는 누구도 서약하지 않으며 서약해서도 안 된다. 우리는 보편적으로 인정되는 원리들이지만 습관적으로 행동의 원리로 삼지 않는 원리에 대해서만 서약을 해야 한다. 그와 같은 경우 죄의 가능성은 다소간 상상할 수 있다. 하지만 진리의 귀의자는 진리를 말하는 것이 다른 사람을 해칠지도 모른다는 점을 숙고하기 위해서 멈칫할 수는 없다. 진리가 절대로 해를 주지 않는다고 믿기 때문이다. 절대금주에 대해서도 마찬가지이다. 금주하는 자는 의학에 대해서 예외를 만들든지, 아니면 그의 서약을 지킴에 있어서 생명을 버릴 각오를 해야 할 것이다. 절대금주의 선서 때문에 우리의 생명을 잃게 된다 한들 무엇이 문제가 될까? 생명이 술에 의해서 연장될 것이란 보장은 있을 수 없다. 그런 식으로 생명이 잠시 연장된다고 해도 다른 연유로 해서 바로 그다음 순간에 끝날 수도 있다. 반면 선서 대신 생명을 버리는 사람은 술주정뱅이를 술에서 멀리하여, 이 세상의 선을 위한 위대한 힘이 될 가능성이 높다. 생명을 바쳐서라도 자신들이 갖고 있는 신앙을 증거하겠다고 거룩하게 결의한 자들만이, 장차 언젠가 신을 볼 수 있을 것이다.

서약하기는 연약함의 표시가 아니라 힘의 표시이다. 사람이 해야 할 바를 어떤 값을 치러서라도 하는 것이 서약이다. 그것은 힘의 보루이다. 그런 결심이 서약으로 불리든 아니면 달리 불리든 그건 상관이 없다. 어떤 일을 하면서 '가능하면' 하겠다고 말하는 사람은 그것을 자신의 겸손이라고 부를지 모르지만, 그것은 오만이나 약함을 드러내는 것이다. 사실상 그런 마음의 태도에는 겸손의 흔적이 전혀 없다. 나는 다른 사람과 내 경우에 '가능하면'이라는 제한이 치명적 허점을 제공하는 것을 목격한 적이 있었다. 어떤 일을 '가능하면' 할 것이라고 말하게 되면 그것은 최초의 유혹에 굴복하는 것이 된다. 우리가 '가능하면' 진리를 준수한다고 말하는 데에는 아무 의미가 없다. 어떤 사람이 일정한 날 일정 금액을 '가능하면' 지불할 것이라고 말하는 어음을 쳐다볼 사업가는 없을 것이다. 이와 마찬가지로 신은 진리를 '가능하면' 준수하겠다는 사람이 발행한 약속어음을 받아들이려 하지 않을 것이다.

신은 서약의 이미지 그 자체이다. 신은 만약 자신의 법칙을 털끝만큼이라도 어긴다면 신이 되지 못한다. 태양은 규율의 위대한 준수자이므로 시간을 잴 수 있게 하고, 달력을 발행할 수 있게 한다. 그분은 우리 안에 신앙—그가 늘 떠오르고, 영원히 계속해서 떠오를 것이라는 신앙—을 만드셨다. 그럼으로써 안전감을 우리에게 주셨다. 모든 사업은 자신들이 한 약속을 지키는 사람들에게 의존한다. 상인들이 상대방에게 준 말에 서로 묶여 있다고 간주하지 않는다면, 장사는 불가능할 것이다. 그래서 우리는 서약을 지키는 것을 보편적 실천이라고 생각한다. 성격형성이나 자아실현에서 그와 같은 약속이 다른 일에서보다 덜 필수적일까? 그러므로 우리는 자기정화와 자아실현의 목적을 위해서 서약의 불가피성을 의심해서는 절대로 안 된다.

바푸로부터 축복을

나란다스 간디에게 보낸 편지, MNU / I ; 《전집》 50 : 194(일부)

75) 자신에게 한 약속

1930. 10. 31

친애하는 쿠마랍파에게,

나는 자네가 '서약'의 문제에 대해서 자유롭게 자신의 생각을 표명한 것을 기쁘게 여기네.

하지만 자네는 내 뜻을 오해하고 있는 듯 보이네. 그건 자네의 잘못이 아니네. 자네는 원본을 갖고 있지 않네. 그리고 나는 번역은 보지 못했네. '서약'(*vow*)이란 단어는 브라타(*vrata*)라는 원어의 역어이지만 부적합한 것이네. 하지만 나에게 최선의 길은, 내 뜻을 설명하고 자네가 내 입장을 지지한다면 가장 정확한 말을 찾는 일을 자네에게 일임하는 데에 있다네. 만일 자네가 내 입장에 도전한다면 그 주제를 충분히 검토하여 결론에 도달할 때까지는 연락해야 할 것이네.

자네는 서약을 청중들 앞에서 공개적으로 하는 것으로 생각하는 듯하네. 이것은 좋기도 하고 좋지 않기도 하다네. 내가 생각하는 '서약'은 바로 자신에게 한 약속이네. 우리 마음속에 머물고 있는 두 거주자, 즉 라마와 라바나, 신과 사탄, 선의 신 오르무즈드(Ormuzd)와 악의 신 아흐리만(Ahriman)을 다뤄야만 하네. 하나는 우리를 진정으로 자유롭게 하기 위해서 구속하는 자이고, 다른 하나는 그의 손아귀에 단단히 구속하기 위해서 우리를 겉으로 해방시켜 준다네. '서약'은 어떤 일을 하거나 또는 하지 않기로 한 약속, 즉 라마에게 한 약속이네. 만약 그 일이 좋은 일이어서 우리가 하고 싶은데, 묶여 있지 않다면 그것을 수행할 힘을 갖지 못한 경우에 서약하는 것이라네. 만약 그 일이 나쁜 일이라면 피해야 하지만, 마찬가지로 묶여 있지 않다면 우리가 그것을 피할 힘이 없는 경우에 서약한다네. 그래서 나는 서약이 성장을 위해서 없어서는 안 될 조건이라고 주장하는 바이네. 우리 인간이란 존재가 태양보다 높다고 해 보세. 그럴 경우 우리가 태양보다 진실하고 충실하지 않는다 하더라도, 적어도 태양만큼은 반드시 진실하고 충실해야 할 것이라네. 장사의 경우 계속 망설여서 아무 소득도 얻지 못한다면, 무한히 더 큰 결과를 가져올 영적 문제에서 그가 어떻게 더 잘해나갈 수 있겠는가? 내가 어떤 희생을 치러서라도 올바른 일을 말하고 행해야 한다고 자네가 주장한다면, 그리고 내가 생명의 위험을 무릅쓰고서라도 아내나 친구에게 충실해야 한다는 점을 자네가 시인한다면, 자네는 내 입장 전체를 시인해야 하고, 자네 역시 올바른 일을 말하고 행해야 하네. 자네는 그런 경우를 쉽게 찾을 수 있을 것이네. 나에게 예수는 뛰어난 부동(不動)의 결의자, 즉 서약자였네. 그가 말하는 '예'는 영원한 '예'이네. 서약의 삶은 결혼과 같고 성사(聖事, *sacrament*)이네. 그것은 영원히 해소할 수 없는 신과의 결혼이네. 와서 그분(*Him*)과 결혼합시다. 자네는 하나를 듣고 열을 알 것이네.

바푸로부터 사랑을

쿠마랍파(J. C. Kumarappa)에게
보낸 편지, GN 10081 ; 《전집》 50 : 270

76) 강점과 약점

예라브다 만디르, *1930. 11. 16*

친애하는 쿠마랍파에게,
만일 어떤 사람이 특정한 일을 하기로 하든지 아니면 하지 않기로 하는 일에 대해서 영구불변의 결정을 내렸다면 나에게 있어서 그것은 서약이네. 가장 강건한 사람조차도 때때로 연약해진다는 것은 잘 알려져 있는 사실이네. 우리에게 힘이 있을 때에도 신은 우리를 혼란에 빠뜨리는 길을 아신다네. 따라서 서약의 불가피함, 즉 중대 고비에 우리에게 힘을 주시는 신의 도움을 빌어야 할 필요성이 있네. 하지만 자네와 다투지는 말아야지. 우리는 같은 것을 말하면서도 달리 표현하고 있는 듯이 보이네. 자네는 스페인어로 나는 이탈리아어로 말을 한번 해볼까?

바푸로부터 사랑을

쿠마랍파에게 보낸 편지, GN 10082 ; 《전집》 50 : 348

77) 일을 통한 정화작용

1932. 8. 23

한가한 생각(*idle thoughts*)으로 시간을 보내는 것이 인간 본성의 일부라고 말하는 것[46]은 옳지 않은 일이네. 단 하나의 예외가 있다고 해도 그렇게 하는 것이 인간 본성의 일부라고 말할 수는 없을 것이네. 실제로 우리는 많은 예외를 보네. 대다수의 사람들은 그들이 할 일, 하지 않을 갖가지 일에 대해서 생각하는 데에 늘 바빠서, 한가한 생각으로 시간을 보낸다고 말할 수도 있을 것이네. 만일 사실이 그러하지 않다면 정신집중의 중요성을 강조하는 것은 불필요할 것이네. 지금 현재 우리에게 중요한 것은 이것이네. 우리는 스스로 온갖 종류의 계획을 세우거나 결단을 내린다네. 그런데 우리는 대부분 시간이 지나면 기억조차 하지 못하지. 그런 모든 생각들이 정신적 방탕(*mental incontinence*)일

46 수신자는 그의 편지에서 다음과 같이 말했다. "목표 없는 생각이 분명 부담스럽긴 하지만 진리추구자라 해도 종잡을 수 없는 사유의 단계를 통과해야 했던 것처럼 보입니다. 사심 없는 행동(*selfless action*)이 마음을 정화했던 것은 사실이었습니다. 하지만 일정 정도 정화한 다음 그 구도자는 자신의 정신적 활동을 조용히 관찰해야 하지 않았습니까? 아니면 사심 없는 행동 그 자체로 충분했습니까? 붓다는 그런 것을 목표로 삼아서 행위(*activity*)와 정신집중(*concentration*)의 결합을 권했습니다. 하지만 바푸는 행위만을 찬성했습니다. 행위는 바푸에게 자기완성의 왕도였습니다. 하지만 그것〔〔역주〕 문맥상 행위를 지칭하는 것으로 보인다〕이 구도자로 하여금 혼의 움직임을 이해할 수 있게 했습니까?"

세. 사람은 일상의 방탕을 통해서 육신의 힘을 흩어 버리듯이 정신적 방탕을 통해서 정신적 힘을 흩어 버리며, 육신의 연약함이 마음에 영향을 주듯이 정신의 연약함은 육신에도 영향을 주네. 그 때문에 나는 브라마차르야를 넓은 의미로 정의했고, 한가한 생각을 그것의 위반으로 묘사했네.

브라마차르야를 좁은 의미로 정의하면서 우리는 그것을 보다 준수하기 어려운 것으로 만들었네. 만일 우리가 넓은 의미의 정의를 수용하고 11개 기관 전체의 통제[47]를 위해서 노력한다면, 가장 중요한 기관의 통제[48]는 훨씬 쉬울 것이네. 자네는 육체적 행동이 내면의 정화(*inward purification*)의 진보를 살피는 것을 막거나 방해한다고 마음속 깊이 믿는 듯하네. 내 경험은 이것과 정반대이네. 내면의 정화 없이는 무집착의 정신으로 일을 할 수가 없다네. 따라서 내면 정화의 정도는 주로 일의 순수함으로 판단할 수 있다네. 아무 일도 하지 않고 내면의 순수(*inward purity*)를 닦으려는 자는 십중팔구 망상의 위험에 빠지기가 쉽네. 나는 그러한 사례를 많이 보았다네.

일반적인 사례 하나를 들어 보겠네. 교도소에서 수많은 동료 노동자가 온갖 종류의 좋은 결심을 했다가 석방되자마자 한 방에 그 결심이 깨어지는 것을 보았네. 교도소에서 그들은 절대로 자신들의 결심으로부터 탈선하지 않을 것이라는 점, 내면의 정화를 성취했다는 점, 완전히 평화로운 마음에서 자신들을 검토했다는 점, 그리고 기도 안에서 정신집중을 얻었다는 점에 대해서 자신감이 대단했다네. 하지만 그들이 교도소 담장을 나오는 순간 이 모든 것이 엷은 대기 속으로 증발하는 것을 보았네. 《기타》의 3장 5절[49]은 심원한 진리를 담고 있

47 5가지 감각기관, 5가지 동작, 그리고 마음.

48 〔역주〕 성기로 추측된다.

네. 과학자들은 《기타》 안에 선언된 원리들이 보편적 법칙이라고 반복하여 말했네. 그것은 어떤 인간도 카르마를 한순간이나마 중지할 수 없다는 것을 의미할 뿐이네.

카르마 곧 운동(*motion*)은 모든 물질적 사물과 모든 유형의 생명체들이 가지고 있는 보편적 법칙이네. 인간의 영적 지식과 그의 수월성은 무집착의 정신으로 카르마 법칙에 순종하는 데 있네. 《이샤 우파니샤드》에 있는 두 게송50이 같은 진리를 언명하고 있고 한결같이 심원하다네. 붓다와 같은 위대한 혼을 내가 어떻게 비판할 수 있겠는가? 아니, 그를 사랑하고 존경하네. 하지만 그는 스스로 승원 조직을 설립하지 않았던가, 그리고 그의 추종자들도 그렇게 하지 않았던가? 누가 승원을 설립했던지 간에 설립된 승원들은 이러한 보편법칙에 종속되어 정체되었고 점점 나태의 소굴이란 악명을 얻게 되었네. 오늘날에도 우리는 스리랑카, 미얀마 그리고 티베트에서 무지에 빠진 승려들, 나태의 진짜 이미지들을 보네. 인도에서도 산야시로 알려진 승려들은 인류의 빛나는 본보기가 아니라네.

그래서 나는 사람이 일을 통해서만 심정의 정화, 진실하며 지속적인 정화를 얻을 수 있다는 점을 개인적으로 확신하네. 다시 한 번 《기타》의 한 구절을 인용하고 싶네. 4장 18절은 무행위에서 행위를 보고, 행위에서 무행위를 보는 사람, 그가 현자이고 진실한 요기이고, 참된 카르마의 사람이라는 것을 의미한다네. 그런데 여기서 설명한

---

49 〔역주〕 간디는 이 구절을 아래와 같이 옮겼다.
"아무도 한순간도 행위하지 않고 있을 수 없다. 왜냐하면 모든 사람은 프라크리티 안에 내재한 구나에 의해서 행위할 수밖에 없기 때문이다."(M. K. Gandhi, *The Bhagavad Gita According to Gandhi*: *Text and Commentary translated from Gujarati*, Edited by Strohmeier, Berkeley: Berkeley Hills Books, 2000, p. 61.)

50 〔역주〕 게송 1과 2. 《전집》 권 56, 377면.

것은 내 자신의 경험에서 본 것이라네. 《기타》의 게송을 인용한 이유는 그 가르침의 진리를 내 자신의 경험에서 발견했기 때문이라네. 나는 경험에서 검증하지 않은 것은 어떤 것도 경전에서 인용하지 않는다네. 다른 이들의 경험이 내 경험과 다를 수도 있는데, 그들은 심지어 반대 방향을 가리키는 듯한 구절들을 인용하기도 하고, 그들의 경험을 지지하기 위해서 내가 인용한 것과 같은 구절을 인용하여 달리 해석하기도 한다네. 이 모든 것은 가능하네. 그래서 나는 모든 사람들이 내 경험을 유일한 지침으로 수용해야 한다고 결코 주장하지 않네.

다르바리 사두(Darbari Sadhu)에게 보낸 편지(G.),
《마하데브바이니 일기》 권 1, 378~380면 ; 《전집》 56 : 415

78) 서약과 건설적 프로그램

푸나, *1945. 10. 22*

안녕, 아민!

당신의 편지를 받았습니다. 당신은 이제야 내가 무죄라고 선언합니까? 사람이 11개조의 서약[51]을 인정한다고 해서 또는 모든 경전을 알고 건설적 프로그램에 익숙하다고 해서 아슈람의 재소자가 될 수는 없습니다. 하지만 어떤 사람이 서약을 준수하게 되면 분명 아슈람의 재소자가 될 수 있습니다. 당신은 건설적 프로그램이 서약의 준수 속에 포함되어 있다는 점을 볼 수 없었던 것 같습니다. 이제 다시 그것을 다시 한 번 보십시오. 대부분의 사람들을 나무라는 사람, 또는 일부의 사람들을 나무라는 사람은 자신의 잘못을 볼 수 없습니다. 이런 과오를 범하지 마십시오. 사람은 과오를 범함으로써가 아

51 비폭력, 진리, 불투도, 브라마차르야, 무소유, 육체노동, 미각의 통제, 매사에 무외, 모든 종교에 대한 동등한 존중, 스와데시, 스파르샤바바나(*sparshabhavana*), 즉 어느 누구도 불가촉천민으로 대하기를 거절함이다.

니라, 자신의 단점을 극복하고 지도자의 자질을 흡수함으로써 지도자가 될 수 있습니다.

세바그람 아슈람

자틴다스 M. 아민에게 보낸 편지(G.),
《피아렐랄 페이퍼스》; 《전집》 88 : 421

5. 자기개혁

79) 시간 사용

일에 실제로 착수하기 전 그 일에 대해서 생각만 하는 동안 일정한 시간이 경과한다. 그런 시간이 자투리 시간(*stray moments*)으로 알려져 있다. 우리는 부주의하게도 이런 시간이 흘러가도록 허용한다. 우리가 만일 거의 중요하지 않다고 생각되는 이런 자투리 시간을 전부 합산하면, 그것은 우리 삶의 하찮은 일부가 절대 아닐 것이다. 그것들을 적절히 사용하지 않으면 인생 자체를 낭비하는 것이다.

우리 각각은 자신의 교육과 향상에 대해서 말하는 경향이 있다. 우리는 여가 시간을 가장 잘 사용하기 위해서 계획을 세운다. 하지만 우리가 헤매는 몇 분간의 자투리 여가를 가질 때마다 우리 남녀 특히 여성은 그런 순간들을 무심하게 흘러가게 내버려 둔다. 우리는 시간이 있다면 또는 있을 때 할지도 모를 수많은 일에 대한 꿈을 계속 품고 있다. 우리가 얻는 시간은 15분이거나 반시간 또는 단 몇 분일 수 있다. 그렇게 되면 우리는 "그래, 별수 없지, 이젠 시간이 얼마 없어"라고 자신들에게 얘기한다. 그래서 우리는 계속 꿈을 꾸고 황금 같은 기회는 달아나고 만다.

10파운드가 필요한 사람이 그가 규칙적으로 벌어들이는 몇 실링을 조심스럽게 다루지 않는다면 우리는 그를 정말 바보라고 부를 것이다. 하지만 우리는 그런 사람처럼 행동한다. 우리는 시간이 없음을 후회한다. 그러면서도 자투리 시간을 허비한다. 여기저기 돌아다니는 실링을 모으면 한 장의 어음이 되듯이 이 순간들을 모두 모으면 하루 전체가 될 수도 있다.

그와 같은 조각 시간을 매일 규칙적으로 사용함으로써 어떤 젊은 유럽 숙녀는 이탈리아어를 배우는 데 성공했다. 또 어떤 사람은 그와 같은 한가로운 시간에 자선을 위해서 편물을 짜서 1년 만에 엄청나게 큰돈을 마련할 수 있었다.

자투리 시간의 가치(G.), 〈인디언 오피니언〉, 1905. 3. 25 ; 《전집》 4 : 171

80) 정신적 에너지와 수면

사람이 자신의 기운이 소진되었다고 느껴서 일을 할 수 없다면 최고의 치유책은 누워 잠자는 것이다. 가능하다면 한 일주일 정도 침대에 누워 있는 일이다. 이것이 소모된 에너지 특히 정신적 에너지를 회복하는 최선의 길이다. 잠자는 동안 두뇌는 완전한 휴식을 즐기고, 활발한 움직임으로 기운을 몽땅 소모한 뇌세포는 피의 공급으로 회복되기 때문이다. 당당한 증기선의 바퀴가 매 순간 회전하는 것은 보일러 화로에서 불타는 연료의 결과이듯이, 두뇌에서 발생하는 모든 생각은 사유 과정 동안 뇌세포의 활동으로 일어난다. 이렇게 고갈된 뇌세포는 혈액 내의 물질, 즉 생명을 주는 물질을 통해서 회복될 수 있다. 그 물질은 우리가 먹는 음식에서 만들어진다. 두뇌는 휴식이나 수면이 주는 고요 속에서만 기진맥진한 세포를 회복할 수 있게끔 구성되어 있다. 술이나 마약은 두뇌에 영양분을 전혀 공급할 수 없다. 그것들은 두뇌를 자극하고 뇌세포를 더 많이 사용하도록 강요할 따름이며, 궁극적으로는 두뇌를 완전히 소진시키고, 그것이 필요로 하는 음식을 받아들일 수 있는 기운조차 소진시킨다. 이것은 기아와 갈증으로 죽기 직전의 사람이 일체의 음식이나 음료를 삼킬 수 없는 것과 같다.

수면: 에너지의 (최선의) 회복자, 〈인디언 오피니언〉, 1905. 3. 25 ; 《전집》 4 : 172

81) 자기개혁

아슈람, *1926. 4. 14*

아담사레흐 알리바이 님께,
당신을 도저히 따라갈 수 없습니다. 나는 딱 한 사람을 개혁하려고 하는데 그건 나 자신입니다. 그리고 나는 자기를 개혁하는 것이 얼마나 어려운지를 깨닫고 있습니다. 지금 내가 당신의 질문에 대답해야 할 필요가 있습니까?

인도 만세
모한다스 간디로부터

Sjt. A. A. Patel
Panoli
District Broach

아담사레흐 파텔에게 보낸 편지(G.), SN 19901 ; 《전집》 35 : 104

82) 자기통제를 위한 준비

논의를 좀 하고 싶은 신사 한 분이 다음과 같이 적고 있다. …[52]
내 경험상 상대방의 동의를 얻어야 하는 자기통제(*self-control*)는 오래 지속되지 못한다. 자기규제는 자기 자신의 내면에서 일어나는 소리의 동의만을 필요로 한다. 자기규제는 그 힘을 혼의 힘에서 얻는다. 지식

52 편지는 여기에 옮기지 않는다. 투고자는 브라마차르야를 준수하려는 사람은 먼저 배우자의 동의를 구해야 하지 않을지 하는 문제를 물어왔다.

과 사랑에 뿌리를 내린 자기통제는 그 주변에 영향을 줄 수밖에 없다. 궁극적으로 상대방 역시 그것에 동의하게 될 것이다. 이것은 남편과 아내 사이에서도 사실이다. 만일 남편이 아내가 준비될 때까지, 아니면 아내가 남편이 준비될 때까지 기다린다면, 아마 어느 편도 성욕을 떨쳐버리기는 십중팔구 불가능할 것이다. 자기통제에 있어서 한편이 상대방에 의존하는 많은 경우, 자기통제는 이 미지근한 태도 때문에 결국 무너지고 만다. 만일 우리가 이 문제를 더 깊이 다룬다면, 한편이 상대방의 동의를 기다리고 있다는 것은, 그가 정말로 준비가 되어 있지 않고 진실로 예민하지도 못하다는 점을 알려준다. 바로 이런 이유로 니슈쿨라난드는 "집착이 떠나가지 않으면 포기는 머물 수 없다"고 말했던 것이다. 만일 포기가 집착에게 자신과 함께 떠나가기를 요구한다면, 자기통제를 실행하기를 원하는 자는 그것을 실행하지 않는 사람의 동의를 요구하게 될 것이다.

위의 투고자는 그 앞에 올곧은 길을 두고 있다. 그는 미혼이다. 그리고 만약 그가 브라마차르야(순결)를 실행하기를 진실로 결심한다면, 결혼할 이유가 어디에 있겠는가? 그의 부모와 친척들은 그들의 경험에서 청년이 브라마차르야에 대해서 말하는 것은 바다를 휘젓는 일과 같다고 물론 말하게 될 것이다. 그들은 그렇게 말하면서 협박하고 분노하고 처벌하기도 하면서 브라마차르야를 실행하려는 경건한 결의에서 그를 무너뜨리려고 할 것이다. 하지만 브라마차르야의 파계가 가장 엄중한 처벌이 되는 그가, 왕국을 얻기 위해서라도 브라마차르야를 파계하지 않을 그가, 어떻게 다른 사람의 협박에 굴복하여 결혼할 수 있을까? 위의 인용구가 있었던 내 글은 그다지 결심이 굳지 않은 사람, 브라마차르야를 중시하지 않는 사람을 위한 글은 아니었다.

자기통제는 무엇을 요구하는가?(G.), 〈나바지반〉, 1928. 6. 10 ; 《전집》 42 : 131

83) 자기규제의 법칙

사바르마티, 사탸그라하 아슈람, *1928. 8. 3*

대중이 이 책의 3판을 요구한다니 매우 영광스런 일이다. 책에 한두 개의 장을 추가할 시간이 있기를 바랐는데, 그것들을 추가하기 위해서 출판을 연기할 수는 없다. 정말로 그럴 시간이 있었다면, 나는 그렇게 했을 텐데 말이다.

질문자들이 규칙적으로 보내는 편지에서 내가 발견한 것을 감안하여, 다음과 같이 분명하게 경고하고 싶다. 자기규제를 믿는 자들은 심기증(心氣症, *hypochondria*)[53] 환자가 되어서는 안 된다. 나에게 보낸 편지들은 자기규제를 실천하면서 경험하는 실패에 대해서 회한에 빠지고 있음을 보여준다. 훌륭한 모든 것이 그러하듯이 자기규제 또한 무진장한 인내의 축적이 필요하다. 낙담할 이유가 조금도 없으며, 곱씹어서도 안 된다. 의도적으로 사악한 생각을 쫓아 버리려고 해서는 안 된다. 그 과정 자체가 일종의 탐닉이기 때문이다.

아마 최선의 처방은 무저항, 즉 사악한 생각의 존재를 무시하고 목전의 의무를 부단히 수행하는 일일 것이다. 이것은 마음・혼・육신, 이 3자의 집중을 요구하는 봉사, 모든 것을 한 곳으로 모으는 일종의 봉사의 존재를 전제로 한다. '게으른 손은 못된 짓을 하고 싶어 늘 찾아 헤맬 것이다'라는 구절이 이처럼 잘 어울리는 경우도 없을 것이다. 우리가 이렇게 몰두하고 있을 때 사악한 생각은 불가능하고, 사악한 행위는 더더욱 불가능하다. 그래서 자신의 육체적 능력에 맞는 노동, 흔들리지 않고 굽히지도 않는 노동은 보편적 진보와 아울러 개인적 진보에 없어서는 안 될 자기규제의 법칙에 순종하려는 사람에게 꼭 필요할 것이다.

3판 서문, 《자기규제와 자기탐닉》 ; 《전집》 42 : 357

---

53 〔역주〕 심기증 환자는 자신의 심신 상태에 끊임없이 비정상적인 정도로 주의를 기울이고, 기능의 이상을 병적으로 의심한다.

84) 분노의 극복

1932. 8. 14

화가 나면 무엇을 할 것인지를 묻지 말고 화나지 않도록 하기 위해서 무엇을 해야 할지를 물어야 한다. 그것을 위해서 우리는 만인에 대해서 관대한 마음, 그리고 우리가 모든 사람들 안에 있고, 그들이 우리 안에 있다는 느낌(*feeling*)을 길러야 한다. 바닷속의 물방울들이 다르지만 동일하듯이, 우리 역시 생명의 이 바닷속에서 동일하다. 그런데 누가 누구에게 화를 낼 수 있겠는가?

소녀에게 보내는 편지(G.), 《마하데브바이니 일기》 권1, 361면 ; 《전집》 56 : 353

85) 경찰관이 아니라 개혁가

와르다, *1935. 5. 19*

다흐야바이 님께,

1935년 4월 25일자의 자네 편지를 여러 날 동안 숙고한 다음, 나는 기분 좋게 답장을 한다네. 자네 편지를 받은 이후 다른 장소에서 여러 건의 유사한 사건이 발생했다네. 나는 이제 그런 사건들에 대해서 글쓰기도 지쳤다네. 내 글이 영향력이 좀 있었겠지만, 얘기할 만한 것은 없다네. 이런 행위들에 대해서 각각의 장소에 있는 지방의 일꾼은 최선을 다해서 계속 일해야 하네. 그는 나에게 알려 주어야 하네. 우리는 우리의 한계를 깨달아야 하네. 우리는 개혁가이지 경찰관이 아니라네. 우리는 경찰관이 되고 싶어하지도 않네. 개혁가는 개혁을 위해서 생명을 바치면서까지 개혁을 가져온다네. 경찰관은 그것을 힘으로 강요하네. 한 사람이 개혁가 겸 경찰관으로 두 가지 기능을 다할 수는 없네. 따라서 국가(*State*)가 발생하는 것이네. 하지만 우리는 국가와 한편이 아니므로, 무시해도 좋을 정도의 도움만을 국가로부터 받을 수 있네. 자존심을 상실하지 않고 우리가 도움을 수용할 수 있을 때마다 수용해도 좋을 것이네.

바푸로부터 축복을

다흐야바이 파텔(Dahyabhai M. Patel)에게
보낸 편지, CW 2706 ;《전집》67 : 126

86) 자기억압은 안 된다

푸나, *1945. 10. 7*

안녕, 문나랄!
자네 편지를 받았네. 자네는 내 편지 안에서 자기억압(*self-suppression*)을 위한 어떤 시사도 찾을 수 없을 것이네. 나는 자기억압을 일으키지 않는 한도 내에서 무집착에 동의할 따름이네.

다른 질문은 다음 편지까지 미루려네.

바푸로부터 축복을

문나랄 샤(Munnalal G. Shah)에게
보낸 편지, GN 8630 ;《전집》88 : 267

87) 성질의 통제

1946. 2. 27

안녕, 문나랄!
자네는 자네가 사용하는 언어에 대한 통제를 배워야 하네. 다른 사람들을 생각하면서 우리는 그들의 단점에 너무 많은 주의를 기울여서는 안 되네. 자네가 여기에 남아 있어야 할지의 여부는 자네 스스로 결정해야 하네. 자네가 결정할 수 없다면, 그것은 여기에 남아서는 안 된다는 뜻이네. 그 일이 너무 어려워 자네가 전적인 관심을 기울이지 않는다면, 자네는 그것을 할 수 없을 것이네. 이것은 자기의 성질에 대한 통제를 획득하기 위한 공부를 위해서 주요한 영역이네.

바푸로부터 축복을

문나랄 샤에게 보낸 편지(G.), CW 5606 ;《전집》90 : 15

88) 위기 중의 위기

〔1946. 5. 3〕

세상이 나를 조롱하며, "여기에 연극하는 인물이 있다"고 말하더라도, 나는 괘념치 않겠습니다. 사람이 다른 사람의 도움에 익숙하게 되면, 거기에서 자신을 단번에 떼어내기란 쉽지 않습니다. 나는 느낌에 있어서 매우 보수적입니다. 내가 오랫동안 사용하고 있던 몽당연필을 찾아서 반나절을 보내기도 했습니다. 나는 그 손실에 대해서 스스로 타협할 수 없었습니다. 여기에서 나는 전체 환경으로부터 자신을 유리시키고, 내가 수년 동안 내 사업을 위해서 훈련시키고 성숙하게 만든 사람들을 파견하였는데, 그 일은 결코 쉬운 일이 아닙니다.

그런 일이 어려워서도 안 될 것입니다. 자신이 가진 모든 것을 신에게 바치는 사람에게는 모든 것이 한결같아야 할 것입니다. 집착의 느낌이 나를 억누르도록 허용한다면, 내 라마나마는 헛된 반복이 될 것이고, 나는 국민회의, 각료사절단 그리고 다른 이들에게 아주 초라한 안내자가 될 것입니다. 그들이 만일 내 충고를 따른다면, 그것은 어둠 속으로 뛰어드는 것과 같을 것입니다. 그들은 성숙한 정치가로서 위험을 감수할 수 없을 것입니다. 그래서 나의 안내는 순수해야 합니다.

여러분이 가족들에게 둘러싸여 있다면, 그들은 여러분의 주의를 아주 미묘하게라도 분산시킬 것입니다. 하지만 나는 이런 위기의 순간에 분열되지 않는 자아를 신에게 바치고 싶습니다.

"당신은 엄청나게 다급한 위기를 다뤄야 한다고 느낍니까?" 라고 아가타 해리슨이 물었다.

그렇습니다. 위기 중의 위기가 있습니다. 당신이 목격하고 있는 외면적 위기가 있을 뿐만 아니라, 나 자신 속의 위기도 있습니다.

내가 어떻게 시험으로부터 빠져나올지는 두고 보아야 합니다. 지금까지 내 주변의 사람들은 나를 위해서 아주 작은 일까지 주목해왔습니다. 뭐라도 잘못되었을 때 그들이 책임졌습니다. 내일부터 나는 혼자 해야 하고, 만일 무엇이 잘못되면 자신만을 비난해야 합니다. 그 모든 일에서 나는 자신에 대해서 편안해야 합니다. 나는 자신을 살펴야 합니다. 내가 그 무집착에서도 살아남고, 혈압을 올리지 않고도 내면의 기쁨을 느낀다면, 그것은 대단한 일일 것입니다. 그것은 내 생애에서 큰 실험이고 영적인 성장에서 필요한 단계입니다.

아가타 해리슨(Agatha Harrison)과의 대화,
〈하리잔〉 1946. 5. 12 ; 《전집》 90 : 424

89) 정신적 청소

뉴델리, *1946. 8. 28*

안녕, 카말라!

자네가 만일 스스로 말하던 존재가 정말로 되었다면, 자네는 많은 봉사를 할 수 있을 것이네. 마음이 철저하게 청소되면, 육신 역시 올바르게 될 것이네. 마음이 순결하면, 갠지스강이 바로 눈앞에 흐른다는 말이 있다네. 달리 말해서, 마음이 만일 견고하고 명료하다면(*sattvic*), 육신 역시 그렇게 될 것임이 틀림없네.

안나[54]에게 따로 편지를 쓰지는 않겠네.

Shrimati Kamalabehn Sharma
Sevagram

카말라 샤르마에게 보낸 편지(H.),
《피아렐랄 페이퍼스》 ; 《전집》 92 : 114

54 〔역주〕 수신자의 남편 하리하르 샤르마. 《전집》 권92, 78면.

90) 진정한 참회

파트나, *1947. 4. 16*

진정한 참회로 가는 길은 장차 자신의 손을 악으로 더럽히지 않겠다는 굳은 결의에 달려 있습니다. 만일 당신이 또다시 잘못을 범하면 내일 아침까지 고백을 미뤄서는 안 됩니다. 잘못을 범하는 것은 인간입니다. 그래서 사람은 잘못을 범하게 되어 있습니다. 그러나 그것 자체로 매우 심각한 문제는 아닙니다. 위험은 잘못을 감추는 데에 있습니다. 사람이 자신의 잘못을 숨기기 위해서 허위에 호소했을 때 그는 또 다른 어리석음을 저지르는 것입니다. 만일 사람이 연달아 과오를 범하게 되면, 그것은 매우 해로울 수 있습니다. 만일 우리 몸에 종양이 있다면 그것을 눌러서 고름을 짜낼 수 있습니다. 그러나 독이 제거되지 않고 몸 안으로 퍼지면 죽음을 초래할 수도 있습니다. 죄를 범하고 그것을 고백하지 않는 사람에 대해서도 같은 말을 할 수 있습니다. 죄인은 수많은 죄를 범할 수 있지만, 마지막 순간 진정한 참회를 한다면 신은 그를 용서해 주실 것입니다. 우리는 인간의 복리(*well-being*)만이 아니라 신의 창조에 해당되는 모든 피조물의 복리를 위해서 기도해야 할 것입니다. 기운을 얻는 유일한 길은 아침저녁으로 신에 대해서 명상하는 것입니다. 만물의 복지(*welfare*)를 위한 기도는 우리의 복지 역시 포함합니다.

말씀,[55] 《비하르니 코미 아그만》(*Biharni Komi Agman*), 209~210면 ; 《전집》 94 : 317

55 자신의 죄를 고백한 사람에게.

91) 책임과 혼의 힘

파트나, 간디 캠프, *1947. 4. 17*

오늘 아침이 되어서야 나는 비로소 여러 자매 앞에 내 고뇌를 쏟아놓았습니다. 여러분이 유사한 고통의 원인이 될 줄은 예상하지 못했습니다. 어떤 일을 논의하기 위해서 모임을 소집할 때마다 개인적 비난을 교환하고, 성질을 내고, 시간을 낭비하는 것으로 시작하는 것은 우리의 나쁜 버릇입니다. 의회 일꾼의 공적 생활과 사적 생활 사이에 불일치가 점증하는 것 같습니다. 그 결과 군다이즘(깡패주의), 훈련의 결핍, 그리고 부주의가 나날이 증가합니다. 정부를 우리에게 이관하려는 준비가 진행중에 있고, 우리의 책임 역시 가중되고 있습니다. 우리는 분노·불관용 등을 제거해야 합니다. 그렇지 않으면 우리는 우리 스스로 설 수가 없습니다. 이것만이 아니라 우리는 더 큰 속박에 묶이게 될 것입니다. 나는 우리나라 수백만 일자무식꾼들이 스와라즈의 이익을 깨달을 수 있는 스와라즈를 원합니다. 여러분은 그것을 성취하기 위해서 기운을 길러야 합니다. '스와라즈'하의 정부 아래서는 사람들이 자의적이며 독재적인 영국 통치와, 비폭력 노선으로 운영되는 민주주의 정부 사이의 차이를 분명히 볼 수 있어야 합니다. 나는 낙관주의자입니다. 나는 정부의 고삐가 우리에게 이관되기만 하면, 우리는 우리의 책임을 자각할 것이고, 현존하는 모든 인위적인 장벽은 철폐될 것임을 주장하는 바입니다.

비폭력과 진리에 대한 내 신앙은 원자폭탄의 수의 증가에도 불구하고 더욱 강화되고 있습니다. 세상에 진리와 비폭력의 힘보다 더 우세한 힘은 존재하지 않는다는 점에 대해서 나는 추호의 의심도 없습니다. 양자 사이의 커다란 차이점이 무엇인지 보십시오. 하나는 도덕적·영적 힘으로 혼의 무한한 힘(*infinite soul force*)에 의해서 움직이는 것이고, 다른 하나는 물리적·인위적 힘, 그래서 멸망할 수 있는 힘의 산물입니다. 혼은 불가멸할 것입니다. 이 교의는 내 발명품이 아니라 우리의 《베다》와 경전들 안에 선언된 교의입니다. 혼의 힘이 깨어나면, 그것은 저항할 수 없는 힘이 되어서 세상을 정복합니다. 이 힘은 모든 인간 개개인 안에 내재합니다. 그러나 우리가 칭찬이나 비난에 조금도 영향 받지 않고, 이러한 이상을 우리 삶에서 일어나는 모든 행위 안에 구현하려고 노력하기만 하면 우리는 성공할 수 있습니다.

의회 일꾼들과의 대담(G.), 《비하르니 코미 아그만》,
216~217면 ; 《전집》 94 : 320

IV

양심, 영웅적 행위 그리고 겸손

1. 양 심

92) 타인을 위한 고통

추악한 법률의 힘을 검증할 시간이 점점 다가온다. 모든 인도인들은 8월 1일 정부가 하는 행위를 초조하게 지켜볼 것이다. 하지만 진실을 말하자면, 우리는 불안이 아니라 용기를 갖고 기다려야 한다. 추악한 법률로부터 우리 자신을 구원하기 위해서 겪어야 할 어떠한 고통도 즐거움으로 간주되어야 한다. 모든 인도인은 "내 형제가 그 고통을 겪지 않도록, 내가 가장 먼저 교도소에 가게 해 주시길" 하고 기도해야 한다.

우리는 추악한 법률에 복종해서는 안 되는 여러 가지 이유를 이미 검토해 보았다. 이 살인적 법률에 도전함으로써 우리는 신성한 법률에 순종하고 있다는 점을 반드시 지적해야 한다. 불의한 법(*the unjust law*)에 굴종하는 일은 죄이다. 마찬가지로 신성한 법(*the divine law*)을 어기는 것 역시 죄가 된다. 신성한 법을 지키는 자는 내세에서처럼 현세에도 지복을 누릴 것이다. 이 신성한 법은 무엇인가? 그것은 사람이 즐거움을 향유하기 전에 고통을 겪어야 한다는 것, 진실한 자기 이익은 만인의 선에 있다는 것이며, 이는 다시 우리가 타인을 위해서 죽어야 한다는 것을, 고통을 당해야 한다는 것을 의미한다. 다음 몇 개의 사례를 살펴보자.

흙덩이 하나가 먼지로 부서지게 되면 그것은 물과 섞여서 식물의 생명에 자양분을 공급한다. 식물은 자신을 희생함으로써 온갖 종류의 동물의 생명을 유지한다. 동물들은 자손들의 이익을 위해서 자신들을 희생한다. 어머니는 애를 낳을 때 참을 수 없는 고통을 겪지만, 그 고통에서 행복을 느낄 뿐이다. 어머니와 아버지는 자식들을 키우는 데 곤경을 겪는다. 공동체와 국가가 존재하는 곳마다, 이들 공동체와 국가에서 살아가는 개개의 사람들은 공동선(*the common good*)을 위해서 곤경을 참아 왔다. 기원전 6세기 붓다께서는 숲에서 숲으로 방랑한 뒤, 극단적인 더위와 추위를 감수하고, 수많은 궁핍을 겪은 다음 자아실현을 얻었으며, 민중 사이에서 영적인 복지의 이념을 전파했다. 기독교 믿음에 따르면 1천 9백 년 전 예수 그리스도는 민중을 위해서 자신의 생명을 바치고, 많은 모욕과 곤경을 겪었다. 예언자 마호메트 역시 무척 많은 고난을 겪었다. 사람들은 그의 생명을 공격하기 위한 준비를 했다. 하지만 그는 그것에 대해서 개의하지 않았다. 이들 위대하고 거룩한 사람들은 위에서 말한 법칙에 순종하고 인류에게 행복을 주었다. 그들은 개인적 이익에 대해서 생각하지 않았고, 타인의 행복에서 자신의 행복을 찾았다.

같은 일이 정치적 사안에서도 발생한다. 햄던(Hampden), 타일러(Tyler), 크롬웰(Cromwell), 그리고 그밖에 다른 영국인들은 민중을 위해서 자신들의 생명을 바칠 각오가 되어 있었고, 그들의 소유물 일체를 압수당하는 일에 대해서 염려하지 않았다. 그들은 생명이 위기에 빠졌을 때도 불안해하지 않았다. 바로 그런 이유로 영국인이 오늘날 커다란 제국을 통치하게 되었다. 트란스발의 통치자들은 우리의 목전에서 커다란 곤경을 겪었기 때문에 권력을 향유하고 있다. 마치니는 조국을 위해서 추방당했지만 오늘날 그는 존경받고 있다. 그는 이탈리아 통일의 아버지로 간주된다. 조지 워싱턴은 끝없는 곤경을 겪음으로써 오늘날의 미국을 만든 것이다. 이것은 사람이 행복을 맛보기 전 고통을 통과해야 한다는 점을 다시 보여준다. 공공선(*public good*)을 위해서 사람들은 죽음에 이르기까지 곤경을 당해야 하는 것이다.

좀더 말해 보자. 자신의 서약을 어기는 것은 죄이다. 그것은 우리가 품수(稟受)받은 인간성을 배반하는 것이다. 근친상간의 죄로부터 자신을 구원하기 위해서 유숩 아베살람은 감옥에서 고생했다. 이맘 하산과 후세인[1]은 야지드[2]의 권위를 인정하는 것이 그릇된 일이기 때문에 그 권위를 인정하기를 거부했다. 다시 말하자면 이런 이유로, 그들은 명예를 지키기 위해서 순교자가 되었다. 신의 귀의자 프라흘라드는 명예를 위해서 용감하게 벌겋게 달아오른 쇠기둥을 안았다. 아이였던 수단바는 조금도 머뭇거리지 않고 튀김 냄비 속에 몸을 던졌다. 하리슈찬드라는 진리를 위해서 자신을 하급계층 사람들에게 팔리도록 내버려두었다. 그는 자신의 왕좌를 포기하고 아내와 아들과 이별했다. 라마찬드라는 부친의 말 때문에 숲으로 갔다. 그리고 판두의 다섯 아들은 자신들의 권리를 위해서 왕국을 떠나서 14년 동안 숲에서 방랑했다.

---

1 예언자 마호메트의 딸인 아내 파티마 사이에서 태어난 알리의 아들들.

2 Caliph(680~683). 후세인은 그에 대해서 반란을 일으켰지만, 실패하고 카르발라에서 죽임을 당했다.

이러한 위대하고 신성한 법에 순종하는 일이 오늘 트란스발에 있는 인도인 공동체의 운명이 되었다. 우리가 이런 식으로 이해하고 있으므로, 우리는 동포들에게 축하를 보낸다. 그들은 이제 남아프리카 전역의 인도인 공동체가 자신들을 통해서 자유를 얻는 것을 보게 될 기회를 가진다. 그와 같은 커다란 행복이 같은 크기의 고통을 당하지 않고 어떻게 우리에게 오게 될까? 우리의 탄원은 더 이상 인간에게 하는 것이 아니고 신 자신에게 하는 것이다. 그분은 밤낮으로 우리의 하소연에 귀를 기울이신다. 우리의 탄원을 들으시도록 하기 위해서 그분과 만날 약속을 하지 않아도 된다. 그분은 만인의 갖가지 탄원을 동시에 들으신다. 그래서 우리는 트란스발에 있는 우리의 형제들이 그분만을 믿고, 입술로는 그분의 이름만을 외우며, 금년 8월 그들에게 닥칠 어떤 일도 두려움 없이 당할 각오가 되어 있기를, 가장 순수한 심정으로 신에게 기도드린다.

신성한 법(G.), 〈인디언 오피니언〉, 1907. 7. 27 ; 《전집》 7 : 67

93) 양심과 자의(恣意)

어떤 투고자가 다음과 같은 취지의 말을 하고 있다.
'당신이 양심에 대해서 계속 말함으로써 무슨 일을 하고 계신지 아십니까? 저는 청년들과 성인들이 양심의 가면 아래 터무니없는 말을 하고 있는 것을 봅니다. 더구나, 청년들은 무례해졌고 성인은 분별심을 잃어버렸는데, 당신은 이런 못된 짓을 막을 수 있습니까? 그것을 막을 수 없다면, 양심이란 말을 더 이상 사용하지 마시고, 거룩하지만 무척이나 오용된 그 이름으로 하는 운동을 멈추십시오. 양심이 있는 자가 누구인지를 제발 말씀해 주십시오. 그들 모두가 그것을 가지고 있습니까? 고양이들이 불쌍한 쥐를 죽일 때까지 사냥할 때 양심이 있습니까?'

남아프리카 비폭력 투쟁 지도자들과 함께

간디는 남아프리카에 머무는 동안에 그곳에 거주하는 인도인들의 지위 향상을 위해서 비폭력 투쟁을 멈추지 않았다. 사진은 남아프리카의 비폭력 투쟁 지도자들과 함께한 간디 (가운데 줄 왼쪽에서 3번째)의 모습이다.

여기에 투고자의 질문을 제시했지만 그의 말 그대로를 인용한 것은 아니며, 그것을 풀어쓰기 위해서 노력했다. 그러는 과정에 내가 그에게 부당한 짓을 하지 않았기를 바란다.

나는 위의 비난이 실체적 내용이 없는 것은 아니라는 점을 고백해야겠다. 하지만 그는 어두운 면만을 제시했다. 모든 덕은 사악한 자들에 의해서 오용된 것으로 알려져 있다. 하지만 그 때문에 우리는 덕을 없애지는 않는다. 우리는 오용에 대항해서 안전책을 강구할 수 있을 따름이다. 사람들이 스스로 생각하기를 포기하고 모든 점에서 규제를 받으려고 할 때, 여론 또는 여론의 또 다른 이름인 법에 도전하여 행동할 개인의 권리를 반드시 주장해야 할 때가 있다. 개인들이 그렇게 행동할 때 그들은 양심에 따라서 행동했다고 주장할 수 있다. 아이들에게 양심이 있다고 일반적으로 주장해서는 안 된다는 점에 대해서 나는 투고자에 전적으로 동의한다. 양심은 근면한 훈련으로 획득되는 자질이나 상태이다. 자의(*willfulness*)는 양심이 아니다. 어린아이는 양심이 없다. 투고자의 고양이는 양심의 부름에 따라서 쥐를 잡으러 가는 것은 아니라, 자신의 본성에 순종해서 그러는 것이다. 양심은 가장 엄한 훈련을 통해서 여문 과일이다. 그래서 동물적 충동 이외에 그 어떤 것에도 그리고 누구에게도 복종해 본 적이 없는 무책임한 아이들은 양심이 없고 그렇게 하는 모든 성인들도 양심이 없다. 가령 미개인은 어느 점으로 보아도 양심이 없다. 양심은 섬세하게 조정된 가슴에만 깃들 수 있다. 그래서 개인의 양심과 구별되는 대중의 양심(*mass conscience*)이란 것은 없다. 따라서 사람이 만사를 양심의 문제로 만들 때 그를 양심에 낯선 자라고 말해도 괜찮을 것이다. "양심이 우리 모두를 겁쟁이로 만든다"라고 말하는 것은 진실하다. 양심적인 사람은 자신을 내세우기를 망설이고, 언제나 겸손하고, 절대 떠들지 않고, 언제나 타협하고, 남의 말을 들을 준비가 항상 되어 있으며, 잘못을 인정할 자세가 되어 있고, 심지어 인정하기를 열망하고 있다.

투고자는 불필요하게 동요하고 있다. 5만 명의 사람들이 양심상 행동한다거나 행동하지 않는다고 말하더라도 그것이 무슨 상관인가? 세상은 양심의 교만한 가식이나 양심의 무지한 가식으로부터 진실한 양심을 별 어려움 없이 구별해낼 것이다. 그들은 양심의 가면 아래 행동하듯이 유사한 상황에서도 그렇게 행동했을 것이다. 공적인 생활에 양심을 도입하는 일이, 아주 불리한 여건에서도 인간존엄과 권리를 옹호해야 한다는 것을 우리 몇몇에게 가르쳐 주었다고 해도, 그런 도입은 환영할 만한 일이다. 이러한 행위는 영원히 존재할 것이고, 가짜 아래서 행해진 행위는 찰나 동안만 존재하고 마는 비누거품과 같다.

양심의 가면 아래, 〈영 인디아〉, 1924. 8. 21 ; 《전집》 29 : 14

94) 양심의 자유

투고자는 많은 종교가 있는 이 땅에서 자원봉사자가 행위의 공통분모를 찾기가 어렵다는 점을 적시한 다음 자원봉사자의 종교라고 할 만한 것을 멋지게 묘사했다.[3]

미사여구를 빼 버리면 이러한 진리(*Truth*)의 종교는 다시금 구성요소들, 즉 힌두교, 이슬람교, 기독교 등으로 분해된다. 가장 진지하고 양심적인 힌두교도, 이슬람교도, 기독교도가 자신들의 종교를 믿

3 편지는 여기에 싣지 않는다. 투고자는, 모든 종교들의 알짬으로서 진리가 자원봉사자의 종교가 되어야 하고, 모든 분파적 종교 위에 있어야 한다는 점을 강조한 바 있다.

는 그대로, 진리는 그들에게 각각 힌두교, 이슬람교, 기독교의 모습으로 나타나기 때문이다.

그래서 행동의 황금률은 상호관용(*mutual toleration*)이다. 이렇게 말하는 것은 우리 모두가 결코 같은 생각을 하지는 않을 것이며 언제나 진리의 일부만을, 그것도 상이한 각도에서 볼 것이라는 점을 감안해서이다. 양심은 만인에게 동일한 것이 아니다. 개인적 행동에 대한 좋은 지침이 있지만, 그것을 만인에게 강요하는 일은 모든 사람들의 양심의 자유에 대한 참을 수 없는 간섭이 될 것이다. 양심은 많이 오용된 말이다. 모든 사람들이 양심이 있는가? 식인종도 양심이 있을까? 자신의 동료를 죽여서 먹는 것이 의무라고 하는 양심의 명령에 따라서 그가 행동하는 일이 허용되어야 할까? 양심의 어원적 의미는 '참지식'(*true knowledge*)이다. 사전적 의미는 '선과 악을 구분하고 그에 따라서 행동하게 하는 능력'이다. 그와 같은 능력의 보유는 훈련받은 자, 즉 훈련을 받고 내면의 목소리에 경청하기를 배운 자만이 가능하다. 그러나 가장 양심적인 사람들 사이에서도, 의견상 정직한 차이가 있을 여지는 충분히 있다. 그러므로 어떤 문명화된 사회에서 유일하게 가능한 행동규칙은 상호관용이다. 지위와 훈련과 관계없이 모든 사람들은 그것을 반복해서 배우고 실천할 수 있다.

자원봉사자들의 종교, 〈영 인디아〉, 1926. 9. 23 ; 《전집》 36 : 389

95) 공(公)과 사(私)

사바르마티 아슈람, *1928. 4. 17*

사랑하는 친구에게,

당신의 편지를 받았습니다. 당신의 행위에 대한 당신의 생각에 혼란이 있습니다. 당신의 친구가 입법위원인 것이 좋은 일이었다면 그것은 사적인 관점뿐 아니라 공적인 관점에서도 좋은 일이었습니다. 그리고 당신이 사적인 입장에서 그를 축하해 주는 일이 정당했다면, 공적인 입장에서 공개적으로 축하해 주는 일도 똑같이 정당한 일이었을 것입니다. 당신은 친구가 교수형 집행인으로 임명되었다고 한다면 사적으로든 공적으로든 축하하지는 않을 것입니다. 비록 그를 임명한 자들의 편에서 보면 그 자리가 많은 봉급과 명예가 있다고 하더라도 말입니다. 우리는 한때 현 정부의 관료들을 교수형 집행인 정도로 생각했던 것은 아닙니까? 당신의 친구에게 입법위원의 자리가 제의되고 그가 수용했다면, 그것은 정말로 묵인할 수 있는 일이었습니다. 하지만 당신은 현 정부와 현 정부를 움직이는 사람들의 판단에 대한 내 견해에 동조하지 않을 수 있습니다. 만일 그렇다면, 당신은 당신의 사적인 행동을 공개적으로 옹호하고, 그 행위에 일시적으로 따라오는 어떤 오명도 각오하십시오. 결국 당신 자신이 가진 양심의 시인만으로 충분할 것입니다.

우리의 사적인 판단과 느낌이 억압되어야 한다면, 우리가 위선자가 될 것이라는 당신의 말씀은 대단히 옳습니다. 공공의 종복이 위선자가 된다면 우리에게 나쁜 일이 될 것입니다.

귀하의 신실한 친구

Sjt. K. Madhavan Nair, M. L. C.
Calicut

케이 마다반 나이르에게 보낸 편지, SN 13186 ; 《전집》 41 : 480

96) 양심 깨우기

1945. 3. 4

양심은 깨워야 한다. 그러기 위해서는 지켜야 할 규칙과 준수 사항이 있다. 모든 사람들의 양심이 깨어났다고 말할 수는 없다.

고페 구르북사니[4]에게 보낸 메모, GN 1320

2. 내면의 소리

97) 내면의 분명한 목소리 델리, '동지'사무실, *M.* 모하메드 알리 전교(轉交), *1924. 9. 15*

친애하는 라자고팔라차리께,

당신의 편지를 읽은 이후 늘 당신을 생각하고 있었습니다. 나는 내가 이행해온 과정의 필요성을 분명히 보고 있습니다만, 당신은 어째서 그 과정의 필요성을 보지 못합니까? 우리의 프로그램을 실행에 옮길 수 없다면 우리가 의회를 떠나는 것이 낫다는 점에 대해서 당신에게 동의하는 바입니다. 하지만 어려움은 그 방도에 있습니다. 나는 우리가 스와라지스트(*Swarajist*)들을 당혹케 해서는 안 된다는 점을 생각하지 않을 수 없습니다. 그들은 절실한 결핍을 충족시키고 있습니다. 그들은 자그마한 위로를 바라는 사람들의 상당 부분을 대변하는 것이 사실입니다. 우리가 그들을 가로막아야 합니까? 우리의 활동은 주로 영적인 활동입니다. 그 활동의 힘은 눈에 보이지 않게 발전되는 것이지, 단순히 논쟁하고 투표함으로써 발전되는 것이 아닙니다. 나는 아직도 내 자신의 생각을 분명히 표현하지 못하겠습니다. 내가 택한 길, 그리고 우리 모두가 수용해 주기를 권유했던 길을 위한 여러 논의 가운데 나는 하나를 제시했을 뿐입니다. 나는 그 발걸음이 절대로 옳다는 점을 당신에게 충분히 증명할 수는 없다고 해도 그 점을 어떤 식으로든 느끼고 있습니다. 나는 당신과 다른 사람들이 이 돌발적인 변화에 갑자기 적응하는 일이 얼마나 어려웠는지 알고 있습니다. 하지만 나 스스로 어떻게 할 수가 없습니다. 나는 내가 동료 일꾼들의 충직과 신앙에 과도한 부담을 주고 있다는 점을 압니다. 그러나 내면의 분명한 목소

4 세바그람 아슈람에 머물고 있던 수신자는 다음과 같이 물었다. "진리가 신이다. 하지만 진리가 무엇입니까? 그것은 우리 양심에 호소하는 것입니까?"

리를 억제하기보다는 그렇게 하는 것이 낫지 않을까요? 내가 내면의 모니터를 일시적으로 질식시킨다면 무슨 소용이 있겠습니까? 그러나 이것은 말이 난 김에 한 말입니다.

라자고팔라차리(Rajagopalachari)에게 보낸 편지(G.),
《마하데브 데사이의 일기》(필사본) ; 《전집》 29 : 112

98) 내면의 목소리

1932. 4. 17

안녕, 프리투라즈!
자네가 주소를 말하지 않았기에 이 편지를 아슈람 전교로 해서 보내네. 자네의 탁월한 편지에 그 손에 대해서는 언급이 전혀 없었다네.

한 사람이 자립하면서 동시에 자신의 부모에게 의존하는 것은 진실일 수 없다네. 사람은 부모에게서 어떤 신체적 특성을 물려받듯이 부와 특권도 물려받는다네. 그것들을 거부하는 것은 거짓된 자부심이네. 훌륭한 아들의 의무는 그것들을 선용하고 불리는 것이네. 사람은 이런 식으로 자신의 노력으로 부모가 성취한 것을 전진시키도록 해야 한다네.

우리는 만인의 충고를 들어야 하네. 하지만 우리의 양심이 우리에게 말하는 것만을 행해야 한다네. 우리의 양심이 말할 수 있도록 하기 위해서 야마와 니야마를 준수해야 하네. 모든 사람들이 내면의 소리를 듣는 것은 아니네. 우리가 그것을 듣자면 신성한 귀가 필요하네.

자네의 필체는 상당한 진보를 보이고 있네. 하지만 그것은 충분히 모습을 갖추었다고 할 수는 없네.

바푸로부터 축복을

프리투라즈(Prithuraj L. Asar)에게
보낸 편지(G.), GW 9045 ; 《전집》 5 : 284

99) 이성과 내면의 목소리

1932. 5. 25

우주 안에 우리를 인도하는 힘이 존재하지 않는다고 주장하셨는데 그게 무슨 말씀입니까? 우리가 어떻게 그런 주장을 펼 수 있습니까?

내 말은 이런 맥락에서 약간 왜곡된 것으로 보입니다. 나는 진리가 신과 동일하며 당신이 진리를 활동하는 영혼(*Moving Spirit*)으로 이해해도 좋다는 것을 말씀드렸을 뿐입니다. 이 맥락에서 카르타(*karta*: 행위자)라는 단어는 통상적 의미가 아닙니다. 그래서 진리는 아카르타(*akarta*: 무행위자)이기도 하고 카르타이기도 합니다. 그러나 이것은 지적인 설명일 뿐입니다. 사람은 신에 대한 완벽한 지식도 없고 그가 가진 아주 적은 지식조차도 표현할 수 없기 때문에, 이 문제에서 우리 심정이 수용하는 것 모두를 믿는다고 해도 아무 잘못이 없습니다. 내가 행위를 결정하는 데 내 지성(*intellect*)에 의존하지 않는다는 점은 사실입니다. 나의 경우 합리적으로 논증된 내 행동의 경로는 내면의 목소리의 재가를 받습니다. 다른 사람들은 그것을 신비스런 힘이라고 부르는지 아니면 또 다른 무엇이라고 부르는지 모르겠습니다. 나는 그 목소리에 대해서 한 번도 깊이 생각해 보지도 않았고 분석하지도 않았습니다. 그럴 필요를 느낀 적이 없었기 때문입니다. 나는 합리화(*reasoning*)를 넘어서는 힘(*Power*)이 존재한다는 점을 믿으며 또 그렇게 알고 있습니다. 나에게는 이것으로 충분합니다. 이 사안에 대해서 더 아는 것이 없으므로 나는 더 이상 분명히 말씀드릴 수가 없습니다.

부스쿠테(Bhuskute)에게 보낸 편지(H.),[5]
《마하데브바이니 일기》권 1, 173~174면 ;《전집》55 : 509

5 간디가 진리가 신이란 것과 창조주가 존재하지 않는다는 것을 믿으면서도, 어떻게 내면의 소리의 명령에 따라서 행동할 수 있었는지를 그는 물었다.

100) 내면의 소리의 부름

단식 이후 출판사를 위해서 글을 쓴다면 최초의 글은 〈하리잔〉지를 위한 글, 그것도 단식에 관한 글이어야 한다는 점이 적절해 보인다. 신이 원하신다면, 단식 전과 같이 매주 할당량을 〈하리잔〉지에 기고했으면 좋겠다. 하지만 그 누구도 일에 대해서 내가 단식 이전의 능력을 회복했다고 지레짐작해서는 안 된다. 나는 여전히 일하는 방식에 있어서 매우 조심해야 한다. 그러므로 투고자들이 나에게 자비를 베풀어 주기를 바란다. 그들은 내가 당분간 모든 편지를 감당할 수 없을 것이라는 점을 알아야 한다. 특별한 주목을 받고 싶어하는 사항이 있다고 해도 일정 기간, 아마 한 달은 기다려야 할 것이다. 그런데 한 달 안에 어떤 일이 일어날지 누가 알까? 우리는 단명하고, 다음 순간에 무슨 일이 일어날지조차 알지 못한다. 그렇다면 사람들은 나와 같은 하리잔 일꾼이 품고 있는 야망에 대해서 무엇을 말할 수 있을까? 봉사의 정신으로 〈하리잔반두〉지를 구독하는 사람들에게, 나의 글과 의견을 기다리지 말 것을 나는 충고한다. 하리잔들에게 봉사를 베푸는 길은 아주 분명하고 그 영역은 광대하다. 〈하리잔반두〉지는 그 주일의 활동에 대한 의견을 제시하려고 노력한다. 그것은 해야 할 일, 할 수 있는 일, 수행의 방안을 표시하려고 노력하고 있다. 거기에서 모든 사람들은 여러 가지 봉사 방안을 찾을 수 있을 것이다. 그런데 내 글이나 의견이 어디에 필요할까? 만일 유혹에 넘어가 내 의견을 글로 쓴다면 개인적 만족만을 위한 것일 뿐이다. 내가 독자들에게 말하고 싶은 것이나 설명하고 싶은 것이 있을 경우에만 글을 써야 할 것이다. 내가 쓸 것이 있든지 없든지 관계없이 그리고 나의 기운과 여가의 유무와 관계없이 독자들은 실망하지 말고

〈하리잔반두〉지와 관계를 유지해 주시길 바란다.

이제 단식에 대해서 말할 차례이다.

많은 사람을 당황하게 만든 첫 질문은 신의 목소리(*the Voice of God*)에 관한 것이다. 그것이 무엇이었던가? 내가 무엇을 들었던가? 내가 무슨 인격을 보았던가? 그렇지 않다면, 그 목소리가 어떻게 나에게 전달되었던가? 이런 것들은 서로 관련 있는 물음이다.

나에게 신의 목소리, 양심의 목소리, 진리의 목소리 또는 내면의 목소리, '세미(細微)한 목소리'(*the still small Voice*) 등은 모두 동일한 것을 의미한다. 내가 어떤 형상(形象)을 본 것은 아니다. 언제나 신이 무형상임을 믿어왔기에 형상을 보려고 노력해 본 적도 없다. 신을 실현한 자는 죄에서 영원히 자유롭다. 그는 이뤄야 할 욕망도 없다. 그가 하는 생각에서조차 과오, 불완전, 불순을 겪지 않는다. 그가 스스로 행하는 일은 없고 내면에 있는 신이 만사를 행하시므로, 무엇을 하든 완전할 것이다. 그는 신에 완전히 합일되어 있다. 그런 실현은 수천만 사람 가운데 한 사람에게 온다. 나는 그것이 가능하다는 점에 대해서 조금도 의심이 없다. 나는 그런 실현을 열망하고 있지만 아직 그것을 얻지 못했으며, 거기로부터 여전히 멀리 떨어져 있다는 점을 알고 있다. 내가 가진 영감은 매우 다른 것이었다. 더구나 많은 사람이 자주, 혹은 때때로 그런 영감을 얻을 것이다.

그런 영감을 얻기 위해서 특별한 유형의 사다나(*sadhana*)[6]를 활용할 필요가 있다. 아주 평범한 것을 얻기 위해서 상당한 노력과 상당한 사다나가 필요하다면, 신성한 영감(*divine inspiration*)을 얻기 위해서는 더 많은 노력과 사다나가 필요하다는 것은 당연한 일이 아닐까? 내가 가졌다는 영감은 다음과 같다. 영감을 얻은 그날 저녁 나는 엄청난 내

6 영적인 노력.

적 갈등을 겪었다. 마음은 들떠 있었다. 어떤 길도 보이지 않았다. 내 책임에 대한 부담감이 나를 짓누르고 있었다. 그런데 내가 들었던 목소리는 멀리, 하지만 아주 가까이 있는 목소리 같았다. 그것은 사람의 목소리가 분명 나에게 말하듯이 틀림없는 것이었고, 불가항력의 소리였다. 목소리를 들었을 때 나는 꿈꾸고 있던 것은 아니었다. 목소리를 듣기 전 내 안에 끔찍한 갈등이 선행되었다. 갑자기 그 목소리가 나에게 내려왔다. 나는 들었고, 그것이 그 목소리라는 점이 분명해졌다. 그리고 갈등이 끝났으며 나는 편안해졌다. 그것에 따라서 결심도 했다. 단식의 날짜와 시간까지 정해졌다. 기쁨이 나에게 왔다. 이것은 밤 11시와 12시 사이였다. 기분이 상쾌해졌다. 내가 그에 대한 기록을 남겼는데 독자들은 이미 읽어 보았을 터이다.

그것은 진실로 내가 들었던 미세한 목소리일 뿐, 나 자신의 열광적인 상상력의 메아리가 아니었음을 보여줄 만한 증거를 줄 수 있을까? 나는 회의주의자를 확신시킬 더 이상의 증거가 없다. 그는 그것이 완전히 자기망상이거나 착각이었다고 말할 자유가 있다. 충분히 그랬을 수도 있다. 나는 그것을 반증할 만한 증거를 제시할 수 없다. 그러나 나는 이렇게 말할 수는 있다. 즉 나에 대항하는 온 세상의 만장일치의 판결도 내가 들었던 것이 신의 진실한 음성이었다는 믿음에서 나를 흔들 수는 없었을 것이라는 점을….

그러나 어떤 사람들은 신 자체가 우리 자신의 상상력의 창조물이라고 생각한다. 그 견해가 타당하다면, 진실한 것은 아무것도 없고 만물이 우리 상상력의 산물일 것이라고 해도 상상력이 나를 지배하는 동안은 그것의 마법하에 행동할 수밖에 없으며, 가장 진실한 사물조차 상대적으로 진실할 뿐이다. 나에게 그 목소리는 내 자신의 존재보다도 더 확실했다. 그것은 나를 실패하게 한 적이 없고, 말이

났으니 말이지 다른 누구도 실패하게 한 적이 없다.

누구든 원하면 그 목소리를 들을 수 있다. 그것은 만인의 내면에 있다. 하지만 다른 모든 일과 같이 사전에 분명한 준비가 요구된다.

많은 사람을 당혹케 한두 번째 질문은 단식에 관련된 것이었다. 내가 단식할 때 일단의 의사들이 비범한 배려와 주의를 기울여 나를 간호하고 인도한 것은 분명한 사실이다. 그런 식으로 의사들이 단식자를 간호하고 인도하는 단식, 그리고 나에게 하듯이 단식자를 여러 가지 방식으로 극진하게 보살펴 주는 단식이 내면의 목소리(*the Inner Voice*)의 부름에 따른 단식이라고 말할 수 있을까 하는 질문이다. 이렇게 말한다면 반대는 타당한 것으로 보인다. 만일 나의 단식이 특별한 외적 도움을 받지 않았다면, 그 목소리가 단식에 대한 고상한 주장에 더욱 부합했을 것이란 점에 대해서는 의심의 여지가 없었을 것이다. 그리고 내가 도움을 받은 것은 행복일 수도 불행일 수도 있다.

하지만 친절한 친구가 나에게 베풀었던 관대한 도움을 고맙게 받아들인 일에 대해서 나는 후회하지 않는다. 나는 죽음에 맞서서 싸우고 있었다. 나에게 주어졌던 도움이 모든 면에서 나의 서약에 전혀 영향을 미치지 않았을 때, 나는 그런 도움을 모두 신의 선물로 수용했다.

내가 과거를 회고해 보건대, 단식을 했다는 것을 유감스럽게 생각하지 않는다. 비록 내가 육신의 고통과 불편을 당했지만, 내면에는 말로 설명할 수 없는 평화가 있었다. 모든 단식에서 단식 기간 동안 평화를 즐겨왔지만, 이번만큼 큰 평화를 즐긴 적은 없었다. 그 이유는 아마 내가 더 이상 기대하는 바가 없었기 때문이었을 것이다. 이전의 단식에서 나는 유형(有形)의 기대를 갖고 있었다. 이번 단식에는 그런 것이 없었다. 그런데 분명히 다음과 같은 신앙은 있었다.

즉 단식이 자신과 다른 사람들의 정화를 분명히 가져올 것이라는 신앙, 그리고 진실한 하리잔 봉사가 내면적 순결 없이는 불가능하다는 것을 일꾼들이 알게 될 것이라는 신앙은 있었다. 하지만 이 결론을 명백한 방식으로 측량하거나 알릴 수는 없었다. 그러므로 나는 내 속에 침잠해 있었다.

단식의 성격에 대해서 좀더 고찰해 볼 가치가 있다. 그것은 단순히 육신의 고행이었던가? 육신의 고행을 위해서 시도된 단식이 의학적 관점에서 일정한 장점이 있다고 나는 굳게 믿는다. 그것 이외에는 단식은 별다른 효과를 낳지 않는다. 나는 나의 단식이 육신의 고행을 위한 것이 결코 아니었음을 안다. 그럴 준비도 되어 있지 않았다. 단식을 언제 시작할지 그것은 내 상상력으로도 알 수 없었다. 당시 친구에게 보냈던 편지를 보면 내가 즉각적인 단식을 예견하지 못했음이 분명하다. 이 단식은 나에게 신에 대한 간청이고 기도, 내 심정 깊은 곳에서 나오는 간청이고 기도였다. 단식은 중단 없는 21일 동안의 기도였는데, 나는 지금도 그 효과를 느낄 수 있다. 단식이 아무리 짧은 기간의 것이라고 해도 단식 없이는 기도가 있을 수 없다는 점을 나는 이제 과거 어느 때보다 더 잘 알고 있다. 그리고 이 단식은 단순히 미각에만 관련이 있는 것이 아니라, 모든 감각과 모든 신체 기관들에 관련되어 있다. 기도에 완전히 침잠하는 것(*complete absorption*)은 신체적인 활동의 완전 배제를 의미한다. 완전 침잠이라는 것은 기도가 우리의 전 존재를 차지하고, 우리가 모든 육신의 기능들로부터 완전 분리되고, 그 기능들 우위에 올라서게 되는 것을 말한다. 그러한 경지는 지속적이고 자발적으로 육신을 십자가에 못 박고 난 다음에만 도달할 수 있다. 그래서 모든 단식은 영적 행위이면서, 강렬한 기도이거나 그것을 위한 준비일 것이다. 그것은 거룩한 알짬(*the divine essence*)에 합일하고 싶은 혼의 간구이다. 지난번 나의 단식은 그런 준비 단계로 한 것이었다. 내가 얼마나 성공했는지, 내가 얼마나 무한자(*the Infinite*)에 동조했는지 나는 알 수 없다. 그러나 그 단식이 그런 경지에 대한 내 정열을 여느 때보다 강렬한 것으로 만들었다는 것은 알고 있다.

그 단식을 회고하건대 그 단식에 착수할 때 나는 그것이 필요했다고 느꼈는데, 지금도 그렇게 느끼고 있다. 단식은 일꾼들 중에서 불순물이 끼어 있다는 것을 나타내 보여주는 결과를 낳았지만, 나는 그것에 대해서 전혀 아는 바가 없었다. 단식이 없었다면 나는 그런 지식을 얻을 수 없었을 것이다. 내가 읽어 본 모든 편지들은, 그 단식이 일꾼들 사이에 더 큰 정화를 가져왔음을 보여준다. 그 단식은 무엇인가 부족하다고 알려졌던 일꾼들의 정화만을 겨냥한 것이 아니었고, 하리잔의 대의명분을 위해서 일하는 기지(旣知)와 미지(未知)의 모든 일꾼들을 겨냥한 것이었다. 그 운동이 가장 고상한 의미에서 순전히 종교적이라는 사실에 대해서, 그리고 비난할 여지없이 완벽한 인격을 가진 일꾼들이 그 운동을 종교적 정신으로 다뤄야만 한다는 사실에 대해서, 아마 이런 단식보다 일꾼들에게 절절히 깨닫게 해 준 일은 없었을 것이다.

불가촉천민제도의 폐지는 많은 시간을 통해서 공급된 사회적 쾌적함이나 경제적 구호(救護)의 말로 계량될 수 있는 단순한 사회적 경제적 개혁이 아니다. 그 목표는 현재의 불가촉천민제도가 신이 만든 제도이고, 인종만큼 오래된 제도라고 정직하게 믿는 수백만 힌두교도의 심정을 움직이는 것이다. 이것은 단순한 사회적 경제적 개혁에 비하면 무한히 고상한 과업이라는 사실이 인정될 것이다. 그 과업의 성공은 이 모든 것, 그리고 그 이상을 포함한다. 그것은 힌두사상의 완전한 혁명을 그리고 생래적인 불평등과 귀천(貴賤)에 대한 저 무섭고도 끔찍한 교의의 폐지 바로 그것을 의미하기 때문이다. 이 교의는 힌두교를 오염시켜 왔고 이제 서서히 그 존재 자체를 잠식하고 있다. 그와 같은 변화는 인간 속에 있는 최고의 것에 호소함으로써만 가능할 것이다. 그 호소는 자기정화에 의해서만, 즉 상처받은 심정에서 나오는 가장 깊은 기도로 여겨지는 단식에 의해서만 효과가 있을 것이라는 점, 그것을 나는 그 어느 때보다 확신하고 있다.

그와 같은 단식의 보이지 않는 효과는 가시적 효과보다도 훨씬 위대하고 포괄적인 것임을 나는 믿는다. 그래서 단식을 위해서 사전에 준비를 한 남녀들 그리고 기도가 사물의 심정에 도달하는 데 가장 효과적인 방식이라고 믿는 남녀들이 진실하고 자발적이며 연쇄적인 단식을 시작했는데, 시작에 불과한 것이 바로 나의 단식이라는 확신은 더욱 깊어만 갔다. 나는 그 단식의 띠가 어떻게 형성될 수 있을지 아직 모른다. 하지만 나는 그것을 위해서 분투노력하고 있다. 만일 단식의 띠가 형성되기만 하면 다른 어떤 것도 해내지 못할 일, 즉 개혁의 적수, 하리잔의 적수인 수백만 힌두교도의 심정에 감동을 줄 것이라는 점을 나는 알고 있다. 하리잔들은 이 운동에서 개혁가와 반대자들 못지않게 자신들의 역할을 수행해야 한다. 그리고 하리잔들도 나의 단식에 의해서 영향받았음을 독자들에게 기쁜 마음으로 말할 수 있다. 외국에서 온 여러 통의 편지는, 거기에서조차 많은 심정이 깨어났음을 시사하고 있다. 나와 같이 불완전한 사람의 단식이 그런 각성을 낳는다면, 순진무구한 남녀들이 드러내지 않고 겸손하게, 의료적 도움이나 다른 도움에 대한 아무 희망도 없이, 그리고 이런저런 이권도 없이, 끊이지 않는 단식의 띠에 자신들의 생명을 건다면, 그 결과가 얼마나 위대하고 광범위할지, 누가 헤아릴 수 있을까.

단식에 대한 모든 것, 〈하리잔〉, 1933. 7. 8 ; 《전집》 61 : 283

101) 신의 말씀을 경청하기 위한 자격과 자기기만 와르다, 세가온, *1939. 9. 23~24*

여러분을 불태우고 있는 열정을 내가 가진다면 얼마나 좋겠습니까. 물론 나는 단순히 경청[7]을 위해서 노력하는 경험만이 아니라 실제로 경청한 경험이 있습니다. 경청하면 할수록 내가 여전히 신에게서 멀리 떨어져 있음을 더 많이 발견합니다. 내가 규칙들을 제시할 수 있고, 그 규칙들의 준수가 적절한 경청을 위해서 필수적이긴 하지만, 실재(實在)는 여전히 내 손에서 빠져나갑니다. 우리가 신의 말씀을 경청하며 대답을 듣고 있다고 말할 때, 그 말을 아주 진실하게 한다고 해도, 자기기만(*self-deception*)의 가능성은 항상 존재합니다. 나는 나 자신이 자기기만으로부터 완전히 자유로운지 알지 못합니다. 사람들은 내가 잘못될 수 있느냐고 나에게 이따금 묻습니다. 그러면 나는 "예, 그럴 가능성이 높습니다. 내가 말하는 것은 여러분 앞에서 나의 과장된 모습 바로 그것일 수 있습니다"라고 대답합니다.

한 사람이 특정 행위의 길을 선택하면서 신이 인도하신다고 주장하고, 또 다른 한 사람이 정반대의 길을 택하면서 같은 주장을 하는

---

7 〔역주〕 경청(*listening*)이란 말은 옥스퍼드 그룹의 용어로 특별한 의미를 지닌다. 마하데브 데사이는 다음과 같이 말하고 있다. 그들의 사명은 일반적인 말로 하면 '큰 소리로 생각하기'로 그들 자신의 말로 하면 '영적 공유'(*spiritual sharing*)로 묘사될 수 있을 것이다. 이들 멤버 중 한 사람은 "모든 사람들에게는 어딘가에 선이 존재하고, 그것을 발견하는 데에는 여러 가지 방법이 존재합니다"라고 했다. 다른 멤버는 다음과 같이 말했다. "당신은 언제나 신의 말씀에 경청해왔습니다. 인도의 수백만 민중이 모두 신의 말씀을 경청하기 시작하면 당신이 해결하기 위해서 여태까지 노력해왔던 문제들이 해결될 것으로 생각합니다. 우리는 이 계획에서 우리가 할 바가 있다고 느껴서 기쁜 마음으로 당신에게 왔습니다." 멤버 중 어떤 사람들은 '경청함으로써' 인생의 변화를 급격하게 겪었던 사람들에 대한 자신들의 경험을 얘기해 주었다. … 예전 사람들은 '기도'라는 말을 사용했지만 그것을 요즘 말로 하면 '경청'이다. … 그다음 토론이 있었고 간디지는 그들에게 자신의 마음을 토로했다. 《전집》 권 76, 348면 참조.

것을 보십시오. 여러분에게 좋은 예를 주겠습니다. 라자지는 당신이 알고 있든지, 아니면 이름은 들은 적이 있는 분일 것입니다. 그런데 그분은 내가 생각하기에 경건함이나 신의 마음을 가진 분으로 타의 추종을 불허합니다. 1931년 예라브다 교도소에서 21일 동안 정화의 단식을 시작하며, 내가 그것이 신의 부르심에 대한 응답이라고 선언했을 때, 라자고팔라차리가 나를 만류하기 위해서 멀리 마드라스에서 왔습니다. 그는 내가 자신을 속이고 있을 수도 있고, 아마 죽을지도 모르고, 만일 죽지 않는다면 분명 정신착란에 빠지고 말 것이란 점을 확신하고 있었습니다. 그런데 보시다시피 나는 여전히 살아 있고 마음도 건전합니다. 라자지는 여전히 내가 당시 미쳤고 내가 구원받은 것은 우연이었다고 생각하지만, 나는 여전히 내가 내면의 세미한 목소리에 응답하여 단식했다고 생각합니다.

내가 이 말을 하는 것은 여러분이 항상 신의 말씀을 경청하고 있다고 믿는 일이 얼마나 현명치 못한 일이라는 점을 경고하기 위해서입니다. 노력 자체에 반대하는 것은 절대 아닙니다. 하지만 이것이 수백만 민중에게 보여주어야 할 도깨비 방망이와 같은 것이라고 생각해서는 안 된다는 점을 여러분께 조언드리는 바입니다. 인도로 하여금 신의 길을 경청하게 하기 위해서 내가 최선을 다했다고 말한다면 아무도 반대하시지는 않을 것입니다. 내가 약간의 성공을 거둔 것은 사실이지만, 나는 목표로부터 여전히 멀리 떨어져 있습니다. 내가 여러분이 나에게 주신 증언을 들어 보니, 나는 조심스러워지고 심지어 의심스러워지기조차 합니다. 남아프리카에서 어떤 선교사가 설교 직후 사람들에게 금주를 요구하는 선서 아래 서명하게 했으며 그 선서를 나중에 책으로 출판하기도 했습니다. 그런데 나는 이런 종류의 약속이 부서진 수많은 사례를 목격했습니다. 이 사람들에게는 잘못이 없습니다. 그들은 설교자의 감동적인 달변의 일시적 영향 아래 선서에 서명했습니다.

나는 반짝이는 모든 것이 금이 아님을, 만일 사람이 신의 음성을 실제로 들었다면, 마치 수영을 익힌 사람이 그것을 잊을 수 없듯이 더 이상의 퇴전(退轉)이 없을 것임을 압니다. 음성을 경청한다는 것(*listening in*)은 그들의 삶을 나날이 더 풍요롭게 만드는 것입니다.

여러분의 열광에 찬물을 끼얹으려고 하는 것은 아닙니다. 하지만 열정이 단단한 암석 위에 건립되자면 경청 또한 단단한 암석 위에 기초를 두는 것이 좋습니다.

경청은 그럴 만한 자격을 상정하는데, 그 자격은 부단하며 인내심 있는 분투, 그리고 신을 우러르고 난 이후에야 얻어지는 것입니다. 샹카라차르야는 그 과정을 잎새의 끝만 한 크기의 아주 작은 배수기를 이용하여 바닷물을 다 퍼내는 노력에 비유했습니다. 따라서 이 과정은 당연히 끝없는 과정이고 많은 다생(多生, *birth after birth*)의 과정을 통해서 수행되는 것입니다.

하지만 그 노력은 호흡이나 눈 깜박임과 같이 부지불식간에 발생하는 자연스런 과정이어야 하며, 삶의 과정과 동시에 일어납니다. 그러한 영원한 분투라는 이 과정만이 우리로 하여금 신에게 직면하게 해줄 수 있기에 여러분께 이것을 추천해 드리는 바입니다.

이 상황에서 인도는 하나의 국가로서 무엇을 해야 합니까? 여러분은 인도가 무엇을 하기를 원하십니까? 인도가 어떻게 회개해야 합니까? 인도가 많은 죄를 범했고 그 때문에 고통을 받고 있음을, 그리고 인도가 그 죄를 쓸어낼 수 있는 기운을 달라고 기도해야 할 것임을 인도는 말할 것입니다. 여러분의 마음 안에 다른 무엇이 있습니까?

옥스퍼드 그룹 회원8과의 대담, 〈하리잔〉, 1939. 10. 7 ; 《전집》 76 : 446

3. 영웅적 행위

102) 양처럼 유순하고 사자처럼 강건하라 *1925. 10. 31*

어떤 이가 용감하게 행동한다면 그것은 무엇 때문입니까? 사람은 방탕을 위해서 용감할 수 있으며, 한 여성을 위해서, 심지어 부를 위해서 용감할 수 있습니다. 하지만 이와 같은 모든 것은 우물로 뛰어들려는 용기와 같습니다. 용기는 피안(彼岸)을 향해서 헤엄쳐가기 위해서 나타나야 합니다. 자아실현을 위해서 지고의 노력이 경주되어야 합니다. 우리는 어느 누구도 해치지 않는 직업, 빵 한 조각도 남에게서 빌리지 않아도 되는 직업을 선택해야 합니다. 내가 익히 알던 신사들, 그저께 내가 대화를 나눴던 수백만 루피의 부자들이 극빈의 상태에 빠지고 말았습니다. '샤 알람의 친척들이 길거리에서 구걸하고 있는 것을 보았네'라고 하는 사행구[9]에서 묘사하듯이 말입니다. 따라서, 찰나적인 일에 대해서 왜 이와 같이 모든 분주다망, 변명, 야단법석이 있어야 합니까? 용기는 신의 영광에 대한 비전을 갖는 일에, 그의 찬양을 노래하는 일에 나타나야 합니다. 진정한 용기는 주변에서 신의 피조물을 찾는 일에 자신을 망각하는 데에 있습니다. 하늘에 빛나는 이 수많은 별, 그것들은 누구의 광휘를 발산합니까? 사람은 이 수수께끼를 풀기 위해서 수많은 생애를 보내야 할지도 모릅니다. 슈리마드 라즈찬드라는 죽기 전에 견딜 수 없는 고뇌에 빠졌습

---

8 〔역주〕 마하데브 데사이는 다음과 같이 설명하고 있다. "… 지난달 23일 와르다에 여섯 친구가 왔다. 여기에는 변호사 부부, 미국 언론인, 철도회사 간부였던 유럽인, 영리한 부인, 그리고 전직 군인장교의 딸이 포함되어 있었다." 《전집》 권 76, 348면 참조.

9 Behramji Malbari〔1853~1912〕: 구자라트 지역의 파시교도 시인.

니다. 하지만 그는 그것을 알아차리지 못했습니다. 그는 오직 신에 대한 비전을 몹시 기다렸습니다. 오늘 나는 거친 것을 부드럽게 말해야 합니다. 따라서 나는 슈리마드 라즈찬드라와 같은 분을 상기하고 그의 비폭력을 찬양할 수 있음을 행운으로 여깁니다.

오늘 이분을 기억함으로써 혼이 본 간명하고 새하얀 우윳빛의 진리를 겁 없이 말할 수 있는 힘을 얻도록 합시다. 자아(*Self*), 그것에 대해서만 경외합시다. 언제나 방심하지 않는 자아는 고통을 겪지 않는다는 점에 유념합시다. 라즈찬드라의 삶에서 끝나지 않는 고행을 배우도록 하며 그분이 그와 같은 고행 끝에 차이탄야(*chaitanya*)[10]를 경배하게 되었음을 깨달읍시다. 우리의 무가치함을 깨달아서 삶을 유의미하게 하고 우리 안에 있는 차이탄야를 명상함으로써 양처럼 유순하고 사자처럼 강건하게 됩시다.

만드비에서의 연설(G.), 〈나바지반〉, 1925. 11. 8 ; 《전집》 33 : 99

103) 다양한 영웅적 행위

사바르마티 아슈람, *1928. 2. 14*

사랑하는 친구에게,

미라가 당신의 최근 편지를 번역해 주었습니다.

내 온 혼이 슬픔에 빠져 있는 당신에게로 날아갑니다. 그런데 그 혼은 내 심정이 완고해진 것이 아닐까 하는 의심을 당신으로 하여금 품게 만든 한 통의 다른 편지를 특별히 읽고 있습니다. 내가 행하고 생각하는 모든 일에 있어서 옳기를 바라는 당신의 소원에 감사드리는 바입니다. 나는 당신을 진심으로 지지하고 싶습니다. 하지만 내가 당

10 보편의식(*universal consciousness*).

신의 따뜻한 우정을 받을 만한 자격을 계속 갖추기 위해서는 내 자신에 대해서 진실해야 합니다.

당신에게 먼저 말하고 싶은 것은, 미라의 편지가 그녀 자신의 견해 — 그것이 비록 내 견해와 부합하는 것으로 되어 있지만 — 를 반영하고 있다는 점입니다. 내가 아는 미라와 나는, 저 두 사람의 훌륭한 농민[11]을 판단하려는 의향이 조금도 없었습니다. 그들의 행위는 분명 영웅적입니다. 우리가 마음에 두었던 것은 전쟁 반대자(*war-resister*)의 영웅적 행위(*heroism*)였고, 당신이 보내준 기록 그리고 그것에 대한 미라의 해석에 따르면, 나는 전쟁 반대자가 자신의 삶에서 보여줄 영웅적 행위를 보고 싶었습니다. 잔 다르크는 여성 영웅이었습니다. 레오니다스[12]와 호라티우스[13]도 영웅이었습니다. 하지만

11 로맹 롤랑은 3월 7일자 답변에서 다음과 같이 쓰고 있다. "… 나는 당신이 사보이 출신의 이 두 신실한 농민들에 대해서 말한 것을 이해합니다. 당신의 이유에 대해서 수긍합니다. 하지만 나는 동시에 적어도 유럽에서는 '전쟁 반대'가 다른 고려 사항과 섞이지 않는 경우의 남녀는 거의 없다고 믿습니다. 거의 모든 생각은 아무리 강력한 것이라고 해도 완전히 순수한 사람 안에 있지 않기 때문입니다. …"

12 〔역주〕 Leonidas(?~B.C. 480) : 로크리스 테르모필레. 스파르타의 왕. 페르시아 전쟁 때 그리스 중부 테르모필레의 협로에서 압도적으로 우세한 페르시아군을 맞아 용감히 싸운 이야기는 그리스 사람의 용기를 나타내는 전설이 되었으며 서유럽 역사를 통틀어 영웅적 용감성의 전형으로서 칭송되었다. 아기스 왕가 출신으로 B.C. 490년경 이복형제인 클레오메네스 1세의 뒤를 이어 왕위에 올랐다. 클레오메네스의 딸 고르고와 결혼했으며 클레오메네스가 그리스의 다른 도시들을 공격하는 것을 도왔던 것으로 보인다. B.C. 480년 소규모 그리스 군대를 거느린 그는 테르모필레를 지나 전진하려는 페르시아 왕 크세르크세스의 대군과 맞섰다. 2일 동안 페르시아의 공격을 견뎌낸 다음 대부분의 군사를 철수시키고 친위병 3백 명과 함께 남아 마지막 한 사람까지 싸우다 죽었다. 그리스 사람들은 이에 큰 감명을 받았고 스파르타인들은 결코 굴복하지 않는다는 전설이 여기서 생겨났다. 《브리태니커 CD EX 백과사전》, 한국브리태니커, 2002 참조.

각각의 경우에 나타난 영웅적 행위는 다른 종류의 것인데, 각 영역에서 각자 고귀하고 존경할 만합니다.

농민들이 준 대답에는 전쟁 자체에 대한 분명한 혐오도 없고, 전쟁에 대한 그들의 반대가 초래하는 최고의 고통을 겪겠다는 결심도 없습니다. 이들 농민 겸 친구들은 내 기억이 옳다면, 단순한 시골 생활을 대변하고 옹호하는 영웅입니다. 이 영웅들은 전투적인 전쟁 반대자 유형의 영웅보다 조금이라도 덜 귀하지는 않습니다. 우리는 이 모든 영웅적 행위를 고귀하게 여기고 싶습니다. 하지만 내가 느끼는 것은, 우리가 각 유형을 개별적으로 다룬다면 영웅들과 진리라는 대의명분을 더 잘 섬기게 될 것이라는 점입니다.

당신은 지난번 전쟁에 내가 참여한 일에 대해서 흥미로운 방식으로 문제를 제기했습니다. 그것은 정당한 질문입니다. 나는 지난번 자서전 식으로 쓴 마지막 장[14]에서 마치 당신의 질문을 예상이라도 한 듯이 대답했습니다. 그것을 주의 깊게 읽어 보시고 시간이 있으면 그 논의에 대해서 생각하시는 바를 나에게 말해 주십시오. 당신의 의견을 귀하게 여기겠습니다.

---

13 〔역주〕 문맥상 아우구스투스 황제 시대에 로마에서 활동한 뛰어난 서정시인, 풍자작가였던 Quintus Horatius Flaccus (B. C. 65~B. C. 8)를 지칭하는 것이 아니라, 호라티우스 코클레스(Horatius Cocles)라는 B. C. 6세기 후반에 활동한 것으로 전해지는 로마의 영웅을 지칭한다. 라르스 포르세나가 이끄는 에트루리아 군대가 로마를 침공하자, 처음에는 두 전우와 함께, 나중에는 혼자서 수블리키우스 다리를 지켜서 로마인들이 다리를 끊을 시간을 벌었다. 그 후 그는 티베르강을 헤엄쳐 반대편 강변으로 갔다고 한다. 그가 안전하게 도착했는지 또는 익사했는지에 대해서는 설들이 엇갈린다. 이 신화는 불카누스 신전 근처에 세워진 외눈박이 절름발이인 동상의 연유를 설명하다가 생겨난 듯싶다. 《브리태니커 CD EX 백과사전》, 한국브리태니커, 2002 참조.

14 〔역주〕 《자서전》 4부 38장(《함석헌전집》 7, 《간디자서전》 372면 이하)을 볼 것. 《전집》 권 41, 196면 참조. 이 전쟁은 1914년 발발한 제 1차 세계대전을 가리킨다.

마지막으로, 나는 진실로 완전에 도달하고 싶습니다. 하지만 내 한계를 인정하고 있으며, 그 한계가 나날이 점점 분명해지고 있습니다. 얼마나 많은 곳에서 내 심정이 완고한 죄를 범했는지 누가 알겠습니까? 만일 당신이 나의 글 여러 곳에서 연민의 결여를 보셨다고 해도 나는 놀라지 않을 것입니다. 그러지 않았으면 하는 나의 기도 담긴 노력에도 불구하고 타락이 있었다는 점을 말씀드릴 뿐입니다. 초기 기독교도가 사탄을 단순히 사악한 원리로 간주한 것이 아니라 육신을 입은 악(*evil incarnate*)으로 간주한 것은 다 이유가 있었을 것이라고 생각합니다. 사탄은 삶의 모든 방면에서 우리를 지배하는 것처럼 보이는데, 인간의 사명은 그 사탄의 권세를 전복하는 일입니다.

나는 미라에게 보낸 당신의 편지를 보고 육신 안의 당신이 더 간절히 보고 싶습니다. 내가 좋은 건강을 유지할 경우, 그리고 만일 건강을 유지하지 못하는 경우에도 내면의 소리가 나를 유럽으로 안내한다면 올해 당신을 뵐 수 있다는 희미한 희망은 있습니다. 나는 지금 두 개의 초청을 진지하게 고려중입니다. 당신을 만나고 싶은 욕구는 초청들을 받아들이는 방향으로 내 결정을 촉진할 것입니다.

귀하의 신실한 친구

Romain Rolland

로맹 롤랑에게 보낸 편지, SN 14942 ; 《전집》 41 : 215

104) 명예와 책임

사바르마티, 사탸그라하 아슈람, *1928. 6. 17*

사랑하는 친구에게,

방케르 씨가 나에게 당신의 편지를 주었습니다. 그것은 나에게 고통을 자아냈습니다. 대출은 라젠드라 바부의 의뢰에 따라서 특정 목적을 위해서 당신에게 주어진 것입니다. 그런데 왜 당신은 훈련을 명령으로 오해합니까? 일꾼들에게 돈을 꾸어 준 본부의 관여 없이 모든 사람들이 일하기를 원한다면 하나의 조직체가 성공적으로 운영될 수 있겠습니까? 이익을 위해서 운영되는 순수 사업체와 종업원들 사이보다, 자원봉사자 단체와 봉사자들 사이를 규제하는 더 고상한 신사도가 분명히 존재할 것입니다.

그러나 나는 당신의 마지막 문장에 그저 놀랄 뿐입니다. 당신이 그 돈을 빌릴 때 그 돈이 대출되는 모든 조건을 잘 알면서 책임을 진다고 했는데, 이제 와서 당신은 전혀 책임지지 않겠다고 말합니다. 그리고 당신은 왜 당신을 돕기 위해서 전인도 직조인협회에서 사람이 오기를 원합니까? 그 대출은 분명 법률상의 빚이지만 그전에 명예의 빚이라는 점, 그리고 당신은 명예롭게 그 빚을 갚아야 한다는 점만을 말씀드릴 수 있습니다.[15]

귀하의 신실한 친구
M. K. 간디

Sjt. N. C. Bardaloi
Santi Bhavan
Gauhati (Assam)

N. C. 바르달로이에게 보낸 편지, SN 13623 ; 《전집》 42 : 156

105) 영웅적 행위와 선택

사바르마티, 사탸그라하 아슈람, *1928. 7. 11*

사랑하는 친구에게,
당신의 편지를 전부 받아 보았습니다. 시간 부족 때문에라도 모든 편지에 대해서 반드시 답장을 다 하는 것은 아닙니다. 내가 존경하

15 〔역주〕 이 편지의 사본 일부가 전인도 직조인협회 서기에서 보내졌다. 《전집》 권 42, 136면.

는 타계하신 분과 생존하신 분에 관련되어 일어나는 모든 행사를 〈영 인디아〉 지에서 다 밝히는 것도 아닙니다.

나는 전에 시바지와 다른 영웅들에 대해서 내 견해를 밝힌 바 있는데 그것을 바꾸지 않았습니다. 그들이 나의 구루나 모범이 아니지만, 그렇다고 해서 그들의 영웅적 행위와 세계적인 드라마에서 활약한 주요 역할에 대해서 내가 모르는 것은 아닙니다.

귀하의 신실한 친구

Sjt. S. A. Sahasrabuddhe
Zavba's Wadi, Parekh Building
Girgaon, Bombay

S. A. 사하스라부데에게 보낸 편지, SN 13470 ; 《전집》 42 : 263

106) 거짓 자만과 수치 〔*1928. 7. 27*〕

안녕, 바수마티!
어제 걱정이 되어 전보를 쳤네. 오늘 답변을 받고서야 평안해졌다네. 신열은 한참 지속되었다네. 용기를 잃지도 말고 놀라지도 말게. 방문하는 모든 장소를 자신의 집으로 바라보라는 우리의 원리, 꼭 필요한 봉사라면 어떤 봉사라도 수용하라는 원리를 잊지 말게. 거짓 자만(*false pride*)과 거짓 수치(*false shame*)는 우리의 적이네. 나는 자네에게서 매일 편지를 받아야겠네. 자네는 그 안에 아주 상세한 점까지 쓰거나 구술해야 한다네. 오늘은 나니벤이 그녀 자신의 건강을 위해서 착수한 7일 단식의 마지막 날이라네.

바푸로부터 축복을

Chi. Vasumatibehn
Kanya Gurukula

바수마티 판디트에게 보낸 편지(G.), CW 486 ; 《전집》 42 : 328

107) 용기와 순교

〔*1938. 10. 10* 이후〕

여기 우리 가운데 바드샤흐 칸(Badshah Khan 또는 Khan Abdul Ghaffar Khan)과 같이 진실하고 정직하며 신을 경외하는 사람이 있어서 행운입니다. 수천 명의 파탄인이 무기를 포기하게 한 기적은 그의 덕분입니다. 미래에 무슨 일이 생길지 아무도 말할 수 없습니다. 모든 쿠다이 키드마트가르(Khudai Khidmatgar)[16]들이 그들의 이름처럼 반드시 신의 진실한 종이 아닐 수도 있습니다. 그러나 모든 사항을 감안하면 이미 이뤄진 일만 해도 경이롭지 않은 것이 아닙니다. 제가 여러분에게 기대하는 것은 어떤 사람이 여러분에게 가장 비인간적인 고문을 가하더라도 즐겁게 고난을 직면하고, 여러분의 입술로 신의 이름을 부르며 심정에 공포와 분노의 흔적도 없이, 복수심도 없이 지고의 희생을 바치라는 것입니다. 그것이 영웅적 행위 중 최고일 것입니다.

검을 들고 싸우는 것은 일종의 용기를 요구합니다. 하지만 죽는 일은 죽이는 것보다 훨씬 용감합니다. 죽이고 죽는 자가 아니라, 심정 속에 공포 없이 적을 해치려는 바람 없이 죽는 자만이 진실로 용감하

---

16 〔역주〕 페르시아어로 '神의 종들'이라는 뜻. 1930년 인도 서북 변경지방에서 압둘 가파르 칸에 의해서 시작된 인도 국민회의에 대한 지지운동. 가파르 칸은 파탄(또는 파슈툰) 족으로 간디와 그의 비폭력주의를 흠모하고, 인도 국민회의에 대한 지지가 변경의 영국 정권에 대한 그의 불만을 표출하고 압력을 가하는 방법이라고 생각했다. 그는 변경의 간디라고 불렸고 그의 지지자들은 비폭력을 맹세했다. 그들은 붉은색 셔츠를 입었기에 홍의당이라고 불렸다.

새로운 인도 정부법에 따라서 치른 1937년의 선거에서 홍의당이 지지하는 인도 국민회의가 승리하고 가파르 칸의 형 칸 사헤브를 수반으로 내각이 구성되었다. 중간에 공백은 있었으나 이 내각은 1947년까지 유지되었다. 1947년 인도와 파키스탄이 분리될 때 변경지방은 국민투표로 파키스탄 쪽을 택했다. 그러자 가파르 칸은 '파크투니스탄'을 주장했는데 이것은 파키스탄과 아프가니스탄 국경 지방에 독립 파툰 국(國)을 건설하는 개념이다. 파키스탄 정부는 이 운동과 홍의당 모두를 탄압했다. 《브리태니커 CD EX 백과사전》, 한국브리태니커, 2002 참조.

고 그런 사람만이 진정한 의미의 순교자입니다. 우리나라가 현재 타락한 상태에 있지만, 이런 용기를 나타낼 수 있다면 훈련과 과학, 그리고 조직을 지닌 유럽에 얼마나 훌륭한 신호등이 될 수 있을까요! 소수의 사람이 다수의 사람들에 맞서서 무장의 저항을 벌이는 것은 분명 영웅적이지만, 아무런 무기도 없이 절대 우세의 수에 대항하여 일어서는 일은 그보다 훨씬 더 영웅적이라는 점을 유럽이 깨닫기만 하면, 유럽은 자신을 구원하고 세계를 위해서 먼저 길을 개척할 것입니다.

홍의운동의 장교에게 한 연설, 《평화를 위한 순례》 (*A Pilgrimage for Peace*), 56~57면; 《전집》에서 확인 불능.

4. 겸손

108) 겸손하게 걷기

'망고나무는 무성할수록 고개를 더 숙인다'라는 인도 격언이 있다. 트란스발의 인도인들이 명예롭게 투쟁에서 벗어났으며, 더구나 그들의 거룩한 결의를 깨지 않았다는 점은 부인할 수 없는 사실이다. 그들이 겪었던 고통은 정화의 당연한 과정으로 평가되어야 할 것이다.

정부와 인도인 사이에서 이뤄졌던 협상은 그 법령의 완전 폐지를 고려하고 있었는데, 그러한 고려는 반대 정신의 표출이었다. 자주 제시되었던 자발적 등록은 이제 수용되었다. 간디 · 퀸 · 나이두 제씨들이 고상하고 겸손한 말로 작성한 편지에 진술된 조건은, 법령이 자발적으로 등록하는 사람에게는 적용되지 않는다는 것이다. 정부는 신원확인의 방식으로 그들이 원하던 모든 것을 받았다. 양쪽 당사자는 모두 자신들이 얻으려고 노력했던 실질적인 내용을 얻었다. 이런 관점에서 협상은 정부와 인도인 사회 모두에게 명예로운 것이었다. 정부는 막판에 인도인들의 정서(*sentiment*)를 고려할 필요성을 인정하는 데에 정부의 힘을 보여주었다. 여러 번 논의된 지문채취는 여전히 문제로 남아 있다. 인도인 사회가 지문채취를 탄력적으로 수용하는 일은 그 사회의 사려분별을 드러낼 뿐만 아니라, 인도인들의 반대가 절대로 지문채취에 집중되지 않았음을 보여준다.

우리는 이 협상을 인도인들의 승리라고 부르기를 거부해야 한다. 그렇게 부른다면 언어의 남용일 것이다. 하지만 승리라는 말이 적용될 수 있다면 진리(*Truth*)의 승리일 것이다. 인도인들은 늘 이것을 종교적 투쟁이라고 불러왔는데 그것은 옳다. 종교라는 말에 피상적 의미만을 부여하는 사람들은 인도인들의 투쟁 안에 어떤 종교도 보지 못했지만 인도인 자신들은 다르게 생각했다. 그들은 그 투쟁을 신의 이름으로 벌였고 고난을 통과할 수 있을 만한 충분한 힘을 받았다는 점에 대해서 신 앞에 자신들을 낮추어야 한다.

더구나 인도인들은 그 협상을 자랑해야 할 이유가 거의 없지만 겸손하게 행동해야 할 이유는 충분히 있다. 다르지만 더 고상한 일이 이제 막 개시되었기 때문이다. 인도인 사회는 시험을 겪고 있는데 그것은 자신들이 원했기 때문이다. 인도인들은 처벌당하는 고통을 겪으면서 신원 확인을 요구하는 법률을 제정하는 대신, 트란스발에 거주할 자격이 있는 모든 인도인들을 확인할 수 있는 온갖 편의를 정부에 제공함으로써, 도덕적 책무 그래서 더 고상한 책무를 담당하게 되었다. 그리하여 그것은 이제 건설적인 일이 되었다. 그리고 우리 인도인 사회가 필요로 하는 파괴를 질서정연하고, 평화롭고, 완벽하게 예의 바른 방식으로 수행할 수 있음을 스스로 증명해 보였는데, 이제 우리 사회는 견고하고 실제적이며 건설적인 일을 할 수 있음을 증명해 보여야 한다. 인도인 사회가 건설적인 일에 입각한 자신감을 가질 만하다는 것을 스스로 증명해 보일 때, 인도인 사회는 자축할 이유가 있게 될 것이고, 모든 사려 깊은 사람들로부터 참으로 높은 평가를 받을 수 있을 것이다.

겸손, 〈인디언 오피니언〉, 1908. 2. 8 ; 《전집》 8 : 68

109) 타파스(고행)와 겸손

1924. 10. 8

힌두 신화에는 각 단계마다 타파스의 예화들이 존재한다. 파르바티가 샹카라를 원했을 때 그녀는 타파스에 호소했다. 시바가 뭔가 잘못을 범했을 때 역시 타파스를 했다. 비슈와미트라는 타파스의 육화(*incarnation*) 그 자체였다. 라마가 추방되었을 때 바라타는 요가 훈련에 뛰어 들었고, 엄혹한 타파스를 수행했으며 자신의 육신을 수척하게 만들었다.

신은 인간을 다른 방식으로 검증할 수 없다. 만일 혼이 육신과 다르다면, 혼은 육신이 고통당할 때에도 지복에 차 있어야 한다. 음식이 육신을 위한 자양분이라면 지식과 명상은 혼의 자양분이다. 사람은 때가 오면 이것을 스스로 깨달아야 한다.

하지만 타파스에 신앙·귀의·겸손이 수반되지 않는다면 모든 금욕은 헛된 짓이 될 것이며, 위선일 수밖에 없을 것이다. 신의 귀의자가 식사를 즐긴다면, 그는 그와 같은 고행자[17]보다 1천 배나 더 낫다.

오늘은 나의 타파스에 대해서 말할 기운이 없다. 하지만 내가 타파스 없이는 도저히 살아갈 수 없다는 점만은 말할 수 있다. 나는 다시 한 번 폭풍우 몰아치는 바다로 뛰어들지 않으면 안 될 운명이

17 〔역주〕 신앙·귀의·겸손 없이 고행하는 자.

다. 오 신이시여, 제가 비천한 존재라는 것을 아시옵고, 저를 보호해 주소서.

타파스의 중요성(G.), 〈나바지반〉, 1924. 10. 12 ; 《전집》 29 : 195

110) 겸손, 이기주의, 타성

화요일 아침, *1930. 10. 7*

안녕, 나란다스!

겸손(*humility*)은 그 자체로 규율일 수 없다. 의도적으로 실행할 수 있는 것은 아니기 때문이다. 하지만 그것은 아힘사의 불가결한 검증 수단이다. 자신 안에 아힘사를 가진 자에게 겸손은 그의 본성 자체의 일부가 될 것이다. 사탸그라하 아슈람의 규칙과 규제에 대한 초안이 고 구루다스 바네르지(Gurudas Banerji) 경을 포함한 친구들 사이에 널리 회람되었다. 그는 겸손이 규율 중의 한자리를 차지해야 한다고 제안했다. 이 제안은 당시에도 내가 방금 언급했던 이유로 수용되지 못했다. 그러나 비록 겸손이 규율의 하나가 아닐지라도, 그것은 다른 규율들만큼이나, 아니 그것들 이상으로 필수적인 것만은 분명하다. 그것은 단지 실천에 의해서 사람에게 결코 오는 것이 아닐 따름이다. 진리는 사랑을 닦을 수 있는 것처럼 닦을 수 있다. 그러나 겸손을 닦는다는 것은 위선(*hypocrisy*)을 닦는다는 것과 같다. 여기에서 말하는 겸손을 단순한 예의범절이나 에티켓과 혼돈해서는 안 된다. 심정이 어떤 사람에 대한 한으로 가득 차 있다고 해도 그 사람 앞에서 때때로 자신을 굽히기도 한다. 이것은 겸손이 아니라 교활(*cunning*)이다. 사람이 하루 종일 라마나마를 외거나 염주를 굴리면서 세상 속을 성자연하면서 돌아다닐 수는 있다. 그런데 그런 사람이 심정에서 이기적이라면, 그는 유순한 것이 아니라 위선적이다. 겸손한 자는 자신의 겸손을 스스로 의식하지 않는다.

진리 그리고 그와 유사한 부류는 잣대를 들이댈 수 있지만 겸손은 그렇지 못하다. 타고난 겸손은 절대 숨겨진 채로 있을 수 없다. 하지만 그 소유자는 그 존재에 대해서 알지 못한다. 바쉬슈타와 비슈와미트라의 얘기는 이 점에서 아주 좋은 사례를 제공한다. 겸손은 소유자에게 자신이 아무것도 아님을 깨닫게 해 준다. 우리는 노골적으로 자신이 상당한 존재라고 생각하는데 그것은 이기주의(*egotism*)이다. 규율을 지키는 사람이 규율을 지키는 일에 대해서 자부심을 가진다면, 그 규율은 가치의 전부는 아니라고 해도 상당한 부분을 잃은 것이다. 그리고 자신의 덕을 자랑스러워하는 자는 흔히 사회에 저주가 된다. 사회는 그 덕을 고마워하지 않을 것이고, 자신은 그것으로부터 어떤 이익도 얻을 수 없을 것이다. 우리가 조금만 생각해 보면 모든 피조물이 우주 속 원자 하나에 불과하다는 점을 확신할 수 있다. 육신을 입은 존재로서 우리 존재는 순전히 찰나적이다. 영원 속에서 1백 년은 무엇인가? 그러나 우리가 이기주의의 사슬을 부수고 인류(*humanity*)의 바닷속으로 녹아들면 우리는 그 바다의 존엄을 공유할 것이다. 우리가 자신을 대단한 인물이라고 느끼는 것은, 신과 우리 사이에 장애물을 세우는 일이다. 우리가 대단한 인물이라는 느낌을 버리는 일은 신과 하나가 되는 일이다. 바닷속의 물 한 방울은 부모의 위대성을 공유하고 있으면서도 그 점을 의식하지는 못하고 있다. 하지만 바다와 독립된 존재가 되자마자 그것은 당장 말라 버린다. 우리가 지상의 삶이 단순한 거품이라고 말할 때 그것은 과장이 아니다. 그와 같은 최대의 겸손을 어떻게 닦을 수 있을까? 그것은 우리가 규율의 정신을 이해할 때 저절로 발전하게 될 것이다. 진리를 추종하려고 열망하는 자는 도대체 자만심 있는 사람(*proud man*)이 될 수 있을까?

봉사의 삶은 겸손의 삶이어야 한다. 자신의 생명을 타인을 위해서 희생하려는 사람은 자신을 위한 양지(陽地)를 예약해 둘 시간이 거의 없을 것이다. 힌두교에서 그랬듯이 타성(*inertia*)이 겸손으로 오인돼서는 안 된다. 타성이 겸손으로 오인되었기 때문에, 나태와 위선이 겸손의 이름으로 자주 창궐했다. 진정한 겸손은 오로지 인류에 대한 봉사로 향한 최고의 불요불굴의 지속적 노력을 의미한다. 신은 한순간도 쉬지 않고 계속 행동하는 분이시다. 우리가 만일 그분을 섬기거나 또는 그분과 하나되기를 원한다면, 우리의 활동은 그분의 활동처럼 지치지 않고 줄기차야 할 것이다. 바다에서 분리된 물 한 방울에게는 찰나의 휴식이 준비되어 있을지도 모르지만, 휴식을 모르는 바닷속의 물 한 방울에게는 그것도 없다. 우리 자신도 마찬가지이다. 우리가 신의 모습을 지닌 바다와 하나가 되는 순간 우리에게 더 이상의 휴식은 없고 필요하지도 않다. 우리의 수면마저 행위이다. 우리가 우리 심정에 신에 대한 생각을 품고 잠자기 때문이다. 이와 같은 무휴식(*restlessness*)이 참된 휴식이다. 이 중단 없는 소요(*agitation*)가 말로 설명할 수 없는 평화를 얻는 열쇠이다.

그래서 진실한 겸손은 살아 있는 모든 피조물에 대한 봉사에 우리 자신을 바칠 것을 요구한다. 우리의 모든 것을 이런 식으로 바칠 때 일주일 중의 어떤 날도 우리에게 휴일은 아니다. 이와 같은 전면적 내맡김(*total surrender*)이라는 지고의 경지는 말로 설명하기 어렵다. 하지만 그 경지는 인간 경험 영역의 바깥에 있는 것은 아니다. 그것은 수많은 헌신적인 혼이 성취한 바이고 우리 자신도 성취할 수 있을 것이다. 이 경지는 사탸그라하 아슈람에 있는 우리가 자신들 앞에 제시한 목표이다. 우리의 모든 규율과 활동은 그 목표에 도달하는 데 도와주도록 겨냥하고 있다. 만일 우리 안에 진리가 있다면 우리 모두는 언젠가 부지불식간에 거기에 당도할 수 있을 것이다. 우리가 만일 의식적으로 그것을 향해서 분투노력한다면 거기에 당도할 수 없을 것이다.

바푸로부터 축복을

나란다스 간디에게 보낸 편지(G.),
MMU / I ; 《전집》 50 : 169(일부)

111) 겸손과 배타성

아그라 캠프, *1929. 9. 14*

사랑하는 친구에게,
당신의 편지를 받았습니다. 기독교도에게 주는 내 메시지는 절대적 진리를 독점적으로 소유하고 있다고 사칭하는 대신 겸손을 닦으라는 것입니다.

나는 다른 민족들 사이에서 보다 나은 이해를 가져오는 유일한 길은 만인을 우리 자신처럼 대접하는 일이라고 생각합니다.

귀하의 신실한 친구

Allen Melton, Esq.
President, World Fellowship Council, Dallas, Texas

앨런 멀튼에게 보낸 편지,
SN 14239 ; 《전집》 47 : 63

112) 겸손과 자존심

예라브다 만디르, *1930. 10. 18*

안녕, 라디카!
자네의 편지를 받았네. 자네의 지난번 편지 안에 무례한 것은 없었다네. 자네는 단지 그 편지에서 자네 마음을 동요시킨 생각만을 쏟아부었을 뿐인데, 자네는 또 그렇게 할 권리가 있네.

겸손은 정식 훈련을 통해서 배울 수가 없네. 하지만 비폭력 정신을 닦다 보면 그것은 저절로 성장하네. 우리가 왕실 가족들 안에서 보는 외면적으로 겸손한 행동은 정식으로 배울 수가 있네. 하지만 그것은 진실한 겸손이 아니라 세련된 예의범절의 일부일 따름이네. 내가 권하는 겸손에서 사람은 '나'라는 생각을 잊고, 단지 영이 되어야 하네. 그런데 어떤 공부를 통해서 그것을 배울 수 있을까? 그러나 육신의 찰나성을 깨달은 자, 그리고 자아에 대해서 어느 정도 안 자는 곧 겸손해질 것이네. 내가 자네에게 화를 내서 말하는데, 자네가 불쌍한 암소처럼 눈을 아래로 깔고 그저 듣기만 하며 나에게 전혀 화내지 않는다면, 그것은 자네 편에서 얼마나 훌륭한 겸손일까? 그런 겸손은 자네가 진실한 자존심(*self-respect*)을 배웠을 때에만 온다네. 만일 내 뜻을 이해하지 못했다면, 묻고 또 묻길 바라네. 나는 그것을 설명하는 일에 염증을 내지 않을 것이네. 자네는 이제 완전히 회복되었는가?

바푸로부터 축복을

라다벤 간디(Radhabehn Gandhi)에게
보낸 편지, CW 8687 ;《전집》50 : 214

113) 욥기

무명의 친구 한 사람이 욥기와 시편으로부터 적당한 발췌를 엮는 수고를 했다. 그 발췌가 우리 모두에게 영원한 비망록이므로 나는 기쁜 마음으로 그것을 아래에 싣는다. 그 한 묶음의 글에서 내가 얻은 도덕적 교훈은, 인간이란 먼지이고 잘해야 잡초에 불과하므로, 지상에 지내는 동안 자기 동료에 대한 봉사를 위해서 몇 순간을 보내는 것이 좋다는 것이다. 투고자가 성서의 구절들을 모았는데 이것이 만사의 헛됨을 보여주기 위한 일이 아니길 바란다. 그렇게 되면 그것은 나태와 기생주의(*parasitism*)의 교의가 되고 말 것이다.

훌륭한 조언, 〈하리잔〉, 1946. 5. 19 ;《전집》90 : 497

V

사 탸

절대적 진리와 상대적 진리

1. 절대적 진리와 상대적 진리

114) 진리가 토대다

커전 경(*Lord Curzon*)은 그의 평의회 연설에서 다음과 같이 선언했다. "진리의 최고 이상은 주로 서양적 관념이고, 진리는 서구의 도덕 법전에서 높은 자리를 차지하고 있는 것이 분명한데, 후에 동양에서도 유사하게 공경을 받았다. 대신 동양에서는 교활함과 외교적 책략이 늘 높은 호평을 받았다." 우리는 동양 경전과 서사시, 그리고 진리와 허위에 대한 종교적·윤리적 작품에서 뽑은 다음 텍스트를 각하가 주목하시기를 추천하는 바이다. 그리고 만일 커전 경이 진리와 이 나라의 민중에 대해서 조금이라도 경의(敬意)가 있다면, 우리가 생각하기에 그는 분명 그럴 것 같은데, 인도의 부왕으로서, 캘커타 대학의 학장으로서, 그리고 영국 신사로서 그의 명예를 걸고라도 근거 없고 무례한 비난을 철회해야 한다.

건너가기가 지극히 어려운 길을 건너가라. 분노를 평화로써 정복하고, 허위를 진리로써 정복하라.

《사마 베다》, 《아란야 가나》, 〈아르카파르바〉

진리만이 득세하고 허위는 그럴 수 없다. 진리는 학식 있는 자가 밟고 가는 오솔길이다. 자신들의 욕망을 만족시킨 성인들이, 그분 안에서 즉 진리의 무한한 바다이신 그분(*Him*) 안에서 구원을 얻었던 것은 바로 이 길을 통해서이다.

《만두카 우파니샤드》, III. 1.6

제자가 신성한 줄(*sacred thread*)을 감고 공부에 들어갈 때 그에게 처음 주어지는 명령은 다음과 같다.

진리를 말하고, 의무를 준수하고, 진리에서 탈선하지 말아라.

《타이티리야 우파니샤드》, I. II. I

힌두교에 따르면 진리는 브라마의 알짬 자체이다.

브라마는 영원한 진리이고 불가량의 지성이다.

《타이티리야 우파니샤드》, II. I. I

말은 진리에 근거한다. 만물이 진리에 근거한다. 그래서 그들은 진리를 최고라고 한다.

《마하나라얀 우파니샤드》, XXVII. I

진리보다 더 높은 의무는 없고, 허위보다 더 극악무도한 죄는 없다. 진실로, 진리는 공의(*Righteousness*)의 토대 바로 그 자체이다.

《마하바라타》

궁중의 사제 한 사람이 라마 왕자에게 14년 동안 추방되어야 한다는 부친의 약속을 거부하라고 권면했다. 그러나 불멸(不滅)의 명성을 지닌 왕자는 답변하면서 다음과 같이 지적했다.

> 진리와 자비는 까마득한 옛날부터 왕의 행동이 갖는 특성이다. 따라서 왕의 통치는 그 알짬이 진리이다. 세상은 진리에 근거하고 있다. 성자와 신(神)들은 진리를 존중해왔다. 세상에서 진리를 말하는 자는 불멸의 최고 경지에 도달한다. 사람들이 거짓말쟁이를 만나면, 마치 뱀을 만난 것처럼 공포와 전율을 느끼며 뒤로 물러난다. 이 세상에서 덕의 핵심 요소는 진리이다. 그것은 만물의 토대로 불린다. 진리는 이 세상의 주님이다. 덕은 언제나 진리에 기댄다. 만물이 진리에 근거하므로 그것보다 높은 것은 없다. 내가 왜 약속에 충실하면 안 되는가? 그래서 내 부친이 내리신 명을 충실하게 준수하면 안 되는가? 어둠에 뒤덮인 나는 탐욕에 의해서도 미망에 의해서도 그리고 무지에 의해서도 진리의 장벽을 부수지 않을 것이지만, 부친과의 약속에도 끝까지 충실할 것이다. 내가 숲 속에 머물겠다고 그분께 약속했는데 내가 어떻게 그분의 명을 어기고 바라타가 권고하는 바를 하겠는가?

막스 뮐러 교수의 번역

자연의 법칙들은 진리의 표현이다. 여러 가지 덕은 진리의 모습들에 불과하다. 모든 악덕은 허위의 모습들이다. 비슈마는 그것들을 다음과 같이 묘사하고 있다.

> 진실, 평등, 자기통제, 자기현시의 부재, 용서, 겸손, 인내, 질투의 부재, 자선, 타인들을 위한 고상한 기원, 냉정, 자비, 불상해 — 이런 것들이 분명히 진리의 열세 가지 모습들이다.

《마하바라타》〈샨티파르바〉, clxi. 8.9

진리는 존재하는 것이고, 허위(*Untruth*)는 존재하지 않는 것이다. 비슈마가 말한 대로

> 진리는 영원한 브라만[1]이다. … 만물이 진리에 기댄다.
>
> 《마하바라타》〈샨티파르바〉, clxii. 5

> 아리안족 영웅들은 종종 "내 입술은 단 한 번의 허위도 말한 적이 없다"고 선언했다.

〈아슈바메다파르바〉에서 슈리 크리슈나가 말했다.

> 진리와 다르마는 내 안에 언제나 거한다.

비슈마는 진리를 높은 차원의 희생이라고 선언하며 다음과 같이 말했다.

> 옛날 옛적에 희생제물 1천 마리의 말과 진리를 어느 편이 무거운지 저울 위에 달아 보았다. 진리가 희생제물 1천 마리의 말보다 더 무거웠다.
>
> 《마하바라타》〈샨티파르바〉, clxii. 26

> 진리보다 위대한 것은 없다. 진리는 만물 중에 가장 거룩한 것으로 존경받아야 한다.
>
> 《라마야나》

> 진리는 언제나 거룩한 성자들의 사랑,
> 저 위에 계신 신의 사랑이었네.

---

1 〔역주〕 브라마는 남성 신을 의미하고, 브라만은 궁극적 원리로서 중성이다.

이 세상에서 입술이 진실한 자는
사후에 극락을 얻는다네.
뱀의 치명적 독니에서 물러나듯이
우리는 진리를 멸시하는 자로부터 물러난다네.

《라마야나》

일치와 덕을 가져오고, 평화와 고요를 지켜주고, 사람으로 하여금 그의 운명을 완수케 하는 덕들에 대해서 슈리 크리슈나가 다음과 같이 말했다.

무외(無畏), 청정한 성품, 지식 요가에 굳게 섬, 보시, 절제, 희생제사, (《베다》의) 공부, 고행, 정직; 비폭력, 진리, 분노의 부재, 포기,[2] 평안, 비방하지 않음, 산 것을 불쌍히 여김, 불탐착(不貪着), 유순, 참괴, 침착; 활력, 인내, 강건, 순결, 악의와 오만이 없음, 이런 것들은 신성한 성질을 부여받은 자들이 가지고 있는 것이니라. 바라타의 왕자여.[3]

《바가바드 기타》, 16 : 1~3

올바른 말에 대해서 《바가바드 기타》 17장 5절에 다음과 같이 묘사되어 있다.

(남에게) 동요를 일으키지 않는, 진실하고 유쾌하고 유익한 말과 《베다》 독송의 연습을 말의 고행(*austerity of speech*)이라고 부른다.[4]

---

2 〔역주〕《전집》 권4, 229면의 이 부분은 오류.
3 길희성 역, 《바가바드 기타》, 현음사, 1988, 349면 참조.
4 길희성 역, 위의 책, 239면.

힌두교에 따르면 이슈와라 자신이 진리이다. 거룩한 주님을 숭배하는 제신들은 그분이 슈리 크리슈나로 나타나자 갑자기 다음과 같이 노래했다.

> 약속에 충실하시고, 목적에 충실하신 분, 삼중(三重)으로 충실하시며, 진리의 원천이시고, 참된 것에 거하시며, 진리의 진리이시고, 올바름과 진리의 눈이시고, 진리의 정신이신 당신에게 귀의합니다.
>
> 《바가바드 푸라나》 XII. 26

윌리엄 존스 경에 따르면, 《마누법전》은 기원전 1580년이 아니라면 적어도 기원전 1280년까지 소급된다. 마누가 제정한 십중(十重) 법칙은 마음의 훈련에 필요한 자질과 최고의 진리, 즉 하나의 실재에 도달하는 데 필요한 자질을 다음과 같이 적고 있다.

> 감내, 인내, 자기통제, 성실성, 순결, 감각의 통제, 지혜, 학문, 진리, 분노의 부재, 이런 것들이 덕의 10가지 표시이다.
>
> 《마누법전》(*Manusmriti*), vi. 92

그것들은 다른 곳에서 다음과 같이 간단히 적혀 있다.

> 불상해, 진실, 성실성, 순결, 감각의 통제가 4계급의 요약된 법칙이라고 마누는 말했다.
>
> 《마누법전》, X. 63

그래서 마누는 '말에 있어서 부정직한' 사람을 비난했다.

> 만물은 말로 지배된다. 말은 뿌리이다. 말에서 그것들이 생성되었다. 말에 있어서 부정직한 사람은 진실로 만사에 부정직하다.
>
> 《마누법전》, iv. 256

아리안족의 성전은 공의의 부단한 실천과 의무 수행을 되풀이하여 가르치고 있다.

정의롭지 못한 사람, 거짓으로 부를 얻은 사람, 또는 남을 해치는 일을 언제나 즐기는 사람, 그는 결코 이 세상의 행복을 얻지 못한다. 불의(*unrighteousness*) 때문에 고통을 당할지언정 마음을 불의 편으로 돌리지 말자. 그는 정의롭지 못한 자들, 죄인들의 신속한 전복을 목격할 것이다. 세상에서 자행된 불의는 암소같이 단번에 열매를 맺는 것이 아니다. 그에 대한 반작용이 서서히 행위자의 뿌리 자체를 절단할 것이다.

《마누법전》, iv. 170~172

그로 하여금 진실한 것을 말하게 하자. 하지만 즐거운 것을 말하게 하자. 마음에 들지 않는 어떤 진리도 말하지 않게 하자. 하지만 마음에 드는 어떤 거짓도 말하지 않게 하자. 이것이 태고의 규칙이다.

《마누법전》, iv. 138

사람으로 하여금 계속 진리를, 정의(*justice*)를, 칭찬할 만한 행위를, 그리고 순결을 향유하도록 하자.

《마누법전》, iv. 175

그로 하여금 중상모략자와 위증자의 음식을 절대 먹지 말도록 하자.

《마누법전》, iv. 214

덕망 있는 사람에게 자신을 진리와는 정반대의 방식으로 묘사하는 사람은 이 세상에서 가장 죄 많은 철면피이다. 그는 도둑 가운데 최악의 도둑이다. 마음들의 절도자이다.

《마누법전》, iv. 255

오직 생명 부지(扶持)를 위해서만 먹는 자, 진리를 선언하기 위해서만 말하는 자, 그는 난국을 타개한다.

《히토파데샤》

말에는 4가지 죄가 있다.
1 거짓말하기, 2 중상, 3 욕설, 4 무익한 담화

《불교윤리》

진리와 거짓의 관계는 돌멩이와 질그릇의 관계와 같다. 돌멩이를 질그릇에 던지면 질그릇은 부서질 것이다. 어떤 경우에도 당하는 것은 질그릇이다.

《시크교도의 가르침》

귀의의 어떤 행동도 진리와 같을 수는 없다. 거짓만큼 극악무도한 죄는 없다. 진리가 거하고 있는 심정에 나의 처소가 있다.

카비르

진리에 대한 동양의 이념,
〈인디언 오피니언〉, 1905. 4. 1 ; 《전집》 4 : 178

115) 진리에게 최고의 자리 주기

1920. 7

"진리의 길은 용기 있는 자만을 위한 것이지 겁쟁이를 위한 길은 아니다." 나는 이 시구[5]의 의미를 세월이 흐를수록 절절히 깨닫는다. 성인만이 아니라 어린이들과 학생들 역시 이 시의 생각을 실행할 수 있다고 본다. 우리가 만일 바로 어린 시절부터 진리의 길을 알고 따르기를 노력한다면 그것만으로도 우리는 성장해서 허위(*untruth*)의 길을 따르는 일로부터 구원받을 것이다. 질병을 방심하면 만성불치

---

5 구자라트 시인 프리탐다스(Pritamdas, 약 1720~1798).

가 되는 것처럼, 허위도 어린 시절부터 우리 안에 뿌리를 내리도록 허용하면 불치의 병이 되어서 건강을 서서히 망친다. 이런 이유로 우리는 허위가 우리 안에 성장하는 것을 본다.

학창 시절 동안 배워야 할 최고의 교훈은, 진리를 알고 그에 따라서 행동하는 것이다.

이 길은 언제나 용기 있는 자를 위한 것이었다. 진리의 가파른 언덕을 올라가는 것은 히말라야를 등산하는 것보다 더 많은 노력을 요구하기 때문이다. 그래서 만일 우리가 이런 방향으로 일하고 자신들을 섬기기를 원한다면, 진리에게 첫 자리를 내주어야 하며 그 안에서 불굴의 신앙으로 전진해야 한다. 진리는 신이다.

모한다스

용기 있는 자만을 위한 진리의 길,[6]
《마드푸도》(*Madhpudo*) I. ii ; 《전집》 21 : 1

116) 진리 서약

신약성서에서 재판관이 "진리가 무엇인가" 하고 심문해도 아무 대답을 얻지 못한 얘기가 있다. 힌두교도의 성전은 하리슈찬드라에 대해서 얘기하고 있는데, 그는 진리의 제단 위에 모든 것을 희생하고, 자신과 아내 그리고 아들을 찬달라(청소부, 불가촉천민)에게 팔게 된다(그런데 그 당시 불가촉천민제도에 대한 입장이 무엇이었을까?). 이맘 하산과 후세인은 진리를 위해서 자신들의 목숨을 잃었다.

하지만 재판관이 제기한 질문에 대답이 없었다는 것은 사실로 남아 있다. 하리슈찬드라는 그가 아는 진리를 위해서 모든 것을 포기

6 사바르마티의 아슈람 학교의 필사본 잡지 《마드푸도》에 대한 간디의 기고문.

하고 불멸의 명성을 얻었다. 이맘 후세인은 그가 이해한 진리를 위해서 귀한 생명을 내버렸다. 그러나 하리슈찬드라의 진리와 이맘 후세인의 진리는 우리의 진리일 수도 있고 아닐 수도 있다.

그러나 이들 각각의 제한된 진리들(*truths*) 배후에 있는 하나의 절대 진리(*Truth*)가 존재하며 이것은 전면적이고 만사를 포괄한다. 하지만 그것은 신(神)이기 때문에 말로 묘사할 수 없다. 달리 말하면 신이 진리이시다. 다른 모든 것은 허위이고 거짓이다. 따라서 상대적인 의미에서만 진실일 수 있다.

그래서 진리를 이해하고 신구의(身口意)에 있어서 오직 진리만을 따르는 자는 신을 이해하게 되고 과거, 현재, 미래에 대해서 현자가 갖는 비전을 얻는다. 그는 육신의 틀 속에 갇혀 있는 동안에도 해탈(목샤)을 얻는다.

우리가 만일 12월 31일 전에 완벽하게 진리를 실천하는 자를 단 한 사람이라도 얻을 수 있다면 바로 그날 스와라즈는 우리의 것이 될 것이다.

우리 중의 일부는 사탸그라히(진리파지자)에 불과하다. 다시 말해서, 진리를 철저하게 따르기를 열망하지만 그 말을 제한적으로 이해한다고 해도 그 일에 거의 성공을 거두지 못하는 자들이다. 그래서 우리는 진리 서약의 준수가 결코 쉬운 일이 아님을 본다.

한 친구가 다음과 같이 말했다. "당신은 진리 서약을 했습니다. 그런데 당신은 다스(C. R. Das) 씨가 친 전보를 당신에게 유리한 대로 해석하여 벵골의 기부금이 실제로는 150만 루피인데 250만 루피라고 선언했습니다. 이 경우 당신은 미묘한 유형의 허위의 죄를 범한 것이 아니었습니까?" 나는 그 전보를 의도적으로 나에게 유리하게 해석하지 않았다. 나에게 편한 대로 해석하는 버릇이 있는 것은 아니다.

하지만 전보를 해석하는 데 성급했던 것은 분명하다. 전보는 12시 넘어서 매우 늦게 도착했다. 나는 정상을 참작해 달라고 이 말을 하는 것이 아니다. 사람이 교수대에 올라갔을 때조차도 진리가 어느 때보다도 빛나야 한다는 점을 말하기 위해서이다. 언제나 어떤 조건 아래에서나 진리를 따르고자 열망하는 사람은 그런 성급한 행동을 범해서는 안 된다. 항상 진리를 따르는 사람은 부지불식간에도 말과 행동에서 허위를 범하지 않는다. 실제로 그런 사람은 이런 식으로 행동할 수가 없게 된다. 이 정의에 따르면 내가 진리에서 타락한 것이 분명하다.

나의 유일한 위로는 내가 진리 서약을 지키기 위해서 진지한 노력을 기울이고 있다는 것 이상은 어떤 것도 주장하지 않는다는 점이다. 내가 의도적으로 거짓을 말하는 일은 결코 일어나지 않았다. 내 인생에 단 한 차례도 의도적으로 거짓말을 했던 경우를 기억할 수 없다. 단 나의 존경하는 부친을 속인 경우는 예외이다. 진리를 말하고 진리에 따라서 행동하는 것이 내 본성의 일부가 되었다. 하지만 오직 희미하게밖에 보지 못하는 진리가 내 인생의 일부가 되었다고 주장하기란 불가능하다. 무의식적 과장에 탐닉하기, 자화자찬, 혹은 업적을 늘어놓는 일에 관심 갖기, 나는 이런 일들을 아직 넘어서지 못했다. 이런 것들 안에는 모두 허위의 그림자가 있으며, 진리의 검증을 견디지 못할 것이다. 진리의 정신으로 전적으로 충만해 있는 삶은 수정처럼 맑고 순수해야 할 것이다. 그런 사람의 면전에서 허위는 한순간도 살아남을 수 없다. 어느 누구도 항상 진리를 따르는 사람을 속일 수 없다. 허위가 그의 면전에서 탄로가 나지 않기란 불가능하기 때문이다. 준수하기가 가장 어려운 서약이 진리서약이다. 진리를 따르려고 분투하는 10만 명 중에서 오직 극소수만이 금생의 노정에서 완전히 성공할 수 있다.

어떤 사람이 내 앞에서 거짓말을 할 때, 나는 상대방보다 내 자신에게 더 화가 난다. 내 안 어딘가 깊숙한 곳에 허위가 여전히 존재하고 있다는 점을 그때에야 깨닫기 때문이다.

사탸(*satya*)라는 단어는 '있다' '존재한다'를 의미하는 사트(*sat*)에서 나온 것이다. 오직 신만이 모든 시간에 걸쳐서 언제나 동일한 존재이시다. 이 사탸(진리)에 대한 사랑과 헌신을 통해서 진리의 임재에 영원히 자신의 심정을 열어 두는 데 성공을 거둔 자에게는 1천 배의 영광이 있을 것이다. 나는 그 진리를 섬기기 위해서 분투했을 따름이다. 나는 진리를 위해서라면 히말라야의 꼭대기에서도 뛰어내릴 수 있을 만한 용기가 있다고 믿는다. 동시에 나는 여전히 그 진리에서 아주 멀리 떨어져 있음을 알고 있다. 진리를 향해서 전진할수록 나는 나의 단점을 그 어느 때보다 똑똑하게 보게 되는데, 그 지식이 나를 겸허하게 만든다. 사람이 자신의 무가치성을 알지 못하면 자만심(*pride*)으로 우쭐해질 수 있다. 하지만 그것을 알게 되면 자만심은 녹아 없어진다. 내 자만심은 예전에 사라졌다. 나는 툴시다스가 왜 자신을 망나니라고 불렀는지 잘 이해할 수 있다. 이 길은 용기 있는 자들만을 위한 것이다. 겁쟁이는 아예 밟지 않는 것이 낫다. 먹거나 마시거나 앉아 있거나, 물레를 돌리거나, 쉬거나 등등 무엇을 하든 하루 24시간 내내 진리에 대해서 명상하며 분투하는 자는 그의 존재 전체를 진리로 채울 수 있을 것임이 분명하다. 어떤 사람의 심정에서 진리의 태양이 그 모든 영광 속에서 작열한다면 그는 감춰져 있을 수가 없을 것이다. 그래서 그는 말을 사용하거나 설명할 필요가 없다. 오히려 그가 발설하는 일체의 말은 힘과 생명으로 그득해서 민중에게 즉각적인 영향을 미칠 것이다. 이런 진리가 나에게는 없다.

나는 이 길을 밟아가면서, 나무 한 그루 없는 광야에서 왕이라고 불리는 아주까리와 같은 불행한 처지에 있다.

진리는 사랑 없이 존재할 수 없다. 진리는 비폭력·브라마차르야·불투도, 그리고 다른 규칙들을 포함한다. 다섯 야마(禁戒)가 특별히 언급된 것은 오직 편의를 위해서이다. 진리를 알게 된 후에 폭력을 범하는 자는 진리에서 떨어진다. 진리를 안 자가 음탕할 수 있다는 것은 태양이 빛나고 있음에도 어둠이 존재한다는 것만큼이나 생각할 수 없는 일이다. 12월 31일 전 이렇게 완벽한 정도의 진리를 따르는 자가 단 한 사람이라도 있다면 스와라즈는 확실히 이루어질 것이다. 모든 사람들이 그의 말을 법으로 알고 순종해야 할 것이기 때문이다. 태양 빛은 손가락으로 가리킬 필요가 없다. 진리는 그 자신의 빛으로 빛나고 있고, 그 자체가 증명이다. 이 사악한 시대에 그렇게 완벽하게 진리를 따르기란 어렵다. 하지만 나는 그것이 불가능한 것이 아님을 안다. 우리 가운데 수많은 사람이 일정 정도나마 진리를 따르기 위해서 분투한다면 우리는 스와라즈를 얻을 수 있다. 만일 우리 중 일부라도 지극한 의식(意識)으로 진리를 추구한다면 스와라즈를 얻을 수 있다. 우리는 오직 성실해야 한다. 짐짓 진리를 따르는 시늉만 해서는 효험이 없다. 우리가 1/10 루피 정도만 진리를 따르더라도 상관없지만 그것은 다른 것이 아니라 반드시 진리이어야 한다. 우리가 따르고 있는 작은 양의 진리에 어떤 경우에도 고의적인 거짓이 섞여서는 안 된다. 이런 거룩한 야즈냐(제사)에서 나의 정직한 소망은 우리 모두가 진리를 원리의 문제로 따르기를 배워야 한다는 것이다.

진리란 무엇인가(G.), 〈나바지반〉, 1921. 11. 20

117) 여러분 자신에게 진실하시오[7]

1925. 12. 1

내가 단식을 개시했던 지난 화요일을 생각해 보십시오. 내가 왜 그것을 시작했습니까? 내가 취할 수 있는 길은 세 갈래였습니다.

1 **체벌** 체벌이라는 쉬운 길을 택할 수도 있었습니다. 생도들의 잘못을 발견하는 선생은 생도들을 벌하는 것으로 좋은 일을 했다고 득의만만한 표정을 지을 수 있습니다. 다른 일 때문에 요즘에는 여러분을 가르칠 수 없지만 난 선생이었습니다. 선생으로서 나는 이와 같은 일반적으로 인정된 방법을 거부할 도리밖에 없습니다. 경험상 체벌은 허사이고 해롭기조차 하기 때문입니다.

2 **무관심** 나는 여러분을 여러분의 운명에 그대로 맡겨둘 수도 있었습니다. 선생들은 흔히들 그렇게 합니다. 그들은 "학생들이 공부를 어느 정도 하고, 그들이 배운 것을 실천하면 된다. 나는 분명 학생들의 사적인 행위에 대해서 관심이 없다. 관심이 있다고 해도 내가 어떻게 그들을 계속 지켜볼 수 있을 것인가?" 하고 말합니다. 이런 무관심에 대해서 나는 별로 흥미가 없습니다.

3 **사랑** 세 번째는 사랑의 방법이었습니다. 여러분의 인격은 내가 맡아서 돌보고 있는 거룩한 보관물입니다. 그래서 나는 당연히 여러분의 삶, 가장 내밀한 생각, 욕망 그리고 충동 안으로 들어가 만일 불순물이 있다면 그것을 찾아내어 제거하도록 도와야 합니다. 내면적 청정이 제일 먼저 가르쳐야 할 필수 교과목이고, 이 최초의 가장 중요한 가르침이 충분히 터득이 되면 다른 가르침들은 반드시 따라오기 때문입니다. 나는 여러분 안에서 부정행위를

7 〔역주〕 12월 1일 아침 간디는 단식을 그치기 직전 소년들을 침대 옆으로 불러 모아서 느릿느릿하고 감동적인 어조로 다음과 같은 메시지를 전달했다. 《전집》 권 33, 272면.

목격했습니다. 내가 무엇을 할 수 있었겠습니까? 여러분을 처벌하는 것은 논외입니다. 여러 선생 중에서 내가 장(長)이었으므로, 단식의 형식으로 내 자신에게 벌을 주어야 했습니다. 그 단식을 오늘 그만두는 것입니다.

나는 요즘 고요한 생각에서 많은 것을 배웠습니다. 여러분은 무엇을 배웠습니까? 여러분이 그 잘못을 반복하지 않겠다는 점을 보증해 줄 수 있습니까? 여러분이 또다시 잘못을 범할 수 있습니다만, 그 잘못에서 빠져나올 길을 깨닫지 못한다면 이 단식은 여러분에게 의미가 없을 것입니다. 진실(*truthfulness*)이 바로 마스터키입니다. 어떤 경우에도 거짓말을 하지 마십시오. 어떤 것도 비밀로 남겨 두지 마시고, 여러분의 선생들과 어른들을 믿고 모든 일을 그들에게 남김없이 털어놓으십시오. 어느 누구에게도 악의를 품지 말고, 어느 누구의 등 뒤에서도 나쁜 일을 말하지 말고, 무엇보다도 "여러분 자신에게 진실하시오." 그렇게 하면, 여러분은 누구도 속이지 않게 될 것입니다. 인생에서 가장 작은 일에서조차 진실한 거래가 순수한 삶의 유일한 비밀입니다.

그때 나에게 영감을 준 것이 바이슈나바 자나 토 테네 카히예(*Vaishnava Jana to tene kahiye*: 그가 진실한 바이슈나바이네 등)라는 찬송가라는 것을 여러분은 알고 있을 것입니다. 그 찬송가는 《바가바드 기타》를 행여 잊을 때에도 나를 충분히 지탱해 주는 역할을 합니다. 하지만 진실을 말하자면 그것보다 훨씬 간단한 것이 있지만 여러분이 이해하기는 어려울 것입니다. 그러나 그 간단한 것이란 내 인생 여정에서 항상 북극성이 되어 온 것인데, 그것은 진리가 신이며 허위는 그분에 대한 부인(否認)이라는 확신입니다.

학생에게 한 연설, 〈영 인디아〉, 1925. 12. 10 ; 《전집》 33 : 162

118) 관점들

사바르마티 아슈람, *1926. 7. 9*

친애하는 친구에게,

여러분의 편지를 받았습니다.[8] 진리는 여러분에게 보이듯이 그리 간단치가 않습니다. 여러분은 코끼리와 그것을 실제로 손으로 만져 본 일곱 소경에 대한 얘기를 아실 것입니다. 그들은 각기 코끼리의 다른 부분을 만졌습니다. 그래서 그들의 묘사가 서로 달랐습니다. 그것들이 자신들의 관점에서는 모두 진실이었지만, 나머지 다른 사람들의 관점에서는 거짓으로 보였습니다. 진리는 이들 일곱 모두를 초월해 있었습니다. 여러분은 우리 모두 이들 7인의 진지한 관찰자의 입장에 서 있다는 점을 동의하시라고 믿습니다. 그들이 소경이듯이 우리 역시 소경입니다. 그래서 우리는 진리가 우리에게 나타나는 대로 그 진리를 믿는 일에 만족해야 합니다. 당신은 성경 기록의 진실성과 해석에 대해서 내가 꼭 논의하기를 원하지는 않을 것입니다.

귀하의 신실한 친구

Mrs. Robt. Armstrong
Mrs. Paul R. Howard
2293 E Prospect 5

---

8 1926년 2월 20자 편지에서 암스트롱 부인과 하워드 부인은 다음과 같이 썼다. "저희는 당신이 진실을 훌륭한 사람의 필수적 특성으로 생각하고 있다고 믿으므로, 그리스도께서 '나와 아버지는 하나다'(〈요한〉, 10 : 30) 라고 하시고, 우물가의 사마리아 여인에게 '그가 기다리던 바로 그 메시아'(〈요한〉, 4 : 25~26) 라고 말했다는 점에 당신이 주목하길 바랍니다. 그래서 당신이 허위의 사람을 모범으로 원하지 않으신다면, 당신은 예수를 그분이 스스로 주장하시는 대로 받아들이든가, 아니면 그를 진실치 못한 사기꾼으로 치부해서 완전히 버려야 할 것이라고 생각합니다." 이 부인들은 간디가 '영생이신 그분을' 찾았다는 소식을 신문에서 읽거나 그 소식을 그에게서 들을 때까지 신에게 세상의 구주이신 예수 그리스도를 간디에게 계시하도록 날마다 기도를 드릴 것이라고 말했다.

Kewanee, Illinois
U. S. A

R. 암스트롱 부인과 P. R. 하워드 부인에게
보낸 편지, SN 10779 ; 《전집》 36 : 11

119) 진리와 겸손

사바르마티, 사탸그라하 아슈람, *1928. 12. 27*

친애하는 친구에게,
당신의 편지를 크리스마스 주간에 받았습니다. 그래서 당신에게 더 더욱 축하드립니다.

당신의 질문을 환영하는 바입니다. 우리가 어떤 체제를 간접적으로만 지지하면서 그 체제로부터 우리 자신을 유지할 버팀목을 끌어낸다고 해도, 사실상 그 체제를 직접적으로 지지하는 것입니다. 체제가 사악하다는 것 자체가 그것을 파괴하기 위한 효과적인 기회를 제공한다고 우리가 느끼지 않는다면 말입니다. 그런 기회가 언제 효과적일 것인가 하는 것은, 개개의 경우에 확신의 힘과 그에 상응하는 자신감에 의해서 결정될 수 있을 뿐입니다. 보어전쟁과 최근의 전쟁에 참여했을 때, 나는 효과적인 기회를 갖지도 못했고 자신감도 없었습니다. 신 곧 진리의 추구자는 어떤 기회가 효과적인지에 대해서 또는 자신감 여부에 대해서 개의치 않습니다. 신을 추구하는 자에게는 그의 때가 오면 신이 그에게 빛을 주십니다. 사람이 할 수 있는 일 그리고 해야 할 일의 전부는 자신을 순결하게 유지하며 진리 자체 안에서 자신이 영(零)이 될 정도로 겸손해지는 것입니다. 그 빛은 때에 맞춰서 그에게 비치도록 보증되어 있습니다. 그와 같은 추구자는 그가 갇혀 있는 체제로부터 자신을 단 한 번에 전면적으로 구출해낼 수 없다면, 그 체제에 참여하는 것을 점진적으로 줄여나가야 할 것입니다.

두 번째 질문은 전면적으로는 아니더라도 부분적으로는 앞의 질문에서 대답되었다고 생각합니다. 나는 침묵의 기도가 의식적으로 발언된 기도보다 흔히 더 효과적이라는 점만을 첨언할 수 있습니다. 그래서 월스트리트(the Wall Street) 같이 둔감한 환경에서는 침묵의 기도를, 가장 엄격하게 비타협적인 행동이 수반되는 침묵의 기도를 전적으로 신뢰해야 할 것입니다.

나의 유럽 방문 여행에 대해서 아주 확신할 수는 없습니다. 하지만 내년에 유럽에 가는 것이 사실이라면, 그리고 미국에 가라는 내면의 부름이 있고 시간이 허락한다면 나는 분명히 갈 것입니다. 하지만 이 문제에 있어서도 나는 빛과 인도를 찾아서 나의 내면이 내리는 믿을 만한 처방을 따라갈 것입니다.

귀하의 신실한 친구

편지, SN 15127 ;《전집》43 : 584

120) 사탸 — 존재의 상태

아침기도 이후, *1930. 7. 22*

안녕, 나란다스![9]

비슈바나트가 보낸 편지에 내가 매주 편지를 써야 하고 기도 시간에 낭송할 글 한 줄을 보내야 한다는 제안이 있었다. 나는 그 제안에 대해서 생각해 보았고 응할 만한 가치가 있다고 느꼈다. 내가 보내는 글귀들을 기도에 생기를 부여하려는 나의 시도라고 생각해 다오. 우리가 나머지 6일을 위해서 무엇을 보낼 수 있을지에 대해서 나는 카카사헤브와 숙고하고 있다. 이번 주를 위해서는 아래의 글을 보낸다.

사탸그라하 아슈람은 그 존재 자체를 진리의 추구와 진리를 실행하려

9 〔역주〕 간디 사촌의 아들.

는 의도에 의존하고 있으므로, 나는 먼저 진리부터 다루고자 한다.

사탸(*satya*) 라는 단어는 사트(*sat*) 에서 나왔고 사트는 존재하는 것을 의미한다. 사탸는 존재(*being*) 의 상태를 의미한다. 진리(*Truth*) 이외에는 어떤 것도 실제로 존재할 수 없다. 그런 이유로 사트 또는 사탸가 신을 위한 올바른 이름이다. 사실 신이 진리라고 하기보다는 진리가 신이라고 하는 것이 더 옳다. 그러나 우리는 통치자나 장군 없이 살아갈 수 없으므로, 신이란 이름이 더 많이 통용되고 있고 앞으로도 그럴 것이다. 하지만 깊이 생각해 보면 사트 또는 사탸가 신에 대한 유일하게 옳고 충분히 의미심장한 이름임을 깨닫게 될 것이다.

그리고 진리가 있는 곳에 진실한(*true*) 지식이 존재한다. 진리가 없다면 진실한 지식 또한 있을 수 없다. 그 때문에 치트(*chit*) 또는 지식이 신의 이름과 연결되어 있다. 진실한 지식이 있는 곳에는 언제나 아난다(*ananda*) 곧 지복(*bliss*) 이 있다. 거기에는 슬픔이 있을 수 없다. 진리가 영원하듯이 거기에서 생겨난 지복 또한 영원하다. 따라서 우리는 신을 사트-치트-아난다로 알고 있다. 즉, 우리는 신이 자신 안에 진리, 지식, 지복을 결합한 존재로 알고 있다.

이러한 진리에 대한 헌신이 우리 존재의 유일한 정당화이다. 우리의 모든 활동이 진리 안에 귀일(歸一) 되어야 한다. 진리는 우리 삶의 숨 자체여야 한다. 순례자의 역정(歷程) 에서 이 경지에 도달하면 올바른 인생에 대한 다른 규칙들은 노력 없이 오게 될 것이고, 그것들에 대한 준수는 본능적인 것이 될 것이다. 하지만 진리 없이는 인생에서 어떤 원리나 규칙을 준수한다는 일은 불가능하다.

일반적으로 말해서, 진리 법칙의 준수는 우리가 진리를 말해야 한다는 것을 간단히 의미하는 것으로 이해되고 있다. 그러나 아슈람에 살고 있는 우리는 사탸 곧 진리라는 단어를 훨씬 넓은 의미로 이해해야 한다. 신구의(身口意) 하나하나에 진리가 존재해야 한다. 이러한 진리를 완전히 구현한 사람은 더 이상 알아야 할 것이 없다. 우리가 앞서 본 대로 모든 지식이 그 안에 반드시 포함되어 있기 때문이다. 진리 안에 포함되어 있지 않은 것은 진리도 아니고 그래서 진실한 지식도 아니다. 진실한 지식 없이는 참된 지복도 있을 수 없다. 우리가 만일 진리가 가진 절대 무오류의 검증 방법을 배우기만 하면 우리는 행할 만한 행위, 볼 만한 볼거리, 읽을 만한 읽을거리를 발견할 수 있을 것이다.

현자의 돌, 풍요의 소로 비유될 수 있는 진리를 우리는 어떻게 실현할 수 있을까? 《바가바드 기타》는 아브야사(*abhyasa*), 즉 일편단심의 헌신 그리고 바이라그야(*vairagya*), 즉 인생에서 일체 다른 이익에 대한 무관심을 통해서라고 대답하고 있다. 그렇다고 해도 한 사람에게 진리로 보이는 것은 다른 사람에게는 흔히 허위로 보인다. 하지만 추구자는 그런 일로 걱정할 필요가 없다. 정직한 노력이 있는 곳에서는 상이한 진리로 보이는 것들이 한 나무에 달린 수많은 다른 나뭇잎과 같다는 점이 자각될 것이다. 신 자신이 사람들에게 여러 다른 모습으로 나타나는 것이 아닌가? 하지만 우리는 그가 한 분이심을 안다. 그러나 진리는 신에 대한 올바른 명명법이다. 따라서 각자가 자신의 빛에 따라서 진리를 순종하는 일은 조금도 잘못이 아니다. 아니 그렇게 하는 것이 의무이다. 그래서 진리를 순종하는 사람에게 잘못이 있다면 그것은 스스로 교정될 것이다. 진리의 추구는 타파스차르야 곧 자기고행, 때로는 죽음에 이르는 고행과 관계있기 때문이다. 그 안에는 자기 이익에 대한 흔적조차 있을 수 없다. 그와 같이 사심 없는 마음으로 진리를 추구하면 자신의 방향을 잃더라도 곧 찾을 수 있을 것이다. 그는 그른 길로 곧장 나아가서 걸려 넘어진다. 그런 다음 그는 올바른 길을 다시 찾아간다. 그래서 진리추구는 진정한 박티(*bhakti*) 곧 귀의이다. 그런 박티는 '인간이 자신의 생명 자체를 거는 매매 계약이다.' 그것은 신으로 나가는 길이다. 그 안에는 비겁을 위한 장소, 패배를 위한 장소가 없다. 박티는 죽음 자체를 영생으로 통하는 정문으로 만들어 주는 부적이다.

그러나 이제 우리는 하나의 경계선에 도달했는데 그 너머에 있는 아힘사에 대해서는 다음 주에 논의할 것이다.

이런 관점에서 하리슈찬드라, 프라흘라드, 라마찬드라, 이맘 하산, 이맘 후세인 그리고 기독교 성인들 등등의 삶과 사례들에 대해서 숙고해보면 좋을 것이다. 남녀노소를 불문하고 우리 모두가 다음 주까지 24시간 동안, 일하거나 먹거나 마시거나 노는 등 무엇을 하든 이들에 대해서 숙고하고 그에 대한 보상으로 순진무구한 잠을 받는다면 이는 얼마나 아름다울 것인가.

진리의 신은 나에게는 값을 따질 수 없는 보배이셨다. 그가 우리 모두에게 보배이시기를 바란다.

바푸로부터 축복을

나란다스 간디에게 보낸 편지(G.),
MMU / I ; 《전집》 49 : 424(일부)

121) 진리가 신이다

1931. 12. 8

친구 여러분,
저는 아름다운 이 도시에 온 이래로 여러분이 저에게 베풀어 주신 친절에 압도되어 어찌할 바를 모르겠다는 점을 말씀드리고 싶습니다. 만일 지상의 아름다움이 하나의 낙원을 만들 수 있다면 여러분은 진정 낙원에 살고 있습니다. 저는 신이 최고의 선물을 지상의 아름다움의 모습으로 쏟아부은 나라에서 왔습니다. 여러분은 트라방코르(Travancore),[10] 인도의 맨 끝에서 발견할 수 있는 것보다 더 지극한 아름다움을 지구상 어디에서도 발견할 수 없을 것입니다. 하지만 기차가 여러분의 아름다운 호수를 끼고 천천히 미끄러져 들어가고 아름답고 깨끗한 마을들을 지나갈 때, 저는 아름다움의 장엄함에 매료되지 않을 수 없었습니다. 제가 여기 왔을 때, 저는 여러분의 애정이 드러내는 아름다움을 한껏 향유하고 음미했습니다. 저는 여러분과 가진 허심탄회한 이야기 가운데, 저에게 던져진 많은 예리하고 유관한 질문[11]로부터 여러분의 애정을 느낄 수 있었습니다. 결국에는 이 신의 집에서 여러분은 거의 50년 동안 저의 전 존재를 붙잡고 있었던 하나의 질문으로 저에게 질문공세를 시작하셨습니다.

여러분은 왜 신이 진리라고 생각하느냐고 저에게 물으셨습니다. 어릴 때와 청년기에 저는 힌두교 경전 안에 있는 1천 개의 신의 이름을 반복하도록 교육받았습니다. 저의 가족은 종교를 가르칠 수 있는 여러 가지 사소한 것들이 있었는데, 그중 하나가 작은 책이었습니다. 그 책은 1천 개의 신의 이름을 담고 있었습니다. 그러나 이와 같은 1천 개의 신의 이름은 결코 완전한 목록은 아니었습니다. 우리는 신

---

10 〔역주〕 인도 남서부에 있던 옛 왕국. 지금의 케랄라 주의 일부이다. 서력기원 초기에 트라방코르는 케랄라 또는 체라 왕국에 속해 있었으며, 세계의 먼 지역들과 교역했다. 트라방코르는 인도 남부의 여러 전쟁에서 영국과 동맹을 맺었으며, 1795년 영국의 보호를 승인하는 조약이 체결되면서 정식으로 영국의 지배권에 흡수되었다. 비교적 높은 문자해독률과 진보적 정치로 잘 알려져 있었다. 인도가 독립한 뒤 코친 주와 합병되어 트라방코르코친 주를 이루었고, 1956년에는 케랄라 주로 이름을 바꾸었다.

11 피에르 세르솔(Pierre Ceresole)이 조직하여 어느 교회에서 열린 양심적 병역거부자의 모임에서, 간디의 연설과 이어진 질문과 대답은 에드몽 프리바(Edmond Privat)와 보베(Bovet) 교수가 번역했다.

이 피조물의 숫자만큼이나 많은 이름을 가지고 있으며, 저는 그것이 진리라고 믿습니다. 그래서 우리는 신이 무명(無名)이라고도 합니다. 신은 수많은 형상을 지니므로 우리는 그를 무형상이라고도 합니다. 그리고 그는 수많은 언어를 통해서 나에게 말씀하시므로 우리는 그를 말이 없으신 분이라고 하기도 합니다. 그리고 제가 이슬람교를 배웠을 때 이슬람교 역시 이름이 많다는 것을 알았습니다. 그러나 제 자신의 만족을 위해서 신이 진리라고 한 것은 아니었습니다. 신이 사랑이라고 말하는 분에게 저는 신이 '사랑이시다'라고 말할 것입니다. 하지만 마음 저 바닥에서 나는 신이 사랑일 수도 있지만 '신은 진리이시다'라고 말할 것입니다. 만일 인간의 언어가 신에 대한 최고의 완전한 기술을 부여할 수 있다면 〔그것은 무엇일까?〕 저로서는 '신이 진리이시다'라는 결론에 도달했습니다. 그런데 2년 전 저는 한 걸음 더 나아가 진리가 신이라고 말했습니다. 여러분은 '신이 진리이다', '진리가 신이다'라는 두 말 사이에 미묘한 차이가 있음을 아시게 될 것입니다. 그와 같은 제 결론은 여러 해 전에 시작되었던 진리를 향한 지속적이고 가차 없는 추구 이후에 도달한 것이었습니다.

저는 진리로 가는 첩경이 사랑을 통하는 길이라는 점을 알았습니다. 그러나 적어도 영어에서 말하는 사랑(*love*)에는 많은 의미가 있다는 것, 그리고 정염(情炎, *passion*)이라는 의미의 인간적 사랑은 비천한 것이라는 것도 알았습니다. 아힘사와 비폭력을 의미하는 사랑은 이 세상에 오직 제한된 수의 신봉자밖에 가지고 있지 않다는 사실도 저는 알았습니다. 그렇다고 진리를 추구하면서 '신이 사랑이시다'라는 주장과 논쟁을 벌이지는 않았습니다. 사랑에는 다양한 의미가 있으므로 '신이 사랑이시다'라는 말은 이해하기가 매우 어렵습니다. 그러나 진리라는 말에서는 이중의 의미를 보지 못했습니다. 무신론자조차도 진리의 필연성 또는 진리의 힘을 부정하지는 않았습니다. 그것만이 아닙니다. 무신론자들은 진리를 찾고자 하는 열정에서 신의 존재 자체를 서슴없이 부정했습니다. 이것은 그들 자신의 관점에서 보면 옳은 일입니다. 그리고 제가 '신이 진리다'라고 해서는 안 되고 '진리가 신이다'라고 해야 할 것을 알게 된 것도 무신론자들의 논법 덕택입니다. 저는 찰스 브래들로라는 이름을 기억합니다. 그는 50년 전에 살았던 위대한 영국인이었는데, 기꺼이 자신을 무신론자라고 불렀습니다. 그러나 제가 그의 인생에 대해서 조금이라도 알고 있는 한, 저는 절대로 그를 무신론자라고 보지 않았습니다. 저는 그를 신을 경외하는 인간이라고 부를 것입니다. 비록 그가 내 주장을 거부하겠지만 말입니다. 그리고 저는 그가 얼굴을 붉힐 것이라는 점도 압니다. 저는 "아니, 브래들로 씨, 당신은 신을 경외하는 사람이 아니라, 진리를 경외하는 사람입니다"라고 말하렵니다. 그리고 저는 '진리가 신'이라고 말함으로써 많은 청년의 비판을 무장 해제했듯이 그의 비판을 무장 해제할 것입니다.

보다 더 큰 어려움이 있으니, 그것은 수백만의 사람들이 신의 이름을 받아들여서 신의 이름으로 이름 모를 잔혹한 행위를 자행한다는 것입니다. 과학자들이 진리의 이름으로 잔인한 짓을 가끔 범하지 않는다는 것은 아닙니다. 저는 오늘날 진리와 과학의 이름으로 사람들이 생체해부를 할 때 잔혹한 행위가 동물에게 가해진다는 것을 알고 있습니다. 여러분이 그분을 진리로 인정하든 아니면 다른 이름으로 인정하든 저에게 그런 행위는 신의 부정입니다. 여러분이 신을 어떻게 묘사하든 사람의 길에는 이런 어려움들이 있다는 것을 저는 알고 있습니다. 그러나 인간의 마음은 제한되어 있습니다. 여러분이 인간의 힘으로 파악할 수 없는 존재(*being*) 또는 실체(*entity*)에 대해서 생각할 때 한계 내에서 수고할 수밖에 없습니다. 그러나 우리는 힌두 철학에서 다른 사항, 즉 신만이 존재하며 다른 것은 존재하지 않는다는 사항도 가지고 있습니다. 여러분이 발견한 동일한 진리가 이슬람의 칼라마(*kalama* : 신앙고백)에서 강조되고 예시되어 있습니다. 거기에서 여러분은 신만이 존재하고 그 이외의 것은 존재하지 않는다는 것, 진리에 대해서도 같은 말을 할 수 있다는 것을 발견합니다. 이슬람교도는 이 말을 그의 모든 기도문에서 암송해야 합니다. 진리를 의미하는 산스크리트어는, 말 그대로 존재하는 것(*that which is*), 사트(*sat*)를 의미합니다. 여기서 말한 이유들과 제가 여러분에게 제시할 수 있는 다른 이유로 해서 저는 진리가 신이라는 정의가 저에게 최대의 만족을 준다는 결론에 도달한 것입니다. 여러분이 진리를 신으로 찾고 싶을 때 불가피한 단 하나의 길은 사랑 곧 비폭력입니다. 그리고 저는 수단과 목적이라는 말이 궁극적으로 교환 가능한 용어라고 믿고 있으므로 주저 없이 '신이 사랑이시다'라고 말할 것입니다.

질문 진리란 무엇입니까?

답변 어려운 질문입니다. 하지만 진리란 내면의 목소리가 우리에게 말하는 것이라고 하면서 제 자신은 그 문제를 해결했습니다. 그렇다면 여러분은 사람이 달라지면 왜 상이한 진리 심지어 반대의 진리에 대해서 생각하느냐고 물으실 것입니다.

인간의 마음이 수없이 다양한 방식으로 움직인다는 것을 우리가 알고 그 마음의 진화(*evolution*)가 모든 사람들에게 동일하지 않다는 것을 안다면, 한 사람에게 진리인 것이 다른 이에게는 허위일 수 있다는 결론이 도출됩니다. 따라서 이런 실험을 한 자들은 실험을 할 때 일정한 조건을 따라야 한다는 결론에 도달했습니다. 과학 안에 모두에게 공통되는 불가결한 길이 존재하듯이, 영적인 영역에서 실험하려는 사람들 역시 일정한 조건을 따라야 합니다. 그리고 모든 사람들이 말하듯이 자신에게 말해 주는 것은 자신의 내면의 목소리이기 때문에 여러분은 그 목소리에 귀를 기울이셔야 합니다. 그러면 여러분은 그 길을 가면서 여러분의 한계를 발견하시게 됩니다. 그래서 우리는 중단 없는 경험에서 나온 신념, 즉 진리 곧 신을 향하여 근면한 추구를 하는 자들은 반드시 다음과 같은 서약을 통과해야 한다는 신념을 가지고 있습니다. 진리 서약, 즉 진리를 말하고 생각하는 서약 · 브라마차르야 · 비폭력 · 가난, 그리고 무소유에 대한 서약이 그것들입니다. 만일 여러분이 이 다섯 서약을 맹세하시지 않았다면 여러분은 실험에 착수조차 하실 수 없을 것입니다. 정해진 다른 몇몇 사항도 있지만, 여러분에게 그것들 모두를 말씀드리지는 않겠습니다. 하지만 이런 실험에 이미 착수한 자들은, 자신의 양심의 소리를 듣는다고 주장하는 모든 사람들이 다 옳은 것은 아님을 알고 있습니다. 어지러운 세상에 엄청나게 많은 허위가 전달되고 있는 이유는, 아무 훈련도 받지 않은 사람이 바로 이 순간 양심의 권리를 우리에게 주장하고 있기 때문입니다. 그러므로 제가 아주 겸손하게 여러분에게 제시할 수 있는 것은, 겸손이 갖는 의미를 충분히 터득하지 못한 자들은 진리를 발견할 수 없다는 것이 전부입니다. 만일 여러분이 진리 바다의 품에서 헤엄치시기를 원한다면, 여러분은 여러분 자신을 제로로까지 줄이셔야 합니다. 오늘 저녁 저는 이 매력적인 길을 더 가지는 않으렵니다.

질문 기독교에 대해서는 어떻게 생각하십니까?

답변 미묘한 질문이십니다. 기독교는 아주 훌륭하지만 많은 기독교도는 아주 나쁩니다.

만일 사람들이 가난을 사랑한다면 경제적 위기는 완화될 수 있을 것입니다. 여러분은 여기에서 '사랑'이란 단어를 강조하시길 바랍니다. 만일 사람들이 진정으로 가난을 사랑했다면 경제 위기란 없을 것입니다. 경제 위기는 우리의 눈이 이웃의 재산을 열망하기 때문에 발생합니다. 강요된 가난이 지상에서 발견되는 이유는 많은 사람이 자신들의 자격 이상으로 더 많이 소유하고 있기 때문입니다. 만일 우리가 먹고 마실 것을 필요 이상으로 소유하지 않을 것이라는 거룩한 결의를 하게 된다면 지상에 가난은 없을 것입니다. 어떤 백만장자가 수백만 금을 소유하는 이유를 말하면서 먹고 마실 것이 필요하기 때문이라고 굼뜨게 말하는 것은 당치도 않습니다. 반대로 가난한 자는 부단히 자신을 점검해 볼 것이고, 자신이 가진 물건들 중 불필요한 것을 찾아내게 될 것입니다. 그리고 만일 여러분이 매일매일 운동선수와 같은 정신으로 행동하신다면 여러분은 여러분이 필요로 하시는 것이 불과 얼마 안 된다는 점에 놀랄 것입니다.

제가 하느님의 집에 와 있으므로 진정 다음과 같이 말씀드리고 싶습니다. 감히 남의 눈의 티끌을 보기 전에 먼저 여러분 눈에서 들보를 빼내시라고. 우리가 만일 우리 자신을 돌볼 정도로 충분히 선량하다면, 세상은 세상 자체를 돌볼 것이라는 점에 대해서 저는 거의 의심하지 않습니다.

질문 유럽 여성에 대해서 당신은 어떤 메시지를 주시렵니까?

답변 제가 그들의 격노(*wrath*)를 자아내지 않으면서 메시지를 줄 만한 용기가 있을지 모르겠습니다. 저는 그들의 발걸음이 작년 인도에서 하나의 집단으로 일어선 인도 여성에게로 향해서 갔으면 좋겠습니다. 저는 만일 인도가 비폭력의 감로주를 마신다면 유럽도 여성을 통해서 그럴 것으로 진실로 믿습니다. 저는 여성이 자기희생의 화신(化身)이라고 생각합니다. 하지만 불행하게도 오늘날 여성들은 자신들이 남성들에 비해서 엄청난 이점을 갖고 있다는 점을 자각하지 못하고 있습니다. 그들이 남성의 최면적 영향력 아래에서 고생하고 있다고, 톨스토이는 말할 것입니다. 그들이 만일 비폭력의 고귀함을 자각한다면 그들은 약한 성(*the weaker sex*)이라고 불리는 일에 대해서 동의하지 않을 것입니다.

톨스토이와 러스킨은 제가 암울하게만 느꼈던 일들에 대해서 제 신앙을 부활시켰습니다.

질문 무저항(*non-resistance*)과 폭력 없는 저항의 차이는 무엇입니까?

답변 비폭력(*non-violence*)의 교의는 제가 톨스토이에게서 얻어왔다고 흔히들 얘기합니다. 그것은 사실의 전부가 아닙니다. 하지만 제가 그의 글에서 매우 커다란 힘을 얻고 있다는 점은 사실입니다. 그러나 톨스토이 자신이 인정했듯이, 제가 남아프리카에서 닦고 다듬었던 무저항의 방법은 톨스토이가 글을 쓰고 추천했던 무저항과는 달랐습니다. 톨스토이의 명성에 먹칠을 하기 위해서 제가 이 말씀을 드리는 것은 아닙니다. 유능한 학도는 스승이 그를 위해서 마련한 기초 위에 건물을 세울 것입니다. 스승이 물려준 유산에 무엇인가를 보탤 수 있는 사람만이 좋은 스승을 가질 자격이 있습니다. 만일 제가 물려받은 유산에 무엇을 보태지 못한다면 저는 제 부친에게 불초(不肖)가 될 것입니다. 그래서 제가 톨스토이에게서 배운 것이 신의 덕분으로 백배의 수확을 거두었다는 점을 저는 언제나 자랑거리로 여겨왔습니다. 톨스토이는 주로 수동적 저항(*passive resistance*)에 대해서 말했습니다만, 트란스발에서 다듬어진 무저항은 무장한 사람이 창안해낼 수 있는 저항에 비하면 무한히 능동적인 힘이었습니다. 그리고 그가 자진해서 보낸 장문의 편지에서, 제가 어디로 가든 그의 눈이 저에게 고정되어 있었다고 말씀하신 사실을 상기하니 기쁩니다. 만일 여러분이 남아프리카와 인도의 여러 운동을 공부해 보신다면, 여러분은 이 일이 어떤 식으로 무한히 확장될 수 있는지 아시게 될 것입니다.

질문 무저항은 굴종이 아닙니까?

답변 수동적 저항은 약자의 무기로 간주되고 있습니다. 하지만 내가 생각하는 저항, 즉 사탸그라하(*satyagraha*)는 어떤 형태로든 약자의 무기가 아니라 최강자의 무기로 생각되는 것입니다만, 영어에는 그런 말이 없기도 하고 그것이 무저항이란 말과 혼동되어서도 안 되기 때문에 아예 새 이름을 지어야 했습니다. 하지만 사탸그라하의 비할 데 없는 아름다움은 그것이 강한 심정만 갖고 있다면 신체가 약한 자, 아주 나이 많은 분들, 심지어 어린애들에 의해서도 발휘될 수 있다는 점에 있습니다. 사탸그라하를 통한 저항은 자기고통을 통해서 실행되므로, 무엇보다도 여성들에게 활짝 열린 무기입니다. 그리고 우리가 작년 인도에서 실제 경험한바, 고통을 겪는 분야에서는 여성이 많은 경우 남성을 능가했다는 사실을 알았습니다. 그리고 이런 캠페인에서 수천 명의 아이도 고귀한 역할을 담당했습니다. 자기고통의 이념이 전파되고 그들은 놀랄 만한 자기부정의 행위에 착수했기 때문입니다. 유럽의 여성들과 아이들이 인류에 대한 사랑으로 불타서, 우리 남성들이 무장함으로써 잘못을 범하고 있다고 말한다고 가정해 봅시다. 그들은 남성들을 매료할 것이고, 믿을 수 없을 정도로 단시간에 군국주의(*militarism*)를 없애 버릴 것입니다. 그 배후의 이념은 아이들, 여성, 그 이외의 사람들은 모두 동일한 혼, 동일한 잠재력이 있다는 것입니다. 문제는 진리의 무한한 힘을 끌어내는 일입니다. 하지만 이 흥미진진한 주제를 또다시 그만둬야 하겠군요.

질문 채식의 가치는 무엇입니까?

답변 저에게는 아주 귀중한 가치가 있습니다. 쇠고기를 먹는 유럽인에게는 아니겠지만 말입니다. 그러나 영적인 진보가 일정 수준에 도달하면 굽힐 수 없는 요구, 즉 우리가 우리 육신의 욕구를 위해서 우리의 동료 피조물을 죽이기를 그만둬야 한다는 요구를 하게 된다는 점을 저는 진정으로 느낍니다. 여러분에게 제 채식주의 취미에 대해서 얘기하자 골드스미스(Goldsmith)의 아름다운 시 몇 줄이 떠오릅니다.

> 계곡을 유유히 돌아다니는 양떼,
> 나는 그 어떤 양에게도 도륙을 선고하지는 않네.
> 나를 불쌍히 여기는 저 힘(*Power*)의 가르침을 받아
> 나는 그들을 불쌍히 여기기를 배운다네.

질문 술이란 무엇입니까?

답변 우리가 말하는 대로라면 술은 악마의 발명품입니다. 이슬람교에서는 사탄이 남녀 인간을 속이기 시작했을 때 저 붉은 빛깔의 물을 매달아 주었다고 합니다. 저는 술이 인간에게서 돈만 앗아간 것이

아니라 이성도 앗아가는 것을 보았습니다. 그들은 잠시 동안 아내와 엄마, 합법과 불법 사이의 구별조차 망각합니다. 경찰관이 시궁창에서 취해 썩어가고 있는 법정 변호사를 집에 데려다주는 것을 보십시오. 저는 증기선의 선장이 만취하여 선박을 돌볼 수 없게 되어서, 술이 깰 때까지 다른 사람이 대신 책임을 맡게 된 것을 두 번이나 보았습니다. 육신과 술에 대한 지고의 법칙은 우리가 먹고 마시고 즐기기 위해서 살아서는 안 되며, 우리가 우리 육신을 신의 성전으로 삼기 위해서 그리고 다른 인간을 섬기기 위해서 먹어야 한다는 것입니다. 술이 의학적 필수품일 수는 있을 것입니다. 즉 생명이 꺼져갈 때 그것을 연장할 수도 있을 것입니다. 육류 없이도 완전한 건강을 유지할 수 있습니다. 여러분이 군인에게 잔인성을 길러 주고 싶은데, 그들이 육류를 먹지 않는다면 잔인성을 가질 수 없을 것입니다. 일본이 서양문명을 모방하기로 했을 때 쇠고기 먹기를 강제화했다는 점을 여러분은 잘 모르실 것입니다.

질문 군무(軍務)에서의 비협조가 민간 부문의 봉사로 상쇄될 수 있겠습니까?

답변 그것이 마지막 질문이 되어야 합니다. 좋은 질문입니다. 이 질문은 서너 명의 친구들과 첫 모임을 가질 때 대단히 철저하게 다뤘습니다. 간단히 말하자면, 나는 이 두 부문의 봉사가 서로를 동반하고 있다는 점에 대해서 전적으로 동의합니다. 군복무(*military service*)에서의 비협조와 민간 부문에서의 봉사는 양립하지 않습니다. 하지만 상호간의 친밀한 관계는 성립될 수 있을 것입니다. 군복무라는 말은 잘못 선택된 말임에 분명합니다. 군복무에 근거해 있는 국가를 지지해왔기에, 여러분은 그동안 대리(代理)를 통해서 군대에 대한 봉사를 쭉 해온 셈인데, 바로 그 때문에 그것은 잘못된 말이라는 것입니다. 트란스발에 이런 법률이 있었습니다. 즉 인도인, 반투족, 줄루족은 법으로 군복무가 금지된 사람입니다. 그러나 그들은 돈을 지불해야 했습니다. 그들은 군복무를 다른 것으로 대체하고 있습니다. 여러분은 비협조의 영역을 확장해야 합니다만, 그 방도에 대해서는 말씀드리지 않으렵니다. 이웃에 대한 우리의 봉사는 국가가 만든 국경을 넘어 확장될 수 있으므로 한계가 없습니다. 하느님은 결코 그와 같은 한계를 긋지 않았습니다.

로잔느 모임에서의 연설,[12]
《마하데브 데사이의 일기》(필사본) ; 《전집》 54 : 154

122) 신구의(身口意)에서의 조화

1932. 2. 10

안녕, 판디트지!
바브(Barve)의 책을 구했네. 시간이 나면 대충 읽어 볼 것이네.

첫 번째 의심에 대한 자네 설명은 대단히 옳다네. 그것이 《기타》 17장의 의미라고 느껴왔다네. 궁극적으로 우리는 신앙에 의존해야 하네. 한 사람에게 진리로 보이는 것이 흔히 다른 사람에게는 진리로 보이지 않는다는 점을, 우리는 반복해서 확인하는 바이네. 하지만 자신에게 진리로 보이는 것을 따르는 일은 칼날 위를 걷는 일과 같다네. 진리를 따르려 하는 사람은 활짝 깨어 있어야 하고 모든 규칙과 규제 사항을 엄격히 따라야만 한다네. 나태한 자, 방탕한 자 그리고 위선자들은 그들이 보는 진리에 따라서 행동할 권리가 없네.

12 〔역주〕 〈간디연보〉에 따르면, 이해 12월에 간디는 스위스에서 로맹 롤랑을 만났다.

그런 특권은 오직 사다크(*sadhak*) 곧 구도자[13]에게만 있네.

두 번째 의심에 대해서 말해 보세. 나는 사다크가 어떤 것이 일반의 이익을 위한 것이며 어떤 것이 아닌지를 결정하는 수고를 할 필요가 없을 것으로 생각하네. 구도자는 그 질문에 관심도 없다고 말할 것이고, 진리가 지고의 존재(*the supreme Being*)이기 때문에 보편선이 진리 안에 깃들어 있다고 말할 것으로 보이네. 신에 대한 모든 다른 이름들이 신의 단면만을 시사하고, 진리는 그의 완전한 존재를 의미하기 때문에, 진리에 반대하는 사람은 어느 누구의 선도 달성할 수 없었을 것이네. 진리는 신구의(身口意)의 조화를 필수적인 것으로 보네. 즉, 사람은 자신이 본 대로 진리에 순종해야 하고, 신구의의 면에서 진리에 언제나 충실해야 하네. 그러나 잘못된 생각이 우리 사이에 널리 횡행하고 있다네. 누군가 질문했다고 해서 전부 대답해야 할 의무는 없네. 대답을 하지 않는 일이 진리를 범하는 일은 아니네. 질문에 대해서 답변해야 하는 일이 의무일 경우, 침묵을 지키는 일은 거짓말하는 것과 같네. 예를 들어, 내 부친께서 네가 금 한 조각을 훔쳤느냐 하고 물으신다면, 나는 그 질문에 대답해야 하네. 하지만 만일 부친이 누가 그 물건을 훔쳤느냐 하고 물으신다면 나는 대답하지 않아도 되네. 그래서 만일 내가 대답하지 않는다고 해도 거짓말을 하는 것이 아니네. 《기타라하스야》[14]의 그 장을 기억하고 있네. 나는 그것이 시사하고 있는 바에 동의하지 않네.

자네가 상황의 무게에 눌려서 거짓말을 하게 된다면 자네는 진리를 말하고 있지 않음이 분명하다네. 사람이 꼭 거짓말을 해야 할 경우는 절대로 없다네. 만일 그런 경우가 있다면 말과 행위에 있어서

---

13 〔역주〕 직역하면 진리추구자.

14 B. G. 틸락의 《기타》 주석서.

진리를 따라야 한다는 원리가 불완전했다는 결론이 나오게 되네. 원리에는 예외가 있을 수 없다네. 따라서 알면서도 허위를 말했다면 그에 대한 속죄는 있을 수 없네. 유일한 속죄가 있다면 그것은 다시는 그 일을 되풀이하지 않는 것이라네. 모르고 실수를 범했을 경우에만 속죄가 가능하네. 이것으로 자네의 두 번째 질문에 대한 답변이 될 것으로 생각하네. 아직 남아 있는 것이 있다면 다시 물어 주게.

나는 이 편지를 교정하지 않았다네.

바푸로부터 축복을

나라얀 카레(Narayan M. Khare)에게
보낸 편지(G.), CW 222 ; 《전집》 55 : 04

123) 진리와 순수의식

1932. 3. 21

안녕,

여러분은 신에 대한 나의 정의를 기억합니까? 나는 신이 진리라고 하는 대신, 진리가 신이라고 말해왔습니다. 내가 늘 이런 식으로 생각했던 것은 아닙니다. 겨우 4년 전에 이것을 깨달았습니다. 하지만 나는 그것을 모르고서도 늘 그런 식으로 행동해왔습니다. 나는 언제나 신을 진리로 알아왔습니다. 나는 한때 신의 존재를 의심한 적이 있었습니다. 하지만 그때에도 진리의 존재는 의심하지 않았습니다. 이 진리는 물질의 성질이 아니라 순수의식(*pure consciousness*)이었습니다. 그것만이 우주 전체를 붙들어 줍니다. 그것이 전체 우주를 통치하고 있으므로 신입니다. 만일 여러분이 이 생각을 따른다면, 그것은 여러분의 다른 모든 질문들에 대한 해답을 갖게 될 것입니다. 하지만 여러분에게 어떤 어려움이 있다면, 나에게 질문하십시오. 나에게 이것은 거의 직접 경험의 문제입니다. '거의'라고 말했는데 그것은 진리이신 신을 직접 대면하지는 못했기 때문입니다. 나는 그분의 편린만을 보았습니다. 하지만 내 신앙은 부동입니다.

바푸로부터 축복을

소년 소녀들에게 보낸 편지(G.),
《마하데브바이니 일기》 권 1, 27면 ; 《전집》 55 : 154

124) 유신론, 은총 그리고 진리

1932. 4. 18

안녕15

1 나는 자이나교 교리와 일반 《베다》 교리 사이에 아무 차이점도 보지 못했네. 차이점이 있다면 그것은 관점의 차이일 뿐이네. 《베다》의 신은 행위자이면서 비행위자(*non-Doer*) 이시네. 전 세계가 신으로 널리 차 있으므로 그는 행위자이시네. 그는 일체의 영향을 받지 않으므로 행위자가 아니시네. 그는 카르마의 결과를 받지 않으신다네. 우리가 보통 사용하는 의미의 카르마, 그런 의미에서 본다면 세계가 그의 카르마가 아니기 때문이네. 이런 관점에서 본다면 자네가 《기타》에서 인용했던 구절들은 서로 조화될 수 있네. 《기타》가 한 편의 시임을 기억해야 하네. 신은 말씀하시지도 않고 어떤 일도 하시지 않는다네. 신이 아르주나에게 뭔가를 말씀했다고 할 수는 없다네. 주님 크리슈나와 아르주나 사이의 대화는 상상에 속하는 것이네. 여하튼

---

15 수신자는 간디에게 다음과 같은 질문을 한 바 있다.

1 《기타》의 유신론과 신이 존재하지 않는다는 자이나교 교리 사이의 차이점은 무엇입니까?

2 신에게 행위를 부여하지 않는다면 누가 은총을 내립니까? 귀의(박티)의 길을 따르는 사람이 신의 은총을 믿지 않고 믿을 수 없다면, 무엇이 그의 신앙을 지탱할 수 있을까요? 기도는 사람의 경건한 소원의 표현 이상의 것인가요?

3 '진리가 신이다'라는 당신의 말의 정확한 의미는 무엇입니까?

나는 그런 대화가 진짜 크리슈나와 진짜 아르주나 사이에 있었다고 믿지 않네. 하지만 《기타》가 채용한 방법에는 부적절한 것도 허위의 것도 없네. 당시에는 그런 형식으로 종교적인 글을 쓰는 것이 습관이었네. 심지어 오늘날에도 유식한 사람들이 유사한 형식을 빌린다고 해도 비판받지는 않을 것이네. 자이나교는 논리적으로 시적(詩的)이지 않은 방법으로 결과적으로 차갑게, 세계의 창조주라고 묘사할 신은 없다고 말한 것이네. 이렇게 말한 것이 잘못은 아니네. 하지만 일반 민중은 차가운 논리에는 반응하지 않는다네. 그들은 언제나 시(*poetry*)를 간구한다네. 그런 이유로 자이나교의 합리주의(*rationalism*)조차, 사원이나 이미지 그리고 그와 유사한 보조기구의 필요성을 느꼈는데 이런 것들을 위해서는 니야야(논리)는 전혀 소용이 없네.

2 두 번째 질문에 대한 대답은 첫 번째 질문에 대한 대답 속에 포함되어 있네, 내 생각에 그 질문 자체가 첫 번째 질문에 포함되어 있는 것 같아 보인다네. '은총'이란 단어는 시적인 말이네. 박티(*bhakti*)[16] 그 자체가 시라네. 하지만 시라고 해서 그것이 무가치하거나 열등한 것, 피상적인 것은 아니네. 그것은 아주 필수적인 요소이네. 물이 두 개의 수소 분자와 한 개의 산소 분자로 이뤄져 있다는 것은 사실에 관한 명제이지만, 물을 신의 선물이라고 묘사하는 것은 시이네. 완전한 삶을 위해서 이렇게 시적으로 느껴야 하는 것은 필수적이지만, 물의 구성에 대해서 과학적으로 아는 일은 필수적인 것이 아니라네. 이와 마찬가지로, 발생하는 모든 것이 카르마의 결과라고 말하는 것은 완벽한 논리라네. 그러나 카르마의 진정한 본성은 불가해의 신비이네. 우리 가멸자들은 극히 무지해서 가장 일상적인 사건의 경우조차도 그 원인에 해당되는 카르마들 전부를 알 수 없네. 그래서 만사가 신의 은총

---

16 〔역주〕 박티는 귀의 또는 신애(信愛)로 번역할 수 있다.

으로 발생한다고 말하는 것이 진실이네. 실제를 말하자면, 그것이 완전한 진리이네.

더구나 하나의 육신 안에 거주하고 있는 아트만은 공기가 항아리 안에 갇혀 있듯이 육신 안에 갇혀 있다네. 항아리 내부의 공기가 외부 공기와 연결되어 있지 않다고 스스로 믿는 한, 그 자체의 자연적인 힘을 사용할 수 없듯이, 육신에 갇혀 있는 아트만이 스스로 행위자로 믿는 한 전능한 신의 힘으로부터 차단되어 있다네. 이런 이유 때문에라도 발생하는 모든 사건들이 신이 행하신 것이라고 말할 때 우리는 사탸그라히(진리파지자)에 어울리는 완전한 진리를 말한 셈이네. 진리 신봉자의 욕망은 선하므로 언제나 충족된다네. 따라서 자네가 인용했던 시구(*Samastah sukhino bhavantu* : 만물이 행복하기를!)로 이뤄진 우리의 기도는, 그것이 신실한 정도에 비례하여 세상에 이익을 줄 수 있네. 그 이외에 다른 방법은 없네. 세상은 우리와 분리되지 않았고, 우리는 세상에서 분리되지 않았다네. 만물은 가장 내밀한 알짬에 있어서 상호 연관되어 있고, 하나의 행위는 나머지 모든 것들에게 영향을 주네. 여기에서 행위는 생각도 포함한다네. 따라서 영향이 없는 생각은 단 하나도 없네. 바로 그 때문에 우리는 좋은 생각을 하는 습관을 길러야 하네.

3 내가 신이 무형상(*formless*)이고 진리 역시 무형상이라고 생각해서 진리가 신이라는 결론에 도달했던 것은 아니었네. 하지만 나는 진리가 신에 대한 유일하게 완전한 서술이라고 보았네. 모든 다른 묘사는 불완전하네. 이슈와르(*Ishvar*)[17]라는 단어조차 인간의 말이 서술할 수 없는 전능의 존재에 적용된 것이네. 만일 우리가 이슈와르라는 말의 어

---

17 〔역주〕 Ishvar, Ishvara로 표기하기도 한다. 말 그대로는 통치자. 《전집》 권 55, 256면.

원적 의미를 생각해 본다면 그 말은 우리의 심정에 감동을 주지 않네. 신을 통치자로 생각하는 것은 우리 마음을 만족시키지 않네. 이슈와르는 우리 안에 일종의 공포를 자아내고, 그 공포가 우리로 하여금 죄를 짓지 않게 막아 주고, 유덕한 사람이 되도록 밀어붙일 수 있다네. 하지만 공포에 의해서 고무된 유덕한 행위들은 유덕한 것일 수가 없다네. 우리가 만일 유덕하게 행위하면 우리는 어떤 보상에 대한 기대에 의해서가 아니라 덕에 대한 사랑을 통해서 그래야 하네. 이런 생각들 그리고 이와 유사한 생각들이 어느 날 신이 진리라는 주장 역시 불완전하다는 것을 내게 깨우쳐 주었다네. 인간의 언어가 무엇인가를 완전하게 표시할 수 있는 한도 내에서 진리 자체가 신이라는 주장은 완전한 주장이네. 우리가 만일 사탸라는 단어의 어원론적 의미를 숙고한다면 동일한 결론에 이르게 될 것이네. 그것은 영원히 존재한다는 것을 의미하는 어원인 사트(*sat*)에서 도출된 것이네.

영원히 존재하는 것이 사탸 곧 진리(*Truth*)이고, 그것은 다른 무엇이 될 수 없네. 하지만 신으로서의 진리에 대한 믿음은 우리의 신앙을 약화시키지 않고, 오히려 그것을 강화시킬 것이라네. 적어도 그것이 내 경험이었다네. 진리를 신으로 간주함으로써 우리 자신을 수많은 함정에서 구해내네. 우리는 더 이상 기적을 보고 싶어하지도 않고 그것에 대해서 듣고 싶어하지도 않는다네. '신을 본다'라는 말의 의미를 이해하는 데 어려움이 있을 수 있지만, '진리를 본다'는 말의 의미를 이해하는 데에는 아무 어려움이 없다네. 진리를 본다는 것 자체가 어려울 수 있고 실제로 어렵네. 하지만 우리가 그 진리에 점점 더 가까이 접근하면, 신이신 진리에 대한 보다 분명한 비전을 가질 수 있을 것이고, 그 일이 언젠가 진리에 대한 완전한 비전을 가질 것이라는 우리의 희망과 신앙을 강화할 것이라네. 이 편지 안에 자네의 질문에 대한 답변이 없다면 나에게 다시 묻게. 나는 자네 질문에 대답하는 일에 결코 지치지 않을 것이네. 나는 우리가 만족스런 해답을 얻게 될 것을 확신하네. 이 편지가 자네 마음에 일어나는 모든 의심에 대해서 대답을 못할 수도 있네. 만일 그렇다면 거듭거듭 질문을 하게.

바푸로부터 축복을

푸루쇼탐 간디에게 보낸 편지(G.),
《마하데브바이니 일기》 권 1, 105~107면 ; 《전집》 55 : 303

125) 진리와 부정(否定)

1945. 11. 7

바만라오 님께,

자네의 아름다운 편지를 받았네. 그것은 재미도 있었다네.

나는 개인적으로 보는 진리를 글로 적고 있네. 절대적 진리만이 신이네. 그것은 인간의 도달 범위 저 너머에 있네. 기껏해야 우리는 그것을 네티 네티[18]라고 말할 수밖에 없다네. 우리가 보고 있는 진리는 상대적이고, 다면적이고 여럿이고, 일정 시간 동안에는 전면적 진리가 되네. 그 안에는 허영심을 위한 여지가 없고, 거기에 도달하는 유일한 길은 아힘사를 통하는 것이네. 순수 절대 진리가 우리의 이상이어야 하네. 우리는 그것에 대해서 부단히 명상함으로써만 도달할 수 있네. 거기에 도달함이 목샤(해탈)를 얻는 것이네. 나는 지난 60년 동안 앞에서 말한 바를 경험해왔네. 나는 그것을 여전히 경험하고 있네.

바푸로부터 축복을

바만라오 조시(Vamanrao Joshi)에게
보낸 편지(H.), 《피아렐랄 페이퍼스》 ; 《전집》 88 : 573

---

18 이것도 아니고, 저것도 아니고.

126) 개인과 명분

세바그람으로 가는 도중, *1945. 11. 19*

사랑하는 자매에게,

개인들에게 실수를 범하는 자들은 대의명분(*causes*)에서 큰 성공을 거둘 수가 없네. 명분과 개인은 결코 떨어져 있을 수는 없기 때문이네. 자네가 말하고 싶은 것은, 개인이 자신의 대의명분에서 또는 대변하도록 권유받는 대의명분에서 떨어져 있다고 생각되어서는 안 된다는 것이지 않은가. 하지만 이것은 모두 난센스네. 진리의 신만이 우리를 안내하도록 하세.[19]

바푸가

Shri Khurshedbehn Naoroji
82 Daryaganj, Delhi

슈리 쿠르세드벤 나오로지에게 보낸 편지,
《피아렐랄 페이퍼스》; 《전집》 88 : 662

127) 진리와 신 그리고 비폭력

1946. 3. 13

간디지는 신의 길이 용기 있는 자의 길이라는 찬송가(*bhajan*)[20]를 설명했다. 그는 신과 진리가 동의어라고 말했다. 신에 대한 수백만 개의 이름들 중에서 최선의 선택이 진리였다.

19 〔역주〕 대의명분과 그 명분을 갖고 있는 개인 사이의 관계가 밀접하다고 한 점에서 간디와 나오로지는 동의하고 있는 것으로 보인다. 그럼에도 간디가 나오로지가 하고 싶은 얘기를 '황당한 얘기'라고 단언하고 있다. 전체로서 이해가 안 된다. 만일 나오로지가 개인과 명분이 분리되어야 한다고 했다면 간디의 '황당한 얘기'는 전체 문맥에 어울린다. 《전집》의 내용은 영어 원전과 같았다.

20 프리탐(Pritam)이 작곡한 구자라트어 찬송가를 말한다.

진리 자체가 신입니다. 비폭력이 바로 진리의 동의어입니다.

민중은 찬송가에서 노래하던 대로 신을 위해서 목숨을 바칠 각오가 되어 있어야 하듯이, 모든 희생, 죽음의 값을 치르고라도 진리와 비폭력을 받들 각오가 되어 있어야 한다.

간디지는 봄베이에 있었던 최근의 소요사건에 대해서 간략하게 언급하면서 약탈에 책임이 있는 자들이 무지와 오도된 지침 아래에서 그것을 자행했다고 말했다. 그들은 자유의지로 그런 것이 아니었다. 간디지는 그들을 깡패라고 부르지 않을 것이라고 말했다. 봄베이에서는 최근 많은 폭력이 자행되었고 많은 상점이 털렸다. 그와 같은 폭력과 약탈로 얻을 것은 아무것도 없을 것이다. 반면 진리와 비폭력만이 인도의 자유를 성취할 수 있을 것이다.

마지막으로 간디지는 청중에게 신이 나라를 위해서 죽을 수 있는 힘과 결심을 그들에게 허락해 주시기를 기도하라고 권면했다.

앞서 간디지는 그가 내일 저녁과 모레 저녁기도모임에서 힌두스타니어로 말해도 좋은지에 대해서 청중의 동의를 구했다. 그는 구자라트어를 대안으로 제시하기도 했다. 하지만 청중은 힌두스타니어를 선호했다.

봄베이 기도모임에서의 연설, 〈봄베이 크로니컬〉,
1946. 3. 14 ; 〈더 힌두〉, 1946. 3. 15 ; 《전집》 90 : 100

2. 진리와 미

128) 진리 속의 미(*beauty*) 〔*1924. 10. 21~22,* 화요일, 수요일〕

참회와 기도의 주간, 딜쿠슈를 방문했던 사람들 중에 샨티니케탄에서 온 라마찬드란[21]이라는 젊은 학생이 있었다. 그는 앤드루스 씨의 학생이었는데 얼마간 델리에 머무르는 일에 대해서 그의 선생을 별 어려움 없이 설득하여 허락을 얻어내었다. 앤드루스 씨는 델리를 떠나던 저녁 라마찬드란을 2층으로 데려가 간디지에게 말했다. "나는 라마찬드란을 아직 당신에게 소개조차 하지 못했습니다. 그런데 그는 우리를 도우며 여기에 우리와 함께 내내 있었습니다. 그는 당신에게 여러 질문을 하고 싶어하는데, 만일 그가 내일 샨티니케탄으로 돌아가기 전 당신이 그와 대화를 할 수 있다면 나는 매우 기뻐할 것입니다." 그런데 '내일'은 묵수(默守)의 월요일이어서, 라마찬드란은 하루 더 머물렀다. 화요일 아침 그는 캘커타행 기차를 타야 했다. 정확하게 아침기도 직후인 5시 반에 그는 불려갔다. 그는 그를 괴롭혔던 의심과 난점과 함께 질문을 던졌다. 그는 그가 원했던 모든 질문을 다할 수 있을지 처음에는 완전한 자신감을 갖지 못했다. 하지만 결국 그는 충분히 용기를 낼 수 있었다. 놀랍게도 바푸가 한순간에 그에 대해서, 그리고 그의 고향과 공부에 대해서 부드럽게 묻는 바람에 그에게서 주저나 초조한 마음은 깡그리 없어졌다. 그날 아침 라마찬드란이 영광스럽게도 간디지와 나누었던 대화 내용을 전부 재생하기란 불가능했다. 나는 아주 간략한 요점만을 전달할 수 있을 뿐이다.

라마찬드란(이하 라마) 당신을 사랑하고 존경하는 많은 똑똑하고 저명한 사람은, 당신이 의식적으로도 무의식적으로도 국가 부흥의 구

---

21 〔역주〕 G. Ramachandran(1904～1995) : 간디 제자, 사회개혁가, 선생. 한때 샨티니케탄에서 앤드루스의 제자이기도 했다. 사바르마티 아슈람에 산 적도 있고, 1930년에 소금 사타그라하 참여, 타밀나두 주에서 간디 세박 상가의 지역 책임자를 맡기도 했다. 1947년 부인 순드람(Soundram) 라마찬드란 박사와 함께 간디그램을 건설하고 15년 동안 그 소장을 역임했다.

도로부터 예술에 대한 일체의 고려를 배제했다고 주장하고 있는데, 이 점에 대해서 당신은 어떻게 생각하십니까?

간디지 이 문제에 대해서 나는 일반적으로 오해받고 있어서 마음이 불편하다네. 사물에는 두 개의 측면, 즉 외면과 내면이 있다네. 그것은 나에게 순전히 강조의 문제라네. 외면이 내면을 도와주지 않는 한 외면은 아무 의미가 없다네. 그래서 모든 진정한 예술은 혼의 표현이라네. 외면적인 모습들은 그것들이 인간이 가지고 있는 내면적 영혼의 표현인 한에서 가치가 있다네.

라마 (머뭇거리면서) 가장 위대한 예술가들은 예술이란 예술가의 혼에 있는 충동과 불안을 말·색깔·형상 등으로 옮겨 둔 것이라고 스스로 선언한 바 있습니다.

간디지 그런 성격의 예술이 나에게 가장 호소력 있을 것이네. 하지만 나는 예술가로 자처하고 예술가로 인정받고 있는 사람들, 그러면서도 그들 작품에는 혼을 고양하는 충동(*urge*)과 충동에서 오는 불안(*unrest*)의 흔적이 전혀 없는 사람들을 알고 있다네.

라마 그런 사례를 알고 계십니까?

간디지 그렇다네. 오스카 와일드(Oscar Wilde)를 예로 들어 보게나. 내가 영국에 있을 때 그가 많이 논의되고 회자되고 있었으므로, 나는 그에 대해서 한마디 할 수 있다네.

라마 오스카 와일드는 현대의 가장 위대한 문필가의 한 사람이라는 말을 들었습니다만.

간디지 그래. 그것을 나는 문제로 생각하네. 와일드는 최고의 예술을 단순히 외면적 모습으로만 보았네. 그래서 부도덕(*immorality*)을 미화하는 데 성공했네. 모든 진정한 예술은 혼을 도와 내면적 자아를 실현하도록 해주어야 하네. 내 자신의 경우 외면적 모습이 전혀 없어도 나의 혼을 실현할 수 있음을 아네. 그래서 자네가 나에게서 예술작품이라고 부를 만한 것을 보지 못할지 모르지만, 내 인생에 진실로 충분히 예술이란 것이 존재한다고 주장할 수 있다네. 내 방에 벽이 하나도 없어도 된다네. 심지어 지붕도 없어서 머리 위로 무한한 크기를 지닌 아름다운 하늘, 별이 총총한 하늘을 물끄러미 쳐다볼 수도 있네. 인간의 어떤 의도적인 예술이 별이 반짝이는 하늘을 쳐다볼 때에 내 앞에 전개되어 있는 연속적으로 변해가는 정경을 줄 수 있을까? 하지만 그렇다고 해서 내가 일반적으로 인정받는 예술작품들의 가치를 인정하기를 거부한다는 것은 아니네. 이 작품들을 자연(*Nature*) 안에 있는 아름다움의 영원한 상징과 비교해 보면 이것들이 얼마나 보잘것없는지 내가 개인적으로 느끼고 있다는 것을 의미할 뿐이네. 인간의 예술작품은 혼으로 하여금 자아실현으로 향하게 하는 일을 도와주는 한도에서만 가치가 있다네.

라마 그러나 예술가들은 외면의 아름다움을 통해서 진리를 보고 발견한다고 주장합니다. 그런 식으로 진리를 보고 발견할 수 있습니까?

간디지 나는 그 순서를 역전시키고 싶네. 나는 진리 안에서 그리고 진리를 통해서 미를 발견한다네. 모든 진리, 진실한 관념만 아니라 진실한 얼굴, 진실한 그림이나 노래는 모두 정말로 아름답다네. 사람들은 일반적으로 진리 안에서 미를 보지 못하네. 보통 사람은 거기에서 도망가고, 그 안에 있는 아름다움에 대해서 소경이 되네. 사람이 진리 안에서 미를 보기 시작할 때마다 진정한 예술이 흥기할 것이라네.

라마 미가 진리로부터 진리가 미로부터 떨어질 수 있습니까?

간디지 나는 미가 정확히 무엇인지 알고 싶네. 만일 그것이 사람이 일반적으로 이해하는 것을 의미한다면, 그것들은 서로 멀리 떨어져 있네. 용모가 잘생긴 여성이 반드시 아름다운가?

라마 예.

간디지 그녀가 성질이 사나워도 아름다운가?

라마 그런 경우 그녀의 얼굴은 아름다울 수 없습니다. 얼굴은 언제나 내면에 있는 혼의 거울일 것입니다. 지각에 있어서 천재성을 지닌 진정한 예술가는 올바르게 표현할 것입니다.

간디지 그러나 여기에서 자네는 전체 논점을 교묘히 피하고 있네. 자네는 이제 단순한 외면의 모습이 사물을 아름답게 하지 않는다는 점을 인정하고 있다네. 진실한 예술가에게는 외면과는 동떨어져 혼 안에서 진리와 함께 빛나는 얼굴만이 아름답다네. 그래서 나는 진리에서 떨어진 아름다움이 없다고 한 것이네. 반면 겉으로 조금도 아름답지 않은 모습들에서도 진리는 빛날 수 있네. 우리가 듣기로는 소크라테스는 당대의 가장 진실한 사람이지만, 그의 용모는 그리스에서 가장 못생겼다고들 하나 내 생각에는 아름다웠네. 그의 인생 전체가 진리에의 분투였기 때문이네. 그의 외면의 모습이 피디아스(Phidias)로 하여금 소크라테스 안에 있던 진리의 아름다움의 진가를 알아보는 것을 방해하지 않았음을 자네는 기억할 것이네. 비록 예술가로서 그는 외면적 모습에서도 미를 보는 데에 익숙해 있었지만 말이네.

라마 하지만, 바푸지, 가장 아름다운 것들이 아름답지 못한 삶을 가진 자들에 의해서 흔히 창조됩니다.

간디지 그것은 진리와 허위가 흔히 공존하고 선과 악이 종종 함께 발견된다는 것을 의미할 따름이네. 한 예술가 안에도 사물들에 대한 올바른 지각과 틀린 지각이 공존하는 것이 그리 드물지가 않네. 올바른 지각이 작용하는 순간 진실로 아름다운 창조를 할 수 있네. 이런 순간들은 인생에서도 예술에서도 드물다네.

라마 진실하거나 선한 것들만 아름답다면 도덕적 성질이 없는 사물들은 어떻게 아름다울 수 있을까요? … 바푸지, 그것들 자체로 도덕적이지도 않고 비도덕적이지도(*immoral*) 않는 사물들 안에 진리가 있습니까? 가령, 일몰 안에 그리고 밤에 뭇별 속에서 빛나는 초승달 안에 진리가 있을까요?

간디지 사실대로 말하자면 그것들이 나로 하여금 그 배후에 있는 창조주에 대해서 생각하게 하는 만큼 그 아름다움은 진실하다네. 창조의 중심에 있는 진리(*the Truth*)를 제외하면 그 무엇이 과연 아름다울까? 내가 일몰의 경이로움이나 달의 아름다움을 숭배할(*admire*) 때, 내 혼은 창조주를 예배하면서 확장된다네. 나는 이 모든 피조물 안에서 그분과 그분의 자비를 보려고 한다네. 하지만 일몰과 일출이 그분을 생각하는 데 도와주지 않는다면, 그것들도 방해가 된다네.

혼의 비상(飛翔)에 방해가 되는 모든 것은 미망이고 덫이네. 이 모든 것들은 구원의 도정(道程)에서 자네를 자주 방해하는 육신과도 같네.

라마 예술에 대한 당신의 견해를 주셔서 감사합니다. 그것을 이해하고 받아들이겠습니다. 보다 젊은 세대를 올바르게 지도할 수 있도록 그 세대의 이익을 위해서 그러한 견해를 기록해 두는 것이 더 낫지 않겠습니까?

간디지 그런 일은 꿈도 못 꾸네. 내가 예술에 대해서 장황하게 얘기하는 것은 주제넘는 일이 될 것이라는 간단한 이유 때문이네. 이 견해는 나의 근본적인 확신이지만, 나는 예술학도가 아니네. 내가 예술에 대해서 말하지도 글 쓰지도 않는 것은 내가 한계를 자각하기 때문이네. 그런 자각이 내 유일한 힘이네. 내가 인생에서 할 수 있었던 일체의 일들은 다른 무엇보다도 내 자신의 한계에 대한 깨달음에서 나온 것이라네. 내 기능은 예술가의 것과 다르며, 나의 길을 빠져나와 그의 자리를 차지하려고 해서는 안 되네.

라마 바푸지, 당신은 모든 기계에 대해서 반대하십니까?

간디지 육신 또한 가장 섬세한 기계의 하나라는 것을 아는데, 내가 어떻게 반대하겠는가? 물레 자체도 기계이고 작은 이쑤시개 역시 기계라네. 내가 반대하는 것은 기계를 향한 **광기**(*craze*)이지, 기계 자체는 아닐세. 그 광기란 그들이 노동 절약의 기계라고 부르는 것에 대한 광기일세. 수천의 사람이 할 일 없이 한길에 내던져져 굶어 죽도록 만들 때까지 사람들은 '노동을 절약' 한다네. 내가 시간과 노동을 절약하고 싶다면 극소수의 인류를 위해서가 아니라 모두를 위해서

하고 싶다네. 나는 극소수 사람들의 손이 아니라 모든 사람들의 손에 부를 축적하고 싶네. 오늘날 기계는 소수의 사람들이 수백만 사람들의 등허리에 올라타도록 도와줄 뿐이네. 기계의 배후에 있는 충동은 노동 절약이라는 박애주의가 아니라 탐욕이라네. 내가 온 힘을 다해서 싸우는 대상은 바로 사태들의 이와 같은 일반적 구조이네.

라마 그렇다면, 바푸지, 당신이 대항하고 있는 것은 기계 자체가 아니라, 오늘날 너무나도 분명한 기계의 오용입니까?

간디지 나는 주저 없이 '그렇다'라고 대답하겠네. 하지만 과학적인 진리와 발견이 무엇보다도 탐욕(*greed*)의 단순한 수단이기를 멈춰야 한다는 점을 덧붙이고 싶다네. 그것들이 더 이상 탐욕의 수단이 아니게 될 때 노동자들은 과도하게 일하지 않고, 기계는 방해물이 되는 대신 도움이 될 것이네. 나는 모든 기계들의 폐지가 아니라 제한을 목표하고 있다네.

라마 논리적으로 따져 보면 이 말은 동력으로 움직이는(*power-driven*) 모든 복잡한 기계가 사라져야 한다는 점을 함축하는 것으로 보입니다.

간디지 기계는 사라져야 할지 모르네. 하지만 나는 한 가지 사항을 분명히 해 두고 싶네. 최고의 고려 대상은 인간일세. 기계는 인간의 수족을 마비시켜서는 안 된다네. 예를 들어, 나는 재치 있는 예외를 하나 두고 싶네. 싱어[22] 재봉틀을 한번 보세. 그것은 여태 고안된 것 중에 몇 안 되는 유용한 물건이고 그 기계 자체에 얽힌 로맨스가 있다

22 〔역주〕 Isaac Merrit Singer(1811∼1875) : 미국의 발명가. 실용적인 가정용 재봉틀을 최초로 개량, 도입하여 널리 사용하게 했다.

네. 싱어는 자신의 아내가 손으로 바느질하는 지루한 과정 때문에 고생하는 것을 보았네. 정말로 그녀를 사랑하는 마음에서 그는 불필요한 노동으로부터 그녀를 구하기 위해서 재봉틀을 고안했다네. 하지만 그는 아내의 노동만을 절약한 것이 아니라 재봉틀을 구입할 수 있었던 모든 이의 노동을 절약해 주었다네.

라마 하지만 그 경우 싱어 재봉틀을 제작하기 위한 공장이 있어야 할 것입니다. 그리고 그 공장은 일상적인 유형의 동력으로 돌아가는 기계를 포함하고 있어야 할 것입니다.

간디지 그렇지. 하지만 나는 사회주의자이므로 그런 공장이 반드시 국유화, 국가 통제의 것이 되어야 한다고 말하네. 공장들은 반드시 가장 매혹적이고 이상적인 조건 아래에서, 이익을 위해서가 아니라 인류의 이익을 위해서 가동해야 하네. 탐욕이 아니라 사랑이 동기가 되어야 하네. 내가 원하는 것은 노동 조건의 변화네. 부를 향한 광기의 질주는 반드시 종식되어야 하고 노동자에게는 생계를, 그리고 단순한 고역이 아닌 일상의 일을 보장해 주어야 한다네. 이런 조건 아래에서라야 그 기계는 국가와 그 기계의 소유자에게 도움이 되는 만큼 그 기계를 움직이는 자에게도 큰 도움이 될 것이네. 현재의 광기의 질주가 종식되고 노동자는 매력적이며 이상적 조건 아래에서 일하게 될 것이네. 이것은 오직 내가 마음에 두고 있는 예외의 하나에 불과하네. 재봉틀의 배후에는 사랑이 있네. 다시 말하지만 개인(*individual*)이 최고의 고려 사항이네. 개인의 노동 절약이 목표가 되어야 하고 탐욕이 아니라 정직한 인간주의적 고려 사항이 동기가 되어야 하네. 예를 들면 나는 굽은 북[23]을 펴줄 기계가 있다면 언제라도 환영할 것이네. 대장장이는 북을 만드는 일을 멈추지 않을 것이네, 그들은 계속 북을 제공할 것이네. 그러나 북이 잘못되면 모든 실 잣는 사람들이 그것을 바로 펴기 위해서 자신의 기계가 있어야 할 것이네. 그러므로 탐욕을 사랑으로 대체하시오, 그러면 만사가 올바르게 될 것이네.

라마찬드란은 이 대답으로 만족하지 않았음이 분명했다. 그는 간디지가 모든 기계들에 대해서 반대해왔다고 이해해왔었고 그의 이해가 옳았다고 느껴왔다. 그래서 그는 문제의 뿌리로 가고 싶었다. 하지만 점점 늦어졌고 해야 할 질문이 많이 남아 있었다.

간디지 자네 기차를 놓치는 것은 걱정하지 말게. 나는 자네를 만족시킬 각오가 되어 있다네. 자네는 오늘 아침 묻고 싶은 어떤 질문이라도 물어도 좋네. 그것은 나를 조금도 지겹게 하지 않을 것이네.

젊은 친구는 질문지에서 질문을 마친 것이 전혀 아니었다. 간디지가 그날 아침 완전한 자유를 주겠다는 보증으로 그는 아주 편안해졌고, 용기를 내서 다음 질문으로 나갔는데, 그것은 결혼제도였다.

라마 당신에게 여쭈고 싶은 세 번째 질문은 결혼제도에 대해서 반대하는지의 여부입니다.

간디지 이 질문에 대해서는 나는 좀 길게 대답해야 할 것이네. 인생의 목적은 해탈(목샤)이네. 힌두교도로서 나는 해탈이 육신의 족쇄를 부숨으로써 신과 하나되어 탄생으로부터 자유를 얻는 것이라고 믿는다네. 결혼은 육신의 족쇄를 강화하는 만큼, 이 지고의 목표를 달성하는 데 방해가 되네. 독신생활(*celibacy*)이 사람을 신에 대한 완전한

23 〔역주〕 손으로 실을 자아 감는 막대. 물렛가락이라고도 한다.

순종으로 이끌어 주는 만큼 그것은 큰 도움이 되네. 자신과 같은 부류의 반복 이외에 일반적으로 이해되는 결혼의 목표는 무엇인가? 왜 자네는 결혼을 변호해야 하는가? 결혼은 결혼 자체를 증식하는 것이어서 결혼의 성장을 촉진시킬 별도의 행위자가 필요 없다네.

라마 그러면 당신은 독신생활을 변호하고 그것을 모든 사람들에게 설교해야 합니까?

간디지 그렇다네. 그런데 자네는 생산의 종식이 있을까 봐 두려워하는가? 아니네. 극단적인 논리적 결과는 인종의 절멸이 아니라 한 단계 높은 경지로 옮겨갈 것이네.

라마 예술가, 시인, 위대한 천재가 자기 자식들을 통해서 천재적인 유산을 후손들에게 물려주지 않을까요?

간디지 그렇지 않을 것이 분명하네. 그는 그가 가질 수 있는 자식보다 더 많은 제자를 가질 것이네. 이 제자들을 통해서 그의 모든 선물들이 후세에 전해질 것인데, 다른 어떤 방식도 이를 대신해 줄 수는 없네. 그것은 혼이 영혼과 결혼하는 것이라네. 제자가 자손이 될 것인데, 이건 일종의 신성한 출산(*divine procreation*)이네. 아니. 자네는 반드시 결혼은 결혼에게 맡겨 두게. 성장이 아니라 반복이 그 결과일 걸세. 결혼에는 육욕(*lust*)이 가장 중요한 역할을 해왔다네.

라마 앤드루스 씨는 당신이 독신생활을 강조하는 것을 좋아하지 않습니다.

간디지 그렇다네. 나는 그것이 개신교의 유산이라고 알고 있네. 개신교는 좋은 일을 많이 했지. 하지만 그것이 범한 몇 가지 악 중에 하나는 독신생활을 조롱한 것이네.

라마 그 이유는 당시의 사제들이 빠져 있던 뿌리 깊은 악습과 개신교가 싸워야만 했기 때문입니다.

간디지 그러나 그 악습은 독신생활이 갖고 있는 본질적인 악 때문은 아니었네. 가톨릭을 오늘날까지 싱싱하게 유지해온 것은 독신생활이라네.

라마찬드란의 마지막 질문은 많이 논의되었던 물레질 면허에 대한 것이었다. 라마찬드란은 처음부터 간디지에게 그가 물레질하는 사람이라는 것을 분명히 밝혔다. 하지만 샨티니케탄에 있는 세 친구와 함께 그가 간디지의 단식에 대한 소식을 들은 이후에야 비로소 물레질을 시작했음을 고백하지 않을 수 없었다. 그는 물레질이 보편화되어야 한다는 점도 믿고 있었다. 그러나 그는 국민회의가 어떻게 의원들에게 물레질을 하도록 강요할 수 있을지 알지 못했다. 강제가 아니라 설득의 방법을 택해야 한다.

간디지 나는 자네가 앤드루스 씨보다도 진일보했다고 생각하네. 그는 국민회의가 의원들에게 물레질을 강요하는 것을 좋아하지 않을 것이네. 하지만 그는 물레질에 대한 규칙을 가진 자발적 물레질협회의 회원이 기꺼이 될 수 있을 것이네. 자네는 그런 종류의 협회는 어떤 것이든 반대하는가?

라마찬드란은 침묵을 지키며 앉아 있었다.

간디지 그렇다면 나는 자네에게, 국민회의가 의원들에게 금주를 말할 하등의 권리가 있는가를 묻겠네. 그 역시 개인의 자유(*freedom*)에 대한 제한이 될 것인가? 만일 의회가 금주의 명령권을 행사한다고 해도 아무런 반대가 없을 것이네. 왜냐고? 음주의 악들이 너무나 명백하기 때문일세. 수백만 사람들이 아사 직전에 있으며 지독한 곤궁 속에 빠져 있는 오늘날의 인도에서 외제 옷감을 수입하는 것은 더 나쁜 악일 것이네. 오리사 지역에서 굶주리는 수백만 사람들을 생각해 보게. 내가 그곳에 갔을 때 기근에 찌든 사람들을 보았네. 그리고 나는 산업 노동자의 집을 책임지던 친절한 감독자 덕분에 그곳 아이들이 밝고 건강하고 즐거워하며, 카펫과 광주리 등을 부지런히 만들고 있는 것을 보았다네. 이와 같이 다른 일들이 당시 유행하고 있었으므로 물레질은 없었다네. 하지만 그들의 얼굴에는 즐거운 노동의 광채가 있었다네. 그러나 내가 기근에 찌든 사람들에게 갔을 때 무엇을 보았겠는가? 그들은 뼈만 앙상하게 남아 죽기를 기다리고 있을 뿐이었다네. 그들은 그런 처지에 놓여 있었네. 어떤 상황에서도 일하지 않기 때문일세. 그들이 일하기를 거부하면 자네가 총을 쏘겠다고 협박한다고 해도 그들은 정직한 일을 하기보다는 총 맞기를 더 원할 것이라는 점을 나는 확신하네. 일에 대한 이와 같은 혐오는 음주 자체보다 더 큰 악이네. 자네는 주정뱅이로 하여금 일을 조금은 하게 할 수 있다네. 주정뱅이는 심정을 조금은 갖고 있고 지성도 있다네. 기아선상에 있으면서도 일을 거부했던 이들은 단순한 동물에 불과했다네. 자, 우리가 이런 사람들에게 일을 시키는 문제를 어떻게 해결할 수 있을 것인가? 물레질을 보편화하는 일 이외에 다른 길은 없다고 보네.

인도에 들여온 외제 옷감 1야드는 굶주리는 가난한 사람들의 입에서 빼앗은 빵 한 조각이라네. 내가 그러하듯이, 만일 자네가 굶주리는 수백만 인도인들에게 자신들의 빵을 기쁘고 즐겁게 벌어들일 수 있는 시간이 절대로 필요하다는 점을 떠올린다면, 자네는 물레질 면허에 대해서 반대하지 않을 것이네. 나는 국민회의를 물레질이 시급히 필요하다는 사실을 인정하는 남녀 집단으로 본다네. 물레질을 모든 의원들의 의무 사항으로 만들어서 그 집단 내에서 의원직의 성실성을 보증하면 왜 안 될까? 자네는 설득에 대해서 얘기했네. 국민회의의 모든 의원들이 매달 일정 정도의 원사(原絲)를 규칙적으로 자아내는 일보다 더 나은 설득이 어디에 있겠는가? 의원들이 스스로 물레질을 하지 않으면서 민중에게 물레질을 하라고 요구하는 것이 어떻게 정직한 일이 될 수 있을까?

라마 그러나 의회에서 물레질을 하지 않는 사람을 어떻게 국민회의로부터 축출할 수 있겠습니까? 그들은 다른 방식으로 국가에 가치 있는 봉사를 하고 있을 수도 있을 것입니다.

간디지 축출하지 못할 이유가 있을까? 재산권의 이유가 뭔가? 의원이 되기 위해서 왜 사람들이 4안나를 반드시 지불해야 할까? 그리고 필수 자격으로 왜 연령이 고려되어야 할까? 이탈리아의 여덟 살배기 바이올린 신동이 권리를 가질까? 존 스튜어트 밀이 아무리 영리하다고 해도, 일곱 살이었을 때 그리스어와 라틴어 실력을 갖고 있었다고 해도 그 나이에는 아무 권리가 없었네. 왜 이들 신동들이 배제되었는가? 어떤 권리 아래에서든 일정한 정도의 사람들이 배제되기 마련일세. 아니. 오늘날 많은 사람이 내 입장을 수용하지 않을 걸세. 하지만 내가 죽은 다음이 될는지 모르지만 간디가 말했던 것이 결국 옳았다고 말하게 될 날이 올 것이라고 믿네.

이제 7시가 되어, 라마찬드란은 기차를 놓치고 말았다. 하지만 그는 그것보다 무한히 더 중요한 것을 얻었다. 다음날 출발하기 전 그는 다행스럽게도 또 한 번 얘기할 기회를 얻었다. 이번에는 짧은 것이었지만 마침내 그를 개심시킬 수 있었다.

라마 그렇습니다. 바푸지, 진리가 핵심입니다. 미와 진리는 동일한 것의 분리되지 않는 두 개의 면입니다.

간디지 진리는 우리가 추구해야 할 첫 번째 것이네. 그렇게 하면 미와 선이 자네를 따라올 것이네. 내 마음에 비친 예수는 지고의 예술가였네. 그가 진리를 보고 그것을 표현했기 때문이네. 마호메트도 그랬네. 아라비아어로 쓰인 모든 저작들 가운데 《코란》이 가장 완벽한 책인데, 이 사실은 학자들도 말하는 사실이네. 위의 두 사람 모두 진리를 먼저 추구했기 때문이지. 표현의 은총은 저절로 찾아들었지. 그렇지만 예수나 마호메트 어느 누구도 예술에 대해서 글을 쓴 적은 없다네. 그것이 바로 내가 갈망하는 진리와 미이고, 나는 그것들을 위해서 살고, 그것들을 위해서 죽을 것이네.

기계에 대한 간디지의 논리적 입장에 대해서 라마찬드란은 그가 이해하지 못했던 부분으로 되돌아갔다.

라마 만일 당신께서 싱어 재봉틀과 북을 예외로 한다면 이러한 예외는 어디에서 끝납니까?

간디지 개인을 돕기를 멈추고 개인의 개성(*individuality*)을 침해하는 곳에서 끝나게 되네. 기계가 사람의 수족을 병신으로 만들도록 허용해서는 안 되네.

라마 하지만 바푸지, 저는 이제 실용적인 면만을 생각하지 않습니다. 이상적으로 말한다면 당신은 모든 기계를 배제하고 싶지 않습니까? 당신이 재봉틀을 예외로 하게 되면, 자전거 · 자동차 등에 대해서도 예외를 만들어야 하지 않을까요?

간디지 아니네. 그럴 필요가 없네. 그것들이 인간의 일차적 필요의 어떤 것도 충족시키고 있지 않기 때문일세. 자동차의 속도로 먼 거리를 여행하는 것이 인간의 일차적 수요가 아니기 때문이지. 반대로 바늘은 삶에 필수적인 것, 즉 일차적 수요가 되어 버렸네. 하지만 이상적으로 말하자면, 나는 모든 기계를 배제하고 싶네. 이는 마치 내가 구원에 도움이 되지 않는 육신을 거부하고 혼의 절대 해방(*the absolute liberation*)을 추구하는 것과 같네. 그런 관점에서 나는 모든 기계를 거부할 것이네. 하지만 기계들은 육신과 마찬가지로 계속 남아 있을 것이네. 왜냐하면 그것들은 불가피하기 때문이네. 자네에게 말한 대로 육신 자체가 가장 순수한 기계 장치일세. 하지만 만일 그 기계 장치가 혼의 최고의 비상에 장애가 된다면 그것은 반드시 거부되어야 하네.

라마 그것이 왜 필연적인 악입니까? 일부의 예술가들은 결국 미 안에서 그리고 미를 통해서 진리를 볼 수 있지 않을까요?

간디지 어떤 사람은 볼 수도 있을 것이네. 하지만 다른 문제에서와 마찬가지로 이 점에서도 나는 수백만 민중의 관점에서 생각해야 한다네. 우리는 수백만 민중이 미 안에서 진리를 볼 수 있도록 미감(*perception of Beauty*)을 얻을 수 있게 훈련시킬 수는 없을 것이네. 그들에게 먼저 진리를 보여주게. 그렇게 되면 그들은 나중에 미를 볼 것이네. 일할 때에도 꿈꿀 때에도 오리사는 내 마음에서 떠나지 않네. 저 굵주리는 수백만 민중에게 유용한 것이면 무엇이든 내 마음에 아름다운 것이네. 오늘 우리는 먼저 인생의 긴요한 사안부터 처리해야 하네. 그러면 인생의 모든 은총과 장엄(莊嚴)이 따라올 것이네.

G. 라마찬드란(Ramachandran)과의 대담,
〈영 인디아〉, 1924.11.13, 11.20 ; 《전집》 29 : 229

129) 진리가 예술 전체이다

1934. 11. 12

사랑하는 모티바부께,

당신의 장문의 편지와 동봉된 것을 받았습니다. 전인도 직조인협회가 보낸 편지에 대해서는 당신이 다시 한 번 소식을 보낼 것으로 기대하고 있으므로 지금은 아무것도 말할 필요가 없습니다. 사라트바부의 편지에 관해서 말하자면, 나는 진실한 미와 진리 사이에는 아무런 갈등이 없다는 견해를 쭉 가지고 있었습니다. 따라서 진리는 나에게 언제나 아름답습니다.

진리는 내 생각에는 예술 전체입니다. 진리에서 분리된 예술은 예술이 아니고 진리에서 분리된 미는 지독한 추입니다. 이 세상에 수많은 추한 것이 미로 통용되고 있다는 점도 사실입니다. 그것은 우리가 진리를 항상 인정하는 것은 아니기 때문에 일어납니다.

언제나 안녕하시길 바랍니다. 당신은 전인도 촌락산업협회의 운명을 따라갈 것이고 당신이 그 안에서 할 수 있는 역할을 수행할 것입니다. 당신이 좋아하는 모든 제안을 다른 사람들에게도 전달하십시오.

귀하의 신실한 친구

Shri Motilal Roy
Prabartak Sangha
Chandranagore

모틸랄 로이에게 보낸 편지, GN 11048 ; 《전집》 65 : 378

3. 진리와 사랑

130) 진리와 사랑 그리고 오류 가능성

폴란드인 교수 한 분이 다음과 같이 적어 보내주었다.

> 저는 〈영 인디아〉지에 실린 당신의 매혹적인 기고문을 아주 기쁜 마음으로 읽고 있으며, 그 글이 당신의 나라를 위해서만 아니라 전 세계를 위해서도 힘의 원천이 된다는 사실을 당신의 마음에 새겨드리고 싶습니다. 그리고 당신은 광범위한 영적 경험이 있으므로 질문 하나를 드리고 싶습니다. 가능하다면 〈영 인디아〉지에서 대답해 주시렵니까? 그것은 매우 중요한 근본적인 질문이어서 그 질문에 대한 당신의 대답은 큰 가치를 지닐 것입니다. 신이나 기도 등의 문제에 대해서 우리가 완전한 불변의 진리에 당도했다고 말할 수 있을 정도의 절대 확실성이 인간의 사유에 존재한다는 점을 당신은 시인하십니까? 가령 어떤 특수한 경험이 위험한 동물을 죽일 권리에 대한 당신의 처음 견해를 바꾸도록 인도했다는 점도 고백하십니까? 자, 이제 저의 근본적인 질문인데 당신은 어떤 특정한 사항에 대해서 당신의 견해를 변화시킵니까? 그리고 이런 변화가 확실한 것으로 남아 있어야 할 것에 대한 진리, 부동의 진리에 대해서 어떤 보증을 할 수 있습니까? 우리는 핵심 사항들에 대한 영원한 절대적 확실성과 견해의 편의주의적 변화를 어떻게 구별해냅니까? 당신은 어떤 일에서 우리가 변화해도 좋고 어떤 종류의 일이 불변으로 남아 있어야 하는지 확정할 수 있습니까? 한 나라(*nation*)나 민족의 독립이 절대적인 진리의 하나입니까? 아니면 어떤 나라에는 자치정부(*self-government*)에 대해서 타고난 무능력이 존재하고, 다른 나라에는 그와 같이 무능한 나라를 통치할 수 있는 타고난 능력이 존재합니까? 마치 독일인들이 그들에게는 남의 나라를 통치할 능력이 있다면서 지배 야망을 정당화하는 것처럼 말입니다.

편지 원본에 나타난 저자의 뜻으로 보이는 부분을 보다 분명히 할 목적으로 이런저런 말들을 임의로 바꾸었다. 필자는 내가 어떤 힘을 가지고 있다고 했지만, 그 힘에 대해서 나는 어떤 형태로도 찬성할 수는 없다. 하지만 나는 그 질문에 대답하기를 아주 겸손하게 노력해 볼 것이다. 나의 의도적인 주장은 아주 단순하고 단호하다. 나는 겸손하지만 아주 진지한 진리추구자이다. 그리고 내가 진리를 추구하는 과정에서 절대적 신뢰로 내 모든 동료 진리추구자들을 받아들이고 있으므로, 나는 내 과오들을 알 수 있고 수정할 수 있을 것이다. 나는 예상과 판단에 있어서 자주 틀렸음을 고백한다. 예를 들면, 나는 불충분한 자료 때문에 케다 사람들이 시민불복종에 대해서 준비가 되어 있다고 생각했지만, 갑자기 내가 히말라야와 같이 큰 오산을 범했다는 것을 깨달았다. 그들이 진저리나지만 부도덕해 보이지는 않는 법률에 대해서 온유하고 자발적으로 복종하는 것이 무엇인지 알지 못한다면, 나는 시민불복종을 벌일 수 없다는 것을 발견했다. 그것을 발견하자마자 나는 뒤로 물러섰다. 바르돌리 최종안으로 불렸던 것을 내가 제시했을 때에도 나는 유사한 종류의 판단착오를 범했다. 나는 그 당시 이 나라, 이 민중이 그 운동에 의해서 깨닫게 되고 감동을 받았으며 비폭력의 유용성을 이해했다고 믿었다. 나는 최종안이 전달된 뒤 24시간 이내 나의 과오를 발견했고 후퇴했다. 내가 뒤로 물러섰던 다른 경우에서처럼 영구적인 상처는 입지 않았다. 반대로 비폭력이라는 근본 진리는 어느 때보다 무한히 명백하게 보였고 우리나라는 영구적으로 상처받은 것은 결코 아니었다.

그러나 나는 기고문들 안에서 특별히 언급된 어떤 특정 상황에서 일부의 위험한 동물을 죽일 필요성에 대해서 내 의견을 바꾼 적이 있다고는 생각하지 않는다. 내 자신의 의견을 내가 알고 있는 한, 나는 기고문들에서 표출된 견해를 갖고 있었다. 그렇다고 해서 그 견해가 불변의 것이라는 의미는 아니다. 내게 무오류의 지침이나 영감이 있다고 주장하는 것은 아니다. 내가 경험한 바에 따르면, 인간에게 무오류성의 주장은 견지될 수 없을 것이다. 영감이란 것도 여러 쌍의 대립물들의 준동(蠢動, *action*)[24]에서 자유롭게 된 사람에게만 오는 것이고, 어떤 특정한 경우 우리가 대립물들의 준동에서 자유로워졌다고 하는 주장이 정당화될 수 있을지 판단하기가 어려울 것이기 때문이다. 따라서 무오류의 주장은 언제나 가장 위험한 주장이다. 하지만 이것이 우리에게 지침을 전혀 남겨 두지 않는다는 것은 아니다. 우리는 지금 이 세상 성인들의 모든 경험을 이용할 수 있고 나중에도 언제나 이용할 수 있을 것이다. 더구나 복수의 근본 진리들이 존재하는 것이 아니라, 오직 하나의 근본 진리가 존재할 뿐이다. 그 진리는 진리 자체이며 다른 말로는 비폭력이다. 유한한 인간들은 진리의 완전한 모습과, 그 자체로 무한한 사랑을 결코 알 수 없다. 그러나 우리는 지침을 삼을 정도로 충분히 알고 있다. 그 진리와 사랑을 적용할 때 우리는 오류를 범할 것이다. 때로는 심각한 오류를 범할 것이다. 하지만 인간은 자치(自治)의 존재(*self-governing being*)이다. 자치정부에는 과오를 범하는 힘도 있지만, 그것을 범할 때마다 그것을 바로잡는 힘도 응당 있다. 이 말이 투고자를 충족시킬 수 있을지는 모르지만 나는 더 만족스런 대답을 투고자에게 줄 만한 힘이 없다. 결국 각자가 자신에게 법이 되어야 한다. 여기에는 필수 불가결한 조건이 있는데 그것은 그가 신에 대한 두려움에서 살아가야 하고 자신의 심정을 부단히 정화해야 한다는 것이다. 힌두교도가 말하듯이 사람이 사람이 되기 위해서는 반드시 두 번 태어나야 한다. 기독교도는

---

24 〔역주〕 대표적인 대립물에, 집착과 혐오, 미추, 장단이 있을 것이다.

이를 중생(重生)이라고 말할 것이다.

투고자의 결론적인 질문에 대해서는 쉽게 대답할 수 있다. 사실상 그 대답은 앞에 나오는 서술로부터 추론될 수 있다. 나는 개인에게 독립이 진리라는 것과 같은 의미에서, 그리고 같은 정도로 나라도 독립이 진리라고 생각한다. 따라서 어떤 나라 또는 국민에게 자치정부에 대해서 타고난 무능력이 있을 수 없다. 그러므로 다른 나라들을 통치할 수 있는 타고난 능력 또한 있을 수 없다. 다른 나라들에 대해서 신이 부여한 지배력을 갖고 있음을 독일인들이 공언하고 있다는 점을 저 투고자는 분명히 솔직하게 생각하고 있다. 하지만 독일 제국주의자들(*imperialists*)이 존재한다면, 겸허한 독일 민주주의자들(*democrats*), 즉 자신들을 조용히 다스릴 수 있다면 그것으로 만족하는 자들 역시 존재한다.

진리는 하나다, 〈영 인디아〉, 1927. 4. 21 ; 《전집》 38 : 297

131) 사랑을 통한 진리

사바르마티 아슈람에서, *1927. 6. 8*

친애하는 친구에게,

K. T. 폴 씨가 막 자네의 편지를 몸소 나에게 건네주었습니다.

여기에 당신의 질의에 대한 제 답변을 보냅니다.

진리(*Truth*)와 사랑(*Love*)은 함께 제 인생을 인도하는 원리였습니다. 만일 정의할 수 없는 신을 도대체 정의할 수 있다면, 신은 곧 진리라고 말해야 합니다. 사랑을 제외하고서는 진리이신 그분에게 당도할 수 있는 길이 없습니다. 사람이 스스로 영(零)이 될 때에만 사랑은 완전하게 표현될 수 있습니다. 영으로 감소되는 이 과정은 남녀가 쏟아부을 수 있는 최고의 노력입니다. 그것이 할 수 있는 유일한 노력이며, 그것은 점증하는 자기규제를 통해서만 가능합니다.

분부만 내리십시오.

Basil Mathews, Esq.,
Editor, 'World's Youth'
3, Rue Général Dufour
Geneva

바실 매튜에게 보낸 편지, SN 12514 ; 《전집》 39 : 29

132) 진리와 비폭력

〔*1931. 12. 5* 혹은 이후〕

우리가 인도에서 채택한 방식에는 사기, 거짓말, 기만이 들어설 자리, 그리고 폭력과 허위가 낳은 갖가지 부류의 더러운 종류의 악들이 들어설 자리가 절대로 없다. 진리는 비밀을 싫어하기에 만사가 공개적으로 그리고 공명정대하게 실시되었다. 여러분은 마음을 열면 열수록 보다 더 진실할 수 있을 것이다. 자신의 인생을 진리와 비폭력에 의거하는 사람의 사전에는 패배나 실망과 같은 것이 없다. 하지만 비폭력의 방법은 어느 면으로도 수동적이거나 비능동적인(*inactive*) 방법이 아니다. 그것은 본질적으로 능동적인 운동인데 피 묻은 무기를 활용하는 움직임보다 훨씬 능동적이다. 진리와 비폭력은 아마 여러분이 세상에서 가진 힘들 중에서 가장 능동적인 힘일 것이다. 피 묻은 무기를 휘두르는 사람, 그가 간주하고 있는 자신의 적을 파괴하려는 자는 적어도 약간의 휴식이 필요하며 24시간마다 잠시 동안은 무기를 내려놓아야 한다. 이에 따라서 그는 하루 중 일정 시간에는 본질적으로 비능동적이다. 하지만 진리와 비폭력의 신봉자는 그렇지 않다. 그것들이 외면적인 무기가 아니기 때문이다. 그것들은 인간의 가슴에 내재해 있고 여러분이 깨어 있거나 잠자고 있거나 한가로이 걷고 있거나 아니면 활발하게 게임을 하고 있을 때 자신들의 길을 능동적으로 가고 있다. 진리와 비폭력으로 완전 무장한 전사는 언제나 쉬지 않고 능동적이다.

질문에 대한 답변, 〈영 인디아〉, 1931. 12. 31[25]

133) 진리를 사랑하는 것

1932. 6. 18

안녕, 샤르다!
실수를 범하는 것은 나쁜 일이네. 그래서 우리는 그것에 대해서 수치심을 느껴야 하네(*ashamed*). 그것을 범했다면 용서를 구하는 것은 좋은 일이네. 용서를 구하는 일이 뭐 그리 수치스러울 게 있겠는가? 그것은 그 잘못을 반복하지 않겠다는 결의를 함축하고 있다네. 일단 그런 결의가 있다면 우리는 왜 수치를 느껴야 하는가? 자네는 이것을 이해했는가?

왜 진리와 비폭력을 비교해야 하는가? 하지만 누군가가 비교를 해야겠다면 진리가 비폭력보다 더 우월하다고 말해야겠네. 거짓 역시 폭력이기 때문이네. 진리를 사랑하는 사람은 언젠가는 비폭력으로 갈 수밖에 없다네.

바푸가

샤르다(Sharda G. Shah)에게
보낸 편지(G.), CW 9950 ; 《전집》 56 : 27

134) 진리와 사랑이라는 영원한 법칙

'딜쿠샤', 판츠가니, *1944. 7. 18*

사랑하는 워커 씨께,
당신의 편지를 받아서 기뻤습니다.[26] 당신의 소책자도 받았습니다.

25 〔역주〕《전집》 내에서 확인 불능.

그것을 대충 훑어보았습니다. 감정 거슬리는 것은 아무것도 없었습니다. 내가 그것을 비판적으로 읽지 않았음을 나는 고백해야 합니다. 그러나 나는 피아렐랄과 쿠르세드 나오로지(Khurshed Naoroji)에게 그것을 조심스럽게 읽고 그들의 반응을 당신에게 보내라고 했습니다. 당신이 두 번째로 편집한 책을 보고 싶습니다.[27]

마지막 문장[28]에 대해서 내가 말할 수 있는 모든 것은 내가 신의 인도를 따르기를 노력하고 있다는 점입니다. 나는 인격신(*a personal deity*)을 믿지 않지만, 진리와 사랑이라는 영원의 법칙은 믿고 있는데, 내가 이 법칙을 비폭력으로 번역한 바 있습니다. 이 법칙은 왕의 법과 같이 죽은 물건이 아니라 살아 있는 물건이며, 법과 법의 부여자(*the Law and Law-giver*)는 하나입니다. 이 진리를 실현한 자들에게 법의 부여자는 인격신이 됩니다.

Roy Walker, Esq.
Dick Sheppard House
Endleigh Street
London W. C. I

로이 워커에게 보낸 편지,
《피아렐랄 페이퍼스》; 《전집》 84 : 276

---

26 1944년 5월 10일자 편지. 이 편지는 수신자가 1943년에 출판한 간디의 격언집 《간디 자신의 말로 본 간디의 지혜》(*The Wisdom of Gandhi in His Own Words*)에 대해서 평해 달라고 간디에게 요청했다.

27 《황금칼》(*Sword of Gold*), 간디 전기로서 1945년에 출판되었다.

28 전쟁으로 찢어진 유럽에서 우리 평화주의자들은 당신이 육신의 자유를 회복했다는 소식을 전해 듣고서 일종의 승리감을 느낍니다. 인도 사무소의 어떤 행위도 영적인 자유를 제한할 수 없기 때문입니다. 우리는 당신이 앞으로 수년 동안 세상의 선을 위한 가장 강력한 힘의 하나로 남아 있기를 기도합니다.

4. 진리추구

135) 진리 탐구

〔사바르마티 교도소〕, 목요일 밤, 〔*1922. 3. 16*〕[29]

안녕, 잠나랄![30]

진리를 탐색하다가 진리가 만사를 포괄한다는 생각이 났다네. 나는 종종 아힘사가 진리 안에 있다고 느끼지만, 그 반대는 아니라고 생각한다네. 순수한 심정에서 어떤 특정 순간에 파악했던 진리는 그 순간 그 심정에는 진리라네. 거기에 매달려 있음으로써 우리는 순수한 진리를 얻을 수 있다네. 그리고 이것이 우리를 어떤 도덕적 딜레마에 빠뜨릴 것으로 생각하지는 않네. 그러나 아힘사가 무엇인지 결정하기는 때때로 어렵다네. 소독약의 사용조차도 힘사이네. 그렇지만 우리는 힘사로 가득한 세상의 한복판에서 아힘사의 삶을 살아야 하네. 진리에 매달려 있어야만 그렇게 할 수 있다네. 그 때문에 나는 진리에서 아힘사를 도출해낼 수 있다네. 진리에서 사랑과 부드러움이 솟아 나온다네. 진리의 신봉자, 즉 진리에 성실하게 매달려 있는 자는 지극히 겸손해야 하네. 그의 겸손은 진리의 준수와 더불어 증가해야 할 것이네. 나는 이 말의 진리를 생애의 매 순간 본다네. 나는 1년 전 그랬던 것보다 지금 이 순간 진리에 대해서, 그리고 자신의 왜소함에 대해서 더 분명한 느낌을 가지고 있네.

브라마 사탐 자간미트야(*Brahma satyam jaganmithya*)[31] 라는 위대한 진

---

29 〔역주〕 이 편지에는 교도관이 1922년 3월 17일 검열 통과시켜 주었음을 보여주는 서명이 있다. 그것은 간디가 미결수로서 그 전날 쓴 것이다. 《전집》 권 26, 364면.

30 Jamnalal Bajaj(1889~1942) : 와르다 지역의 상인 겸 은행인. 간디의 가까운 동료, 사회운동가, 박애주의자, 수년 동안 국민회의의 재무국장이었다.

31 브라마는 진리이고 이 세상은 허위.

리 안에 있는 놀라운 함의는 내 안에서 나날이 성장한다네. 그래서 우리는 언제나 인내력이 있어야 한다네. 이 말은 우리에게서 모짊을 씻어내고 우리를 보다 더 관대하게 만드네. 그렇게 되면 우리의 타락은 산처럼 보이고 다른 사람의 타락은 두더지 언덕만큼이나 작게 보이네. 육신은 우리의 에고 때문에 존재한다네. 육신의 완전한 절멸이 해탈(*moksha*)이네. 에고의 그와 같은 절멸을 이룬 자는 진리의 이미지 자체가 된다네. 그는 브라만이라고 불려도 좋다네. 따라서 신에 대한 사랑스런 이름의 하나가 종들의 종(*Dasanudasa*)이라네.

아내, 자식, 친구, 소유물, 이 모든 것들이 그 진리에 순종하도록 해야 한다네. 우리가 진리추구에 있어서 이들 중 하나하나를 희생할 각오가 되어 있을 때에만 우리는 사탸그라히(진리파지자)가 될 수 있을 것이네. 이와 같은 진리의 준수를 상대적으로 쉽게 할 목적으로, 나는 이 운동에 투신했고, 자네와 같은 사람들을 그 안에서 희생시키기에 주저하지 않는다네. 그 외면적 모습은 인도의 스와라즈라네. 진정한 내면의 모습은 각 개인의 스와라즈라네. 인도의 스와라즈는 우리가 저 순수한 유형의 사탸그라히 단 한 사람을 찾지 못했기에 지체되고 있다네. 하지만 이것이 우리를 당혹하게 할 필요는 없다네. 그것은 보다 더 큰 노력을 기울이도록 우리에게 박차를 가하고 있네.

자네는 나의 다섯 번째 자식이 되었다네. 나는 자네에게 자격 있는 아버지가 되도록 노력하고 있다네. 자식을 입양하는 사람이 져야 할 책임은 절대로 보통의 것이 아니라네. 신이여 저를 도와주셔서 제가 바로 금생에 그 책임을 다할 수 있도록 해 주소서.

바푸로부터 축복을

잠나랄 바자즈에게 보낸 편지(G.),
GN 2843 ;《전집》26 : 159

136) 강요하기

포스트 안데리, *1924. 4. 5*

나의 사랑하는 친구에게,

당신이 보내주신 축복의 편지에 감사합니다. 당신은 나에게서 한 마디를 원하고 있습니다. 다음이 바로 그것입니다. 진리추구보다 더 큰 추구는 없습니다. 그것을 발견하는 유일한 수단은 극단적인 모습의 비폭력입니다. 우리가 생각하는 진리를 남에게 강요하는 것은 비폭력을 무시했기 때문입니다.

귀하의 신실한 친구가

Edward Murphy, Esq.
Secretary, The Gandhi Club
Young Men's Christian Association
Newburgh
New York, U. S. A.

에드워드 머피에게 보낸 편지, SN 8673 ; 《전집》 27 : 187

137) 심정의 순결

사바르마티 아슈람, *1926. 4. 2*

당신의 편지를 받았습니다. 순결한 심정이 진리를 찾아보게 해 줍니다. 그래서 우리 각자는 심정의 순결을 목표로 삼아야 합니다. 그렇게 한다면 다른 모든 것은 자연스럽게 따라올 것입니다.

샤 자밀 알람(Shah Jamil-Alam)에게 보낸 편지, SN 11057 ; 《전집》 35 : 1

138) 진리의 점진적인 계시(啓示)

사바르마티 아슈람, *1926. 4. 24*

사랑하는 친구에게,

당신의 편지를 받았습니다. 당신의 축복에 대해서 감사를 드립니다.

당신이 내 입장을 표현한 방식이 나를 거의 깜짝 놀라게 만들었습니다. "당신은 허위에서 진리로 옮아간 적이 결코 없음이 아주 분명하다"고 말씀하셨기 때문입니다. 이 발언은 맞기도 하고 틀리기도 합니다. 나는 진리를 말하거나 진리를 알아볼 수 있게 의도적인 노력을 기울인 적이 한 번도 없었습니다. 하지만 나는 진리를 가장 광범위하게 해석하면서, 내가 여전히 허위로 가득 차 있고, 그것을 제거하기 위해서 부단히 노력을 기울이고 있다는 점을 고백할 수밖에 없습니다. 따라서 나는 내가 인용했던 문장의 하반부를 충분히 지지할 수 있습니다. 왜냐하면 내가 진리를 나날이 보다 분명하게 보기 때문입니다. 혼이 통과해갔던 과정은 심정의 노력입니다. 지성은 기도, 명상 그리고 부단한 경계를 통해서 심정에 봉사해왔으며, 후자의 셋은 본질적으로 심정의 일이고 진리의 점진적인 계시에 기여해왔던 주도적 요소들이었습니다. 나는 어떤 종류의 지식이 얻어지든 그것이 외부에서 강요된 것이 아니라 내면에서 온 것이라고 느꼈습니다. 그 지식은 우리 내부의 진리를 뒤덮고 있는 단단하고 더러운 외피를 펼치고, 끌어내는 일, 아마 더 잘 표현하자면 제거하는 일을 해왔습니다. 다른 말로 하자면 그 과정은 자기정화의 과정이었습니다.

무수리의 방문은 취소되었습니다.

귀하의 신실한 친구

Sjt. Amulya Chandra Sen
Language School
Queen's Hill
Darjeeling

아물야 찬드라 센에게 보낸 편지,
SN 19504 ;《전집》35 : 187

139) 정신적 맹장염

발라소르, *1927. 12. 16*

당신은 당신의 심정을 잠나랄지, 마간랄, 그리고 다른 사람들 앞에 열어 보임으로써 매우 현명하게 행동했습니다. 자신의 과오를 깨달은 사람은 새로운 몸(*a new body*)으로 변화되었는데, 그 사람이 예전의 몸에 대해서 말하는 것에 대해서 왜 수치를 느껴야 합니까? 죄조차 질병입니다. 반대로 모든 질병 역시 죄입니다. 내가 자신의 맹장염에 대해서 말하는 데 당혹감을 느낀다면, 당신도 당신 자신의 정신적 맹장염을 말하는 데에 당혹감을 느낄 것입니다. 물론 그렇습니다. 우리가 질병에 매달리고 있는 동안은 우리는 수치, 당혹 그리고 양심의 가책을 느낄 것입니다. 하지만 질병의 원인이 수술로 추방되고 난 다음 육신이 가벼워지듯이, 마음 역시 그래야 할 것입니다.

바수마티 판디트에게 보낸 편지(G.),
《마하데브 데사이의 일기》(필사본) ; 《전집》 41 : 36

140) 진리와 권위

1932. 4. 12

바이슈리 히랄랄 님께,

나는 자네의 책과 사랑이 그득한 편지를 받았네. 다흐야바이가 그것들을 즉시 보내는 것을 잊는 바람에 한 주일 뒤에야 받았다네. 그 책들은 나에게 유용할 것이고 자네의 편지와 기록은 그 책들의 유용성을 배가시킬 것이네. 하지만 자네가 생각하는 정도로 내가 야망이 있는 것은 아니라네. 나는 창공에서 신을 보다 분명히 볼 수 있을 정도로 일반적 지식을 얻기를 바랄 뿐이고 그것으로 충분할 것이라네. 자네가 생각하기에 내 목적에 맞는 천문학 소책자를 보내주길 바라네. 나는 자네 책들을 잘 다룰 것이네. 나는 자네가 그것들을 사용할 때 주의를 기울인 것처럼 나도 주의를 하겠네. 나는 보통 그런 책들이 분실되거나 손상당하는 일이 두려워 친구에게서 빌리는 것을 주저한다네.

자네의 근면함과 깔끔함에 대해서 내가 아무리 칭찬해도 도에 벗어나지는 않을 것일세. 하지만 마스터키를 발견했다고 하는 자네 주장이 약간 과장되었다고 생각하지 않는지? 그 열쇠가 무엇인가? 그것이 그 열쇠임을, 그것도 마스터키임을 믿을 만한 설득력이 있는 이유들이 있을까? 그런 이유들이 전문가들에 의해서 설득력이 있는 것으로 인정되고 있을지? 자네는 자네의 발견에서 어떤 이익을 얻을 수 있다고 약속할 수 있을까? 물레의 경우와 마찬가지로 동일한 결점, 즉 마스터키가 아예 없는 결점이 있는 것이 아닐까? 내가 자네에 의해서 설득당할 준비가 되어 있는 것은 분명하니, 자네의 주장을 객관적으로 따져 볼 것이네. 하지만 헌신적인 진리추구자에게 어울리는 겸손을 자네가 닦았으면 좋겠네. 나는 그것이 의도적으로 닦여질 수 없다는 것을 알고 있다네. 하지만 그것은 모든 진실한 발견 배후에 있는 것이네. 어떤 새로운 진리를 발견한 자는, 자신의 가설을 지지하는 엄청난 증거가 있다고 해도 자신의 발견에 대해서 의심을 남겨 두는 법이네. 그가 그의 발견을 최종적으로 세상 앞에 내놓았을 때 그는 절대적 확신을 갖고 진리를 실현하게 되네. 그것이 그 결과라네. 사람들은 놀라면서도 그를 믿게 되지. 그의 말에는 권위가 있고 불가항력의 힘이 있다네. 세상은 즉시 그의 말에 의해서 설득된다네. 자신의 가설을 지지하기 위해서 그가 제시하는 증거들에 의해서 세상은 그저 경외심을 느낄(*awed*) 뿐이네. 그가 가능한 모든 관점에서 그것을 검토해 보았기 때문일세. 만일 자네의 발견에 대해서도 사실이 이랬다면, 나는 그 사안에 대해서 할 말이 아무것도 없을 것일세. 그 경우에 자네에게 모든 영광이 돌아갈 것이네. 사실이 그러기를 바란다네.

우리 모두, 즉 우리 세 사람은 아주 잘 지내네. 샹카르에게 그의 건강을 위험에 빠뜨리지 말라고 내 대신 전해 주고, 나에게 편지 쓰라는 말도 해 주게.

바푸로부터 축복을

히랄랄 샤(Hiralal Shah)에게 보낸 편지(G.),
《마하데브 바이니 일기》 권 1, 93~94면 ; 《전집》 55 : 268

141) 타인들 안에서 자신을 보기

1932. 8. 14

그 누구든 "나는 나일 뿐이다"라고 말할 수는 없네. 그것은 절망의 외침이네. 구도자라면, "내가 마땅히 되어야 할 존재가 될 것입니다"라고 말할 것이네. 내가 자네에게 호소하는 것은, 자네가 자네의 조개껍질에서 빠져나와 자네 주변에 있는 모든 얼굴 안에서 자신을 보았으면 하는 것이네. 그렇게 많은 사람들 한복판에서 자네가 어떻게 외롭다고 할 수 있을까? 우리의 철학이 동료들과 더불어 있는 일 그리고 그들에 대한 봉사에서 우리를 기쁘게 할 수 없다면 모든 철학은 헛된 것이라네.

편지, 《마하데브바이니 일기》 권 1, 361면; 《전집》 56 : 343

142) 체험 학교

1933. 1. 20

바그완지 님께,

당신은 비관주의자이고 무신론자이십니다. 나는 대단한 낙관주의자이고 신의 귀의자입니다. 그러므로 나는 우리가 어떤 문제에 대해서도 동의할 가능성은 없다고 봅니다. 우리 두 사람은 각기 다른 길을 가야 하고 체험의 학교에서 배워야 할 것입니다. 살아남는 자가 있다면, 그는 진리를 약간 더 알게 될 것입니다.

인도 만세(반데 마타람)

간디로부터

바그완지 A. 메타에게 보낸 편지(G.),
GN 5817 ; 《전집》 59 : 95

143) 진실하게 남아 있기

1945. 8. 31

사헤브 님께,

만일 진실한 자들이 늘 진실하다면, 다른 사람들도 그럴 것입니다.

안녕, M. K. 간디

A. Rahim Saheb
C/o Post Master
Madras

A. 라힘에게 보낸 편지(H.),
《피아렐랄 페이퍼스》; 《전집》 88 : 16

144) 판단 유보

1945. 10. 5

안녕, 바하란 벤!

자네 편지는 논의가 필요한 것이 아니라 기도가 필요하다네. 자네는 자네의 길을 가야만 하네. 자네 자매들은 모두 낡은 벽돌의 깨진 조각들이라네. 그래서 그것은 자네에게 괜찮을 것이네. 한 가지 사항에 대해서 인정도 있지만 거부도 있다네. 거부도 인정도 아닐 수도 있다네. 진리추구자들은 그런 입장도 취해야 한다네. 나는 화성에 생명이 있다는 주장에 대해서 인정도 거부도 하지 않는다네.

바푸로부터 사랑을

〔Shri〕 Khurshedbehn Naoroji
Orient Club, Bombay 7

쿠르세드벤 나오로지에게 보낸 편지,
《피아렐랄 페이퍼스》; 《전집》 88 : 249

145) 진리와 개인적 모범

어떤 사람이 다음과 같은 감상적인 편지[32]를 써 보냈다.

그것은 진실입니다. 투고자는 하리잔 세박(하리잔봉사회 회원)입니다. 종교라는 이름으로 사기가 행해지고 있을 때에는 어떤 개혁도 시도하기가 어려워지는 일을 우리는 종종 보게 됩니다. 그렇게 되면 우리는 겁쟁이입니다. 나는 오직 하나의 왕도를 보았습니다. 즉 진리를 본 자는 개인적 모범을 통해서 그것을 설파해야 하고, 대적들에게 관대해야 하고, 인내를 잃지 말며 자신의 일에 행복하게 몰두해야 한다는 것을.

뉴델리, 1946. 10. 18

하리잔을 위해서 당신은 무엇을
할 것입니까?(G.), 〈하리잔반두〉, 1946.10.27

146) 진리로 가는 길

1947. 2. 6

진리로 가는 길은 수많은 해골로 포장되어 있지만 우리는 용감하게 그 길 위를 걸어가야 하네.

미라벤에게 보낸 편지, Pyarelal,
Mahatma Gandhi : The Last Phase 권 1, 220면

32 여기에 게재하지는 않는다. 투고자는 사람들이 불가촉천민제도를 철폐하기 위한 간디의 프로그램을 수용하지 않는 일을 개탄하고, 간디가 어떤 수정을 제안할지를 간디에게 물었다.

5. 진 실(*Truthfulness*)

147) 영적인 청소

사바르마티 아슈람, *1926. 5. 29*

당신의 편지를 받았습니다. 나는 당신이 샨티니케탄으로 보내 달라고 부모님을 설득해야 한다고 생각합니다. 그러나 허락을 얻을 때까지는 지금 있는 곳에서 머물면서 평화를 유지하는 편이 좋을 것입니다. 당신 부모님의 소망이 아무리 유쾌하지 않다고 하더라도 그 소망에 동의하는 일에 만족해야 할 것입니다. 부모님의 소망에 불복종하는 것은 복종이 도덕적 위반일 경우에만 정당화됩니다. 수영에 대해서도 마찬가지입니다. 당신은 부모님과 의논하고 수영 배우는 일에 허락을 얻어야 합니다. 그들이 당신의 수영을 감독했다면 그들은 아마 두려워하지 않았을 것입니다.

다른 사람들을 속였다면 그들에게 자신의 기만을 반드시 선언해야 합니다. 그것은 정화의 과정입니다. 부모들이 고백으로 충격을 받겠지만 그것은 순간적인 것입니다. 죄를 고백해야 하는 이유는 우리가 더러운 표면을 닦고 깨끗하게 해야 하는 이유와 똑같습니다. 물질적 육신 위의 때를 제거하는 데에 문지르고 씻어내는 일이 필요하듯이 영적인 때를 제거하기 위해서는 고백이 필요합니다.

귀하의 신실한 친구

Sjt. D. V. Rama Rao
Digamarti House
Berhampore
Ganjam Dt.

D. V. 라마 라오에게 보낸 편지,
SN 19580 ; 《전집》 35 : 367

148) 허위

사바르마티, 사탸그라하 아슈람, *1929. 1. 22*

친구에게,

당신의 편지[33]를 받았습니다. 당신이 원한다면 일체의 말을 거부할 수 있습니다. 하지만 허위를 한 마디라도 말해서는 안 됩니다.

귀하의 신실한 친구

Sjt. V. Suryanarayanamurti
Teacher, Mrs. A. V. College, Vizagapatam

수르야나라야나무르티에게 보낸 편지,
SN 14880 ; 《전집》 44 : 37

149) 진리와 무관심

1929. 9. 9

안녕, 츠하간랄!

자네 편지와 자네가 보낸 다른 편지 뭉치도 받았다네. 나는 자그지반다스에게 편지할 것이네. 그에게 자네의 편지를 보내는 것이 최선이라고 생각한다네. 진리란 처음에는 독과 같이 쓸 수 있지만, 결국 불로불사의 감로(甘露)같이 달콤할 것이네. 우리는 걱정해서는 안 되네. 우리는 상대방에게 듣기 좋은 말만을 하는 악습에 빠지게 되었네. 우리는 그것을 반드시 극복해야 하네.

---

33 이 편지의 수신자는 다음과 같이 적고 있었다. "의대에 재학중인 한 학생이 그의 아내를 독살했습니다. 그는 지금 구금중입니다. … 편지 … 그의 아내를 죽이라고 그를 선동했던 편지를 피고인의 숙모가 저에게 가지고 와서 읽어 달라고 했습니다. 그 안에 내용을 듣고 숙모는 편지를 찢어 버렸습니다. 경찰이 그 사실을 알고 그 일에 대해서 저를 심문했습니다. 저는 그들에게 제가 편지에서 읽었던 모든 것을 말해 주었습니다. 피고인에게 관심을 갖고 있는 많은 사람은 제가 법정에서 진실을 말하지 말라고 역설하고 있습니다. … 이 문제, 즉 저에게는 가장 어려운 문제에 대해서 당신의 충고를 주셔서 저에게 축복을 내려 주십시오. …"

자네는 이제 자기멸시(*self-depreciation*)를 예전보다 줄여야 한다네. 신앙인은 언제나 의무의 야즈냐(희생제사)에 성공해야 하고 그 의무의 야즈냐에 자신의 생각조차 바쳐야 한다는 생각을 굳건히 고수하게. 자기점검은 좋은 일이네. 하지만 자기멸시의 유용성에는 한계가 있다네.

우리는 수많은 사람의 건강이 달려 있는 빵을 만드는 일에 있어서 완벽해야 하네. 그래서 그 일을 감독하는 사람을 바꿔서는 안 되네.

나는 회계 분야에서 자네가 만든 변화에 동의하네. 우리는 이 분야에서도 완전해야 하네. 서기는 1천 개의 눈과 1천 개의 손을 가져야 한다는 것이 진리이네. 그는 아주 작은 일에도 예의 주시해야 하네.

나는 자네에게 잠셰드푸르의 페린스(Perrins)에 대해서 얘기했다고 생각하네. 그는 방에 앉아서 전화의 도움으로 모든 부문과 접촉을 유지하고, 그들로부터 주야로 보고받으며, 그가 주고 싶은 지침을 무엇이든 주곤 했네. 이것은 귀신같은 경계심이었네. 우리가 전화를 가설하지는 않겠지만, 우리의 경계심은 페린스의 것보다 예민해야 하네. 무관심의 태도를 우리 안에 진실로 형성한다면, 우리의 일상사가 분주하다고 해도, 우리는 무한한 평화를 향유할 것이고, 육신이 닳아빠진 것으로 보이지 않을 수 있다네. 활력 없는 기계는 사용하게 되면 닳아빠지지만, 아트만은 자신의 힘을 사용함으로써 더욱 빛나게 되며 언제나 새로워지고, 아트만의 처소인 육신 또한 더욱 싱싱하게 된다네. 나는 그 이상적 경지에 대해서 글을 쓴 적이 있다네. 하지만 그 경지에서 내가 멀리 떨어져 있으므로, 나는 그것에 대해서 글을 쓸 권리는 거의 없네.

바푸로부터 축복을

츠하간랄 조시에게 보낸 편지(G.), GN 5431 ; 《전집》 47 : 33

150) 진실한 행동

독자 한 분이 글을 써서 다음과 같이 말한다. … 34

본 협회는 아직 단식의 결과와 진실한 행동의 결과를 검토하지 않았던 것으로 보인다. 검토를 해 보았다면 이런 질문은 일어나지 않았을 것이다. 단식은 자신의 감정을 통제할 별도의 힘을 갖고 있지 않다. 단식하는 사람에게 이렇게 감정이 약화되는 일이 종종 있다. 달반의 열하루째 되는 날(*ekadashi*) 또는 다른 행사 날에 단식하는 자들은 단식 기간 동안 너무 성질이 사나워져서 주위에 있는 사람들이 접근하기를 두려워한다. 단식 안에 자신의 감정을 억제할 수 있게 인도해 주는 특별한 힘이 있었다면 굶어 죽는 많은 사람이 예전에 벌써 축복을 받았을 것이다. 하지만 우리는 자신의 감정을 억제하기를 원하는 사람들이 아주 적은 도움일지라도 단식으로부터 도움을 얻을 수 있을 것이라고 주장할 수는 있을 것이다.

하지만 감정 억제(*restraining emotions*)에 있어서 최선의 방법은 진실한 행동(*truthful conduct*)이다. 거기에는 사람의 감정 통제를 위한 무한한 힘이 있고, 이 힘은 결과를 낳는 데 절대로 실패하지 않는다. 따라서 단식은 진실과 절대로 비교될 수 없다. 진실하지 않으면 누구라도 감정 통제에 성공할 수 없다. 하지만 진실한 자는 누구라도 그의 감정을 쉽게 통제할 수 있다. 진리를 실천하면서 그렇게 하지 않을 수 없을 것이다.

나의 메모 : 단식이냐 진실한 행동이냐(G.), 〈나바지반〉, 1929. 9. 29 ; 《전집》 4 : 182

34 그 편지는 여기에 게재하지 않는다. 그것은 다음과 같이 말하고 있었다. "우리 클럽에서 사람의 감정을 어떻게 정복할 수 있을지에 대한 토론이 있었습니다. 우리 모두는 이것이 단식이나 선행을 통해서 정복될 수 있다는 결론에 도달했습니다. 하지만 우리는 이 둘 중 어느 것이 보다 쉽게 실행되는지에 대해서는 결정에 이르지 못했습니다."

151) 모든 상황 아래에서의 진리

1932. 6. 19

삶이 어떤 상황에 처해 있더라도 진리를 따르는 자만이 진리를 사랑하는 자입니다. 사업이나 봉사를 할 때, 아무도 거짓말하도록 강요받지 않습니다. 사람은 결과적으로 굶어 죽는 한이 있더라도 거짓말하도록 강요하는 직업을 받아들여서는 안 됩니다.

편지(G.), 《마하데브바이니 일기》 권 1, 231~232면 ; 《전집》 56 : 37

152) 진실과 자기반성

1932. 7. 3, 일요일

내가 아힘사에 대해서 말한 바는 진실(*truth*)에도[35] 적용된다. 우리가 암소를 살리기 위해서 거짓말을 해야 할지 말아야 할지, 이런 이슈들에 대해서 꼬치꼬치 따지며 우리 앞에 매일 일어나는 일을 무시한다면, 우리는 진실을 따를 수 없을 것이다. 그와 같이 복잡한 이슈들을 제기함으로써 진실을 발견하기가 어려워진다. 우리가 일상적인 삶에서 만나게 되는 문제를 해결하는 데에 오늘 진실을 따른다면, 어려운 상황이 일어났을 때 어떻게 행동해야 하는지 본능적으로 알게 될 것이다.

우리는 이런 관점에서 각자 반성해 보아야 한다. 나는 의도적으로 사람을 속이는가? 만일 내가 갑이 나쁜 사람이라고 믿으면서도 그를 좋은 사람으로 믿고 있다는 점을 보인다면, 나는 그를 기만하는 것이다. 사람들의 존경이나 존중을 받기 위해서 내 속에 없는 덕을 있는 듯이 보이도록 노력하고 있지 않은가? 내가 말을 할 때 과장하는가? 내가 내 비행을 고백해야 할 사람에게 그것을 감추고 있는가?

35 〔역주〕 여기에서는 '거짓말'과 '허위'를 감안해서 '진실'로 번역했다.

내 윗사람이나 동료가 나에게 어떤 질문을 해올 때 나는 그를 회피하는가? 내가 공표해야 할 바를 뒤로 감추는가? 내가 만일 이런 일 중에 어느 것 하나라도 범한다면, 나는 허위에 있어서 유죄이다. 각자가 이런 방식으로 자신의 행동을 매일 반성해야 하고, 단점을 극복하기 위해서 노력해야 한다. 진실이 제 2 의 천성이 된 사람, 그런 경지에 도달하여 다시는 허위를 말하지 않게 된 사람은 반성을 하지 않아도 된다. 하지만 자신에게 허위의 흔적이 조금이라도 있는 자, 노력해야만 진실을 따를 수 있는 자는 위에서 설명한 대로 매일 자신을 반성해야 하고, 자신에게 일어날 수 있는 이런 질문들 또는 다른 유사한 질문들을 자신에게 던져 보아야 하고 대답해야 한다. 이런 실천을 단 한 달만이라도 따르는 자는 누구든 자신 안에 발생한 변화를 분명히 관찰할 수 있을 것이다.

진실을 어떻게 지키는가(G.), MMU / II ; 《전집》 56 : 117

153) 진리를 드러냄

세바그람, *1945. 2. 4*

그〔현상 붙은 자〕가 나에게 와서, 나와 내 가르침을 믿으며 자진 출두하기로 결정했다고 말했다. 그는 메모를 작성했다. 그가 비록 내 앞에서 그의 죄를 인정했지만, 나는 그 사실을 경찰에게 알릴 수 없다는 점을 덧붙여야만 한다. 나는 개혁자이면서 동시에 밀고자가 될 수는 없었다.

와르다, 경찰서 부조사관에게 보낸 메모, *Mahatma Gandhi : The Last Phase* 권 1, Bk.I, 40~42면 ; 《전집》 85 : 590

154) 진실을 말하기

거짓말은 도대체 정당화될 수 있는가?[36]

질문 버트란드 러셀(Bertrand Russell)의 다음 말에 대해서 당신은 뭐라 얘기하겠습니까? "나는 언젠가 시골길에서 거의 기진맥진한 여우가 힘겹게 달려가는 것을 보았다. 몇 분 뒤 나는 사냥꾼들이 추적하는 것을 목격했다. 그들은 나에게 여우를 보았느냐고 물었다. 나는 보았다고 대답했다. 그들은 나에게 여우가 간 방향을 물었는데 나는 거짓말을 했다. 만일 내가 진실을 말했다고 해도 내가 더 좋은 사람이 되었을 것이라고 생각하지 않는다."

답변 버트란드 러셀은 위대한 작가이며 철학자입니다. 내가 그를 진정으로 존경하지만 그의 견해로 알려진 것과는 의견을 달리해야만 하겠습니다. 그는 여우를 보았다고 인정함으로써 최초의 잘못을 범한 것입니다. 그는 첫 질문에 대답해야 할 필요가 없었습니다. 그가 의도적으로 추적을 따돌리기를 원하지 않았다면 두 번째 질문에 대해서도 대답하기를 거부할 수 있었을 것입니다. 나는 어느 누구도 그에게 제기되는 질문에 대해서 항상 대답해야 할 의무를 지는 것이 아니라고 줄곧 주장해왔습니다. 진실을 말하는 것은 어떤 예외도 인정하지 않습니다.

---

36 〔역주〕《전집》 권 91, 74면에 따라서 소제목을 단다.

환심용 선물과 화환[37]

어떤 투고자가 다음과 같이 불평하고 있다.

> 여러 지역에 국민회의 장관들이 있습니다. 그리고 대중은 그 사실에 대해서 자랑스러워합니다. 그래서 장관이 어느 지방을 방문하든 지방단체 또는 지방기관들은 값나가는 환심용 선물을 줌으로써 그들에게 존경을 표합니다. 거의 모든 경우 이런 것들은 장관의 소유물이 됩니다. 내 견해로는 이런 관행은 좋지 않습니다. 이런 환심용 물건을 받는 제도가 중지되든지, 아니면 주어진 물건들은 이를테면 지방 국민회의위원회로 가야 할 것입니다. 장관이나 의회 지도자에게 화환을 씌우는 일에 대해서 정해진 정책이 있어야 할 것입니다. 나는 이 장관들이 적어도 3백~4백 루피 정도의 꽃으로 장식되는 것을 여러 경우 보았습니다. 이것은 순전히 돈 낭비입니다.

답변 그 불평은 정당합니다. 어떤 공복도 자신이 사용하기 위해서 환심용 값나가는 물건이나 값비싼 화환을 받아서는 안 됩니다. 이런 것들은 이제 아주 나쁜 일이 아닐지라도 성가신 일이 되어 버렸습니다. 값비싼 액자와 꽃은 장인(匠人)들의 주머니에 돈을 넣어주는 일이 아닌가 하는 논의를 자랑스레 펴는 사람도 있습니다. 하지만 이 장인들은 장관 등등의 도움이 없이도 스스로 잘 살아갈 수 있을 것입니다. 이 신사들은 쾌락을 위해서 여행하지는 않습니다. 그들의 여행은 민중이 말하는 바를 듣기 위해서 종종 시도되는 업무 여행입니다. 그들을 위해서 행해지는 연설이 그들의 덕을 찬양할 필요가 없습니다. 덕은 그 자체가 자신의 보상입니다. 그들은 지방(地方)의 필요와 불평이 존재한다면 그런 것들을 정확하게 표현해야 합니다. 요

---

37 〔역주〕《전집》 권 91, 74면에 따라서 소제목을 단다.

즘 장관들과 비서들은 자신들 앞에 어려운 과제가 있습니다. 공개적인 아첨은 도움이 아니라 방해가 될 것입니다.

질문란, 〈하리잔〉, 1946.6.9 ; 《전집》 91 : 90

155) 나쁜 습관 중 최악의 것 *1946. 8. 28*

안녕, 아룬(Arun)![38]
너와 네 친구가 거짓말을 했다니 유감이다. 우리는 그런 습관에 쉽게 빠진다. 나는 이것을 온갖 나쁜 습관 중에 최악의 것이라고 간주한다. 네가 장차 그런 것으로부터 멀리 떨어지는 것이 좋을 것이다.

아룬 간디에게 보낸 편지, 《피아렐랄 페이퍼스》 ; 《전집》 92 : 110

6. 무 외(無畏)

156) 혼에 대한 살아 있는 신앙 사바르마티 아슈람, *1926. 5. 12*

친구에게,
무외(*fearlessness*)란 육신과 별개로서 혼의 존재, 그리고 육신의 소멸 이후 혼의 지속에 대한 살아 있는 신앙에서 비롯됩니다. 이것은 모든 세속적인 야망의 공허함에 대한 부단한 자각에서 얻어지는 것입니다.

귀하의 신실한 친구

Sjt. Sewa Ram
22, Jail Road
Lahore

세와 람에게 보낸 편지, SN 19551 ; 《전집》 35 : 294

---

38 〔역주〕 간디의 둘째 아들 마니랄의 아들.

157) 공포와 집착으로부터 자유 〔*1930. 9. 2*〕

《기타》의 모든 독자들이 알고 있듯이, 무외(無畏)는 16장에 열거된 신성한 성질들의 목록에서 선두를 차지하고 있다. 이것이 단순히 운율의 요긴한 사정 때문인지, 아니면 의도적으로 무외에 높은 자리가 주어진 것인지는 말할 수 없다.[39] 하지만 내 생각으로, 무외는 1등의 자리를 충분히 차지할 만한 가치가 있다. 왜냐하면 그것이 다른 고귀한 자질들의 성장을 위해서 없어서는 안 되기 때문이다. 무외가 없다면 사람이 어떻게 진리를 추구하고 사랑을 품을 수 있을까? 프리탐이 말하기를, "하리(*Hari*)의 길은 용감한 자의 길이고 겁쟁이의 길이 아니다." 여기에서 하리는 진리를 의미한다. 그리고 용감한 자들은 검·라이플총 등으로 무장한 자들이 아니라 무외로 무장한 자들이다. 검·총 등의 무기는 공포로 휩싸인 자들만이 붙잡는 것이다.

무외는 모든 외면적 공포, 즉 질병에 대한 공포, 육신의 상해와 죽음에 대한 공포, 강탈에 대한 공포, 자신에게 가장 가깝고 귀한 사람들의 상실에 대한 공포, 평판의 상실에 대한 공포, 위해에 대한 공포, 남의 감정을 해치는 일에 대한 공포 등등으로부터 자유를 의미한다. 보통 죽음에 대한 공포를 극복한 사람은 다른 모든 공포를 이겨낸다고들 하지만 이것은 오류이다. 우리 중 일부는 죽음을 두려워하지 않지만 삶의 작은 불행으로부터는 도망간다. 어떤 사람들은 스스로 죽을 준비는 되어 있지만 사랑하는 이들을 빼앗기는 것은 참지 못한다. 어떤 수전노들은 모든 것을 참아내고 심지어 자신들의 생명조차 내버릴 수 있지만 재산을 버릴 수는 없다. 어떤 사람들은

39 〔역주〕《마하트마 간디의 도덕·정치사상》 권 2, 114번을 참조할 것. 거기에 무외, 청정한 성품 순으로 제시되어 있다.

자신들의 이른바 권위를 떠받들기 위해서 수만 가지의 검은 행위를 하게 될 것이다. 어떤 사람들은 세상의 악평을 불러올지도 모른다는 단 하나의 두려움 때문에 자신들 앞에 선명하게 놓여 있는 곧고 좁은 길로부터 탈선한다. 진리추구자는 이런 모든 공포를 극복해야 한다. 그는 마치 하리슈찬드라가 했듯이 진리를 추구하는 데에 자신의 모든 것을 희생할 각오가 되어 있어야 한다. 하리슈찬드라의 얘기는 우화에 불과할 수 있다. 하지만 모든 진리추구자는 개인의 경험에 의해서 우화가 담고 있는 진리를 증명해야 하므로, 그 얘기는 어떤 역사적 사실만큼이나 귀중하다.

완전한 무외를 닦기란 거의 불가능하다. 무외가 미망에서 벗어나는 자유를 의미하고 있듯이, 그것은 최고 통치자(*the Supreme*)를 실현한 사람에 의해서만 얻어진다. 우리는 확고하고 부단한 노력에 의해서만 그리고 자기확신을 닦음으로써만 이 목표를 향해서 항상 진보할 수 있다. 맨 처음에 언급했듯이 우리는 일체의 외면적 공포를 버려야 한다. 하지만 내면적 적수는 항상 두려워해야 한다. 우리가 동물적 정염·분노 등을 두려워하는 것은 당연하다. 우리가 일단 진영 내부에 있는 이 반역자들을 정복하기만 하면 외부에서 오는 공포는 저절로 없어진다. 그러한 모든 공포는 육신을 중심에 두고 회전하므로 우리가 육신에 대한 집착을 제거하는 순간 그러한 공포는 사라질 것이다. 그래서 우리는 모든 외부의 공포가 우리 자신의 비전이 만들어낸 토대 없는 구조물이란 점을 알게 된다. 우리가 부, 가족 그리고 육신에 대한 집착을 모두 털어 내버리면 우리 심정에 공포가 들어설 자리는 없다. "지상의 일들을 내버림으로써 그것들을 즐기십시오",[40] 이것이 지고의 계율이다.

부·가족·육신에 대해서도 같은 말을 할 수 있다. 우리는 그것들

---

40 《이샤 우파니샤드》, 5 : 1.

에 대한 태도를 바꾸기만 하면 된다. 이 모든 것들은 우리 것이 아니고 신의 것이다. 이 세상의 어느 것도 우리 것이 아니다. 우리 자신들조차도 그분의 것이다. 그렇다면 우리는 왜 공포를 조금이라도 가져야 하는가? 그래서 《우파니샤드》는 우리가 사물을 즐기면서 사물에 대한 집착을 포기하라고 지도하고 있다. 다시 말하자면, 우리는 사물에 대한 관심은 가지되 그것에 대해서 소유자로서가 아니라 수탁자로서 가져야 한다. 우리는 어떤 분 대신 부·가족·육신 등의 사물들을 가지고 있는데, 그분은 온갖 종류의 전복자들에 대항하여 그것들을 지키는 데 필수적인 힘과 무기를 우리에게 주실 것이다. 우리가 주인이기를 그만두고 종복의 지위로 우리 자신을 낮출 때, 우리 발아래의 먼지보다 더 겸손하게 낮출 때, 일체의 공포는 안개처럼 사라져 버리고, 우리는 형언할 수 없는 평화를 얻고, 사탸나라야나(*Satyanarayana*) 곧 진리의 신(*the God of Truth*)을 직면할 것이다.

카카사헤브는 지금까지 물레질에 대한 확고한 서약을 하지 않았는데 이제서야 그것을 했다. 그 내용은 그가 하루 최소 2시간 이상 150m 이상 물레질한다는 것이었다. 그는 소모(梳毛)도 시작했다. 그는 대부분의 시간을 신체 활동으로 보낸다. 그는 기운이 좋다. 지난 나흘 정도 나는 건포도와 대추를 포기하고 대신 익힌 야채와 생 토마토 등을 먹었다. 만일 이와 같은 식이요법이 내 필요에 모자라면 나는 과일을 추가할 것이다. 나는 변비를 이기기 위해서 그 변화를 시도했다. 만일 그 변화가 경제적임이 판명되면 그만큼 더 좋을 것이다. 나는 어떤 품목에 대해서도 고집을 피우지는 않을 것이다.

바푸로부터 축복을

나란다스 간디에게 보내는 편지(G.),
CW 8123 ; 《전집》 50 : 30 (일부)

158) 무외와 사랑

〔1935. 11. 14〕

안녕, 아바데슈!

오랜만에 자네 편지를 받았네. 자네는 왜 여태 명확한 일에 착수하지 않았는가? 우리는 공포를 느끼지 않기 위해서 모든 사람들을 사랑해야 하고 진리의 길을 고수해야 한다네. 우리가 선함(*goodness*)을 쉽게 만날 수 있다는 주장은 모든 사람들이 착한 사람으로 알려지기를 소망하고, 아무도 죄인으로 알려지기를 원치 않는다는 사실에 기초한다네. 그래서 죄인이 되기란 어렵다고 말할 수 있을 것이네.

바푸로부터 축복을

아바데슈 두트 아바스티(Avadhesh Dutt Avasthi)에게
보낸 편지(H.), GN 3214 ; 《전집》 68 : 180

VI

아힘사

비폭력의 범위와 힘

1. 아힘사 – 비폭력의 힘

159) 아힘사와 용기

1916. 10

만일 라라 라즈파트 라이[1]가 내가 아힘사에 대해서 실제로 말한 것을 먼저 확인했다면, 지난 7월 〈모던 리뷰〉지에 실린 그의 발언은 세상에 나오지 않았을 것이다. 라라지(Lalaji)는 내가 했다는 발언을 정말로 내가 한 것인지를 묻고 있는데 그런 태도는 정당한 것이었다. 그는 내가 만일 그런 발언을 하지 않았다면 그 발언을 반박했어야 한다고 말했다. 첫째, 나는 문제의 발언을 보도했다는 신문, 그리고 내 발언을 비판했다는 신문을 아직 보지 못했다. 둘째, 대중 언론에 실린 내 연설에 대한 보도 안에 스며든 모든 실수를 내가 바로잡으려고 시도하지 않을 것이라는 점을 고백해야겠다. 라라지의 기사는 구자라트어

1 Lala Lajpat Rai(1865~1928): 사회개혁가, 정치지도자. 1907년 추방됨. '민중종복협회'의 창립자, 인도 국민회의 의장(1920).

신문과 잡지에서 많이 인용되었다. 내 입장을 설명하는 것이 나에게도 좋을 것이다. 나는 라라지에 대해서 공경심을 가지면서도, 그가 아힘사의 교리를 최고의 지위에까지 상승시킨 일이 인도의 멸망에 기여했다고 말했을 때 그와 논쟁을 벌이지 않을 수 없었다. 아힘사의 과도한 실현 때문에 우리가 많은 덕을 상실하게 되었다는 믿음을 지지할 만한 역사적 증거는 없는 것으로 보인다. 지난 1천 5백 년 동안 우리는 하나의 나라로서 물리적 용기를 갖고 있었다는 충분한 증거를 제시해왔지만, 내부 분열로 갈라지고 나라에 대한 사랑 대신 자신에 대한 사랑에 지배되어 왔다. 즉, 우리는 종교적 정신에 의해서가 아니라 반종교적 정신에 의해서 지배되어 왔다.

자이나교도에 대해서, 그들이 사내답지 못하다는 비난이 어느 정도 유효할지 나는 모른다. 그들을 변호하지는 않겠다. 나는 날 때부터 비슈누교도[2]이고, 유년기에 아힘사를 배웠다. 나는 이 세상에 있는 다른 위대한 신앙들의 경전에서 많은 종교적 이익을 얻었듯이 자이나교 종교 서적에서도 많은 이익을 얻었다. 나는 날 때부터 자이나교도였던 철학자 고(故) 라자 찬드 시인(Raja Chand Kavi)[3]과의 활발한 교제에서 많은 것을 얻었다. 그래서 아힘사에 대한 내 견해는 세상의 대부분의 신앙들에 대한 공부의 결과이지만, 이제 그것은 이 저작들의 권위에 더 이상 의존하지 않는다. 그것은 이제 내 삶의 일부가 되었다. 나는 이미 읽었던 종교 서적들을 해석하기를 배운 바 있었다. 그런데 그 책들이 내가 부여해왔던 해석과는 다른 해석을 가지고 있었다는 사실을 갑자기 발견한다고 해도, 나는 여전히 아힘사에 대한 나의 견해를 고수할 것이다. 이제 그 견해를 여기에 제시하려고 한다.

---

2 비슈누(유지자)의 추종자.

3 〔원주〕 Shrimad Rajchandra. 〔역주〕 1867~1901. 구자라트 출신.

완전한 아힘사를 진실로 실천하는 자는 세상을 자신의 발아래 두며, 자신의 주위에 영향을 줘서 뱀이나 다른 맹독성의 파충류로부터 아무 해를 입지 않는다는 점을 경전들이 가르치는 것으로 보인다. 바로 이것이 아시시의 성 프랜시스의 경험이라고들 한다.

아힘사는 부정적인 모습으로 일체의 살아 있는 존재를, 몸으로든 마음으로든 해치지 않는 것을 의미한다. 따라서 우리는 어떤 행악자의 인격도 해쳐서는 안 되고, 그에게 악의를 품어서도, 정신적 고통(*mental suffering*)을 초래해서도 안 된다. 이런 발언은 악의에서 나오지 않은 자연스런 나의 행위가 행악자에게 초래하는 고통까지 포함하지는 않는다. 그래서 그것은 어떤 사람이 어린애를 때리려고 할 때 내가 어린애를 다른 곳으로 데려가는 것을 막지 않는다. 아힘사의 적절한 실천은 만일 내가 어떤 식으로든 그 애의 보호자라면, 희생의 표적물인 그 애를 행악자로부터 빼낼 것을 나에게 요구한다. 남아프리카의 수동적 저항자들이 연합 정부가 그들에게 가하려고 했던 악에 저항했는데 그 일은 아주 적절했다. 그들은 정부에 대해서 아무런 악의를 품지 않았는데, 정부가 그들의 도움을 필요로 할 때마다 정부를 도와줌으로써 이 사실을 보여주었다. 그들의 저항은 정부 명령에 대한 불복종으로서 이뤄졌다. 그들의 손에 죽임을 당할 각오도 했다. 아힘사는 이른바 행악자에 대한 의도적 상해가 아니라 의도적 자기고통을 요구한다.

아힘사는 적극적인 형태로는 최대의 사랑, 최대의 자선을 의미한다. 내가 아힘사의 추종자라면, 나는 내 적수를 사랑해야 한다. 나는 잘못을 저지른 내 부친이나 아들에게 적용되는 것과 같은 규칙을, 내 적수인 행악자에게나 낯선 자에게도 적용해야 한다. 능동적인 아힘사는 반드시 진리와 무외를 포함한다. 사람은 사랑하는 사람들을 속일 수 없고, 두려워하지도 않고 놀라게 하지도 않는다. 생명의 선물은 모든 선물들 중에 최대의 것이다. 실제로 그 선물을 주는 자는 모든 적의를 무장 해제한다. 그는 명예로운 이해의 길을 예비했다. 스스로 공포에 빠진 사람은 누구라도 그런 선물을 줄 수 없다. 그래서 그는 스스로 무외여야 한다. 그렇게 되면 사람은 아힘사를 실천하면서도 동시에 겁쟁이가 될 수 없다. 아힘사의 실천은 최대의 용기를 요구한다. 아힘사는 군인의 제덕(諸德) 중에서 가장 군인다운 덕이다. 고든 장군[4]은 막대기 하나를 달랑 들고 있는 유명한 동상의 모습으로 재현되었다. 이것은 아힘사의 길에서 상당히 멀리까지 우리를 전진시킨다. 하지만 막대기의 보호를 필요로 하는 군인은 그 정도만큼 진정한 군인이 아니다. 죽는 방법을 알고 총알이 빗발치듯이 쏟아지는 한가운데에 곧추서 있는 자가 진정한 군인이다. 그와 같은 자가 바로 암바리슈(Ambarish)였는데, 그는 손가락 하나 올리지 않고 그 자리에 서 있었다. 반면 두르바사(Durvasa)는 최악의 행동을 범했다. 프랑스인 대포의 공격을 받던 무어인들이 입술로 알라신을 외치면서 포문으로 돌진했을 때 그들은 유사한 유형의 용기를 보여주었다. 단지 그들의 용기는 절망에서 나온 용기였을 따름이다. 암바리슈의 용기는 사랑에서 나온 것이었다. 하지만 무어인은 용맹과 죽을 각오로 포병대원을 이겼다. 그들은 미친 듯이 모자를 흔들고, 발사를 멈추고 예전의 적수를 동료로 맞이했다. 그리고 남아프리카의 수천 명의 수동적 저항자는 그들의 명예를 약간의 개인적 안락을 위해서 팔기보다는 죽을 각오가 되어 있었다. 이것이 능동적 형태의 아힘사였다. 아힘사는 절대로 명예를 팔지 않는다.

아힘사 추종자의 손에 있는 가련한 소녀는, 그녀를 무기가 미치는 데까지 보호할 준비가 되어 있는 사람의 손에 있을 때보다 더 좋고

4 Lord Gordon of Khartoum(1833~1885) : 영국 군인, 행정가. 수단의 부왕.

확실한 보호를 받게 된다. 첫 번째의 경우 폭군은 그녀의 보호자의 시체를 밟고 걸어와야 하고, 두 번째의 경우 폭군은 보호자를 압도하기만 하면 된다. 왜냐하면 두 번째 경우의 행위규범은 보호자가 자신의 물리적 용맹의 정도만큼 싸웠을 때 충족된다고 상정하기 때문이다. 첫 번째의 경우 보호자는 자신의 혼 자체를 폭군의 단순한 육신에 대결시킨 것이므로, 폭군의 혼이 깨어날 가능성, 그리고 생각할 수 있는 모든 다른 상황에 비해서 그녀의 명예가 보호될 수 있는 무한하게 더 큰 기회를 갖게 될 가능성이 크다. 물론 그녀 자신의 개인적 용기를 발휘할 수 있는 상황을 제외하고는 말이다.

만일 우리가 오늘날 사내답지 못하다면, 그것은 우리가 다른 사람을 때릴 줄 몰라서가 아니라 죽기를 두려워하기 때문이다. 스스로 죽기를 두려워하고, 실제의 위험이든 상상의 위험이든 온갖 위험 앞에서 도망치면서 그 위험을 초래한 사람을 다른 사람이 파멸시켜 주기를 시종 원하는 자는 절대 마하비라의 추종자도 아니고, 자이나교의 사도, 붓다나 《베다》의 사도도 못된다. 거래에서 사람을 속여 그를 서서히 말려 죽이는 자, 무력을 사용하여 서너 마리의 소를 보호하고 도살자를 죽이는 자, 자신의 나라에 이른바 선을 행하기 위해서 수명의 관리[5]를 없애는 일을 개의치 않고 하는 자, 그는 아힘사의 추종자가 아니다(나는 라라지에게 동의한다). 이 모든 사람들은 증오, 비굴 그리고 공포에 의해서 움직인다. 여기에서 나라와 소에 대한 사랑은 자신의 허영심을 만족시키기 위해서 혹은 찌르는 양심을 달래기 위해서 의도된 애매모호한 것이다.

내 소견으로 아힘사가 바르게 이해되면 세속적이고 초세속적인 모든 악들을 위한 만병통치약이 될 것이다. 우리의 아힘사 실천에는

5 〔역주〕 간디는 주로 영국인 관리를 염두에 두었을 것이다.

정해진 한도가 있을 수 없다. 바로 이 순간 우리는 그것을 전혀 실천하고 있지 않다. 아힘사는 다른 덕들의 실천을 대체하는 것이 아니라, 아힘사의 기초나마 실천하기 위해서 다른 덕들의 실천을 절대 필수적인 것으로 만든다. 라라지는 그의 부친의 신앙에서 나온 아힘사를 두려워할 필요가 없다. 마하비라와 붓다는 군인들이었다. 톨스토이 역시 그랬다. 그들은 자신들의 작업에서 보다 깊이 보고, 보다 진실하게 보았으며, 진실하고, 행복하며, 명예로우면서도 경건한 삶의 비밀을 발견했다. 우리는 이러한 스승들과 더불어 아힘사의 공유자가 되자. 그러면 우리나라는 다시 한 번 제신(諸神)의 처소가 될 것이다.

아힘사에 대하여 : 라라 라즈파트 라이에게 보낸 답장,
〈모던 리뷰〉, 1916.10 ; 《전집》 15 : 191

160) 아힘사에 대한 신앙 〔*1924. 6. 21*〕

친애하는 간슈얌다스지께,
당신의 편지를 받았습니다.
우리 시도의 실패와 성공 여부에 상관없이 우리는 비폭력을 지켜야 합니다. 이것은 비폭력의 원리를 증명하는 유일하게 자연스런 길입니다. 아힘사의 결과는 늘 좋다고 말하는 것이 더 옳을 것입니다. 우리에게는 그와 같은 확고한 신앙이 있으므로, 우리의 노력이 성공의 왕관을 오늘 쓸지 아니면 수년 후에 쓸지에 대해서 우리는 걱정하지 않습니다. 2백 년 전 강제로 이슬람교로 개종했던 자들이 개종할 때 강제적 정책이 동원되었다면, 그들은 이슬람교에게 힘의 원천이 될 수 없습니다. 마찬가지로 강제나 사기로 누군가가 힌두교로 개종한다면 그것은 힌두교 파멸의 씨앗을 심는 것입니다. 우리는 보통 목전

의 결과에 의해서 오도됩니다. 거대한 공동체의 역사에서 2백 년이란 거의 무에 가깝습니다.

법의 도움을 받아서 민중의 습관을 포기하도록 하는 일은 그것 자체로 물리력(*brute force*) 곧 폭력이 되는 것은 아닙니다. 예컨대 법률로 주류판매를 금지시킴으로써 중독자로 하여금 음주 습관을 포기하도록 만드는 것은 폭력이 아닙니다. 만일 술 마시는 자를 회초리로 때려야 한다고 제안한다면, 그것은 분명히 물리력일 것입니다. 주류판매는 국가의 의무가 아닙니다.

귀하의 신실한 친구
모한다스

비를라(G. D. Birla)에게 보낸 편지(H.),
CW 6011 ;《전집》28 : 101

161) 창조적 에너지와 파괴적 에너지

1925. 5. 22

나는 여러분에게 차르카(물레)에 대해서 말하지 않을 것입니다. 여러분은 그것에 대해서 다른 데서 이미 내가 말했던 것을 아실 것입니다. 하지만 나는 아힘사에 대한 여러분의 신앙을 강화하기 위해서 그것에 대한 애기를 좀 하려고 합니다. 다카에 있는 한 학생이 재미 하나 없는 물레를 부지런히 돌리는 대신 차라리 교수대에 오르겠다고 나에게 말했습니다. 그가 아힘사와 브라마차르야를 믿지 않았다는 사실이 아주 분명합니다. 물레는 평화와 아힘사의 상징이기 때문입니다. 아힘사는 나에게 정책(*policy*)이 아니라 강령(*creed*), 하나의 종교이기 때문에 거기에 내 신앙을 걸었습니다. 내가 왜 아힘사를 그렇게 생각하냐구요? 세상을 유지하는 것이 힘사 즉 파괴적 에너지가 아니라, 아힘사 즉 창조적 에너지라는 점을 내가 알고 있기 때문입니다. 나는 파괴적 에너지가 존재한다는 점을 시인합니다. 하지만 그것은 영원한 창조적 에너지 앞에서는 찰나적이고 늘 공허한 것입니다. 만일 파괴적 에너지가 우세했다면, 모든 거룩한 유대(*all the sacred ties*), 부모와 자식, 형제와 자매, 스승과 제자, 통치자와 피치자 사이의 거룩한 유대, 즉 사랑의 유대는 툭하고 끊어졌을 것입니다. 아힘사는 태양과 같으며, 우리의 성선(聖仙)들은 신의 상징인 태양에 대한 예배를 가야트리(찬가) 안에서 불멸의 것으로 만들었습니다. 태양이 '인간의 가멸성을 지켜보며', 영원한 회전을 반복하고, 어둠, 죄 그리고 암울함을 내쫓듯이, 아힘사 역시 그러합니다. 아힘사는 사랑으로 여러분을 고취합니다만, 여러분은 이 사랑보다 더 좋은 신바람 나는 일을 생각해낼 수 없을 것입니다. 그리고 그 때문에 평화와 사랑의 상징인 물레에 대한 내 신앙이 나이가 들수록 더욱 돈독해집니다. 바로 그런 이유로 내가 여러분에게 말하면서 물레질을 해도 예의에 어긋나는 일이 아니라고 생각합니다. 나는 물레를 돌리면서 자신에게 이런 말을 합니다. '신은 수많은 사람을 굶주리게 하면서도 왜 나에게 일용의 양식을 주셨을까? 그분이 나도 굶게 해 주시기를, 그들의 기아를 제거하도록 내가 뭔가를 할 수 있도록 해 주소서.' 그리고 나는 그것을 돌리면서 같은 동전의 앞뒤 면에 해당되는 아힘사와 진리를 수행하는 것입니다. 아힘사는 나의 신입니다. 진리 또한 나의 신입니다. 내가 아힘사를 찾을 때면 진리가 '나를 통해서 아힘사를 찾아라' 하고, 내가 진리를 찾을 때면 아힘사가 '나를 통해서 진리를 찾아라' 하고 말합니다. 저 두 구절의 랩소디는 아힘사 위에서만 하나가 되는 것이 아니라, 차르카와 아힘사 위에서 쉽게 하나가 되었습니다.

보그라 일꾼 학교에서의 연설, 〈영 인디아〉, 1925. 6. 4 ; 《전집》 31 : 233

162) 아힘사 실천

사람들은 나에게 어떤 행동이 폭력적이고, 어떤 행동이 비폭력적인가에 대해서, 그리고 특정 시간에 사람의 의무가 무엇인가에 대해서 계속 물어본다. 이 질의들 중 어떤 것들은 질의자들의 무지를 드러내기도 하지만, 어떤 질의들은 관련이 있는 어려운 딜레마를 드러내는 데 도움이 되기도 한다. 펀자브 출신의 신사 한 사람이 질문을 해왔는데 그에 대한 대답을 여기에서 해 줄 가치가 있다. 그 질문은 다음과 같다.

> 호랑이, 늑대와 같은 맹수들이 와서 다른 동물이나 인간을 물어가려고 한다면 어떻게 해야 합니까? 또는 물속의 세균들은 어떻게 해야 합니까?

내 소견으로, 간단히 다음과 같이 대답할 수 있다. 호랑이와 늑대 등으로부터 위험이 있다면 그것들을 죽이는 것이 불가피하다. 물속의 세균들 역시 불가피하게 박멸되어야 한다. 그렇다고 해서 불가피한 폭력이 폭력이기를 그치고 비폭력이 되는 것은 아니다. 그것은 폭력으로 인정되어야 한다. 우리가 만일 호랑이와 늑대 등을 죽이지 않고 살아가는 방도를 찾을 수 있다면, 그것이 최선일 것이라는 점에 대해서는 의심의 여지가 없다. 하지만 누가 그렇게 할 수 있을까? 이 동물들을 두려워하지 않고 친구로 삼을 수 있는 자만이 그렇게 할 수 있을 것이다. 두려워서 폭력을 금하는 자는 그럼에도 불구하고 폭력의 죄를 범하는 것이다. 쥐는 고양이에 대해서 비폭력적이지 않다. 쥐는 고양이에 대한 폭력을 마음속에 늘 갖고 있다. 쥐는 약해서 고양이를 죽이지 못하는 것이다. 폭력을 가할 수 있는 능력이 충분히 있음에도 폭력을 가하지 않을 때 그런 사람만이 아힘사의 다르마를 실천할 능력이 있다. 자발적으로 그리고 사랑으로 그 누구에게도 폭력 행사를 금하는 자만이 아힘사 다르마를 수행한다.

비폭력은 사랑과 자비 그리고 용서를 의미한다. 경전들은 이것들을 용기 있는 자들의 덕이라고 묘사한다. 용기는 신체적인 것이 아니라 정신적인 것이다. 신체적으로 연약한 사람이 다른 사람의 도움을 받아서 심대한 폭력 행위에 탐닉한 사례들이 있었다. 유디슈티라(Yudhishthira)[6]와 같이 신체적으로 강건한 사람이 비라타 왕(King Virata)[7]과 같은 사람에게 사면을 허락해 준 사례도 있었다. 따라서 사람이 내적 힘을 기르지 않으면, 아힘사 다르마를 결코 실천할 수 없다. 오늘날 바니아 카스트(*vanias*)[8]가 실천하는 비폭력은 그 이름에 어울리지 않는다. 그 안에 때때로 잔인성이 있고, 무지는 항상 있기 때문이다.

내가 전쟁 기간 동안 케다에 모병하기 위해서 나갔던 이유는 우리의 이런 약점을 알았기 때문이었다. 영국 정부의 행위 가운데 아마 가장 잔인한 행위가 인도 민중의 무장을 해제하고 거세해 버린 일이라고 당시 내가 말했던 것도 바로 같은 이유에서였다. 나는 오늘날에도 같은 견해를 갖고 있다. 사람이 심정에 있는 두려움 때문에 무장하지 않고서는 공포를 제거할 수 없다면, 그는 단연코 방망이로 무장하든지 아니면 보다 치명적인 무기로 무장해야 할 것이다.

아힘사는 위대한 서약이다. 그것은 칼날 위를 걸어가는 일보다 더 어려운 일이다. 육신의 모습을 가진 이가 아힘사를 완벽하게 고수하

6 〔역주〕《마하바라타》에서 판다바 다섯 왕자들 중의 맏형.

7 판다바 형제들이 이 왕의 궁중에서 몰래 살았다.

8 상인과 농부 카스트.

는 일은 거의 불가능하다. 그것을 수행하자면 엄혹한 참회가 필요하다. 그 참회는 포기와 지식의 의미로 이해되어야 한다. 땅을 소유하고 싶어하는 자는 아힘사를 실천할 수 없다. 농부라면 마땅히 자신의 땅을 보호해야 할 것이다. 그것을 호랑이와 늑대로부터 지켜야 할 것이다. 이들 동물이나 도둑 등을 처벌할 각오가 되어 있지 않은 농부는 그의 경작지를 내버릴 준비가 늘 되어 있어야 한다.

우리는 아힘사 다르마를 실천하기 위해서는 경전과 습속이 제시한 제한 사항을 준수해야 한다. 경전들은 폭력을 명하지 않는다. 그러나 그것들은 특별한 때의 특정한 폭력 행위를 불가피하다고 봄으로써 폭력을 허용한다. 가령, 사람들은 《마누법전》[9]이 특정한 동물의 도살을 허용한다고 믿고 있다. 그런 도살이 법으로 명령되어 있지는 않았다. 이후 사고가 좀더 진전되자, 이런 도살이 칼리유가(*kaliyuga*)[10]에서는 허용될 수 없다고 결정되었다. 따라서 특정 형태의 폭력은 무죄가 될 수 있고, 《마누법전》이 허용한 어떤 유형의 폭력은 금지되어 있다고 간주하는 것이 오늘날의 통례이다. 경전이 허용한 양보 이상으로 우리가 나갈 수 있다고 논하는 것은 분명히 잘못이다. 자기통제에는 다르마가, 탐닉에는 아다르마(*adharma* : 非法)[11]가 있다. 경전이 말하는 허용범위조차 사용하지 않는 자는 축하받을 만하다. 자기통제에 한계가 없기에 아힘사에도 한계가 없다. 자기통제는 세상의 모든 경전들이 환영해왔지만, 탐닉에 대해서는 의견들이 크게 엇갈린다. 직각은 모든 장소에서 동일하고, 직각 아닌 다른 각도들의 수는 무한하다. 비폭력과 진리는 모든 종교들의 직각을 이루고 있는 셈이다. 그 직각

9 마누의 법전, 힌두교법의 기초.

10 투쟁의 시대.

11 다르마의 반대말.

에 맞지 않는 행위는 확실히 포기되어야만 한다. 불완전한 행위가 아마 허용될 수는 있을 것이다. 아힘사 다르마를 실천하는 자는 언제나 방심하지 않고 경계함으로써, 그리고 스스로 허용했던 범위를 점차적으로 제한함으로써, 자신의 내면의 힘을 키워나가야 할 것이다. 탐닉은 결코 종교적일 수 없다. 지식을 통해서 세속 생활을 포기하는 것이 해탈(목샤)[12]의 성취이다. 하지만 절대적인 포기는 히말라야 산봉우리들에서도 발견되지 않는다. 진정한 동굴은 심정에 있다. 그 안에 자신을 숨기고 보호받는 사람은, 그가 비록 세상 안에 살면서 자유롭게 움직이고 불가피한 행위에 참여하더라도, 세상에 오염되지 않은 채로 남아 있을 수 있다.

비폭력의 문제들(G.), 〈나바지반〉, 1925. 8. 9 ; 《전집》 32 : 170

163) 아힘사의 의미와 해석

다른 철학 체계들과 자이나교 철학에 대해서 상당한 연구를 했다고 알려진 한 자이나교도 친구가 아힘사와 관련해서 장문의 편지를 나에게 보내왔다. 그 편지는 신중한 대답을 필요로 한다. 그는 다음과 같은 취지의 말을 하고 있다.

> 아힘사에 대한 당신의 해석은 혼란을 야기했습니다. 힘사는 일상적 의미에서 보면 생명을 육신으로부터 분리하는 것을 의미하고, 그렇게 하지 않는 것이 아힘사입니다. 생명 있는 일체의 것에게 고통을 주지 않는다는 것은 원래 의미의 확장에 불과한 것으로, 그 의미를 아무리 확장한다고 해도 살생을 포함할 수는 없습니다. 이런 사실로부터 나는 아힘사의 의미를 모든 상황에서 일체의 살생을 잘못으로

12 현상적 존재(*phenomenal existence*)로부터 구원.

간주하는 것이라고 이해하지만, 당신은 아힘사에 대한 이런 시각을 이해하지 못할 것입니다. 이 세상에서 절대적인 윤리적 원리로 간주되어, 단 하나의 예외도 인정하지 않는 원리가 존재한다고 나는 생각하지 않기 때문입니다. '아힘사가 최고의, 지고의 의무'라는 좌우명은 위대하고 중심적인 진리를 구현하지만, 인간 의무의 총합을 포괄하지는 않습니다. 그래서 당신이 '비폭력적 살생'(*non-violent killing*)이라고 부른 행위가 올바른 일이라고 해도, 그것이 아힘사라고 묘사될 수는 없을 것입니다.

생명이 쉼 없는 변화와 발전을 겪어야 하듯이 말의 의미도 진화의 과정을 부단히 겪고 있다는 것이 내 생각이다. 그리고 이것은 모든 종교의 역사에서 얻어온 사례들에 의해서도 풍부하게 증명될 수 있다. 힌두교에서 야즈냐 곧 희생제사라는 말이 적절한 사례가 된다. J. C. 보세 경의 발견은 생물학적 용어들에 대해서 용인되어 왔던 함의들을 오늘날 혁명적으로 바꾸고 있다. 마찬가지로 우리가 아힘사를 완전히 실현하게 되면, 우리는 아힘사 교의의 새로운 함의를 찾아내는 것을 꺼리지 않을 것이다. 우리는 '아힘사가 최고의, 지고의 의무'라고 하는 축복받은 좌우명을 이보다 더 좋은 것으로 만들 수는 없다. 만일 우리가 우리의 영적 유산을 보존하고 싶다면 이 위대하고 보편적인 원리의 의미들을 탐색할 의무가 있다. 하지만 이 명칭들에 대해서 나는 특별히 까다롭지 않다. 내가 언급했던 상황에서 살생이 올바른 일이었음이 인정되는 한, 아힘사로 불리든 말든 나는 개의치 않는다.

이 친구가 언급한 또 다른 난문은 다음과 같다.

나는 당신이 묘사한 가정(假定)된 상황에서 당신 딸을 상상으로 죽인다는 묘사를 잘 이해할 수 없었습니다. 그런 경우 불한당을 죽이는 것은 옳을 것입니다만, 가련한 딸은 도대체 무슨 잘못을 범했습니까? 가련한 희생자가 당한 능욕을 죽음에 의해서만 피할 수 있는 불명예로 여기십니까? 그런 상황에서는 비록 가련한 소녀가 공공의 치욕과 수치가 두려워 목숨을 끊어 달라고 간청하더라도, 그녀의 소망을 만류하는 것이 당신의 의무라고 생각하지 않으십니까? 나라면 치욕적인 강간의 경우, 그리고 강제적으로 자신의 수족을 절단당해야 하는 경우 사이에 조금의 차이도 발견하지 못할 것입니다.

내가 묘사한 상황에서 내 딸을 죽도록 내버려 두는 이유는, 내 딸이 욕을 당했다는 것을 두려워하기 때문이 아니라, 내 딸이 자신의 소망을 표출할 수 있었다면 죽음을 소망했을 것이라는 데 있었다. 만일 내 딸이 일반 대중의 험담과 비판이 두려워서 목숨을 끊어 달라고 했다면, 나는 그 소망을 따르지 말라고 내 딸을 만류하기 위해서 분명히 노력했을 것이다. 내 딸이 죽기를 원한다는 것을 절대로 확신하고 있을 경우에만 나는 내 딸의 목숨을 빼앗을 것이다. 나는 시타가 라바나에 의해서 능욕을 당하느니보다는 죽음을 택하리라는 것을 안다. 그리고 그것이 우리 경전이 명하는 것이라고 믿는다. 능욕보다는 차라리 죽음을 갖게 해 달라는 것이 수천 명의 남녀가 매일매일 올리는 기도임을 나는 안다. 나는 이런 감정(*feeling*)이 고취되어야 할 필요성이 아주 높다고 생각한다. 나는 순결의 상실이 수족 하나의 상실과 같은 자리를 차지한다는 점을 용인할 준비가 되어 있지 않다. 그러나 나는 사람이 수족이 절단되어 불구가 되느니 차라리 죽음을 한없이 선호하는 상황을 상상할 수 있다.

세 번째 난문은 다음과 같다.

원숭이를 몰살시키려는 것보다, 나머지 원숭이를 쫓아내기 위해서 원숭이 몇 마리에게만 상처를 입힌다는 생각을 당신이 왜 참을 수 없다고 하는지, 나는 이해할 수 없습니다. 삶에 대한 동경은 눈이 멀거나 불구가 된 동물들 사이에 더욱 강하다고 느끼지 않으십니까? 살아 있는 생명의 고통을 차마 볼 수 없기 때문에 그것을 죽이려는 충동은 일종의 이기심이라고 생각하지 않으십니까?

내가 원숭이에게 상처를 입힌다는 생각을 참을 수 없는 이유는, 상처 입은 원숭이는 가만히 내버려 두면 서서히 죽을 수밖에 없다는 것을 알기 때문이다. 만일 원숭이들이 도대체 내 행위에 의해서 죽어야 마땅하다면, 그들이 서서히 죽어가도록 내버려 두기보다는 그 자리에서 즉사시키는 편이 훨씬 더 나을 것이라고 본다. 그리고 나는 원숭이를 완전히 죽이기보다 오히려 상처를 입힘으로써 아힘사를 실천한다고 하는 점을 도저히 이해할 수 없다. 내가 상처 입은 원숭이를 위해서 병원을 설립할 준비가 되어 있다면, 그건 별개의 문제가 될 것이다. 불구가 되고 눈이 먼 원숭이가 구조나 구제를 얻을 희망을 갖고 있다면 삶에 대한 소망을 분명히 나타낼 것이라는 점에 대해서는 나도 동의한다. 하지만 눈멀고 무지한 피조물이 있는데, 이것이 신에 대한 신앙은 없고 어떤 도움의 손길이 전혀 닿지 않는 사막 같은 데에 고립되어 있으면서 자신의 곤경에 대해서 분명한 지식이 있는 경우를 상상해 보라. 그런 상황에서 그 피조물이 자신의 삶을 지속하고 싶어할 것임을 나는 믿을 수 없다. 나는 어떤 경우에도 삶에 대한 갈망을 키워가는 것이 사람의 의무라는 점을 인정할 수 없다.

네 번째 난문은 다음과 같다.

아힘사에 대한 자이나교도의 견해는 다음 세 가지 원리에 기초하고 있습니다.

'어떤 상황에서도, 아무리 고통이 크다고 해도, 누구라도 삶에 대한 의지를 의도적으로 포기하는 것도 불가능하고, 다른 사람으로 하여금 자신을 고통에서 구해 달라는 소망에 대한 의지를 포기하는 것도 불가능하다. 따라서 살생은 어떤 경우에도 도덕적으로 정당화될 수 없다.'

'힘사를 필연적인 것으로 만드는 행위들로 가득 찬 세상에서, 구원을 열망하는 자는 가능한 한 작은 수의 행위에 관여하면서 아힘사를 따르도록 노력해야 할 것이다.'

'힘사에는 두 가지 종류가 있다. 하나는 농업에 관련된 것처럼 직접적 힘사이다. 다른 하나는 농업 생산물을 먹을 때 관련된 것처럼 간접적 힘사이다. 쌍방에서 완전히 벗어날 수 없는 경우라면, 아힘사의 신봉자는 직접적 힘사를 피하도록 노력해야 할 것이다.'

나는 아힘사에 대한 이 세 가지 자이나교 원리들을 〈나바지반〉지에서 비판적으로 검토하고 논의해 주시기를 간곡히 요청하는 바입니다. 아힘사에 대한 당신의 견해와 자이나교도의 견해 사이에는 중대한 차이가 있음을 압니다. 아힘사에 대한 당신의 견해는 행위의 철학(*the philosophy of action*)에 기초하고 있지만, 자이나교도의 견해는 행위 포기(*renunciation of action*)의 철학에 기초하고 있습니다. 현재는 행위의 시대입니다. 만일 아힘사 원리가 시간과 장소에 구애받지 않는 영원 보편의 원리라면, 여태 행위 포기의 영역에만 제한되어 왔던 아힘사 원리가 어떻게 현재 행위의 삶에서 작동할 수 있을지에 대해서, 그리고 이런 새로운 환경에 적용될 때 어떤 모습을 취하게 될지에 대해서 스스로 생각해보도록 사람의 마음을 자극해야 할 필요성이 크게 있는 것으로 보입니다.

이러한 원리들에 대해서 논의해야 하지만 정말로 망설여진다. 나는 그런 논의의 위험을 알고 있다. 하지만 거기에서 도망갈 길이 없다. 첫 번째 원리에 대해서 나는 이 글의 앞부분에서 견해를 이미 밝힌 바 있다. 모든 상황에서 생명에 매달린다는 원리가 비굴함을 드러내고, 우리 주위에서 지속되고 있는 힘사 대부분의 원인이 되며, 이 원리에 대한 맹목적인 고수는 힘사를 줄이기는커녕 증가시킬 수 밖에 없다고 나는 굳게 확신한다. 만일 자이나교의 원리가 여기에 선언된 그대로라면, 그것이 구원의 성취에 방해가 될 것으로 보인다. 가령, 구원에 대해서 늘 기도하는 사람은 다른 사람의 목숨을 희생하면서까지 자신의 생명을 지속하기를 절대로 원치 않을 것이다. 구원이 뭔지 조금도 모를 정도로 무지에 깊이 빠진 자만이, 어떤 조건하에서도 생명을 지속하기를 원할 것이다.

구원의 필수 조건은 모든 욕망의 완전한 절멸이다. 그렇다면 구원의 열망자가 어떻게 감히 더럽게도 이기적일 수 있으며, 무슨 수를 써서라도 자신의 가멸적 육신을 보존하기를 감히 원할 수 있을까? 우리가 구원의 영역으로부터 가족과 나라의 영역으로 그리고 인류의 세계로 하강하면, 우리는 가족, 나라, 세계 전체를 섬기기 위해서 자신의 목숨을 전혀 고려하지 않고 자신들을 바친 수많은 남녀의 사례를 볼 것이다. 이와 같이 철저한 자기희생과 자기포기의 이념은 현재 전 세계에서 반복 교수되고 있다. 무슨 수를 써서라도 생명에 매달리는 것은 나에게는 최고의 이기심(*selfishness*)이다. 하지만 우리가 그와 같은 더러운 이기주의로부터 사람을 강제적으로 유리시키도록 노력해야 한다는 것을 의미한다고 그 누구도 오해해서는 안 된다. 무슨 대가를 치러서라도 살아야겠다는 삶의 의지라는 교의가 가진 오류를 보여줄 목적으로 예를 들어서 논의해 본 것이다.

두 번째 원리에 대해서, 나는 그것을 도대체 원리라고 부를 수 있을지 모르겠다. 하지만 그것이 원리라면 나에게는 진부한 것이고 진심으로 그것을 지지한다.

세 번째 원리는 이 친구가 선언한 모습대로라면 중대한 결함을 갖게 된다. 나에게 이 원리의 가장 끔찍한 결과는 다음과 같은 것으로 보인다. 즉, 만일 우리가 그 원리를 인정한다면 아힘사의 신봉자는, 농업의 과실은 포기할 수 없다는 것과, 농업은 인류 생존을 위해서 없어서는 안 될 조건임을 알면서도, 농업을 포기해야 한다는 결과가 나온다. 수백만 농민들의 수고 덕분에 먹고살아가는 소수 사람들이 아힘사를 실천할 수 있도록 하기 위해서, 농민들이 힘사에 깊이 빠져 있어야 한다는 생각 자체는 아힘사라는 지고의 의무에 적합하지도 않고 그것과 일치하지도 않는다. 나는 이것이 아힘사의 내면성에 대한 지각의 결핍을 드러낸다고 느낀다. 가령, 그 원리의 논리적 결론까지 밀고 가면 어디까지 갈지 한번 생각해 보자. 당신은 뱀을 죽이지 않을 것이다. 하지만 필요하다면 이 원리에 따라서 당신은 다른 사람을 시켜서 뱀을 죽일 것이다. 당신 스스로 도둑을 강제적으로 내몰지는 않을 것이다. 하지만 당신은 다른 사람을 고용하여 그 일을 대신 시킬 것이다. 만일 당신이 당신에게 맡겨진 아이의 생명을 폭군의 격분(*fury*)으로부터 보호하기를 원한다면, 당신을 겨냥한 폭군의 격분을 다른 사람이 정면에서 받아내야 한다. 그리고 당신은 아힘사라는 거룩한 이름으로 직접 행동을 삼가게 될 것이다. 이것은 내 생각으로는 종교도 아니고 아힘사도 아니다.

앞서 언급한 위험을 무릅쓰고 결과를 직면할 각오가 되어 있지 않는 한, 사람은 공포에서 자유로울 수 없고, 일체의 공포를 털어 버리지 않는 한 바로 그 사실 때문에(*ipso facto*) 아힘사를 실천할 수 없다. 우리의 경전들은 아힘사가 모든 것을 이긴다고 말한다. 아힘사 앞에는 사나운 짐승들조차 광포함을 버리고 가장 완악한 폭군들도 자신들의 분노를 잊는다고 한다. 나의 아힘사 실천은 지극히 부적절하고 불완전했지만 이 원리가 진리라는 점에 대해서 나를 깨닫게 해

줄 수는 있었다. 나는 자이나교가 이 친구가 밝힌 대로 세 번째 아힘사 원리를 따르는지 다시 한 번 의심을 표명하지 않을 수 없다. 그러나 자이나교의 원리가 이 친구가 진술한 대로라고 해도 나로서는 그것을 감수할 수 없다는 점을 말하지 않을 수 없다.

이제 포기 대(對) 행위(*renunciation versus action*)의 문제로 가 보자. 나는 포기의 교의를 믿는다. 하지만 그 포기가 행위 안에서 그리고 행위를 통해서만 추구되어야 한다고 생각한다. 행위가 육신 속의 생명에 없어서는 안 될 조건이라는 것, 생명의 바퀴(*the Wheel of Life*)가 어떤 식의 행위에 관여하지 않고서는 일순간도 지속될 수 없음은 물론이다. 그래서 이런 상황에서 포기는 육신이 행위에 관여하면서도 영혼이 행위에 집착하지 않는 것, 즉 행위에서 벗어나는 자유를 의미할 수밖에 없다. 포기의 길을 추종하는 자는 모든 행위를 삼감으로써가 아니라, 무집착과 애타주의의 완전한 정신으로—이런 정신을 순수하게 신뢰하면서—모든 행위를 행함으로써 포기를 얻도록 추구한다. 그래서 사람은 포기의 길을 벗어나지 않고서도 사심 없는 봉사(*selfless service*)를 위해서만 행위하면서, 이기주의나 집착의 더러움으로부터 자유롭게 남아 있겠다는 조건을 지켜 주기만 하면 농사, 물레질 그리고 다른 행위들에 종사할 수 있다.

따라서 아힘사 원리가 이 육신 속의 생명과 얼마나 어울릴 수 있고, 일상적인 삶의 행위에 어떻게 적용될 수 있는지를 발견하는 일은, 나와 같이 포기의 원리를 고수하는 자들의 몫으로 남아 있다. 다르마의 덕성 중의 하나는 바로 그것이 보편적이고 그 실천이 소수의 독점이 아니라 만인의 특권이어야 한다는 점이다. 진리와 아힘사의 영역은 범세계적이란 것이 나의 확고한 신념이다. 이런 이유로 나는 진리와 아힘사를 추구하는 데 나의 생명을 바치면서 말로 설명할 수 없는 기쁨을 찾았고, 똑같이 행동함으로써 그 기쁨을 나와 함께 나눌 수 있도록 다른 사람을 초청하는 바이다.

자이나교의 아힘사(G.), 〈나바지반〉, 1928. 10. 21 ;
〈영 인디아〉, 1928. 10. 25 ; 《전집》 43 : 150

164) 아힘사와 인내

사바르마티, 사탸그라하 아슈람, *1928. 10. 31*

친구에게,

당신의 편지를 받았습니다. 사람들이 아무리 강렬한 고통 속에 있다고 해도 그들 모두가 우주에 미만(彌滿)한 영혼의 존재나 인내하는 힘을 느끼는 것은 아닙니다. 하지만 일부의 사람들은 분명히 느낍니다. 고통이 참을 수 없을 때 창조주(*the Creator*)가 죽음으로 그 고통에 종지부를 찍는다고 말하는 것은 대단히 옳습니다. 인내의 상태는 정도의 문제입니다. 그리고 우리가 만일 상상할 수 있는 어떤 상황에서의 죽음도 그것을 공포로서 생각하지 않는다면, 잘 정의(定義)된 조건 아래서는 아힘사의 규칙을 침해하지 않고도 죽음을 예상할 수 있을 것입니다.

귀하의 신실한 친구

J. Yesuthasen, Esq.
Belmont, Coonoor, Nilgiris

J. 예수타센 씨에게 보낸 편지, SN 13579 ; 《전집》 43 : 201

165) 아힘사, 자비 그리고 다르마

나는 다음의 편지를 오랫동안 내 옆에 두고 있었다. 내게 여유가 있다면 답장을 쓰려고 생각해왔다. 나는 오늘 약간의 여유를 기선 위에서 가졌다. 그 편지를 줄이면 아래와 같다. …13

투고자의 의도는 훌륭하다. 하지만 아힘사에 대한 그의 공부와 경험은 일천하다고 생각한다. 아힘사와 자비(*compassion*) 사이에는 금과 금에게 부여한 모습 사이의 차이, 뿌리와 거기에서 나온 나무 사이의 차이만큼이나 큰 차이가 있다. 자비가 없는 곳에는 아힘사가 없다. 아힘사의 검증 수단이 자비이다. 아힘사의 구체적인 모습이 자비이다. 따라서 자비가 있는 만큼 아힘사가 있다고들 한다. 내가 만일 나를 공격하러 온 사람을 때리지 않는다면 그것은 아힘사일 수도 아닐 수도 있다. 내가 만일 공포에서 그를 때리지 않는다면 그것은 아힘사가 아니다. 내가 만일 자비와 완전지에서 때리지 않는다면 그것은 아힘사이다.

순수 경제학에 대항하는 것은 아힘사가 될 수 없다. 순수 아르타(*artha*)는 지고의 아르타를 포함한다. 아힘사는 손해 보는 거래가 절대 아니다. 아힘사의 한 변에서 다른 변을 빼면 제로가 될 것이다. 다시 말하자면 두 변은 동등한 것이다. 살기 위해서 먹고, 봉사하기 위해서 사는 자, 음식과 의복을 그에게 충분할 만큼만 버는 자, 그런 사람은 행위하더라도 행위에서 자유로우며, 폭력을 범하더라도 비폭력적이다. 행위 없는 아힘사는 불가능한 일이다. 행위(*action*)란 단순히 수족에 의한 행동(*activity*)만이 아니다. 마음은 수족보다 더 큰 행동을 한다. 생각 하나하나가 모두 행위이다. 생각이 없다면 아힘사가 있을 수 없다. 아힘사 다르마는 인간과 같이 육신을 지닌 존재(*embodied being*)에게만 해당된다.

무엇이든지 먹을 수 있는 사람이 자비 때문에 먹을 것을 제한할

13 편지는 여기에 게재하지 않는다. 투고자는 그의 견해로는 간디가 자비의 자리에 아힘사라는 말을 사용하고, 아힘사의 자리에 자비라는 말을 사용하는 일이 대중의 마음에 혼란을 주기가 쉬울 것이라고 말했다. 그는 해명을 요구해왔다.

때, 그는 그만큼 아힘사 다르마를 준수하는 것이다. 반면, 정통 종교를 가진 사람이 고기 등을 먹지 않을 때 그는 좋은 일은 하고 있지만, 그 안에 반드시 아힘사를 갖고 있다고는 말할 수 없다. 아힘사가 있는 곳에는 의도적인 자비가 있어야 한다.

아힘사 다르마가 진실로 훌륭하다면, 우리 일상사에서 가능한 모든 방식으로 그것을 추종하기를 역설하는 일은 과오가 아니라 의무이다. 세속적인 행위와 다르마 사이에는 어떤 충돌이 있어서도 안 된다. 다르마에 반대되는 행위는 피해야 한다. 아힘사는 언제 어디서든 완전하게 실행될 수 없고, 그래서 그것을 옆으로 제쳐둬야 한다고 말하는 것은 힘사이고 미망이고 무지이다. 진정한 노력은 우리의 일상 행위가 아힘사를 따르고 있는지를 살피는 데에 있다. 이것은 진정한 노력을 요구한다. 이렇게 행위를 하면 아힘사의 준수에 충분히 적합한 사람이 될 것이므로 궁극적으로 지고의 경지를 얻게 된다. 다른 사람들에게 완전한 아힘사는 오로지 씨앗의 모습으로만 남아 있게 될 것이다. 살아가는 행위의 뿌리에 이미 폭력이 존재한다. 그래서 육신을 지닌 존재들이 준수해야 할 다르마를 표시하는 아힘사라는 부정어가 발생했던 것이다.

아힘사 대 자비(G.), 〈나바지반〉, 1929. 3. 31 ; 《전집》 45 : 268

166) 아힘사와 나태 *1929. 3. 12*

여러분과 같이 붓다의 가르침을 믿고 있는 자들은 단 한순간도 나태하게 보낼 수 없을 것입니다. 위대한 자연(*Nature*)의 의도는 우리의 이마에 땀을 흘려서 우리의 빵을 벌도록 하는 것이었습니다. 그래서 단 일분이라도 나태하게 보내는 사람은 그만큼 이웃에게 부담이 될 것이며, 그러한 부담은 아힘사 최초의 교훈을 범하는 것입니다. 아힘사는 자신의 이웃들에 대해서 잘 균형 잡힌 탁월한 고려가 없다면 아무것도 아닙니다. 게으른 자는 그와 같이 기초적인 고려에서 이미 부족한 것입니다. … 내가 이 개탄할 만한 일에 대해서 여러분에게 권하는 치유책은 인도에 있는 나의 동포에게 권하는 것과 동일합니다. 이 아름다운 나라에는 충분한 수의 베짜는 사람이 있습니다. 하지만 그들은 나라의 선을 위해서 일하는 대신 외국 자본가들을 위해서 뼈 빠지게 일하고 있습니다. 그들의 기술과 솜씨를 적용하는 곳이 외제 원사이기 때문입니다. 그러므로 여러분이 무력감을 피하고 싶다면, 자급자족하고 행복하길 원한다면, 그리고 인도에 있는 우리처럼 반기아 상태에 빠지지 않으려면, 여러분은 내 말을 잘 듣고 아직 시간이 있을 때 물레질로 돌아가야 합니다.

미얀마, 몰멘(Moulmein)[14]에서의 연설, 〈영 인디아〉, 1929. 4. 11 ; 《전집》 45 : 212

167) 아힘사의 길

1930. 7. 28 / 31

안녕, 나란다스!

네 편지를 받았다. 카카사헤브는 네가 사용하고 있는 종이는 뒷면에까지 잉크가 배어 나와서 양면을 쓸 수가 없다는 말을 하더군. 그가 말한 것이 옳다. 그런 경우에는 한 면에만 쓰는 것이 바람직하다.

이번에는 편지들이 제대로 포장이 되었다. 나는 봉투들을 보관하고 있는데 필요할 때 사용할 것이다. 내가 목화를 받았다고 지난 편지에서 이미 자네에게 말했다. 오늘에야 나는 그중 일부를 소면(梳綿)할 수 있었다. 비 때문에 공기에 습기가 무척 많았다. 나를 지치

14 〔역주〕 하(下) 미얀마 몬 주의 주도.

게 만드는 것은 물레질이 아니라 장시간 앉아 있는 일이다. 나는 차츰 어떤 길을 찾을 것이다. 나는 쉽게 패배를 인정할 수 없다. 여기에 자네가 우려할 만한 일은 없다. 내가 출옥했을 때에도 나는 한 번에 네다섯 시간을 앉아서 물레를 돌리지 않았던가?

케슈의 손가락에 난 상처는 지금쯤은 아물었을 게야. 발크리슈나의 육신이 야간 경비의 긴장을 감당할 수 있을까? 그는 힘에 부치는 것은 어떤 것도 해서는 안 된다.

우리 두 사람 모두 좋은 건강을 지키고 있다. 용수철저울로 카카사헤브의 체중은 109파운드였다. 그는 하루 8마일 정도는 걸었을 것인데, 운동과 작업 시에 걷는 것을 포함해서 그렇다. 물레질은 이것과는 별도의 일이다. 그의 식이요법은 여전히 동일하다.

아직 편지를 쓰지 못했는데 내 편지를 기다리는 사람이 있다면 그 이름을 나에게 알려 주어라. 나는 라마벤(란츠호드바이의 라마벤)에게서 편지를 받았어야 했다. 그녀는 내 편지를 받았을 것이다.

이제 아힘사에 관한 것이다.

화요일 아침

얘기의 출발은 우습기도 하고 고통스럽기도 하다. 우리 두 사람은 천을 댄 봉투를 사용하게 되면 얼마나 경제적일지, 그리고 어떻게 하면 같은 봉투를 반복해서 사용할 수 있을지에 대해서 의논했다. 문제는 봉투 전면(全面)에 빈 종이를 붙일까, 아니면 글 쓴 부분에만 작고 긴 종이를 부칠까 하는 것이었다. 이것은 헛된 논의가 되고 말았다. 우리는 기도 이후 그 일로 아름다운 15분을 허비했고, 그것은 우리의 어리석음을 증명했다. 우리는 이렇게 함으로써 진리와 아힘사를 범하게 되고 사리분별의 결여를 노출하고 말았다. 논의가 진리에 대한 간절한 추구에서 촉발된 것이 아니었기에 진리를 어긴 것이었다. 주어진 매 순간을 민중의 고통을 발견하는 데에, 그리고 그것을 종식시킬 방도를 생각하는 데에 써야 할 내가 공허한 논의로 귀중한 15분이란 시간을 허비했으므로, 아힘사가 수치를 당했다. 우리가 만약 논의의 유용성에 대해서 생각했더라면, 그것은 1분도 채 걸리지 않았을 것이므로 우리는 사리분별의 결여를 드러냈다. 우리는 15분이라는 민중의 시간(*people's time*)을 훔친 다음 우리의 어리석음을 자각했고 우리 눈을 열어 주신 신에게 감사를 표했다.

내가 이런 서언으로 시작한 것은 의도적이다.

진리의 길은 곧은 만큼 협소하다. 아힘사의 길 또한 그러하다. 그것은 칼날 위에서 균형을 잡는 일과 같다. 곡예사는 집중을 통해서 줄 위를 걸을 수 있다. 그러나 진리와 아힘사의 길을 이행하는 데 필요한 집중은 훨씬 크다. 조금이라도 부주의하면 땅으로 곤두박질치게 될 것이다. 부단한 분투로만 진리와 아힘사를 실현할 수 있다.

하지만 우리가 가멸의 틀인 이 육신 속에 갇혀 있는 한, 완벽한 진리를 구현하기란 불가능하다. 우리는 그 진리를 상상 속에서만 그려낼 수가 있다. 우리는 덧없는 육신이란 도구를 통해서는 영원한 진리를 바로 쳐다볼 수 없기 때문에 최후 수단으로 신앙에 기대야만 한다.

이 가멸적 육신(*mortal body*)으로는 진리의 완전한 실현이 불가능하다는 점 때문에 고대의 어떤 진리추구자가 아힘사를 인정하게 되었던 것으로 보인다. 그가 당면했던 문제는 다음과 같은 것이었다. '내게 어려움을 안겨 준 저 사람들을 내가 참아야 하는가, 아니면 그들을 파멸시킬 것이냐?' 하는 것이었다. 그 진리추구자는 다른 사람들을 파멸시킨 자는 전진하지 못하고 그저 그 자리에 그대로 있는 것을 보았고, 고난을 주었던 사람들을 견디어낸 자는 앞으로 전진하고 때로는 다른 사람들을 동반해가는 것을 목격했다. 최초의 파괴 행위는 그가 구도(求道)의 목표로 삼았던 진리가 그의 외부에 있었던 것이 아니라 내부에 있었다는 점을 가르쳐 주었다. 그래서 그는 폭력에 호소하면 할수록 진리에서 멀어져 갔다. 이는 외부에 있다는 상상의 적과 싸우면서, 내부의 적(*the enemy within*)을 경시했기 때문이다.

우리는 도둑들이 우리를 괴롭힌다고 생각하므로 그들을 처벌한다. 도둑들이 우리를 내버려 둘 수도 있지만 그들의 관심은 다른 희생자로 향하게 될 따름이다. 이러한 희생자 역시 하나의 인간, 즉 다른 모습의 우리 자신이다. 그래서 우리는 악순환에 빠지게 된다. 도둑들은 훔치는 일을 자신들의 일로 생각하므로 그들에게서 오는 문제는 계속 증가하게 된다. 결국 우리는 그들을 처벌하는 것보다 관용하는 편이 더 낫다는 것을 알게 된다. 우리의 감내가 그들을 정신 차리게 할 수도 있다. 도둑들을 관용함으로써 우리는 그들이 우리와 다르지 않으며, 우리의 형제, 우리의 친구이므로 처벌하지 않아도 된다는 점을 깨닫게 된다. 하지만 우리가 도둑들을 참아낼 수는 있지만 그들이 가하는 위해는 견딜 수 없다. 그것은 오직 비굴함을 야기할 뿐이다. 그래서 우리는 또 다른 의무를 자각하게 된다. 우리가 도둑들을 우리의 친척으로 간주하고 있으므로 그들로 하여금 친척 관계를 깨닫도록 해 주어야 한다. 그래서 우리는 그들을 우리 편으로 만들기 위한 갖가지 방도를 강구하기 위해서 애를 써야 한다. 이것이 아힘사의 길이므로 지속적인 고통과 부단한 인내의 함양을 수반할 수도 있다. 두 조건이 충족되면, 도둑들은 결국 그들의 사악한 길에서 돌아설 수밖에 없을 것이고, 우리는 진리에 대해서 보다 분명한 비전을 갖게 될 것이다. 이렇게 해서 우리는 세상 전체와 어떻게 친구가 되는가를 한 걸음 한 걸음 배우게 되고, 신의 위대성과 진리의 위대성을 깨닫게 된다. 고통에도 불구하고 마음의 평화는 증가할 것이고, 우리는 더욱 용감해지고 더욱 진취적이 될 것이다. 우리는 항구적인 것과 그렇지 않은 것의 차이를 보다 분명히 이해할 것이다. 의무와 의무가 아닌 것 사이를 구별하는 방법도 배우게 될 것이다. 우리의 자만심(*pride*)은 녹아 없어지고 우리는 겸허하게 될 것이다. 세속에 대한 우리의 집착은 약화되고, 우리 안의 악도 마찬가지로 나날이 감소될 것이다.

아힘사는 외견상 조야(粗野)한 것으로 보였지만 실제 그런 것은 아니다. 어떤 생명체도 해치지 않는 것, 그것이 아힘사의 일부인 점은 분명하다. 하지만 그것은 최소한의 표현이다. 모든 사악한 생각, 부당한 조급함, 거짓말, 증오, 그리고 타인이 잘못되기를 바라는 것, 이런 것들은 아힘사의 원리를 손상하고 말 것이다. 세상이 필요로 하는 것을 우리가 꾹 쥐고 있는 일도 그 원리를 범하는 것이다. 하지만 이 세상은 우리가 나날이 먹는 음식도 요구한다. 우리가 서 있는 바로 이 장소에, 그 장소의 주인이 되는 수백만 개의 미생물들이 존재하고, 거기에 있는 미생물들은 우리의 존재 때문에 상처를 입고 있다. 그렇다면 우리는 무엇을 해야 하는가? 자살해야 하는가? 우리가 지금 믿고 있듯이, 영혼이 육신에 부속되어 있어서 하나의 육신이 파괴될 때마다 그 영혼이 자신을 위해서 또 다른 육신을 짓는다고 믿는 한 자살도 해결책이 못된다. 우리가 육신에 대한 일체의 집착을 포기할 때 비로소 육신은 존재하기를 그만둔다. 이와 같이 모든 집착으로부터 자유롭게 되는 것이 진리인 신을 실현하는 것이다. 그런 실현은 성급하게 이뤄질 수는 없다. 우리는 이 육신이 우리에게 속하는 것이 아니라는 점, 그것이 우리의 관리 아래 맡겨진 위탁물(*trust*)이라는 점을 깨달으면서 그것을 올바르게 사용해야 하고 우리의 목표를 향해 진보해야 한다.

나는 우리 모두가 쉽게 이해할 수 있는 것을 적고 싶었지만 결국 어려운 얘기를 적고 말았다. 하지만 아힘사에 대해서 약간이마나 생각한 적이 있는 사람은 모두 내가 적은 것을 이해하기에 아무 어려움이 없을 것이다.

앞서 말한 바에 따르면 아힘사 없이 진리를 구하고 찾는다는 것이 불가능하다는 점은 분명해졌을 것이다. 아힘사와 진리는 너무 얽혀 있어서 이 둘의 얽힘을 풀고 분리하는 것이 실제적으로 불가능하다. 그것들은 동전 하나의 양면, 또는 각인되지 않은 부드러운 철판의 양면과 같다. 어느 면이 앞면이고 어느 면이 뒷면인지를 누가 말할 수 있겠는가? 하지만 아힘사는 수단이고 진리가 목적이다. 수단이 진정 수단이 되기 위해서는 언제나 우리의 손안에 들어와 있어야 한다. 아힘사는 우리의 지고의 의무가 되고 진리는 우리에게 신이 된다. 만일 그 수단을 소중히 여긴다면 우리는 그 목적에 조만간 도달할 수밖에 없으며, 그 수단을 소중히 여기기로 결심한다면 우리는 전투에서 이길 것이다. 어떤 난국을 만나더라도, 그리고 외면상 후퇴하고 있다고 해도, 우리는 신앙을 잃어서는 안 되고, 다음과 같은 만트라를 늘 반복해야 할 것이다. "진리는 존재한다. 진리만이 존재한다. 그것이 유일신이며, 그것을 실현하는 길은 하나밖에 없다. 오직 하나의 수단밖에 없으며 그것이 아힘사이다. 나는 그것을 절대 포기하지 않을 것이다. 진리이신 신, 내가 그 이름으로 이 서약을 한 신, 그분이 나에게 그 서약을 지킬 수 있는 힘을 주시기를."

바푸로부터 축복을

나란다스 간디에게 보낸 편지(G.),
MMU / I ; 《전집》 49 : 455

168) 아힘사의 측량할 수 없는 힘

어떤 투고자가 구자라트어로 편지를 보냈는데 다음이 바로 그 번역이다. … 15

내가 인도가 세계 여론의 완전한 지지를 받았다고 어딘가에서 말했다면 그것은 무의식적인 과장으로 간주되어야 할 것이다. 만일 내가 그런 발언을 했다면 내 눈으로 보았으면 좋겠다. 나는 그런 발언을 했다는 생각이 전혀 없다.

그 투고자는 영국 군사력에 맞선 비무장 인도의 처지를, 깡패의 온화한 자비에 내맡겨진 무방비 상태의 여인의 처지와 비교하면서, 여인의 힘만 아니라 비폭력의 힘을 부당하게 평가하고 있다. 만일 그 남자가 자신의 맹목적인 이기심에서 여인의 혼을 그렇게 부수지 않았다면, 또는 그녀가 이른바 '향락'에 빠지지 않았다면 자신 속에 잠재해 있던 무한한 힘을 세계에 현시했을 것이다. 지난번 싸움에서 인도가 보였던 것은 힘의 단편적이며 불완전한 편린에 불과할 따름이다. 그 여성이 자신을 위해서 그 남자와 동등한 기회를 확보하고, 서로 돕고 연합하는 일에서 자신의 힘을 충분히 발전시켰을 때, 세계는 그 무한한 힘을 경이와 영광 속에서 보게 될 것이다.

아힘사를 자신의 무기로 갖고 있는 사람이, 약하다는 의미로 비무장했다고 말하는 것은 잘못이다. 투고자는 아힘사의 진실한 사용 또는 아힘사가 가진 무한한 힘에 낯선 자임이 분명하다. 그가 아힘사의 힘을 사용했다고 쳐도 오로지 기계적으로만, 그것보다 나은 것이 없어서 편의적으로 사용했을 것임에 틀림없다. 그가 아힘사의 정신으로 충만되어 있었다면 그것이 가장 야만적인 짐승 그리고 가장 야만

---

15 여기에 게재하지 않는다.

적인 인간까지도 길들일 수 있다는 것을 알았을 것이다.

그래서 만일 작년의 잔혹한 행위에 대해서 세상의 피가 끓지 않았다면, 세상이 잔인하거나 무정했기 때문이 아니라, 우리의 비폭력이 아무리 널리 확산되고 의도한 목표에 유효했다고 해도 강자와 지자(智者)의 비폭력이 아니었기 때문이었다. 그것은 살아 있는 신앙에서 솟아나지 않았다. 그것은 오직 정책, 즉 잠정적 방편에 불과했다. 우리는 비록 복수하지는 않았지만 분노를 품었고, 우리의 말은 폭력에서 자유롭지 못했고 우리의 생각은 더더욱 자유롭지 못했다. 우리는 일반적으로 폭력적 행위를 삼갔지만 그것은 훈련을 받았기 때문이었다. 비폭력의 이와 같은 제한적 현시에 대해서도 세상은 경탄하고 우리가 선전하지도 않았는데 우리가 마땅히 받을 자격이 있고 필요했던 지지와 동정을 보내주었다. 나머지는 삼(三)의 규칙의 문제이다. 우리는 최근의 투쟁 동안 우리가 실천할 수 있었던 제한되고 기계적인 비폭력에 대해서도 일정한 지지를 받았다. 그렇다면 우리가 아힘사의 완전한 모습에까지 이르렀다면 우리는 얼마나 많은 지지를 끌어낼 수 있었을까? 그렇게 되면 세상의 피(*the world blood*)는 정말로 들끓고 말 것이다. 나는 우리가 그와 같은 신성한 사건으로부터 매우 멀리 떨어져 있다는 점을 알고 있다. 우리는 카운포르, 바라나시 그리고 미르자푸르에서 우리의 단점들을 자각했다. 우리가 아힘사로 충만되어 있다면 관료제도와 싸울 때는 비폭력적이지만, 우리 자신들 사이에서는 폭력적으로 되는 그런 현상은 일어나지 않을 것이다. 우리가 비폭력에 대해서 살아 있는 신앙이 있을 때, 그것은 나날이 성장하여 마침내 온 세상을 가득 채울 것이며, 세상이 목격할 가장 강력한 선전이 될 것이다. 나는 우리가 저 생명과 같은 아힘사를 실현할 것이라는 믿음 안에서 살아간다.

아힘사의 힘, 〈영 인디아〉, 1931. 5. 7 ; 《전집》 52 : 77

169) 개심(改心)이지 비난이 아니다

한 친구가 나에게 다음 내용을 보내왔다.

> 만일 당신의 추종자들이 정치적 논란에 참여해야 할 때 그들의 행동에 대해서 당신이 친절하게 지도한다면 매우 도움이 될 것입니다. 다음 사항에 대한 당신의 지침이 특히 필요할 것입니다.
>
> 1 대중적 평가에서 대적을 폄하하기 위한 비방
> 2 대적에 대해서 허용될 수 있는 비판의 종류
> 3 적의(敵意, *hostility*)가 작동해야 할 범위의 설정
> 4 직위나 권력을 얻기 위해서 노력해야 하는가의 여부

나는 이전에 이 지면을 이용하여 내가 추종자를 요구하지 않는다는 것을 밝혀왔다. 내가 나 자신의 추종자인 것으로 충분하다. 그것은 그것 자체로도 충분히 부담스러운 일이다. 하지만 나는 많은 사람이 나의 추종자라고 주장하고 있음을 안다. 그래서 나는 그들을 위해서 답변을 해야 한다. 그들이 만일 나 자신을 추종하는 것이 아니라 내 노력의 목표를 추종할 것이라면, 그들은 다음과 같은 답변들이 진리와 아힘사에서 도출된 것임을 알게 될 것이다.

1 대적에 대한 비방은 절대 있을 수 없다. 하지만 이것은 그의 행위의 진면목을 폭로하는 것을 배제하는 것은 아니다. 적수가 우리를 반대한다고 해서 그가 언제나 나쁜 것은 아니다. 우리가 스스로 훌륭하다고 주장하는 만큼 그도 훌륭한 사람일 수 있지만, 그와 우리 사이에는 중대한 차이가 있다.

2 그러므로 만일 우리가 그가 허위의 죄를 범하고 있다고 믿는다면, 우리의 비판은 그 허위에 진실로 답하는 것이고, 무례에 대해서

는 예의로, 약자를 괴롭힌다고 믿는다면 조용한 용기로, 폭력을 범한다고 믿는다면 고통으로, 교만이라면 겸손으로, 사악이라면 선으로 각각 답하는 것이다. '내 추종자'는 〔그를〕 비난할(*condemn*) 것이 아니라 개심(*convert*) 시켜야 한다.

3 적의가 작동하는 범위에 대해서는 아무 문제가 없다. 다른 사람들에게 어떤 적의라도 보여서는 안 되기 때문이다. 적의는 도덕이나 사회의 선을 전복하려는 행위들로 향해야 한다.

4 직위와 권력은 피해야 한다. 보다 더 큰 봉사를 위한 것임이 분명할 때 직위나 권력 모두 용인될 수 있다.

추종자들을 위하여, 〈영 인디아〉, 1931. 5. 7 ; 《전집》 52 : 79

170) 아힘사와 안락사

1932. 5. 12

자네의 편지를 받았네.[16] 그것은 아름다운 편지였네. 자이나교가 순수 니야야(*nyaya*)[17]를 강조하고 있다는 내 말을 자네가 약간 오해하고 있네. 순수 니야야는 올바른 정책(*right policy*) 또는 정당한 결정(*just decision*)을 의미할 수도 있는데, 우리가 그 말을 사용할 때는 통상 그런 의미이지만 나는 그런 의미로 사용하지 않았네. 내가 말하고 싶었던 것은 자이나교가 논리를 강조하고 있고, 그 논리가 때때로 잘못된 결론으로 나아가고, 결과가 끔찍하다는 점이었다네. 이것은 논리의 잘못이 아니라 우리가 올바른 결론에 도달하는 데 필요한 모든 자료를 항상 다 갖고 있는 것은 아니기 때문이네. 모든 단어가

16 그것은 "자이나교도에 따르면 자비조차도 그것이 아무리 바람직한 것이라고 해도 집착(*raga*)에 속합니다. 그래서 앓고 있는 송아지의 고통을 종식시켜 주는 바푸의 일이 집착에서 벗어난 자(*vitaraga*)에게는 어울리지 않습니다"라고 말했다.

17 〔원주〕 논리: 철학의 학파. 〔역주〕 한문으로는 정리(正理), 정리학파로 번역됐다.

연사 또는 저자가 사용했던 것과 같은 의미로 청자 또는 독자에 의해서 이해되지 않는다는 점도 있다네. 따라서 심정 곧 박티(信愛), 신앙, 그리고 직접적 경험이 논리보다 높은 자리를 차지한다네. 논리는 순수하게 지적인 과정이네. 만일 논리 곧 지성이 심정에 자명한 일을 이해할 수 없다면, 우리는 논리를 조금도 고려해서는 안 되네. 반대로 우리의 지성은 심정이 인정하지 않는 어떤 생각을 때때로 확신하고 있다네. 그때 우리는 그 생각을 거부해야 하네. 자네는 내가 말하는 요점을 설명할 수 있는 많은 사례를 생각할 수 있을 것이네. 내가 위에서 니야야라는 말을 사용한 의미에서는 니야야가 절대 목적 자체가 될 수 없네. 니야야와 무욕(無慾)의 행위 요가, 양자 모두가 수단이라네. 전자는 지성의 영역에 속하는 것이고, 후자는 심정의 일이네. 우리는 지성의 도움으로 무욕을 닦을 수는 없네.

나는 이제 자네가 제기한 이슈를 다룰 것이네. 자비와 아힘사는 서로 다른 두 가지가 아니네. 자비는 아힘사에 반대되는 것이 아니네. 아힘사에 반대되는 것이라면 진정한 자비가 아니라네. 우리는 자비를 아힘사의 구체적 표현이라고 묘사할 수 있네. 집착에서 자유로운 사람을 자비가 없다고 묘사하는 것은 용어상의 모순이라네. 집착에서 자유로운 사람은 바다만큼이나 큰 자비로운 심정을 가질 것이네. 그리고 그런 자비가 수백만 명을 포괄할 때는, 비록 그 자비가 지성적(*sattvik*)인 것이지만 집착에서 자유롭지 못하다고 말하는 것은, 자비라는 말의 의미에 대한 무지를 드러내거나 그 말에 새로운 의미를 부여하는 것이네. 일반적으로 말하면 우리는 자비라는 말을 툴시다스가 사용했던 의미로 사용하고 있네. 그 의미는 다음 이행 연구(*doha*)에서 분명하게 나타나네. '자비는 다르마의 원천이고 자만은 죄의 원천이다(또는 에고는 육신의 원인이다).' 여기에서 자비는 아힘사의 동의어로 사용되었네.

완벽한 아힘사는 아트만이 육신을 벗은 경지에서만(*in its disembodied state*) 가능하네. 그러나 아트만이 육신을 얻게 되면 아힘사는 육신 안에서 자신을 자비의 감정(*feeling*)으로서 드러낸다네. 이런 관점에서 본다면 내가 송아지를 안락사시킨 것은 가장 순수한 아힘사의 표현이었네. 자신의 인격 안에서 고통을 감내하는 것이 아트만의 본성 자체라네. 하지만 다른 존재에게 고통을 가하거나 다른 존재가 고통당하게 내버려 두는 것은 아트만의 본성에 어긋나는 것이네. 만일 송아지의 안락사가 〔송아지의 고통에 대한〕 내 자신의 고통을 경감할 목적으로 촉발되었다면 그 행위는 아힘사가 아니지만, 송아지의 고통을 종식시키기 위한 것이라면 아힘사였다네. 진실로 아힘사는 다른 피조물이 고통당하는 것에 대한 불인지심(不忍之心, *inability to endure*)을 함축한다네. 그런 불인(不忍)에서 자비, 영웅적 행위, 그리고 아힘사와 관련된 다른 모든 덕들이 솟아 나오네. 다른 생명이 고통당하는 것을 우리가 쳐다볼 수 있어야 한다고 말하는 것은 편벽된 논리이네. 다시 말하자면, 죽음이 우리 인간이 인생에서 겪을 수 있는 것 중에서 가장 고통스럽다는 말은 항상 진실은 아니네. 나는 죽음을 현재의 공포로 만든 장본인이 우리 자신이라고 생각하네. 이른바 야만인은 죽음에 대해서 동일한 공포를 갖고 있지 않네. 호전적인 족속들도 그것에 대한 공포를 거의 갖고 있지 않다네. 서양에서 어떤 학파의 추종자들은 극단적인 고통에서 살아가느니 차라리 죽음을 선호하는데 그 학파는 확산되고 있다네.

죽음에 대해서 엄청난 공포가 있다는 가정은 무지나 무미건조한 이론화에서 나온 것으로 생각된다네. 그 가정 때문에 우리, 특히 자이나교도는 아힘사의 의미를 곡해했고 결과적으로 진실한 아힘사가 거의 사라지고 말았네. 성이 나서 우물 속으로 뛰어든 여자는 밧줄을 내려주면 그것을 꽉 잡을 수도 있다네. 하지만 그 믿음이 무엇이든 어떤 믿음의 힘 아래에서 의도적으로 우물에 뛰어든 여자라면, 밧줄을 내려 주어도 잡기를 경멸할 것이네. 일본 사람 사이의 하라키리(割腹)라는 행위는 이를 잘 보여주는 사례라네. 그 행위가 올바른 지식에서 나온 결과인지 아니면 무지에서 나온 결과인지 논외라네. 여기에서 나는 사람들이 삶보다 죽음을 선택하는 무수한 사례들이 존재한다는 점만을 지적할 따름이네. 서양에서 사람들은 어쩔 수 없는 상황에 빠져서 극단적인 고통을 당하고 있는 동물이 있다면 그것을 죽이게 되는데, 이런 행위 배후에는 동물이 죽음에 대해서 그리 큰 공포가 없을 것이라는 믿음, 그리고 고통이 일정 정도 이상을 넘어가면 고통보다 죽음을 선택할 것이라는 믿음이 있다네. 이 생각은 잘못일 수도 있네. 그래서 생명이 인간에게 귀중하듯이 동물에게도 귀중하다는 식으로 동물에 대해서 행동하는 것이 우리의 의무라네.

만일 자네가 이 말을 용인한다면, 그 문제를 사회적 관점에서 다시 말하자면, 사회에 대한 의무의 관점에서 반드시 고찰할 필요는 없을 것이네. 아힘사를 존중하는 곳이라면 내가 송아지를 죽인 사례가 오용될 위험성은 거의 없네. 그런 존중이 없는 곳에서는 동물들은 여하튼 도살당할 것이네. 그래서 내 행위가 동물에 대한 폭력을 증가시킬 것 같지는 않네. 내가 송아지를 죽일 때 내 행위가 초래할 수 있는 가능한 모든 결과를 알아야 하는 것이 필수적이었던 것은 아니네. 만일 송아지가 어떤 다른 방식으로도 죽지 않을 것이 분명했다면, 나는 물론 죽이기 전에 멈춰야 했을 것이네. 다른 말로 한다면, 오직 나만이 송아지의 생명을 끊을 수 있었다면 내 행위가 낳을 수 있는 모든 결과를 반드시 생각했어야 했네. 그러나 우리를 비롯한 모든 피조물이 죽음의 가능성을 항상 지니고 다니듯이 송아지들도 그렇다네. 그래서 송아지에게 일어날 수 있는 가장 좋은 일은, 그것은 몇 날, 몇 달, 또는 1년 정도 더 연명하는 일 정도라네. 이런 고찰은 이 경우와 상관없는 것이 아니네. 내 동기에 사심이 없었으며, 내 유일한 목표는 송아지의 고통을 종식시키는 것이었기 때문이라네. 그래서 나의 논법에 오류가 있을 수도 있네. 하지만 내 행위로 초래되었을 해로운 결과는, 내가 행위하지 않았다고 해도 그 송아지에게 일어났을 것이라고 말할 수 있다네. 자네가 이 요점을 이해할 때까지 나에게 묻고 또 묻게. 이것은 중요한 주제이고 그것에 대한 내 설명은 조심스럽게 파악돼야 할 가치가 있네. 그 설명은 파악하기가 쉽네. 일단 파악하게 되면, 자네는 그것으로부터 많은 다른 결과를 도출할 수 있을 것이네.

문제에 대한 나의 이러한 접근 방식이 보편적으로 인정된 어떤 믿음을 공격하는 것은 의심의 여지없이 진실이라네. 하지만 우리가 힌두교도로서 비굴과 타성에 푹 젖어서 아힘사의 진정한 본질이 망각되고, 아힘사가 저급한 피조물들의 생명에 대한 피상적 관심과 일치되고 말았다는 점을 나는 진실로 믿는다네. 아힘사는 본질적으로 심정의 강력한 감정(*emotion*)으로서 다양한 형태의 봉사행위로 표현된다네. 만일 아힘사가 단 한 사람 안에서라도 완전히 현시된다면, 그 빛은 태양 빛보다 훨씬 더 강렬할 것이네. 그러나 우리는 오늘날 그와 같은 아힘사를 어디에서 찾을 수 있을까?

푸루쇼탐 간디에게 보낸 편지(G.),
《마하데브바이니 일기》 권 1, 150~153면 ; 《전집》 55 : 438

171) 아힘사와 자기반성

1932. 6. 25

우리가 뱀을 죽일 수 있을까? 우리가 여자를 강간하려고 덤벼드는 깡패에 대항하여 폭력을 행사할 수 있을까? 벌레를 죽이는 것을 알면서도 논밭을 갈 수 있을까? 아힘사의 신봉자는 이런 문제들에 관심을 기울일 필요가 없다. 때가 되어 그 문제들이 스스로 해결되도록 내버려두자. 우리가 이런 미궁(迷宮)에서 길을 잃어버린다면 우리는 아힘사를 망각할 것이다.

아힘사를 진지하게 따르고자 원하는 자들은 자신들의 심정을 반성하고, 자신들의 이웃을 돌봐야 할 것이다. 만일 심정 속에 악의와 증오를 보게 되면, 아힘사라는 목표를 향해서 단 한 걸음도 나가지 못했음을 알 수 있다. 어떤 사람이 이웃 사람과 동료와의 관계에 있어서 아힘사를 준수하지 않는다면 그는 아힘사로부터 10만 리나 멀리 떨어진 것이다.

그래서 아힘사의 신봉자는 하루를 마감하며 자신에게 물어보아야 한다. "내가 동료 일꾼에게 모질게 말했던가? 내가 그에게 저급한 카디를 주고 좋은 카디는 나를 위해서 남겨 두었는가? 내가 제대로 굽지도 않은 로트리(*rotli*)[18]를 그에게 주고 완전히 구운 것은 나를 위해서 남겨 두었던가? 내가 의무를 기피하고 그 부담을 동료 일꾼에게 떠넘기지 않았던가? 앓고 있던 이웃을 섬기는 데 오늘 나태하지 않았던가? 목말라 물을 요구하는 나그네에게 물을 건네주기를 거부하지 않았던가? 방문한 손님에게 인사하는 것조차 아랑곳하지 않지는 않았던가? 내가 노동자를 꾸짖었던가? 그가 지쳐 있다는 점을 생각지도 않고 그에게 일을 계속 강요했던 것은 아닌가? 대못이 박힌 막대기로 황소를 몰지는 않았던가? 쌀이 설익었다고 부엌에서 화를 내지는 않

18 납작하고 둥근 모양의 미발효의 빵.

았던가?" 이 모든 것들이 강력한 폭력의 모습이다. 우리는 만일 이와 같은 일상적 행위에서 자발적으로 아힘사를 준수하지 않는다면, 다른 영역에서 준수하기를 결코 배울 수가 없을 것이다. 그리고 우리가 다른 영역에서 아힘사를 준수하는 척해도 우리의 아힘사는 거의 무가치하거나 전연 가치가 없을 것이다. 아힘사는 우리 인생의 매 순간 활발하게 움직이는 위대한 힘이다. 그것은 우리의 행동과 생각 하나하나에서 느껴진다. 백 원짜리를 소중히 다루는 사람은 만원 지폐를 안전하게 간직할 수 있을 것이다. 하지만 돈 백 원을 소중히 다루지 않는 사람은 그것을 잃고 말 것이고, 만 원을 결코 가질 수 없을 것이다.

아힘사를 어떻게 준수하는가(G.), MMU / II ;《전집》56 : 61

172) 시험 중의 아힘사

1935. 3. 7, 목요일

나의 친애하는 아가타,

지난달 24일자의 자네 편지를 잘 받았네. 자네의 글은 아주 분명하네. 나는 별 어려움 없이 자네 편지의 핵심에 도달할 수 있었네. 자네는 내가 일을 마구 재촉하지 말기를 원하는데 나는 이유를 알고 있지. 남의 눈에 나는 종종 일을 재촉하는 사람으로 비친다네. 하지만 성급하게 행동하는 것은 내 본성에 반대되는 일이네. 내 자신의 아힘사가 시험받고 있는 중이라는 이유에서 지금 나는 이중으로 신중하네. 내가 결단코 자신의 결백함을 주장한다고 해도 충분치 않네. 내가 만일 내 속에 아힘사를 가진다면, 그것은 마땅히 태양처럼 스스로 빛날 것이네. 눈먼 소경들은 비록 태양을 눈으로 볼 수는 없지만 새벽이 다가오면 그것을 느낀다고 나는 생각하네. 그들은 한낮의 열기를 느끼지 않을 수 없을 것이네. 사람이 사랑으로 가득 차 있을 때,

그것은 분명 한낮의 태양과 같을 것이네. 나는 금생에는 그런 아힘사를 표현하지 못할 수도 있네. 나는 자신을 위해서 설정했던 기준을 털끝만큼이라도 바꾸기보다는 자신의 실패를 지붕에서 소리 높여 선포할 것이라네. 그래서 바로 이 순간에는 시민저항(*Civil Resistance*)을 재촉하는 어떤 행위도 발생하지 않을 가능성이 매우 높다고 말할 수 있네. 그러나 시민저항의 때가 되면, 그것이 불가피했다고 자네가 말하게 될 것이라는 점을 나는 확신하네.

바푸로부터 사랑을

Miss Agatha Harrison
2 Cranbourne Court
Albert Bridge Road, S. W. 11

아가타 해리슨에게 보낸 편지,
GN 1485 ; 《전집》 66 : 399

173) 아힘사의 영적인 힘 〔*1936. 2. 21*〕

간디지 유색인에 대한 편견이 강해지고 있습니까? 아니면 사라지고 있습니까?

서먼 박사[19] 어떤 곳에서는 사태가 진전된 것으로 보이기도 하고, 다른 곳에서는 여전히 전망이 어둡기 때문에 말하기가 어렵습니다. 남부의 많은 백인 학생 중에는 선조들의 태도를 수정하려는 경향이 있고, 세계대전에 의해서 발생한 이주가 그 장벽을 허무는 데 괄목할

19 〔원주〕 비교종교・철학 교수. 〔역주〕 서먼은 1935년 부인과 함께 흑인 대표단을 이끌고 동남아를 순방하다가 1936년 1월경 인도에서 간디를 만났다. 이 만남은 서먼의 인생에 큰 영향을 주었고 마르틴 루터 킹 목사 등을 통해서 미국 민권운동의 모습을 궁극적으로 변화시켰다고 한다. 《머리와 심정과 함께: H. 서먼 자서전》(1979), 42장 참조.

서먼 (Howard Thurman, 1899~1981)
미국 플로리다주 태생. 흑인 작가, 신학자, 교육자, 민권운동가. 20세기 가장 영향력 있는 흑인 종교사상가 중의 한 사람으로 꼽힌다.

정도로 기여했습니다. 하지만 경제 문제가 모든 곳에서 심각하고, 중서부의 많은 공업 중심지에서는 흑인에 대한 편견이 가장 흉측한 모습을 띠고 있습니다. 노동자 대중 사이에 엄청난 정도의 긴장이 있는데 백인들이 흑인들의 존재 자체가 자신들의 존재에 위협이 된다고 생각할 때 그런 일은 자연스럽습니다.

간디지 흑인과 백인들 사이의 연합(*union*)이 법률로 인정됩니까?

캐롤[20] 25개 주에서 이런 연합을 확실하게 금지하는 법률이 있습니다. 나는 그런 연합에 등록하지 않겠다는 점을 약속하기 위해서 5백 달러의 보증계약서에 서명해야 했습니다.

서먼 박사 지난 3백 년 또는 그 이상의 기간 동안 흑인 여성들은 자신들의 몸에 대한 통제권을 가질 수 없었으므로 종족 간의 많은 혼

20 〔원주〕 살렘(Salem)의 사제. 〔역주〕 살렘은 비국교도 교회당을 가리킨다.

혈이 있었습니다. … 남아프리카의 흑인들은 당신의 운동에 어떤 역할을 맡고 있습니까?

간디지 없습니다. 나는 의도적으로 그들을 초대하지 않았습니다. 그것은 자신들의 명분을 망칠 수 있습니다. 그들은 우리 투쟁의 기술을 이해하지도 못했을 것이고, 비폭력의 목적이나 유용성을 보지도 못했을 것입니다.

여기에서 남아프리카 흑인들 사이에서 기독교가 차지하는 위상에 대한 매우 흥미로운 토론으로 나갔다. 간디지는 거기에서 이슬람교가 기독교에 비해서 성공을 거둔 이유를 매우 상세하게 설명했다. 서먼 박사는 "아랍인만 없었다면 노예제도가 없었을 것이란 말을 우리는 자주 듣습니다만, 나는 그 말을 믿지 않습니다"라고 말했다.

간디지 옳습니다. 그런 말은 전혀 진실이 아닙니다. 노예가 이슬람교를 받아들이는 순간 그는 주인과 동등함을 얻는데, 역사에 이와 같은 사례가 다수 있었기 때문입니다.

전체 토론은 많은 질문과 반문으로 이어졌고, 이 토론의 기회를 통해서 손님들은 모든 종교에 대한 동등한 존중(*equal respect*)이라는 간디지의 원리가 이론적 공식이 아니라 실천적 강령임을 알 수 있었다. "비폭력은 당신의 관점에서 보면 직접 행동의 한 모습입니까?"라고 서먼 박사가 질문했다.

간디지 그것은 여럿 중의 한 모습이 아니라 유일한 모습입니다. 물론 나는 '직접 행동'을 전문적 의미에 한정하는 것은 아닙니다. 그러나 직접적이고 능동적인 표현이 없는 비폭력은 나에게 무의미합니다. 그것은 세상에서 가장 위대하고 가장 활발한 힘입니다. 사람은 수동적으로 비폭력적일 수 없습니다. 실제 '비폭력'(*non-violence*)이라는 말은 아힘사의 기초적 의미를 드러내기 위해서 내가 만든 말입니다. '비'(非)라는 부정어에도 불구하고 그것은 부정적인 힘이 아닙니다. 겉에서 보면 우리의 인생은 갈등과 혈투로 휩싸여 있습니다. 즉, 우리는 다른 생명을 먹고 살아가는 생명체입니다. 그러나 아주 예전에 진리의 중심을 꿰뚫어 보았던 일부 위대한 현자들은, "사람이 자신의 운명을 완수하고 동료 피조물에 대한 자신의 의무를 완수하는 것은 갈등과 폭력을 통해서가 아니라 비폭력을 통해서"라고 말했습니다. 그것은 전기보다 더 적극적인 힘이며 에테르보다 더 강력한 힘입니다. 비폭력의 중심에는 스스로 움직이는(*self-acting*) 힘이 있습니다. 아힘사는 바울이 의미한 바의 '사랑'입니다. 나는 성 바울이 사랑에 대해서 내린 아름다운 정의가 일체의 실제적 목적을 위해서 충분하다는 점을 압니다. 하지만, 아힘사는 성 바울이 정의했던 사랑 이상의 것입니다. 아힘사는 인간만이 아니라 피조물 전체를 포함합니다. 이외에도 영어에서 말하는 사랑(*love*)은 다른 함의도 포함합니다. 그래서 나는 부정적인 말을 사용할 수밖에 없었습니다. 그러나 내가 여러분에게 말씀드린 대로 그것은 부정적인 힘을 표현하는 것이 아니고, 다른 힘 모두를 한 자리에 모은 것보다 더 우세한 힘을 표현하는 것입니다. 아힘사를 인생에 표현할 수 있는 단 한 사람이라고 해도 그는 일체의 야만적인 힘들보다 더 우세한 힘을 행사할 수 있습니다.

질문 어떤 개인이라도 이것을 성취할 수 있습니까?

간디지 그렇습니다. 만일 아힘사에 배타성이 있다면, 나는 당장 그것을 거부할 것입니다.

질문　소유에 대한 일체의 관념이 아힘사에 생소한 것입니까?

간디지　예. 아힘사는 아무것도 소유하지 않습니다. 그래서 만물을 소유합니다.

질문　단 한 사람이라도 아힘사라는 성질을 부단히 공격하는 일에 성공적으로 저항할 수 있습니까?

간디지　가능합니다. 당신의 질문은 당신이 의도한 것보다 더 일반적인 것으로 보이는 데요. 가령 단 한 사람의 인도인이 3억 인도인들에 대한 착취에 저항하는 것이 가능하지 않느냐고 물었습니까? 아니면 단 한 사람의 인격에 대한 전 세계의 맹공격을 의미합니까?

서먼 박사　예. 그것은 질문의 절반입니다. 한 사람이 폭력 전체를 저지할 수 있는가를 저는 알고 싶었습니다.

간디지　그것을 할 수 없다면, 여러분은 마땅히 그가 아힘사의 진실한 대표자가 아니라고 보아야 할 것입니다. 가령 대적을 진실로 개심시킨 사람의 사례, 현존 인물의 사례를 단 한 건도 내가 제시할 수 없다고 해 봅시다. 그렇다면 나는 그 이유가 아직까지 아힘사를 완전하게 표현한 사람이 없었기 때문이라고 말할 것입니다.

질문　그렇다면 아힘사는 다른 모든 힘을 능가합니까?

간디지　예. 그것은 인생에서 유일하게 진실한 힘입니다.

서먼 박사　제 부족함을 용서해 주십시오. 우리가 이런 어려운 기술에 있어서 개인이나 사회를 어떻게 훈련시켜야 하는가를 물어봐도 되겠습니까?

간디지 여러분의 인생에서 아힘사 신조대로 살아가는 일 이외에 아힘사로 가는 길에는 왕도가 달리 없습니다. 여러분의 인생이 살아있는 설교여야 합니다. 물론 아힘사가 우리 자신의 인생에서 표현되자면, 큰 공부, 엄청난 감내 그리고 일체의 더러움을 자신으로부터 철저하게 청소해야 할 것이 전제되어야 합니다. 만일 자연과학을 터득하기 위해서 여러분이 평생을 바쳐야 한다면, 인류가 알아왔던 가장 위대한 영적인 힘을 터득하기 위해서는 몇 개의 인생이 더 필요하게 될까요? 그러나 그것이 여러 개의 인생을 필요로 한다고 해도 걱정할 이유는 없습니다. 왜냐하면 만일 인생에서 영속적인 것이 아힘사밖에 없고, 중요한 것이 아힘사밖에 없다면, 그것을 터득하기 위해서 어떤 노력을 쏟아붓더라도 그 노력은 유용하게 사용된 것이기 때문입니다. 먼저 천국(*the Kingdom of Heaven*)을 구하시오. 그러면 모든 다른 것이 여러분에게 보태질 것입니다. 천국이 아힘사입니다.

서먼 부인 내 동생이 내 눈앞에서 린치를 당한다면 어떻게 행동해야 합니까?

간디지 자기희생(*self-immolation*)이란 것이 있습니다. 내가 흑인이고 누이가 한 사람의 백인에 의해서 강간당하거나 마을 전체에 의해서 린치를 당한다고 해 봅시다. 내 의무는 무엇일까 하고 나는 자문자답합니다. 이 가해자들에게 불행이 닥치라고 바랄 수도 없으며, 동시에 그들에게 협조할 수도 없습니다. 보통 린치를 가하는 집단에 내가 생계를 위해서 의존해 있을 수도 있습니다. 나는 그들과 협조하기를 거부합니다. 나는 그들에게서 온 음식에 손대기조차 거부합니다. 그리고 잘못을 묵인하고(*tolerate*) 있는 내 형제 흑인들에게 협조하는 것도 거부합니다. 그것이 내가 말하는 자기희생입니다. 나는 내 생애에서 그런 계획을 가끔 세워 보았습니다. 물론 굶어 죽는다는 기계적인 행위는 아무것도 의미하지 않습니다. 우리의 생명이 순간순간 쇠퇴해가는 동안에도 우리 신앙은 흐려지지 않은 채로 남아 있어야 합니다. 하지만 나는 비폭력 실천의 아주 하찮은 표본에 불과합니다. 내 대답이 여러분에게 확신을 주지 못할 수도 있습니다. 하지만 나는 정말로 열심히 분투하고 있습니다. 내가 만일 금생에 완전히 성공하지 못한다고 해도, 내 신앙은 줄어들지 않을 것입니다.

손님들은 "우리는 당신이 미국으로 오시기를 바랍니다"라고 말했다.

서먼 부인　우리가 당신을 원하는 것은 백인의 미국을 위해서가 아니라 흑인들을 위해서입니다. 우리는 해결을 요구하는 많은 문제가 있고 당신을 몹시 필요로 합니다.

간디지　나는 내가 갈 수 있게 되기를 얼마나 바라는지 모릅니다. 하지만 내가 말했던 모든 것에 대해서 가시적인 증명을 여기에서 제시할 수 없었다면 내가 여러분에게 제시할 수 있는 것은 아무것도 없을 것입니다. 나는 메시지를 여러분에게 드리기 전에 먼저 그것을 여기에서 유효한 것으로 만들어야 합니다. 내가 패배했다고 말씀드리는 것은 아닙니다. 하지만 나는 여전히 나 자신을 완성해야 합니다. 내 안의 소리를 감지하는 순간 나는 도미(渡美)를 주저하지 않을 것이라는 점은 확신하셔도 좋습니다.

서먼 박사 미국에서 우리 삶의 독특한 배경의 대부분은 기독교에 대한 우리 자신들의 해석입니다. 수백 개의 흑인 영가들을 들춰 보면 당신이 오늘 우리에게 해 주신 모든 말씀을 상기시켜 줄 만한 인상적인 일들이 내 마음에 떠오를 것입니다.

간디지 자, 그것이 사실이라면 비폭력에 대한 순수한 메시지가 흑인을 통해서 세상에 전달될 수도 있겠습니다.[21]

미국 흑인 대표단과의 대담, 〈하리잔〉,
1936. 3. 14 ; 《전집》 68 : 309

174) 아힘사 실험 *1939. 6. 16*

아힘사가 모든 신분의 사람들에게 적용되지 않는다면, 그것은 나에게 아무 소용이 없습니다. 그래서 내 실험은 그것을 목표로 두어야 합니다. 내가 내 자신을 골백번 수정할 수는 있습니다만, 가시적인 성과가 얻어진 실험을 포기하지는 않으렵니다. 이 지상의 삶은 영혼과 육체의 결합이고, 정신과 물질의 결합입니다. 우리는 육체를 통해서만 영혼을 알며, 그래서 우리는 일상사에서 아힘사의 활동을 통해서 진실한 아힘사를 알게 됩니다.

편지, 《마하데브 데사이의 일기》(필사본) ; 《전집》 76 : 43

---

21 〔역주〕 서먼 부인 수(Sue)는 간디의 청을 받아들여서 떠나기 전 유명한 흑인 영가 두 곡, 즉 "거기 너 있었는가, 주가 그 십자가에 달릴 때"와 "우리는 야곱의 사다리를 오르고 있네"를 불렀다. 《전집》, vol. 68, 238면. 서먼 자서전 4장은 첫 곡만 언급하고 있다.

175) 아힘사를 조직하기

세가온 아슈람, *1939. 9. 9*

친애하는 디와카르,

아힘사가 조직될 수 있다는 것은 물론이네. 하지만 아힘사를 조직하는 방법은 힘사를 조직하는 방법과 전적으로 다르네. 내가 아주 크게 실패했다는 것은 내 자신의 무가치함을 보여주네. 내 사다나(*sadhana*)[22]는 불완전하네. 그러나 이런 일이 내게 실망감을 자아내지는 못한다네. 나는 무한한 인내력을 가져야 하고 그것을 가지고 있네. 인내력 없는 신앙은 헛된 것이네.

비폭력의 이름으로 우리가 무슨 행동을 취해야 할지, 자네는 〈하리잔〉지에 그것이 전개되어 가는 것을 볼 것이네.

안녕, 바푸가

디와카르(R. R. Diwakar)에게 보낸 편지,
《마하트마》 권 5, 200~201면 ; 《전집》 76 : 407

176) 아힘사의 기초

지난주 나는 아힘사가 작용하는 세 영역에 대해서 글을 썼다. 나는 여러분이 비폭력이 작용하는 네 번째 영역 그리고 최선의 영역에 주목하기를 바란다. 이것은 가족의 영역인데 여기서 가족은 보통의 의미보다는 광범위하게 이해된다. 그러므로 한 단체의 회원이라면 서로 가족으로 간주되어야 할 것이다. 비폭력은 가족 구성원 사이에서처럼 실천하기가 쉬워야 한다. 그것이 만일 실패한다면, 그것은 우리가 아직 순수한 비폭력을 위한 능력을 계발하지 못했음을 의미한다. 왜냐하면 한 가정이나 한 기관 안에 있는 친지들이나 동료들에

---

22 노력, 영적인 고투.

대해서 우리가 실천하는 바로 그 사랑을, 우리는 우리의 적수·강도 등에게도 실천해야 하기 때문이다. 우리가 만일 한 가지 경우에서 실패한다면, 다른 경우에서의 성공은 착각이다.

우리는 가정의 영역(*domestic field*)에서 비폭력을 실천하는 일이 불가능하다고 해도, 정치 분야에서는 실천할 수 있을 것이라고 일반적으로 가정하고 있다. 이것은 순전한 착각임이 드러났다. 우리는 여태 채용한 방안들을 비폭력으로 묘사하기로 정했고, 그래서 비폭력 자체를 희화화해 버리고 말았다. 만일 그것이 비폭력이었다고 해도 너무나 하잘것없는 것이어서 유사시에는 무용지물임이 판명되고 말았다. 아힘사의 기초는 가정이라는 학교에서 가장 잘 배울 수 있고, 우리가 만일 거기에서 성공한다면 다른 모든 곳에서도 분명히 성공을 보장할 수 있다는 점을 나는 경험으로 말할 수 있다. 비폭력의 사람에게는 전 세계가 하나의 가족이기 때문이다. 그래서 그는 아무도 두려워하지 않을 것이고, 다른 사람들도 그를 두려워하지 않을 것이다.

이와 같은 비폭력 시험에 통과할 수 있는 자들이 극히 소수라고 반박할 수도 있을 것이다. 그럴 가능성이 높다. 하지만 그것이 내 주장에 대한 응답이 되지는 못할 것 같다. 비폭력을 믿는다고 고백하는 사람들은 그 믿음의 함의를 알아야 할 것이다. 그리고 만일 그들이 이런 함의에 대해서 겁나서 도망간다면, 그 믿음을 포기해도 좋다. 국민회의의 운영위원회가 입장을 분명하게 해 둔 터라, 비폭력을 믿는다고 주장한 사람들은 스스로 해야 할 바를 알아야 하는 것이 당연지사다. 만일 그 결과로 비폭력 군대의 사병들이 줄어든다고 해도 문제가 될 것이 없다. 진실로 비폭력적인 군인들로 구성된 군대는 아무리 작다고 해도 장차 자신을 배가해갈 것이다. 부분적으로만 비폭력적인 군인들로 이뤄진 군대는 그 수가 불거나 줄어들어도 아무 쓰임새가 없을 것이다.

내가 이런 말을 한다고 해서, 비폭력 군대가 자신들의 삶에서 비폭력의 모든 함의를 엄격히 실행하는 자들에게만 개방되어 있다고 그 누구도 오해해서는 안 된다. 그 군대는 그 함의들을 인정하고 준수하기 위해서 날마다 더 많은 노력을 기울이는 모든 사람들에게 개방되어 있다. 완벽하게 비폭력적인 사람들로 이뤄진 군대란 결코 있을 수 없다. 그것은 비폭력을 준수하기 위해서 정직하게 노력하는 사람들로 구성될 것이다. 나는 지난 50년 동안 내 인생을 점점 더 비폭력적인 것으로 만들기 위해서 그리고 동료 일꾼들을 동일한 방향으로 나가도록 고취하기 위해서 고투해왔는데, 상당한 정도의 성공을 거두었다고 생각한다. 우리 주위를 둘러싸고 있는 짙어지는 어둠이 내 열성을 잠재우거나 내 신앙을 희미하게 만들기는커녕, 그 열성과 신앙을 더욱 강하게 해 주고 나에게 비폭력의 함의를 보다 분명히 보여주고 있다.

세바그람, 1940. 7. 15

아힘사를 위한 최선의 영역(G.), 〈하리잔반두〉,
1940. 7. 20 ; 〈하리잔〉, 1940. 7. 21 ; 《전집》 78 : 507

177) 아힘사와 관성

질문 당신은 시도 때도 없이 늘 "아힘사, 아힘사"라고 외쳐대는 데 그러면 무슨 좋은 수가 있습니까? 그것 자체로 사람들에게 비폭력을 가르칩니까? 그 대신 사람들에게 순수한 아힘사 또는 강자의 아힘사를 어떻게 닦을 수 있는지 말해 주는 편이 더 낫지 않겠습니까?

답변 아주 시의적절한 질문입니다. 지금까지 이런 문제에 대해서 대답하려고 여러 차례 노력했습니다. 하지만 내 노력이 다소 산만했다는 점을 고백합니다. 나는 그것에 집중하지 않았고, 적절한 비중을 부여하지도 못했습니다만 그것은 그런대로 괜찮았습니다. 내가 정부와 투쟁하기 위한 방도들을 찾아내는 데에 온 에너지를 쏟아붓고 있었을 때였기 때문입니다. 하지만 그것이 순수 아힘사의 성장을 지체시키는 결과를 낳았고, 우리는 강자의 아힘사(*the ahimsa of the strong*)의 경계(境界)에조차 접근하지 못하게 되었습니다. 우리가 만일 이제라도 전진하기를 원한다면, 우리는 적어도 당분간이나마 제도적 권위에 대해서 비폭력적 저항을 벌인다는 생각을 완전히 잊어버려야 할 것입니다. 가정 내에서 비폭력이 성공적으로 이뤄지면, 우리가 제도적 권위에 대항하는 비폭력이 순수한 모습으로 재생되는 것을 분명히 볼 것이고, 이것은 막을 수 없을 것입니다.

나는 이제 더 이상 국민회의에 속해 있지 않으므로, 국민회의의 이름으로라면 개인의 자격으로도 시민불복종을 벌이지 않을 것입니다. 하지만 시민불복종이 필요할 때마다 나는 개인의 자격으로 진정 자유롭게 시민불복종을 벌일 것입니다. 나라가 강자의 아힘사에 대해서 여전히 교육받는 동안에는, 일체의 시민불복종이 반드시 금기 사항일 것이라고 누구도 상정할 필요가 없습니다. 그러나 내가 생각하는 비폭력적 힘에 참여하려는 자들은 시민불복종에 대한 즉각적인 전망을 기대해서는 안 될 것입니다. 그들이 개인적 차원에서 가장 순수한 형태의 아힘사를 실현하지 않는 한, 그들에게 일체의 시민불복종이 있을 수 없다는 점을 이해해야 할 것입니다.

순수 아힘사를 언급한다고 해서 놀랄 것은 없습니다. 우리에게 만일 아힘사에 대한 분명한 관념이 있고, 아힘사가 낳는 무적의 효과에 대해서 살아 있는 신앙이 있다면, 아힘사를 실천하는 일이 종종 생각하는 것처럼 그렇게 어려운 것으로는 보이지 않을 것입니다. 이런 관점에서 불멸의 《마하바라타》의 시구를 기억하는 것이 좋을 것입니다. 그 안의 현자(賢者) 겸 시인은, 다르마가 그 자체 안에 적법의 아르타(*artha*)와 적법의 카마(*kama*)를 포함하고 있다고 온 세상에 우렁차게 선포하고, 인간이 왜 세속의 지복과 영적 지복으로 인도해 주는 다르마의 왕도를 따르지 않는가를 묻고 있습니다. 여기에서 다르마는 외면적 계율들의 단순한 준수를 의미하는 것이 아니고, 진리와 비폭력의 길을 의미합니다. 경전들은 불멸의 좌우명 둘을 우리에게 주었습니다. 그중 하나는 '아힘사가 지고의 다르마(법)'이고, 다른 하나는 '진리 이외에 다른 법, 즉 다르마는 없다'는 것입니다. 이 두 좌우명은 모든 합법적 아르타와, 합법적 카마에 대한 열쇠를 우리에게 제공합니다. 그렇다면 우리는 왜 이 두 개의 좌우명에 따라서 살아가기를 주저해야 합니까? 이상하게 보일지 모르지만 사람들은 종종 가장 쉬운 일을 따르는 것이 가장 어려운 일이라고 보기 때문입니다. 그 이유는 물리학에서 한 마디를 빌려 말한다면 우리가 관성(*inertia*)에 빠져 있기 때문입니다.

물리학자들은 관성이 물질의 가장 본질적인 성질, 자체의 영역에서 가장 유용한 성질이라고 말합니다. 그것만이 우주를 안정시키고, 우주가 갑자기 옆으로 이탈하는 것을 막고 있답니다. 그것이 없다면 우주는 운동의 카오스가 될 것입니다. 그러나 관성은 그것이 우리의 마음을 구습(舊習)에 묶어 버릴 때 몽마(夢魔)와 악이 됩니다. 순수 아힘사를 실행하는 것이 어렵다고 보는 우리의 뿌리 깊은 편견에 책임을 져야 하는 것은, 바로 이런 관성입니다. 이런 몽마를 제거하는 것은 우리 자신에게 달려 있습니다. 이런 방향으로 가는 첫걸음은 모든 허위와 힘사가 이제부터는 우리에게 터부가 될 것이라는 점을 굳게 결의하는 일입니다. 그것이 어떤 희생을 초래할지라도 말입니다.

허위와 힘사가 얻는 것처럼 보이는 선(*the good*)은 거죽뿐이고, 실제로 그러한 선은 치명적인 독입니다. 만일 우리의 결의가 굳세고 확신이 명료하다면 전투의 절반은 이긴 것을 의미하며, 아힘사와 진리라는 두 자질의 실천은 우리에게 상대적으로 용이할 것입니다.

이제 아힘사만을 얘기해 봅시다. 우리는 지금까지 줄곧 물레와 촌락 수공업 등을 아힘사의 기둥으로 간주해왔는데 그것은 사실입니다. 그것들은 살아남아야 합니다. 그러나 우리는 한 걸음 더 나가야 합니다. 아힘사의 신봉자가 아직 그렇지 못했다면, 부모·자식·아내·하인, 그리고 다른 부양가족 등, 이 모든 사람들과 자신의 관계의 뿌리를 비폭력에 두어야 합니다. 하지만 진짜 테스트는 정치적 또는 사회적 소요의 경우에나 도둑과 강도의 위협 아래에서 옵니다. 그런 상황에서는 자신의 목숨을 내놓겠다는 단순한 결의만으로 충분치 않습니다. 그와 같은 희생에도 필수적 자격 요건이 있어야 합니다. 내가 만일 힌두교도라면 반드시 이슬람교도와 다른 종교를 믿는 자들과 형제처럼 친하게 지내야 합니다. 그들과의 교제에서 나는 나와 같은 종교의 신도들과 다른 종교의 신도들 사이에 일체의 차별을 두어서는 안 됩니다. 일체의 공포나 부자연스런 느낌(*unnaturalness*) 없이 그들을 섬길 기회를 얻어야 할 것입니다. 아힘사 사전에는 '공포'라는 단어는 존재하지 않습니다. 순수 아힘사의 신봉자는 이와 같은 사심 없는 봉사로 스스로 자격을 갖춘 다음, 집단 간에 돌발 사태가 발생할 때 자신을 적합한 제물로 바칠 자리를 차지하게 될 것입니다. 이와 마찬가지로 그는 도둑과 강도의 협박에 대처하기 위해서, 일반적으로 도둑과 강도가 나오는 집단으로 가서 그들과 화목한 관계를 만들 필요가 있을 것입니다.

이런 일의 탁월한 사례는 라비샹케르 마하라즈(Ravishanker Maharaj)[23]

가 제공하고 있습니다. 구자라트 지방의 범죄 집단 가운데에서 그가 한 일은 바로다 주(州) 정부 당국자들 사이에서도 칭송을 자아냈습니다. 이런 종류의 일이 필요한 곳은 거의 무한합니다. 그것은 우리 안에 순수한 사랑 이외에 어떤 다른 능력도 요구하지 않습니다. 라비샹케르 마하라즈는 영어에 관한 한 아주 낯선 자입니다. 구자라트어에 대한 그의 지식도 일상적 용도에 겨우 충분할 정도입니다. 하지만 신은 그에게 무한한 이웃 사랑으로 축복해 주셨습니다. 그의 단순성은 모든 사람들의 마음을 얻었고 만인에게 선망의 대상이 되었습니다. 그의 사례가 사탸그라하의 다른 분야에서 유사하게 분투하시는 모든 이에게 단서와 영감이 되기를 바랍니다.

1940. 7. 16, 세바그람

아힘사를 어떻게 닦을까?, 〈하리잔반두〉,
1940. 7. 20 ; 〈하리잔〉, 1940. 7. 21 ; 《전집》 79 : 4

178) 아힘사와 진보

이 편지의 투고자[24]가 제기했던 의혹과 난점들은 다른 사람들에게도 일어나는 문제이다. 그리고 나는 여러 곳에서 그것들을 해결하려고 노력하기도 했다. 그러나 국민회의 운영위원회가 아힘사를 살아 있는 이슈로 부각시키는 데 기여했으므로, 이런 의혹과 난점들을 어느 정도 길게 다루는 것이 필수적으로 보인다.

---

23 〔역주〕 Ravishanker Vyas(1884~1984) : 구자라트 주 태생, 애칭은 '구자라트의 마하라즈', 진정한 간디주의자, 자유투사, 민중의 겸손한 하인. 그의 사후 인도 정부의 인도우편전신국은 '지도적 자유투사와 국민지도자'라는 이름으로 기념우표를 발행했다.

24 투고자는 비폭력의 힘을 인정하면서도 보통 사람들이 그것을 얻을 수 없다고 말했다.

위의 투고자는 실상 아힘사의 보편적 적용에 대해서 의심하고 있으며, 사회가 아힘사의 방향으로 거의 진보하지 못했음을 단언하고 있다. 붓다와 같은 스승들이 나타나 약간의 노력을 기울였지만 그들이 살아 있는 동안에는 거의 성공을 거두지 못했고, 사회는 그들의 존재에도 불구하고 예전에 있었던 자리에 그대로 있다. 아힘사가 개인의 의무가 되기에는 충분하다. 그러나 그것은 사회에 아무런 보탬이 되지 않는다. 그리고 인도 역시 자신의 자유(*freedom*)를 위해서 폭력에 호소해야 할 것이다.

내가 생각하기에 이런 논의는 근본적으로 틀린 것이다. 마지막 진술은 국민회의가 스와라즈를 얻기 위한 수단으로 비폭력을 고수해왔으므로 잘못이다. 그것은 실제로 한 걸음 더 나아갔다. 비폭력이 모든 내부적 소요에 대해서 계속 무기가 될 수 있을까라고 제기되었던 문제에 대해서는, 전인도 국민회의위원회(A. I. C. C)[25]가 분명히 긍정적인 대답을 주었다. 국민회의가 군대를 갖는 것이 필수적일 것이라고 주장했던 이유는 오로지 외부로부터의 공격에 대비하기 위해서였다. 그리고 이 사안에 대해서조차 전인도 국민회의위원회 위원의 상당수는 결의안에 반대하는 투표를 했다. 투표를 했던 문제가 원리에 관련된 것일 때에는 반대(*dissent*)를 고려하지 않을 수 없다. 국민회의 정책은 항상 다수결에 의해서 결정되어야 하지만 다수결이 소수의 투표를 무효화할 수는 없다. 소수의 투표는 그대로 유지되어야 한다. 문제가 되는 것이 원리가 아니라 실행에 옮길 프로그램이라면 소수는 마땅히 다수를 따라야 한다. 하지만 원리가 관련되어 있는 경우 반대는 유지되고, 반대는 유사시에 행동으로 표현돼야 한다. 그것은 아힘사가 모든 경우에 모든 목표를 위해서 사회 — 그 사회가 아무리 작다고 하더라

25 〔역주〕 All India Congress Committee.

도—에 의해서 인정받고 있음을 의미하고, 그리고 사회가 사용하고 있는 치유책으로서 아힘사가 상당한 정도의 진보를 이뤘음을 의미하는 것이다. 그것이 더 진보될 수 있을지 여부는 별도의 문제이다. 운영위원회의 결의안은 결국 투고자의 의심을 조금도 지지하지 않고 있다. 반대로 그 결의안은 의심을 어느 정도 떨쳐 버릴 것이다.

나는 그저 유별난 개인일 따름이고, 아힘사의 분야에서 사회가 조금이라도 성취한 것은 내 영향 덕분이므로, 아힘사가 나와 함께 분명히 사라질 것이라는 논의에 대해서 말해 보자. 이 논의는 옳지 않다. 국민회의에는 스스로 생각할 수 있는 여러 지도자가 있다. 마울라나[26]는 예리한 지성과 광범위한 독서량을 가진 사상가이다. 아라비아와 페르시아 학문에 있어서 그와 겨룰 자는 거의 없다. 그는 아힘사만이 인도를 자유롭게 할 것임을 경험으로 배워 알고 있다. 국내 소요를 대비하는 무기로서 아힘사를 수용하자는 결의안을 주장한 사람도 그 사람이었다. 판디트 자와할랄 네루는 누구를 숭배하는 사람이 아니다. 역사와 현대 사건들에 대한 그의 공부는 누구에게도 뒤지지 않는다. 그는 심사숙고한 연후에 스와라즈의 성취 수단으로 아힘사를 수용했다. 만일 비폭력이 실패한다면 그리고 폭력의 방법으로 스와라즈가 얻어질 수 있다면, 그런 스와라즈를 환영하기를 조금도 주저하지 않을 것이라고 그가 말한 것은 사실이다. 그러나 그것은 현재의 이슈와는 관계가 없다. 적어도 스와라즈의 획득을 위해서는 아힘사가 유일한 무기일 것으로 믿는 명사들이 국민회의에 네루 이외에도 많이 존재한다. 내가 죽자마자 그들 모두가 아힘사의 길을 포기할 것이라고

---

26 〔역주〕 Abdul Kalam Azad(1888~1958) : 학자, 인도 독립운동의 지도자. 1923년 35세에 최연소 인도 국민회의 의장이 된다. 독립 이후 인도의 초대 교육부 장관을 지냈다. 보통 'Maulana Azad'로 불리는데 '학자'의 경칭이니 '학자님' 정도의 의미이다.

생각하는 것은 그들과 인간 본성을 모독하는 일이다. 우리는 모든 사람들이 스스로 생각할 수 있다는 것을 믿어야 한다. 그 정도의 상호 존중은 전진하는 데에 필수적이다. 동료들에게 독립적인 판단을 돌려주게 되면, 그들을 강하게 만들 것이고 그들이 비록 연약한 사람이라고 해도 독립심을 갖게 하는 일이 쉬워질 것이다.

나는 위의 투고자를 포함하여 그 누구라도 국민회의 또는 많은 국민회의 지도자가 아힘사에게 작별인사를 고했다고 믿지 말기를 희망하고 있다. 내가 지적한 바대로 국민회의는 제한적으로 아힘사에 대한 신앙을 반복하여 표명했고, 일체의 의심 없이 그 신앙을 명확히 해두었다. 나는 국민회의가 제시한 범위가 아힘사의 영역을 상당히 좁히고, 광채를 희미하게 만들었다는 점에 동의한다. 하지만 국민회의가 제한한 아힘사는 우리 현재의 논의에 충분하다. 왜냐하면 나는 아힘사의 영역이 확장되고 있다는 점, 그리고 국민회의가 아힘사를 제한적으로 수용한 일이 내 입장을 충분히 지지하고 있다는 점을 해명하려 하기 때문이다.

우리가 만일 유사 이래부터 우리 시대까지를 살펴보면, 인간이 아힘사를 향해서 서서히 진보해왔음을 발견할 것이다. 우리의 먼 조상들은 식인종이었다. 그러다 그들이 식인의 풍습에 싫증이 난 순간이 찾아왔고 수렵으로 살아가기 시작했다. 그러다가 방랑하는 사냥꾼의 삶을 수치스럽게 여기는 단계가 왔다. 그래서 그는 농업을 하게 되었고, 양식을 위해서 어머니 대지에 주로 의존하게 되었다. 그래서 인류는 유목민에서 정착하여 문명화된 안정적 살림(*civilized stable life*)을 하게 되고, 촌락과 읍을 건설했으며, 가족의 일원으로부터 공동체와 국가의 일원이 되었다. 이 모든 것들이 아힘사는 전진하고 힘사는 감소하는 징표들이다. 그렇지 않았더라면 저급한 종들이 사라진 것처럼 인종은 지금쯤 절멸하고 말았을 것이다.

예언자들과 아바타르(化身 : 肉化한 존재)들도 아힘사의 교훈을 다소 가르쳤다. 그들 중 어느 누구도 힘사를 가르친다고 공언하지는 않았다. 왜 그렇게 되지 않았을까? 힘사는 가르칠 필요가 없기 때문이다. 인간은 동물로서 폭력적이지만 영혼으로서는 비폭력적이다. 그는 내면에 있는 영혼을 깨닫는 순간 더 이상 폭력적으로 남아 있을 수 없다. 인간은 아힘사로 전진하든지 아니면 파멸로 달려갈 것이므로, 모든 예언자와 아바타르들은 진리·조화·형제애·정의 등에 대한 교훈을 가르쳤는데, 이 모든 것들이 아힘사의 속성이다.

그렇지만 폭력은 집요한 것이다. 그래서 투고자와 같이 생각하는 사람조차 그것을 최후의 무기로 간주할 정도가 되었다. 그러나 내가 말했듯이 우리의 역사와 경험이 그의 생각에 반대하고 있다.

만일 인류가 아힘사를 향해서 서서히 전진해왔다고 우리가 믿는다면, 인류가 아힘사로 더욱 가까이 전진해야 한다는 것은 당연한 이치이다. 이 세상에 정지된 것은 아무것도 없고 만물은 동적(*kinetic*)이다. 만일 전진이 없다면 필연적인 퇴보가 있을 것이다. 신, 그분을 제외하고는 영원히 윤회하지 않는 자도 없다.

지금의 전쟁은 폭력의 포화점이다. 전쟁은 나에게 전쟁 자체의 파멸을 또박또박 말하고 있다. 아힘사가 요즘보다 더 인류에게 인정받았던 적이 예전에는 없었다는 사실에 대해서 나는 날마다 증거를 얻고 있다. 내가 서양으로부터 계속 받고 있는 증언도 동일한 방향을 지시한다. 국민회의 스스로 비록 제한된 범위 내이긴 하지만 아힘사를 지킬 것을 맹세했다. 나는 그 투고자와 그 사람처럼 의심을 품은 자들이 의심을 털어 버리고, 아힘사의 거룩한 희생제사의 불속으로 자신 있게 뛰어들기를 초청하는 바이다. 그렇게 하면 국민회의가 오던 길을 되돌아가리라는 점에 대해서 거의 의심이 없다. “그것은 언제나 소망하고 있을 것이다"라고 우리의 시인인 프리탐이 잘 노래했다.

불속에 뛰어든 자가 가장 행복하네.
방관자들은 불꽃들이 태우고 말 것이네.

1940. 8. 5, 세바그람

비폭력은 불가능한가(G.), 〈하리잔반두〉, 1940. 8. 10 ; 〈하리잔〉, 1940. 8. 11 ; 《전집》 79 : 86

179) 천부의 아힘사

1941. 10. 2

프리트비 싱 님께,
자네의 편지를 받았네. 아힘사는 인간과 함께 태어났네. 히틀러 역시 자기 민족은 죽이지 않네. 아주 제한된 것이긴 하지만, 이것 역시 아힘사이네. 아힘사가 아트만의 본성 자체이므로 사람은 녹초가 되어서 그곳으로 가거나, 아니면 그것을 기꺼이 받아들일 것이네. 우리는 그것을 받아들이도록 노력하고 있네. 우리의 노력은 해탈을 이룬 자(시다 : *siddha*)의 업적과 비교하면 바닷속의 물 한 방울이네. 그걸 알아야 하네. 하지만 그 물 한 방울 역시 바다의 본질을 가지고 있기에 하찮은 것은 아니네. 나머지는 자네가 여기 오면 말해 줄 생각이네.

바푸로부터 축복을

프리트비 싱(Prithivi Singh)에게 보낸 편지(H.), CW 2963 ; 《전집》 81 : 278

180) 아힘사는 힘을 요구한다

1946. 3. 11

나는 봄베이에서 최근 일어났던 사건들에 대한 뉴스를 듣고 수치심과 굴욕감(*humiliation*)을 강하게 느꼈습니다. 여러분도 당연히 그랬을 것입니다. 여기 계신 여러분 중에는 어느 누구도 이러한 수치스런 사건에 가담하지 않았기를 바랍니다. 하지만 그것만으로 여러분이 내 축하를 받기에는 부족합니다. 우리는 어느 누구도 수수방관할 수 없고, '애매한 중간'(*ambiguous middle*)에 피난처를 마련할 수도 없는 처지에 있습니다. 우리는 큰 소리로 분명히 말해야 하고 우리의 확신을 옹호해야 합니다. 비상시에 행동하지 않는 것(*inaction*)은 변명할 여지가 없습니다. 그것은 따르기가 너무 어려운 이상입니까? 하지만 이 길이 현재의 난국에 우리를 안전하게 이끌어 주는 유일한 길이라고 여러분에게 말씀드리는 바입니다.

그와 같이 더러운 모든 현상들을 깡패의 행위로 돌리는 것이 오늘날 유행처럼 되어 있습니다. 그런 도덕적 부재증명 안으로 피신하는 것은 우리에게 거의 어울리지 않는 일입니다. 결국 깡패란 누구입니까? 우리 동포입니다. 그리고 우리 동포의 한 사람이라도 그런 행위에 탐닉하는 자가 있다면, 그런 사람에 대해서 우리의 책임이 없다고 할 수 없습니다. 만일 책임이 없다고 한다면 그것은 우리가 하나의 국민이라는 주장과 일관되지 못합니다. 그런 사건들에 대해서 책임이 있는 자들이 군다(깡패)로 비난을 받든 애국자로 칭찬을 받든, 그건 거의 상관이 없습니다. 칭찬과 비난은 동등하게 우리 모두의 것입니다. 자유롭기를 희구하는 자들에게 유일하게 인간답고 어울리는 길은, 자신들의 의무를 행하면서 둘 중에 어느 것이든 받아들이는 것입니다.

먹고 자는 일, 그리고 다른 신체적 기능에 있어서 인간은 짐승과 다르지 않습니다. 인간을 짐승에서 구분하는 것은, 도덕적 지평(*moral plane*)에서 짐승을 능가하려는 부단한 노력에 있습니다. 인류는 갈림길에 서 있습니다. 인류는 정글의 법칙과 인간의 법칙 중 하나를 선택해야 합니다. 인도에 사는 우리는 25년 전 후자를 의도적으로 선택했습니다. 하지만 우리가 보다 고상한 길을 따르기로 고백하면서도, 우리의 실천이 고백에 항상 일치하지는 못했다는 점을 나는 우려하지 않을 수 없습니다. 우리는 지붕 꼭대기에서 비폭력이 용기 있는 자의 길이라는 사실을 항상 선포해왔습니다만, 우리 중 일부는 아힘사를 약자의 무기로 사용함으로써 그것에 대해서 나쁜 평판을 가져오고 말았습니다. 내 생각에 최근 봄베이에서 목격되었던 그런 종류의 범죄 행위에 수동적 방관자로 남아 있는 것은 비겁한 것입니다.

아힘사가 용기 있는 자들에게 속한다는 사실을, 나는 참으로 겸허한 마음으로 말씀드립니다. 프리탐[27]은 노래했습니다. “주님의 길은 겁쟁이를 위한 길이 아니라 용기 있는 자를 위한 길입니다”라고. 여기에서 주님의 길이란 비폭력과 진리의 길을 의미합니다. 나는 이전에 진리와 비폭력 이외의 다른 신을 마음에 그리지 않는다고 말씀드린 바 있습니다. 여러분이 만일 아힘사 교리가 갖고 있는 함의에 대해서 완전한 자각 없이 그것을 받아들였다면, 여러분은 자유롭게 그 교리를 부인할 수 있을 것입니다. 사람들이 스스로 자신들의 오류를 고백하고 그것을 수정할 수 있다는 점, 나는 그 점을 믿습니다. 그런 고백은 사람을 강하게 하고 혼을 정화시킵니다. 아힘사는 보복 없이 고통당할 수 있는 힘과 용기를, 주먹질을 당하면서도 한 대도 돌려주지 않을 힘과 용기를 요청합니다. 하지만 그것으로 아힘사의 의미를 다하는 것은 아닙니다. 진리 전체를 외쳐야 하고 그것에 따라서 행동해야 할 경우 침묵하는 것은 비겁한 짓입니다. 우리가 만일 국민회의가 선언한 대로, 진리와 비폭력을 통해서 인도의 독립을 얻으려고 한다면, 우리는 용기를 길러야 합니다. 진리와 비폭력을 통해서 인도의 독립을 얻으려는 이상은, 살아갈 가치가 있는 이상이기도 하고 죽을 가치가 있는 이상이기도 합니다. 그 이상을 받아들

27 〔역주〕 구자라트 시인. 《전집》 권 90, 65면.

인 여러분 한 분 한 분은, 만일 단 한 사람의 영국인 여성이나 영국인 아이가 공격을 당한다면 그것을 비폭력이라는 여러분의 강령에 대한 도전으로 느끼고, 여러분이 목숨을 걸고서라도 위협당한 희생자를 보호해야 한다고 느껴야 합니다. 그럴 경우에만 여러분은 "주님의 길은 겁쟁이를 위한 길이 아니라 용기 있는 자를 위한 길입니다" 라고 하는 노래를 부를 자격을 가지게 됩니다. 우리가 현 정부에 대해서 불평불만이 있다는 이유로 무방비의 영국인 여성과 아이들을 공격하는 것은 사람의 짓이 아닙니다.

영국 각료대표단이 곧 우리에게 올 것입니다. 그들의 성의를 미리부터 의심하는 것 역시 여러 모로 약점을 드러내는 것일 수 있습니다. 우리 자신의 몫을 돌려주기 위해서 인도에 온다는 영국 각료들의 선언은, 액면 그대로 받아들이는 것이 용감한 백성으로서 우리의 의무입니다. 빚쟁이가 뉘우쳐서 빚을 갚겠다고 여러분의 집에 왔을 때 그를 환영하는 것이 여러분의 의무가 아니겠습니까? 그렇지 않고 과거의 불의를 기억하며 모욕과 굴욕으로 그를 대접하는 것은 사내답지 못한 짓이 아니겠습니까? 영국 정부가 자신들의 공언에 따라서 행동하지 않는다는 점을, 스스로 증명하는 마지막 기회가 되도록 내버려 둡시다. 그들이 자신들의 공언에 따라서 행동하지 않는다면 우리는 행동을 취해야 할 것입니다. 그때까지 사내다운 유일한 길은 엄숙한 침묵을 유지하는 것입니다.[28]

기도모임에서의 말씀, 봄베이,
〈하리잔〉, 1946. 4. 7 ; 《전집》 90 : 88

28 〔역주〕 〈더 힌두〉지(1946년 3월 13일자)의 보도에 따르면, 간디는 기도 이후 자필 서명에 대한 요청을 거부했지만, 그다음 날 서명하는 데 동의했다. 《전집》 권90, 66면.

181) 아힘사를 시험함

우룰리-칸찬, *1946. 3. 27*

존경하는 란츠호드다스 님에게,

자네의 편지를 받았네. 자네 눈이 이제 잘 보이지 않게 된 것은 슬픈 일이기도 하지만 기쁜 일이기도 하네. 자네는 자네에게 고통을 준 일을 이제 더 이상 보지 않아도 될 것이네. 지난번 자네 편지를 보고 자네가 답장을 기다리지 않는다고 추측했네. 그래서 다른 일에 대한 큰 부담도 있고 해서 답장을 하지 않았네. 자네가 이번 편지에 대해서는 답장을 원하므로 아침기도 후 이 편지를 대필시키고 있네. 내 눈은 여전히 좋지만, 손은 휴식이 필요하네. 그래서 나는 그 손을 〈하리잔〉지를 위해서 쓸 수 있도록 아껴 두기로 했네.

아힘사에 대한 자네 해석이 옳다면, 내가 125살까지 산다고 해도 무엇을 성취할 수 있을까? 인도는 내 무지의 짐을 50년 더 지고 나가야 할지도 모를 게 아닌가? 하지만 내 무지가 나에게 지식으로 보인다면, 내가 125살까지 살아서 끝까지 계속 봉사하기를 바라서는 안 되는가? 더구나 자네는 아힘사가 친구를 다루는 데는 통하지만 그것을 믿지 않는 적수를 다룰 때에는 통하지 않다고 말하네. 그리고 자네는 자네의 논의를 지지하기 위해서 라즈푸트족(*Rajputs*)의 사례와 푸라나의 얘기들을 인용하고 있네. 그런 사례들을 잠시 제쳐 두세. 아힘사가 만일 우리를 사랑하는 사람들을 사랑하는 일에만 제한되어 있었다면, 그것이 어떻게 최고의 다르마로 묘사될 수 있었을까? 강도와 도둑도 그런 것은 한다네. 알리바바와 40인의 도둑들 사이의 사랑은 얼마나 돈독했던가? 아힘사의 특성들을 묘사한 금언[29]은, 아힘사 면전에서 모든 악의가 줄어든다고 말하지 않았던가? 만일 이것이 진실이

29 파탄잘리의 《요가다르샤남》, 2 : 35.

라면, 아힘사는 오직 대적에 대해서만 검증될 수 있네. 샤말다스(Shamaldas)의 잘 알려진 2행 연구, 즉 '한 사발의 물에 대해 융숭한 식사 한 끼'는 동일한 교훈을 간단하지만 달콤한 말로 가르치고 있지 않은가? 그 이외에도 자네가 예로 든 사례들은 무엇을 증명하는가? 라즈푸트족의 용감성은 부정될 수 없네. 폭력을 통해서 성취한 것이 전혀 없었다면, 폭력은 그 자체가 갖고 있는 강력한 마법을 얻을 수 있었을까? 거짓이 성공하는 것은 덜 인상적일까? 우리는 거짓이 때때로 권좌에 앉아 있고, 진리가 누더기 옷을 걸치고 돌아다니는 것을 보네. 하지만 자네와 내가 이런 사실로 감명을 받는가? 푸라나 등의 문헌들은 신 홀로 당신이 뜻대로 하심을 의미한 것이 아니라면, 무엇을 말하는 것이겠는가? 창조하시는 그분은 파괴도 하신다네. 그분은 파괴를 통해서도 창조하시기 때문이네. 프라흘라드와 다른 사람들은 그들의 삶 속에서 순수한 아힘사를 현시했네. 그는 악마와 같은 부친의 비위를 거슬렀지만, 마지막까지 라마의 이름을 포기하지 않았네.

내가 무엇을 더 쓸 필요가 있겠는가? 나는 경전들의 우물에 빠져서 죽고 싶지 않네. 경전들은 나에게 수많은 악어로 그득한 거대한 바다들로 보이네. 하지만 그것들은 진주도 갖고 있지 않은가? 진주 형태의 감로수를 찾도록 그것들을 휘저어 보세.

자네 동생이 이런 방식으로 철학하더라도 괘념치 말길 바라네. 그를 용서해 주지 않겠는가? 시간이 있을 때마다 나에게 보낼 편지를 구술하게. 파라마난드가 나를 방문한 것은 사실이었고 그가 쓴 책도 나에게 주었네.

바푸로부터 축복을

란초호드다스 파트와리(Ranchhoddas Patwari)에게
보낸 편지(G.), GN 4976 ; 《전집》 90 : 197

182) 아힘사 복음

질문 얼마 전 곧 영국으로 돌아갈 푸나 주재 장교 한 사람이 나에게, 인도에서 폭력이 증가 일로에 있고 민중이 비폭력의 길에서 점점 멀어지게 되면 폭력이 더 증가하게 될 것이라고 말했습니다. 그는 "서양에 사는 우리는 폭력을 믿을 뿐만 아니라 우리 사회는 거기에 기초해 있습니다. 몇몇 비천한 민족은 폭력을 통해서 독립을 얻었고 지금은 평화롭게 살아가고 있습니다. 우리는 폭력을 멈추기 위해서 원자탄을 발명했습니다. 바로 요전의 큰 전쟁은 한 사례입니다"라고 말했습니다. 그 장교는 계속 말했습니다. "간디지는 동포에게 비폭력의 길을 보여주었습니다. 그런데 그가 일거에 민중을 비폭력으로 개종시키고 평화의 통치를 가져올 원자탄과 같은 힘을 발견한 적이 있습니까? 간디지의 '원자탄'이 사람으로 하여금 폭력의 길을 추종하는 것을 중지시킬 수 없습니까? 간디지에게 요청하여 자신의 힘을 민중에게 발휘해서, 폭력에 대한 일체의 생각을 포기하고 간디의 신조를 수용하라고 말하십시오. 만일 간디가 나라 전체에 만연되고 있는 끔찍한 폭력으로부터 자신의 민중을 오늘 떼어낼 수 없다면, 그는 낙망한 사람으로 살아갈 것이고 그의 필생의 사업은 파멸되고 말 것이라는 점을 나는 당신에게 말씀드립니다."

답변 이 질문을 하는 사람의 생각은 많이 혼란스럽다. 원자탄이 폭력을 중지시킨 것은 아니었다. 사람들의 마음은 폭력으로 가득 차고 제3차 세계대전을 위한 대비가 진행중에 있다는 말조차 들린다. 폭력이 인류에게 평화를 가져다주었다는 말은 터무니없지만, 폭력이 이룬 것이 아무것도 없다고 말할 수도 없다.

폭력을 중지시킬 수 없는 경우 내가 회개해야 한다는 것은 비폭력

구도의 일부가 아니다. 아무도 폭력을 중지시킬 수는 없다. 오직 신만이 그러실 수 있을 것이다. 인간들은 오로지 그의 손의 도구에 불과할 따름이다. 여기에서 물리적 수단은 폭력을 중지시킬 수 없다. 하지만 이 말은 물리적 수단이 목적을 위해서 동원되어서는 안 된다는 것을 의미하는 것은 아니다. 결정 요인은 신의 은총이다. 신은 자신의 법칙에 따라서 움직이신다. 그래서 폭력 역시 그 법칙에 따라서 중지될 것이다. 인간은 결코 신의 법칙을 완전히 알지 못하고 알 수도 없을 것이다. 그러므로 우리는 힘닿는 데까지 노력해야 한다. 나는 비폭력에 대한 우리의 실험이 인도에서는 상당한 정도로 성공을 거두었다고 믿는다. 그래서 질문 안에 드러난 비관주의가 들어설 여지가 없다. 마지막으로 아힘사는 세상의 위대한 원리들 중 하나로 지상의 어떤 힘도 제거할 수 없다. 나 같은 사람 수천 명이 아힘사의 이상을 옹호하는 도중에 죽을 수 있지만, 아힘사의 이상 자체는 절대 죽지 않을 것이다. 아힘사 복음은 아힘사라는 대의명분을 위해서 죽어가는 믿음의 사람들에 의해서만 확산될 수 있을 것이다.

어떻게 폭력이 중지될 수 있을까?(G.), 〈하리잔 세박〉,
1946. 5. 19 ; 〈하리잔〉, 1946. 5. 19 ; 《전집》 90 : 466

183) 아힘사와 생명의 신성성

한 투고자가 다음과 같이 적고 있다.

> 당신은 5월 5일자 〈하리잔반두〉지에서 당신의 비폭력이 표범·늑대·뱀·전갈 등 사람들에게 위험한 동물들의 박멸을 고려하고 있다고 썼습니다.
>
> 당신은 개 따위에게 음식을 주는 것이 옳지 못하다고 믿습니다. 구자라트 사람들을 제외한 몇몇 다른 지역의 사람들은 개에게 음식

을 주는 행위를 복 받는 일로 간주합니다. 그런 생각은 현재와 같이 식량 부족의 시기에 정당화될 수 없을 것입니다. 하지만 이런 동물들이 인간에게 아주 유용한 존재가 될 수 있다는 점도 우리는 기억해야 합니다. 사람은 그들을 먹이고, 그들에게 일을 시킬 수 있습니다.

당신은 더반에서 온 슈리 라이찬드바이에게 27개의 질문을 했습니다. 그중에 하나는 "구도자가 뱀의 공격을 받으면 어떻게 해야 하는가?"인데 그의 대답은 "그 뱀을 죽여서는 안 된다. 만일 그것이 물면 그렇게 하도록 내버려 두시오"였습니다. 그런데 왜 당신은 이제 와서 다른 말을 하십니까?

나는 과거 이 주제에 대해서 많은 글을 써왔다. 그때 그 주제는 광견병에 걸린 개를 죽이는 것에 관한 것이었다. 그 주제에 대해서도 많은 논의가 있었지만 지금은 전부 망각된 것으로 보인다.

나의 비폭력은 모든 살아 있는 피조물에 대한 친절만을 의미하는 것은 아니다. 인간 이하의 생명의 거룩함에 대한 자이나교의 강조는 이해할 만하다. 그러나 그것이 인간의 생명에게보다 인간 이하의 생명에게 더 친절하라는 것을 의미하는 것은 결코 아니다. 인간을 제외한 생명의 거룩함에 대해서 글을 쓸 때에 나는 인간 생명의 거룩함이 당연지사로 받아들여져 왔다고 인정하고 있다. 인간 이외의 생명이 지나치게 강조되었다. 그리고 그 생각이 실행에 옮겨지면서 다시 왜곡되었다. 가령, 개미에게 음식을 주는 일에 완전한 충만감을 느끼는 사람들이 많이 있다. 비폭력 이론이 딱딱하게 굳어서 생명 없는 도그마가 되어 버린 것처럼 보인다. 위선과 왜곡이 종교라는 이름하에 통용되고 있다.

아힘사는 최고의 이상이다. 그것은 용감한 사람을 위한 것이며 절대로 겁쟁이를 위한 것이 아니다. 자신을 대신하여 다른 사람이 살생하는 일에서 자신의 이익을 얻고, 스스로 매우 종교적이고 비폭력적이라는 망상을 갖는 일은 순전한 자기기만이다.

이른바 비폭력 신봉자가 매일 표범이 출몰하는 마을에 살지 않고 도망간 다음, 다른 사람이 그 표범을 죽이게 되면 자신의 따뜻한 가정을 책임지기 위해서 돌아온다고 해보자. 이것은 비폭력이 아니라 겁쟁이의 폭력이다. 표범을 죽인 사람은 적어도 약간의 용기가 있음을 증명해 보였다. 그 겁쟁이는 다른 사람의 죽임에서 이익을 얻었지만 결코 진정한 비폭력을 알 수 없을 것이다.

우리가 살아가는 한 폭력을 완전히 피하기란 불가능하다. 그렇다면 어디에 선을 그어야 하는가라는 문제가 생긴다. 그 선이 모든 사람들에게 동일할 수는 없다. 비록 그 원리는 본질적으로 동일하지만, 각자가 그것을 자기 나름대로 적용하기 때문이다. 한 사람에게는 음식이지만 다른 사람에게는 독이 된다. 나에게는 육식이 죄이다. 하지만 늘 고기를 먹어왔고 그 안에 잘못이 없다고 보아온 사람이 나를 그저 모방하기 위해서 육식을 포기한다면 그것은 죄가 될 것이다.

내가 만일 농부가 되고 싶어서 정글 안에 정주하기를 원한다면, 나는 내 경작지를 보호하기 위해서 최소한의 불가피한 폭력을 사용할 수밖에 없을 것이다. 내 수확물을 먹어치우는 원숭이, 새, 그리고 벌레들을 죽여야 할 것이다. 내가 만일 스스로 죽이기를 원치 않는다면, 나는 나를 위해서 다른 사람에게 그 일을 해 달라고 해야 할 것이다. 이 양자 사이에 큰 차이는 없다. 나라에 기근이 들었는데도 아힘사의 미명 아래 동물로 하여금 수확물을 먹게 내버려 두는 것은 분명 죄악이다. 선과 악은 상대적인 용어이다. 어떤 조건 아래에서 선이지만, 다른 조건 아래서는 악이나 죄가 될 수 있다.

우리는 경전들의 우물에 빠져서 익사해서는 안 되며, 넓은 바다에 뛰어들어 진주를 찾아와야 한다. 우리는 한 걸음 움직일 때마다 무엇이 아힘사이고 무엇이 힘사인가에 대해서 분별심을 발휘해야 한다. 여기에 수치나 비겁이 들어설 여지는 없다. 신에게 가는 길은 용기 있는 자를 위한 길이지 결코 겁쟁이를 위한 길이 아니라고 시인은 노래했다.

마지막으로 라이찬드바이가 나에게 한 충고는, 만일 내가 용기가 있고 내가 신을 정면으로 대면하기를 원한다면 뱀을 죽이는 대신 뱀에 물리도록 내 자신을 내버려 두어야 한다는 내용이었다. 나는 그 편지를 받기 전에도 후에도 뱀을 죽여 본 적이 전혀 없다. 그것이 나에게 자랑이 될 것은 하나도 없다. 내 이상은 두려움 없이 뱀과 전갈하고 더불어 노는 일이다. 하지만 지금까지 그것은 소망으로 남아 있을 따름이다. 그것이 성취될지의 여부와 언제 성취될지는 모른다. 나는 나의 민중이 그것들을 죽이는 일을 어디서든 허용한다. 내가 원했다면 막을 수도 있었을 것이다. 그러나 내가 어떻게 그럴 수 있었을까? 나는 뱀과 전갈을 내 자신의 손으로 집어 들고 내 동료들에게 무외(無畏)의 교훈을 가르칠 용기가 없었다. 나는 내가 그렇지 못했다는 점에 대해서 수치스럽다. 하지만 나의 수치는 그들에게도 나에게도 이익을 주지 못했다.

만일 라마나마가 나를 돌봐 준다면, 나는 장차 언제가 그런 용기를 얻을 수 있을 것이다. 그동안 나는 앞에서 진술한 대로 행동하는 것을 나의 의무로 여길 것이다. 종교는 우리가 살아가야 할 것이지 단순한 궤변이 아니다.

무수리, 1946. 5. 29

종교 대 비종교(G.), 〈하리잔반두〉, 1946. 6. 9 ;
〈하리잔〉, 1946. 6. 9 ; 《전집》 91 : 75

184) 아힘사 교육

〔*1946. 5. 28* 이후〕

친구　간디지, 당신은 우리를 독립의 문턱까지 데려다주었습니다.

어느 날 저녁 간디지와 대담을 나눴던 명망 있는 어떤 친구가 이렇게 말했다.

친구　우리는 그 점에 대해서 너무나 감사합니다. 물론 당신은 아힘사—당신의 사랑하는 아이—에게 그 공로를 돌릴 것입니다. 하지만 우리는 당신의 아힘사로부터가 아니라 진리로부터 더 많은 힘을 얻었다고 느낍니다.

간디지　내가 아힘사를 편애하고 진리에 둘째 자리를 주었다고 당신이 생각한다면 그것은 잘못이다. 우리나라가 아힘사로부터가 아니라 진리로부터 더 많은 힘을 얻었다고 생각하는 것도 잘못이다. 반대로 나는 우리나라가 어떤 진보를 이룩했다고 해도, 그것은 아힘사를 투쟁의 방법으로 받아들인 덕분이라는 점을 굳게 확신한다.

친구　우리나라가 아직 당신의 아힘사를 이해하지 못한 대신 진리를 이해했으며, 그 진리를 힘으로 채웠음을 나는 말하는 것입니다.

간디지　그것은 정반대이다. 이 나라에 너무나 허위가 많아서 나는 때때로 질식할 정도이다. 그래서 우리를 여기까지 데려다준 것은 아힘사만의 실천—그 아힘사에 잘못이 있다고 해도—임이 틀림없다고 확신하는 바이다.

더구나 자네가 생각하듯이 나는 진리에게 두 번째 자리를 부여하지 않았다.

그는 계속 말했다. 간디는 제네바의 한 모임[30]에서 자신이 여태 신이 진리라고 쭉 말해왔지만 이제는 진리를 신이라고 생각하게 되었음을 기술함으로써 좌중을 전부 깜짝 놀라게 해 버렸다는 점을 설명했다.

"하지만 당신은 언제나 아힘사를 강조하고 있습니다. 당신은 비폭력의 선포를 인생의 사명으로 삼았습니다"라고 친구는 말했다.

간디지 거기에서 당신은 또다시 틀렸다. 아힘사가 목표가 아니라 진리가 목표이다. 하지만 우리는 아힘사 실천을 통하지 않고서는 인간관계에서 진리를 실현할 다른 방도가 없다. 우리는 아힘사를 끈질기게 추구하면 진리에 반드시 도달하게 된다. 하지만 폭력으로는 결코 진리에 도달할 수 없기 때문에 나는 아힘사의 이름으로 맹세하는 것이다. 진리는 나에게 자연스럽게 왔고 아힘사는 투쟁 이후에 얻었다. 하지만 아힘사가 수단이므로 우리가 일상의 일 가운데 아힘사에 대해서 더 관심을 쏟는 것은 자연스럽다. 그래서 우리 대중이 교육을 받아야 할 분야는 아힘사이다. 진리교육(*education in truth*)은 아힘사에서 자연스런 결과로 온다.

친구와의 대화, 〈하리잔〉, 1946. 6. 23 ; 《전집》 91 : 73

185) 아힘사 고수하기

세바그람, *1946. 8. 25*

왜 당신은 내 발에 닿기를 원하는가? 수백만 사람들이 할 수 없는 일, 그들이 할 만한 능력이 없는 일이라면 우리 스스로 포기해야 한다. 나는 아힘사가 수백만 사람들에 의해서 실천 불가능하다면 나에게도 소용이 없을 것이라고까지 말한다. 하지만 그들이 아힘사를 고수할 수 있는데도 그것을 하기를 원치 않는다면, 나 혼자서라도 아

30 〔역주〕 그 모임은 로잔느에서 있었다. 《전집》 권 91, 59면.

힘사를 고수하려고 할 것이다. 사람들은 아힘사가 성자와 현자를 위한 것이라고들 말한다. 나는 달리 생각한다. 만일 그들이 말한 것이 옳다면 아힘사는 내 눈에 전혀 가치가 없게 될 것이다. 마찬가지로 125살까지 살고 싶은 욕구가 있고 그럴 수 있도록 노력하는 것이 나 혼자에게만 열려 있다면 나는 그런 욕구를 즐기지 않을 것이다. 하지만 누구든 신과 그의 피조물에 대한 봉사를 위해서 125살까지 살기를 원할 수 있고 또 그래야만 한다. 자기 이익 역시 그것을 요구한다. 내가 함께 일해왔고 알아왔던 사람들 중 내가 유일한 잔존자가 되는 그런 세상에서 사는 것이 무슨 가치가 있을까?

아슈람 재소자에게 주는 충고, 〈하리잔〉, 1946. 9. 1 ; 《전집》 92 : 93

186) 용감한 자들의 아힘사 *1946. 11. 6*[31]

특파원 1942년의 소요, I. N. A. 운동과 소요, R. I. N 반란사건, 캘커타·봄베이 폭동사건, 카슈미르 등지의 각종 운동들, 그리고 최근 집단 간의 폭동 등 최근 인도 역사를 본다면, 비폭력이 인도인의 삶 속에 뿌리를 내리지 않았으므로 비폭력이라는 당신의 강령이 실패했다고 말할 수 있지 않습니까?

간디지 이것은 위험한 일반화입니다. 당신이 언급한 모든 것을 분명 힘사로 부를 수 있을 것입니다만, 그런 것들이 비폭력 강령이 실패했다는 점을 의미할 수는 없습니다. 잘해야 내가 대중의 마음을 개심하는 데 요구되는 기술을 아직 발견하지 못했다고 말할 수 있을 뿐일 것입니다. 하지만 인도의 70만 촌락에 사는 수백만 명의 사람들은 당신

31 대담은 간디가 찬드푸르로 향하는 여행 동안 증기선 키위호 선상에서 진행되었다.

이 언급한 그런 폭력에 아직 가담하지 않고 있다고 나는 주장하는 바입니다. 비폭력이 인도인의 삶에 뿌리내렸는지의 여부에 대한 문제는 아직 남아 있고, 내 죽음 이후에나 대답을 얻을 수 있을 것입니다.

특파원 우리는 용감한 자들의 비폭력을 얻기 위해서 일상의 삶에서 무엇을 해야 합니까? 즉 최소한의 프로그램이 무엇입니까?

간디지 용감한 자들의 아힘사를 닦으려는 사람에게 최소한으로 요구되는 것은 그의 생각에서 비겁을 청소해내는 일이고, 그 과정에서 작든 크든 모든 활동에서 행동을 규제하는 일입니다. 그래서 그 신봉자는 화를 조금도 내지 않으면서 자신의 상관에 대해서 겁먹기를 거부해야 합니다. 아무리 보수가 많은 직책이라고 해도 그는 직책을 희생할 각오가 되어 있어야 합니다. 만일 그자가 자신의 일체의 것을 희생하면서도 자신의 고용주에게 전혀 성내지 않는다면, 그는 자신 안에 용감한 자들의 아힘사를 가진 것입니다. 동료 승객이 내 자식을 위협한다고 가정해 보십시오. 나는 공격한 자에게 따질 것이고, 그렇게 되면 그는 나에게 덤벼들 것입니다. 그런 다음 내가 그의 주먹질을 품위와 위엄으로 받아들이면서도 그에 대해서 악의를 조금도 품지 않는다면, 그것은 용감한 자들의 아힘사를 보여주는 것입니다. 그런 사례들은 다반사이며 풍부하게 제시할 수 있을 것입니다. 만일 내가 성질을 억제하는 데 매번 성공하고 주먹질을 할 수 있는데도 삼간다면, 나는 용감한 자들의 아힘사를 전개한 것이며, 그 아힘사는 절대 나에게 실패를 안겨 주지 않을 것이고, 나의 완고한 대적들이 인정할 수밖에 없는 가장 확실한 아힘사가 될 것입니다.

미국의 AP 통신과의 회담, 〈하리잔〉, 1946. 11. 17 ; 《전집》 92 : 657

187) 삶의 방식 아힘사

〔*1946. 11. 20* 또는 그 전날〕

내가 아가칸 궁에 연금되어 있을 때 비폭력의 주인공인 인도에 대해서 글을 써 보려고 시도한 적이 있었다. 그러나 쓰기를 시작하자 더 이상 앞으로 나갈 수가 없었다. 중지해야만 했다.

힌두교에는 두 가지 측면이 있다. 한편으로는 불가촉천민제도, 목석에 대한 미신적 예배, 그리고 동물 희생제사 등을 지닌 역사적 힌두교가 있고, 다른 한편으로는 《기타》, 《우파니샤드》와 파탄잘리의 《요가 수트라》로 대표되는 힌두교가 있는데, 이것은 아힘사의 극치와 모든 피조물의 일치를 가르치고, 내재적이며 무형상의 불멸의 신에 대한 순수 예배를 가르치는 힌두교이다. 나에게는 아힘사가 힌두교의 가장 중요한 영광이다. 하지만 우리 민중은 아힘사가 산야시(포기자)만을 위한 것이라고 치부해 버리고 말았다. 나는 그런 견해에 찬성하지 않는다. 나는 그것이 유일한 삶의 방식이며, 인도가 그것을 세상에 보여주어야 한다고 주장해왔다. 나는 어디에 서 있는가? 나는 이 아힘사를 나의 인격으로 대변하고 있는가? 만일 그렇다면 공기를 오염시키는 기만과 증오가 사라질 것이다. 내가 내 위치를 확인하고 신에 대한 나의 신앙을 시험할 수 있는 길은, 내가 여태 쭉 의지해왔던 사람들로부터 떨어져 두 발로 서는 경우뿐일 것이다.

대담, 〈하리잔〉, 1946. 12. 8 ; 《전집》 93 : 51

188) 아힘사에는 실패가 없다

1947. 1. 18

여기에서 내 사명이 실패한다고 해도 그것은 아힘사 자체의 실패는 아닐 것입니다. 그것은 내 아힘사의 실패일 것입니다.

언론인들과의 대담, 〈암리타 바자르 파트리카〉, 1947. 1. 20 ; 《전집》 93 : 416

189) 실천 중의 아힘사

어떤 투고자가 다음과 같은 취지의 말을 했다.

> 개인적 아힘사는 이해할 수 있다. 친구들 사이의 공동의 아힘사도 이해 가능하다. 하지만 당신은 공공연한 원수들에 대한 아힘사에 관해서 말한다. 이것은 신기루와 같은 것이다. 만일 당신이 이러한 고집을 포기하면 그것은 고마운 일이 될 것이다. 만일 포기하지 않으면 당신이 누리고 있는 존경을 잃게 될 것이다. 그보다 더 나쁜 것은, 당신이 마하트마로 간주되고 있다는 사실로 말미암아 수많은 어리석은 대중이 그들 자신과 사회에 손해를 입히는 잘못된 길로 가는 것이다.

오직 개인만이 사용할 수 있는 비폭력은 사회의 면에서 보면 별 소용이 없다. 인간은 사회적 존재이다. 그의 업적이 유용한 것이 되기 위해서는 충분히 근면한 사람이라면 누구라도 얻을 수 있는 것이어야 한다. 친구들 사이에서만 사용될 수 있는 것은 비폭력의 불꽃으로서만 가치가 있을 것이다. 그것은 아힘사의 칭호에 어울리지 않는다. '아힘사 앞에 적의는 사라진다'라는 말은 위대한 격언이다. 이 말은 최대의 적개심을 줄이려면 동일한 크기의 아힘사가 필요하다는 것을 의미한다. 이런 덕을 닦자면 여러 차례의 재생(*births*)을 요구할 만큼 장기간의 수행을 필요로 할지 모른다. 그렇다고 해서 그것이 무용한 것은 아니다. 순례자가 여정을 따라서 여행하다 보면 날마다 더 풍요로운 경험을 만나게 되어, 정상에서나 볼 수 있도록 마련된 아름다움의 편린을 볼 수도 있을 것이다. 이런 일이 그의 열의를 더 강하게 만들 것이다.

이런 말에서 그 누구도 이 길이 가시 없는 장미꽃밭이 쭉 이어진 것으로 추론할 자격은 없다. 어떤 시인[32]은 신에 도달하는 길이 오직 용감한 자들에게만 속하고 절대로 마음 약한 자들에 속하는 것이 아니라고 노래했었다. 오늘날의 대기에는 독이 만연하고 있어서 사람들은 고인(古人)의 지혜를 상기하기를 거부하며 실천 중인 아힘사에 대한 다양한 작은 경험을 맛보는 것을 거부하고 있다. '나쁜 방향 전환은 좋은 방향 전환으로 회복된다'는 말은 실천 중인 일상 경험에 대한 지혜의 말이다. 만일 세상의 갖가지 행위들의 총합이 파괴적이었다면, 세상은 오래전에 막을 내렸을 것임을 우리는 왜 고려하지 못하는가? 사랑, 달리 말하자면 아힘사가 우리의 지구를 유지해간다.

이 정도는 당연히 받아들여야 한다. 삶의 귀중한 은총은 쉴 새 없이 양성되어야 하고 자연스레 그렇게 될 것이다. 그런 은총이 우리를 고양해 주기 때문이다. 하강은 쉽고 상승은 어렵다. 우리 대부분은 훈련을 받지 못한 탓에, 일상에서 아주 작은 구실로도 서로 싸우고 욕하면서 살아간다.

아힘사의 가장 풍부한 은총은 어려운 훈련을 받은 자에게 쉽게 강림한다.

한계 없음, 〈하리잔〉, 1947. 12. 14 ; 《전집》 98 : 9

32 〔역주〕 프리탐. 《전집》 권 98, 13면.

2. 힘사—폭력과 강요

190) 물리력(*force*)의 사용

한 친구가 아주 어려운 문제를 제기하며 다음과 같이 말했다.

> 물리력으로 일체의 개혁을 도모하는 것이 비폭력 원리에 반하는 것이라면, 입법에 의해서 모든 사람들에게 음주 금지를 강요하는 것도 폭력이다.

이 말에는 사고의 혼란이 좀 있다. 그 친구는 법이 언제나 강제를 함의한다고 믿는 듯하다. 하지만 그렇지는 않다. 우리의 이기심에서 타인에게 고통을 주는 것, 또는 고통을 주기 위해서 고통을 주는 것은 폭력이다. 하지만 어떤 사람을 행복하게 해 주기 위해서 고통을 주는 것이 필수적이라면, 냉정하게 그리고 사심 없는 마음으로 그렇게 하는 것은 비폭력일 수 있다. 도둑으로부터 나 자신을 구하기 위해서 (즉, 나의 이익을 위해서) 그 도둑에게 상처를 입히는 일은 폭력이다. 하지만 외과의가 환자에게 칼을 사용하여 그를 낫게 하기 위해서 고통을 가하는 것은 비폭력이다. 이런 관점에서 만일 도둑을 체포하여 교도소에 수감한다면, 목적이 그를 괴롭히는 것이 아니라 교정(矯正)하기 위한 것이라면, 그리고 그에게 친절을 베풀고 그가 선량한 사람이 될 수 있도록 좋은 환경에 둔다면, 이런 일은 물리력이나 폭력이 아니라 사회나 통치자의 통제인 것이다. 이런 일을 하는 통치자가 도둑을 처벌받을 위험으로부터 보호한다면, 도둑에게 한 단계 높은 친절을 베푸는 것이다. 이와 유사하게 술주정꾼에게 매질하는 법에는 순전히 폭력밖에 없지만, 법으로 모든 주류 판매점을 폐쇄하고 술주정꾼으로부터 일체의 유혹을 제거하는 일은 일종의 규제(*restraint*)이며 비폭력이다. 여기에는 순수한 사랑밖에 없다. 마찬가지로 내가 만일 외래 직물을 포기하도록 다른 사람을 협박한다면 그것은 물리력이다. 하지만 외래 직물의 수입을 금지하는 법률을 통과시킨다면 그것은 규제이다. 여기에는 순수한 사랑만이 있을 뿐이다. 하지만 외제 직물을 걸치고 있는 모든 사람들을 처벌하는 일은 강요(*coercion*)가 될 것이다. 그것은 사회가 분노하고 있음을 표시하는 것이다.

그래서 우리는 모든 법률이 다 물리력을 수반하고 있는 것이 아님을 안다. 근대의 법률은 물리력의 요소를 내포하고 있는 것이 사실인데, 그 이유는 법률 제정자의 목적이 범법자들을 교정하는 데 있는 것이 아니라 그들로부터 사회를 보호하기 위해서 공포를 자아내는 데 있기 때문이다.

이제 남아 있는 유일한 문제는 이것이다. 우리는 물리력이 개혁을 가져오는 것을 보고 있다. 사람을 구타함으로써 절도를 포기하게 할 수도 있다. 상당히 많은 사람은 많은 아이가 매질에 의해서 교정되었다고 말하고 또한 믿고 있다. 하지만 오늘날 세상에서 죄의 짐이 점증하는 데에 책임져야 할 것은 바로 이 신념이다. 물리력의 사용은 혼을 파괴하며, 그것을 사용하는 자에게 영향을 미칠 뿐 아니라 그의 후손들과 주변 전체에 영향을 미친다. 우리는 물리력의 사용이 초래하는 전반적 효과를 그것도 장기간의 걸친 효과를 검토해야 한다. 물리력의 사용은 장기간 지속되어 왔다. 하지만 우리는 물리력을 동원하여 없애려고 했던 것들이 파괴되었음을 목격하지 못했다. 종전에는 절도에 대해서 중벌이 내려졌었다. 그러나 중벌이 절도를 중지시키지 않았다는 것이 모든 전문 관찰자들의 의견이다. 그 중벌이 온정(*mercy*)에 의해서 부드럽게 되자 비로소 절도의 수가 감소했다.

물리력이 초래한 손해에 대한 가장 강력한 증거는, 물리력으로 개혁을 도모하는 습관이 확립되자마자 민중이 나태해지는 일이 많고 활기를 잃게 되었다는 사실에서, 그리고 물리력을 사용하는 나태하고 야만적인 치유책이 만사에 적용되자 민중은 자신들의 귀중한 자질들 중 두 가지, 즉 인내와 불굴의 정신을 잃어버렸다는 사실에서 발견된다. 우리는 아마 다음과 같은 망상, 즉 물리력의 사용을 통해서 평화를 확보할 수 있을 것이라는 망상에 빠질 수도 있다. 하지만 물리력의 사용으로부터는 대체로 사악한 결과만이 도출되어 왔음을 증명하는 수많은 사례가 존재한다.

물리력인가 규제인가(G.), 〈나바지반〉, 1924. 7. 13 ; 《전집》 28 : 157

191) 불가피한 힘사

캘커타, Russa Road, 148, 1925. 8. 1

사랑하는 친구에게,
당신의 편지를 받았습니다. 사나운 짐승들이 자주 출몰하는 땅을 소유한 사람은 짐승들에게 총질을 해도 그 행위를 변명할 수 있을 것입니다. 그것은 불가피한 힘사의 영역에 속합니다. 그것은 필요하다는 이유로 정당화될 것입니다. 하지만 만일 어떤 사람이 아힘사에 대해서 완전히 터득한다면 그는 사나운 짐승들이 자신의 땅을 짓밟도록 내버려 두거나, 스스로 그 짐승들에 의해서 죽임을 당하도록 내버려 둘 수도 있다는 점에 대해서 아무 의심이 없습니다. 아힘사는 누구에게나 기계적인 문제가 아니라 인격적인 문제입니다. 더구나 세상 전체를 상대로 하여 재산을 소유하는 일은 아힘사와 일관된 것이 아닙니다. 비폭력의 원리를 끝까지 추종하는 사람은 이 세상에 자신의 것이라고 부를 수 있는 것은 아무것도 갖지 않습니다. 그는 자신을 전체와 일치시켜야 하는데, 이 전체에는 뱀·전갈·호랑이·늑대 등이 포함됩니다. 사나운 짐승들도 인정했던 순진무구, 그런 자질을 보였던 사람들의 사례가 기록되어 있습니다. 우리 모두는 그런 경지에 도달하도록 분투해야 할 것입니다.

동일한 말이 당신의 두 번째 질문에 대해서도 적용됩니다. 병균과 벌레를 죽이는 것은 힘사입니다. 하지만 우리가 채소를 먹음으로써 힘사를 범하더라도(채소도 생명이므로) 그 일을 불가피하다고 간주하듯이, 우리는 병균도 생명으로 간주해야 합니다. 당신은 필요라는 교리를 확장하게 되면 식인(食人)도 정당화될 수 있다는 점을 인정할 것입니다. 아힘사를 믿는 사람은 다른 생명에게 상해를 입히는 일체의 행동을 조심스럽게 삼가야 합니다. 나의 논의는 아힘사를 믿는 자들에게만 적용됩니다. 내가 염두에 두고 있는 필요는 보편적인 것입니다. 따라서 일정 한계 이상으로 힘사[33]를 받아들이는 것은 허용될 수 없습니다. 그 때문에 경전들은 습속에 대해서 특별한 경우에만 힘사를 허락합니다. 힘사의 허용과 힘사의 제한 규정의 완화, 이 둘을 가능한 한 최소화하는 것은 합법일 뿐만 아니라 의무이기도 합니다. 그 한계를 넘어가는 것은 불법입니다.

귀하의 신실한 친구

M. K. 간디

친구에게 보낸 편지, SN 10595 ; 《전집》 32 : 152

192) 생명의 파괴

알모라 출신의 어떤 산야시가 다음과 같이 쓰고 있다.

> 당신은 지난 4월 14일자 〈영 인디아〉지에서 어떤 투고자에게 대답하면서, 뱀이 당신을 공격하더라도 당신은 그 뱀을 죽이기를 원치 않

33 〔역주〕 텍스트와 《전집》에 ahimsa로 되어 있으나, himsa로 해야 문맥이 통한다.

을 것이라고 말했습니다. 내 생각에 이것은 적절하지 않습니다. 첫째, 그 행위로 당신은 자신을 죽일 수도 있고, 두 번째로 맹독성을 지닌 뱀을 자유롭게 내버려 둠으로써 당신은 다른 사람을 해치는 일에 일조할 수 있기 때문입니다. 다른 예를 들어 보겠습니다. 어떤 집의 소유주가 자신의 집에 들어온 뱀을 죽이지 않고 집에서 내쫓는다면, 그것은 분명 다른 집으로 들어가 거주자들에게 상처를 입힐 수 있습니다. 치명적일 수도 있는 상처, 내버려 둔 뱀이 물어 생긴 상처에 대한 책임은, 연민에 대한 잘못된 생각으로 그 뱀을 가게 내버려 둔 그 사람의 머리에 떨어질 것입니다. 사람을 해치거나 질병을 퍼뜨릴 수 있는 다른 파충류, 짐승 그리고 벌레들이 많이 존재합니다. 만일 이들에 대한 살생을 힘사로 간주하더라도, 그것은 이런 피조물들이 자행하는 살생보다는 무한히 적을 것입니다. 사람이 자신을 위해서 다른 생명을 죽인다면 그것은 힘사라고 하지만, 다른 많은 귀중한 생명을 구하기 위해서 부득이 범하는 살생은 힘사라고 부를 수 없도록 합시다. 결국 한 행위의 성격은 그것을 일으키는 동기에 의해서 결정됩니다. 그리고 파괴의 동기가 상위의 선이라면, 그러한 파괴는 의무가 될지언정 힘사가 아닐 것입니다. 나는 당신이 이런 논거에 대한 답변을 〈영 인디아〉지에 해 주시길 바랍니다.

위의 산야시의 논거는 아주 해묵은 것이다. 그 논거 안에 상당한 힘이 있다는 것은 의심할 여지가 없다. 그렇지 않았다면, 고대로부터 이렇게 파괴가 지속되지는 않았을 것이다. 제멋대로 사악한 사람은 소수이다. 역사의 기록에 남아 있는 가장 극악무도하고 가장 잔인했던 범죄는 종교의 미명 아래 또는 이와 유사하게 고상한 동기 아래에서 자행되었다. 하지만 내 생각으로 최고의 명령으로, 즉 종교의 명령으로 자행된 파괴에 대해서는 우리 역시 나을 것이 없다. 이런저런 형식의 파괴가 불가피한 것은 분명하다. 생명은 생명을 먹고 살아간다. 따라서 현자에 따르면 최고의 지복은 생명이 썩지 않을 경지에 도달해야 얻어질 수 있다. 생명의 유지를 위해서도 다른 생명의 파괴는 필수적이다. 그리고 육신 안에 있으면서도 그런 경지에 도달하기를 바라는 일은 식물의 생명을 먹을 때에 야기되는 것과 같이 최소한의 파괴에 자신을 한정하는 사람에게만 가능한 일이다. 그가 의식적으로 의도적으로 다른 생명의 파괴 위에서 살아가야 할 필요성으로부터 자신을 해방하는 정도만큼, 그는 진리와 신에게 가까이 다가가게 된다. 매력이 없는 것처럼 보이는 생명을 모든 사람들이 수용하지는 않을 것이라는 사실이, 내 논거의 타당성에 영향을 미치지는 못한다. 최고의 무사(無私)와 연민의 삶을 살아가는 자, 그리고 살아 있는 가장 비천한 생명체를 위해서 살아가는 자는, 우리로 하여금 신의 힘을 이해할 수 있게 해 주고, 인류를 고양시키는 누룩의 역할을 하며 인류의 목표로 향하는 길을 밝혀 준다.

우리가 창조할 수 없는 생명이라면 그 어떤 것도 우리가 파괴할 권리는 없다. 신이 어떤 생명을, 사람의 쾌락을 위해서건 육신을 유지하기 위해서건 사람에 의해서 파괴될 목적을 위해서만 창조하셨다고 우리가 생각하는 것은 나에게는 무신론적으로 보인다. 우리 스스로 육신이 어느 순간에는 죽도록 운명지어졌다는 것을 알고 있으면서 말이다. 우리는 수없이 많은 이른바 유해한 피조물이 자연의 경제(*the economy of Nature*) 안에서 어떤 역할을 담당하고 있는지를 모른다. 우리는 파괴를 통해서는 자연의 법칙을 결코 알 수 없을 것이다. 자신들의 사랑을 사람의 경계를 넘어서 펼치고, 흉포한 짐승들 사이에서도 아주 안전하게 살았던 사람들에 대한 기록을 우리는 갖고 있다. 만일 사람이 자신들이 갖고 있는 일체의 공포를 털어 버리고 친구로서 접근하면, 호랑이, 사자, 그리고 뱀이 사람을 해치지 않을 정도로 모든 생명 사이에서는 친연성(*affinity*)이 있는 것으로 보인다.

내가 만일 독이 있는 것으로 알려진 뱀을 죽이지 않는다면, 많은 남녀의 죽음을 초래할 것이라는 논법은 기만적이다. 온갖 독성 있는 피조물을 찾아서 모조리 박멸하는 일이 나의 의무는 결코 아니다. 그리고 만일 내가 뱀을 죽이지 않는다면 그것이 반드시 다음 과객(過客)을 물고 말 것이라는 논의도 당연지사로 인정할 필요가 없다. 나는 뱀과 이웃 사이에서 재판관 노릇을 할 수는 없다. 내가 만일 그들이 나에게 해 주었으면 하는 것을 그들에게 행한다면, 내가 자신보다 그들을 더 큰 위험에 노출시키지 않는다면, 그리고 그들을 희생한 대가로 내 입장을 어떤 방식으로든 향상시키지 않는다면, 나는 이웃에 대해서 의무를 충실히 행한 것이다. 그래서 흔히 그러하듯이 나는 그 뱀을 이웃이 사는 구역에 내버려 두지 않을 것이다. 내가 할 수 있는 최선의 일은, 뱀을 가능한 한 안전한 곳에 둔 다음, 인근에 그것이 출몰했으나 내가 그것을 처리했다는 것을 이웃에게 경고하는 일이다. 나는 이것이 나의 이웃에게 위로나 보호가 전혀 되지 못한다는 점을 안다. 하지만 우리는 죽음 속에 살고 있고, 진리를 향하여 우리의 길을 더듬어 가려 하고 있다. 인생 매 지점마다 위험으로 가득 차 있는 것이 오히려 더 나을지 모른다. 왜냐하면 위험에 대한 지식과 우리의 위태로운 존재에 대한 지식에도 불구하고, 모든 생명의 근원(*the Source*)에 대한 무관심을 능가하는 것은 우리의 놀라운 오만함뿐이기 때문이다.

나는 그 산야시에게 준 답변으로 만족할 수 없다. 힌디어로 쓴 그의 편지는 투고자 자신이 동료 구도자라는 점을 보여주고 있다. 그래서 나는 그의 질의에 공개적으로 대답해야 한다는 소명을 느꼈을 따름이다. 나는 난처한 입장에 처해 있다. 나의 지성은 일체의 생명에 대한 어떤 형태의 파괴에도 저항한다. 하지만 나의 심정은 우리의 경험이 파괴적 피조물이라고 보여준 저 피조물과 친구가 될 정도로 강하지 못하다. 실제 경험에서 오는 설득력과 자신감 있는 언어가 나에게는 없다. 그리고 내가 뱀과 호랑이 등을 무서워할 만큼 겁이 있는 한 그런 언어는 없을 것이다. 나는 한없이 주저하면서 대답을 시작했던 것이다. 그러나 내 자신의 카스트를 상실할까 봐 그리고 내 자신이 위험한 동물로 간주될까 봐 두려워하며 스스로 신념을 공표하지 않는다면 그것은 잘못일 거라고 나는 느꼈다. 나는 한때 남아프리카의 친구들에게 그렇게 간주된 적이 있었다. 우리는 모두 탁자 주위에 앉아 있었고, 내가 방금 논의했던 바로 그 주제에 대해서 토론이 시작되었다. 그들은 영국인 선교사 친구들이었다. 그들은 윤회전생, 소의 보호, 채식주의에 대한 내 견해에 대해서 개의치 않았다. 그들 모두가 그것들에 대해서 매우 무례했지만 말이다. 그런데 만일 신이 용기만 주신다면, 뱀을 죽이지 않으면 내가 죽을 것임을 분명히 안다고 해도 나는 뱀을 죽이지 않겠다고 말했을 때, 그들은 "아, 그렇다면 당신은 매우 위험한 사람이군요"라는 말과 함께 얼굴에 웃음을 억누르면서도 혐오감을 드러내고야 말았다.

해묵은 문제들, 〈영 인디아〉, 1927. 7. 7 ; 《전집》 39 : 181

193) 힘사 — 여러 모습과 힘사의 감소

(1) 살생이 아힘사가 되는 경우

성우(聖牛) 봉사회(*Goseva Sangha*)를 대신해서 자그마한 시범 낙농장과 제혁공장을 아슈람에 운영하려고 한번 시도해 보았다. 이와 관련된 아슈람 일은 매 걸음마다 미묘한 도덕적 딜레마에 직면하게 되었다. 그런데 이 딜레마는 아힘사라는 유일한 방법에 의해서만 진리를 추구한다는 아슈람 이상을 실현하려는 예민함이 없다면 일어나지도 않았을 것이다.

예를 들면 며칠 전 송아지 한 마리가 불구의 몸으로 고통스럽게 아슈람에 누워 있게 되었다. 가능한 온갖 치료와 간호가 주어졌다. 우리가 자문을 구했던 외과의는 더 이상 도와줄 길도 희망도 없다고 단언했다. 고통이 너무 지독해서 그 송아지는 몸통을 돌릴 때마다 커다란 고통을 겪어야 했다.

이 경우 나는 자애(*humanity*)[34]가 그 생명 자체를 죽임으로써 그 고뇌를 끝낼 것을 요구하고 있다고 느꼈다. 내가 운영위원회와 사전 논의를 해 보았는데, 대부분의 위원들이 내 의견에 동조했다. 그런 다음 이 사안이 전체 아슈람 앞에 제시되었다. 토론에서 훌륭한 이웃 한 분이, 고통을 종식시키기 위한 살생이라고 해도 살생에 대해서는 있는 힘을 다해서 반대했고, 저 죽어가는 동물을 간호하겠다고 제의했다. 간호는 아슈람의 몇몇 자매와 협력하여 파리를 쫓아 주고 먹이를 주는 일이었다. 그 친구의 반대 근거는, 우리가 창조하지 않은 생명 하나라도 우리가 앗아갈 권리가 없다는 것이었다. 그 논의는 나에게는 통하지 않았다. 만일 살생이 자기 이익에 의해서 초래되었다면, 그 논거는 일리가 있는 것이었을 것이다. 마지막으로 한없는 겸손, 하지만 아주 분명한 확신을 가지고 내 면전에서 의사로 하여금 친절하게 독극물 주사로 송아지에게 최후의 일격을 가하게 했다. 일 전체는 불과 2분 안에 끝났다.

나는 특히 아메다바드의 여론이 나의 행위에 동의하지 않을 것이고 그 안에 힘사만을 읽어낸다는 것을 알고 있었다.

---

34 〔역주〕 'humanity'의 역어. 구자라트어 원본에는 'ahimsa'로 되어 있다. 《전집》 권 43, 57면.

그러나 나는 사람의 의무 수행이 여론(*public opinion*)에서 독립적이어야 한다는 점도 알고 있다. 나는 다른 사람들에게는 틀린 것으로 보이지만 자신에게는 옳은 것으로 보이는 것에 따라서 행동해야 한다고 쭉 생각해왔다. 그리고 경험은 그것이 유일하게 옳은 길임을 보여주고 있다. 나는 옳은 것을 잘못으로, 잘못을 옳은 것으로 오인할 가능성이 상존한다는 점을 인정한다. 하지만 사람은 종종 무의식적 과오에 의해서만 잘못을 인정하기를 배운다. 반면 여론이 두렵거나 혹은 그와 유사한 이유로 내면의 빛(*the light within*)을 따를 수 없게 되면, 그는 틀린 것에서 옳은 것을 결코 구별할 수 없을 것이고, 양자 사이의 구분에 대한 일체의 감각을 상실하고 말 것이다. 그 때문에 시인은 다음과 같이 노래했다.

사랑의 길은 불의 시련이고
꽁무니 빼는 자는 그 길에서 물러나네.

아힘사 곧 사랑의 길은 우리가 종종 홀로 밟아가야 하는 길이다.

하지만 다음과 같은 질문이 나에게 온 것은 정말로 타당하다. 즉, 송아지와 관련해서 내가 선언했던 원리를 사람의 경우에도 적용할까? 그것이 내 자신의 경우에도 적용되기를 원하는가? 내 답변은 그렇다이다. 같은 법칙이 두 경우에 적용된다. '하나에게 하는 대로 만물에게'(*yatha pinde tatha brahmande*)라는 법칙은 예외가 없다. 만일 예외가 있다면 송아지를 죽이는 것은 잘못이고 폭력적이었다. 하지만 실제로 사랑하는 사람들이 고통 속에 앓고 있다면, 그들을 죽임으로써 그들의 고통을 감소시키지는 않는다. 통상 그들을 도와줄 수 있는 방도가 언제나 있고, 그들에게 스스로 생각하고 결정하는 능력이 있기 때문이다. 하지만 내가 아무 도움도 주지 못하는 회복 불가능한 친구가 끔찍한 고뇌의 심한 경련 속에서 의식 없이 누워 있다고 가정해 보자. 이 경우 죽음으로 그의 고통을 끊어 주더라도 거기에는 아무런 힘사도 없을 것이다.

외과의는 환자의 이익을 위해서 환자의 몸에 칼을 들이댈 때 힘사를 범하지 않고 지고의 순수한 아힘사를 실천하듯이, 어떤 긴급한 상황에서는 한 걸음 더 나아가 고통받는 자의 이익을 위해서 육신의 생명을 끊어 주는 것이 불가피하다는 점을 알 수 있다. 외과의는 환자의 생명을 구하기 위해서 수술을 하지만, 다른 경우 정반대의 행위를 행한다는 반론이 있을 수 있다. 하지만 깊이 분석해 보면 두 경우 모두 이루고자 하는 궁극적 목표는 동일하다는 점, 즉 고통에서 내면의 혼(*the soul within*)을 구원하는 일이라는 점을 알 수 있을 것이다. 한 경우에 당신은 육신으로부터 앓고 있는 부분을 끊어냄으로써 구원하는 것이고, 다른 경우에는 혼을 고문하는 도구가 되어 버린 육신을 혼으로부터 끊어냄으로써 혼을 구원하는 것이다. 두 경우 모두 목표로 세운 것은 고통으로부터 내면의 혼을 구원하는 일이다. 생명이 없는 육신은 즐거움과 고통 모두를 느낄 수 없기 때문이다. 죽이지 않는 것이 힘사라 할 수 있고 죽이는 것이 아힘사라고 할 수 있는 다른 상황들도 상정될 수 있다. 가령 내 딸이 — 그 딸의 소원을 그 순간에는 확인할 길이 전혀 없는데 — 욕을 당할 위험에 처해 있고, 그녀를 도와줄 수 있는 길이 전혀 없을 때, 내가 그녀의 생명을 끊고 격분한 깡패의 분노에 내 몸을 던지는 것이 가장 순수한 형태의 아힘사일 수 있다.

하지만 아힘사의 신봉자들이 안고 있는 문제는 그들이 불살생을 맹목적인 물신(*a blind fetish*)으로 만들어 버린 나머지, 진실한 아힘사가 우리 사이에 확산되는 길에 커다란 장애물을 만든 일에 있다. 아힘사에 대한 현재 유행하는 (내 생각으로는 잘못된) 견해는 우리의 양심을 마비시키고, 보다 교활한 유형의 일련의 힘사—즉 모진 말, 모진 판단, 악의, 분노, 모욕, 잔인성에 대한 탐닉 등등의 힘사—에 대해서 우리를 둔감하게 만들어 버렸다. 그와 같은 견해는 우리로 하여금 다음의 사실을 잊도록 만들었다. 즉 사람과 동물에 대해서 서서히 진행되는 고문, 이기적 탐욕으로 그들이 당하는 기아와 착취, 약자에 대한 방자(放恣)한 모욕과 억압, 그리고 약자 자신에 대한 자존심(*self-respect*)을 죽이는 일 등등, 우리 모두의 주변에서 목격하는 이와 같은 힘사 안에는, 자비심에서 행하는 간단한 살생보다 훨씬 많은 힘사가 있다는 사실을 잊도록 만들었다. 암리차르의 저 악명 높은 골목길에서 고문을 가한 자들이 벌레처럼 배로 기어가게 만들어 버린 사람들을 단번에 죽여 주는 일이 훨씬 인간적이었다는 점을 누가 일순이라도 의심할까?[35] 그 자신들은 오늘날 다르게 느낀다고, 또는 그들이 기어갔다고 해서 더 나빠진 것은 없다고 말함으로써 내 말을 반박하고 싶은 자가 있다면, 나는 주저 없이 그에게 아힘사의 기초조차 모른다고 말할 것이다. 인생을 살다 보면 목숨을 내걸고 대들어야 하는 일이 절체절명의 의무가 되는 경우가 있다. 사람의 살림살이 중 이와 같은 근본적 사실을 인정하지 않는 것은 아힘사의 기초에 대한 무지를 드러내는 일이다. 예를 들면, 진리의 신봉자는 거짓된 삶에서 자신을 구하도록 자신에게 죽음을 달라고 신에게 기도할 것이다. 이와 마찬가지로 아힘사의 신봉자는 원수에

---

35 〔역주〕 다이어 장군이 암리차르 대학살(1919. 4. 13) 이후 공표했던 모욕적인 명령에 따르면, 선교사이자 교사인 셔우드 양이 공격을 당한 골목길을 통과하는 인도인들은 기어가야 했다. 기어가지 않는 인도인들은 매질을 당했다. 요게시 차다, 정영목 역, 《마하트마 간디》, 430면 이하 참조.

게 자신을 능욕하거나 자신에게 비인간적인 일을 시키기보다는 자신을 죽여 달라고 그에게 무릎 꿇어 간청할 것이다. 시인은 그래서 이렇게 노래했다.

주님의 길은 영웅을 위한 것이지
겁쟁이를 위한 길이 아니다

아힘사의 본성과 범위에 대한 이런 근본적 오해와, 상대적 가치들에 대한 이런 혼란 때문에 단순한 불살생이 아힘사로 오해되고, 끔찍할 정도의 힘사가 우리나라에서 아힘사라는 이름으로 자행되고 있다. 이른바 아힘사의 신봉자들이 죽어가는 동물의 고통을 줄이기 위해서 그것을 죽인다는 생각 자체에서 느끼는 성자연하는 공포와, 말 못하는 가축 세계에 가해지는 수많은 잔혹한 행위에 대한 극도의 무감각과 무관심을 비교해 보아라. 그렇게 되면 그는 아힘사의 땅에서 살아가는지 아니면 의식적 또는 무의식적 위선의 땅에서 살아가는지를 의심하기 시작할 것이다.

이런 개탄스런 사태에 책임져야 할 것은 우리의 영적 나태와 도덕적 용기의 결여, 즉 대담하게 생각하고 사태를 정면에서 바라볼 수 있는 용기의 결여이다. 동물 우리와 축사를 보라. 이것들 중 대다수가 오늘날 고문의 소굴인데, 우리는 이 소굴에 양심의 비위를 맞추기 위해서 불운하고 불쌍한 가축을 맡기고 있다. 만일 그것들이 말할 수 있다면, 우리에게 항거하며 다음과 같이 외칠 것이다. "우리를 이렇게 천천히 고문하는 대신 차라리 죽여 주시오." 나는 그들의 눈에서 이런 침묵의 간청을 종종 듣곤 했다.

결론적으로 말하자면, 분노나 이기적 의도에서 생명체에게 고통을 주거나 저주하거나 생명을 빼앗는 일은 힘사이다. 반면 고요하고 명석한 판단 이후, 순수하고 사심 없는 의도에서 영적 이익이나 신체적 이익을 줄 목적으로 생명체를 죽이거나 고통을 가하는 것은 가장 순수한 형태의 아힘사일 것이다. 그와 같은 경우는 개별적으로 사안 자체에 따라서 판단해야 한다. 폭력인가 비폭력인가에 대한 최종 판단은 행위 배후에 있는 의도에 달려 있다.

(2) 살생이 힘사인 경우

나는 이제 아슈람이 오늘날 직면한 또 다른 시급한 문제로 간다. 골칫거리 원숭이 문제는 이제 매우 첨예해졌고 시급한 해결책이 정말로 필요해졌다. 성장하는 채소와 과일나무가 이 특권 집단의 특별한 관심 대상이었는데, 이제 완전히 파멸당할 위기에 몰렸다. 모든 노력에도 불구하고 우리는 그 사악에 대해서 효과적이면서도 동시에 흠결 없는 대책을 여태 발견할 수가 없었다.

이 문제는 일부 사람들 사이에서는 뜨거운 논쟁거리가 되었고, 나는 이 주제에 대해서 성난 편지 몇 통을 받았다. 투고자들 중의 한 사람은, '아슈람에서 화살을 이용해서 원숭이를 죽이고 부상을 입히는 일'에 대해서 항의했다. 나는 투고자가 상상했듯이 여태까지 아슈람에서는 원숭이 한 마리 죽인 일도 없고, '화살'이나 다른 방법에 의해서 부상당한 원숭이가 한 마리도 없다는 점에 대해서 독자에게 서둘러 안심시켜 드리고 싶다. 분명 그들을 쫓아내려고 여러 번 시도해 보았고, 그럴 목적으로 위해가 없는 화살이 사용되기도 했다.

불가피한 경우에는 원숭이들을 죽일 수밖에 없겠다는 생각을 진지하게 하기도 했지만, 원숭이들을 놀라게 해서 쫓아 버릴 목적으로 원숭이들에게 상처를 입힌다는 생각은 나에게는 참을 수 없는 것이었다. 그러나 이 문제는 앞의 문제에 비해서 간단하지도 쉬운 문제도 아니다.

나는 원숭이를 쫓아내는 일 자체도 아힘사의 명백한 위반이라고 본다. 이 위반은 원숭이를 죽여야 할 경우 그에 비례해서 더욱더 심각해질 것이다. 자기 이익의 관점에서 행해진 상해의 행위는 그것이 죽임을 가져오든 말든 분명 힘사이기 때문이다.

육신 속의 모든 생명은 일정 정도의 힘사에 의해서 존재한다. 따라서 최고의 종교가 아힘사라는 부정어로 정의되어 왔다. 세상은 파괴의 사슬에 묶여 있다. 다른 말로 하면 힘사는 육신 속의 생명에 내재적인 필수이다. 바로 그 때문에 아힘사의 신봉자는 육신의 속박으로부터 궁극적인 구원을 위해서 늘 기도(祈禱)한다.

그래서 육신 속에 있는 한 어느 누구도 살려는 의지를 완전히 포기할 수 없으므로 힘사로부터 전적으로 자유로울 수는 없다. 만일 영혼이 협력하기를 거부한다면 단순히 육신만을 강제한다고 해도 무슨 소용이 있겠는가? 당신은 단식으로 굶어 죽을 수도 있을 것이다. 하지만 그와 동시에 마음이 감각의 대상에 대해서 계속 연연해한다면, 당신의 단식은 거짓이며 미망이다. 그렇다면 가련하고 불쌍한 노예는 삶의 의지에 대해서 무엇을 해야 하는가? 그가 범할 수밖에 없는 힘사의 정확한 성격과 범위를 어떻게 정해야 하는가? 사회는 물론 일정한 기준을 제시해 두고 있어서 스스로 괴로워하는 일로부터 어느 정도로는 개인을 면제해 주고 있다. 하지만 모든 진리추구자는 자신의 개인적 필요에 따라서 그 기준을 조정하고 변경해야 할 것이고, 힘사의 범위를 줄이기 위해서 부단한 노력을 기울여야 할 것이다. 그러나 농부는 자신의 고되고 위태로운 생존의 부담에 지나치게 골몰하느라 이런 문제들을 스스로 풀어낼 시간도 에너지도 없고, 교육받은 계층은 그 농부를 도와주지 않고 냉대하고 말았다. 나 자신이 농부가 되었지만 내가 가야 할 분명한 길이 없다. 따라서 나 자신을 위해서 그리고 가능하다면 동료 농부들을 위해서 길을 그려내야 한다. 그리고 골칫거리 원숭이는 농부를 정면으로 노려보는 다수의 까다로운 문제들 중의 하나이므로, 나는 농부의 수확물이 최소한의 힘사를 통해서 골칫거리 원숭이로부터 보호받을 수 있는 방법을 강구해야 한다.

구자라트 지방의 농부들이 특별 감시꾼을 고용했더니 이들의 출현이 원숭이를 쫓아 버렸고 농부들은 원숭이를 죽일 필요성에서 해방되었다는 말을 들었다. 그럴 수 있을 것이다. 하지만 이런 방법은 효과가 있다고 해도 언젠가는 일정한 정도의 파괴에 분명히 의존하게 된다는 점을 망각해서는 안 된다. 우리의 사촌인 원숭이들은 교활하고 영리한 것들이기 때문이다. 그것들은 자신들에게 진짜 위험이 없다는 것을 알자마자, 총을 쏘아도 놀라지 않을 것이고, 총이 발포되는 순간에는 뜻 모를 소리를 지껄이고 더 크게 고함칠 것이다. 그러므로 아슈람이 이 골칫거리를 다루면서 고려하지 않았거나 시도하지 않았던 방도는 하나도 없다는 점을 알아야 한다. 하지만 내가 여태까지 알아왔던 어떤 방법도 힘사로부터 자유롭지 못하다. 그래서 이런 문제를 대처함에 있어서 〈나바지반〉지 독자들의 제안이 실용적인 것이라면 무엇이든 환영하지만, 충고자가 되려는 사람들은 내가 위에서 말한 것을 염두에 두고, 스스로 성공적으로 시도했고, 최소한의 상해를 초래한 해결책만을 보내주길 바란다.

불의 시련(G.), 〈나바지반〉, 1928. 9. 30 ;
〈영 인디아〉, 1928. 10. 4 ; 《전집》 43 : 62

194) 힘사와 자기방어

사바르마티, 사탸그라하 아슈람, *1928. 10. 12*

사랑하는 친구에게,

편지를 보내줘서 감사합니다. 우리 두 사람은 동일한 사안을 정반대의 관점에서 바라보는 것이 명백합니다. 당신은 송아지 자신을 위해서 송아지를 죽이는 일이 그 이후에 잘못이라고 판명된다고 해도 힘사이지만, 자기방어로 생명을 죽이는 것은 힘사가 아니라고 생각하고 있습니다. 여기에서 우리가 서로 합의할 토대는 보이지 않습니다. 나는 뱀을 죽이는 일조차 힘사로 간주합니다. 나는 뱀을 무서워하고 있으므로 뱀 죽이기를 피할 수 없다고 해도, 그 사실이 뱀을 박멸하는 행위를 작은 힘사로 만들지는 못합니다.

귀하의 신실한 친구

Sjt. Rup Narayan Shrivastava
C/o Sheth Jamnadas, M. L. A., Jubbalpur, C. p.

R. N. 슈리바스타바에게 보낸 편지, SN 13551 ; 《전집》 43 : 111

195) 힘사와 아힘사

우체국의 재정 상태를 열심히 향상시킬 요량인지 모르지만 열렬한 아힘사 주창자들이 욕설로 가득한 편지 세례를 나에게 퍼붓고 있으며, 아힘사의 이름으로 힘사를 실행하고 있다. 만일 그들이 송아지 논란을 무한정 끌고 갈 수 있었다면 끌고 갔을 것이다. 그들 중 일부는 내 나이 예순이 되자 지성이 허물어져 간다는 점을 친절하게끔 시사하기도 했다. 또 다른 몇 사람은 내가 사순 병원[36]에 입원했을 때 의사들이 가망이 없다는 진단을 내리고 나에게 독극물을 주사함으로

36 여기에서 간디는 1924년 1월 맹장염으로 수술을 받았다.

써 내 죄 많은 인생을 중단시키지 않았다는 점에 대해서 유감을 표하기도 했다. 그랬다면 아슈람의 불쌍한 송아지가 독극물 주사를 피할 수 있었을 것이고, 원숭이 종족은 박멸의 위협으로부터 구원받았을 것이라고 덧붙이면서 말이다. 이런 것들이 내가 매일 받아 선반을 가득 채우게 된 '연서'(戀書)들이 갖고 있는 몇몇 특징적 사례이다. 내가 이런 편지들을 많이 받으면 받을수록, 이 난처한 문제를 〈나바지반〉지 지면을 통해서 표출하기로 한 결정이 옳았음을 더욱더 확신하게 된다. 그들은 공개적으로 보기 흉한 화풀이를 한 셈인데, 그런 행위가 아힘사의 신봉자나 주창자가 되기에는 부적격함을 증명하고 있다는 생각, 그리고 아힘사를 뿌리째 뒤흔들고 있다는 생각이 이 선량한 사람들에게 결코 떠오르지 않았던 것으로 보인다.

이제 나는 이런 심한 질책을 그만두고 내가 받았던 성격이 다른 한 편지묶음 중 한 통에 주목하여 다음 일절을 인용해 본다.

> '송아지 사건'의 윤리에 대한 당신의 해명은 내 의심의 상당 부분을 해소했고 아힘사의 의미에 귀중한 빛을 던져 주었습니다. 하지만 그것은 불행하게도 새로운 난점을 일으킵니다. 가령 어떤 사람이 전체 민중을 억압하기 시작했고 그 억압을 중지시킬 다른 방도가 없다고 가정해 봅시다. 그렇다면 송아지 유추에서 진행한다면, 그를 죽임으로써 그의 존재를 사회로부터 없애 버리는 것이 아힘사의 행위가 아닐까요? 당신은 그런 행위를 불가피한 행위로 그래서 아힘사의 행위로 간주하지 않습니까? 송아지 살생에 대해서 논의하면서 당신은 심적(*mental*) 태도를 아힘사의 주요 기준으로 삼았습니다. 이런 원리에 따른다면 입증된 폭군을 모조리 잡아 없애는 것이 아힘사로 간주될 수 없을까요? 행위를 일으키는 동기가 최고의 동기이니까 말입니다. 당신은 농부의 농작물을 파괴하는 악성 동물을 박멸하는 것에 아무 힘사가 없다고 말했습니다. 그렇다면 파괴로,

그리고 그보다 더 나쁜 것으로 사회를 위협하는 악성 인간(*human pests*)을 죽이는 것이 왜 아힘사가 아닙니까?

분별 있는 독자라면 이 투고자가 내 논의의 요점을 전적으로 놓치고 있다는 점을 벌써 알아챘을 것이다. 아힘사에 대한 내 정의는 의미를 아무리 확장한다고 해도 문제가 된 투고자가 상정하고 있는 것과 같은 살인의 경우를 포함할 수는 없다. 나는 농부가 직업상 범할 수밖에 없는 불가피한 생명 파괴를 어디에서도 아힘사로 묘사하지는 않았다. 우리는 그와 같은 생명 파괴를 불가피한 것으로 간주하고 그것 자체를 묵인할 수도 있지만, 그것은 힘사라고 부를 수밖에 없다. 농부가 갖고 있는 내심의 동기는 자신의 이익, 또는 사회의 이익을 촉진하는 것이다. 반면에 아힘사는 그와 같은 이익을 노리는 파괴를 배제한다. 하지만 송아지 죽이기는 그 말 못하는 동물 자신을 위해서 단행된 것이었다. 어찌했든 송아지의 선이 유일한 동기였다.

위의 투고자가 언급한 문제는 골칫거리 원숭이 문제와 비교될 수 있다는 점은 분명하다. 하지만 원숭이 골칫거리와 인간 골칫거리 사이에는 근본적 차이가 존재한다. 사회는 아직 원숭이의 심정 변화를 초래할 수 있는 어떤 방법도 알지 못한다. 그래서 그들을 죽이는 것이 용서받을 수도 있다고 하는 것이다. 하지만 교정(*reform*)이 불가능하다고 간주될 수 있는 악인(*evil-doer*) 혹은 폭군은 존재하지 않기 때문에 자기 이익을 위해서 살인하는 일은 아힘사의 구도 안에 어떤 자리도 차지할 수 없는 것이다.

이제 동기의 문제로 가 보자. 여기에서 심적 태도가 아힘사의 긴요한 검증 수단이긴 하지만, 유일한 검증 수단은 아니다. 자체의 이익을 위해서 죽이는 것이 아니라면 어떤 생명체라도 죽이는 일은, 동기가 아무리 고결하다고 해도 힘사이다. 사회가 두렵거나 혹은 기회가 없어서 자신의 악의를 행동으로 옮길 수 없지만 다른 사람에 대해서 악의를 품고 있는 자는 힘사에 있어서 살생보다 죄가 적은 것이 아니다. 어떤 특정한 절제(*abstention*) 행위가 아힘사로 분류될 수 있는지의 여부를 최종적으로 결정하기 위해서는 의도와 행위, 모두를 보아야 한다. 결국 의도는 일련의 관련 행위들로부터 추론되어야 한다.

난문 하나(G.), 〈나바지반〉, 1928. 10. 14 ;
〈영 인디아〉, 1928. 10. 18 ; 《전집》 43 : 123

196) 힘사, 죽이기 그리고 안락사

(1)

한 투고자가 다음과 같은 편지를 썼다.

> 나는 당신의 글 '불의 시련'을 여러 번 반복해서 읽었습니다만 만족할 수가 없었습니다. 원숭이 죽이기에 대한 당신의 제안은 나를 갑자기 당혹하게 만들었습니다. 나는 아힘사에 깊이 들어간 당신과 같은 사람이라면 하늘이 무너져도 올바른 길에서 절대로 탈선하지 않을 것이라고 믿었습니다. 그런데 당신은 이제 당신의 아슈람을 원숭이 습격으로부터 보호하기 위해서 원숭이를 모조리 잡아 없앨 수도 있다고 말하고 있습니다. 당신에 대한 내 첫인상이 잘못이었는지도 모르겠습니다만 원숭이 죽이기에 대한 당신의 제안이 내게 어떤 충격을 주었는지를 말로 형언할 수가 없습니다. 그리고 그 제안으로 내가 당신에 대해서 얼마나 화가 났는지를 고백하는 바입니다. 부디 나를 당혹에서 구원해 주십시오.

나는 동일한 성격의 편지를 몇 통 더 받았다. 민중이 나에 대해서 아주 과도한 평가를 내린 것 같아서 두렵다. 이 선량한 사람들은 내가 아힘사라는 이상을 분석하고 정의하려고 한다고 해서 내가 그 이상을 완전히 실현했음이 틀림없다고 생각하는 듯하다. 송아지와 원숭이에 대한 내 견해가 그들의 환상을 깬 것 같아서 다행이다. 나에게 진리는 순전히 부담일 뿐인 마하트마라는 칭호(*mahatmaship*)보다 무한히 더 귀중하다. '마하트마'라는 칭호의 압제에서 여태 나를 구원해온 것은 나의 한계와 나는 무(無)라는 깨달음이다. 나는 육신 속의 생명을 지속하려는 욕구가 부단한 힘사에 내 자신을 연루시키고 있다는 사실을 고통스럽게 자각하고 있다. 바로 그 때문에 나는 나의 이 육신에 대해서 점점 무관심해지고 있다. 예를 들면 나는 숨 쉬는 행위에서 내가 공기 중에 부유하는 보이지 않는 수많은 세균을 파괴하고 있다는 점을 알고 있다. 하지만 나는 숨쉬기를 중지하지 않는다. 채소를 소비하는 일에도 힘사가 들어 있지만 내가 그것을 포기할 수 없다는 점을 자각하고 있다. 다시 말해서, 살균제 사용에도 힘사가 있다. 하지만 나는 모기 등의 해충을 제거하는 데 필요한 등유와 같은 소독약의 사용을 그만둘 수 없다. 아슈람에서 뱀을 잡을 수 없거나 사람이 위해를 입지 않도록 할 수 없을 때, 나는 뱀 죽이기를 허락한다. 나는 아슈람에서 황소를 모는 데 막대기 사용조차 용인한다. 이런 식으로 내가 직간접으로 범하는 힘사에는 끝이 없다.

이제 나는 이 원숭이 문제에 직면하게 되었다. 내가 원숭이 죽이기라는 극단적인 조처를 급하게 취하지 않을 것이니 독자들은 안심하길 바란다. 사실상 내가 과연 그것들을 죽일 결심을 최종적으로 할 수 있을지 나도 확신할 수 없다. 친구들이 유용한 제안들로 나를 돕고 있는 실정이고, 그중 일부를 수용하게 되면 원숭이를 죽이지 않고도 난점을 당분간은 해결할 수 있을 것이다. 하지만 나는 원숭이들이 아슈람의 모든 작물을 파괴한다고 해도 그것들을 절대로 죽이지 않을 것이라는 약속을 오늘 할 수 없다. 내 자신의 겸허한 이 고백의 결과로 친구들이 나를 더 이상 가망 없는 사람으로 포기하더라도, 유감스럽지만 그 어떤 것도 아힘사의 실천에서 내 불완전함을 숨기도록 유도하지는 못할 것이다. 내가 주장하는 모든 것은 아힘사와 같은 위대한 이상의 의미를 이해하기 위해서, 그것을 신·구·의 세 방면에서 실천하기 위해서 부단히 노력하고 있다는 점, 그리고 내가 생각하기에 일정한 정도의 성공이 없지 않다는 점이다. 하지만 나는 이런 방향으로 가야 할 길이 멀고멀다는 점을 알고 있다. 그러므로 위의 투고자가 내 불완전함을 견딜 수 없게 된다고 해도, 작은 위로 이외에 줄 것이 없다는 점에 대해서 유감으로 생각한다.

(2)
또 다른 투고자는 다음과 같이 쓰고 있다.

> 저의 형이 끔찍하고 고통스런 질병을 앓고 있고, 의사들은 그의 생명에 대해서 단념했고 저도 그렇게 느낀다고 합시다. 이 경우 제가 그의 목숨을 끊어야 합니까?

나의 대답은 부정적이다. 투고자들 중 일부는 나의 글을 이해하기 위해서 아무 수고도 기울이지 않았던 것 같다. 병을 앓고 있는 사람의 경우를, 병을 앓고 있는 송아지의 경우와 비교하여 정확하게 같은 경우에 그를 죽여도 된다고 내가 추천한 것은 분명하다. 하지만 그들은 난문을 제기함에 있어서 실제 행동에서는 그런 완전한 유비를 찾는 일이 거의 어렵다는 점을 망각하고 있다. 첫째, 인간의 몸은 체구에 있어서 다루기가 수월하므로 조절하고 돌보기가 언제나 쉽다. 둘째, 말할 수 있는 힘을 부여받은 인간이 대개 자신의 소망을 표현할 수 있는 위치에 있고, 그의 동의 없이 목숨을 빼앗는 문제가 규칙 안에 들어올 수가 없다. 아힘사의 원리를 위반하지 않고도 타인의 생명을 그의 의사에 반하여 빼앗을 수 있다는 점을 나는 결코 시사한 적이 없다. 다시 말해서, 우리는 사람이 혼수상태에 빠진다고 해도 그 사람의 생명을 항상 단념하는 것은 아니다. 그리고 그에게 가망이 없다고 해도 그를 도울 길이 완전히 끊어진 것은 아니다. 인간 환자에게 마지막까지 봉사하는 것이 가능하기도 하거니와 행동으로 옮길 수 있는 경우가 자주 있다. 그래서 송아지에 관해서 선언했던 원리가 인간과 조수(鳥獸)에게 동등하게 적용된다는 입장을 여전히 견지한다고 해도, 나는 지성이 있는 사람이라면 인간과 동물 사이의 명백한 자연적 차이를 알기를 기대하는 바이다. 아힘사의 입장에서 생명을 빼앗기를 보증해 주자면 아래 모든 조건을 충족시켜야 하는데 요약하면 다음과 같다.

1 환자가 앓고 있는 질병이 불치의 병일 것.
2 관련 당사자 모두가 환자의 생명에 대해서 단념한 경우일 것.
3 일체의 조력이나 봉사가 소용이 없는 경우일 것.
4 문제가 된 환자가 자신의 소원을 표현할 수 없는 경우일 것.

이와 같은 조건들 가운데 단 하나라도 충족되지 못하면, 아힘사의 관점에서 생명 빼앗기는 정당화될 수 없다.

(3)
세 번째 투고자는 다음과 같이 말하고 있다.

> 자, 송아지 살해는 지금까지는 괜찮습니다. 하지만 당신의 사례가 동물 희생제사(*animal sacrifices*)에 탐닉하는 자들에게 구실을 제공하여 그것을 더욱 조장할 가능성이 높아진다는 점을 고려해 보았습니까? 이런 행동을 자행하는 자들이 희생제물로 바쳐진 동물들이 내세에는 복 받을 것이라고 논하고 있다는 것을 당신은 모르십니까?

나의 행위를 그렇게 오용할 가능성은 대단히 높다. 하지만 이 세상에 위선과 무지가 존재하는 한 그런 오용은 불가피할 것이다. 이 세상에 종교라는 거룩한 이름 아래 자행되지 않았던 죄악이 있던가? 그래서 자신의 행위가 다른 사람들에 의해서 오해되거나 잘못 해석될 수도 있다는 이유로 옳다고 간주하는 것을 단념할 필요는 없다. 동물을 희생제사에 바치는 자들에 대해서 한마디 하려고 한다. 그들은 경전의 권위 위에 자신의 입장을 세운다고 고백하고 있으므로, 자신들의 행위를 옹호하기 위해서 내 사례의 권위를 필요로 하지 않는다. 하지만 나의 두려움은 어떤 사람들이 내가 든 유추에서 출발하여 그들이 적수로 여기는 사람들을 당장 죽이려고 실제로 계획할 수 있다는 데 있다. 이들을 죽이는 일이 사회의 이익에 그리고 해당 '적수들'의 이익에 보탬이 될 것이라는 구실하에서 말이다. 나는 실제로 사람들이 이런 논의를 펴는 것을 종종 들었다. 하지만 아힘사에 대한 나의 해석이 그런 논의를 위한 어떤 토대도 제공하지 않는다는 것을 아는 것만으로도 내 목적을 충족시키기에 충분하다. 왜냐하면 송아지를 죽이는 경우에는 관련된 희생자의 소망을 들어준다거나 그 소망을 예상한다는 문제가 없기 때문이다. 문제가 되는 동물이나 적의 이익을 위해서 즉결 처분하는 일이 인정된다고 해도 그 행위는 여전히 힘사로 불릴 것이다. 그것이 내 이익과 전적으로 무관한 것이 아니기 때문이다. 오류는 매우 명백하다. 하지만 눈 뜨고도 보지 않으려 하고 자기 자신을 속이려고 각오한 사람들을 누가 도울 수 있을까?

아힘사에 대해서 다시 한 번 생각해 본다(G.),
〈나바지반〉, 1928. 10. 28 ; 〈영 인디아〉, 1028. 11. 1 ; 《전집》 43 : 191

197) 힘사의 한계

송아지 사건에 관련된 편지들이 여전히 쇄도하고 있다. 하지만 나는 하고 싶은 말을 이미 다했다. 답장이 필요한 편지에 대해서는 이미 답했다. 그런데 서너 명의 투고자들이 제기한 몇몇 어려운 질문은 다뤄야 할 필요를 느낀다. 그렇게 하지 않는다면 내 행동이 정당화할 수 없는 결과를 낳을 수도 있다.

(1)
여러 투고자 중 한 사람은 이렇게 적고 있다.

> 내 아이는 생후 4개월입니다. 그 애가 생후 2주 만에 병이 들었는데 그 병에 끝이 없어 보입니다. 여러 바이드야(*vaidya*: 인도 전통의 의사)와 의사들이 그 애에게 재주를 부려 보았습니다만 허사였습니다. 그들 중 몇몇은 이제 그 애에게 약을 주는 일조차 거부합니다. 그들도 저도 저 불쌍한 것의 운명이 다됐다고 느낍니다. 저는 돌봐야 할 대가족이 있고, 빚이 자꾸만 늘어나자 비참한 궁핍에 몰리고 있다고 느낍니다. 아기의 끔찍한 고통을 더 이상 지켜볼 수도 없습니다. 이런 처지에서 제가 무엇을 해야 할지를 제발 말씀 좀 해주십시오.

이 친구는 〈나바지반〉지를 조심스럽게 읽지 않았다는 것이 분명하다. 읽었다면 이런 질문을 하지 않았을 것이다. 이 세상의 모든 의사가 그 아이가 가망이 없다고 선언한다고 해도, 아이의 생명을 빼앗는 일은 온당치 못하다. 아버지가 애를 돌보는 것은 늘 가능하기 때문이다. 아이의 몸집이 송아지의 몸집과는 달라서 다룰 수 있고, 아버지는 갖가지 방식으로 애를 달랠 수도 있다. 아무리 작은 봉사라 해도 가능한 모든 봉사의 길이 끊겼을 경우, 환자 생존에 대한 희망의 최후의 빛이 사라졌을 경우, 그리고 사람이 이기적 감정(*selfish feeling*)의 오염으로부터 철저하게 자유로울 경우, 그럴 경우에만 애의 고통에 종지부를 찍는 일이 정당화될 수 있다. 현재의 경우 앓고 있는 아기에 대한 봉사가 가능하다. 뿐만 아니라 아버지 자신이 인정했듯이 그에게 중요한 핵심 고려 사항은 애를 돌보는 것과 연루된 개인적 불편이다. 가족의 크기 혹은 금전적 어려움은 앓고 있는 환자의 목숨을 끝내는 일을 정당화하는 이유가 결코 될 수 없다. 그리고 현재의 경우 고통받고 있는 그 애에게 온갖 사랑과 보살핌을 쏟아붓는 것이 아버지가 반드시 완수해야 할 의무라는 점에 대해서 나는 추호의 의심도 없다. 그런데 그가 할 수 있는 일이 한 가지 더 있다. 만일 그가 내다볼 줄 아는 감각이 있다면 그는 즉시 완벽한 자기규제의 삶을 살겠다는 결의를 해서, 지금 말하는 이 아기의 생존 여부와 관계없이 더 이상 출산을 그만두어야 한다.

(2)
다른 친구 한 사람이 힌디어 편지 속에서 다음과 같이 적고 있다.

> 저는 고샬라(*goshala*: 牛舍)의 운영자입니다. 제가 돌보는 소의 수는 5백 마리 정도 됩니다. 그것들은 전혀 쓸모없이 그저 게걸스럽게 먹기만 합니다. 이들 중 평균 350마리에서 4백 마리의 가축은 항상 죽음 직전에 있습니다. 매년 차례차례 결국 죽을 운명에 처해 있습니다. 제가 어떻게 해야 할지 말씀해 주십시오.

내가 이미 설명한 대로, 경제적 편의를 고려하여 소를 쉽게 도륙하는 일은 비폭력에 절대로 어울리지 않는다. 그리고 만일 하루도 빠짐없이 아슈람의 송아지처럼 이런저런 동물이 고통스럽게 죽어간다면 이것은 고샬라를 당장 폐쇄해야 할 사례에 해당한다. 그 축사는 끔찍하게 잘못된 관리를 드러내고 있기 때문이다. 아슈람의 그 송아지는 사고의 결과로서 그와 같은 불쌍한 곤경에 빠지게 되었지만, 위에서 언급한 일상적 사례들은 잘 관리되는 기관에서는 사실상 일어나서는 안 되는 일이다. 현재의 경우 관리 의무는 명백하다. 병들고 아픈 소들을 돌보고 그 소들의 필요를 보살피는 가장 효과적인 방도를 고안하는 것이, 그들의 의무이고 동시에 그와 유사한 처지에 놓여 있는 기관을 조직하는 자들의 의무이다. 나는 본지에서 이상적인 동물수용소(*pinjrapole*)와 그 운영방식에 대해서 한 번 이상 설명한 적이 있는데, 그들이 그것을 상세히 연구하고 숙고하기를 권고한다.

(3)

칸비[37] 친구 한 사람이 아래와 같이 적고 있다.

> 우리 부락 인근에 소를 위한 초장이 있습니다. 그것이 총 5백 마리에서 7백 마리 정도의 사슴에 의해서 짓밟히고 말았습니다. 그것들이 우리의 목화 묘목을 다 뭉개고 말았습니다. 우리는 진퇴양난에 빠지고 말았습니다. 전문 야경꾼을 고용하게 되면 사슴들을 간단히 제거할 수 있습니다. 그들은 고기를 얻기 위해서 사슴을 죽일 것이기 때문입니다. 나와 같은 처지에 있는 사람에게 줄 당신의 충고는 무엇입니까? 다시 말하지만 해충들이 농작물을 공격해오면 그것들을 다루는 유일한 방법은 건초불을 지피는 일인데, 이것은 해충들에게 대학살을 의미합니다. 이런 상황에서 당신은 어떤 길을 제시하시겠습니까?

이 질문은 앞에 나온 두 질문과는 다른 종류의 것이다. 이것은 송아지 문제가 아니라 원숭이 문제 범주에 속한다. 나는 힘사의 길로 어느 누구도 인도할 수 없다. 실제 어느 누구도 다른 사람을 위해서 그가 범할 힘사의 한계를 정해 줄 수 없다. 이것은 아힘사를 위한 자신의 능력에 따라서 스스로 결정해야 할 문제이다. 나는 사슴 죽이기를 정당화하기 위해서 원숭이 유추를 사용하는 것은 나태한 사고와 분별력의 결여를 노출할 뿐이라는 점까지는 아무 주저 없이 말할 수 있다. 그 이유로는 두 경우가 매우 다르기 때문이다. 그 이외에도 나는 원숭이를 죽이기로 아직 결정하지 않았고, 내가 현재로서는 그렇게 할 가능성도 없어 보인다. 반대로 고통스럽지만 꼭 해야 할 필요가 있는 행위를 모면토록 나는 늘 염려해왔고 앞으로도 염려할

37 〔역주〕 카스트의 하나.

것이다. 더구나 원숭이와 같이 재빠른 놈들의 경우에는 적용할 수 없는 방법들이지만, 사슴을 경작지에 들어오지 못하게 하는 상당히 다양한 방법들이 존재한다. 농부라면 누구든 자신의 일상적 경험에서 사실로 알고 있는 것, 즉 농업에서는 작은 곤충과 벌레의 구제(驅除)가 불가피하다는 점 등이 사실이라고 반복하는 것 이외에, 나는 더 이상 할 말이 없다. 하지만 각자 능력껏 힘사를 범하기를 피하는 것이 우리 모두의 성스러운 의무라고 하는 일반론을 펴는 것으로 만족할 수밖에 없다.

(4)
또 다른 친구는 다음과 같이 쓰고 있다.

> 아힘사의 완벽한 준수가 육신의 생명과는 양립할 수 없다고, 즉 사람이 육신 안에서 살아가는 한 우리의 물리적 존재 과정 자체가 힘사와 연루되어 있으므로 모든 유형의 힘사를 전부 피할 수는 없다고 당신은 말했습니다. 그렇다면 아힘사가 어떻게 최고의 덕, 지고의 의무가 될 수 있습니까? 당신은 사람이라면 도저히 완벽하게 성취할 수 없는 행동규칙을 최고의 종교적 이념으로 제시하렵니까? 그리고 만일 당신이 그런 이념을 제시한다면 그 이념의 실용적 가치는 무엇입니까?

육신을 입은 사람이라면 종교적 이상을 완전히 실현할 수 없다는 것은 종교적 이상이 가진 덕 자체이다. 이런 것이 필자가 말하는 것과는 반대로 나의 소견이다. 종교적 이상은 반드시 신앙으로 증명되어야 한다. 만일 '썩어질 지상의 옷'으로 여전히 감싸져 있는 영혼이 완전함을 얻을 수 있다면, 신앙이 무슨 역할을 할 수 있을까?

영혼의 본성에 해당하는 무한한 확장을 위한 여지가 어디에 존재할까? 가멸자들이 만일 육신을 입은 채로 완전한 경지에 도달할 수 있다면, 모든 영적 진보의 토대인 저 이상을 향한 지속적인 분투나 부단한 추구가 들어설 여지가 어디에 있을까? 육신 안에서의 완전함(*perfection in the body*)이 그렇게 쉽사리 가능하다면, 우리가 해야 할 모든 일은 그저 틀에 박힌 모델을 추종하는 일뿐이다. 이와 유사하게 완벽한 행동규칙이 만인에게 가능하다면, 다양한 신앙과 종교들이 들어설 여지가 없을 것이다. 모두가 따라야 할 단 하나의 모범 종교가 있을 뿐이기 때문이다.

이상(理想)의 덕은 그 무한성에 있다. 비록 종교적 이상(*ideals*)이 본성상 불완전한 인간 존재에 의해서 얻어질 수 없는 것으로 남아 있어야 하고, 이상의 무한성 때문에 우리가 이상에 접근하게 되면 그것이 뒤로 더 멀리 물러나는 것처럼 보인다고 해도 여전히 우리의 수족보다 더 가까이 존재한다. 우리가 자신의 육체적 존재에 대해서 확신하는 것보다 이상의 실재와 이상의 진리에 대해서 더 강하게 확신하고 있기 때문이다. 자신의 이상에 대한 이런 신앙만 진실한 삶을 이루며, 사실상 그 신앙은 모든 사람들에게 있어서 그 사람의 전체를 이룬다.

자기 주변을 휩싸고 있는 힘사의 맹렬한 불길 안에서 아힘사의 법칙을 파악할 수 있는 자는 축복받은 자이다. 우리는 그런 사람 앞에서 공경의 뜻으로 경례한다. 그가 모범을 보이면 전 세계는 빛을 지게 된다. 그를 둘러싼 주변 환경이 불리하면 불리할수록, 그는 힘사의 도구인 육신의 속박으로부터 더욱 강렬하게 구원을 동경하게 되고, 그 동경은 그를 지복의 경지(*blessed state*)로 손짓하여 부른다. 어떤 시인은 그 경지에 대해서 다음과 같이 노래했다.

위대한 스승들마저 오직 황홀 속에서만 보았다네,
그들의 혀조차 선언할 수 없었던 경지를.

이 경지는 아힘사의 이상을 실현하려는 부단하게 능동적인 욕구가 삶의 의지를 완전히 정복한 경지이고, 육신에 대한 일체의 집착을 그만두어서 지상의 임시거처를 또 한 차례 가져야 할 필요성에서 해방된 경지이다. 그러나 사람이 완전한 경지에 도달하지 않는 한 그는 힘사의 대가를 계속 지불해야 한다. 힘사는 모든 육체적 존재에 달라붙어 있으면서, 자신의 몫을 요구할 것이기 때문이다.

아힘사에 대한 몇몇 난문(G.), 〈나바지반〉, 1928. 11. 4, 11. 18 ; 〈영 인디아〉, 1928. 11. 22 ; 《전집》 43 : 293

198) 폭력, 규제 그리고 저항 〔*1931. 12. 10* 또는 그 이후〕

질문 사람 속의 잔인성 혹은 사악함은 의지에서가 아니라 병적인 취미에서 일어납니다. 이들 반쯤 책임 있는 사람들로부터 사회를 지키자면 무저항(*non-resistance*)은 무엇을 해야 합니까?

답변 폭력을 사용할 필요가 전혀 없습니다만 그들을 규제할 필요는 있습니다. 나는 사회적인 물리력(*social force*)을 좀 사용할 것입니다만, 그것을 폭력이라고 부르지는 않을 것입니다. 내 형님이 미치광이가 된 적이 있었는데, 나는 그의 손 위에 무쇠를 놓았습니다.

폭력을 사용했다고 말하려면 동기를 확인할 수 있어야 합니다. 그도 폭력을 느끼지 않았을 것입니다. 그와 반대로 그는 정신이 돌아오자 그것에 대해서 나에게 감사를 표했습니다. 광기 속에 있을 때 그는 폭력을 느끼고 그것에 대해서 저항했을 것입니다. 내 행동이 순수한 사랑의 명령을 받은 것이기 때문에 그 저항에 대해서 나는 괘념치 않을 것입니다. 그 손을 묶는 내 행위 배후에는 사랑의 이기심조차 없습니다. 내가 그의 손을 묶은 것은 내가 상처받지 않도록 나를 보호하기 위한 것이 아닙니다. 내가 만일 그를 구하기 위해서 노력을 기울이는 동안 내 자신이 상처를 입을 수밖에 없다고 느꼈다면, 나는 상처를 입을 수밖에 없었을 것입니다. 동일한 방식으로 나는 이 반쯤 미친 사람들을 병자로서 대접하여 정신병동에 넣더라도, 무자비한 간수의 아래에 두는 것이 아니라 그들의 상태를 관찰했던 의료진의 아래에 두고, 친절한 간호사로 둘러싸이게 해야 할 것입니다. 그것이 그 체계를 다루는 유일한 방도입니다.

로맹 롤랑과의 대담, 《마하데브 데사이의 일기》
(필사본) ; 《전집》 54 : 160

199) 폭력과 비겁 *1932. 4. 18*

안녕,

만일 우리의 자매나 연약한 사람이 제3자의 공격을 받을 경우 우리 목숨을 바쳐서라도 그녀를 구하기를 노력해야 할 것이네. 사람이 남을 죽일 수 있다면 자기 자신의 목숨을 내놓을 수 있는 자도 있을 것이네. 하지만 만일 생명을 내놓을 힘이 우리에게 없다면, 우리는 폭력을 사용해서라도 도와야 하네. 그런 폭력은 비폭력으로 되는 것은 아니고, 악으로 남을 것이네. 하지만 비겁은 폭력보다 더 나쁘다네.

바푸로부터 축복을

편지(G.), CW 9037 ; 《전집》 55 : 293

200) 할 수만 있다면 적은 폭력을

1933. 4. 18

사랑하는 친구에게,

당신의 편지를 받았습니다. 당신이 제기하신 문제는 새로운 것이 아닙니다. 그리고 우리는 사방에서 죽음과 파괴에 의해서 포위되어 있으므로, 힘사라는 적극적 표현이 있는 것입니다. 하지만 인류가 알고 있는 모든 종교는 생명을 법칙으로 강조하고 있습니다. 하지만 규정된 행위는 부정적 단어, 즉 아힘사 또는 비폭력이란 말로 명명되었습니다. 아힘사는 육화된 생명(*bodied life*)에게는 도달해야 할 이상으로서만, 육체적 존재의 행위 안에는 실현될 수 없는 이상으로서만 존재할 수 있습니다. 그렇지만 만일 우리가 아힘사 법칙을 인정한다면 우리는 거기에 가능한 한 가까이 접근할 수 있게끔 우리 행위를 늘 조정할 것입니다. 그래서 우리는 인간으로서 가능한 범위 내에서 최소한의 폭력을 범하게 될 것입니다. 반면 만일 힘사가 우리의 존재 법칙이었다면, 우리는 자연스럽게 가능한 한 많은 파괴를 자행할 것이고, 그것을 즐겼을 것입니다. 하지만 우리는 폭력 행위를 즐기는 사람을 많이 보지 못하지만, 자신들이 범했던 폭력 행위에 대해서 사과하는 사람은 많이 봅니다. 폭력과 비폭력이라는 두 개의 법칙이 작용하고 있다고 말하는 것은, 두 개의 반대되는 법칙이 공존할 수 있다고 논하는 것과 같을 것입니다. 하지만 이런 것이 올바른 일이라고 할 수는 없습니다.

귀하의 신실한 친구

Sjt. Krishna Chandra Mukherji
Magura P. O. (Jessore)
Bengal

크리슈나 찬드라 무케르지에게 보낸 편지, SN 20982 ;《전집》60 : 478

3. 사랑과 자선

201) 사랑과 자기고통

S. S. 킬도난캐슬호, *1909. 11. 19*

아래 게재한 편지[38]는 〈자유 힌두스탄〉지 편집인의 편지에 대한 톨스토이의 답장으로 러시아어로 쓴 것을 그의 번역자가 번역한 것이다. 이 편지는 여러 손을 거치다가 한 친구를 통해서 마지막으로 내 수중에 들어왔는데, 그는 톨스토이 저작에 관심이 많았던 나에게 그것이 출판할 만한 가치가 있는지를 물어왔다. 나는 즉각 그렇다고 대답했고, 그것을 나 자신이 구자라트어로 번역할 것이고 인도의 여러 지방어로 번역 출판하도록 다른 사람들에게 권유할 것이라고 말했다.

내가 받았던 편지는 타자로 친 것이었다. 그것이 톨스토이에게 보내졌고 톨스토이는 자신의 글로 확인해 주면서 출판해도 좋다고 친절히 허락해 주었다.

톨스토이는 나의 위대한 스승으로서 나는 오랫동안 그분을 길잡이의 한 분으로 우러러보았다. 그분의 겸허한 추종자인 내가 특히 지금 세상에 주려고 하는 이 편지를 출판하는 일에 관계하는 것은 명예로운 일이다.

인도인 각자가 국민적 열망을 갖고 있다고 하는 것은 사실에 대한 단순한 확언이다. 물론 인도인 각자가 그 사실을 인정할 것인지의 여부는 각자의 문제지만 말이다. 하지만 그 열망의 정확한 의미에 대해서 그리고 보다 특별하게는 국민적 열망이라는 목적을 달성하기 위해서 사용돼야 할 수단에 대해서, 인도 내셔널리스트들의 숫자만

38 '어느 힌두교도에게 보내는 편지', 〈인디언 오피니언〉, 1909. 12. 25. 여기에 게재하지 않는다.

큼이나 많은 의견이 존재한다.

그러한 목적 달성을 위해서 용인되어온 방법, '유서 깊은' 방법의 하나가 폭력의 방법이다. 커전 와일리 경[39]의 암살은 그런 폭력의 방법이 보여준 것 중에서 최악의 모습, 그리고 가장 혐오스런 모습의 한 사례였다. 톨스토이는 폭정을 제거하는 일, 또는 개혁을 확보하는 일에 있어서 폭력의 방법 대신 악에 대한 무저항(*non-resistance*)의 방법을 사용하는 일에 자신의 일생을 바쳤다. 그는 폭력으로 표현된 증오를 자기고통(*self-suffering*)으로 표현되는 사랑으로 맞이했다. 그는 이 사랑이라는 위대하며 신성한 법칙을 깎아내릴 만한 어떤 예외도 인정하지 않았으며, 그 법칙을 인류가 걱정하는 모든 문제에 적용했다.

톨스토이는 서양에서 가장 분명한 사상가 중에 한 분이고 가장 위대한 작가의 한 분이며, 군인으로서 폭력이 무엇이고 무엇을 할 수 있는지를 알았던 분이었다. 그런 인물이 현대과학의 법칙 — 잘못 붙여진 이름이지만 — 을 맹목적으로 따라간다는 이유로 일본을 비난하고, 일본이 '최대의 재앙'에 빠질까 봐 두려워했다면, 우리는 영국 통치를 참지 못해서 하나의 악을 다른 악으로, 아니 더 악질적인 악으로 대체하기를 원하는 것은 아닌지 잠깐 멈춰서 깊이 생각해 봐야 할 것이다. 세상의 위대한 종교들의 온상(溫床)인 인도가 만일 거룩한 땅에 총기공장과 가증스러운 산업주의(*hateful industrialism*)를 재생산하는 모습으로 문명의 과정을 통과하게 되면, 인도가 뭐가 될지 모르지만 더 이상 민족주의적 인도는 되지 못할 것이다. 이런 산업주의는 유럽의 민중을 노예 상태로 전락시키고, 그 민중 사이에서

39 〔역주〕 Curzon Wyllie(1848~1909) : 인도 국무장관의 정치 보좌관으로 1909년 7월 1일 런던 사우스 켄싱턴에서 펀자브 출신 학생이었던 마단랄 딩그라에 의해서 총격을 받고 죽었다. 《전집》 10, 243면. 원전의 Wylie는 잘못으로 보인다.

인간 가족의 유산인 최선의 본능들을 거의 질식시키고 말았다.

우리가 만일 인도에 영국인을 원하지 않는다면 우리는 그 대가를 지불해야 한다. 톨스토이가 그것을 말하고 있다.

> 악에 저항하지 마시오. 하지만 여러분 자신이 악, 법정의 행정과 징세라는 폭력적 행위, 그것보다 더 중요한 것은 군인들의 폭력적 행위, 이런 것들에 가담하지 마시오. 그렇게 되면 세상의 어느 누구도 여러분을 노예로 삼을 수 없습니다.

이렇게 야스나야 폴야나(Yasnaya Polyana)[40]의 성자가 정열적으로 선언했다. 그가 다음 구절에서 말하고 있는 진리에 대해서 누가 문제 삼을 수 있을까?

> 한 상업회사가 2억에 달하는 나라를 노예화했다. 이 사실을 미신에서 자유로운 사람에게 말해 보아라. 그러면 그는 이 말이 무엇을 의미하는지를 알 수 없을 것이다. 운동선수도 아니고 상당히 약하고 용모가 못생긴 3만 정도의 사람이 2억의 활기에 차고, 영리하고, 강하고, 자유를 사랑하는 사람을 노예화했다는 것이 무엇을 의미하는가? 수치를 보면 영국인들이 아니라 인도인 자신들이 자신들을 노예로 만든 것이 분명하지 않는가?

그가 말한 사실들 중에 어떤 것은 잘못 말해진 것이므로, 우리는 톨스토이가 말한 것을 다 받아들일 필요는 없다. 하지만 현 제도에 대한 그의 고발이 의미하는 중심 진리는 깨달아야 할 것이다. 그 중

40 〔역주〕 톨스토이가의 영지(領地)로서, 러시아어로 '밝은 숲 속의 공터'를 뜻하는 이 영지는 톨스토이의 거의 전 생애와 결부되는 장소이며, 그의 문학을 낳게 한 풍토적 모태가 되기도 했다.

심 진리란 육신에 대한 혼의 불가항력, 그리고 사악한 정염이 우리 안에 일어남으로써 생성되는 폭력 또는 육신의 힘에 대해서, 혼의 성질인 사랑이 갖는 불가항력을 이해하고 따른다는 것이다.

톨스토이의 설교 내용에 새로운 것은 아무것도 없다는 것이 분명하다. 하지만 그가 옛 진리를 전개하는 모습은 참신하고 강력하다. 그의 논리는 난공불락이다. 그리고 무엇보다도 그는 자신이 설교한 것을 실천하고자 노력한다. 그는 확신을 주기 위해서 설교한다. 그리고 신실하고 진지하다. 그는 우리의 주목을 요구한다.

M. K. 간디

레오 톨스토이의 〈어느 힌두교도에게 보내는 편지〉의 서문,
〈인디언 오피니언〉, 1909. 12. 25 ; 《전집》 10 : 159

202) 사랑과 정의

아그라에 가까이 가면서, 〔*1918. 5. 18*〕

안녕, 마간랄!

나는 너를 아주 불행하게 만들었다. 하지만 내 의도는 위로하려는 것이었다. 모짐은 부드러움으로 정복되고, 증오는 사랑으로, 나태는 열의로, 어둠은 빛으로 정복된다. 자네의 사랑은 찔끔찔끔 흐른다. 하지만 이슬비가 고이지 않듯이, 사랑 또한 흔히 그러하다. 흙을 완전히 적시는 것은 억수같이 쏟아지는 비다. 이와 같이 오직 아낌없는 사랑의 소나기만이 증오를 극복한다. 자네가 잘못한 것은 정의를 기대하는 장소이다. 스스로 정의를 행하라. 보답을 요구하는 사랑은 사랑이 아니다. 사람이 만일 자기에 대한 사랑으로 넘친다면, 다른 사람이 줄 수도 있는 사랑을 어디에 보관할 수 있을까? 이것이 만물을 하나로 보는 행위의 숨겨진 의미이다. 미라(Mira)가 사랑의 상처를 느꼈다면, 그녀는 신과 하나된 것이다. 이것은 실제 실행 중의 아

드바이타(*advaita*, 不二論)의 원리이다. 이 원리를 네가 가능한 만큼 따르라. 어찌했든 즐겁게 지내라.

바푸로부터 축복을

마간랄 간디에게 보낸 편지(G.),
CW 5728 ; 《전집》 17 : 30

203) 무한한 자선

1927. 9. 18

친애하는 사티스 바부께,

자네 편지를 받았네. 프라풀라 바부에게는 편지를 보냈네. 이것이 프라풀라의 편지네. 내가 그에게 프라티슈탄에 복귀하라고 강요했다는 기억은 없네. 신탁위원회에 남을지의 여부를 이제 그로 하여금 결정하도록 하세.

자네가 말했지만, 나는 자네가 수레슈 바부를 포함하여 모든 사람들을 정복하기를 기대하네. 민중이 우리와 잘 지내지 못하게 되면 우리 자신을 비난하는 것이 최선이네. 무한한 자선(*boundless charity*)은 반드시 우리 모두를 포괄하네, 그렇지 않으면 그것은 무한한 것이 못되네. 우리는 우리 자신에 대해서는 엄격하고(*strict*) 이웃들에 대해서는 관대해야(*lenient*) 하네. 우리가 그들의 어려움을, 그들이 무엇을 극복할 것인지를 모르기 때문이네.

사랑을,

안녕, 바푸

사티스 찬드라 다스 굽타에게
보낸 편지, GN 1576 ; 《전집》 40 : 68

204) 사랑에 대한 첫 수업

침묵일, 〔*1927. 10. 4*〕

자매들에게,

지난번 나의 편지에 대한 여러분의 답장을, 그 편지를 쓰는 순간에도 기대했습니다. 자기정화의 첫걸음은 우리 심정에 깃든 온갖 미움을 인정하고 제거하는 것입니다. 우리가 이웃에 대해서 악의나 의심을 품고 그것을 제거하기 위해서 분투하지 않는다면, 우리는 사랑의 첫 수업을 배울 수가 없습니다. 아슈람에서 우리는 이 정도는 실시하도록 힘을 길러야 합니다.

기도의 문제에 대해서 잘 숙고해 보십시오. 나는 7시의 집회가 포기되어서는 안 된다고도 믿습니다. 여러분은 여러분의 학습을 영적으로 효과 있는 것으로 만드는 일을 특별 의무로 받아들였습니다. 여러분 중에서 새벽 4시 기도모임에 참석할 수 있는 의지와 기운을 가진 사람이라면 그것에 대해서 누구하고도 의논할 것 없이 그렇게 하기를, 그리고 이후에는 아무리 어려워도 건강이 허락하는 한 그 습관을 유지하기를, 나는 현재로서는 그렇게 제안할 따름입니다.

바푸로부터 축복을

아슈람 여성들에게 보내는 편지(G.),
GN 3669 ; 《전집》 40 : 124

205) 사랑과 우정

침묵의 날, 〔*1927. 10. 17*〕

자매들에게,

여러분의 편지를 받았습니다. 여러분 모두 불안했을 것으로 압니다만 나는 그 때문에 걱정하지 않습니다. 나는 이 질문을 공개했을 때 여러분이 동요할 것임을 알았습니다. 하지만 나는 여러분의 마음에서 불결을 청소해낼 수 있는 다른 방도를 찾지 못했습니다. 참으십시오. 만사가 잘될 것이고 우리는 새롭고 진정한 평화를 향유할 것입니다. 우리는 진실로 한 가족입니다. 가족 안에 불안(*unrest*)이 있을 때 우리는 무엇을 합니까? 만일 쌍방에 선의가 있다면, 서로 상대방의 분노를 참아낼 것이고 자신의 분노를 억누르기 위해서 애쓸 것입니다. 그것이 바로 우리가 해야 할 일입니다. 여러분 각자가 자신의 의무를 제대로 수행한다면, 지금 자신들의 의무를 수행하지 않는 자들 역시 의무 수행을 시작할 것입니다. 만일 그들이 그렇게 하지 않는다면 그들은 불이행자들처럼 눈에 확 띄게 될 것입니다. 이 소동을 잘 사용하시고 상대방에 대해서 관대하기(*generous*)를 배우십시오. 관대하다는 것은 우리가 잘못한다고 간주하는 사람들에 대해서 아무 증오를 품지 않는 것을, 그리고 그들을 사랑하고 섬기는 것을 의미합니다. 만일 다른 사람들과 우리가 생각과 행위에 있어서 서로 일치하는 범위 내에서 그들에게 선의를 갖는다면 그것은 관대함도 사랑도 아닙니다. 그것은 친목이나 상호애착입니다. 그런 경우에 '사랑'이란 용어의 사용은 맞지 않습니다. 그것은 우정이라고 부를 수 있습니다. '사랑'은 적에 대한 친절한 감정(*friendly feeling*)을 의미합니다.

바푸로부터 축복을

아슈람 여성에게 보내는 편지(G.),
GN 3671 ; 《전집》 40 : 171

206) 사랑과 용서

사바르마티, 〔*1928. 1. 12* 이전〕

수동적 무저항(*passive non-resistance*)에 대한 이런 얘기는 우리 국민적 삶의 해독이 되어왔습니다. 용서는 혼의 특성이므로 적극적인 자질입니다. 그것은 부정적인 자질이 아닙니다. 붓다께서는 '성내지 않음으로써' '성냄'을 정복하라고 말씀하셨습니다. 그런데 '성내지 않음'(*non-anger*)이란 무엇입니까? 그것은 적극적 자질이고 자선이나 사랑이라는 최고의 덕을 말합니다. 여러분은 이 지고의 덕에까지 고양되어야 합니다. 그렇게 되면 여러분은 성낸 사람에게 가서 그의 분노의 원인을 찾게 하고, 만일 여러분이 그를 거슬리는 짓에 대해서 어떤 원인을 제공했다면 교정하고, 그런 다음 그의 방식이 범한 과오를 깊이 자각케 해 주고, 성을 낸 것이 잘못이라는 점을 확신시켜 주어야 합니다. 혼의 이런 자질에 대한 의식과 그것을 의도적으로 사용하는 일은 그 사람만이 아니라 주변의 공기까지 고양시킵니다. 물론, 그런 사랑을 가진 자만이 그 사랑을 발휘할 수 있을 것입니다. 이러한 사랑은 부단한 노력에 의해서 닦을 수 있음이 분명합니다.

용서에 대한 연설,[41] 〈영 인디아〉,
1928. 1. 12 ; 《전집》 41 : 124

41 이 글은 마하데브 데사이의 글 '그 주일(週日)'에서 따온 것인데, '용서의 핵심'이란 제목으로 간디의 연설을 보고하고 있다. 이 글 앞에 다음과 같은 단락이 있었다.

> 카디 봉사의 지원자들 중의 한 사람이 자기 자신의 병에 대해서 토로했다. 그는 아주 쉽게 화를 낸다고 말하고 단식으로 자신을 정결케 하기를 원했다. 간디지는 말했다. "나는 단식이 늘 죄에 대한 참회가 되는 것은 아님을 자네에게 경고하네. 신에 대한 겸허한 순종이 죄로부터 벗어나는 유일한 탈출구라네. 그리고 모든 단식은 그러한 순종을 돕고자 하는 의도로 실행되지 않는 한 아무 소용이 없네. 보다 나은 치료책을 제안해 보겠네. 자네가 화를 냈던 사람을 찾아가서 사과하고 그에게 자네를 위한 참회의 방법을 처방해 달라고 요청한 다음 그것을 실천하게. 그것이 단식보다 훨씬 나은 속죄가 될 것이네." 그 친구는 가서 그렇게 했다. 피해자는 이 경우 무엇을 해야 할까? 간단히 용서해 준다? 우리는 용서가 용감한 자의 장식품이란 말을 들었다. 하지만 용서란 무엇인가? 수동적 행위? 누워서 주먹세례를 받는다? 그것이 악에 대한 무저항의 의미인가? 이것이 어느 날 저녁의 대화의 주제였고 나는 그것을 간략하게 요약한다.

207) 사랑의 법칙

비폭력의 정신적 태도에 도달하기 위해서는 상당히 지속적인 훈련 과정이 필요합니다. 마치 군인의 삶에서처럼 비폭력은 일상사가 훈련의 과정이어야 합니다. 그것을 우리가 즐겨하지 않는다고 해도 말입니다. 하지만 마음의 진심어린 협조가 없이는 순전한 외면적 준수는 단순한 가면에 불과하고, 자신과 다른 사람들에게도 해롭습니다. 나는 그런 점에 동의합니다. 완전한 경지는 신구의(身口意)가 적절한 조화에 있을 때에만 도달됩니다. 하지만 그것은 언제나 강렬한 정신적 투쟁입니다. 예를 들면 나는 분노할 능력이 없는 사람이 아닙니다. 하지만 거의 모든 경우 나는 감정(*feelings*)을 통제할 수 있습니다. 결과가 무엇이든 나에게는 비폭력의 법칙을 의도적으로 그리고 중단 없이 따르려는 의식적인 투쟁이 언제나 내 안에 있습니다. 그런 투쟁은 비폭력을 위해서 사람을 더욱 강하게 만듭니다.

비폭력은 강자의 무기입니다. 약자에게 그것은 쉽게 위선이 될 것입니다. 공포와 사랑은 모순되는 용어입니다. 사랑은 주는 일에 대해서는 무모하고, 반대로 무엇인가를 돌려받는 일에 대해서는 잘 잊어버립니다. 사랑은 사랑 자체와 더불어 씨름하듯이 세상과 더불어 씨름하고, 궁극적으로 모든 다른 감정을 지배하게 됩니다. 나의 일상적 경험, 그리고 나와 함께 일하는 사람들의 경험에 따르면, 우리가 진리와 비폭력의 법칙을 삶의 법칙으로 삼기로 결심하기만 한다면 모든 문제는 스스로 해결책을 찾을 것입니다. 나에게 진리와 비폭력은 같은 동전의 양면입니다.

나는 인류가 사랑의 법칙을 의식적으로 따를지의 여부를 모릅니다. 하지만 그것이 우리를 당혹케 할 것은 없습니다. 중력 법칙이 우리가 그것을 수용하든 말든 작용하듯이 사랑의 법칙도 작용할 것입니다. 그리고 과학자들이 자연법칙을 다양하게 응용함으로써 경이로운 일을 만들어내듯이, 과학적 엄밀함을 가지고 사랑의 법칙을 응용하는 자는 보다 더 크게 경이로운 일을 만들어낼 것입니다. 비폭력의 힘은 자연의 힘, 예를 들면 전기의 힘보다 무한히 경탄할 만하고 미묘한 것이기 때문입니다. 우리를 위해서 사랑의 법칙을 발견한 자는 현대의 어떤 과학자보다 훨씬 더 위대한 과학자였습니다. 우리의 탐구가 아직 충분히 진행되지 않았을 따름입니다. 그래서 우리 모두가 사랑의 모든 작용을 볼 수는 없습니다. 어쨌든 그런 것이 환각이라면 나는 그런 환각 아래에서 애쓰고 있습니다. 이 법칙에 따라서 내가 더 많이 일하면 할수록, 내 인생에서 그리고 이 우주의 구도 안에서 더 큰 열락을 느낍니다. 사랑의 법칙은 나에게 평화를 주고 자연이 가진 신비의 의미를 주고 있지만, 내가 그 의미를 서술할 힘은 없습니다.

S. S. 라즈푸타나 호에서-III
(M. D의 편지),[42] 〈영 인디아〉, 1931. 10. 1[43]

208) 순수한 사랑과 기쁨

1932. 2. 28

사랑하는 아이에게,

너의 편지를 다시 받고 그리고 기대하지 않았는데 나니(Nani)[44]가 휘갈겨 쓴 것을 받고 나는 기뻤네.

---

42 마하데브 데사이는 간디가 런던으로 항해하는 도중 저녁기도모임에서 그가 한 말씀에서 발췌한 위의 글을 출판했다.

43 〔역주〕《전집》 내 확인 불가능.

44 〔역주〕 수신자의 딸. 《전집》 권55, 86면.

나는 네가 세계시민적 정신을 지닌 사람들과 일행을 이룬 것으로 보네. 나는 이것이 자네 건강에 무리한 일이 아니기를 바랄 따름이네.

아니, 《기타》가 다른 것을 가르치지는 않네. 그것이 가르치는 바는 우리의 모든 행위가 무의식의 순간에도 자연스럽고(*natural*) 자발적(*spontaneous*)이어야만 한다는 것이네. 행위가 그렇게 되면 보상 혹은 결과에 대한 생각은 없을 것이네. 그래서 순수한 사랑에는 줌도 받음도 없네. 이를 달리 표현하면 지상에는 받음 없이 줌이란 것이 있을 수 없네. 사랑은 주어야 하기 때문에 주는 것이네. 그것이 그 본성이네. 그래서 사랑은 자신에 상응하는 소득이 있는지를 계산하지 않네. 사랑은 줌에 대해서 무의식적이고 받음에 대해서는 더더욱 그러하네. 사랑은 그 자체가 보답이네. 설명할 수 없는 사랑이 있을 때, 우리가 외면적 상황에서 경험한다고 생각하는 이른바 일체의 기쁨(*joy*)을 능가하는 기쁨이 존재하네. 자네가 소유했으면 하고 내가 바라고 있는 것이 바로 그 기쁨이네. 내가 생각하기에 자네는 그것을 가진 적이 있다고 스스로 생각했던 것 같네. 하지만 자네는 그때 불을 통과하지 않았네. 언젠가는 분명히 자네의 것이 될 기쁨은 정화의 힘을 지닌 그 불의 풍요로움에서 나올 것이네. 그것은 실제 오게 되면 자네에게 몰래 올 것이네. 그것이 조만간 곧 오기를.

우리 두 사람 모두 잘 있네.

사랑을.

안녕, 바푸

에스더 메논(Esther Menon)에게 보낸 편지,
《내 사랑하는 아이들》, 89~89면 ; 《전집》 55 : 71

209) 사랑과 형제애

1932. 8. 4

형제애(*brotherhood*)란 지금은 까마득한 소망에 불과하네. 나에게 그것은 진실한 영성의 시험 수단이네. 우리가 모든 생명과 생동적인 동족 관계(*live kinship*)를 느끼지 못한다면, 모든 기도, 모든 단식 그리고 규율 준수는 무용지물이네. 그러나 우리는 그와 같은 지적 신념에도 도달하지 못했는데, 심정적 자각(*heart realization*)은 말할 것도 없지. 우리는 여전히 취사선택한다네. 취사선택하는 형제애는 이기적인 동업 관계라네. 형제애는 어떤 고려나 반응도 요구하지 않네. 만일 그런 것을 요구했다면, 우리가 사악한 남녀로 간주하는 사람들을 우리는 사랑할 수 없었을 것이네. 갈등과 질투의 한복판에서 형제애는 실행하기가 아주 어려운 일이네. 하지만 진실한 종교는 우리에게 그보다 적게 요구하지는 않을 것이야. 그러므로 우리 각자는 다른 사람이 무엇을 행하든 관계없이 스스로 이 진리를 실현하기를 노력해야 하네.

에스더 메논[45]에게 보낸 편지,
《마하데브바이니 일기》 권 1, 345면 ; 《전집》 56 : 288

210) 만인에 대한 사랑

1935. 5. 2

사랑은 경계가 없습니다. 나의 내셔널리즘은 어떤 강령과 관계없이 지상의 모든 국민들에 대한 사랑을 포함합니다.

편지, 《마하데브 데사이의 일기》(필사본) ; 《전집》 67 : 51

---

45 수신자는 '형제애라는 관념이 왜 바푸, 카가와, 앨버트 슈바이처 등의 모범이 있음에도 불구하고 국민들 사이에 뿌리를 내리지 못했는지를 물었다.' (《마하데브 데사이의 일기》 권 1, 270면)

211) 사랑과 봉사

1941. 8. 25

사랑하는 찬델 님께,

자네의 일에 대한 묘사는 매우 매력적이네. 그 안에 이기심이 하나도 없다면 일의 결과는 언제나 좋은 법이네. 그 일을 반대하는 사람들에 대해서 전혀 괘념치 말고 연민을 느끼게. 섬길 수 있는 기회가 있을 때마다, 그들을 도와줄 수 있는 일이면 뭐든지 하게나. 이를테면, 그들이 아프면 회복될 수 있도록 해 주게. 이것이 사랑으로 증오를 정복하고, 인내로 분노를 극복하는 유일한 길이네. 우리는 항상 침묵을 지킴으로써 불친절한 말에 응답해야 하네.

바푸로부터 축복을

찬델 (Chandel) 에게 보낸 편지,
《바푸-마하트마 간디와의 대화와 편지》, 195~196면 ; 《전집》 81 : 38

212) 잘못에 대한 관대

마드라스, *194*〔*6*〕. *1. 24*[46]

안녕, 카쿠!

자네가 보낸 아주 긴 편지를 받았네. 우리는 관대해야 하네. 우리는 다른 이의 잘못을 미친 듯이 찾아대고, 우리 자신의 잘못은 절대로 보지 않네. 따라서 침묵을 지키며 자네가 할 수 있는 만큼 봉사하게.

자네가 내 일을 하기 위해서 자동차를 타고 분주하게 돌아다니는 것을 나는 수치의 일로 여길 수밖에 없네. 그래도 나는 방심하지 않도록 노력하고 있네. 나는 헴찬드바이와 노동자들을 방문할 수는 없을 것으로 보이네. 미안하네.

제타랄(Jethalal) L. 간디에게 보낸 편지(G.),
《피아렐랄 페이퍼스》 ; 《전집》 89 : 400

---

46 〔역주〕 자료에는 실수로 1945년으로 되어 있다. 《전집》 권 89, 293면.

4. 비폭력의 기초들

213) 비폭력 — 인류의 법칙

폭력이 지배하는 이 시대, 도대체 폭력의 최종적 권위의 법칙을 누가 거부할 수 있을 것인가? 우리는 그런 사람이 있을 거라고 거의 믿을 수 없다. 그리고 나는 군중의 폭력이 발생한다고 해도 비협조 운동의 진전을 방해해서는 안 된다는 충고를 담은 여러 통의 익명의 편지를 받았다. 어떤 사람들은 나에게 와서, 내가 은밀하게 폭력의 음모를 꾸미고 있을 것이라고 가정하고, 공개적 폭력을 선언할 행복한 순간이 언제일지를 묻는다. 그들은 영국인들이 은밀한 폭력이든 공개적 폭력이든 폭력 이외의 다른 어떤 것 앞에서도 절대로 양보하지 않을 것이라고 나에게 장담한다. 하지만 또 다른 사람들은 내가 결코 진정한 의도를 표출하지 않으므로 인도에서 사는 사람들 중에서 가장 교활한 위인이라고 믿는다는 말을 나는 듣고 있다. 그리고 그들은 대부분의 사람들처럼 내가 폭력을 신봉하고 있다는 점에 대해서 추호의 의심도 없었다.

검(劍)의 교리가 인류 대다수의 마음을 차지하고 있으며, 비협조의 성공은 비협조가 진행되고 있는 동안 폭력의 부재에 주로 달려 있는 실정이고, 이와 더불어 이 문제에 대한 내 견해가 수많은 사람의 행동에 영향을 주고 있으므로, 나는 내 견해를 가능한 한 명백하게 진술하기를 간절히 원한다.

비겁과 폭력 중에 하나를 선택할 수밖에 없다면, 내가 폭력을 권고할 것이라고 나는 믿는다. 그래서 나의 장남은 내가 1908년 거의 치명적인 공격을 당하고 있는 그 현장에 있었다면 어떻게 했어야 했느

보어전쟁에서 (1899)
트란스발의 지배권을 놓고 보어인들과 영국인들 간에 전쟁이 일어나자
간디는 영국인들을 돕기 위해서 인도인 위생병 부대를 조직하여 참전하였다.

냐고, 그가 도망을 가서 내가 죽는 것을 보아야 했는지, 아니면 그가 사용할 수 있었고 사용하기를 원했던 물리력을 사용하여 나를 보호했어야 했는지를 물어왔다. 나는 그에게 폭력을 사용해서라도 나를 보호하는 것이 그의 의무였음을 말했다. 그래서 나는 보어전쟁, 이른바 줄루반란 그리고 최근의 전쟁[47]에 참여했다. 나는 폭력의 방법을 신봉하는 자들을 위한 무기 훈련을 지지했던 것도 사실이다. 인도가 비겁한 방식으로 인도 자신의 불명예에 대해서 무기력한 목격자가 된 채로 남아 있는 것보다는 인도가 자신의 명예를 지키기 위해서 무력에 호소하는 편이 나는 더 낫다고 여긴다.

그러나 나는 비폭력이 폭력보다 무한히 우월하다고, 용서가 처벌보다 더 사내다운 일이라고 믿는다. 크샤마 비라스야 부샤남(*Kshama*

47 〔역주〕 제 1차 세계대전을 가리키는 것으로 보인다. 간디는 심각한 딜레마를 겪으면서도 모병운동을 했다. 이것은 그의 자서전에 상술되어 있다.

virasya bhushanam), [48] 즉 '용서는 군인을 장식한다.' 그래서 오직 처벌할 수 있는 능력이 있을 때에만 절제가 용서이다. 용서가 무력한 피조물에서 나오는 것처럼 가장하는 일은 의미가 없다. 쥐는 자신이 고양이에 의해서 조각조각 찢어짐을 당할 때 그를 용서하기란 어렵다. 그래서 나는 다이어 장군과 그 일당에 대해서 합당한 처벌을 외치는 사람들의 정서(*sentiment*)에 공감하는 바이다. 그들은 할 수만 있었다면 그를 찢어 죽였을 것이다. 하지만 나는 인도가 무력하다는 점을 믿지 않는다. 나 자신이 무력한 존재라고도 믿지 않는다. 나는 인도의 힘과 나의 힘을 보다 나은 목적을 위해서 사용하기를 원할 따름이다.

나를 오해하지 마라. 힘은 물리적 능력에서 나오는 것이 아니라 불굴의 의지에서 나온다. 전형적 줄루인은 신체 능력에서 전형적 영국인보다 한 수 위에 있다. 하지만 그는 영국 소년을 보면 도망간다. 소년의 권총을 또는 소년을 위해서 권총을 사용하는 사람을 두려워하기 때문이다. 줄루인은 우람한 몸집에도 불구하고 죽음을 두려워하고 겁이 많다. 인도에 있는 우리는 10만 영국인들이 3억 인도인들을 놀라게 할 필요가 없다는 점을 즉각 깨닫는다. 그래서 분명한 용서는 우리에게 힘이 있다는 것을 분명히 인정하는 것이다. 자각이 수반된 용서와 더불어 우리 안에 강력한 힘이 솟구치게 될 것이다. 이 힘은 다이어 같은 사람이건 프랭크 존슨 같은 사람이건 이들이 헌신적인 인도인의 머리에 모욕을 퍼붓기를 불가능하게 만들 것이다. 지금 당장 내가 나의 요점을 충분히 납득시키지 못하더라도 나에게 별로 문제가 되지 않는다. 우리는 너무나 억압받아서 분노하고 복수심을 품지 않을 수 없다고 느낀다. 하지만 나는 인도가 처벌권을 유보함으로써 더 많은 것을 얻을 수 있다는 말을 하지 않을 수 없다. 우리는 더 나은

48 〔역주〕 직역하면 "용서(인내)는 영웅의 영광이다"로 된다.

일을 해야 하고, 세상에 전해야 할 더 나은 사명이 있다.

나는 몽상가가 아니다. 실제적인 이상주의자(*practical idealist*)가 되고 싶다. 비폭력의 종교는 성선들(聖仙, *rishis*)과 성자들만의 것이 아니라 보통 사람들의 것이기도 하다. 폭력이 짐승의 법칙이라면 비폭력은 우리 인간의 법칙이다. 짐승 같은 사람은 영혼이 잠자고 있어서 물리력의 법칙 이외에는 아무것도 모른다. 인간의 위엄은 상위법, 즉 영혼의 힘에 대한 복종을 요구한다.

그래서 나는 인도 앞에 자기희생이라는 옛 법을 제시하려고 했다. 사탸그라하와 그 파생물인 비협조와 시민불복종은 고통의 법칙에 붙여진 새로운 이름에 불과하기 때문이다. 폭력의 와중에서 비폭력의 법칙을 찾아냈던 성선들은, 뉴턴보다도 위대한 천재들이었고 웰링턴보다도 더 위대한 전사들이었다. 그들은 무기 사용법을 알았지만 무기의 무용함을 깨닫고, 세상의 구원이 폭력에 있는 것이 아니라 비폭력 안에 있음을 기진맥진한 세상에 가르쳤다.

비폭력은 역동적인 상태에서는 의식적인 고통을 의미한다. 그것은 행악자의 의지 앞에 순순히 순종하는 것을 의미하는 것이 아니라, 자신의 혼 전체를 던져서 폭군의 의지에 대항하는 일을 의미한다. 단 한 사람이라도 우리 존재의 법칙 곧 비폭력의 법칙에 따라서 행동한다면 그는 자신의 명예, 종교, 혼을 구하기 위해서 정의롭지 못한 제국의 전체 권력에 도전할 수 있고, 제국의 멸망이나 제국의 부흥을 위한 기초를 닦을 수도 있다.

그리고 인도가 약하기 때문에 내가 비폭력 실천을 인도에게 호소하는 것은 아니다. 나는 인도가 자신의 기운과 힘을 의식하면서도 비폭력을 실천하기를 원한다. 그 기운을 깨닫기 위해서는 무기에 대한 어떤 훈련도 불필요하다. 우리는 스스로 고깃덩이에 불과하다고 생각하여 훈련이 필요하다고 여기는 것으로 보인다. 인도 자신에게 불멸의 혼, 일체의 물리적 약점을 딛고 일어나서 전 세계의 물리적 연합체에 저항할 수 있는 혼이 있음을 인도가 인정하기를 나는 원한다. 단순한 인간으로서 라마의 의미는 무엇일까? 10두(頭)의 라바나—즉 랑카의 사방에서 분출하는 물길로 안전하게 둘러싸여 있는 것으로 추정되는 라바나—의 오만한 힘에 맞서서 일단의 원숭이 무리와 함께 대항하는 라마의 의미는 무엇일까? 그것은 영혼의 힘으로 육신의 힘을 정복한다는 것을 의미하는 것이 아닐까? 하지만 실천적인 사람인 나는, 정치계에서 작동할 수 있는 영적인 생명의 실천성을 인도가 인정해 줄 때까지 기다릴 수는 없다. 인도는 자신이 무력하다고 간주하고, 영국인들의 기관총, 탱크와 비행기 앞에 마비되고 말았다. 그리고 인도는 약하기 때문에 비협조를 들고 나왔다. 만일 충분한 수의 인도인이 비협조를 실천하기만 하면 비협조는 반드시 동일한 목표—즉 영국의 불의(*injustice*)가 갖고 있는 궤멸적인 중압으로부터 자신을 구원한다는 목표—에 기여하고 말 것이다.

나는 비협조 운동을 신페이니즘(*Sinn Feinism*)과는 구별한다. 왜냐하면 비협조 운동은 폭력과 나란할 수 없는 것으로 생각되기 때문이다. 하지만 나는 심지어 폭력을 신봉하고 있는 파(派)라고 해도 평화로운 비협조를 한번 시도해 보기를 권한다. 그것은 내면적 약점 때문에 실패하지는 않을 것이다. 호응의 부족 때문에 실패할 수는 있다. 그때가 진정한 위기의 순간일 것이다. 민족적인 굴욕을 더 이상 견딜 수 없는 고상한 혼의 소유자들은 자신들의 격노를 표출하기를 원할 것이다. 그들은 폭력으로 갈 것이다. 내가 아는 한, 그들은 자신이나 자신의 조국을 잘못으로부터 구원하지 못하고 반드시 망하고 말 것이다. 만일 인도가 검의 교리를 들고 나선다면, 인도는 잠시 동안의 승리를 얻을 수는 있을지언정 더 이상 내 심정의 자랑거리가 될 수 없을 것이다. 내가 가진 모든 것은 인도에 신세지고 있으므로 나는 인도와 결혼했다. 나는 인도가 세상에 대한 사명이 있다고 절대적으로 믿는다. 인도는 유럽을 맹목적으로 모방해서는 안 된다. 인도가 검의 교리를 수용하는 때가 나에게는 시험의 시간이다. 내 스스로 부족한 사람이 아니길 바란다. 나의 종교는 지리적 경계가 없기 때문이다. 만일 내가 나의 종교에 대해서 살아 있는 신앙이 있다면, 그것은 인도 자신에 대한 내 사랑을 능가할 것이다. 나의 인생은 내가 힌두교의 뿌리라고 믿는 비폭력이라는 종교를 통해서 인도를 섬기는 일에 바쳐져 있다.

나를 불신하는 사람들은 내가 폭력을 원한다고 오해하고 폭력을 선동함으로써, 이제 막 출발한 투쟁이 순조롭게 진행되는 것을 방해하려고 할지 모른다. 나는 그들이 그러지 말기를 강력히 촉구하는 바이다. 나는 비밀을 죄악이라고 여기고 극도로 혐오한다. 나는 그들이 비폭력적 비협조 운동을 한번 해보길 바란다. 그러면 그들은 나에게 심리적 유보가 전혀 없음을 알게 될 것이다.

검의 교리, 〈영 인디아〉, 1920. 8. 11 ; 《전집》 21 : 91

214) 완전한 비폭력과 제한된 비폭력

어떤 사람이 비폭력적이라고 주장한다면, 그는 자신에게 해를 입힌 사람에게 화를 내지 않을 것이다. 그는 그에게 잘못이 일어나기를 바라지 않고 잘되기를 바랄 것이다. 그에게 욕설도 하지 않을 것이다. 그리고 어떤 신체적 위해도 가하지 않을 것이다. 그는 행악자가 그에게 가한 일체의 상해를 고스란히 견뎌낼 것이다. 그래서 비폭력은 완전한 순진무구(*complete innocence*)이다. 완전한 비폭력은 모든 살아 있는 것에 대한 악의의 완전 부재이다. 그래서 그것은 심지어 인간 이하의 생명체까지, 해충이나 해로운 짐승까지도 포함한다. 그것들은 우리 인간의 파괴적인 성향의 먹이가 되기 위해서 창조된 것이 아니다. 우리가 만일 창조주의 마음을 알기만 한다면, 그의 창조 안에서 인간 이외의 생명체를 위한 적절한 장소를 발견할 수 있을 것이다. 그래서 비폭력은 적극적 형태로 모든 생명에 대한 선의이다. 그것은 순수한 사랑이다. 나는 그것을 힌두 경전에서, 기독교 성경과 《코란》에서 읽었다.

비폭력은 완전한 경지이다. 모든 인류는 비록 무의식적이긴 하지만 자연적으로 그 경지를 목표로 삼아서 움직인다. 인간은 자신 안에 순진무구를 구현했다고 해서 신성하게(*divine*) 되는 것은 아니다. 그는 그때 비로소 참 인간이 되는 것이다. 현 상태에서 우리는 일부는 인간이고 일부는 짐승이다. 우리가 주먹에는 주먹으로 맞설 때 인간의 목표를 진실로 완수하고, 그 목표를 위해서 필요한 분노의 수단을 발전시킨다고 말하지만, 그것은 무지에서 심지어 자만에서 나온 말이다. 우리가 보복이란 의무가 아니라 단지 허용되는 것일 뿐이라는 점을 모든 경전에서 보는 데도, 우리는 보복이 우리 존재 법칙이라고 짐짓 믿고 있다. 규제야말로 의무이다. 보복은 상세한 조절을 요구하는 탐닉이다. 규제가 우리 존재의 법칙이다. 최고의 완전은 최고의 규제 없이는 이룰 수 없는 것이기 때문이다. 고통은 그래서 인간이란 족속의 표시다.

목표는 우리에게서 부단히 뒤로 물러간다. 진보가 크면 클수록 우리가 무가치하다는 인정 또한 커진다. 만족은 노력에 있지 성취에 있는 것이 아니다. 완전한 노력이 완전한 승리이다.

그래서 내가 비록 그 목표에서 멀어져 있다는 것을 어느 때보다 깊이 자각하지만, 나에게 완전한 사랑의 법칙은 나의 존재의 법칙이다. 실패할 때마다 실패에 대한 나의 노력은 더더욱 결연해질 것이다.

하지만 나는 이 최후의 법칙을 국민회의 혹은 킬라파트 조직을 통해서 설교하는 것은 아니다. 나는 자신의 한계를 너무 잘 알고 있다. 그런 시도가 실패할 수밖에 없다는 것을 알고 있다. 남녀 전체 대중이 그 법칙을 단번에 따르리라고 기대하는 것은 그 법칙의 작용법을 몰라서 그러는 것이다. 하지만 나는 실제로 국민회의 단상에서 사랑이라는 법칙의 도출을 설교한다. 국민회의와 킬라파트 조직이 수용했던 것은 그 법칙이 가진 의미의 단편일 따름이다. 진실한 일꾼만 있다면, 사랑의 법칙이 일정한 한계 내에서는 단시간 내에 거대한 대중 안에서 실현될 수 있을 것이다. 하지만 그 법칙이 작은 부분에서나마 진실이기 위해서는 전체와 마찬가지로 동일한 시험을 통과해야 한다. 한 방울의 물은 분석가에게 호수 전체의 물과 같은 결과를 낳아야 한다. 내 형제에 대한 비폭력의 본성은 우주에 대한 비폭력의 본성과 다를 수 없다. 내가 내 형제에 대한 사랑을 우주 전체로 확장했을 때 그 사랑은 여전히 동일한 시험을 통과해야 한다.

특정한 행위의 경우 그 행위의 적용이 시간과 공간에서 제한되면 하나의 정책(*policy*)이 된다. 그래서 최고의 정책은 완전한 실천이다. 그러나 정책으로서의 정직은 그것이 지속되는 동안 신조(*creed*)로서의 정직과 다르지 않다. 정직을 정책으로 믿는 상인이라면, 정직을 신조로 여기는 상인처럼 동일한 양과 질의 직물을 구내에 팔 것이다. 양자의 차이는 정치적 상인의 경우 정직이 그 대가를 지불하지 못할 때 정직을 내버릴 것이고, 그것을 신조로 믿는 사람은 그가 모든 것을 상실하더라도 정직을 지속할 것이다.

비협조자들의 정치적 비폭력은 대다수의 경우 시험을 통과하지 못한다. 그래서 투쟁이 장기화된다. 그 누구도 영국인의 완고한 성격을 비난하지 말자. 그 질긴 '섬유'는 사랑의 불길 안에서 녹아야 할 것이다. 내가 사랑의 불길을 알고 있기에 누가 나를 내 자리에서 쫓아낼 수는 없을 것이다. 만일 영국인의 본성 또는 다른 본성들이 반응하지 않는다면, 불이 있다고 해도 불이 충분히 강하지 못한 때문이다.

우리의 비폭력은 강자의 것일 필요는 없지만, 진실한 자들의 비폭력이어야만 한다. 우리가 비폭력을 주장한다면 그리고 그것을 주장하는 동안 영국인에게 또는 영국인과 협조하는 우리의 동포들에게 해를 입힐 의도를 가져서는 안 된다. 하지만 우리의 태반은 해를 끼치기를 의도했다. 그렇지만 우리가 약하다고 해서, 또는 물리적 상처를 입히지만 않으면 우리 선서가 적절하게 완수될 것이라고 무식하게 믿고서, 우리는 해를 입히기를 그만두었다. 비폭력에 대한 우리의 선서는 미래에 있을 보복의 가능성을 배제한다. 불행하게도 우리 중 어떤 사람들은 복수의 날을 연기했을 뿐이었다.

나를 오해하지 말라. 비폭력 정책은 그 정책이 포기되었을 때 보복의 가능성을 배제한다고 나는 말하지 않는다. 하지만 그것은 투쟁의 성공적 종결 이후 미래의 복수 가능성을 결단코 배제한다. 그래서 우리는 비폭력 정책을 추구하면서도 영국인 행정가들과 그들의 협조자들에게 적극적으로 친절해야 한다. 나는 인도의 어떤 곳에서는 영국인들 혹은 잘 알려진 협조자들이 자유롭게 돌아다니기가 안전하지 않다는 것을 듣고는 부끄러웠다. 최근 마드라스 집회에서 발생했던 수치스런 장면은 비폭력에 대한 완전한 부정이었다. 의장이 나를 모욕했다고 야유를 퍼부어 그 의장이 말을 못하게 막았던 사람들은 그들 자신과 정책에 치욕을 가져왔다. 그들은 그들의 친구이며 도우미였던 앤드루스 씨[49]

49 Charles Freer Andrews(1871~1940): 영국 선교사, 작가, 교육자 겸 간디의 가까운 동료.

앤드루스와 함께 (1931)

런던으로 가는 길에 마르세유에서 간디와 앤드루스가 함께한 모습. 왼쪽부터 앤드루스, 간디, 뮤리엘 레스터, 마하데브 데사이, 미라벤, 피아렐랄, 영국인 친구.

의 마음을 상하게 했다. 그들은 자신들의 명분을 손상시켰다. 만일 의장이 내가 깡패라고 믿었다면, 그는 그렇게 말할 완벽한 권리가 있는 것이다. 무지는 도발이 아니다. 그러나 비협조자는 최대의 도발을 감내하기로 선서한 것이다. 내가 깡패처럼 행동한다면 도발이 있을 것이다. 모든 비협조자가 비폭력 선서로부터 놓여나면 충분할 것이라는 점, 그리고 어떤 비협조자가 자신을 오도했다는 이유로 내 생명을 앗아간다고 해도 충분히 정당화될 것이라는 점을 나는 시인한다.

그와 같이 제한된 비폭력을 닦는 것조차도 대부분의 경우에는 불가능한 것으로 보인다. 사람들이 아무것도 하지 않으면서, 자신들의 이익을 고려해서라도 대적에게 해를 입히려고 하지 않기를 우리는 기대할 수 없을 것 같다. 그렇다면 정직하게 말해서 우리는 우리의 투쟁에 관련하여 '비폭력'이란 단어의 사용을 명백히 포기해야 할 것이다. 그것의 대안은 폭력을 당장 사용하는 것일 필요가 없다. 하지만 그렇게 되면 민중에게 비폭력 훈련을 받으라고 요구할 수도 없을 것이다. 나와 같은 사람은 차우리 차우라(Chauri Chaura)에 대해서 책임을 지라고 요구받지도 않을 것이다. 그렇게 되면 제한된 비폭력을 주창하는 학파는 애매성 속에서 여전히 번성할 것이지만, 그것이 오늘날 지고 있는 끔찍한 책임의 부담은 지지 않을 것이다.

그러나 비폭력이 나라의 정책으로 남아 있기 위해서는, 비폭력의 좋은 이름을 위해서도 인류의 이름을 위해서도 우리는 비폭력을 문자 그대로 그리고 그 정신을 지키며 실천해야 한다.

만일 우리가 그 정책을 끝까지 따르기를 원하고 믿는다면, 우리는 영국인들과 그 협조자들과 당장 화해해야 한다. 그들이 우리의 한가운데에서도 절대 안전하다고 느낀다는 점에 대해서, 우리가 비록 사상과 정치에 있어서 전연 다른 학파에 속한다고 해도 그들이 우리를 친구로 생각할 수 있다는 점에 대해서, 그들은 우리에게 증서를 써주어야 한다. 우리는 우리의 정치연단에 그들을 영예로운 손님으로 초대해야 한다. 우리는 중립적 연단에서 그들을 동료로서 만나야 하고, 그런 만남을 위한 방법을 강구해야 한다. 우리의 비폭력은 폭력·증오·악의를 낳지 말아야 한다. 우리는 나머지 동료들과 마찬가지로 우리 일로 판단받아야 한다. 스와라즈를 획득하기 위한 비폭력 프로그램은 우리의 일을 비폭력 노선에서 처리할 수 있는 능력을 반드시 의미해야 한다. 그것은 순종의 정신을 반복하여 교육시킴을 의미한다. 물리력의 복음밖에 이해하지 못하는 처칠[50] 씨는, 아일랜드 문제가 성격상 인도의 문제와 다르다고 말하고 있는데 그것은 아

50 〔원주〕 Winston Leonard Spencer Churchill(1874～1965) : 영국 정치가, 작가, 전쟁장관(1918～1921), 수상(1940～1945, 1951～1955). 〔역주〕 전쟁장관이란 군수장관, 공군장관 및 육군장관을 통칭하는 것을 보인다.

주 옳은 말이다. 그가 말하는 취지는, 폭력을 통해서 자치를 얻었던 아일랜드인들이 필요하다면 폭력으로 그것을 잘 유지할 수 있을 것이고, 반면 인도가 실제 비폭력으로 스와라즈를 얻는다면 주로 비폭력적 수단에 의해서 인도 자신을 유지할 수 있어야 할 것이라는 점에 있다. 처칠 씨는 인도가 비폭력 원리에 대한 가시적 증명으로 인도 자신의 능력을 증명하지 않는 한, 이런 일은 거의 불가능하다고 믿는다. 비폭력이 사회에 널리 퍼져서 민중이 그들의 집단생활, 즉 정치 생활에서 비폭력에 순응하지 않는다면, 다른 말로 군사적 권위 대신 민간의 권위가 현재의 시점에서 우위를 점하지 않는다면, 앞에서 말한 증명은 불가능하다.

그래서 비폭력적 수단에 의한 스와라즈는 혼란과 무정부가 간헐적으로 개입한다는 것을 결코 의미하지 않는다. 비폭력에 의한 스와라즈는 점진적이고 평화적인 혁명이 되어야 한다. 그래서 닫힌 집단으로부터 민중의 대표자에게로 권력이 이양되는 것은 잘 가꾼 나무에서 잘 익은 과일이 저절로 떨어지듯이 해야 한다. 그런 일을 성취하기란 거의 불가능에 가깝다고 나는 다시 한 번 말해 둔다. 하지만 그것보다 낮은 것은 비폭력의 의미가 없다. 그리고 현재 일꾼들이 비교적 비폭력적인 분위기의 성취 가능성에 대해서 믿지 않는다면, 비폭력 프로그램을 중지하고 전혀 다른 성격의 프로그램을 만들어야 할 것이다. 만일 비폭력 프로그램에 접근할 때, 우리가 결국 무력에 의해서 영국인들로부터 권력을 빼앗을 것이라는 심적 유보를 갖는다면, 우리는 비폭력의 공언에 진실하지 못하게 된다. 우리가 만일 우리 프로그램을 믿는다면, 우리는 영국인들이 분명 무력을 따라가듯이 애정의 힘도 따라갈 것이라는 사실을 믿어야 한다. 불신자들에게는 위원회란 것이 수 세대에 걸친 아주 치욕적인 프로그램을 가진 학습장이거나, 아니면 아마 여태 세상이 목격한 바 없는 신속하지만 피로 물든 혁명에 대한 프로그램을 가진 학습장일 것이다. 나는 그런 혁명에 가담할 의사가 전혀 없다. 나는 혁명을 촉진하기 위한 자발적 도구 역할은 하지 않을 것이다. 내가 생각하기에 우리는 비협조를 필수적 동반자로 삼고 있는 정직한 비폭력 아니면 순응적 협조에의 복귀, 즉 협조 겸 방해(*co-operation cum obstruction*) 사이에서[51] 하나를 선택해야 한다.

비폭력, 〈영 인디아〉, 1922. 3. 9 ; 《전집》 26 : 124

215) 세상에서 가장 위대한 힘

델리, *1924. 11. 14*

To
The 'World Tomorrow'
396, Broadway
New York
U. S. A

비폭력에 대한 나의 연구와 경험은 그것이 세상에서 가장 위대한 힘이라는 점을 증명해 주었다. 그것은 진리를 발견하는 가장 확실하고 빠른 길이다. 그것 이외의 다른 길은 없기 때문이다. 그것은 조용히 움직여서 거의 알아챌 수 없을 정도이지만 확실하다. 그것은 우리 주변에서 진행되는 부단한 파괴 중에서도 자연(*Nature*)이 가진 유일한 건설적인 과정이다. 그것이 오로지 개인적인 삶에서만 작용할 수 있다고 믿는 것은 미신이라고 나는 생각한다. 공적인 삶이든 사적인 삶이든 그 힘이 적용될 수 없는 영역은 존재하지 않는

51 〔역주〕 협조는 간디가 주창하는 비협조에 의한 스와라즈를 방해하는 것이므로 '협조 겸 방해'라고 부른 것 같다.

다. 하지만 비폭력은 완전한 자기 무화(無化, *self-effacement*) 없이는 불가능하다.

M. K. 간디

내일의 세계에게 보낸 메시지,
《마하데브 데사이의 일기》(필사본) ; 《전집》 29 : 300

216) 의도적인 비폭력과 폭력의 허망

한 투고자가 그의 질문을 제기한 이후 다음과 같이 결론을 맺고 있습니다.

> 당신이 다음의 여러 요점에 대해서 해명해 주시고 제가 허튼소리를 멈출 때까지 나와 논의해 주신다면 감사히 여기겠습니다. 저는 당신의 추종자이고, 당신의 지도력과 지침 아래 교도소까지 갔다 왔습니다. 저는 당신 옆에 매우 가까이 있었고 충분한 기회가 있었지만 당신을 만나 얘기를 나눈 적은 한 번도 없었습니다. 단순히 당신 시간을 빼앗고 싶지 않았기 때문입니다. 저는 당신의 발을 만진 적도 없습니다. 그런데 지금 당신의 논법과 당신의 정치에 대한 제 신앙이 심하게 동요하고 있는 것을 느낍니다. 저는 혁명가는 아닙니다만 이제 바야흐로 혁명가가 되려고 합니다. 당신이 만일 이러한 질문들에 대해서 만족스럽게 답변하신다면, 당신은 저를 구원하는 셈입니다.

나는 이제 그의 질문을 순차적으로 받으려고 합니다.

1 비폭력이 무엇입니까? 마음의 태도입니까, 아니면 생명의 비파괴입니까? 만일 후자라면, 우리가 매일 식사 등의 행위에서 수많은 생명체를 죽이는 마당에 비폭력을 논리적 결론까지 실행하는 것이 가능합니까? 그렇다면 우리는 채소마저 먹을 수 없습니다.

비폭력은 마음의 태도이면서 동시에 거기에서 나오는 행위입니다. 채소에 생명이 있는 것은 분명하지만, 채소의 생명을 먹는 것은 불가피한 일입니다. 그럼에도 그것은 생명의 파괴입니다. 그것은 변명할 수 있을 따름입니다.

두 번째 질문은 다음과 같습니다.

> *2* 만일 생명의 파괴가 불가피하다고 해도, 그 사실이 우리가 그것을 함부로 파괴해야 한다는 것을 의미하는 것이 아님은 틀림없습니다. 파괴의 불가피성이 증명된 경우에도, 생명의 파괴는 원리적으로 반대할 수 없고 편의상 반대할 수는 있을 것입니다.

폭력이 꼭 필요하다고 증명된 경우에도 그것이 '원리상' 옹호될 수는 없습니다. 다만 편의(*expedience*)에 기초해 옹호될 수는 있을 것입니다.

세 번째 질문은 다음과 같습니다.

> *3* 비폭력이 만일 생명의 비파괴라면, 아무리 거룩하고 정의로운 대의명분을 위해서라도 어떤 누구에게 자신의 생명을 포기하라고 일관되게 요구할 수가 있습니까? 그것은 자기 자신의 생명에 대한 폭력이 아닐까요?

나는 어떤 사람에게 대의명분을 위해서 자신의 목숨을 바치라고 요구하면서도 그것이 폭력의 유죄를 범한 것이 아니라고 일관되게 말할 수 있습니다. 비폭력은 타인에게 상해 입히기를 금하는 것을 의미하기 때문입니다.

네 번째 질문은 다음과 같습니다.

> *4* 자기 생명을 사랑하는 것은 인간의 본성입니다. 사람이 필요할 때 조국과 민족을 위해서 자신의 목숨을 바쳐야 한다면, 필요할 때

타인의 생명을 왜 바칠 수 없단 말입니까? 우리는 그것이 필요했는지의 여부를 증명하면 됩니다. 그래서 그것은 다시 한 번 편의의 문제입니다.

'자기 생명을 사랑하는 자는 그것을 잃게 될 것이고, 자기 생명을 잃는 자는 그것을 찾을 것이다'라는 말이 있습니다. 타인의 생명을 희생하는 것은 그 희생이 필요하다는 이유로도 정당화될 수 없습니다. 필요성을 증명하기가 불가능하기 때문입니다. 우리 자신이 심판관이 될 수는 없을 것입니다. 유일한 심판관은 우리가 생명을 앗아가려는 사람들입니다. 비폭력을 지지하는 좋은 이유 중의 하나는 판단의 오류 가능성입니다. 종교 재판관들은 자신들이 행한 행위의 정당성(*righteousness*)을 무조건 믿었습니다. 하지만 우리는 이제 그들이 전적으로 틀렸다는 점을 압니다.

다섯 번째 질문은 다음과 같습니다.

5 희생과 살인의 차이는 무엇입니까?

희생이란 자기가 고통을 당함으로써 타인들이 이익을 얻는 것입니다. 살인은 다른 사람을 죽음에 이르기까지 고통을 주어서 살인자 자신 또는 살인을 청부(請負)했던 사람들이 이득을 얻는 것입니다.

여섯 번째 질문은 다음과 같습니다.

6 당신을 수술했던 의사가 일시적이나마 당신에게 아픔을 주었다고 해서 그가 폭력적이었다고 비난할 수 있을까요? 우리는 의사의 수술 행위를 폭력 행위로 보지 않고, 환자를 구하려는 심적 태도를 보아서 환자에게 어려움을 주었다는 바로 그 이유로 더욱 칭찬하지 않습니까?

이것은 폭력이란 단어의 오용입니다. 폭력은 상대방의 동의 없이 혹은 그에게 아무 이익도 줌이 없이 그 사람에게 상해를 가하는 것입니다. 나의 경우 그 외과의는 내 서면 동의를 받고 그것도 나 자신의 유일한 선을 위해서 일시적으로 고통을 준 것이었습니다. 혁명가는 자신이 희생시킨 희생자들의 선을 위해서가 아니라 이른바 사회의 선을 위해서(*for the supposed good of society*) 죽이거나 강도질을 하는데, 그는 자신의 희생자들이 상해를 받기에 적합한 자들로 종종 간주합니다.

일곱 번째 질문은 다음과 같습니다.

> *7* 물리력(*physical force*)은 다른 힘과 마찬가지로 삶에 있어서 강력한 요소가 아닐까요? 비폭력이 비겁자에 의해서 자신들의 비겁을 위장하기 위해서 실행되듯이, 폭력 또한 짐승 같은 자들과 폭군들에 의해서 오용될 수 있습니다. 이 사실은 폭력이 그 자체로 나쁘다는 것을 증명하지는 않습니다.

물리력이 삶에서 강력한 요소임은 분명합니다. 폭력이 폭군들에 의해서 오용된 것도 분명합니다. 하지만 내가 정의한 폭력은 그것을 선용한다는 생각은 있을 수 없습니다. 이전의 질문에 대한 답변 안에 그 정의를 보도록 하십시오.

여덟 번째 질문은 다음과 같습니다.

> *8* 당신은 위험한 미치광이와 사회에 골칫거리인 범죄자들을 수감할 것입니다. 오늘날 정부 관리로 일하고 있는 문명화된 범죄자들을 죽이는 대신 히말라야에 있는 동굴로 추방하거나 그 안에 수감하는 것을 허용하실 것입니까?

순전한 미치광이 또는 범죄자들이 위험한 인물이든 아니든, 그들을 처벌할 목적으로 교도소 등에 수감하는 것이 옳은 일인지에 대해서 나는 확신할 수 없습니다. 미치광이는 오늘날에도 그렇게 가두지는 않습니다. 그리고 우리는 범법자들도 처벌이 아니라 궁극적 교정(*reform*)을 위해서 통제하게 되는 시기에 이르게 된 것입니다. 하지만 부왕, 영국의 민간인, 인도의 민간인 중에서 만일 오늘날 의식리에 또는 무의식리에 인도를 착취하는 사람이 있다면, 나는 그들의 구금을 찬성하는 어떤 단체에라도 기꺼이 참여할 각오가 되어 있습니다. 이는 구금 시 피구금자의 안락을 위한 적절한 안전책이 있어야 할 것이고, 모든 관점에서 완벽하게 적합한 구도가 면전에 마련될 것을 전제로 합니다. 그런 구금이 내가 정의한 폭력의 범주 아래 들어갈지도 모른다는 논의가 있다고 해도 나는 그런 사회에 참여할 각오가 되어 있습니다.

아홉 번째 질문은 다음과 같습니다.

> *9* 3천 3백만 민중이 고통을 당하며 활기를 잃고 쓰러져가는 것과, 수천 명의 사람이 살해되는 것 중에 무엇이 보다 비인간적이고 끔찍합니까, 아니 보다 폭력적입니까? 3천 3백만 대중이 퇴보에 의해서 서서히 죽어가는 것과 수백 명의 사람들의 살육 중 어느 편을 보기를 원합니까? 수백 명의 사람들의 살육이 3천 3백만의 퇴보를 중지시킬 수 있느냐 하는 점은 반드시 증명되어야 할 것입니다. 그렇다면 그것은 세부의 문제이지 원리의 문제가 아닙니다. 그것이 편의인지 아닌지는 후에 논의할 수 있을 것입니다. 하지만 수백 명의 사람들을 죽임으로써 3천 3백만 사람들의 퇴보를 막을 수 있다는 것이 증명되는데도, 당신은 폭력을 원칙적으로 반대하겠습니까?

완벽하게 좋은 것이 아니라면 원리라고 부를 가치가 없습니다. 나는 비폭력의 이름으로 맹세하는데, 그것만이 내세뿐만 아니라 현세에서도 인류의 최고선(*the highest good of mankind*)에 도움이 된다는 점을 알기 때문입니다. 내가 폭력에 반대하는 이유는 그것이 선을 행하는 것으로 비치더라도 그 선이 오직 잠정적이기 때문입니다. 폭력이 범하는 사악은 항구적입니다. 모든 영국인을 죽인다고 해도 그것이 인도에 조금도 선이 되지 않을 것이라고 나는 믿습니다. 어떤 사람이 내일 아침 모든 영국인을 몰살시킬 수 있다고 해도, 수백만 인도인들은 오늘과 마찬가지로 궁색할 것입니다. 현 사태에 대한 책임은 영국인들에게 있는 것이 아니라 오히려 우리에게 있습니다. 우리가 오로지 선만을 행한다면 영국인들은 사악을 범할 힘이 없을 것입니다. 그래서 나는 내면으로부터의 개혁을 부단히 강조합니다.

하지만 나는 혁명가에게 도덕성이라는 최고의 토대가 아니라 편의라는 저급한 토대에 기초하여 비폭력을 촉구했습니다. 나는 혁명의 방법이 인도에서는 성공할 수 없다고 주장합니다. 만일 공개적 무력 투쟁이 하나의 가능성이라면, 우리나라가 다른 나라들이 걸어왔던 폭력의 길을 걸어갈 수도 있고, 전쟁터에서의 용맹이 가져다줄 자질들을 발휘할 수도 있다는 점을 나는 시인합니다. 하지만 무력 투쟁에 의한 스와라즈의 획득은 우리가 예측할 수 있는 미래에는 불가능한 일이라고 생각합니다. 무력 투쟁이 우리에게 영국 통치 대신 다른 통치를 가져다줄 수는 있지만, 대중적 의미에서 자치를 가져다주지는 못할 것입니다. 스와라즈를 향한 순례여행은 고통스런 등정(登頂)입니다. 그것은 세부에 대한 주목을 요구합니다. 그것은 광범위한 조직 능력을 의미하고 오로지 촌민들에게 봉사하기 위해서 촌락에 침투하는 것을 의미합니다. 다른 말로 하면 그것은 민족교육(*national education*) 곧 대중교육을 의미합니다. 그것은 대중 사이에 민족의식(*national consciousness*)이 깨어남을 의미합니다. 그것은 마법사의 망고 열매처럼 불쑥 솟아나는 것이 아니라, 보리수나무처럼 거의 알아차릴 수 없을 정도로 성장합니다. 피의 혁명은 결코 그런 재주를 부릴 수 없을 것입니다. 여기에서 서두름은 분명히 낭비입니다. 물레질 혁명이 우리가 생각할 수 있는 것 중에서 가장 신속한 혁명입니다.

열 번째이자 마지막 질문은 다음과 같습니다.

> *10* 생명이라는 중대 이익이 관련되어 있는 경우 일체의 논리와 이성이 버려지는 것이 아닙니까? 소수의 이기적인 폭군, 완악한 사람들은 그들이 보통 그러하듯이 이성에 귀 기울이기를 거부하고, 대규모 군중을 계속 통치하며 압제하고 불의를 행하려고 하는 것이 실정이 아닙니까? 크리슈나 주님도 완악한 카우라바 형제와 판다바 형제들 사이에 평화적 해결책을 강구하는 데 실패했습니다. 《마하바라타》가 허구일 수도 있습니다. 불쌍한 크리슈나는 덜 영적일지도 모릅니다. 하지만 당신 사건의 담당 판사를 자신의 자리에서 물러나 당신에 대해서 유죄 판결을 내리지 못하도록 설득하는 데에는 당신조차도 실패했습니다. 다른 모든 사람들과 마찬가지로 그 판사 역시 당신이 무죄라고 여기는 데도 말입니다. 그런 경우에 자기희생을 통한 설득이 어느 정도 성공적일 수 있습니까?

이른바 중대 이익이 걸려 있는 경우 논리와 이성을 팽개치는 것은 슬프지만 사실입니다. 폭군들은 참으로 완악합니다. 영국인 폭군은 완악(*obduracy*)의 화신입니다. 그런데 그는 다두(多頭)의 괴물입니다. 죽이기도 어렵습니다. 우리는 그의 동전으로 그에게 지불할 수도 없습니다. 그가 우리에게 지불할 동전을 단 한 푼도 남겨두지 않았기 때문입니다. 그의 주조소(鑄造所)가 주조하지 않은 동전 한 닢이 나에게 있는데, 이것은 그가 훔쳐갈 수 없는 것입니다. 그것은 그가 여태 만들어낸 어느 것보다 우월합니다. 그것은 비폭력이고 그 상징이 물레입니다. 그래서 나는 그것을 완전히 믿는 마음으로 우리나라에 제시했습니다. 크리슈나는 자신이 원했던 일 중 실패한 것이 아무것도 없다고 《마하바라타》의 저자가 말하고 있습니다. 그는 전능하신 분이셨습니다. 크리슈나가 계신 정상에서 그를 끌어내리는 것은 허사입니다. 그가 만일 단순한 가멸자로서 재판을 받아야 한다면, 그가 제대로 해내지 못할 것이니 뒷자리에 앉아서 나서지도 말아야 할 것입니다. 《마하바라타》는 허구도 아니고 이른바 역사도 아닙니다. 그것은 인간 혼의 역사인데 거기에서 크리슈나 신이 주요 행위자로 있습니다. 그 시에는 나의 보잘것없는 이해력으로서는 헤아릴 수 없는 많은 일이 존재합니다. 그 안에는 명백하게 후대 사람들이 삽입한 부분도 많이 존재합니다. 그것은 보물상자가 아니라 탐색해야 할 광맥입니다. 그 광맥에 우리는 깊이 파고 들어갈 필요가 있고 거기에서 많은 이물질을 제거한 다음 다이아몬드를 추출해야 합니다. 그래서 나는 친구에게, 완전히 성숙한 혁명가들, 혹은 혁명가로 성장하고 있는 자들에게, 혹은 바야흐로 혁명가가 되려고 하는 자들에게 대지에 발을 굳건히 디디기를 촉구하지만, 그 시인이 아르주나와 다른 영웅들을 데려갔던 히말라야 준봉들의 높이를 저울로 가늠하지 말기를 촉구하는 바입니다. 어쨌든 나는 등정 자체를 존경하는 마음으로 거부해야 하겠습니다. 나에게는 힌두스탄 평원으로 족합니다.

이제 평원으로 내려와서 내가 판사에게 나의 무죄를 설득할 목적으로 법정에 가지 않았다는 점에 대해서 질문자를 납득시키도록 해 보겠습니다. 그와 반대로, 나는 완전 유죄임을 말하기 위해서, 그리고 최고의 형벌을 요구하기 위해서 법정으로 갔습니다. 인간이 만든 법률에 대한 나의 위법은 의도적이었기 때문입니다. 판사는 내가 무죄라고 믿지도 않았고 그럴 수도 없었을 것입니다. 투옥하는 데에는 그리 큰 희생도 없었습니다. 진실한 희생은 보다 엄한 것으로 이루어져 있습니다. 나의 친구가 비폭력의 함의를 이해하길 바랍니다. 그것은 개심의 과정입니다. 나는 확신합니다. 나의 철저한 비폭력은 아주 강한 협박성의 행위나 폭력보다 더 많은 영국인을 개심시켰다고 말하고 싶은데 이 말에 대해서 혜량하길 바랍니다. 나는 의식적인 비폭력이 인도에 일반화될 때 스와라즈가 멀지 않으리라는 점을 알고 있습니다.

바야흐로 혁명가가 될 때, 〈영 인디아〉, 1925. 5. 21 ; 《전집》 31 : 227

217) 폭력은 비폭력과 공존할 수 없다 〔*1925. 6. 15* 또는 그 이전〕

당신은 때때로 내게 소식을 전해 줍니다. 나는 생명에 대한 관점이 서로 다르다는 것을 압니다. 나는 인간의 수만큼이나 많은 마음(*minds*)이 존재한다는 것을 압니다. 하지만 차가움(冷)과 열(暑)이 같은 장소에 동일한 환경 아래서 동시에 존재할 수 없듯이, 폭력은 비폭력과 동일한 시공에 동일한 환경 아래 공존할 수 없습니다.

귀하의 신실한 친구
M. K. 간디

라자 마헨드라 프라탑(Raja Mahendra Pratap)에게 보낸 편지,
《마하데브 데사이의 일기》(필사본) ; 《전집》 31 : 303

218) 비폭력 정신 〔*1926. 7. 15*〕

비폭력은 인간이 품부(稟賦)받은(*endowed with*) 것 중에서 가장 위대한 힘이다. 인간의 유일한 목적은 진리이다. 신이란 진리와 다름없기 때문이다. 하지만 진리는 비폭력을 통하지 않고서는 도달되지도 않고 절대 그럴 수 없을 것이다.

인간을 동물과 구별하는 것은 비폭력에 대한 인간의 능력이다. 그리고 그는 비폭력으로 행위할 수 있는 만큼 사명을 완수하며 그 이상은 할 수 없다. 그가 다른 선물을 많이 얻은 것은 분명한 사실이다. 그러나 만일 그런 선물들이 자신 안에 비폭력 정신을 발전시키는 일이라는 주요 목표에 기여하지 않는다면, 짐승보다 더 낮은 지경으로 그를 끌어내릴 따름이다. 이제 그가 막 짐승의 지경에서 벗어났을 따름인데도 말이다.

비폭력 정신이 수백만 남녀들을 지배하지 않는다면, 평화를 위한 외침은 광야에서 외치는 것일 따름이다.

국가 간의 무력 충돌은 우리를 소름끼치게 한다. 하지만 경제 전쟁(*economic war*)은 무력 충돌보다 나은 것이 없다. 경제 전쟁은 외과 수술과 같으며 장기간의 고문이다. 그리고 그 경제 전쟁의 참혹한 피해는 진짜 전쟁으로 불리는 것에 관해서 문학에서 묘사된 것보다 끔찍하기가 조금도 못하지 않다. 하지만 우리는 그 진짜 전쟁의 치명적인 결과에 익숙해져 있어서 경제 전쟁에 대해서는 생각하지 않는다.

인도에서 살아가는 우리 가운데 많은 사람은 누군가가 흘린 피를 보면 몸서리치고, 소의 도살에 분개한다. 하지만 우리는 우리의 탐욕이 우리 민중과 가축에게 초래하는 서서히 가해지는 고문에 대해서는 아무 생각도 하지 않는다. 우리는 이렇게 서서히 죽이는 살생에 익숙해 있으므로, 살생에 대해서 더 이상 생각하지 않는 것이다.

반전운동은 건전하다. 그 성공을 빈다. 하지만 나는 그 운동이 모든 악의 뿌리, 즉 인간의 탐욕을 그대로 두는 한 실패할 것이라는 두려움을 갖지 않을 수 없고 그것이 나를 갉아먹고 있다.

미국과 영국 그리고 서구의 다른 강대국들은 이른바 약소 또는 문명화되지 않은 인종들(*uncivilized races*)을 계속 착취하면서 전 세계가 갈망하는 평화를 얻고 싶다고 희망하는가? 또 미국인들은 상대방을 계속 잡아먹고, 상업적 경쟁 관계를 유지하면서도 세계에 평화를 명령할 수 있을 것이라고 기대하는가?

영혼이 바뀌기 전에는 겉모습은 바뀌지 않는다. 겉모습은 내면에 있는 영혼의 표현에 불과할 따름이다. 우리가 그 겉모습을 그럴듯하게 바꿀 수도 있지만 내면의 영혼이 바뀌지 않는다면, 그것은 단순한 사이비에 불과할 따름이다. 회칠한 무덤은 그 안에 썩어가는 살덩이와 뼈다귀를 여전히 숨기고 있다.

전쟁의 정신을 죽이기 위해서 현재 서구에서 기울이는 위대한 노력을, 내가 폄하하거나 과소평가하려는 것은 아니다. 나는 보잘것없지만 좀 다른 방식으로 그리고 분명 훨씬 적은 규모로 동일한 목표를 이루기 위해서 노력해왔다. 내가 말하는 것은 그와 같은 노력을 기울인 동료 구도자의 입에서 나오는 단순한 경고이다. 그러나 만일 그 실험이 보다 작은 영역에서 명백히 성공한다면, 그리고 보다 큰 영역에서 일하고 있는 사람들이 나를 압도하지 않는다면, 나의 실험은 적어도 더 광범위한 영역의 유사한 실험을 위한 예비 단계는 될 수 있을 것이다.

내가 소속되어 있었던 제한된 영역에서 사람들의 심정에 다가갈 수 없다면, 나는 아무것도 할 수 없다는 점을 알고 있다. 증오의 정신이 어떤 형태로든 지속된다면 평화적인 노력으로 평화를 수립하거나 자유를 얻기가 불가능하다는 점도 나는 알 수 있었다. 우리가 영국인들을 증오한다면 서로서로 사랑할 수 없다. 우리는 일본인을 사랑하고 영국인을 미워할 수는 없는 것이다. 사랑의 법칙(*the Law of Love*)이 우리를 철저하게 지배하도록 해야 한다. 그렇지 않으면 그 법칙은 우리를 조금도 지배하지 못할 것이다. 우리 사이에 사랑이 있다고 해도 그것이 타인에 대한 증오에 기초한 것이라면 그것은 아주 적은 압력에도 무너지고 말 것이다. 그런 사랑은 결코 진실한 사랑이 아니라 무장의 평화(*armed peace*)이다. 그리고 서양에서 벌어지는 위대한 반전운동에도 무장의 평화가 있을 것이다. 인류의 양심이 충분히 고양되어 인생의 모든 방면에서 사랑의 법칙의 확고한 우위를 인정할 때에만, 전쟁은 종식될 것이다. 어떤 이들은 이런 일이 결코 일어나지 않을 것이라고 말한다. 나는 이승의 존재가 끝날 때까지 그런 일이 일어날 것이라는 신앙을 간직할 것이다.

비폭력 : 가장 위대한 힘, 〈더 힌두〉, 1926. 11. 8 ; 《전집》 36 : 41

219) 고삐 풀린 폭력과 순수한 비폭력 사바르마티, 사탸그라하 아슈람, *1928. 1. 4*

친애하는 자와할랄에게,[52]
자네가 나를 무척 사랑하기에 내가 말하려 하는 일에 대해서 화를 내리라고 생각하지는 않네. 어쨌든 나 역시 자네를 몹시 사랑하기에 내가 꼭 써야만 해야 한다고 느낄 때 붓을 억제할 수는 없네.

자네는 너무 앞서가네. 자네는 생각하기 위해서 그리고 적응하기 위해서 시간을 가졌어야 했네. 자네가 성안하고 통과시킨 대부분의 법안들은 1년 연기되었을 수도 있었네. '공화국 군대'(*the republican army*)에 자네가 뛰어든 일은 성급한 일이네. 하지만 내가 염려하는 것은 자네의 행동이라기보다는 자네가 중상모략자와 깡패들을 부추긴다는 점이네. 자네가 순수한 비폭력을 여전히 믿고 있는지 모르겠네.

---

52 이것은 자와할랄 네루의 다음과 같은 부기(附記)와 함께 출판되었다. 즉 "1927년 12월 나는 유럽에서 돌아오자마자 곧장 인도 국민회의 마드라스 대회로 갔다. 여러 개의 법안이 내 요구에 따라서 통과되었다. 이 편지는 그 회기에서 내가 한 행동 중 일부를 간디지가 동의할 수 없어서 쓰신 것이다."

네루와 간디 (1946. 7. 6)

전인도 국민회의위원회 모임 기간 중에 네루와 간디가 이야기를 나누고 있다. 두 사람은 종종 정치적 입장이 엇갈리는 경우도 있었지만 인도 민족의 자유와 독립을 위해서 평생 같은 길을 걸어가는 동지였다.

하지만 자네가 견해를 바꾸었다고 해도, 자네는 제재 없이 고삐 풀린 폭력이 나라를 구원해 줄 것이라고 믿을 수는 없었을 것이네. 자네의 유럽 경험에 비춰서 이 나라를 자세히 관찰해 보고 자네가 현재의 방도와 수단들의 오류에 대해서 확신하게 된다면, 무슨 수를 써서라도 자네의 견해를 강화하게. 그러나 훈련된 집단을 결성하길 바라네. 자네는 카운포르(Cawnpore)[53] 경험을 알고 있을 것이네. 모든 투쟁에는 훈련받으려고 하는 사람들이 필요하네. 자네가 선택한 수단들에 대해서 부주의한 것을 보니 자네는 이런 요소를 간과하고 있는 것처럼 보이네.

내가 만일 자네에게 충고할 수 있다면, 이제 자네가 인도 국민회의의 운영 간사가 되었으니 일치라는 중심 결의안, 그리고 중요하지만 부차적인 결의안, 즉 시몬위원회의 보이콧에 대해서 최선의 노력을 다하는 것이 자네의 의무라고 말하고 싶네. 일치 결의안[54]은 조직과 설득에서 자네가 갖고 있는 모든 위대한 품수(稟受)를 사용할 것을 요구한다네.

나의 요점을 부연 설명할 시간은 없네만, 자네 같은 현자에게는 한마디면 충분하네(*verb. sap.*).

카말라가 유럽에서도 잘 지내길 바라네.

안녕
바푸로부터

자와할랄 네루에게 보낸 편지, 《옛 편지 한 묶음》
(*A Bunch of Old Letters*), 55~56면 ; 《전집》 41 : 97

53 〔역주〕 오늘날의 칸푸르(Kanpur).

54 〔역주〕 1927년 12월 26일의 힌두·무슬림 일치 결의안을 가리킨다. 《전집》 권 41, 79면 참조.

220) 비폭력적 동기와 행위들

1928. 9. 22

바이슈리 보기랄 님께,

다음은 내가 의도적으로 송아지를 죽인 일에 대해서 가능한 한 적은 말로 논의해 본 것입니다.

1 송아지는 엄청난 고통 속에 있었습니다. 의사들은 송아지를 치료했지만, 일체의 희망을 포기했습니다. 우리는 아무 도움도 줄 수 없었습니다. 송아지를 돌려 눕히는 데에는 네다섯 사람이 필요했고, 그것조차 송아지에게 고통을 주었습니다. 나는 이런 상태에서는 그것을 죽이는 것이 다르마라고 생각했습니다.

2 나는 다른 피조물에게 적용하는 규칙을 유사한 상황에 처한 인간에게 적용하는 것이 다르마라고 봅니다. 사람들에 대해서 송아지에 대해서와 같은 행동을 하는 경우는 좀 드물 것입니다. 우리가 사람들을 돕는 데는 더 많은 방법과 더 많은 지식을 갖고 있기 때문입니다. 외과의가 집도하는 수술에 비폭력이 있습니다. 이와 동일한 방식으로, 사람을 죽이는 데에 비폭력이 있을 만한 여러 사례에 대해서 역사는 얘기하고 있으며, 우리는 다른 사례들도 상상할 수 있습니다.

3 생명을 창조하지 않은 자가 생명을 파괴할 권리가 없고, 아무도 남의 다르마를 범할 수 없다는 논의가 있지만, 그것은 이런 경우에는 적용되지 않습니다. 그런 논의는 폭력, 즉 잔인함을 저지할 목적으로만 개진될 수 있습니다. 우리가 비폭력의 동기를 전혀 의심할 수 없는 사람에게 그런 논의를 개진하는 일 자체가 폭력 행위일 수도 있습니다. 그 논의는 충분히 유의하지 않는 사람의 이성을 혼돈에 빠뜨리기 쉽고, 비폭력 행위의 실천을 만류할 수도 있기 때문입니다.

4 문제 행위의 비폭력을 이해하기 위해서는 아래 세 가지 요점을 염두에 두는 것이 필수적입니다. ① 모든 살생이 폭력이라고 믿는 것

은 무지이다. ② 살생에 폭력이 존재하듯이, 우리가 작은 고통으로 여기는 것을 주는 것도 폭력이다. ③ 폭력과 비폭력은 심적 태도이고, 우리 심정의 감정들(*feelings*)에 관련되어 있다. 분노에서 빰을 때리는 것은 순전히 폭력 행위이지만, 뱀에게 물린 자가 깨어 있도록 빰을 때리는 것은 순수한 비폭력입니다.

여기에서 다른 논의들도 많이 도출될 수 있습니다. 당신이 만일 다르마에 관한 것만을 묻고 싶다면 어떤 질문이라도 하십시오. 당신이 원하신다면 이 편지를 어디에서든 어떤 방식으로도 이용할 수 있습니다. 인생에서 내 유일한 목표는 다르마를 발견하는 것이고, 그것을 알고 따르는 것입니다. 내가 그런 일을 할 수 없다면 한순간도 살고 싶지 않습니다.

인도 만세
모한다스 간디로부터

보기랄(Bhogilal)에게 보낸 편지(G.),
SN 11811 ; 《전집》 43 : 46

221) 비폭력과 죽음에 대한 공포

죽음에 대한 공포와 그에 따른 아힘사에 대한 그릇된 해석을 여지없이 드러내고 있는 편지 한 통이 와 있었다. 내가 그 편지에 압도되고 있을 때, 마간랄 간디의 죽음에 즈음하여 한 친구가 보내준 다음과 같은 아름다운 대화를 알게 되어서 기뻤다.

자공이 공자에게 말했다. "선생님, 저는 지쳐서 좀 쉬고 싶습니다." 성현은 말했다. "삶에는 휴식이 없는 법이야." "그렇다면 저는 전혀 휴식을 갖지 못합니까?"라고 제자가 물었다.

"가질 수 있지"라고. 공자가 대답했다. "주위에 누워 있는 무덤을 바라봐라. 어떤 것들은 훌륭하고 어떤 것들은 평범하다. 저 안에서 너는 휴식을 가질 것이야." 자공은 대답했다. "죽음이란 얼마나 훌륭한가요. 군자는 쉬고, 소인은 그 안에 갇혀 있습니다."

"제자여, 자네가 무엇을 이해했는지 알겠네. 다른 이들은 인생을 오직 축복으로만 생각하고, 그것이 해가 되는 독인 줄은 모르네. 그들은 노령이 약함의 상태란 것은 알면서도 그것이 평안한 상태란 것을 모른다. 그들은 죽음(*Death*)을 혐오스런 것으로만 알고, 휴식의 경지(*a state of rest*)인 것을 모른다네"라고 공자가 말했다.

안자(晏子)가 말했다. "죽음에 대한 이 생각은 오래되었지만 얼마나 고상한가. 유덕한 자들은 휴식을 찾고, 사악한 자들은 그 안에 갇혀 있다. 죽음에서는 사람들이 그가 온 곳으로 되돌아간다. 고인들은 죽음을 귀향으로, 삶을 실향으로 여겼다. 자신의 고향을 망각한 자는 그 세대에서 이방인이 되고 웃음거리가 된다."55

위의 대화를 인용한 것은 살아 있는 존재에 대한 사형선고나 살아 있는 것에 대한 사형선고를 옹호하기 위한 것이 아니다. 그것을 여기

---

55 〔역주〕 위의 글은 《열자》(列子)의 〈천서〉(天瑞)편에 나온다. 열자는 중국 전국시대(B.C. 475~221)의 사상가. 본명은 열어구(列禦寇). 중국 도가의 기본사상을 확립시킨 3명의 철학자 가운데 한 사람이며, 도가 경전인 《열자》의 저자로 전해진다. 그러나 이 책 속에 포함된 글 가운데 많은 부분이 후대 사람들의 위작(僞作)으로 밝혀져, B.C. 100년경 전한(前漢)의 역사가 사마천(司馬遷)은 《사기》, 〈열전〉(列傳)에서 열자를 제외시켰다. 이런 사실 때문에 많은 사람은 그를 가공의 인물로 생각한다. 그러나 현대의 학자들 대부분은 그가 실존 인물이었다고 믿는다. 열자의 생애에 대해서는 알려진 것이 거의 없으나, 당시의 다른 학자들처럼 많은 제자를 거느렸고, 전국시대에 여러 나라를 돌아다니며 왕후(王侯)들에게 유세를 했다고 전해진다. 그의 작품은 해학에 가득 찬 문체와 결정론을 강조한 철학이념으로 잘 알려져 있다. 그는 도가의 주요 사상가인 노자나 장자와는 달리 인간의 미래는 운명이 아니라 주로 인과관계에 의해서 결정된다고 가르쳤다.

에 제시한 것은, 수많은 투고자가 주장하듯이 죽음이 모든 경우에 공포가 아니라는 점을, 그리고 특히 죽음이 형벌로 부과된 것이 아니라 치유적인 위안(*healing balm*)으로서 처치(處置)되었을 경우 구원이 될 수도 있다는 점을 보여주기 위해서이다. 어떤 영국 시인은 "죽음은 오직 수면이고 망각이다"라고 노래했다. 현세에 악을 지으면 사후 지옥의 고통이 있을 것이고, 금생에 덕을 쌓으면 내생에 보상으로 천녀(天女)가 있을 것으로 상상하며 덕을 지지하지는 말자. 덕 그 자체에 매력이 없다면, 똥 무더기에 던져 버릴 정도로 하잘것없는 것임이 틀림없다. 우리는 너무나 자주 스스로 잔인해진다. 하지만 나는 자연이 우리가 보듯이 그렇게 잔인하지는 않다고 확신한다. 천국과 지옥은 모두 우리 안에 있다. 사후의 생이 존재하는 것은 사실이지만, 그 생은 우리를 공포 속에 몰아넣고 기쁨으로 황홀하게 하는 현재의 경험들과 별반 다르지 않다. "기쁨과 슬픔을 초극하는 사람은 확고부동하다. 현자들은 죽음과 삶에 의해서도 끄떡없다"라고 《기타》는 노래하고 있다. 이것들은 동전의 양면과 다름없다.

우리 종교 안에 있는 비폭력 개념은 우리가 다른 사람에게 줄지도 모를 고통의 관점에서 형성되었다. 우연이든 의도적이든 죽음이 발생하면 고통을 일으키는 원인을 생각하지도 않고 어째서 절규해야 하는가? 절규의 배후에 죽음의 공포가 없다면 무엇이 있겠는가? 죽음의 공포는 사람에게 어울리지 않는다. 이런 공포가 있는 곳에는 비폭력의 모습으로 나타나는 최상의 인간 노력은 불가능하다.

죽음은 휴식이다, 〈영 인디아〉, 1928. 10. 25 ; 《전집》 43 : 164

222) 야수성과 비폭력

카디를 독극물[56]로 여기는 신사가 제기한 두 번째 질문은 다음과 같다. …

비폭력적 비협조는 약자의 힘이 아니라 특별히 강자의 힘이란 것이 나의 확고한 생각이다. 비폭력은 보편적 원리이다. 우리는 그것을 의식적으로 또는 무의식적으로 늘 실천하고 있다. 현재의 역사는 왕들이 벌인 전쟁에 주목하고 있다. 민중의 역사, 국민의 역사는 지금부터 쓰여져야 한다. 그런 역사를 쓸 때, 우리는 역사의 매 페이지마다 비폭력적 비협조를 만나게 될 것이다. 잔인한 남편에게 순종하기를 거부하는 아내가 하는 일은 비폭력적 비협조이다. 퀘이커[57]의 역사는 비폭력적 비협조의 역사에 의해서 영광을 얻었다. 인도의 비슈누신 교도의 역사도 동일한 것을 증거하고 있다. 이들이 할 수 있었던 일은 온 세상이 할 수 있을 것이다.

이 사안을 들여다보는 자들은 세상이 평화의 방향으로 움직이고 있음을 분명히 목격할 수 있을 것이다. 인류가 비록 사람의 모습을 하고 있지만 야수적 본능을 벗어버린 것은 아니다. 인류는 그것을 포기하는 일 이외에 다른 대안이 없다. 따라서 개와 고양이의 사례들은 우리와는 무관하고 우리에게 잘 어울리지도 않는다. 우리는 개

56 그 편지는 여기에 게재하지 않는다. 그 투고자는 그의 생각으로 인도인들이 약하고 무기가 없기 때문에 비폭력적 비협조가 그들에게 최선의 무기라는 것, 라마는 라바나와의 전투에서 피를 흘렸다는 것, 개는 어미 고양이를 죽인 다음에라야 새끼 고양이를 낚아챌 수 있었다는 점, 그리고 3억 3천만 인도인들 모두가 비폭력에 대해서 신념을 가질 수 없었다는 점을 말했다.

57 〔원주〕 17세기 조지 폭스(Geroge Fox)가 개창한 종교 분파인 종교친우회 회원들. 〔역주〕 한국에도 서울 종교친우회가 있고, 유명한 퀘이커로는 함석헌 선생이 있었다. 역자도 1973년 이후 20년 가까이 이 모임에 다닌 바 있다.

와 고양이가 아니며 두 발로 서는 존재이고, 자아를 실현하려고 분투하는 자, 이성으로 따질 수 있는 능력을 품수받은 자이다.

라마찬드라는 어떤가? 그가 랑카에서 피를 강물처럼 흘렸다는 것을 누가 증명했던가? 언제 십두(十頭)의 라바나가 태어났던가? 누가 원숭이 군대를 목격했던가? 《라마야나》는 경전이고 풍유(알레고리)이다. 수백만 민중이 숭배하는 라마는 우리 심정에 거하는 지고의 주인이다. 라바나 역시 우리 안에 거하는 비천한 욕망들의 끔찍한 형상이다. 우리 안에 있는 라마가 라바나와 부단히 전쟁을 벌이고 있다. 라마는 바로 그 자비의 화신(*embodiment*)이다. 만일 라마라는 역사적 인물이 다른 역사적 인물인 라바나와 전쟁을 벌인 경우, 우리는 별로 많은 것을 배우지 못했을 것이다. 그런데 그런 인물들을 찾기 위해서 우리는 왜 과거를 계속 탐색해야 하는가? 그들은 오늘 수많은 장소에서 발견될 수 있다. 영원의 존재 라마는 브라만이 취한 하나의 형상이고 진리와 비폭력의 이미지이다.

인도의 문제를 해결하는 것은 분노도 아니고 《라마야나》 등에 대한 오독도 아니며 야수를 모방하는 것도 아니다. 이 문제를 해결하기 위해서 우리는 우리 자신을 알아야 한다. 비폭력적 비협조는 인도인들에게 자신들의 인간성을 상기시켜 줄 것이다. 수백만 사람들이 그것을 일시에 수용하지 않을 수도 있다. 하지만 수백만 사람들은 결코 무기를 들지 않을 것이다. 비폭력적인 전쟁에서 결의에 찬 소수의 전사들이 존재한다면, 그들은 수백만 사람들을 보호할 수 있을 것이고, 그들 안에 생명을 주입할 수 있을 것이다. 이것이 비록 내 꿈에 불과하다고 해도, 나에게는 매혹적인 것으로 보인다. 그것이 비록 공화(空華)라 해도, 나의 상상에는 아름다워 보이고 그 향기는 늘 나를 찾아온다.

라마는 피를 흘렸는가?, 〈나바지반〉, 1929. 8. 11 ; 《전집》 46 : 335

223) 고통 주기

1932. 3. 24

안녕, 압바스!

네 질문은 아주 훌륭하네. "아무에게도 고통을 초래하지 않는 것은 무엇일까?"[58]라는 질문은, 화자는 고통을 야기하려는 의도를 조금도 가져서는 안 된다는 것을 의미하네. 다른 사람에게 미치는 효과가 무엇일지에 대해서 확실하게 알 길은 전혀 없네. 그래서 우리는 다른 사람이 우리에게 동일한 말을 했을 경우 우리가 어떻게 느낄지를 생각할 수 있을 뿐이네. 동일한 규칙이 '유쾌함'에 대해서 그리고 '유익함'에 대해서도 적용되네.

바푸로부터 축복을

압바스에게 보낸 편지(G.), CW 8988 ; 《전집》 55 : 173

224) 수단과 목적으로서의 비폭력

1933. 6. 26

사랑하는 아사프 알리께,

당신이 보낸 장문의 편지를 받았고 그에 대해서 감사드립니다. 당신이 그것을 언론사에 보낸 것에 대해서 나는 조금도 괘념치 않습니다. 당신은 편지를 나에게 보낼 완전한 권리를 가지고 있었고, 나는 당신의 견해를 표명해 준 솔직함에 대해서 감사를 드립니다.

하지만 나는 아직 현 상황에 대해서 아무것도 말씀드릴 수가 없습니다. 내가 아직 병석에 누워 있어서 분석적 연구를 하지 못했기 때문입

---

58 〔원주〕 Anudvegakaram; 《바가바드 기타》, 17 : 15. 〔역주〕 이 구절을 간디는 "which does not cause pain to anybody"(본 텍스트), "that cause no hurt"(*The Bhagavad Gita : According to Gandhi*, Berkeley : Berkeley Hills Books, 2000)로 각각 번역하고 있다. 길희성은 같은 구절을 '동요를 일으키지 않는'으로 번역하고 있다.

니다. 하지만 당신이 나의 한계이기도 한 나의 근본적 어려움을 이해해 주시길 바랍니다. 나에게 비폭력은 단순한 실험이 아닙니다. 그것은 내 삶의 일부이며, 사타그라하, 비협조, 시민불복종의 신조 전체, 그리고 기타 등등은 비폭력이 인간을 위한 인생 법칙이라는 근본적 명제에서 도출된 것입니다. 나에게 비폭력은 수단 겸 목적입니다. 인도가 직면한 복잡한 상황에서는 진정한 자유를 얻을 수 있는 다른 방도가 없다는 점에 대해서 나는 어느 때보다도 확신하고 있습니다. 그래서 나의 마음을 현 상황에 적용함에 있어서 나는 비폭력의 이름으로 모든 것을 검증해야 합니다.

귀하의 신실한 친구

M. Asaf Ali, Esq., bar-at-law
Kucha Chelan, Delhi

M. 아사프 알리에게 보낸 편지, SN 19108 ; 《전집》 61 : 238

225) 비폭력 공리들

비폭력은 나의 모든 행위의 뿌리이다. 또한 그것은 지금 내가 분명히 나의 모든 에너지를 집중해서 노력하고 있는 세 가지 공적 활동의 뿌리이기도 하다. 이것들은 불가촉천민제도, 카디 그리고 촌락 전반의 갱생이다. 힌두·무슬림의 일치는 내가 네 번째로 사랑하는 대상이다. 하지만 가시적인 모습에서 그리고 바로 그 때문에 나는 실패를 고백했다. 하지만 그 사실로부터 대중은 내가 활발하지 못했다고 상정해서는 안 된다. 힌두교도와 이슬람교도는 내가 한순간도 쉬지 않고 집단 간의 평화를 열망했다는 점에 대해서 증언해 줄 것임을 나는 안다. 내가 살아 있는 동안이 아니라면 사후에는 그래 줄 것이다.

비폭력이 강령(*creed*)이 되기 위해서는 모든 곳에 파고들어야만 한다. 우리가 일부의 행위에서는 비폭력적이고, 또 다른 일부의 행위에 대해서는 폭력적이 될 수는 없다. 그것은 정책은 될지언정 삶의 힘은 아니다. 그렇다면 이탈리아가 현재 아비시니아에 대항하여 전쟁을 벌이고 있다는 점에 대해서 무심할 수가 없다.[59] 하지만 나는 내 의견을 표명하고 나라를 지도하라는 아주 강력한 요청을 거절해왔다. 진리와 비폭력을 위해서 자기억제가 종종 필요한 때가 있다. 만일 인도가 하나의 나라로서 집합적 비폭력이든 거국적 비폭력이든 비폭력 강령을 흡수했다면, 나는 지도하는 데 조금도 망설이지 않았

---

59 〔역주〕 아비시니아는 에티오피아의 옛 이름. 간디는 여기에서 이탈리아·에티오피아 전쟁(Italo-Ethiopian War, 1935~1936: 에티오피아와 이탈리아 사이의 무력 충돌)을 말하고 있다. 이 전쟁의 결과 에티오피아는 이탈리아의 지배를 받게 되었다. 흔히 제2차 세계대전의 서곡을 이루는 것 중 하나로 여겨지는 이 전쟁은 국제연맹의 결정을 강대국들이 지지하지 않을 때 국제연맹은 무력할 수밖에 없다는 사실을 입증했다. 1890년대에 이탈리아가 정복하려 했으나 실패했던 에티오피아(아비시니아)는 유럽인들이 지배하는 아프리카 대륙에서 1934년 당시 몇 안 되는 독립국 가운데 하나였다. 그해 12월 에티오피아와 이탈리아령 소말릴란드 접경지대에서 충돌이 일어났는데, 이 사건은 베니토 무솔리니에게 개입의 구실을 제공했다. 모든 중재 제의를 거부하고 이탈리아는 1935년 10월 3일 에티오피아를 침공했다. 로돌포 그라치아니 장군과 피에트로 바돌리오 장군이 이끄는 이탈리아 침공군은 빈약한 장비에 훈련도 제대로 받지 못한 에티오피아 군대를 계속 밀어붙여 1936년 4월 9일 아샹기 호수 근처에서 대승을 거두고 5월 5일 수도 아디스아바바를 점령했다. 에티오피아의 지도자 하일레 셀라시에 황제는 국외로 망명했다. 로마에서 무솔리니는 이탈리아의 왕 비토리오 에마누엘레 3세를 에티오피아 황제로 선언하고 바돌리오를 부왕으로 임명했다.

에티오피아의 호소에 따라서 국제연맹은 1935년 이탈리아의 침략을 비난하고, 이탈리아에 경제제재를 가하기로 결의했다. 그러나 전체적으로 지지가 부족해 제재조치는 효과를 거두지 못했다. 동아프리카에 이해관계를 가진 영국은 무솔리니의 행동을 탐탁지 않게 생각했지만, 다른 주요 강대국들은 무솔리니를 응징하는 데 실제적 관심이 없었다. 이 전쟁은 이탈리아 제국주의자들의 발판을 마련해 줌으로써 국제적 긴장을 증대시켰다. 《브리태니커 CD EX 백과사전》(한국브리태니커, 2002) 참조.

을 것이다. 내가 이 나라의 수백만 민중의 마음을 조금 장악하고 있다고 해도, 그 장악에 심대하고도 명백한 한계가 있음을 알고 있다. 인도는 태곳적부터 단절 없이 이어진 비폭력의 전통을 갖고 있다. 하지만 내가 아는 한 인도 고대 역사에서 완전한 비폭력이 나라 전체에 널리 퍼져서 활동했던 적은 한 번도 없었다. 그렇지만 나는 비폭력 메시지를 인류에게 전달해 주는 것이 우리나라의 운명이라는 점을 확고하게 믿는다. 그것이 결과를 얻자면 앞으로 몇 세대가 걸릴 것이다. 하지만 내가 판단할 수 있는 한, 그러한 사명의 완수에서 인도보다 앞서는 나라는 없을 것이다.

그것이 무엇이든 저 무적의 힘의 의미에 대해서 성찰해 보는 것이 시의적절하다. 어느 날 친구들이 우연히 나에게 다음 세 가지 구체적인 질문을 던졌다.

1 만일 아비시니아가 비폭력적이었다면 형편없이 무장한 아비시니아가 잘 무장한 이탈리아에 대항하여 무엇을 할 수 있었을까?
2 만일 국제연맹 중에서 가장 위대하고 가장 강력한 영국이 당신이 말하는 의미대로 비폭력적이었다면 확고부동한 이탈리아에 대해서 무엇을 할 수 있었을까?
3 인도가 만일 당신이 말하는 의미대로 갑자기 비폭력적으로 되었다면, 인도는 무엇을 할 수 있었을까?

이와 같은 질문에 답하기 전에 나는 비폭력의 다섯 가지 간단한 공리(*axioms*)를 내가 알고 있는 대로 제시해 보겠다.

1 비폭력은 인간적으로 가능한 범위 내에서 완전한 자기정화를 의미한다.
2 인간과 인간 사이에서 비폭력의 힘은, 비폭력적 인간이 폭력을 가할 수 있는 의지에 비례하는 것이 아니라 폭력을 가할 수 있는 능

력에 정확히 비례한다.[60]

3 비폭력은 예외 없이 폭력보다 우월하다. 다시 말하면, 비폭력적인 사람이 부릴 수 있는 힘은 그가 폭력적일 경우 가질 수 있는 힘보다 언제나 더 크다.

4 비폭력에 패배와 같은 것은 없다. 이에 반해서 폭력의 종결은 아주 명백한 패배이다.

5 비폭력의 궁극적인 종결은 승리라는 단어 사용이 비폭력에 대해서 허용된다면 아주 명백한 승리이다. 실제로 패배가 의미 없는 곳이라면 승리의 의미도 없다.

앞의 질문들은 이런 공리들에 비춰서 대답할 수 있을 것이다.

1 만일 아비시니아가 비폭력적이었다면 어떤 무기를 갖지도 원치도 않았을 것이다. 그들은 무력 개입을 위해서 국제연맹 혹은 다른 세력에 아무 호소도 하지 않았을 것이다. 불평의 원인도 결코 제공하지 않았을 것이다. 그리고 아비시니아인들이 무력 저항을 하지 않았다면 그리고 그들이 자발적이든 강제적이든 협조하지 않았다면, 이탈리아는 아무것도 정복할 것이 없었을 것이다. 그 경우 이탈리아의 점령은 사람 없는 땅의 점령만을 의미했을 것이다. 그렇지만 그것이 이탈리아의 정확한 목표는 아니다. 그들은 그 아름다운 땅에 살아가는 민중의 항복을 추구했다.

2 영국인들이 만일 하나의 국민으로서 심정으로 비폭력적이 된다면, 그들은 제국주의를 털어 버리고 무력 사용을 포기했을 것이다. 그와 같은 포기의 행위에 의해서 생성된 도덕적 힘은 이탈리아를 뒤

60 〔역주〕 간디는 일단 비폭력적 인간이라고 해도 폭력에의 의지가 있음을 인정하고 있다. 간디에 따르면 비폭력의 힘의 크기는 우리 안에 있는 폭력의 의지에 비례하는 것이 아니라 폭력을 실제로 가할 수 있는 힘에 달려 있다는 것이다.

로 물러서게 하여 자신의 계획을 자발적으로 포기하게 만들 것이다. 그렇게 되면 영국은 내가 제시했던 공리들의 살아 있는 화신이 될 것이다. 그런 개심의 효과는 모든 시대에 최대의 기적이 될 것이다. 또한 비폭력이 나태한 꿈이 아니라면, 그와 같은 것이 언젠가 어디선가 통용될 날이 올 것이다. 나는 그런 신앙으로 살아간다.

3 마지막 질문에 대해서는 다음과 같이 대답할 수 있을 것이다. 내가 앞서 말했던 대로, 하나의 국민으로서 인도는 비폭력이란 말의 완전한 의미에서 비폭력적이지 못하다. 인도는 폭력을 행사할 능력도 없는데 무기가 없기 때문은 아니다. 무기의 물리적 소유는 용감한 자들이 필요한 것 중에 가장 최후의 것이다. 인도의 비폭력은 약자들의 것이다. 인도는 일상적 행위의 여러 부문에서 약점을 드러내고 있다. 인도는 오늘날 세계 앞에 쇠퇴하는 국민으로 비쳐진다. 이것은 내가 단순히 정치적 의미가 아니라 본질적으로 비폭력적, 도덕적 의미에서 하는 말이다. 인도는 물리적 저항을 펼 만한 능력이 없다. 힘에 대한 의식조차 없다. 인도는 자신의 약점에 대해서만 의식하고 있다. 만일 인도가 자신의 약점을 의식하지 않는다면, 집단 간의 문제도 정치적인 문제도 없을 것이다. 인도가 만일 자신의 힘을 의식하면서도 비폭력적이라면, 영국인들은 불신받는 정복자의 역할을 잃고 말 것이다. 우리는 원하는 대로 정치적으로 말할 수 있고, 자주 영국인 통치자들에게 정당한 비판을 할 수 있을 것이다. 그러나 우리가 자신들에 대해서 공격을 혐오하는 강한 민중으로 단 한순간이라도 그려 볼 수 있다면, 우리는 영국 군인이든, 무역인이든, 행정가든, 그 모든 영국인들을 두려워하지 않을 것이고, 그들 역시 우리를 불신하지 않을 것이다. 그래서 우리가 만일 진실로 비폭력적이라면, 우리가 할 모든 일에 있어서 영국인들과 함께 도모할 수 있을 것이다. 다른 말로 하면,

수백만의 우리는 세상에서 가장 위대한 도덕적인 힘이 될 수 있을 것이고, 이탈리아는 우리의 우정 어린 말에 귀를 기울일 것이다.

독자들이 이제 나의 논의가 나의 공리들을 증명하기에는 부족하고 서툰 시도일 뿐이란 점을 간파했기를 바란다. 공리가 정당한 것이 되기 위해서는 반드시 스스로 증명해야 한다.

내가 기하학적 논리에 대해서 눈을 뜰 때까지, 나는 유클리드의 12개 공리를 읽고 또 읽으며 머리가 어질어질했음을 느꼈다. 그러나 일단 눈을 뜨고 나니, 기하학이 배우기에 가장 쉬운 학문처럼 보였다. 비폭력의 경우는 더욱 그러하다. 그것은 일정 지점을 넘어서면 논증의 문제가 아니라 신앙과 경험의 문제이다. 세상이 믿기를 거부하는 한, 인도는 하나의 기적, 즉 대규모로 벌이는 비폭력의 가시적 증명을 기다려야 할 것이다. 비폭력은 오직 개인을 위한 것이어서 대규모 비폭력은 인간의 본성에 반하는 것이라고들 한다. 만일 그렇다면, 인간과 짐승의 질적인 차이는 어디에 있는가?

가장 위대한 힘, 〈하리잔〉, 1935. 10. 12 ; 《전집》 68 : 71

226) 비폭력적 힘의 사용

와르다, 마간와데, *1935. 10. 20*

내가 그녀를 원숙하게 만들기 위해서 그녀를 비폭력적으로 때리는 힘을 가진 것은 사실이지만, 그런 힘을 주변 정황과 관계없이 번번이 사용하는 것은 온당치 못하다.

영적인 눈이 떠진 자들 혹은 그런 눈이 떠졌다고 여겨지는 사람들 가운데서조차도 의견의 차이가 존재한다고 알려져 있다.

인도 만세
모한다스로부터

편지(G.), GN 8770 ; 《전집》 68 : 94

227) 비폭력은 소리 없이 작용한다

와르다, 세가온, *1936. 9. 26*

사랑하는 나의 바보야,

만일 부서지지 않는 보온병이 온다면 그것을 돌려주지 않을 것이네. 내가 자네의 모든 편지를 없애 버릴 때 본의 아니게 마호무다바드의 주소까지 없애 버렸네. 별지에 다시 한 번 그 주소를 적어 주게.

심라에 집이 있다고 해서 여름을 그곳에서 보낸다는 것은 분명 '바보 같은' 짓이네. 자네는 원기를 완전히 회복할 수 있는 다른 여름 휴양지를 선택해야 하네.

비폭력이 갖는 여러 자질 중에 하나를 기억하게. 비폭력은 좀체 말하지 않고, 단순하고 조용히 활동하네. 그것은 지성에 호소하지 않고 심정을 꿰뚫네. 비폭력은 자신의 입을 열어 말하거나 논의하면 할수록 효력을 잃게 되네. 그래서 법정에 궐석해서 소송에서 패소당하기를 주저하지 말게. 겉으로 보이는 패배는 승리의 시간일 수 있네. 말은 종종 약함의 표시이네.

슘미가 육식이 필수적이라고 말한다면 한번 고기를 먹어 보게. 만일 양보가 의무가 될 경우 자네가 지금 좀 양보한다면, 자네의 채식주의는 더욱 탄탄한 토대 위에 설 것이네.

강도가 사랑을

암리트 카우르[61]에게 보낸 편지,
CW 3594 ; 《전집》 69 : 525

---

61 〔역주〕 Amrit Kaur (1889~1964) : 1947년 인도 독립 이후 10년 동안 보건장관 역임. 탁월한 간디주의자, 자유투사, 사회활동가. 인도 헌법을 기초했던 헌정회의의 일원이었다. 인도 우타르 프라데슈 출신이지만, 주로 영국에서 교육을 받고 귀국했다. 인도 국민회의 의원이었고, 투베르큐로시스 연대, 인도 적십자를 이끌었다. 개신교 기독교도였다.

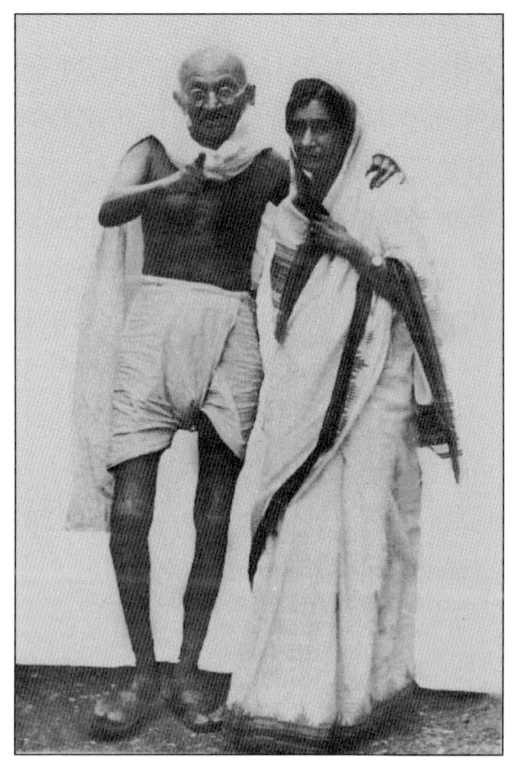

간디와 암리트 카우르(1945)

간디와 암리트 카우르가 어깨동무를 하고 있다.
카우르는 저명한 간디주의자로서 사회운동에
앞장섰으며 인도 독립 후에 보건장관을 지냈다.

228) 우리 존재의 법칙

〈스테이츠맨〉지는 '전쟁을 상대로 한 전쟁'이라는 캐넌 셰퍼드(Canon Sheppard)의 생각에 대해서 그 잡지가 가한 비판의 응답으로서, 내가 전개했던 논의에 대해서 사리에 맞는 기사를 게재했다. 그 기사는 아주 분명하게 내 입장 전체를 논박하려고 했다.

그 기사의 필자는 《바가바드 기타》가 자신을 돕긴 하지만, 테러리스트를 돕지는 않는다고 말한다. 외과의가 환자에게 사용하는 물리력은 그 환자의 이익을 위한 것이다. 이런 경우와 달리 물리력의 적용을 받고 있는 사람의 이익 이외의 목적을 위해서 물리력을 사용할 때의 적법성을 여러분이 인정하게 된다고 해도, 여러분은 적법과 위법 사이에 자의적인 선을 그어서는 안 될 것이다. 《기타》는 《마하바라타》의 작은 장을 이루고 있고, 후자는 야밤중에 죄 없는 자들을 살해한 것을 끔찍하게도 자세히 묘사하고 있는데, 그 살해의 실제 경험은 우리의 문명화된 전쟁(*civilized war*)에 대한 최근의 우리 경험이 없었다면 믿기가 어려웠을 것이다. 일부 테러리스트들은 《기타》를 암기까지 하면서 그것을 아주 정직하고, 진지하고 일관성 있게 자신들의 교리와 정책을 옹호하기 위해서 사용한다. 이는 무서운 사실이 아닐 수 없다. 그들은 《기타》에 대한 내 해석은 틀렸고, 자기네들의 해석은 옳다고 말하는 것 이외에는 내 해석에 대해서 아무 대답을 하지 않는다. 시간만이 어느 편의 해석이 옳은가를 보여줄 것이다. 《기타》는 이론서가 아니다. 그것은 살아 있지만 조용한 지침인데, 우리는 그 지침의 방향을 끈질긴 분투를 통해서 이해해야 한다.

〈스테이츠맨〉지의 필자는 이어서 캐넌 셰퍼드의 입장을 아르주나의 입장에 비견하고 있다. 이것은 분명 잘못된 유추이고, 성급히 도출된 유추이다. 아르주나는 판다바 군대의 총사령관이었다. 그는 자신 앞에 펼쳐진 끔찍한 장면을 생각하자마자 갑자기 몸이 마비되었다. 그는 장군으로서 무엇을 해야 할지를 분명히 알았다. 그는 사촌들과 전쟁을 벌여야 한다는 점을 정확히 알았다. 그의 마비는 순간적인 연약함에 기인했다. 그가 자신의 과업을 포기한다면, 그는 반드시 엄청난 혼란과 무질서를 초래할 것이고, 자기 자신, 수많은 친구와 추종자들에게 불명예를 가져다주고 말 것이다. 자신과 추종자들은 무시무시한 살상 훈련을 받아왔으며, 그는 추종자들과 함께 살상 행위를 벌이도록 되어 있었다. 신구의(身口意)에서의 비폭력이 갑작스럽긴 하지만 진정으로 그를 사로잡았다면 무엇이 일어났을까를 추정해 보는 일은 무익한 일이다.

딕 셰퍼드와 그의 동료들이 풍요로운 소유물(비폭력)을 이제 갖게 되었기를 희망하자. 내가 아는 한, 어쨌거나 셰퍼드의 입장은 아르주나의 입장과는 전적으로 다르다. 셰퍼드는 전투 대형으로 정렬해 있는 군대의 장군이 아니다. 그는 친족과 다른 사람들을 전혀 차별하지 않는다. 그에게 있어서 사람은 그저 사람일 뿐, 그는 태생이나 피부색, 스스로 부르는 호칭에 대해서 개의치 않는다. 셰퍼드는 자기의 생명서(*the Book of Life*)를 기도하는 정신으로 샅샅이 읽은 다음, 자신이나 나라의 이득을 위해서 동료를 해치면 안 된다는 결론, 그리고 바로 그 때문에 직접으로든 간접으로든 참전해서는 안 된다는 결론에 도달하게 되었다. 자연스럽게 그는 한 걸음 더 나아가, 예외 없이 모든 인간에 대한 평화, 사랑 그리고 선의라는 교리를 이웃에게 설교하게 되었다. 이것은 아르주나가 결코 취하지 않았던 입장이다.

그러나 〈스테이츠맨〉지의 필자는 자신의 화살에 활줄을 여러 개 가지고 있었다. 그중에서 가장 강한 활줄은 인류의 법칙인 비폭력 혹은 사랑을 거부하는 활줄이다. 만일 사랑 곧 비폭력이 우리 존재의 법칙이 아니라면 내 논의 전체가 박살이 날 것이고, 전쟁의 정기적인 재발을 막을 길이 없을 것이다. 전쟁이 일어나면 미래의 전쟁은 과거의 전쟁보다 더욱 광포할 것이다. 나는 사랑이 생명의 원천이며 목적이라는 사실에 대해서 어떤 증명도 시도할 수 없다. 더구나 일상사로부터 단절된 순간에 쓴 신문기사를 통해서는 더더욱 시도할 수 없다. 하지만 나는 그 법칙(*the Law*)을 용이하게 이해시키기 위해서 감히 몇 가지 제안을 하려고 한다. 여태 살다간 모든 스승들(*all the Teachers*)은 다소의 차이는 있을지언정 열렬히 그 법칙을 설교했다. 만일 사랑(*Love*)이 생명의 법칙이 아니었다면, 생명은 죽음의 한복판에서 유지되지 못했을 것이다. 생명은 무덤에 대해서 반복되는 승리이다. 만일 인간과 짐승 사이에 근본적 차이가 있다면, 그것은 인간이 사랑의 법칙을 점진적으로 인정하여 자신의 개인적 삶에 실제로 활용한다는 점이다. 이 세상의 모든 성인들은 예전의 사람이든 오늘날의 사람이든 제각기 자신의 빛과 능력에 따라서 우리 존재의 지고의 법칙(*supreme Law of our Being*)을 보여주는 산 증인이었다. 우리 속의 짐승이 우리 안에서 너무 자주 그리고 쉽게 승리를 거두는 것은 분명한 사실이다. 하지만 이 사실이 위의 법칙을 반박하지는 못한다. 그것은 실천의 어려움을 보여주고 있다. 진리 자체만큼이나 고상한 사랑의 법칙이 이와 다를 수가 있겠는가?

그 법칙의 실천이 보편화되면 신은 천국에서와 같이 지상에서도 다스릴 수 있으실 것이다. 우리 안에 땅과 하늘이 공존한다는 점을 나에게 상기시킬 필요는 없다. 그러나 우리는 땅을 알 뿐, 우리 안에 있는 하늘에는 이방인들이다. 사랑의 실천이 일부 사람들에게는 가능하다는 점이 인정된다면, 다른 모든 사람들이 그것을 실행할 수 있다는 가능성조차 인정하지 않는 일은 오만이다. 그리 멀지 않은 우리의 조상들은 식인(食人)이나 오늘날의 우리가 질색할 만한 다른 행위들에 탐닉했다. 그런 때에도 딕 셰퍼드와 같은 이들이 분명 있었을 것이고, 동료 인간의 식인을 거부하라는 괴상한 교리를 (그들에게) 설교했다는 이유로 비웃음을 당하고 어쩌면 목에 칼이 씌워져 조롱거리가 될 수도 있었을 것이다. 현대과학에서는 불가능해 보이던 것이 아직 생생하게 기억에 남아 있는데도 가능한 것으로 되어 버린 사례들로 가득 차 있다. 하지만 물리학의 승리는 우리의 존재 법칙인 사랑으로 요약되는 생명과학(*the Science of Life*)의 승리에 비하면 아무것도 아닐 것이다. 나는 생명의 법칙이 논증에 의해서 증명될 수 없다는 점은 알고 있다. 그 법칙은 자신들에게 초래되는 결과를 아주 무시하면서 삶에서 그것을 실현하는 사람들에 의해서 증명될 것이다. 희생 없이 진실한 획득이 있을 수 없다. 그리고 사랑의 법칙을 증명하는 것이 가장 진실한 획득이므로, 희생 또한 가장 크게 요구되어야 할 것이다.

이렇게 사랑의 법칙이 인정된다면, 〈스테이츠맨〉지의 투고자가 내 논의를 비판하며 개진했던 나머지 논의에 대해서는 대답할 필요가 없다. 만일 사랑의 법칙이 부정되거나 의심을 받는다면, 그의 논의는 타당할 것이다.

하지만 한 가지는 잠깐 언급해야 하겠다. 그 투고자는 개인의 이득이나 국민의 이득이 없는 명예에 대해서 흥하고 코웃음 치는 것으로 보인다. 그는 "자발적으로 자신을 파괴하는 국민에게 주어지는 명예란 무엇인가?"라고 말했다. 자발적인 것이든 타율적인 것이든 나에게 자기파괴라는 문제가 있을 수 없다. 하지만 자신의 명예를 지키기 위해서 '특정 국민이 자멸하도록 내버려 두는 문제'는 있을 수 있다. 이를테면 인도인들이 침입자들의 의지에 항복하지 않겠다는 각오로 손가락 하나 들지 않고 〔마지막〕 한 사람까지 죽는 경우에 그럴 수 있다.

한 여성이 방탕자의 접근을 죽음에 이르기까지 비폭력적으로 저항했을 때 역시 그녀는 자신의 명예와 여성의 명예를 지킨 것이다. 청년 프라흘라드는 자신의 명예를 지키기 위해서 비폭력적으로 자신의 목숨을 걸었는데 그때 그의 명예는 신에 대한 자신의 불굴의 신념을 선언하는 데에 달려 있었다. 예수는 자신의 신앙을 부정하는 대신 중죄인의 죽음을 선택했는데 바로 그때 그는 자신의 명예와 인간의 명예를 지켰다.

우리 존재의 법칙, 〈하리잔〉, 1936. 9. 26 ; 《전집》 69 : 524

229) 비폭력 행위와 폭력 행위

와르다, 세가온, *1936. 12. 23*

사랑하는 친구에게,

당신이 보내주신 소책자에 대해서 감사드립니다. 당신의 논의는 그것이 진행된 곳까지는 나에게 타당한 것으로 보였습니다. 그런데 사회가 행하든 말든 개의하지 않는 개인의 행동을 충분히 강조하지 않으셨더군요. 비폭력 행위는 다른 사람의 협조를 기다리지 않습니다. 하지만 폭력 행위는 다른 사람의 협조 없이는 효과가 없습니다. 나는 여기에서 이 두 힘을 사회의 궁극선(*the ultimate good*)이라는 관점에서 보았습니다.

귀하의 신실한 친구

M. K. 간디

Ronald Duncan, Esq.
6 Pall Mall,
London

로널드 던컨에게 보낸 편지,
《피아렐랄 페이퍼스》; 《전집》 70 : 242

230) 비폭력에 필적할 힘은 없다

1937. 1. 29

친애하는 칼리다스 낙께,

호놀룰루행 선상에서 쓴 당신의 편지를 받았습니다. 비폭력이 그 자체의 메시지가 아니라면 어느 누구에게라도 영감을 줄 만한 메시지가 나에게는 특별히 없습니다. 하지만 나는 거의 50년에 걸친 경험에서 비폭력에 필적할 만한 힘으로서 인류에게 알려진 힘이 없다는 점을 말할 수는 있습니다. 하지만 그것은 책을 통해서 배울 수 없습니다. 우리가 삶 속에서 실현해야 합니다.

당신은 나에게 책을 추천해 달라고 했습니다. 방금 말했던 이유에서 전적으로 비폭력 해명에 바쳐진 책을 고르기란 어렵습니다. 리처드 그레그(Richard Gregg)의 《비폭력의 힘》(*Power of Non-violence*)은 공부에 도움이 될 것입니다. 톨스토이의 최근의 글 역시 비폭력 성찰에 지침이 될 것입니다.

귀하의 신실한 친구

M. K. 간디

Sjt. Kalidas Nag
C/o The University of Hawaii
Honolulu

칼리다스 낙에게 보낸 편지,
《피아렐랄 페이퍼스》; 《전집》 70 : 379

231) 혼의 힘은 스스로 움직인다(*Self-Acting*) 〔*1938. 10. 19/20*〕

간디지가 페샤워르와 마르단 지역에 있는 쿠다이 키드마트가르들이 사는 곳을 여행한 직후, 우트만자이에 고요하게 물러나 있으면서 바드샤흐 칸과 함께 담소하고 기록을 비교하며 이틀을 보냈을 때, 그는 서북 변경에 대한 사명에서 중요한 한 단계에 도달했습니다. 그는 바드샤흐 칸에게 물었습니다.

간디지 당신의 인상은 어떻습니까? 쿠다이 키드마트가르들이 비폭력에 관련해서 어떤 입장을 취한 듯 보입니까?

A. G. 칸 마하트마지, 나의 인상에 따르면, 그들 스스로 어느 날 우리 앞에서 인정했듯이 그들은 완전 초보 신참자이고, 기준에서 한참 떨어져 있습니다. 그들이 완전히 내버릴 수 없었던 폭력이 아직도 그들 심정에 남아 있습니다. 그들에게는 기질상의 단점도 있습니다. 하지만 그들의 진실성에 대해서는 아무 의심이 없습니다. 기회가 주어진다면 그들은 모습을 갖출 수 있을 것이고, 그런 시도가 가치 있을 것으로 생각합니다. … 당신이 우리에게 설명해 준 대로 만일 우리가 비폭력의 교리 전체를 소화하고 실행할 수 있다면 우리가 더욱 강해지고 잘하게 될 것인데 … .

간디지는 비폭력이 정당한 대접을 받을 수 있기 위해서는 자신이 쿠다이 키드마트가르들을 위해서 예비해 두었던 건설적 비폭력의 엄격한 훈련 과정을 그들이 통과할 각오를 해야만 한다고 바드샤흐 칸에게 제안했습니다.

칸 마하트마지, 나의 생각은 우트만자이를 시범 촌락으로 만드는 것입니다. 물레질과 직물짜기 센터는 촌민들의 교육을 위한 항구적인 전시회의 일부로 작용할 것입니다. 우리는 쿠다이 키드마트가르들의 고향에서 자급자족이란 이상을 제시할 것입니다. 우리는 스스로 생산한 옷만을 입을 것이고, 거기에서 우리가 재배하는 과일과 채소만을 먹을 것이며, 우리에게 우유를 공급해 줄 작은 낙농장을 가질까 합니다. 우리는 우리 자신이 생산하지 않은 것을 거부할 것입니다.

간디지 좋습니다. 내가 한 가지를 더 제안한다면, 쿠다이 키드마트가르들은 자신들이 거주할 오두막들을 건축함에 있어서도 정당한 부담을 스스로 져야 할 것이 아니겠습니까?

칸 그것이 바로 우리의 생각입니다.

최초 그룹의 일꾼을 훈련시킨다는 점에 대한 간디지의 제안은, 바드샤흐 칸이 몇몇 쿠다이 키드마트가르을 골라 와르다로 보내서 카디 과학의 전문가가 되는 일 이외에도 구급, 위생법, 공중위생, 촌락 향상 작업과 힌두스타니어, 이들 제반 분야에서 기초교육을 받게 하자는 것이었습니다. 그들은 거기에서 와르다 교육체계도 배워서 그들이 돌아올 때에는 대중교육을 시작할 수 있을 것입니다. 그런 다음 간디지는 말했습니다.

간디지 하지만 당신이 이 모든 일에 있어서 앞장서서 스스로 달인(達人)이 되지 않는다면 진보를 이루지 못할 것입니다.

마지막으로, 당신이 거주처에서 시간 엄수의 규칙을 강제로 실시하지 않는다면, 당신의 일은 물거품이 될 것입니다. 기상과 취침, 식사, 그리고 노동과 휴식에 대해서 정해진 일상과 그것들을 위해서 정해진 시간이 있어야 합니다. 이런 것들이 엄격하게 실시되어야 합니다. 나는 시간 엄수에 대해서 최대한의 중요성을 부여합니다. 그것은 비폭력의 필연적 귀결이기 때문입니다.

그런 다음 그들은 쿠다이 키드마트가르들이 자신들의 비폭력에 대해서 확신하게 되었을 때 국경 침략에 대비해야 할 사명을 수행함에 있어서 관련된 절차(*modus operandi*)에 대해서 논의했습니다. 바드샤흐 칸은 그 과업이 경찰과 군대의 존재에 의해서 매우 어렵게 되었다는 의견을 갖고 있었습니다. 그에 따르면 경찰과 군대는 대중 통제하에 완전히 들어가 있지도 않고 이중 통치가 갖는 온갖 악들을 초래하고 있다는 것입니다. "당국자들이 진심으로 우리와 협력하든지, 아니면 우리 구역에서 경찰과 군대를 먼저 철수시켜야 합니다. 그렇게 한다면 우리는 우리의 쿠다이 키드마트가르들을 통해서 그 구역의 평화를 유지할 것입니다." 하지만 간디지에게는 다른 견해가 있었습니다. 그는 다음과 같이 말합니다.

간디지 나는 당국자들이 진심으로 우리와 협조할 것을 기대하지 않고 있다는 점을 솔직하게 고백합니다. 그들은 우리의 동기는 의심하지 않을지 몰라도 능력은 불신할 것입니다. 그들이 신뢰에 기초해서 경찰을 철수시키리라고 기대하는 것은 무리입니다. 비폭력은 보편적 원리이고, 그 실행이 불리한 여건으로 제한받지는 않습니다. 솔직히 말하자면, 비폭력이 반대 속에서 그리고 반대에도 불구하고 작용할 때 비폭력의 효용은 검증될 수 있습니다. 우리가 실천하는 비폭력의 성공이 당국자들의 선의에 달려 있다면, 비폭력은 공허한 일, 아무 가치도 없는 일이 될 것입니다. 우리가 만일 민중을 완벽하게 통제할 수 있다면, 우리는 경찰과 군대를 무해한 것으로 만들 것입니다.

그리고 간디지는 웨일스 왕자의 방문에 즈음하여 일어난 봄베이 폭동 기간 동안 국민회의가 즉각 통제력을 다시 얻고 평화가 회복되었으므로 경찰과 군대가 할 일이 없어졌던 과정을 바드샤흐 칸에게 묘사했습니다.

칸 하지만 문제는 침입자들이 영령 인도로부터 몰래 도주해간 가장 성질이 나쁜 작자들이라는 데에 있습니다. 당국자들이 우리 또는 우리 일꾼들로 하여금 그 종족이 사는 지역으로 들어갈 수 있도록 허락하지 않기 때문에 우리는 그들과 접촉할 수 없습니다.

간디지 그들은 허락해야 합니다. 우리가 충분히 준비가 되면 그들이 허락해 줄 것입니다. 하지만 그것을 위해서 우리는 진실로 신의 종(從)인 일단의 쿠다이 키드마트가르들을 가질 필요가 있습니다. 그들에게 비폭력은 살아 있는 신앙입니다. 비폭력은 최고의 능동적 원리입니다. 그것은 혼의 힘이고, 우리 안에 있는 신성(*the Godhead*)의 힘입니다. 불완전한 인간은 그 본질(*the Essence*) 전체를 파악할 수 없습니다. 그는 그 〔신성의〕 불꽃 전체를 감당할 수 없을 것입니다. 하지만 그 불꽃의 극히 미세한 불티라도 우리 안에 활동하게 되면 기적을 낳습니다. 하늘의 태양은 생명을 부여하는 온기로 전 우주를 가득 채웁니다. 하지만 사람이 너무 가까이 가면 그를 태워서 재로 만들 것입니다. 신성도 이와 똑같습니다. 우리는 비폭력을 실현하는 만큼 신처럼 됩니다만, 결코 완전한 신이 될 수는 없습니다. 비폭력은 활동중인 라듐과 같습니다. 라듐은 악성종양 안에 극미량만 투여되어도 지속적으로, 조용히, 부단히 활동하다가 마침내 병든 조직을 건강한 것으로 변화시킵니다. 이와 마찬가지로 진정한 비폭력의 아주 작은 알곡 하나도 소리 없이, 미묘하고 보이지 않게 활동하며, 사회 전체를 서서히 변화시킵니다.

비폭력은 스스로 움직입니다. 혼은 사후에도 존재하며, 그 존재는 물리적 육신에 의존하지 않습니다. 이와 마찬가지로 비폭력 곧 혼의 힘 역시, 확산 또는 효력을 위해서 물리적 보조 기구들이 필요 없습니다. 그것은 그것들로부터 독립해서 활동하며, 시간과 공간을 초월합니다.

그래서 비폭력이 어떤 장소에 성공적으로 자리잡는다면, 그 영향력은 모든 곳으로 확산될 것입니다. 우트만자이 지방에서 단 한 건의 약탈 사건이라도 발생한다면, 나는 우리의 비폭력이 진짜가 아니라고 말할 것입니다.

비폭력 실천이 기초하고 있는 근본 원리는, 당신 자신에게 유효한 것이면 그것은 동등하게 우주 전체에 유효하다는 것입니다. 모든 인류는 본성상 유사합니다. 그래서 나에게 가능한 일이라면 만인에게도 가능합니다. 이런 논증의 방향으로 더 나아가, 다음과 같은 결론, 즉 특정 마을에서 발생하는 여러 문제에 대한 비폭력적인 해결책을 내가 찾을 수 있다면, 그 마을에서 배운 교훈이 나로 하여금 인도에서 일어나는 모든 유사한 문제들을 비폭력적으로 해결할 수 있도록 해 줄 것이라는 결론에 도달했습니다.

그래서 나는 세바그람에 체류하기로 결정했습니다. 세바그람에 체류한 일은 나에게 하나의 교육이었습니다. 하리잔들과 함께 지낸 경험은 나에게 힌두·무슬림 문제에 대한 이상적인 해결책, 즉 모든 분파를 없애 버린다는 해결책을 제공해 주었습니다. 그래서 당신이 만일 우트만자이에서 일을 바로잡는다면, 당신의 문제 전체가 해결될 것입니다. 만일 영국인 경찰과 군대가 표면상 준비해 둔 보호를 우리가 전혀 필요로 하지 않는다는 점을 그들에게 보일 수 있다면, 영국인들과 우리의 관계 또한 변화되고 순화될 것입니다.

하지만 바드샤흐 칸에게는 의심이 있었다. 모든 마을에 자신의 이기적인 목적을 추구하기 위해서 끝까지 가려고 하는 자기본위의 사람들과 착취자들이 일부 있다는 것이다. 칸 사헤브가 물었다. 그들을 통째로 무시하든지 아니면 그들 역시 교육하는 편이 더 낫지 않겠느냐고.

간디지 우리는 궁극적으로 그들 중 일부는 그대로 내버려 둬야 할 것입니다. 하지만 우리는 어느 누구도 교정이 불가능하다고 여겨서는 안 됩니다. 우리는 행악자의 심리를 이해하기 위해서 노력해야 합니다. 그가 환경의 노예라는 것은 매우 흔한 일입니다. 우리는 인내와 동정심으로 적어도 그들 중 일부를 정의(*justice*)의 편으로 만들 수 있을 것입니다. 더구나 우리는 악조차 자발적인 것이든 강요된 것이든 선(善)의 협조를 통해서 유지된다는 점을 망각해서는 안 됩니다. 진리만이 스스로 유지됩니다. 우리는 최후의 방법으로 일체의 협조를 철회하고 그들을 철저하게 고립시킴으로써 그들이 못된 짓을 범할 수 있는 힘을 제한할 수 있습니다.

이것은 본성상 비폭력적 비협조의 원리입니다. 그래서 비폭력적 비협조가 사랑 안에 뿌리를 두어야 한다는 결론이 나옵니다. 비협조의 목표가 대적에게 벌을 주거나 그에게 상처를 입히는 것일 수는 없습니다. 우리는 그에게 비협조를 하면서도, 그로 하여금 우리 안에 그의 친구가 있다는 점을 느낄 수 있도록 해야 하고, 가능할 때마다 매번 그에게 인도주의적 봉사를 해 줌으로써 그의 심정을 얻도록 노력해야 합니다. 비폭력적 갈등에는 어떤 원한이 남아 있어도 안 된다는 것, 그리고 적들이 결국 친구로 변했다는 것 등이 사실상 비폭력의 엄격한 검증 항목입니다. 그것이 남아프리카에 있었을 때 스뮈츠 장군에 대한 나의 경험이었습니다. 그는 처음에는 나의 가장 신랄한 대적 겸 비판자로 출발했습니다. 오늘날 그는 나의 가장 따뜻한 친구입니다. 8년 동안 우리는 반대편에 포진해 있었습니다. 그러나 제2차 원탁회의 기간 동안, 내 옆에 서서 사적으로 뿐만 아니라 공적으로도 나에게 완전한 지지를 주었던 사람은 바로 그였습니다. 이것은 내가 인용할 수 있는 수많은 사례 중의 하나입니다.

시간은 변하고 제도는 쇠퇴합니다. 하지만 변치 않고 지속하는 것은 결국 비폭력이고, 비폭력에 기초한 것들뿐이라는 점이 나의 신앙입니다. 1천 9백 년 전 기독교가 태어났습니다. 예수의 선교는 겨우 3년이란 짧은 기간 동안 행해졌습니다. 그의 가르침은 자신이 살아 있는 동안에도 이미 오해를 받았습니다. 그리고 오늘날의 기독교는 '원수를 사랑하라'는 예수의 중심 가르침을 부정하고 있습니다. 하지만 한 사람의 가르침의 중심 교리를 확산하는 일에 1천 9백 년이란 시간은 보잘것없는 것이 아니겠습니까?

6세기가 흐른 다음 이슬람교가 등장했습니다. 많은 이슬람교도는 이슬람이 순수한 평화를 의미한다는 것을 내가 말하는 것조차 허용하려고 하지 않습니다. 나는 《코란》을 읽어 봤으며, 이슬람교의 토대가 폭력이 아니라는 점을 확신합니다. 하지만 여기에서도 1천 3백 년이란 시간은 시간의 순환에서는(*in the cycle of Time*) 한낱 점에 불과할 것입니다. 나는 이 위대한 두 신앙이 그 추종자들이 비폭력의 중심적 가르침을 흡수하는 정도만큼 살아남을 것임을 확신합니다. 하지만 비폭력은 단순한 지성으로 파악되는 것이 아니라, 우리의 심정에 각인되어야 합니다.

압둘 가파르 칸(Abdul Ghaffar Khan)과의 대담,
《평화를 위한 순례》, 71~78면 ; 〈하리잔〉, 1938.11.12 ; 《전집》 74 : 186

232) 비폭력, 강령인가 정책인가

나는 이번 달 18일자 〈하리잔〉지에 나의 희망을 다음과 같이 피력했다.

> 만일 나의 논의가 철저했다면 강자의 비폭력에 대한 변함없는 신앙을 선언하고, 우리의 자유(*liberty*)를 무력이 아니라 비폭력의 힘으로 옹호하려 한다는 점을 우리가 말해야 할 때가 아닌가?

21일, 운영위원회는 신념을 행동으로 나타낼 시간이 왔는데도 그렇게 할 수 없겠다고 느꼈다.[62] 그 위원회는 여태 그들의 신앙을 검증할 기회를 한 번도 가진 적이 없었다. 그들은 지난 모임에서 현재 당면한 내부의 무정부 상태와 외부의 침략 위협을 해결하기 위한 행동 방향을 제시해야만 했다.

나는 운영위원회에 열심히 간청했다. 즉 "여러분이 만일 강자의 비폭력을 믿는다면, 이제야말로 그 믿음에 따라서 행동할 때입니다. 많은 분파가 강자의 비폭력이든 약자의 비폭력이든 비폭력에 대해서 믿지 않을지라도 문제가 되지 않습니다. 아마도 바로 그 점이 국민회의 의원들이 비폭력적 행위로 위기를 해결해야 할 더 큰 이유입니

---

62 5일간의 숙고 끝에 통과된 운영위원회의 결의안은 특히(*inter alia*) 다음과 같은 것을 담고 있었다. "운영위원회는 국민회의가 독립 투쟁에서 계속하여 비폭력의 원리를 엄격하게 고수해야 한다고 주장하지만, 본 위원회는 마땅히 다뤄야 할 인간적인 요소에서 보이는 현재의 불완전성과 결함을 무시할 수 없었다. … 본 위원회는 지금까지 발생한 문제를 숙고했고, 위원회가 간디지와 완벽하게는 일치할 수 없다는 결론에 도달하게 되었다. 그러나 위원회는 간디가 자신의 위대한 이상을 자신의 방식대로 자유롭게 추구할 수 있어야 한다는 점은 인정한다. 그래서 위원회는 그 프로그램에 대한 책임과 행위에서 간디를 방면하고, 그 책임과 행위는 국민회의가 외부의 침략과 내부의 무질서와 관련하여 인도와 세계의 주도적 여건 아래에서 추구해야 한다."

다. 만일 모든 사람들이 비폭력적이었다면 무정부 상태도 없었을 것이고, 외부의 침략에 대비하기 위해서 누군가를 무장해야 한다는 문제도 전혀 없었을 것이기 때문입니다. 국민회의 의원들이 자신들의 신앙에 따라서 행동할 수 있음을 보여주는 일이 필수적인데, 이유는 그들이 비폭력을 믿지 않는 수많은 분파 가운데 비폭력의 분파를 대표하고 있기 때문입니다."

하지만 운영위원회 위원들은 국민회의가 그 신앙에 따라서 행동할 수 없을 것이라고 판단했다. 이번 일들은 그들에게 새로운 경험이 될 수 있었지만, 그들은 그런 위기를 다루도록 부름을 받아 본 적이 없었다. 나는 집단 간의 폭동 등을 다루기 위해서 평화단을 조직하려고 시도해 보았는데, 그 시도는 완전히 실패하고 말았다. 그래서 그들은 사전에 숙고한 행위를 희망할 수가 없었다.

나의 입장은 달랐다. 국민회의에게 비폭력은 언제나 정책(*policy*)이었다. 국민회의는 비폭력이 실패하면 언제라도 그것을 거부할 수 있었다. 비폭력이 만일 정치적 경제적 독립을 가져오지 못했다면, 그것은 아무 소용이 없었다. 나에게 비폭력은 하나의 강령(*creed*)이다. 나는 홀로든 동료가 있든 관계없이 비폭력에 따라서 행동해야 한다. 비폭력의 확산이 내 삶의 사명이었기에 나는 모든 경우에 있어서 그것을 추구해야 한다. 바로 이 순간이 신과 사람들 앞에서 나의 신앙을 증명해야 할 때라고 느낀다. 그래서 나는 위원회로부터 나를 방면(放免)해 달라고 요청했다. 여태까지 나는 국민회의의 일반 정책을 지도하는 일을 나의 책임으로 여겨왔다. 하지만 그들과 나 사이에 근본적 차이점이 노출되었으므로 이제 나는 더 이상 지도할 수가 없다. 그들은 내 태도의 정당함을 흔쾌히 인정하고 나를 책임으로부터 면제해 주었다. 다시 한 번 그들은 자신들이 받고 있었던 신뢰에 보답을 했다. 그들은 자신들에게 진실했다. 그들은 요구되는 수준의 비폭력을 행동으로 나타낼 수 있을 것인지에 대해서 자신들, 그리고 자신들이 대표하고 있는 자들을 신뢰할 수 없었다. 그래서 그들은 자신들이 정직하게 선택할 수 있는 유일한 방안을 따랐다. 하지만 그들은 국민회의가 순수한 비폭력을 위해서 이 세상에서 얻어낸 특권을 상실하게 되는 엄청난 희생을 치렀고, 결국 그들과 나 사이에 있었던 불문(不文)의 유대, 무언의 유대를 상실하고 말았다. 이로써 공동 이상(理想)의 공동 실천 또는 정책의 공동 실천은 파기되었지만, 지난 20년 이상 지탱되어온 우정이 파기된 것은 아니다.

나는 이 결과에 대해서 행복하기도 하고 불행하기도 하다. 행복하다고 한 것은 내가 그 결렬의 긴장을 감내할 수 있었고 홀로 설 수 있는 힘을 얻었기 때문이고, 불행하다고 한 것은 겨우 어제처럼 느껴지는 수십 년 동안 내가 자랑스럽게도 함께 행동을 해왔던 사람들을 동반할 수 있는 힘을 내 말이 상실한 것으로 보이기 때문이다. 그러나 만일 신이 강자의 비폭력의 효험을 증명해 보일 수 있는 길을 나에게 보여준다면, 그 결렬이 잠정적이란 것이 밝혀질 것이다. 만일 그런 길이 없다면, 그들이 나로 하여금 홀로 내 길을 가게 한 일로부터 얻은 고통을 감내한 것에 대해서 그들이 지혜로웠다는 점이 증명될 것이다. 나의 무능함에 대한 비극적인 발견이 나를 위해서 미리 예비되어 있다면, 나는 지난 수년간 나를 지탱해온 신앙을 여전히 유지하고 싶고, 내가 비폭력의 횃불을 더 멀리 운반하기에 충분한 도구가 될 자격이 없었다는 점을 스스로 깨달을 수 있는 겸손을 갖고 싶다.

그러나 이러한 논의와 의혹은 운영위원회 위원들이 대다수 국민회의 의원의 감정을 대변한다는 가정에 기초한다. 위원들은 의원들 대다수가 자기 자신들 안에 강자의 비폭력을 갖기를 희망했다. 그들은 의원들의 힘을 과소평가했었다는 점을 발견한 일에 대해서 누구보다도 기뻐했을 것이다. 하지만 강자의 비폭력을 대변하는 자들은 다수가 아니라 상당한 숫자의 소수일 가능성이 높다. 따라서 우리는 그 일이 논의의 대상이 될 수 없다는 점을 명심해야 한다. 운영위원회 위원들은 온갖 논거를 다 가지고 있다. 하지만 심정의 성질인 비폭력은 두뇌에 호소한다고 해서 오는 것은 아니므로 비폭력의 힘을 조용하지만 확고하게 증명하는 일이 요구된다. 기회는 모든 사람들에게 거의 매일 온다. 집단 간의 충돌, 약탈 행위, 언쟁들이 존재한다. 이와 같은 모든 일을 통해서 진실로 비폭력적인 사람들은 그 힘을 증명할 수 있고 또 증명할 것이다. 비폭력이 적절하게 나타난다면, 그것은 틀림없이 주변에 영향을 줄 것이다. 국민회의의 의원들 가운데 마음이 아주 완악하여 비폭력의 효과를 불신하는 자는 한 사람도 없으리라는 점에 대해서 나는 분명히 확신한다. 국민회의의 의원들 중 국민회의가 내부 혼란이나 외부의 공격을 다룸에 있어서 비폭력을 고수해야 한다고 믿는 의원들이 있다면, 비폭력을 자신들의 일상 행위 안에 표현하도록 하자.

강자의 비폭력은 단순한 정책일 수 없다. 그것은 반드시 강령, 만일 '강령'이라는 말을 반대한다면 열정(*passion*)이어야 한다. 열정이 있는 사람들은 그것을 아주 작은 행위 하나하나에 표현한다. 그래서 비폭력에 홀린 사람은 그것을 가족 단위, 이웃과의 거래, 사업, 국민회의 집회, 공공집회, 그리고 대적들과의 거래에서도 표현할 것이다. 비폭력이 국민회의 의원들 사이에서 이런 식으로 자신을 표현하지 않았기 때문에, 운영위원회 위원들은 내부의 혼란이나 외부의 침략을 비폭력적으로 다루는 일에 의원들이 아직 준비가 되어 있지 않았다는 정당한 결론에 도달하게 되었던 것이다. 비폭력 행위에 의해서 야기된 당혹감은 확립된 권위를 대중 의지에 굴복케 할 것이다. 하지만 그런 비폭력 행위는 무질서에 직면해서는 아무런 역할도 할 수 없다는 것이 분명하다. 무질서를 낳은 자들에 대한 그 어떤 보복 없이, 악의 또는 분노 없이 우리는 죽음을 받아들여야 한다. 여기에서 요구된 비폭력이 국민회의가 여태 알아왔던 것과는 전혀 다른 유형이란 점을 알기란 매우 쉽다. 그러나 이것만이 유일하게 진정한 비폭력이고, 세계를 자기파멸에서 구원할 수 있는 비폭력이다. 이것은 금명간 아니, 내일이 아니라 오늘이라도 당장 확실한 일이다. 전쟁의 저주에서 구원받기를 원하면서도 구원의 방법을 모르는 세계에 인도가 비록 진정한 비폭력의 메시지를 전달해 줄 수 없다고 해도 말이다.

세바그람, 1940. 6. 24

추신 앞의 글을 쓰고 타자 친 다음에 나는 자와할랄 네루의 성명[63]을 보았다. 나에 대한 그의 사랑과 신뢰가 나와 관련된 모든 문장에서 배어 나오고 있다. 이미 작성한 내 편지는 아무런 수정이 필요없다. 독자는 두 개의 개별적 반응 모두를 보는 것이 좋을 것이다. 이 분리에서 반드시 선이 생겨날 것이다.

행복하면서 동시에 불행하다,
〈하리잔〉, 1940. 6. 29 ; 《전집》 78 : 433

---

63 자와할랄 네루가 6월 23일 봄베이에서 발표한 성명에서 다음과 같이 말했다. "간디지 접근법과 운영위원회 접근법의 차이는 이해되어야 하고, 민중으로 하여금 그와 국민회의 사이에 분열이 있다고 생각하게 해서는 안 된다. 지난 20년 동안 국민회의는 그의 창조물이며 자식이고, 어떤 것도 그 유대를 파기할 수는 없다. 나는 국민회의가 항상 그의 안내와 현명한 충고를 얻을 수 있을 것이라는 점에 대해서 확신한다."

233) 비폭력과 용기

어떤 투고자가 다음과 같이 쓰고 있다.

> 당신은 비폭력이 겁쟁이의 것이 아니라 용감한 자를 위한 것이라고 말합니다. 그러나 내 의견으로는 인도에 용감한 자는 아예 없습니다. 우리가 스스로 용감하다고 주장해도, 세계는 인도가 무기도 없고, 그래서 자신을 지킬 수도 없다는 점을 안다면 어떻게 우리를 믿을 수 있겠습니까? 그럴 때 우리는 용감한 자의 비폭력을 닦기 위해서 무엇을 해야 합니까?

이 투고자는 인도에 용감한 자가 아예 없다고 생각하고 있는데 이는 잘못된 것이다. 외국인들이 우리에게 겁쟁이의 꼬리표를 붙였다고 해서 우리가 그것을 수용한다는 것은 수치이다. 사람은 흔히 자신이 믿는 대로 된다. 내가 어떤 일을 **할 수 없을 것**이라고 내 자신에게 계속 말한다면 정말로 그것을 할 수 없게 되는 것으로 끝을 맺을 가능성이 있다. 반대로 내가 그것을 **할 수 있다**는 신념을 가진다면, 처음에는 그것을 할 수 있는 능력이 없지만 그 능력을 분명히 얻을 수 있게 될 것이다. 그리고 세계가 오늘날 우리를 겁쟁이라고 믿는다고 말하는 것도 잘못이다. 사탸그라하 캠페인이 시작된 이래 세계는 그렇게 생각하기를 그만뒀다. 지난 20년 동안 국민회의의 권위는 서양에서 매우 높아졌다. 세계는 우리가 무기가 없으면서도 스와라즈를 바라고 있고, 진실로 그것에 아주 근접해 있다는 사실에 놀라운 관심을 보이며 주목하고 있다. 더구나 세계는 우리의 비폭력운동 안에서 세계의 평화를 위한 희망의 빛과 대량 학살의 지옥에서 벗어나는 구원을 보고 있다. 복수의 정신이 진정으로 사라지고 피의 전쟁이 중지될 수 있으려면, 그와 같은 행복한 사건은 오직 국민회의가 채용한 비폭력 정책을 통해서만 일어날 수 있을 것이라고 대다수의 인류는 믿게 되었다. 그래서 투고자의 공포와 의심은 사실무근이다.

이제 사람들은 인도가 비무장이라는 점이 아힘사의 길에 아무 방해가 되지 않는다는 사실을 알 수 있을 것이다. 영국 정부가 강제적으로 인도를 무장 해제한 것은 진실로 심대한 과오이고 잔인한 불의(*unjustice*)였다. 하지만 우리는 이러한 불의조차 우리의 이익으로 바꿀 수 있을 것이다. 만일 신이 우리와 함께하시거나, 당신이 원하시는 표현대로 우리가 그렇게 할 기술만 있다면 말이다. 그리고 실제로 그런 일이 인도에서 일어난 적이 있었다.

무기가 아힘사 훈련에 불필요하다는 것은 분명하다. 무기가 조금이나마 남아 있다면 칸 사헤브가 서북 변경에서 그랬듯이 그것을 버려야 한다. 따라서 비폭력을 배우기 전에 폭력을 반드시 배워야 한다고 주장하는 자들은, 오직 죄인만이 성자가 될 수 있다고 주장해야 할 것이다.

사람을 죽이는 기술은 폭력 훈련에서 배워야 하듯이, 죽는 기술은 비폭력 훈련에서 배워야 한다. 폭력은 공포로부터 해방되는 것을 의미하는 것이 아니라, 공포의 원인과 싸우는 수단을 발견하는 것을 의미한다. 반면에 비폭력은 공포를 느낄 이유가 없다. 비폭력의 신봉자는 공포에서 자유롭기 위해서 최고 유형의 희생을 바칠 수 있는 능력을 닦아야 한다. 그는 땅, 부, 목숨을 잃어도 개의치 않는다. 모든 공포를 남김없이 극복하지 못한 사람은 아힘사를 완전히 실천할 수 없다. 아힘사의 신봉자는 하나의 공포, 즉 신(神)에 대한 공포만을 갖고 있다. 신 안에서 피난처를 구하는 자는 육신을 초월하는 아트만의 편린을 보아야 할 것이다. 사람이 불멸의 아트만(*the Imperishable atman*)에 대한 편린을 보는 순간, 가멸적 육신에 대한 사랑을 털어 버린다. 그래서 비폭력 훈련은 폭력의 훈련과는 정반대이다. 폭력은 외면적인 것들을 보호하기 위해서 필요하고, 비폭력은 아트만의 보호, 자신의 명예를 보호하기 위해서 필요하다.

비폭력은 집에 머물러 있다고 해서 배울 수 있는 것이 아니다. 그것은 사업이 필요하다. 우리 자신을 검증하기 위해서 위험과 죽음을 감수(甘受)하고, 정욕을 극복하고, 온갖 난관을 감내(堪耐)할 능력을 배양하는 방법을 배워야 한다. 두 사람이 싸우는 것을 보는 순간 벌벌 떨거나 도망가는 자는 비폭력적인 사람이 아니라 겁쟁이이다. 비폭력적인 사람은 그런 다툼을 미연에 방지하는 데 자신의 목숨을 걸 것이다. 비폭력적인 사람의 용기는 폭력적인 사람의 용기를 훨씬 뛰어넘는다. 폭력적인 자들의 상징은 창, 검, 소총이라는 무기이다. 이에 반해서 비폭력적인 자들의 방패는 신이다.

이것은 비폭력을 배우고자 하는 사람을 위한 훈련 과정이 아니다. 하지만 내가 제시했던 원리들로부터 훈련 과정을 도출해내는 일은 쉽다.

두 가지 종류의 용기를 비교할 수 없다는 점은 앞에서 말한 데에서 분명해졌을 것이다. 하나는 제한적이고 다른 하나는 무제한적이다. 비폭력은 한없이 대담하고 무한히 능가한다. 비폭력은 무적이다. 이와 같은 비폭력이 성취될 수 있다는 점에 대해서 의심할 필요가 없다. 지난 20년 동안의 역사는 우리에게 확신을 다시 심어주는 데 충분할 것이다.

용감한 자들의 비폭력, 〈하리잔반두〉,
1940. 8. 31 ; 〈하리잔〉, 1940. 9. 1 ; 《전집》 79 : 156

234) 비폭력, 관용 그리고 관대

와르다, 세바그람, *1941. 4. 6*

비폭력 행동은 적수가 부친이든 다른 사람이든 그에 대한 관용(*toleration*)을, 아니 관대함(*generosity*)을 요구한다. 그와 반대되는 행동은 일종의 폭력이다.

우리가 겪는 대부분의 어려움은 무지에서 나온다. 조절되지 못한 정서는 조정되지 못한 증기와 같은 낭비이다.

바푸가

아난드 힌고라니(Anand T. Hingorani)에게
보낸 메모, GN 472 ; 《전집》80 : 285

235) 비폭력의 근본 원리들

〔*1940. 9. 18* 이후〕

우리가 봄베이에서 나눴던 모든 대화[64]가 당신의 마음에 배어 들어갔기를 바랍니다. 그랬다면, 모든 문제들은 내가 당신에게 제시하려고 했던 근본 원리에 비춰보아서 해결될 수 있을 것입니다. 우리의 비폭력은 아이, 노인, 이웃과 친구들과 더불어 집에서 시작되어야 합니다. 우리는 이른바 친구와 이웃의 오점으로 보이는 것을 못본 채 해야 하고, 우리 자신의 오점을 결코 용서해서는 안 됩니다. 그럴 경우에만 우리는 스스로 바르게 설 것입니다. 그리고 우리가 향상되면서, 우리의 비폭력은 정치적 동료들 사이에서 실천되어야 합니다. 우리와 다른 자들의 관점들을 알아야 하고 그것들에 접근해야 합니다. 우리는 그들에 대해서 인내심을 발휘해야 하고, 그들이 자신들의 실수를 분명히 자인하게 하고, 우리 자신의 실수에 대해서 분명히 자인해야 합니다. 그런 다음 우리는 더 나아가 다른 정

64 〔역주〕 압둘 가파르 칸은 1940년 9월 13~18일에 봄베이에서 열렸던 국민회의 운영위원회 집회에 초청되었다. 《전집》 권 79, 241면 참조.

책과 다른 원리들을 가진 정치적 당파들을 끈기 있고 온유하게 다뤄야 합니다. 우리는 그들의 관점에서 그들의 비판을 들어야 하고, 우리 자신과 그들 사이에 거리가 멀면 멀수록 비폭력의 활용 범위가 더 크다는 점을 언제나 기억해야 합니다. 우리가 이 분야에서 시험이나 검증에 통과했을 경우에만, 우리와 싸우는 대적들과 우리에게 심대한 잘못을 저지른 자들을 다룰 수 있을 것입니다.

이것이 우리가 얘기를 나눴던 것 중의 하나입니다. 나는 다른 일에 대해서도 말했는데, 그것은 비폭력적인 사람은 깨어 있는 시간에 항상 자신을 유용하게 이용할 수 있어야 한다는 점, 그리고 폭력적인 사람에게 무기가 필요하다면, 비폭력적인 사람에게는 건설적인 일이 필요하다는 점이었습니다.

압둘 가파르 칸에게 보낸 편지의 일부,
〈하리잔〉, 1942.1.18 ; 《전집》 79 : 219

236) 지고의 법칙

세바그람, *1945. 1. 25*

친애하는 래시 신부님께,
당신이 와 주셔서 매우 기쁩니다. 우리 모두는 결과와 관계없이 우리의 의무를 수행한다고 모든 영국 친구들에게 말씀드려 주십시오. 한 영국인 성직자가, "빚이 기부금이 되면 의무는 덕이 될 것이다"라고 말하지 않았습니까? 사랑으로 번역되는 비폭력은 인간에게 지고의 법칙입니다. 거기에는 예외가 없습니다. 나는 지난 여러 해 동안 그 법칙을 준수하며 살기를 노력했고, 그 상태에서 죽기를 원합니다.

귀하의 신실한 친구
M. K. 간디

윌리엄 래시(William Q. Lash)에게
보낸 편지, GN 41 ; 《전집》 85 : 531

237) 비폭력과 무력감

어느 사람의 경우든 온정(*mercy*), 비폭력, 사랑과 진리의 덕들은, 무자비(*ruthlessness*), 폭력, 증오 그리고 허위를 향해서 던져졌을 때에만 실제로 검증받을 수 있다.

만일 이것이 사실이라면, 아힘사가 살인자 앞에서 아무 소용이 없다는 말은 틀린 것이다. 살인자의 면전에서 아힘사 실험을 하는 것이 자기파멸을 초래하는 것이라고 분명히 말할 수도 있을 것이다. 그러나 이것은 아힘사의 진정한 시험이다. 철저한 무력감 때문에 죽음을 자초하는 자는 그 시험에 통과했다고 결코 말할 수 없을 것이다. 죽임을 당하면서도 살인자에게 전혀 분노를 품지 않고 심지어 신에게 그를 용서해 주옵소서라고 간구하는 사람, 그가 진실로 비폭력적이다. 역사는 예수 그리스도에 대해서 이런 말을 하고 있다. 십자가 위에 마지막 숨을 몰아쉬면서 그는, "아버지시여, 저들을 용서하소서. 저들은 저희가 하는 짓을 모릅니다"라고 했다고 한다. 우리는 다른 종교에서도 유사한 사례들을 얻을 수 있지만, 예수 그리스도를 언급한 것은 그 인용이 세계적으로 유명하기 때문이다.

우리의 비폭력이 그와 같은 높이에 이르지 못했다는 것은 별개의 문제이다. 우리 자신의 연약함이나 경험의 결핍 때문에 우리가 아힘사의 기준을 낮추는 것은 전적으로 잘못된 일일 것이다. 그 이상(理想)에 대한 진정한 이해 없이 거기에 도달하기를 결코 바랄 수 없다. 그래서 우리가 비폭력의 힘을 이해하기 위해서 이성을 적용하는 것은 필수적이다.

뉴델리, 1946. 4. 21

온정 대 무자비(G.), 〈하리잔반두〉, 1946. 4. 28 ;
〈하리잔〉, 1946. 4. 28 ; 《전집》 90 : 352

238) 희생정신

한 투고자가 아메다바드에서 진행중인 살육 행위에 대해서 나에게 편지를 썼다. 그 편지에서 관련된 부분을 아래에 제시한다.

> 나는 폭동을 진압하는 데 동원된 수단들에 대해서 당신에게 말씀드리고 싶습니다. 대략 2개월 전 당신은 아힘삭 세바 달(Ahimsak Seva Dal)이라는 비폭력 자원봉사단에 대해서 기사를 쓰신 적이 있습니다. 하지만 이 나라의 상황을 바라보면 그 제안은 통하지 않을 것입니다. 당신은 영국 정부에 대항하여 비폭력적으로 싸우는 방법을 우리에게 가르쳐 주었듯이, 폭동의 현장에 가서 폭동을 비폭력적으로 잠재우는 방법을 개인적 모범을 통해서 우리에게 보여주어야 합니다. 오늘 당신이 폭동을 잠재우기 위해서 아메다바드로 나갔다고 가정해 봅시다. 여러 명의 자원자가 당신에게 가담할 것입니다. 슈리 바산트라오와 슈리 라자발리라는 우리 국민회의 일꾼 두 사람이 그것을 위해서 나갔습니다만, 깡패가 휘두르는 칼의 희생물이 되고 말았습니다. 그들은 이상을 추구하기 위해서 목숨을 내놓았습니다. 모두 칭찬받을 만합니다. 하지만 더 이상 아무도 그들의 발자취를 따라서 나설 용기가 없었습니다. 그들은 희생된 두 사람이 가졌던 것과 같은 자기확신이 없습니다. 그들에게 만일 그런 확신이 있었다면, 폭동이 없었을 것이고, 폭동이 발발했다고 해도, 오늘날의 폭동과 같은 규모와 모습을 결코 띠지 않았을 것입니다. 하지만 문제는 그런 상태가 오늘날 여전히 상상에 불과하다는 사실입니다.
>
> 당신의 지도와 모범은 나와 같은 수많은 사람을 용기와 자기확신으로 고무할 수 있습니다. 당신이 일단 한번 그 길을 보이기만 한다면, 지방의 일꾼들은 상황이 요구할 때마다 그 길을 따를 수 있을 것입니다. 나는 당신이 행동으로 모범을 보이지 않는다면, 당신의 글과 말은 모두 일반 사람에게는 아무 소용이 없을 것이라고 느끼고

있습니다. 그리고 사회에 대한 비폭력적 보호를 조직하고 있는 국민회의 의원들에게도 소용이 없을 것입니다.

나는 위에서 언급된 제안을 좋아한다. 민중은 내 충고에 따라서 영국 정부에 대항하여 비폭력적으로 저항했고, 그것은 그들이 어떤 식으로든 저항하기를 원했기 때문이었다. 하지만 나는 그들의 비폭력이 무력감에서 나왔다는 점을 고백하지 않을 수 없다. 그래서 그것은 약자의 무기였다. 바로 그 때문에 오늘날 우리는 네타지 수바스 찬드라 보세(Netaji Subhas Chandra Bose)와 그의 아즈다 힌드 파우즈(Azad Hind Fauj, Indian National Army, I. N. A)를 공경한다. 네타지 자신이 휘하 군인들에게 인도로 가게 되면 비폭력의 길을 따라야 할 것이라고 말했다고 한다. 우리는 그 점을 망각하고 있다. 나는 이것을 인도국민군(I. N. A) 지도자들로부터 들었다. 하지만 우리는 모든 분별력을 상실했다. 그 분별력을 회복하기 위해서 인도국민군은 네타지가 그들에게 제시했던 이념에 따라서 살아야 한다. 비폭력을 신봉하는 자들의 작업은 폭력이 팽배한 분위기에서는 매우 어려울 것이다. 하지만 진실한 비폭력의 길은 폭력보다 훨씬 더 많은 용기를 요구한다. 우리는 그런 비폭력에 대해서 증거를 제시할 수가 없었다. 우리는 슈리 가네슈 샹카르 비드야르티, 슈리 바산트라오, 슈리 라자발리의 행위를 용감한 자들의 비폭력의 모범으로 바라볼 수 있었을 것이다. 그러나 집단 간의 감정이 고조될 때, 우리는 위에서 언급한 희생에 따른 어떤 효험도 증명할 수 없었다. 그러므로 그것을 위해서 슈리 가네슈 샹카르 비드야르티와 같은 많은 사람이 자신의 생명을 내놓아야 할 것이다.

아메다바드에 사는 그 누구도 슈리 바산트라오와 슈리 라자발리가 제시한 모범을 따르지 않았다는 사실은, 우리가 비폭력의 행위에서 우리 자신의 목숨을 내놓을 정도로 희생정신을 아직 발휘하지는 못했음을 보이고 있다. 투고자는 이런 상황에서 다른 사람의 참여 여부와 관계없이 나 혼자 행동해야 한다고 말했는데 그것은 옳은 일이다. 나 자신은 집에 앉아 있으면서 다른 사람들에게 나가서 목숨을 바치라고 말하는 것은 수치스런(*disgraceful*) 일이 될 것이고 비폭력의 표시가 될 수도 없다. 나는 집단 간의 폭동에 직면하여 나의 비폭력을 검증할 기회가 한 차례도 없었다. 그런 기회를 막은 것은 나의 비겁함이었다고도 말할 수 있을는지 모른다. 하지만 사실이 어떠했든, 신이 원하시면 기회는 여전히 나에게 올 것이고, 신은 나를 불속에 투척하심으로써 나를 정화하고 비폭력의 길을 분명히 보여주실 것이다. 누구도 이 말을 내 목숨의 희생이 모든 폭력을 저지할 것이란 뜻으로 받아들여서는 안 된다. 온 사방에 확산된 끔찍한 폭력이 중지되고, 비폭력이 그 자체의 자리에서 군림하자면, 나의 목숨과 같은 목숨이 여럿 바쳐져야 할 것이다. 시인은 노래했다. "진리의 길은 용감한 자를 위한 것이지, 겁쟁이를 위한 길이 아니다"라고. 진리의 길은 비폭력의 길이다.

판츠가니, 1946. 7. 25

당신 자신을 치유하라(H.), 〈하리잔〉, 1946. 8. 4 ;
〈하리잔 세박〉, 1946. 8. 4 ; 《전집》 91 : 403

239) 비폭력만이 합법적이다

직선은 하나다. 비폭력은 직선이다. 직선이 아닌 것들도 많다. 연필을 다룰 줄 아는 아이는 원하는 만큼 많은 선을 그을 수 있을 것이다. 그는 아마 우연이 아니고서는 직선을 그을 수 없을 것이다. 여러 명의 독자가 내가 '허용한' 폭력 안에 그들이 언급하는 여러 사항이 포함될 수 있는지를 물어왔다. 이상한 얘기지만 모든 편지들이 영어(!)로 쓰여 있었다. 필자들이 내 글을 거듭 읽는다면, 내가 왜 그런 질문들에 대답할 수 없는지를 곧장 알 수 있을 것이다. 나는 절대로 폭력을 행사한 적이 없다는 간단한 이유에서 대답할 자격이 없을는지도 모른다. 게다가 나는 폭력을 허용한 적이 없으며 용기와 비겁이라는 두 단계를 진술했을 따름이다. 유일하게 합법적인(*lawful*) 것은 비폭력이다. 폭력은 여기서 말하는 의미로는—즉 인간이 만든 법에 따르는 것이 아니라 자연(*Nature*)이 인간을 위해서 만든 법에 따른다면—절대로 합법적일 수 없다. 폭력은 합법적인 것은 아니지만, 자기방어를 위하거나 무방비 상태의 사람들의 방어를 위해서 행사되었다면 비겁한 순종보다 훨씬 좋은 용감한 행위이다. 비겁한 순종은 남성에게도 여성에게도 어울리지 않는다. 폭력 아래에서 용기는 수많은 단계와 다양성을 갖는다. 모든 사람들은 이것을 각자 판단해야 한다. 다른 사람은 누구라도 그 권리를 가질 수 없고 갖고 있지도 않다.

뉴델리, 1946. 10. 18

메모, 〈하리잔〉, 1946. 10. 27 ; 《전집》 권 92 : 504(일부)

240) 비폭력 강령

스리람푸르(노아칼리), *1946. 12. 8*[65]

당신이 나의 '전례 없는 행위'라고 묘사했던 것은, 사실 내가 목숨처럼 귀중하게 여기는 비폭력 강령의 자연스럽고 논리적인 귀결입니다.

편지, 〈힌두스탄 스탠더드〉, 1946.12.12 ; 《전집》 93 : 154

65 이 편지는 캘커타의 어느 투고자에게 보낸 답장인데, 그는 간디가 나오칼리에서 성취하려고 했던 과업에 대해서 질의했다.

241) 좁고 곧은 길

세상의 여러 곳에서 나에게 던져진 질문에 대해서 나는 기꺼이 대답해보겠다. 그것은 다음과 같다.

정치적 목적을 진작한다는 명목으로 정치적 파당들이 휘두르는 폭력이 당신의 민중 사이에 점증하고 있는데, 당신은 이 폭력을 어떻게 설명할 수 있습니까? 이것이 영국의 통치를 종식시키기 위해서 30년 동안 비폭력을 실천한 결과입니까? 비폭력에 대한 당신의 메시지는 세상을 위해서 여전히 유효합니까? 이런 질문들은 내가 투고자들의 정서를 나 자신의 언어로 축약해 본 것이다.

이에 대한 대답으로 나는 비폭력의 파탄이 아니라 나의 파탄을 고백해야 한다. 지난 30년 동안 실행되었던 비폭력은 약자의 비폭력이었음을 이미 언급했다. 그것이 충분한 대답인지의 여부를 판단하는 일은 다른 사람들의 몫이다. 그와 같은 비폭력은 상황이 달라지면 아무 역할도 하지 못하리라는 점도 인정되어야 할 것이다. 인도는 강자의 비폭력에 대해서 전혀 경험이 없다. 내가 강자의 비폭력이 세상에서 가장 강력한 힘이라는 점을 계속 반복한다고 해도 아무 소용이 없다. 그러한 진리는 부단한 그리고 포괄적인 증명이 필요하다. 내가 최선을 다해서 노력하고 있는 것은 바로 이것이다. 나의 최선이 아주 미미하다면 어떻게 되겠는가? 내가 바보의 왕국에서 살게 되지는 않을까? 나는 왜 성과 없는 추구에서 나를 따라야 한다고 민중에게 요청해야 하는가? 이런 것들은 관련 있는 질문이다. 내 대답은 아주 간단하다. 나는 누구에게도 추종하라고 요구하지 않는다. 누구든 자기 자신의 내면의 소리를 따라야 할 것이다. 만일 그 사람이 그것을 경청할 귀가 없다면 할 수 있는 한 최선을 다해야 한다.

어떤 경우에도 우리는 다른 사람을 맹종해서는 안 된다.

사람들이 여태 물어왔고, 지금도 여전히 묻고 있는 질문이 하나 더 있다. 만일 당신이 인도가 그릇된 길을 가고 있음을 확신한다면, 왜 당신은 행악자들과 관계를 가집니까? 왜 당신은 당신 자신의 외로운 밭고랑을 갈지 않습니까? 그리고 만일 당신이 옳다면 왜 예전의 친구와 추종자들이 당신을 찾아 나설 것이라는 점에 대해서 믿지 않습니까? 나는 이 질문들이 매우 정당한 질문이라고 생각해서, 그것들을 반박하는 논의를 할 수는 없다. 내가 말할 수 있는 모든 것은 내 신앙이 어느 때보다 강하다는 것이다. 나의 기술(技術)이 잘못됐을 가능성이 대단히 높다. 그와 같이 복잡한 경우에 사람을 인도할 수 있는 오래되고 시험해 본 전례들이 여럿이 있다. 아무도 기계적으로 행동해서는 안 된다는 것뿐이다. 그래서 나는 모든 조언자들에게 다음과 같이 말할 수 있다. 즉, 그들은 나에 대해서 참을성이 있어야 하고, 한 걸음 더 나아가 고통받는 세상에서 좁고 곧은 비폭력의 길을 통과하는 것 이외에 아무 희망이 없다는 나의 신념을 공유해야만 한다는 점을. 나와 같은 수백만 명의 사람들이 그들 자신의 삶 속에서 진리를 증명하는 일에 실패할 수도 있다. 하지만 그것은 그들의 실패이지, 그 영원한 법칙의 실패가 결코 아니다.

비폭력,[66] 〈하리잔〉, 1947. 6. 29 ; 《전집》 95 : 264[67]

---

66 1947년 6월 15일의 기도모임에서의 간디의 서면 메시지.

67 〔역주〕 일부. 그리고 내용도 좀 다르다.

5. 비폭력 훈련

242) 비폭력과 이기주의

어떤 신사 한 분이 다음과 같이 쓰고 있다. … [68]

그런 질문들은 흔히 제기된다. 우리는 그것들을 사소한 것으로 치부하여 외면할 수는 없다. 이런 문제들은 삶의 보다 깊은 의미를 다루고 있는 동서양의 여러 책 안에서 논의되었다. 내 소견으로는 이 문제들에는 단 하나의 해결책이 있을 뿐이다. 그것들이 모두 동일한 원인에서 일어났기 때문이다. 위에서 언급한 행동들이 폭력과 관련되어 있다는 것은 분명하다. 모든 동작 또는 행위가 폭력과 관련되어 있기 때문에 순진무구한 행위는 하나도 없다. 한 행위와 다른 행위의 차이는 관련된 폭력의 정도(*degree*)에 있을 뿐이다. 아트만이 육신과 연관되어 있다는 바로 그 사실이 우리로 하여금 폭력에 의존하게 한다. 모든 죄는 폭력의 한 형식이고, 죄로부터 완전한 자유는 아트만이 육신으로부터 구원될 때에만 가능하다. 그래서 인간은 완벽한 비폭력을 자신의 이상으로 간직하며 가능한 한 완전하게 그것을 따르기 위해서 분투할 수 있다. 하지만 그는 아무리 그 이상에 가까이 접근한다고 해도, 이를테면 호흡이나 식사에서 일정 정도 폭력이 불가피하다는 점을 알게 될 것이다.

우리가 소비하는 알곡 하나하나에도 생명이 있다. 그래서 채식주의 식사를 하고 비채식주의 음식을 금한다고 해도 완전하게 폭력을

---

68 편지는 여기에 게재하지 않는다. 그 투고자는 실제 생활에서 완벽한 비폭력을 준수하기가 불가능하다는 것에 대해서 간디의 견해를 물었다. 벌레들을 박멸하는 일을 완전하게 그만둘 수는 결코 없었기 때문이다.

피한다고 주장할 수는 없다. 그러나 우리는 채식주의 식사를 선호하며, 거기에 관련된 폭력은 불가피하다고 여긴다. 바로 이 때문에 쾌락을 위한 식사에 절대로 탐닉해서는 안 된다. 우리는 살기 위해서만 먹어야 하고, 자아를 실현하기 위해서만 살아야 한다. 이런 목적을 위해서 살아야 하는 우리의 삶이 폭력과 관련되어 있다면, 우리는 폭력으로부터 도망가기가 불가능하므로 폭력의 공범자가 되는 것이다. 우리의 모든 예방 조치에도 불구하고, 물 안에 있는 세균과 목재 가구에 있는 벌레를 박멸하기 위해서 필요한 모든 일을 한다는 것을, 우리는 이제 알 수 있게 되었다. 나는 모든 사람들이 특정한 때와 특정한 상황에서 동일한 방식으로 행동해야 한다는 것이 신성한 법칙(*divine law*)이라고 믿지 않는다.

비폭력은 심정의 자질이다. 우리 행위의 폭력성과 비폭력성의 여부는 행위 배후에 있는 영혼을 보아서만 판단할 수 있다. 그래서 비폭력 준수를 도덕적 의무로 여기는 모든 사람은 위에서 언급된 원리로 자신의 행위를 인도해야 한다. 나는 이 대답에 결점이 있다는 것을 안다. 사람은 자신이 원하는 만큼 폭력을 범하게 된다. 그런 다음 그는 자신과 세상을 기만하며, 불가피했다는 핑계 아래 자신의 행위를 정당화할 수 있다. 이 글은 그런 사람들을 염두에 둔 것이 아니다. 이것은 비폭력의 원리를 믿으면서도 도덕적 의혹으로 종종 번민하는 자들을 위해서 쓴 것이다. 그런 사람들은 불가피한 폭력일지라도 아주 망설이면서 범할 것이고, 활동 영역을 확대하지 않고 줄임으로써, 자신들 힘의 어떤 부분도 이기적 목적을 위해서 사용하지 않을 것이다. 그들은 자신들의 에너지 전체를 공공봉사를 위해서, 그들이 행하는 모든 것을 신에게 바칠 것이다. 선량한 인간, 즉 비폭력적이며 자비로운 인간의 천부적인 재능과 능력 일체는 타인들에 대한 봉사를 위한 것이다. 자신의 에고(*ego*)에 대한 집착에는 항상 폭력이 있다. 사람은 어떤 일을 하면서 "나의 행위가 이기적인 집착에 의해서 생겼는가?"라고 자문해 봐야 한다. 그런 집착이 없는 곳이면 폭력은 없다.

비폭력의 문제(G.), 〈나바지반〉, 1926. 6. 6 ; 《전집》 35 : 421

243) 비폭력과 겸손(*humility*)

코임바토르, *1927. 10. 17*

자네의 편지 3통 전부를 받았네. 절도에 관한 편지[69]는 좀 늦게 도착했지만, 그것도 사흘 전에 보았네. 하지만 처음 편지보다 먼저 받았던 자네의 두 번째 편지가 즉각적인 답장을 요구하지 않았으므로 전보를 치지 않았네. 그리고 오늘에야 답장해 줄 말미가 생겼다네. 진리에 관한 자네의 편지는 어제 받았네. 그것을 보고 나는 자네가 절도에 관한 편지에 대한 답변을 기다리고 있음을 알았고, 그래서 오늘 전보를 쳤네. 그것을 받았을 것이네. 물론 나는 그 안에 모든 것을 설명할 수는 없었네.

우리가 사회에 산다고 해도 추종해서는 안 되는 것, 추종할 수 없는 것이 있네. 사회는 비폭력을 믿지 않거나 따를 수 없으므로 도둑을 처벌할 수 있네. 그러나 인생에서 비폭력을 따르기를 추구하는 자, 그리고 그것을 따를 용기가 있는 자들은 중립을 지켜야 하네. 그들이 비폭력을 따르지 않는다면, 비폭력을 따르겠다는 자신들의 노력에서 아무것도 배우지 못할 것이고, 사회는 아무런 진보를 이루

---

69 수신자의 자택에서 트렁커를 훔치던 도둑이 붙잡혔다. 수신자는 하급법원에서 피고에게 불리한 증거를 제출하면서도 판사에게는 도둑을 사면해 달라고 청원했다. 그러던 중 그는 간디의 조언을 구했고, 그 조언을 듣고 치안판사 재판정에서 증거 제출을 거부했다.

지 못할 것이네. 이 견해가 만일 옳다면, 자네는 증거 제출을 위해서 법정에 출두해서는 분명히 안 되네. 하지만 자네가 소환당하면 반드시 가야 하네. 자네는 어쨌든 자네가 자신의 다르마로 생각하는 것을 판사에게 예의 바르게 설명해야 하네. 그러면 그 판사는 독립적으로 그 도둑을 처벌하거나, 증거 불충분으로 그를 석방할 수도 있을 것이네.

거기까지 행로는 나에게 분명하다네. 하지만, 자네는 그 도둑에게 온정(*mercy*)을 베풀어 달라고 다른 사람에게 요구할 권리는 없네. 자네는 언제 그에 대해서 자비심을 느끼는가? 그를 발견했을 때 그것을 느꼈다면, 자네와 고마티[70]는 두려움을 느끼지도 않고 그를 추적하지도 않았을 것이네. 그가 만일 뭔가를 훔쳐갔다고 해도 자네는 무심했을 수도 있네. 그러나 우리가 그렇게 할 정도로 성장하지는 않았네. 공포는 아직 우리에게 남아 있고, 소유물에 대한 애착도 남아 있다네. 그래서 나는 자비심이 어울리지 않는다고 느낀다네. 그것이 부자연스러우니까 말이네. 우리는 그런 자비심을 마음속에 기르기를 노력할 수 있고, 노력해왔다네. 그러나 자비심이 우리 안에 항구적 정서(*permanent sentiment*)가 되지 않았다면, 그것은 우리 심정에서 솟아난 것으로 볼 수 없고 그래서 진실한 것으로 여겨질 수는 없네. 그리고 만일 그것이 우리 안에 항구적 정서가 되었다면, 우리는 우리 손으로 그 도둑을 붙잡아 그를 만나고 교정하도록 노력해야 한다네. 법정은 온정을 베풀어 달라는 간청을 따를 수는 없을 것이네. 만일 그 도둑이 스스로 자신을 교정해 달라는 요청을 하고, 자신을 교정하기 위해서 노력하겠다고 약속한다면, 법정은 그것을 고려할 수는 있을 것이네. 우리가 만일 도둑이 다른 사람에게 위험이

70 〔역주〕 수신자의 아내. 《전집》 권 40, 283면.

되지 않도록 그를 우리와 함께 있게 해 달라는 요청을 한다면, 법정은 그것을 받아들일 수도 있을 것이네. 나는 그 정도까지 그에 대한 온정을 요청하고 싶지는 않네. 나는 처벌과 온정 이외의 제 3의 대안을 생각할 수는 없었네. 자비심이 처벌이 거두는 정도의 효과를 얻지 못할 때, 우리는 자비심이 진짜도 아니고 충분히 강하지도 못하다는 것을 알아야 하네. 나는 내 마음속의 자비심이 불충분하거나 부자연스럽다고 느끼므로, 힌두·무슬림 문제에 관심을 기울이기를 그만두었다네. 부자연스러움(*unnatural*)은 가장한다는 것은 아니네. 그것은 자비심이 지성보다 더 깊은 곳까지 가지 못했음을 의미할 뿐이네. 자비심이 만일 지성보다 더 깊은 곳까지 나갔다면, 나는 보복의 방법 이외의 대안을 발견할 수 있었을 것이네. 그러나 나는 아직 그런 상태에 있지 않네. 나는 내 심정에 그런 정도의 강력한 아힘사를 기르기 위해서 분투노력해왔네. 나는 내가 지금까지 실패했다는 것을 인정해야 한다네. 하지만 나는 패배를 인정하지는 않았다네.

나는 자네가 저지른 실수를 고치고 싶네. 나는 그 실수가 부주의에서 나왔다는 점을 확신하네. 자네는 현행법이 절도 자체를 죄로 간주하지 않으며, 도둑이 체포되었을 경우에만 절도가 죄가 된다고 말하고 있네. 물론 현행법이 그 정도로 나쁜 것은 아니네. 자네가 체포되지 않은 도둑은 처벌을 모면한다고 말한다면 그것은 옳은 말이네. 그러나 이것은 황금시대에도 그랬을 것이네. 오직 신만이 모든 절도를 처벌하실 수 있을 것이네. 신을 믿는 자들은 사람이 모든 위법에 대해서 처벌을 받아야 한다고 실제로 생각하고 있다네. 나는 자네가 말한 의미가 바로 이것이라고 생각하네.

이제 아슈람 내부의 소요에 대해서 말해 보세. 나는 그것으로 놀라지 않았고, 충격도 받지 않았네. 우리는 자신들의 심정을 정결하게 하고, 상대방에 대해서 완전히 이해하도록 시도할 따름이네. 자네가 언급한 것과 같은 소요는 그런 시도에서는 불가피하다네. 내가 일이 이런 식으로 전개되는 것을 보면, 나는 우리가 그런 협회를 설립한 것이 옳았다는 점에 대해서 확신하네. 그와 같은 경험을 통해서만 우리는 일을 하는 올바른 방식과 공동생활의 새로운 법칙을 배울 수 있을 것이네. 비폭력의 원리에 적합한 방식과 법칙이 존재한다면 말이네. 만일 우리 가운데 완전한 존재가 있다면 지금쯤 새로운 경전(*smriti*)을 지었을 것이네. 그러나 진실은 우리가 불완전한 존재이지만, 완전하게 되기 위해서 진지하고 헌신적인 노력을 하고 있다는 것이네. 우리가 우리와 함께 살 수 없는 자를 위해서 새로운 기관을 설립하기로 결정할 경우, 동기만 순수하다면 그 일이 내 마음을 아프게 하지 않을 것이네. 우리가 진실한 겸손, 즉 진정한 비폭력을 기르는 일에 성공하지 못할 경우에는 우리 사이에 차이점들이 존재할 것이네. 다른 사람들과 조화롭게 살 수 없는 사람들은 항상 존재하는 법이네. 그런 경우 새로운 기관이 유용하다면 왜 우리는 그것을 설립하기를 주저해야 할까? 우리 모두 비폭력을 향해서 전진한다면 다시금 하나가 될 것이네. 우리가 전진하지 못한다면, 우리는 한 나무의 다른 가지 위에서 놀고 있을 뿐이고, 차이점이 있음에도 불구하고 그 속에서 일치를 보게 될 것이네. 따라서 누구도 불성실해서는 안 되고, 다른 사람의 동기를 의심하거나 다른 사람이 사악한 마음을 지녔다고 믿어서도 안 되며, 그 누구도 이기적인 생각을 품어서도 안 되며, 자신의 모습과 다르게 보이도록 원해서도 안 될 것이네. 나는 이런 점들을 분명히 해야 할 필요가 있다고 생각하네.

나는 이제 진리에 관한 문제를 논의하지 않을 것이네. 자네가 한 말 모두를 이해했고 받아들인다네. 하지만 모든 이슈 하나하나에는 다른 면, 즉 아름다운 면이 있음을 간과해서는 안 되네. 하지만 나는 이 주제를 다른 때에 거론하겠네. 초조하지는 않다네. 나는 우리 두 사람 모두 같은 진리를 추구하고 있다고 믿는다네. 나는 자네가 새벽 1시 15분에 자지 않고 나에게 편지 쓰는 것을 원하지도 않고 좋아하지도 않네. 사실 자네가 그러는 것이 잘못이라고 생각하네. 고마티가 자네의 봉사를 받을 때에만 치료받겠다는 입장을 고수한다면 그것은 온당한 일이 아니네. 그녀는 진지하게 봉사하는 사람의 봉사라면 누구의 것이든 그것을 받아들일 수 있어야 하네.

바푸로부터 축복을

키쇼렐랄 마슈루왈라(Kishorelal Mashruwala)에게 보낸 편지(G.),
《마하데브 데사이의 일기》(필사본) ; 《전집》 40 : 169

244) 비폭력, 신앙 그리고 다르마

잘 알려진 작가 잭스(Jacks) 교수는 그 책 제목을 '생각의 연금술'이라고 해석할 만한 책을 한 권 저술했다. 피아렐랄은 이 책에 기초하여 〈영 인디아〉지 최신호에 한 편의 글을 기고했는데 고찰해 볼 만한 가치가 있다. 방금 언급한 글에 기초하고 있는 이 기사는 구자라트어 독자들의 편의를 위해서 출판된 것이다.

생각의 연금술이란 말은 생각이 연금술사처럼 활동하는 것을 의미한다. 어떤 연금술사가 철을 금으로 바꿨다는 것은 아무도 알 수 없지만, 생각은 연금술의 기능을 부단히 수행할 수 있다. 사람은 특정한 생각을 함으로써 공포의 희생자가 되고 얼굴이 창백해진다. 그 반대의 생각을 함으로써 그의 얼굴은 즐거움으로 상기될 것이다. "나는 고통의 경련을 느낀다. 만사가 이제 나에게는 끝장이다"라고 생각한다면 나는 슬퍼질 것이다. 하지만 내가 만일 그 경련을 무시하고

"이 경련이 무슨 대수냐? 그것은 곧 사라질 것이야"라고 말하게 된다면, 나는 계속 기분이 좋을 것이다. 낯선 자가 외국에서 나의 집으로 온다면 나는 그를 의심할 것이다. 그를 살인자라고 가정하고 나는 끔찍하게 겁먹는다. 내 아들이 나에게 와서 말한다. "이 신사는 오래된 가족의 친구인데, 유년 시절 이후 외국에 줄곧 살아왔으므로 그를 알아보지 못하는 것입니다. 그는 오늘 우리 집의 손님이고 좋은 소식을 전달해 주기 위해서 오셨습니다." 이 말을 듣고서야 나는 평정을 회복한다. 이제 나는 전에 공포를 느꼈던 사람을 존경으로 받아들인다. 이 모든 것이 생각의 연금술이다. 생각은 순식간에 우리를 왕이나 거지로 만들 수 있다. 그런 것이 생각의 제국이다. 생각(*thought*, 意)은 말(口)이나 육체적 과정(身)에 비하면 한없이 강력하다. 물리적 행동은 생각이 취할 수 있는 모습 중에 가장 거친 것이며, 말은 그다음으로 거친 모습 중의 하나이다. 말과 행동은 생각을 제한한다. 그리고 생각이 제한당하는 것은 당연하다. 만일 사실이 이와 다르다면 세상은 분명 파괴되고 말 것이다. 하지만 이것은 생각의 힘을 증명해 준다. 따라서 생각이 없다면 말이나 행동은 기계적인 것이 되고 가치도 사라질 수 있을 것이다.

잭스 교수는 이런 종류의 논의를 따라가면서 다음과 같이 말하고 있다. 즉 종교와 같이 위대하고 만사에 널리 차 있는 요소는 게임과는 달리 규칙이 책 속에 나열되어 있지 않으며, 긍정과 부정을 담고 있는 보물상자도 아니고, 금령의 집합도 아니라고. 누구든 자신의 다르마를 수행하고 싶어하는 자, 비폭력을 실행하고 싶어하는 자, 도덕의 명령을 순종하고 싶어하는 자는 칼날 위를 걸어야 한다. 그에게 비폭력 시험에 있어서 만점을 얻게 해 줄 수 있는 비폭력에 대한 강의도 없고 철자 사전도 없다. 자신의 다르마를 준수하는 것이 그리 쉬운 일은 아니다. 그것은 경험의 광맥 안에 파묻혀 있는 보석이다. 수백만의 구도자들 중 오직 서너 명만이 그것을 캐낼 수 있다. 잭스 씨는 다르마가 안전 보장을 요구하는 사람을 위한 것이 아니라고 말한다. 종교의 장(場)은 의심과 확실성 사이에 존재한다. 이것만이 진실로 종교라고 혹은 저것만이 진실로 종교라고 믿거나 단언하는 자는 종교가 무엇인지를 모른다. 다르마의 의미를 알고 싶어하는 자는 특정 행위가 다르마에 맞을 수도 있고 맞지 않을 수도 있다는 점을 인정하면서, 자신의 내면의 소리에 순종하고, 결의와 평온한 마음으로 계속 행위할 것이다. 그는 스스로 전지(全知)의 존재가 아니고, 한편으로는 확고한 마음을 가지면서 다른 한편으로는 자신이 과오를 범할 수도 있다는 가능성을 겸손하게 받아들인다.

이 유식한 신사는 계속 다음과 같이 말한다.

> 우리는 산수에서 둘 더하기 둘이 넷이 된다는 것을 반복하여 단언할 수 있다. 하지만 도덕 과학에서는 바로 이것만이 우리의 의무라고 확언할 수 없다. 다르마 배후, 또는 비폭력 배후에 있는 깊은 의미는 증명될 수 있는 결과로는 드러나지 않는다. 다르마와 비폭력의 신비는 증명을 넘어서는 곳에서 드러나지만, 그것도 증명이 불가능한 곳이니 만큼 일정한 위험을 감수함으로써 드러난다.

우리말로 하면 이것이 신앙이다. 다르마는 신앙에 기초하는 것이다. 신앙은 오관으로 증명할 수 없다. 따라서 우리 내면의 소리가 내리는 명령을 공경함으로써만 우리는 미래 언젠가 다르마에 대한 직접 경험을 얻기를 바랄 수 있을 것이다. 그래서 잭스 씨는 말한다.

> 자기 내면의 소리를 검증하고 난 다음에라야 그 소리를 들을 준비가 되어 있는 사람은 그것을 내버렸다는 말을 들을 것이고, 자신에게

있는 영적인 힘의 존재를 인정할 수 없었다는 말을 들을 것이다. 마지막으로 그는 도덕성이 아주 결여되어 있는 상태에 도달하게 되어서 아예 내면의 소리와 같은 것을 갖고 있지 못하다는 말을 들을 수도 있다.

그래서 사람이 불행이나 압제를 만나게 되면 무엇을 해야 하는가? 저자는 묻는다.

나에게는 두 가지 대안이 있을 뿐이다. 하나는 실험해 보는 것이고 다른 하나는 아무것도 하지 않는 것이다. 그래서 상황에 대해서 가능한 한 많이 연구하고 난 다음 실험을 수행하는 것이 나의 다르마가 된다. 하지만 내가 오산을 했을 위험도 있다. 나는 심판의 날 만약 나의 실험이 틀렸다는 말을 듣더라도, 그것을 완수하기 위해서 목숨을 내놓을 것이다. 나는 나에게 진실한 것(*true*)으로 보이는 것이 진리임을 증명하기 위해서 시도하는 실험에서, 과오를 범할 가능성이 있다는 위험도 직면하게 될 것이다.

이 필자(잭스)는 다음과 같은 의견—그와 같은 실수를 범할 위험이 있는 실험들을 통해서 많은 진리가 발견되었다는 의견—을 갖고 있는데, 우리도 동의하는 바이다. 그런 실수는 순수한 동기와 진리에 대한 헌신에서 발생한 것이고, 본의 아니게 저질러진 과오는 시간이 지나면 잊히기 마련이기 때문이다.

사람은 실수로 가득 찬 존재라고 불린다. 스와라즈에 대한 정의 중의 하나는 그것이 과오를 범할 권리라는 것인데 그것은 진실이다. 나의 과오를 보지 못하는 한 내가 진실하다고 간주하는 다르마를 나는 마땅히 실천해야 한다. 만일 내가 외부 압력에 굴복함으로써 그것을 실천할 수 없게 된다면, 나의 비겁과 내가 만들어낸 잘못된 이미지가 나를 파괴하고 말 것이다.

더구나 잭스 씨의 말에 따르면 도덕의 외면적 규칙들만이 구속력이 있는 것으로 간주되는 사회가, 어떤 의미에서는 잘 조직된 사회일 수도 있고 사람들이 겉으로는 행복하고 평화롭게 보일 수도 있지만, 그 사회는 실험에 착수할 수 있는 용기와 대담성이 없는 사회, 탐구정신이 없는 사회, 그래서 진보의 길이 막혀 있는 사회이다. 위대한 원리들의 중요성은 그것들의 의미가 무제한이라는 사실에 있다. 우리가 무한한 광맥을 계속하여 파들어 가기만 한다면, 세계는 그런 원리들에 의해서 불이 밝혀질 것이고 진보 역시 이루게 될 것이다. 하지만 우리 사회는 현재 구속당한 것처럼 보인다. 따라서 우리의 다르마는 선조들을 찬양하고 어떤 케케묵은 외면의 의례들을 준수하는 데에 제한되어 있는 것 같다.

하지만 다르마는 그와 같이 무생명의 것이 아니다. 비폭력은 생동적인 세력이고 힘이다. 아무도 그 한계나 범위를 측량할 수 없었고, 앞으로도 그럴 수 없을 것이다. 비폭력은 보편적 사랑을 의미하고, 모든 생명에 대한 자비와 거기에서 나오는 자기희생의 힘을 의미한다. 이런 사랑이 자신을 표현하는 데에는 많은 실수가 범해질 수 있기 때문에, 우리는 이 다르마 전체를 모색하는 일을 포기할 수 없다. 순수한 길을 추구하는 데에서 범하게 되는 실수들조차도 그 모색에서 한 걸음 나아가게 할 것이다.

생각의 연금술(G.), 〈나바지반〉, 1928. 11. 4 ; 《전집》 43 : 227

245) 비폭력과 타파스

1929. 3. 18

그것은 물론 진실입니다. 비폭력의 길에서 한 사람의 타파스차르야(苦行)가 다른 모든 사람들을 덮어 주기 때문에 그것으로 충분합니다. 그것이 어떤 자의 교활이나 위선을 덮어 주기 때문이 아니라 그 사람 주변이 변하기 때문입니다. 나의 비폭력은 사막에 아주까리와 같이 폭력의 한복판에 서 있습니다. 그 일 이외에 내가 왜 여러분을 선동해야 합니까? 여성들이 남성을 꾀기 위해서 알랑거림이 필요합니까? 나의 비폭력이 완전했다면, 내가 여기에 있다는 사실 자체가 사람 몸에서 때가 떨어져 나가듯이 장식물을 떨어뜨릴 수 있었을 것입니다. 나의 순결이 완전했다면, 내가 한 마디도 쓰기 전에 다른 사람들이 그 순결을 따라왔을 것입니다.

구자라트인들에게 한 연설, 만달레이(G.),
〈나바지반〉, 1929. 4. 14 ; 《전집》 45 : 236

246) 능동적인 비폭력과 자기점검

한 투고자는 다음과 같이 말한다.

> 당신은 왜 폭력에 반대합니까? 폭력의 모든 행위가 힘사의 표현이라고 생각합니까? 우리가 살인이나 암살을 목격할 때 혹은 이 세상에서 매일 서서히 진행되고 있는 흡혈을 조용히 목격할 때, 우리가 공포와 연민 그리고 혐오를 느껴야 한다는 것은 이상하지 않습니까? 만일 성공적인 피의 혁명이 이 세상의 불행을 상당히 감소시킬 수 있다고 믿는다면 왜 무기를 사용하지 않습니까? … 이 세상의 통치자들은 너무 몰인정해서 당신 또는 인간성을 이해하자면 그들이 다시 한 번 아이들이 되어야 한다는 것을 당신은 깨닫지 못합니까? 그들

이 태어날 때부터 나빴다는 것을 의미하는 것은 아닙니다. 그러나 그들의 사악함은 명확한 사실이고 그들은 그것을 스스로 바꿀 수는 없습니다.

통치자들이 자신들의 길을 바꾸기를 내가 바라는 것은, 그들이—나쁘다면—태생에 의해서 꼭 나쁜 것도 아니고 전적으로 나쁜 것도 아니라, 주로 주변 환경에 의해서 나빠지기 때문이다. 필자가 말하듯이 통치자들이 스스로 자신들의 길을 고칠 수 없다는 것은 전적으로 옳다. 그들이 만일 환경의 지배를 받는다면 죽임을 당해야 할 것이 아니라 환경의 변화에 의해서 바뀌어야 한다. 그러나 통치자들이 현재의 모습을 띠도록 만든 환경은 바로 우리 민중이다. 그래서 집단 속의 우리 모습이 과장되어 나타난 복사판(*exaggerated edition*)이 통치자들이다. 나의 논의가 타당하다면 통치자들에게 가해진 모든 폭력은 우리 자신들에게 가해진 폭력이 될 것이다. 그것은 자살행위가 될 것이다. 그리고 나는 자살하고 싶지 않고, 내 이웃으로 하여금 자살하도록 권유하고 싶지도 않기 때문에, 스스로 비폭력적이 되고, 내 이웃도 그렇게 되기를 바라는 바이다.

더구나 폭력은 한두 사람의 나쁜 통치자를 파멸할 수는 있다. 하지만 라바나의 머리처럼 죽은 자리에서 다른 통치자들이 솟아날 것이다. 뿌리는 다른 곳에 있기 때문이다. 그것은 우리 안에 있다. 우리가 만일 우리 자신을 개혁하면 통치자들은 자동적으로 개혁할 것이다.

투고자는 비폭력적인 사람을 '이 세상에서 매일 서서히 진행되고 있는 흡혈'을 아무 느낌도 없이, 조용히 목격하고 있는 증인으로 상상하는 것처럼 보인다. 비폭력은 투고자가 밝히듯이 수동적인 힘이거나 무력한 힘이 아니다. 진리가 비폭력과 별개의 것으로 간주되어야 할 경우, 진리를 빼놓고는 비폭력이 이 세상에서 가장 능동적인 힘이다. 그것은 결코 실패하지 않는다. 폭력은 겉으로만 성공한다. 그리고 한결같이 성공을 거둘 것이라고 주장한 사람은 없다. 비폭력은 즉각적으로 손에 잡히는 결과를 결코 약속하지 않는다. 그것은 망고 요술[71]이 아니다. 그래서 비폭력의 실패는 모두 외관상 실패다. 폭력의 신봉자는 살인자를 죽이고 그 행위를 자랑할 수 있다. 하지만 결코 살인을 없앨 수는 없었다. 그는 살인자를 죽임으로써 살인을 더 저지르고 아마 더 많은 살인을 불러들일 것이다. 보복의 법칙은 악을 증대하는 법칙이다.

비폭력의 사람은 사랑을 통해서 살인자에게 영향을 미친다. 그는 살인자를 처벌함으로써 이미 자행된 살인을 없는 것으로 만들 수는 없다. 하지만 그는 온유함(*gentleness*)으로써 살인자가 자신의 행위를 회개하게 하고, 인생행로 전체를 수정하기를 바랄 수 있다. 비폭력의 사람은 항상 그리고 자동적으로 탐조등을 자신에게 돌리고, 다른 사람이 자신에게 해 주었으면 하는 그것을 자신이 다른 사람에게 하는 것이 최선의 행동 노선이라는 점을 발견한다. 그가 살인자였다면 그는 자신의 광기를 이유로 죽임당하기를 원치 않을 것이고, 자신을 고칠 기회를 원할 것이다. 자신이 창조할 수 없는 것을 파괴해서는 안 된다는 점을 그 역시 알고 있다. 신이 인간과 인간 사이에 유일한 재판관(*Judge*)이시다.

왜 폭력에 반대하는가?, 〈하리잔〉, 1934. 9. 21 ; 《전집》 65 : 47

71 〔역주〕 망고의 씨를 뿌리면 1~2시간 내에 성장하여 열매가 열린다고 하는 인도의 요술.

247) 엄격한 검사

한 친구[72]가 다음과 같이 쓰고 있다.

> 당신은 모든 제자들에게 **행위**에서 뿐만 아니라 **말**과 **생각**에서도 비폭력적이어야 한다고 명령한다. 11월 28일자 〈하리잔〉지는 앤드루스 씨가 선교사들의 현 태도에 대한 당신의 반응을 알고 싶어한다는 점에 대해서 앤드루스 씨에게 다음과 같이 말했다고 전하고 있다.
>
> "선교사들의 행위는 현장에 남아서 그저 머릿수나 채우는 사람들의 행위만큼이나 나빴습니다. 우리를 괴롭히는 것은 하리잔들의 약점을 착취하려는 그들의 광기어린 시도입니다. 만일 그들이 '힌두교는 악마적 종교이다. 여러분은 우리에게 와야 한다'고 말했다면, 나는 이해해야 합니다. 하지만 그들은 하리잔들 앞에 지상의 낙원을 달아 놓고 결코 지킬 수도 없는 약속을 합니다."
>
> 만일 이것이 당신 말을 제대로 보도한 것이라면, 나는 '이것이 계급으로서의 선교사에 대한 **말의 폭력**이 아닌가'라고 묻고 싶습니다.

나는 제자의 신분을 열망하는 자이고 구루를 찾고 있는 자로서 제자가 없다. 그러나 그것은 친구가 제기한 문제와는 무관한 것이다. 듣기 싫은 소리를 말하거나 글로 적는 일은 폭력이 아닌 것이 분명하다. 인용문에서 보도된 대로 내가 디나반두에게 말했을 때 진실이라고 믿었듯이, 화자나 필자가 진실이라고 믿고 있을 때는 특히 폭력이 아니다. 내가 말한 것이 과장이고 설상가상으로 허위임이 판명된다고 해도, 투고자가 사용했던 의미로 폭력적인 것은 아니었다. 폭력의 본질은 신구의(身口意)의 배후에 폭력적 의도(*intention*), 즉 이른바 적수를 해치려는 의도가 있어야 한다. 여기에는 그런 의도가

---

72 A. S. Wadia.

없었고 있을 수도 없었다. 나는 두 사람의 선량한 기독교도와 우호적인 대화를 가졌는데, 그들은 나름대로 선교사라고 할 만했다.

하리잔들에 대한 위생사(衛生士) 같은 태도에 대해서, 아주 최근에는 사랑하는 동료 일꾼들의 행동에 대해서 나는 상당히 강한 언어를 사용했다. 그러나 내 말에는 폭력적 의도는 전혀 없었다. 그리고 비판자들은 대개 폭력적 의도의 혐의를 나에게서 벗겨 주었다.

비폭력에 대한 엄격한 검사는 폭력을 도발하는 심각한 행위가 있을 때에도 비폭력적으로 생각하고 말하고 행동하는 것이다. 착하고 온화한 사람에게 비폭력적으로 대하는 것은 아무 가치가 없다. 비폭력은 세상에서 상상할 수 있는 최대의 유혹에 저항할 수 있는 가장 강력한 힘이다. 예수는 '독사의 자식들'을 아셨고 그 독사들을 묘사하는 데 말을 아끼지 않으셨지만, 심판의 보좌(寶座) 앞에서 저들에게 자비를 베풀어 달라고 간청하셨다. '저들이 무엇을 하는지를 모르기 때문이었다.'

나는 나의 진술들을 옹호하기 위해서 선교사들에게 정확한 출전을 밝혀 주었다. 나는 내 자신을 선교사들의 친구로 간주한다. 그들 가운데 많은 사람과 행복한 관계를 누리고 있지만 나의 우정은 한 번도 내 친구의 한계에 대해서, 그들이 지지했던 체계나 방식에 대해서 눈감아 준 적도 없었다.

사람들은 예의라는 잘못된 관념 또는 타인의 감정을 해치지 않을까 하는 공포심 때문에 흔히 자신들의 진의를 발설하지 못하고, 결국 위선의 해안에 상륙하게 된다. 하지만 생각의 비폭력이 개인, 사회 그리고 국가 안에서 전개되어야 한다면, 진리가 한순간 아무리 거칠고 인기 없는 것으로 여겨진다고 해도 발언되어야 한다. 그 배후에 생각이 없는 단순한 비폭력적 행위는 별 가치가 없으며, 결코 확산될 수 없고, 회칠한 무덤과 다를 바 없다. 생각이 비폭력 행위 배후에 있는 힘이고 생명이다. 우리는 생각이 행위나 말보다 무한히 강력하다는 점을 제대로 알지 못한다. 생각, 말, 행위(身口意)가 일치할 때, 말과 행위는 생각의 한계이며, 행위는 말의 한계이다. 내가 여기에서 언급하는 것은 물론 말과 행위로 옮겨지기를 기다리는 살아 있는 생각을 말한다. 효능 없는 생각은 공허한 무이고 연기로 사라지고 말 것이다.

비폭력이란 무엇인가?, 〈하리잔〉, 1936.12.19 ; 《전집》 70 : 222

248) 비폭력과 자기반성 〔*1938. 3. 22*〕

그 기사를 쓰지 않을 수 없었습니다. 여러분이 그것을 읽어 보시길 바랍니다. 나는 우리의 장관들이 경찰과 군대에게 협조를 요청할 수밖에 없었다는 점을 부끄럽게 여깁니다. 반대 연설에 대한 응답에서 그들이 사용했던 말을 사용할 수밖에 없었다는 점도 부끄럽습니다. 국민회의는 패배했고 영국인이 승리한 것처럼 느껴집니다. 왜 우리의 비폭력이 그런 경우에 실패합니까? 그것은 약자의 비폭력입니까? 깡패들에 대해서조차도 우리는 우리 신앙을 버리면서 "우리가 필요하다면 그들을 교수대로 보내거나 총으로 쏴서 쓰러뜨릴 것이다"라고 말할 수는 없습니다. 그들 역시 우리 동포인 것입니다. 만일 그들이 우리를 죽이고자 한다면 우리는 그렇게 하도록 허용해야 합니다. 여러분은 약자의 비폭력으로 조직 폭력(*organized violence*)에 대항할 수 없으며, 용감한 자들만이 실행할 수 있는 비폭력으로 대항할 수 있습니다.… 여러분은 우리가 충분히 비폭력적이었다고 말할 것입니다. 시민불복종운동의 기간 동안 우리는 비폭력적이었습니다. 우리는 나무곤봉 세례와 그보다 더 심한 것을 받았습니다.

내 대답은 다음과 같습니다.

우리가 그런 것을 받은 것은 사실입니다만 충분히 받지는 않았습니다. 우리는 단디(Dandi) 행진[73] 끝에 독립을 얻지 못했습니다. 우리의 비폭력이 가장 용감한 자들의 순수한 비폭력이 아니었기 때문입니다. 우리는 우리가 겪었던 고통의 결과로 앞으로 많이 전진한 것은 사실이지만, 우리 안에 폭력이 잠복하고 있었기에 나는 1934년 파트나에서 성명을 발표해야 했습니다. 그리고 만일 내가 시민불복종운동을 중지하라고 권고하지 않았다면 우리는 철저하게 사기가 꺾였을 것입니다. 우리는 그 이후 한 걸음 한 걸음 전진하고 있습니다. … 그러나 엄중한 자기반성을 위한 시간이 왔습니다.

동료 일꾼과의 대담, 〈하리잔〉, 1938. 4. 2 ; 《전집》 73 : 34

249) 비폭력과 자기정화

〔*1938. 4. 23* 이전〕[74]

우리나라에서 현재 일어나는 사태를 연구하려는 자는 모두, 우리가 평화의 주문(만트라) 곧 비폭력 강령을 실현하기만 한다면, 우리는 우리가 원하는 것을 얻을 수 있음을 알 수 있을 것입니다. 당신은 비평화(*no-peace*)에서 평화를 만들어낼 수 없습니다. 그런 시도는 가시나무에서 포도를, 엉겅퀴에서 무화과 열매를 구하려는 것과 같습니다. 내가 그 질문에 대해서 천착하면 할수록 우리의 첫째 의무가 이런 근본적 사실을 파악하는 것이라는 결론을, 나는 더욱더 강하게 자각할 수 있습니다. 그 교훈을 배울 수 있는 열쇠를 완전히 찾았다는 신념으로 내가 우쭐대던 날도 있었습니다. 하지만 오늘 나

73 〔역주〕 1930년. 《전집》 권 73, 28면.

74 〔역주〕 잠나랄 바자즈가 집회에서 이 메시지를 낭독한 것은 4월 30일이지만, 작성은 분명히 4월 23일 이전이었을 것이다. 《전집》 권 73, 118면.

는 의혹으로 가득 차 있습니다. 나는 진정한 평화 또는 진정한 비폭력을 실현할 정도로 충분한 정화가 내 안에 행해졌는지의 여부도 모릅니다. 그런 심리 상태에서 다른 어떤 것을 생각할 수도 없고 말할 수도 없습니다. 그러나 어떤 처지에 있든 비폭력 없이는 스와라즈가 없을 것이고, 건설적 사업의 이름으로 통하는 어떤 것도 없을 것이라는 사실에 대해서 전혀 의심하지 않습니다. 건설적 사업은 비폭력의 온유한 측면입니다. 하지만 비폭력에 대한 진실한 검증은, 우리가 대의명분에 봉사하면서 순수한 불굴의 죽음을 맞이할 능력을 얻는 데 있습니다. 그 능력을 어떻게 얻는가가 문제입니다. 당신은 이 문제에 대해서 고심하기를 바랍니다.

자이푸르 라즈야 프라자 만달에게 보낸 메시지,
〈하리잔〉, 1938. 6. 4 ; 《전집》 73 : 122

250) 비폭력 훈련

1938. 5. 4

나는 크히베르 연합회(Khyber Union)의 규약도 읽어 보지 않고 그 단체의 회원이 되었습니다. 그것은 파탄인의 술책이었습니다. 우리 민중은 파탄인의 이름만 나와도 벌벌 떱니다.

마하트마 간디는 이어서 지난 2, 3년 동안 활발한 토론에 참여할 수 없었다고 말했다.

나는 서서 말씀드릴 수가 없습니다. 앉아서 말하는 데도 장시간이면 어지러움을 느낍니다. 나를 여기에 데려온 것은 칸 형제분들의 사랑이었습니다.

여러분이 힌두·무슬림 일치의 문제에 대해서 언급하셨는데 그것은 잘한 일이었습니다. 나는 이 위대한 명분을 진작하기 위해서 여러분이 무엇을 할 수 있는지 숙고해 보기를 요청하는 바입니다. 그 일은 본질적으로 여러분과 같은 젊은 세대의 것이라는 점에 대해서 의심의 여지가 없습니다. 우리는 이제 늙어가고 곧 우리 선조들에게 돌아갈 것입니다. 그래서 여러분이 그 책무를 져야 합니다. 이 위대한 목표를 이루는데 여러분이 어떻게 도울 수 있는지는 여러분이 연설에서 비폭력과 칸 사헤브의 일을 분별 있게 선호함으로써 보여주었습니다. 나는 여러분이 언급한 것이 의도적이었는지, 그리고 여러분이 여러분 자신이 하는 말의 완전한 의미를 알았는지 모르겠습니다. 나는 여러분이 여러분 자신이 말한 것을 알고, 그 말을 충분히 숙고했기를 진심으로 바랍니다. 만일 여러분이 그랬다면 나는 여러분을 목표를 향하여 한 걸음 더 데려가고 싶습니다.

마하트마 간디는 변경지역의 방문을 연기했던 정황을 설명한 후 다음과 같이 말했다. 즉, 그가 변경지역의 사람들을 방문한다는 사실이 처음 알려졌을 때 그곳 사람들은 이 사람(마하트마 간디)이 사람들을 겁쟁이로 만들 것이라고 말했다고 한다. 비폭력이 의미하는 바가 그러하다면 여러분은 그것을 경멸해야 한다.

한 우르두 신문은 변경에서 나의 사명이 파탄인을 거세하는 것이라고 말했습니다. 그러나 실제로 칸 사헤브가 나를 여기에 초대한 이유는 두 가지입니다. 하나는 파탄인이 내 자신의 입술로부터 직접 비폭력의 메시지를 듣기 위함이고, 두 번째는 쿠다이 키드마트가르들 사이에서 비폭력이 어느 정도 두루 퍼져 있는지 내가 가까운 데서 볼 수 있도록 하기 위함이었습니다. 그것은 우르두 신문이 표현했던 대로 칸 사헤브가 적어도 그런 공포를 갖고 있지 않음을 의미합니다. 그는 진정한 비폭력이 가장 강력한 폭력보다 더 강하다는 것을 알기 때문입니다. 그래서 만일 여러분이 비폭력의 본질을 바로 알고, 칸 사헤브의 일을 제대로 평가한다면, 여러분은 스스로 비폭력의 선서를 해야 할 것입니다. 그것도 폭력이 난무한다는 사실, 그리고 우리가 날마다 군사작전, 공중전, 무장 그리고 해군력에 대해서 얘기한다는 사실에도 불구하고 여러분은 그런 선서를 해야 할 것입니다. 여러분은 비무장의 비폭력이 항상 무장의 폭력보다 훨씬 우세하다는 점을 자각해야 합니다. 나에게 비폭력의 수용은 본능적이었고, 나의 훈육의 일부였고 유년기의 가정의 영향 때문이었습니다. 나는 50여 년 동안 비폭력 강령을 가르쳐왔습니다. 나는 그 우월한 힘을 남아프리카에서 깨달았는데, 거기에서 나는 조직된 폭력과 인종적 편견에 대항하여 비폭력으로 싸웠습니다. 나는 그것을 남아프리카에서 실천에 옮겼는데 거기서는 모든 사람들이 파탄인과 같이 무장을 했고, 정부는 징병제도를 도입했습니다. 사람들은 소수의 인도인들이 비폭력의 무기로 아프리카 정부와 싸울 수 있었던 방법에 대해서 말했습니다. 나는 폭력의 방법보다 비폭력의 방법이 우월하다는 분명한 확신을 갖고 남아프리카에서 귀국했습니다. 우리는 인도에서도 우리의 권리를 얻는 데에 비폭력을 사용했고, 어느 정도는 성공했습니다.

만일 폭력의 방법이 많은 훈련을 요구한다면 비폭력의 방법은 더 많은 훈련을 요구하며, 그 훈련은 폭력에 대한 훈련보다 훨씬 어렵습니다. 그 훈련의 최초의 핵심은 신에 대한 살아 있는 신앙입니다. 신에 대해서 살아 있는 신앙을 가진 자는 자신의 입술에 신의 이름을 걸고서 사악한 행위를 하지 않습니다. 그는 검에 의존하지 않고 오로지 신에만 의존할 것입니다. 수십만 무슬림이 신의 이름으로 죄를 짓고, '라마'를 부르는 수십만 힌두교도가 동일한 죄를 짓습니다. 신에 대한 신실한 신앙인은 손에 막대기를 들 필요가 없습니다. 신의 이름을 반복하는 자, 칼마흐(*kalmah*: 신앙고백)를 암송하는 자가, 알라에게 귀의한 자가 아닐 수도 있습니다. 혼 하나하나에서 신을 보는 자만이 신의 사람입니다. 그런 사람은 다른 사람을 차마 죽이지 못할 것입니다. 그러나 겁쟁이가 스스로 검을 빼들지 않는다는 점을 내세워서, 신을 믿는 자로 거짓 행세할 수도 있다고 여러분은 말할 수도 있습니다. 비겁은 신에 대한 믿음의 표시가 아닙니다. 진정한 신의 사람은 검을 사용할 힘을 갖고 있지만 모든 사람들이 신의 형상(*image*)이란 점을 깨달아 검을 사용하지 않을 것입니다.

이슬람교는 인류의 형제애를 믿는다고들 말합니다. 그러나 그것이 이슬람교도만의 형제애가 아니라 보편적 형제애임을 내가 지적하도록 허용해 주십시오. 그것이 나를 비폭력 훈련의 두 번째 핵심으로 가게 합니다. 우리는 비폭력을 정책으로 이해해서는 안 되고 신조(*article of faith*)로 믿어야 합니다. 이슬람교의 알라는 기독교도의 하느님과 같고, 힌두교도의 이슈와라와 같습니다. 힌두교 내에 수많은 신의 이름이 있듯이, 이슬람교에도 그 정도로 많은 신의 이름이 있습니다. 그런 이름들은 개체성(*individuality*)을 지시하는 것이 아니라 여러 성질(*attributes*)을 지시하는 것입니다. 보잘것없는 인간은 신에게 성질들을 부여함으로써 전능의 신을 묘사하는 데에 겸손한 노력을 해왔습니다. 신은 모든 성질을 초월하며, 묘사할 수도 없고, 생각할 수도 없는 불가량의 존재인데도 말입니다. 이와 같은 신에 대한 살아 있는 신앙은 인류의 형제애를 수용하는 것을 의미하고, 모든 종교에 대한 동등한 존중 또한 의미합니다. 이슬람교가 만일 여러분에게 귀하다면, 힌두교는 나에게, 기독교는 기독교도에게 귀할 것입니다. 여러분의 종교가 다른 종교들보다 우월하다고 믿으면서 다른 사람들에게 여러분의 신앙으로 개종하라고 요구하는 일이, 정당화될 수 있다고 믿는 것은 불관용(*intolerance*)의 극치일 것이고, 불관용은 폭력의 일종입니다.

세 번째 핵심은 진리와 순수의 수용입니다. 신에 대해서 능동적 신앙을 갖는다고 주장하는 사람은 순수하고 진실할 수밖에 없기 때문입니다.

여러분은 칸 사헤브의 봉사와 비폭력을 인정하고 있는데 만일 그 인정이 진실한 것이라면, 이 모든 함의를 갖게 된다는 점을 여러분에게 말씀드리고 싶습니다.

여러분이 비폭력을 인도와 세계 전체에 가르치고 싶다면 그 일에 대해서 장기간의 경험에 기초한 나의 충고를 받아들여야 할 것입니다. 여러분이 만일 비폭력을 버린다면 칸 압둘 가파르 칸도 버려야 할 것입니다. 그는 여러분의 협조 없이는 단 한 발자국도 나아갈 수 없을 것입니다. 신께서도 사람들의 심정을 움직임으로써 그를 도와주십니다. 나는 세상을 두루 여행했는데, 사람들이 비폭력 강령의 완전한 함의를 자각하지도 못하고 제대로 평가도 못하고 있음을 보았습니다. 우리는 비폭력으로 우리 인도의 부(富)를 방어해야 합니다. 수백만 우리 민중은 이 강령의 함의를 완전히 자각해야 합니다. 비폭력은 신앙과 관계없이 만인을 위한 것입니다.

우리는 비폭력 신봉자로서 폭력을 잊을 것입니다. 만일 이슬람교가 여러분에게 귀하고, 힌두교가 나에게 귀하다면, 간단한 논리로 여러분은 우리가 상대방의 종교에 대해서 동등한 존중을 가져야 한다는 결론을 받아들여야 할 것입니다.

남을 지도한다고 주장하는 사람들은 비폭력의 모든 함의에 따라서 살아야 하고 일상사에서 그것들을 표현해야 합니다. 이제 여러분은 병졸이 아니라 민족의 지도자가 될 것입니다. 비폭력의 장군으로서 여러분은 비폭력 사병에 불과한 일반 사람들보다 더 특별한 훈련이 필요합니다. 여러분의 비폭력은 미치광이의 것도 아닐 것이고 겁쟁이의 것도 아닐 것입니다. 그 비폭력은 검을 지닌 자의 폭력보다 더 강할 것입니다. 여러분이 만일 이상에 따라서 살 수 있다면, 그 어느 누구도 이런저런 변명을 늘어놓으면서 비폭력이 여러분을 거세할 것이라고는 말하지 못할 것임을 여러분은 확신할 것입니다. 여러분의 비폭력은 가장 용감한 자들의 비폭력이 될 것입니다.

페샤워르, 이슬라미아 대학에서의 연설, 〈힌두스탄 타임스〉, 1938. 5. 5 ; 〈하리잔〉, 1938. 5. 14 ; 《전집》 73 : 157

251) 비폭력 훈련

훈구(*Hungoo*), 〔*1938. 10. 23*〕

간디지는 여기에 오는 도중 쿠다이 키드마트가르들의 사무실 기공식이 열린 나사랏 켈에서 그에게 베풀어졌던 환영 연설에 대해서 언급했다. 연설에는 '우리 최후의 투쟁'에 대한 언급이 있었다. 그는 다음과 같이 말했다.

시민불복종은 오기도 하고 가기도 할 것이지만 자유(*freedom*)를 위한 우리의 비폭력 투쟁은 지속될 것이고 독립이 성취될 때까지 계속될 것이라는 점을 여러분에게 말씀드립니다. 오로지 그 형식만이 바뀌었습니다.

인도인들의 90%에게 비폭력은 다른 것이 아니라 바로 그들의 행위를 의미한다는 점[75]을 나는 알고 있습니다. 거기까지는 좋습니다. 그 안에 용기가 있습니다. 하지만 여러분과 특히 쿠다이 키드마트가르 장교들은 이것이 비폭력 전체가 아니라는 점을 분명히 이해해야 합니다. 여러분이 만일 비폭력의 의미를 진실로 이해했다면 비폭력이란 특정 경우에 활용해야 하는 원리나 덕도 아니고, 특정 당파나

75 그 환영 연설은 쿠다이 키드마트가르들이 탄압당한다고 겁먹은 적이 없었고 앞으로도 결코 없을 것이라는 점을 얘기한 바 있다.

분파와 관련해서만 실천돼야 하는 원리나 덕도 아니라는 사실이 분명해졌을 것입니다. 그것은 우리 존재의 본질적인 부분이 되었습니다. 분노는 우리 마음에서 완전히 없어져야 합니다. 그렇지 않으면, 우리 자신과 억압자들 사이의 차이가 어디에 있습니까? 분노는 어떤 사람에게는 발포 명령을 내리게 하고, 어떤 사람에게는 욕설을 하게 하고, 또 어떤 사람에게는 라티 곤봉을 사용하게 합니다. 이런 행동들은 근본 뿌리에서는 모두 같습니다. 여러분이 심정 속에서 분노를 느낄 수도 품을 수도 없게 되었을 경우에만, 여러분은 폭력을 털어버렸다고 주장할 수 있고, 끝까지 비폭력으로 남아 있기를 기대할 수 있을 것입니다.

그런 다음 간디지는 시민불복종과 사탸그라하 사이의 차이점을 설명했다.

우리의 시민불복종 혹은 비협조는 본성상 항상 실천하기로 되어 있는 것은 아니었습니다. 그러나 우리가 오늘날 건설적 비폭력을 통해서 보여주는 투쟁은 늘 정당성을 지니는데 그것이 참된 것이기 때문입니다. 정부가 시민저항자들(*civil resisters*)을 체포하기를 그만두게 된다고 해 봅시다. 그렇게 되면 우리의 수감이 정지될 것입니다. 그렇다고 해서 그것이 우리 투쟁이 끝났음을 의미하는 것은 아닙니다. 한 사람의 시민저항자의 목적이 교도소 규칙을 깨뜨리는 일에 탐닉함으로써, 교도소 당국자들을 당황시키기 위해서 교도소에 가는 데에 있는 것은 아닙니다. 물론, 교도소 내에서도 시민불복종이 있을 수 있습니다. 그러나 거기에는 정해진 규칙이 존재합니다. 요점은 시민저항자의 투쟁이 수감으로 끝나지 않는다는 것입니다. 우리가 일단 수감되면 외부 세계에 대한 시민으로서의 우리는 죽어 버립니다. 그러나 교도소 내의 정부 계약 노예들, 즉 교도관들의 심정을 개심하기 위한 우리의 투쟁은 이제 막 시작됩니다. 수감은 교도관들에게 다음과 같은 사실을 증명할 수 있는 기회를 줍니다. 즉, 우리가 도둑이나 강도와는 다르다는 점, 교도관들이 잘못되기를 바라지 않는다는 사실, 우리가 적수를 파멸하기를 원치 않으며 오직 적수를 친구로 만들기를 원한다는 사실이 바로 그것들입니다. 그리고 그들을 진정한 친구로 만드는 길은 우리가 정당하든 부당하든 모든 명령에 노예같이 복종하는 것이 아니라, 우리에게 사악함이 없음을 보여주고, 그들이 잘되기를 신실하게 빌고, 신의 선이 그들에게 내리기를 심정으로 기도하는 것입니다. 나의 투쟁은 교도소 빗장 뒤에 감금되어 있을 때에도 계속되었습니다. 나는 여러 번 수감되었고 그때마다 나는 접촉했던 교도관들과 여타 사람들 가운데 친구만을 만들어 두고 떠났습니다.

활동이 절대로 중지되지 않는다는 것이 비폭력의 특징입니다. 검이나 총알은 이런 특성을 가질 수 없습니다. 탄환은 적수를 파멸할 수 있습니다. 비폭력은 적수를 친구로 만들 수 있고, 그래서 시민저항자로 하여금 적수의 힘을 자신의 것으로 만들게 할 수 있습니다.

간디는 그들이 시민불복종 투쟁으로 영국인들에게 더 이상 지배당하지 않겠다는 결의를 세계에 증명해 보였다고 말했다. 그러나 그들은 이제 다른 종류의 용기, 보다 고상한 유형의 용기의 증거를 보여야 했다. 킬라파트 운동이 한창일 때, 강건한 파탄인 병사들은 알리 형제들[76]과 간디 자신을 몰래 만나러 오곤 했다. 그들은 방문이 상관에게 들통나서 강제 퇴역당할지도 모른다는 생각에 아주 두려워하곤 했다. 큰 키와 육체의 힘에도 불구하고 그들은 위축되었고, 그들보다 신체적으

76 〔역주〕 Mohammad Ali Jouhar(1878~1931)와 Maulana Shaukat Ali(1873~1938). 동생 알리는 국민회의 의장 역임. 전인도 무슬림연맹 창시자 중의 한 사람.

로 더 강한 사람을 마주치면 비겁해지곤 했다.

나의 유일한 주님이고 주인이신 신이 아니면 그 누구에게도 복종할 수 없게 하는 힘을 나는 원했습니다. 그렇게 할 수 있을 경우에만 나는 비폭력을 실현했다고 주장할 수 있습니다.

그런 다음 그는 비폭력의 다른 특성, 즉 사람이 비폭력의 사용법을 배우기 위해서 학교 혹은 피르(*pir*)[77]나 구루에게 갈 필요가 없다는 특성에 대해서 상세히 설명하기 시작했다. 그 덕은 단순성에 있다. 그들이 만일 그것이 휴지(休止)나 연기 없이 하루 24시간 동안 활동하는 가장 능동적인 원리라는 점을 깨달았다면 그들은 집에서, 거리에서, 친구와 못지않게 적수들과의 관계에서 그것을 사용할 기회를 찾게 될 것이다. 그들은 바로 그날로 집에서 그것을 실천하기 시작할 것이다. 그는 자신이 적에게 결코 화를 내지 않을 정도로 훈련했지만 때때로 친구에게 성질을 낸다고(*lose temper*) 고백했다. 그가 받았던 비폭력 훈련은 집에서 아내로부터 받았다고 그들에게 말했다. 그는 마음에 통절(痛切)하게 와 닿을 정도로 상세히 가정 살림의 일단을 공개했다. 그는 집에서 폭군이었다고 말했다. 그의 폭정은 사랑의 폭정이었다.

나는 아내에게 화(*anger*)를 터뜨리곤 했습니다. 그러나 그녀는 아주 유순하였고 불평 없이 참아냈습니다. 나는 그녀의 주님이자 주인인 나에게 매사에 순종하는 것이 그녀의 의무라는 생각을 갖고 있었습니다. 하지만 그녀의 순종적인 유순함(*unresisting meekness*)이 내 눈을 열었고, 그녀를 규제할 권리가 나에게 없다는 생각이 조금씩 생기기 시작했습니다. 내가 만일 그녀의 복종을 원했다면 나는 먼저 인내심 있는 논의로 그녀를 설득시켜야 했을 것입니다. 이와 같이 그녀는 비폭력에 있어서 내 스승이 되었습니다. 감히 말하건대 내 인생에 그녀보다 더 충성스럽고 신실한 동지는 없습니다. 나는 말 그대로

77 〔역주〕 무슬림 전통의 성자.

그녀의 인생을 지옥으로 만들곤 했습니다. 거의 하루걸러 나는 거주처를 옮겼고, 그녀가 무슨 옷을 입어야 할지를 정해 주었습니다. 아내는 불가촉천민제도를 준수하고 있었던 정통 가정에서 양육되었습니다. 이슬람교도와 불가촉천민들이 내 집을 자주 방문하곤 했습니다. 나는 그녀의 타고난 망설임에도 불구하고 그들 모두를 대접하도록 만들었습니다. 그러나 그녀는 "못하겠습니다"라고 말한 적이 없었습니다. 아내는 통상적 의미의 교육을 받아 본 적이 없었고 단순하고 소박했습니다. 그러한 그녀의 속임수 없는 단순성이 나를 완전히 정복했습니다.

여러분은 모두 집에 아내, 어머니, 자매가 있습니다. 여러분은 그들에게서 비폭력의 교훈을 얻을 수 있습니다. 이외에도 여러분은 진리의 서약을 할 수 있고, 진리가 여러분에게 얼마나 귀중한지, 그리고 진리를 신구의에 있어서 얼마나 준수하고 있는지를 자신에게 물어보아야 합니다. 진실하지 않은 사람은 비폭력에서 멀리 떨어져 있습니다. 허위 자체가 폭력입니다.

간디는 방금 시작한 라마단(*Ramadhan*)[78] 달에 대해서 언급하면서, 라마단 달이 비폭력을 시작하는 데 어떻게 사용될 수 있는지를 그들에게 말했다.

우리는 라마단의 준수가 금식과 금주에서 시작하고 끝난다고 생각하는 듯합니다. 우리는 라마단의 거룩한 달에 사소한 일에 대해서 성질을 낸다거나 욕설을 퍼붓는다는 것에 대해서 전혀 생각하지 않습니다. 금식이 끝났을 때 식사를 제공하는 일에 조금이라도 늦는다면 불쌍한 아내는 타고 있는 석탄을 뒤집어쓰게 됩니다. 나는 그

78 〔역주〕 또는 람잔(*Ramzan*), 라마잔(*Ramazan*)이라고도 한다. 실제 텍스트에는 람잔이 사용되고 있다.

것을 라마단의 준수라고 부르지 않고 왜곡이라고 부릅니다. 여러분이 만일 비폭력을 닦기를 진실로 원한다면, 여러분은 어떤 일이 일어나든 가족 구성원들에게 화를 내거나 명령해서는 안 되고, 그들에게 큰 소리를 쳐서도 안 된다는 서약을 해야 합니다. 그래서 여러분은 자신의 인격에서 비폭력을 닦고 그것을 여러분의 아이들에게 가르치기 위해서 일상사의 사소한 일을 이용할 수 있을 것입니다.

그는 사례를 하나 더 들었다. 어떤 사람이 아이들을 돌로 쳤다고 해 보자. 파탄인 사람은 보통 자신의 아이들에게 징징 울면서 집에 돌아오지 말고 보다 더 큰 돌멩이로 응수해야 한다고 말한다. 그러나 비폭력 신봉자라면 아이에게 돌에 돌로 맞서지 말라하고 돌을 던진 소년을 포옹하고 친구로 만들라고 말해야 할 것이다. 이것이 간디지의 말이었다.

심정에서 분노를 완전히 없애고 모든 사람들을 자신의 친구로 만드는 동일한 공식은 인도에 독립을 주기에 충분합니다. 그것은 가장 확실하고 가장 빠른 방법이기조차 합니다. 나는 그것이 인도의 가난한 대중이 독립을 얻기 위한 유일한 길이라고 주장합니다.

쿠다이 키드마트가르들에게 한 말씀,
《평화를 위한 순례》, 87~91면 ; 《전집》 74 : 203

252) 비폭력은 두려움을 모른다 〔*1938. 12. 29* 이전〕

교사 나이 드시고 경험 있는 지도자로서 당신은 인류에 봉사하기 위해서 자신의 생명을 내던지라고 청년들에게 어떻게 충고하겠습니까?

간디지 질문이 잘못되었습니다. 여러분이 사탸그라하 무기를 드는 것은 자신의 생명을 내던지는 것이 아니고, 가장 심대한 위험과 도전을 보복 없이 직면할 준비를 하는 것입니다. 그것은 때가 되면 대의명분을 위해서 여러분의 목숨을 내놓을 기회를 줄 것입니다. 비폭력적으로 그렇게 할 수 있기 위해서는 사전훈련이 필요합니다. 만일 여러분이 정통적인 방법을 믿는 자라면, 여러분은 군인들처럼 자신들을 훈련해야 합니다. 비폭력의 경우도 같습니다. 여러분은 삶의 방식을 전면적으로 바꿔야 하고, 전쟁기만 아니라 평화의 시기에도 비폭력을 위해서 일해야 합니다. 그것은 분명 어려운 작업입니다. 여러분은 그 일에 혼 전체를 바쳐야 합니다. 만일 여러분이 진지하다면 여러분의 모범은 주변에 있는 다른 사람들의 삶에 영향을 미칠 것입니다. 미국은 오늘날 다른 강대국과 함께 이른바 세계의 약소국을 착취하고 있습니다. 미국이 세상에서 가장 부유한 나라가 되었습니다만, 미국이 부자가 된 수단들을 생각해 보면 가장 부유한 나라라는 점이 전혀 자랑스러운 일이 될 수 없을 것입니다. 다시 말하자면, 이런 부를 지키기 위해서는 폭력의 도움이 필요합니다. 여러분은 이런 부를 포기할 각오를 해야 합니다. 그래서 여러분이 만일 진실로 폭력을 포기할 작정이라면 여러분은 "우리는 폭력의 전리품과는 아무 관련이 없다. 그리고 그 결과로 미국이 더 이상 부자가 아니어도 우리는 상관하지 않을 것이다"라고 말하게 될 것입니다. 그렇게 되면 여러분은 흠결 없는 봉사를 제공할 자격을 갖출 것입니다. 그것이 준비의 의미입니다. 여러분이 한 나라의 국민으로서 평화를 위해서 살기를 완전히 배웠다면, 극단적인 희생을 바칠 기회는 오지 않을 것입니다. 비폭력을 위해서는 죽는 것보다 살아가는 편이 훨씬 더 어렵습니다.

친구들은 간디지가 선언했던 비폭력에 적극적인 성격이 있는지를 알고 싶어 했다.

비폭력의 정수는 사랑입니다. 그런데 만일 내가 '사랑'이란 말을 사용했다면, 여러분은 그런 질문을 하지 않았을 것입니다. 그러나 '사랑'이란 말은 나의 뜻을 충분히 표현하지 못할 것입니다. 가장 가까운 말이 '자선'(*charity*) 입니다. 우리는 친구와 동료들을 사랑합니다. 그러나 무자비한 독재자가 우리 마음에 심어 준 반응은 외경이거나 연민일 텐데, 우리가 그에 대해서 폭력적으로 대응하면 외경(*awe*)이 될 것이고, 비폭력적으로 대응하면 연민(*pity*)이 될 것입니다. 만일 내가 진실로 비폭력적이면 그 독재자에게 연민을 느끼고, 다음과 같이 나 자신에게 말할 것입니다. "그는 인간이 무엇이어야 하는지를 모른다. 그가 만일 그를 존경하지 않는 사람들, 그에게 복종하지도 않고 아첨하지도 않는 사람들, 그가 무엇을 하든 그에 대해서 원한을 품지 않는 사람들을 만나게 될 때, 그는 인간이 무엇이어야 하는지를 더 잘 알게 될 것이다." 독일인들은 다른 국가들이 전부 그들을 외경하기 때문에 오늘날 하고 있는 짓을 하고 있습니다. 그들 중 어느 누구라도 깨끗한 손으로 히틀러에게 갈 수는 없습니다.

교사 오늘날 건설되고 있는 새로운 인도 내부에서 기독교 선교단의 위상은 무엇입니까? 이 위대한 과업에서 도움이 될 수 있게 그들은 무엇을 해야 합니까?

간디지 인도의 존재와 인도가 하고 있는 일을 제대로 인정하는 것입니다. 지금까지 그들은 인도와 인도의 위대한 종교들에 대해서 이상한 생각들을 품고 선생과 설교자로서 인도에 왔습니다. 우리는 미신을 믿는 이교도의 나라로, 아무것도 모르면서, 신을 부정하는 나라로 묘사되어 왔습니다. 우리는 머독(Murdoch)이 말했던 것처럼 사탄의 무리입니다. 헤버(Heber) 주교가 자신의 잘 알려진 '그린란드의 얼음산들로부터'라는 찬송가에서 인도를 '모든 전망은 좋은 데 오직 사람만이 사악한' 나라로 묘사하지 않았습니까? 나에게 이것은 그리스도 정신의 부정입니다. 그래서 만일 여러분이 인도가 세계에 줄 메시지가 있다고 느낀다면, 그리고 모든 다른 종교와 같이 인도 종교들도 불완전한 인간의 작위를 통해서 스며 나온 것이어서 불완전하다고 해도 참된 것이라고 느낀다면, 그리고 여러분이 동료 도우미로서 또 동료 구도자로서 온다면, 여기에 여러분을 위한 자리가 있다는 것이 나의 개인적 견해입니다. 그러나 만일 여러분이 어둠 속에 헤매고 있는 민중에게 줄 '참된 복음'(*the true Gospel*)의 설교자로서 온다면, 나로서는 여러분에게 줄 자리가 없습니다. 여러분은 자신을 우리에게 강요하게 될 것입니다.

교사 인도가 세계에 줄 참된 메시지는 무엇입니까?

간디지 비폭력입니다. 인도는 그 정신으로 흠뻑 젖어 있습니다. 하지만 여러분이 그 정신의 산 증인으로서 미국으로 돌아갈 만큼 인도가 그것을 증명해 보여주지는 못했습니다. 인도가 저 위대한 이상에 맞춰 살아가기 위해서 절망적인 노력을 하고 있다고 여러분이 말하더라도 그것은 진실입니다. 이외에 인도가 줄 수 있는 다른 메시지는 없습니다. 여러분이 뭐라고 말씀하든, 인도 아대륙 전체가 비폭력 이외의 다른 것으로는 자유를 얻을 수 없다는 것을 스스로 결의하고 있다는 사실은 분명합니다. 다른 나라에서는 그것을 시도조차 한 적이 없었습니다. 나는 비폭력이 시도할 가치가 있다는 점에 대해서 다른 나라 국민들이 믿게 할 정도로 영향력을 미치지는 못했습니다. 비폭력이 무기가 될 수 있다는 가능성을 인정하기 시작하는 여론은 한 무리의 유럽인들 사이에서 물론 점차 형성되고 있습니다. 하지만 만일 인도가 이 독특한 실험을 하는 동안 비폭력을 얻을 수 있다면, 전 세계가 인도에 대해서 공감해 주기를 바랍니다. 그런데 여러분은 우리가 비폭력의 이상에 도달하기 위해서 정직한 노력을 하고 있다는 점, 그리고 우리가 하고 있는 모든 일이 사기가 아니라는 점을 진실로 느낄 경우에만, 그 시도에 대해서 증인이 될 수 있습니다. 만일 그 점에 대해서 여러분의 확신이 깨어나고 또 충분히 깊다면, 그 확신은 하나의 효소가 되어서 당신네들 국민들 사이에 작용하게 될 것입니다.

교사 공경할 만한 책임 추궁이군요.

간디지 그렇다면 그것에 대해서 책임을 지십시오.

미국인 교사들과의 대담, 〈하리잔〉, 1939. 1. 7

253) 비폭력, 정직 그리고 미망 *1939. 5. 31*

우리가 어조를 낮추어야 하겠다는 생각, 그리고 충분히 책임지는 정부에 대한 우리의 요구가 당분간 중지되어야 하겠다는 생각이 매일 매일 점점 듭니다. 우리가 그럴 권리가 없어서가 아닙니다. 하지만 우리에게 그 권리에 대한 의지가 없다는 점이, 대가를 지불할 준비가 되어 있지 않다는 점이 나에게 분명하기 때문입니다. 각성(*awakening*)이 있긴 합니다만, 그 각성은 용감한 자들의 능동적인 비폭력에 대한 각성이 아닙니다. 내가 이런 점을 갑자기 깨달았던 것도 아닙니다. 그 깨달음(*realization*)은 이미 있었지만 그에 따른 결론에 직면할 의지가 없었고, 나는 의지박약이 낳은 과실을 이제 맛보고 있습니다. 나는 바르돌리 이래로 박약한 의지를 늘 갖고 있었습니다. 하지만 나의 동료 일꾼들은 우리가 필수적인 비폭력을 성취했다고 잘못 믿고 있었고, 나는 그 미망을 공유하고 있었습니다.

나는 이를 후회하지 않습니다. 우리가 만일 다른 식으로 행동했더라면, 우리가 오늘 보는 대로의 각성이 없었을 가능성이 있습니다. 하지만 그것은 우리를 상당히 끔찍한 결론, 즉 각성이 널리 확산되기 위해서는 비폭력의 타협이 불가피하다는 결론으로 이끄는 것 같습니다. 그러나 그것은 제대로 된 결론이 아닙니다. 신은 자신(*Himself*)을 완성하기 위해서 자신의 피조물 가운데 가장 비천하고 연약한 자들을 선택하신다는 것, 그것이 올바른 결론입니다.

나는 이런 위대한 깨달음을 얻게 되었으니 또 다른 단디 행진을 벌이지 않을 것입니다. 소금법 위반은 완벽한 기획이었지만 마음의 폭력은 거의 초기부터 몰래 스며들어 왔습니다. 우리가 배운 모든 것은 물리적 폭력의 사용을 그만두는 것이 편리하다는 것(*expedient*)입니다. 이것은 득실을 따지는 바니아(바이샤, 상인)의 비폭력이지, 용감한 크샤트리아의 비폭력은 아니었습니다. 득실을 따지는 바니아의 비폭력은 우리를 멀리 데려다주지도 않았고, 그럴 수도 없었을 것입니다. 그것은 스와라즈를 얻고 유지하는 데에, 그리고 무기 사용을 믿는 우리의 대적의 마음을 얻는 데에도 도움이 되지 않았을 것입니다.

오늘날 나는 폭력의 냄새를 가는 곳마다, 국민회의 사람들 내외 어디서든 맡고 있습니다. 1921년에는 국민회의 외부에 존재했던 깡패의 요소도 어느 정도 우리의 통제 아래 있었습니다. 완벽한 비폭력은 어렵습니다. 그것은 어떤 약함도 용인하지 않습니다. 그 때문에 나는 나의 단식을 끝낼 목적으로 부왕에게 접근하는 우(愚)를 범하게 되었습니다. 그것은 자신의 온 힘을 신에게서 얻는다고 주장했던 장군의 입장에서는 용서할 수 없는 행위였습니다. 그러나 신은 나에게 큰 실수를 만회할 용기를 주셨고, 우리는 바로 그 때문에 더욱 강해졌고 더욱 순수해졌습니다.

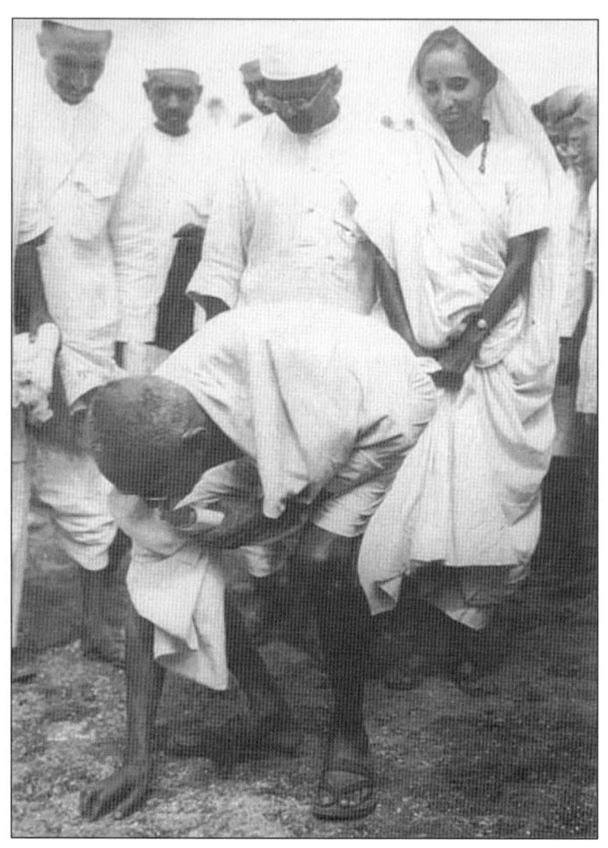

소금세에 저항하는 소금행진 (1930)

간디는 민중을 착취하는 소금세의 부당함을 널리 알리고 이에 저항하기 위해서 아슈람에서 단디에 이르는 길을 행진하였다. 사진에서 간디는 해변에서 직접 소금을 집는 행위를 통해서 소금세에 불복종하는 모습을 보이고 있다.

나는 우리가 생각, 말, 행위(신구의)에 있어서 비폭력적이어야 한다는 점을 지치지 않고 거듭 반복해왔습니다. 우리는 그런 식으로 쭉 말해왔지만, 이들 중 첫째 요소인 생각에 대해서는 강조하지 않았습니다. 방종(放縱)한 성격의 소유자는 행위에서보다 생각에서 더욱 방종한 법입니다. 폭력에서도 마찬가지입니다. 말과 행동의 폭력은 우리 안의 생각에서 솟구치는 폭력이 희미하게 나타난 반향입니다.

여러분은 여기까지 나와 동행할 각오가 되어 있습니까? 내가 말한 것이 모두 설득력이 있습니까? 그렇다면, 우리는 생각의 가장 내밀한 곳에서부터 폭력을 피해야 합니다. 여러분이 만일 나와 동행할 수 없다면, 여러분 자신의 길로 가십시오. 여러분이 다른 방식으로 여러분의 목적을 달성할 수 있다면, 모든 것을 무릅쓰고라도 그렇게 하십시오. 여러분은 나의 축복을 받을 자격이 있습니다. 나는 어떤 경우에도 비겁함을 용납할 수 없기 때문입니다. 내가 죽은 다음, 그 누구도 내가 민중에게 겁쟁이가 되기를 가르쳤다는 말을 해서는 안 됩니다. 만일 여러분이 나의 아힘사가 그런 것에 불과하다고 생각하거나, 나의 아힘사가 여러분을 그런 것으로 인도한다고 생각한다면, 여러분은 망설임 없이 그 아힘사를 거부해야 합니다. 나는 여러분이 절망적인 공포에서 죽는 것보다 용감하게 주먹질에 맞서고 주먹질을 받아들이며 죽는 편이 훨씬 낫다고 생각합니다. 내가 꿈꾸는 아힘사가 불가능하다면, 여러분은 비폭력의 핑계를 대는 것보다 그 강령 자체를 팽개칠 수 있을 것입니다.

전투에서 도망하는 것 — 파라야남(*palayanam*) — 은 비겁함이고, 전사에게는 어울리지 않는 행동입니다. 무장 전투원은 만일 그가 보유한 무기를 잃게 되거나 혹은 그 무기가 효용성을 잃게 되자마자, 새로운 무기를 구한다고들 합니다. 그는 신무기를 구하기 위해서 전쟁터를 떠나게 됩니다. 비폭력적인 전사는 전투를 떠날 줄을 모릅니다. 그는 단 한 차례도 사악한 생각을 품지 않고, 힘사의 어귀를 향해서 신속히 돌진합니다. 따라서 이러한 아힘사가 만일 여러분에게 불가능하게 보인다면, 우리 자신들에게 정직합시다. 그리고 그렇다고 말하고 그것을 포기합시다.

나는 무기를 던져 버리는 일 따위는 하지 않을 것입니다. 그렇게 할 수 없습니다. 나는 내가 묘사하는 전사가 되도록 노력하고 있습니다. 그리고 만일 신이 원하신다면, 나는 금생에도 그런 전사가 될 수 있을 것이고, 그런 전사는 혼자서도 싸울 수 있습니다.

남아프리카에서 겪은 나의 경험을 좀 말해 보겠습니다. 수천 명이 그 운동에 참여했을 당시, 나는 그들에게 말한 적도 심지어 그들을 만난 적도 없었습니다. 그들은 신문을 읽을 수 없었습니다. 하지만 나의 심정은 그들과 일치하여 작용하고 있었습니다. 우리에게 필요했던 모든 것은 살아 있는 신앙뿐이었습니다. 오늘날 나에게는 수백만 민중의 마음 안에 신앙을 고취할 수 있는 능력이 없음이 분명합니다. 이런 능력은 비폭력과 신에 대한, 고상하고도 살아 있는 신앙이 필요합니다. 이 신앙은 자동(自動)이며, 나날이 우리의 인생을 더 잘 조명해 줍니다. 사람들은 진지하게 탐색하는 나를 이상하게 행동하는 것으로 볼 수도 있습니다. 모든 사람들이 그들의 확신에 따라서 내 곁을 떠난다고 해도 나는 불평하지 않을 것입니다. 무슨 일이 일어날 것이라는 맹목적인 신앙에서 나에게 붙어 있어서는 안 됩니다. 그런 신앙은 대의명분을 돕기보다는 방해할 것입니다.

라즈코트, 카티아와르 정치대회에서의 연설,
〈하리잔〉, 1939. 6. 17 ; 《전집》 76 : 2

254) 비폭력과 과오의 수정

1945. 3. 26

안녕, 크리슈나찬드라!

낙담은 비폭력의 숭배자에게 도저히 가까이 접근할 수 없네. 자네가 결정하지 못하는 것은 실수를 범할 수도 있다는 자네의 공포에서 나온 것이네. 우리는 결정이 후에 잘못으로 판명된다고 해도 신속하게 결정해야만 하네. 잘못은 수정될 수 있네.

바푸로부터 축복을

크리슈나찬드라(Krishnachandra)에게
보낸 편지(H.), GN 4506 ; 《전집》 86 : 202

255) 비폭력과 증오심의 분출

증오심(*hatred*)이 사방에 퍼져 있다. 마음이 조급한 애국자들은 폭력을 통해서라도 독립의 명분을 진작시키기 위해서 증오심을 기꺼이 이용하려고 한다. 증오심은 언제 어디에서도 잘못이라고 나는 주장하는 바이다. 그러나 자유를 위한 투사들이 자신들의 정책은 진리이며 비폭력이라는 것을 세상에 선포한 나라에서, 증오심은 더욱 잘못이며 더더욱 어울리지 않는다. 그들은 증오심이 사랑으로 바뀔 수 없다고 말한다. 폭력을 신봉하는 자들은, "필요하다면 공개적이든 혹은 은밀하게든, 가능한 범위에서 적수를 죽이시오, 그와 그의 재산에 위해를 가하시오"라고 말하면서 증오심을 자연스럽게 이용할 것이다. 그 결과는 더욱 심한 증오심과 그에 대한 보복으로 또 다른 증오심(*counter-hatred*)이 생길 것이고, 양편에 원한(*vengeance*)이 쌓여갈 것이다. 아직도 불씨가 살아 있는 최근의 전쟁[79]은 증오심의 사용이 파탄에 이르렀

79 〔역주〕 제2차 세계대전을 가리키는 것으로 보인다.

음을 소리 높여 선언하고 있다. 그리고 이른바 승리자들이 정말로 승리했는지, 아니면 적수의 기를 꺾으려고 하다가 자신들의 기를 꺾지는 않았는지, 그것은 더 두고 지켜봐야 한다. 그것은 잘해 봐야 나쁜 게임에 불과하다. 이 나라의 행동 철학자들 중 몇몇은 그 모델을 개선한다며 "우리는 적수를 결코 죽이지는 않을 것이지만 그의 재산을 파괴할 것이다"라고 말한다. 그의 '재산'이라고 할 때 나는 철학자들을 정당하게 다루지 못하는 것인지도 모른다. 이른바 적이란 작자가 자기의 재산이라고는 갖고 들어온 것이 없으며, 그가 갖고 온 하잘것없는 것도 우리에게 대가를 지불하게 한 것이 아주 분명하기 때문이다. 그래서 우리가 파괴한 것은 실제 우리의 것이다. 사람이든 물건이든 그의 재산의 태반은 그가 여기에서 형성한 것이었다. 그래서 그가 실제 갖고 있는 것은 그것에 대한 관리이다. 우리는 파괴에 대해서도 터무니없는 값을 지불해야 한다. 지불할 수밖에 없게 된 자들은 모두 죄 없는 자들이다. 그것이 바로 가혹한 세금과 그것이 수반하는 모든 것의 의미이다.

단순한 불살생이란 의미의 비폭력은 나에게 폭력 기술(技術)에서 조금이라도 발전된 것으로 보이지 않는다. 그와 같은 비폭력은 서서히 진행되는 고문을 의미하고, 서서히 진행되는 것이 효과가 없게 되면, 우리는 살인과 원자폭탄—오늘날 최후의 폭력에 해당하는 말—으로 즉각 복귀하게 될 것이다. 그래서 나는 증오심을 적절한 경로를 통해서 흘려보내기 위해서 1920년에 비폭력의 사용과 그것의 불가피한 쌍둥이 형제인 진리를 제창했었다. 증오하는 사람은 증오심을 위해서 증오하는 것이 아니라, 그가 미워하는 존재나 존재들을 자신의 나라에서 축출하기를 원하기 때문에 증오하는 것이다. 그래서 그는 폭력의 방법만이 아니라 비폭력의 방법을 통해서도 자신의 목적을 쉽게 이룰 것이다. 지난 25년 동안 국민의회는 원하든 원치 않든 우리가 상실한 자유(*liberty*)를 회복하기 위한 방법으로 폭력 대신 비폭력을 지지한다고 대중에게 말해왔다. 그리고 우리는 전진해감에 따라서 비폭력을 활용하여 과거 어느 때보다도 훨씬 빠르고 훨씬 포괄적으로 대중의 마음에 도달할 수 있었다는 사실도 발견했다. 하지만 진실을 말해야 한다면, 그런 진실을 반드시 말해야 하지만, 우리의 비폭력적 행위는 성의 없이 한 것이었다. 많은 사람은 가슴에 폭력을 품고 있으면서 입술로만 비폭력을 설교했다. 그러나 단순한 대중의 마음은 우리 가슴속에 숨겨진 비밀스런 의미를 읽어냈고, 그들의 무의식적 반응은 우리가 예상했던 것이 아니었다.

위선이 덕의 송가(頌歌)처럼 활동했지만, 덕의 자리를 차지할 수는 없었다. 그래서 나는 비폭력을 위해서, 더 많은 비폭력을 위해서 탄원한다. 내가 무엇인가를 몰라서가 아니라, 내 60년의 경험으로 그러는 것이다. 지금이 중대한 고비이다. 말 못하는 대중이 오늘날 굶어 죽어가고 있기 때문이다. 현명한 독자라면 우리나라가 현재 필요로 하는 것에 맞춰서 비폭력의 포탄을 사용할 수 있는 다양한 방식에 대해서 마음으로 생각해 볼 것이다. 인도국민군의 최면(催眠)이 우리에게 마법을 걸었다. 네타지[80]가 바로 핵심 인물이다. 그의 애국심은 타의 추종을 불허한다(나는 의도적으로 현재형을 사용한다). 그의 용맹은 모든 행위를 통해서 빛나고 있다. 그는 높은 곳을 목표로 삼았지만 실패했다. 누가 실패해 보지 않았을까? 우리의 길은 높은 곳을 겨냥하는 것이며 또한 잘 겨냥해야 하는 것이다. 성공을 거두는 것은 모든 사람들의 몫이 아니다.[81] 나의 찬양과 존경은 여기에서 그친다.

---

80 수바스 찬드라 보세(Subhas Chandra Bose).

나는 그의 행위가 실패할 수밖에 없다는 것을 알았기 때문이었다. 그리고 그의 인도국민군이 승리하면서 인도에 들어왔다고 해도, 그렇게 말했을 것임을 나는 알았기 때문이었다. 대중이 이런 식으로는 자기 역량을 충분히 발휘할 수 없었을 것이기 때문이다.

네타지와 그의 군대가 우리에게 준 교훈은 자기희생, 계급과 집단을 초월한 일치 그리고 훈련이라는 교훈이다. 만일 우리의 숭배가 현명하고 분별력 있는 것이라면, 우리는 위에서 말한 삼위일체(三位一體)의 덕을 엄격하게 모방할 것이지만, 바로 그만큼 폭력은 엄격하게 부인할 것이다. 나는 인도국민군의 군인 자신과 동료들이 무력으로 인도 대중을 속박으로부터 구원할 수 있으리라고 생각하거나 말하는 것을 그대로 내버려 두지 않을 것이다. 그러나 만일 그 군인이 네타지에게 진실하다면 그리고 그 이상으로 조국에 진실하다면, 그는 남녀노소의 대중에게 용감하기, 자기희생 하기, 단결하기를 가르치는 일에 자신을 바칠 것이다. 그런 다음 우리는 세계 앞에 곧추설 수 있게 될 것이다. 그러나 그가 만일 무장 군인처럼 행동하기만 한다면, 그는 대중에게 큰소리치는 사람이 될 뿐이다. 그리고 그가 자원봉사자가 되리라는 사실은 별반 의미가 없을 것이다. 그래서 나는 샤흐 나와즈(Shah Nawaz) 대위가 한 선언, 즉 일단 인도 땅에 왔으니 네타지에 부끄럽지 않게 국민회의 차원에서 겸손한 비폭력의 군인으로서 행동할 것이라는 대위 자신의 선언을 환영하는 바이다.

세바그람, 1946. 2. 15

증오심을 분출하는 방법, 〈하리잔〉,
1946. 2. 24 ; 《전집》 89 : 524

---

81 〔역주〕 《전집》 권 89, 403면에는 "… 모든 사람들의 몫이다"로 되어 있다. 문맥상 본 번역 원전이 옳아 보인다.

256) 비폭력의 군인들

1946. 5. 22[82]

마하트마 간디는 연설을 시작하기 전 그들에게 다음과 같은 약속을 요구했다. 즉, 그들이 그의 충고를 경청할 것과 집회에 참석한 청중이 모두 함께 '예'라는 답변을 줄 것, 이것이 그 약속의 내용이었다.

비행기가 추락했을 때 수바스 보세와 동승했던 하비부르 레만(Habibur Rehman) 대령은 수바스 찬드라 보세[83]의 마지막 순간을 눈물로 마하트마 간디에게 묘사했다. 마하트마 간디는 다음과 같이 말했다.

간디지 **당신은 진정한 군인이므로 이렇게 눈물을 흘려서는 안 됩니다.**

간디지는 인도국민군 장교들의 용맹에 대해서 축하해 주었다. 그는 네타지 수바스 찬드라 보세와 인도국민군이 보여준 용기에 아주 강한 인상을 받았다고 말했다. 간디지는 네타지가 생존해 있기를, 그리고 장차 그들 가운데 살아 있기를 오랫동안 소망해왔다. 하지만 하비부르 레만 대령은 보세가 더 이상 살아 있지 않을 것 같다고 말했고, 이에 대해서 간디지는 다음과 같이 덧붙였다.

간디지 그러나 그는 자신이 세상 앞에 제시했던 메시지와 이상 속에서 우리 가운데에서 살아 있습니다.

어떤 친구들은 딜레마 하나를 나에게 던져 주었는데, 그것은 여러

---

82 이날 아침 아자드 힌드 지방 정부와 인도독립연맹에 소속된 사람 몇 명을 비롯하여 약 60명의 인도국민군 장교들이 간디를 방문했다.

83 〔역주〕 인도국민군의 창설자인 보세는 추축국, 특히 일본의 도움을 받아서 인도를 동부지역에서부터 무력으로 해방하려는 의도를 갖고 있었다. 1945년 원폭 투하로 일본이 항복하게 되자, 당시 싱가포르에 있던 보세는 동경으로 가서 다음 행동을 계획하려고 했다. 불행하게도 비행기가 타이베이 근처에 추락했고, 심한 화상으로 보세는 병원에서 사망했다. 향년 48세였다. 오늘날에도 인도 해방을 위한 보세의 행동을 둘러싸고 심한 논란이 있지만, 아무도 그의 열렬한 애국심을 부인하지는 않는다.

분 중 많은 사람도 빠져 있는 딜레마라고 들었습니다. 물론 국민회의의 강령은 비폭력과 평화적인 방법을 통해서 스와라즈를 얻자는 것이지만, 국민회의가 채택한 그와 같은 정책이 이제 그 목적을 다해 버린 것은 아닌지, 그래서 앞에 놓여 있는 과업을 감당할 활력을 상실한 것—특히 변화한 때, 계속 변화하는 때를 감안하여—은 아닌지 의심을 갖기 시작한 사람들이 국민회의 외부에 심지어 그 내부에도 많이 있습니다.

수바스 바부 휘하에서 베테랑 전투원으로서 복무해왔던 여러분은 전장에서 여러분의 기개를 증명해왔습니다. 그런데 성공과 실패는 우리 손에 있지 않고 신의 손에만 있습니다. 네타지는 여러분에게 작별을 고하면서, 여러분이 인도에 돌아오게 되면 국민회의의 규율을 따라야 하고, 국민회의의 정책에 따라서 움직여야 한다고 당부했습니다. 나는 여러분의 목표가 인도를 해방하는 것이지 절대로 일본인을 돕는 것이어서는 안 된다고 들었습니다. 여러분은 영국인들을 패주시킨다는 직접적인 목적에서는 실패했습니다. 하지만 여러분은 나라 전체가 일어섰고, 정규 군인들마저 각성하여 새로운 정치의식을 갖게 되었고, 독립이란 말로 생각하기 시작했다는 점에 대해서 만족하고 있습니다. 여러분의 사병은 힌두교도·이슬람교도·파시교도·기독교도·영국계 인도인, 그리고 시크교도로 이뤄져 있는데 이들 사이에 완벽한 일치가 이뤄졌습니다. 그것은 결코 예사로운 업적이 아닙니다. 하지만 인도 외부에 갖춰져 있는 자유의 조건 아래에서 여러분이 일궜던 일을, 이제 인도의 조건 아래에서 유지하고 살아 있도록 해야 합니다. 그것이 여러분의 진정한 시험입니다.

여러분이 만일 비폭력 정신을 흡수했다면 여기에서도 심정이 자유로울 것입니다. 예를 들면, 지상의 어떤 정부도 심정에서 자유를 실현한 사람에게 그들의 의지에 반하여 경례하도록 만들 수 없습니다. 정부가 만일 그들을 죽이겠다고 협박하면, 그들은 정부에게 목은 내놓을지언정 복종하기는 거부할 것입니다. 아마 군인정신이 그러한 냉혈의 살인에 저항하게 될 것입니다. 그래서 그들이 살든 죽든 자유인으로 그럴 것입니다. 그들은 결코 노예가 되지 못할 것입니다. 여러분이 심정에서 자유롭다면 인도 전체가 자유로울 것입니다. 그들은 여러분을 수감할 수도 있습니다. 여러분은 그것을 환영할 것이고, 아니면 그들이 여러분을 수감하기 전에 여러분이 먼저 시체가 되어 버리겠다고 그들에게 얘기할 수 있을 것입니다. 이 두 가지 대안 모두 비폭력의 군인에게는 열려 있고, 그것들 모두 최고 수준의 용맹을 요구합니다. 우리의 과업은 바로 4억 인도인들에게 생명을 재주입하는 것입니다. 우리는 그들의 심정에서 공포를 몰아내야 합니다. 그들이 모든 공포를 털어내는 날, 인도의 족쇄가 부셔질 것이고 인도는 자유롭게 될 것입니다.

수년 전 나는 난카나 사히브(Nankana Sahib)에서 다음과 같이 말한 적이 있습니다. "시크교도는 군사적 용맹을 증명했다. 그러나 구루 고빈드 싱이 품었던 이상의 정점에는 키르판(*kirpan*)이라는 검을 비폭력 정신의 검으로 대체했을 때에만 도달할 수 있을 것이다." 사람이 검을 차기를 원하는 한, 완전한 무외(無畏)는 얻지 못한 것입니다. 여러분이 아힘사의 무기로 무장했을 경우 지상의 어떤 권력도 여러분을 복종시킬 수 없습니다. 아힘사는 승자와 패자를 함께 고귀하게 만듭니다. 네타지는 새로운 정신으로 여러분을 불붙였습니다. 그 정신은 비폭력을 통해서만 이제 계속 유지될 수 있습니다.

무엇보다도 여러분은 어느 누구의 자선을 간구하거나 자선을 얻기 위해서 몸을 던져서는 안 됩니다. 여러분은 인도를 위해서 목숨을 걸고 임팔(Imphal) 평원에서 싸웠다고 해서 그에 대한 보상으로 귀하신 대접을 받기를 기대해서는 안 됩니다. 만일 그런 것을 기대한다면, 여러분은 마치 짠맛을 잃은 소금처럼 모든 가치를 상실하게 될 것입니다. 여러분은 이마에서 흘린 땀으로 빵을 벌어야 하고, 자선을 구걸하거나 수용하기를 거부해야 합니다. 간단히 말해서 여러분이 지금까지 무기의 사용에서 용기와 용맹을 보여주었는데, 비폭력적 행위에서도 그것을 보여주어야 합니다.

인도는 매우 가난한 나라며, 우리는 모두 생계를 위해서 일해야 합니다. 우리 모두를 위한 풍부한 땅이 있습니다. 여러분이 만일 땅을 원한다면 가질 수 있을 것입니다. 여러분은 그것을 경작하고 모범적인 농장으로 만들 수 있을 것입니다. 여러분은 우리 민중을 억눌러왔던 수세기의 타성을 극복해야 합니다. 여러분이 그것을 할 수 있는 유일한 길은 근면과 노고의 모범을 세우는 것입니다. 물통과 빗자루를 기술과 근면으로 사용할 수 있어야 하고, 변소청소를 더러운 일로 혹은 여러분의 권위를 손상하는 일로 생각해서는 안 됩니다. 이런 일로부터 졸업하는 일은 빅토리아 십자훈장[84]을 얻은 것보다 더 영웅적인 것입니다.

그런 다음 질문과 답변이 따랐다.

질문 싸움하는 일에 평생을 바친 사람이 어떻게 성공적으로 아힘사로 갈 수 있겠습니까? 이 둘은 서로 불일치하는 것이 아닙니까?

답변 나는 동의하지 않습니다. 바드샤흐 칸은 파탄인입니다. 그러나 오늘날 그는 비폭력의 전사가 되었습니다. 그의 나라에서는 사적인

---

84 〔역주〕 1856년 Victoria 여왕이 제정. 수훈이 있는 군인에게 수여함.

분쟁을 해결하는 데에도 총검이 필수적인 것으로 간주됩니다. 그러나 그는 비폭력의 원리를 충분히 흡수했습니다. 모든 일은 여러분의 심적 태도에 달려 있습니다. 톨스토이 역시 군에 복무했습니다. 하지만 그는 유럽에서 비폭력의 고위직 사제(司祭)가 되었습니다. 우리는 비폭력 안에 깃든 힘을 완전히 실현하지는 못했습니다. 정부가 만일 1942년 나를 체포하지 않았다면, 나는 비폭력을 이용하여 어떻게 일본과 싸워야 했을지를 보여줬을 것입니다.

일본이 침공할 위협이 있을 때에도 나는 적에 대해서 비폭력을 이용한 저항을 설교했습니다. 하지만 영국인들은 나를 믿지 않았습니다. 그들은 우리가 어떻게 일본을 상대로 비폭력적으로 싸울 수 있을 것인가 하고 의아해 했습니다. 그러나 나는 비폭력적으로 싸울 수 있는 나의 능력을 믿는다는 점을 여러분에게 말하는 바입니다.

질문 자기방어를 위해서 검을 사용하는 것은 아힘사의 위반이 아닌가요?

답변 위반입니다. 무력을 사용하는 것이 꼭 필수적인 것은 아닙니다. 그렇지만 여러분은 목숨조차 바칠 각오가 되어 있어야 합니다.

웨이벨(Wavell), 오친렉[85] 혹은 히틀러조차 필요하지 않으면 검을 사용하지 않습니다. 하지만 필요하다고 해서 무력이 아힘사가 되는 것은 아닙니다. 뭐라고 정당화하든 그것은 힘사입니다.

질문 당신이 만약 아힘사를 수용한다면, 당신은 세상과 함께 살 수

85 Sir Claude John Eyre Auchinleck〔1884~1981〕: 제1차 세계대전에 복무한 영국의 명장. 1933, 1935년 인도 서북 변경에서 복무했고, 1940~1941년, 1943년 인도에서 총사령관을 역임했다.

없을 것입니다. 당신은 양자택일을 해야 합니다.

답변 그 점에 대해서도 나는 동의할 수 없습니다. 개혁가라면 시류에 따라서 항해해서는 안 됩니다. 목숨을 잃는 한이 있더라도 종종 흐름을 거슬러가야 합니다. 여러분은 생각 없는 대중의 박수 때문에 실족해서는 안 됩니다. 여러분이 이 나라에 주는 메시지의 핵심은 어떻게 검을 휘두르는지가 아니라, 어떻게 하면 그 검을 두려워하지 않을 수 있는가 하는 것입니다.

질문 수바스 바부가 승리를 거두고 당신께 돌아갔다면 당신은 어떻게 했겠습니까?

답변 나는 그에게 여러분의 무기를 던져서 내 앞에 쌓이게 해 달라고 부탁했을 것입니다.

인도국민군 장교에게 한 연설, 〈봄베이 크로니컬〉, 1946. 5. 23 ; 〈하리잔〉, 1946. 6. 9 ; 《전집》 91 : 19

6. 비폭력의 범위

257) 비폭력의 확산

사바르마티 아슈람, *1926. 4. 1*

사랑하는 친구에게,
당신의 편지에 감사드립니다. 인도에 관련된 것이면 매우 자주 잘못 보도되고 잘못 전해진다는 점은 정말로 사실입니다. 하지만 당신이 인용한 사례에서 국민회의 의장의 말은 제대로 보도되고 있습

니다. 그녀는 국민군(*national militia*)을 주창하지 않았습니다.[86]

나는 전 세계가 비폭력을 최후의 강령으로 수용하기를 바라는 개혁자로서, 직접적인 폭력조차 설교되고 있는 연단에 망설임 없이 오릅니다. 내가 이 세상에 있다고 해서 거기서 진행되고 있는 모든 폭력과 나 자신을 일치시킬 수 없듯이, 나 자신을 폭력에 대한 설교와 일치시키지 않습니다. 나는 일체의 폭력 유형으로부터 정신적으로든 신체적으로든 나 자신을 분리하는 것만으로, 그리고 기회가 있을 때마다 폭력에 대해서 불찬성을 표시하는 것만으로 충분하다고 생각합니다.

나는 당신이 국민회의 강령이 '평화롭고 합법적인 방법에 의한 스와라즈 획득'이라는 것을 아는지 모릅니다. 폭력은 국민적 프로그램에서는 철저하게 배제되었습니다. 그렇다고 해서 사람들이 국방 목적을 위한 국민군 창설을 국민회의 연단에서 지지할 수 없다는 것은 아닙니다. 나는 이 말을 꼭 해야겠습니다. 내 자신의 관점에서 국민군이 필수적인 것은 아니지만, 비폭력을 최종적인 강령으로서 믿지 못하는 사람을 비폭력적으로 만들 수는 없는 노릇입니다. 비폭력의 확산은 여론 형성에 달려 있습니다. 외관상으로는 폭력으로 가는 것 같지만, 비폭력의 정신이 날마다 성장하고 있다는 점에 대해서 나는 개인적으로 다행스럽게 생각합니다.

귀하의 신실한 친구

A. Bush, Esq.
Morden, Surrey
England

F. A. 부시에게 보낸 편지,
SN 12456 ; 《전집》 34 : 252

---

86 〔역주〕《전집》 권 34, 252면에는 "… 주창했습니다"로 되어 있다.

258) 거짓에 대한 비폭력적 운동

구자라트 친구 한 사람은 공동의 친구에게 보낸 편지에서 다음과 같이 항변하고 있다.

> 바푸의 비폭력은 이따금 사람을 당혹케 합니다. 그는 로렌스 동상의 제거를 위한 운동을 고무했듯이 닐(Neill) 동상의 철거를 위한 운동도 고무하고 있습니다. 나에게 그것은 정말로 폭력적으로 보입니다. 그 운동이 영국인들에 대한 증오를 낳을 것이기 때문인데, 바로 이런 것은 바푸가 피하고 싶었던 것이 아닙니까? 내가 폭력이 아니라고 하는 곳에서 그는 폭력이라고 합니다. 무기령(Arms Act)을 폐지하기 위해서 무기를 소지하는 일이 그 예가 될 것입니다. 첫 번째 경우, 겉으로 보기에 비폭력적 수단에 의해서 폭력적 기질이 생성될 가능성이 충분히 있는 것으로 보입니다. 그리고 바푸의 말을 따르자면 이런 일은 피해야 하는 것입니다. 두 번째 경우에는 가치 있는 목적을 얻기 위해서 폭력에 대한 작은 위험이나 가능성이 초래될 것인데, 바푸가 이런 일을 감행할 것이 아닌가 하고 상상해 봅니다.

위의 논의를 올바르게 다루고, 독자가 쉽게 이해할 수 있도록 나는 구자라트어 원문으로는 좀 모호하게 쓴 논의를 약간 확장했다.

비폭력은 더 강인하다. 닐 동상과 그와 유사한 것의 철거를 위한 운동이 영국인들에 대한 증오심을 강화할 가능성이 있다는 점에 대해서는 의심의 여지가 없다. 비폭력을 확산하려고 하는 개혁자는 그런 사실에 주목해야 하고 증오심에 대해서 방어해야 한다. 하지만 어떤 경우에도 증오심의 원인에 대해서 침묵해서는 안 된다. 사랑의 형식으로서 비폭력은 이 세상에서 가장 활발한 힘이다. 구자라트 시인인

샤말(Shamal)은 "선에 대해서 선을 돌려주는 행위는 아무 가치가 없다. 이 정도는 대부분의 사람들이 한다. 악에 대해서 선으로 갚는 데에 가치가 있다"라고 노래했다. 여기에서 말하는 가치는 분명 비폭력을 말한다. 증오의 원인은 어디서든 사람의 눈에 띄지 않을 수 없다. 예전의 현자들은 그런 상황을 다룰 수 있는 유일한 방식이 증오를 사랑으로 중화(中和)시키는 일임을 알았다. 그러므로 사랑의 힘은 증오의 원인과 만날 때 비로소 진실로 작용한다. 진정한 비폭력은 증오의 원인을 무시하지 않으며, 그것에 스스로 눈감는 법이 없다. 진정한 비폭력은 증오의 원인이 존재하고 있음을 알면서도, 원인 제공자들을 상대로 작용한다. 사실이 이와 다르다면, 비폭력적 수단을 통한 스와라즈 투쟁은 불가능한 일이 될 것이다. 왜냐하면 스와라지스트는 외국의 통치와 외국인 통치자가 갖고 있는 오점을 볼 수밖에 없도록 되어 있기 때문이다. 악을 선으로 갚고 원수를 사랑한다는 비폭력 법칙은, '원수'의 오점에 대한 지식을 전제로 한다. 그래서 경전들도 '용서는 용감한 자의 성품이다'(*kshama*[87] *virasya bhushanam*)라고 말한다.

비폭력의 신봉자는 닐 동상 및 그와 유사한 것의 철거를 위한 모든 비폭력운동을 지지해야 할 이유를 이제 분명히 알았을 것이다. 하지만 무기 소지는 비폭력적인 사람에게 허용되지 않는다. 무기 사용은 금지되어 있기 때문이다. 그리고 무기령의 완전 폐기는 절대로 정당한 명분이 될 수 없다. 따라서 무기령의 폐기를 위해서 무기를 소지하는 일은, 비폭력의 어떤 구도 안으로도 들어갈 수 없다.

이제 닐 동상 철거운동에 대해서 좀더 자세히 살펴보는 일이 필요할 것 같다. 그 동상의 대좌 전면에는 다음과 같이 새겨져 있다.

---

87 〔역주〕 kshama는 인욕, 인내로도 번역될 수 있다.

제임스 조지 스미스 닐
여왕 군사 보좌관
마드라스 퓨질리어 연대 중령
인도 육군 준장
용감하고, 결단력 있으며, 자립적인 군인
최고의 군인으로 널리 인정되고 있다.
그는 벵골 반란의 격류를 저지했으며,
1857년 9월 25일
러크나우의 구출 작업에서
영광스럽게 쓰러졌다.
향년 47세.

묘비명의 후면에는 다음과 같이 새겨져 있다.

공공기부금으로 1860년에 건립되다

나는 이것이 정직하지 못한 내용이라고 감히 주장한다. 그 명문(銘文)은 거짓된 역사이다. 내가 이 글을 쓰고 있었을 때 케이(Kaye)와 멜리슨 책을 지니고 있지는 않았다. 하지만 어떤 친구 하나가 톰슨(Thomson)의 계몽적인 《메달의 이면》(*The Other Side of the Medal*)이란 모노그래프 한 권을 구입해 주었다. 그것은 거짓 역사가 어떻게 각급학교와 대학에서 우리에게 교수되는지를 보여주고 있다. 나는 그 책에서 다음 부분을 발췌해 본다.

닐 장군이 카운포르의 구조를 위해서 측후병을 재촉하고 있었을 때, 그는 르노 소령에게 다음과 같이 명령했다 :

죄 있는 촌락들은 파괴를 위해서 표시해 둘 것, 그리고 그 안에 거주하는 모든 사람들은 살육할 것. 반란 연대의 인도 용병(*sepoy*)은 임무를 잘 수행하지 못하면 모두 교수형에 처할 것. 반란을 일으킨 푸트포르(Futtehpore) 촌은 반드시 공격해야 하고, 파탄인이 사는 구역은 그 거주자들 전원과 함께 파괴할 것, 반란의 두목 전부를 특히 푸트포르 반란의 경우 교수형에 처할 것. 만일 부(副) 징세관이 체포되면 교수형에 처하고, 그의 목을 베어 마을에 있는 이슬람교도의 주요 건물의 꼭대기에 매달아 둘 것.

케이는 다음과 같이 말하고 있다.

다시 말해서, 닐의 행동과는 별도로, 닐이 소령 한 사람을 카운포르로 보냈을 때, 사람들이 가장 난폭한 방법으로 학살당했던 것이 분명하다. 그리고 그날 이후 닐은 의도적 고문을 가하는 등 학살 이상의 행위를 자행했지만 그중에서 토착민들에게 적대적인 것이었다고 입증된 건은 한 번도 없었다.

조지 캠벌 경(Sir George Campbell)은 말했다. "닐은 계집아이 같은 여성적 폭력에 의존하여 영웅 칭호를 받은 사람 중에 하나다. 그리고 그의 죽음은 당시 많은 비판을 잠재웠다. 하지만 이제 그것은 낡은 역사 속으로 들어갔다. 내가 가장 중립적인 자료에서 얻은 바로는, 그의 안에 더 이상의 것은 없었다. … 나는 그의 피 묻은 작업에 대해서, 특히 루디아나 연대의 괴멸을 초래했던 실수에 대해서 그를 결코 용서할 수 없다. 그는 알라하바드에서 폭력과 오용을 통해서 페로제포르 연대(나의 애정에서는 루디아나 연대에 이어 두 번째인)를 우리로부터 거의 등 돌리게 했고, 이 연대는 그 이후 이런 놀라운 봉사를 했다.

'공공기부금'에 의해서 동상이 건립된 이른바 '영웅'의 진정한 성격을 보여줄 만한 사례는 훨씬 더 많을 수 있다. 이와 같은 동상들은 하나의 전조(前兆)이다. 그런 동상들은 영국 정부가 최종적으로 대변하는 것, 즉 테러리즘과 거짓에 대한 웅변적인 증거이다. 나의 말은 강한 표현이지만, 강한 표현인 만큼 진실이기도 하다. 따라서 혼신(渾身)의 힘을 다하여 이런 테러리즘과 거짓에 대항하는 것이 모든 인도인들, 모든 진실한 영국인들의 의무이다. 하지만 혼신의 힘을 다하여 이런 것들에 대항하는 길은 보복, 대응 테러리즘과 거짓을 이용하는 것이 아니라, 이 쌍둥이와 정반대의 것을 통해서, 즉 테러리즘은 비폭력을 통해서, 거짓은 진리를 통해서 대면해야 한다. 그것은 어려운 길일 수 있다. 하지만 인도와 세계가 계속 존재하기 위해서는 유일한 길이다. 그러므로 그 전투를 시작한 젊은 사람들이 그 길을 정직하고 비폭력적으로 끝까지 순종한다면 모든 공감을 받을 수 있을 것이다. 그리고 지방 국민회의위원회가 그 문제를 진지하게 다룬 것도 잘한 일이다.

닐 동상과 비폭력, 〈영 인디아〉, 1927. 9. 29 ; 《전집》 40 : 105

259) 비폭력의 결과를 받아들임

사바르마티, 사탸그라하 아슈람, *1928. 1. 31*

사랑하는 친구에게,

당신의 편지[88]를 받았습니다. 만일 비폭력에 대한 당신의 확신이 절대로 분명하다면, 판사 앞에서 그 성명서를 낭독하고, 증거제시를 거부하고, 그 결과를 기꺼이 감수하는 것이 당신의 의무입니다. 당신은 우리가 살아가는 나라의 법률을 준수하지 않는 자들에 대해서 형사상 판결을 내리는 것이 판사의 의무라고 믿어야 합니다. 그리고 이번 사건에 대해서 시민불복종운동을 벌일 수는 없습니다. 그와 같은 질문에 대해서 답변하지 않는 증인들을 처벌하는 법률은 스

88 수신자는 형사 사건에서 증거를 제시해야 할지에 대해서 간디의 조언을 구했다.

와라즈 이후에도 강화될 것이기 때문입니다.

귀하의 신실한 친구

Sjt. D. N. Banerji
94, Baradeo
Benares City

D. N. 바네르지에게 보낸 편지, SN 13058 ; 《전집》 41 : 181

260) 비폭력, 무질서, 실정

존경받는 친구 한 분이 나에게 글을 썼다.

> 당신의 정치적 견해에 대해서 내가 무엇인가 언급하는 것이 주제넘은 일이긴 하지만 이런 일이 잦은 편은 아닙니다. 그러나 최근 사설에 실린 당신의 발언은 오래전에 당신이 폈던 이단의 주장을 반복하고 있는데, 그 발언에 대해서 나는 당신이 도덕적 이슈의 설파자에게 기대되는 조심성을 갖고 자신의 말을 헤아렸는지를 묻지 않을 수 없습니다. 당신은 영국의 멍에로부터 자유롭기 위해서라면 혼란(*chaos*)을 받아들일 것이라고 선언합니다. 인도인이 어떤 외국의 멍에로부터 자유를 요구하고 자유를 위해서 일해야 한다는 점은 전적으로 자연스럽고, 정상적이며 건강한 일입니다. 그런데 상식이 있는 자가 질서 잡힌 정부(*orderly government*)를 혼란과 맞바꾸려고 하는 것은 간단히 말해서 이해할 수 없는 일입니다. 왜냐하면 질서 잡힌 정부는 일종의 규율을 — 그 규율이 강요된 것이든 고무된 것이든 — 함의하고 있고, 혼란은 바로 자기 규율의 부정이기 때문입니다. …
>
> 당신이 주장하듯이 만일 비폭력이 그 본성상 창조적이고 의도적이고 신적인 것이라면, 혼란이 비폭력적인 결과나 특성일 수 없습니다. 당신이 만일 혼란이란 말을 의도적으로 사용했다면, 당신은 인류에게 아무 봉사도 하지 못했을 것이라는 점을 말씀드리지 않을 수 없습니다. 인류에게는 오히려 그들이 이미 경도되기 쉬운, 혼란된 비전보다는, 우주적 비전을 획득해야 한다는 점을 상기시켜 주어야 합니다.

편지 전편에 진지함이 흐르고 있음이 분명하다. 나는 이 친구의 견해에 대해서 진정한 존경심을 갖고 있으므로 나의 견해를 그에게 맞출 수만 있었다면 기꺼이 그랬을 것이다.

하지만 혼란이란 말을 선택한 것은 의도적이었다고 말해야 하겠다. 혼란이란 통치(*rule*)도 없고 질서도 없다는 말이다. 통치나 질서가 없는 곳에서는 통치나 질서가 나올 수도 있고, 실제로 나오기도 한다. 하지만 그것들은 통치나 질서라는 거룩한 이름으로 가장한 실정(失政, *misrule*)이나 무질서(*disorder*)로부터는 절대로 나오지 않는다. 내가 생각하기에 친구의 어려움은 그가 현재의 인도 정부가 '강요된 것이든 고무된 것이든 일종의 규율'을 대변하고 있다고 상정하는 데에서 비롯된다. 현 제도에 대한 우리의 평가는 다른 것으로 보인다. 내 자신의 평가에 따르면 그것은 순전한 악(*unmitigated evil*)이다. 그래서 어떤 선도 이 악에서는 나올 수 없다. 나는 실정을 무통치(*no rule*)보다 더 나쁘다고 생각한다.

내 말이 무지한 자의 마음이나 폭력적인 자의 마음에 당혹을 야기하는 것은 원치 않는다. 나는 혼돈이 오직 폭력의 결과일 뿐이라는 투고자의 주장을 인정하기 때문이다. 그러나 내가 만일 이런 실정과 폭력 가운데 하나를 양자택일해야 한다면, 폭력을 선호할 것이라고 여러 차례 말하지 않았던가? 나는 폭력에 기초한 투쟁을 돕지도 않을 작정이며 도울 수도 없지만 말이다. 나에게 실정과 폭력 사이의 양자택일은 '마음대로 고를 수 없는 홉슨의 선택'[89]과 같은 것이다.

---

89 〔역주〕 Hobson's choice를 번역한 말이다. 선택의 여지가 있는 듯하면서도 실제로 선택하려면 그것밖에 선택할 수밖에 없게 되어 있는 것. 마구간 입구에 가까운 말부터 대여한 잉글랜드 캠브리지의 말 대여업자 Thomas Hobson(1544~1631)의 이름에서 나왔다.

오늘날 표면상의 정적(靜寂)은 위험한 폭력의 일종인데 그것이 더 큰 폭력에 의해서 억눌려 있거나 더 큰 폭력을 야기할 것이다. 가슴에는 폭력을 품고 있으면서도 죽음이나 강탈에 대한 비겁한 공포 때문에 폭력을 그만두는 사람들은, 차라리 폭력을 행사하여 속박으로부터 자유를 얻거나 아니면 자신들의 생득권을 확인하려는 시도에서 영광스럽게 죽어 버리는 것이 더 낫지 않을까?

나의 비폭력은 좋은 여건에서 명확히 진술돼야 할 학문적인 원리가 아니다. 그것은 내가 인생의 매 순간 행위의 전 분야에서 실행하기를 노력하는 원리이다. 나는 비폭력을 실행하면서 나의 단점이나 무지 때문에 종종 좌절했으며, 비폭력 강령 자체를 위해서 폭력을 심리적으로 시인함으로써 폭력을 묵인하도록 내몰리기도 했다. 1921년 나는 베티아 인근의 촌민들이 사악한 암라인들의 접근에 저항하는 대신 아내와 집을 내팽개치고 달아난 일에 대해서, 그들에게 겁쟁이처럼 행동했다고 말했다. 다른 경우에는 깡패 한 무리가 사원에 들어와 약탈하고 조상(彫像)을 파괴했을 때, 사제 한 사람이 살며시 빠져나와 자신을 구했다고 말하자, 나는 그 사제에 대해서 수치스럽게 여긴다고 표현했다. 만일 그가 현 위치에서 책임을 비폭력적으로 수행하다가 죽는 일이 불가능했다면, 폭력적인 저항을 함으로써 책임을 다했어야 했다고 그에게 말했다. 만일 인도가 비폭력에 대해서 신념도 없고, 비폭력 스스로 자신의 길을 찾아가기를 기다릴 인내심도 없다면, 자신의 재산과 명예에 대한 지속적인 강간에 무력하게 굴종하느니, 폭력을 통해서 현재의 실정으로부터 자유를 얻는 일이 더 낫다고 나는 생각한다.

영국 정치인들(?)이 인도에 대한 약탈을 유지하기 위해서 한 파를 다른 파에게 이간질하는 저 뻔뻔스러운 행동을 보아라. 그들은 느닷

없이 불가촉천민들을 발견했다. 그들은 힌두·무슬림 간의 내분만으로는 '영국 왕관 중의 가장 영광스런 왕권'을 소유하기에 충분한 안보를 보증하지 못할 것을 두려워하고 있는 것으로 보이기 때문이다. 그들은 무력한 토호국왕들을 민중에 대항시키려고 한다. 존 사이먼 경은 동일한 게임을 치르는 것이 필수적이라고 보았다. 사이먼 경은 통찰력 있는 지성의 소유자라고 한다. 그 지성조차도 교화(敎化)를 가장한 사기 행위를 덮고 있는 얇은 막을 관통하지 못하고 있으며, 그는 인도 대기 속에서 심각하게 비정상적인 것은 아무것도 보지 못한다. 이런 일종의 '질서 있는 규율'은, 이전의 역사에서 그 어떤 것도 해낸 적이 없었던 방식으로 민중의 용기를 꺾고 무기력하게 했다.

나의 입장과 신념은 분명하며 전혀 애매하지 않다. 나는 기존의 통치도 혼란도 원치 않는다. 나는 혼란의 산고를 겪지 않고 진실한 질서가 확립되기를 바란다. 나는 이런 무질서가 비폭력에 의해서 파괴되기를 바란다. 즉 나는 행악자를 개심시키기를 원한다. 내 인생을 그런 목적을 위해서 바쳐왔다. 내가 앞에서 썼던 것은 인류에게 알려진 것 중 가장 위대한 힘인 비폭력의 작용에 대한 나의 지식으로부터 직접 도출된 것이다. 비폭력의 효험에 대한 나의 신념은 부동의 것이다. 그와 마찬가지로 인도가 다른 방법이 아닌 비폭력의 방법을 통해서 자유를 얻을 수 있다는 힘, 인도의 힘에 대한 나의 신념도 꿈쩍하지 않는다. 하지만 현 순간 아무리 더러워 보이는 진리나 사실이라도 그것들을 억압한다면 인도의 힘은 일깨울 수 없다. 인도가 비폭력의 교훈을 그 완전한 모습대로 배우자면 반드시 유혈충돌을 해야 한다는 것은 가당치도 않다. 하지만 흔히 필수적인 것으로 판단되는 중간 단계가 인도의 운명이라면, 그것은 인도가 자유를 향해서 행진하는 데에 불가피한 단계여야 할 것이고, 그 단계가 기존의 질서—기존의 질서라고 불리지만 그 아래 순전한 폭력을 감추고 있는 백색 무덤과 같은 질서—보다 더 낫다.

혼돈 대 실정, 〈영 인디아〉, 1928. 3. 1 ; 《전집》 41 : 274

261) 비폭력, 폭력, 다르마

독자 한 사람이 다음과 같이 적었다. …[90]

이 문제는 생각할 만한 가치가 있다. 원숭이들이 괴롭히는 것은 농부들만이 아니다. 프라약, 브린다반 등지에서는 원숭이들이 시민들조차 크게 괴롭히고 있다. 이렇게 괴롭힘을 당하는 사람들은 원숭이들이 누군가에 의해서 죽임을 당하든지 제거된다면 불쾌하지 않을 것이다.

나는 원숭이들이 골칫거리라는 점은 인정하지만 그것들을 살육하라는 대책을 즉각 제시할 수는 없다.

미친개와 원숭이를 비교할 수는 없다. 전자는 자신의 병 때문에 죽을 수밖에 없다. 미친개를 죽이는 자는, 고통으로부터 미친개를 구해 주는 것이고, 다른 개가 병에 걸리지 않게 해 주는 것이다. 하지만 원숭이의 경우는 원숭이를 죽이는 것이 원숭이에게 선을 베푸는 일일 리가 만무하다. 달리 말하자면, 원숭이를 죽여야 원숭이로 인한 골칫거리가 방지될 수 있다는 것도 아니다.

골칫거리 원숭이가 있을 때에 잘못은 언제나 우리에게 있다는 것이 종종 알려져 있다. 원숭이들이 귀염을 받고 음식을 얻어먹고 여러 가지 방식으로 대접을 받고 있는데, 이런 것들이 원숭이들로 하

90 여기에 게재하지는 않는다. 그 투고자는 광견을 죽이듯이 원숭이를 죽여야 좋은지를 물었다.

여금 우리에게 제멋대로 굴게 만든 것이다. 원숭이는 대단히 영리한 종이다. 그들은 우리를 금방 안다. 브린다반의 인도인 구역에서는 원숭이들이 두려움 없이 계속 물건을 파괴할 수 있지만, 유럽인들이 점유한 곳에서는 파괴의 흔적을 찾아볼 수 없다. 원숭이들이 만일 그곳에 갔다가는 얻어맞을 것이라는 공포가 있기 때문이었다. 가격(加擊)의 위협도 폭력의 일종이다. 여기에서 우리가 복잡한 문제를 해결할 필요는 없다. 문제는 원숭이들이 최종적 형태의 폭력, 즉 살상으로부터 구원될 수 있을지 하는 것이다. 나는 우리가 상황을 통제하기만 하면, 아마 원숭이를 사형으로부터는 면제할 수 있을 것이라고 느낀다.

독자들은 원숭이 매매가 오늘날 대규모로 진행되고 있다는 점을 알아 두어야 한다. 수천 마리의 원숭이는 그들을 대상으로 한 갖가지 종류의 실험을 위해서 유럽으로 수출되고 있고, 실제로 그들은 죽기 전에, 숱한 잔인한 실험을 당한다. 그러므로 원숭이 수의 증가를 막을 수 있는 어떤 방안이라도 강구하는 것이 적절하다.

이제 사형의 문제가 남아 있다. 경작지를 지키는 것이 우리의 의무라면, 또한 골칫거리 원숭이로부터 경작지를 지키기 위해서는 다른 대안이 전혀 없다면, 우리가 아마 원숭이를 살상해야 할 필요성이 일어날 수밖에 없음을 나는 안다. 하지만 그것은 비폭력이 아니다. 경작지를 보호하기 위한 명목이라도 동물 살상은 폭력을 포함한다. 그러한 종류의 폭력이 인생의 주요 부분이며 불가피하다는 점은 우리가 한 걸음을 뗄 때마다 마주치는 사실이다. 어떤 경우에 원숭이를 꼭 죽여야 할지를 말하는 것은 어려운 문제이다. 하지만 이런 살육을 삼가기 위해서 여러 방도를 찾는 일은 어렵지 않다. 이런저런 대책에도 불구하고 골칫거리가 감소하지 않는다면, 사람은 각자 자신의 다르마를 실행할 수밖에 없다. 원숭이 살육에 대해서는 하나의 일반 법칙이 있을 수 없다. 폭력은 절대로 하나의 독립적인 다르마가 될 수 없다. 그러한 다르마는 하나뿐이며 그것이 비폭력이다. 폭력은 인간을 타락시키는 행위이다. 그리고 비폭력은 인간 최고의 성취이다.

골칫거리 원숭이(G.), 〈나바지반〉, 1928. 7. 8 ; 《전집》 42 : 250

262) 카르마에 간여함

사바르마티, 사탸그라하 아슈람, *1928. 11. 28*

내 사랑하는 슈리니바산께,

당신의 편지를 받았습니다.[91] 나는 그것을 〈영 인디아〉지에서 다루고 싶지 않습니다. 나는 당신과 당신 누이가 내 글에서 도출한 것으로 보이는 결론을, 다른 사람은 아무도 도출하지 않았을 것이란 점을 확신하기 때문입니다. 이것은 한 피조물의 생명에게 인도주의적인 종말을 준다는 것인데, 이 사안 전체는 인간종에 속하든 혹은 보다 저급한 종에 속하든 의식 있는 생명이, 내가 상정한 송아지와 같은 상황에 처해 있어서 전혀 보살펴 줄 수 없을 경우 더 이상 살고 싶지 않을 것이라는 가정 위에 기초하고 있습니다. 당신 누이의 경우 당신과 많은 다른 사람이 누이의 손짓과 부름에 응할 수 있고, 여러분 모

91 1928년 11월 28일자 그의 편지는 다음과 같이 적고 있다 : "20세의 나의 누이는 중풍에 걸려 있는데, 그동안 다양한 의료 전문가들로부터 온갖 치료를 받아왔습니다. 어떤 의사도 그녀에게 회복의 희망을 준 사람은 아직 없습니다. … 제가 아슈람 송아지에 대한 당신의 글을 읽고 있을 때, 누이는 우연히 제 옆에 있었습니다. 그녀는 나에게 호소하듯이 '내가 죽도록 내버려 주지 않을래' 하고 말했습니다. … 그녀는 잠시 멈추고 좀 생각한 다음 말했습니다. '내가 어떻게 내 카르마에서 도망갈 수 있을까? 피할 수 없을 것이야. 죽는다고 해도 그것을 지연할 수 있을 따름이야. 그렇다면 간디지가 송아지를 죽인 것을 잘못이라고 생각한다.' … 이 문제를 당신이 〈영 인디아〉지에서 다뤄 주시기를 청합니다. 많은 사람이 동일한 의견을 가질 수도 있을 테니까 말이지요."

두는 여러분이 할 수 있는 봉사를 베푸는 것, 그리고 아무리 적은 양의 고통이라도 그것을 경감해 주는 것을 특권이라고 여기고 있는데 그것은 옳은 생각입니다. 자신의 목숨에 종지부를 찍고 싶다는 그녀의 순간적인 소망은, 간병인들의 편의를 고려한 데에서 나온 행위, 순전히 인정 많은 행위입니다. 하지만 그녀의 이론 전개는 틀렸습니다. 그녀가 간병인들에게 끼친다고 여겼던 불편이란 간병인들의 입장에서 보면 특권이었고, 특권이어야 합니다. 그리고 그녀가 죽음을 바랐다고 해도, 간병인들은 그 소망에 응할 수 없었을 것입니다. 그 소망을 들어주는 일은 명백한 의무의 회피와 다름없기 때문입니다.

카르마의 문제는 두 경우 모두 전혀 발생하지 않습니다. 이것은 〈영 인디아〉지에 반복해서 설명되었습니다. 우리가 만일 그런 일에서 카르마의 법칙을 동원하기로 한다면 모든 노력에 종지부를 찍게 될 것입니다. 카르마 법칙의 작용은 부단한 과정, 지속하는 과정입니다. 그런데 당신과 당신 누이는, 특정 행위들이 움직이기 시작하면, 그와 같은 움직임은 더 이상의 행위들에 의해서 방해받지 않고 직선으로 진행한다고 상정하고 있음이 분명합니다. 그러나 실제로 자연에서 일어나는 모든 행위는 카르마 법칙에 부단히 간여합니다. 그런 간여는 카르마 법칙에 내재되어 있습니다. 카르마 법칙은 죽은 것이거나 엄격한 타성의 것이 아니라, 부단히 살아 있고, 부단히 성장하는 강력한 힘이기 때문입니다.

귀하의 신실한 친구

Sjt. T. K. Srinivasan
Sakti Nilayam, Palaiyur, Via Muthupet

T. K. 슈리니바산에게 보낸 편지,
SN 13307 ; 《전집》 43 : 346

263) 비폭력 시위

사바르마티 아슈람에서, *1928. 12. 13*

사랑하는 친구에게,

당신의 편지를 받았습니다. 이런 시위는 계속 훈련을 받아서 철저하게 비폭력적인 것이라면, 엄청난 교육적 가치가 있다고 나는 생각합니다. 그래서 도발의 이유가 무엇이든 시위자들의 편에서 폭력이 없을 것이라는 보증, 인간적으로 가능한 범위 내에서 완벽한 보증이 있기만 하다면, 그러한 시위를 그만두어서는 안 된다고 생각합니다.

귀하의 신실한 친구

Sjt. Kali Krishna Narain
Lucknow

칼리 크리슈나 나라인에게 보낸 편지,
SN 14827 ; 《전집》 43 : 487

264) 개인적 행위와 사회적 행위

〔*1928. 12. 20* 이전〕

한 민족학교 교사 대표단이 간디지에게 문안드리기 위해서 왔다. … 대화 도중에 한 교사는 비폭력이 개인적 행위만을 위한 강령으로 믿는다고 발설하게 되었다. 정치 분야에서 그는 잠정적인 편리로서만 비폭력을 고수하고 있었다. 간디지는 풀숲의 뱀처럼 천천히 시작했다. 그는 "귀하의 학교에서 이렇게 생각하는 선생들이 많은가요?"라고 조용히 물었다. 하지만 그의 표정은 마음에 지나가는 생각을 드러내고 있었다. 교사는 이를 알아차리고 자신의 입장을 설명하기 위해서 노력했다. 그가 정치 분야에서의 비폭력을 정책으로서만 믿는 것은 사실이었다. 그러나 정책이라고 해도 그것을 진지하고 양심적으로 고수한다면, 정책이 지속되는 한 그것은 강령과 같다. 그래서 당분간은 그의 입장과 간디지의 입장 사이에는 아무 차이가 없었다. 장차 그가 자신의 정책을 바꾸고 싶다면 그렇게 하기 위해서 먼저 분명히 학교 당국으로부터 허락을 얻을 것이다. 그러나 그의 설명은 간디지를 만족시키지 못했다.

당신은 그 차이를 모르겠습니까. 당신에게 비폭력은 지성적 명제에 불과하며, 나에게 그것은 신조이며, 알파요 오메가입니다. 당신은 개인적 행위와 사회적 행위를 구별하기 위해서 노력합니다. 나는 그것이 어떻게 가능한지를 모르겠습니다. 선이 어디에 그어져야 합니까? 하나가 어디에서 끝나며 다른 하나는 어디에서 시작되는지를 누가 결정합니까? '개인에게 하는 대로 우주에게'(*Yatha pinde tatha brahmande*)라고 했습니다. 당신은 비폭력을 내버리기 전에 학교 당국의 허락을 받아야 할 것이라고 말합니다. 그러나 당신이 상정한 경우, 당신은 그런 허락을 요청할 이유가 없다는 점을 당신에게 말씀드립니다. 요청한다면 당신은 당신 학교를 당신의 신념에 따라서 조국의 제단에 바칠 수밖에 없을 것입니다. 그것은 내가 진리와 비폭력의 제단에 조국을 바치는 것과 같습니다. 그리고 나는 당신이 그러한 행위에 대해서 존경을 표합니다. 그렇습니다. 나는 당신을 비난하고 싶지 않습니다. 당신은 당신의 확신이라는 빛을 따라가야 합니다. 나는 다른 각도에서 그 문제를 보도록 노력하고 있을 뿐입니다. 현재 우리나라에는 진리와 비폭력을 자신들의 강령으로 삼는 여러 민족기관이 존재합니다. 나는 그것들을 늘 주시하고 있습니다. 시간은 재빨리 다가오기 때문입니다. 내가 전에 〈영 인디아〉 지에 썼듯이, 우리나라가 최후의 시험을 당하고 최후의 선택을 해야 하는 순간이, 대부분의 사람들이 예상하는 것보다 훨씬 빨리 올 수도 있습니다. 나는 이 기관들이 바로 그 순간에 훌륭히 해내기를 기대합니다. 우리와 같은 소수의 일꾼들은, 우리의 신앙을 증명하기 위해서 신전에 목숨을 바쳐야 할 것입니다. 여태까지 나는 내가 여러분의 손안에서 절대로 안전할 것이라고 믿었습니다. 하지만 나는 지금 내가 어디에 서 있는지를 봅니다. 그러나 그것 때문에 여러분이 불행을 느낄 필요는 없습니다.

그것은 내가 생각해 보아야 할 질문입니다.

그가 이런 말씀을 할 때 그의 목소리에는 깊은 슬픔이 배어 있었다. …

어느 선생과의 토론, 〈영 인디아〉,
1928. 12. 27 ; 《전집》 43 : 542

265) 비폭력과 국민군[92] *1928. 12. 20*

질문 당신은 독립을 위한 정치적 전쟁에 대해서 어떻게 생각합니까?

답변 나는 그런 전쟁에 참전하기를 거부할 것입니다. 그것은 영국 정부가 내일이라도 어떤 전쟁에 참전한다면 내가 영국 정부를 지지하기를 거절하는 것과 같을 것입니다.

질문 하지만 당신은 남아프리카 보어인과의 전쟁에서 외국인 정부가 당시 인도인을 억압하고 있었음에도 그 정부를 지지했습니다. 그리고 1914년 영국 정부가 독일과 전쟁을 했을 때는 영국 정부를 지지했습니다. 이후 상황이 어떻게 변했기에 당신이 독립전쟁에서 조국을 지지하기를 거부해야 합니까?

답변 나는 오늘날의 상황이 보어전쟁 혹은 1914년 전쟁의 상황과는 완전히 다르다고 봅니다. 두 경우 모두 나는 대영제국을 믿고 있었습니다. 제국의 도덕적 해이에도 불구하고 그 행위 전체를 보면 제국이 당신은 세계에 유익하다고 나는 생각했습니다. 지금과 마찬가지로

92 〔역주〕 피아렐랄의 〈주간 편지〉는 다음과 같이 설명하고 있다. "간디에게 정말로 분주했던 그날의 마지막 토막, 늦은 시간에 친구 몇 사람이 그를 만나러 왔다. … 그리고 당시에 화급을 요하는 몇 가지 중요 사안에 대해서 그와 흥미진진한 대화를 나눴다." 《전집》 권 43, 426면.

그때에도 나는 전쟁을 반대했지만, 참전을 거부할 위치에 있지도 않았고 거부할 힘도 없었습니다. 나는 일반 시민의 의무를 위해서 나의 사적인 판단을 억제했습니다. 지금의 내 입장은 완전히 다릅니다. 나는 상황의 힘에 몰려서 비폭력 선생이 되어 버렸습니다. 나는 나의 가르침을 최선을 다해서 나 자신의 삶에서 실천한다고 주장하는 바입니다. 그리고 나는 개인적으로 전쟁에 저항할 힘이 있다고 느낍니다.

질문 그렇다면 당신은 국민군을 지지하지 않으십니까?

답변 나는 '스와라즈'하에서 국민군의 창설을 지지할 것입니다. 그 이유는 민중을 강제로 비폭력적으로 만들 수 없음을 자각하고 있기 때문일 것입니다. 오늘날 나는 민중에게 비폭력의 방법으로 어떻게 국민적 위기에 대처할 수 있을지를 가르치고 있습니다. 하지만 위기의 순간 특정 목적을 위해서 비폭력을 수용하는 것과, 모든 사람들에게 삶의 철학으로 비폭력의 전면적 수용을 주창하는 것은 전혀 별개의 문제입니다. 그런 전면적 수용이 불가능하다고 간주하는 것은 아닙니다. 하지만 나는 그런 사명을 감당할 만한 힘이 없습니다. 그래서 나는 국민군의 창설을 반대할 수는 없을 것입니다. 단지 그것에 참여할 수 없을 뿐입니다. 그러나 나의 내면에서는 국민군이 불필요하다는 점을 아주 분명히 느끼고 있습니다. 다만 그 확신을 타인에게 심어 주기에 합당한 말이 없습니다.

질문 그것이 만일 당신의 견해라면, 당신은 분명 몇몇 대학이 조직한 학훈단(*the University Training Corps*)에서 우리 청년들이 훈련받기를 원할 것 같은데요.

답변 현 정부 아래에서 군사훈련을 받는다는 것은, 여러분 자신을 현 제도의 수족의 일부가 되도록 훈련하는 것입니다. 그 수족은 언제든 여러분 자신의 민중에 대항하여 사용될 수 있습니다. 구르카족 한 사람[93]은 인도인으로서 우리의 피 중의 피며 뼈 중의 뼈입니다. 하지만 그는 사격 명령을 받으면 자신의 동포에게 총을 쏠 것입니다.

질문 그런데 우리의 청년이 교육받은 사람이라면, 그들은 그런 비애국적인 일을 하는 데 결코 동의하지 않을 것입니다.

답변 여러분이 원하신다면 그런 신념을 가져도 좋습니다만, 나는 여러분이 바보들의 천국에 살고 있음을 말씀드리고 싶습니다. 여러분은 환경이 사람을 의기소침하게 하는 효과가 있음을 거의 깨닫지 못하고 있습니다. 정부의 영향 아래 있었던 사람들 중, 정부의 최면적 마법으로부터 도망가 독립을 제대로 유지할 수 있었던 사람을, 여러분은 우리나라에서 도대체 몇 사람이나 지목할 수 있습니까? 영국의 통치자들은 인간 본성의 작동법을 압니다. 그들은 특정 제도 아래 들어오는 대부분의 사람들이, 특히 그 제도가 자기과시를 위한 약속을 남발하면 그 제도에 순응하게 된다는 점을 알고 있습니다. 현 정부에는 주인들의 의지가 민족적 이익에 반할 수도 있음에도—흔히 그러하지만—그 의지를 실행하는 식자층 인도인 공무원들이 충분히 많이 있습니다. 그리고 여러분은 학훈단에 가입하는 청년들이 충성 서약을 하게 된다는 사실을 과소평가하는 것 같습니다.

나그푸르 역에서의 대담, 〈영 인디아〉,
1929.1 . 10 ; 《전집》 43 : 555

---

93 〔역주〕 구르카족. 네팔에 사는 호전적 민족.

266) 비폭력에 대한 신앙

친구 한 사람이 다음과 같이 적고 있다. … 94

어떤 사람에 대해서 이런 식으로 부정확한 내용을, 적절한 조사와 확증 없이 보도하는 것은 편집자로서 아주 부적절한 일이다. 나는 위에서 인용된 대로 말한 적이 절대로 없다. 비폭력은 내 인생의 핵심 부분이다. 그러므로 그것을 결코 버릴 수 없다. 비폭력에 대한 나의 신앙은 나날이 증가한다. 나는 성공을 보여주는 뚜렷한 증거를 얻어온 것도 사실이다. 나의 체포 이후 민중이 해야 할 바에 대해서 내가 얘기한 것은, 위에서 인용된 것과 정반대의 것이다. 달리 말하자면, 나는 민중이 만일 이런 상황에서 폭력적으로 변한다면, 비폭력 지지자들은 그들을 억제하기 위해서 노력해야 한다고 말했다. 노예제도에 대해서 말해 보자. 만일 내가 노예제도의 목격자와 폭력의 목격자 사이에 양자택일해야 한다면, 나는 분명히 폭력의 목격자를 선택할 것이라고 말했다. 이런 말과 신문에 보도된 기사 사이에는 큰 차이가 존재한다. 내가 말한 것에는 폭력을 옹호하는 것은 단 한 마디도 없다. 우리 모두는 원치 않지만, 폭력 행위와 또 다른 바람직하지 못한 행위들의 목격자가 될 수밖에 없다. 하지만 우리는 늘 그래왔고 앞으로도 계속 그래야 한다.

위의 편지에서 우리는 한 가지 교훈을 배워야 한다. 즉, 저명한 공공의 종복 또는 대중의 지도자에 관해서 이상한 소리를 듣거나 읽게 되더라도 그 사람 자신의 확인 없이는 절대로 믿어서는 안 된다는 것이다.

내가 비폭력을 버렸는가? (H.), 〈힌디 나바지반〉, 1930. 1. 23 ; 《전집》 48 : 259

---

94 여기에 게재하지 않는다. 그 투고자의 보도에 따르면, 몇몇 신문은 간디가 자신이 체포될 경우에 폭력적 행동을 취하라고 암시했다는 것이다.

267) 무행위와 비폭력

독자는 본지의 이번 호에 인쇄되었던 리흐트[95] 목사의 편지를 읽어야 할 것이다. 나는 그 편지가 아힘사 분야의 동료 구도자의 것으로 알고 있으며, 이와 같은 편지를 환영하는 바이다. 그것은 우리가 정중히 고려해 볼 만하다. 그리고 그와 같은 호의적 논의는 비폭력의 가능성과 한계에 대해서 보다 명확한 개념을 얻게 해 줄 것이다.

환경의 영향을 버리려는 엄청난 노력에도 불구하고 누구도 환경이나 가정교육의 영향을 전적으로 무시할 수 없다. 서로 다른 입장에 처해 있는 두 사람의 비폭력은, 외면적으로 동일한 모습으로 나타나지 않을 것이다. 그래서 아버지에 대한 한 아이의 비폭력은, 아버지가 성을 내면 그 폭력에 대해서 의식적이며 의도적인 순종의 모습을 띨 것이다. 하지만 만일 그 아이가 성을 낸다면, 아이의 폭력에 대해서 아버지가 순종하는 일은 있을 수 없다. 그 아버지는 아이를 가슴에 보듬고 아이의 폭력을 순간적으로 무마할 것이다. 두 경우 모두 외면의 행동이 내면에 있는 의도의 표현이라고 상정되고 있음은 물론이다. 가슴에 보복심을 품은 채 폭력에 정책상 굴복한 자는 진실로 비폭력적일 수 없다. 만일 그가 자신의 의도를 감춘다면 위선자조차 될 수 있다. 비폭력은 폭력과 만날 때 비로소 작용하게 된다는 점도 기억해 둬야 한다. 폭력을 행사할 기회가 없어서 폭력을 금하는 자는 폭력적이지 않을(*unviolent*) 뿐, 그 무행위(*inaction*)에 공로가 될 만한 것은 아무것도 없다.

자치령의 지위(*Dominion Status*)가 하나의 요인이 되지 않으므로, 그와 같은 상상 속의 사건이 초래할 여러 요점을 지금 논의할 필요는

---

95 〔역주〕 B. de Ligt(1883~1938) : 네덜란드 출신 무정부 평화주의자, 반군국주의자, 양심적 병역거부자로 주로 알려져 있다.

없다. 단지 인도가 자치령의 지위를 향유한다는 것은, 인도가 대영제국에 의해서 지배당하는 대신 동반자가 되어 제국의 외교 정책을 주도한다는 것을 의미할 것임을 지적할 필요는 있다.

나는 네루 보고서에 대해서 일반적이고 충심어린 동의를 보내지만, 그 보고서의 한 마디 한 마디를 다 지지한다는 것으로 이해해서는 안 된다. 나의 동의는 자유 인도의 미래 통치를 위한 건설적 프로그램을 지지한다는 것을 의미하지는 않는다. 나의 비폭력은 인도가 자유롭게 된 이후 꼭 일어나고야 말 많은 문제와 관련하여, 내가 동포와 싸우는 것을 막아 줄 것이다. 단순한 학술적 토론은 지금 전진 중인 비폭력을 막을 뿐이다. 하지만 만일 내가 자유를 위한 투쟁에서 살아남는다면, 나는 동포와 비폭력적 투쟁을 벌일 수도 있다는 것을 알고 있다. 그 투쟁은 내가 지금 벌이고 있는 투쟁만큼이나 완강할 것이다. 우리가 의도적으로 선택하여 사용한 비폭력의 방법에 의해서 가시적으로 자기의 역량을 충분히 발휘하게 되었다는 점을 감안하면, 현재 인도의 위대한 지도자들이 고려하고 있는 군사적 구도는 자신들에게조차 전적으로 불필요한 것으로 비칠 가능성이 대단히 높다.

동포와 나의 협력은 오늘날 우리의 족쇄를 부수는 일에 한정되어 있다. 그 족쇄를 부순 다음, 우리가 어떻게 느끼고 무엇을 해야 할지는 그들도 나도 모르는 일이다.

톨스토이가 만일 나와 같은 처지에 놓인다면 나와는 달리 행동했을 것이라고 상정해 보는 일은 무용한 노릇이다. 내가 어떤 행동에서도 폭력을 지지하거나 나의 강령을 굽히는 죄를 의식적으로 범하지 않았다는 점을, 유럽 친구들에게 확실히 보여주는 것만으로 충분하다. 보어전쟁이나 줄루반란 사건에서 내가 영국 편에 참전함으로써 외견상 폭력적 행위에 대해서 지지를 보낸 일조차도, 불가피한 상황에서 비폭력의 이익을 인정한 일이었다. 하지만 참전이 나의 약함의 탓, 혹은 비폭력이란 보편 법칙의 작용에 대한 나의 무지 탓이었다고 말하는 것도 충분히 가능하리라. 그 당시에 나는 그런 약함이나 무지에 대해서 확신을 가질 수 없었고 지금도 그러하다.

비폭력적인 사람이라면 폭력에 기초하고 있는 제도, 그것도 자신의 편에서는 아무 선택권 없이 소속될 수밖에 없는 제도 아래에서 간접적인 참여보다는 직접적인 참여를 본능적으로 선호할 것이다. 나는 부분적으로 폭력에 기초하고 있는 세상에 소속되어 있다. 내 이웃을 죽여 달라고 군인들에게 돈을 지불하는 일, 그리고 스스로 군인이 되는 일 사이에서 양자택일해야 한다면, 나는 나의 강령과 일치되게 폭력의 힘을 통제할 수 있겠다는 희망을 품고, 그리고 잘하면 내 동료를 개심시킬 수도 있겠다는 희망을 품고 군인으로 입대할 것이다. 나는 마땅히 그래야 할 것이다.

인도 국가의 독립(*national independence*)은 허구가 아니다. 그것은 개인의 독립만큼이나 필수적이다. 하지만 이 둘 모두 비폭력에 기초하고 있다면, 국가의 독립이나 개인의 독립이 어떤 경우에도 다른 편의 독립에 위협이 될 수 없을 것이다. 개인이나 국가의 독립에 사실인 것은 국제적인 독립에서도 사실이다. 다음과 같은 법률적인 격률 역시 동등하게 도덕적이다. "타인의 재산에 손해를 입히지 않는 범위 내에서 당신의 재산을 사용하라."(*Sic utere tuo ut alienum non laedas*)[96] 우주가 하나의 원자에 응축되어 있다는 말, 그건 옳은 말이다. 원자와 우주를 위한 법이 별도로 있는 것은 아니기 때문이다.

실천의 어려움, 〈영 인디아〉, 1930. 1. 30 ;《전집》48 : 275

96 〔역주〕《마하트마 간디의 도덕 · 정치사상》권 3, 153번에도 같은 구절이 나온다.

268) 비폭력적 행위

1930. 2. 2

사랑하는 찰리에게,

자네는 나에게 상당히 규칙적으로 편지를 보냈네. 자네가 유랑생활[97]을 하고 있으므로 어디로 편지를 보내야 할지 몰랐네. 자네의 최근 편지는 의도적으로 주소를 주고 있었네. 자네가 어디에 있든 이 편지가 무사히 도착하기를 바라네.

〈뉴 리퍼블릭〉지에 실린 자네의 글을 읽어 보았네. 나는 그것을 〈영 인디아〉지에 싣지는 않을 것이네. 그것은 자네가 원하는 대로 브렐비[98]에게 보내려고 하네.

사건들이 상당히 빠르게 전개되었네. 우리가 고비를 넘기자면 비폭력 **행위**로 폭력의 정신(*the spirit of violence*)을 다뤄야 한다는 점을, 나는 과거 어느 때보다 분명히 알고 있다네. 정부의 폭력은 점점 증가하고 있네. 그 폭력은 다양한 방식으로 표현되고 있고, 그 방식은 예를 들면 교묘한 착취와 그 결과로 나타나는 필수적인 처벌이네. 당신은 내가 폭력에 대해서 확장된 의미를 부여한 것을 알 것이네. 탐욕, 좀도둑질, 허위, 왜곡된 외교, 이 모든 것들이 폭력적인 생각과 행위의 단계이거나 그것들의 표시 또는 결과라네. 교육받고 생각하는 민중에게 가해진 폭력에 대해서 일어나는 반작용은 괄목할 만하고, 그 크기는 나날이 증가하고 있네. 그러므로 나는 이런 이중적 폭력을 취급해야 하네. 이런 국면에서 가만히 앉아만 있는 것은 비겁하지는 않을지 몰라도 어리석은 일이네. 나는 가장 대담한 모험을 해보기로 결심했네. 나는 기도 담긴, 깊은 생각의 결과로 이런 확고

97 〔역주〕 캐나다와 미국. 《전집》 권48, 281면.

98 Syed Abdullah Brelvi, 〈봄베이 크로니컬〉의 편집인.

한 결론에 도달했네. 라호르가 그것을 나에게 전부 보여주었네. 아직 행동의 성격은 나에게 분명하지는 않지만 시민불복종이 되어야 하네. 그 행동을 어떻게 수행해야 할지, 나 이외에 누가 수행해야 할지에 대해서는 분명히 알 수 없지만, 진리를 덮은 눈부신 덮개가 나날이 얇아지고 있으며, 당장이라도 부서질 것이네.

내가 이 편지를 쓰기 시작했을 때는 이 편지를 쓰고 싶지는 않았다네. 하지만 자네가 거기에 있는 것이 아닌가.

구루데브[99]는 나와 함께 두 시간 가량을 유쾌하게 보냈네. 그는 이제 나이도 꽤 들었다네. 우리는 이번에 서로 가까워졌네. 그래서 감사한 마음이 들었네. 우리는 다시 만나기로 마음을 단단히 먹었는데, 보만지(Bomanjee)가 그를 바로다로 다급히 데려갔다네.

마니랄과 그의 처, 그의 아기가 여기에 있네. 람다스는 아이가 생겼다네. 그는 발라브바이의 일을 도우며 바르돌리에 있네. 마하데브는 이제 막 여기에 도착했다네.

우리는 자네의 책 권 1[100]을 출판사로부터 받지 못했다네. 나는 〈영 인디아〉지 독자에게 한 부씩 구입하라고 요청했다네. 내 책상 위에 한 부가 있네. 첫 장을 읽었는데, 그것은 나의 종교적 태도를 공정하게 제시한 것으로 보인다네.

사랑을,

모한으로부터

추신 당신이 〈영 인디아〉 지를 직접 구독하기를 바라 마지않네.

C. F. 앤드루스에게 보낸 편지, GN 997 ; 《전집》 48 : 286

---

99 라빈드라나트 타고르.

100 《마하트마 간디의 이념》(*Mahatma Gandhi's Ideas*, 1929).

269) 비폭력의 효과

〔*1937. 1. 10* 이전〕[101]

간디 수동적 저항(*passive resistance*)은 비폭력 저항(*non-violent resistance*)의 오칭입니다. 비폭력 저항은 폭력적 저항보다 훨씬 더 활동적입니다. 그것은 직접적이며, 쉼이 없지만, 그 3/4은 보이지 않고 1/4만 보입니다. 그것은 가시적 영역에서 효과가 없는 것 같은데, 이는 마치 내가 비폭력의 상징이라고 불렀던 물레와 같습니다. 가시적 영역에서 비폭력 저항은 효과가 없는 것 같은데, 그것은 실제로는 강력하게 활동하며 궁극적인 결과에서는 가장 효과적입니다. 이런 지식 덕분에 나는 비폭력 신봉자들이 물레질하는 방식에 나타나는 결점들을 간파할 수 있습니다. 나는 그들에게 보다 높은 경계심과 보다 강한 불굴의 정신을 요구합니다. 비폭력은 올바르게 이해되고 사용되면 아주 강하게 움직이는 힘입니다. 폭력적인 사람의 행위는 그것이 지속되는 동안 가장 잘 보입니다. 하지만 그것은 언제나 일시적입니다. 이탈리아인들이 아비시니아인들에게 자행했던 살상 행위보다 더 현저했던 것이 있을 수 있습니까? 거기에는 훨씬 더 큰 폭력에 대항한 작은 폭력이 일어났습니다. 하지만 만일 아비시니아인들이 전장에서 물러나 살육당하기를 자청했다면, 그들의 외견상의 무행위는 당분간은 보이

---

101 〔원주〕 메이스(Benjamim Mays, 1894~1984) 교수와의 대담, 그는 미국 흑인으로서 YMCA의 위원회 세계대회에 참석하기 위해서 인도에 왔다. 〔역주〕 한 전기에 따르면 1936년 11월 18일에 90분 동안 만난 것으로 되어 있다. F. C. Colston, Ed., *A Long Journey: Dr. Benjamin Mays: Speaks on the Struggle for Social Justice in America*, Xlibris, Corp., 2011, p. 13 참조. 메이스 교수는 워싱턴 D. C. 소재 하워드대학 학장을 역임했고 1934년 종교대학 학장으로 임명되었다. 학장 재직 시 인도를 여행했을 때 같은 대학 동료인 하워드 서먼의 권유로 간디를 만나게 된다. 메이스 교수는 여러 저서에서 이 만남이 자신의 민권의 이념과 실천에 크게 기여했다고 언급했다. 그는 마르틴 루터 킹 목사에게도 상당한 영향력을 행사했다.

지 않았다고 해도 훨씬 효과적이었을 것입니다. 히틀러·무솔리니·스탈린은 폭력의 즉각적인 효과를 보여줄 수 있습니다. 하지만 그것은 칭기즈칸의 살육 행위와 마찬가지로 일시적입니다. 하지만 붓다의 비폭력 행위의 효과는 여전히 지속되고 있고, 세월이 흐름에 따라서 증가할 것입니다. 그것이 실천되면 될수록 더욱 효과적인 것이 되고 무궁무진하게 될 것이며, 궁극적으로는 전 세계가 아가페 사랑을 내세우며 "기적이 일어났다"고 외칠 것입니다. 모든 기적들은 보이지 않는 힘들의 조용하지만 효과적인 작용 때문에 일어나는 것입니다. 비폭력은 가장 잘 보이지 않는 것이지만 가장 효과적인 것입니다.

메이스 교수 내 마음에 비폭력의 우월성에 대해선 아무 의혹이 없습니다만, 나를 괴롭히는 것은, 그것을 광범위한 영역에 적용하는 문제, 즉 대중을 사랑의 지점에 이르기까지 훈련시키는 난관입니다. 개인들을 훈련시키는 일은 더 쉽습니다. 하지만 폭력이 발생했을 때 우리의 책략은 무엇입니까? 우리가 물러나야 합니까, 혹은 계속해야 합니까?

간디 우리가 여기에서 운동하던 도중에 나는 그런 경험을 한 적이 있습니다. 민중은 설교를 통해서 훈련을 얻을 수 없습니다. 비폭력은 설교하는 것이 아니라 실천되어야 합니다. 폭력의 실행은 외부 상징을 통해서 사람들을 가르칠 수 있습니다. 당신은 널빤지에 총을 쏘고, 다음에는 과녁에, 그다음에는 짐승에게 총을 쏩니다. 그렇게 되면 당신은 파괴 기술 전문가로 통합니다. 비폭력적인 사람은 외부의 무기가 없습니다. 따라서 그의 말뿐만 아니라 행동 역시 비효과적인 것으로 보입니다. 나는 별 뜻도 없이 온갖 종류의 달콤한 말을 당신에게 할 수도 있습니다. 나는 그와 반대로 내부에는 진실한 사랑을 가질 수 있지만, 외부의 표현은 험악할 수 있습니다. 그렇다면 위의 두 경우 겉에서 보면 내 행동이 동일하지만 그 효과는 다를 것입니다. 우리 행동의 효과는 명백하게 알려지지 않았을 때 더욱 강력해질 수 있습니다. 그래서 당신이 나에게 주고 있는 무의식적 효과를, 나는 전혀 모를 수 있습니다. 그렇지만 그것은 의식적 효과보다는 무한히 위대합니다. 폭력에는 보이지 않는 것이 하나도 없습니다. 하지만 비폭력에는 3/4은 보이지 않습니다. 그래서 비폭력의 효과는 그것이 보이지 않으면 않을수록 더 커집니다. 비폭력이 작용하게 되면 비상한 속도로 비행하게 되고, 그다음에 그것은 기적이 됩니다. 그래서 대중의 마음은 처음에는 무의식적으로, 다음에는 의식적으로 영향을 받습니다. 대중의 마음이 의식적으로 영향을 받게 되었을 때, 우리는 분명히 승리하게 됩니다. 내 자신의 경험으로 보면, 민중이 약화되는 듯이 보였을 때도 나에게는 패배의식이 전혀 존재하지 않았습니다. 그래서 1922년 시민불복종의 포기 이후, 나는 비폭력의 효과에 대해서 더 큰 희망을 갖게 되었습니다. 그리고 오늘날 나는 계속하여 한결같이 희망에 찬 기분 속에 있습니다. 그것은 단순히 감정적인 것이 아닙니다. 내가 새벽이 동터오는 징조를 전혀 보지 못했다고 합시다. 그렇다고 해도 나는 신앙을 잃지 않았을 것입니다. 만사는 때에 맞춰 오는 법입니다.

나는 여기에서 우리가 벌이고 있는 청소에 대해서 동료들과 논의했습니다. "스와라즈 이후에 우리가 그것을 하면 왜 안 됩니까?" "우리가 스와라즈 이후 그것을 더 잘할 수 있을 것입니다." 그러면 나는 그들에게 말합니다. "아닙니다. 그와 같은 개혁은 오늘 와야 합니다. 개혁은 스와라즈를 기다릴 필요가 없습니다. 실제 올바른 유형의 스와라즈는 그런 일을 통해서만 나옵니다." 나는 아마도 스와라즈와 청소 사이의 관계를 일부의 동료들에게 보여줄 수 없듯이 당신에게도 보여줄 수 없을 것입니다. 내가 만일 비폭력적으로 스와라즈를 얻어야 한다면 반드시 우리 민중을 훈련시켜야 합니다. 신체장애인, 시각장애인 그리고 나환자들은 폭력의 군대에 가담할 수 없습니다. 군복무에는 연령 제한도 있습니다. 하지만 비폭력 투쟁에는 연령 제한이 없습니다. 시각장애인, 신체장애인, 누워만 있는 병자들, 그리고 남자들만이 아니라 여자들도 봉사할 수 있습니다. 비폭력 정신이 민중 속에 널리 차 있고 실제 활동하기 시작할 때, 그 효과는 만인에게 보입니다.

이제 당신의 난문을 다뤄 봅시다. 당신이 비폭력에 대해서 믿듯이 그렇게 믿지 못하는 사람들이 존재한다고 당신은 말합니다. 당신은 그저 앉아만 있을 것입니까? 친구들은 "지금이 아니라면 당신은 언제 행동할 것입니까?"라고 묻습니다. 나는 다음과 같이 답변합니다. "내 일생에서 나는 성공하지 못할 수도 있습니다. 하지만 승리는 비폭력을 통해서만 온다는 나의 확신은 그 어느 때보다 강합니다." 내가 파이즈푸르에서 물레 숭배에 대해서 말했을 때, 한 신문사 특파원은 내가 영악하다고 말했습니다. 내 마음에는 영악함이 전혀 없습니다. 내가 세가온에 왔을 때, 민중이 나에게 협조하지 않고 심지어 거부할 것이라는 말을 나는 들었습니다. 나는 말합니다. "그럴 수도 있겠지요. 하지만 비폭력은 이런 식으로 작용합니다." 내가 만일 멀리 떨어져 있는 촌락에 가게 되면, 실험은 더 잘될 것입니다. 내가 비폭력 기술을 추구하는 과정에 이런 일들이 있었습니다. 하루가 지나가면 나의 신념은 더욱더 밝게 빛납니다. 나는 그 신념을 실현하기 위해서 여기에 왔으며, 그리고 그것이 신의 뜻이라면 실현하다가 죽기 위해서 여기에 왔습니다. 비폭력이 가치 있는 것이 되자면 반드시 호전적인 힘에 직면하여 작용해야 합니다. 하지만 무행위(*inaction*)

안에 행위가 있을 수 있습니다. 그리고 행위는 무행위보다 더 나쁜 것일 수도 있습니다.

메이스 교수 도대체 사랑의 정신으로 폭력을 행사할 수 있습니까?

간디 절대로 그럴 수 없습니다. 나 자신의 실험에서 하나의 사례를 제시하겠습니다. 송아지 한 마리가 절름발이가 되었고, 상처는 더욱 악화됐습니다. 먹을 수도 없었고, 어렵게 숨을 몰아쉬었습니다. 나는 사흘 동안 나 자신과 동료들과 의논한 다음, 그 목숨을 끊어 주었습니다. 그런데 그 행동은 그 유일한 목표가 송아지를 고통에서 구원해 주는 것이므로 전적으로 비이기적인 것(*unselfish*)이기 때문에 비폭력적이었습니다. 어떤 사람들은 이것을 폭력의 행동이라고 불렀습니다. 나는 외과 수술이라고 불렀습니다. 나는 내 아이가 같은 곤경에 빠져 있다면 그 아이에게도 똑같은 행동을 취했을 것입니다. 내가 말하는 요점은, 우리의 존재를 지배하는 지고한 법칙으로서의 비폭력은 당신이 예외를 말하는 순간 지고한 법칙일 수 없다는 점입니다.

메이스 교수 소수가 어떻게 압도적인 다수에 대항하여 행동할 수 있습니까?

간디 나는 다수보다 소수가 비폭력의 방식에서 훨씬 더 많은 일을 할 수 있다고 말하고 싶습니다. 시몬즈라는 영국인 친구가 있습니다. 그는 "당신이 소수에 속하는 한, 나는 당신과 함께할 것입니다. 당신이 다수에 속하게 되면 우리는 헤어질 것입니다"라고 말하곤 했습니다. 나는 남아프리카에서 소수의 사람을 다루었지만 여기에서 다수를 다루는 것보다 덜 망설였습니다. 하지만 그렇다고 해서 비폭력이 약자의 무기라고 말하는 것은 완전히 잘못된 말입니다. 비폭력의 사용은 폭력의 사용에 비해서 더 큰 용기를 요구합니다. 다니엘이 메데스와 페르시아인들의 법률을 거부했을 때, 그의 행위는 비폭력적이었습니다.

메이스 교수 비폭력이 당신의 적수에게 초래하는 결과에 대한 생각이 당신을 속박한 적은 없습니까?

간디 분명히 있었습니다. 정부가 유럽인 노동자의 반란에 직면하게 되었을 때 내가 남아프리카에서 그랬듯이, 당신은 운동을 중지해야 할 것입니다. 노동자들이 나와 공동전선을 펴자고 제의했을 때, 나는 할 수 없다고 했습니다.

메이스 교수 폭력은 자기파멸적이지만, 비폭력은 당신에게 절대 되돌아오지 않겠지요.

간디 그렇습니다. 폭력은 반드시 폭력을 낳습니다. 하지만 어떤 대단한 사람이 나의 논의에 반박해왔음을 여기에서 당신에게 밝혀야 하겠습니다. 그 사람은 "비폭력의 역사를 보십시오. 예수는 십자가 위에서 죽었습니다. 하지만 제자들은 피를 흘렸습니다"라고 말했습니다. 이런 말은 아무것도 증명하지 못합니다. 우리는 판단을 내릴 만한 어떤 자료도 없습니다. 우리는 예수의 생애 전체를 모릅니다. 그의 추종자들은 아마 비폭력의 메시지를 충분히 흡수하지 못했을 것입니다. 하지만 나의 비폭력이 비폭력에 대해서 최후의 말이라는 인상을 당신이 가지고 있다면, 그것에 대해서는 경고하지 않을 수 없습니다. 나는 자신의 한계를 압니다. 나는 단지 진리에 대한 겸허한 구도자일 뿐입니다. 그리고 내가 주장하는 바는, 내 실험 하나하나가 인류의 처분에 맡겨진 힘 가운데 가장 위대한 힘으로서의 비폭력에 대한 내 신앙을 돈독하게 했다는 것입니다. 비폭력의 사용은 개인들에게만 국한되는 것이 아니라 대규모로도 실천될 수 있습니다.

메이스 교수와의 대담, 〈하리잔〉, 1937. 3. 20 ; 《전집》 70 : 298

270) 강자의 비폭력과 약자의 비폭력

데랑, *1938. 3. 25*

내 목소리가 여러분 모두가 앉아 있는 곳까지 들립니까? 들리지 않으면 나에게 알려 주십시오. 사람들은 내가 몸이 불편해서 낮은 목소리로 말한다고 생각합니다. 그렇지 않습니다. 이것은 내 습관입니다. 따라서 여러분이 내 말이 들리지 않는 경우, 나에게 친절을 베풀 생각으로 참지 말기를 여러분에게 부탁드립니다. 내가 건강할 때에도 시작했던 목소리 높이로 끝내는 법은 거의 없었습니다. 나는 얘기하는 동안 다른 사람들에게 말한다는 사실을 자주 망각합니다. 그렇게 되면 목소리는 낮아지게 되며, 내가 그것을 깨달으면 다시 목소리를 높입니다. 나는 건강할 때 마이크를 사용할 필요가 없었습니다. 오늘 역시, 여러분이 내 목소리가 너무 낮아서 말을 들을 수 없다면 내 잘못이 아니라 마이크의 잘못이란 점을 말해 두겠습니다. 마이크는 음성이 낮으면 낮을수록 더 많은 사람에게 그것을 도달하게 하는 힘이 있다는 말을 나는 들어왔습니다. 따라서 우리가 마이크에 대고 말할 때는 낮은 목소리로 해야 합니다. 마이크를 설치하는 사람들도 우리 동포입니다. 그들은 생계를 위해서 이런 일을 합니다. 내 목소리가 만일 여러분에게 들리지 않는다면 나에게 알려 주십시오.

오늘 나는 딱한 처지에 놓여 있습니다. 비록 여기에 오기는 왔지만, 나는 집행위원회에도 총회에도 참석할 수 없습니다. 나는 다르마드야

크샤(*dharmadhyaksha*)[102]가 되어서 연설하고 있습니다. 이는 내 본성에 반대되는 일입니다. 나는 나 자신을 종교 지도자로 여기지 않습니다. 나는 진리의 신봉자이고 구도자입니다. 이런 점에서 여러분은 나의 도반(道伴, *fellow-seekers*)입니다. 기록들을 비교해 보십시오. 심사숙고한 이후 우리가 결론에 도달한다면 좋은 일이고, 그렇지 못하다면 그것은 거의 의미가 없는 일입니다. 오늘 내가 비록 불구자가 되었다고 해도, 신이 나를 지상에 살려 두시는 한, 나는 뭔가를 배웁니다. 내가 얻은 어떤 지식이든 그것을 여러분에게 전수하기를 진심으로 바랍니다. 나는 그것을 그 누구보다도 여러분에게 전달해 드리고 싶습니다. 그리고 나는 이따금 조급해집니다. 여러분은 이와 관련해서 내가 말씀드리고 싶었던 것을 〈하리잔〉지에서 찾을 수 있을 것입니다. 그 안에 새로운 것은 아무것도 없습니다만, 그것을 새로운 형식으로 제시했을 뿐입니다. 나는 여러분에게 말씀드리는 내용에 대해서 털끝만한 자만심도 없습니다. 나에게는 생각나고 여러분에게는 생각나지 않은 것이 무엇이든, 여러분에게 어서 전달해 주고 싶습니다.

나는 비폭력 숭배자이고 여러분 역시 그렇습니다. 여러분 중 많은 사람은 그것에 대한 신앙이 있습니다. 나는 지난 50년 동안 비폭력 숭배자였고 종복(從僕)이었습니다. 이 말은 전혀 과장이 아닙니다. 나는 이제 곧 일흔이 될 것입니다. 나는 나이 14, 15세 이후 늘 비폭력을 믿어왔고, 그것을 성취하기 위해서 의식적으로 노력해왔습니다. 그 이후 나는 비폭력을 신앙해왔습니다. 그것은 이성에 토대를 둔 비폭력이었습니다. 진리에 대한 나의 예배는 더 거슬러 올라갑니다. 나는 50년 이상 타인과의 모든 관계에서 진리에만 의존해왔습니다. 그런 헌신적 행동만이 지식과 지혜를 낳습니다. 50년 이상 진리

---

102 종교 지도자.

와 비폭력에 따라서 늘 행동해왔던 사람이, 이것 하나만을 갖고 있다고 주장한다고, 그것을 교만이라고 부를 수는 없습니다. 이런 믿음 아래에서 나는 간단한 글을 쓰기도 했습니다.

의사들이 금지했지만, 나는 비하르 주와 우타르프라데슈 주에서 발생한 일 때문에 나 자신을 억제할 수가 없었습니다. 이번에도 나는 여러분에게 많은 일을 말씀드리고 싶습니다. 하지만 나는 기회가 있을 경우, 혈압이 오르지 않을 경우에만 그렇게 할 수 있습니다. 나는 오늘 내 마음을 무겁게 내리누르고 있는 것만을 여러분 앞에 제시하고 싶습니다. 여러분은 그것에 대해서 깊이 생각해야 합니다.

그 말 이전에 나는 키쇼렐랄[103]이 여러분에게 읽어드릴 것에 대해서 한 말씀드리려 합니다. 나는 그의 연설을 전부 다 들었습니다. 육신이 약한데도 그는 4부로 이루어진 123면을 써냈습니다. 그는 나흘 저녁에 4회로 나눠서 연설할 작정이었습니다. 이 중 하나에서 그는 우리의 약점과 실패를 대략 묘사했습니다. 나는 이 중 셋을 연설하라고 말했고, 나의 요청으로 네 번째는 생략되었습니다. 나는 이 중에서 내 심정을 감동시킨 부분을 여러분 앞에 특별히 제시할 것입니다.

진리와 비폭력은 간디봉사회(Gandhi Seva Sangh)의 목적입니다. 그러나 만일 우리가 사적인 거래 혹은 지역 사이의 관계를 제쳐 두고 정부와의 투쟁에서만 이런 것들을 실천한다면, 우리는 무엇을 얻을 수 있습니까? 이것은 간디봉사회 회원들마저 상호 거래에서 의식적으로 진실하지도 비폭력적이지도 않다는 것을 의미합니다. 나는 여러분에게 그의 연설을 요약해 드리렵니다. 그는 간디봉사회가 몇 안 되는 사람으로 이루어져 있는데도, 의견의 차이가 있고 이것이 말다툼으로까지 번진다고 말하고 있습니다. 그와 같은 언쟁은 세상 어디

103 Kishorelal Mashruwala: 간디봉사회 회장.

에서도 발견됩니다. 하지만 우리는 언쟁의 결과에 대해서 조심해야 합니다. 우리의 의무는 노력을 지속하는 일입니다. 만일 어떤 사람이 마하데브가 전에는 성질이 급하고 교만했으나, 이제 1년 전의 그가 아니다, 그가 변화되었고 좀 겸손해졌다고 한다면, 그리고 마하데브만이 아니라 두르가와 그 아들들 역시 그렇게 느낀다면, 그것은 비폭력의 영향력이 커졌음을 의미합니다. 하지만 만일 그가 이제 완전을 얻었다고 생각하고 종전에 가졌던 사려 깊음이나 경계심을 잃어버린다면, 그는 중대한 실수를 범하게 될 것입니다.

진리와 비폭력의 독특한 면모는, 사람이 매일 영적인 음식을 먹어야 한다는 것입니다. 《우파니샤드》는 이것이 칼날 위를 걷는 것과 같다고 말하지 않았습니까? 나의 영적 투쟁이 50년을 넘는다고 주장했습니다만, 여기에서 내가 만일 더 이상 경계할 필요가 없다는 결론을 내린다면, 그 순간부터 나의 몰락은 시작되었다고 말해야 할 것입니다. 내가 여러분에게 설교한다면 나 자신에게도 설교하는 것입니다. 여러분에게 깊은 인상을 심어 주기 위해서만 이 말을 하는 것은 아닙니다. 나는 단순히 쾌락을 위해서 연설하지 않습니다. 나는 아트만이 나에게 명하는 것만을 수행합니다. 내가 여러분에게 말하는 바는 나에게도 영향을 미칩니다. 만일 사실이 그렇지 않다면, 나는 풀잎 하나만큼이나 무가치할 것입니다. 내가 친구들과 함께 앉아 있는 동안 일을 처리하기 위해서 이런 말을 하고 있다는 결론을 여러분이 내려서도 안 됩니다. 우리가 만일 친구들과 거래할 때는 조심하지도 않고, 진리와 비폭력을 수행하지도 않으면서, 그것들을 정치에만 사용한다면, 그것은 외교를 하는 것과 같습니다. 진리는 외교적 수법으로 언급될 수도 있습니다. 나는 '정직이 최선의 정책이다'라는 영국 속담을 인정하지 않습니다. 나는 진리와 비폭력을 외교적 목적을 위해서 사용하기를 원치 않습니다. 나는 궁극적 가치들에 대해서 말하고 있습니다. 내가 세속사에 있어서 진실하고 비폭력적이지만, 세상이 나를 경멸하고 그 결과로서 내가 세속사에 대한 신앙을 상실한다면, 나의 비폭력은 무가치한 것이 됩니다. 그렇다면 비폭력은 단순히 외교의 최고 형식으로 전락할 것입니다. 여러분은 그 형식을 궁극 가치의 하나로 간주해서는 안 됩니다. 그것이 무가치한 것이 아니라면 친구들 사이에는 사랑이 있어야 합니다.

키쇼렐랄과 나는 나란히 앉아 있습니다. 사랑의 보답이 있는 경우에만 키쇼렐랄이 나에게 애정을 느껴야 합니까? 내가 늙고, 성질도 내고, 어떤 것도 경청할 준비가 되어 있지 않다고 해 봅시다. 그렇다면 그가 나를 버려야 합니까? 반대로 그는 불쾌하게 여기지 말아야 하고, 비폭력적으로 남아 있어야 하고, 나에게 자비심을 가져야 합니다. 비폭력은 사람의 인내심과 사랑을 증가시켜서 그에게 진리를 가르칩니다. 사랑은 매매 계약도 아니고 조건도 아닙니다. 비폭력적인 사람에 대해서 비폭력적으로 대하는 사람은 비폭력적이라고 불리기가 아주 어렵습니다! 이 경우 사람은 자신의 본성을 따르는 것입니다. 내가 만일 살인자와 만난 자리에서 죽는다면, 세상은 나를 용기 있는 사람이라고 부를 것입니다. 하지만 나는 그런 찬사를 얻기 위해서 이런 길을 택할 수는 없습니다.

키쇼렐랄은 연설에서 여러 사례를 제공하기도 했습니다. 하지만 나는 그것들을 생략했습니다. 도대체 사람들의 이름이 우리에게 무슨 소용이 있겠습니까? 나는 이름과 구체적 인물들을 언급하는 것이 자칫 역효과가 있을까 염려하여 그것들을 제외했습니다. 이제 이것을 이해하십시오. 우리는 지역주의(*provincialism*)에도 종지부를 찍어야 합니다. 안드라인들이 안드라는 그들만의 것이라 주장하고, 오리

사인들이 오리사가 자신들만의 것이라 주장한다면, 그것은 지역주의를 더더욱 부추길 뿐입니다. 안드라와 오리사 사람들이 해야 할 올바른 일은, 나라와 세계를 위해서 자신들을 희생할 각오가 되어 있어야 한다는 것입니다. 그리고 인도는 세계의 제단 위에 자신을 바쳐야 합니다. 그것이 인도에 대한 진정한 시험이 될 것입니다. 나는 새로운 생각을 개진하고 있는 것이 아니라, 적합한 때에 여러분에게 그것에 대해서 상기시킬 따름입니다. 칸푸르와 알라하바드에서 일어났던 최근의 사건들은 나에게 깊은 영향을 주었습니다. 그런 사건들이 우리에게 스와라즈를 가져다주지는 못합니다. 나는 그 사안에 대해서 수바스 바부, 마울라나 아자드(Maulana Azad), 그리고 다른 사람들과 논의해 보았습니다. 하리푸라 사건 이후 내가 도달했던 결론은, 거기에서 우리가 본 것이 사실이라면, 우리의 모든 실패에도 불구하고 내 평생에 완전한 스와라즈(*purna swaraj*)를 볼 수도 있을 것이라는 점입니다. 우리가 만일 우리의 과업을 이지적으로 완수할 수 있다면, 영국인들은 우리에게 패배를 당했다고 인정해야 할 것입니다. 그들에게는 인도에서 문제를 함께 논의할 수 있는 단 하나의 세력(*power*) 밖에 존재하지 않을 것인데, 그 세력은 국민회의가 될 것입니다. 영국인들이 해야 할 일은 아무것도 남지 않을 것입니다. 만일 민중이 원한다면, 그들은 도움을 제공할 준비가 되어 있을 것입니다. 그들은 우리가 그들에게 기대하는 바가 무엇인지 묻게 될 것입니다. 이 힘은 진리와 비폭력만을 통해서 우리 안에서 생성될 수 있습니다.

우리가 1년 안에 이 힘을 우리 속에서 발전시킬 수 있다면, 부왕은 수바스 바부를 초청하여 자신에게 무엇을 요구했었는지를 물어야 할 것입니다. 영국인들은 유럽에서 세력과 권위를 상실하고 있기 때문에, 영국 정부조차 수바스 바부를 찾아 나설 것입니다. 하지만 내가 마음에 둔 것은 그것이 아닙니다. 비폭력의 사람에게는 대적이 없습니다. 하지만 누구든 이 비폭력의 사람을 대적이라고 불러서 자신의 힘을 상실한다면, 비폭력의 사람은 그에 대해서 자비를 느낄 것입니다. 그는 그 사람의 등을 올라타기 위해서 그의 처지를 이용하기를 원치 않을 것입니다. 그는 이 사람이 난국에서 빠져나온 이후에라야 싸움을 재개할 것입니다. 나는 이런 식으로 남아프리카에서 일했습니다. 나는 그런 일이 우타르프라데슈와 알라하바드뿐 아니라, 중부지역과 다른 여타 장소에서 일어난 것을 보았습니다. 반란을 진압하기 위해서 경찰과 심지어 군대의 도움이 요청되어야 했습니다. 그러나 나는 장관들이 비난받아야 한다고 말하고 싶지는 않습니다. 불쌍한 고빈드 발라브 판트가 무엇을 할 수 있었겠습니까? 그를 비난하는 것은 아닙니다. 그는 장관의 자격으로 행동할 수밖에 없었습니다. 그가 무엇을 했든 그것은 옳은 일이었기 때문입니다. 잘못은 나에게 있습니다. 하리푸라에서 목격한 것에서 이끌어낸 나의 결론은 잘못이었습니다. 우리가 원하는 것이면 무엇이든 그것을 1년 이내에 얻을 수 있다고, 그럴 수 있는 힘을 우리가 발전시켰다고 나는 느꼈습니다. 하지만 나는 실수를 범했음을 이제 깨달았습니다. 오늘 만일 부왕이 수바스 바부, 자와할랄 또는 나를 찾아 나서서 원하는 바가 무엇인지를 묻는다면, 나는 그 일을 감당할 수 없노라고 대답할 것입니다. 지금 나는 그렇게 믿고 있습니다.

오늘날 우리는 부름에 응답할 힘이 없습니다. 우리가 만일 경찰이나 군대가 필요 없고, 스스로 방어할 수 있고, 비폭력의 무기를 갖고 있으며, 이슬람교도도 우리 친구이며, 파탄인들 역시 우리 친구이며, 우리 자신들이 토호국왕들과 맞설 것이고, 우리가 시크교도를 참아낼 것이라고 부왕에게 말한다면, 부왕은 내가 제정신이 아니라는 결론을 내릴 것입니다. 이것은 1920년의 사태가 아니었습니다. 우리는 준비가 되면, 무슬림·토호국왕·자민다르를 합리적으로 이해할 수 있는 힘을 우리 안에 갖추게 될 것입니다. 하지만 우리는 오늘날 토호국왕·자민다르·무슬림·시크교도, 그 누구에 대해서도 힘이 없습니다. 아니, 다른 사람들은 차치(且置)하고서라도, 우리는 국민회의 내부에 있는 사람들을 통제할 수 있습니까? 전혀 아닙니다. 나는 국민회의 내의 직위를 차지하려는 내부 투쟁을 본 적이 있습니다. 심지어 국민회의라는 조직에 소속했던 적이 전혀 없었던 사람들의 이름도 보았습니다. 그러나 그것은 그럴 뿐이라고 내버려 둡시다.

하지만 내가 말하고자 하는 것은, 이런 사태가 지속되면, 우리가 1년은 고사하고 30년이 걸려도 스와라즈를 얻지 못하리라는 것입니다. 우리가 이 모든 사람들을 이해하게 되었다고 진실로 말할 수는 없다고 나는 느낍니다. 다시 말하자면, 우리가 만일 우리 안에 진실한 비폭력을 지니고 있다면, 이런 것들을 말하고 그에 따라서 행동할 힘을 갖고 있어야 할 것입니다.

그래서 여러분께 묻습니다. 우리의 비폭력이 겁쟁이, 연약한 자, 무력한 자, 그리고 어리석은 자의 비폭력입니까? 진실로 그러하다면 그것은 아무 가치가 없습니다. 의지박약자는 생래적인 성인입니다. 연약한 사람은 성인이 될 수밖에 없습니다. 하지만 우리는 비폭력의 군인으로, 만일 상황이 요구한다면 비폭력을 위해서 목숨을 내놓아야 합니다. 우리의 비폭력은 겁쟁이의 단순한 정책이 아닙니다. 하지만 나는 이것을 의심합니다. 나는 우리가 자랑하는 비폭력이 실제로 정책에 불과한 것이 아닌가 하고 우려합니다. 비폭력이 약자의 손에서도 어느 정도까지는 작용한다는 것은 사실입니다. 그리고 이 무기는 이런 식으로 우리에게 유용했습니다. 그러나 만일 사람이 자신의 약함을 숨기기 위해서 또는 무력감 때문에 비폭력을 사용한다면, 그러한 비폭력은 사람을 겁쟁이로 만듭니다. 그런 사람은 두 전선 모두에서 패배당합니다. 그런 사람은 인간으로서 살아갈 수 없고, 악마 또한 될 수 없음이 분명합니다. 이보다는 무력(武力)을 얻기 위해서 노력하다 죽는 편이 1천 배 더 낫습니다. 용기를 갖고 물리력을 사용하는 것은 비겁보다 훨씬 우월합니다. 따라서 우리는 적어도 사람처럼 행동하기를 시도했어야 했습니다. 그것이 우리 선조들의 길이었습니다. 일부의 사람들은 인류의 조상이 동물이라는 견해를 갖고 있기 때문입니다. 나는 다윈 이론의 타당성 여부에 대한 논쟁에 말려 들어가고 싶지는 않습니다. 하지만 적어도 한 가지 관점에서 보면 우리는 모두 원래 동물이었음이 틀림없습니다. 그리고 나는 우리가 동물에서 인간의 상태로 진화해왔다는 것을 믿을 준비가 되어 있습니다. 그렇기 때문에 물리력은 짐승의 힘이라고 불리는 것입니다.

우리는 그런 짐승의 힘을 타고났습니다. 그래서 우리가 그 힘을 사용했다면, 우리는 적어도 용감했다고는 말할 수 있을 것입니다. 하지만 우리는 우리 자신의 심정 속에 있는 신을 실현하기 위해서 인간 존재로 태어났습니다. 이것이 우리와 짐승의 근본적 차이점입니다. 우리가 두 다리로 걷고, 뱀이 배로 기어 다닌다는 것은 중요한 것이 아닙니다. 황소는 네 다리를, 나는 두 다리를 갖고 있습니다. 우리는 인간의 모습을 얻었습니다. 우리는 뱀과 같은 종에서 인간의 상태로 서서히 진화해왔습니다. 우리는 인간의 모습과 함께 인간의 힘도 가졌는데, 그것이 바로 비폭력의 힘입니다. 우리는 혼이 가진 힘의 신비에 대해서 통찰력을 가질 수 있습니다. 그 혼의 힘 안에 우리의 인간성이 존재합니다. 인간은 본성상(*by nature*) 비폭력적이지만, 인간의 기원은 비폭력이 아닙니다. 우리가 아트만을 볼 때 인간의 삶을 완수하며, 그 삶을 완수할 때 우리는 시험을 통과합니다. 이제 우리를 검증해야 할 때입니다. 신의 실현(*God-realization*)은 모든 존재들(*all beings*) 안에서 그분(*Him*)을 보는 것입니다. 다른 말로 한다면, 우리는 모든 피조물과 하나되기를 배워야 합니다. 하나되기를 배우는 것은, 인간의 특권이고, 인간이 짐승으로부터 구별되는 이유입니다. 이 하나되기는 우리가 물리력의 사용을 자발적으로 포기하고, 우리 심정에서 잠자고 있는 비폭력을 일깨울 때에만 일어날 수 있습니다. 비폭력은 진정한 힘을 통해서만 자각될 수 있습니다.

우리가 이와 같은 강자의 비폭력을 가지고 있는 것은 사실입니까? 그렇지 않다면, 우리는 트리샨쿠(*Trishanku*)[104]와 같은 가련한 처지에 놓여 있습니다. 그보다 나은 것은, 아힘사 다르마(*ahimsadharma*)가 실천 불가능한 이상임을 인정해서 그것을 포기하고 폭력을 수용하는 것입니다. 하지만 우리는 약자의 비폭력에서 한 걸음도 앞으로 나갈 수가 없습니다. 따라서 이제 우리는 양자택일하는 수밖에 다른 대안이 없습니다. 만일 여러분이 이 문제를 결정하지 않는다면, 누가 그것을 결정합니까? 여러분이 만일 비폭력을 정책이 아니라 원리로 여기고, 그것을 위해서 살아간다면, 여러분이 아무리 소수라고 해도, 자신들의 삶에서 진정한 비폭력을 증명하는 것이 의무가 될 것입니다. 여러분의 비폭력이 여러분의 약함을 감추기 위해서 받아들인 것이 아니라 진실한 것이라면, 키쇼렐랄이 지적했던 단점들은 전혀 일어나지 않을 것입니다. 나는 이 말을 1920년 이래 줄곧 말해왔습니다.

여러분은 우리가 그렇다면 무엇을 해야 할지에 대해서 묻습니다. 여러분은 내가 말하는 것을 잘 이해해야 합니다. 여러분은 대여섯 가

104 천국과 지상 사이의 중간에 매달려 있는 자.

지의 일을 할 수 있습니다. 그중에 하나는 힌두교도와 이슬람교도 사이의 오해 혹은 적의입니다. 우리의 악의는 증가일로에 있습니다. 오늘 알라하바드와 우타르프라데슈 주에서 일어났던 일은, 내일에는 봄베이와 캘커타에서 일어날지도 모릅니다. 캘커타에서는 그것이 알라하바드에 비해서 더욱 나빠질 수도 있습니다. 이런 일이 우리나라에 새삼스런 것은 아닙니다. 하지만 이 이슈들이 해결된다면 다른 이슈들도 곧 해소될 것입니다. 바로 여기에 우리의 시험이 있습니다. 여러분이 만일 내가 비폭력의 진실한 추종자였더라면, 알라하바드에서 무엇을 해야 했었는지를 나에게 물을 수 있을 것입니다. 그러면 나는 고빈드 발라브 판트가 그곳에서는 필요치 않았다고 말할 것입니다. 그 이슈는 알라하바드 국민회의위원회가 다뤄야 할 문제였습니다. 그것은 1만의 자원봉사자를 소집할 수 있었을 것입니다. 나는 1921년 그들을 위한 서약의 초안을 제시했습니다. 나는 그것을 스스로 준비했고, 국민회의가 그것에 동의해 주었고, 킬라파트 위원회에 제시했습니다. 하킴 사헤브가 의장이었습니다. 그러나 하스라트 모하니는 그 동의안에 반대했고, 내가 이슬람교도를 노예로 삼기를 바란다고 말했습니다. 이슬람교도는 말이나 행동에 있어서 비폭력적으로 충분히 남아있을 수 있습니다. 하지만 이슬람교는 교도에게 생각에서 비폭력적으로 남아 있으라고는 명령하지 않습니다. 그는 내가 이슬람교도의 마음마저 다스리기를 원한다고 비난했습니다. 거기에 출석했던 울레마—무슬림 성직자—들은 내가 전달하고 싶었던 것을 이해했습니다.

마울라나 아자드는 매우 지적인 사람으로 처음부터 나를 정확히 이해해 주었습니다. 나는 나 자신이든 다른 사람이든 그 누구도 주인으로 섬기기를 원치 않는다고 그들에게 말했습니다. 나는 그 주인의 자리를 비폭력에게 주고 싶었습니다. 그들은 마침내 서약 초안을 수용했는데 17년이나 묵은 것입니다. 그럼에도 불구하고 오늘날까지 우리는 자원봉사단을 결성하지 못했습니다. 국민회의가 그 서약을 무효화하지는 않았습니다. 우리의 결의는 국민회의 사무실의 기록에 있습니다. 그것은 크리팔라니가 갖고 있을 것입니다. 하지만 그것은 파일 속에 파묻혀 있습니다. 내 생각으로는 그 안의 서약들은 한 마디도 삭제될 필요가 없습니다. 우리가 만일 알라하바드 혹은 다른 장소에서 자원봉사단을 가졌다면, 힌두·무슬림 폭동은 발생하지 않았을 것입니다. 우리가 만일 1천 명의 자원봉사단이 있었다면, 그들은 1천 개의 지역에 내려갈 수 있었을 것입니다. 그들은 진리의 칼과 비폭력의 방패를 지니고 있었을 것입니다. 만일 1천 명의 군다(깡패)들이 있는데, 우리는 고작 한 사람이거나 10명에 불과하다면, 그곳에서 죽거나 죽임을 당했을 것입니다. 우리는 비폭력 서약을 했습니다. 히틀러의 군인들은 죽이기 위해서 가고, 우리는 굽타[105]가 그랬듯이 죽임을 당하러 갑니다. 나는 그가 홀로 죽는 길을 더 선호했을 것입니다. 그는 왜 무슬림 동료를 찾으러 갔습니까? 이 말로 나는 그를 비판하는 것은 아닙니다. 이것은 내가 여러분 앞에 제시하는 하나의 요점입니다. 이것은 내가 비폭력으로 작업하는 예술가로 자처하고 있기 때문입니다. 나는 굽타가 한 사람의 무슬림이라도 동반할 필요가 없었음을 말하는 것입니다. 그러나 그렇게 되면 한 사람의 굽타밖에 없었을 것입니다.

내가 여러분 앞에서 그리는 그림은 훨씬 거창한 것입니다. 사룹(Sarup)이 알라하바드 폭동 현장에 접근했고, 그녀가 평화를 회복하기 위해서 노력하다가 죽임을 당했으며, 그것도 민중에 대해서 분노의 흔적 하나 없이 죽임을 당했다는 말을 내가 들었다고 상상해 보십시오. 그렇다면 나는 기뻐서 춤을 추었을 것입니다. 사람들은 미쳐 버렸고

105 〔역주〕 Pashupatinath Gupta. 《전집》 권 73, 40면.

그녀는 삶을 완성했다고 나는 말할 것입니다. 하지만 그녀는 죽임을 당했습니다. 우리에게 만일 그런 사람이 1만이나 2만 정도 있다면, 그들은 무슨 일이든 하지 않겠습니까? 우리가 만일 1만이나 2만 정도의 사람이 없다면 어떻게 되겠습니까? 단 한 사람이 있다고 해도 그는 죽임을 당해야 할 것입니다. 그런 신앙을 가진 사람이 단 한 사람이 있다고 해도, 그는 죽임을 당할지언정 광신자와 군다들 앞에 절은 하지 않을 것입니다. 스파르타의 예를 봅시다. 그들은 무장했지만 역시 소수였으며, 목숨을 내놓고 그들의 자리를 지켰습니다. 우리는 그들이 가진 용기보다 더 많은 용기를 가져야 합니다. 우리가 만일 1천 명의 사람들이 없이는 이런 과업을 달성할 수 없다고 생각한다면, 우리의 비폭력은 그 가치를 잃게 될 것입니다. 우리가 만일 그런 용기가 없다면, 비폭력에 대해서는 말하지도 말고, 그것을 더럽히지도 맙시다.

비폭력은 검이나 다른 어떤 힘도 당할 수 없는 무기입니다. 한 편에 1천만 명의 사람들이 있고, 다른 편에는 단 한 사람의 비폭력 신봉자가 있다고 합시다. 그때에도 후자는 그 자신이 무력에 항복할 거라고는 말하지 않을 것입니다. 그는 독가스 및 다른 무기들이 비폭력에 대항해서는 아무 소용이 없다는 사실을 증명할 것입니다. 그는 오스트리아가 히틀러에 굴복했듯이 그렇게 굴복하지는 않을 것이기 때문에, 나는 여러분에게 이 원리를 제시하고 싶습니다. 그것이 가장 중요합니다. 여러분은 그것을 이해해야 하고, 그것에 대해서 여기에서 논의해야 합니다. 만일 우리가 이 비폭력을 실천한다면, 키쇼렐랄의 과업이 경감될 것입니다. 첫째, 우리는 상대방에 대한 행동을 검토할 것이고, 우리가 참으로 그러한 비폭력의 추종자인지를 알아보아야 합니다. 그리고 우리는 이 비폭력의 힘에 기초하여 무슬림들의 마음도 얻을 것입니다.

이것이 내가 여러분에게 말하려는 요점의 하나입니다. 내 마음에는 다른 요점들도 많이 있습니다. 이 프로그램은 지난 17년 동안 우리와 함께 있었지만, 우리는 그것에 대해서 철저히 무관심한 채 잠자고 있었습니다. 나는 그것을 여러분에게 상기시켜 드렸습니다. 내가 만일 오늘과 같이 강건하다면, 나는 여러분 앞에 나타나고 여러분은 그것에 대해서 질문할 수 있을 것입니다. 이것은 나에게 아주 중대한 사안입니다. 나의 심정은 그것으로 가득 차 있습니다. 나는 이런 비폭력을 직접 경험했습니다. 우리가 만일 기나긴 지난 17년 동안 그것을 성취할 수 없었다면, 잘못은 나에게 있습니다. 정치에서조차도 비폭력이 작용할 수 있다는 것이 나의 믿음입니다. 나는 1920년 우리가 비폭력을 통해서 1년 이내에 스와라즈를 얻을 수 있다고 진술한 바 있습니다. 그것이 만일 순수한 진리와 비폭력 실험이었다면, 1년이면 충분했을 것임을, 나는 지금도 확신하고 있다는 것을 재차 반복합니다. 만일 우리나라와 국민회의가 스와라즈는 비폭력을 통해서 획득될 수 없다고 느낀다면, 나를 포기해도 좋습니다. 이것은 그들이 지금 당장 폭력으로 나아갈 준비가 되어 있음을 의미하는 것은 아닙니다. 그들은 진리나 허위, 폭력이나 비폭력을 사용하게 될 것입니다. 상황에 따라서 가능한 것이면 뭐든지 말입니다. 하지만 그것은 나의 프로그램이 아닙니다. 만일 여러분 안에 진실이 있다면, 그리고 비폭력이 약자의 무기라는 결론에 도달하게 된다면, 우리는 그것을 버려야 합니다. 하지만 여러분이 만일 비폭력 군대로 폭동을 진압한다는 것이 헛된 꿈이라고 생각한다면, 여러분은 스와라즈가 비폭력을 통해서 얻어질 수 없다는 결론에 도달한 것임에 틀림없습니다.

간디봉사회 집회에서의 연설(H.), *Gandhi Seva Sanghke Charurth Varshik Adhiveshanka Vivaran*, 5~12면 ; 《전집》 73 : 40

271) 비폭력과 도덕적 권위

국민회의가 국민회의 자체를 지지하는 데는 도덕적 권위밖에 없다는 사실이 흔히 망각되곤 한다. 통치의 권력은 군사력을 갖고 있다. 비록 그 통치력이 군사력을 흔히 도덕적인 힘과 혼동하기는 하지만 말이다. 이 중대한 차이점은 국민회의가 7개의 주에서 공직을 맡고 난 이후 전면에 부상했다. 이런 공직을 맡는다는 것은 보다 더 큰 특권으로 한 걸음 진보하는 것이거나, 아니면 특권을 완전히 상실하는 것이다. 그것이 완전한 상실이 아니려면 장관과 입법가들은 자신들 개인적 행동과 공적 행동에서 주의해야 한다. 그들은 카이사르의 아내와 같이 만사에 있어서 추호의 의심도 받아서는 안 된다. 그들은 자신을 위해서도, 친척이나 친구를 위해서도 사적 이익을 얻어서는 안 된다. 만일 친척이나 친구가 어떤 직책을 맡는다고 한다면, 그들이 후보자들 가운데 최선이어야 하고, 그들의 시장 가치가 정부에서 얻는 수입보다 언제나 커야 한다. 장관과 의원 자격증을 가진 입법가들은 의무 수행에 있어서 두려움이 없어야 한다. 그들은 자신의 지위나 직책을 잃어버릴 각오를 늘 해야 한다. 입법부 내부의 지위와 직책은 국민회의의 권위와 권능을 고양시키는 능력 이외에는 아무 장점도 갖지 못한다. 권위와 권능은 전적으로 사적 도덕이나 공적 도덕의 소유에 달려 있으므로, 어떤 도덕적 해이라도 그것은 국민회의에 타격을 줄 것이다. 이것은 비폭력의 필수적 함의이다. 만일 국민회의의 비폭력이 영국 장교들과 부양가족들에 대한 신체적 상해를 금지하는 것에만 국한된다면, 그런 비폭력은 우리에게 결코 독립을 가져다주지 못하고 최후의 열기 안에서 타 버리고 말 것이다. 최후의 열기가 도달하기 훨씬 전에 그런 비폭력은 아주 해로운 것은 아니지만 가치 없는 것임을 우리는 진실로 알게 될 것이다.

국민회의의 비폭력을 협소한 관점에서 생각했던 자들이, 그 비폭력을 부러진 갈대라고 말할 때 그들의 논의에는 상당한 힘이 있다. 반면 비폭력이 비폭력의 모든 의미를 가지면서 국민회의 정책이 된다면, 모든 국민회의 의원들이 자신을 반성하고 그에 따라서 자신을 개조하게 하자. 운영위원회의 교시를 기다리게 하지 말자. 결국 운영위원회는 대중의 마음을 읽어내는 만큼 행동할 수 있을 뿐이다. 그리고 비폭력은 명령에 의해서 전개될 수 있는 자질도, 표현될 수 있는 자질도 아니다. 그것은 강렬한 개인적 노력을 자양분으로 삼고 내적으로 성장하는 것이다.

나는 폭동 등의 사건들이 발생할 때 자신을 제물로 바칠 각오가 되어 있는 자원봉사자로 등록한 서명자들의 이름을 담은 여러 통의 편지를 받았다. 나는 이런 서명자들에게 그들 스스로 동료 일꾼으로서 등록하고, 지역 연대를 결성하고, 나의 제의에 따라서 훈련을 개시해야 한다고 제안하고 싶다. 그들은 위기의 순간을 위해서만 대비해서는 안 되고, 개인적 · 가정적 · 사회적 · 경제적 · 정치적 · 종교적 모든 분야의 일상사를 대비해야 한다. 그래야만 그들은 자신들의 구역이나 지역에서 발생하는 위기를 다룰 수 있도록 충분한 준비가 되어 있음을 알게 될 것이다. 그들은 그들 행동반경에서 수백 마일이나 떨어져서 발생하는 사건에 영향을 미칠 것을 겨냥해서는 안 된다. 간접적으로 영향을 미칠 수는 있을 것이다. 최초의 사례에서 올바른 출발을 하게 되면, 필요한 능력은 생기게 될 것이다.

군사력과 도덕적인 힘, 〈하리잔〉,
1938. 4. 23 ; 《전집》 73 : 123

272) 비폭력과 영적인 힘

〔*1938. 10. 15* 또는 그 이전〕[106]

간디지는 그들의 발언이 무모한 말로 들렸지만, 의례 그랬듯이 그들의 말[107]을 액면 그대로 받아들인다고 말했다. 그는 비폭력의 성격과 의미에 대한 자신의 생각이 무엇인지 그들에게 자세히 설명했다. 대적이 강하고 완전 무장했을 때, 수동적 성질의 비폭력을 유지하기란 비교적 쉽다. 하지만 그들이 자기 자신들 사이의 거래에서, 그리고 자신들을 억제하고 견제하는 외부 세력이 전혀 없는 경우, 동포와의 거래에서 비폭력적인 태도를 견지할 수 있을까? 다시 말하자면, 그들의 비폭력은 강자의 것인가, 아니면 약자의 것인가? 만일 그것이 강자의 것이었다면, 그들은 칼을 내버렸기에 더욱 강해졌다고 느껴야 할 것이다. 그러나 만일 사실이 그렇지 못했다면, 그들이 자발적으로 내던졌던 무기를 다시 드는 편이 나을 것이다. 왜냐하면 그들은 무장 해제당하고 거세되는 것보다 무장한 용감한 군인이 되는 편이 훨씬 낫기 때문이었다.

나와 바드샤흐 칸은 용감하고 호전적인 변경 사람들에게 비폭력 복음을 전파하여 인도와 이슬람에 해를 끼치고 있다는 비난을 받았습니다. 그들은 내가 여러분의 기운을 빨아먹기 위해서 여기에 왔다고 말했습니다. 그들은 변경지역이 인도에 있는 이슬람교의 성채라고 말하고, 파탄인은 칼과 라이플총 사용에 있어서 과거의 선생이었는데, 내가 그들로 하여금 무기를 내버리게 하여 그들을 거세하려 하고 그리고 그렇게 함으로써 이슬람교의 힘과 안전을 지키는 요새를 무너뜨리려 한다고 말하고 있습니다. 나는 이런 비난을 전면 거부합니다. 나는 여러분이 비폭력을 전면적으로 수용함으로써 인

---

106 간디는 10월 15일에 페샤워르의 쿠다이 키드마트가르들의 마지막 그룹에게 연설했다.

107 쿠다이 키드마트가르들은 압둘 가파르 칸이 비폭력을 포기한다고 해도, 그들은 결코 그러지 않겠다고 말했다.

도에, 그리고 내 눈에 지금 위험에 빠져 있는 것으로 보이는 이슬람교에 영속적인 봉사를 하게 될 것이라고 믿습니다. 여러분이 만일 비폭력의 힘을 이해했다면, 여러분은 무기를 치워 버림으로써 더욱 강해졌다고 느껴야 할 것입니다. 여러분의 힘은 영혼의 힘으로 이슬람교만이 아니라 다른 종교들까지도 보호할 수 있을 것입니다. 하지만 만일 여러분이 이 힘의 비밀을 이해하지 못한 채 무기를 포기한 결과, 강해졌다고 느끼는 대신 이전보다 약해졌다고 느낀다면, 여러분은 비폭력의 고백을 포기하는 편이 나을 것입니다. 나는 단 한 사람의 파탄인이라도 나의 영향으로 인해서 연약하게 되거나 비겁하게 되기를 원치 않습니다. 나는 차라리 여러분이 복수심을 갖고 무기로 돌아가기를 원합니다.

오늘날 시크교도는 자신들이 키르판 검을 포기한다면 만사를 포기하는 것이라고 말합니다. 그들은 키르판 검을 자신들의 종교로 만든 것 같습니다. 그들은 그것을 버리게 되면 약해지고 겁쟁이가 될 것이라고 생각합니다. 나는 그들에게 그것은 괜한 공포라고 말해 주었는데, 여기에서도 여러분에게 같은 말을 해 주렵니다. 나는 《기타》를 조심과 공경심(*reverence*)을 가지고 읽었으며 그와 같은 태도로 《코란》을 읽어 보았습니다. 이슬람교에 대한 다른 중요한 책들도 읽어 보았습니다. 나는 이슬람교와 다른 종교들에 대해서도, 내 종교에 대해서와 같은 존경심을 내 마음에 품고 있다고 주장합니다. 비록 이슬람교 역사에서 이슬람교도가 칼을 휘두른 적이 있고, 그것도 종교의 이름으로 자행한 적이 있지만, 이슬람교가 칼에 의해서 세워진 것도 아니었으며, 그것 때문에 전파된 것도 아니었음을 나는 한껏 힘주어 말할 수 있습니다. 그와 유사하게 기독교에서도 칼이 자유롭게 사용되어 왔습니다. 하지만 기독교 전파는 칼의 사용 덕분이 아니었습니다. 반대로 칼의 사용은 기독교의 좋은 이름조차 타락시켰습니다. 유럽에서 수백만 명의 사람들은 기독교의 이름으로 맹세합니다. 하지만 예수의 가르침과는 반대로, 그들은 유혈과 살인이라는 골육상잔의 광란을 벌이고 있습니다. 이것은 참된 기독교의 부정입니다. 여러분이 내가 말했던 바를 소화할 수 있다면, 여러분의 영향력은 국경을 넘어 훨씬 멀리 퍼질 것이며, 유럽에 그 길을 보여줄 것입니다.

오늘 1만 7천의 영국 군인들의 군사력은, 그들 배후에 영국 정부의 힘이 있기 때문에 우리를 통치할 수 있습니다. 만일 쿠다이 키드마트가르들이 무기를 포기한 결과 혼의 힘이 솟구침을 자신들 속에서 진실로 느꼈다면, 인도에 자유를 회복시켜 주기 위해서 1만 7천의 사람들조차 필요로 하지 않을 것입니다. 그들 배후에 신의 힘이 있을 것이기 때문입니다. 그와 대조적으로 만일 1백만 명의 사람들이 비폭력을 선언하면서도 그들 심정에는 폭력이 숨어 있다면, 그들은 헛것이 될 것입니다. 여러분이 칼을 포기해야 할 이유는, 칼이 여러분의 힘의 상징이 아니라 연약함의 상징이란 점을 여러분이 깨달았기 때문이고, 칼이 진정한 용기에 이바지하는 것이 아니기 때문입니다. 그러나 만일 여러분이 외면적으로는 칼을 치워 버리더라도 심정 속에 칼을 둔다면, 여러분은 사악한 길을 나설 것이고, 여러분의 포기는 아무 가치가 없을 것입니다. 그것은 심지어 위험한 것으로 판명될 것입니다.

심정에서 폭력을 제거한다는 의미가 무엇입니까?

그는 다음 질문을 던지고, 나아가서 그것이 자신의 분노를 조절하는(*control*) 능력을 의미할 뿐만 아니라, 분노를 심정으로부터 완전히 제거함(*complete eradication*)을 의미한다고 설명했다.

강도가 내 심정에 분노나 공포를 야기한다면, 그것은 아직 나에게서 폭력을 청소해내지 못했음을 의미합니다. 비폭력을 구현한다는 것은, 여러분 속에 비폭력의 힘을 느끼는 것, 달리 말한다면 혼의 힘으로 알려진 것을 느끼는 것, 간단히 말해 신을 아는 것을 의미합니다. 신을 알아 버린 사람은 분노나 공포를 야기하는 원인이 아무리 강력하다고 해도 자신 속에 그것들을 느끼거나 품을 수 없을 것입니다.

쿠다이 키드마트가르들과의 대담 I,
《평화를 위한 순례》, 57~59면 ; 《전집》 74 : 155

273) 비폭력 조직

락키, 〔*1938. 10. 27*〕

비폭력 조직이 기초로 삼고 있는 원리들은 폭력 조직에서 통용되는 원리와는 다른 것 그리고 정반대의 것입니다. 예를 들면, 정식 군대에서는 장교와 사병 사이에 명백한 구별이 있습니다. 사병은 장교에 비하면 하위이고 열등합니다. 비폭력 군대에서 장군은 우두머리 하인, 즉 동등한 자들 사이의 첫째일 뿐입니다. 그는 병졸들에 비해서 특권이나 우월성을 아무것도 주장하지 않습니다. 여러분은 기꺼이 칸 사헤브에게 바드샤흐 칸(Badshah Khan)[108]이란 칭호를 주었습니다. 그러나 만일 그가 자신의 마음속 깊은 곳에서 보통의 장군처럼 행동할 수 있다고 실제로 믿기 시작했다면, 그것은 그의 몰락을 초래하고 그의 힘에 종지부를 찍게 될 것입니다. 그는 가장 진실하고 선두에 선 쿠다이 키드마트가르[109]라는 의미에서만, 그리고 봉사의 양과 질에서 다른 모든 쿠다이 키드마트가르들을 능가한다는 의미에서만 바드샤흐입니다.

---

108 〔역주〕 파슈토어로 직역하면 '왕들의 왕'이란 뜻이다.

109 〔역주〕 파슈토어로 직역하면 '신의 종'이란 뜻이다. 간디의 사탸그라하 개념에 근거해서 창설되었다.

군대 조직과 평화적 조직 사이의 두 번째 차이점은, 전자에는 병졸이 장군과 장교를 선택함에 있어서 아무 역할을 할 수 없다는 데 있습니다. 이들은 그들 위에 주어지고, 그들에게 무제한의 힘을 행사합니다. 비폭력 군대에서는 장군과 장교는 선출됩니다. 또는 장군과 장교의 권위가 도덕적인 권위이면서 병졸들의 자발적인 복종에만 의존하고 있으므로 그들은 선출된 것과 진배없습니다.

이상은 비폭력 군대와 군인들 사이의 내부적 관계에 대해서 말한 것입니다. 외부 세계와의 관계에 대해서도 이들 두 종류의 조직 사이에는 동일한 차이점이 보입니다. 방금 우리는 이 방 밖에 모여든 엄청난 수의 군중들을 처리해야 했습니다. 여러분은 물리력이 아니라 설득과 애정 있는 논의를 통해서 그들을 해산시키려 했습니다. 그리고 우리의 시도가 끝내 실패하자, 우리는 물러나서 방문을 닫고 이 방안에 은신함으로써 실패에 대한 위안을 구했습니다. 군사훈련은 도덕적 압력에 대해서 아무것도 모릅니다.

다시 한 걸음 나가 보겠습니다. 여기 외부에 몰려든 사람들은 쿠다이 키드마트가르들은 아니지만 모두 우리의 친구입니다. 그들은 우리가 말하려는 것을 간절히 듣고 싶어합니다. 그들의 무질서조차도 사랑의 표시입니다. 하지만 다른 장소에서는 우리에게 호의적이지 않은 사람들, 심지어 호전적이기조차 한 사람들이 있을 수도 있습니다. 무장 조직에서는 그런 사람들을 다루기 위해서 인정된 유일한 방식은 그들을 몰아내는 것입니다. 여기서는 당신이 대적 또는 그 누구라도 그를 생각에서조차 원수로 간주하는 것은, 비폭력의 언어, 즉 사랑의 언어로 하자면 죄입니다. 비폭력 신봉자라면 복수는 아예 하지도 않고 자신이 대적의 심정 변화를 초래할 수 있도록 신에게 기도할 것입니다. 그리고 그런 일이 일어나지 않는다면,

그는 대적이 가하는 일체의 위해를 감내할 각오를 하게 될 것입니다. 그것도 비겁이나 무력감에서가 아니라 얼굴에 미소를 띠면서 용감하게 말입니다. 나는 "진실하고 완전한 비폭력은 가장 냉혹한 심정들도 녹일 것이다"라는 옛말을 무조건 믿고 있습니다.

그는 남아프리카에서 파탄인 공격자였던 미르 아람 칸이 결국 어떻게 회개하고 친절하게 되었는가를 사례로 들어서 자신의 말을 예시했다.

내가 만일 보복을 했다면 이런 일은 일어나지 않을 수 있었을 것입니다. 여러분이 내 행위를 개심(改心)시키는 과정이라고 기술한다면 그것은 적절하다고 할 수 있습니다. 여러분이 내심 적을 사랑으로 개심시킬 충동을 느끼지 않는다면, 여러분은 차라리 되돌아가는 편이 낫습니다. 비폭력이라는 일은 여러분에게 맞지 않습니다.

여러분은 "도둑과 강도, 그리고 무력한 여자를 겁탈하는 자는 어떻게 해야 합니까?" 하고 물었습니다. 그들에 대해서도 쿠다이 키드마트가르는 비폭력을 유지해야 합니까? 내 대답은 단호하게 "그렇다"입니다. 처벌은 오류 없는 재판관이신 신의 몫입니다. 처벌은 '연약한 판단'을 지닌 인간의 일이 아닙니다. 폭력의 포기가 악행에 직면하여 생기는 무감각이나 무력함을 의미해서는 안 됩니다. 우리의 비폭력이 진정한 것이고 사랑에 뿌리를 내리고 있다면, 그것은 악행에 대해서 폭력의 사용보다 더 효과적인 치유책을 제공해 주어야 합니다. 나는 여러분이 강도들을 찾아내어 그들의 삶 안에 있는 과오를 지적해 주기를 기대하고, 그런 일을 함에 있어서 죽을 만큼 용감하기를 분명히 기대합니다.

쿠다이 키드마트가르들에게 한 연설,
〈하리잔〉, 1938.11.19 ; 《전집》 74 : 218

274) 일상 행위에서의 비폭력

쿠다이 키드마트가르들이 무엇이든 또는 궁극적으로 무엇이 되든, 바드샤흐 칸이라고 즐겨 부르는 그들의 지도자가 어떤 인물인지에 대해서 우리 마음에 추호의 의심도 있을 수 없다. 그는 틀림없이 신의 사람이다. 그는 신의 생생한 현존을 믿으며, 그의 운동이 오로지 신이 원하실 때만 흥(興)할 것임을 안다. 자신의 혼 전체를 대의명분에 바쳤으므로 주변에 일어나는 일에 대해서 무심하다. 바드샤흐 칸은 파탄인들이 비폭력을 철저히 수용하지 않는다면 어떤 구원도 없을 것이라는 사실을, 그 자신이 자각만 하더라도 충분하다고 여겼다. 그는 파탄인들이 훌륭한 전사라는 사실을 자랑스러워하지 않는다. 그는 그들의 용감성을 높이 평가하면서도, 그들이 과찬 때문에 우쭐거리게 되었다고 생각한다. 그는 자신의 파탄인들이 사회의 깡패가 되기를 원치 않는다. 그는 파탄인들이 착취당했고 무지에 빠져 있었다고 믿는다. 그는 파탄인들이 자신보다 더 용감하기를 원하고, 그들이 자신들의 용기에 진정한 지식을 보태기를 원한다. 이것은 비폭력을 통해서만 얻어질 수 있다고 그는 생각한다.

그리고 칸 사헤브는 나의 비폭력을 믿고 있었으므로, 내가 쿠다이 키드마트가르들 사이에 가능한 한 오래 머물기를 원했다. 누가 나를 유혹하지 않아도 나는 그들에게 갈 수 있었다. 나 자신이 그들과 알고 지내기를 간절히 원했기 때문이다. 나는 그들의 심정에 도달하기를 원했다. 내가 지금 그들의 심정에 도달했는지는 모르지만 나는 여하튼 그런 시도를 해보았다.

그런데 내가 어떻게 내 과업에 접근했는지, 그리고 무엇을 했는지를 기술하기 전에, 나는 주인이신 칸 사헤브에 대해서 한마디 해야 하겠다. 여행 전체를 통해서 그가 보여준 배려는 여건이 허락하는 한도 내에서 나를 최대한 편하게 해 주었다. 그는 나에게 부족이나 불편을 주지 않으려고 온갖 수고를 아끼지 않았다. 그는 내가 원하는 모든 것을 예상하고 있었다. 그리고 그가 한 일에 대해서 아무 야단법석도 떨지 않았다. 그것은 그에게 너무나 자연스러웠으며, 이 모든 것이 심정 속에서 우러나왔다. 그에게는 어떤 기만도 없다. 그는 가식에 지극히 낯선 자이다. 따라서 그의 시선은 결코 남을 당혹하게 만들지 않고, 결코 강요하지도 않는다. 그래서 우리가 탁실라에서 이별했을 때 우리의 눈은 눈물로 젖어 버렸다. 이별은 어려웠다. 그리고 우리는 아마 이듬해 3월에는 다시 만날 수 있으리라고 희망하며 헤어졌다. 변경지역은 나에게 빈번한 순례지로 남아 있어야 한다. 나머지 인도가 진실한 비폭력을 보이는 데 실패한다고 해도, 변경지역은 불의 시련의 통과를 바랄 수 있는 좋은 근거가 있는 것처럼 보이기 때문이다. 이유는 간단하다. 바드샤흐 칸이 적어도 10만 이상에 달한다는 추종자들로부터 자발적인 순종을 받고 있기 때문이다. 그들은 그의 입안의 혀이므로, 그가 한 말은 즉각 수행된다. 그가 온갖 숭앙을 받고 있음에도 불구하고, 쿠다이 키드마트가르들이 건설적 비폭력 시험을 통과할지는 이제 두고 보아야 한다.

피아렐랄이 변경지역을 여행한 것에 대해서 충실하게 기록하고 있지만, 나는 여러 군데에서 반복할 위험이 있음에도 불구하고 지금껏 일어난 것을 내 자신의 방식대로 요약해야 하겠다.

칸 사헤브와 나는 내가 여러 센터에 있는 쿠다이 키드마트가르들 전체를 대상으로 연설하는 대신 지도자들에게 한정해야 하겠다는 결론에 우선 도달했다. 이것으로 나는 내 에너지를 절약할 것이고 가장 현명하게 사용할 것이다. 그리고 결과적으로도 그랬다. 5주 동안 우리는 모든 센터를 방문했고, 대담은 각 센터에서 한 시간 또는 그 이상 지속되었다. 나는 칸 사헤브가 매우 유능하며 성실한 번역자임을 알았다. 그리고 그는 내가 말하는 바를 믿었으므로, 동원할 수 있는 모든 힘을 그 번역에 쏟아부었다. 그는 타고난 연설가이고, 그의 말은 위엄과 효과가 있었다.

그들이 종전에 보유하고 능숙하게 사용해왔던 힘보다 무한히 우월한 힘을 비폭력 덕분에 소유하게 되었다고 느끼지 않는다면, 그들은 비폭력과의 관계를 완전히 청산해야 하고, 이전에 소유했던 무기를 다시 들고 나와야 할 것이라는 경고를 나는 모든 집회에서 되풀이했다. 한때 그토록 용맹스러웠던 쿠다이 키드마트가르들이 칸 사헤브의 영향하에서 겁쟁이가 되어 버렸다거나 겁쟁이로 만들어졌다는 말을 들어서는 절대 안 된다. 그들의 용맹은 사수(射手)가 되는 데 있는 것이 아니라, 죽음을 거부하고 총알 앞에 자신들의 맨가슴을 드러내는 데 있다. 그들은 자신들의 용맹을 손상 없이 간직해야 하고, 기회가 있을 때마다 그것을 보여줄 각오가 되어 있어야 한다. 진실로 용감한 자들 사이에서는 그런 사례들은 찾지 않아도 자주 일어난다.

이런 비폭력은 단순히 수동적인 자질이 아니라, 신이 인간에게 품수(稟受)했던 것 중 가장 강력한 힘이었다. 비폭력의 소유는 인간을 짐승으로부터 실제로 분별해냈다. 그것은 모든 인간에게 내재해 있지만 대부분의 사람들에게는 잠자고 있다. 아마 '비폭력'이란 단어는 아힘사의 불충분한 번역어일 것이고, 아힘사 자체도 그것이 전달하고자 하는 모든 함의를 충분히 반영한 것은 아니었을 것이다. 보다 나은 번역은 사랑이나 선의(*goodwill*)일 것이다. 폭력은 선의로 맞서야 할 것이었다. 그리고 선의는 그것에 대항하는 악의(*ill will*)가 있을 경우에만 작용했다. 선한 사람에게 선하게 대하는 것은 등가교환이다. 1루피에 1루피로 대하는 것은 1루피의 가치에 아무 지표가 되지 못한다. 1안나[110]에 1루피로 대한다면 그 1루피는 지침이 될 수 있다. 마찬가지로 선의의 사람은 자신을 악의의 사람과 대면시켰을 때에만 알려진다.

이와 같은 비폭력 혹은 선의는 영국인들에 대해서 실천되어야 할 뿐만 아니라 우리 자신들 사이에서도 완전한 역할을 해야 한다. 영국인들에 대한 비폭력은 필요에서 나오는 덕일 수도 있고, 걸핏하면 비겁함 혹은 단순한 약함에 대한 위장이 될 수도 있다. 그것은 흔히 그러하듯이 단순한 편리일 수도 있다. 하지만 우리가 폭력과 비폭력 중 같은 조건에서 택일해야 할 경우 그 선택은 편리일 수 없다. 그런 사례들은 가족관계에서, 우리 자신들 사이의 사회 정치적 관계에서, 그리고 같은 종교의 경쟁적 분파 사이에서뿐만 아니라 다른 종교에 속하는 사람들 사이에서도 발생한다. 우리가 만일 이웃에게 그리고 우리와 동등한 자들에게 관대하지 않으면 영국인들에게도 진실로 관대할 수 없다. 우리가 만일 선의를 어느 정도라도 갖고 있다면 그것은 거의 매일 시험당할 것이다. 그러나 우리가 선의를 능동적으로 행사한다면, 습관적으로 그것을 보다 넓은 영역에서 사용하게 될 것이며, 마침내 그것이 우리의 제 2의 천성(*second nature*)이 될 것이다.

칸 사헤브가 그들을 위해서 작명해 주었던 바로 그 이름은, 그들이 인류를 해치려는 것이 아니라 봉사하려고 한다는 점을 보여주었다. 왜냐하면 신은 사람의 봉사를 받아들이시지도 않고 필요로 하시지도 않기 때문이다. 신은 자신의 피조물에게 봉사하시면서도 보상으로 자신에 대한 어떤 봉사도 요구하시지 않는다. 그분은 다른 많은 일에서와 마찬가지로 이 일에서도 특별하셨다. 따라서 신의 종(從)들은

110 〔역주〕 1/16루피.

신의 피조물에게 베푼 봉사로 알려져야 했다.

따라서 쿠다이 키드마트가르들의 비폭력은 일상적인 행위에서 나타나야 했다. 그들이 신구의에 있어서 비폭력일 경우에만 비폭력은 나타날 수 있었다.

일상사에서 폭력의 사용에 의존하는 사람들조차도 군사훈련을 받아야 하듯이, 신의 종은 정규 훈련을 통과해야 한다. 이 훈련은 1920년 특별 국민회의의 기초 결의안에서 제시되었고 때때로 확대되었다. 훈련은 내가 알기로는 한 번도 완화된 적이 없었다. 활발한 선의의 발휘는 집단 간의 일치, 힌두교도에 의한 불가촉천민제도의 폐지, 가내 수공업품 카디(수직의 천)의 사용—수백만 사람들과의 일치를 보여주는 분명한 상징—그리고 술과 마약 금지를 통해서 검증되어야 했다. 이 사중(四重) 계획은 정화의 과정으로, 그리고 나라의 조직적 자유를 얻기 위한 확실한 방법으로 불렸다. 그런데 국민회의와 이 나라는 그 프로그램을 오직 건성으로 실시했을 뿐이다. 그래서 비폭력에 대한 살아 있는 신앙의 결핍 또는 비폭력의 상시 실천을 위해서 고안된 방법에 대한 신앙 결핍, 또는 양자 모두에 대한 신앙 결핍을 드러냈다. 그러나 쿠다이 키드마트가르들은 비폭력에 대해서 살아 있는 신앙을 가지고 있다는 기대와 신뢰를 받았다. 그래서 그들은 국민회의의 건설적 자기정화의 프로그램 전체를 끝까지 따를 것이라는 기대를 받았다. 나는 거기에다 마을 위생, 위생법, 그리고 마을을 위한 간단한 의료 처치를 추가했다. 쿠다이 키드마트가르들은 일을 통해서 알려질 것이다. 그들이 마을에 거주한다면 그들은 반드시 마을을 조금이라도 청결하게 할 것이고, 간단한 질병에 걸린 촌민들에게 꼭 도움을 줄 것이다. 병원 등은 부자들의 장난감이고, 주로 도시 거주자들만 이용 가능하다. 나라 전체에 무료 진료소를 설립하려는 노력이 분명히 진행되고 있다. 하지만 경비는 엄두도 낼 수 없다. 반면에 쿠다이 키드마트가르들은 짧지만 내실 있는 훈련을 통해서 마을에서 발생하는 질병 대부분을 쉽게 치료할 수 있을 것이다.

나는 쿠다이 키드마트가르들의 지도자들에게 시민불복종은 결코 비폭력의 출발점이 아니라 종착역이었다고 말해 주었다. 하지만 나는 1918년 이 나라의 잘못된 곳에서 출발했다. 나는 시민불복종이 몹시 필요했다. 비폭력 기술 전문가라고 자처하는 나는 가던 길을 언제 그리고 어떻게 후퇴해야 할지를 알았기 때문에, 우리나라는 아무 해도 입지 않았다. 파트나에서 시민불복종운동의 중지는 그 기술의 일환이었다. 나는 과거에 그랬던 것과 마찬가지로 1920년의 건설적 프로그램을 충분히 신뢰했다. 나는 그 프로그램의 적절한 완수 없이 **푸르나** 스와라즈(완전한 자치)라는 말로 시민불복종 캠페인을 지도할 수가 없었다. 시민불복종의 권리(*the right to civil disobedience*)는 자신이나 다른 사람들이 제정한 법률에 대한 자발적인 복종의 의무(*the duty of voluntary obedience to laws*)를 알아서 수행하는 자들에게만 귀속된다. 복종은 위반의 결과에 대한 공포에서 나와서는 안 된다. 단순히 기계적으로가 아니라 우리의 전심(全心)을 다해서 복종하는 것이 의무이기 때문이다. 이런 예비 조건의 충족 없이는 시민불복종은 이름으로만 '시민'의 것이며 약자의 것이지 절대 강자의 것은 아니다. 그것은 선의 곧 비폭력으로 충전되어 있지 않다. 쿠타이 키드마트가르들은 다른 지역에서 수천 명의 사람이 그랬듯이, 시민불복종의 기간 동안 고통을 통해서 자신들의 용감성을 아주 선명한 모습으로 보여주었다. 하지만 그것이 심정에 있는 선의의 적극적인 증거는 되지 못했다. 만일 파탄인이 겉보기에만 비폭력적이라면 그것은 그 사람의 타락이 될 것이다. 그가 연약함의 잘못을 범해서는 안 되기 때문이다.

쿠다이 키드마트가르들은 내가 말한 내용 전체를 넋을 잃고 열심히 들었다. 비폭력에 대한 그들의 신앙은 아직 칸 사헤브로부터 독립적이지 못하다. 그들은 그로부터 그 신앙을 얻어온다. 그렇지만 그들이 자신들의 심정을 독차지하고 있는 지도자에 대해서 불문(不問)의 신앙을 갖고 있는 한, 그 신앙은 살아 있다. 그리고 칸 사헤브의 신앙은 입술로만 하는 고백이 아니다. 그의 온 마음이 신앙 안에 있다. 내가 지난 귀중한 5주간을 그와 함께 보냈듯이, 의심 있는 자는 모두 그와 함께 시간을 보내도록 하자. 그러면 그들의 의심은 아침 햇살 앞의 안개처럼 사라지고 말 것이다.

이번 여행의 마지막 며칠 동안 나는 잘 알려진 파탄인 한 사람을 만났는데 그는 전체 여행에 대한 자신의 감동을 다음과 같이 표현했다.

> 나는 당신이 하고 계신 일을 좋아합니다. 당신은 매우 영리하십니다(나는 그 영리함(*cunning*)이란 단어가 적절한지의 여부는 잘 모릅니다). 당신은 내 백성들을 그전보다 더욱 용감하게 만들고 있습니다. 당신은 그들이 기운을 아껴야 한다는 점을 가르쳐 줍니다. 물론 어느 지점까지 비폭력인 것은 좋은 일입니다. 당신의 가르침 아래에서 그들은 그럴 것입니다. 히틀러는 실제로 폭력을 사용하지 않고 폭력적인 결과를 얻는 기술을 완성했습니다. 하지만 당신은 히틀러조차 능가했습니다. 당신은 비폭력, 즉 죽이지 않고 죽어가는 일에 대해서 우리 민중을 훈련시키고 있습니다. 그래서 그들은 전에는 폭력을 결코 사용하지 못했지만, 폭력을 사용할 기회가 있다면 이제는 사용할 것이고, 분명히 어느 누구보다도 더 효과적으로 사용할 것입니다. 당신에게 축하를 보냅니다.

나는 침묵했다. 그의 망상을 없애기 위해서 답장을 쓰고 싶은 마음이 전혀 없었다. 나는 미소를 지었고 우울해지고 말았다. 나는 파탄인들이 나의 가르침 덕분에 전에 없이 용감해질 것이라는 칭찬을 좋아한다. 나는 나의 영향 아래에서 어떤 사람이 겁쟁이가 된 단 하나의 사례에 대해서도 아는 바가 없다. 하지만 이 친구의 결론은 치명적이었다. 만일 쿠다이 키드마트가르들이 최후의 접전에서 그들이 믿는다고 고백하는 강령에 진실하지 못한 것이 증명된다면, 비폭력이 그들의 심정에 없었음이 분명하다. 그 증명은 곧 올 것이다. 그들이 만일 그 건설적 프로그램을 열심히 그리고 충실하게 실행한다면, 비판자들의 예언을 완성할 위험은 전혀 없다. 오히려 시험이 닥쳐오면 그들은 가장 용감한 자들의 무리에 포함될 것이다.

델리와 와르다 간의 기차 안에서

1938. 11. 11

쿠다이 키드마트가르들과 바드샤흐 칸,
〈하리잔〉, 1938.11.19 ; 《전집》 74 : 287

275) 비폭력과 보복하지 않기

만세흐라, 〔*1938. 11. 8*〕

사회가 비폭력 노선을 따라서 조직되거나 움직일 수 없다고 말하는 것이 오늘날에는 하나의 유행처럼 되어 있습니다. 나는 바로 그 점을 문제 삼고 싶습니다. 아버지가 비행을 저지르는 자식의 뺨을 때릴 때, 자식은 이에 대해서 보복하려 하지 않습니다. 그가 부친에게 순종하는 이유는 그 처벌의 억제력 때문이 아니라, 그가 부친의 행위 배후에 있다고 느끼는 상처받은 사랑(*offended love*) 때문입니다. 내 견해로는 그것이 사회가 통치되는 방식, 혹은 통치되어야 하는 방식의 본보기입니다. 가족에 진실인 것은 커다란 가족과 다름없는 사회에도 진실이어야 합니다. 적과 친구라는 투쟁하는 두 집단으로 세상을 나누는 것은 인간 상상력의 산물입니다. 결국 충돌 한가운데서도 움직이면서 세상을 유지하는 것은 사랑의 힘입니다.

나는 여기에서 홍의(紅衣, *the Red Shirts*)[111]는 명목상으로만 홍의라는 말을 들었습니다. 그 비난은 근거 없는 것이기를 바랍니다. 나는 칸 사헤브가 쿠다이 키드마트가르들의 운동에 바람직하지 못한 이기적인 요소가 침투해온 일에 대해서 마음 깊이 불편해 한다는 것을 압니다. 사람들의 수가 증가한다고 해도 그들이 고백하고 있는 강령의 진정한 주창자가 아니라면, 그 증가는 그 운동에 힘을 보태기보다는 오히려 약화시킬 뿐이라는 그의 느낌에 공감합니다.

홍의운동은 오늘날 전인도 심지어 외국의 주목을 받고 있습니다. 하지만 그것이 성취한 것은 성취해야 할 것 중의 극히 일부일 뿐입니다. 나는 쿠다이 키드마트가르들이 준 확언, 즉 그들이 비폭력 원리를 이해하고 완벽하게 실천하기를 몹시 원하고 있다는 확언에 전적으로 공감합니다. 그들 앞에 여전히 가늠해야 할 엄청난 고지들이 있습니다. 내가 그들 앞에 제시했던 건설적 비폭력 프로그램은 출발만 잘된다면 자동적으로 움직일 것입니다. 그 프로그램의 실행 역시 쿠다이 키드마트가르들의 진지성과 성실성의 분명한 검증 수단이 될 것입니다.

쿠다이 키드마트가르들에게 준 말씀,
〈하리잔〉, 1938. 12. 3 ; 《전집》 74 : 273

276) 비폭력은 말로 가르칠 수 없다 〔*1938. 11. 8*〕

여러분의 말씀에 감사드립니다. 여러분은 연설 중에 '지상에서 가장 위대한 사람'을 여러분 가운데에 가진 사실에 대해서 기뻐한다는 말씀을 했습니다. 여러분의 말씀을 들으면서 그 사람이 도대체 누구일까 하고 의아해 했습니다. 내가 그런 사람이 아님은 분명합니다.

---

111 〔역주〕 쿠다이 키드마트가르들이 입은 붉은 벽돌색 옷에서 나온 말이다.

나는 내 약점을 너무나 잘 알고 있습니다. 아테네의 위대한 입법자 솔론에 대한 유명한 얘기가 있습니다. 그는 당대 최고 부자로 이름 높은 사람인 크로이소스(Croesus)로부터 지상에서 가장 행복한 자가 누구인지 하는 질문을 받았습니다. 크로이소스는 솔론이 그 사람의 이름을 말해 줄 것을 즐거운 마음으로 바랬습니다. 하지만 솔론은 누구라도 죽은 다음이 아니라면 행복하다는 판결을 받을 수가 없으므로 아무 말도 해 줄 수 없다고 대답했습니다. 살아 있는 사람의 행복에 대해서 선언하기가 어렵다는 사실을 솔론이 알았다면, 사람의 위대함(*greatness*)에 대해서 판결하기란 더더욱 어렵지 않겠습니까? 이 세상의 진정한 위대함은 천박한 대중이 환히 볼 수 있도록 언덕 위에 내걸린 것이 아닙니다. 그와 반대로 나의 70년 경험에서 참으로 위대한 사람은, 살아 있는 동안에는 흔히 세상 사람들이 그와 그의 위대성에 대해서 아무것도 알지 못하는 사람임을 나는 배웠습니다. 오직 신만이 진정한 위대함의 재판관이십니다. 그분이 사람들의 심정을 아시기 때문입니다.…

아보타바드(Abbottabad)의 거주자뿐만 아니라 해·달·별조차도 나를 한번 보기를 열망했습니다! 선량하신 친구 여러분, 나는 여러분의 도시가 그 자체로 한 벌의 해·달·별을 가진 것으로 이해하고 싶습니다. 그것들이 와르다 또는 세가온 위에는 비추지 않지만 말입니다. 카티아와르에는 바트(*Bhat*)들로 알려진 계급의 사람들이 있는데, 이들은 직업적 시인으로 돈을 벌기 위해서 그들의 추장에 대한 칭송을 노래하는 것을 업으로 삼고 있습니다. 그런데 나는 여러분을 바트라고 부르지 않겠습니다. 농담은 그만두고, 나는 여러분이 여러분의 지도자들에 대한 과장 섞인 칭찬에 탐닉하고 있는데 그것이 잘못임을 깨닫기를 원합니다. 그것은 그들을 돕지 못하고 그들의 일도 돕지 못합니다. 나는 여러분이 찬양의 말을 당장 그만두었으면 좋겠습니다. 나이 일흔이 된 나로서는 신이 아직 나에게 남겨 주신 얼마 되지 않는 시간을 헛된 연극 같은 짓으로 조금씩 조금씩 허비하고 싶은 욕구가 전혀 없습니다. 내가 무언가 말을 해야 한다면, 그 말의 수용자에게 결점과 약점을 지적함으로써 그가 탐조등을 내면으로 돌려서 결점이나 약점을 제거할 수 있었으면 합니다.

나는 이 지역에 온 이래 쿠다이 키드마트가르들에게 비폭력의 원리에 대해서 일점일획이라도 줄이지 않고, 아무것도 감추지 않고, 손상 없는 완전한 모습을 설파하기 위해서 노력해왔습니다. 내가 비폭력 전체의 의미를 이해했다고 주장하지는 않습니다. 내가 깨달은 것은 위대한 전체 가운데 무가치한 작은 조각일 뿐입니다. 불완전한 인간은 비폭력의 전체 의미를 파악할 수도 없고 완벽하게 실천할 수도 없습니다. 그것은 오로지 으뜸가는 지고의 통치자 즉 신에게만 속하는 성질입니다. 하지만 나는 그것을 이해하고, 내 자신의 삶에서 실천하기 위해서 반세기 이상 지속적으로 노력해왔습니다. 쿠다이 키드마트가르들은 스스로 이해하는 범위 내이긴 하지만 비폭력의 실천에서 가장 빛나는 모범을 의심 없이 보여왔습니다. 그들은 비폭력으로 만인의 존경을 받았습니다. 하지만 그들은 이제 한 걸음 더 나아가야 합니다. 비폭력에 대한 그들의 개념은 확장되어야 하고, 최후의 결전에서 승리하자면 특히 비폭력의 적극적인 면에서 그들의 실천은 보다 완전해지고 보다 강해져야 합니다. 비폭력은 단순한 무장 해제가 아닙니다. 그것은 약자의 무기도 불능자의 무기도 아닙니다. 라티(*lathi*)[112]를 휘두를 힘이 없는 어린아이는 비폭력을 실천하지 않습니다. 비폭력은 일체의 무기보다 더욱 강력한 것으로 세상에 존

112 〔역주〕 철을 입힌 대나무로 만든 경찰봉.

재하는 유일무이한 힘입니다. 그것이 폭력보다 무한히 강력한 무기임을 느끼지 못한 자는, 그 참된 본성을 이해하지 못합니다. 이런 비폭력은 입으로 하는 말을 통해서 '훈육될' 수 없습니다. 하지만 비폭력은 간절한 기도에 대한 응답으로 내려오는 신의 은총을 통해서 우리의 심정에서 타오를 수 있습니다.

오늘날 비폭력을 자신의 강령으로 받아들인 쿠다이 키드마트가르들이 10만 명에 달한다고 합니다. 하지만 그들에 앞서 이미 1920년 칸 사헤브는 비폭력에서 세상에서 가장 강력한 무기를 발견하게 되었고 그것을 선택했습니다. 그는 18년 동안 비폭력을 실천해 보았는데, 그 결과 그것에 대한 그의 신앙이 더욱 돈독해졌을 뿐입니다. 그는 이제 비폭력이 어떻게 자신의 사람들로 하여금 두려움을 느끼지 않도록 하고 강하게 만드는지를 보았습니다. 하찮은 직장이라도 그것을 잃을지도 모른다는 예상은 그들의 용기를 꺾곤 했습니다. 그런데 오늘날 그들은 스스로 달라졌다고 느낍니다. 나이 일흔에 오늘날 비폭력에 대한 나의 신앙은 그 어느 때보다 환하게 타오릅니다. 사람들은 나에게 "비폭력이라는 당신 프로그램이 이 나라에 등장한 지가 거의 20년이 되었습니다. 그런데 약속한 독립은 어디에 있습니까?"라고 묻습니다. 비록 수백만 사람들이 비폭력 강령에 대해서 고백했지만, 나는 오직 소수 사람들만이 그것을 실천했고, 그것도 거의 정책의 수준이었다고 답변합니다. 하지만 그럼에도 불구하고, 여태 거둔 결과는 충분히 인상적이어서 쿠다이 키드마트가르들에 대한 실험을 수행하라고 나를 고취합니다. 신이 원하신다면 그것은 성공할 것입니다.

공공집회에서의 연설, 아보타바드, 〈더 힌두〉,
1938.11.9 ; 〈하리잔〉, 1938.12.10 ; 《전집》 74 : 276

277) 비폭력 사회와 정부

로티언 경(Lord Lothian)은 다음과 같이 적고 있다.

> 나는 〈하리잔〉지 최신호들과 유럽의 위기에 대한 당신의 관찰 그리고 서북 변경에 대한 당신의 관찰을 매우 흥미롭게 읽어 보았습니다. 하지만 시간이 있었다면 당신과 세가온[113]에서 논의했어야 할 비폭력 문제의 일면이 하나 있습니다. 그 일면에 대해서 당신은 언급한 적이 거의 없거나 단 한 번도 없었습니다. 당신은 자신이 발전시킨 바로 그런 유형의 비폭력적 비협조가 전 세계를 파괴하려고 위협하고 있는 폭력에 대한 대답이라고 말하고 있습니다. 그와 같은 정신과 행위가 가져올 막대한 영향력에 대해서는 의심의 여지가 없습니다. 하지만 적과 친구 모두에 대해서 한결같이 사심 없는 사랑이라는 비폭력 정신이 그 자체를 성공적으로 표현하기 위해서는 자유주의적·민주주의적·입헌주의적 정부 형태(*liberal, democratic and constitutional form of government*)를 요구하는 것이 아닙니까? 사회는 법률과 정부 없이 존재할 수 없습니다. 국가들에 일치와 법률을 부여하고 국가 간의 무정부 상태를 종식시킬 입헌주의적 정부 체계를 국가들이 수용하지 않는 한, 국제평화는 존재할 수 없습니다. 미래 언젠가 신의 법률이 사람들의 '심정과 마음 위에 쓰여져' 그들 각자가 그 법률의 표현이 되고, 인간의 법률 혹은 인간의 정부가 전혀 소용이 없게 되는 날이 틀림없이 올 것입니다. 하지만 그것은 종말입니다. 저 천국 같은 목표를 향한 진보의 시작은, 우선 복수의 종족·종교·국가들이 하나

---

113 〔원주〕 로티언 경은 1938년 1월 18~20일에 세가온에 있었다. 〔역주〕 Philip Henry Kerr, 11th Marquess of Lothian(1882~1940): 로티언 후작. 영국 정치가, 외교관, 신문 편집인. 그는 간디를 존경하고 인도 문제에 대해서 동시대의 다른 영국인들에 비해서 보다 자유주의적인 입장을 취했다. 주미대사도 역임한 바 있다.

의 헌법 아래 자발적으로 통합되려는 형식을 취하게 될 것인데, 그 헌법을 통해서 서로 간의 일치와 회원 자격이 확립될 것이고, 그들이 지키고 살아야 할 법률은 공개적 논의 이후에 그리고 다수결의 형식에 따라서 공포될 것이며, 사람들이 그 법률에 자발적으로 복종하지 않을 때, 그리고 설득과 모범적 사례가 충분하지 않을 경우, 그 법률은 전쟁을 통해서가 아니라 경찰력을 통해서 집행되어야 할 것입니다. 건설적 비폭력 정신의 작용은 주권국가들(*sovereign nations*) 사이에서는 일정 형태의 연방으로 나가야 할 것입니다. 그때까지는 그 정신의 작용이 성공할 수 없을 것입니다. 비폭력 정신이 효과적으로 존재한다는 증거는 하나의 연방제도(*a federal system*)의 출현일 것입니다. 그러므로 유럽 문제에 대해서 유일하며 진실한 해결책은 유럽의 25개 민족들과 국가들이 하나의 민주적 헌법 아래에서 살아가는 연방입니다. 이 헌법에 근거하여 단일 정부가 출현할 것이고, 그 단일 정부는 유럽을 경쟁하고 상충하는 국가들의 집합으로 보는 것이 아니라, 자율적 부분들을 지닌 하나의 전체(*a simple whole*)로 보는 입장에서 유럽 문제를 바라볼 수 있고, 그 문제의 해결을 위해서 입법할 수 있을 것입니다. 이와 동일한 방식으로 인도 문제에 대한 유일한 해결책은 영국의 통제를 민주적 헌법(*democratic constitution*)으로 대체하는 일입니다. 유럽과 인도에 대해서 사실인 것은 결국 전 세계에 대해서 사실일 것이고, 그리고 그것이 전쟁을 종식시키는 유일하고도 최종적인 방법일 것입니다.

비폭력적 비협조는 한 국가로 하여금 민주적 연방 헌법을 받아들일 수 있게 하기 위해서 마음과 심정의 변화를 초래할 수 있는 최선의 방법, 아니 유일한 방법일 것입니다. 그러나 비폭력적 비협조의 성공이 보장되기 위해서는 민주적 연방의 성취가 꼭 필요할 것이고, 그것 없이는 비폭력적 비협조가 성공할 수 없습니다. 당신은 비폭력적 비협조가 그것 자체로 충분하다고 생각하는 것처럼 보이면서도, 비협조가 꼭 나아가야 할 목표가 인류·종족·종교·국가들을 통합하는 하나의 민주적 정부제도(*a democratic system of government*)라는 점을 선포하지는 않았습니다. 이 사실은 나에게 항상 흥밋거리일 뿐만 아니라 놀라운 일이기도 합니다. 물론 그러한 민주적 정부제도의 성취는 심정의 영적 변화의 결과로서만 가능할 것이며, 완력이나 폭력, 또는 얼버무림으로는 그 성취가 불가능할 것입니다.

이 편지가 비록 인도 헌법의 문제와도 일종의 관련이 있음은 분명합니다만, 내가 그것을 위한 간접적 논의로 이 편지를 쓰고 있는 것은 아닙니다. 인도 정부령(*the Government of India Act*)은 민주적 연방제 원리의 아주 불완전한 적용임이 분명하므로, 그 정부령이 반드시 신속하게 제정되어서 작용할 수 있어야 합니다. 정부령을 위해서 내가 늘 펴온 핵심적 논의는, 현 상황에서 그 정부령이 지역들, 주(州)들, 이슬람교도와 힌두교도를 통합시켜 함께 일하게 할 수 있는 유일한 헌법적 타협을 대표한다는 점, 그리고 그 정부령이 일반적으로 인정되는 것보다 훨씬 더 많은 진보의 씨앗을 간직하고 있다는 점이었습니다. 만일 당신의 영적 복음이 사람들을 계몽시킨다면, 그 정부령은 신속하고 용이하게 제정될 것입니다. 내 목표는 헌법적 문제에 대해서 당신의 견해를 이끌어내는 것이 아니라, 편지의 앞부분에 제시된 보다 더 큰 문제에 대한 대답을 들으려는 것입니다.

여기까지가 로티언 경이 쓴 편지 내용이다. 그 편지는 1월 상순에 받았는데, 다급했던 문제들 때문에 나는 그 안에 제기된 주요 질문들을 더 일찍 다룰 수가 없었다.

나는 비폭력에 의도적으로 기초한 사회 안에 있는 정부의 성격을 일부러 다루지 않았다. 각 사회는 비폭력에 의해서 유지되고 있는데, 이는 지구가 중력에 의해서 자신의 위치를 유지하는 것과 같다. 하지만 중력 법칙이 발견되자, 우리 선조들은 전혀 몰랐던 결과를 만들어냈다. 그와 마찬가지로 사회가 비폭력 법칙에 따라서 의도적으로 구성되면, 그 구조는 구체적인 점들에서 오늘날 사회와는 다를 것이다. 하지만 나는 비폭력에 전면적으로 기초한 정부가 어떤 모습이 될지를 미리 말할 수는 없다.

오늘날 비폭력 법칙은 무시되고, 폭력이 영원의 법칙과도 같이 왕위에 등극하고 있다. 그러므로 우리가 영국 · 미국 · 프랑스에 작용하고 있다고 보는 민주주의는 명목상 그렇게 불릴 따름이다. 그 세력들이 나치 독일, 파시스트 이탈리아 또는 심지어 소비에트 러시아에 못지않게 폭력에 기초해 있기 때문이다. 유일한 차이는 후자의 세 국가들의 폭력이 세 민주주의 국가들의 폭력에 비해서 훨씬 더 잘 조직되어 있다는 점이다. 그렇지만 우리는 군사력을 증강하면서 상대방을 능가하기 위해서 미친 듯이 질주하는 모습을 오늘날 목격하고 있다. 그리고 닥쳐올 수밖에 없는 충돌이 왔을 때 민주주의가 승리한다면, 그 이유는 민주주의 정부들이 자신들의 정부가 자신들의 목소리를 듣고 있다고 상상하는 민중(*peoples*)의 지지를 받을 것이고, 다른 세 나라의 경우 민중이 독재에 대항하여 반란을 일으킬 수도 있다는 점 때문이다.

나는 사람들이 국가적 차원에서 비폭력을 인정하지 않는다면, 입헌정부나 민주정부(*constitutional or democratic government*)와 같은 것은 존재하지 못할 것이라는 견해를 갖고 있으며, 나는 우리 삶—개인적 · 사회적 · 정치적 · 국가적 · 국제적 삶—의 법칙으로서 비폭력을 보급하는 데 힘을 바치고 있다. 나는 아주 희미하게나마 그 빛을 보았다고 생각한다. 나는 조심스럽게 이 글을 쓴다. 내가 그 법칙 전체를 안다고 공언할 수는 없기 때문이다. 내가 만일 내 실험의 성공을 안다면, 나의 실패 역시 알 수 있을 것이다. 하지만 성공은 내 마음을 죽지 않는 희망으로 채우기에 충분하다.

우리가 수단을 해결하면, 목적은 스스로 해결될 것이라고 나는 종종 말해왔다. 비폭력은 수단이고, 모든 국가의 목적은 완전 독립이다. 하나의 국제연맹이 존재하기 위해서는 그 연맹을 구성하는 크고 작은 모든 국가(*all nations*)는 반드시 완전 독립을 이뤄야 한다. 독립의 성격은 관련 당사국들이 흡수한 비폭력의 정도에 상응할 것이지만 한 가지는 분명하다. 비폭력에 기초한 사회에서는 가장 작은 국가가 가장 큰 국가로 느껴질 것이고, 우월감과 열등감은 완전히 사라질 것이다.

여기에서 인도 정부령은 단순한 임시변통책이고, 인도 국가 자체가 만든 법령에 양보해야 한다는 결론이 나온다. 각 지역의 자치는 정부령에 의해서 어느 정도 다룰 수 있다는 점이 판명되었다. 그러나 자치령의 작용에 대한 나의 경험은 결코 행복하지 못하다. 나는 국민회의 정부들(Congress Governments)이 비폭력적 시책을 통해서 민중을 장악하기를 기대했지만 그렇게 하지 못했다.

하지만 연방 구조(Federal Structure)는 다른 것들 사이에 아무리 느슨한 제휴(*partnership*)라고 해도 제휴를 구상하고 있으므로 나로서는 받아들일 수 없는 것이다. 개개의 주(州)가 서로 얼마나 다른가는 추한 모습으로 증명되고 있는데, 그것에 대해서 나는 전혀 대비가 없었다. 그래서 나는 인도 정부령이 구상하는 연방 구조가 절대 불가능한 것이라고 생각한다.

비폭력과 결혼한 나 같은 사람에게 비폭력이 단순한 정책으로서가 아니라 살아 있는 힘으로, 불가침의 강령으로 인정받지 못하는 한, 입헌정부나 민주정부는 먼 나라의 꿈이라는 결론에 도달하는 것은 어쩔 도리가 없다. 내가 보편적인 비폭력에 대해서 재잘거리는 동안, 나의 실험은 인도에 국한되어 있다. 그것이 만일 성공한다면, 세계는 별 노력 없이 그것을 수용할 것이다. 하지만 여기에 커다란 '그러나'

가 있다. 나는 일시중단에 대해서 염려하지 않는다. 내 신앙은 칠흑 같은 어둠 속에서 밝디 밝다.

비폭력의 작용, 〈하리잔〉, 1939.2.11 ; 《전집》 75 : 46

278) 비폭력과 자유

여행 중 만났던 파탄인 친구 한 사람이 폭력 행위에 대해서 언급하며 다음과 같이 말했다. "정부는 강력하므로 우리나라에서 어떤 방식으로 조직된 폭력이라고 해도 그것을 진압할 수 있습니다. 하지만 당신의 비폭력은 영리합니다. 당신은 우리나라에 놀라운 무기를 주었습니다. 이 세상의 어떤 정부도 비폭력을 진압할 수 없습니다." 나는 그 방문객의 놀라운 생각에 대해서 그를 칭찬해 주었다. 그는 단 한 문장으로 비폭력의 비길 데 없는 아름다움을 제시했다. 만일 인도나마 파탄인 친구가 아주 자연스럽고도 쉽게 발설한 한마디 말의 의미를 완전히 이해할 수 있다면, 인도는 어떤 연합 침략자들을 맞닥뜨리더라도 정복당하지 않을 것이다. 비폭력 훈련을 받은 민중은 십중팔구 어떤 침략도 받지 않을 것이다. 가장 약한 국가(*State*)라고 해도 그것이 비폭력 기술을 배운다면 침략에서 자유롭게 될 수 있을 것이다. 하지만 작은 국가가 아무리 중무장을 했다고 해도 잘 무장한 국가들의 강력한 연합 앞에서는 존속해갈 수 없다. 그것은 연합 구성원들의 하나에 의해서 흡수되든지 아니면 연합의 한 구성원의 보호 아래로 들어가야 한다. 내가 피아렐랄이 거주하고 있는 지역에서 마지막 여행을 하는 동안 그가 알려 준 내용에 따르면, 바드샤흐 칸이 다음과 같이 훌륭하게 말했다고 한다.

> 우리는 비폭력의 교훈을 배우지 않았다면 제대로 해내지 못했을 것이다. 우리는 그 교훈을 대단히 이기적으로 받아들였다. 우리는 타고난 투사들이고 우리 사이에서 싸움을 함으로써 우리 전통을 유지한다. 가정이나 부족 내에서 일단 살인이 일어나면, 그것에 대해서 복수하는 일에 명예가 달려 있다고 생각한다. 우리 사이에 용서라고 알려진 것은 일반적으로는 없다. 그래서 복수, 복수에 대한 복수, 그리고 그 복수에 대한 재복수가 있다. 그래서 악순환은 절대로 그치지 않는다. 비폭력은 적극적 구원으로 우리에게 왔다.

변경에 대해서 사실인 것은 우리 모두에게 사실이다. 우리는 그것을 모르고 폭력의 악순환을 되풀이한다. 조금만 반성하고 그 반성에 따라서 실천한다면 우리는 악순환에서 벗어날 수 있을 것이다.

독자는 내가 나르싱가르흐(Narsinghgarh)[114]의 데완(관리의 장)의 초청과 중앙인도주 대회 국무장관의 동의하에, 주에 대해서 제기된 어떤 주장들을 조사하도록 라즈쿠마리 암리트 카우르[115]를 파견했다는 사실을 알고 있다. 라즈쿠마리 일행은 그녀가 바라는 대로 조사할 수 있도록 일체의 편의를 주정부로부터 제공받았다. 슈리 칸하이얄랄 바이드야는 조사 동안 출석했다. 라즈쿠마리 일행의 조사는 주정부가 그녀에게 모든 편의를 제공했으므로 용이하게 진행되었다. 불평의 직접적 원인은 당사자들 모두가 만족할 수 있게끔 곧 처리되었다. 마하라자는 시민적 자유(*civil liberty*)에 대해서 조심스럽게 보증해 주었다. 이러한 주들의 민중은 지금까지는 시민적 자유와 그것이 의미하는 모든 것에 대해서 낯선 자들이었다. 나는 마하라자와 그의 고문들이 다음과 같은 사실을 기억하길 바란다. 즉 시민적 자유란 비폭력

114 〔역주〕 마드야프라데슈 주 소재 지명.

115 〔역주〕 암리트 카우르에 대해서는 2권 227번 글 참조.

과 일관된 완전한 자유(*the fullest liberty, consistent with non-violence*)를, 즉 민중이 원하는 것이면 뭐든지 말할 수 있고 쓸 수 있고 행동할 수 있는 자유를 의미한다는 점을 기억하길 바란다. 비록 그 자유가 주정부의 행위에 대한 강력한 비판을 의미한다고 해도 말이다. 그런데 그 마하라자는 슈리 바이드야에게 카디, 하리잔, 그리고 다른 건설적인 일을 할 수 있도록 완전한 허가를 주었다. 그 주는 이미 충분한 양의 면화를 재배하고 있었다. 이제 마하라자는 라즈쿠마리 일행에게 그 주 안에서 카디 일의 가능성을 모색하기 위해서 슈리 샹케를랄 방케르 또는 전인도 직조인협회(A. I. S. A)[116] 대표 한 사람을 주 정부에 파견해 달라고 요청했다. 그는 다른 촌락산업들과 기초교육에 대해서도 관심을 보였다.

그렇게 출발이 잘되었으니 중단 없이 계속되기를, 그리고 나르싱가르흐 사람들이 나날이 배로 증가하는 속도로 정치 · 경제 · 사회 · 도덕의 면에서 진보해가기를 바란다. 데완이 보내온 편지를 보면, 나는 최선의 결과를 기대할 충분한 이유를 발견할 수 있다. 많은 것이 전면적 진보에 대한 마하라자와 고문들의 호의에, 그리고 주정부가 부여한 자유를 행사하는 일꾼들의 자제심에 달려 있다. 나는 자신들 내부의 난관을 해결하기 위해서 국민회의의 도움을 요청한 일에 있어서(나의 도움은 실제로 국민회의의 도움이기 때문에) 마하라자와 데완이 보여준 지혜와 용기에 대해서 그들을 치하하지 않을 수 없다. 이런 사례는 이번이 아마 두 번째일 것이다.

와르다행 열차에서, 1939. 9. 28

메모, 〈하리잔〉, 1939. 10. 7 ; 《전집》 76 : 468

116 All-India Spinners' Association.

279) 비폭력과 공동선

와르다, *1939. 10. 26*

질문 당신이 창안한 비폭력을 신봉하는 자가 어떻게 장관이 될 수 있습니까?

간디지 그가 현 상황에서는 장관이 될 수 없을 것 같습니다. 우리는 자치 이전의 시절에 영국 정부가 폭력을 사용했듯이, 우리의 장관들이 폭력을 사용할 수밖에 없었다는 점을 보았습니다. 그것은 아마 불가피했을 것입니다. 국민회의 의원들이 진실로 비폭력적이었다면 무력은 사용되지 않았을 것입니다. 하지만 국민회의 다수파는 순수한 비폭력에 기초하지 않았습니다. 어떤 장관은 며칠 전, 그가 비록 비폭력을 조금도 포기하지 않았지만, 최소한의 발포 없이는 어떻게도 할 수 없었을 것이라고 말했습니다. 그는 폭력이 불가피했던 경우에만 그것을 사용했습니다. 그때 그는 그것을 말했을 수도 있었고, 내가 그 일을 거든다면 그는 그것을 다시 말하지 않을 것입니다. 왜냐하면 그가 그 문제를 다시 언급한다면, 그는 이 입장을 보다 분명하게 했을 것이고, 현저하게 비폭력적인 하원(*House*)을 대표했을 것이기 때문입니다. 다른 말로 한다면, 그가 비폭력의 토대에서 정부를 운영할 수 있도록 민중이 허락할 것을 확신할 때 그는 공직을 맡을 것입니다.

질문 하지만 비폭력적인 장관은 폭력을 최소 수준으로 제한할 것이지만, 비폭력을 신봉하지 않는 사람은 그렇게 제한하지 않을 것이 아니겠습니까?

간디지 그런 믿음은 미망입니다. 오늘날 폭력을 사용하고 있는 모든 사람들은 같은 주장을 합니다. 히틀러 역시 같은 말을 할 것입니다.

다이어 장군은 그의 목표가 폭도들의 폭력 확산을 방지하는 것이라고 말했기에 영국 상원은 환호성을 올리며 그를 당대의 영웅이라고 선언했습니다.[117] 소비에트 러시아는 자신의 폭력이 폭력 없는 질서의 확립을 위한 이행 단계라고 믿고 있습니다. 우리의 신념과 실천의 현 상태에서는, 봉사회 회원 한 사람 한 사람의 성장을 방해하지 않는 방향으로 봉사회를 해산하는 편이 더 나을 것입니다.

키쇼렐랄 마슈루왈라 하지만 우리가 회원의 자격을 건설적인 사업에 참여하는 자들에게 제한해도 좋다는 제안이 나오고 있습니다.

간디지 그 제안은 좋습니다. 우리는 아마 봉사회를 그와 같은 단체로 만들 수 있고, 그다음 우리 각자가 개인 역량 아래 우리가 할 수 있는 만큼 자신을 정화하려고 노력할 수 있을 것입니다. 비폭력은 자기정화 없이는 불가능하기 때문입니다. 그러니 우리 모두 자기정화협회 회원이 됩시다. 하지만 그런 목적을 위해서 협회가 필요한 것은 아닙니다.

---

117 〔역주〕 암리차르 대학살(Massacre of Amritsar): 영국 군대가 인도인 시위 군중에게 총격을 가해 수많은 사상자를 낸 사건(1919. 4. 13). 이 사건은 인도와 영국의 사이를 결정적으로 벌려 놓았으며 마하트마 간디의 불복종운동(1920~22)의 시발점이 되었다. 1919년 인도의 영국 식민지 정부는 제1차 세계대전 당시 비상대권을 질서파괴 행위들에 확대 적용할 것을 골자로 한 롤래트 법을 제정했다. 이 조치에 항의하여 펀자브 주의 암리차르에서 약 1만 명에 달하는 시위대들이 영국군 준장 레지널드 E. H. 다이어가 지휘하는 군대와 충돌했다. 시위 장소는 잘리안왈라 바그로 알려진 광장이었는데 이곳에는 출구가 1개뿐이었다. 한 공식 보고서에 따르면 이 군중들에 대한 군대의 발포로 379명이 사망하고 약 1천2백 명이 부상당했다고 한다. 게다가 이 발포사건은 계엄령 선포로 이어졌고 공개태형을 비롯한 여타 모욕적 행위들이 가해졌다. 헌터위원회는 다이어 장군에게 유죄판결을 내렸으나(1920) 상원은 그의 행동을 치하하고 그를 예우하여 연금을 올려 주었다. 간디는 상원의 그런 행위를 비난하고 있다. 《브리태니커 CD EX 백과사전》(한국브리태니커, 2002) 참조.

난관과 문제들이 생기면 우리 각자가 나름의 방식대로 그것들에 직면하도록 노력해 보고, 우리가 얼마나 멀리 전진할 수 있는지 알아보도록 합시다. 2년 전 나는 후들리에서 여러분에게 선거에서의 지지와 입법기관에 가장 좋은 사람들을 보내줄 것을 요청한 바 있습니다.[118] 나는 그 당시의 분위기에서 충고를 주었습니다. 나는 여러분에게 오늘 그런 충고를 드릴 수는 없습니다. 여러분이 용감한 자의 비폭력을 믿는 만큼, 내가 1934년 국민회의에서 은퇴했듯이 여러분도 꼭 그렇게 해야 할 때가 올 수 있을 것입니다.

키쇼렐랄 마슈루왈라 우리가 알다시피 군중들은 분노, 증오 그리고 악의에 아주 쉽게 현혹될 수 있는데 당신은 그들이 비폭력을 실천할 수 있다고 생각합니까? 그들은 아주 사소한 일에도 싸운다고 합니다.

간디지 사실 그렇습니다. 하지만 나는 그들이 공동선을 위해서 비폭력을 실천할 수 있을 것이라고 생각합니다. 여러분은 금제품(禁制品)인 소금을 채취한 수천의 여성이 누군가에 대해서 악의를 품었다고 생각합니까? 그들은 국민회의 또는 간디가 그들에게 특별한 일을 하기를 요청했음을 알고 있었고, 신앙과 희망 속에서 그런 일을 했습니다. 내 마음에 비폭력의 가장 완벽한 현시는 참파란에서 있었습니다. 농업 분야의 악에 저항하여 분기했던 수천 명의 료트(*ryot*: 농민)는 주정부 혹은 농장주에 대해서 아주 작은 악의라도 품었습니까? 비폭력에 대한 그들의 신념은 이지적인 것이 아니었는데, 이는 많은 사람에게 지구가 둥글다는 신념이 이지적인 아닌 것과 같습니다. 하지만 지도자들에 대한 그들의 신념은 순수했고, 그것으로 충분했습

118 〔역주〕 1937년 4월. 《전집》 권 77, 46면.

니다. 지도했던 사람들에게 비폭력은 다른 일입니다. 그들의 신념은 꼭 이지적이어야(*intelligent*) 합니다. 그리고 그들은 신념이 갖고 있는 모든 의미에 따라서 살아야 합니다.

키쇼렐랄 마슈루왈라 온 세상의 대중이 그런 것이 아닙니까?

간디지 그렇지 않습니다. 다른 사람들은 비폭력의 배경이 없기 때문입니다.

키쇼렐랄 마슈루왈라 그러나 만일 비폭력이 우리 대중 속에 뿌리를 내리고 있었다면, 그들이 어떻게 이와 같은 노예 상태에 이르게 되었습니까?

간디지 나는 바로 거기에서 스스로 자부심을 느끼고 있으며, 이것은 곧 나 자신의 공로가 됩니다. 나는 약자의 비폭력이 용감한 사람의 비폭력이 되기를 원합니다. 그것이 꿈일 수 있습니다만 나는 그 실현을 위해서 노력해야 합니다.

간디봉사회의 집행위원들과의 대담 II,
〈하리잔〉 1949. 11. 4 ; 《전집》 77 : 57

280) 비폭력, 굴욕, 무정부

〔*1940. 2. 19* 또는 이전〕119

질문 우세한 야만적 힘에 맞서서 사람이 무력함을 느끼는 경우, 악행을 범하는 것을 방지할 정도의 힘을 사용하는 일은 정당화되지 않겠습니까?

---

119 아미야 차크라바르티(Amiya Chakravarty) 박사가 이끄는 수 명의 퀘이커 친우들이 포함되어 있는 일단의 평화주의자들이 샨티니케탄에서 간디를 만났다.

답변 그렇습니다. 하지만 여러분에게 참된 비폭력이 있다면 무력감을 느낄 필요가 없습니다. 폭력의 출현 앞에 무력감을 느끼는 일은 비폭력이 아니라 비겁입니다. 비폭력은 비겁과 혼동되어서는 안 됩니다.

질문 어떤 사람이 당신에게 모욕(*insult*)을 퍼붓는다면 당신은 이런 식으로 굴욕을 당하는 것을 용납할 것입니까?

답변 여러분이 만일 굴욕을 당했다고 느낀다면, 그 불량배의 뺨을 갈기거나 여러분의 자존심(*self-respect*)을 회복하기 위해서 필요하다고 여기는 모든 행위를 취하더라도 정당화될 것입니다. 여러분이 겁쟁이가 아니라면 그런 상황 아래에서 힘의 사용은 자연스런 결과가 될 것입니다. 그러나 여러분이 비폭력 정신을 받아들였다면 여러분 안에 어떤 굴욕감(*feeling of humiliation*)이 있어서는 안 됩니다. 여러분의 비폭력적 행위는 불량배로 하여금 스스로 수치를 느끼게 해서 그 모욕을 방지하거나, 아니면 여러분이 그 모욕에 대해서 면역을 기르게 되어 그 모욕이 불량배의 입안에서만 맴돌게 되고 여러분에게 아무 영향도 주지 않게 될 것입니다.

질문 병적인 마음을 지닌 사람, 즉 미쳐 날뛰며 살인하려는 사람이 있다고 가정해 봅시다. 혹은 상황이 이미 너무 멀리 진행되었을 때 여러분이 소요 현장에 도착했다고 가정해 봅시다. 분노한 군중들은 통제불능에 빠지고 당신이 무력감을 느끼게 되면, 첫 번째 경우 저 미치광이의 살인 행위를 저지하는 데 물리력의 사용을 정당화하렵니까, 아니면 두 번째의 경우 최루탄 같은 것의 사용을 허용하렵니까?

답변 그것은 언제나 용납하겠습니다. 하지만 그것이 비폭력의 관점에서 정당화될 수 있다고 말하지는 않을 것입니다. 여러분에게 순수한 비폭력적 해법에 대해서 내가 확신을 가질 만한 비폭력이 여러분 안에 없었다고 나는 말할 것입니다. 만일 여러분이 그런 것을 가졌다면 여러분의 단순한 출현 자체가 미치광이를 평온하게 만들기(*pacify*)에 충분할 것입니다. 비폭력은 스스로 제재력(制裁力, *its own sanction*)을 갖고 있습니다. 그것은 기계적인 일이 아닙니다. "나는 힘을 사용하지 않을 것이다"라고 말하는 것만으로 여러분이 비폭력적으로 되는 것이 아니라, 그 점이 여러분의 심정 안에서 느껴져야 합니다. 여러분 안에서 행악자에 대한 사랑과 연민이 솟아나야 합니다. 그런 감정(*feeling*)이 있을 때 그것은 그 자체를 행동을 통해서 표현합니다. 그것은 어떤 몸짓, 눈짓, 심지어 침묵이 될 수도 있습니다. 그러나 그것 자체로 행악자의 심정을 녹일 것이고 잘못을 견제할 것입니다.

최루탄 사용은 비폭력의 이상에 비춰보면 정당화되는 것은 아닙니다. 하지만 내가 성폭행으로부터 가련한 소녀를 구할 수 없을 때, 혹은 분노한 군중이 미쳐 날뛰는 것을 최루탄을 사용하지 않고서는 막을 수 없는 그런 곤경에 내가 빠졌을 때, 나는 전 세계에 대항하여 그 사용을 옹호할 것입니다. 심판의 날, 신 앞에서 내가 나의 비폭력 강령에 묶여 있었기 때문에 이런 일들이 일어나는 것을 막을 수 없었다고 탄원하는 일이 있다고 해도 신은 나를 용서하시지 않을 것입니다. 비폭력은 스스로 움직입니다. 완전히 비폭력적인 사람은 본성상 폭력을 사용할 수 없고, 아니 그것을 사용할 필요가 없습니다. 그의 비폭력은 모든 조건 아래에서 충분한 것입니다.

그래서 아무리 적은 양이라도, 아무리 딱한 상황 아래에서라도 폭력을 사용하게 되면 나쁘다고 내가 말할 때, 나는 그것을 상대적인 의미로 말하는 것입니다. 영원한 원리에 예외를 인정하기보다는 내가 충분한 비폭력을 갖지 못했다고 말하는 편이 더 좋을 것입니다.

더구나 내가 예외를 인정하기를 거부하는 일은 비폭력 기술에서 나 자신을 완성하는 일을 격려해 줍니다. 나는 비폭력의 출현 앞에 폭력이 멈춘다는 파탄잘리의 격언을 문자 그대로 믿습니다.[120]

질문 한 국가(*a State*)가 비폭력의 원리에 따라서 엄격하게 운영될 수 있습니까?

답변 정부는 모든 사람들을 대변하기 때문에 철저하게 비폭력적이 될 수는 없습니다. 오늘날 나는 그와 같은 황금기에 대해서 생각하지 않습니다. 하지만 대체적으로 비폭력적으로 된 사회(*predominantly non-violent society*)의 가능성에 대해서 믿는 것은 사실입니다. 그리고 그것을 위해서 일하고 있습니다. 그런 사회를 대변하는 정부는 최소한의 폭력을 사용할 것입니다. 하지만 정부라는 이름에 어울리는 정부라면 어떤 정부도 무정부 상태(*anarchy*)가 득세하도록 내버려 둘 수는 없습니다. 따라서 나는 기본적으로 비폭력에 기초한 정부도 소규모의 경찰력이 필요하다고 말했습니다.

평화주의자들과의 토론, 〈하리잔〉, 1940. 3. 9 ; 《전집》 77 : 415

281) 비폭력의 효능

미국에 사는 한 친구가 편지를 보내서 다음 두 질문을 제기했다.

> *1* 사탸그라하가 인도의 독립을 얻을 수 있다고 가정해 봅시다. 자유 인도에서 사탸그라하가 국가정책의 원리로 채택될 가능성은 어느 정도 입니까? … 사탸그라하는 순교 현상이 충분히 효과를 발휘할

120 《요가 수트라》.

수 있는 어려운 전투에만 수용될 것입니까? 또는 사타그라하가 순교의 원리에 따라서 행동할 필요도 없고 그럴 여지도 없는 주권(*sovereign authority*)의 도구도 될 수 있습니까?

2 자유 인도가 사타그라하를 국가정책의 수단으로 받아들인다고 가정한다면, 다른 주권국가(*sovereign State*)의 공격에 대해서 자신을 어떻게 지키겠습니까? … 전선에서 침입해오는 군대에 대한 사타그라하적 행동방식은 무엇입니까? …

이런 질문들은 분명히 이론적인 것이다. 내가 비폭력의 기술 전체를 숙지하지 못했으므로, 그런 질문들은 시기상조이다. 실험은 여전히 진행중에 있으며, 심지어 상급 단계에 있는 것도 아니다. 실험의 성격은 한 번에 한 걸음으로 만족하기를 우리에게 요구한다. 나는 원경(遠景)을 볼 수 없으므로 나의 답변들은 사변적일 수밖에 없다.

내가 앞서 얘기한 대로, 사실 우리는 지금 독립을 얻기 위한 투쟁에서조차 순수 비폭력을 갖고 있는 것이 아니다.

첫 질문에 대해서 현재 내가 볼 수 있는 범위 내에서 말하자면, 나는 비폭력이 국가정책의 원리로 수용될 가능성이 매우 희박하다는 점에 대해서 우려하고 있다. 만일 인도가 독립을 얻은 이후 비폭력을 정책으로 수용하지 않는다면, 두 번째 질문은 피상적인 것이 된다.

하지만 비폭력의 효능에 대해서 나의 개인적인 견해를 말해 볼까 한다. 나는 대다수의 민중이 비폭력적이라면 국가가 비폭력의 기초 위에서 운영될 수 있다고 믿는다. 내가 아는 범위 내에서 인도는 그런 국가가 될 가능성이 있는 유일한 나라다. 나는 그런 신앙에서 실험을 진행하고 있다. 따라서 인도가 순수 비폭력을 통해서 독립을 얻었다고 가정한다면, 그 독립을 동일한 방법을 통해서 유지할 수도 있을 것이다. 비폭력적 개인 혹은 사회는 외부의 공격을 미연에 방지하거나 그것에 대비할 수는 없다. 그와 반대로 그런 사람이나 사회는 아무도 자신들을 방해하지 않을 것임을 굳건히 믿는다. 최악의 경우가 발생하면 비폭력에는 두 길이 있다. 첫 번째는 공격자에게 소유를 양보하지만 그에게 협조하지 않는 것이다. 그래서 현대판 네로가 인도에 출현한다고 가정한다면, 국가의 대표자들은 네로가 들어서게는 할 것이지만, 민중에게서 어떤 도움도 얻지 못할 것이라고 그에게 말할 것이다. 그들은 복종하느니 죽음을 택할 것이다. 두 번째 길은 비폭력의 길에서 훈련받은 민중이 비폭력적인 저항을 벌이는 일이다. 그들은 침입자들의 포탄 앞에 비무장한 자신들을 먹잇감으로 제공할 것이다. 양쪽 모두 그 기초적 신념은 네로와 같은 사람조차도 심정이 없는 것은 아니라는 믿음이다. 침입자의 의지에 순종하지 않고 남녀 사람들이 끝도 없이 줄지어 그저 죽어만 가는 예상치 못한 장관은, 궁극적으로 그의 마음과 군대를 녹일 것이다. 실제적으로 말한다면, 강력한 저항을 전개할 때보다 더 큰 인명 손실은 아마 입지 않을 것이다. 무장과 요새화에 드는 비용도 없을 것이다.

민중이 받은 비폭력 훈련은 그들의 도덕적 위상을 상상할 수도 없이 고양시켜 줄 것이 분명하다. 그러한 남녀는 무장 전투에서 보인 용맹보다 훨씬 더 탁월한 개인적 용맹을 보일 것이다. 두 경우 모두 용맹은 죽임에 있는 것이 아니라 죽어감에 있다. 마지막으로, 비폭력 투쟁에는 패배와 같은 것은 없다. 이와 같은 일이 일어난 전례가 없다고 말하는 것은 나의 성찰에 대한 답변이 될 수 없다. 나는 불가능한 그림을 그려 본 것이 아니다. 역사는 내가 언급한 것과 같은 종류의 개인적 사례들로 가득 차 있다. 한 무리의 남녀들이 충분한 훈련을 받는다면 집단이나 국가 차원에서 비폭력적으로 행동할 수 없을 것이라고 말할 수 있거나 생각할 수 있는 확증은 없다. 진실로 인류 경험의 총체는 사람들이 어떤 식으로든 살아왔다는 것이다. 나는 그 사실로부터 인류를 지배해온 것이 사랑의 법칙임을 추론한다. 폭력 곧 증오가 우리를 지배해왔다면, 우리는 오래전에 멸망하고 말았을 것이다. 하지만 인류의 비극은 이른바 문명화된 사람들과 국가들(*the so-called civilized men and nations*)이 폭력을 사회의 기초로 보고 행동한다는 점이다. 나는 사랑이 생명의 최고 법칙, 그리고 유일한 법칙임을 증명하는 실험을 진행중에 있는데, 이것은 나에게 형언할 수 없는 기쁨을 준다. 그 반대를 보여주는 수많은 증명이 있긴 하지만 그것이 나의 신앙을 흔들지는 못한다. 인도의 불완전한 비폭력마저도 내 신앙을 지지해왔다. 하지만 비폭력은 불신자에게 확신을 심어주기에 충분하지 못하다고 해도, 우호적인 비평가로 하여금 호의를 갖고 그것을 볼 수 있게 하는 데는 충분하다.

세바그람, 1940. 4. 18

미국에서 온 두 개의 물음, 〈하리잔〉,
1940. 4. 13 ; 《전집》 78 : 122

282) 비폭력적인 경찰력

한 친구가 다음과 같은 편지를 보냈다. … 121

이 편지가 던지고 있는 질문들은 지극히 중요하고 주목할 만한 가치가 있다. 만일 진정한 아힘사가 우리 안에 생겨났다면, 그리고 우리의 이른바 사탸그라하 운동이 진실로 비폭력적이었다면, 이런 질문

121 여기에 게재하지 않는다. 그 투고자는 외부의 침략에 대비함에 있어서 비폭력의 효과를 인정하면서도, 사회 불의와 가난이 존재하는 한 내부 소요가 지속될 수밖에 없으며, 따라서 경찰력이 필요하다고 논했다. 그는 간디에게 그런 경찰력이 항상 유지되어야 할 것으로 전망하는지를 물었다.

들은 해소되고 일어나지 않았을 것이다.

남북극 지방들을 한 번도 본 적이 없었던 사람들에게는, 그것들에 대한 상상적인 기술이 아무리 세밀하더라도 실재에 대한 부적절한 관념만을 전달할 수 있을 뿐이다. 아힘사에 대해서는 더욱 그러하다. 만일 모든 국민회의 의원들이 자신들의 강령에 진실했다면, 우리는 오늘 그러하듯이 폭력과 비폭력 사이에서 우왕좌왕하지 않을 것이다. 아힘사 열매는 모든 곳에서 나타났을 것이다. 집단 간에 조화가 있었을 것이고, 불가촉천민제도라는 악마는 내동댕이쳐졌을 것이고, 일반적으로 말해서 우리는 하나의 질서 있는 사회(*an ordered society*)를 만들어냈을 것이다. 하지만 지금은 정반대가 되었다. 사회의 어떤 부문에서는 국민회의에 대한 분명한 적개심조차 있다. 의원의 말이 항상 신뢰를 받고 있는 것도 아니다. 무슬림연맹과 대다수의 토호국왕들은 국민회의에 대한 신뢰가 전혀 없고 실제로는 반감조차 갖고 있다. 만일 국민회의 의원들 각자에게 진실한 아힘사가 있다면, 이런 불신은 전혀 없을 것이고, 국민회의는 실제로 만인의 사랑을 받았을 것이다.

그래서 나는 아힘사의 신봉자들에게 상상의 그림을 보여줄 수 있을 뿐이다.

우리가 진정한 아힘사로 푹 젖어 있지 않는 한, 비폭력을 통해서 스와라즈를 도저히 얻을 수 없을 것이다. 우리가 다수에 속할 경우에만, 즉 다른 말로 한다면 대다수의 사람들이 아힘사 법칙을 기꺼이 지키려고 할 경우에만 우리는 권력을 얻을 수 있다. 이와 같이 행복한 상태가 지배하게 되면 폭력의 정신은 사라지고 말 것이고, 내부의 무질서(*internal disorder*)는 통제될 것이다.

하지만 나는 비폭력 국가에서도 경찰력이 필요할 것이라는 점을 시인해왔다. 나는 이것이 나의 불완전한 아힘사가 가지고 있는 표시라는 점을 인정한다. 우리가 군대 없이 살아갈 수 있다고 선언할 수 있는 용기는 나에게 있다. 하지만 경찰력 없이 살아갈 수 있다고 선언할 수 있는 용기는 없다. 물론 나는 경찰이 필요 없는 국가를 마음에 그릴 수도 있고 실제 그려 보기도 한다. 하지만 그것을 실현하는 데 우리가 성공할지의 여부는 미래만이 안다.

하지만 내가 생각하는 경찰은 오늘날의 경찰력과는 완전히 다른 유형이 될 것이다. 그 경찰은 비폭력을 믿는 자들로 구성될 것이다. 그들은 민중의 주인(*masters*)이 아니라 종복(*servants*)이 될 것이다. 민중은 본능적으로 모든 도움을 주게 될 것이고, 경찰은 상호 협력을 통해서 점점 감소하는 소요를 쉽게 다룰 것이다. 경찰력은 일정한 무기를 소지할 것이며 필요하면 사용하겠지만 거의 사용하지 않을 것이다. 경찰관은 실제로는 개혁자들(*reformers*)일 것이다. 그들 경찰의 일은 주로 도둑과 강도에 국한될 것이다. 비폭력 국가에서 노동과 자본 사이의 투쟁과 파업은 극히 드물 것이다. 비폭력적인 다수 대중은 영향력이 너무 지대하여 사회 주요 분야에 있는 사람들의 존경을 받을 것이기 때문이다. 마찬가지로 집단 간의 소요를 위한 여지도 없을 것이다. 그렇다면 우리는 국민회의 정부가 권력을 장악하게 될 때 21세 이상의 남녀 대중이 선거권을 부여받을 것임을 기억해야 한다. 오늘날의 엄격하고 협소한 헌법은 이 그림 안에 들어올 여지가 물론 없다.

세바그람, 1940. 8. 20

경찰력에 대한 내 생각(G.), 〈하리잔반두〉, 1940. 8. 31 ; 〈하리잔〉 1940. 9. 1 ; 《전집》 79 : 141

283) 비폭력의 확장

1941. 8. 12

사랑하는 아룬 바부께,

당신의 흥미로운 편지를 받았습니다. 당신은 비폭력에 대해서 한계를 설정합니다만, 나는 그 한계를 수용하는 데 아무 어려움이 없습니다. 그것이 정직하게 작동하면 그것은 자동적으로 확장됩니다. 하지만 당신이 집단 간의 분규와 그와 유사한 일에서 비폭력을 수용하는 것은 나의 목적에 충분합니다.

현재의 투쟁에 대한 당신의 해석은 정확합니다.

모든 친구들에게 안부를 전해 주십시오.

귀하의 신실한 친구

M. K. 간디

아룬 찬드라 구하에게 보낸 편지,

GN 8669 ;《전집》80 : 788

284) 비폭력과 고문(拷問)

1941. 10. 1

나는 토호국왕들과 민중의 관계에 대해서 강력하고 단호한 견해를 갖고 있다. 잔혹한 학살—보다 고상한 이름은 전쟁이지만—에 반드시 따라오고야 말 신세계 질서 안에서, 토호국왕들은 칼에서가 아니라 민중의 사랑과 동의에서 힘을 얻어서 민중의 종복이 될 경우에만 올바른 자리를 차지할 수 있을 것임을 나는 확신한다.

이런 것이 나의 확고한 견해이므로 나는 각 주(州)의 민중에게 인내심을 기르기를 권하고, 싫든 좋든 침묵의 건설적인 사업을 열심히 함으로써 자신들에게 주어진 책임을 다하기 위해서 스스로 준비하도록 권하는 바이다.

이것은 격심하고 가혹한 폭정에 대한 복종을 의미하는 것이 아니다. 그런데 나는 그 폭정에 대한 복종의 얘기를 수없이 많이 듣고 있다. 폭정의 희생자들은 폭정에 대해서 최선을 다하여 저항해야 한다. 내가 아는 유일한 최선의 방식은 비폭력의 길인데, 달리 말한다면 의식적이고 의도적인 자기고통이다. 그런데 개인적 고문과 멸시(*degradation*)의 경우들을 본 적도 있다. 그런 경우가 사실이고, 고문당한 사람들이 비폭력의 길을 모른다면, 그들은 자신들의 내면에서 불러낼 수 있는 모든 폭력을 다 모아서 고문에 저항할 것이고, 그 고문과 멸시에 저항하면서 죽어갈 것이다. 그와 같은 폭력적인 저항은 거의 비폭력으로 간주될 것이다. 마치 광포한 고양이에 대한 생쥐 한 마리의 저항이 비폭력으로 간주되듯이 말이다. 나는 비무장의 한 사람이 무장한 일단의 고문자들에 의해서 고문당하는 것을 염두에 두고 있다. 육신이 아무리 연약하더라도 저항할 의지가 있다면, 그리고 용감하게 죽을 능력만 있다면 그 누구도 여건이 아무리 불리하더라도 무력감을 느끼지는 않을 것이다.

나는 토호국왕들이 내 주장을 그들의 진실한 친구로서 수용했으면 한다. 나는 칼의 완전한 무력(無力)을 자각하는 것이 시대의 징표를 읽는 방식이라고 친구로서 그들에게 말하고 싶다. 다음과 같은 성경 말씀이 우리가 예상했던 것보다 더 빨리 진실한 것으로 증명될 것이다. '칼을 드는 자는 모두 칼로 멸망할 것이니라.'

여러 주 민중에게 보내는 메시지,
〈더 힌두〉, 1941. 10. 3 ; 《전집》 81 : 270

285) 비폭력과 지하운동 *1944. 6. 9*

내 생각으로는 비밀은 죄이고 폭력의 증상입니다. 그래서 특히 침묵하는 수백만 명의 자유가 목표라면 비밀은 단호하게 피해야 할 일입니다. 따라서 내 생각으로는 일체의 지하운동은 터부입니다. 하지만 내가 말하는 것은 정책으로서든 강령으로서든 폭력과 비폭력의 내용조차도, 일꾼들 각자가 자신의 머리와 심정의 명령에 따라서 판단해야 한다는 것입니다. 그리고 머리와 심정 사이의 갈등이 있다면 심정이 이깁니다.

내가 어떤 것을 말할 때 운동의 지도자로서 하는 것은 아닙니다. 나를 죄수이면서 자유롭게 지침을 내리는 자가 아니라, 자유롭게 의견을 주는 자로 간주해 주십시오.

안나다 바부 쵸우다리에게 보낸 편지, 《간디지의 편린》 (*Glimpses of Gandhiji*), 74~75면 ; 《전집》 84 : 129

286) 비폭력과 테러 행위 〔*1944. 5. 6* 이후〕

사보타지가 비폭력 프로그램의 일부가 될 수 있다는 말, 또는 사보타지가 간디가 이해했던 아힘사 원리로부터 도출될 수 있었다는 말에 대해서 간디는 질문했다. 하지만 그 친구는 우리가 좋아하든 싫어하든 사보타지는 계속될 수밖에 없다는 입장을 계속 고수했다.

간디지 무책임한 예언은 우리를 어느 곳으로도 이끌지 않습니다. 진짜 문제는 **우리가** 어디에 서 있는지, 그리고 그 문제에 대한 **우리의** 태도가 무엇일지 하는 것입니다.

친구 정부 재산의 파괴가 폭력이었습니까? 어느 누구도 자신의 것이 아닌 재산 하나라도 파괴할 권리가 없다고 당신을 말합니다. 만일 그렇다면, 정부의 재산은 내 것이 아닙니까? 나는 그것이 내 것이며 부술 수 있다고 생각합니다.

간디지 당신의 주장에는 이중의 오류가 있습니다. 첫째, 정부 재산이 국민의(*national*) 재산이라고 인정하더라도 — 오늘날에는 그렇지 않지만 — 나는 정부에 불만을 품고 있다고 해서 그 재산을 파괴하지는 않을 것입니다. 그러나 만일 사람이 정부 행위의 일부에 찬성하지 않는다고 해서 모두가 교량, 통신설비 그리고 도로를 파괴할 권리를 주장한다면, 국민의 정부조차도 단 하루를 지탱하지 못할 것입니다. 더구나 악은 생명 없는 다리, 도로 따위 안에 있는 것이 아니라 사람들 안에 있습니다. 이 가운데 우리가 붙들고 씨름해야 할 것은 후자입니다. 폭약을 동원하여 교량과 도로 등을 파괴하는 일은 이 악에 아무 영향을 주지 못하고, 그것이 끝내려고 하는 악의 자리에 더 나쁜 악을 유발할 따름입니다. 악을 제거하기 위해서는 파괴가 아니라 가장 순수한 유형의 자기희생이 필요합니다. 이와 같은 자기희생은, 당국자들이 진리의 신에게 자신을 바쳤다는 의지 자체를 부술 수는 있지만 그 의지를 굽힐 수는 없음을 증명할 것입니다.

친구 나는 악이 우리 자신들 안에 있지, 사악한 목적과 선량한 목적에 공히 사용될 수 있는 교량 안에 없다는 점에 동의합니다. 교량 파괴가 그보다 더 나쁜 유형의 대응 폭력(*counter-violence*)을 유발할 수 있다는 점에 대해서도 동의합니다. 하지만 운동의 성공을 위한 전략적 관점에서도 그리고 의기소침을 막기 위해서라도 교량 파괴는 필요할 것입니다.

간디지 그것은 해묵은 주장입니다. 우리는 테러리즘을 옹호하는 그와 같은 발언을 예전에 듣곤 했습니다. 사보타지도 폭력의 한 유형입니다. 민중은 물리적 폭력의 허망함을 깨달았습니다. 그런데 어떤 사람들은 그것이 사보타지라는 수정된 형태를 빌면 성공적으로 수행될 수 있다고 생각하는 모양입니다. 그것은 비폭력의 성격도 없지만, 본격적인 무력 충돌의 자리를 차지하지도 못했습니다.… 우리는 패배를 인정하지 않는 일에 자부심을 느낄 수 있는 힘을 다뤄야 합니다. 영국의 통치 초기에 강력한 봉기들이 존재했습니다. 여러 장소에서 영국인들이 실제로 구타를 당했습니다. 하지만 결국에는 그들이 승리했습니다. 어떤 영국 정치가는 "나는 목총을 믿지 않는다"고 말하곤 했습니다. 국민적 투쟁이 '목총'으로 승리할 수는 없습니다.

만일 완전한 비폭력의 활동이 없었다면, 전체 민중은 자신들이 가지고 있는 용기와 무외(無畏)의 정상에까지 오르지 못했을 것이라고 나는 확신합니다. 비폭력이 어떻게 활동하는지 우리는 아직 완전히는 모릅니다. 그러나 우리의 외면적인 실패와 좌절에도 불구하고 우리는 비폭력 아래에서 힘에서 힘으로 전진했다는 점은 사실입니다. 반면, 테러리즘은 의기소침에 빠졌습니다. 성급하게 서둘다 일을 망치고 말았습니다.

친구　당신은 '인도를 떠나시오'(*Quit India*)라는 운동을 비폭력적인 반란으로 규정했습니다. 비폭력적 반란(*non-violent rebellion*)은 권력 장악을 위한 프로그램이 아닙니까?

간디지　아닙니다. 비폭력적 반란은 권력 장악을 위한 프로그램이 아닙니다. 그것은 관계 변화(*transformation of relationship*)를 위한 프로그램으로 결국 평화적 권력 이양을 낳습니다.… 그것은 결코 강요를 사용하지 않습니다. 반대 의견을 가진 자들도 그 프로그램 아래서는 완벽한 보호를 받습니다.

'인도를 떠나시오' 운동 (1942. 8. 8)

간디는 영국인들이 인도에서 떠날 것을 요구하는 범국민적인 비폭력운동, '인도를 떠나시오' 운동을 전개했다. 사진에서 간디는 단상에서 열정적인 모습으로 '인도를 떠나시오' 운동에 참여하고자 하는 대중을 독려하는 연설을 하고 있다.

친구 우리는 폭력 행위의 분야에서 교육받은 사람이 그런 경험이 전혀 없는 사람보다, 진실한 비폭력에 더욱 가까이 접근한다는 점을 발견했습니다.

간디지 그가 폭력을 여러 차례 시도하던 중 그것의 허망함을 깨달았다는 의미에서만 그것이 사실일 수 있습니다. 그것이 전부입니다. 당신은 악의 맛을 본 사람이 그런 맛을 보지 못한 사람보다 덕에 더 가깝다고도 주장하시렵니까? 당신의 논법이 결국 그런 것을 의미하는 듯하기 때문입니다.

친구 만일 관련 당사자가 자신의 행위의 결과를 담대하게 맞이할 준비가 되어 있다면 그것은 비밀이 아닙니다. 그는 자신의 목표를 달성하기 위해서 비밀을 사용합니다. 그는 재판이 진행되는 동안 재판에 수반되는 심문에 어떤 역할도 맡기를 거부할 수 있습니다. 그는 허위 진술을 할 필요가 없습니다.

간디지 아무리 큰 규모의 비밀 조직이 있다고 해도 그것이 선(善)을 행할 수는 없었습니다. 비밀은 당신 주위에 보호벽을 건설할 것을 목표로 합니다. 아힘사는 그와 같은 보호 일체를 경멸합니다. 그것은 공개적인 데서, 그리고 생각할 수 있는 가장 불리한 여건에서 작용합니다. 우리는 수세기 동안 형언할 수 없는 폭압의 말굽 아래 분쇄당한 광대한 민중을 조직하여 행동해야 합니다. 그들을 조직할 수 있는 유일한 수단은 공개적이고 진실한 수단입니다. 나는 어린 시절부터 76세에 이르기까지 비밀을 지극히 혐오해왔습니다. 이와 같은 이상을 흐리게 해서는 안 됩니다. 우리가 그 완전한 공식에 매달리기 전까지는 어떤 진보도 이루지 못할 것입니다.

나는 우리가 이상에 따라서 늘 살아오지는 않았다는 점을 압니다. 심각한 타락이 있었습니다. 수단이 조금이라도 완전했더라면 우리는 목표에 더 가까이 접근했을 것입니다. 우리가 이상을 다 따르지 못하고 시세에 영합했음에도 불구하고, 비폭력은 침묵을 지키고 있는 수백만 군중들 사이에 조용한 효모처럼 작용해왔습니다. 그러나 그것은 우리가 이런 식으로 영원히 갈 수 있다는 것을 의미하지는 않습니다. 우리는 정체된 상태로 지낼 수 없습니다. 앞으로 전진하든지 아니면 뒤로 미끄러질 수밖에 없습니다.

친구 그렇다면 당신은 8월의 결의안이 독립 투쟁에서 좌절을 초래했다는 의견이십니까? 우리 민중이 투쟁의 과정에서 보여주었던 일체의 영웅적 행위와 용기가 소용이 없어졌다는 의견이십니까?

간디지 아닙니다. 나는 그런 말을 하지 않습니다. 역사적 과정에서 우리나라가 모든 유형의 투쟁을 통해서, 심지어 8월의 봉기를 통해서도 자유를 향해서 전진해왔음을 알 수 있을 것입니다. 내가 말했던 모든 것은, 내가 생각하던 비폭력적 용기를 우리가 보여주었더라면 진보가 훨씬 더 컸을 것이라는 점입니다. 이런 의미에서 사보타지 행위는 나라의 자유를 저지시켰습니다. 나는 자야프라카슈 나라얀(Jayaprakash Narayan)과 같은 민중이 보여준 용기, 애국, 그리고 자기희생 정신에 대해서 최고의 존경심이 있습니다. 하지만 자야프라카슈가 내 이상일 수는 없습니다. 내가 만일 영웅적 행위에 대해서 메달을 수여해야 했다면, 그것은 그에게가 아니라 그의 아내에게 갔어야 할 것입니다. 그의 아내는 단순하고 정치를 배운 적이 없지만, 인격 안에 사탸그라하의 힘을 가장 순수한 형태로 구현하고 있는데, 그 순수한 형태 앞에서 자야프라카슈마저도 경례를 바쳐야 할 정도입니다. 8월의 봉기에 대해서 내가 말한 바는 과거에 대한 판단으로 한 것이 아니라—나는 그것을 비난하기를 늘 거부해왔듯이—미래의 지침으로서 한 것입니다.

친구 우리 민중은 비폭력을 신뢰하고 있지만 그것을 역동적인 것으로 만드는 방법을 모릅니다. 이런 실패의 원인은 무엇입니까?

간디지 사람들은 고통의 세월 동안 비폭력을 악착같이 시도해 본 결과 그 안에 효능이 있음을 알아차리기 시작했습니다. 하지만 그들은 비폭력의 완전한 모습과 아름다움을 보지 못했습니다. 그들이 만일 비폭력의 효과적 조직을 위해서 강구되어야 했던 모든 단계에 반응했다면, 그리고 18중 건설적 프로그램의 각 항목을 완전하게 수행했더라면, 우리의 운동은 우리를 목적지까지 인도해 주었을 것입니다. 하지만 그 건설적 작업에 대한 우리의 신앙이 너무 약해서 우리 마음은 오늘날 혼돈에 빠져 있습니다. 나는 우리가 어떤 난관에도 위축되지 말고 앞으로 전진해야 한다는 점을 알고 있습니다.

친구와의 토론, 〈하리잔〉, 1946. 2. 10 ; *Mahatma Gandhi : The Last Phase* 권 1, Bk.I, 38~39면 ; 《전집》 84 : 40

287) 진실한 비폭력, 그것은 사이비가 아니다

마히샤달, 〔*1945. 12. 25* 또는 그 이후〕

나는 이미 실시된 일이 모두 잘되었다거나 또는 그렇게 되었어야 했다고 말할 수는 없습니다. 그와는 반대로 대부분의 일들은 시행되지 말았어야 합니다. 민중이 무기력한 채로 남아 있지 않았다는 사실은 만족할 만한 일이지만, 이렇게 수년이 경과하고 난 다음에도 국민회의가 대변했던 것이 무엇인지를 모른다는 사실은 슬픈 일이 아닐 수 없습니다. 그들이 한 일은 생각 없이 한 일입니다. 그 일은 본성상 지속될 수 없는 일이었습니다.

여러분은 철로를 폭파하고, 도로를 사용하지 못하게 하고, 구청(*kutchery*)을 불태우고, 경찰서(*thana*)를 장악하고, 대리 정부를 수립한 일 등에 대해서 여러분의 보고서에 그림을 그리듯이 자세히 묘사했습니다. 하지만 이것은 비폭력 행위의 기술(技術)이 아닙니다. 사람들은 살인만 일어나지 않는다면 모두 비폭력이라고 생각하는 오류를 범했습니다. 때로는 살인이 가장 분명한 유형의 폭력입니다. 행악자가 있다고 해 봅시다. 여러분이 만일 그를 단번에 죽인다면 그 사람에 관해서는 그렇게 종결되지만, 괴롭히는 일은 더 나쁩니다. 괴롭힘은 악행을 없애지 못하고, 반대로 악행을 우리 머리 위에 가져옵니다. 당국자들은 보복하고 나섰습니다. 여러분은 그들이 여하튼 보복했을 것이라고 말할 것입니다만, 우리는 그런 것을 원하거나 목표로 삼아서는 안 됩니다. 그들을 당황하게 하는 것은 우리에게 아무 도움이 안 됩니다.

1942년 8월 당국자들은 극심한 공포에 빠졌습니다. 우리는 그들에게 핑계거리를 주었습니다. 하지만 그들은 패배가 무엇인지 모르는 사람들이었고, 그들의 비겁은 근원적인 것이 아니었습니다. 그래서 그들은 경찰서, 구청, 그리고 판차야트 법정과 같은 것을 여러분의 손에 장난감과 같이 잠시 맡겨 두었으나, 그들이 만반의 준비를 마치자마자 우리를 향해서 보복의 장치를 폭발시키고 말았습니다. 이런 식으로는 인도가 자신의 독립을 얻지 못할 것입니다. 우리는 그것을 반복할 여유가 없습니다.

여러분은 오늘 영국만을 상대할 수는 없으며 세 개의 강대국을 상대해야 합니다. 우리는 그들의 무기로 싸운다면 이길 수가 없습니다. 결국 여러분은 원자탄 이상으로 나갈 수는 없습니다. 우리가 만일 온갖 종류의 제국주의와 싸우는 데 폭력적 봉기라는 케케묵은 방도 대신 새로운 길을 찾지 못한다면, 지상의 피압박 인종들(*oppressed races*)에게는 아무 희망이 없을 것입니다.

누구도 러시아와 비교하는 데 속아서는 안 됩니다. 우리 전통은 러시아 전통과 완전히 다릅니다. 역사적 상황 또한 다릅니다. 러시아에서는 전 국민이 무장하고 있지만 인도 대중은 필요한 군사훈련을 받을 수는 있어도 무기를 사용하려 들지는 않을 것입니다. 하지만 우리의 지배자들이 일본과 같은 일류 군사 국가를 단번에 무장 해제한 마당에, 우리가 인도 대중에게 군사훈련을 제공하도록 허용할 것이라고 생각하는 것은 소용없는 일입니다. 오늘날 일본은 정복자의 발아래 엎드려 있습니다. 그러나 비폭력은 어떤 패배도 모릅니다. 그것은 하지만 진정한 비폭력이어야 하지, 사이비(*make-believe*)여서는 안 됩니다. 나는 오직 혼자 남아서 그런 진정한 비폭력을 대표해야 한다고 해도 눈물 한 방울 흘리지 않을 것입니다.

질문 우리는 이렇게 모든 일을 수행하고 고통을 당한 다음 우리의 에너지가 올바른 방향으로 흘러갔는지, 대중적 각성이 오도되지는 않았는지에 대해서 의심하기 시작했습니다. 하지만 비폭력적인 반란은 권력 장악의 프로그램이 아닙니까?

답변 바로 거기에 오류가 있습니다. 비폭력적인 혁명은 '권력 장악'의 프로그램이 아닙니다. 그것은 관계의 변화를 위한 프로그램으로 그 종착지는 권력의 평화적 이양에 있습니다. 민중이 만일 봄베이 전인도 국민회의위원회의 8월 8일 연설에서 내가 간략하게 설명한 5단계를 완전히 이행했더라면, 그리고 비폭력을 위한 온전한 분위기가 있었더라면, 정부의 권력과 억압은 무산되었을 것이고, 정부는 국민적 요구에 굴복했을 것입니다.

외침(外侵)의 영향이나 그와 유사한 이유로 지배 권력이 물러나고 진공이 생겼다면, 민중 조직이 자연스레 물러난 권력의 기능을 발휘했을 것이지만, 그와 같은 자티야 사르카르(카스트의 권위)는 비폭력의 재가 그리고 비폭력 명령을 실시하기 위한 민중에 대한 봉사 이외에 다른 재가는 아무것도 갖지 않았을 것입니다. 자티야 사르카르는 절대 강제를 사용하지 않을 것입니다. 반대의 견해를 갖고 있는 사람들조차 그 아래에서 완벽한 안전을 제공받을 것입니다.

비폭력 기술은 강제의 기술에 비하면 무한히 위대한 효과가 있다. 그 사례로서 그는 바르돌리의 경우를 예로 언급했다. 그들은 미드나포르에서 권력의 초기 단계의 몇몇 상징을 장악하는 데 성공했지만, 그 성공의 열매를 유지할 수 없었다. 그러나 바르돌리에서 사탸그라히들은 투쟁에서 획득한 것을 완전히 유지할 수 있었다.

더구나 여러분은 여러분 모두가 용감하더라도 여성이 폭행당하는 것을 막을 수 없음을 목격했습니다. 이제 그런 일들은 용인될 수 없습니다. 그 어느 누구도 그 여성들에게 사악한 시선을 던져서는 안 됩니다. 이는 보다 고차적 차원의 용기에 대한 훈육, 즉 비폭력의 훈육이 필요합니다. 비폭력은 죽음에도 도전할 수 있고, 침입자의 힘에 꺾일 수도 없습니다. 내가 하려고 하는 것이 바로 이것입니다. 그것은 시간이 걸릴지도 모릅니다. 수많은 민중 사이에 이런 고차적인 용기를 주입하는 데는 장시간이 걸릴 것이고, 나는 이런 종류의 비폭력이 도대체 역할을 다할지의 여부에 대해서 모릅니다. 하지만 수년 동안 비폭력 훈련을 받아왔던 여러분은, 비폭력이 여러분의 손안에서 비폭력에 내재해 있는 일체의 광휘를 발산해야 한다는 점을 자각해야 합니다.

다음에 그들은 올바른 선에서 출발할 수 있는지를 알고 싶어했다. 간디지는 그에 대한 대답으로 물레를 '18중 건설적 프로그램의 상징과 중심 태양'으로 그들에게 처방해 주었다. 그것은 사회 연대와 비폭력 조직을 달성하는 데 최선의 길이었다. 비폭력 행위의 기술은 악의 도구들을 고립시키고 무산시키는 데 있다. 비폭력에 기초한 자티야 사르카르는 정부 공무원을 협박하지는 않을 것이지만 그들을 효과적으로 고립시킴으로써 그들로 하여금 민중에게 동조하게 만들 것이다. 그것이 안 되면 그들은 외국 정부 문서의 내용을 순전히 야만적으로 수행하게 될 것이다. 물론 그 야만에 대해서 그들 스스로 당장 넌더리를 내고 지치고 말 것이다. 그들의 친척들과 친애하던 사람들조차도 그들을 내칠 것이다.

이런 말은 민중 가운데 어떤 부문의 사람들이라도 다른 이들의 손에 잡혀서 불의와 부당한 처사의 느낌 아래에서 수고해서는 안 된다는 점을 상정하고 있습니다. 불가촉천민·착취, 그리고 집단 간의 원한은 자티야 사르카르 아래서는 들어설 여지가 없을 것이거나, 아니면 그 카스트 권위는 내부 분열 중인 가정과 같아서 반드시 붕괴하고 말 것입니다.

국민회의의 일꾼들과의 대담, 〈하리잔〉, 1946. 2. 17 ; 《전집》 89 : 154

288) 비폭력과 무모함

푸나, *1946. 2. 26*

나는 봄베이에서 일어난 사건에 대한 나의 성명서를 슈리마티 아루나 아사프 알리가 용기 있게 반박한 데 대해서[122] 그녀를 칭찬하는 바이다. 그녀의 반박에 주의를 기울인 이유는, 그녀가 내 육친의 딸

---

122 〔역주〕 1946년 2월 24일 봄베이 기자회견에서. 《전집》 권 90, 4면.

은 아니지만 친딸과 같기 때문도 아니고 그녀가 반란자이기 때문도 아니다.[123] 그것은 바로 그녀가 자신만이 아니라 상당수의 지하활동 집단을 대표하고 있다는 사실 때문이다.

그녀가 지하활동을 벌이고 있는 동안 몇 차례 그녀를 기쁘게 만나 본 적이 있다. 그녀의 용기와 임기응변의 능력 그리고 불타는 애국심을 존경한다. 하지만 나의 존경은 거기까지이다. 나는 그녀가 지하활동 하는 것을 좋아하지 않았다. 어떤 지하활동도 인정할 수 없다. 나는 수백만 사람들이 지하로 갈 수 없다는 점을 알고 있다. 또 그럴 필요도 없다. 선택받은 소수의 사람들이 수백만 사람들을 은밀하게 지도함으로써 그들에게 스와라즈를 가져다줄 수 있다고 공상할 수는 있다. 이것은 과보호가 아닐까? 오직 공개적인 도전과 활동만이 모두가 따를 수 있을 것이다. 진정한 스와라즈는 반드시 남녀노소 모두가 느껴야 한다. 그 지고의 목표를 향해서 수고하는 것만이 참된 혁명이다. 인도는 지상에서 착취당하고 있는 모든 인종들을 위해서 하나의 모범이 되었다. 인도의 노력은 공개적이며 비무장의 노력, 즉 불법 침탈자에게 어떤 위해도 가함 없이 만인에게 희생을 요구하는 노력이었기 때문이다. 인도의 수백만 민중은 공개적 비무장 투쟁이 없었다면 깨어나지 못했을 것이다. 직선의 길에서 약간 일탈하는 것조차 전진 중의 혁명이 일시적으로 정지됨을 의미했다.

나는 1942년에 일어난 일련의 사건을 저 용감한 숙녀가 이해하는 방식으로 이해하지 않는다. 민중이 자발적으로 일어난 것은 좋은 일이었고, 일부의 또는 많은 사람이 폭력에 호소한 것은 나빴다. 슈리 키쇼렐랄 마슈루왈라, 카카사헤브를 비롯한 다른 일꾼들이 운동에

123 〔역주〕 이 부분의 번역에 상당히 고심했다. 영어를 모국어로 사용하는 사람들에게도 '해석'이 필요하다고 할 만큼 간디의 표현이 모호했다.

대한 조급한 열정에서 비폭력을 잘못 해석했지만 그 사실이 차이를 만들어낸 것은 없다. 그들이 그렇게 잘못 해석했다는 점은 비폭력이 정말로 미묘한 수단임을 보여줄 따름이다. 나의 비유는 어떤 특정인을 성찰하고자 했던 것은 아니다. 모두 스스로 최선이라고 생각하는 바를 행동으로 옮겼다. 압도적인 조직 폭력에 직면하여 무기력하게 있는 일은 비겁을 의미했을 것이다. 만일 1942년의 사건에 대해서 내가 평가를 내리지 못했다면, 나는 연약한 자이고 잘못을 범했을 것이다.

아루나는 '헌법 제정의 전선에서보다는 오히려 바리케이드에서 힌두교도와 이슬람교도를 단결'시키려고 했다. 이것은 폭력의 관점에서 보아도 잘못된 명제였다. 만일 바리케이드에서의 단결이 정직한 것이라면, 헌법 제정의 전선에서도 단결이 존재해야 한다. 투사들은 항상 바리케이드에서만 살아가는 것이 아니다. 그들은 자살할 만큼 어리석지는 않다. 바리케이드 삶 뒤에는 항상 헌법 제정의 삶이 따라와야 한다. 헌법 제정의 전선이 영원한 터부로 남아 있을 수는 없다.

영국의 선언을 불신하고 예상되는 다툼에 당장 뛰어드는 일은 통찰력의 결핍을 결정적으로 드러낸다. 공식 사절단이 위대한 나라를 기만할 목적으로 오겠는가? 그렇게 생각하는 일은 남자답지도 여자답지도 못한 짓이다. 기다린다고 해서 무엇을 잃을 것인가? 영국의 선언은 신뢰할 수 없다는 점을 다시 한 번 공식 사절단이 증명하도록 내버려 두자. 우리나라는 믿음으로 무엇인가를 얻을 것이다. 기만하는 자는 기만당한 자에게서 올바른 대응이 올 때 패배하고 만다.

사실에 직면하자. 이번에 파견될 대표단은 우호적인 대표단이며, 자신들이 헌법 제정이라는 해방의 방법을 발견할 것이라는 희망을 부추기고 있다. 그 문제는 아마 내가 성명[124]을 내야 했던 것 중 가장 까다로운 문제였다. 대표단은 해결할 수 없는 난문을 제시할 수도 있다. 하지만 그것은 그들에게 더 곤란한 일이다. 그들이 만일 자신들이 만들어낸 난관에서 빠져나오는 정직한 길을 찾으려고 한다면, 길이 있을 것이라는 점에 대해서 나는 아무 의심이 없다. 하지만 우리나라 역시 게임을 치러야 한다. 만일 우리나라가 게임을 치른다면, 바리케이드는 옆으로 치워 둬야 한다. 적어도 당분간은 그렇다. 나는 아루나와 그녀의 친구들에게 자신들의 용기와 희생으로 얻었던 힘을 현명하게 사용하기를 호소한다.

항복하라는 사르다르 파텔의 충고에 수병(水兵)들이 귀를 기울이게 된 것은 큰 위안이 아닐 수 없다. 그들은 자신들의 명예를 내놓은 것은 아니다. 내가 아는 한, 그들은 아주 나쁜 충고를 듣고 반란을 일으키게 되었다. 반란이 만일 상상의 것이든 아니면 실제의 것이든 불평에서 일어난 것이라면, 그들은 자신들이 원하는 정치지도자들의 지침과 개입을 기다렸어야 했다. 그들이 만일 인도의 자유를 위해서 반란을 일으켰다면 이중으로 잘못을 범한 셈이다. 준비된 혁명당으로부터 요청이 없었다면 그들은 반란을 일으키지 못했을 것이다. 만일 자신들의 힘으로 인도를 외국의 지배로부터 구원할 수 있을 것이라고 믿었다면 그들은 생각이 없었고 무지했던 것이다.

투사들이 이번에 그전 어느 때보다 더 강한 기개를 보여주었다고 아루나가 말한 것은 옳았다. 하지만 그 기개가 이번처럼 때에 맞지도 않게 자살행위와 같이 행해진 것이라면 기개는 무모함이 되는 것이다.

그녀는 민중이 '폭력과 비폭력을 둘러싼 윤리에는 아무 관심이 없지만' 자신들에게 자유를 주는 길이 폭력인지 비폭력인지는 무척 알고

124 〔역주〕《전집》 권90, 5면에는 'Statement' 대신 'Statesmen(정치가)'으로 돼 있다.

싫어한다는 것을 말할 자격은 있다. 민중은 불완전하게나마 여태까지 비폭력의 길을 걸어온 것이다. 아루나와 그녀의 동지들은 비폭력적인 길이 수세기 동안의 잠에서 인도를 깨워서 그들 안에 스와라즈를 향한 열망—매우 희미한 것일지라도—을 만들어 주었는지의 여부에 대해서 매번 자문해 보아야 한다. 내 의견으로는 오직 하나의 대답이 있을 뿐이다.

슈리마티 아루나의 성명 안에는 적어도 나에게는 사고의 혼란으로 보이는 다른 대목들이 존재한다. 하지만 그것들은 나중에 다루겠다.

나는 물론 그 메시지가 그녀 자신의 의견을 반영한다고 믿어왔다. 만일 그 메시지가 그녀의 의견을 반영하고 있지 않다면, 나는 그녀에게 미리 사과를 드린다. 하지만 보도자가 그녀를 정확히 해석하지 않았음이 나중에 판명된다고 해도, 나의 주장은 조금도 영향을 받지 않을 것이다. 나의 주장은 결국 특정 개인을 향한 것이 아니고, 저자가 누구든 대중을 오도하는 것으로 추정되는 메시지를 대상으로 삼기 때문이다.

푸나, 1946. 2. 16

언론에 낸 성명, 〈하리잔〉, 1946. 3. 3 ; 《전집》 90 : 6

289) 비폭력 국가

런던의 한 친구가 비폭력의 작용에 대해서 7개의 질문을 했다. 〈영 인디아〉 지 또는 〈하리잔〉 지에서 유사한 질문이 다뤄졌지만, 만일 대답이 도움이 된다면 단일 기사로 대답해 보는 것이 유익할 것이다.

질문 1 (본질적으로 힘에 기초하는) 근대국가(*modern State*)는 무질서를 낳는 내외의 세력에 맞서서 비폭력적 저항을 펼 수 있습니까? 비폭력 저항을 펴려고 하는 사람들은 먼저 국가 권위를 내던지고 전적으로 개인 자격으로 대적에 일대일로 맞서야 합니까?

답변 힘에 근거한 근대국가가 무질서의 세력 — 외적인 세력이든 내적인 세력이든 — 에 비폭력적으로 저항하기는 불가능합니다. 우리는 신과 맘몬을 동시에 섬길 수 없고, '참으면서 동시에 화를 낼' 수는 없습니다. 국가가 비폭력에 근거할 수 있다고, 즉 무력에 근거한 세계연합에 대항하여 비폭력 저항을 벌일 수 있다고 주장할 수는 있습니다. 그런 국가가 아소카[125]의 국가였습니다. 그런 사례는 반복될 수 있습니다. 하지만 아소카의 국가가 비폭력에 기초를 두지 않았다고 해도, 그의 사례가 약화되지는 않을 것입니다. 아소카의 국가는 그 장점의 면에서 검토되어야 합니다.

질문 2 국민회의 정부가 외침(外侵) 또는 내부 폭동을 완전히 비폭력적인 방식으로 다룰 수 있다고 생각합니까?

답변 국민회의 정부가 '외침 또는 내부 폭동'을 비폭력 방식으로 다룰 수는 분명히 있습니다. 국민회의가 나의 신념을 공유하지 않을 가능성은 충분히 있습니다. 만일 국민의회가 가던 길을 바꾼다면, 그 변화는 여태 실천해온 비폭력이 약자의 비폭력이었음을, 그리고 국민회의가 국가 비폭력(*State non-violence*)에 대해서 아무 신앙도 갖지 못함을 각각 입증하는 것 이외에 다른 아무것도 증명하지 못할 것입니다.

125 〔역주〕 Ashoka the Great(B.C. 304~B.C. 232) : 인도 마가다국의 제3왕조의 제3대 왕으로 인도 사상 최초의 통일국가를 이룬 왕(B.C. 265~B.C. 238 재위, B.C. 273경~B.C. 232 재위설도 있음). 한자 문화권에서는 아육왕(阿育王)으로 표기한다.

질문 3 대적이 비폭력과 결혼했다는 사실이 깡패를 종종 부추깁니까?

답변 그 깡패는 약자의 비폭력에 맞설 경우 좋은 기회를 가질 것입니다. 하지만 강자의 비폭력은 아주 용감하며 완전 무장한 군인 한 사람의 폭력, 아니 하나의 집단 전체의 폭력보다 언제든 더 강력할 것입니다.

질문 4 일부 인도인들이 다른 사람들에게 혐오스런 조처이면서도 근본적으로 부당한(*unjust*) 이기적 조처를 검으로 실행하려고 할 때, 당신은 어떤 정책을 주창하겠습니까? 그런 경우 비공식적 조직이 비폭력 저항을 펴는 것이 가능하다면, 당시의 정부도 비폭력 저항을 펼 수 있겠습니까?

답변 그 질문은 절대 존재할 수 없는 상황을 상정하고 있습니다. 비폭력적인 국가는 이지적인 민중의 의지에 널리 기초해 있어야 하고, 민중의 마음을 읽고 그 마음에 따라서 행동할 수 있어야 합니다. 그런 국가에서는 앞서 언급된 일부 인도인들은 무시될 수 있을 것입니다. 일부의 사람들은 국가가 대변하고 있는 절대 다수 대중의 신중한 의지를 결코 거역할 수 없을 것입니다. 그 당시의 정부는 민중 외부에 있는 것이 아니라 절대 다수의 의지(*the will of the overwhelming majority*)입니다. 만일 그 정부가 비폭력적으로 표현된다면, 그것은 백 명 중에 한 사람 많은 다수가 아니라 99명에 가까운 다수일 것입니다.

질문 5 군사적으로 강한 사람들에 의한 비폭력 저항이 군사적으로 약한 사람들에 의한 비폭력 저항보다 더 효과적이지 않겠습니까?

답변 이것은 형용모순입니다. 군사적으로 강한 사람들이 제공하는 비폭력이란 존재할 수 없습니다. 그래서 러시아는 비폭력을 표현하고 싶다면 폭력을 자행하는 일체의 힘을 버려야 할 것입니다. 사실을 말하자면, 만일 한때 강한 무력의 소유자들이 마음을 바꾼다면, 그들은 세상에 그리고 따라서 대적에게도 비폭력을 더 잘 입증할 수 있을 것입니다. 비폭력의 강자들은 군사적으로 약한 사람이 반대하든 군사적으로 최강인 자가 반대하든 괘념치 않을 것입니다.

질문 6 비폭력 군대에게는 어떤 훈련과 규율을 주어야 합니까? 일반적인 군사훈련의 일부가 교과목의 일부를 형성해야 하지 않습니까?

답변 군대에서 받은 기초 훈련의 최소 부분은 비폭력 군대의 모두에게 공통됩니다. 여기에는 규율·연습·제창·깃발 들기·신호 보내기 등이 포함되어 있습니다. 이런 것들조차 꼭 필요한 것은 아닙니다. 왜냐하면 기초가 다르기 때문입니다. 비폭력 군대[126]를 위해서 적극적으로 필요한 훈련은 신에 대한 부동의 신앙, 비폭력 군대의 대장에 대한 자발적이며 완벽한 순종, 군대의 각 단위들 사이의 완전한 내외적 협력입니다.

질문 7 현 상황에서 인도나 영국과 같은 나라들은 어떤 군사적 방안을 강구하기 전, 비폭력 저항에 알맞은 기회를 주기로 작정하면서도 완벽한 군사적 효율성을 유지하는 것이 좋지 않겠습니까?

답변 앞서 말한 대답을 보면, 인도와 영국 두 나라는 어떤 상황에서

126 〔역주〕 원문에는 a violent army로 되어 있지만 《전집》 90, 337면에 따라서 a non-violent army로 고쳐서 번역했다.

도 완벽한 군사적 효율성을 유지하면서 비폭력 저항에 알맞은 기회를 주기가 불가능할 것임이 아주 분명해졌을 것입니다. 이와 동시에 경쟁자 간에 일어나는 분쟁의 평화적 조정을 위해서 군사력을 가진 모든 나라들이 협상을 벌이고 있다는 점 또한 틀림없는 사실입니다. 하지만 우리는 여기에서 전쟁의 중재를 시도하기 전의 예비적인 평화회담을 논의하는 것이 아닙니다. 보다 노골적으로 말한다면 우리는 대량 학살에 해당하는 전쟁으로 불리는 무력 충돌의 최종 대안을 논의하고 있습니다.

심라, 1946. 5. 2

질문들, 〈하리잔〉, 1946. 5. 12 ; 《전집》 90 : 414

290) 비폭력과 자기방어

친구 한 사람이 다음과 같은 질문들을 보내왔다.

질문 1 당신은 깡패 따위에 의해서 공격을 받았을 때조차도 엄격한 비폭력을 준수해야 한다는 견해를 늘 갖고 또한 표현해왔습니다. 이러한 비폭력은 여성이 폭행당하고 강간당할 때에도 유효합니까? 만일 민중이 비폭력에 대해서 당신의 지도를 따를 수 없다면, 당신은 그들에게 겁쟁이처럼 죽으라고 충고하렵니까, 아니면 폭력으로 공격에 저항하라고 충고하렵니까?

질문 2 당신은 무슬림연맹이 오늘 담당하고 있는 이중 역할을 분명한 어조로 비난해야 할 것이 아닙니까? 그 지도자들은 한편으로는 힌두교도에 대해서 폭력과 지하드 〔*jehad*: 성전(聖戰)〕[127]를 공개적으로 설교하고, 동시에 장관 등의 직위도 계속 유지하면서 경찰과 사법을

127 〔역주〕 jihad의 이형.

위시한 행정부의 모든 분야에 통제의 손길을 뻗치고 있습니다.

질문 3 인도 역사상 전례 없는 모습, 이토록 심각하게 일탈한 모습을 끝낼 수 있는 조직된 권세(*constituted authority*)는 존재하지 않습니까?

질문 4 현 사건들이 지속되도록 내버려 둔다면, 내란이 불가피할 것임을 알고 계십니까? 내란이 일어나게 되면 당신은 동포들에게 어떻게 그와 같은 파멸에 대처하라고 충고할 것입니까?

답변 1 내가 상상하는 사회에서는 질문자가 가정한 무도한 행위는 발생하지 않을 것입니다. 하지만 우리가 지금 살아가는 사회에서는 그런 무도한 행위들이 일어나는 것은 사실입니다. 내 대답은 애매할 것이 없습니다. 비폭력적인 남녀는 자신을 방어하고 비폭력적인 남성들은 자기네 여성들의 명예를 지킴에 있어서 복수심·분노·악의 없이 죽어갈 것이고 또 그래야 할 것입니다. 이것이 최상의 용기입니다.

만일 개인이든 집단이든 이 위대한 생명 법칙—사람들이 나의 지침이라고 잘못 부르고 있지만—을 순종할 수 없거나 순종하지 않으려 한다면, 보복하거나 목숨 걸고 저항하는 일이 차선(*the second best*)입니다. 그것이 비록 최선에서는 아주 멀리 떨어져 있지만 말입니다. 비겁은 폭력보다 더 나쁜 무능(*impotence*)입니다. 겁쟁이는 복수를 원하지만 죽는 게 무서워서, 다른 사람들에게 혹은 당시의 정부에 자신을 방어해 주기를 기대합니다. 겁쟁이는 인간 이하입니다. 인간 사회의 일원이 될 자격이 없습니다. 마지막으로 만일 여성들이 내 충고를 따랐거나 혹은 지금이라도 따르게 되면, 모든 여성은 오빠 혹은 자매로부터의 배려나 도움을 기다리지 않고, 자기 자신을 보호할 수 있을 것임을 덧붙이고 싶습니다.

답변 2 물론 언급된 이중 역할은 분명히 나쁩니다. 그것은 우리 국민적 삶의 슬픈 대목입니다. 나의 비난은 보편적으로 적용되는 것입니다. 다행히 그것은 옳지 않은 일이므로 오래 지속될 수 없을 것입니다.

답변 3 유일하게 조직된 권세는 영국인의 것입니다. 우리는 모두 그들 손아귀의 꼭두각시에 불과합니다. 그러나 그 권세를 비난하는 것은 잘못이며 어리석은 일입니다. 권세는 그 자체의 성질대로 움직입니다. 권세가 우리를 강요하여 꼭두각시가 되라고 한 것은 아닙니다. 우리는 자발적으로 그들의 진영으로 뛰어 들어간 것입니다. 그래서 영국의 놀음에 놀아나기를 거부하는 것은, 우리 모두가 제각각 할 수 있는 일입니다.

영국의 권세가 인도를 떠나려고 노력하고 있다는 점을 솔직하게 인정합시다. 그것은 다만 그 방도를 모를 뿐입니다. 영국은 인도를 떠나기를 솔직히 원하고 있고, 떠나기 전 오랜 기간 동안 자행해왔던 부정(不正, *the wrong*)을 고치기를 원하고 있습니다. 나는 '늘 박해받아온 자'의 처지에서 어디가 아픈지를 당연히 알고 있습니다. 나는 영국 권세에게 스스로 저질러온 부정을 신속히 고치려면 인도의 운명을 인도에게 일임하라고 쭉 말해왔습니다. 하지만 영국의 업무에 종사하고 있는 자들은 이런 명백한 사실을 자각할 수 없습니다. 그들은 우리보다 자신들이 인도에 대해서 더 잘 안다는 신념으로 자만하고 있습니다. 그들은 1세기 이상 우리를 종속의 지위에 두는 데 성공했고, 스스로 우리 운명의 재판관으로 자처할 권리를 주장합니다. 우리가 만일 평화의 길을 통해서 우리의 역량을 충분히 발휘하려면 불평해서는 안 됩니다. 사탸그라하는 결코 복수하는 것이어서는 안 됩니다. 그것은 파괴가 아니라 개심을 믿습니다. 그 실패의 원인은 사탸그라히(진리파지자)들의 약점이지 법 자체의 결점은 아닙니다. (이유가 어디에 있든) 떠나기로 결정한 영국의 권세는 결점과 약점을 점점 더 많이 보여줄 것입니다. 여러 정치 당파는 그 권세가 점점 더 꺾이고 있는 갈대라는 점을 발견하게 될 것입니다. 그리고 힌두교도와 이슬람교도가 반목하듯이 정치 당파들이 반목할 때 인도가 독립국이 되려면, 이편이나 저편 또는 쌍방 모두가 보호를 요청하기 위해서 영국의 권세에 기대하는 짓은 의도적으로 그만둬야 한다는 점을, 이편이나 저편 아니면 쌍방 모두가 깨달아야 합니다.

답변 4 이제 마지막 질문입니다. 우리가 아직 내란의 한복판에 있는 것은 아니지만 그곳으로 접근하고 있습니다. 우리는 현재 내란과 경주하고 있습니다. 전쟁이란 깡패주의(*goondaism*)가 대규모로 또는 국가적 규모로 실행될 때 그것을 지칭하는 고상한 용어입니다. 만일 영국인들이 현명하다면 그 전쟁에서 멀리 떨어져 있어야 할 것인데, 보기로는 그 반대입니다. 지역 의회의 영국인 의원들도 1935년 법령에 의해서 의원직이 부여되었다는 점을 시인하기를 거부하고 있는데, 그것은 그 행위가 옳아서가 아니라 영국의 이익을 보호하고 힌두와 무슬림을 분리시키기 위해서였습니다. 하지만 그들은 그것을 보지 못합니다. 그 사실은 작은 문제입니다. 그럼에도 그것은 풍향을 보여주는 지푸라기입니다. 스와라즈를 사랑하는 자들, 그리고 행하는 자들은 이런 조짐을 보고 당황해서는 안 됩니다. 내 충고는 처음도 사탸그라하이고 마지막도 사탸그라하입니다. 이 길 이외에 자유로 향하는 다른 길은 없으며 보다 나은 길도 없습니다. 자유의 오존을 마시고 싶은 자라면 누구라도 군대나 경찰의 도움을 받지 않겠다는 결심을 단단히 해야 할 것입니다. 혼자든 여럿이든 그들은 자신들의 강력한 무기에 항상 의존하든지, 아니면 그것보다는 무한히 좋은 것, 즉 자신의 무기든 남의 무기든 무기와는 별개의 것인 그들의 강한 마음과 의지에 항상 의존해야 할 것입니다.

뉴델리, 1946. 9. 9

무엇을 해야 할까, 〈하리잔〉, 1946. 9. 15 ; 《전집》 92 : 198

291) 비폭력과 무저항

질문 어떤 학생이 다음과 같이 쓰고 있습니다.

> 모든 사람들이 정치적 일꾼 흉내를 내는 것이 하나의 유행이 되었습니다. 그리고 정치는 연설과 선거운동에의 참여로 이뤄져 있습니다. 당신은 국민회의위원회들의 상세 기록부가 연례 회기의 의사록 이외에는 텅 비어 있다는 점을 안다면 고통스러울 것입니다. 그것은 순전히 권력정치(*power politics*) 입니다. 학생들 역시 그 소용돌이에 빠지게 되었습니다. 정치적 일꾼에 대한 당신의 이상은 무엇입니까?

답변 나는 건설적 작업의 필요성을 늘 강조해왔고, 그 목적을 위해서 모든 일꾼들의 지침을 위한 항목 목록을 작성했습니다. 나는 건설적 프로그램이 생기와 이해력으로 실행되었다면, 그 결과는 단순한 정치적 스와라즈를 훨씬 넘어서는 것이 되었을 것이라고 생각합니다. 우리 일꾼들이 봉사를 통해서 민중의 심정 안에 국민회의를 확립했다면 연설과 선거운동은 불필요했을 것입니다. 그렇다면 권력보다 봉사가 많았을 것이고, 국민회의위원회의 주례 집회 혹은 격주 집회는, 광범위한 작업 분야에서 위원회들이 거둔 행위와 업적에 대한 상세한 설명으로 가득 차게 될 것입니다.

그것은 비겁이 아닙니까?[128]

질문 비폭력은 당신의 견해로는 비겁이 아니라 불의(*injustice*)에 대한 저항의 형식입니다. 당신은 시민저항자들인 무고한 사람들을 체포·수감하는 일이 잘못임을 인정했습니다. 그런데 당신은 체포와 수감을 기꺼이 자초해왔습니다. 이것은 일관성이 없으며 비겁한 짓이 아닙니까?

답변 당신은 비폭력의 작용을 알지 못하고 있음이 분명합니다. 부당한 법(*unjust law*) 자체가 이미 폭력의 일종입니다. 그 위법에 대한 체포는 더욱 그렇습니다. 이제 비폭력 법칙은 폭력에 저항할 때에는 대항적 폭력(*counter-violence*) 대신 비폭력을 사용해야 한다는 점을 말하고 있습니다. 그리고 법률 위반은 처벌이 따르게 마련입니다. 내가 법률이 부당(*unjust*)하다고 말한다고 해서 그것이 부당한 것이 되는 것은 아닙니다. 하지만 내 생각으로 그것은 부당합니다. 국가는 법률이 우리 법률서에 적혀 있는 동안은 그것을 시행할 권리가 있습니다. 나는 그것에 비폭력적으로 저항해야 합니다. 나는 그 법률을 위반하고 체포와 수감에 평화롭게 순종함으로써 이 일을 합니다. 나는 그런 행위가 필요한 만큼은 그것을 용감한 행위라고 부릅니다. 교도소의 일반적인 처우가 나의 심리 상태에 아무 차이도 만들지 못한다면, 나 같은 사람을 수감해도 그것이 나에게 아무 고통을 주지 않을 것이라는 사실은 여기 논의와는 무관한 것입니다. 그래서 현재 논의하고 있는 무저항(*non-resistance*)은 비폭력의 본질적 조건이지 비겁함의 증상은 아닙니다. 반면, 이 경우와 같이 체포당하기를 거부

128 〔역주〕《전집》 권 92, 182면에 따라서 소제목을 단다.

하는 일 등에서 일어나는 저항은 허세나 사려 깊지 못한 폭력일 것임이 분명하고, 비겁한 허풍으로 간주될 수도 있을 것입니다.

뉴델리, 1946. 9. 14

메모, 〈하리잔〉, 1946. 9. 22 ; 《전집》 92 : 257

292) 비폭력과 원자탄

뉴델리, 〔*1946. 9. 24* 이전〕

간디지 인도는 독립을 향하여 진군하고 있습니다. 그것은 무슬림연맹과 국민회의 사이에 합의가 있든 없든 오고 있습니다. 아무도 그것을 정지시킬 수 없습니다. 그것이 인도의 운명입니다. 인도는 그것을 위해서 피를 충분히 흘렸습니다. 물론, 저 둘 사이에 진심 어린 협력이 있다면, 진전은 보다 빠를 것이고 순조로울 것입니다. 하지만 그것은 위장이 아니라 심정의 참된 일치여야 합니다.

언론인과 유대가 있고 그래서 우정이 있다고 주장하는 간디지는, 언론의 기능이라고 생각되는 것을 이 친구에게 말함으로써 얘기하기 시작했다.

간디지 언론인은 침묵을 지켜서 자신의 업무를 가장 잘하는 경우도 있습니다.

질문 간디지는 일반인이 사실(*facts*)에 대해서 충분한 지식을 얻기만 한다면, 올바르게 판단할 수 있는 능력을 가질 것이라는 점에 대해서 믿지 않았습니까?

답변 사실에 대한 지식이 아닙니다. 사실이라고 하는 것은 사물에 대한 인상이나 평가일 따름이고, 그 평가는 다양합니다. 따라서 사람은 동일한 사건에 대해서 상이한 버전들을 얻게 됩니다. 민주주의를 작동시키기 위해서 정말로 필요한 것은 사실에 대한 지식이 아니라 올바른 교육입니다. 그리고 저널리즘의 참된 기능은 공공의 마음을 교육하는 것(*to educate the public mind*)이지, 공공의 마음에 그 공공의 마음 자체가 원하거나 원치 않는 인상을 축적하는 것은 아닙니다. 그러므로 저널리스트는 무엇을 보도하고 언제 보도할지에 대해서 분별심을 발휘해야 합니다. 그러나 실정은 저널리스트가 사실에만 매달리는 일에 만족하지 않습니다. 저널리즘은 '사건들을 지성적으로 예상하는' 기술(技術)이 되어 버렸습니다.

공인으로서 그리고 사회개혁가로서 나는 언제 얘기해야 할지, 아니면 입을 꾹 다물고 있어야 할지 판단해야 합니다. 세상에 필요한 것은 말이 아니라 행동입니다. 행동과 사고는 말보다 훨씬 많은 것을 얘기해 줍니다. 그리고 이것은 위대한 인물이건 소인이건 양자 모두에게 적용됩니다.

질문 러시아에 대해서는 어떻게 생각합니까?

답변 러시아는 나에게 하나의 수수께끼입니다. 나는 민중을 대변한다는 나라가 제국주의 세력으로 변해 버렸다(이 보도가 옳다면)고 생각하면 가슴이 아픕니다. 하지만 나는 위대한 민중에 대해서 그리고 스탈린과 같이 위대한 인물에 대해서 판단을 내리지는 않을 것입니다. 그들에 대한 자료가 없습니다.

질문 세상은 진보하고 있습니까? 현대 세계에서 삶과 존재를 위한 투쟁이 용이하게 된 것은 인간의 본능과 감수성을 무디게 했습니까?

답변 만일 그것이 당신의 논평이라면 그것을 지지하겠습니다.

질문 그리고 원자탄은?

답변 아, 그 점에 대해서 나는 상심을 이길 도리가 없습니다. 이 사실은 당신이 주저 없이 온 세계에게 선언해도 좋습니다. 나는 남녀노소의 대량 파괴를 위해서 원자탄을 사용한 것을, 과학의 가장 악마적인 사용으로 간주합니다.

질문 해독제는 무엇입니까? 원자탄이 비폭력을 낡은 것으로 만들었습니까?

답변 아닙니다. 원자탄이 파괴할 수 없는 유일한 것이 바로 그것입니다. 나는 원자탄이 히로시마를 날려 버렸다는 사실을 처음 들었을 때 손가락 하나 움직이지 못했습니다. 반대로 나는 스스로 나에게 "세계가 이제 비폭력을 수용하지 않는다면 원자탄은 인류에게 명백한 자살을 의미할 것이다"라고 말했습니다.

질문 세상으로 이제 막 진입하려는 청년에게 당신은 아버지다운 충고로 무엇을 주렵니까?

답변 침묵을 지키라고 말할 것입니다. 셰익스피어는 "당신의 귀를 만인에게 빌려주고, 당신의 목소리는 아무에게도 주시 마시오"[129]라

129 〔역주〕 영어 원전의 문장은 'Lend everybody thine ear, thy voice to none'으로 되어 있지만 실제 《햄릿》 1막 3장에는 'Give everyman thy ear, but few thy voice'로 되어 있다. 간디가 즉석에서 한 말이어서 약간의 차이가 생긴 것으로 보인다. 흥미로운 점은 《햄릿》에서도 이 말은 아버지가 아들에게 한 충고였다는 것이다. 77세의 간디가 맥락은 정확히 기억하고 있다. 출전을 찾아준 경희대 영어학부 송창섭 교수께 감사드린다.

고 말하지 않았습니까?

질문 당신은 그 정책을 상당히 잘 따랐습니다.

답변 그렇습니다. 나는 어릴 적에 스스로 바보천치이며, 결코 말할 수 없을 것이라고 생각했습니다. 이제 나는 그 무능함에 대해서 감사하게 여깁니다.

질문 당신은 평생토록 투사였습니다. 그런 투쟁이 당신에게 무엇을 가져다주었습니까?

답변 그것은 다음 투쟁을 위해서 마음을 다잡아 주었습니다. 투쟁은 나에게 이익을 주었습니다. 그것이 다른 사람들에게 무엇을 했는지는 모릅니다.

질문 무슬림연맹과 국민회의 사이의 차이점이 한두 가지 근본적인 이슈로 요약될 수 있음을 감안하면, 합의를 도출하기 위해서 약간 희생하는 것이 좋지 않습니까?

답변 분명치 않은 이익을 얻기 위해서 원칙을 희생할 순 없을 것입니다.

질문 나는 논쟁의 양쪽 얘기를 들어보았지만 국외자로서 뭐가 뭔지 모르겠습니다. 현 상황에서는 판단을 유보할 수밖에 없을 것으로 보입니다.

답변 쌍방이 합의할 수 없고, 쌍방 모두 진지한 확신을 가지더라도, 둘 중 하나가 잘못임은 분명합니다. 쌍방 모두 옳을 수는 없습니다.

그 경우 세상이 중재자가 되어야 합니다. 세상이 감히 판단을 유보해서는 안 됩니다. 완벽하게 정의롭기를 원하던 사람들조차도 오판에 도달하는 것은 비폭력의 전개 과정에 흔히 발견되는 일이었습니다.

언론인 친구는 떠나기 전 간디지에게 다가오는 생일에 대해서[130] 미리 축하의 말을 했다.

간디지 나에게 그것은 전혀 중요하지 않습니다. 사람은 매일 재생됩니다(*reborn*). 어쨌든 나여야 합니다.

영국 언론인과의 대담, 〈하리잔〉, 1946. 9. 29 ; 《전집》 92 : 330

293) 원자탄과 도덕적 힘

파트나, 간디 캠프, *1947. 4. 25*

인도는 조만간 자유를 얻을 수밖에 없습니다. 그토록 엄청난 희생을 치렀으니 우리의 진지한 노력이 실패로 끝날 수는 없습니다. 하지만 만일 무슬림연맹이 우리와 협력한다면, 우리는 내일이라도 당장 자유(*freedom*)를 얻을 수 있을 것입니다. 현재 임시정부(*Interim Government*)에 참여한 연맹의 대표자들이 흔쾌히 참여한 것은 아니었습니다. 성실한 연합일 경우에만 행복한 연합이 될 것입니다. 오늘날 세상은 말이 아니라 행동을 필요로 합니다. 우리의 신념은 실천되었을 경우에만 가치가 있습니다. 그렇지 않다면 무슨 일도 성취하기가 어려울 것입니다. 우리가 진리와 비폭력을 무기로 삼아서 싸워왔다는 것은 의심의 여지가 없습니다. 나는 비폭력 노선에 따라서 민중을 준비시키는 일에 있어서, 내가 생각한 이상에까지 도달하지 못했다는 점을 고백하지 않을 수 없습니다. 하지만 나는 내 자신의 양심에 비춰보는

130 〔역주〕 간디의 생일은 10월 2일이다.

한, 나 스스로 신구의(身口意)를 통해서 그 이상에 도달하기 위해서 분투해왔고 지금도 여전히 분투하고 있습니다. 만일 내가 무의식적으로 해이(解弛)함의 죄를 범했다면, 나는 그것을 알아채지는 못할 것입니다. 하지만 어떤 인간 사회도 비폭력의 길을 따르지 않고서는 결코 행복할 수 없을 것입니다. 이 원리는 나의 발견물이 아니라 태곳적부터 인간이 이행해왔던 것입니다. 민중의 권리를 지지해왔던 러시아와 같은 나라가 제국주의 국가(*imperialistic State*)를 수립하는 일에 빠지고 말았습니다. 이것은 얼마나 비극적인 일입니까! 나는 원자탄을 발명한 사람이 과학의 세계에서 가장 무거운 죄를 저지른 자라고 생각합니다. 세상을 구원할 수 있는 유일한 무기는 비폭력입니다. 세상의 조류를 고려하면, 나는 모두에게 바보로 비칠지도 모릅니다. 하지만 나는 그것을 유감으로 여기지 않고, 신께서 나에게 원자탄을 발명할 능력을 부여하지 않으셨다는 점을 위대한 축복으로 간주합니다.

서양 사람들이 원자탄에 대해서 광분하고 있다고 말하는 것은 잘못입니다. 그들 사이에서도 그것에 대해서 재고(再考)하는 자들이 있습니다. 나는 사람들이 진리와 비폭력에 순종하는 경우에만 행복해하고 만족해할 것이라는 점에 대해서 완전한 신앙과 확신을 갖고 진술할 수 있습니다. 지금 현재로는 이 둘이 모두 사라진 것처럼 보이지만 결코 완전히 사라지지는 않았습니다. 여러분은 외국인들에 대해서 질의했습니다. 나는 그들이 인도인으로서 살아가기를 원하는 경우에만 인도에 궁극적으로 머물 수 있을 것이라고 말할 수 있습니다. 그렇지 않다면 그들은 여기에 있을 만한 자리가 없습니다. 인도가 자유를 얻게 되면, 우리는 다른 나라 사람들과 우정을 길러야 하고 일체의 불협화음을 피해야 합니다. 우리가 우리 자신의 자유를 보호하는 과정에서 많은 실수를 범할 수 있고, 셀 수 없이 많은 난관에 직면할 수 있음을 우리는 알고 있습니다. 우리가 민중의 기대에 미치지 못할 가능성은 충분히 있습니다. 하지만 거기에 어떤 위험도 없습니다. 우리는 시도와 실수를 통해서만 배웁니다. 만일 국민회의가 진리와 비폭력을 거부한다면, 도덕적 힘과 권위는 반드시 손상당할 것입니다. 그러나 진리와 비폭력은 자발적으로 추종해야 합니다. 그럴 경우에만 그것들은 살아남을 수 있습니다. 강요 아래 행해진 일은 지속될 수 없습니다. 이러한 규칙들은 헌법 안에 쓰여 있는 것은 아닙니다. 의복의 좋고 나쁨을 떠나서 의복을 입는 것이 필수적이므로 우리가 몸을 가리는 것을 원리로 받아들였듯이, 모든 인간이 진리와 비폭력을 수용하는 것이 필수적이라고 나는 말할 수 있습니다.

영국인들과의 대담[131](G.), 《비하르니 코미 아그만》, 253~254면

7. 전쟁과 평화

294) 전쟁, 타락, 인내 〔*1909. 10. 8*〕

전쟁은 그 짐승 같은 힘의 온갖 영광과 함께 반드시 사람을 타락시킵니다. 그것은 전쟁을 위해서 훈련받은 자를 의기소침하게 만듭니다. 그것은 천성적으로 온유한 성격의 소유자를 잔인하게 만들고, 아름다운 도덕률 일체를 유린합니다. 전쟁이 가는 영광의 길은 탐욕의 정염으로 더러워지고, 살인의 피로 물들어 있습니다. 이것이 우리가 목표로 삼고 있는 길은 아닙니다. 강하고 순수하며 아름다운 인격 도야라

131 〔역주〕 간디는 아침 산보를 하는 동안 두 영국인들과 대담을 했다. 《전집》 권 94, 383면.

는 우리의 목표 실현에 가장 큰 도우미는 고통을 인내하는 것입니다. 자기규제, 사리사욕의 없음, 인내, 온유함 등은 고통을 받아들이면서도 남에게 고통을 강요하기를 거부하는 사람들의 발아래에 피어나는 꽃들입니다. 그리고 요하네스버그 · 프리토리아 · 하이델베르크 · 폴크스루스트라는 암울한 감옥은 이와 같은 신의 정원에 당도하는 네 갈래 길입니다.

런던 에머슨 클럽에서의 연설,
〈인디언 오피니언〉, 1910. 2. 12 ; 《전집》 10 : 104

295) 전쟁 후유증

내가 세계대전에 대한 페이지 씨의 훌륭한 소책자의 핵심 부분을 게재한 데는 다 의도한 바가 있었다. 나는 독자들이 합당한 배려와 주의를 기울여서 그 장들을 읽었기를 바란다. 페이지 씨는 쌍방이 함께 비난받아야 하고, 쌍방이 다 야만적이며 비인간적인 행동을 벌였다는 점을 결정적으로 입증했다. 페이지 씨의 도움이 없었다고 해도, 역사 기록이 남아 있는 어떤 전쟁보다 이번 전쟁이 가장 많은 인명을 앗아갔다는 사실은 알 수 있다. 도덕의 상실은 더욱 심대했다. 육신을 파괴하는 힘만큼 혼을 파괴하는 유독한 힘들(거짓말과 사기)이 완성되었다. 도덕적 결과는 물리적 결과만큼이나 끔찍했다. 전쟁이 가져온 성도덕의 붕괴가 인류에게 가져온 결과를 측량하기란 아직 너무 이르다. 악이 덕의 왕관을 찬탈하고 말았다. 인간 내부의 야수성이 당분간 우위를 점하게 되었다.

아마 그 후유증이 지금 당장의 실제적 효과보다 더욱 끔찍할 것이다. 유럽에서 통치의 안정성을 지닌 국가(*State*)는 단 하나도 없으며, 자신의 상태에 대해서 만족하는 계급 역시 없다. 하나의 계급은 나머지 계급을 희생하고서 자신을 개선하기를 원한다. 국가 간의 전쟁은 각 국가 내부의 전쟁이 되었다.

인도는 스스로 선택해야 한다. 인도가 원하기만 한다면, 전쟁의 길을 가서 이전보다 더 타락할 수 있다. 인도는 힌두·무슬림 분쟁에서 전쟁 기술에 대해서 최초의 교훈을 얻은 것으로 보인다. 만일 인도가 전쟁을 통해서 자유(*freedom*)를 획득할 수 있다면, 인도의 상태는 프랑스나 영국의 상태보다 더 나을 것이 없고 아마 훨씬 나빠질 것이다. 과거의 사례들은 이제 낡은 것이 되었다. 일본의 상대적인 진보조차 아무 지침이 되지 못한다. 전쟁의 '과학'은 러일전쟁 이후 더 많이 '진보'하게 되었기 때문이다. 그 결과는 유럽의 현 상황 아래에서만 연구될 수 있다. 인도가 전쟁을 통해서 영국의 멍에를 벗어날 수 있다면, 페이지 씨가 선명하게 묘사했던 상태를 통과해야 할 것이라고 우리는 확실히 말할 수 있을 것이다.

하지만 평화의 길이 인도 앞에 열려 있다. 인도가 인내심을 발휘한다면 인도의 자유는 보장될 것이다. 그것이 우리의 급한 성격에서 보면 가장 먼 길처럼 보일지 몰라도 가장 짧은 길임이 판명될 것이다. 평화의 길은 내면의 성장과 안정성을 보증해 준다. 우리가 평화의 길을 거부하는 이유는, 그 길이 우리에게 자신의 의지를 강요해 왔던 통치자의 의지에 복종하는 것이라고 상상하기 때문이다. 하지만 우리는 그 강요가 사이비라는 사실, 그리고 생명의 상실 혹은 재산의 상실을 감내하지 않는 우리의 태도가 그 강요 행위에 가담하게 된다는 사실을 깨닫는 순간, 우리가 꼭 해야 할 바는 수동적 묵인이라는 부정적인 태도를 변화시키는 일이다. 그 변화가 갖고 올 고통은 전쟁의 길로 나갈 때 우리가 일으키고야 말 물리적 고통과 도덕적 상실에 비하면 아무것도 아닐 것이다. 그리고 전쟁의 고통은 쌍방 모두에게 상처를 준다. 평화의 길을 따르면서 경험하는 고통은 쌍방에게 이익을 줄 것이다. 그 고통은 새로운 탄생에 따르는 유쾌한 산고와 같을 것이다.

1920~1921년에 발생한 사건들을 성급하게 일반화함으로써 오도되지 말자. 그 영광된 시기의 성취가 아무리 위대했을지라도, 우리가 진실하고 신앙을 가졌다면 성취할 수도 있었을 업적에 비하면 아무것도 아니었다. 우리가 입술로는 비폭력에 경의를 표하면서도 우리 대부분의 가슴에는 폭력이 있었다. 그리고 우리는 강령을 받아들였으면서 그것을 지키지 못했다. 그런데도 우리 스스로 책망하고 교정하는 대신 그 강령을 비난하고 그것에 대한 신앙을 상실하고 말았다. 차우리 차우라(Chauri Chaura)[132]는 우리 몸을 독살하는 질병이 가진 증상 중의 하나였다. 우리의 길은 평화롭고 비폭력적인 길이라고 주장되었다. 하지만 우리는 그 주장을 완전히 견지할 수 없었다. 우리는 '대적'의 조소에 신경 쓸 필요가 없다. 그들은 폭력의 흔적도 없는 곳에서 폭력을 보았다. 하지만 우리는 '내면의 세미(細微)한 목소리'(*still small voice within*)의 판단을 무시할 수는 없었다. 그것은 내면의 폭력을 알아차렸다.[133]

평화의 길은 진리의 길이다. 진실은 평화보다도 훨씬 중요하다. 실제로 거짓은 폭력의 어머니이다. 진실한 사람은 폭력을 오래 행사할 수 없다. 그는 폭력적일 필요가 없다는 점을 모색의 과정에서 알게 될 것이고, 그의 내부에 폭력의 아주 작은 흔적이라도 있는 한 자신이 탐색하고 있는 진리를 찾을 수 없을 것이라는 점도 알게 될 것이다.

---

132 〔역주〕 고라크푸르(Gorakhpur) 소재 작은 마을. 1922년 2월 4일 폭동이 일어나서 20여 명의 경관들이 살해당한 장소.

133 〔역주〕《전집》 권 35, 245면에 이 문장은 없다.

한편에는 진리와 비폭력이 있고 다른 한편에는 허위와 폭력이 있을 때, 양자 사이에 중도는 있을 수 없다. 우리가 신구의에서 완벽하게 비폭력적일 정도로 강할 수는 없을지도 모른다. 하지만 우리는 비폭력을 목표로 유지해야 하고, 그것을 향하여 꾸준히 진보해야 한다. 한 개인의 자유든 국가(*nation*) 또는 세계의 자유든, 자유의 성취는 각자가 이룬 비폭력의 성취에 정확히 비례해야 한다. 그러므로 비폭력이 참 자유를 획득할 수 있는 유일한 방법이라고 믿는 자들로 하여금, 앞을 내다볼 수 없는 지금, 어둠의 한가운데서 비폭력의 등불을 계속 밝게 불태우게 하자. 소수의 진리가 중요하다. 수백만 명의 허위는 한 줄기 바람 앞의 겨와 같이 사라질 것이다.

전쟁인가 평화인가, 〈영 인디아〉, 1926. 5. 20 ; 《전집》 35 : 318

296) 참전

투고자 한 분이 다음과 같이 쓰고 있다.

> 이 글을 쓰는 데 대한 나의 변명은, 진리와 아힘사의 추종자로서의 당신이 전쟁에 대해서 취하는 태도를 드러내는 자전적인 장이 외견상 수많은 사람의 생각을 뒤흔들었으며, 나보다 유능한 사람이 있었다면 그것에 대해서 당신에게 글을 보냈을 것이라는 점입니다. 하지만 나는 나를 충격으로 몰아넣은 서너 가지 사항을 알려 드리고 싶습니다. 진리와 비폭력의 사도라면 악한 일에 저항할 수는 없다고 해도 그런 일과 부당하게 교섭할 수는 없다는 것이 근본적 원리가 아닙니까? 혹자가 말하듯이 전쟁은 필요악입니다. 하지만 전쟁 이후 세상 사람들이 전쟁의 사악함을 자각할 것이라는 희망을 품고 전쟁을 찬성하는 것은 일고의 가치가 없습니다. 그런 자각은 올 리가 없습니다. 반대로 인간의 냉담함은 더욱 심해지고, 생명의

거룩함에 대한 느낌은 파괴되었습니다.

무정부주의자들은 당신이 말하고 행동하듯이 다음과 같이 주장할 수 있었습니다. "우리는 유럽의 공격과 테러리즘을 중지시킬 수 없습니다. 우리는 군중의 힘으로 테러리즘에 저항할 수 없습니다. 하지만 만일 우리가 공격과 테러리즘을 그들에 대해서 사용함으로써 그런 방식들의 사악함을 그들에게 증명해 보일 수가 있다면, 그들은 자신들의 아둔함을 볼 것이고, 우리는 자유롭게 될 것이며 세상을 테러리즘에서 구원할 것입니다. 우리 통치자들이 힘사를 사용하는 한, 그리고 우리가 테러리즘을 증오하는 한, 우리가 그런 무기들에 탐닉하지 않는다는 전제만 있다면 이런 무기들을 사용하는 데 무슨 해가 있겠습니까?" 저 세계대전(제 1차 세계대전)이 여러 국가 특히 승자들에게 실제 어떤 득이 되었습니까? 그들은 전쟁에서 승리한 결과로 물질적 · 도덕적 · 사회적으로 엄청난 손실을 입었습니다. 그들의 도덕적 기준은 완전히 전복되었고, 목전의 삶을 위한 투쟁은 나날이 더 치열해지고, 국제 관계에서 그들의 진리와 정직은 나날이 더 무시되고 있습니다. 전쟁이 아무리 '의롭다'(*righteous*)고 해도 거기에서 어떤 선(善)이 나올 수 있을까요? 우리가 수동적으로든 적극적으로든 전쟁을 묵인하느니 차라리 그에 대해서 반대하고 그 대의 명분을 위해서 고통을 받아들여야 하지 않을까요? 전쟁에 적극적으로 가담하는 사람들보다 평화주의자들(*pacifists*)이 그 명분에 더 잘 봉사한다는 것을 당신은 믿지 않나요? 당신의 말은 1914년 당신이 영국인의 심성에 일종의 정의감(*sense of justice*)이 있다고 생각했을 때의 심리 상태를 대변하는 것으로 보입니다. 그것이 옳았다고 당신은 지금 느낍니까? 만약 내일 또 다른 전쟁이 포고된다면, 전쟁 이후 당신이 일하기가 더 수월해질 것이라는 희망 아래 자발적으로 영국을 도우렵니까? 나는 최선의 방식으로 나의 주장을 제시하지 않았다는 점은 스스로 알고 있습니다. 하지만 당신은 내가 당신에게 무엇을 말하려고 하는지를 이해할 수 있을 것이고, 당신의 답장을 받는다면 나는 기뻐할 것입니다.

나는 이 투고자가 자신의 주장을 '최선의 방식으로' 제시하지 않았다는 사실에 대해서 동감한다. 하지만 글이 주간지에 실린다는 이유만으로 상당히 진지한 글조차 조심스레 읽지 않는 부류의 독자가 있는데, 투고자도 그런 부류이다. 투고자와 같은 독자들이 문제가 된 장을 다시 읽는다면, 그들은 거기에서 다음을 도출할 수 있을 것이다.

1 내가 전쟁이 옳다고 믿었기 때문에 전쟁에 봉사한 것은 아니었다. 나는 적어도 간접적으로는 참전을 피할 수가 없었기 때문에 참전했다.

2 나는 참전에 대해서 저항할 처지가 아니었다.

3 나는 참전함으로써 전쟁을 피할 수 있다는 것을 믿지 않는다. 이는 악에 참여함으로써 악을 피할 수 있을 것이라는 점을 내가 믿지 않는 것과 같다. 그렇지만 이와 같은 참전은, 우리가 악이나 바람직하지 못한 일로 생각하면서도 그런 일에 정말로 어쩔 도리 없이 참여하는 것과는 구별되어야 할 필요가 있다.

4 저 무정부주의자가 테러리즘에 가담한 것이 의도적이고 자발적이며 미리 예상된 것이라면, 그의 논의는 사안에 무관한 일이다.

5 전쟁이 이른바 승자들에게 아무 선도 가져다주지 않았음은 분명하다.

6 수감됐던 평화주의자 저항자들(*pacifist resisters*)이 평화의 명분에 봉사한 것은 사실이다.

7 내일 또 다른 전쟁이 포고된다면, 현재의 내 견해로는 현 정부를 어떤 형태로도 도울 수가 없을 것이다. 반대로, 나는 다른 사람들에게 정부에 대한 그들의 도움을 철회하기를 설득하는 일에 최선을 다할 것이고, 정부를 전쟁에서 패배시키기 위해서 아힘사와 일관된 것이라면 가능한 모든 일을 다할 것이다.

전쟁에 반대하는 전쟁, 〈영 인디아〉, 1928. 3. 8 ; 《전집》 41 : 292

297) 전시(戰時)에 가야 할 의무의 길

나는 지난번 전쟁에의 참전을 다루는 자전적인 한 글에서 내 친구들과 비판자 모두를 계속 당혹하게 만들었다. 다음에 또 다른 편지가 있다. … 134

나를 참전하게 만든 것은 복합적인 동기였음은 의심할 여지가 없다. 두 가지 사항은 내가 상기해낼 수 있다. 나는 개인적으로는 전쟁에 반대했지만, 그에 대해서 비폭력 저항을 효과적으로 펼 만한 처지에 있지 않았다. 비폭력 저항은 참으로 순수한 봉사를, 마음 깊은 사랑의 표현만을 따라갈 수 있다. 예를 들면, 미개인이 동물제물을 바치는 경우, 나는 그 미개인이 나의 사랑이나 다른 수단을 통해서 나를 친구로 인식하기 전까지는 저 동물제물에 반대할 처지가 못될 것이다. 나는 세상의 수많은 비행에 대해서 판단 내릴 위치에 있지 않다. 나 자신이 불완전하며 관용과 자선이 필요하다. 그래서 나는 효과 있는 훈계를 위한 기회를 발견하거나 그런 기회를 만들 때까지 세상의 불완전성을 관용한다. 나는 내 인생에서 비폭력을 실천하려고 한다. 나의 충분한 봉사를 통해서 대영제국이 벌이는 여러 전쟁과 전쟁 준비에 저항할 힘과 자신감을 내가 얻을 수 있다면, 나는 비폭력이 대중 사이에서 어느 정도 가능한지를 검증하는 일이 좋은 일이라고 느꼈다.

---

134 〔원주〕 여기에 게재하지 않는다. 투고자는 다음과 같이 물었다. "무엇이 당신을 참전하게 했습니까? 뭔가를 얻을 목적을 갖고 참전하는 것이 옳았습니까? 《기타》에는 '우리는 행위의 열매를 얻기 위해서 결코 행위해서는 안 된다'는 구절이 있는데, 이 구절과 참전은 어떻게 화해하는지를 나는 모르겠습니다." 〔역주〕 투고자는 《간디자서전》 4부 38·39장과 관련지어 이 질문을 던졌다. 《전집》 권 41, 282면.

또 다른 동기는 대영제국 정치가들의 훌륭한 직위들을 통해서 스와라즈를 위한 자격을 내가 갖추기 위한 것이었다. 그래서 제국이 생사를 건 투쟁을 하고 있을 때, 제국에 대한 봉사가 아니고서는 내가 자격을 갖출 수 있는 길은 없었다. 나는 지금 1914년 내가 제국을 믿고, 자유를 위한 인도의 투쟁에서 인도를 기꺼이 도우려는 제국의 능력에 대해서 믿고 있었을 때의 심리 상태에 대해서 글을 쓰고 있는데, 독자는 바로 그 점을 이해해 주길 바란다. 당시 내가 현재의 나처럼 비폭력적 반란자(*non-violent rebel*)였다면, 나는 분명히 제국을 돕지 않았을 것이고, 비폭력적인 온갖 노력을 경주하여 제국의 목적을 좌절시키려고 했을 것이다.

전쟁에 대한 나의 반대와 불신은 그 당시에도 지금처럼 강했다. 하지만 우리는 반대하면서도 할 수밖에 없는 일들이 세상에 많이 존재한다는 점을 인정해야 한다. 나는 전쟁을 반대하듯이 살아 있는 가장 저급한 생명체의 살생을 반대한다. 하지만 나는 언젠가는 이와 같은 형제살해 없이 살아갈 수 있는 능력을 얻으리라는 희망을 품고 계속하여 생명을 죽이고 있다. 그럼에도 불구하고 내가 비폭력 신봉자로 불릴 수 있는 자격을 갖추기 위해서는, 나의 시도는 정직하고, 끈질겨야 하고, 중단되어서는 안 된다. 목샤(해탈)는 육신의 존재(*embodied existence*)를 가질 필요성을 없앤다는 의미이다. 이런 목샤의 개념은, 인격이 완성된 남녀가 완전하게 비폭력적이어야 할 필요에 기초한다. 다른 모든 소유와 마찬가지로 육신의 소유는 일정 정도 폭력을 요구한다. 그 폭력이 아무리 적을지라도 말이다. 상충하는 것으로 보이는 요구들 중에서 의무의 길을 골라내기는 때때로 어려운 일이다.

마지막으로, 위에서 언급한 시구는 《기타》에서 따온 것으로 이중적 의미를 지니고 있다. 첫 번째로 우리 행위의 배후에 이기적인 목표가 조금도 있어서는 안 된다는 것이다. 스와라즈를 획득하려는 목표는 이기적인 목표가 아니다. 두 번째로 행위의 열매에 대해서 집착하지 않는다는 것은 그 열매에 대해서 무지하다는 것도 아니고, 그것을 무시하거나 부인하는 것도 아니다. 집착하지 않는다는 것은 예상된 결과가 오지 않는다고 해도 행위를 결코 버리지 않는다는 것을 의미한다. 반대로, 무집착은 때가 되면 예상된 결과가 올 것이라는 확실성에 대한 움직일 수 없는 신앙의 증거이다.

여전히 있는 그대로, 〈영 인디아〉, 1928. 3. 15 ; 《전집》 41 : 320

298) 참전의 책임

리히트 목사는 나에게 보내는 장문의 공개서한을 《진화》라는 프랑스 잡지에 게재했다. 그는 친절하게도 나를 위해서 그것을 번역해 주었다. 그 공개서한은 보어전쟁과 내가 제1차 세계대전에 참전한 것을 강력하게 비판하고, 나의 행위를 아힘사에 비춰서 설명해 보라고 청했다. 다른 친구들 역시 같은 질문을 했다. 나는 본 난에서 여러 번 설명하려고 했다.

아힘사의 저울로만 달았을 경우 내 행동은 결코 옹호될 수 없다. 나는 파괴의 무기를 휘두르는 사람과 적십자 일을 하는 사람을 구별하지 않는다. 쌍방 모두 참전했고 전쟁의 명분을 위해서 일했다. 쌍방 모두 전쟁의 죄에 대해서는 유죄이다. 하지만 이만큼의 세월이 흐르는 동안의 나의 성찰 이후에도, 나는 내가 처해 있는 상황에서 보어전쟁과 세계대전의 기간 동안, 그리고 이른바 1906년 나탈에서 일어난 줄루족 (반란)의 기간 동안 걸어왔던 경로를 받아들일 수밖에 없었음을 느낀다.

인생은 다중(多重)의 힘들에 의해서 지배된다. 단 하나의 일반 원리가 자신의 행위를 결정한다면, 특정 순간 그 원리의 적용이 너무나 명백하여 일초의 반성조차 필요 없을 정도가 되어서 인생은 순항(順航)하게 될 것이다. 하지만 내가 단 하나의 행위에서도 그렇게 쉽게 결정할 수 있었던 적은 없다.

나는 확신에 찬 전쟁 반대자(*war-resister*)였다. 그래서 파괴 살상용 무기의 사용법에 대해서 훈련을 받을 기회가 있었지만, 그런 훈련을 받아 본 적은 단 한 번도 없었다. 나는 아마 그런 방식으로 인간 생명의 직접적인 파괴를 피했다. 하지만 내가 힘에 기초를 둔 정부체제 아래에서 살아가며, 정부가 나를 위해서 창조한 많은 시설과 특권을 내가 자발적으로 이용하고 있는데, 그 정부가 전쟁을 벌이게 되었다고 해 보자. 그때 나는 정부에 대해서 비협조를 하지 않는 한, 그리고 정부가 나에게 베푼 특권을 능력껏 포기하지 않는 한, 그 정부를 최선을 다하여 도와줄 수밖에 없다.

사례 하나를 들어보겠다. 나는 서너 에이커들의 토지를 소유하고 있는 단체의 일원이고, 그 단체의 작물은 원숭이들 때문에 임박한 위험에 처해 있다. 나는 모든 생명의 거룩함을 믿는 자로서 그 원숭이들에게 일체의 상해를 가하는 일을 아힘사의 위반으로 간주하고 있다. 그러나 나는 작물을 살리기 위해서 원숭이들에 대한 공격을 주저 없이 부추기고 지도한다. 나는 이런 악을 피하고 싶다. 그 단체를 떠나거나 해체한다면 그 악은 피할 수 있다. 그러나 농업이 없는 사회, 그래서 생명체를 조금이라도 파괴하지 않는 사회를 발견할 수 있을 것 같지 않아서 그 단체를 떠나거나 해체하지 않는다. 그래서 나는 공포와 전율 속에서 그리고 겸손과 참회의 고행 속에서, 미래 언젠가는 탈출구가 있을 것임을 소망하면서 원숭이 해치는 일에 참여한다.

그런데도 나는 전쟁 행위에 세 번이나 참여했다. 나는 소속된 사회로부터 나를 절연할 수도 없었고, 또 그렇게 하는 일은 미친 짓이었을 것이다. 그리고 그 세 경우에 있어서 나는 영국 정부에 대해서 비협조한다는 생각을 하지 않았다. 오늘날 정부에 대해서 내가 취하는 입장은 완전히 다르다. 따라서 나는 영국 정부가 벌이는 전쟁에 자발적으로는 참여하지 않을 것이고, 무기를 들라거나 또는 정부의 군사 작전에 참여하라고 강요받는다면, 나는 투옥을, 심지어 교수대까지를 감내할 작정이다.

그러나 그런 일이 수수께끼를 풀어주는 것은 아니다. 만일 민족 정부(*national Government*)[135]가 존재했다면 내가 직접 참전하지는 않겠지만, 군사훈련을 받기를 원하는 자들의 군사훈련을 찬성하는 취지의 투표를 하는 것이 나의 의무가 될 경우를 상정할 수 있다. 민족 정부의 모든 구성원들이 내가 신뢰하는 만큼 비폭력을 신뢰하지 않기 때문이다. 개인이든 사회든 강제로 비폭력적인 존재로 만들 수는 없다.

비폭력은 아주 신비로운 방식으로 작용한다. 사람의 행위는 비폭력의 말로는 분석할 수 없는 경우가 종종 있다. 그가 최고의 의미에서 절대로 비폭력적인 사람인데도 그의 행위들은 폭력의 외양을 띨 수 있지만, 그가 나중에야 비로소 비폭력적인 것으로 판명되는 경우도 종종 있을 수 있다. 그렇다면 나의 행위에 대해서 내가 단적으로 주장하는 바는, 언급된 사례들은 비폭력의 이익을 위해서 촉발되었다는 점이다. 야비한 민족적 이익(*national interest*)이나 다른 이익을 생각한 적이 전혀 없었다. 나는 다른 이익을 희생하면서 민족적 이익이나 여

135 〔역주〕 말하자면 인도인에 의한 정부를 말한다.

타 다른 이익을 증진하는 행위를 믿을 수 없다.

나는 더 이상 논의를 전개하지 않으련다. 언어란 기껏해야 자신의 사상을 완전히 표현하기에는 보잘것없는 도구에 불과하다. 나에게 비폭력은 단순한 철학적 원리가 아니다. 그것은 내 인생의 규칙이며 호흡이다. 나는 내가 때로는 의식적으로 그보다 더 자주는 무의식적으로 실패한다는 사실을 알고 있다. 비폭력은 지성의 문제가 아니라 심정의 문제이다. 신을 부단히 우러르고, 지극한 겸손과 자기부정을 실천하며, 자신을 희생할 준비를 늘 갖추면, 진실한 지침은 내려온다. 그 지침의 실천은 무외와 최고 수준의 용기를 요구한다. 나는 나의 실패를 뼈저리게 느끼고 있다.

하지만 내 속의 빛은 한결같으며 맑다. 우리 모두가 진리와 비폭력을 통과하는 길 이외에 달리 도망갈 길은 없다. 나는 전쟁이 잘못임을, 순전한 악임을, 그리고 그것이 사라져야 할 것임을 안다. 유혈이나 사기로 얻은 자유는 자유가 아님을 굳게 믿고 있다. 사람들은 나의 행위가 비폭력을 손상했다거나, 내가 어떤 모습으로든 폭력이나 허위의 편을 들었다고 판단할 수도 있고, 그것이 아니면 내가 저질렀다고 의심받는 모든 행위들이 조금도 옹호될 수 없는 것이라고 판단할 수도 있다. 나로 하여금 양자택일하라고 한다면 나는 후자를 택할 것이다. 폭력과 거짓이 아니라 비폭력과 진리가 우리 존재의 법칙이다.

전쟁에 대한 나의 태도, 〈영 인디아〉, 1928. 9. 13 ; 《전집》 43 : 7

299) 전쟁 반대자들 사이의 상호 관용

나는 1928년 9월 13일자 〈영 인디아〉 지에 〈전쟁에 대한 나의 태도〉라는 제목의 기사를 발표했다. 그 일로 많은 사람이 나에게 그리고 '전쟁에 반대하는 전쟁'에 관심 있는 유럽 언론사에 편지를 보냈다. 사신(私信)들 중에는 톨스토이의 친구이며 추종자인 체르코프[136]의 편지도 포함되어 있는데, 그는 평화 애호가들 사이에 커다란 존경을 받고 있는 사람이므로, 독자들은 나와 함께 그의 글을 읽고 싶어할 것이다. 그 편지는 아래와 같다.[137]

> 러시아에 있는 당신 친구들은 당신이 신과 사람에 대해서 헌신적으로 봉사하는 일에서 더 큰 성공을 거두기를 바라면서, 마음에서 우러나는 심심(甚深)한 인사를 보내고 행운을 빕니다. 우리는 깊은 관심을 갖고 당신의 인생, 당신 마음의 일과 행동을 주시하며, 당신이 성공을 거둘 때마다 즐거워합니다. 우리는 당신이 귀국에서 성취한 모든 것이 동시에 우리의 성취라는 점을 깨닫고 있습니다. 비록 상황은 다르지만 하나의 동일한 명분을 위해서 살고 있기 때문입니다. 우리는 당신의 인격과 당신 삶의 모범을 통해서 그리고 풍성한 사회사업을 통해서, 당신이 이미 우리에게 준 것과 주고 있는 모든 것에 대해서 깊이 감사하고 있습니다. 우리는 당신에 대해서 가장 깊고 가장 즐거운 영적 일치감을 느낍니다. …
>
> 금년 9월 13일자 〈영 인디아〉지에 실린 당신의 글 〈전쟁에 대한 나의 태도〉는 당신을 존경하는 많은 사람과 친구를 슬프게 했습니다. 그래서 나는 이 주제에 대해서 내가 느끼고 생각하는 바를 표현할 필요를 느꼈습니다. …
>
> 당신은 영국 정부가 벌였던 세 차례의 전쟁에서 당신이 과거 참전한 것을 정당화하고 있습니다. 내 기억이 옳다면 당신은 연전의 어떤 글에서 동일한 주제를 언급한 적이 있었는데, 그때에는 다른 각

136 〔역주〕 Vladimir Tcherkoff(Tchertkoff 또는 Chertkoff) (1854~1936) : 러시아 페테르부르크 출생. 톨스토이 저작의 편집자, 탁월한 톨스토이주의자, 러시아의 양심적 병역거부 프로그램에 깊이 관여했다.

137 〔역주〕 여기서는 발췌만을 싣는다. 《전집》 권 45, 22면.

도에서 당신 자신을 표현했습니다. 그때 당신은 자신을 변호하지 않았고, 이전의 비일관성을 인정했습니다. 그리고 자신이 범한 과거의 잘못을 기꺼이 인정하는 태도를 보였는데, 그것이 나와 여기에 있는 당신의 친구들을 크게 감동시켰고 위로했습니다. 그런데 지금은 그와 반대로 전쟁 옹호를 위해서 제시되는 통상적 논의를 언급하며 당신 자신을 정당화하고 있습니다. …

우리는 각자 특정 정부에 대해서 공감하는지의 여부에 따라서 이 문제를 해결해서는 안 됩니다. 하지만 당신은 다음과 같이 말할 때 그렇게 하고 있습니다. "만일 민족 정부가 존재했다면 내가 직접 참전하지는 않겠지만, 군사훈련을 받기를 원하는 자들의 군사훈련을 찬성하는 취지의 투표를 하는 것이 나의 의무가 될 경우도 상정할 수 있다."[138] 이런 식이라면 당신은 사람들이 당신이 말한 정부와는 다른 정부에 공감한다는 이유로 전쟁 준비에 찬성을 표할 경우, 그 사람들을 정당화할 수밖에 없습니다. 군복무를 거부할 정도로 전쟁을 부인하는 사람이 동시에 군사훈련에 찬성표를 던진다면, 그런 사람은 민중의 길 앞에 어떤 함정을 파 놓게 될까요?

당신은 나아가서 "민족 정부의 모든 구성원들이 비폭력을 신뢰하고 있지는 않다"고, 그리고 "개인이든 사회든 강제로 비폭력적인 존재로 만들 수는 없다"고 말했습니다. 하지만 군사훈련에 대해서 찬성표를 던지지 않는다고 해서, 내가 어떤 사람에게 강제로 무슨 일을 시키는 것은 아닙니다. 마치 소매치기 훈련에 대해서 찬성표를 던지지 않는다고 해서, 내가 소매치기에게 폭력을 행하는 것이 아니듯이 말입니다.

당신은 원숭이가 먹어치우는 작물을 사례로 들었습니다. 하지만 인간의 경우를 원숭이의 경우로 옮겨 버림으로써 당신은 그 사안 자체를 흐려 놓았습니다. 만일 짐승이 아니라 인간이 당신의 작물을 공격했다면, 당신은 인간을 파멸하는 대신 작물을 희생하기를 당신

---

138 〔역주〕 바로 앞의 글 '전쟁에 대한 나의 태도' 참조.

의 의무로 여기지 않았겠습니까?

당신은 당신이 소속된 사회와의 관계를 단절시키는 것이 미친 짓이라 말하고, 힘에 근거한 정부제도 아래에서 당신이 살아가는 한, 그리고 정부가 당신을 위해서 만들어낸 수많은 시설과 특권을 당신이 사용하는 한, 당신은 정부가 전쟁을 벌일 때 능력껏 그 정부를 도와야 한다고 말했습니다.

첫째, 내 주변 사람들이 범하고 있는 사악한 행위에 대해서 동의하기를 그만둠으로써, 나는 '소속된 사회와의 관계를 단절하지' 않을 뿐만 아니라, 정확히 그 반대의 일을 합니다. 나는 이 관계를 사회에 봉사하는 최선의 길을 위해서 이용합니다.

둘째, 만일 내가 현재의 방식대로 살아가는 한 전쟁을 벌이는 국가(*the State*)를 도울 수밖에 없다면, 나는 어떤 희생을 감수하더라도 현재 살아가는 방식을 포기해야 할 것입니다. 그 포기하는 과정에 내 생명을 바쳐야 한다고 해도 말입니다. 그리고 사람들이 형제를 살육하는 일은 절대로 도와줄 수 없습니다. 이외에도 국가가 제공하는 어떤 시설을 폭력 없이 얻을 수 있다면, 그것을 사용하면서도 동시에 국가의 사악한 행위를 돕는 일을 금할 수 있습니다.

아마도 이런 오해는 부분적으로는 당신이 폭력(*violence*)과 살인(*killing*)을 선명하게 구분하지 않았던 일에서 생겼을 것입니다. 우리가 조심스럽게 고려하지 않는다면 폭력이 실제 자행되고 있는지를 명백히 아는 일이 어려울 때가 있습니다. 하지만 전쟁이 문제가 되는 경우, 그것이 살인 행위에 기초를 두고 있다는 점에 대해서 의심의 여지가 없습니다. 이 점에 대해서는 우리는 아마 동의할 것입니다. …

나는 M. 체르코프 씨에게 그의 편지에 대해서 분개하지 않았을 뿐만 아니라, 그의 따뜻한 애정과 숨김없는 성실성 때문에 편지를 환영한다는 점을 새삼스레 말할 필요는 없을 것이다.

나는 그 편지가 제기한 여러 요점에 대해서 상세히 대답하고 싶지는 않다. 내가 보기에 그 사안은 일정 부분 이상은 합리화(*reasoning*)할 수 없을 것이다. 나는 전쟁이 순전한 악이라는 점에 대해서 깊이 확신한다. 전쟁을 극히 혐오한다는 점에서 나는 어느 누구에게도 양보하지 않으련다. 하지만 확신과 올바른 실천은 서로 별개의 것이다. 한 사람의 전쟁 반대자가 소명감에서 하는 일이, 정반대의 일을 하는 다른 전쟁 반대자에게 혐오감을 줄 수 있다. 하지만 두 사람 모두 전쟁에 대해서는 같은 견해를 가질 것이다. 이런 모순은 당혹스러울 만큼 복잡한 인간 본성에 기인한다. 그래서 나는 동일한 강령을 고백하는 자들 사이에서도 상호 관용(*mutual toleration*)이 있기를 호소할 수밖에 없다.

이제 편지에서 제기된 다른 문제들에 대해서 말해 보자. 나는 내 자신이 영국의 전쟁에 참여한 일을 두고 글에서든 연설에서든 회개(*the repentance*)를 표시한 적은 없다. 내가 말하고 싶었던 것은 다음과 같다. 즉, 내가 영국을 도와주었는데 훗날 영국 정책이 인도에 해롭고 인류에게 위험한 것으로 가득 차 있었음을 발견했고, 이 점이 유감이었음을 말하고 싶었다. 내가 만일 세 가지 전쟁을 전쟁으로 여겨 참전했다는 일에 대해서 후회했다면, 나는 그것을 기억했을 것이고 그 후회를 반복했을 것이다. 내가 참전에 대해서 나의 의견을 수정하지 않았다면 말이다.

내가 무슨 일을 했더라도 그것은 우리가 통상적으로 이해하는 의미의 편리[139]에서 한 일은 아니었다. 나는 내가 묘사했던 모든 행위를 평화의 명분을 진작시키기 위할 목적으로 했다고 주장하는 바이다. 이 말은 그런 행위들이 평화의 명분을 실제로 진작시켰음을 의미하는 것은 아니다. 나는 나의 동기가 평화였다는 점을 지금 말하고 있을 뿐이다.

---

139 〔역주〕 번역 원전에는 '경험'(*experience*)으로 되어 있으나 《전집》 권 45, 24면에 나오는 'expedience'에 따라서 고쳤다. 후자의 경우가 문맥에 더 맞아 보인다.

하지만 당시 나는 나의 과오를 볼 수 없을 정도로 너무 약했고 지금도 너무 약한 것이 아닌가 생각한다. 이는 마치 이웃 사람들이 볼 수 있는 것을 장님은 볼 수 없는 것과 마찬가지다. 나는 우리가 매우 능숙하게 지독한 자기기만을 범할 수가 있다는 것을 나날이 목격하고 있다. 하지만 지금 이 순간에 나는 어떤 자기기만도 자각하고 있지 않다. 내가 느끼는 바는 평화를 바라보는 나의 수단이 유럽 친구들에게는 낯선 것이라는 점이다. 나는 강제로 무장 해제당하고 수세기 동안 억압당해왔던 나라에 소속되어 있다. 평화를 바라보는 내 방식은 그들의 방식과는 당연히 다를 것이다.

예를 하나 들어 보자. 고양이와 쥐가 모두 진지하게 평화를 바란다고 해 보자. 이제 고양이는 쥐에 대한 전쟁을 포기한다고 선언해야 할 것이다. 하지만 쥐가 어떻게 평화를 진작시킬 수 있을까? 그들은 무엇을 포기한다고 선언해야 할까? 그들의 투표조차 필요할까? 어떤 고양이들이 고양이 국회가 체결한 조약을 준수하지 않고 계속하여 쥐를 먹이로 삼는다면, 쥐들은 무엇을 해야 할까? 그들 사이에 좀 현명한 우두머리 쥐들이 있어서 다음과 같이 말할 수도 있다. "우리는 고양이들이 신물이 날 때까지 그래서 더 이상 우리를 먹이로 삼지 않을 때까지 자발적으로 우리 자신을 제물로 바치자"라고. 이것들은 고양이들이 행하는 의식(儀式)을 배가하게 될 것이다. 하지만 쥐들이 압제자들로부터 도망가는 대신 스스로 무장하고 고양이 적들에 저항하여 싸우기로 결정한다면, 평화애호자들인 고양이들이 어떤 태도를 취해야 하는가? 그 저항의 노력이 공염불로 끝날 수도 있지만, 내가 상정했던 현자 쥐는, 평화의 태도를 견지하면서도 대담하고 강해지려는 쥐들을 도울 수밖에 없을 것임을 나는 알고 있다. 그들이 그러는 것은 정책 때문이 아니라 최고의 동기에서 그러는 것이다. 그것이 바로 내 동기였다.

비폭력은 우리가 이렇게 약한 상태에 있다면 이해하기가 어렵다. 실천하기란 더 말할 나위도 없다. 우리는 모두 기도하듯이 행동해야 하고, 우리는 겸허하고 지속적으로 신께 우리 이해의 눈을 열어 주소서 하고 청하면서, 우리가 나날이 빛을 받으면 그 빛에 따라서 행동할 각오가 항상 되어 있어야 한다. 따라서 오늘날 평화애호자 겸 평화고취자로서의 나의 과업은 비폭력에 대한 불굴의 헌신으로 우리의 자유(*liberty*) 회복을 위한 캠페인을 벌이는 데 있다. 그리고 만일 인도가 그런 방식으로 자유를 얻는 데 성공한다면, 세계 평화에 가장 위대한 기여를 하게 될 것이다. 따라서 유럽의 전쟁 반대자들은 유럽에 여론을 형성하여 영국으로 하여금 발걸음을 되돌리게 하여서 인도에 대한 지속적인 약탈을 중지하도록 강요할 수 있을 것이다.

전쟁에 대한 나의 태도, 〈영 인디아〉, 1929. 2. 7 ; 《전집》 45 : 20

300) 전쟁과 착취

리흐트(B. de Ligt) 목사는 전쟁에 대한 나의 태도와 관련하여 공개서한을 보냈는데, 그 서한이 제기한 질문을 내가 다루긴 하지만 망설임이 없는 것은 아니다. 오해받을 위험을 무릅쓰고 침묵을 지키는 것은 나 자신이 처해 있는 어려운 상황에서 빠져나오는 손쉬운 출구이다. 문제가 된 상황에서 참전한 것은 실수를 범한 것이라고 말하기는 더 쉬운 일이다. 그러나 아주 우호적인 방식으로 제기된 질문에 대해서 대답하지 않는다는 것은 친절한 일이 아니다. 회개할 마음이 없을 때 회개를 가장해서는 안 된다. 문제에 대한 논의를 회피하고 싶은 나의 조바심은 확신의 결핍에서 나온 것이 아니라, 내 뜻을 분명히 밝히지 못함으로써 전쟁에 대한 나의 태도와 관련하여 원치 않은 인상을 남길 수도 있다는 두려움에서 나온 것이다. 나는 언어가 나의 근원적인 정서들(*sentiments*)의 일부를 표현하는 데 보잘것없는 도구라는 점을 종종 발견한다. 그래서 나는 리흐트 씨와 다른 동료 전쟁 반대자들이 나의 잘못된 논의나 불완전한 논의에 대해서 괘념치 말기를 촉구하는 바이다. 하물며 그들이 전쟁에 관한 나의 고백과 조화시킬 수 없는 나의 전쟁 참여에 대해서는 더욱 괘념치 말기를 바란다. 그들로 하여금 내가 모든 전쟁에 완강하게 반대하고 있음을 알게 하자. 만일 그들이 내 주장을 인정할 수 없다면, 나의 참전을 내 무의식적 약함의 탓으로 보면 된다. 왜냐하면 다른 사람들이 일정 조건 아래에서의 전쟁을 정당화하기 위해서 나의 행위를 사용한다면 나는 지극히 유감으로 생각할 것이기 때문이다.

이 정도로 얘기했으니, 나는 리흐트 목사의 서한의 주제였던 그 기사에서 내가 취했던 입장을 고수해야 하겠다. 유럽의 전쟁 반대자들은 그들과 나 사이에 주요한 차이점 하나를 인정해 주었으면 좋겠다. 그들은 착취당하는 국민들(*nations*)을 대변하지 않지만, 나는 지상에서 가장 심하게 착취당하는 국민을 대변하고 있다. 평범한 비유를 사용한다면 그들은 고양이를, 나는 생쥐를 대표하고 있다. 쥐 한 마리가 비폭력에 대한 감수성조차 갖고 있을까? 그는 전장(戰場)에서 비폭력 곧 아힘사 법칙의 덕·장엄함·지고성(至高性)에 대해서 배우기 전에, 성공적인 폭력을 행사하기 위해서 노력하는 것이 더 기초적인 소망이 아닐까? 쥐 종족의 대표자격인 나는 불살생의 지고성을 쥐에게 가르치기 위해서라도 파괴하고 싶은 나의 일차적인 욕구를 발휘하는 것이 필요하지 않을까?

고양이와 쥐의 비유는 여기에서 끝난다. 쥐는 자신의 본성을 변화시킬 수 있는 능력이 없다. 하지만 한 개인이 아무리 전락하고 타락했다고 해도, 인간이 여태 도달한 최고의 경지에까지 올라갈 능력이 그의 내면에는 있다. 그리고 그 능력은 인종과 피부색과 관계없다. 그래서 나는 전쟁 준비에 대한 내 동포의 욕구를 만족시키는 일에서 그들을 한껏 도울 수 있지만, 그들을 전쟁에서 떼어낼 수 있고 그들이 언젠가는 전쟁의 허망함을 볼 수 있을 것이라는 더할 나위 없이 큰 희망을 버려서는 안 될 것이다. 전쟁의 목적을 위해서 내가 일하는 것처럼 보이는 동안, 나는 역사상 최대 규모의 대중적인 비폭력 실험을 하고 있다는 점을 기억해 주길 바란다. 기술 부족으로 실험이 실패로 끝날 수도 있다. 하지만 유럽의 전쟁 반대자는 자신의 면전에서 인도라는 땅에서 벌어지고 있는 현상 — 같은 사람이 한편으로는 전쟁 준비하는 사람들과 마음을 터놓고 지내면서도 비폭력의 대담한 실험을 시도하는 현상 — 을 이해하고 평가하기 위해서 혼신의 힘을 기울여야 할 것이다.

내가 나의 동포를 언젠가는 비폭력으로 데려갈 것이라는 기대를 갖고 있다면, 우선 내 동포의 감정(*feelings*)을 이해해야 하는 것이 비폭력 계획의 일부이다. 놀랄 만한 일은 인도가, 교육받은 정치가를 포함한 인도가 비폭력만이 대중을 수세기의 노예 신분에서 해방시켜 줄 것이라는 신념을 억지로 가져야 한다는 점이다. 모든 사람들이 비폭력의 논리적 결과를 끝까지 따라가지 않았다는 점은 사실이다. 누가 감히 그럴 수 있을까? 내가 비폭력의 진리를 알고 있으며 그것을 실천하기 위해서 최선을 다하고 있다는 자랑에도 불구하고, 그 교리의 논리적 결과를 끝까지 따라가는 데는 종종 실패한다. 인간의 속내에서 움직이는 자연의 과정은 신비롭기 때문에 때때로 해석을 좌절시킨다.

인도가 비폭력 수단을 통해서 자기의 역량을 충분히 발휘한다면, 인도는 대규모의 육군, 동일 수준의 웅장한 해군 그리고 보다 더 웅장한 공군을 보유하기를 절대로 원치 않을 것임을 나는 알고 있다. 만일 인도의 자각이 평화를 위한 투쟁에서 비폭력적 승리를 얻는 데 필요한 높이까지 고양된다면, 세계적인 가치들은 변화할 것이고, 전쟁 설비의 대부분은 소용없는 것으로 판명될 것이다. 그러한 인도를 꿈꾸는 것은 단순한 백일몽, 유치한 어리석음일 수 있다. 하지만 내 생각으로는 그런 꿈이, 비폭력을 통해서 자유롭게 되는 인도가 가질 의미라는 것에 대해서 의심의 여지가 없다.

자유가 올 것이라면, 자유는 영국의 신사다운 이해를 통해서 올 것이다. 하지만 그러한 영국은 세계 패권(*world supremacy*)을 위해서 움직이는 오만한 제국주의적 영국이 아니라, 인류의 공동목표에 봉사하기 위해서 겸손하게 노력하는 영국일 것이다. 그때 인도는 더 이상 착취를 위해서 영국이 벌이는 전쟁에 힘없이 휩쓸려 들어가지 않을 것이고, 인도의 목소리는 세계의 온갖 폭력적인 세력을 억제하고자 노력하는 강국의 목소리가 될 것이다.

이 모든 환상적인 생각들이 언젠가 실현되든 말든, 나 자신의 구명 밧줄은 던져졌다. 나는 현재 생각해낼 수 있는 어떤 상황에서도 영국의 전쟁에 더 이상 참전할 수 없다. 그리고 만일 인도가 폭력적인 수단으로 자유를 성취한다면(나에게는 '사이비' 성취이지만), 이 나라는 더 이상 내가 자랑할 수 있는 나라가 될 수 없다는 것을 본지를 통해서 이미 말한 바 있다. 그때는 나에게 법률적인 사망의 때이다. 그래서 인도가 착취를 위한 전쟁을 벌인다면 나는 직접적으로든 간접적으로든 참전을 생각조차 할 수 없다.

그러나 서구의 동료 전쟁 반대자들이 평화 시기에도 전쟁 준비를 위해서 돈을 지불하는 한, 그리고 그런 것이 아니라면 전쟁 준비를 주요 사업으로 삼고 있는 정부를 지탱하는 한, 그들 역시 전쟁 가담자임을 나는 본지를 빌려서 지적한 바 있다. 다시 말해서, 전쟁 원인들이 이해되고 그것들이 근본적 입장에서 취급되지 않는 한, 전쟁 중지를 위한 일체의 행위가 성과가 없을 것은 당연하다. 현대에 발발하는 전쟁의 제 1 원인은 지상의 이른바 약한 인종들(*weaker races*)을 착취하려는 비인간적인 경주가 아닌가?

복잡한 문제, 〈영 인디아〉, 1929. 5. 9 ; 《전집》 45 : 453

301) 평화의 길

한 미국의 투고자가 〈세계의 내일〉 지의 구간(舊刊, 1928. 8)에서 오려낸 것을 나에게 보내주었다. 그것은 존 네빈 세이어[140]의 '평화주의와 국가안보'라는 괄목할 만한 기사였는데, 애국자라면 누구든 정독할 가치가 있다. 다음의 첫 대목은 필자가 우리를 어디로 인도할지를 보여준다.

> 평화주의는 사람들에게 무엇보다도 먼저 국가 무장이 20세기 과학의 도구를 사용하는 문명 안에서 진실로 안보를 증진시키는지를 고려해 보라고 요청한다. 무력 방어를 위해서 과거 무슨 말을 했든지, 우리는 이제 무력 방어가 안보를 확보하려고 시도되는, 지극히 낡고 극단적으로 위험한 길이라고 믿는다. 우리가 살고 있는 세계 그리고 곧 닥쳐올 수십 년 안에는, 그것은 ① 상승하는 비용과 ② 감소하는 방어효과라는 이중의 반대에 직면하게 된다.
>
> … 시계바늘이 24시간의 경과를 가리킬 때마다 미국은 육해군의 유지를 위해서 2백만 파운드를 지출한다. …
>
> 그리고 달러로 환산할 수 없는 인적 비용도 증가한다. … 오늘날 군사 전략가들은 한 국가가 보유하고 있는 인력 전체의 활동을 징집하려고 계획한다. … 평화기의 의무 군사훈련과 전쟁 국(局)이 운영하는 군사

140 〔역주〕 John Nevin Sayre(1884~1977) : 미국 태생의 평화운동가, 목사, 선생, 작가, 우의회(FOR)의 회원. 82세에 베트남전 반전데모에 참여해서 5마일을 행진했다.

부문이 고등학교와 대학에 침투하는 행위는, 청년들의 공부 시간을 징발하고 있으며 그들의 사유를 획일화하려고 한다. 우체국 · 신문 · 라디오 · 영화 · 예술가 · 과학자들은 전쟁 준비를 위한 기계 건설에 도움을 제공하도록 유인될 위험에 처해 있다. 이 모든 것은 인간의 자유(*human liberty*), 사상과 토론의 자유(*freedom of thought and discussion*), 그리고 사회적 진보의 가능성을 위해서 점점 더 많은 대가를 치러야 할 것을 의미한다. …

더 나쁜 일은 군비지출 증대가 현대세계에서 안보강화를 확보하지 못한다는 점이다. 한 20년 동안은 안보를 강화할 수 있을지도 모른다. 하지만 그 정책은 효용감소의 법칙을 따라야 하고, 재앙의 위기로 곧장 나아갈 것이다. '무엇이 준비인가?'를 논의함에 있어서 보라(Borah) 상원의원은, 전 세계적으로 각 정부가 국민에게 부과하는 막대한 공공부채와 점증하는 세금에 대해서 최근 우리의 주의를 환기시키고 있다. …

미국과 영국이 하는 것이면 무엇이든 우리에게 좋은 것이라고 당연히 인정하는 것이 최신의 유행이다. 하지만 필자가 제시하는 수치에 따른다면 미국이 군사비로 지출하는 돈은 너무나 엄청나서 생각하기조차 끔찍하다. 전쟁은 파괴의 무기를 고안하는 일에 얼마나 많은 돈과 자원을 염출할 수 있는지의 문제가 되어 버렸다. 그것은 더 이상 개인적 용기나 인내의 문제가 아니다. 남녀노소를 파멸시키기 위해서라면, 내가 1초 내에 단추를 누르고 그들 위에 독극물을 투하하는 일로 충분할 것이다.

우리는 우리 자신을 방어하기 위해서 이런 방식을 모방하기를 원하는가? 그것을 원한다고 해도 그럴 만한 재정적 능력이 있는가? 우리는 부단히 증가하는 군사비에 대해서 불평한다. 그런데 우리가 미국이나 영국을 모방하려면 그 부담을 10배로 늘려야 할 것이다.

"만일 그런 일이 할 만한 가치가 있다면 왜 하면 안 되는가?"라고 비판자는 묻는다. 그렇다면 문제는 “과연 그럴 만한 가치가 있는가?”이다. 세이어 씨는 “어떤 국가도 그럴 만한 가치가 없다”라고 힘주어 대답하고 있다. 나는 정부의 저항을 받고 있는 이른바 해군 프로그램이나 육군 프로그램에 대해서 아무것도 말하지 않으련다. 우리나라는 폭력에 의해서 비폭력적 길을 따라갈 수 없다. 우리나라는 자신이 열망하고 있는 상태를 향하여 내면으로부터 성장해가야 한다. 그래서 우리가 고려해야 할 문제는, “우리의 시급한 열망이 무엇인가?” 하는 것이다. 우리는 먼저 서양의 여러 국가를 모방하고 난 다음, 그리고 멀고 아득한 미래에 고뇌를 다 겪고 난 이후 오던 길을 되돌아가야 하는가? 아니면 우리는 우리 자신의 고유의 길을 개척하기를 원하는가? 또는 나에게 아주 평화로운, 우리 자신의 길로 보이는 것을 유지하고 그것을 통해서 우리의 자유를 얻고 자유를 주창하기를 원하는가?

여기에서 비겁과 타협하는 것은 상상조차 할 수 없는 문제이다. 자기방어를 위해서든, 그리고 고통에 대한 훈련 과정으로서든, 우리는 파괴하기 위해서 자신들을 훈련시키고 무장시킬 수도 있다. 아니면 나라를 방어하거나 외국의 지배로부터 나라를 구하기 위해서 단순히 고통을 감내할 준비를 할 수도 있다. 어느 경우라도 용기가 필수적이다. 첫 번째 경우는 개인적 용기가 두 번째 경우만큼은 중요하지 않다. 두 번째 경우에도 우리는 폭력을 완전히 배제할 수는 없을 것이다. 하지만 폭력은 비폭력에 부차적인 것이 될 것이며, 국민적 살림에서 그 역할이 점점 줄어들 것이다.

국민적 강령이 현재는 비폭력이지만, 우리는 적어도 생각과 말에서는 폭력으로 흘러가는 것처럼 보인다. 조급증이 세상에 널리 차 있다. 우리는 약하기 때문에 폭력을 금하는 것이다. 기대했던 바는 우리가 강하기 때문에 폭력을 의도적으로 포기하는 일이었다. 이것을 할 수 있기 위해서는 세상의 조류에 대한 통찰력 있는 연구를 동반한 상상력이 필요하다. 오늘날 서구의 피상적인 광채가 우리를 어지럽히고 있고, 우리는 우리를 나날이 사로잡고 있는 경박한 춤을 진보로 오인하고 있다. 우리는 그 춤이 우리를 분명히 죽음으로 이끌 것이라는 점에 대해서 직시하기를 거부한다. 서양의 여러 국가와 그들이 제시한 조건 아래에서 경쟁하는 것이 자살을 자초하는 일임을, 우리는 다른 무엇보다도 먼저 인정해야 한다. 만일 폭력의 외면적인 패권(*supremacy*)에도 불구하고 우주를 지배하는 것은 도덕적 힘이란 점을 우리가 자각한다면, 우리는 비폭력의 무한 가능성에 대해서 충만한 믿음을 갖고 비폭력 훈련을 해야 한다. 1922년 비폭력의 분위기가 유지되었더라면, 우리는 목표를 완전히 달성했을 것이라고 우리 모두 인정하고 있다. 우리는 그런 정도로라도 그 효능에 대해서 놀라운 증명을 경험했다. 그것이 미숙한 비폭력이긴 했어도 말이다. 그리고 그때 획득했던 스와라즈의 핵심은 절대로 잃지 않았다. 사탸그라하의 도래 이전에 나라를 반신불수로 만들었던 공포는 영영 사라졌다. 그래서 내 생각으로는 비폭력은 인내심 있는 훈련이 필요하다. 우리가 만일 구원을 받고 세상의 진보에 실제적인 기여를 하자면, 우리의 길은 단연코 그리고 주로 평화의 길이어야 한다.

우리의 선택, 〈영 인디아〉, 1929. 8. 22 ; 《전집》 46 : 398

302) 인내와 조급

와르다에서, *1934. 6. 10*

친구에게,

당신들의 편지에 대해서 감사를 드립니다. 평화와 비폭력을 믿는 자들은 당장 만질 수 있는 결과를 감히 기대해서는 안 됩니다. 인내, 무한한 인내가 비폭력의 특성이라면 조급은 폭력의 특성입니다. 비폭력이 수동적 상태가 아니라는 점도 그들에게 알려 주십시오. 비폭력에 집중하게 되면 이 세상에서 가장 능동적인 힘이 방출됩니다.

귀하의 신실한 친구

국제 전쟁 반대자들에게 보낸 메시지,
CW 6285 ; 《전집》 64 : 83

303) 전쟁의 덧없음

델리의 〈스테이츠맨〉지는 캐넌 세퍼드와 그 이외의 독실한 영국인 기독교도가 지도하는 반전운동(*no-war movement*)에 대해서 신랄한 비판을 실은 기사 4편을 게재했다. 그 신문은 《바가바드 기타》의 권위를 빌려서 다음과 같은 말로 자신의 입장을 옹호했다.

> 기독교의 진실하지만 어려운 가르침은 한 사회가 실제로 적수들과 싸워야 하면서도 그들을 사랑해야 한다는 점이다.
>
> 그런 것이 《바가바드 기타》의 분명한 가르침이라는 점인데, 간디 씨는 부디 이 점을 명심하길 바란다. 《기타》에서 크리슈나는 완전한 무외(無畏)로 싸우는 자, 증오가 완전히 없어진 자에게 승리가 돌아갈 것이라고 아르주나에게 말한다. 양심적 병역거부자와 기사적 전사(*knightly warrior*) 사이에 벌어진 최고 수준의 이 논쟁은 위대한 고전의 2장에서 영원히 해결된 것이 사실이다. 우리는 시를 인용할 지면이 거의 없지만 그 시 전체는 한 번이 아니라 여러 번 읽을 가치가 있다.

위에서 언급한 기사들의 필자는 자신이 인용했던 바로 그 시구를, 테러리스트가 자신을 옹호하기 위해서 사용해왔다는 것을 모르는 듯하다. 하지만 내가 《바가바드 기타》를 냉정하게 읽어 보니 《기타》는 〈스테이츠맨〉지 필자가 부여한 의미와는 정반대의 의미를 나에게 보여주었다.

그는 아르주나가 서구의 전쟁 반대자라는 의미의 양심적 병역거부자(*conscientious objector*)가 아니었음을 망각했다. 아르주나는 전쟁의 가치를 믿고 있었다. 그는 예전에 카우라바 무리들[141]과 여러 번 싸웠다. 하지만 양쪽 군대가 전쟁을 위해서 정렬해 있을 때, 그는 가장 가까운 친척들 및 존경하는 스승들과 싸워야 한다는 것을 갑자기 깨닫고 낙담했다. 질문자(아르주나)를 움직인 것은 인간에 대한 사랑이나 전쟁에 대한 증오가 아니었다. 크리슈나는 자신이 주었던 대답 이외에는 줄 것이 없었다. 《기타》가 《마하바라타》의 일부이지만 저 문학적 광맥에 포함되어 있는 보석 중 가장 빛나는 부분임은 분명하다. 《마하바라타》의 불멸의 저자는 승자들에게 공허한 영광을 줌으로써, 그리고 양편 모두가 형언할 수 없는 잔혹 행위를 저질렀다는 전투에 참전했던 수백만 명의 사람들 중 오직 7명의 승자들만을 살려둠으로써 전쟁의 덧없음을 세상에 보여주었다. 하지만 《마하바라타》는 전쟁을 미망과 우행으로서 보여주는 일 이외에 더 좋은 메시지를 갖고 있었다. 《마하바라타》는 불멸의 존재로 여겨진 자의 영적인 역사이며 자신의 시대에는 아주 작은 것으로 간주되는 역사적 얘기 한 토막—현재의 가치 체계에서 보아도 아무 의미가 없는 것—을, 자기 주변의 아주 작은 세계를 위해서 확대하여 사용했다. 당시 세계는 오늘날과 같이 한 장소의 아주 작은 움직임조차도 전 세계에 영향을 미치는 핀의 머리 크기만 한 것으로 줄어든 것이 아니었다. 《마하바라타》는 인간의 가슴속에서 매일 진행되고 있는 선의 세력과 악의 세력 간의 영원한 투쟁을 모든 시대를 위해서 묘사하고 있다. 그 투쟁에서는 선이 항상 승리를 거두긴 하지만, 악 또한 용감한 쇼를 벌여서 가장 예민한 양심의 소유자마저도 당혹케 한다. 《마하바라타》는 올바른 행위를 위한 유일한 길도 보여주고 있다.

---

141 〔역주〕 쿠루의 1백 명의 아들들.

《바가바드 기타》의 진정한 메시지가 무엇이든 평화운동의 지도자들에게 문제가 되는 것은, 《기타》가 말하는 것이 아니라 자신들의 영혼의 사전인 성경이 말하는 것이고, 그것도 교회의 권위가 성경에 부여하는 의미가 아니라 기도하며 성경을 읽을 때 성경이 그들에게 주는 의미일 것이다. 무엇보다도 가장 중요한 것은 사랑 곧 아힘사의 법칙이 함의하는 것에 대한 양심적 병역거부자들의 지식일 것인데, 아힘사를 영어로 불완전하게나마 번역한다면 비폭력(*non-violence*)이 될 것이다. 〈스테이츠맨〉지에 실린 기사들은 양심적 병역거부자들에게 상당한 도전이 될 듯하다. 내가 확실한 의견을 들려줄 수 있을 만큼 그 운동에 대해서 충분히 알지 못하는 것이 유감이다. 내 의견이 병역거부자들에게 어떤 비중을 가질 필요는 전혀 없다. 하지만 나와 서신 교환을 할 정도로 친하게 지내고 있는 일부의 사람은 나의 의견을 비중 있게 받아들이고 있다. 그리고 이제 그들은 한 걸음 더 나아가 《비폭력의 힘》이라는 리처드 그레그 씨[142]의 책을 그들의 교과서 정도로 수용할 정도가 되었다. 그 저자는 자신의 책을, 내가 이해하는 비폭력이 대변하고 있는 것에 대한 서구적 해석이라고 주장하고 있다. 그래서 내가 비폭력의 성공이 가진 의미와 조건을 별도의 논의 없이 제시한다고 해도, 그것이 주제넘는 일이 되지는 않을 것이다. 그 의미와 조건은 다음과 같다.

---

142 〔역주〕 Richard B. Gregg(1885~1974) : 미국 사회철학자. 비폭력 저항 이론을 전개하고 마르틴 루터 킹 목사에게 영향을 주었다고 한다. 하버드대를 졸업한 이후 1925년 인도로 가서 인도문화와 간디에 대해서 알게 되었다. 여기에 언급된 《비폭력의 힘》은 1934년 출판되었다. 1960년 이 책은 킹 목사의 서문을 포함하게 된다. 1940년대에는 생태학과 유기농에 관심을 갖게 되고 스콧과 헬런 니어링(Scott & Helen Nearing) 소유 농장에 수년간 살았다. '자발적 단순성'(*voluntary simplicity*)이라는 단어는 그가 만든 것이다.

1 비폭력은 인류의 법칙이고 폭력에 비해서 무한히 위대하고 우수하다.

2 최후의 수단으로서의 비폭력은 사랑의 신에 대해서 살아 있는 신앙을 갖고 있지 않은 자에게는 아무 소용이 없다.

3 비폭력은 사람의 자존심과 명예심을 완전히 보호한다. 비록 토지와 동산을 방어하는 일에 있어서 비폭력을 습관적으로 실시하는 것이 무장병의 고용보다 더 나은 보루임이 증명된다고 해도, 비폭력이 토지나 동산의 소유를 항상 보호하지는 못한다. 비폭력은 본성상 부당이득과 비도덕적 행위를 옹호하는 데 아무 도움이 되지 못한다.

4 비폭력을 실천하려는 개인이나 국가는 명예를 제외하고는 자신들이 가진 일체의 것(국가를, 그것도 최후의 한 사람에 이르기까지)을 희생할 각오를 해야 한다. 비폭력은 따라서 다른 민족들의 나라를 소유하는 일, 즉 순전히 무력에 의해서만 자신을 지키는 근대 제국주의(*modern imperialism*)와는 일치하지 않는다.

5 남녀노소 모든 사람들은 사랑의 신에 대해서 살아 있는 신앙을 갖고 있고, 그래서 모든 인류에 대해서 평등한 사랑(*equal love*)을 갖고 있는 한, 비폭력이란 힘을 똑같이 발휘할 수 있다. 비폭력이 인생의 법칙으로 수용될 때, 그것은 우리의 전 존재에 널리 차 있어야 하는 것이지 특정 행동들에 예외적으로 적용되는 것은 아니다.

6 비폭력 법칙이 개인에게는 충분히 적용되지만 인류 대중에게는 적용되지 않는 것이라고 상정하는 것은 중대한 오류이다.

전쟁이 아니라 사랑의 신, 〈하리잔〉, 1936. 9. 5 ; 《전집》 69 : 443

304) 평화의 과학

와르다, 세가온, *C. P. 1937. 8. 26*

자매께,

여기에 나의 메시지가 있습니다. 당신은 그것을 마음대로 처리해도 좋습니다.

진정한 세계 평화의 성취는, 상호 살육의 수단을 고안하고 강화하는 데 필요한 것보다 더 큰 과학적 정확성, 혼의 더 큰 노고, 그리고 더 큰 인내와 더 많은 자원이 있어야 가능해집니다. 그것은 평화를 희구하는 수백만 명의 인류가 서명한 명부(名簿)로만 얻어질 수 없습니다. 그러나 평화의 과학이 존재한다면 — 나는 그것이 존재한다고 생각하지만 — 평화의 수단을 발견하기 위해서 자신들을 헌신하는 소수의 사람들에 의해서 평화를 얻을 수 있습니다. 그들 내면에서 우러나는 노력은 화려하지는 않지만 단 한 푼의 돈도 필요 없을 것입니다.

귀하의 신실한 친구

M. K. 간디

Mrs. Edith Hunter
Secretary, Friends of India Society
47 Victoria Street
London S. W. 1

에디트 헌트에게 보낸 편지,
《피아렐랄 페이퍼스》, GN 1534 ; 《전집》 72 : 217

305) 평화군

〔*1938. 3. 12* 이전〕

간디 비폭력이 우리 사이에 퍼지기 위해서는 신에 대한 살아 있는 신앙이 있어야 합니다. 보상에 대한 일체의 기대도 없이 우리가 부단히 선행을 행함으로써 비폭력은 우리에게 다가옵니다. 비폭력은 단순히 그 자체를 활용하는 것이고 그 자체가 보상입니다. 그런 정신에서 비폭력을 실천하면 비폭력은 친구들에 대해서만 실천되는 것이 아니라, 적수들에 대해서도 실천되는 것이 분명합니다. 그것이 비폭력에서 얻는 필수 불가결한 교훈입니다. 더할 나위 없이 불리한 환경이었던 남아프리카에서 신은 비폭력을 나의 길로 제시해 주셨습니다. 나는 안면 있는 유럽인이나 인도인이 하나도 없는 나라에, 변호사로 출세하기 위해서 갔던 것입니다. 하지만 나는 악행과 불의(*injustice*)를 교정하는 유일한 치유책으로 고통이라는 영원한 법칙을 배우는 데 성공했습니다. 그것은 적극적으로는 비폭력의 법칙입니다. 당신은 모든 사람들의 손에 즐거이 고통당할 준비가 되어 있어야 하며, 아무에게도 심지어 당신에게 악행을 범한 자에게도 악의를 품어서는 안 됩니다.

현재 상당히 많은 사람이 세계 평화에 대해서 말하고, 평화 사회를 촉진하며 결의안을 통과시키고 있습니다. 이것은 어느 정도는 유효합니다. 하지만 그것은 비폭력이 아닐 수도 있습니다. 비폭력 군대는 폭력의 군대가 노출되어 있는 모든 위험에 노출되어 있습니다. 오직 폭력 군대만이 보복하려고 할 것입니다. 그 군대가 침략자가 아닌 경우에도 그렇습니다. 비폭력 군대는 위험을 감수하지만 보복하고 싶은 소망은 없습니다.

평화주의자 전쟁의 정신이 우리를 슬며시 덮쳐 오고 있습니다. 우리는 어떻게 그것과 싸워야 합니까?

간디 나는 당신이 영국에서 전쟁의 정신과 싸우는 일이 대단히 어렵다는 것을 압니다. 당신네들이 아주 소수인 경우에도 신앙과 결의를 갖고서 그 문제에 접근해야 합니다. 당신은 비폭력 실천에 대해서 리처드 그레그의 책[143]을 연구하시길 권합니다. 진정한 평화주의자는 평화와 질서가 무기의 열매라면 이 둘을 사용하기를 거부할 것입니다.

---

143 《비폭력의 힘》.

우리가 무기의 보호 아래서 성장한 밀을 한 톨이라도 먹는다면, 우리는 폭력에 가담하는 것입니다. 이것을 자각한다면 자신의 조국에서 유배자와 반역자가 되어야 합니다. 하지만 만사는 자신의 힘의 크기에 따라서 행해져야 합니다. 확신의 용기를 가진 소수의 사람이라도 국가 전체에 대해서 완벽한 골칫덩이가 될 수 있습니다. 일 전체를 어느 정도까지 실천할 수 있을지는 각자가 판단해야 할 일입니다.

평화주의자 우리 영국의 평화운동은 성장하고 있습니다. 하지만 우리는 보다 더 많은 사람의 이름만 등록하면 됩니까?

간디 나는 숫자에 매료당하지 않습니다. 평화군(*peace army*)은 비폭력의 의미를 이해하지 못하는 자들의 수에 의존하지는 않습니다. 그래서 나는 비폭력 정신으로 흠뻑 젖은 채로 지독한 고통에 대비하여 자신들을 훈련하고 있는 소수에 주목할 것입니다.

특정 상황에서 어떻게 정확하게 행동해야 하는지는 신을 우러르는 일입니다. 대답은 기도에 대한 응답으로 심정에서 곧바로 생깁니다. 그러한 기도는 혼의 고뇌를 수반하게 됩니다.

어느 평화주의자와의 대담,
〈하리잔〉, 1938. 3. 12 ; 《전집》 73 : 19

306) 평화주의와 비폭력

페샤워르, 〔*1938. 5. 9* 이전〕

교수 영국의 수많은 평화주의자가 방어와 방어에 대한 자세한 계획에 대해서 얘기하고 있는데, 이것을 어떻게 생각하십니까? … 평화주의(*pacifism*)를 극단까지 밀고 나가도 괜찮지 않겠습니까? 아비시니아가 그저 저항하지 않고 이탈리아에 '네가 저지를 수 있는 것 중 최악을 행하시오'라고 얘기했다고 가정합시다. 그렇다면 이탈리아인들이 수치를 느끼고 그들의 계획을 그만두었을까요? 랜스베리(Lansbury)는 그들이 그랬을 것이라고 말했습니다.

간디 아비시니아 문제를 먼저 다루겠습니다. 나는 능동적 저항적 비폭력의 말로서만 대답할 수 있습니다. 비폭력은 이제 지상에서 가장 활발한 힘입니다. 그리고 그것이 절대로 실패하지 않으리라는 것을 확신합니다. 하지만 만일 아비시니아인들이 강자의 비폭력의 태도, 즉 산산조각이 날지언정 굽히지는 않는 비폭력의 태도를 수용했다면, 무솔리니는 아비시니아에 아무 관심을 보이지 않았을 것입니다. 그래서 만일 그들이 "당신이 우리를 먼지나 재로 만들 수는 있을지언정 당신네들과 협조할 준비가 되어 있는 아비시니아인은 단 한 사람도 없을 것이오"라고 간단히 말했다면, 무솔리니가 어떻게 했겠습니까? 그가 사막을 원한 것은 아니었습니다. 무솔리니는 순종을 원했을 뿐 도전을 원한 것은 아니었습니다. 그리고 만일 그가 내 설명대로 조용하고, 위엄 있으며 비폭력적인 도전을 만났더라면, 그는 물러날 수밖에 없었음이 분명합니다. 물론 누구라도 인간 본성이 그런 고지에까지 올라서지 않았다고 말하는 것은 자유입니다. 하지만 우리가 자연과학에서 예상치 못했던 진보를 이뤘다면, 혼의 과학에서 그보다 덜한 진보를 이루겠습니까?

이제 영국 평화주의자들에 대해서 말할 차례입니다. 그들 중에는 소수의 위대하고 진지한 사람들이 있지만, 그들은 평화주의를 순수 비폭력과는 구별되는 것으로 생각합니다. 나는 본질적으로 비폭력적인 인간입니다. 그리고 나는 폭력의 흔적이 조금도 없는 전쟁을 믿고 있습니다. 본질적으로 비폭력적인 사람은 결과를 헤아리지 않습니다.

당신이 말하고 있는 영국의 평화주의자들은 결과를 헤아립니다. 그리고 그들은 평화주의에 대해서 말할 때, 평화주의가 실패하면 무기를 사용해도 괜찮을 것이라는 심리적 유보를 갖고 있습니다. 그들에게는 비폭력이 아니라 무기가 최종적 명령인데, 이는 우드로 윌슨의 14개 조항에서도 마찬가지입니다. 이것은 잘못된 것입니다. 영국인 한 사람이 일어나서 영국은 어떤 경우에도 무기를 사용하지 않을 것이라고 살아 있는 신앙을 갖고서 말해야 할 것입니다. 그들은 완전 무장한 국가입니다. 그리고 만일 그들이 무기 사용을 의도적으로 거부할 힘이 있다면, 그들의 사례는 기독교 내에서 대규모의 능동적 비폭력 실천의 최초 사례일 것입니다. 그것은 진정한 기적일 것입니다.

어느 교수와의 면담, 〈하리잔〉,
1938. 5. 14 ; 《전집》 73 : 169

307) 평화단

나는 얼마 전 평화단(Peace Brigade)의 결성을 제안한 적이 있는데, 그 회원은 폭동을, 특히 집단 간의 폭동을 다루면서 자신들의 목숨을 걸어야 했다. 이 평화단이 경찰 심지어 군대마저 대체할 수 있도록 하는 것이 그 의도였다. 이것은 야망으로 들릴 것이다. 그것을 성취하는 일이 불가능할지도 모른다. 하지만 만일 국민회의가 비폭력 투쟁에서 성공하고자 한다면, 그것은 그런 폭동의 상황을 평화롭게 다룰 수 있는 힘을 길러야 할 것이다. 집단 간의 폭동은 정치적인 성향의 인물들이 조종하는 것이다. 그 폭동에 관여하는 많은 사람은 그런 인물들의 영향 아래에 있다. 집단 간의 추한 상황을 평화스런 방법으로 피할 방도를 고안하는 일은 국민회의 의원들의 재주 안에 있음이 분명하다. 나는 이 말을 집단 간에 있을 만한 협정의 유무와 관계없이 말한다. 어떤 당파든 폭력적인 방법으로 협정을 강요하기를 시도해서는 안 될 것이다. 그런 협정이 가능하다고 해도, 그것은 종이에 기록할 만한 가치조차 없는 것이다. 그런 협정 배후에는 공통의 이해가 전혀 없을 것이기 때문이다. 더구나 그런 협정이 체결되고 난 이후에도, 집단 간의 폭동이 결코 없을 것이라고 기대하는 것은 지나친 일일 것이다.

그래서 예비 평화단의 일원이 보유해야 할 특성들이 무엇인지 살펴보도록 하자.

1 그 또는 그녀는 반드시 비폭력에 대한 살아 있는 신앙이 있어야 한다. 이것은 신에 대한 살아 있는 신앙이 없다면 불가능하다. 비폭력적 인간은 신의 권능과 은총이 없다면 아무것도 할 수 없다. 그것들 없이는 분노와 공포 없이, 그리고 보복 없이 죽을 용기를 갖지 못할 것이다. 그러한 용기는 신이 만인의 심정 속에 자리잡고 계신다는 신념, 신의 면전에서는 일체의 공포도 없을 것이라는 신념에서 나온다. 신의 무소부재에 대한 지식은, 대적이나 군다(깡패)로도 불릴 수 있는 자들의 생명에 대한 존경을 의미하기도 한다. 이 예비적인 준비작업은 사람 안에 내재한 야수성(*the brute*)이 그 사람을 지배할 때 격분(*fury*)을 잠재우는 과정이기도 하다.

2 평화의 사도는 지상의 모든 주요 종교들에 대해서 동등한 존경심(*equal regard*)이 있어야 할 것이다. 따라서 그가 만일 힌두교도라면 인도에서 유행되고 있는 다른 신앙들을 존중할 것이다. 그래서 그는 이 나라에서 사람들이 믿고 있는 다른 신앙들의 일반 원리들에 대한 지식을 가져야 할 것이다.

3 일반적으로 말하자면 평화를 위한 이러한 일은, 지방 사람들이 그

들 자신의 고향에서만 실행할 수 있다.

4 일은 개인적으로도 집단으로도 실행할 수 있다. 그래서 아무도 동반자를 기다릴 필요는 없다. 하지만 사람은 자연스레 자기 자신의 고향에서 동료를 구할 것이고 지역단체를 형성할 것이다.

5 평화의 사도는 개인적 봉사를 통해서 자신의 지방에서 혹은 선택받은 범위 내에서 사람들과의 관계를 두텁게 해 둘 것이다. 그래서 그가 좀 난처한 상황을 다룰 때, 그는 아주 낯선 자로서 폭도의 구성원을 불시에 방문해서는 안 된다. 그가 스스로 용의자나 불청객으로 간주될 수 있기 때문이다.

6 말할 것도 없이 평화를 가져오는 자는 흠 없는 인격을 갖춰야 하고, 엄격한 공평성을 지녀야 한다.

7 다가오는 폭풍에 대한 사전 경고가 존재하는 것이 보통이다. 그러한 경고들을 감지하게 되면, 평화단은 그런 돌발 사건이 일어날 때까지 기다려서는 안 되며 미리 그 상황에 대처해야 한다.

8 그 운동이 확산될 때 수명의 전임자(專任者)자들이 있다면 좋겠지만, 반드시 있어야 하는 것은 아니다. 우리의 의도는 가능한 한 많은 수의 선량하고 진실한 남녀를 갖는 것이다. 그런 사람들은 다음과 같은 사람들이다. 즉, 삶의 여러 방면에서 일하면서도 그들 주위에서 일하는 자들과 친밀한 관계를 양성할 만큼 여유가 있는 자원자들이거나 아니면 평화단 회원이 요구하는 자격을 갖춘 자들이다.

9 예비 평화단의 회원들은 반드시 독특한 의상을 입어서 일정한 시간이 경과하면 그들이 금방 눈에 띄도록 해야 할 것이다.

이것들은 일반적인 제안일 따름이다. 각 센터는 여기에서 제안된 토대에 기초하여 각자의 헌장을 제정할 수 있다.

일꾼들은 잘못된 희망을 품어서는 안 된다. 만일 내가 평화단 창설에 능동적인 역할을 할 수 있을 것이라는 희망을 그들이 품는다면 그 희망에 대해서 그들에게 경고해 둔다. 나는 그 일을 위한 건강, 에너지 또는 시간이 없다. 물러서서는 안 될 과업들과 대결하는 일이 나에게는 이미 버거운 일인 것처럼 느껴진다. 나는 편지나 본지의 이 난을 통해서 지도하거나 제언할 수 있을 뿐이다. 그러므로 이와 같은 생각의 가치를 인정하고 능력이 있다고 느끼는 자들은 스스로 먼저 행동을 취했으면 좋겠다. 나는 제안된 평화단이 위대한 가능성을 가지고 있다는 점, 그 평화단의 배후에 있는 생각이 충분히 실현될 수 있다는 점을 알고 있다.

평화단의 자격 요건, 〈하리잔〉,
1938. 6. 18 ; 《전집》 73 : 295

308) 전쟁, 유화 정책, 비폭력

우리는 전쟁 위험을 당분간 피했다는 점에 대해서 행복을 느껴야 할 것이다. 지불된 대가가 너무 과도한 것으로 보이는가? 명예를 팔아넘겼을 가능성이 있는가? 그것은 조직된 폭력의 승리인가? 히틀러 씨(Herr Hitler)는 피 흘리지 않고 자신의 목적을 달성할 수 있게 해 주는 폭력 조직의 신기술을 고안했던가? 나는 유럽 정치를 안다고 할 수는 없다. 하지만 내 눈에는 유럽에 있는 작은 국가들은 고개를 똑바로 들고 살아갈 수 없을 것으로 보인다. 그들은 보다 더 큰 이웃 국가들에 흡수되어 가신(家臣, *vassal*)이 되고 말 것이다.

유럽은 7일 동안 계속되는 지상의 존재를 위해서 혼을 팔아먹었다. 유럽이 뮌니히(Munich)에서 얻은 평화는 폭력의 승리인데, 그 평화는 그 폭력의 패배이기도 하다. 영국과 프랑스가 승리를 확신했다면, 체코슬로바키아를 구출해야 하는 그들의 의무를 완수했어야 했고, 그것이 아니라면 그 나라와 함께 죽어야 했다. 하지만 영국과 프랑스는 독일과 이탈리아의 연합 폭력 앞에 겁먹고 말았다. 반면, 독일과 이탈리아는 무엇을 얻었는가? 그들은 인류의 도덕적 부(富)에 기여한 바가 있는가?

이 글을 쓰고 있는 나의 우려는 강대국에 있는 것이 아니다. 그들의 높이가 나를 아찔하게 만든다. 체코슬로바키아는 인도에서 살아가는 나와 우리에게 하나의 교훈이다. 체코인들은 그들의 강력한 두 연합국으로부터 버림받았다는 사실을 알았을 때, 아무것도 할 수 없었을 것이다. 나는 무모하지만 다음과 같이 말하고 싶다. 만일 그들이 국가의 명예를 지키기 위한 무기로서 비폭력의 사용을 알았더라면, 독일과 이탈리아가 가진 전력(全力)에 직면했어야 할 것이었다고 말하고 싶다. 체코인들은 영국과 프랑스가 평화 아닌 평화를 청원해야 하는 수치를 당하는 일을 막아 주었을 것이다. 그들은 자신들의 명예를 지키기 위해서 그 강도의 피를 흘리지 않고도 한 사람도 남김없이 죽었어야 했다. 영웅적 행위라고 하든 억제라고 하든, 그런 것이 인간 본성을 넘어간다는 생각을 나는 거부한다. 인간이 되기 위해서는 인간 본성이 짐승이거나 야만이기를 그쳐야 한다는 사실을, 인간 본성이 충분히 자각했을 때 인간 본성은 자기 자신을 찾게 될 것이다. 우리가 비록 인간의 형상을 지니고는 있지만 비폭력의 덕을 얻지 못한다면, 우리는 이른바 우리의 먼 조상으로 알려져 있는 오랑우탄의 성질을 여전히 공유하고 있는 셈이다.

지금 나는 한담(閑談)을 하고 있는 것이 아니다. 체코인들의 운명이 결정되는 동안 운영위원회가 고통을 느끼고 있다는 점을 체코인들로 하여금 알게 하라.[144] 그 고통은 어떤 면에서는 대단히 이기적이었다. 하지만 그 때문에 그것은 보다 진실한 것이었다. 우리는 인구의 수로 보면 대국이지만, 유럽의 기준, 즉 조직화된 과학적 폭력(*organized scientific violence*)의 기준에서 보면 체코슬로바키아에 비해서도 소국이다. 우리는 자유(*liberty*)를 위협받고 있는 것이 아니라, 그 자유의 회복을 위해서 투쟁하고 있다. 체코인들은 완전 무장하고 있지만 우리는 완전 비무장이다. 그래서 운영위원회는 체코인들에 대해서 느꼈던 의무가 무엇인지, 그리고 만일 전쟁의 구름이 우리를 덮치게 된다면, 국민회의가 어떤 역할을 맡아야 하는지를 조용히 앉아서 숙고하기 시작했다. 우리가 우리의 자유를 위해서 영국과 협상하면서 체코슬로바키아와 친구가 되는 것처럼 보여야 했던가? 우리는 비폭력 강령에 따라서 살면서, 강령을 일관되게 지키자면 고통받는 인류의 시험기에도 스스로 전쟁에 가담할 수 없었노라고—비록 그 전쟁이 명백하게 존재가 위협받고 있는 체코슬로바키아의 방어를 위한 것이라고 해도—말해야 했던가? 그 존재가 위협받고 있는 이유가 자신의 과오 때문은 결코 아니지만, 행여 단독으로 자신을 방어하기에는 너

144 체코슬로바키아에 대한 국민회의 운영위원회 결의안의 내용은 다음과 같다. '운영위원회는 유럽에서 전개되는 사건들에 대해서 지대한 관심을 갖고 주목해왔다. 운영위원회는 독일이 체코슬로바키아의 독립을 박탈하거나 그 나라를 무력화(無力化)하려는 뻔뻔스러운 시도에 대해서 깊은 우려를 금할 수 없다.'

'본 운영위원회는 용감한 체코슬로바키아인들이 자신들의 자유를 지키기 위해서 투쟁하는 데 깊이 공감하는 바이다. 스스로 지상 최대의 제국주의 국가(*the greatest Imperialist Power*)에 대항하여 비폭력적인 전쟁, 하지만 엄격하고도 가혹한 전쟁을 치르고 있는 인도는, 체코슬로바키아의 자유를 보호하는 데 깊은 관심을 쏟지 않을 수 없다. 본 운영위원회는 인간성 중에서 좀더 선한 부분이 스스로 현양되어 인류를 임박한 대파국으로부터 구원하기를 바라는 바이다.'

무 작다는 과오 때문이라고 해도, 우리는 전쟁에 가담할 수 없었다고 말해야 했던가 말이다. 운영위원회는 다음과 같은 결론에 거의 도달했다. 즉, 운영위원회는 영국과 협상할 기회를 거부할 것이고, 대신 세계 평화, 체코슬로바키아의 방어 그리고 인도의 자유에 기여할 것이라는 결론에 도달했다. 그리고 그 기여의 방법은 명예로운 평화로 향하는 길이 죄 없는 자들 사이의 상호 살육에 있는 것이 아니라, 조직된 비폭력을 죽음에 이르기까지 실천하는 길, 오직 진실로 그 길에만 있다는 것을 우리의 행동을 통해서 전 세계에 선언하는 것이다.

이것은 운영위원회가 자체의 강령에 충실하다는 점을 증명할 수 있으려면 당연히 취했어야 할 논리적이며 자연적인 조처였을 뿐이었다. 인도가 만일 비폭력을 통해서 자신의 자유(*freedom*)를 얻을 수 있다면(국민회의 의원들은 얻을 수 있다고 믿고 있듯이), 인도는 동일한 방법을 통해서 인도의 자유를 방어할 수도 있을 것이다. 따라서 체코슬로바키아와 같은 더 작은 나라는 그 자유를 더 잘 방어할 수 있을 것이다.

나는 전쟁이 닥쳐왔다면 운영위원회가 실제 어떻게 했을지 모른다. 하지만 전쟁은 연기되었을 따름이다. 한숨 돌리는 동안 나는 체코인들이 받아들일 수 있게 비폭력의 길을 제시한다. 그들은 자신들을 위해서 무엇이 마련되어 있는지를 여태 모른다. 그들이 비폭력의 길을 시도하더라도 잃을 것은 아무것도 없다. 공화국 스페인의 운명은 중대 기로에 처해 있다. 중국의 운명도 같다. 만일 그 두 나라가 끝내 지고 만다면, 그것은 대의명분이 정당하지(*just*) 않아서가 아니라, 파괴의 과학에 덜 숙련되어 있거나 혹은 인적 자원이 부족하기 때문일 것이다. 만일 공화국 스페인이 프랑코의 자원을 가졌다면 무엇을 얻었을 것이고, 중국이 일본의 전쟁 기술을 가졌다면 무엇을 얻었을 것인가? 그리고 만일 체코인들이 히틀러 씨의 기술을 가졌다면 무엇을 얻었을 것인가? 불리한 여건에서 싸우다 한 사람도 남김없이 죽는 일은 용기 있는 일이다. 하지만 그것보다 강탈자와 싸우기를 거부하면서도 그에게 순종하기를 거부하는 일은 더 용기 있는 일이라고 말하고 싶다. 만일 죽음이 위의 두 경우 모두에 분명한 사실이라면, 적수에게 맨가슴을 드러내 놓고 속으로는 그에 대해서 악의 없이 죽어가는 일이 더 고귀한 일이 아니겠는가?

논리적 결론, 〈하리잔〉, 1938. 10. 8 ; 《전집》 74 : 151

309) 평화, 비폭력, 명예

내가 만일 히틀러 씨의 협정을 '명예 없는 평화'(*peace without honour*)라고 불렀다면, 그것은 영국 또는 프랑스 정치가들에 대해서 반성해 보자는 뜻은 아니었다. 나는 체임벌린[145] 씨가 더 나은 일을 생각할 수는 없었으리라는 점에 대해서 추호의 의심도 없다. 그는 자신의 조국의 한계를 알고 있었다. 그는 피할 수만 있었다면 전쟁을 피하고 싶었다. 그는 전쟁을 일으키는 대신 체코인들을 위해서 자기 몫을 충분히 다했다. 그 일이 명예를 지킬 수 없었던 것은 그의 과오가 아니었다. 히틀러 씨나 무솔리니 씨는 갈등이 있을 때마다 그랬을 것이다.

다르게 할 수는 없었을 것이다. 민주주의는 피 흘리기를 지극히 혐오한다. 이 두 독재자들이 대변하고 있는 철학에 따른다면, 대량 살상에서 물러서는 일은 비겁이다. 그들은 조직된 살인을 미화하기 위해서 시적 예술(*poetic arts*)의 자원을 총동원한다. 그들의 말이나 행위에는 아무 기만이 없다. 그들은 항상 전쟁할 각오가 되어 있다. 독일이나 이탈리아에서 그들의 길을 막을 자는 아무도 없다. 그들의 말은 곧 법이다.

145 〔역주〕 Arthur Neville Chamberlain(1869∼1940) : 영국의 총리(1937∼1940). 제2차 세계대전 발발 직전 독일의 아돌프 히틀러에 대한 '유화 정책'을 추진했다.

체임벌린 씨와 달라디에[146] 씨의 경우는 다르다. 그들은 만족시켜야 할 의회와 입법부가 있고, 논의해야 할 당이 있다. 그들은 자신들의 말에 민주주의적 액센트를 입혀야 하므로 지속적인 전쟁의 토대 위에 자신들을 유지할 수는 없다.

전쟁 과학은 사람을 순수하고 단순한 독재로 이끈다. 비폭력 과학만이 사람을 순수한 민주주의(*pure democracy*)로 이끈다. 영국·프랑스·미국은 선택해야 한다. 그것이 두 독재자들이 그들을 향해서 던지는 도전이다.

러시아는 현재 무대 위에 없다. 러시아에는 평화를 꿈꾸고 있지만 그곳으로 가기 위해서 피의 바다를 건너가야 할 것이라고 생각하는 독재자가 있다.[147] 러시아의 독재가 세상에 어떤 의미를 지닐지 말할 수 있는 자는 아무도 없다.

나는 체코인들에게 그리고 그들을 통해서 '작고' '약한' 모든 나라들의 국민들에게 말하고 싶은 것이 있는데, 그 말을 하기 위해서 이런 서두가 필요했다. 나는 체코인들에게 말하고 싶다. 그 이유는 그들의 곤경이 나를 육체적 정신적 고민 속에 빠뜨렸고, 내 속에서 솟구쳤던 생각을 그들과 나누지 않는다면 내가 비겁한 사람이 될 것이라고 느꼈기 때문이다. 작은 국가들은 독재자들의 보호 아래 들어가거나 들어갈 준비를 해야 하거나, 아니면 유럽 평화에 부단한 위협이 될 것임이 분명하다. 세상에 있는 모든 선의에도 불구하고, 영국과 프랑스는 그들을 구할 수 없다. 그들이 관여한다면 우리는 여태

146 〔역주〕 Edouard Daladier(1884~1970): 뮌헨 협정(1938. 9. 30)에 조인한 프랑스의 총리. 이 협정으로 나치 독일은 영국이나 프랑스의 반대를 두려워하지 않고 체코슬로바키아의 수데텐 지역을 점령할 수 있었다.

147 〔역주〕 조셉 스탈린(Joseph Stalin: 1879~1953)을 지칭하는 것으로 보인다. 그는 1924년부터 1953년까지 소비에트 연방의 최고 권력자였다.

본 적이 없었던 유혈과 파괴만을 볼 것이다. 그래서 만일 내가 체코인이라면, 두 국가의 어깨에서 나의 조국을 방어해야 할 의무의 짐을 내려놓을 것이다. 하지만 나는 살아가야 한다. 나는 어떤 국가나 어떤 사람에 대해서건 가신(家臣)이 되지 않을 것이다. 나는 완전 독립을 갖든지 아니면 죽음을 택할 것이다. 무력 충돌에서 승리를 추구하는 것은 순전한 허장성세일 것이다. 하지만 내가 만일 나의 독립을 앗아가려는 자의 힘에 대해서 저항하면서 그의 의지에 복종하기를 거부하며 무장하지 않은 채 죽어간다면, 그것은 허장성세가 아니다. 그렇게 하게 되면 나는 육신을 잃을지언정 나의 혼, 즉 나의 명예를 지킬 것이다.

이 치욕의 평화가 나에게는 호기가 되어야 한다. 나는 그 굴욕을 씻어내고 진정한 독립을 얻어야 한다.

"그런데" 하고 위안자는 말할 것이다. "히틀러는 연민이 없는 자입니다. 당신의 영적 노력은 그의 앞에서는 아무 소용이 없습니다."

나는 다음과 같이 대답할 것이다. "당신이 옳을지도 모릅니다. 역사에는 비폭력 저항을 채용했던 국가에 대한 기록이 없습니다. 히틀러가 내 고통으로부터 아무 영향을 받지 않는다고 해도 상관없습니다. 나는 보존해야 할 가치가 있는 것은 조금도 잃지 않을 것이기 때문입니다. 유일하게 보존할 만한 것은 나의 명예입니다. 그것은 히틀러의 연민과는 별개의 것입니다. 하지만 나는 비폭력을 믿는 자로서 그 가능성을 제한할 수는 없습니다. 지금까지는 히틀러와 같은 부류의 인간들은 사람이 힘에 복종한다는 불변의 경험에 토대를 두고 있었습니다. 아무 원한도 품지 않고 비폭력 저항을 펼치는 비무장의 남녀노소들은 그들에게 색다른 경험이 될 것입니다. 이와 같이 보다 고귀하고 보다 섬세한 힘에 반응하는 것이 그들의 본성에 들어 있지 않다고 누가 감히 말할 수 있겠습니까? 그들은 내가 가진 것과 같은 혼을 가지고 있습니다."

그러면 또 다른 위안자가 말할 것이다. "당신이 말하고 있는 것은 당신에게는 적용될 것이지만 당신의 민중이 그런 참신한 부름에 응할지 당신은 기대할 수 있습니까? 그들은 싸우도록 훈련을 받았습니다. 그들은 개인적 용기의 면에서 세상의 어느 누구에게도 지지 않을 정도로 최고입니다. 당신이 이제 그들에게 무기를 버리고 비폭력 저항 훈련을 받으라고 요구하는 것은 헛수고로 보입니다."

"당신이 옳을지도 모릅니다. 하지만 나는 부르는 소리를 듣고 있고 거기에 응답해야 합니다. 나는 민중에게 내 메시지를 전해야 합니다. 이 굴욕은 내 속에 너무 깊이 들어와 박혀 있어서 출구를 찾지 못하고 있습니다. 적어도 나는 내 속에서 밝아오는 빛에 따라서 행동해야 합니다."

내가 체코인이라면 이런 식으로 행동해야 할 것이라고 믿는다. 내가 처음 사탸그라하에 착수했을 때는 단 한 사람의 동료도 없었다. 우리는 남녀노소 합해서 1만 3천 명으로서 우리의 존재를 분쇄할 수 있는 능력을 지닌 국가 전체에 대항했다. 누가 내 말을 들을지 몰랐다. 그것은 섬광처럼 왔다. 1만 3천 명 모두가 싸운 것은 아니다. 많은 사람은 쓰러졌다. 하지만 국가의 명예는 구해졌다. 남아프리카의 사탸그라하는 새 역사를 썼다.

아마 더욱 적절한 사례는 칸 사헤브 압둘 가파르 칸의 사례일 것이다. 그는 자신을 신의 종이라고 불렀고, 파탄인은 즐겁게 그를 아프간의 자존심이라고 불렀다. 내가 이 글을 쓰는 동안 그는 내 앞에 앉아 있다. 그는 자신의 종족 수천 명이 무기를 던져 버리도록 했다. 그는 자신이 비폭력의 교훈을 흡수했다고 생각하지만 자신의 종족에 대해서 확신이 없었다. 나는 그의 평화 군대가 맹세한 서약을 다른 곳에 게재한 적이 있다. 나는 그의 사람들이 여기에서 하고 있는 일을 내 눈으로 확인하기 위해서 변경에 왔다. 아니 그가 나를 데려왔다고 해야 할 것이다. 나는 이 사람들이 비폭력에 대해서 아는 것이 거의 없다고 미리, 그리고 당장 말할 수 있다. 그들이 지상에 가진 모든 보물은 지도자에 대한 믿음이었다. 나는 이 평화군을 완성된 사례로서 거론하는 것은 아니다. 한 사람의 군인이 동료 군인들을 평화의 길로 개심시킨 정직한 시도의 한 예로서 그들을 언급한다. 나는 그것이 정직한 시도라고 증언할 수 있다. 그리고 그것이 끝내 성공하든 실패하든 그것은 미래의 사탸그라히들에게 교훈이 될 수 있다는 점도 증언할 수 있다. 내가 만일 이들의 심정에 도달하는 일에 성공한다면, 그리고 그들이 무기를 소유하고 무기 사용의 능력을 갖는 것보다 비폭력을 행할 때 스스로 더 용감하다고 느끼지 못한다면, 비폭력을 포기하고 다시 무기를 들어야 할 것임을 그들로 하여금 깨닫게 하는 일에 성공한다면, 나의 목적은 달성된다. 그와 같은 비폭력은 비겁의 다른 이름에 불과하며, 무기를 다시 드는 일을 막는 것은 그들 자신의 의지밖에 없다.

나는 베네스 박사[148]에게 약자의 무기가 아니라 용감한 자의 무기를 제시한다. 아무리 거대한 지상의 권력이라고 해도 그 앞에 굴복하기를 단호히 거부하는 것, 그것도 영혼의 비통함 없이, 그리고 다른 아무것도 살아 있지 않고 오직 영혼만이 살아 있다는 완전한 신앙을 갖고 굴복하기를 단호히 거부하는 것보다 더 위대한 용기는 없다.

내가 만일 체코인이라면, 〈하리잔〉, 1938. 10. 15 ; 《전집》 74 : 143

---

148 Edvard Benes〔1884～1948〕: 체코슬로바키아 대통령(1935～1938).

310) 고통과 자존심

유대인들이 지난 2천 년 동안 비폭력적이었다는 비판에 대한 나의 대답을 다루면서 〈스테이츠맨〉지는 사설에서 다음과 같이 말하고 있다.

> 전 세계는 니묄러 목사[149]에 대해서 그리고 루터교회의 고통에 대해서 들은 바 있다. 여기에서 수많은 목사와 기독교도는 인민 재판정 · 폭력 · 위협 앞에서 용감하게 처신했다. 그들은 보복 없이 진리의 고결한 증인이 되었다. 그리고 독일에 어떤 심정의 변화가 있는가? 성서연구연대(Bible Searchers' Leagues) 회원들은 나치 군국주의(*Nazi militarism*)가 그리스도의 평화 복음과 상충한다고 하여 그것을 거부했는데 그 결과 5년 전부터 오늘날까지 교도소와 강제수용소에 갇혀 있다. 그런데 그들을 아는 독일인이 몇 사람이나 되는가? 안다고 해서 그것에 대해서 무엇을 하는가?
>
> 약자의 것이든 강자의 것이든 비폭력은 매우 특수한 조건을 제외하고는 사회적 복음이라기보다는 개인적 복음으로 보인다. 사람의 구원은 자신의 소관(所管)이다. 정치가는 대의명분 · 강령 · 소수자들에게 관심을 갖고 있다. 간디 씨는 히틀러 씨가 '히틀러 자신의 돌격대원들이 보여준 용기보다 무한히 우월한' 용기 앞에 경의를 표할 것이라고 시사한 바 있다. 사실이 그러하다면, 우리는 히틀러가 오지츠키(Herr von Ossietzky)[150] 씨와 같은 자들에게 경의를 표했을 것이라고 상정하는 셈이다. 하지만 나치에게 용기란 나치 지지자들이 보여주었을 때에만 하나의 덕이 되는 듯하다. 용기가 다른 곳에서

---

149 〔원주〕 Martin Niemoeller(1892~1984) : 반나치 개신교도 신학자, 게슈타포에 의해서 체포되고 수용소에 수감되었다. 〔역주〕 고백교회의 창설자이며 세계교회협회국민회의 회장을 지냈다.

150 Carl von Ossietzky(1889~1938) : 독일 평화주의자, 작가. 국가의 적으로 몰려 체포되고 수감되었다. 감옥에 있으면서 노벨평화상을 수상했다.

나타나면, 그것은 유대·마르크스주의자 오합지졸들의 건방진 도전이 되고 만다. 간디 씨는 강대국들이 그 문제에 대해서 효과적으로 움직일 수 없다는 무능을 감안하여 자신의 처방을 내렸다. 그 무능은 우리 모두가 개탄하는 바이고 치유되기를 바란다. 간디 씨의 동정심은 유대인들을 크게 위로할 수는 있다. 하지만 그들의 강성(强盛)을 위해서는 하는 일이 별로 없을 것 같다. 그리스도는 비폭력에서 지고의 사례이다. 그분이 고문 끝에 죽음에 당도하는 순간 그분에게 퍼부어진 모욕은, 비폭력이 세속적이며 현세적인 의미로는 하릴없이 실패할 수밖에 없음을 결정적으로 증명해 보여주었다.

나는 니묄러 목사와 다른 이들의 고통이 헛된 것이었다고는 생각하지 않는다. 그들은 자존심(*self-respect*)을 손상 없이 지켰다. 그들은 자신들의 신앙이 어떤 고통과도 맞설 수 있다는 것을 증명했다. 그들이 히틀러 씨의 심정을 녹이기에 불충분했다는 것은, 그 심정이 돌덩이보다 더 단단한 물질로 만들어졌음을 보여줄 뿐이다. 그러나 아무리 단단한 심정이라도 뜨거운 열 앞에서는 녹는다. 그와 마찬가지로 가장 단단한 심정이라도 비폭력의 충분한 열기만 있다면 그 앞에서 반드시 녹아내릴 것이다. 그리고 비폭력은 열을 생성하는 능력에 있어서 아무런 제한이 없다.

개개의 행위는 다수의 힘들, 심지어 반대적 성격의 힘들의 결과이다. 에너지에는 낭비가 없다. 우리는 역학 책에서 그렇게 배웠다. 이것은 인간 행위에서도 한결같이 사실이다. 차이점은 역학의 경우 우리가 작용하고 있는 힘들에 대해서 일반적으로 알고 있고, 우리가 알고 있으면 수학적으로 결과를 예측할 수 있지만, 인간 행위의 경우에는 행위들이 수많은 힘의 동시 작용(*concurrence*)에서 나온 결과인데도 그 힘들 대부분에 대해서 우리가 모른다는 것이다. 그러나 우리의 무지가 이 힘들의 존재를 불신하는 원인이 되어서는 안 된다. 오히려 우리의 무지가 더 큰 신앙의 원인이 되어야 할 것이다. 그리고 비폭력은 이 세상에서 가장 강한 힘이지만 그 작용이 아주 묘(妙)하므로, 신앙을 아주 크게 활용할 것을 요구한다. 우리는 우리의 신앙으로 신을 믿듯이 비폭력을 믿어야 한다.

히틀러 씨는 평균수명 정도를 향유하는 사람에 불과하다. 만일 민중의 후원이 없었다면, 그는 자신의 힘을 탕진하고 말았을 것이다. 심지어 그 자신이 초래한 인간의 고통 앞에서 그가 보여준 반응에 대해서 나는 절망하지 않는다. 그러나 나는 하나의 국민(*a nation*)을 이루고 있는 독일인들이 좋은 마음이 전혀 없다는 것, 지상의 다른 국민들보다 좋은 마음이 현저히 부족하다는 말을 믿기를 거부할 수밖에 없다. 자신들이 숭배하는 영웅이 적절한 때 깨닫지 못한다면, 그들은 언젠가는 그 영웅을 반역할 것이다. 그리고 그 영웅이나 그들이 각성한다면, 우리는 니묄러 목사와 그의 동료 일꾼들의 고통이 각성에 적잖이 작용했음을 알게 될 것이다.

무력 충돌은 독일의 군사력에 재앙을 가져올 수도 있다. 지난번 패배가 독일인의 마음을 변화시키지 못했듯이 그 충돌이 독일인의 마음을 변화시킬 수는 없을 것이다. 그 패배는 승자들에게 복수하고야 말겠다고 맹세한 히틀러와 같은 자들을 양산했다. 그리고 그 복수는 어떠했던가? 그래서 나의 대답은 스티븐슨(Stephenson)이 자신의 동료 일꾼들에게 주었던 대답과 같은 것일 수밖에 없다. 그때 동료 일꾼들은 최초의 철도를 가능하게 했던 저 깊은 구덩이를 메우는 일에 대해서 낙담하고 있었다. 그런데 스티븐슨은 믿음이 거의 없었던 그들에게 더 큰 믿음을 가져야 한다며 계속 메워갈 것을 요구했다. 그 구덩이는 바닥이 없었던 것이 아니었으므로 반드시 메워지고 말 것이다. 그와 마찬가지로 나는 히틀러 씨와 독일인들의 마음이 아직 녹지 않았다고 해서 절망하지 않는다. 반대로 나는 더 많은 고통을 감내하라고, 그래서 마음이 녹아내리는 것이 맨눈에도 보일 때까지 더 많은 고통을 감내하라고 간청한다. 그리고 그 목사가 자신에게 영광을 돌리듯이, 용감하게 일어서서 히틀러의 포고에 대해서 허리 숙여 절하기를 거부하는 단 한 사람의 유대인이라도 있다면 그 유대인은 자신에게 영광을 돌리게 될 것이고 동료 유대인들을 구원의 길로 이끌 것이다.

나는 비폭력이 단순히 개인적인 덕(*personal virtue*)이라고 생각하지 않는다. 그것은 다른 덕과 같이 닦아야 할 사회적인 덕(*social virtue*)이다. 사회는 상호 거래에 있어서 비폭력의 표현에 의해서 주로 규제되고 있음이 분명하다. 내가 요구하는 것은 그것을 더 큰 규모, 즉 국내·국제적 규모에까지 확장하는 일이다.

〈스테이츠맨〉지의 기자는 그리스도의 사례가 비폭력이 세속적이며 현세적 의미에서 하릴없이 실패할 수밖에 없다는 점을 결정적으로 증명해 주었다는 견해를 표명했지만, 나는 그것을 인정할 수 없다. 나는 교파적 의미에서 기독교도는 아니다. 하지만 예수 수난의 사례는, 나의 모든 세속적이며 현세적인 행위를 지배하는 비폭력에 대해서, 내가 갖고 있는 불멸의 신앙을 구성하는 하나의 요소이다. 그리고 나는 이렇게 믿고 있는 수백 명의 기독교도가 존재한다는 것을 알고 있다. 예수가 만일 사랑이란 영원의 법으로 삶 전체를 규제하라고 가르치시지 않았다면, 그분은 헛되이 살고 헛되이 죽으신 것이다.

바르돌리 행의 기차 안에서, 1939. 1. 2

비폭력은 효력이 없는가?, 〈하리잔〉, 1939. 1. 7 ; 《전집》 74 : 509

311) 전쟁과 순교

잘 알려진 국민회의 의원 한 사람이 다음과 같이 질의했다.

1 이 전쟁에 대한 당신의 개인적인 태도는 비폭력에 부합합니까?
2 그것은 지난 전쟁에서 당신이 가진 태도와 동일합니까, 다릅니까?
3 국민회의는 현 위기와 관련하여 폭력에 기초해서 정책을 수립하고 있습니다. 그런데 당신은 그와 같은 국민회의와 어떻게 비폭력으로써 능동적으로 연대하고 그것을 도와줍니까?
4 이 전쟁에 반대하거나 그것을 막기 위한 당신의 계획, 즉 비폭력에 기초를 둔 당신의 구체적 계획은 무엇입니까?

위의 질문들은 나의 외면적인 비일관성이나 불가해성에 대해서 길고도 친절한 불평을 한 다음에 결론적으로 나온 것이었다. 두 가지 모두 해묵은 불평이고, 불평하는 사람의 입장에서 보면 완전히 정당한 것이지만, 나 자신의 입장에서 보면 전적으로 부당한 것이다. 그래서 불평하는 사람들과 나는 서로 다르다는 점에 함께 동의해야 한다. 나는 다음과 같은 말만을 하고 싶다. 나는 글을 쓸 때 이전에 말했던 것을 결코 생각하지 않는다. 나의 목표는 주어진 문제에 대한 이전의 진술들과 일관되는 것이 아니라, 주어진 순간 진리가 나에게 제시하는 대로 그 진리와 일관되는 것이다. 그 결과로 나는 진리에서 진리로 성장해갔다. 그래야만 나는 기억력에 과도한 긴장을 덜 수 있다.[151] 그보다 중요한 일은, 나는 심지어 50년 전에 쓴 글을 최근의 것과 비교해야 할 경우에도, 양자 사이에 비일관성을 전혀 보지 못한다. 하지만 비일관성을 관찰한 친구들은, 그들이 오래된 것을 선호

151 〔역주〕《전집》 권 76, 356면에 따라서 약간 고쳤다.

마하데브 데사이와 함께 (1939. 4)

비를라 하우스에서 마하데브 데사이(왼쪽)가 간디에게 온 편지를 읽어 주고 있다. 마하데브 데사이는 간디의 제자이자 비서로서 25년이 넘게 그의 곁을 지키며 든든한 버팀목이 되어 주었다. 또한 간디의 연설과 대담, 편지 등을 모아 정리한 방대한 양의 기록을 남겼다.

하지 않겠다면 나의 가장 최근의 글이 의미하는 바를 취하면 될 것이다. 그들은 선택하기 전, 겉으로 보기에 일관성 없어 보이는 것들 사이에 기초적이며 영속적인 일관성이 있는지의 여부를 살펴보도록 노력해야 한다.

이제 나의 불가해성(*inscrutability*)에 관하여 말하겠다. 친구들은 내가 어떤 문제와 관련된 생각이 있는 경우, 그 생각을 억제하기 위해서 일부러 노력을 기울인 적이 결코 없다는 나의 말을 받아들여야 한다. 때로 불가해성은 간단히 표현하려는 내 욕구에서 일어난다. 그리고 때로는 내가 내 의견을 제시하도록 요청받은 주제에 대한 나의 무지에서 불가해성이 일어나는 것임이 틀림없다.

전형적인 예를 하나 들어보자. 어떤 친구[152]가 하나 있는데, 그와나 사이에는 일체의 주저도 없다. 그는 분노가 아니라 고뇌에 차서 다음과 같은 편지[153]를 쓰고 있다.

152 〔역주〕 V. S. 슈리나바사 사스트리. 《전집》 권 76, 356면.

153 〔역주〕 마하데브 데사이에게 보낸 9월 22일자 편지. 《전집》 권 76, 356면.

인도가 전쟁의 무대가 될지도 모르는 판국에 간디지는 동포들에게 적수의 칼 앞에 가슴을 내놓으라고 충고하려고 하십니까? 나는 얼마 전이라면 당신이 그런 식으로 충고할 것이라고 믿었겠으나 지금은 더 이상 확신할 수 없습니다.

나는 다음과 같은 점, 즉 내가 최근에 쓴 글에도 불구하고 그 글에서 내가 과거에 주었을 것이라고 그가 기대했던 바로 그 충고, 또는 체코인이나 아비시니아인에게 주었던 것과 같은 충고를 줄 것이라는 점을 그에게 납득시키는 길밖에 없다. 나의 비폭력은 불굴의 의지를 가진 것이다. 그것은 과학자들에게 알려진 어떤 단단한 금속보다도 더 단단하다. 그렇지만 슬프게도 나는 나의 비폭력이 그 고유의 견고성을 아직 얻지 못했다는 사실을 고통스럽게 의식하고 있다. 만일 나의 비폭력이 그런 견고성을 얻었다면, 신께서는 내가 나날이 하릴없이 쳐다보고 있을 수밖에 없는 수많은 지역의 폭력 사태들을 다룰 수 있는 방도를 나에게 보여주셨을 것이다. 이 말은 교만에서 하는 말이 아니라, 완전한 비폭력이 갖는 힘에 대한 분명한 지식에서 비롯된 말이다. 나는 내 자신의 한계나 약점을 감추기 위해서 비폭력의 힘이 과소평가되는 것을 내버려 두지 않을 것이다.

이제 앞에서 말한 질문들에 대해서 몇 줄로 답변해 보겠다.

1 이 전쟁에 대한 나의 개인적 반응은 그 어느 때보다 큰 공포감(*horror*)이다. 이전에는 오늘날같이 이렇게 절망하지는 않았다. 저 공포감 때문에 나는 지난 전쟁[154] 기간 동안 내가 자임해왔던 징집담당 하사관이 되는 일을 오늘에는 할 수가 없다. 하지만 기이하게 보일

---

154 〔역주〕 제 1차 세계대전.

지는 몰라도, 나는 전적으로 연합국에 동정적이다. 싫든 좋든 이번 전쟁은 분석해 보면 서양이 진전시킨 민주주의와, 히틀러 씨가 전형적으로 보여주고 있는 전체주의(*totalitarianism*) 사이의 전쟁이 되고 말았다. 러시아가 담당하고 있는 역할이 고통스러운 것일지라도, 부자연스런 연합이 행복한 융합이 되기를 희망하자. 이런 융합은 누가 의도한 것도 아니고 아무도 그 모습을 예언할 수는 없을지라도 말이다. 지금 연합국은 사기저하의 아주 작은 흔적조차 없다. 그런데 만일 연합국이 사기저하를 겪지만 않는다면, 이 전쟁은 우리가 오늘날 목격하고 있는 일체의 악질적인 전쟁을 종식시키는 일에 사용될 수 있을 것이다. 나는 인도가 비록 내부 분열로 미친 것처럼 보이지만 바람직한 목적을 보장하는 데, 그리고 여태까지의 민주주의보다 더 깨끗한 민주주의(*clearer democracy*)를 확산하는 데, 효과적인 역할을 담당할 것이라는 희망을 갖고 있다. 이것은 운영위원회가 지금 세계 무대에서 연출되고 있는 진정한 비극을 앞에 두고 궁극적으로 어떻게 행동할 것인가에 달려 있음이 분명하다. 우리는 드라마 속의 배우 겸 관객이다. 나의 노선은 정해졌다. 내가 이 운영위원회의 겸손한 안내자로서 행동하든지, 아니면 내가 정부의 안내자로서 행동하든지(같은 표현을 사용해도 무례가 되지 않는다면), 나의 지침은 운영위원회와 정부 둘 가운데 하나를, 아니면 둘 다를 비폭력의 길로 데려가려는 의도적인 목표를 달성하는 것이다. 그 길로 향하는 발걸음이 아무리 미약하다하더라도 말이다. 내가 그 발걸음을 어느 방향으로도 강요할 수 없다는 것은 명백하다. 나는 신께서 나의 머리나 심정에 주신 그 힘을 당분간은 사용할 수 있을 뿐이다.

2 첫 질문에 대답하는 과정에서 나는 두 번째 질문도 대답했다고 여긴다.

3 비폭력에 수준이 있듯이 폭력에도 수준이 있다. 운영위원회는 비폭력 정책으로부터 고의로 떠나간 것이 아니다. 위원회는 비폭력의 진정한 의미를 정직하게 수용할 수 없었다. 의원들 대다수가 외부에서 위험이 닥쳐올 때 비폭력적인 방법으로 나라를 보호해야 한다는 것을 한 번도 분명히 이해한 적이 없었다고 나는 느꼈다. 의원들이 진실로 배웠던 모든 것은, 그들이 영국 정부에 대항하여 대체적으로 비폭력적인 투쟁을 성공적으로 벌일 수 있다는 것이었다. 의원들은 다른 분야에서 비폭력 사용에 대해서는 어떤 훈련도 받은 바가 없었다. 예를 들면, 그들은 집단 간의 폭동이나 깡패주의를 비폭력을 이용하여 성공적으로 다룰 수 있는 확실한 방도를 아직 찾지 못했다. 이런 논의는 실제적 경험에 기초하고 있으므로 최종적이다.

나의 가장 가까운 동료들이 비폭력을 확대 적용하는 일에서 나를 따를 수 없다는 이유로 내가 그들을 버린다면, 나는 비폭력의 명분을 따르는 것이 아니다. 그래서 나는 그들이 비폭력적인 방법에서 떠나간다고 해도 그것이 가장 협소한 분야로 국한되기를, 그리고 일시적이기를 바라는 믿음을 그들과 함께 공유한다.

4 나에게 사전에 마련된 구체적인 계획은 없다. 이것은 나에게도 새로운 분야이다. 나는 방법에 대해서 다른 선택을 할 수 없을 뿐이다. 내가 운영위원회 위원들과 밀담하든 부왕과 밀담하든 방법은 언제나 순수하게 비폭력적인 것이어야 한다. 그래서 내가 현재 하고 있는 일 자체가 구체적인 방안의 일부이다. 내 여타 계획이 언제나 그랬듯이, 더 많은 것은 나에게 나날이 밝혀질 것이다. 저 유명한 비협조 결의안은 1920년 캘커타에서 개최된 전인도 국민회의위원회 집회에서 제출되었는데, 24시간 내 나에게 전달되었다. 단디 행진[155]도 실제

155 〔역주〕 1930. 3. 12. 《전집》 권 76, 358면.

로는 그랬다. 당시에는 수동적 저항이란 이름으로 알려졌던 최초의 시민적 저항의 기초는, 당시의 반동양인 법안에 투쟁하기 위한 수단을 찾으려고 1906년에 소집된 요하네스버그의 인도인 집회에서 우연히 마련되었다. 나는 사전에 예정된 결의안 없이 그 집회에 참석했다. 그것은 그 집회에서 태어났다. 그 창조는 여전히 확대되고 있다. 하지만 신께서 나에게 완전한 힘을 주셨다고 가정한다면(그는 절대 그러시지 않지만), 나는 영국인들에게 당장 무기를 내려놓고, 모든 종복들을 해방시켜 주고, '작은 영국인들'(*Little Englanders*)이라고 불리는 일을 자랑스럽게 여기고, 세상의 전체주의자들(*totalitarians*)이 최악의 일을 하게 하더라도 그것을 거부하라고 요구할 것이다. 그렇게 되면 영국인들은 저항 없이 죽을 것이고 역사에 비폭력 영웅으로 기록될 것이다. 그러면 나는 한 걸음 더 나아가 이 거룩한 순교에서 영국인들과 협조하도록 인도인들을 초청할 것이다. 그것은 이른바 원수들의 피로 쓴 것이 아니라 자신들의 몸에서 흘린 피로 쓴 혈서에 의해서 성립된 확고한 연합이 될 것이다. 하지만 나는 그와 같이 포괄적인 힘은 없다. 비폭력은 서서히 성장하는 식물이다. 그것은 보이지 않지만 확실하게 성장한다. 그리고 내가 오해받을 위험을 무릅쓰고라도 나는 '세미한 목소리'에 순종하여 행동해야 한다.

심라로 가는 기차 안에서, 1939. 9. 25

난제들, 〈하리잔〉, 1939. 9. 30 ; 《전집》 76 : 454

312) 패닉을 이김

오늘날 사람들은 언론에서 패닉[156]을 읽고 있으며, 읽은 것 이상으로 자주 듣기도 한다. 한 친구가 다음과 같이 쓰고 있다. "외로운 세바그

156 〔역주〕 번역한다면 심리적 공황(恐慌)이 될 것이다.

람에 앉아 있는 당신은 분주한 도시에서 진행되는 말과 속삭임에 대해서 아무것도 모르실 것입니다. 패닉이 도시를 짓누르고 있습니다."

패닉은 사람의 사기(士氣)를 가장 크게 꺾어 버리는 상태이다. 패닉을 일으킬 만한 원인은 절대로 있을 수 없다. 사람은 무슨 일이 일어나든 심정을 지켜야 한다. 전쟁은 가차 없는 악이다. 그러나 한 가지 좋은 일은 한다. 그것은 공포를 몰아내고 용기를 표면에 부상시킨다. 수백만의 생명들이 연합국과 독일인 사이에서 이미 사라지고 말았다. 그들은 피를 물처럼 쏟아부었다. 영국과 프랑스에 있는 남녀노소는 죽음에 임박하여 살고 있다. 하지만 거기에 패닉은 없다. 만일 그들이 패닉에 의해서 짓눌리고 있다면 그것은 독일군의 총알·포탄·독가스보다도 더 끔찍한 적이었을 것이다. 서구에서 이와 같이 고통을 받고 있는 국가들로부터 배워서 우리 가운데 있는 패닉을 추방하자. 그리고 인도에서 패닉을 느낄 만한 이유는 전혀 없다. 영국은 쉽사리 죽지 않을 것이고 만일 죽어야 한다면 영웅적으로 죽을 것이다. 우리는 실패에 대한 말은 들을 수도 있지만, 의기소침에 대해서 들을 말은 없을 것이다. 무엇이 발생하든 순차적으로 발생할 것이다.

그래서 나는 내 말에 경청하는 자들에게 말하고 싶다. 여러분의 일이나 업무를 평상시대로 하시오. 예금을 인출하지 말고, 서둘러 어음을 현금으로 교환하지 마시오. 만일 여러분이 경계한다면 새로운 위험에 직면하지 않을 것이다. 무정부(*anarchy*)가 우리를 엄습하면, 지하에 묻어 둔 보물이나 보물상자에 넣어 둔 보물이 은행에 넣어둔 것이나 어음으로 둔 것보다 더 안전하다고 간주할 필요는 없다. 지금 현재로는 만사에 위험이 도사리고 있다. 그런 상황에서는 평소 모습대로 있는 것이 최선이다. 만일 여러분의 일관성이 몇 배로 확대되면 시장은 안정될 것이다. 그것이 무정부 상태에 대한 최선의 방지책이다.

그런 때 깡패주의에 대한 공포가 분명히 있겠지만 여러분 스스로 그것을 처리하도록 대비해야 한다. 깡패들은 아둔한 사람들 사이에서만 번성한다. 그들은 폭력으로든 비폭력으로든 자신들을 지킬 수 있는 사람에게는 아무런 틈새도 찾지 못할 것이다.

비폭력적인 방어는 자신의 생명과 재산에 대해서 개의치 않는 태도를 상정한다. 만일 그러한 방어가 지속된다면 결국 깡패주의에 대한 확실한 치유책이 될 것이다. 하지만 비폭력은 하루 만에 배울 수는 없다. 연습이 필요하다. 여러분은 지금부터 배우기를 시작할 수 있다. 여러분은 생명이나 재산, 또는 두 가지 모두를 잃을 각오를 해야 한다. 그것은 비폭력 기술 안에 포함되어 있다. 만일 여러분이 자신들을 두 가지 중 어떤 방법으로도 방어할 수 없다면, 정부는 최선의 노력에도 불구하고 여러분을 구원할 수 없을 것이다. 아무리 강한 정부라고 해도 국민 여러분의 능동적인 협력 없이는 여러분을 구원할 수 없다. 신께서도 스스로 돕는 자들만을 도우실 수 있다면, 망할 수 있는 정부의 경우에는 얼마나 더 진실일까! 겁먹지 말고, 내일 당장 정부가 없어지고 온통 무정부일 것이라고 생각하지 말라. 여러분이 이제 그 정부일 수도 있고, 여러분은 분명히 여러분이 예측하는 돌발사태에 빠질 것이다. 아니면 여러분은 망할 것이다.

세바그람, 1940. 6. 4

패닉, 〈하리잔〉, 1940. 6. 8 ; 《전집》 78 : 342

313) 평화를 위한 투쟁

1945. 3. 23

평화를 위한 투쟁은 그 표현에 있어서 모순이네. 투쟁하는 사람에게 어떻게 평화가 있을 수 있겠는가? 평화와 동요(*restlessness*) 사이에는 분명히 갈등이 있네. 하지만 이것은 평화애호가에게는 환영할 만한 일이네. 그는 동요 속에서 평화를 발견하기 때문이네.[157]

바푸로부터 축복을

고페 구르북사니에게 보낸 메모(H.),
GN 1330 ;《전집》86 : 177

314) 평화의 요체

봄베이, *1945. 4. 17*

내가 비록 침묵은 발설이나 문자보다 낫다는 점을 알고 있지만, 이와 같은 격률의 적용에는 분명한 한계가 있다. 샌프란시스코 회의가 곧 소집될 것이라고 공표되었다.[158] 나는 그 회의의 의제를 모른다. 외부인 중에 그것을 아는 사람은 없을 것이다. 의제가 무엇이든 그 회의는 이른바 종전 이후 도래해야 할 세계와 많은 관계가 있을 것이다. 나는 지금 구축하려는 구도, 즉 세계 안전의 구도 배후에 전쟁을 낳는 불신과 공포가 몰래 스며드는 것을 우려하지 않을 수 없다. 그래서 전쟁을 반대하고 평화를 평생 신봉한 사람으로서 내가 그 사안에 대한 나의 확신을 기록하는 것이 좋을 듯싶다.

연합국과 세계가 전쟁의 효과에 대한 신념과, 전쟁에 수반되는 끔찍한 기만과 사기를 버리지 않는 한, 그리고 모든 인종(*races*)과 모든 국가들의 자유와 평등에 기초를 둔 진정한 평화를 벼리지 않는 한, 연합국이나 세계에 평화가 없을 것이라는 나의 확신을 거듭하여 밝힌다. 한 국가의 다른 국가에 대한 착취와 지배는, 모든 전쟁에 종지부를 찍으려고 노력하는 세계에 들어설 여지가 없을 것이다. 오로

---

157 〔역주〕 수신자는 다음과 같이 물었다. "왜 사람은 평화를 위해서 투쟁하고 있으며, 어떻게 항구적인 평화를 수립할 수 있습니까?"《전집》권 86, 92면.

158 회의는 1945년 4월 25일 소집되고 6월 26일 폐막되었다. 폐막의 날 유엔헌장이 최종적으로 채택되었다.

지 그런 세계에서만 군사적으로 약한 국가들이 협박에 대한 공포나 착취에 대한 공포에서 자유로워질 수 있을 것이다.

1 평화로 가는 필수적인 예비 단계는 인도가 외국의 모든 통제로부터 완전한 자유(*complete freedom*)를 얻는 일이다. 그 이유는 인도가 제국주의 지배의 고전적인 사례이기도 하고, 특히 인도가 크고 유서 깊은 문화의 나라로서 1920년 이후 의도적으로 진리와 비폭력을 유일한 무기로 삼아서 자신의 자유를 위해서 싸워온 나라이기 때문이다.

인도 병사들은 비록 인도의 자유를 위해서 싸운 것은 아니지만, 이번 전쟁에서 전투력에 있어서 최강자와 적어도 동등하다는 점을 처음으로 보여주었다. 내가 이 사례를 든 것은 인도의 평화 투쟁이 군인 자질이 결여된 탓이라는 비난에 대답하기 위해서이다. 여기에서 필연적으로 도출되는 결론은, 강자들의 비폭력이 강자들의 폭력보다 무한히 더 용감하다는 것이다. 인도가 아직 그런 비폭력을 전개하지 못했을 것이라는 점은 다른 문제이다. 만일 인도가 여태 그러한 비폭력을 전개하지 못했다고 해도 그 사실이, 인도가 자유를 위해서 비폭력적으로 싸워왔고, 그 싸움에서 상당한 성공을 거두었다는 진술을 손상시키는 것은 아니다.

2 인도의 자유는 지상의 모든 착취받는 인종들에게 자유란 매우 가까이 있다는 점, 금후에는 어떤 경우에도 착취당하지 않을 것이라는 점을 증명하게 될 것이다.

3 평화는 정의로워야(*just*) 한다. 그러기 위해서 평화는 응징적이어서도 보복적이어서도 안 된다. 독일과 일본이 모욕당해서는 안 된다. 강자는 결코 보복하지 않는다. 그래서 평화의 열매는 공평하게 나눠야 한다. 그렇다면 그들을 친구로 만들기 위해서 노력해야 할 것이다. 연합국은 자신들의 민주주의를 어떤 다른 수단으로 증명할 수 없다.

4 앞에서 말한 것에서 강제적으로 무장 해제당한 자들 위에 강요된 무장 평화(*armed peace*)란 있을 수 없다는 사실이 도출된다. 모두가 무장을 해제해야 할 것이다. 평화의 가장 경미한 조건들을 강제할 국제경찰력이 탄생할 것이다. 국제경찰의 보유조차도 인간의 약점에 양보한 것이지 결코 평화의 상징은 아니다.

만일 앞에서 말한 평화의 요체(*essentials*)가 인정된다면, 여기에서 영국 제국주의가 임명한 인도인을 인도 대표로 위장하는 것은 철회돼야 한다는 결론이 나온다.[159] 그런 대표는 없는 것보다 더 나쁠 것이다. 샌프란시스코 회의에서 인도의 의견은 인도가 선출한 대표에 의해서 대변되든지, 아니면 대변되지 말아야 한다.

1942년 8월 8일의 국민회의 결의안에서 따온 다음 내용은, 자유 인도가 무엇을 대표하고 있는지를 분명히 보여주고 있다.

> 전인도 국민회의위원회는 지금과 같은 위기의 순간 인도의 독립과 방어에 일차적인 관심을 쏟아야 하는 한편, 다음과 같은 견해를 밝히는 바이다. 즉, 세계의 미래 평화, 안전, 그리고 질서 있는 진보는, 자유 국가들 사이에 하나의 세계연방(*a world federation of free nations*)을 요구하고 있고, 그 이외의 어떤 다른 기초 위에서도 현대 세계의 문제들이 해결될 수 없다는 견해를 갖고 있다. 그러한 세계연방은 회원 국가들의 자유, 한 국가의 다른 국가에 대한 공격과 착취의 방지, 국가 내의 소수파 보호, 모든 후진적 지역과 민족들(*peoples*)의 향상, 그리고 만인의 공동선을 위해서 세계 자원의 공동관리를 보장해 줄 것이다. 그런 세계연방이 설립되면, 군비축소가 모든 나라에서 가능하게 될 것이고, 국가의 육해공군은 더 이상 필요 없게 될 것이고, 세계연방의 방어력이 세계 평화를 지키고 공격을 방지할 것이다. 독립 인

159 영국 정부는 A. Ramaswamy Mudaliar, Firoz Khan Noon, V. T. Krishnamachari를 그 회의의 인도대표로 임명했다.

도는 그와 같은 세계연방에 기꺼이 가입할 것이며, 국제적 문제들을 해결함에 있어서 동등한 자격으로 다른 나라들과 협력할 것이다.

그래서 인도의 독립 요구는 결코 이기적인 것이 아니다. 인도의 내셔널리즘은 인터내셔널리즘을 말한다.

언론에 보낸 성명, 〈봄베이 크로니컬〉, 1945. 4. 18 ; 《전집》 86 : 345

315) 국가들 사이의 평등

〔*1945. 4. 25* 이전〕[160]

랠프 코니스턴(Ralph Coniston)[161] 추축국(樞軸國) 세력의 패배로부터 생겨날 영구 평화의 가능성에 대해서 당신은 왜 그다지도 회의적입니까?

간디지 이유는 명백합니다. 폭력은 조만간 스스로 고갈되고 말지만, 평화는 폭력의 고갈에서 나오지 않습니다. 내가 폭력적인 민족이 제정신으로 돌아가지 않는다면 지상에서 사라지고 말 것이라고 말했을 때, 나는 신의 진리를 말한 것입니다. … 자신들의 손을 피로 붉게 물들인 자들은 세계를 위해서 비폭력적인 질서를 구축할 수 없습니다.

코니스턴 샌프란시스코에서 만날 강대국 대표들은 예전 그대로였는데, 일반 국민들은 전쟁의 참사를 경험한 이후 그들 각각의 정부를 강요하고 있습니다.

간디지 유럽의 심성들이 추상적 정의와 자기 이익 중 양자택일을 해야 할 때, 후자를 강력히 지지할 것임을 나는 충분히 잘 알고 있습니다.

160 이 대담은 1945년 4월 25일 개막된 샌프란시스코 국제회의 이전에 있었다.
161 〔역주〕 그는 당시 미국 주간지 〈콜리어 위클리〉(*Collier Weekly*)의 필자였다.

미국에서조차 노상에서 만난 사람들은 자신들에 대해서 별로 많이 생각하지 않습니다. 그들은 루즈벨트가 한 말을 믿고 있습니다. 루즈벨트는 그들에게 시장, 신용 등 모든 것을 주었습니다. 이와 유사하게 처칠 역시 영국의 노동계급에게 그 제국(*the Empire*)을 그대로 유지할 것이고 그들을 위해서 외국시장을 보유할 것이라고 말할 수 있을 것입니다. 국민들은 지금도 그러하듯이 미래에도 그를 따를 것입니다.

코니스턴 그렇다면 당신은 유럽이나 미국에 사는 보통 사람들이, 전쟁의 목표라고 공언되어온 고상한 이상들에 대해서 관심을 쏟는다고는 생각하지 않습니까?

간디지 유감스럽지만 나는 그렇게 생각지 않습니다. 만일 당신이 나와 반대되는 견해를 가지고 있다면, 나는 그 견해에 대해서 존경은 표하겠지만 그것을 공유할 수는 없습니다.

코니스턴 그렇다면 당신은 5대 강대국 또는 3대 강대국이 평화를 보장할 수 있다고 생각하지 않습니까?

간디지 그렇게 생각하지 않습니다. 만일 유색인종과 이른바 후진 인종들에 대한 착취가 진행되는 데도 저들 강대국이 영구평화를 가질 수 있다고 생각할 만큼 오만하다면, 그들은 바보들의 천국에 살고 있는 것입니다.

코니스턴 당신은 그들이 곧 내부 분열할 것이라고 생각합니까?

간디지 그것은 바로 내가 하고 싶은 말입니다. 러시아와의 다툼은 이미 시작되었습니다. 다른 두 나라, 즉 영국과 미국이 서로 다툼을 벌이는 것은 시간문제일 따름입니다. 아마도 순수한 자기 이익이 보다 현명한 길을 명령할 것이고, 샌프란시스코에서 만나게 될 사람들은 "죽어 자빠진 사체를 두고 분열하지 말자"고 말하게 될 것이지만, 거리의 사람들은 그 말에서 아무것도 얻지 못할 것입니다. 반면, 비폭력 노선을 따라서 얻어지는 인도의 자유(*freedom*)는 지상에서 착취당하는 인종을 위한 최대 사건이 될 것입니다. 그래서 나는 그 일에 집중하려고 노력합니다. 만일 인도가 자신의 차례가 올 때 정직하게 행동한다면, 인도는 평화회담에서 조건들을 강요하지는 않을 것이지만, 평화와 자유는 평화회담 위로 하강할 것입니다. 끔찍한 폭우의 모습이 아니라 '하늘에서 오는 세우(細雨)'의 모습으로 말입니다. 비폭력적으로 얻어진 자유(*liberty*)는 가장 약한 자들에게 속할 것입니다. 바로 그 때문에 나는 비폭력의 이름으로 맹세하는 것입니다. 가장 약한 자가 "내가 자유를 얻었다"고 말할 수 있을 때, 나는 자유를 얻을 것입니다.

그런 다음 대담은 종전 이후 가해국들(*aggressor nations*)에 대한 처리 문제로 나갔다.

간디지 비폭력의 사람으로서 나는 개인에 대한 처벌을 믿지 않습니다. 하물며 국가 전체(*whole nation*)에 대한 처벌은 더욱 견딜 수 없습니다.

코니스턴 전범자들을 어떻게 생각하십니까?

간디지 전범자가 무엇입니까? 전쟁은 그 자체로 신과 인류에 대한 죄악이 아니었습니까? 따라서 전쟁을 명령하고, 기획하고, 수행하는 자들 모두가 전범이 아니었습니까? 전범은 추축국에만 국한될 것은 아닙니다. 루즈벨트와 처칠은 히틀러와 무솔리니 못지않은 전범입니다.

히틀러는 '대영제국의 죄'입니다. 히틀러는 영국 제국주의(*British imperialism*)에 대한 하나의 응답일 따름입니다. 나는 히틀러주의와 그것의 반유대주의(*anti-Semitism*)를 증오함에도 불구하고 이렇게 말합니다. 독일과 일본뿐만이 아니라, 영국·미국·러시아 역시 모두 그들의 손을 다소 피로 붉게 물들였습니다. 일본인들은 서양의 유능한 생도임을 스스로 보여주었을 따름입니다. 그들은 서양의 발아래에서 배웠고, 서양의 게임에서 서양을 패배시켰습니다.

코니스턴 당신은 샌프란시스코에서 무엇이 성취되는 것을 보고 싶습니까?

간디지 최강대국이든 최약소국이든 모든 국가들의 평등(*parity*)입니다. 강대국은 약소국의 종이 되어야 하지, 그들의 주인이나 착취자가 되어서는 안 됩니다.

코니스턴 이것은 지나치게 이상적인 것이 아닙니까?

간디지 아마 그럴 것입니다. 하지만 당신은 나에게 무엇이 성취되는지 보고 싶은가를 물었습니다. 인간의 본성은 언제나 위로 움직인다고 보는 것이 나의 신념입니다. 그래서 나는 인간의 본성이 가질 미래에 대해서 비관적 견해를 가질 수가 없습니다. 만일 5대 강대국이 "우리가 가진 것을 고수할 것이다"라고 말한다면, 결과는 끔찍한 파국이 될 것이고, 그런 다음 하늘은 세계와 5대 강국을 도울 것입니다. 이번 전쟁보다 더 피비린내 나는 전쟁이 한 차례 더 있게 될 것이며, 또 다른 샌프란시스코 회의가 있을 것입니다.

코니스턴 제2의 샌프란시스코 회의의 결과가 첫째 회의 결과보다 더 나은 것이 될까요?

간디지 그러기를 바랍니다. 그렇게 되려면 그들은 생각이 더 건전해야 합니다. 그들은 세 번째 경험 이후 균형감을 다소 얻게 될 것입니다.

코니스턴 당신은 평화의 기술을 가르치기 위해서 서양으로 가지 않으렵니까?

간디지 제2차 세계대전 동안 딕 셰퍼드(Dick Sheppard)와 모드 로이든(Maude Royden)을 포함한 수 명의 영국인 평화주의자들이 나에게 길을 지시해 달라는 편지를 보낸 바 있습니다. 내 답변의 골자는 다음과 같았습니다. 여러분 중 단 한 사람이라도 비폭력의 올바른 의미대로 진실한 사람이 될 수 있다면, 그는 유럽인 사이에서 그것을 가르칠 수 있을 것입니다. 오늘날 나는 아무리 하고 싶어도 유럽을 구원할 수 없습니다. 나는 유럽과 미국을 압니다. 내가 만일 그곳으로 가면 이방인과 같이 될 것입니다. 그들은 아마 나를 치켜세울 것이지만, 그것이 전부일 것입니다. 나는 그들이 이해할 수 있는 언어로 평화의 과학을 제시할 수 없습니다. 하지만 내가 인도에서 나의 비폭력을 유효한 것으로 만든다면 그들은 이해할 것입니다. 그렇게 되면 나는 인도를 통해서 말하게 될 것입니다. 그래서 나는 미국과 유럽의 초청을 수락하지 않았습니다. 오늘 내 대답도 동일할 것입니다.

코니스턴 만일 당신이 샌프란시스코에 체재한다면, 당신은 거기에서 무엇을 고쳐하고 싶습니까?

간디지 내가 그것을 안다면 당신에게 말해 주겠습니다. 하지만 나는 남과는 좀 다릅니다. 어떤 상황에 처하게 되어야 해결책이 나에게 생깁니다. 나는 앉아서 삼단논법에 따라서 문제를 풀어가는 사람은 아닙니다. 나는 행동하는 사람입니다. 상황에 직관적으로 반응합니다. 논리는 선행하는 것이 아니라 사건 이후에 오는 것입니다. 내가 평화회의에 당도하는 순간 적절한 말이 나올 것을 압니다. 그러나 미리는 불가능합니다. 하지만 거기에서 내가 무엇을 말하든 그것은 평화의 말이지, 전쟁의 말이 아닐 것이라는 점은 지금 말할 수 있습니다.

코니스턴 어떤 종류의 세계기구가 항구적 평화를 증진하거나 유지할 수 있을까요?

간디지 주로 진리와 비폭력에 기초를 둔 기구만이 그럴 수 있습니다.

코니스턴 세계와 인간성이 가진 현재의 불완전한 조건을 감안하면, 당신의 의견으로는 어떤 수단이 평화를 증진할 수 있습니까?

간디지 앞의 문제에 대한 나의 답변 속에 제시되었던 조건에 가장 근접한 방책이 그 수단이 될 것입니다.

코니스턴 당신은 세계정부(*world government*)를 가질 것입니까?

간디지 예. 나는 실천적인 이상주의자(*practical idealist*)로 자처합니다. 나는 원칙을 희생하지 않는 범위 내에서 타협을 믿는 사람입니다. 내가 지금 원하는 세계정부를 얻지 못할 수도 있지만, 그 정부가 나의 이상을 약간만 반영해도 나는 그것을 타협안으로 수용하겠습니다. 그래서 나는 세계연방에 매료되지는 않았지만, 그것이 본질적으로 비폭력적인 토대에 기초를 두고 세워진 것이라면 그것을 용인할 준비가 되어 있습니다.

코니스턴 만일 세계의 국가들이 평화를 보전하고 모든 민족들(*all peoples*)의 복리증진을 위한 수단으로 세계정부를 고려한다면, 당신은 그 일반적인 계획에 참여하기 위해서 독립에 대한 인도의 열망을 포기하도록 할 수 있겠습니까?

간디지 수없이 매도당해온 1942년 8월의 국민회의 결의안을 당신이 자세히 읽어 보면, 세계의 항구적인 평화 보전을 위한 모든 기획에서 인도가 효율적인 파트너가 되기 위해서는 인도의 독립이 필수적임을 알 수 있을 것입니다.

랠프 코니스턴과의 대담, *Mahatma Gandhi : The Last Phase* 권 1, Bk.I, 113~116면 ; 《전집》 86 : 409

316) 영혼이 가진 불굴의 힘

왜 〈하리잔〉 지가 복간되었는가? 나도 이 질문을 던졌지만 많은 사람도 던졌을 것이다. 내가 독자에게 말하고 싶은 것은 복간을 위해서 어떤 특별한 노력을 기울이지 않았다는 점이다.[162] 1945년 12월 3일 출판 금지 명령의 철회를 위한 신청서를 접수했고, 그 금지령은 1946년 1월 10일 해제되었다. 영국인과 미국인을 포함한 많은 독자가 오랫동안 공허함을 느껴왔는데, 파시스트 강국들의 패배 이후 그것을 더 강렬하게 느껴왔다. 그런 느낌에 대한 이유는 명백했다. 그들은 세계에서 발생하는 사건들에 대한 나의 반응은 아니라고 해

162 1942년 8월의 발간정지 이후.

도 적어도 인도에서 발생하는 여러 사건에 대한 나의 반응, 진리와 비폭력의 입장에서 본 나의 반응을 알고 싶어했다. 나는 그런 욕구를 충족시켜 주고 싶었다.

세계에 격변이 일어났다. 나는 진리와 비폭력에 대한 내 신앙을 여전히 고수하고 있는가? 원자탄이 그 신앙을 폭파시키지 않았던가? 원자탄은 내 신앙을 부수지 못했을 뿐만 아니라, 이 두 쌍둥이가 세상에서 가장 강력한 힘이란 점을 나에게 분명히 보여주었다. 그 앞에 원자탄은 아무 효과가 없다. 반대되는 두 힘 가운데 하나는 도덕적 영적 힘이고 다른 하나는 물리적 물질적 힘으로서 그 종류가 완전히 다르다. 전자는 그 본성상 끝이 있을 수밖에 없는 후자보다 무한히 우월하다. 영혼의 힘은 부단히 진보하며 무한하다. 그것이 완전히 표현되면 이 세상에서 불굴의 힘이 된다. 나는 내가 하는 이 말이 새로운 것이 아니라는 점을 알고 있다. 나는 그 사실에 대해서 그저 증인이 될 따름이다. 더구나 그 힘은 피부색과 관계없이 남녀노소 만인 안에 들어 있다. 많은 사람 안에 그것은 잠자고 있을 뿐, 신중한 훈련으로 깨어나게 할 수 있다.

이와 같은 진리를 인정하지도 않고, 그것을 실현하기 위해서 적절한 노력을 기울이지도 않는다면, 자기파멸로부터 탈출구가 없을 것이라는 점도 알아 두어야 한다. 그 치유책은 이웃 사람들의 반응에 상관없이 삶의 모든 분야에서 자기 자신을 표현하기 위한 개별적 훈련에 담겨 있다. 〈하리잔〉지는 매주 이 진리를 대변하고 그것에 대한 사례를 제시하기 위해서 노력할 것이다.

마두라로 가는 길에, 1946. 2. 2

복간한 〈하리잔〉, 〈하리잔〉, 1946. 2. 10 ; 《전집》 89 : 447

317) 승자와 패자

'어떤 혼란에 빠진 자'가 다음과 같이 적고 있다. '나는 이탈리아·독일·일본이 힘을 상실했다고 인정한다. 그러나 당신이 말하듯이 상실의 이유가 폭력에 대한 그들의 신앙 때문인가, 아니면 전쟁의 부침(浮沈)이 그들의 기운을 고갈시켰기 때문인가? 당신은 영국, 러시아와 미국이 자신들의 비폭력 때문에 성공했다고 생각하는가?'

어떤 투고자가 위와 같이 논하고 있는데, 나는 논의의 힘을 줄이지 않는 범위 내에서 그의 글을 풀어 썼다. 질문자는 그가 인용한 글에서 내가 이른바 전승국들에 대해서 일언반구도 하지 않았다는 점을 모르고 있다. 그러나 나는 다른 곳에서 만일 그들이 아직 시간이 있을 때 교훈을 배우지 않는다면, 그리고 비폭력 법칙에 따라서 그들의 삶을 만들어가지 않는다면 승리가 공허한 자랑이 되고 말 것임을 말한 적은 있다. 나는 '칼로 일어선 자는 칼로 망할 것이다'라는 구절의 진리를 전면적으로 믿는다. 승자들도 패자들이 사용한 것과 같은 수단을 사용했다는 점에는 의심의 여지가 없으며 정도의 차이가 있을 뿐이었다. 승자들은 자신들 사이에서 이미 갈등의 조짐이 생긴 것으로 보인다. 만일 또 다른 전쟁이 이미 시작되지 않았다면, 그것은 아무도 전쟁 치를 준비가 되어 있지 않기 때문일 것이다. 사람이란 결국 기계가 아니지 않은가. 그들이 계속 싸운다면 짐승의 지경으로 전락하고 말 것이다. 우리는 그들이 열심히 생각하여 다음과 같은 진리를 발견하기를 인류(*humanity*)를 위해서 소망해야 한다. 즉, 세계를 구성하는 보통 사람이 자신의 동료의 목을 베어서 얻을 것은 아무것도 없다는 진리, 그리고 평화의 열매가 전쟁의 열매보다 무한히 우월하다는 진리가 바로 그것이다. 파괴의 수단을 고안하기 위한 재주는 인류를 타락시키고, 평화 건설을 위한 길을 닦는 데 동원한 재주는 인류에게 적합하다.

법칙이란 무엇인가, 〈하리잔〉, 1946. 4. 14 ; 《전집》 90 : 248

318) 유대인과 아랍인

1947. 4. 12

유대인들은 핍박당하는 민족(*persecuted people*)으로서 세계의 동정심을 받을 만하고, 인도 역시 그들에게 동정심을 느끼고 있다. 그들은 정력적이고 영리하며 진보적이다. 아랍인들은 위대한 역사를 지닌 위대한 민족으로서, 그들이 다른 국가의 중재 없이 유대인들을 위해서 피난처를 제공한다면, 그것은 후의(厚誼, *generosity*)라는 그들의 전통을 따르는 것이다.

아랍인에게 주는 메시지, 〈더 힌두〉, 1947. 5. 1 ; 《전집》 94 : 286

VII

아슈람

진리실험

1. 아슈람

319) 피닉스

유니언캐슬 라인, *R. M. S.* 킬도난캐슬, *1909. 11. 24*

안녕, 마간랄![1]

우리는 언제 만나게 될지 모르겠다. 그래서 나는 모든 편지에 대한 답장을 바로 여기에서 쓴다. 증기선에서 내가 하기로 한 일에는 끝이 없다.[2] 이는 웨스트 씨와 다른 사람들에게 보낸 편지와 다른 글들을 통해서 알 수 있을 것이다. 할 말은 많지만 만날 때까지 기다려야 한다. 지금 당장은 꼭 필요한 것만을 쓸 작정이다.

---

1 〔원주〕 간디의 사촌인 쿠샬찬드(*Khushalchand*) 간디의 아들. 츠하간랄의 부재중 〈인디언 오피니언〉지의 구자라트 섹션을 책임지고 있었다. 〔역주〕 간디는 마간랄 간디의 당숙(堂叔)이다.

2 간디는 《힌드 스와라즈》 전체를 집필했고, '어느 힌두교도에게 보내는 편지'라는 톨스토이의 서한을 구자라트어로 옮겼고, 거기에 영어와 구자라트어 서문을 썼으며, 여러 통의 편지도 썼다.

피닉스 공동체 (1906)
간디(3번째 줄 가운데)가 러스킨의 《나중에 온 이 사람에게도》를 읽고 영감을 얻어서 남아프리카 더반 교외에 조직한 피닉스 공동체는 공동체 생활을 통한 선의 실현을 실험했다.

산톡(Santok)[3]의 상태에 대해서 소식을 전해 주어서 기쁘다.

피닉스(*Phoenix*) 이외의 다른 이름은 안 된다는 점이 아주 적절해 보인다. 나는 내 이름은 망각되고 내 일만이 남기를 원한다. 이름이 망각되어야 일은 남을 것이다. 현재 이름 짓는 일 등에 대해서 고심할 가치는 없다. 우리는 현재 실험하고 있을 뿐인데 이름이 무슨 소용이 있을까? 그리고 이름 지을 때 우리는 힌두교도나 이슬람교도에 대한 문제가 발생하지 않을 공통의 용어를 찾아야 할 것이다. 마트(*math*)나 아슈람(*ashram*)이란 용어는 특별히 힌두교적 함의를 가지고 있어서 사용될 수 없을 것이다. '피닉스'는 아주 좋은 용어로서, 우리가 별다른 노력을 기울이지도 않았는데도 우리에게 왔다. 그것은 영어 단어이므로, 우리가 살아가는 땅에 경의를 표하는 것이다. 더구나

3 마간랄 간디의 아내.

그것은 중성이다. 전설에 따르면, 불사조는 자신의 재에서 몇 번이라도 생명으로 되살아난다고 한다. 즉, 그것은 절대 불사를 의미한다. 현재로서는 불사조라는 이름이 우리의 목적에 아주 적합하다. 우리는 우리가 재가 된 다음에도 피닉스의 목적은 사라지지 않을 것을 믿기 때문이다. 우리가 무엇을 할 수 있는지는 나중에 알게 될 것이다. 현재 우리의 전체 구조와 행동은 불사조의 그것이다.

내 편지를 타카르[4] 씨에게 보여주어라.

모한다스로부터 축복을

마간랄 간디에게 보낸 편지(G.), 프라부다스 간디, *Jivan-nu, Parodh*; 《전집》 10 : 161

320) 톨스토이 농장

〔*1910. 6. 13*〕 월요일

칼렌바흐 씨는 사탸그라히(진리파지자) 가족들이 사용하기 바라며 자신이 제공한 농장에 '톨스토이 농장'이란 이름을 붙였다. 그는 톨스토이 백작의 가르침에 커다란 믿음을 갖고 있고, 거기에 맞춰서 살려고 한다. 그 자신이 농장에서 살고자 하며, 간소한 삶의 양식을 따르기를 원한다. 칼렌바흐 씨는 건축가로서의 일을 서서히 포기하고, 완전한 가난 속에서 살게 될 것이다.

칼렌바흐 씨는 자신의 농장을 우리가 사용할 수 있도록 제공함으로써 귀중한 봉사를 했으며, 우리 사이에 살기로 결정함으로써 더욱 귀중한 봉사를 했다. 이런 일 이외에도, 그는 간디 씨의 부재 시 여성들을 돌보기로 했다. 모든 백인이 그런 정신으로 움직여야 한다는 것, 그것은 사탸그라하의 힘 덕분임이 틀림없다.

---

4 Harilal Thakkar: 피닉스 인쇄소의 직원.

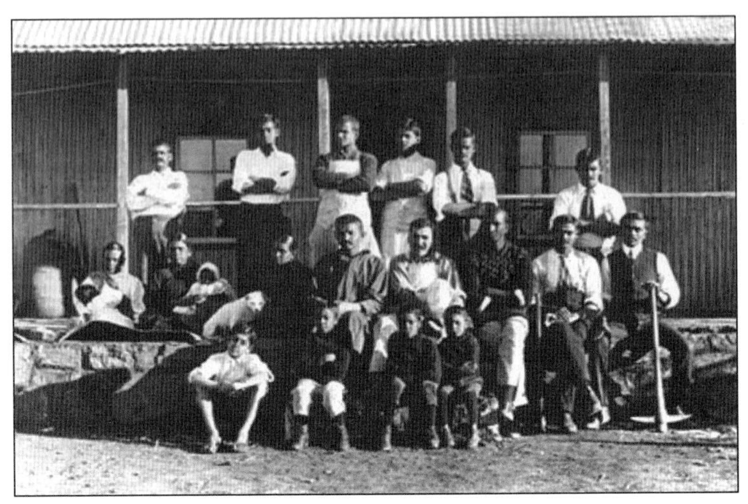

톨스토이 농장 (1910)
톨스토이의 가르침을 토대로 남아프리카 요하네스버그 교외에 세워진 톨스토이 농장은 간디 (가운데 줄 오른쪽에서 5번째)를 비롯해 사탸그라히로서의 삶을 실천하려는 사람들의 보금자리였다.

농장의 크기는 1,100 에이커인데 길이가 2마일이고 폭이 3/4마일이다. 그것은 요하네스버그에서 22마일 떨어진 로리 역 부근에 자리잡고 있다. 역에서 농장까지 도보로 20분 걸린다. 여기에서 역까지 기차로 가면 보통 1시간 반이 걸린다.

땅은 비옥한 것으로 보인다. 농장 안에는 1천 그루의 유실수가 있다. 복숭아 · 살구 · 무화과 · 아몬드 · 호두나무 등이 있다. 덧붙여 유칼리라는 상록거목과 아카시아 속의 교목도 있다.

농장에는 두 개의 우물과 작은 냇물이 있다. 풍경은 아름답다. 맨 앞에는 언덕이 있고, 안쪽에는 다소 높은 땅이 있다.

칼렌바흐 씨와 간디 씨, 그리고 그의 두 아들은 6월 4일 이래 이미 농장에 정착해 살고 있다. 그들은 그곳을 시찰하러 오는 사탸그라히들을 맞이하기 위한 준비에 바쁘다. 칼렌바흐 씨와 간디 씨는 매주 월요일과 목요일에 읍내로 가며, 다른 날은 농장에서 보낸다.

지난 일요일, 수 명의 타밀 지도자 여성들이 탐비 나이두 씨와 고팔 나이두 씨를 대동하고, 그곳을 살펴보려고 방문했다. 그들은 하루 종일 농장에서 보냈다. 칼렌바흐 씨와 간디 씨와 그의 아들은 그들을 위해서 요리했다. 칼렌바흐 씨는 그들에게 농장을 구경시켜 주었고, 그들은 모두 만족한 듯이 보였다. 그곳에 살기로 이미 결정을 내린 고팔 나이두 씨는 계속 머물렀다. 인근에서 상점을 운영하는 무사 나티 씨 역시 같은 날 방문하여 가능한 범위 내에서 모든 도움을 주기로 약속했다. 현재 건축이 시작되었고, 일부의 건물들은 이 달 말까지는 완공될 것으로 기대된다.

이것은 매우 중요한 시도이며, 뿌리는 깊다. 그들이 살아가는 삶의 방식에 의해서 달콤한 열매를 맺는 일은 그곳에 정주하는 사탸그라히들의 몫이다.

요하네스버그(G.), 〈인디언 오피니언〉, 1910. 6. 18 ; 《전집》 11 : 74

321) 피닉스 신탁증서 (*The Phoenix Trust Deed*)

쌍방에 의해서 쌍방 간에 아래와 같은 계약서를 작성함

남아프리카 나탈주 피닉스 거주 모한다스 카람찬드 간디가 일방이 되고, 더반 거주 상인 오마르 하지 아모드 조하리,[5] 더반 상인 파르시 루스톰지 제완제 고르추두, 요하네스버그 거주 건축가 겸 농부 헤르만 칼렌바흐, 요하네스버그 거주 변호사 루이스 월터 리치, 랑

5 〔역주〕 Omar Hajee Amod Zaveri(1871~?) : 더반의 저명한 사업가. 인도인들의 공적 활동을 위해서 많은 돈을, 더반 도서관에 많은 도서를 각각 기증했다. 《전집》 권 11, 251면 참조.

군 출신 변호사 프란지반다스 주그지반 메타가 모두 타방이 되어 다음 증서를 작성한다.

증언

1 전기(前記) 일방 당사자[6]는 전기 피닉스에 위치한 일정 부분의 땅의 소유주이다. 그 땅의 넓이는 1백 에이커이고 건물 서너 동과 기계류를 포함하고 있는데 기계류 등에 대해서는 여기에 A로 표시된 별표 부속 문건에 보다 상세하게 설명할 것이다.

2 전기 일방 당사자는 전기 피닉스에서 인쇄되고 출판되는 〈인디언 오피니언〉 주간지의 유일한 소유자이고, 동지 소재의 국제인쇄소의 소유자이기도 하다.

3 전기 일방 당사자는 아래 언급한 목적들을 달성하기 위해서 전기 피닉스에 1904년 거주지를 설립했다.

4 몇 사람은 이 서류에 서명하는 날 전기 피닉스 거주지에 살거나 그것과 관련을 갖게 되며, 그 사람들은 전기 〈인디언 오피니언〉지를 출판하는 일에 직능별로 고용되거나 그 일에 관련된다. (위에서 언급한 사람들과 상기 거주지에 참여할 사람, 그리고 별표 B[7]에 서명하는 자들은 지금부터 '거주자'(*settlers*)로 명명한다.)

5 전기 거주지에 현재 거주하고 있는 대다수 거주자들은 전기 거주지에 다음의 목적과 목표를 위해서, 그리고 다음 조건하에 참여했다. 즉,

(1) 가능한 한 기계의 도움 없이 궁극적으로 수공 또는 농업으로 자신들의 살림을 꾸려갈 수 있도록 자신들의 삶을 관리할 것.

---

6 〔역주〕 간디를 지칭.

7 〔역주〕 별표 B는 확인할 수 없다. 《전집》 권 12, 252면 참조.

(2) 유럽인들과 남아프리카에 정착한 영령 인도인들(*British Indians*) 사이에, 보다 깊은 이해를 증진하기 위해서 공개적으로 일하고, 영령 인도인들의 고충을 소리 높여 외치고 그것을 해결하기 위해서 일할 것.

(3) 톨스토이와 러스킨이 자신들의 삶과 글 안에 제시한 이상들을 추종하고 장려할 것.

(4) 스스로 순수한 삶을 살아감으로써 개인들의 사적인 삶에서 순수를 증진할 것.

(5) 주로 인도인 아동들을 대상으로 그들 자신의 언어로 실시하는 교육을 위한 학교를 설립할 것.

(6) 요양소와 위생시설을 설립하되, 일반적으로 자연치료법으로 알려진 방법을 통해서 질병 예방을 목표로 삼을 것.

(7) 주로 인류에 대한 봉사를 위해서 자신들을 훈련할 것.

(8) 전술한 항목에 언급된 이상들을 고양하기 위해서 이미 언급된 〈인디언 오피니언〉지를 운영할 것.

6 전기 일방 당사자(간디)는 전기 거주지를 사용하도록 그리고 전기 (5)번 항목에 제시된 목적과 목표를 보다 완전히 수행하도록 다음의 물품들을 자신, 즉 전기 일방 당사자와 타방 당사자에게, 그리고 자신, 즉 전기 일방 당사자와 타방 당사자를 위해서 신탁을 조건으로 위탁, 이전, 양도하기를 원한다. 여기에는 전기(前記) 토지, 건물, 기계, 신문 그리고 여타 일체의 〔원문대로〕 부속물, 비품, 장부상의 부채, 부동산 정착물, 부속품 일체, 그것들과 관련되고 전기 거주와 관련된 여타 물건 일체, 그리고 인터내셔널 인쇄소 사업을 포함한다.

7 전기 타방 당사자들은 개별적으로 그리고 전체로서 그들에게 부과된 과업에 대해서 동의하도록 하고, 이 과업은 전기 토지, 건물 등등

의 일방 당사자에게도 부과된다. 그리고 전기 일방 당사자는 본 서류의 전기와 하기에 기재된 조건대로 전기 신탁을 수용하기로 한다.

그래서 이 서류는 다음을 증언함

8 전기 일방 당사자는 나탈 피닉스 소재 전기의 토지, 건물, 기계, 신문, 부속품, 부동산 정착물, 비품, 장부상 부채, 부속물 등에 대한 자신의 권리·칭호·이익 일체를 수탁자들인 전기 타방 당사자들과 자신에게 이전·위탁·양도한다. 그리고 자신들과 신탁을 맡은 계승자들과 전기 사용자들은 전기 거주지의 목적·목표·조건을 동일하게 인정하고, 다음의 세부 조건을 받아들여야 한다.

(1) 전기 모한다스 카람찬드 간디는 평생 신탁 관리인이 될 것이고, 신탁의 목적을 합당하게 성취하기 위해서 전기 수탁자들의 통제를 받아야 한다.

(2) 전기 모하다스 카람찬드 간디가 남아프리카에 부재하거나 또는 사망하게 되면, 수탁자들은 자신들 사이에서 관리인을 선임할 것이며, 그 임기는 사정에 따라서 일시 또는 영구로 정할 수 있다.

(3) 전기 모한다스 카람찬드 간디 및 여타 관리인은 전기 신탁의 합당하고 적합한 관리와 관련하여 여타 수탁자들에 대해서 책임을 진다.

(4) 전기 수탁자들의 다수는 그들의 권한 범위 내의 일체 사안들에 대해서 소수자를 구속할 것이고, 수탁자들이 양분될 경우 그들은 거주자들의 다수 투표에 구속된다.

(5) 피닉스 신탁 계좌의 명의로 은행 계좌가 개설될 것이고, 그 계좌는 신탁 관리인 또는 관리인이 임명한 보조인 또는 복수의 보조인들에 의해서 운영될 것이다.

(6) 수탁자들 중 어느 한 사람이 사망하거나 사퇴할 경우, 유임 수탁자들은 신탁을 수행할 수 있다. 단, 거주자들은 자신들이 남아프리카에 거주하는 동안 다수의 결정으로 공석을 채울 수탁자들

을 임명할 수 있고, 이 임명은 유임 수탁자들이 수용해야 한다.

(7) 수탁자들은 거주자들의 동의를 획득하여 수탁자들의 수를 증가시킬 수 있는 권한을 가진다.

(8) 수탁자들은 심사숙고하는 과정에서, 거주자들의 지침을 받고 그들의 결정을 수용해야 한다. 단, 거주자들은 정책이나 이상의 변경을 수탁자들에게 강제할 수는 없다.

(9) 수탁자들은 거주자들의 동의에 의하지 않고서는 신탁의 목적을 확대할 수 없다.

(10) 수탁자들은 거주자들의 동의에 의하여 새 거주자 혹은 임시 일꾼을 영입할 수 있고, 동일한 동의에 의하여 특정 거주자나 임시 일꾼을 퇴출시킬 수 있다. 단, 어떤 거주자도 부정직, 중대한 비행, 자신의 의무에 대한 중대한 불이행의 사유가 아니고서는 퇴출되지 아니한다.

(11) 수탁자들은 기존의 모든 협정이나 계약을 존중하고 비준한다.

(12) 전기의 모한다스 카람찬드 간디는 다른 거주자와 동일한 조건 아래에서, 그와 자신의 가족이 현재 사용하고 있는 2에이커의 토지와 건물의 사용권을 유지하고, 인쇄소 및 다른 사업의 수입을 매월 5파운드 범위 내에서 생계비로 갹출할 권리를 보유한다.

(13) 전기 모한다스 카람찬드 간디의 사망 시, 처가 살아 있다면 그녀가 살아 있는 동안 그녀 자신과 미성년의 두 아들 람다스와 데브다스를 위해서 거주지의 수입에서 매월 5파운드 범위 내에서 인출할 것이고, 그녀의 사후 차남, 또는 살아남은 자식이 21세에 도달할 때까지 동일한 액수의 돈이 미성년의 자식들 또는 자식의 보호자에게 지급되어야 한다. 전기 2에이커의 토지와 그 위에 있는 건물의 사용은 마찬가지로 전기 모한다스 카람찬드 간디의 처와 미성년 자식들에게 귀속된다.

(14) 수탁자들은 거주자들 전부, 또는 일부의 사람과 〈인디언 오피니언〉 지의 소유권을 공유할 수 있고, 그들에게 인쇄소, 활자 그리고 여타 필수적인 부속물들을 임대할 수 있다.

(15) 수탁자들은 신탁의 조건을 수시로 수정하거나 변경할 권리가 있지만, 항상 거주자들의 동의에 의해야 한다.

(16) 수탁자들은 거주자들의 동의에 의하여 별표 A에 기술된 자산과 추후 취득하는 모든 재산을 매각하거나 저당잡힐 권리가 있고, 토지를 추가로 매입하고, 건물을 추가로 건축하고, 기계 또는 가축을 추가 매입할 권리가 있다.

(17) '거주자'란 용어는 전기 거주지에 현재 거주하고 있거나 관련이 있는 모든 사람들을 지칭하고 포함하며, 여기에 첨부한 별표 B에 서명한 자, 또는 이후 전기 거주지에 거주하거나 또는 관련을 가지면서 별표 B에서 제시된 목적과 조건을 준수하고 별표 B에 서명하는 자를 말한다.

9 본 계약서와 상반되는 것이 있다고 해도, 본 계약서는 등록 당일로부터 효력을 발동하고, 전기 프란지반다스 주그지반 메타의 서명 없이도 등록 가능하며, 그의 서명은 계약서가 인도에서 도착하는 대로 첨부될 것이다.

위의 말의 증거로서 관련 당사자들은 이 문서에 서명하는 증인들의 입회하에 본 문서에 서명하는 바이다.

별표 A

	파운드	실링	펜스
토지	1,087	10	3
건물	1,535	14	1
설비와 기계	1,548	1	0
비품	307	7	10
장부상 부채	600	18	3
도서실 및 학교 서적	50	13	0
	5,130	4	5

피닉스 신탁증서, 〈인디언 오피니언〉, 1912. 9. 14 ; 《전집》 12 : 210

322) 사탸그라하 아슈람[8]

〔1915. 5. 20 이전〕

이것은 논평을 얻으려고 친구들 사이에 회람시키기 위해서 인쇄한 초안에 불과하다. 그것은 언론을 위해서 발표된 선언문은 아니다.

사탸그라하아슈람?

데슈세바아슈람?

세바만디르?

목적

아슈람의 목적은 우리의 일생 동안 모국(*the motherland*)에 봉사하는 방식을 배우고 또한 봉사하는 것이다.

구분

아슈람은 세 부분으로 이뤄져 있다. 감독, 초심자, 학생이 그것들이다.

(1) 감독

감독들은 나라에 봉사하는 방식을 알기 위해서, 다음과 같은 서약들이 그들 자신의 삶에서 준수되어야 한다는 점을 믿고, 일정 기간 동안 그 서약을 준수하려고 노력해왔다.

① **진리 서약**(*Vow of Truth*)

진리 서약 아래에 있는 사람은 보통 허위(*untruth*)를 말하지 않는다는 것만으로 충분치 않다. 그런 사람은 나라의 선(*the good of the country*)을 위해서라도 속임수가 사용되어서는 안 된다는 점을 알아야 한다.

8 이 아슈람은 아메다바드에 1915년 5월 20일에 설립되었다.

사탸그라하 아슈람 (사바르마티 아슈람)
간디가 남아프리카에서 귀국한 후 1915년 코츠랍에 설립한 아슈람으로 이후 사바르마티로 이전했다. 모국에 봉사하는 방법을 가르칠 목적으로 마련된 이곳은 구도를 위한 영적인 안식처이자 진리파지와 비폭력운동의 중심지였다. 사진은 아슈람 안에서 간디가 머물렀던 건물이다.

사람은 진리를 위해서 부모와 같은 연장자들에게 어떻게 행동해야 하는가를 배우기 위해서 프라흘라드의 사례를 고찰해야 한다.

② **비폭력 서약**

일체 생명의 살생을 금지하는 것으로 충분하지 않다. 이 서약을 한 사람은 자신이 부당하다고(*unjust*) 생각한 사람들이라도 죽이면 안 된다. 그는 그들에 대해서 분노해서는 안 되고 사랑해야 한다. 그래서 그는 부모의 폭정이든 정부나 다른 사람들에 의한 폭정에 반대할 것이지만, 폭군을 결코 죽이거나 그에게 위해를 가하지 않을 것이다. 진리와 비폭력 추종자는 폭정에 대해서 사탸그라하를 실천할 것이고, 사랑으로 폭군의 마음을 얻을 것이다. 그는 폭군의 의지를 따르지 않을 것이지만, 폭군 자신의 마음을 얻을 때까지 그의 의지에 불복하기 위해서 사형을 포함하여 어떤 처벌이라도 감수할 것이다.

③ **순결 서약**

순결이 준수되지 않는다면, 위의 두 서약은 준수하기가 거의 불가능하다. 이 서약을 지키기 위해서, 남의 아내를 정욕의 눈으로 보지 않는 것만으로 충분하지 않으므로, 동물적 정염(*animal passions*)을 제어해서, 그 정염이 생각 안에서조차 움직이지 않게 되어야 한다. 만일 결혼했다면, 자기 자신의 아내와도 성교하지 않을 것이고, 그녀를 친구로 간주하고 그녀와 완전한 순결의 관계를 확립할 것이다.

④ **미각의 제어**

사람은 미각(*the palate*)을 정복할 때까지, 앞서 말한 서약들 특히 순결 서약을 준수하기가 어렵다. 그래서 미각의 제어는 나라에 봉사하기를 원하는 자들에 의해서 별도의 서약으로 다뤄져야 한다. 사람들은 식사가 오직 육신을 유지하기 위함이란 사실을 믿고, 자신의 식사법을 매일 조절하고 정화해야 한다. 그런 사람은 가능한 범위 내에서 동물적인 정염을 자극할 만한 음식을 당장 혹은 서서히 그만두게 될 것이다.

⑤ **불투도(不偸盜) 서약**

일반적으로 타인의 재산으로 간주되는 것을 훔치지 않는 것만으로 충분치 않다. 이 서약을 한 사람은, 자연이 자신에게 일용을 위한 음식은 충분히 제공하지만 그 이상은 제공하지 않는다는 점을 깨닫고, 실제로 필요 없는 음식이나 의복 등의 물건을 사용하면서 살아가는 것을 도둑질로 간주한다.

⑥ **무소유 서약**

물건을 많이 소유하지 않고 저장하지 않는다는 것으로 충분하지 않다. 우리 육신의 자양분 공급과 보호를 위해서 꼭 필요 없는 것은 어떤 것도 저장해서는 안 된다. 그래서 사람이 의자 없이 지낼 수 있다면 그래야 한다. 이 서약을 한 자는 이것을 언제나 심중에 두어야 하고, 그의 삶을 더욱더 단순화하기를 노력해야 한다.

보조 서약들

위의 서약에서 아래 두 개의 서약이 따라서 나온다.

① 스와데시 서약

스와데시 서약을 한 사람은 물건들의 제조 과정에 또는 물건들의 제조자 편에서 진리의 위반과 관련된 것이 있다면 그런 물건들은 절대 사용하지 않는다. 예를 들면, 여기에서 진리의 신봉자는 맨체스터, 독일, 인도의 공장에서 제조된 물건들을 사용하지 말아야 한다는 결론이 나온다. 그것들이 진리의 위반과 관련되어 있는지에 대해서 그가 확신할 수 없기 때문이다. 더구나 노동자들은 공장에서 엄청난 고통을 당한다. 엄청난 열기의 발생은 엄청난 생명 파괴를 야기한다. 그 이외에도 기계 제작에서 발생하는 노동자 생명의 손실과 과도한 열기에 따른 다른 생명체들의 손실은 도저히 글과 말로는 형언할 수 없다. 그래서 외제 직물과 기계로 만든 직물은 삼중의 폭력에 연관되어 있으므로 비폭력 신봉자는 피해야 한다. 좀더 성찰해 보면, 외제 직물의 사용은 불투도 서약의 위반과 무소유 서약의 위반과 관련되어 있다고 주장될 수 있음을 알 수 있을 것이다. 우리는 풍습을 따르기 위해서 그리고 보다 나은 외모를 위해서, 우리 자신의 수직기에서 아주 쉽게 만들어낸 직물 대신 외제 직물을 선호한다. 육신을 인위적으로 아름답게 하는 일은 브라마차리(梵行 수행자)에게 장애가 된다. 그래서 순결 서약의 관점에서 보아도 기계가 만든 직물은 금기사항이다. 따라서 스와데시 서약은 단순한 수직기로 생산되고 단순한 스타일로 재봉된, 간단한 의류의 사용을 요구하며, 외제 단추와 재단법 등은 피한다. 동일한 논의가 다른 모든 물건들에 적용될 수 있을 것이다.

② 무외(無畏)의 서약

공포에 의해서 움직이는 사람은 진리 등의 서약을 거의 준수할 수 없다. 그래서 감독들은 왕 · 사회 · 자신의 계급 · 가족 · 도둑 · 강도에 대한 공포, 호랑이와 같은 포악한 짐승에 대한 공포, 심지어 죽음에 대한 공포에서 자유를 얻기 위해서 부단히 노력해야 한다. 무외의 서약을 준수하는 사람은 진리의 힘 또는 혼의 힘으로 자신이나 다른 사람들을 방어할 것이다.

③ 불가촉천민제도(*Untouchability*)를 반대하는 서약[9]

전통적으로 실천되어 온 힌두교에 따르면, 안트야즈 · 판참 · 아츠후트 등의 이름으로 알려진 데드(*Dhed*)와 방기(*Bhangi*) 등의 집단들은 불가촉천민으로 간주되어 왔다. 다른 집단에 소속되어 있는 힌두교도는 상기 집단들 중 어느 하나의 구성원과 접촉하게 되면 오염된다고 믿는다. 그리고 상기 불가촉천민과 우연히 접촉하게 된 사람은 자신이 죄를 지었다고 생각한다. 아슈람의 창립자들은 이런 실천이 힌두교의 오점이라고 믿는다. 그들은 스스로 독실한 힌두교도인데, 힌두교도 인종이 단 하나의 집단이라도 그것을 불가촉천민으로 간주하는 한, 죄의 무거운 짐이 계속 무거워질 것이라고 믿는다. 이런 실천이 초래한 결과의 일부는 끔찍했다. 이런 죄에서 자유를 얻기 위해서 아슈람 재소자(在所者, *inmate*)들은 불가촉천민 집단을 가촉민(*touchable*)으로 간주한다는 서약을 한다. 실제로 데드 집단의 한 가족이 아슈람에 살

9 이 단락과 바르나아슈람에 대한 단락은 1915년 11월 7일에 출판된 3판에서 추가되었다.

고 있다. 이런 규칙들의 제 3판이 초안되었을 때에도 여전히 살고 있다. 그 가족은 아슈람의 다른 가족들과 정확히 동일한 조건 아래에서 살아간다. 이 서약은 식사를 위한 만남까지 연장되지는 않는다. 여기에서 바라는 것은 불가촉천민제도의 악을 폐지하는 것이다.

바르나아슈람(Varnashram)[10]

우리 아슈람은 바르나아슈람 다르마를 따르지 않는다. 아슈람을 감독하는 사람들은 학생들에 대해서 부모의 자리를 차지할 것이고, 순결과 비축적 등의 평생 서약이 준수되는 곳에서는 바르나아슈람 다르마가 들어갈 여지는 없다. 아슈람 재소자들은 샨야시(포기자)[11]의 단계에 있게 될 것이므로, 이 다르마의 규칙을 따라야 할 필요가 없다. 이런 사실을 제외한다면 아슈람은 바르나아슈람 다르마에 대한 확고한 신념을 갖고 있다. 카스트 규율은 나라에 전혀 해를 끼치지 않은 것처럼 보이지만 실제로는 그 반대이다. 공동식사가 형제애(*brotherhood*)를 조금이라도 증진시킨다고 믿을 이유가 없다. 바르나아슈람 다르마와 계급 규율이 절대로 손상당하지 않기 위해서는, 아슈람 재소자들은 외부로 나갈 때마다 스스로 요리할 수 없다면, 과일로 연명해야 할 책무가 있다.

모국어

어느 국가나 어느 집단이나 자신의 모국어를 버리고서는 진정한 진보를 이룰 수 없다는 것이 감독들의 신념이다. 그래서 그들은 자신들의 언어를 사용할 것이다. 그들은 인도 전 지역에서 온 형제들과 긴밀한

---

10 〔원주〕 사회를 각기 고유 기능을 지닌 네 카스트로 조직하는 일과 인생을 4단계로 나누는 일. 〔역주〕 Varnashrama로 표기되기도 한다.

11 생의 마지막 단계에 있는 사람으로 세상을 포기한 자들.

관계를 갖고 싶어하기 때문에, 다른 주요 인도 언어들도 배울 것이다. 산스크리트어가 인도 언어들의 열쇠이므로 그것도 배울 것이다.

근육노동(*manual work*)

감독들은 육체노동(*body labour*)이 자연이 인간에게 부과한 의무라고 믿는다. 육체노동은 인간이 자신을 유지할 수 있는 유일한 방법이다. 그의 정신적 · 영적 힘들은 공동선만을 위해서 사용되어야 한다. 세계 대다수의 사람들이 농업에 의존하고 있으므로, 감독들은 땅에서 하는 일에 시간의 일부를 항상 바칠 것이다. 그것이 불가능할 때는 그들은 다른 육체노동을 수행할 것이다.

베짜기

감독들은 이 땅에 있는 빈곤의 주요 이유 중에 하나가 물레와 수직기가 실제로 사라진 일이라고 믿는다. 그래서 그들은 스스로 수직기로 천을 짬으로 해서 이러한 수공업을 부흥하기 위해서 온갖 노력을 기울일 것이다.

정 치

정치와 경제적 진보 등은 분리된 사안들이 아니다. 그것들이 모두 종교에 뿌리내리고 있음을 알고, 감독들은 종교적인 정신에서 정치 · 경제 · 사회개혁 등을 배우고 가르치기 위해서, 그리고 그들이 발휘할 수 있는 온갖 열정을 다해서 이들 분야에서 일하기 위해서 노력할 것이다.

(2) 초심자

앞서 언급한 프로그램을 따르기를 원하지만 필요한 서약을 당장 할 수 없는 자들은 초심자로서 수용될 수 있다. 그들은 아슈람 안에 머무는 동안 감독들이 지키는 모든 규율에 순응하는 것이 의무이다. 그들은 자신들이 인생을 위한 필수적 서약을 할 수 있을 때 감독의 지위를 얻을 것이다.

(3) 학생

1 4세 이상의 남녀 아동은 누구든 부모의 동의가 있으면 받아들일 수 있다.[12]

2 부모는 아동들에 대한 모든 통제를 양도해야 한다.

3 전 과정의 공부가 끝나기 전에는 아동들은 어떤 이유에서도 부모를 방문할 수 없다.

4 학생들은 감독이 준수해야 하는 모든 서약을 준수하도록 배울 것이다.

5 그들은 종교, 농업, 수직기에 의한 베짜기와 문자에 대해서 배울 것이다.

6 문자교육은 학생들 자신의 언어로 진행될 것이고, 역사 · 지리 · 산술 · 대수 · 기하 · 경제 등을 포함할 것이고, 산스크리트어와 힌디어 그리고 적어도 드라비다어 중에 하나는 필수과목이 될 것이다.

7 영어는 제 2 외국어로서 배울 것이다.

8 우르두, 벵골리, 타밀, 테루구, 데반나가리와 구자라트 문자는 모두가 배울 것이다.

9 감독들은 전 과정이 10년에 끝날 것이라고 믿는다.[13] 성년에 이르게 되면, 학생들은 서약하기와 아슈람을 떠나기 중에서 양자택일하는 기회가 주어질 것이다. 이 기회는 프로그램이 마음에 들지 않는 사람들이 아슈람을 떠날 수 있게 해 줄 것이다.

---

12 이 구절은 3판에서는 다음과 같이 변경되었다. '12세 미만의 남녀 아동들은 그들의 부모가 동시에 참여하지 않는다면 받아들일 수 없다.'

13 이 문장은 3판에서 생략되었다.

10 그들은 부모나 보호자로부터 아무 도움이 필요 없을 나이에 이런 선택을 하게 될 것이다.

11 그들이 아슈람을 나갈 때 그들의 삶의 유지를 위해서 무엇을 할 것인지에 대해서 아무 공포도 느끼지 않을 만큼 충분히 강건하게 되도록, 첫 순간부터 모든 노력이 경주될 것이다.

12 성인 역시 학생으로 수용될 수 있다.

13 규칙상 모두가 가장 간단한 옷과 일종의 제복을 입게 될 것이다.

14 음식은 간단한 것이다. 칠리는 완전히 배제될 것이고, 소금·후추·심황[14]을 제외하고는 어떤 양념도 사용하지 않을 것이다. 우유, 버터기름, 다른 우유 제품들은 독신생활에 방해가 되는데, 우유는 흔히 결핵의 원인이 되고 육류와 같은 자극적인 성질이 있으므로, 우유와 우유 제품들을 사용한다고 해도 아주 적게 사용해야 할 것이다. 식사는 하루 세 차례 제공될 것이고 마른 과일이나 신선한 과일이 충분히 포함할 것이다. 본 아슈람의 모든 재소자들은 위생의 일반 원리에 대해서도 교육받을 것이다.

15 본 아슈람은 어떤 공휴일도 지키지 않을 것이지만, 매주 하루 반은 일상적인 일이 변경될 것이고, 모든 사람들이 각자 사적인 일을 돌볼 수 있는 시간을 갖게 될 것이다.

16 매년 3개월, 건강이 허락하는 자들은 도보여행, 주로 인도 내부의 도보여행을 할 수 있을 것이다.

17 학생이나 초심자에게는 월 교육비를 청구할 수 없다. 부모 또는 구성원 자신들이 아슈람의 비용에 대해서 그들의 능력 범위 내에서 기부할 것이다.

---

14 〔역주〕 인도산의 생강, 카레 가루의 원료.

기타 사항

아슈람의 행정은 감독들 단체의 몫이다. 감독장은 누구를 아슈람 내부로 받아들이고, 어떤 범주에 소속시킬지를 결정할 권리를 갖는다.

아슈람 소요 경비는 감독장이 이미 받은 돈 또는 아슈람에 일정한 정도의 신앙이 있는 친구들로부터 받은 돈으로 충당될 것이다.

아슈람은 아메다바드, 엘리스 다리 건너편의 사라케즈로 통하는 길 옆 사바르마티 강둑 소재의 두 채의 건물에 수용될 것이다.

두세 달 안에 아메다바드 인근의 땅 약 250에이커를 구입하고, 그곳에 아슈람이 건립될 것이다.

요구 사항

방문객들은 아슈람에 머무는 동안 아슈람의 모든 규칙을 준수해야 한다. 아슈람은 온갖 노력을 다해서 그들을 편안하게 해 줄 것이다. 하지만 관리부는 그들이 침구와 식기를 가지고 온다면 고맙게 여길 것이다. 아슈람 규칙은 최소한의 물건만 비축할 것을 허용하기 때문이다.

자녀를 아슈람에 보내고 싶은 부모들은 아슈람을 한 번 방문하기를 권고하는 바이다. 남녀 아동은 정식으로 테스트 받고 난 다음 비로소 아슈람에 들어올 수 있을 것이다.

일과표[15]

1 아슈람의 모든 사람들은 4시에 기상하도록 모든 노력을 다할 것이다. 첫 종소리는 4시에 울린다.

2 몸이 불편한 사람을 제외하고는 4시 30분까지 기상하는 것이 모두의 의무이다. 전원이 5시까지 목욕을 마쳐야 한다.

3 5시~5시 30분 : 기도와 성전(聖典) 읽기.

15 3판에 추가되었다.

4 5시 30분~7시 : 바나나와 같은 과일로 아침식사.

5 7시~8시 30분 : 육체노동. 이것은 물긷기, 곡식 빻기, 청소, 베 짜기, 취사 등을 포함한다.

6 8시 30분~10시 : 학교 수업.

7 10시~12시 : 식사와 식기 세척. 식사는 주 5일은 달(*dal*),[16] 쌀, 채소, 로트리 빵으로 이뤄져 있고, 주 2일 동안은 로트리 빵과 과일로 한다.

8 12시~3시 : 학교 수업.

9 3시~5시 : 노동, 오전과 동일.

10 5시~6시 : 식사와 식기 세척. 식사는 오전과 거의 동일.

11 6시 30분~7시 : 기도, 아침과 동일.

12 7시~9시 : 공부, 방문객 만나기 등.

9시 전에 모든 아동들은 자러 가야 한다. 10시에 소등한다.

학교 수업의 과목으로 현재는 산스크리트어·구자라트어·타밀어·힌디어·산술이 포함된다. 역사와 지리 공부는 언어 공부 안에 포함되어 있다.

아슈람은 유급(有給)의 선생이나 하인을 고용하지 않는다.

현재 아슈람에는 모두 35인의 재소자가 있다. 그중 네 사람은 가족들과 함께 살고 있다. 선생은 5인이고 교수를 맡고 있다. 아슈람의 영구 멤버는 북부 인도 출신 2인, 마드라스 관구 출신 9인, 그리고 나머지는 모두 구자라트와 카티아와르 출신이다.

사탸그라하 아슈람의 규약 초안, 아메다바드(G.),
SN 6187, SN 6189 ; 《전집》 14 : 382

16 〔역주〕 마른 콩과 향료를 사용한 인도 요리.

323) 아슈람 서약과 규칙들

1916. 2. 16[17]

의장과 친구 여러분

나는 내 목소리 듣기를 좋아하지 않는다는 점을 자주 말해왔습니다. 오늘 아침에도 내가 같은 입장이라는 점을 여러분에게 분명 말씀드릴 수 있습니다. 오늘 아침 여러분에게 연설해 달라는 초청을 받아들이도록 내 마음을 움직인 것은, 오로지 내가 사랑하고 존경하는 학생들, 미래 인도의 희망으로 보고 있는 학생들에 대한 나의 커다란 존경심입니다. 여러분이 내 말씀을 믿는다면 말입니다. 나는 어떤 주제를 선택해야 할지를 몰랐습니다. 내 친구 중 한 사람이 바라나시 사건에 대해서 학생들에게 설명해 줄 수 있을지 묻는 쪽지 하나를 나에게 건네주었습니다. (옳소, 옳소)[18] 나는 그 친구와 여러분 가운데 그 견해에 동조하는 사람들을 실망시켜 드릴 수밖에 없을까 봐 두렵습니다. 여러분이 그 사건을 강조해야 할 필요가 있으리라고는 생각하지 않습니다. 그래서 이런 것들은 쏴하고 몰려왔다 몰려가는 파도와 같습니다. 따라서 내가 할 수만 있다면 무엇보다도 가슴속 깊이 간직하고 있는 일에 대해서, 오늘 아침 여러분에게 내 혼을 쏟아서 말씀드리고 싶습니다.

나는 대화를 나누기 위해서 작년 여기에 왔던 많은 학생에게, 내

---

17 마드라스 기독교 대학 조지 피턴드리히(George Pittendrigh) 목사가 의장을 맡았다. 이것은 〈인디언 리뷰〉지의 편집자에 의한 다음 추기와 함께 출판되었다. “우리는 간디 씨의 새로운 조직체 사탸그라하 아슈람에 대해서 우리의 독자들로부터 여러 가지 질문을 받았다. 우리는 간디 씨가 얼마 전 마드라스에서 가진 연설에 대한 특별 보도로서 아슈람에 대한 다음 설명을 줄 수 있어서 매우 기쁘다. 그 보도는 그 이후 간디 씨의 수정을 받았으므로 간디 씨의 사탸그라하 아슈람이 내건 목표와 목적에 대한 권위 있는 설명으로 간주되어도 좋다.”

18 〔역주〕《전집》 권 15, 165면에 따라서 추가한다.

가 인도 어딘가에 하나의 기관, 즉 아슈람을 설립하려고 한다는 얘기를 했습니다. 오늘 아침 여러분에게 얘기하려는 것은 바로 그 아슈람에 대한 것입니다. 나는 우리가 필요로 하는 것, 어떤 국가에도 필요한 것, 그리고 이 세계의 모든 국가 중에서도 아마 우리가 지금 당장 필요로 하는 것은 무엇보다도 인격 형성(*character building*) 자체라는 점을, 공적 생활을 해온 전 기간 동안 쭉 느껴왔고, 지금도 그렇게 느끼고 있습니다. 그리고 이것은 위대한 애국자 고칼레 씨가 제안했던 견해입니다. (박수)19 여러분이 아시다시피 그는 많은 연설에서, 우리가 소망하고 있는 것을 뒷받침할 만한 인격이 없다면, 우리는 아무것도 얻을 수 없고, 아무 짝에도 소용이 없음을 말했습니다. 그래서 그는 인도하인협회라는 위대한 단체를 창립했습니다. 그리고 여러분이 아시다시피, 그 협회와 관련하여 발표된 취지문에서 고칼레 씨는 이 나라의 정치적 삶을 영화(靈化)하는 일(*to spiritualize*)이 필수적이라고 의도적으로 선언했습니다. 그가 우리의 평균 수준이 유럽의 수많은 국가의 평균 수준보다 못하다는 점을 퍽 자주 언급했다는 것도 여러분은 알고 있을 것입니다. 하지만 나는 나의 정치적 구루로 자랑스럽게 모시고 있는 그분이 하신 그 말씀이 실제로 근거가 있는지는 모릅니다만, 인도의 식자층에 관해서 그 말을 정당화하자면 많은 것을 보충해야 한다고 진실로 믿고 있습니다. 우리 사회에서 우리와 같은 식자층들이 큰 실수를 저질렀기 때문이 아니라 우리 스스로 상황의 산물이었기 때문입니다.

여하튼 아무리 위대한 사람이 한 일이라고 해도, 종교적 뒷받침이 없다면 그 어떤 일도 실제로 융성하지 못할 것이라는 말은 내가 평생의 좌우명으로 삼아온 것입니다. 그렇다면 '종교란 무엇이냐'라는

---

19 〔역주〕《전집》 권 15, 165면에 따라서 추가한다.

질문이 당장 제기될 것입니다. 나는 그것이 세상의 온갖 성전을 읽은 연후에 얻게 되는 종교라고는 대답하지 않을 것입니다. 내가 말하는 종교는 반드시 두뇌(*brain*)로 파악된 것이 아닙니다. 그것은 심정(*heart*)으로 파악된 것입니다. 그것은 외부에서 오는 것이 아니라, 우리 자신에게서 생겨야 하는 것입니다. 그 종교는 우리 내면에 늘 존재하지만, 어떤 사람들에게는 의식적으로 존재하고 다른 사람들에게는 무의식적으로 존재합니다. 하지만 그것은 거기에 존재합니다. 우리가 무슨 일이든 올바른 방식으로 행하기를 원한다면, 그리고 오래 지속되는 무엇인가를 행하기를 원한다면, 우리는 우리 안의 종교적 본능(*religious instinct*)을 일깨워야 합니다. 외부의 도움으로든 내면적 성장의 방식을 통해서건 말입니다.

우리의 성전은 일정한 규칙들을 인생의 좌우명으로, 그리고 자명한 진리로 인정해야 할 공리로 제시해왔습니다. 경전(*Shastras*)은 우리가 좌우명에 따라서 살지 않고서는 종교에 대한 합리적 지각조차 갖지 못할 것임을 우리에게 말하고 있습니다. 나는 이런 좌우명들을 지나간 긴 세월 동안 무조건 믿어왔고, 경전의 명령을 실천하기 위해서 실제 노력해오면서, 이런 단체를 설립하기 위해서 나와 함께하는 자들과 연대하는 것이 필수적이라고 생각했습니다. 그리고 나는 작성된 규칙들, 아슈람의 구성원이 되고자 하는 자라면 누구든 준수해야 할 규칙들을 오늘 아침 여러분 앞에 감히 제시하고자 합니다.

이것들 중 다섯은 야마로 알려져 있고, 그중 첫째이며 으뜸가는 것은 진리 서약입니다.

진리 서약(*Vow of Truth*)

여기에서 말하는 진리는 우리가 될 수 있으면 거짓말해서는 안 된다고 할 경우에 이해되는 일상적 진리가 아닙니다. 다시 말하자면 '정직이 최선의 정책이다'라는 격언에 적합한 진리가 아닙니다. 이 격언은 만일 어떤 것이 최선의 정책이 아니라면 그것을 버려도 된다는 것을 함축하고 있습니다. 하지만 내가 여기에서 말하는 진리는, 그것이 진리라고 생각된다면 우리가 어떤 희생을 감수하고라도 이 진리의 법칙에 의해서 우리의 삶을 지배해야 한다는 것을 의미합니다. 이와 같은 정의(定義)를 만족시키기 위해서 나는 프라흘라드의 놀라운 인생을 사례로 인용해왔습니다.[20] 그는 진리를 위해서 감히 자신의 부친에게 반대하고 자신을 방어했지만, 부친이 자신에게 한 일을 되갚는 보복으로 한 것은 아니었습니다. 오히려 그는 자신이 아는 만큼 진리를 방어하기 위해서, 부친이나 그의 부친의 명령을 받은 사람들에게서 얻어맞은 주먹질을 되갚으려고 하지 않고 죽을 작정을 했습니다. 그뿐만이 아닙니다. 그는 주먹질을 피하려고 어떤 일도 하지 않았습니다. 반대로 입가에 미소를 머금고 수많은 고문을 겪었는데, 그 결과로 진리가 마침내 승리했습니다. 프라흘라드가 고문을 당했던 것은 자신이 살아가노라면 언젠가는 진리 법칙의 무오류성을 증명할 수 있을 것이라는 점을 알았기 때문이 아니었습니다. 실제로 증명은 되었습니다. 하지만 만일 고문 도중에 죽었다고 해도, 그는 여전히 진리를 고수했을 것입니다. 그것이 바로 우리가 따라야 할 진리입니다.

---

20 프라흘라드는 신의 귀의자로서 신을 믿지 않는 악마의 왕 히란야카시푸(Hiranya-kashipu)라는 부친에 의해서 처형당했다. 간디는 그를 이상적 사탸그라히로 보고 종종 그에 대해서 말했다.

나는 어제 한 사건을 목격했습니다. 그것은 사소한 사건이었습니다만, 나는 이와 같이 사소한 사건이 바람 부는 방향을 일러 주는 갈대와 같다고 생각합니다. 그 사건은 다음과 같은 것이었습니다. 나는 옆으로 비켜서서 나와 말하고 싶어했던 친구와 사적인 이야기를 하고 있었는데, 제 3의 친구가 갑자기 끼어들며, 자신이 방해가 되지 않느냐고 정중하게 물었습니다. 나와 얘기하고 있던 그 친구는 말했습니다. "여기에 사적인 얘기라곤 아무것도 없습니다." 나는 약간 당황했습니다. 왜냐하면 그 사람이 나를 옆으로 데리고 갔으므로, 이 친구에 관한 한 그 대화가 사적이라는 점을 내가 알았기 때문입니다. 그러나 그는 예의 때문에 — 나는 과도한 예의(*over-politeness*)라고 부를 것이지만 — 사적인 대화가 아니니 제 3자가 끼어들어도 된다고 말했습니다. 이것은 내가 말하는 진리(*Truth*)에 대한 정의에서 벗어난다는 점을 여러분에게 말씀드리는 바입니다. 나는 그 친구가 최대한 신사다운 태도로, 하지만 개방적이며 솔직한 태도로, 만일 그 사람이 신사라면 — 우리는 사람이 다른 식으로 판명되지 않았다면 모든 사람들을 신사라고 간주해야 하는데 — 그 사람에게 어떤 모욕을 주지 않고, "예, 당신이 옳게 말씀하신 대로, 방해가 되겠네요"라고 말했어야 한다고 나는 생각합니다. 하지만 그 사건은 결국 우리나라 사람들의 점잖음(*the gentility*)을 증명하는 것이라고 사람들은 나에게 말할 수도 있습니다. 나는 그것이 과도한 증명이라고 생각합니다. 우리가 이와 같은 것들을 예의라고 계속 말한다면, 우리는 정말로 위선자들의 나라가 될 것입니다. 영국인 친구와 나눈 대화가 기억납니다. 그는 우리에게 비교적 낯선 자였습니다. 그는 대학의 학장이었고, 인도에 수년 동안 살았습니다. 그는 기록들을 나와 함께 검토하고 있었는데, 우리 인도인들이 대부분의 영국인과는 달리, "아니오"라고 말하고 싶을 때

감히 “아니오”라고 말하지 않는다는 사실을 내가 인정하는지 물었습니다. 그리고 나는 즉시 “그렇습니다”라고 대답할 수밖에 없었습니다. 나는 그 진술에 동의했습니다. 우리는 대화 상대자의 정서에 대해서 적절한 존경심을 표시하고 싶을 때 “아니오”라고 솔직하고 대담하게 대답하기를 망설이는 것이 사실입니다. 우리는 아슈람에서 “아니오”라고 말하고 싶을 때 결과를 고려하지 않고 반드시 “아니오”라고 말해야 할 것을 규칙으로 삼고 있습니다. 그러면 이것이 바로 첫 규칙입니다. 이제 아힘사 원리로 갑니다.

아힘사 원리(*Doctrine of Ahimsa*)

문자 그대로 말한다면 아힘사는 불살생(*non-killing*) 입니다. 하지만 그것은 그 자체의 의미 세계를 갖고 있으며, 내가 단순히 아힘사를 불살생으로 이해하면서 갈 수 있는 경지보다 훨씬 높은 경지로, 무한히 높은 경지로 인도해 줍니다. 아힘사는 실제로 여러분이 아무도 상하지(*offend*) 않게 해야 한다는 것을, 자기 자신을 여러분의 원수로 간주하는 사람에 대해서도 무자비한(*uncharitable*) 생각을 품어서는 안 된다는 것을 의미합니다. 이런 생각의 신중한 성격에 주목하길 바랍니다. 나는 ‘여러분이 여러분의 원수로 간주하는 사람’이라고 말하지 않고, ‘자기 자신을 여러분의 원수로 간주하는 사람’이라고 했습니다. 아힘사 원리를 추종하는 사람에게는 원수가 있을 여지가 없기 때문입니다. 그는 원수의 존재를 부정합니다. 하지만 자신을 그의 원수라고 여기는 사람은 존재하며, 그는 그 상황을 어떻게 할 도리가 없습니다. 그래서 우리가 그런 사람과 관련해서조차도 사악한 생각을 품어서는 안 된다고 한 것입니다. 우리가 만일 주먹에 대해서 주먹으로 맞선다면, 우리는 아힘사 원리에서 벗어나는 것입니다. 하지만 나는 한 걸음 더 나아갑니다. 우리가 만일 친구의 행동 또는 이른바 원수의 행동을 원망(怨望)한다면(*resent*), 우리는 여전히 이런 원리에 미치지 못하는 것입니다. 그러나 나는 우리가 원망하지 말자고 말할 때, 묵인해야(*acquiesce*) 한다는 것은 아닙니다. 여기에서 원망한다는 말로서 나는, 그 원수가 어떤 해를 당해야 할 것을, 혹은 우리의 행동에 의해서 뿐만 아니라 어떤 다른 존재들, 이를테면 신의 행동에 의해서라도 그가 우리의 길에서 제거되어야 할 것을 바라는 것을 의미합니다. 우리가 이런 생각을 품기만 해도, 우리는 아힘사 원리에서 떠나는 것입니다. 아슈람에 참여하는 사람들은 그 의미를 문자 그대로 수용해야 합니다. 그렇다고 해서 우리가 그 원리를 전면적으로 실천하고 있음을 의미하는 것은 아닙니다. 전혀 그렇지 않습니다.

그것은 우리가 도달해야 할 이상, 할 수만 있다면 바로 이 순간에라도 도달할 수 있는 이상입니다. 하지만 그것은 기하학의 명제처럼 외워야 할 것은 아닙니다. 그것은 고등수학의 난문을 푸는 것과 같은 것도 아닙니다. 그것은 그런 문제를 푸는 것보다 한없이 더 어려운 것입니다. 여러분 중 많은 사람은 그런 문제들을 푸느라고 한밤중까지 등불을 밝히고 공부한 적이 있을 것입니다. 여러분이 만일 이 원리를 끝까지 따르기를 원한다면, 여러분은 밤늦게까지 등불을 밝히고 공부하는 것 이상을 해야 합니다. 여러분은 잠 못 이루는 밤을 수없이 자주 겪어야 하고, 그 목표에 도달하자면, 아니 심지어 그 목표를 측량할 수 있는 지점까지라도 가자면, 많은 정신적 고문과 고뇌를 겪어야 합니다. 여러분과 내가 종교적 삶이 무엇을 의미하는지 이해하기를 원한다면, 아힘사는 우리가 도달해야 할 목표이며 절대 그 이하가 되어서는 안 됩니다. 이 원리에 대해서 나는 다음 이상의 것을 말하고 싶지 않습니다. 즉, 이 원리의 효험을 믿는 사람들은 그가 이제 막 이 목표에 도달하려 할 때, 즉 궁극적 경지에 있을 때, 전 세계가 그의 발아래 있는 것을 보게 될 것입니다. 이것은 그가 전 세계를 발아래에 두고 싶다는 것을 의미하는 것이 아니라 그 세계가 발아래 있어야 한다는 것입니다. 만일 여러분의 사랑 곧 아힘사를 이른바 여러분의 원수에게 잊을 수 없는 방식으로 표현한다면, 그는 그 사랑에 보답할 것입니다. 여기에서 생기는 또 다른 생각은, 이 법칙 아래서는 조직된 암살을 위한 여지도 없고, 공개적으로 자행되는 살인의 여지도 없으며, 당신의 조국을 위해서 그리고 당신이 보호하고 있는 귀중한 사람들의 명예를 지키기 위해서 어떤 폭력이라도 그것을 행사할 여지도 없다는 점입니다. 결국, 폭력은 명예를 조잡하게 지키는 방식(*a poor defence of honour*)일 것입니다.

아힘사 원리는 신성모독을 범할지도 모르는 사람들의 손에 우리 자신을 내맡김으로써 우리가 보호하고 있는 사람들의 명예를 지킬 수 있다고 말합니다. 그리고 그것은 주먹질을 하는 것보다 훨씬 커다란 육체적 정신적 용기를 요구합니다. 여러분은 육체적 힘 — 나는 용기라고는 하지 않겠습니다 — 을 좀 가질 수 있고, 사용할 수도 있습니다. 하지만 그것이 소진되면 무슨 일이 일어납니까? 상대방은 진노(震怒, *wrath*)와 분개(*indignation*)로 가득 차 있고, 그의 폭력에 여러분이 폭력으로 맞섬으로써 그를 더욱 화나게 만들 것입니다. 그가 당신을 죽였을 때, 남아 있는 그의 폭력은 여러분이 보호하고 있던 사람들에게까지 미치게 될 것입니다. 그러나 만일 여러분이 대적과 여러분의 피보호자 사이에 서 있으면서 보복하지 않고 그저 주먹질을 당하고만 있다면, 무슨 일이 일어나겠습니까? 나는 여러분에게 폭력의 전량이 다 소진되고 말 것이며, 여러분의 피보호자는 상처 없이 살아남게 될 것이라는 점을 약속합니다. 삶에 대한 이런 구도 하에서는, 여러분이 오늘날 유럽에서 목격하고 있는 전쟁을 정당화할 만한 애국심은 있을 수 없습니다. 다음은 순결 서약입니다.

순결 서약(*Vow of Celibacy*)
나라에 대해서 봉사하기를 원하는 자, 또는 참된 종교적 삶의 편린이나마 보고 싶은 자, 그들은 결혼 여부와 관계없이 순결한 삶(*celibate life*)을 살아야 합니다. 결혼은 오직 여성을 남성에게 가까이 오게 하는 것만이 아니라〔원문대로〕, 특별한 의미의 친구가 되고, 금생에서나 내생에서나 절대 헤어질 수 없음을 의미합니다. 그래서 결혼에 대한 우리의 관념에 육욕(*lusts*)이 반드시 들어와야 한다고 생각하지 않습니다. 여하튼 이 순결 서약이 아슈람에 들어온 사람들 앞에 제시됩니다. 나는 그것을 더 이상 길게 다루지 않습니다. 그러면 이제 미각의 통제 서약입니다.

미각의 통제 서약(*Vow of Control of the Palate*)
자신의 동물적 정염을 통제하려고 하는 자는 미각을 통제한다면 쉽게 그렇게 할 수 있을 것입니다. 나는 이것이 지켜야 할 서약들 가운데 가장 어려운 것들 중의 하나가 아닐까 염려됩니다. 나는 빅토리아 호스텔에 대한 점검을 마치고 이제 막 돌아왔습니다. 나는 거기에서 놀라운 일을 목격했습니다. 내가 그것에 익숙하게 되었으므로 더 이상 놀라운 일은 아니게 된 일입니다. 그것은 거기에 수많은 주방이 있다는 점입니다. 그 주방들은 카스트 제약을 실천하기 위해서 존재하는 것이 아니라, 양념을 쳐서 먹을 수 있도록 그리고 그들의 출신지에서 익숙한 대로 정확한 양의 양념을 쳐서 먹을 수 있도록 하기 위함이었습니다. 그래서 우리는 모든 다른 브라만[21] 집단들의 섬세한 구미를 만족시켜 줄 목적으로 다른 구역들과 다른 주방들이 존재한다는 점을 알았습니다. 나는 이것은 미식가가 되는 것이 아니라, 단순히 미각의 노예일 뿐임을 여러분에게 제언하는 바입니다.

나는 다음과 같이도 말할 수 있습니다. 우리가 이런 습관에서 우리 마음을 떼어내지 않는다면, 차 상점과 커피 상점 그리고 이런 모든 주방에 대해서 눈을 감아 버리지 않는다면, 우리의 신체가 적당하게 건강을 유지하는 데 필요한 음식으로 만족하지 않는다면, 그리고 우리가 음식에 섞어 먹는 자극적이고 맵고 흥분시키는 양념을 우리에게서 제거할 준비가 되어 있지 않다면, 우리는 우리가 가질지도 모르는 과도하고 불필요하며 흥분시키는 자극(*stimulation*)을 제어할 수 없음이 분명합니다. 우리가 만일 그런 자극을 제어할 수 없다면, 우리는 우리 자신을 능욕하게 되고, 우리에게 맡겨진 거룩한 신뢰조차 능욕하게 되며, 동물과 짐승보다 못한 존재가 되는 결과를 자연스럽게 초래하고 말 것입니다. 먹고 마시고 탐닉하는 정염은 우리가 동물들과 공유하는 것입니다만, 여러분은 우리가 그러하듯이 미각의 남용에 탐닉하고 있는 말이나 암소를 본 적이 있습니까? 우리가 처해 있는 장소마저 망각할 정도로 식료품의 종류를 늘리는 것, 우리가 이런저런 요리를 추구하다가 마침내 완전히 미쳐서 우리에게 이런 요리들을 선전하는 신문지나 쫓아다니게 되는 것이 문명의 표시이며 진정한 삶의 표시라고 여러분은 생각하십니까? 이제 우리에게는 불투도의 서약이 있습니다.

불투도(不偸盜) 서약(*Vow of Non-Thieving*)

나는 우리 모두가 어떤 의미에서는 도둑이라고 생각합니다. 내가 만일 당장의 사용에 필요로 하지 않는 것을 얻어서 그것을 보관한다면,

---

21 〔역주〕 Brahmin, 4성 계급의 하나.

나는 그것을 다른 사람에게서 훔치는 셈입니다. 자연(*Nature*)은 우리의 일용의 필요를 위해서 충분히 생산한다는 것, 그리고 모두가 자신을 위해서 충분한 양 이상을 취하지 않는다면 이 세상에 극빈이 존재하지 않을 것이고 이 세상에 기아로 죽어가는 사람이 없을 것이라는 점, 이것은 예외 없는 자연의 법칙임을, 나는 감히 제창합니다. 그러나 우리는 이런 불평등을 갖는 한 계속 훔치고 있는 것입니다. 나는 사회주의자도 아니고 소유물을 가진 사람들에게서 물건을 박탈하기도 원치 않습니다. 하지만 어둠에서 빛을 직접 보려는 자는 이 규칙을 따라야 한다는 점을 분명히 말씀드립니다.

나는 누구에게서라도 물건 빼앗기를 원치 않습니다. 그렇게 되면 나는 아힘사 규칙을 벗어나게 될 것입니다. 누군가가 내가 소유한 것보다 더 많은 것을 소유하고 있다면, 그렇게 내버려 두십시오. 하지만 내 자신의 인생이 규제되어야 한다면, 내가 원치 않는 것이면 무엇이든 감히 소유하지 않을 것임을 말씀드립니다. 인도에서는 3백만 사람들이 하루에 일식으로 만족해야 합니다. 그리고 그 일식도 안에 아무 기름기도 없이 미량의 소금만 들어 있는 차파티로 먹습니다. 이 3백만 사람들이 옷을 입게 되고 더 잘 먹게 되기 전에는, 우리는 우리가 실제로 소유하고 있는 어떤 물건에 대한 권리도 없습니다. 다른 사람들보다 분명 더 잘 알고 있을 여러분과 나, 그들이 보살펴지고, 먹여지고, 옷을 입을 수 있게 하기 위해서 우리는 원하는 것(*wants*)을 조정해야 하고, 자발적인 기아(飢餓, *voluntary starvation*)도 겪어 보아야 합니다. 그렇게 되면, 당연지사로 무소유 서약이 따르게 됩니다. 이제 나는 스와데시 서약으로 가겠습니다.

스와데시 서약(*Vow of Swadeshi*)

스와데시 서약은 필수적인 서약입니다. 하지만 여러분은 스와데시 삶과 스와데시 정신에 정통하고 있습니다. 우리가 원하는 것을 충족시키기 위해서 이웃을 버리고 다른 곳으로 갈 때, 우리 존재의 거룩한 법칙 중에 하나로부터 멀어진다는 점을 여러분에게 말씀드립니다. 어떤 사람이 봄베이로부터 여기에 와서 여러분에게 상품을 보여줄 때, 바로 이웃 마드라스에서 태어나고 자라난 상인이 있는 한, 여러분이 봄베이 상인이나 무역업자를 도와주는 일은 정당한 일이 못됩니다. 그것이 스와데시에 대한 내 견해입니다. 여러분의 마을에 마을 이발사가 있다면, 여러분은 마드라스에서 온 숙련된 이발사를 대신하여 마을 이발사를 도와주어야 합니다. 여러분이 만일 여러분의 마을 이발사가 마드라스에서 온 이발사의 실력에까지 도달해야 하는 것이 필수적이라고 본다면, 여러분은 그런 실력에 도달할 때까지 그를 훈련시켜도 좋습니다. 여러분이 원한다면, 그가 자신의 천직을 배울 수 있게끔 무슨 수를 써서라도 그를 마드라스에 보내십시오. 여러분이 그전에 다른 이발사에게 가는 일은 정당하지 못합니다. 그것이 스와데시입니다.

따라서 우리는 인도에서 구할 수 없는 물건들이 많이 있음을 알게 되면 그것들 없이 살아가도록 노력해야 합니다. 우리는 필요하다고 간주되는 수많은 물건 없이도 살아가도록 해야 할 것입니다. 그러나 여러분이 그런 마음의 자세를 갖게 되면, 여러분의 어깨에서 무거운 짐이 내려진 것을 알게 될 것이라는 점을 믿어 주길 바랍니다. 《천로역정》이라는 비길 데 없이 훌륭한 책에 그려진 순례자도 그랬습니다. 즉, 그 순례자는 자신의 어깨에 지고 가던 엄청나게 무거운 짐이 무의식적으로 떨어져 나가 여행을 출발했을 때보다 더 자유로운

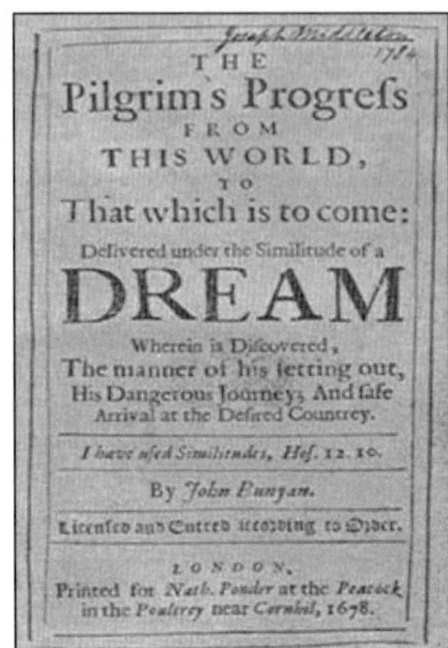
THE
Pilgrim's Progress
FROM
THIS WORLD,
TO
That which is to come:
Delivered under the Similitude of a
DREAM
Wherein is Discovered,
The manner of his setting out,
His Dangerous Journey; And safe
Arrival at the Desired Countrey.
I have used Similitudes, Hos. 12. 10.
By John Bunyan.
Licensed and Entred according to Order.
LONDON,
Printed for Nath. Ponder at the Peacock
in the Poultrey near Cornhil, 1678.

《천로역정》(*The Pilgrim's Progress*)
영국의 작가인 존 번연(John Bunyan)이 1678년 출간한 책. 신앙인이 이 세상에서 장차 올 세상에 이르기까지 겪는 구원의 과정을 비유적으로 묘사하였다.

사람이 되었음을 느끼는 순간이 있었습니다. 여러분은 이런 스와데시의 삶을 받아들이자마자 지금보다 자유로운 사람이 될 수 있다고 느끼게 될 것입니다. 우리에게는 무외의 서약도 있습니다.

무외(無畏)의 서약(*Vow of Fearlessness*)

나는 인도를 여행하면서 식자층의 인도인들이 전신을 마비시킬 만한 공포에 빠져 있음을 보았습니다. 우리는 공개적으로 말을 하지 않으려고 합니다. 우리의 분명한 의견을 공개적으로 선언하지 않습니다. 우리는 의견을 속에 넣어 두고 그것에 대해서 비밀스럽게 말합니다. 그리고 우리는 네 벽으로 둘러싸인 집안에서는 무엇이든 마음대로 할 수 있습니다. 하지만 그런 의견은 공공의 사용을 위한 것이 아닙니다. 우리가 만일 침묵의 서약을 했다면, 나는 할 말이 아무것도 없습니다. 우리는 공개적으로 입을 열게 될 때, 진심으로 믿지 않는 것을 말합니다. 이런 것이 인도에서 의견을 말하는 거의 모든 공인들의 경험인지는 나는 모릅니다. 그렇다면 나는 여러분에게 우리가 두려워해야 할 하나의 존재(*One Being*)—존재라는 용어가 적절하다면—는 오직 한 분, 즉 신밖에 없음을 말씀드립니다.

우리는 신을 두려워하게 되면 어떤 고위직의 사람도 두려워하지 않습니다. 그리고 여러분이 만일 진리 서약을 모든 면에서 순종하려고 한다면 무외는 필수적인 결과입니다. 여러분이 아다시피, 《바가바드 기타》는 무외가 브라만(*Brahmin*)의 핵심 자질들 가운데 첫째라고 선언했습니다. 우리는 결과를 두려워합니다. 고로 진리를 말할 것을 두려워합니다. 신을 두려워하는 사람은 지상의 어떤 결과도 두려워하지 않을 것임이 분명합니다. 우리가 종교가 무엇인가를 이해할 지점을 바라볼 수 있기 전, 그리고 인도의 운명을 안내할 지점을 바라볼 수 있기 전, 여러분은 우리가 무외의 습관을 수용해야 할 것이라고 생각하지 않습니까? 우리가 과도한 경외를 받듯이 우리가 우리 촌민들을 과도하게 경외(*over-awe*)할까요? 우리는 그래서 이 무외 서약이 얼마나 중요한지 알게 됩니다. 그리고 우리에게 불가촉천민에 관한 서약도 있습니다.

불가촉천민에 관한 서약(*Vow Regarding the Untouchables*)

오늘날 힌두교는 그 안에 지울 수 없는 오점이 하나 있습니다. 그것은 태곳적부터 우리에게 전해져 내려왔다고 합니다만, 나는 그것을 믿지 않습니다. 이 '불가촉'(*untouchableness*)이라는 가련하고 저주받은 정신, 사람을 노예로 만드는 정신은 우리가 우리 삶의 주기 중 가장 최악의 쇠퇴기에 빠져 있을 때 우리에게 온 것이 분명하고, 그 악이 우리 안에 박혀서 지금까지 남아 있다고 생각합니다. 내 마음에 그것은 우리에게 내린 저주입니다. 그리고 그 저주가 우리에게 남아 있는 한, 나는 우리가 이 거룩한 땅에서 당하고 있는 모든 고통이 우리가 저지르고 있는 범죄, 이 엄청나며 지울 수 없는 범죄에 대한 응분의 처벌로 간주해야 한다고 생각합니다. 어떤 사람이든 천직(*calling*) 때문에 불가촉천민으로 간주되어야 한다는 것은 도저히 믿을 수 없습니다. 여러분, 학생 여러분, 현대교육 일체를 받고 있는 학생계가 이 범죄의 공범자가 된다면, 여러분은 교육을 하나도 받지 않는 편이 더 나을 것입니다.

물론, 우리는 아주 큰 장애물을 갖고 일하고 있습니다. 비록 여러분이 이 지상에서 불가촉천민으로 간주되어야 할 사람이 단 한 명도 있을 수 없다는 점을 깨닫는다고 하더라도, 여러분은 가족에게 영향을 줄 수 없고, 주변에 영향을 줄 수 없습니다. 여러분의 모든 생각이 외래어로 이뤄지고, 여러분의 모든 에너지가 거기에 바쳐져 있기 때문입니다. 그래서 우리는 본 아슈람에 우리가 토착어를 통해서 교육을 받아야 한다는 규칙을 도입한 바 있습니다.

토착어를 통한 교육(*Education through the Vernaculars*)

유럽에서 모든 문화인은 자신의 언어만이 아니라 다른 언어도 배우는데, 셋이나 넷은 족히 됩니다. 유럽에서 그러하듯이 인도에서 언어 문제를 해결하기 위해서, 우리는 가능한 한 많은 인도의 토착어를 배울 것을 본 아슈람의 규칙으로 삼고 있습니다. 이 언어들을 배우는 데 경험하는 난점은, 영어를 숙달하는 과정에서 경험해야 하는 난점에 비교하면 거의 무에 가깝다는 점을 여러분에게 확언하는 바입니다. 우리는 결코 영어에 숙달될 수 없습니다. 예외가 좀 있긴 하지만 우리는 그렇게 할 수 없었습니다. 영어로는 자신의 모국어로 하는 것처럼 그렇게 분명히 우리 자신을 표현할 수 없습니다. 감히 어떻게 우리의 기억으로부터 유아기 시절을 몰아내려고 합니까? 그러나 우리는 외래어라는 수단을 통해서 이른바 양질의 삶을 시작할 때 유아기 시절을 몰아내려고 합니다. 이것은 우리 인생에서 단절을 초래하고, 그 단절을 잇기 위해서 우리는 값비싸고 무거운 대가를 지불해야 합니다.

그리고 여러분은 이제 두 가지 사안, 즉 교육과 불가촉 사이의 관계를 알게 될 것입니다. 즉, 불가촉 정신이 지식과 교육이 확산되고 있는 오늘날에도 유지되고 있습니다. 교육은 우리로 하여금 이 끔찍한 범죄를 볼 수 있게 해 주었습니다. 하지만 우리는 겁에 질려서 이 교리를 집에까지 갖고 갈 수 없습니다. 그리고 우리는 가족 전통과 가족 구성원들에 대한 미신에 가까운 공경의 태도를 갖고 있습니다. 여러분은 말합니다. "나는 적어도 더 이상 이런 죄를 지을 수 없다고 부모에게 말한다면, 부모가 돌아가실 것이다"라고 말합니다. 프라흘라드는 자신이 비슈누[22]라는 거룩한 이름을 입 밖에 내면 부친이 돌아가실 것이라는 점을 전혀 고려하지 않았습니다. 반대로 그는 부친의 지엄한 면전에서조차 그 이름을 반복함으로써 이 구석에서 저 구석까지 집 전체에, 그 이름이 울리도록 했습니다. 마찬가지로 여러분과 나는 우리 부모님들의 지엄한 면전에서도 이런 일을 해야 할 것입니다. 만일 이 거친 충격을 받은 이후 그분들 중 몇 분이 돌아가시더라도, 그것은 전혀 재앙이 아닐 것이라고 생각합니다. 그런 거친 충격이 주어져야 할지도 모릅니다. 수세기에 걸쳐서 우리에게 전승된 사안들을 우리가 고수하는 한, 이런 사건들이 발생하게 될 것입니다. 하지만 보다 고차원적인 자연법칙이 존재합니다. 그리고 그런 고차원적 법칙에 대한 적절한 순종에서, 내 부모와 내 자신은 그런 희생을 바쳐야 합니다. 그런 다음 우리는 수직(手織)을 따라야 합니다.

22 힌두교 삼신 중에 하나. 우주의 유지자로 간주된다.

수 직(*Hand-Weaving*)[23]

여러분은 "우리가 왜 손을 사용해야 합니까?"라고 묻고, "육체노동(*manual work*)은 무지한 사람들이 해야 할 일입니다. 나는 문학과 정치적 논문들을 읽는 일만 할 수 있습니다"라고 말할 수 있습니다. 나는 우리가 노동의 존엄성을 자각해야 한다고 생각합니다. 이발사나 구두제조공이 대학을 가게 된다고 해도 이발사나 구두제조공의 직업을 버려서는 안 됩니다. 나는 이발사 직업이 의사 직업만큼이나 귀하다고 여깁니다.

마지막으로 여러분은 이런 규칙들을 따르게 되면 그때서라야 비로소 심정의 동의를 받아서 마음껏 정치에 관여할 수 있을 것이라고 나는 생각합니다.

정 치[24]

여러분은 그때 절대로 잘못을 저지르지 않을 것입니다. 하지만 그 규칙들을 따르기 전에는 안 됩니다. 종교와 결별한 정치는 정말로 아무 의미가 없습니다. 만일 학생계가 이 나라의 정치 연단들을 가득 메우게 된다면, 내 마음에는 그것이 반드시 나라의 성장을 위한 건강한 표시가 아닌 것으로 보입니다. 그렇다고 해서 여러분이 학창 시절에 정치를 공부하지 말라는 뜻은 아닙니다. 정치는 우리 존재(*our being*)의 일부입니다. 우리는 우리나라의 제도를 이해해야 하고, 우리나라의 성장과 온갖 사안들을 이해해야 합니다. 우리는 그것을 유아기에서부터 해도 괜찮습니다. 그래서 우리 아슈람에서 모든 아동은 우리나라의 정치제도를 이해하도록 하기 위해서, 그리고 이 나라가 어떻게 새로운 감정(*new emotions*)으로 새로운 열망으로 새로운 삶으로 진동하고 있는

---

23 〔역주〕《전집》 권 15, 174면에 따라서 소제목을 단다.

24 〔역주〕《전집》 권 15, 174면에 따라서 소제목을 단다.

지를 알기 위해서 교육을 받습니다. 그러나 우리는 종교적 신앙에서 오는 불변의 빛, 무오류의 빛도 원합니다. 그 신앙은 단순히 지성에 호소하는 것이 아니라 지울 수 없도록 심정에 각인된 신앙을 말합니다.

먼저 우리는 그 종교적 의식을 실현하기를 원하며, 그것을 실현하자마자 우리 삶의 전 분야가 우리에게 열려질 것이라고 나는 생각합니다. 그렇게 되면 그 삶의 전체를 분유하는 것이 학생들과 모든 사람들의 특권이 되고야 말 것입니다. 그래서 학생들이 성인으로 성장하여 대학을 떠나게 될 때는 삶에서의 전투 준비를 잘 갖춘 다음일 것입니다. 오늘날 일어나고 있는 일은 다음과 같습니다. 정치적 삶의 대부분이 학창 시절에 한정되어 있다는 것입니다. 즉, 학생들이 대학을 떠나서 학생 신분을 벗어나자마자, 그들은 망각 속에 파묻히고 말며, 비참한 직장을 추구하고 비참한 임금을 받으며 보다 높은 소망은 없고, 신에 대해서, 신선한 공기나 밝은 빛에 대해서, 그리고 내가 여러분 앞에 제시하고자 했던 법칙들에 대한 순종에서 나오는 참되고 강건한 독립에 대해서 아무것도 모릅니다.

결론[25]

나는 여기에서 여러분에게 아슈람으로 쇄도해 들어가라고 요구하는 것은 아닙니다. 거기는 더 이상의 여지가 없습니다. 하지만 나는 여러분 모두가 아슈람의 삶을 개인적으로 그리고 집단적으로 실현하라고 말하고 싶습니다. 내가 여러분 앞에 제시하고자 했던 여러 규칙 가운데 여러분이 뭔가를 선택해 거기에 맞춰서 살아간다면, 나는 만족할 것입니다. 하지만 여러분이 이것이 광인의 토로(吐露)라고 생각한다면, 여러분은 그 생각을 나에게 주저 없이 말해야 하고, 그러면 나

25 〔역주〕《전집》 권 15, 175면에 따라서 소제목을 단다.

는 여러분의 판단을 당황하지 않고 받아들일 것입니다. (큰 박수)[26]

마드라스, YMCA에서의 〈아슈람 서약〉에 관한 연설,
〈인디언 리뷰〉, 1916. 2 ; 〈더 힌두〉, 1916. 2. 16 ; 《전집》 15 : 128

324) 사탸그라하 공증 증서

1926. 2. 2[27]

공증 선언, 27만 5천 루피

아메다바드 구, 탈룩 북(北) 다스크로이, 바다즈, 사탸그라하 아슈람에 거주하는 모한다스 카람찬드 간디와 마간랄 쿠샬찬드 간디, 두 사람은 바니아 카스트로서 나이는 각각 55세와 43세, 직업은 수직공 겸 농부인데, 아래와 같이 선언하는 바이다.

1915년 남아프리카에서 인도로 돌아온 이후, 우리 두 사람과 동지들은 1915년 5월 25일 공공봉사 활동을 수행할 목적으로 사탸그라하 아슈람이란 이름의 기관을 창설했다. 별표에 기재된 대로 시가 275,000루피(27만 5천 루피) 상당의 토지와 건물을 본 기관의 재산으로서 본 기관을 위해서 우리 두 사람의 명의로 구입했다. 그것들은 본 기관의 목적과 목표에 따라서 본 기관의 지도급 인물의 지도 아래 사용되어 왔고, 현재에도 사용되고 관리되고 있다. 그래서 우리는 아래 목적을 공증하며, 전기 재산들이 본 기관의 수탁자로서 우리 명의로 등기되었음을, 그리고 우리와 우리 자손 그리고 우리의 승계자들이 그것들에 대해서 어떤 개인적인 권리 또는 분할권을 가진 적도 없었고 갖고 있지도 않음을 선언하는 바이다.

---

26 〔역주〕《전집》 권 15, 175면에 따라서 추가한다.

27 1926. 2. 12. 아메다바드, 부(副) 등기인 사무실에서 등록을 위해서 간디가 제시한 것, 마발란카르(G. V. Mavalankar)와 비노바 바베(Vinoba Bhave)가 증인으로서 서명했다.

본 서류의 별표에 기재된 '사탸그라하 아슈람'의 재산은 아래 목적을 위해서 사용된다.

1 안트야자(불가촉천민)의 지위 향상(*uplift*)
2 목화 재배와 그와 관련된 제반 기술의 발전, 수공 조면(繰綿), 소모(梳毛), 물레질과 베짜기 등
3 도덕·경제·정치 면에서 인도의 향상에 필요한 행위를 위해서 일꾼을 훈련시키는 일
4 문자교육과 다른 훈련을 전파하기 위한 학교의 설립과 운영
5 암소 보호, 암소 육종(育種)의 향상 등과 같은 일반복지를 위한 여타 행위들의 수행

이에 우리는 이상에서 언급된 목표를 위해서 아래 사람들이 첨부된 별표 A에 기재된 재산의 운영을 위한 수탁자로서 임명되었음을 선언하는 바이다.

1 슈리 잠나랄 바자즈
2 슈리 레바샹카르 자그지반 자베리
3 슈리 마하데브 하리바이 데사이
4 슈리 이맘 사헤브 압둘 카다르 바와지르
5 슈리 츠하간랄 쿠샬찬드 간디

우리는 상기 수탁자들이 상기 재산에 관련하여 다음의 권리와 권한이 있다고 선언하는 바이다.

1 본 신탁의 목표와 목적의 증진을 위해서 수시로 필수적으로 보이는 모든 일을 수행하고 일체의 조처를 취하는 일, 이 신탁의 피신탁물인 재산을 수탁자들이 적절하다고 간주하는 모든 방식으로 운영하고 사용하는 일
2 본 신탁의 목적을 증진하기 위해서 신탁의 피신탁물인 재산을 매

도하거나 저당 잡히는 일

3 수탁자에 결원이 발생했을 시 새로운 수탁자를 다수결로 선출하여 보충하는 일

4 수탁자 중 최소 3인 이상의 동의에 의하여 행동하는 일

5 필요하다고 판단되면 다수결로 수탁자들의 수를 2인까지 늘리는 일

별표 A에 기술된 재산은 아메다바드 등기 구역 탈룩 다스크로이 촌락 경내에 위치하고 있다. 이전에는 그것을 우리에게 매도한 사람들의 소유물이었지만, 상기 기관을 위해서 우리가 그것을 획득한 시점에서부터 오늘까지 우리의 소유로 되어 있다. 그 재산의 상세 항목[28] :

우리는 우리의 자유의지로 고의로 그리고 건전한 심리 상태에서 상기 선언을 했으며, 본 선언은 우리의 상속자·승계자·유언집행자·양수(讓受)인을 구속한다.

모한다스 카람찬드 간디

마간갈 쿠살찬드 간디

아슈람 공증 증서(G.), 등록서류의 복사에서

(츠하간랄 간디 제공) ; 《전집》 33 : 338

325) 사탸그라하 아슈람의 신규약

본 아슈람은 1915년 5월 25일 출발했다. 설립 당시 규약이 작성되었다. 내가 교도소에 있을 때 그것은 수정되었다. 그 규약은 오래전부터 한 부도 남아 있지 않았다. 동지들과 나는 아슈람이 겪었던 수많은 변화와 부침을 감안하여 그 규약을 새로 작성하는 것이 바람직하다고 보았다. 예상치 못한 아슈람의 확장 역시 구규약을 낡은 것으로

28 〔원주〕 별표는 18필지의 토지에 대한 상세한 점을 담고 있다. 〔역주〕 영어 원전에는 별표가 없다.

만들어 버렸다. 신규약의 초안을 만드는 것은 나의 임무가 되었다. 다른 일에서 오는 압력이 나의 업무 지체에 대한 충분한 변명이 될 수도 있지만, 나는 내 잠재의식의 자아(*my subconscious self*)가 그 과업을 피하고 있음을 안다. 나는 어떤 변화를 가해야 할지에 대해서도 분명히 알지는 못했다. 그러나 나의 동지들은 나에게 어떤 평화를 주려고 하지 않았으며, 마간랄의 죽음이 이 규약의 완성을 촉진시켰다. 다음 규약은 주요 일꾼들과 협업한 결과이다. 그것은 순전히 초안으로 공표된 것이다. 그것은 수정을 받아야 하고, 관리위원회가 그것을 유효한 규약으로 인정해야 할 것이다. 그것은 친구들과 아슈람에 알려진, 또는 알려지지 않은 비판자들의 의견을 확보할 목적으로 공표되었다. 어떤 비판이나 제안도 보내주신다면 감사하게 받을 것이다. 나는 아슈람이 기도로 가득 찬 과학 실험을 대변하고 있다는 점을 언급하고 싶다. 규율들은 다수이지만, 아슈람이 존재하는 지난 13년 동안 검증받아 왔다. 우리 가운데 누구에 의해서도 규율이 완전히 지켜졌다고 주장하기란 불가능하지만, 일꾼들은 철저하게 겸손한 태도로 하지만 최선을 다해서 그것을 자신들의 삶에 실천하려고 노력해왔으며, 다소간 성공도 거두었다. 호기심이 있는 자들은 새로운 초안이 1915년 작성된 원 규약과 매우 유사하다는 점을 알게 될 것이다. 본 아슈람은 바이샤크 수드 11일, 삼바트 1971[29]—1915년 5월 25일—코츠랍에서 설립되고, 그 이후 사바르마티로 이전했다.

목적

본 아슈람의 목적은 구성원들이 나라를 위한 봉사, 단 보편적 복지(*universal welfare*)에 어긋나지 않는 봉사를 위해서 스스로 자격을 갖

29 〔역주〕 힌두교 전통 달력에 따른 날짜 표시.

추고 그 봉사를 위해서 부단히 노력하는 것이다.

규율

상기 목표를 완수하는 데 다음 규율들은 필수적이다.

① 진리

진리는 동료들과 일상의 관계에서 허위를 말하거나 허위를 행하기를 단순히 금하는 것으로 완수되지 않는다. 진리(*Truth*)는 신이고, 유일무이한 실재(*the one and only Reality*)이다. 다른 모든 규율들은 진리추구와 진리 숭배에 그 연원(淵源)을 둔다. 진리 숭배자들은 허위를 말하지 말아야 한다. 그들이 우리나라의 선(*the good of the country*)이라고 믿는 것을 위해서도 허위를 말해서는 안 된다. 그들은 프라흘라드와 마찬가지로 진리에 대한 최우선의 충성을 위해서 부모와 연장자들의 명령에조차 정중하게 불복종해야 할 필요도 있을 것이다.

② 비폭력 또는 사랑

단순한 불살생(*non-killing*)으로는 부족하다. 비폭력의 능동적인 부분은 사랑이다. 사랑의 법칙은 아주 작은 벌레에서 최고의 인간에 이르기까지 모든 생명에 대한 평등한 고려(*equal consideration*)를 요구한다. 이 법칙을 따르는 자는 상상할 수 있는 최대의 악행을 범한 자에게도 화를 내서는 안 되고, 반드시 그를 사랑해야 하고, 그가 잘되기를 빌어야 하고, 그에게 봉사해야 한다. 그가 비록 행악자를 사랑해야 하지만, 절대로 그의 악행이나 불의에 굴복해서는 안 되며, 진력(盡力)을 다해서 반대해야 하고, 그 반대에 대한 벌로 그 행악자가 내릴 수도 있는 온갖 학대를 원한 없이 끈기 있게 견뎌내야 한다.

③ **순결** (**브라마차르야**)

앞에서 말한 원리들의 준수는 순결의 준수 없이는 불가능하다. 이것은 사람이 여자나 남자를 정욕의 눈길로 보지 않아야 한다는 것으로 충분하지 않다. 동물적인 정염이 잘 제어되어서 마음으로부터도 제거되어야 한다. 결혼했다면 자신의 아내 또는 남편에 대해서 음욕(淫慾)의 마음(*carnal mind*)을 갖지 않아야 하고, 그 사람을 자신의 평생 친구로 여겨야 하며, 완벽한 순결의 관계를 수립해야 한다. 죄 있는 접촉, 몸짓, 또는 말 한마디는 이 원리의 직접적인 위반이다.

④ **미각의 통제**

순결의 준수는 경험상 사람이 미각에 대한 완벽한 통제를 얻기 전에는 지극히 어려웠다. 그래서 미각의 통제는 그것 자체로 하나의 원리로 제시되었다. 식사는 육신을 지탱하기 위해서만, 육신을 봉사를 위한 적합한 도구로서 유지하기 위해서만 필요하며, 자기탐닉을 위해서 뭐라도 먹어서는 안 된다. 그래서 음식은 약과 같이 적절한 조절하에 섭취되어야 한다. 이 원리를 추구하는 과정에서 사람은 향신료와 양념 같은 흥분시키는 음식들을 피해야 한다. 육류·주류·담배·인도 대마 등은 아슈람에서 배제된다. 이 원리는 쾌락을 목표로 삼는 잔치나 성찬의 금지를 요구한다.

⑤ **불투도**

불투도는 허락 없이 남의 재산을 취하지 않는 것만으로 충분하지 않다. 사람이 특정 방식으로 사용할 목적으로 어떤 물건을 맡았다가 그것을 달리 사용하게 되는 경우, 또는 빌린 기간보다 더 오래 사용하게 되는 경우 그 사람은 도둑질을 하는 셈이다. 사람이 정말로 필요하지 않는 물건 하나라도 받게 되면 그것도 도둑질이다. 이 원리의 바탕에 있는 미묘한 진리는 자연(*Nature*)이 우리의 일용의 필요(*our daily need*)에 꼭 맞게 그리고 그 이상은 제공하지 않는다는 것이다.

⑥ 무소유 또는 가난

이 원리는 실제 제 5 원리의 일부이다. 사람이 꼭 필요하지 않는 것을 받지 말아야 하듯이, 그런 것을 소유하지도 말아야 한다. 불필요한 음식물·의복·가구를 소유하는 일은 이 원리의 위반이 될 것이다. 예를 들면, 사람이 걸상 없이 지낼 수 있다면 그것을 갖지 말아야 한다. 이 원리를 준수하게 되면, 사람은 자기 자신의 삶을 점진적으로 단순화하게 될 것이다.

⑦ 육체노동

불투도와 무소유의 준수를 위해서 육체노동(*physical labour*)은 필수적이다. 사람은 육체노동을 통해서 육체적 존재를 지탱할 수 있을 경우에만, 자기 자신을 해하는 일로부터만이 아니라 사회를 해하는 일로부터 구원받을 수 있다. 튼튼한 신체를 지닌 성인들은 개인적인 일을 모두 스스로 해야 하고, 적절한 이유 없이 다른 사람들의 봉사를 받아서는 안 된다. 그러나 그들은 동시에 장애인, 노인과 병자, 그리고 아동들에 대한 봉사는 필요한 힘을 가진 모든 사람들에게 부과된 의무임을 기억해야 할 것이다.

⑧ 스와데시

사람은 전능하지 않다. 그래서 그는 먼저 자신의 이웃에 봉사함으로써 세상에 가장 잘 봉사할 수 있다. 이것이 스와데시 원리인데 이 원리는 가까이 있는 사람보다 멀리 있는 사람에게 우선적으로 봉사하기를 선언하게 될 때 파기된다. 스와데시 규율은 세상의 질서에 도움이 되고, 그 위반은 혼란을 가져온다. 이 원리를 따르면, 사람들은 가능한 한 자신의 필수품을 자신이 사는 지역에서 구입해야 하고, 이 나라에서 쉽게 제조 가능한 물건들이라면 수입품을 구입해서는 안 된다. 스와데시에 자기 이익이 끼어들 여지는 없다. 이 원리는 가족을 위해서는 자신의 희생을, 마을을 위해서는 가족의 희생을, 나라를 위해서는 마을의 희생을, 인류를 위해서는 나라의 희생을 명한다.

⑨ 무 외(無畏)

사람이 공포에 굴복하는 한 진리나 사랑을 따를 수 없다. 이 나라에 현재 공포가 횡행하고 있으므로, 무외에 대한 명상과 무외의 양성이 특별히 중요하다. 따라서 별도 규율로서 언급된 것이다. 진리추구자는 부모 · 카스트 · 정부 · 강도 등에 대한 공포를 털어 버려야 하고, 가난이나 죽음으로 놀라서는 안 된다.

⑩ 불가촉천민제도의 폐지

힌두교에 깊이 뿌리를 내리고 있는 불가촉천민제도는 철저히 비종교적이다. 그래서 그 폐지는 독립된 원리로서 다뤄져왔다. 이른바 불가촉천민들은 아슈람 내부에서 다른 계급들과 동등한 자리를 차지한다. 아슈람은 카스트제도를 믿지 않으며, 그것이 힌두교에게 상처를 입혔다고 간주한다. 카스트제도가 함축하고 있는 우월과 열등의 지위, 접촉에 의한 오염은 사랑의 법칙에 반하는 것이기 때문이다. 하지만 아슈람은 바르나아슈라마 다르마(*varnashrama dharma*)를 믿는다. 바르나(*varnas*) 사이의 구분은 직업에 기초를 두고 있고, 그래서 사람은 근본 도덕과 부합하는 세습 직업을 따름으로써 자기 자신을 유지해 나가야 하고, 진정한 지식의 획득과 진척에 모든 잔여 시간과 에너지를 바쳐야 한다. 스므리티에서 언급된 아슈라마(4단계)는 인류의 복지에 도움을 준다. 그래서 아슈람이 바르나아슈라마 다르마를 믿는다고 해도, 그 안에 바르나 간의 차별을 둘 여지는 없다. 아슈람에서의 삶이 《바가바드 기타》의 포괄적이며 비형식적인 포기(산야사)의 견지에서 고안된 것이기 때문이다.

⑪ **관용**

아슈람은 세계 주요 신앙들이 진리의 현현(顯現)이라고 믿는다. 하지만 그것들은 모두 불완전한 인간에 의해서 틀이 부여되었듯이, 불완전함에 의해서 영향을 받았고 허위와 뒤섞이게 되었다. 그래서 사람은 자신의 종교적 신앙에 바치는 것과 같은 존경을 다른 사람들의 종교적 신앙에도 바쳐야 할 것이다. 그런 관용(*tolerance*)이 삶의 법칙이 되면 다른 신앙들 사이의 갈등은 불가능하게 되고, 다른 민족을 자신의 신앙으로 개종시키려는 모든 노력도 불가능하게 된다. 우리는 다양한 신앙들의 결점들이 극복되기를, 그리고 그 신앙들이 함께 나란히 완전으로 나아가기를 기도할 수 있을 뿐이다.

활동

상기 규율들의 완수의 결과로서 또 그 완수를 돕기 위해서, 다음 활동이 아슈람에서 진행되고 있다.

① **예배**

아슈람의 사회적(개인적 활동과는 구분되는) 활동은 매일 4시 15분~4시 45분의 아침 회중예배 모임과 더불어 시작하고, 7시에서 7시 30분의 저녁기도로 끝난다. 모든 재소자들은 예배에 참석해야 한다. 이 예배는 자기정화의 도우미로서, 그리고 자신의 모든 것을 신에게 바치는 도우미로서 생각되어 왔다.

② **청결 봉사**(*Sanitary Service*)

이것은 필수적이고 거룩한 봉사이다. 하지만 그것은 사회에서 멸시를 받고 있다. 결과적으로 그것은 일반적으로 경시되어 왔으므로 앞으로 향상될 여지가 많다. 그래서 아슈람은 이 일을 위해서 외부의 어떤 노동도 끌어들이지 않을 것임을 특별히 강조한다. 구성원 자신들이 위생 전체를 순차적으로 돌봐야 한다. 신참자들이 우선적으로 이 분야의 일에 투입되어야 한다. 도랑을 9인치 깊이로 파야 하고, 분뇨를 그 안에 묻고 파낸 흙으로 덮어야 한다. 그것은 귀중한 거름으로 변한다. 배변은 그 목적을 위해서 지정된 장소에서만 해야 한다. 모든 길과 소로가 침뱉기 따위로 더럽혀지지 않도록 유의해야 한다.

③ **희생적인 물레질** (*Sacrificial Spinning*)

오늘날 인도의 가장 시급한 문제는 수백만 인도인들이 점점 기아에 빠지는 일인데, 이것은 외래 통치에 의해서 수직(手織)이라는 주요 보조 산업이 의도적으로 파괴된 데 주로 기인한다. 우리는 전국민적 삶에서 수직을 재건할 목적으로 물레질을 아슈람의 중심 활동으로 삼아왔고, 국민적 희생으로서 모든 성원들에게 강제로 부과하고 있다. 다음은 이 수직의 주요 부문들이다.

1 면화 재배
2 물레, 물렛가락, 소모활 등의 제작과 수선을 위한 워크숍
3 목화에서 씨빼기(繰綿)
4 소모(梳毛) 하기
5 물레질
6 천, 카펫, 테이프, 끈 등의 짜기
7 염색과 무늬박기

④ 농업

카디(수직천) 작업을 위한 면화와, 가축을 위한 사료 작물이 이 부문의 주요 활동이다. 우리는 아슈람을 가능한 한 자급자족하는 집단으로 만들기 위해서 채소와 과일도 재배한다.

⑤ 축산

우리는 재소자들에게 우유를 공급하는 아슈람 낙농장을 모범 낙농장으로 전환시키려고 시도하고 있다. 작년 이래 이 낙농장은 전인도 성우보호협회의 원리에 맞춰서, 그리고 금전적 지원 아래 진행되고 있다. 하지만 그것은 아슈람 자체의 핵심적 부분이다. 현재 암소 27두, 송아지 47두, 수송아지 10두, 황소 4두가 있다. 매일 평균 우유 산출량은 2백 파운드이다.

⑥ 제혁 공장

전인도 성우보호협회의 한 실례로서 그리고 그 협회의 도움을 받아서 제혁 공장 하나가 죽은 가축의 가죽 무두질을 위해서 설립되었다. 거기에 샌들과 구두 제조 부문도 추가되었다. 낙농장과 제혁 공장이 설립된 이유는, 소를 보호한다는 힌두교도의 주장에도 불구하고, 가축 증식, 가축 사육, 죽은 가축의 가죽을 국내에서 사용하는 일에 진지하게 유의하지 않는 한, 인도의 가축은 점점 악화되고, 결국 운송하는 사람과 함께 사라지고 말 것이라고 아슈람이 믿기 때문이다.

⑦ 국민교육

아슈람은 국민복지에 도움이 되는 교육을 실시하려고 한다. 아슈람은 영적·지적·신체적 발전이 나란히 진행될 수 있도록, 근면의 분위기를 조성했고, 문자교육에 필요 이상의 중요성을 부여하지 않았다. 인격 형성은 아주 상세한 점에까지 예의 주시된다. '불가촉천민'의 아동들은 아슈람에 무료로 수용된다. 여성들은 지위 향상의 관점에서 특별한 주목을 받으며, 자신들의 문화(*self-culture*)를 위해서 남성들에게 주어진 것과 같은 기회가 주어진다. 아슈람은 구자라트 비드야피트(교육기관)의 다음 원리들을 수용한다.

1. 비드야피트의 주요 목적은 성격 · 능력 · 교육 · 양심의 면에서 일꾼들을 준비하게 하는 것이다. 이것들은 스와라즈와 연관된 운동의 실시를 위해서 필수적인 것들이다.
2. 비드야피트에 의해서 운영되는 기관들, 그리고 모든 유관(有關) 기관들은 철저하게 비협조할 것이고, 그래서 정부의 어떤 도움도 받지 않을 것이다.
3. 비드야피트는 스와라즈 운동과 그 수단인 비폭력적 비협조와 관련하여 탄생했으며, 그 선생들과 이사들은 진리와 비폭력에 어긋나지 않는 수단만을 사용해야 할 것이고, 이 둘을 실천하도록 의식적으로 분투할 것이다.
4. 비드야피트 및 모든 유관 기관들의 선생들과 이사들은 불가촉천민 제도를 힌두교의 오점으로 간주할 것이며, 폐지를 위해서 진력을 다할 것이고, 불가촉을 내세워 어떤 남녀 학생도 배제하지 않을 것이며, 일단 입학이 허용되면 차별 대우를 하지 않을 것이다.
5. 비드야피트 및 모든 유관 기관들의 선생들과 이사들은 물레질을 스와라즈 운동의 핵심적인 일부로 간주할 것이고, 그래서 신체에 장애가 발생하는 경우를 제외하고는 규칙적으로 물레질을 할 것이며, 카디를 습관적으로 착용할 것이다.
6. 지역 언어가 비드야피트에서 중요한 자리를 차지할 것이고, 교수의 수단이 될 것이다.

   설명 구자라트어 이외의 언어들은 직접적인 방법으로 가르칠 수 있다.

7. 비드야피트의 교과목에서 힌디·힌두스타니어 교육은 필수과목이 될 것이다.
8. 수공 훈련은 지적 훈련과 같은 중요성을 가질 것이고, 국민의 삶에 유용한 직업만을 가르칠 것이다.
9. 국민의 성장이 도시가 아니라 촌락에 달려 있으므로, 비드야피트 기금의 대부분과 비드야피트 선생들의 대다수는 촌민들의 복지에 기여하는 교육의 보급을 위해서 사용될 것이다.
10. 교과목을 제시함에 있어서 촌의 거주자들의 필요가 핵심 고려사항이 될 것이다.
11. 비드야피트에 의해서 운영되고 있는 모든 기관, 그리고 모든 유관 기관에서는 일체의 기성 종교들에 대해서 완전한 관용이 있을 것이다. 학생들의 영적 발전을 위해서 진리와 비폭력에 부응하여 종교교육을 해야 할 것이다.
12. 국민의 신체적 발전을 위해서 신체교육과 신체훈련은 비드야피트에 의해서 운영되거나 관련이 있는 모든 기관의 의무사항이다.

부기
힌디·힌두스타니어는 북부의 대중—힌두교도와 이슬람교도—이 보통 말하는 언어이며, 데반나가리 또는 아라비아 문자로 쓴다.
아슈람 학교는 지금까지 남학생 15명 여학생 2명을 배출했다.

⑧ 카디 기술학교
카디 봉사 후보자를 예비하는 별도의 기술학교가 전인도 직조인협회(All-India Spinners' Association)를 대신해서 운영된다. 현재 훈련받고 있는 학생들은 여러 지역 출신으로 33명이다. 지금까지 205명의 학생들이 이 학교를 이용했다. 교과과정은 다음과 같다.

■ 교수 요목

I. 물레질 21주

1. 손가락으로만 하는 물레질 배우기
2. 실꼬기 원리 배우기
3. 질기고 고른 실을 자을 수 있도록 충분히 물레질을 배운다.

시간	번수(番手)*	길이	강도	고르기	면화의 질
1시간	6	250	50	80	저질
1시간	9	250	50	80	저질
1시간	12	300	60	90	보통
1시간	16	300	70	90	우량
1시간	20	300	70	90	우량

* 〔역주〕 실의 굵기를 나타내는 수. 번수가 높을수록 얇은 실을 의미.

그리고 아래와 같은 기일 내에 다음 양을 완수할 수 있도록 해야 할 것이다.

1주	준비와 연습
4주	6번수 5파운드
3주	9번수 2와 1/2파운드
4주	12번수 4와 1/4파운드
4주	16번수 2와 3/4파운드
4주	20번수 2와 3/4파운드
1주	여분
21주	전체

4. 물렛가락이 정상인지 시험하고 수리함
5. 물레에서 물레질
6. 실의 번수를 대략 추정하기를 배움
7. 실의 번수를 계량함으로써 알아내기를 배움
8. 물렛가락에 자아진 실뭉치를 제대로 감기를 배움

9. 물레의 모든 부분의 이름과 크기를 아는 일
10. 자기 자신의 실에서 강한 꼰 실[30] 만들기를 배움
11. 면화 검사의 원리를 배움
12. 《물레교본》과 《물레 선생》을 연구함
13. 자기 지역의 물레에서 물레질을 배움

II 소모(梳毛) 7주

소모의 전 과정을 거쳐가기

1. 소모 활 준비하기를 배우기
2. 받침 조절하기를 배우기
3. 소모깔개 만드는 법을 배우기
4. 실의 다양한 질을 구별하기를 배우기
5. 소모를 마치고 다음의 양을 정해진 시간 내에 감기
   큰 활, 18파운드 2주 이내
   중간 크기의 활, 22와 1/2 파운드 3주 이내
   바르돌리 활과 일반적인 작은 활, 8파운드 2주 이내
6. 아래와 같이 소모하기와 실쪼개기를 배움
   큰 활, 3파운드, 하루 8시간
   중간 크기의 활, 2파운드, 하루 8시간
   바르돌리 활과 보통 크기의 활, 1과 1/4 파운드, 하루 8시간
   조야한 활로도 연습하기

III 목화 조면(繰綿, 씨빼기) 2주

씨 있는 목화 32파운드를 하루 8시간 조면하기를 배우기
씨 있는 목화를 훑고 난 다음 그것을 1백 파운드 조면하기
발(足) 사용 조면기를 배워야 함

30 〔역주〕 텍스트에는 mal로 되어 있는데, 이 단어에 설명이 전혀 없다. 문맥으로 보면 '꼰 실'이다.

안드라 과정을 배워야 함
불가촉천민 물레인의 과정

Ⅳ 수직기에 의한 베짜기 기간

1. 실잇기. 2일
2. 좁고 납작한 끈 20야드 만들기, 날실을 위한 실꼬기와 씨실을 위한 실풀기를 포함. 10일
3. 침대용 끈 75야드 만들기, 위에서 언급한 전 과정을 포함함. 15일
4. 카펫 만들기
디자인 없이 가로 세로 각각 24야드짜리 석 장, 날실을 위한 실꼬기와 씨실을 위한 실풀기를 포함. 디자인 있는 카펫 3장 만들기, 위의 전 과정을 포함함. 수직기에서 가로 2야드, 길이 30야드 카펫 2장, 위의 전 과정을 포함. 45일

Ⅴ 피트(Pit) 수직기

5. 6번수 이겹실, 올이 성긴 직물 20야드 × 30야드, 인치당 바디 5개 직물 짜기 및 실의 세탁과 건조, 실패 감기, 실을 베틀에 걸기, 치수 재기, 잇기 등(두 겹으로 꼬기 역시) 20일
6. 6번수 이겹실 올이 밴 직물 10야드 × 30야드, 인치당 바디 8개나 9개의 직물 짜기 및 위의 일체의 과정 포함(두 겹으로 꼬기도 포함하여). 20일
7. 9번수 이겹실, 올이 밴 직물 10야드 × 30야드, 인치당 바디 12개의 직물 짜기 및 일체의 과정 포함. 10일
8. 6번수 홑실, 올이 밴 직물 10야드 × 30야드, 인치당 바디 18개에서 19개의 직물 짜기 및 일체의 과정 포함. 12일
9. 9번수 홑실, 올이 밴 직물 10야드 × 30야드, 인치당 바디 18개에서 19개의 직물 짜기 및 일체의 과정 포함. 12일

10. 12번수 홑실, 올이 밴 직물 10야드×30야드, 인치당 바디 21개의 직물 짜기 및 일체의 과정 포함. 14일

11. 16번수 홑실, 올이 밴 직물 10야드×30야드, 인치당 바디 24개의 직물 짜기 및 일체의 과정 포함. 15일

VI 베틀의 북

12. 12번수 홑실, 보통의 직물 10야드×42야드, 인치당 바디 17개의 직물 짜기

16번수 홑실, 보통의 직물 20야드×45야드, 인치당 바디 20개의 직물 짜기

20번수 홑실, 보통의 직물 10야드×50야드, 10야드×54야드, 인치당 바디 22개의 직물 짜기 및 일체 과정 포함. 72일

13. 무늬 있는 직물 짜기(1번수에서 6번수의 실을 사용)

굵은 능직(*drill*, 綾織)	10야드 × 30야드	인치당 바디 16개	8일
봉소직(*honeycomb*, 蜂巢織)	10야드 × 30야드	인치당 바디 12개	8일
평직(*twill* , 平織)	10야드 × 30야드	인치당 바디 16개	8일

14. 잉앗대(*heald*)[31] 제조와 바디 수리

4파운드 실 꼬기	3일
잉앗대를 처음부터 만들기	15일
바디 수리	5일

15. 색상들

P. C. 레이 박사와 반시다르 자인 씨의 저서에 따라서 염색하고 무늬박기

무늬박기와 염색하기에 특수 외래 색상 포함하기. 24일

31 〔역주〕 바디 다음에 날실을 꿰는 부분.

Ⅶ 목수일

1. 세 종류의 아테란(*ateran*)[32] 만들기와 연장 다듬기. 30일
2. 물레상자와 북통 만들기. 30일
3. 중간 크기의 소모 활 제작, 바르돌리 북과 일반적 북, 물레 제작. 30일

참고 위의 교과목과 병행하여 힌디어, 회계사의 직, 카디에 관한 글과 공보(公報) 등의 수업은 힌디어로 진행된다. 강의를 제외한 다른 부분은, 전인도 직조인협회(A. I. S. A.) 운영위원회 위원들을 비롯한 다른 지도자들에 의해서 짜여져 있다.
학생 1인당 월 음식비는 대략 12루피에 달한다.

관리위원회

삼바트 1982년 아샤다 수드 14일(1926년 7월 24일) 이래, 아슈람은 위원회에 의해서 관리되어 왔다. 이 위원회는 현재 다음과 같이 구성되어 있다.

마하데브 하리바이 데사이 씨(위원장)
이맘 압둘 카다르 바와지르 씨(부위원장)
비노바 바베 씨
츠하간랄 쿠샬찬드 간디 씨
나라하리 드와르카다스 파리크 씨
락슈미다스 푸루쇼탐 아사르 씨
람니크랄 마간랄 모디 씨
치만랄 나르신흐다스 샤 씨
나란다스 쿠샬찬드 간디 씨

32 〔역주〕 물레질과 관련된 연장의 일종으로 보이지만 주나 설명이 없어서 정확하게는 알 수 없다.

수렌드라나트 씨
츠하간랄 나투바이 조시 씨(서기)

본 위원회는 사퇴와 사망 등의 이유로 궐석이 생길 경우 그것을 채울 권리를 갖는다.

선출은 기존 위원들의 최소 3/4의 다수로 정한다.

본 위원회는 추가로 2인의 위원을 선출할 권리를 갖는다.

정족수는 최소 3인의 위원이다.

본 위원회는 아슈람의 전체 행정을 책임진다.

참고 간디지와 카카사헤브는 그들의 희망에 따라서 위원회에 들어 있지 않다.

아슈람 구성원들

아슈람 구성원들은 아슈람의 목적을 믿고 아슈람의 규칙과 규제들에 순종하는 사람이어야 하고, 그 원리를 준수하기 위해서 부단히 노력해야 하며, 관리위원회 또는 동 위원회 대신 서기에 의해서 할당된 임무를 충실하게 수행해야 한다.

위원회 위원들

관리위원회 위원의 자격 요건은 다음과 같다. 연령 21세 이상, 최소 5년 이상 아슈람에 거주한 자, 아슈람의 활동을 통해서 평생의 봉사를 스스로 서약한 자이다.

주요 결의안들

관리위원회는 다음과 같이 중요한 결의안을 통과시켰다.

1. 아슈람의 책임 있는 일꾼들 및 아슈람의 재소자들은 일시적으로 거주하든 항구적으로 거주하든, 모두 브라마차르야(梵行)를 준수해야 한다.

2. 아슈람에 들어오기를 원하는 사람들은 1년 동안 자신의 집에서 아슈람 규칙들을 준수해야 할 것이다. 위원장은 특별한 경우 이 규칙을 면제할 권한이 있다.
3. 아슈람에 주방을 추가로 들이는 것은 바람직한 일이 아니므로, 신입자들은 혼인 여부와 관계없이 공동 주방에서 식사해야 한다.

손님들에게

방문객들과 손님들은 서서히 증가해왔다. 방문객들에게 아슈람의 다양한 활동을 구경시키기 위한 조처를 취할 수 있다.

아슈람에 거주하기를 희망하는 사람들은 오기 전 허가를 얻기 위해서 서기에게 편지를 보내고, 그들의 문의에 대해서 긍정적인 대답을 받지 않았다면 방문하지 말기를 바란다.

아슈람은 침구와 식기에 많은 재고가 없다. 그러므로 아슈람에 거주하려는 자들은 자신들의 침구, 모기장, 냅킨, 접시, 밥공기와 물항아리를 가져오기 바란다.

서양에서 오는 방문객을 위해서 특별한 조처를 취하지 않는다. 하지만 마루 위에서 편안하게 식사할 수 없는 자들을 위해서 높은 자리를 제공하는 조처는 취한다. 침실용 변기는 언제나 제공된다.

손님들은 다음 규칙을 지키기를 당부한다.

1. 예배모임에 참석할 것
2. 아래 일과표에 적힌 식사시간을 지킬 것

지부

아슈람은 와르다에 지부를 가지며, 지부 역시 거의 동일한 규칙을 준수하지만, 관리와 재정의 면에서는 본 아슈람과 독립적이다. 비노바 바베(Vinoba Bhave) 씨가 이 지부의 관리인이다.

비용

본 아슈람의 월 평균 지출은 3천 루피이고, 친구들이 부담한다.

재산

본 아슈람은 132에이커, 38군타의 토지를 소유하고 있고, 시가 2만 6천 972루피 5페세 6안나, 건물은 29만 5천 121루피 15페세 6안나, 이것들은 다음 이사회가 소유한다.[33]

1. 세스 잠나랄 바자즈
2. 레바샹케르 자그지반 자베리 씨
3. 마하데브 하리바이 데사이 씨
4. 이맘 압둘 카다르 바와지르 씨
5. 츠하간랄 쿠샬찬드 간디 씨

본 아슈람의 현 인구는 다음과 같다.

남성	아슈람 일꾼	전인도 직조인협회 기술학교의 선생과 학생	전문 직조인	농업 노동자	계
	55	43	5	30	133
여성	아슈람 자매	전문 노동자	직조인		계
	49	10	7		66
아동	소년	소녀	유아		계
	35	36	7		78
총계					277

33 〔역주〕 영어 원전에 나오는 화폐 단위 읽기를 가르쳐 준 한국외대 이재숙 선생에게 감사드린다.

일과표

오 전	4시	기상
	4 : 15~4 : 45	아침기도
	5 : 00~6 : 10	목욕, 운동, 공부
	6 : 00~6 : 30	아침식사
	6 : 30~7 : 00	여성의 기도 학습
	7 : 00~10 : 30	육체노동, 교육과 위생
	10 : 45~11 : 15	식사
	11 : 15~12 : 00	휴식
오 후	12 : 00~4 : 30	육체노동, 수업 포함
	4 : 30~5 : 30	오락
	5 : 30~6 : 00	저녁식사
	6 : 00~7 : 00	오락
	7 : 00~7 : 30	공동예배
	7 : 30~9 : 00	오락
	9시	취침 종

참고 : 필요에 따라서 시간은 언제든지 변경될 수 있다.

사타그라하 아슈람, 〈영 인디아〉, 1928. 6. 14 ; 《전집》 42 : 140

326) 공동체 살림하기

1928. 11. 23

안녕, 쿠숨!
나의 일이 나를 부른다면 나는 항상 그곳에 있다는 점을 자네가 이해해야 할 것이네.

조직이나 기관의 회원이 되기 위한 규칙과 조건이 있다면 그것을 있는 그대로 받아들여야 하네. 우리가 어떤 조직의 일원으로 살아간다면 어떤 일을 하기 위해서 다른 사람들의 허가를 얻어야 한다는 것은 당연하네. 자유는 방종도 아니고 한 개인에 의존하는 것도 아니네.

공동체에서 살아가는 누구라도 그 공동체의 규제를 받아야 하네. 이것이 기관이 의미하는 바이네. 이와 다르다면 그것은 일인 통치를 의미하는 것이네. 자네가 이 말의 의미를 숙고하고 이해하길 바라네. 자신의 마음을 잘 다스리고 자네 의무에 헌신하게.

건강에 유의하게.

모든 사람들에 대해서 우정을 기르게.

자네가 발 만디르 안에서 일함으로써 마누를 배려하여 다른 사람을 만족시켜 주게. 그리고 주방에서 일하는 것이 마음에 맞으면 주방에서 다른 사람을 만족시켜 주게.

나에게 규칙적으로 편지를 써 주게.

바푸로부터 축복을

쿠숨 데사이(Kusum Desai)에게
보낸 편지(G.), GN 1853 ; 《전집》43 : 316

327) 전도 금지

영국 신문 스크랩들은 여러 가지 유쾌한 일을 담고 있는데 그중에 여기 아슈람에서는 미라바이로 알려진 슬레이드 양이 힌두교를 영접했다는 뉴스도 있었다. 내가 말하지만 그녀는 개종하지 않았다. 나는 그녀가 4년 전 처음 아슈람에 왔을 때보다 더 나은 기독교도가 되었기를 희망한다. 그녀는 이제 더 이상 어린 나이의 소녀가 아니라 서른이 넘었는데, 내내 홀로 나무와 동물을 벗 삼아 이집트·페르시아·유럽을 여행했다. 나는 이슬람교도·파시교도·기독교도 아이들을 데리고 있는 특권을 가진 적이 있었다. 나는 한 번도 그들에게 힌두교를 제시하며 받아들이게 한 적이 없었다. 그들은 자신들의 종교 경전을 존경하고 읽도록 권유받았다. 남녀노소의 사람들이 다른 신앙들에 대해서도 공감과 존경심을 갖고 공부하도록 권유받자 자신들의 신앙을 전보다 더 잘 알고 더 많이 사랑하게 된 여러 사례를, 나는 유쾌하게 상기해낼 수 있다.

아슈람 재소자들은 현재 여러 종교를 대표하고 있다. 어떤 종류의 전도도 실행되거나 허용되지 않는다. 우리는 모든 신앙들이 진실하고 신의 영감을 받았다는 점을, 그리고 그것들이 불가피하게 불완전한 사람들에 의해서 불완전한 취급을 받아왔다는 점을 인정한다. 슬레이드 양은 힌두교도의 이름이 아니라 인도인의 이름을 가지고 있다. 그리고 이것은 그녀의 부탁으로 그리고 편의로 그렇게 하였다. 다른 여러 사례도 있다. 리처드 그레그는 기독교를 포기했다는 의심을 받지 않는 사람이지만 우리에게 고빈드지로 알려져 있다. 현재 루트에 거주하고 있는 나이 든 영국인 수녀 아다 웨스트 양은 피닉스에서 우리에게 데비벤으로 알려졌다.

메모, 〈영 인디아〉, 1930. 2. 20 ; 《전집》 48 : 346[34]

328) 별보기(*Watching the Heavens*)[35]

진리를 사랑하는 자는 생애의 마지막까지 줄어들지 않는 기쁨을 느낀다. 그는 자신이 진리의 신에 대한 비전을 얻기 위해서 계속 분투하는 일에 너무 늙었다고 결코 생각하지 않는다. 진리로도 불리는 신을 보기 위해서 모든 행위를 하고 만물에서 진리를 보는 자는, 노년을 장애로 간주하지 않는다. 그런 탐색에 관한 한, 구도자는 자신을 불멸이라 하고 영원히 젊다고 간주한다.

---

34 〔역주〕 《전집》에 따르면, 영어 원전에는 '메모'의 일부는 싣지 않고 있다.

35 〔역주〕 heavens, stars, shining divinities, gandharvas는 모두 별을 가리키는 것으로, sky는 하늘로, 산스크리트어 akash는 空으로 각각 번역했다.

나는 지난 수년 동안 나름대로 마음의 아름다운 평화를 줄곧 느껴왔다. 나는 진리의 신에게 나를 더 가까이 데려다줄 것이라고 믿는 모든 것을 배우는 일에, 내 자신을 헌신하는 일에 있어서 노년을 장애로 느껴본 적이 절대로 없다. 이에 대한 사례들 중 최근의 것은 별(*heavens*)을 연구하고 싶은 나의 욕구이다. 나는 별(*stars*)에 대해서 무엇인가를 알고 싶은 욕구를 내 심정 깊은 곳에서 자주 느껴왔다. 하지만 나는 관심을 기울여야 할 수많은 행동 때문에 그 욕구를 충족시킬 수 없다고 생각해왔다. 그런 나의 신념은 아마 틀렸나 보다. 그러나 그 신념 속에 있는 오류를 나 스스로 보지 못하는 한, 그 신념은 필요한 노력을 기울이지 못하도록 나를 방해할 수밖에 없을 것이다. 1922년 우리가 교도소에 있는 동안 샹케를랄이 이 공부를 하도록 부추긴 것은 내 자신이었을 것으로 생각하는데, 아마 거의 틀림없을 것이다. 이 주제에 관한 서적들은 받았다. 샹케를랄은 스스로 만족시킬 만한 지식을 얻었다. 그런데 나는 시간이 없었던 것이다!

나는 1930~31년 교도소에서 카카사헤브와 함께 지낼 행운을 얻었다. 그는 이 주제에 아주 정통했다. 하지만 그 당시에는 나의 욕구가 그리 강하지 않았으므로 나는 그 기회를 이용하지 못했다. 1931년 교도소 수감의 마지막 달 나는 갑작스런 열광으로 휩싸였다. 나는 왜 외면의 눈으로 신의 현존이 즉각 드러나는 것을 관찰할 시간을 갖지 못했을까? 사람이 배후에 있는 감각신경까지 꿰뚫어보는 위대한 시각(視覺)도 없이, 동물과 같이 물리적인 눈으로만 본다는 일은 얼마나 병적인 일일까? 내가 어떻게 저 위대하며 거룩한 릴라(*lila* : 유희)를 볼 훌륭한 기회를 그냥 놓칠 수 있었을까? 나는 그 당시 일어났던 별들에 관한 지식의 갈증을 이제 해소하고 있다. 그리고 나는 그 분야에 어느 정도 진보를 이뤄내서 마음을 그득 채우는 생각을 아슈람 재소자들과 공유하지 않고서는 견딜 수가 없게 되었다.

우리는 바로 어린 시절부터 우리의 육신들이 오대(五大), 즉 지·수·화·풍·공(空, *akash*)[36]으로 이뤄져 있음을 배웠다. 우리는 그것들에 대해서 무엇인가를 좀 알아야 하는데 실제로 아는 바가 거의 없다. 먼저 아카샤에 대해서 알아보자.

아카샤는 공간(*space*)을 의미한다. 만일 우리 육신 속에 공간이 하나도 없다면, 우리는 한순간도 살아갈 수 없을 것이다. 우주도 마찬가지이다. 우리 지구는 무한한 공간에 둘러싸여 있다. 우리 머리 위에 사방으로 퍼져 있는 것으로 보이는 저 창공(*the blue*), 그것이 아카샤이다. 지구는 양극이 있다. 그것은 단단한 표면을 지니고, 그 축은 길이가 7천 9백 마일이다. 하지만 아카샤는 텅 빈 공간이다. 우리가 만일 이 공간이 축을 가진다고 상상한다면, 우리는 그것이 무한의 길이를 가지는 것으로 상상해야 할 것이다. 이 무한한 공간 안에, 지구는 겨우 모래알과 같고, 이 모래알 위의 우리 각자도 하나의 알갱이인데, 너무 작아서 얼마나 작은지 설명할 수 없다. 그래서 육신의 면에서 보면 인간이란 단순한 영(零, *cipher*)에 지나지 않는다고 말하는 것은 조금도 과장이 아니다. 개미의 크기와 우리의 크기를 비교했을 때보다 우리의 육신을 지구의 크기에 견주면, 1천 배나 더 하잘것없다. 그런데 우리는 왜 그것에 대해서 집착을 느껴야 하는가? 육신이 멸망하게 되면 우리가 왜 슬퍼해야 하는가?

인간의 육신은 그 자체로는 보잘것없지만 참으로 위대한 가치를 지닌다. 우리가 아트만을 실현하기만 한다면, 그 육신은 아트만의 처소가 되고 진실로 파람아트만(최고의 자아)의 처소이면서, 진리의 신이 거주하는 처소가 되기 때문이다.

---

36 〔역주〕 또는 akasha.

만일 이 생각이 우리의 심정 깊이 파고들게 되면, 우리는 육신을 조야(粗野)한 쾌락을 즐기는 도구로 만들기를 결코 원치 않을 것이다. 그리고 만일 우리가 별들로 우리의 상상력을 가득 채우고, 그것들의 광대무변함의 의미를 깨닫고, 우리의 철저한 무가치함을 이해한다면, 우리의 모든 자만은 사라질 것이다. 만일 하늘에 무수히 빛나는 신들(*divinities*)[37]이 존재하지 않는다면, 우리 역시 생겨나지 못했을 것이다. 천문학자들의 수많은 발견에도 불구하고 하늘에 대한 우리의 지식은 실제로 무에 가깝다. 그나마 우리가 알고 있는 작지만, 추호도 의심 없는 지식은, 만일 태양신(*the sun-god*)이 중단 없는 타파스차르야(고행)를 중지하고 단 하루라도 휴식한다면, 우리는 멸망하고 말 것이라는 점이다. 마찬가지로 만일 달님이 자신의 서늘한 달빛을 내려보내기를 그만둔다면, 우리는 같은 운명을 맞이할 것이다. 그리고 우리가 밤하늘에서 보는 무수한 별들은 이 세계를 지탱하는 데 일정한 역할을 맡고 있다는 점 역시 추론할 수 있을 것이다. 그래서 우리는 이 세계에 살아 있는 모든 피조물과 존재하는 만물과 아주 긴밀하게 연결되어 있다. 만물이 그 존재를 위해서 다른 모든 것에 의존하기 때문이다. 그래서 우리는 하늘에서 소리 없이 흐르는 빛나는 신들, 우리에게 은혜를 베푸는 자들에 대해서 알고자 노력해야 한다.

우리가 그래야 할 이유가 하나 더 있다. '언덕은 멀리서 보아야 더 아름답다'라는 격언이 있다. 이 격언에는 상당한 진리가 있다. 멀리 있으면서 우리를 살려 두는 태양에 우리가 접근하게 되면, 그것은 즉시 우리를 태워 재로 만들어 버릴 것이다. 이것은 다른 천체들에 대해서도 마찬가지이다. 우리는 지상에서 우리를 둘러싸고 있는 것

---

37 〔역주〕 별들.

들의 유익한 성질과 해로운 성질을 알고 있으므로, 때로는 그것들에 대해서 반감을 느낄 수도 있고, 그것들 중 어떤 것과 접촉하면 오염되었다고 느끼기도 하리라. 하지만 하늘의 신들에 대해서는 우리는 유익한 것만을 알 뿐이다. 그래서 우리는 그것들을 바라보는 일에 결코 지치지 않을 것이고, 그것들에 대한 지식이 우리를 해칠 수는 없다. 더구나 우리가 신들에 대해서 명상하게 되면, 우리가 바라는 만큼 고상한 관념으로 우리의 상상력을 고무시킬 수 있다.

우리가 우리 자신과 하늘 사이에 두는 일체의 장애물은 신체적 · 정신적 · 영적으로 우리에게 해를 입힐 수 있다는 점에 대해서는 아무 의심이 없다. 우리가 만일 자연 상태에서 살아간다면, 하루 24시간 내내 하늘 아래에서 살아갈 것이다. 만일 그럴 수가 없다면, 우리는 가능한 한 많은 시간을 외부에서 보내야 할 것이다. 우리는 별을 오직 밤에만 볼 수 있고, 그것도 반드시 드러누워야만 가장 잘 볼 수 있다. 따라서 별보기에서 최대의 이익을 얻으려고 하는 자는 누구라도 바로 하늘 아래 실외에서 잠자야 할 것이다. 사람이 잠자는 장소 인근에 고층 건물이나 키 큰 나무가 있다면, 그것들이 시야를 방해할 것이다.

아동들과 성인들 모두 드라마와 그것이 보여주는 웅장한 장면을 사랑한다. 하지만 인간들이 만들고 상연하는 어떤 드라마도 자연(*Nature*)이 우리를 위해서 하늘 무대에서 펼쳐 놓은 장관을 결코 능가하지 못할 것이다. 더구나 극장에서 우리는 우리 눈을 손상할 수 있고, 불결한 공기를 호흡할 수 있고, 우리의 도덕감이 약화될 큰 위험에 봉착할 수 있다. 반면, 자연이 펼쳐 놓은 이 드라마는 오직 우리에게 선을 행할 뿐이다. 별보기는 우리의 눈을 위로한다. 별을 보기 위해서 우리는 실외에 머물러야 한다. 그것은 우리의 허파에 신선한 공기를 공급한다.

별을 봄으로써 도덕적 인격에 어떤 위해가 가해졌다는 사례에 대해서 우리는 여태 들어 본 적이 없다. 이와 같은 신의 기적에 대해서 오래 명상하면 할수록, 우리는 영적으로 더 성장하게 될 것이다. 불순한 생각으로 괴로워하는 자, 자면서 꿈꾸는 자는, 누구든 실외에서 잠자려고 노력해야 하고, 별보기에 몰두하도록 노력해야 할 것이다. 그는 곧 꿈 없는 잠에 들게 될 것이다. 우리가 별들에서 일어나고 있는 이 위대한 장관에 철저히 몰두하게 되면, 빛나는 별들이 엄숙한 침묵 속에서 신을 찬양하는 노랫소리를 들을 수 있을 것이다. 볼 수 있는 눈을 가진 자로 하여금 이 영원의 춤이 부단히 변화하는 모습을 보게 하자. 들을 귀가 있는 자로 하여금 이 무수한 간다르바(천상의 존재) 들[38]의 침묵의 음악에 귀를 기울이게 하자.

이제 이 특정한 별들에 대해서 좀 배우자. 아니면 내가 귀동냥한 아주 적은 지식이라도 그것을 모든 동료들과 공유하고 싶다고 말하는 편이 나을 것이다. 물론, 별보기 전에 지구에 대해서 무엇인가를 배우는 것이 더 좋은 방법일 것이다. 카카사헤브와 함께 있어서 덕을 보았던 아슈람의 소년·소녀들은 내가 지금 묘사하려고 하는 것을 이미 알고 있을 가능성이 대단히 높다. 그것이 사실이라면 나는 행복할 것이다. 나는 이 글을 아슈람의 재소자들, 즉 아이, 성인, 구참자, 신참자 모두를 위해서 쓰고 있다. 이 주제에 흥미를 느끼는 자는 그 공부가 대단히 쉽다는 점을 알게 될 것이다.

하늘의 연구를 위한 적절한 시간은 기도 직후이다. 한 차례 20분 이상 사용할 필요가 없을 것이다. 이 공부의 진정한 의미를 이해하는 자들은 그것을 기도의 일부로 여길 것이다. 실외에서 잠자는 아슈람 재소자들은 홀로 있을 때 바라는 만큼 많은 시간을 별을 보는

38 〔역주〕 별들.

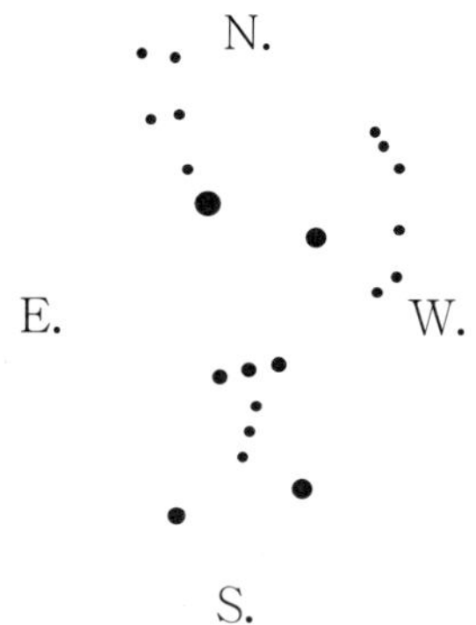

일에 보내도 괜찮다. 그들은 그 광경에 빠지게 되면 금방 잠이 들게 될 것이다. 그들이 만일 한밤중에 깨어나면, 하늘 쳐다보는 데 시간을 좀 보낼 것이다. 하늘은 항상 움직이고 있는 것이니 그 광경은 순간순간 바뀔 것이다.

우리가 만일 저녁 8시에 서쪽 하늘을 바라본다면, 우리는 큰 별자리를 목격하게 될 것이다.

그 별자리는 서쪽 하늘에 있게 될 것이다. 내가 내 머리를 동쪽으로 두고 눕게 되면, 그것은 내 정반대 편에 오게 된다.

이 위치에서 그 별자리[39]를 보는 자라면 나중에도 영영 잊지 못할 것이다. 이 별자리는 달이 밝은 때 나타나므로, 이 별자리와 다른 별자리들은 꽤 흐릿하게 빛날 것이다. 하지만 그때라도 이 특정 별자리는 너무 밝아서 나 같은 초보자도 그것을 쉽게 확인할 수 있다. 나는 다음번에는 이 성운들에 대해서 우리나라와 서양에서 예전에 주장되

39 〔역주〕 이 별자리가 오리온좌로 판단된다고 가르쳐 준 경희대 우주과학과 김갑성 교수에게 감사드린다. 북극성은 훨씬 더 위쪽에 있어서 이 그림에서는 보이지 않는다.

고 있었던 신념들을 언급할 것이다. 이번에 나는 이 별자리의 위치에 대해서 《베다》가 묘사한 것을 보고 틸락 마하라자가 《베다》의 연대를 확정할 수 있었다는 점만을 여러분에게 말하고자 한다. 본 아슈람 도서실에는 고 슈리 디크시트(Shri Dikshit)가 쓴 논문의 사본이 있는데, 그것은 이 주제에 대해서 충분한 정보를 담고 있다. 내가 할 일은 이 방향으로 관심을 불러일으키는 일 정도이다. 그렇게 되면 나 자신은 아슈람 재소자로부터 그 주제에 대해서 더 많은 것을 배울 것이다. 나에게 이 별자리들은 신과의 친교 수단이 되었다. 아슈람의 다른 재소자들에게도 마찬가지이기를 바란다.

당신이 원하는 대로 사시오.
하지만 하리(*Hari*)를 어느 정도는, 어떤 방식으로든 실현하시오.

별보기(G.), CW 8218 ; 《전집》 55 : 266

329) 오 염(Pollution) *1932. 8. 14*

카스트 차별은 본 아슈람에서는 존중되지 않습니다. 그것이 다르마의 일부가 아니기 때문입니다. 그것은 힌두 다르마와는 전혀 무관합니다. 어떤 사람을 다른 사람에 비해서 보다 높은 사람 또는 낮은 사람으로 간주하는 일은 죄입니다. 우리 모두는 평등합니다. 우리는 죄에 의해서 오염되는 것이지 절대로 사람에 의해서 오염되지 않습니다. 봉사하기를 원하는 자는 누군가를 보다 높은 사람으로 또는 낮은 사람으로 간주하지 않습니다. 그런 차별에 대한 신념은 힌두교의 오점입니다. 그것을 제거해야 합니다.

편지(G.), 《마하데브바이의 일기》 권 1, 362면 ; 《전집》 56 : 354

330) 피닉스 실험 *1936. 9. 24*

피닉스 실험은 나에게 필생의 작업이었습니다. 그리고 당신이 만일 인도에 온다면, 당신은 내가 피닉스에 있을 때보다 더욱 단순한 상황에 있음을 알게 될 것입니다. 그 이상(理想)은 지속되어 왔을 뿐만 아니라, 오늘날에는 더 풍부한 의미를 띠게 되었기 때문입니다.

웨스트(A. H. West)에게 보낸 편지(H.),
《마하데브 데사이의 일기》(필사본) ; 《전집》 69 : 513

331) 세바그람 *1945. 1. 19*

문제는 우리가 우리 자신들의 삶에 대해서 반성해야 한다는 것이라네. 만일 우리가 일을 더 적게 하기를 원한다면 일을 적게 해도 된다네. 하지만 우리가 해야 할 바는 가능한 한 완벽해져야 하네. 바로 그 때문에 바잔(찬송가)에서 노래하듯이, 우리가 우리 삶을 빛을 수 있고 세바그람을 이상적인 촌락으로 만들 수 있으려면, 우리가 모든 일을 했어야 한다고 나는 말해왔던 것이라네.

바푸가

아슈람 메모(H.), 《바푸키 츠하야멘》
(*Bapuki Chhayamen*), 388면 ; 《전집》 85 : 492

332) 이상, 기대, 정직한 노력 세바그람, *1946. 8. 24*

아슈람이 코츠랍에서 처음 시작되었을 때, 우리는 우리 앞에 분명한 이상을 제시했습니다. 동일한 이상이 오늘 우리 앞에 놓여 있습니다. 오늘 우리나라를 휩쓸고 있는 저 돌발사태에 직면하여 우리의 의무를 이상의 말로 나타내면 무엇이 될까요? 우리 민중이 우리에게 거는 모든 기대를 들어줄 만한 힘이 우리에게 없음을 겸손하게 고백합시다. 우리는 그 힘을 얻기 위해서 진지하게 노력하고 있습니다. 우리가 대변하고 있었던 원리들을 충분히 실현했다면, 우리는 불꽃 속으로 뛰어들어가 가장 순수한 희생을 바쳐야 했을 것이고, 그 희생은 그 불꽃을 끌 수 있었을 것으로 생각합니다.

그런 다음 간디는 '순수한 희생'에 대한 자신의 정의(定義)를 내리려고 했다. 그것은 나방이 불꽃 속에서 타 버리는 것과 같은 무모한 짓은 아니었다. 희생이 효력을 발휘하려면, 지고의 내·외면적 순결이 받쳐 줘야 한다. 그런 희생으로 우리가 얻지 못할 것은 없다. 그와 같은 필수적인 순결이 없다면 희생은 절망적인 자기절멸보다 나은 것이 없으며, 아무 도움이 안 된다. 나아가서 희생은 자발적이어야 하고, 신앙과 희망 안에서 희생이 바쳐져야 하고, 심정 속에 증오나 악의의 흔적이 없어야 한다.

우리가 비록 그 이상에 도달하지는 못했지만 정직한 노력이 부족했던 적은 없었습니다. 우리는 교도소 가기의 기술을 다른 사람과 더불어 배웠습니다. 하지만 교도소 가기는 사탸그라하의 시작일 뿐 끝은 아닙니다. 우리에게 사탸그라하의 정점은 인도의 정당한 명분(*just cause*)을 지키기 위해서 우리의 목숨을 내놓는 데 있을 것입니다. 그렇다면 우리의 희생이 제단에 합당한 것이 되도록, 필수적인 순결과 가장 참된 무외를 우리에게 달라고 신에게 기도합시다. 그 후라야 우리는 아슈람의 이름에 합당하게 될 것입니다.

기도모임에서의 연설, 〈하리잔〉, 1946. 9. 8 ; 《전집》 92 : 91

333) 귀의의 찬송가

나는 슬픈 심정으로 《아슈람 바자나발리》[40]의 신판 서문을 쓰고 있다. 그 편찬자는 고 슈리 카레 샤스트리[41]였다.

나는 스스로 이 일을 감당할 만하다고 느끼지 않는다. 하지만 이 찬송가집의 기본 목표가 올바른 행위를 한결같이 유지하는 일이었다는 점까지는 말할 수 있다. 이 찬송가집은 수년 동안 위대한 헌신의 태도로 찬송가들을 불러왔던 일련의 사람들을 하나로 묶어 왔다는 점도 기억해야 할 것이다. 그리고 세 번째로 이 찬송가집은 어떤 특정 분파나 특정 종교에 제한되어 있지 않다. 모든 장소에서 구할 수 있는 보석들이 모여졌다. 그래서 수많은 힌두, 무슬림, 기독교도, 그리고 여타 다른 종교인들은 기쁜 마음으로 그것을 낭송하고, 그들이 할 수 있는 만큼 도덕적 자양분을 얻고 있다.

슈리 키쇼렐랄 마슈루왈라는 산스크리트어 운문을 번역하는 일에 크게 수고했다.

M. K. 간디

Prasadpur, 1947. 2. 8

《아슈람 바자나발리》(*Ashram Bhajanavali*)의 서문(H.) ; 《전집》 93 : 536

334) 아슈람 훈련

파트나, 간디 캠프, *1947. 4. 26*

사람이 모든 것을 포기할 수는 있어도 기도는 포기할 수 없다네. 기도는 우리 마음을 깨끗이 청소하는 빗자루라네. 만일 기도하기를 멈춘다면, 온갖 쓰레기와 거미줄이 우리 마음에 쌓일 것이고, 우리

---

40 〔역주〕 아슈람용 찬송가집.

41 나라얀 모레슈와르 카레(Narayan Moreshwar Khare), 1938년 2월 6일 서거했다.

의 내적 존재는 불결하게 될 것이네. 나는 대학에 있는 모든 사람들이 아침 일찍 기상하여 기도를 위한 분위기를 만들기를 기대하네. 아슈람의 남녀노소 모든 구성원들은 어디에 있든 아슈람에 그런 분위기를 만들어야 한다는 것이 내 자신의 소망이었고, 그것은 내가 어디에 있든 죽을 때까지 나의 소망으로 남아 있을 것이네. 사람이 아슈람에 머물고 난 다음에는 다른 것은 아니더라도 적어도 물레질, 간소한 음식, 검소, 카디와 기도는 각자의 인생에서 항구적인 모습이 되어야 할 것이네. 하지만 자네들은 이런 점에서 무엇을 할 수 있을까? 인간의 모든 욕망은 충족될 길이 없을 것이네. 잘못은 오직 내 것이고, 이것은 나의 불완전함이 반영된 것이 아닌가 싶네.

시타와 수미트라 간디와의 대담(G.),[42]
《비하르니 코미 아그만》, 257~258면 ; 《전집》 94 : 386

2. 아슈람 규율

335) 아슈람 행동 규율[43] 〔*1932. 7. 11*〕

여기에서 아슈람은 종교인들의 공동체를 의미한다. 현재의 입장에서 과거를 회고해 보면, 나는 아슈람이 나의 인생에서 필수 사항이었다고 느낀다. 내가 집을 소유하게 되자마자, 내 집은 이런 의미에서 아슈람이었다. 가장으로서 나의 삶은 쾌락(*enjoyment*)의 삶이 아니라 하루도 빠짐없이 수행해야 하는 의무의 삶이었기 때문이다. 다시 말해서, 나는 가족 구성원들 이외에 항상 여러 부류의 친구들과 함께 살아왔는데, 그들과 나의 관계는 처음에도 영적인 것이었고 나중에도 그

42 〔원주〕 이 두 사람은 늦게 일어나 아침기도에 참석할 수 없었다. 〔역주〕 수미트라 간디는 셋째 아들 람다스의 장녀, 즉 간디의 손녀다.

러했다. 이것은 내가 1904년 러스킨의 《나중에 온 이 사람에게도》를 읽을 때까지 무의식중에 지속되었다. 이 책은 나에게 깊은 인상을 주었다. 나는 〈인디언 오피니언〉지를 일꾼들과 함께 가족처럼 살아야 하는 숲으로 만들기로 결심했다. 나는 1백 에이커의 땅을 구입하고 피닉스 공동체를 설립했다. 그런데 우리를 포함해 누구도 이것을 아슈람이라고 부르지는 않았다. 그것은 종교적 토대를 가진 것이었지만, 가시적인 목적은 경제적 평등만이 아니라 몸과 마음의 순결이었다. 그 당시 나는 브라마차르야(梵行: 순결)를 핵심적인 것으로 간주하지 않았다. 대신, 동료 일꾼들이 가족처럼 살고 아이를 가질 수 있을 것으로 기대했다. 피닉스에 대한 간략한 설명은 《남아프리카에서의 사탸그라하》에서 얻을 수 있을 것이다. 이것이 첫걸음이었다.

두 번째 걸음은 1906년에 내디뎠다. 나는 경험이라는 학교에서 브라마차르야가 봉사에 헌신하는 삶에 필요불가결의 조건임을 알았다. 그때 이후 나는 피닉스를 의도적으로 종교 기관으로 간주했다. 같은 해 종교에 기초를 두고, 진리의 신에 대한 부동의 신앙을 전제로 한 사탸그라하가 출현했다. 여기에서 말하는 종교는 협의로 이해되어서

---

43 간디는 이 역사를 1932년 4월 5일 예라브다 중앙교도소에서 구자라트어로 집필하기 시작하였다. 그는 간헐적으로 작업을 해왔는데 마지막 분량은 1932년 7월 11일 집필했다. 추후의 간디 편지에 따르면 이 글은 이날 이후에도 지속되고 있었다. 간디는 석방되자 원고를 카카사헤브 카렐카르에게 보여주며 다음과 같이 말했다. "나는 이 작업을 완수할 수가 없었네. 크게 수정해야 할 것이네. 도대체 끝마칠 수 있을지 모르겠네. 현재의 모습으로는 출판하기에 적합하지 않네. 내가 그것을 수정한 다음에라야 건네줄 것이네." 카카사헤브는 기왕에 집필된 것이면 무엇이든 그 부본을 받을 것이라고 하면서 원고를 간디의 손에서 받았다. 나바지반 출판사는 원본을 찾을 수가 없어서 카카사헤브가 갖고 있던 부본에서 1948년 5월 구자라트어로 《사탸그라하 아슈람의 역사》(*Satyagrahashramno Itihas*)를 출판했다. 그것은 발지 G. 데사이에 의해서 영역되었고, 1955년 《아슈람 행동 규율》(*Ashram Observances in Action*)의 제목으로 나바지반 출판사가 출판했다.

는 안 되고, 여러 종교 간의 연결 고리로서 작동하는 종교, 그것들의 본질적인 일치를 실현하는 종교로 이해되어야 한다.

이것은 1911년까지 지속되었다. 그 오랜 세월 동안 피닉스 공동체는 아슈람이라는 이름으로 부르지는 않았지만 아슈람으로서 진전되고 있었다.

1911년 우리는 세 번째 걸음을 내디뎠다. 그때까지는 인쇄와 신문을 위해서 일하고 있는 사람들만 피닉스에 살고 있었다. 하지만 우리는 사탸그라히(진리파지자) 가족들이 살 수 있고 종교적 삶을 영위할 수 있는 아슈람, 사탸그라하 운동의 일부로서의 아슈람에 대한 필요성을 느꼈다. 나는 그때 이미 내 독일 친구 칼렌바흐(Kallenbach)와 접촉하고 있었다. 우리 두 사람은 일종의 아슈람의 삶을 살고 있었다. 나는 변호사였고 칼렌바흐는 건축가였다. 하지만 우리는 인구가 드문 농촌에서 꽤 간소한 삶을 영위하고 있었으며, 종교적 심성을 갖고 있었다. 우리는 무지에서 과오를 범할 수는 있었지만, 모든 행위의 뿌리를 종교에서 찾으려고 노력했다. 칼렌바흐는 1,100에이커의 농장을 구입했고 사탸그라히 가족들이 그곳에 정착했다. 당시 우리는 한 걸음 뗄 때마다 종교적인 문제에 봉착했고, 기관 전체가 종교적 관점에서 운영되었다. 거주자들 중에는 힌두교도·이슬람교도·기독교도·파시교도가 있었다. 그들은 각기 자신의 신앙을 확고히 지켰다. 그런데도 서로 다투었다는 기억은 나에게 전혀 없다. 우리는 상대방의 종교를 존중하고, 그들 각자의 신앙에 따라서 영적인 진보를 이룰 수 있도록 도와주었다.

본 기관은 사탸그라하 아슈람이 아니라 톨스토이 농장으로 알려졌다. 칼렌바흐와 나는 톨스토이의 추종자로서 그의 교리의 많은 부분을 실천하기 위해서 노력했다. 톨스토이 농장은 1912년 폐쇄되었고,

농부들은 피닉스로 보내졌다. 톨스토이 농장의 역사는 독자 여러분이 《남아프리카에서의 사탸그라하》에서도 읽을 수 있을 것이다.

이제 피닉스는 더 이상 〈인디언 오피니언〉지의 일꾼들만의 것이 아니라 사탸그라하의 기관이었다. 그것은 능히 예상할 수 있는 일이었다. 〈인디언 오피니언〉지가 그 존재 자체를 사탸그라하에 기대고 있었기 때문이었다. 하지만 그것은 커다란 변화였다. 피닉스 거주자들의 평탄한 인생행로에 동요가 생겼다. 그들은 이제 사탸그라히들처럼 불확실성 가운데 확실성을 간파해야 했다. 그러나 그들은 그들에게 부과되었던 새로운 요구 사항에 있어서 평등했다. 톨스토이 농장에서와 마찬가지로 나는 피닉스에서도 공동 취사장을 만들었고, 일부는 그것을 이용하고 다른 일부는 그들 자신의 부엌을 두었다. 저녁 시간의 집단기도는 우리 삶에서 큰 역할을 담당했다. 그리고 최후의 사탸그라하 캠페인이 1913년 피닉스 공동체 거주자들에 의해서 개시되었다. 그 투쟁은 1914년 종결되었다. 나는 그해 7월 남아프리카를 떠났다. 인도로 가기를 원하는 모든 거주자들은 그럴 수 있어야 한다는 결정을 내렸다. 인도로 떠나기 전 나는 영국에서 고칼레를 만나야 했다. 피닉스에서 인도로 가는 사람들을 위해서, 인도에 새로운 기관을 설립한다는 것이 우리의 생각이었다. 그리고 남아프리카에서 시작된 공동체 생활은 인도에서도 계속되어야 했다. 나는 아슈람을 설립할 작정으로 이른 1915년에 귀국했다. 그것을 아슈람이라는 이름으로 불러야 할지에 대해서 여전히 모른 채로 말이다.

나는 1년 동안 인도 전체를 여행하며 여러 기관[44]을 방문했는데 거기에서 많은 것을 배웠다. 여러 도시가 인근에 아슈람을 설립해 달라고 나를 초청하고, 갖가지 방식으로 도움을 주겠다고 약속까지 했

---

44 인도하인협회, 샨티니케탄 및 구루쿨 캉그리를 방문했다.

다. 마침내 아메다바드가 선택되었다. 이것은 네 번째 걸음으로, 나는 최후의 걸음일 것으로 생각했다. 그것이 정말로 최후의 걸음일지는 어떤 예상도 할 수 없는 일이다.[45] 새로운 기관을 어떻게 불러야 하는가? 무엇이 그 규칙과 규제가 되어야 하는가? 나는 이런 점들에 대해서 친구와 깊은 토론도 하고 편지도 주고받았는데, 그 결과로 우리는 그 기관을 사탸그라하 아슈람으로 명명하기로 결정했다. 그 목적을 고려한다면 그것은 적합한 이름이다. 나의 인생은 진리추구에 헌신하고 있다. 나는 진리를 실행하면서 살아갈 것이고 필요하다면 그러면서 죽을 수도 있다. 그리고 당연한 일이지만 나는 가능한 한 많은 수의 도반을 얻어서 동행하고 싶다.

아슈람은 1915년 5월 25일 코츠랍의 세낸 집에서 설립되었다. 아메다바드의 몇몇 시민이 재정을 돌보기 시작하였다. 처음에는 대략 20명 정도의 재소자가 있었는데 대부분은 남아프리카 출신들이었다. 그들 중 태반은 타밀어나 텔루구어를 말했다. 그 당시 아슈람의 주요 사업은 젊은이들만이 아니라 노인들에게도 산스크리트어·힌디어·타밀어를 가르치는 일이었다. 젊은이들은 일종의 보통교육도 받았다. 수직이 주요 산업이었는데 여기에 목수일이 추가되었다. 하인을 고용한 적은 없었다. 그래서 조리·위생·물긷기 등 모든 일은 아슈람 재소자들이 돌보았다. 진리와 여타 규율들은 모든 사람들에게 의무로 부과되었다. 카스트 차별은 무시되었다. 불가촉천민제도가 아슈람에 들어올 여지가 없었을 뿐만 아니라, 그것을 인도 사회에서 폐지하는 것이 주요 목표 중의 하나가 되었다. 관습적인 굴레

45 간디는 1933년 사탸그라하 아슈람을 해산했다. 그가 1936년 4월 세가온으로 옮겨갔을 때, 거기에 아슈람을 건립할 의도가 조금도 없었지만, 그것은 서서히 세바그람 아슈람으로 진척되었다.

로부터 여성이 해방되어야 한다는 것은 처음부터 강조되었다. 그래서 아슈람의 여성은 완전한 자유(*full freedom*)를 누린다. 다시 말하지만 특정 신앙을 가진 자들은 자신들과 같은 신앙을 가진 사람들에 대해서 느끼는 것과 같은 느낌을, 다른 신앙의 추종자들에 대해서도 품어야 한다는 것이 아슈람의 규칙이었다.

그러나 나 혼자 책임져야 하는 일이 한 가지 있는데, 그것에 대해서 나는 서양의 도움을 받고 있었다. 그것은 식이요법에 대한 나의 실험을 가리킨다. 이 실험은 1888년 내가 유학차 영국에 갔을 때 시작되었다. 나는 가족들과 다른 동료들을 그 실험에 참여하도록 항상 초청한다. 그 실험은 다음 세 가지 목적을 이루기 위해서 시도되었다. ① 일반적인 자기통제의 일부로서 미각의 통제를 얻는 일, ② 어떤 식이요법이 가장 단순하고 저렴한 식사인가를 알아내고 그것을 채용하여 우리가 가난한 자와 일치하는 일, ③ 건강 유지가 올바른 식이요법에 주로 의지하고 있음을 감안하여, 어떤 식사가 완전한 건강에 필수적인 것인가를 발견하는 일이었다.

내가 만일 영국에서 채식주의자가 되겠다는 서약을 하지 않았다면, 나는 아마 식이요법의 실험을 절대로 착수하지 않았을 것이다. 하지만 내가 일단 실험을 시작하자, 위의 세 가지 목표는 보다 깊은 차원에까지 나를 안내했고, 나는 갖가지 종류의 실험을 하게 되었다. 그리고 이 실험들은 아슈람 훈련의 일부가 아니었지만 아슈람 역시 이에 동참했다.

이 아슈람은 종교적·경제적·정치적 관점에서 우리 국민들의 삶 속에 결점들이 있음을 안다. 그것들을 시정하기 위해서 아슈람이 시작되었다는 점을 독자는 이제 알았을 것이다. 우리는 새로운 경험을 쌓아가며 신선한 활동에 착수했다. 나는 그 아슈람이 내가 생각해낼 수 있는 모든 활동들을 시도했다고는 지금도 말할 수 없다. 두 개의 제한 사항이 있었다. 첫째, 우리는 수입에 걸맞은 생활을 영위할 수밖에 없었음이 당연했다. 즉, 우리는 돈을 모으는 데 별다른 노력을 기울이지 않고 우리 친구들이 우리 손에 쥐어 준 기금으로 영위해야 했다. 둘째, 우리는 활동의 새로운 영역을 더 이상 확장하려고 해서는 안 되지만, 자연스럽게 우리 마음에 드는 활동들이 있다면 우리는 경비를 따지지 않고 그것을 도모해야 한다.

이 두 가지 제한 사항은 일종의 종교적 태도에서 우러나는 것이다. 이것은 신에 대한 신앙을, 즉 신이 주시는 영감에 의존하여 그 영감 아래에서 만사를 행할 것임을 의미한다. 종교를 믿는 사람은 신이 그에게 맡겨 주신 자산으로 신이 원하시는 활동을 벌이는 것이다. 그분은 스스로(*He Himself*) 어떤 일을 하신다는 점을 우리에게 보여주지 않으시고, 그분의 영감을 받은 자들을 통해서 자신의 목적을 이루신다. 예상치도 못했던 곳에서, 요청하지도 않았던 친구들에게서 도움이 오면, 나는 내 신앙으로 그것이 신이 보내주신 것임을 믿는다. 이와 비슷하게 청하지도 않았는데 어떤 활동이 우리에게 오게 되고, 그 활동을 행하지 않는 것이 순전한 비겁, 나태 또는 그와 유사한 것으로 여겨지면, 나는 그것을 신의 선물이라고 생각했다.

같은 원리가 물질적 자원과 활동에 대해서뿐만 아니라 동료 일꾼들에게도 적용된다. 우리는 기금도 있고 그것의 사용처도 알 수 있다. 하지만 동료가 없다면 아무것도 할 수 없다. 동료 역시 구하지도 않는데 와야 한다. 아슈람이 신의 것이라는 사실, 그것을 우리는 단순히 상상했던 것이 아니라 살아 있는 신앙으로 믿었다. 신이 아슈람을 일체의 활동에 대한 당신의 도구로 만들기를 원하셨다면, 필요한 사람과 군수품을 아슈람의 처분에 맡겨 두는 것은 바로 신 그분이셨다. 피닉스, 톨스토이 농장, 사바르마티 아슈람은 모두 의식적으로든 무의식적으로든 다소간 이 원리들에 따라서 운영되었다. 아슈람 규칙들은 처음에는 다소 느슨하게 지켜졌지만, 준수는 나날이 강화되었다.

아슈람 인구는 수개월 안에 두 배로 늘어났다. 다시 말하자면 코츠랍 방갈로가 아슈람을 위해서 더 이상 적절한 장소가 되지 못했다. 그것은 유복한 하나의 가정에는 적합할는지 몰라도, 갖가지 활동을 하고 범행(梵行)과 다른 서약들을 지키며 살아가는 60인의 남녀노소를 위해서는 걸맞지 않았다. 그런데 우리는 이용할 수 있는 건물로 견뎌나갈 수밖에 없었다. 하지만 곧 여러 가지 이유로 그 안에 살아가는 일이 불가능하게 되었다. 신이 우리를 쫓아내기를 원하시듯이, 우리는 새로운 장소를 찾아서 갑자기 그 집 바깥으로 나가게 되었고 그 방갈로를 비울 수밖에 없었다. 궁금한 자는 그 일에 대한 설명을 자서전에서 찾을 수 있을 것이다. 코츠랍의 아슈람에는 하나의 결점이 있었는데, 우리가 사바르마티로 옮겨간 이후 그것을 고쳤다. 과수원·농장·가축이 없는 아슈람은 하나의 완전한 단위가 될 수 없을 것이다. 사바르마티에 경작이 가능한 토지가 있었고, 그래서 우리는 당장 농사를 시작할 수 있었다.

이것이 본 아슈람의 전사(前史) 겸 역사이다. 이제 나는 기억나는 대로 그 규율과 활동을 다루려고 한다. 내 일기는 여기에 없다. 그것이 있다고 해도, 그것은 아슈람 재소자들의 개인 역사에 대해서는 주목하고 있지 않다. 그래서 나는 기억에만 의존하다. 이런 일이 나에게 새로운 것은 아니다. 그런 식으로 《남아프리카에서의 사탸그라하》와 《자서전》이 쓰여졌다. 독자들은 이 글을 읽을 때에 제발 이와 같은 한계를 염두에 두길 바란다.

(1) 진리

누구든 아슈람에서 거짓말하는 것이 발각되면, 그 상황을 심각한 질병의 증상으로 간주하고 그것을 다루기 위해서 효과적인 방안이 강구되었다. 아슈람은 행악자에 대해서 처벌해야 한다고 믿지 않는다. 그래서 그들에게 아슈람을 떠나라고 요구하는 것도 망설이지 않을 수 없다. 그래서 세 가지 예방적 행위를 마련했다.

첫 번째로 주목한 일은 책임을 맡고 있는 주요 일꾼들의 순결인데, 그 배후에 있었던 생각은 만일 그들이 과오에서 자유롭다면 그들 주위의 공기는 그들의 순진무구에 의해서 반드시 영향을 받게 되어 있다는 것이었다. 어둠이 햇빛 앞에 설 수 없듯이 허위는 진리 앞에 설 수 없다.

둘째, 우리는 고백의 길도 이용했다. 만일 누군가가 허위를 말하고 있음이 발견되면, 그 사실이 회중 전체에게 알려졌다. 만일 이런 방법을 신중히 사용한다면, 이는 상당히 유용한 방법이 된다. 그러나 우리는 두 가지 사항에 대해서 조심해야 한다. 공개적 고백의 경우 아주 작은 강요라도 그것이 그 고백을 더럽혀서는 안 된다. 고백은 고백하는 자로 하여금 수치심 전부를 잃게 해서는 안 된다. 만일 그가 단순한 고백이 자신의 죄를 씻어 준다고 믿는다면, 그는 더 이상 그 죄를 전혀 부끄러워하지 않을 것이다. 아주 작은 허위라도 위험하다는 사실에 대해서 항상 의식해야 할 것이다.

셋째, 잘못을 범하는 자뿐만이 아니라 아슈람을 책임지고 있는 일꾼도 참회의 단식을 해야 할 것이다. 물론 단식해야 할지의 여부를 결정하는 것은 잘못을 범하는 그 사람 자신의 일이다. 그러나 책임자는 자신의 조직 내에서 일어나는 의도적 비의도적 잘못에 대해서 분명히 책임이 있다. 허위는 어떤 독가스보다 더 유독하고 교활하다. 하지만 조직의 수장이 활짝 깨어 있고 영적인 인생관을 갖고 있는 곳에는 허위가 감히 침범하지 못한다. 그런데도 허위가 입구 정도를 오염시켰음이 알려지면, 이 사실은 주요 일꾼에게는 하나의 경고가 되고, 그는 반드시 이 오염에 대해서 응분의 책임을 져야 한다. 나는 개인적으로 영적 행위에는 자연과학에서의 화합이나 과정과 마찬가지로 분명히 규정된 결과가 따른다는 점을 믿는다. 후자의 경우와 달리 전자의 경우에는 계측 수단이 없다는 이유 하나로, 우리는 영적 영향력을 믿을 준비가 되어 있지 않거나 절반밖에 믿지 않는다. 다시 말하지만 우리는 우리 자신들에게 관대한 경향이 있는데, 그 결과로 우리의 실험은 성공하지 못하고 연자방아의 소처럼 뱅뱅 돌기만 할 뿐이다. 그리하여 허위가 수명을 길게 연장하게 되고, 우리는 마침내 허위가 불가피하다는 우울한 결론에 도달하게 된다. 그리고 불가피한 것은 쉽사리 필요한 것이 되고 만다. 그래서 진리가 아니라 허위가 자신의 권위를 높여가게 된다.

그러므로 아슈람에서 허위가 발견되었을 때, 나는 그것에 대해서 내 자신이 유죄라고 서슴없이 시인했다. 다시 말하자면 나는 내가 규정했던 진리를 아직 얻지 못했다. 그것은 아마 무지의 소치일 수 있지만, 내가 진리를 충분히 이해하지도 못했고, 따라서 그것을 생각해내지도 선언하지도 못했으며, 그것을 실천하지 못했음은 더더욱 분명하다. 하지만 이 모든 점을 인정한다고 해서, 내가 아슈람을 떠나서 어떤 히말라야 동굴에라도 은거하여 스스로 침묵을 지키고 있어야 했을까? 그것은 순전한 비겁(*sheer cowardice*)이었을 것이다. 진리추구는 동굴 안에서 실행될 수 없다. 꼭 말을 해야 할 때 침묵은 전혀 의미가 없다. 특정 상황 아래서는 동굴 안에 살아갈 수도 있다. 하지만 보통 사람은 사회 안에서만 검증받을 수 있다.

그렇다면 허위를 제거하기 위해서 강구할 만한 치유책으로는 어떤 것이 있을까? 나에게 저절로 떠오르는 유일한 대답은 단식과 같은 육신의 참회이다. 육신의 참회는 삼중의 영향력이 있는데, 첫째는 참회자에게, 둘째는 잘못을 범한 자에게, 셋째는 집단 전체에게 영향을 준다. 참회자는 점점 정신이 맑아지고, 자기 심정의 가장 깊은 오저(奧低)를 내성(內省)하여 그가 찾아내는 일체의 개인적인 약점들을 다루기 위해서 조처를 취하게 될 것이다. 만일 잘못을 범한 자가 약간이나마 연민이 있다면, 그는 자기 자신의 과오를 의식하게 되고, 부끄러워하고, 미래에는 더 이상 죄를 짓지 않으리라고 결심할 것이다. 집단 전체는 자기성찰의 길을 밟을 것이다.

하지만 육신의 참회는 목적을 위한 수단일 따름이지 목적 그 자체는 아니다. 그것 자체로 그릇된 자를 올바른 길로 보낼 수는 없다. 그것은 어떤 특정한 취지의 생각이 동반하는 경우에만 이익이 있다. 그 생각이란 다음과 같다.

사람은 스스로 육신의 노예가 되려는 경향이 있고, 육체적 향락을 위해서 수많은 행동을 하고 수많은 죄를 범하게 된다. 그래서 죄를 범할 때마다 고행해야 한다. 육체적 향락에 빠진 자는 망상에 종속되어 있다. 음식에 대한 쾌락을 아주 적게나마 포기하면, 그것은 아마 저 망상의 힘을 부수는 데 도움을 줄 것이다. 이런 결과를 낳기 위한 단식은, 가장 넓은 의미로는 자기 자신이나 타인의 정화를 목적으로 하는 모든 감각기관들에 대한 통제 연습으로 간주되어야 한다. 단순히 음식을 포기하는 일은 단식이 될 수 없다. 그리고 건강을 위한 단식은 이런 의미에서 보면 전혀 단식이 아니다.

나는 빈번한 단식이 그 효능을 앗아가는 경향이 있다는 점도 알아냈다. 그때에는 그것이 배경에 어떤 생각도 없이 거의 기계적인 과정이 되기 때문이다. 그래서 모든 단식은 적절한 고려 후에 수행되어야 한다.

내 자신의 경우 단식이 어떤 특별한 효과를 본 적이 있다. 나는 자주 단식했다. 그래서 동료들은 나의 새로운 단식이 내 생명을 위험에 빠뜨리게 되지는 않을까 가슴 졸이고 두려워했다. 이런 공포가 그들로 하여금 특정한 규칙을 준수하게 만든다. 나는 이것이 단식이 가져다준 바람직하지 못한 결과로 여긴다. 하지만 그런 공포에서 실행된 자기통제는 어떤 해를 끼친다고는 생각하지는 않는다. 이런 공포는 사랑에서 나온 것이니, 만일 그 사람이 그와 같은 공포의 영향 아래에서조차 잘못을 피할 수 있다면 그것은 좋은 일이다. 물론, 의도적이고 자발적인 개혁은 매우 바람직하다. 하지만 그가 연장자를 괴롭히는 것이 두려워서 죄를 피하게 된다면, 그런 개혁은 환영받을 만하다. 그런 개혁은 폭력을 전혀 사용하지 않기 때문이다. 주로 자신이 사랑하는 사람을 기쁘게 하기 위해서 도모한 개혁이지만, 그 개혁이 인생에서 항구적인 면모로 되어 버린 사례들은 많이 있다.

단식에서 나온 뼈아픈 결과 하나를 고려해야 한다. 사람들은 때때로 죄를 피하는 것이 아니라 숨긴다. 누군가가 그것을 안다면 그 사람이 단식을 할까 봐 두려워서 말이다.

나는 참회의 고행이 어떤 경우에는 필요하다고 생각하고, 그것이 전체적으로 아슈람에 득을 주었다고 생각한다. 하지만 참회의 고행을 행하는 자는 일정한 자격을 갖추어야 한다.

1. 잘못을 범한 자는 참회자에게 사랑이 있어야 한다. 그 참회자가 잘못을 범한 자에게 사랑을 가질 수는 있다. 하지만 만일 잘못을 범한 자가 그 사랑을 알지 못하거나 그 참회자에 대해서 비우호적인 태도를 취한다면, 그에게 참회의 고행은 이미 기대할 수 없는 일이다.

그는 자신을 참회자의 적수로 간주하므로, 그 참회자를 증오한다. 그래서 단식은 모든 예상과는 반대의 방향으로 그에게 영향을 미칠 가능성이 있고, 그에게 폭력으로 작동하고, 그는 이것을 하나의 강요의 형식으로 간주할 가능성이 있다. 더구나 만일 모두가 자신과 특별한 관계에 있지도 않은 사람들의 과오 때문에 참회의 고행을 해야 한다면, 참회의 고행 프로그램에는 끝이 없을 것이다. 온 세상의 죄에 대한 참회의 고행은 마하트마(위대한 혼)에게는 적합할지도 모른다. 하지만 여기에서 우리는 보통 사람을 염두에 두고 있다.

2. 참회자 자신은 부당한 취급을 받은 당사자 중의 한 사람이어야 한다. 다시 말하자면 사람은 자신이 어떤 식으로든 관련 없는 잘못에 대해서는 참회의 고행을 해서는 안 된다. 갑과 을이 친구라고 해 보자. 을은 아슈람 구성원이지만 갑은 그것과 무관하다. 을이 아슈람에 대해서 잘못을 저질렀다. 여기에서 갑은 을의 과오에 대해서 참회의 고행을 해야 할 의무도 권리도 없다. 갑의 참견은 아슈람과 을, 양편 모두의 상황을 복잡하게 만들 수도 있다. 그는 을의 행동에 대해서 판단을 내리는 데 필요한 자료조차 없을 수도 있다. 우리는 아슈람이 을을 받아들이는 것에 갑이 동의함으로써, 갑이 을의 선행에 대한 자신의 책임을 아슈람으로 이전해 버렸다고 간주해야 할 것이다.

3. 다른 사람의 잘못을 참회하는 자는 자신이 유사한 비행을 범하지 않아야 한다. '숯이 검정 나무란다'라는 말도 있지 않은가.

4. 그 이외에도 참회자는 순결한 사람이어야 하고, 잘못을 범하는 자에게 그렇게 보여야 한다. 다른 사람의 비행을 위한 참회의 고행은 순결을 전제로 한다. 그리고 만일 죄 있는 사람이 참회자에 대해서 아무 존경심도 없다면, 후자의 단식은 그에게 쉽게 불건전한 영향을 미칠 수도 있다.

5. 참회자는 개인적 이익에 조금이라도 연연해서는 안 된다. 만일 갑이 을에게 10루피를 지불하기로 약속했는데도 지불하지 않는다면, 그것은 과오이다. 하지만 을은 갑의 약속 불이행에 대해서 참회의 고행을 해서는 안 될 것이다.

6. 참회자는 잘못을 범한 자에 대해서 분노가 전혀 없어야 한다. 만일 아버지가 아들의 잘못에 대한 분노에서 단식을 시작한다면, 그것은 참회의 고행이 아니다. 참회의 고행에는 오직 자비심 이외에 다른 것이 있어서는 안 된다. 죄 있는 사람의 정화만이 아니라 자기 자신의 정화가 목적이기 때문이다.

7. 잘못된 행위가 분명히 드러나서 모두에 의해서 잘못으로 인정되어야 하고, 영적으로 해로운 것이어야 하며, 행위자는 그 행위의 성격을 알고 있어야 한다. 추정에 입각한 죄에 대해서는 참회의 고행이 있을 수 없다. 그것이 때때로 위험한 결과를 초래할 수 있기 때문이다. 과오에 대해서 의혹의 여지가 있어서는 안 된다. 더구나 자신만이 홀로 잘못이라고 간주하는 행위에 대해서 참회의 고행을 해서는 안 된다. 사람은 오늘 잘못이라고 여기는 것을 내일 무죄라고 간주할 수 있다. 그래서 잘못은 사회에 의해서 잘못으로 인정된 것이어야 한다. 예를 들면, 나는 카디의 미착용이 아주 나쁘다고 생각할 수 있다. 하지만 내 동료는 그 행위에 아무 잘못을 보지 않을 수도 있고, 거기에 큰 중요성을 부여하지 않을 수도 있다. 그래서 그는 원하는 대로 그것을 입을 수도 입지 않을 수도 있다. 만일 내가 이것을 잘못이라고 간주하여 그것 때문에 단식한다면, 그것은 참회의 고행이 아니라 강요이다. 잘못을 범한 자가 잘못을 범했다고 의식하지 않는 경우에도 참회의 고행이 있을 수 없다.

이런 주제에 대한 논의는, 처벌의 여지가 없는 기관 또는 항상 종교적 정신에 따라서 활동하려고 노력하는 기관에서는 필수적이다. 이런 기관에서는 아슈람의 책임자들이 행하는 참회의 고행은 처벌이라는 조치를 대신한다. 다른 방식으로 그 청정을 유지하는 것은 불가능하다. 처벌과 징계는 질서와 진보의 겉보기의 쇼일 뿐, 그것이 전부다. 반면, 참회의 고행은 그 기관을 안팎으로 지켜 주고, 나날이 더욱 튼튼하게 만든다. 따라서 위에서 기술한 바와 같은 규칙이 필요하다.

단식 및 그와 유사한 참회의 고행이 아슈람에서 실시되어 왔다. 하지만 아슈람은 여전히 진리의 이상에서 멀리, 정말로 멀리 떨어져 있다. 그래서 오늘날 우리는 아슈람을 우드요가 만디르(Udyoga Mandir) 곧 근면의 사원이라는 이름으로 부른다. 이 점에 대해서는 나중에 살펴볼 것이다. 그러나 우리는 아슈람의 책임자들이 활짝 깨어 있고, 자신들의 불완전성을 충분히 의식하고 있으면서 허위가 어디에도 발붙이지 못하도록 부단히 노력하고 있다는 점을 분명히 말할 수 있다. 그러나 새로운 회원들을 수시로 받아들이는 기관에서, 그것도 오직 신뢰에 의해서만 받아들이는 기관에서, 그리고 인도 전 지역과 외국의 여러 나라에서 온 사람들이 자주 출입하는 기관에서, 그들 모두를 좁고 곧은 길 위에 붙들어 두는 것은 쉬운 일이 아니다. 하지만 만일 맨 위에 있는 사람들이 스스로 진실하다면, 아슈람은 시험이 아무리 어렵다고 해도 분명 그것을 견뎌낼 것이다. 구도자 개인의 힘에는 한계가 있지만, 진리의 권능에는 한계가 없다. 그러나 그가 활짝 깨어 있고 부단히 분투한다면, 그의 힘에도 한계가 없을 것이다.

(2) 기 도

1. 진리파지가 아슈람의 뿌리를 이룬다면, 기도는 그 뿌리의 주요 영양 공급원이다. 아슈람에서 (개인적 활동과는 다른) 사회적 활동은 매일 새벽 4시 15분에서 4시 45분 사이의 회중(*congregational*) 아침예배로 시작하고, 7시에서 7시 30분의 저녁기도로 마감된다. 내가 알기로는 아슈람이 설립된 이후 예배 없이 넘어간 날은 하루도 없었다. 비 때문에 책임자 한 사람만이 기도 마당에 출석한 경우가 여러 번 있었던 것으로 나는 알고 있다. 질병 및 이에 준하는 중대 사유로 불출석한 경우를 제외하고는 모든 재소자들이 참석하도록 되어 있다. 이런 기대는 저녁기도에는 대단히 잘 부응되어 왔지만 아침기도에서는 그렇지 않았다.

아침예배 시간을 4시, 5시, 6시, 7시에 고정시키는 실험을 순차적으로 해보았다. 그러나 그 주제에 대한 나의 끈질기고 강력한 태도 때문에, 그것은 결국 4시 20분으로 고정되었다. 4시에 최초의 종이 울리면 모두 기상하여 세수를 한 다음 4시 20분까지 기도 마당에 도착한다.

나는 인도와 같은 나라에서는 아침 일찍 기상하면 할수록 좋을 것이라고 믿는다. 사실 수백만 사람들은 아침 일찍 일어나야 한다. 만일 농부가 늦게 일어나면 농작물은 손해를 입을 것이다. 아침 일찍 가축은 돌봐야 하고, 소는 젖을 짜야 한다. 사실이 그러하다면 구원의 진리추구자, 민중의 종복, 즉 승려들은 2시나 3시에는 반드시 일어나야 한다. 그 시간에 기상하지 않는다면 그것이 놀랄 일이다. 세상의 모든 나라에서 신의 귀의자들과 땅의 경작자들은 일찍 기상한다. 귀의자들은 신의 이름을 받아들이고, 농부들은 밭에서 일하면서 자신들과 세상을 섬긴다. 내 마음에는 둘 다 예배자(*worshipper*)이다.

귀의자들은 의도적으로 신에게 예배를 드리고, 농부들은 자신들의 근면으로 알지 못하는 사이에 신에게 예배를 드린다. 그들의 근면이 세상을 유지하는 일을 돕기 때문이다. 만일 그들이 밭에서 일하는 대신 종교적 명상(*religious meditation*)을 하게 된다면, 그들은 의무 수행에 실패하게 되고 자신들과 세상을 파멸로 이끌 것이다.

우리는 경작자를 귀의자로 간주할 수도 있고 간주하지 않을 수도 있다. 하지만 농민, 노동자, 그리고 그 이외에 다른 사람들이 싫든 좋든 일찍 기상해야 한다면, 진리의 예배자나 민중의 종복이 늦게 기상할 수 있을까? 다시 말하지만 아슈람에서 우리는 일과 예배 사이에 조화를 이루려고 한다. 그래서 아슈람에서 육신을 움직일 수 있는 모든 사람들은 불편하더라도 일찍 기상해야 한다는 것이 나의 확고한 견해이다. 4시, 그것은 우리가 기상하여 활동하기에 이른 시간이 아니라 가장 늦은 시간이다.

그런데 우리는 어떤 문제들에 대해서 결정을 내려야 했다. 어디에서 기도를 드려야 할까? 우리는 사원을 건립해야 할까, 아니면 노출된 외부에서 집회를 해야 할까? 그리고 우리는 연단을 세워야 할까, 아니면 모래나 흙 위에 앉아야 할까? 어떤 상(像)이라도 있어야 할까? 우리는 마침내 하늘 지붕 아래, 모래 위에 앉기로 정하고 어떤 상도 세우지 않기로 했다. 가난은 아슈람의 규율이다. 아슈람은 굶어 죽어가는 수백만 민중에게 봉사하기 위해서 존재한다. 가난한 사람들도 다른 이와 똑같이 그 안에 들어올 수 있다. 아슈람은 규칙을 지키려는 모든 이들을 진심으로 환영한다. 그와 같은 기관에서 예배당을 벽돌과 모르타르로 지을 수는 없다. 지붕은 하늘로 충분하고, 벽과 기둥은 사방으로 충분할 것이다. 단(壇)은 세우려고 계획되었지만 나중에 취소하고 말았다. 아직 정하지 못한 예배자들의 숫자에 따라서 그 크기가 달라질 것이기 때문이었다. 그리고 큰 단은 비용도 많이 들 것이다. 이후의 경험에 비춰보면 우리가 집을 짓지 않고 단조차 만들지 않기로 한 결정은 옳았다. 외부인들 역시 아슈람의 기도모임에 참석했으므로, 때로는 가장 넓은 단이라고 해도 참석한 대중을 다 수용할 수는 없었을 것이다.

그리고 다른 곳의 사람들도 아슈람 기도모임을 더욱 자주 모방하려고 했으므로, 하늘 지붕의 유용함이 입증되었다. 내가 어디로 가든 아침저녁으로 기도모임이 열렸다. 특히 저녁에 많은 사람이 참석하게 되자, 기도는 오직 열린 땅 위에서만 가능하게 되었다. 그리고 내가 회당에서만 예배하는 습관을 가지고 있었다면, 여행하는 동안 대중 기도모임은 생각조차 못했을 것이다.

다시 말하지만 모든 종교들은 아슈람에서 동등한 존중(*equal respect*)을 받았다. 모든 신앙의 추종자들은 거기에서 환영을 받았다. 그들은 상(像)에 대한 예배를 믿을 수도 있고 믿지 않을 수도 있다. 단 한 사람의 감정이라도 손상시키지 않을 목적으로 아슈람의 회중예배에는 어떤 상도 모시지 않았다. 그러나 아슈람 재소자가 개별적으로 자신의 방에 상을 모시기를 원한다면, 자유롭게 그렇게 할 수 있다.

2. 우리는 아침예배에서 《아슈람 바자나발리》(찬송가집)에 인쇄된 슐로카(시구)를 먼저 음송하고, 찬송가 하나를 불렀고, 그다음 람둔(*Ramdhun*: 라마나마를 반복하여 읊조림)과 기타파트(*Gitapath*)(《기타》의 낭송)를 행했다. 저녁모임에서는 《기타》 2장의 마지막 19개의 절, 찬송가 한 곡, 그런 다음 어떤 경전의 일정 부분을 읽었다.

슐로카는 아슈람 설립 때부터 아슈람에 거주했던 슈리 카카 카렐카르(Shri Kaka Kalelkar)가 고른 것이었다. 내가 영국에 체재하는 동안 슈리 마간랄 간디는 카렐카르를 샨티니케탄에서 만났는데, 당시는 마간랄 간디가 남아프리카로부터 피닉스 공동체의 아동들을 데리고 샨티니케탄을 방문했을 때였다. 디나반두 앤드루스와 고 피어슨 씨도 거기에 있었다. 나는 마간랄에게 앤드루스가 골라준 장소에 머물라고 충고했다. 그리고 앤드루스는 일행을 위해서 샨티니케탄을 골라 주었다. 카카는 거기에서 선생을 하고 있었는데 마간랄과 친밀한 관계를 유지하게 되었다. 마간랄은 산스크리트어 선생이 없어서 아쉬웠는데 카카가 그 자리를 메워 주었다. 그 일에 있어서 친타마니 샤스트리가 그를 도왔다. 카카는 기도에서 반복되는 시구를 낭송하는 방법을 아이들에게 가르쳐 주었다. 이 시구 중 몇몇은 시간 절약을 위해서 아슈람 기도에서 생략되었다. 이것이 요즘 아침기도에서 낭송되는 시구들의 역사이다.

이 시구들의 낭송은 시간을 절약하자는 이유에서, 또는 그것들이 어떤 사람들에게는 진리 예배자나 비힌두교도가 잘 낭송할 수 없는 것으로 보인다는 이유에서, 종종 반대를 불러일으키기도 했다. 이 시구들이 힌두 사회에서만 낭송되고 있다는 점은 의심 없이 분명하다. 하지만 힌두교도가 아닌 사람이 왜 그런 낭송에 참여할 수 없거나 출석할 수 없는지, 나는 그 이유를 알 수 없다. 이 시구들을 들은 적이 있었던 무슬림 친구들과 기독교 친구들은 아무런 반대도 제기하지 않았다. 실제로 그것들은 자신의 신앙을 존중하듯이 다른 신앙도 존중하는 사람에게는 아무런 불편도 자아낼 필요가 없다. 그런 시구들은 다른 사람들에 대한 어떤 고려도 담고 있지 않다. 아슈람에 힌두교도가 절대 다수이므로, 시구들은 힌두교도의 성전에서 고를 수밖에 없었다. 비힌두교도 경전에서는 아무것도 노래하거나 낭송하지 않겠다는 것은 아니다. 실제로 이맘 사헤브가 《코란》에서 시구를 낭송하는 경우도 있었고, 우리는 이슬람교와 기독교의 찬송가들도 종종 불렀다.

그러나 그 시구들은 진리의 입장에서 신랄한 공격을 받았다. 한 아슈람 재소자가 사라스와티(*Sarasvati*)[46]와 가네슈(*Ganesh*), 그리고 유사한 부류의 신들에 대한 예배는, 진리에 대한 폭력을 자행하는 것이라고 겸손하지만 확고한 논의를 폈다. 비나(악기의 일종)를 손에 들고 연꽃 속에 앉아 있는 사라스와티 여신, 또는 커다란 복부와 코끼리 코를 가진 가네슈와 같은 신들이 실제로는 존재하지 않기 때문이라고 했다. 이런 주장에 대해서 나는 다음과 같이 대답했다.

'나는 진리의 신봉자로 자처한다. 하지만 아동들에게 이런 구절을 낭송하거나 가르쳐 주는 일에는 개의치 않는다. 만일 우리가 이런 논의의 힘에 근거하여 어떤 슐로카를 비난한다면, 그것은 힌두교 기초 자체를 공격하는 것과 진배없다. 이 말은 힌두교 내에서 매우 오래된 것이니 비난할 만한 것이라도 비난하지 말자는 것은 아니다. 그러나 나는 이것이 힌두교의 약점이라거나 비난받기 쉬운 점이라고 믿지 않는다. 반면에 나는 아마 그것이 우리 신앙의 특성일 것이라고 생각한다. 사라스와티와 가네슈는 독립적 실체들(*entities*)은 아니다. 그들은 모두 유일신(*one God*)에 대한 서술적인 이름들이다. 신심 깊은 시인들은 신의 무한 가지의 성질(*attributes*)에 장소와 이름을 부여했다. 그들이 잘못한 것은 아무것도 없다. 그런 구절들은 예배자를 포함하여 어느 누구도 속인 것이 아니다. 사람은 신을 찬양할 때 자신이 생각하기 편한 대로 신의 모습을 상상한다. 그가 상상하는 신은 그 자신을 위해서 거기에 계신다. 우리는 형상(*form*)과 성질이 없는 신에게 기도할 때조차도 실제로는 그분에게 성질을 부여한다. 그리고 성질 역시 형상이다. 신은 근본적으로 말로는 서술이 불가능한 분이다. 우리 가멸자들은 상상력 — 우리를 만들기도 하고 우리에

46 〔역주〕 1권에서는 Saraswati로 표기되었다.

게 손상을 입히기도 하는—에 의존하는 일이 필수적이다. 우리가 최고도로 순수한 동기로 신에게 성질을 부여할 경우, 그 성질은 우리에게는 진실한 것이지만 근본적으로는 오류이다. 그분을 묘사하는 일체의 시도가 모두 성공하지 못할 것이기 때문이다. 나는 지성적으로 이런 것을 의식하고는 있지만, 여전히 신의 성질에 대해서 숙고하지 않을 수 없다. 나의 지성은 나의 심정에 아무 영향력을 행사할 수 없다. 나는 내 심정이 연약하므로 성질을 가지신 신을 간구한다는 사실을 받아들일 각오가 되어 있다. 내가 지난 15년 동안 날마다 낭송해온 슐로카들은 나에게 평화를 주고 있고 나에게 효험이 있는 것들이다. 나는 그것들 안에서 시(詩)를 보고 아름다움을 본다. 학식 있는 사람들은 사라스와티와 가네슈, 그리고 유사한 부류의 신들에 대해서 많은 얘기를 하고 있는데 그 얘기들 나름대로 사용처가 있을 것이다. 내가 그 얘기를 파고들지 않았기에 그 깊은 의미를 모르거니와, 파고드는 일이 나에게 필요한 일도 아니다. 나의 무지가 나의 구원일 수도 있다. 나는 깊이 파고드는 일을 나의 진리추구의 일부로, 필요한 일로 보지 않았다. 나는 나의 신을 아는 것만으로 충분하다. 내가 여전히 그의 생생한 현존을 실현해야 하지만, 나는 나의 목적지로 가는 올바른 노정(路程)에 있다.'

나는 반대자들이 이 대답으로 만족할 것이라고 거의 기대할 수 없었다. 임시위원회는 문제 전체를 충분히 검토해 보고, 슐로카가 현재의 모습 그대로여야 한다고 최종적으로 권고했다. 그 이유는 어떤 슐로카를 선택하더라도 이 사람 아니면 저 사람이 좋아하지 않을 것이기 때문이다.

3. 슐로카 다음에는 찬송을 불렀다. 실제로 찬송을 부르는 일이 남아프리카에서 기도모임의 유일한 항목이었다. 슐로카는 인도에서 덧

붙여졌다. 마간랄 간디는 노래에서 우리의 지도자였다. 그러나 우리는 그 조치가 불만족스럽다고 느꼈다. 우리는 그 목적을 위해서 전문 가수가 있어야 하고, 그 가수는 아슈람 규칙을 준수하는 자여야 했다. 그럴 수 있는 사람이 나라얀 모레슈와르 카레, 즉 판디트 비슈누 디감바르의 제자였다. 그 스승이 친절하게도 그를 아슈람에 보내주었다. 판디트 카레는 우리를 충분히 만족시켰고, 이제 아슈람의 완전한 구성원이 되었다. 그는 찬송을 재미있게 만들었다. 그리고 지금 수천 명이 부르고 있는 《아슈람 바자나발리》(찬송가집)는 주로 그가 편찬한 것이다. 그는 우리 기도모임의 세 번째 항목인 람둔을 도입했다.

네 번째 항목은 《기타》에서 따온 시구의 낭송이다. 《기타》는 수년 동안 사탸그라하 아슈람의 신념과 활동을 위한 권위 있는 지침서였다. 《기타》는 우리에게 문제가 되고 있는 생각의 정당성 여부 그리고 행동 노선의 정당성 여부를 결정하는 데 검증 수단을 제공해 주었다. 그래서 우리는 모든 아슈람 재소자들이 《기타》의 의미를 이해하기를, 그리고 가능하다면 그것을 암기하기를 원했다. 만일 암기가 불가능하다면, 우리는 그들이 적어도 원어인 산스크리트어를 올바른 발음으로 읽어내기를 원했다. 이런 목적을 염두에 두고 우리는 《기타》의 일부를 매일 낭송하기 시작했다. 우리는 매일 두서너 개의 시구를 암송하고, 그것을 암기할 때까지 반복하였다. 여기에서 우리는 파라얀(*parayan*)[47]으로 나갔다. 그리고 《기타》 전체가 14일 안에 끝날 수 있도록, 그리고 모두가 특정한 날 어떤 시구가 낭송되는지를 알 수 있도록 낭송이 조정되었다. 1장은 격주로 금요일에 낭송되었다. 우리는 다음 금요일(1932. 6. 10)에 1장으로 갈 것이다. 18장 전체를 14일 만에 끝내기 위해서 7장과 8장, 12장과 13장, 14장과 15장, 16장과

47 규칙적인 낭송.

17장은 같은 날에 낭송된다.[48]

우리는 저녁기도에 찬송가를 부르고 '라마나마'를 반복함과 동시에 《기타》 2장의 마지막 19개의 시구를 낭송한다. 이 시구들은 스티타프라즈나(*sthitaprajna* : 지혜에 흔들림이 없는 자)의 자질을 묘사하고 있다. 사탸그라히라면 마땅히 이 자질을 획득해야 하고, 이 구절들은 그가 그것들을 항상 기억할 수 있도록 낭송된다.

기도할 때 같은 것을 매일 반복하는 일은, 그것이 기계처럼 되어서 비효과적일 것이라는 이유로 반대하는 사람도 있었다. 기도가 기계적으로 된다는 것은 사실이다. 우리 자신이 기계이다. 그리고 만일 신이 우리를 움직이시는 분임을 믿는다면, 우리는 그의 손안에 기계처럼 움직여야 한다. 만일 태양 및 다른 천체들이 기계처럼 움직이지 않는다면, 우주는 정지되고 말 것이다. 그러나 우리는 기계처럼 움직이면서 불활성의 물질(*inert matter*)처럼 행동해서는 안 된다. 우리는 지성적인 존재로서 규칙을 규칙으로 지켜야 한다. 요점은 기도의 내용이 날마다 항상 동일한지의 여부에 달려 있는 것이 아니다. 그것들이 퍽 다양하다고 해도 비효과적일 가능성은 있다. 힌두교도 사이의 가야트리 시구, 이슬람교도 사이의 신앙고백(칼마, *kalma*), 산상수훈에 나타난 기독교도의 전형적 기도는 수세기에 걸쳐서 수백만의 사람들이 매일 낭송해왔다. 그러나 그것들의 힘은 조금도 줄어들지 않고 항상 커지고 있다. 그 힘은 전면적으로 낭송의 배후에 있는 정신에 달려 있다. 만일 불신자나 앵무새가 이 권능의 말

48 나중 《기타》 낭송은 14일 만에 끝나는 대신 7일 만에 끝났다. 《기타》의 장들이 다음과 같이 할당되었다. 즉, 금요일에는 1·2장, 토요일에는 3~5장, 일요일에는 6~8장, 월요일에는 9~12장, 화요일에는 13~15장, 수요일에는 16~17장, 목요일에는 18장이 할당되었다.

을 반복한다고 해도, 그것은 조금도 효과가 없을 것이다. 그와는 반대로 신자가 그것을 항상 말한다면, 그 영향력은 나날이 성장할 것이다. 우리의 주식(主食)도 마찬가지이다. 밀을 먹는 자는 밀 이외에 다른 것을 먹을 수 있고, 이와 같은 부수적인 것은 나날이 다를 수 있다. 하지만 밀가루 빵은 언제나 식탁 위에 놓여 있을 것이다. 그것은 먹는 자에게 생명의 양식이다. 그리고 그는 결코 그것에 물리지 않을 것이다. 만일 그가 그것에 대해서 혐오감을 갖는다면, 그것은 그의 육신이 해체될 때가 가까워 온다는 신호이다. 기도에 대해서도 같은 말을 할 수 있다. 그 주요 내용은 늘 같아야 할 것이다. 만일 혼이 그 내용을 간구한다면, 혼은 기도의 단조로움에 대해서 시비해서는 안 되고, 단조로운 기도에서 자양분을 얻을 것이다. 혼은 기도를 드릴 수 없었던 날에는 궁핍을 느낄 것이다. 그 혼은 육체의 단식을 한 자보다 더욱 기가 꺾여 있을 것이다. 음식을 포기하는 일은 때때로 육신에 이롭다. 혼을 위한 기도가 소화불량에 걸렸다는 말을 들어본 적이 있는가.

사실은 우리 중 많은 사람이 혼으로 기도를 간구하지 않으면서 기도를 드린다는 데 있다. 혼이 존재한다고 믿는 것이 유행을 해서, 우리는 혼이 존재한다고 믿고 있다. 우리 중 많은 사람은 이런 딱한 처지에 놓여 있다. 일부의 사람들은 혼이 존재한다고 지성적으로 확신하고 있다. 하지만 그 진리를 심정으로 파악하지 못하고 있다. 그래서 그들은 기도의 필요성을 느끼지 않는다. 많은 사람은 자신들이 사회 안에 살아가기 때문에, 그리고 그들이 사회생활에 꼭 참여해야 한다고 생각하기 때문에 기도를 드린다. 그들이 여러 가지 일에 대해서 목말라 하는 것은 놀랄 일이 아니다. 하지만 실제로 그들은 기도에 유의하지 않는다. 그들은 음악을 즐기기를 원하거나, 설교에 대해서 그저 호기심을 갖고 있거나 또는 그것을 듣기를 원할 뿐이다. 그들은 신과 하나되기 위해서 거기에 있는 것이 아니다.

4. 프라르타나(*Prarthana* : 기도를 의미하는 구자라트어)는 문자대로라면 뭔가를 요구하는 것을 의미한다. 즉, 겸허한 마음으로 신에게 뭔가를 요구하는 것이다. 여기에서 기도라는 말은 그런 뜻이 아니라, 신에 대한 찬양, 예배, 명상과 자기정화의 의미로 사용된 것이다.

그렇다면 신은 누구신가? 신은 우리 바깥에 또는 우주와 동떨어져 있는 어떤 인격(*some person*)이 아니시다. 그분은 만물에 두루 퍼져 있고 전지하고 전능하시다. 그분은 어떤 찬양도 탄원도 필요로 하지 않으신다. 만물에 내재하는 존재로서, 모든 것을 듣고 우리의 가장 깊은 내면의 생각도 읽으신다. 그분은 우리 심정에 거하시며 손톱이 손가락에 가까운 것보다 더 우리 가까이에 계신데, 그분에게 뭔가를 말하는 것이 무슨 소용인가?

이런 난점을 감안하여 프라르타나가 더 나아가서 자기정화라는 말로 풀이되는 것이다. 우리가 기도 시간에 크게 말할 때, 우리의 말은 신을 향한 것이 아니라 우리 자신을 향한 것이고, 우리의 무기력을 털어 버리려는 의도를 갖고 있다. 우리 중 일부는 지성적으로 신을 의식한다. 다른 사람들은 의심병에 걸려 있다. 그분을 직면한 자는 없다. 우리는 그분을 확인하고 실현하기를 바라며, 그분과 하나되기를 바라는데, 그 바람을 기도를 통해서 충족시키려고 한다.

우리가 실현하려고 하는 이 신은 진리(*Truth*)이시다. 다른 방식으로 표현한다면 진리가 신이다. 우리는 진리를 말해야 한다. 하지만 진리란 우리가 말해야 하는 것만이 아니라, 존재하는 유일한 존재이고, 모든 사물을 구성하는 원료를 이루는 것이고, 자기 자신의 힘으로 존립하며, 다른 것에 의해서 지탱되는 것이 아니라 존재하는 모든 것을 지탱하는 것이다. 진리만이 영원하고 그 이외의 모든 것은 찰나적이다. 진리는 형상을 가질 필요가 없다. 그것은 순수지복이고 순수지성이다. 만물이 진리의 의지에 의해서 조정되므로, 우리는 진리를 이슈와라(*Ishvara*) 라고 부른다. 진리와 진리가 반포하는 법칙은 하나이다. 그래서 그것은 맹목적인 법칙이 아니라 전 우주를 다스린다. 이런 진리에 맞추려는 것(*to propitiate*) 이 프라르타나인데, 이것은 실제로, 진리의 정신으로 가득 차기를 바라는 진지한 소망을 의미한다. 이 소망은 24시간 내내 현존해야 한다. 그러나 우리의 혼은 너무 아둔해서 이런 자각을 밤낮으로 가질 수 없다. 그래서 우리는 우리 자신의 모든 행동이 중단 없는 하나의 지속적인 기도가 되는 순간이 오기를 바라면서 짧은 시간 동안 기도를 바치는 것이다.

이런 것이 아슈람에서 바치는 기도의 이상인데, 아슈람은 이런 이상에서 현재로는 멀리, 멀리 떨어져 있다. 위에서 개략적으로 밝힌 자세한 프로그램은 외면적인 것이다. 하지만 배후의 생각은 우리의 심정 자체를 기도로서 가득 차게 한다는 것이다. 만일 아슈람의 기도가 여전히 매력적인 것으로 보이지 않는다면, 만일 아슈람 재소자들조차도 일종의 강요에 의해서 기도모임에 참석한다면, 그것은 우리 가운데 어느 누구도 진정한 의미에서 기도하는 사람이 없음을 의미할 뿐이다.

진심에서 드리는 기도는 예배자의 주의가 예배의 대상에 너무나 집중하고 있어서, 그것 이외에는 아무것도 의식하지 못한다. 예배자는 흔히 사랑하는 사람과 비교되어 왔다. 사랑하는 사람은 임의 면전에서 세계 전체 심지어 자신마저도 망각한다. 예배자가 신과 하나가 되는 일은 좀더 가까워져야 할 수 있는 일이다. 그것은 수많은 노력과 자기고행(타파스) 그리고 자기훈련 이후에야 온다. 한 예배자가 자신의 현존으로 그 장소를 신성하게 한다면, 사람들을 기도에 참석하게 하기 위해서 어떤 유인책도 쓸 필요가 없다. 그들은 그의 신앙심이 가진 힘에 의해서 기도의 집으로 이끌리기 때문이다.

우리는 여태 회중기도를 다루었다. 하지만 아슈람은 혼자 외따로 하는 기도 역시 매우 강조한다. 혼자서 절대로 기도하지 않는 사람은, 회중기도에 참석한다고 해도 거기에서 많은 이익을 얻을 수는 없다. 회중기도는 회중을 위해서는 반드시 필요하지만, 회중이 개인으로 구성되어 있으므로 개인적 기도가 없다면 회중기도는 아무 소용이 없다. 그래서 아슈람은 이따금 모든 구성원들에게 자발적으로 하루 종일 자성하는 일에 자신을 바쳐야 한다는 점을 일깨워준다. 그가 과연 자기반성(*self-introspection*)을 하는지를 감시하는 것은 불가능하고, 그와 같은 침묵의 기도(*silent prayer*)에 어떤 설명도 붙일 수 없다. 그런 기도가 얼마나 아슈람에서 잘 행해지고 있는지 알 수 없지만, 일부의 사람들은 다소 그쪽 방향으로 노력을 기울이고 있다고 믿는다.

(3) 아힘사(사랑)

가장 어려운 문제는 아마 아힘사의 준수에서 발생했을 것이다. 진리의 문제가 존재하기는 한다. 하지만 진리가 무엇인지 이해하기는 그리 어려운 것이 아니다. 그러나 우리는 아힘사를 이해함에 있어서 때때로 힘에 부치는 대목을 만난다. 아슈람에서는 어떤 다른 주제보다도 아힘사에 대해서 길게 논의해왔다. 지금도 특정 행위가 폭력적인지 비폭력적인지에 대해서 문제가 발생한다. 그리고 우리가 폭력과 비폭력의 차이를 안다고 해도 쉽게 극복될 수 없는 우리의 약점 때문에, 우리는 흔히 비폭력의 요구를 만족시킬 수 없다.

아힘사는 신구의(身口意)에 의해서 일체의 생명(*any living creature*)을 해치지 않는 것이다. 이른바 그 생명의 이익을 위한다는 명분으로 해쳐서도 안 된다. 이 원리를 완전하게 준수하는 일은 우리 인간으로서는 불가능하다. 우리가 숨 쉬고 눈을 깜빡이고 땅을 가는 동안에도, 크고 작은 여러 생명체를 죽이고 있기 때문이다. 우리는 물릴지도 모른다는 공포에서 뱀이나 전갈을 잡아서 해친다. 그리고 그것들을 죽이지 않는 경우에는 우리가 다니는 길에서 치워 버린다. 이런 식으로 그것들을 해치는 일은 불가피한 일이지만, 위에서 정의한 바에 따르면 분명 힘사이다.

만일 내가 먹는 음식, 입고 있는 옷, 차지하고 있는 공간을 절약한다면, 나보다 더 크게 이것들을 필요로 하는 사람들에 의해서 사용될 수 있다는 점은 명백하다. 나는 내 이기심에서 다른 사람들이 이것들을 사용하는 것을 막고 있으므로, 내 육신의 쾌락(*physical enjoyment*)은 보다 가난한 이웃에게 폭력을 의미한다. 내가 생명을 지탱하기 위해서 곡류와 채소를 먹을 때, 그것은 식물의 생명에 가해진 폭력을 의미한다.

내가 이렇게 사방에서 폭력으로 둘러싸여 있는데 어떻게 비폭력을 준수할 수 있을까? 내가 비폭력을 준수하려고 노력하는 매 발걸음마다 새로운 난제가 발생할 것이다.

위에서 묘사한 폭력을 폭력으로 인정하는 일은 쉽다. 그러나 우리가 상대방에 대해서 화를 내는 것은 어떤가? 학생들에게 체벌을 가하는 선생, 자식들을 꾸짖는 어머니, 동료에게 성질부리는 사람, 이들 모두는 폭력을 범하는 것이다. 더구나 이것은 아주 나쁜 유형의 폭력이어서 다루기가 쉽지 않다. 한편으로는 애착(*attachment*)이 있고 다른 한편으로 혐오(*dislike*)가 있는 곳에 폭력이 있다. 우리는 그것을 어떻게 제거할 수 있을까?

아슈람에 있는 우리가 꼭 배워야 할 최초의 교훈은, 나라를 위해서,

가족이나 우리 자신을 위해서, 어떤 사람의 머리를 몸통에서 베어내는 일이 폭력적 행위라고들 하겠지만, 매일매일 다른 사람의 감정을 해치는 일(*injuring feelings*)에 연루된 미묘한 폭력이 그것보다 더 나쁠 수 있다는 것이다. 세상에서 일어나고 있는 살인 행위는 그것만 고려하면 매우 빈번하지만, 다른 원인으로 발생하는 죽음의 수에 비하면 그리 많은 것은 아니다. 그러나 매일 성질을 부리는 것(*loss of temper*), 그리고 그와 비슷한 종류의 행위에 관련된 미묘한 폭력은 도대체 헤아릴 수가 없다.

우리는 아슈람에서 온갖 종류의 폭력을 다루기 위해서 있는 힘을 다해서 부단히 노력한다. 우리는 모두 자신의 약점을 깨닫고 있다. 이를테면, 나 자신을 포함하여 우리는 모두 뱀을 두려워한다. 그래서 우리는 규칙상 그것을 잡아서 안전한 곳에 치운다. 하지만 누군가가 만일 공포에서 뱀을 죽인다고 해도 질책받지는 않는다. 한번은 축사에 뱀이 나타난 적이 있었다. 그런데 현장에서 그것을 잡기는 불가능했다. 거기에 가축을 두는 것은 위험했다. 사람들 역시 그 부근에서 일하기를 두려워했다. 마간랄 간디는 별도리가 없다고 느끼고 그것을 죽이도록 허락해 주었다. 그가 그 일에 대해서 나에게 말했을 때, 나는 그의 행동에 찬성을 표했다. 내가 현장에 있었다고 해도 달리 할 수는 없었을 것이다. 나의 지성은 나에게 다음과 같이 말하고 있다. 즉, 내가 뱀을 내 친척처럼 대접해야 하고, 목숨을 잃을 각오로 그 뱀을 내 손으로 잡아서 그것을 두려워하는 사람으로부터 멀리 치워야 한다고. 하지만, 나의 심정에서 나는 뱀에게 물려 죽어도 괜찮을 만큼의 필요한 사랑도 무외도 없고, 마음의 준비도 되어 있지 않다. 나는 이 모든 자질을 기르기 위해서 노력하고 있지만 아직 성공하지 못하고 있다. 내가 뱀의 공격을 받는다면 그 뱀에 저항하지 않을 수도 있고 그것을 죽이지 않을 수도 있다. 하지만 나는 다른 사람의 생명을 위험에 빠뜨리고 싶지 않다.

한번은 아슈람에서 원숭이들이 엄청나게 성가시게 굴고, 수확에도 막대한 손해를 입혔다. 경비원은 투석기로 투석하는 시늉을 함으로써 그것들을 놀라게 하여 쫓아 버리려고 했지만 소용이 없었다. 그러자 그는 실제로 돌을 던져서 원숭이 한 놈에게 상처를 입히고 불구를 만들고 말았다. 나는 이 일이 죽이는 것보다 더 나쁘다고 생각했다. 그래서 나는 아슈람의 동료들과 의논했고, 우리가 상처를 입히지 않는 온건한 방법으로 원숭이들을 내몰지 못한다면 한두 마리를 죽여서 성가신 일에 종지부를 찍어야 한다고 결정했다. 이 결정을 실행으로 옮기기 전 〈나바지반〉지의 지면에서 공개토론이 있었는데, 흥미를 느끼는 자들은 그것을 읽어 보아도 무방하다.

인도 외부의 그 누구도 폭력적인 동물조차 죽여서는 안 된다고 생각하지 않는다. 성 프랜시스와 같은 몇몇 개인은 이 규칙을 준수했지만, 내가 아는 한 일반인들은 그렇지 않았다. 아슈람이 그런 원리를 믿고 있으면서도, 그것을 성공적으로 실천하지 못하고 있음은 가여운 일이다. 이것을 실천할 수 있는 기술은, 우리가 아직 얻지 못했다. 이런 기술에 숙달하자면 수많은 사람이 자신들의 생명을 내놓아야 할지도 모른다. 당분간 그것은 우리가 열렬히 원하는 하나의 정점일 따름이다. 그 원리는 인도에서 예전부터 수용되었지만, 실천은 우리의 나태와 자기기만 때문에 대단히 불완전하다.

미친개들이 아슈람에서 죽임을 당했다. 그것들은 많은 고통을 겪은 이후에도 절대로 회복되지 않고 죽을 것이라고 여겨졌기 때문이다. 사람들이 미친개를 죽이는 대신 고문함으로써 비폭력을 준수하고 있다고 생각하는 것은 자신들을 기만하는 것이다. 사실상 그들은 보다 더 큰 폭력에 탐닉하고 있는 것이다.

비폭력은 때때로 생명체를 죽일 것을 요구한다. 예를 들면, 아슈람 낙농장의 송아지 한 마리가 절름발이가 되었고 나중에 엄청난 상처가 생기게 되었다. 먹을 수도 없었고 숨쉬기조차 어려웠다. 나와 동료들은 사흘간의 논의 끝에 송아지 몸에 독극물을 주입하여 생명을 끊어 주었다. 그 행위는 비폭력적이었다. 그 행위의 유일한 목적이 송아지를 고통에서 구원해 주는 일이니만큼 전적으로 비이기적이었기 때문이다. 그것은 외과 수술이었다. 그리고 나는 내 자식이 같은 지경에 빠져 있다면 그에게도 똑같은 일을 할 것이다.

많은 힌두교도가 이 사건에서 충격을 받았다. 하지만 그 사건에 대한 그들의 반응은 아힘사의 본성에 대한 무지를 드러낼 뿐이다. 아힘사가 더 이상 우리에게 살아 있는 신앙이 아니라, 별로 불편하지 않은 경우만 좇게 되는 형식적인 일로 타락해 버린 것은 이미 오래전 일이다.

우리는 여기에서 인간 이하의 종과 관련된 아슈람의 아힘사 실험과 작별해야 한다.

인간 이하의 생명에 대한 아힘사는 아슈람의 관점에서 보면 매우 중요한 일부이긴 하지만 이 포괄적 원리의 일면에 불과하다. 동료 인간들을 다루는 것은 그보다 훨씬 중요하다. 인간관계의 가장 흔한 모습은 폭력적이거나 비폭력적이거나 둘 중의 하나이다. 비폭력이 인간 생활에 널리 차 있고 특별한 노력을 기울이지 않고도 관찰되는 것은, 인류를 위해서 다행한 일이다. 우리가 만일 서로 참지 않았다면, 인류는 예전에 이미 파멸되고 말았을 것이다. 그래서 아힘사는 생명의 법칙인 것처럼 보인다. 하지만 우리가 지금까지 해온 것을 보면 그 법칙을 준수하고 있다는 칭찬을 들을 자격은 없다.

덧없는 이익의 충돌이 있을 때마다 사람들은 폭력에 호소하려고 한다. 하지만 비폭력의 의도적인 준수로 사람은 제 2의 탄생, 즉 '개심'을 경험한다. 아슈람에 있는 우리는 지성적으로 아힘사를 준수하려고 열심히 노력한다. 그러는 과정에서 우리는 수많은 장애와 실망, 그리고 신앙의 시험을 만난다. 우리는 행동으로만 아힘사를 지키는 것으로 만족해서는 안 된다. 다른 사람을 나쁘게 생각하지 않는 일, 우리에게 고통을 준 사람의 불행을 바라지 않는 일, 생각에서조차도 그를 해치지 않는 일—이것은 고된 과업이다. 하지만 그 속에 우리 아힘사의 엄격한 검증이 있다.

도둑들이 외부에서 아슈람에 침입해왔다. 아슈람 내부에서도 도둑은 있었다. 하지만 우리는 그들을 처벌한다는 것을 옳다고 보지 않았다. 경찰에 신고하지 않고, 우리가 당한 손실은 최선을 다해서 참았다. 이 규칙은 때때로 깨졌다. 한번은 도둑이 낮에 현행범으로 붙잡힌 적이 있었다. 그를 붙잡은 아슈람 재소자는 그를 노끈으로 묶고 모멸했다. 나는 그때 아슈람에 있었는데, 그 도둑을 책망한 뒤 풀어주었다. 하지만 아힘사는 실제로 우리에게 이런 행동 이상을 요구한다. 우리는 도둑질을 근절할 수 있는 방도를 찾고 적용해야 한다. 첫째, 우리는 다른 사람을 유혹하지 않도록 '소유물'의 숫자를 줄여야 한다. 둘째, 우리는 주변 촌락들을 개혁해야 한다. 셋째, 선량한 사람들만이 아니라 불량한 사람들도 이 아슈람 공동체를 자신들의 것으로 여길 수 있도록 아슈람 직무의 범위가 확장돼야 한다.

그래서 우리는 '소유물'을 지닌 사람은 아주 거친 의미의 비폭력조차도 지킬 수 없음을 알았다. 자산가는 재산의 안전을 위한 방도를 도입해야 하고, 그 방도는 그것을 훔치려는 사람의 처벌을 포함한다. 아무것도 자신의 것으로 여기지 않고 완전한 무집착의 정신에서 일을 척척하는 사람들만이 아힘사를 지킬 수 있다. 그와 같은 개인이나 단체가 사회에 많이 존재한다면, 폭력은 그다지 현저하지 않을 것이다. 폭력에 기초를 둔 사회에서는 화약이 큰 자리를 차지하고 그것을 능숙하게 다룰 수 있는 군인이 명예와 보상을 받을 자격이 있듯이, 비폭력적 사회에서는 자기고통과 자기통제가 그 사회의 '군수품'이고, 이런 자질을 부여받은 사람들은 그런 사회를 지키는 천연(*natural*)의 보호자이다. 세계는 대체적으로 보면 이런 의미의 아힘사를 여태 받아들이지 않았다. 인도가 그것을 다소 받아들였지만 포괄적 방식으로 받아들인 것은 아니다. 아슈람은 아힘사가 그 범위에 있어서 보편적이어야 할 것, 그리고 사회가 아힘사의 토대 위에 건설될 수 있을 것으로 생각하고 있다. 그것은 그런 목적을 갖고 여러 실험을 하고 있지만, 거기에서 별로 성공을 거두지는 못했다. 나는 이 장에서 아힘사 신봉자들을 격려할 만한 것을 많이 언급할 수 없었다. 이런 말은 정치에는 적용되지만 아힘사에는 그리 잘 적용되지 않는다. 정치에 대해서는 나는 별도의 장을 바치고 싶다.[49]

(4) 브라마차르야 (순결)

이 규율은 아힘사가 제기하는 정도의 문제나 딜레마를 한 번도 제기하지 않는다. 그 의미는 일반적으로 잘 이해되고 있다. 하지만 이해하는 것과 실천하는 것은 상당히 다른 문제로서 실천은 우리의 혼신의 힘을 요구한다. 우리 가운데 많은 사람이 큰 노력을 기울이지만 아무 진척도 보이지 못한다. 우리 가운데 일부는 이전에 쌓아 둔 토대마저 잃어버린다. 아무도 완전에 도달하지는 못했다. 그러나 모든 사람들이 그 지고의 중요성은 자각하고 있다. 이 방면에서 나의 분투

49 이것은 쓰이지 않았다.

는 순결 서약을 했던 1906년 이전까지 거슬러 올라간다. 수많은 부침이 있었다. 나는 종종 혼나고 나서야 비로소 브라마차르야의 깊은 의미를 자각했다. 그런 다음 나는 실제적 경험이 없다면 책에 있는 설명을 이해할 수 없다는 것, 그리고 그 설명은 경험에 비춰져서 새로운 면모를 지니게 된다는 것을 알게 되었다. 물레와 같이 단순한 기계의 경우에도 사용지침을 읽는 것과 지침을 실행에 옮기는 것은 별개이다. 우리가 실행하자마자 새로운 빛이 우리에게 다가왔다. 물레와 같이 단순히 손에 만져지는 사물에 대해서 진실한 것은, 영적인 경지(*spiritual states*)에 대해서는 더욱 진실한 것이 아니겠는가.

브라마차리(*brahmachari*: 梵行者)는 신구의(身口意)에 있어서 자신의 감각기관을 통제하는 자이다. 이 정의의 의미는 내가 그 규율을 일정 기간 지키고 난 이후 어느 정도 분명해졌다. 사악한 생각이 통제는 되지만 제거되지는 않았으므로, 나는 완전한 브라마차리라고 주장할 수 없다. 그래서 지금도 그 의미가 분명하지가 않다. 그런 생각이 제거될 때 나는 그 정의의 추가적 함의를 발견할 것이다.

일상적인 브라마차르야는 당초 생각하듯이 그리 어려운 것이 아니다. 우리가 그것을 협의로 이해한 탓으로 어려워진 것이다. 우리 가운데 많은 사람은 손을 불 안에 넣으면서도 불에 데기를 피하려고 기대하는 바보처럼 브라마차르야를 갖고 논다. 오직 소수의 '브라마차리'만이 단 하나의 감관이 아니라 모든 감관을 통제해야 한다는 점을 깨닫고 있다. 동물적 정염(*animal passion*)의 단순한 통제가 브라마차르야의 제일의(第一義)라고 생각하는 자는 브라마차리가 아니다. 그가 브라마차르야를 대단히 어려운 것으로 생각하는 것은 당연하다. 단 하나의 기관만을 통제하고 다른 기관들을 마음대로 내버려 두려는 자가 성공을 기대해서는 안 될 것이다. 그것은 마치 그가 일부러 우물로 내려가면서 몸을 건조하게 유지할 것으로 기대하는 것과 같다. 동물적 정염을 손쉽게 정복하려는 자들은 그 정염을 자극할 수도 있는 일체의 불필요한 것들을 반드시 포기해야 한다. 그들은 자신들의 미각을 통제해야 하고 암시적인 책을 읽는 일과 일체의 사치를 그만두어야 한다. 나는 그들이 그런 포기의 이후 브라마차르야가 퍽 쉽다는 점을 알게 되리라는 것을 조금도 의심하지 않는다.

일부의 사람들은 자기 자신의 아내에게나 다른 사람의 아내에게 음탕한 눈길을 던지거나 음탕하게 접촉하는 일이 브라마차르야의 위반이 아니라고 생각한다. 하지만 이것보다 진리에서 더 먼 것은 없다. 이와 같은 행동은 가장 거친 의미에서의 브라마차르야를 직접 위반한 것이다. 그런 행동에 탐닉하는 남녀들은 자신과 세계를 속이는 것이고, 날이면 날마다 연약해질 것이고, 질병에 쉽게 걸리게 된다. 만일 그들이 욕망의 완전한 만족을 얻지 못하면, 그 공은 환경의 탓이지 그들 자신 때문은 아니다. 그들은 첫 기회에 타락할 것이다.

아슈람이 생각하는 브라마차르야에서는 결혼한 자들은 결혼하지 않은 자처럼 행동하도록 되어 있다. 기혼자가 결혼의 유대 외부에서 욕망 충족을 거부하는 일은 잘하는 일이다. 그것은 제한된 브라마차르야이다. 하지만 그들을 브라마차리로 간주하는 것은 영광된 이름을 욕되게 하는 것이다.

이런 것이 브라마차르야에 대한 아슈람의 완전한 정의이다. 하지만 아슈람에는 상대방을 만나는 일에 상당한 자유를 누리는 남녀가 존재한다. 이상을 말한다면, 아슈람의 재소자는 아들이 어머니를 만나고, 오빠가 누이를 만나듯이 자유롭게 다른 이를 만나야 할 것이다. 다시 말하자면, 브라마차르야를 보호하기 위해서 일반적으로 부과된 제한이 사탸그라하 아슈람에서는 폐지되었다. 거기에서 우리는 외부의 우발적인 도움이 항상 필요한 브라마차르야는 전혀 브라마차르야가 아니라고 믿는다. 그런 제한들이 처음에는 필요하지만 시간이 흘러가면 점점 약해져야 한다. 그런 제한들이 사라진다는 것은 브라마차리가 여성 동반자를 구하러 돌아다님을 의미하는 것이 아니라, 그에게 여성에 대한 직무가 있는데도 그것이 금지되어 있다고 오해한 뒤 그 직무를 거부하지 않음을 의미한다.

브라마차리에 대해서 여성은 '지옥의 문지기'가 아니라 하늘에 있는 우리 어머니의 화신(*incarnation of our Mother*)이다. 우연히 여성을 보거나, 또는 봉사하기 위해서 여성에게 접촉하게 되면 마음이 동요되는 사람은 전혀 브라마차르야 수행자가 아니다. 살아 있는 이미지와 동상(銅像)에 대한 브라마차리의 반응은 동일하다. 그러나 여성을 언급하기만 해도 혼란에 빠지면서도, 브라마차르야를 준수하고 싶어하는 남자는 금속으로 만든 작은 입상(立像)에서도 도망가야 할 것이다.

남녀가 그렇게 함께 살고 함께 일하고, 상대방에게 봉사하며 브라마차르야를 준수하려는 아슈람은 수많은 위험에 노출되어 있다. 아슈람의 조처는 일정 부분 서구의 삶을 의도적으로 모방하고 있다. 나는 그런 실험을 시도하는 나의 능력에 대해서 커다란 의구심을 갖고 있다. 그러나 이것은 내가 하는 모든 실험에 적용된다. 내가 어느 누구도 내 제자로 여기지 않는 이유는 바로 이런 의구심 때문이다. 적절한 숙고 이후 아슈람에 참여한 자들은, 아슈람에 관련된 모든 위험을 충분히 의식하면서 동료로서 나에게 가담한 것이다. 나는 소년 소녀들을 내 자식처럼 생각한다. 그리고 그들은 그들 나름대로 자동적으로 내 실험의 울타리 안으로 들어왔다. 이 실험은 진리신(*the God of Truth*)의 이름으로 수행된다. 그분은 주인 도공(陶工, *the Master Potter*)이시고, 우리는 그분의 전능한 손안의 진흙에 불과하다.

아슈람에서 지금까지 내가 해본 실험을 통해서, 여러 난관 속에서 브라마차르야를 추구하는 일이 낳는 결과에 대해서 실망해야 할 이유가 없다는 점을 나는 배웠다. 여성뿐만 아니라 남성들도 대체로 브라마차르야에서 이익을 얻었다. 하지만 가장 커다란 이익은 내 생각으로 여성에게 돌아갔다. 우리 가운데 일부는 타락해 버렸고, 다른 일부는 타락 이후에 다시 일어섰다. 비틀거릴 가능성은 그와 같은 모든 실험 안에 내재되어 있다. 예외 없이 늘 성공만 있다면, 그것은 실험이 아니라 전지(全知)의 성격을 지닌 것이다.

이제 나는 이 논의의 마지막으로 미뤄 두었던 것, 아주 주요한 점을 논의하려고 한다. 《바가바드 기타》(2장 59절)는 우리에게 다음과 같이 말한다. 즉, "사람이 자신의 감관들을 굶기면, 감관들의 대상은 그에게서 사라진다. 하지만 대상을 향한 갈망은 사라지지 않는다. 그가 지고의 존재(*the Supreme*)[50]를 바라볼 때 그 갈망도 사라진다." 지고의 존재란 진리 곧 브라만(신)을 말한다. 이 사안의 전체 진리는 여기에서 유경험자 크리슈나가 제시한 바 있다. 단식을 비롯한 모든 유형의 훈련은 신의 은총이 없다면 효과가 없다. 진리 즉 신에 대한 비전은 무엇인가? 그것은 육안으로 뭔가를 보는 것도 아니고 기적을 목격하는 것도 아니다. 신을 본다는 것은 우리 각자의 심정 안에 신이 계심을 깨닫는 것을 의미한다. 대상을 향한 갈망은 사람들이 이 깨달음을 얻을 때까지 반드시 지속될 것이고 그 깨달음과 함께 없어질 것이다. 우리는 이런 목표를 염두에 두고 아슈람에서 서약을 준수하고 영적인 노력을 기울인다. 그 깨달음은 부단한 노력이 거둔 최후의 열매이다. 사람은 사랑하는 임을 위해서 자신의 전부를 희생한다. 하지만 이 희생은 찰나적인 쾌락을 얻기 위해서 치러지는 한 아무런 결실

50 〔역주〕 param의 번역어이다.

이 없다. 하지만 진리추구는 사람의 임을 추구하는 것보다 더 큰 집중을 요구한다. 그리고 그 추구의 종점에는 말로 설명할 수 없는 기쁨이 그 열망자를 기다리고 있다. 임을 사랑하는 자만큼이나 진지한 사람도 우리 가운데 극히 소수이다. 사실이 이러하다면 진리추구가 힘든 과업이라고 불평하는 일이 무슨 소용이 있겠는가? 사람의 연인은 수천 마일이나 멀리 떨어져 있을 수 있지만, 신은 사람의 심정이라는 처소에 계시고, 손톱이 손가락에 가까운 것보다 우리에게 더 가까이 계신다. 하지만 실제로 자신의 발아래 묻혀 있는 보물을 찾아서 온 세상을 헤매는 사람에게 어떻게 해주어야 할까?

자기를 억제하는 사람이 지키는 브라마차르야는 경멸의 대상이 될 수 없다. 그것은 '이집트의 환락가'를 향한 갈망의 힘을 약화시키는 데 분명히 도움이 된다. 사람이 단식하거나 고행의 다양한 방법을 강구하지만, 감관의 대상은 반드시 사라져야 한다. 이런 과정이 진행되면 그 갈망은 사라질 수 있다. 그렇다면 추구자는 지복의 비전(*the beatific vision*)을 갖게 될 것이고, 그 지복은 그 갈망이 마지막 출구로 빠져나간다는 신호일 것이다. 잃어버렸다고 여겨졌던 보물은 회복될 것이다. 진력을 다하지 못한 사람은 '브라만'을 보지 못했다고 불평할 권리가 조금도 없다. 브라마차르야의 준수는 브라만 보기(*seeing Brahman*)라는 목적을 위한 여러 수단 중의 하나이다. 브라마차르야가 없다면 그 누구도 그분을 만날 수 없고, 그분을 보지 않고서는 아무도 브라마차르야를 완전하게 수행할 수 없다. 그래서 위에서 인용한 구절은 자기훈련을 배제하는 것이 아니라 그 한계를 지적하고 있을 뿐이다.

남녀노소와 결혼 여부를 불문하고 아슈람의 모든 구성원들은 브라마차르야를 준수하도록 노력한다. 하지만 오직 소수의 사람만이 평생 그것을 준수할 것이다. 젊은이들이 분별의 나이에 이르게 되면,

우리는 그들이 자신들의 의지에 반하여 브라마차르야를 지킬 의무가 없다는 말과, 누구든 필수적인 노력을 기울일 수 없다고 느끼는 자라면 결혼할 권리가 있다는 말을 그에게 해 준다. 그리고 그가 요청해오면 아슈람은 인생의 적합한 반려자를 찾는 일에 도움을 준다. 이런 입장은 대단히 잘 이해되었고, 그 결과는 한결같이 좋았다. 많은 수의 남자가 남게 되었고, 소녀들 역시 상당히 잘해나갔다. 15세가 되기 전에는 아무도 결혼하지 않았고, 많은 소녀는 19세 이후에 결혼했다.

아슈람의 도움으로 결혼하기를 바라는 자는 최대한 간단한 형식의 종교의례만으로 만족해야 한다. 만찬도 없으며 외부에서 초대된 손님도 없을 것이고, 북을 두드리지도 않을 것이다. 신랑 신부는 손으로 뽑은 실로 손으로 짠 카디를 입을 것이다. 금은 장식도 없을 것이고, 의복 몇 벌과 물레를 제외하고는 결혼 증여재산이나 결혼 지참금은 없을 것이다. 행사에는 10루피도 채 들지 않을 것이고 한 시간 이상 걸리지 않을 것이다. 신랑 신부는 자신들의 언어로 삽타파디(*saptapadi*, 七步) 만트라(《베다》 頌句)를 낭송할 것이다. 이 만트라의 의미는 사전에 그들에게 설명된다. 결혼 당일 신랑 신부는 의례 전에 단식을 하고, 나무에 물을 주고, 축사와 아슈람 우물을 청소하고 《기타》를 읽을 것이다. 신부를 떠나보내는 쪽 역시 신부를 선물로 보낼 때까지 단식한다. 아슈람은 동일한 하위 카스트 간의 결혼을 주선하는 데 돕지 않는다는 점, 그리고 모두가 배우자를 자신이 속한 하위 카스트 외부에서 구하도록 권유받고 있다는 점을 우리는 지금도 강조하고 있다.[51]

51 이 글은 1932년에 쓰여졌다. 1948년 간디는 배우자의 한 사람이 하리잔이고 다른 배우자가 카스트 힌두교도일 경우에만 참석하여 축복할 것이라고 말했다.

(5) 불투도와 무소유(가난)

앞에서 다루었던 진리·아힘사·브라마차르야와 더불어 불투도와 무소유는, 예전부터 5대 마하브라타(*mahavrata* : 五大戒)를 이루면서 아슈람 규율에 포함되어 있다. 그 이유는 그것들이 자아실현을 추구하는 자들에게 필수적이기 때문이지만, 더 이상의 긴 논의는 필요 없다.

① 불투도(不偸盜)

다른 사람의 동의 없이 물건을 가져오는 것은 물론 도둑질이다. 하지만 사람이 특정한 목적에 사용하기 위해서 어떤 물건을 빌려왔을 때 그 목적과는 달리 사용하는 경우, 그리고 물건을 정해진 기간보다 더 오래 사용하게 되는 경우 그것도 도둑질이다. 이 원리의 바탕에 있는 심원한 진리는, 신은 우리가 한순간에 엄격히 필요한 것 이상으로는 결코 창조하지 않으신다는 것이다. 그래서 자신에게 꼭 필요한 최소 수준 이상을 사용하는 사람은 누구든 도둑질을 범하는 것이다.

② 무소유(가난)

이것은 불투도에 포함된다. 우리는 불필요한 물건을 받지도 저장해서도 안 된다. 우리가 실제로 필요 없는 음식이나 가구를 소유하는 것은 이 규율의 위반이다. 걸상 없이 지낼 수 있는 자는 그런 것을 집 안에 두지 말아야 할 것이다. 구도자들은 자신들의 필요를 의도적으로, 그리고 자발적으로 감소시켜야 하고, 단순한 습관을 점진적으로 길러야 할 것이다.

불투도와 무소유는 정신적 상태일 뿐이다. 어떤 인간도 이 서약들을 완벽하게 지킬 도리는 없다. 육신 역시 소유물이고, 그것이 존재하는 한 육신은 육신에 수반된 다른 소유물을 요구한다. 그러나 구도자는 무집착의 정신을 기르고 소유물 하나하나를 포기할 것이다.

우리는 모든 사람들을 동일한 잣대로 잴 수는 없다. 만일 개미 한 마리가 알곡 한 톨 대신에 두 톨을 저장한다면 은총을 잃어버릴 것이다. 하지만 코끼리가 자신 앞에 많은 풀을 두더라도 '거대한 소유물'을 가졌다는 비난은 듣지 않을 것이다.

이러한 어려움이 산야사(*sannyasa*: 세상의 포기)라는 현재의 개념을 낳은 것처럼 보인다. 이 개념을 우리 아슈람에서는 받아들이지 않는다. 그러한 산야사는 동굴에서 좋은 생각을 함으로써만 세상에 이익을 줄 수 있는 힘을 가진 드문 영혼에게는 필요할지 모른다. 그러나 모든 사람들이 동굴 거주자가 된다면 세상은 망하고 말 것이다. 보통의 남녀는 정신적 무집착(*mental detachment*)을 기를 수 있을 뿐이다. 세상 안에서 살아가는 자, 그리고 세상에 봉사하기 위해서만 세상 안에서 살아가는 자, 그가 바로 산야시(*sannyasi*: 포기자)이다.

아슈람에 있는 우리는 이런 의미에서 산야시가 되기를 원한다. 우리는 필요한 것을 간직할 수도 있다. 하지만 우리 육신을 포함하여 일체를 버릴 각오가 되어 있어야 한다. 그 어떤 것의 상실도 우리가 걱정할 바는 아니다. 우리가 살아 있는 한 우리는 감당할 수 있는 봉사를 해야 할 것이다. 우리가 먹을 음식과 입을 옷을 가진다면 그것은 좋은 일이다. 하지만 우리가 갖고 있지 않아도 좋다. 우리는 마음을 잘 훈련해서, 시험의 때가 올 때 어떤 아슈람 재소자도 훌륭하게 해내는 것에 실패하지 말아야 할 것이다.

(6) 생계를 위한 노동(*Bread Labour*)

아슈람은 모든 남녀가 살아가기 위해서 노동해야 한다고 생각한다. 나는 톨스토이의 글을 읽으며 이런 원리를 절실히 깨달았다. 톨스토이는 러시아 작가 본다레프(Bondareff)에 대해서 말하면서, 생계를 위한 노동이 극히 중요하다는 사실에 대한 그 작가의 발견은 현대에서 가장 중요한 발견의 하나라고 보고 있다. 건강한 개인은 모두 자신의 식량을 위해서 충분히 노동해야 하고, 그의 지적 능력은 생계를 꾸려나가거나 재산을 축적하기 위해서 사용되어서는 안 되며, 오직 인류에 대한 봉사를 위해서만 사용되어야 한다. 바로 이것이 본다레프와 톨스토이의 생각이었다. 만일 이 원리가 모든 곳에서 준수된다면, 모든 인간은 평등할 것이고, 아무도 굶어 죽지 않을 것이며, 세상은 많은 죄에서 구원받을 것이다.

이런 황금률이 세상 전체에 의해서 준수되는 일은 거의 없을 것이다. 수백만 사람들이 그것을 이해하지도 못한 채 아무 생각 없이 준수하고 있다. 그러나 그들의 마음은 반대 방향으로 움직이고, 그들은 스스로 불행하다고 생각하며, 그들의 노동은 당연히 그래야 하는 것보다 성과가 없다. 이런 사태는 황금률을 이해하고 실행하려고 하는 자들에게 하나의 추진력이 된다. 그들은 황금률에 자발적으로 복종함으로써 완전한 평화와 좋은 건강을 향유하고, 봉사를 위한 그들의 능력을 계발(啓發) 한다.

톨스토이는 내 마음에 깊은 인상을 남겼고, 나는 남아프리카에 있을 때 이미 내가 할 수 있는 최대한의 능력을 발휘하여 그 황금률을 준수하기 시작했다. 그리고 아슈람이 설립되고 난 다음, 생계를 위한 노동은 아슈람의 가장 중요한 특성이 되어왔던 것 같다.

내 생각으로 동일한 원리가 《기타》의 3장에도 제시되어 있는 것 같다. 거기에 나오는 야즈냐(*yajna* : 희생제사) 라는 단어가 육체노동(*body labour*) 을 의미한다고까지는 말하지 않겠다. 하지만 《기타》가 '비가 희생제사에서 온다'(14절) 라고 말할 때, 나는 그것이 육체노동의 필요성을 지적한 것이라고 생각한다. '희생제사의 잔여분'(13절) 이란 우리가 이마에 흘린 땀의 대가로 얻은 빵이다. 자기 자신의 생계를 위해서 충분히 노동하는 것, 그것이 《기타》에서는 야즈냐로 분류되었다. 육신의 유지 이상으로 먹는 사람은 누구든 도둑이다. 우리 대다수는 우리 자신을 유지하기 위해서 충분히 노동하는 경우가 거의 없기 때문이다. 나는 사람이 자신을 유지하는 것 이상으로 어떤 것을 받을 권리가 없으며, 노동하는 모든 사람들이 생계를 위한 임금을 받을 자격이 있다고 믿는다.

이는 노동의 분업을 배제한다.[52] 인간의 기초 수요를 만족시키기 위한 일체의 물품 제조를 위해서는 육체노동이 필요하다. 그러므로 모든 기초 직업에서 하는 노동은 생계를 위한 노동으로 간주된다. 그러나 우리 가운데 많은 수의 사람이 그런 노동을 하지 않으므로, 자신들의 건강보존을 위해서 운동을 해야 한다. 나날이 자신의 농지에서 일하는 농부는 호흡운동을 할 필요도 없고, 그의 근육을 펴지 않아도 된다. 기실 그가 그 이외의 건강법을 지켜나가면, 그는 결코 질병에 걸리는 법이 없다.

신은 바로 한순간에 엄격하게 필요한 것 이상으로 결코 창조하지 않으신다. 그 결과 만일 누군가가 진실로 필요한 것 이상으로 사용한다면, 이웃을 빈곤으로 내모는 것과 다르지 않을 것이다. 세상의 여러 곳에 존재하는 민중의 기아는 우리 모두가 필요 이상으로 꽉 쥐고 있기 때문이다. 우리는 원하는 대로 자연의 선물을 이용할 수 있다. 하지만 자연의 가계부에 부채는 예금과 언제나 동등하다. 차변 대변 어디에도 잔액이 없다.

사람이 농업을 기계화하고 인공 비료를 사용하여 더 많은 수확물을

---

52 〔역주〕《전집》 권 56, 170면에는 '배제하지 않는다'로 되어 있다. 우리의 영어 원전이 옳아 보인다.

얻고, 이와 유사하게 공업생산물을 증대시킨다는 사실로 해서 이 법칙이 무효화된 것은 아니다. 이것은 자연 에너지의 변형을 의미할 뿐이다. 우리가 노력한다고 해도 차감 잔액은 언제나 무(無)일 것이다.

여하튼 아슈람에서 가장 잘 지켜지는 규율은 생계를 위한 노동의 서약이다. 그것은 놀랄 일이 아니다. 그 규율은 일상적인 배려로 쉽게 완수된다. 하루 몇 시간은 노동 이외에 달리 할 일이 없다. 그러므로 노동이 반드시 포함되어야 한다. 어떤 일꾼은 게으르고, 무능하고, 주의력도 없을 수가 있다. 하지만 그는 한결같이 몇 시간은 일한다. 어떤 종류의 노동은 즉각적인 성과를 산출할 수 있고, 일꾼은 자기 시간의 상당 부분을 허비해서는 안 될 것이다. 육체노동이 주요 부분을 담당하고 있는 기관에서는 하인들이 거의 없다. 물긷기, 땔나무 쪼개기, 등잔 청소와 기름 붓기, 위생봉사, 길과 집의 소제, 세탁, 조리—이 모든 일은 항상 수행돼야 한다.

위에서 언급한 일 이외에도 여러 규율을 엄수(嚴守)한 결과로서, 그리고 그것들의 엄수를 돕기 위해서 아슈람에서는 다양한 활동이 수행된다. 거기에는 농업·목축·베짜기·목수일·무두질 등의 일이 포함되어 있으며 아슈람의 많은 구성원이 돌봐야 한다.

이 모든 활동이 생계를 위한 노동의 규율을 지키기 위해서 충분한 것으로 간주될 수 있다. 하지만 야즈냐(희생제사)의 다른 핵심 면모는 타인들에 대한 봉사의 이념이다. 그리고 아슈람은 이 후자의 관점에서 보면 부족한 것으로 보일 수 있다. 아슈람의 이상은 봉사하기 위해서 사는 것이다. 그런 기관에서는 게으름이나 의무 방관의 여지가 없고, 만사가 올바른 선의에 의해서 행해져야 한다. 만일 사실이 실제로 이러하다면, 아슈람의 직무는 실제보다 더 큰 성과를 거둘 수 있을 것이다. 그러나 우리는 여전히 그와 같은 행복한 상태에서 아주 멀리 떨어져 있다. 그래서 어떤 의미에서 보면 아슈람에서 하는 모든 활동이 야즈냐의 성격을 가진 것이라고 해도, 모든 사람들은 빈자로 현현하신 신(*Daridranarayana, God incarnated as the Poor*)[53]의 이름으로, 적어도 하루 한 시간의 물레질을 해야 할 의무가 있다.

육체노동에 우선권을 부여하는 아슈람과 같은 기관에서는 지적인 발전을 위한 여지가 없다고 흔히 말하지만, 내 경험은 정반대이다. 아슈람에 거주했던 모든 사람들은 지적인 성장까지 이뤘다. 내가 알기로는 아슈람의 거주로 인하여 지력이 더 나빠진 사람은 단 사람도 없다.

지적인 발전은 종종 우주에 관한 사실을 배우는 지식을 의미하는 것으로 여겨진다. 나는 그런 지식이 아슈람의 학생들에게 부지런히 전수되지 않았다는 점을 주저 없이 인정한다. 그러나 만일 지적 진보가 이해와 분별을 의미한다면, 아슈람에는 그것을 위한 적당한 장치가 존재한다. 육체노동이 단순히 임금을 위해서 행해지는 곳에서는, 노동자는 우둔하고 생기 없게 될 수도 있다. 아무도 그에게 일이 왜, 그리고 어떻게 되어가는지를 말하지 않을 것이다. 그도 자신의 일에 대해서 아무 호기심도 관심도 없을 것이다. 그러나 그런 일은 아슈람에서는 일어나지 않는다. 위생봉사를 포함하여 모든 일이 지적으로, 열광적으로, 그리고 신에 대한 사랑을 위해서 수행되어야 한다. 그래서 아슈람 활동의 모든 부문에서 지적인 발전의 여지가 존재한다. 모두가 자신의 분야에 대한 완전한 지식을 얻도록 고무받는다. 누구든 이 일을 게을리하는 자는 책임져야 한다. 아슈람에 있는 모든 사람들은 노동자인 반면, 임금 노예는 단 한 사람도 없다.

지식이 책으로만 얻어진다고 생각하는 것은 지독한 미신이다. 우리

---

53 〔역주〕 daridra는 빈자, narayana는 신(神)을 각각 의미한다.

는 이런 오류를 버려야 한다. 독서가 인생에 한자리를 차지하는 것은 사실이다. 하지만 그 부문에서만 유용할 따름이다. 만일 책에서 얻은 지식이 육체노동을 희생하여 길러진 것이라면, 우리는 그 지식에 대해서 마땅히 반기를 들어야 한다. 우리는 시간의 대부분을 육체노동에 바쳐야 하고, 독서에는 조금만 할애해야 한다. 오늘날 인도에서 부자와 이른바 상층계급들이 육체노동을 경멸하고 있으므로, 노동의 고귀함에 대해서 강조하는 것은 아주 절실하다. 사람은 진정한 지적 성장을 위해서라도 유용한 신체적 활동에 참여해야 한다.

가능하다면 아슈람은 일꾼들에게 독서를 위한 시간을 좀더 주는 것이 바람직하다. 문맹의 아슈람 재소자들은 자신들의 공부를 도와줄 수 있는 선생을 갖는 일도 바람직하다. 그러나 아슈람은 현재 다른 활동을 희생한 다음, 독서 등을 위한 시간은 낼 수 없을 것으로 보인다. 우리가 유급 선생을 초빙할 수는 없다. 그리고 우리는 일반 교과목을 가르칠 수 있는 사람을 아슈람으로 끌어들일 수 없다면, 우리 가운데서 조달할 수 있는 사람으로 꾸려나가야 될 것이다. 아슈람에 거주하는 자로서 학교와 대학교에서 교육받은 자들은, 읽기 · 쓰기 · 셈하기를 육체노동과 연결할 수 있는 기술을 아직 완전히 습득하지 못했다. 이것은 우리 모두에게 새로운 실험이다. 하지만 우리는 경험에서 배울 것이다. 우리 가운데 일반 교육을 받았던 사람들은 자신들의 교육을 다른 사람에게 전수할 수 있는 길과 방법을 차차 발견하게 될 것이다.

(7) 스와데시

아슈람에 사는 우리는 스와데시(*swadeshi*)가 보편적인 법칙이라고 생각한다. 사람에게 최초의 의무는 자신의 이웃에 대한 것이다. 이것은 외국인에 대한 증오나 동포에 대한 편애를 의미하는 것이 아니다. 봉사에 대한 우리의 능력에는 명백한 한계가 있다. 우리가 이웃에게 봉사하는 데도 일종의 어려움이 있을 수 있다. 우리 각자가 모두 자신의 이웃에 대한 의무를 성실하게 수행한다면, 이 세상에서 도움이 필요한 사람들 가운데 그 누구도 버림을 받지 않을 것이다. 그래서 자신의 이웃에게 봉사하는 자는 전 세상에 봉사하는 셈이다. 사실 스와데시에는 내 민족이니, 남의 민족이니 하는 구별이 들어갈 여지가 없다. 자신의 이웃에 봉사하는 일은 세상에 봉사하는 일이다. 사실상 그것이 세상에 봉사하는 일에 있어서 우리에게 열린 유일한 길이다. 전 세상을 자신의 가족처럼 보는 사람은 자리에서 미동도 하지 않은 채로 우주에 봉사할 수 있는 힘을 가지고 있다. 그는 이 힘을 자신의 이웃에게 베풀어진 봉사를 통해서만 행사할 수 있다. 톨스토이는 한 걸음 더 나아가, 우리가 현재 다른 사람의 등에 올라타고 있으므로, 우리가 내려서는 것만으로 충분하다고까지 말하고 있다. 이것은 같은 일을 다른 방식으로 표현한 것에 불과하다. 아무도 자신에게 봉사하지 않고 타인에게 봉사할 수 없다. 그리고 다른 사람에게 봉사하지 않고 사적인 목적을 달성하기를 노력하는 자는 누구든 세상 전체만이 아니라 자신을 해치게 된다. 그 이유는 명백하다. 모든 살아 있는 생명들은 서로가 서로에게 속해 있으므로, 한 사람의 모든 행위는 전 세상에 유익한 영향력이나 해로운 영향력을 가진다. 그러나 우리는 근시안적이어서 이를 볼 수 없을 것이다. 세상에 대한 한 개인의 동작 하나의 영향력은 무시할 수도 있을 것이다. 하지만 그 영향력은 거기에 한결같이 존재하고, 이 진리에 대한 자각은 우리의 책임을 일깨워 준다.

그래서 스와데시는 외국인에게 해가 되어서는 안 된다. 하지만 스와데시는 모든 장소에 미치지는 않는다. 일의 성격상 그것이 불가능하기 때문이다. 사람은 세상에 봉사하려고 해도 세상에 봉사하지 못할 것이고 제 이웃에 봉사하는 일에도 실패할 것이다. 하지만 이웃에 봉사하려고 노력하는 자는 실제로는 세상에 봉사하는 것이다. 제 이웃에 대한 이런 의무를 수행한 자만이, '만인이 내 동족이다'라고 말할 권리를 가진다. 그러나 만일 사람이 '만인이 내 동족이다'라고 하면서 이웃은 도외시하고 자기탐닉에 빠진다면, 그는 자신만을 위해서 사는 것이다.

우리는 자신의 장소를 떠나서 온 세상을 돌아다니며 이웃이 아닌 사람들에게 봉사하는 선량한 사람들을 본다. 그들은 잘못을 범하는 것도 전혀 아니고, 그들의 활동이 스와데시 법칙에 예외도 아니다. 그들이 가진 봉사의 힘이 다른 사람에 비해서 클 뿐이다. 어떤 사람에게는 바로 옆집에 사는 사람만이 이웃일 수 있다. 두 번째 사람에게 이웃은 자신이 사는 촌락이다. 세 번째 사람에게는 10개의 촌락이 이웃이다. 그래서 각자는 자신의 능력에 따라서 봉사한다. 보통 사람은 비범한 일을 하지는 못한다. 스와데시라는 말의 정의(定義)는 자신만의 고유한 눈에 의해서 내려지고, 그 정의의 정신에 반대가 되지 않는 모든 것들을 포함한다. 보통 사람이 스와데시 법칙을 준수할 때, 그는 자신이 다른 사람에게 봉사하고 있다고는 생각하지 않는다. 그는 이웃에 있는 생산자와 거래한다. 그것이 그에게 편리하기 때문이다. 이것이 불편한 경우도 있을 수 있다. 스와데시가 인생의 법칙임을 아는 자는 불편한 경우에도 스와데시를 지킬 것이다. 현재 우리 가운데 많은 사람이 인도에서 생산된 물건들의 품질에 대해서 만족하지 못하고 외제품을 사고 싶은 유혹을 느낀다. 그래서 스와데시가 우리 편리에 맞춰서 행해지는 것이 아니라 인생의 규칙이라는 것을 지적하지 않을 수 없다. 스와데시는 외국인에 대한 증오심과는 아무 관련이 없다.[54] 다른 사람에게 나쁜 일이 일어나길 바라거나 못된 짓을 하는 일은 결코 사람의 의무가 될 수 없다.

카디는 스와데시의 상징으로 생각되어 왔다. 인도가 그것을 포기하고 그렇게 해서 자연적 의무(*natural duty*)의 수행에서 실패함으로써 극악무도한 죄를 범해왔기 때문이다.

카디와 물레의 중요성은 1908년 나에게 떠올랐는데, 나는 당시 물레가 어떤 것인지도 몰랐고, 물레와 베틀의 차이조차 몰랐다. 인도 촌락들의 처지에 대한 희미한 관념밖에 없었다. 하지만 나는 그들이 빈곤하게 된 주요 이유가 물레의 파괴라는 점을 분명히 보았고, 내가 귀국하면 그것을 부흥시키기 위해서 노력할 것이라고 결심했다.

나는 이런 생각들을 잔뜩 품고 1915년 귀국했다. 스와데시는 아슈람이 출발한 이후 언제나 규율 중의 하나가 되었다. 그러나 우리 가운데 실을 잣는 법을 아는 사람은 아무도 없었다. 그래서 우리는 베틀(수직기)을 설치하는 일로 만족했다. 우리 가운데 일부는 여전히 좋은 직물을 좋아했다. 여성의 사리로 사용될 만큼 고운 스와데시 실이 아직 시장에 나오지 않았다. 그래서 아주 짧은 기간 동안 외제 실로 그런 천들이 짜여졌다. 그러나 우리는 곧 인도 공장에서 고운 실을 얻을 수 있었다.

아슈람에 베틀을 설치하는 일조차 쉬운 일이 아니었다. 우리 가운데 베짜기에 대해서 무엇인가를 조금이라도 아는 사람은 아무도 없었다. 우리는 친구를 통해서 베틀과 베짜는 사람을 구했다. 마간랄 간디가 베짜기를 배우려고 시도했다.

나는 아슈람에서 여러 가지 실험을 수행했고, 동시에 나라에 스와

---

54 〔역주〕 이 구절은 라빈드라나트 타고르와 같은 사람들의 비판에 대한 대답일 수 있다.

데시 선전을 지속했다. 하지만 그것은 우리가 실을 잣지 않고서는 주인공이 빠진 연극과 같았다. 그래서 나는 마침내 물레를 발견하고 물레질하는 사람을 찾아냈고, 아슈람에 물레를 도입했다. 이 얘기 전체는 내 자서전에 기술되어 있다.

하지만 그것으로 우리의 난관이 끝났음을 의미하는 것은 아니다. 여태까지 숨어 있던 난관들이 드러났기 때문에 오히려 증가했다.

나는 나라를 여행하며, 사람들이 물레에 대해서 얘기를 듣는다고 해서 물레로 달려들지 않을 것임을 알았다. 나는 물레질로 돈을 많이 벌 수 없다는 점을 알았지만 그것이 얼마나 적은지를 몰랐다. 그때 자아진 실은 곱지도 균일하지도 않았다. 많은 사람이 거칠고 약한 실밖에 자아내지 못했다. 모든 종류의 면화가 물레질에 적합하지도 않았다. 면화는 반드시 소모(梳毛)하여 굵은 고치로 만들어야 했는데, 소모질은 면화의 상태에 크게 의존한다. 모든 물레들이 제대로 작동한 것도 아니었다. 그래서 물레를 부흥시키는 일은 거대한 기획을 출범시키는 일이었다. 돈이 모든 재주를 다 부릴 수도 없었다. 인력만 보더라도 수백 명의 일꾼들이 필요할 것이었고, 이들은 새 기술을 배울 각오, 작은 임금으로 만족할 각오, 그리고 촌에서 그들의 삶을 끝까지 살아갈 각오가 있어야 했다. 그러나 그것으로도 충분하지 않았다. 시골 분위기는 나태하기도 하려니와 신념의 결핍과 희망의 결핍으로 가득 차 있었다. 분위기가 달라지지 않았다면, 물레에도 전혀 진척이 없었을 것이다. 그러므로 물레의 성공적 부흥은 무한한 인내와 강한 신앙을 갖춘 일편단심의 남녀 무리가 있어야 가능할 수 있었다.

첫 순간 이런 신앙을 가진 이는 나 혼자뿐이었다. 나에게 신앙이 유일한 자본이었지만, 신앙이 있다면 다른 모든 것은 여기에 보태질 것임을 알았다. 신앙은 지성을 계몽했고 근면한 습관을 유발했다.

모든 실험들이 아슈람에서 그리고 아슈람을 통해서 실시되어야 한다는 점이 분명해졌다. 왜냐하면 아슈람은 바로 그 목적을 위해서 존재했기 때문이다. 나는 물레질이 아슈람의 주요 육체적 활동이어야 함을 깨달았다. 그래서 그 물레질은 하나의 과학으로 될 수 있었다. 따라서 물레질은 마침내 마하야즈냐(제일의적 희생제사)로 인정받았고, 아슈람에 들어오는 모든 사람들은 물레질을 배워서 매일 규칙적으로 물레질을 해야 했다.

하지만 야즈냐는 행위의 기술(*skill in action*)[55]을 함축한다. 어떤 식으로든 실을 좀 자아냈다고 하여 야즈냐로 부를 수는 없다. 처음에는 구성원들이 적어도 하루에 30분씩 물레질을 해야 하는 것을 규칙으로 삼았다. 그러나 만일 물레가 고장이 난다면, 30분에 1~2야드조차 자아낼 수 없다는 점이 곧 밝혀졌다. 그래서 규칙도 수정되어서 구성원들은 적어도 160회전을 자아내도록 요구받았는데, 1회전은 4피트이다. 실이 강하고 균일하지 않으면 소용이 없었다. 그래서 강도와 균일성을 검증하는 방법이 고안되었고, 우리는 이제 20번수 실보다 더 거친 것은 야즈냐로 간주하지 않을 정도로 발전했다.

양질의 실이 자아졌다고 해 보자. 그런데 누가 그것을 사용할 것인가? 물레질을 성사(聖事, *sacrament*)로 여기고 물레질을 한 사람은 자신의 실을 사용해서는 안 된다는 것을 나는 처음부터 확신하고 있었지만, 나는 그 확신을 다른 사람에게까지 전파하지는 못했다. 만일 물레질하는 사람이 임금을 지불하고 임금을 받은 사람이 자은 실

55 〔원주〕《바가바드 기타》, 2 : 50. 〔역주〕 산스크리트어로는 'karmasu kausalam'이다. 이를 직역하면 '행위에서의 기술', '능숙함' 정도가 될 것이다. 이현주는 간디의 《기타》 해설서를 한글로 옮기면서 이것을 '동(動) 속의 정(靜)'으로 했다. 《평범한 사람들을 위해 간디가 해설한 바가바드 기타》(서울, 당대, 2001), 79면 참조.

을 자신을 위해서 구입한다면 무슨 해가 있을까? 나는 내 자신을 속이고, 임금을 지불하여 자신이 사용할 실을 구입한 자가 물레로 제사를 드리는 자(*spinning sacrificer*)로 간주될 수 있어야 한다는 데까지 동의했다. 이 실수는 아직도 완전히 교정되지 않았다. 처음 나타났을 때 강하게 다뤄지지 않는 실수는 영구적인 것으로 되는 경향이 있고, 만성질병처럼 뿌리 뽑기가 어렵다.

이와 같은 야즈냐의 결과로 물레질은 인도에 큰 발걸음을 내디뎠다. 하지만 그것은 여전히 우리 촌락 하나하나에 뿌리를 내려야 할 것이다. 이유는 명백하다. 내 신앙에는 지식이 없었다. 어떤 지식은 실수가 저질러지고 난 다음 얻어졌다. 동료들이 나에게 가담했다. 하지만 눈앞의 커다란 과업에 비하면 너무나 소수였다. 수백 명의 일꾼들이 존재했다. 그러나 그들 역시 필요한 신앙과 지식을 갖고 있지 않았던 것 같다. 뿌리가 이렇게 약했으므로 우리는 가장 성숙한 열매를 맛볼 수 없었다.

이것을 제외한다면 나는 어느 누구에게도 잘못을 찾을 수가 없다. 일은 새로우며 바다처럼 광대한 것이고 난관으로 가득하다. 그래서 우리 활동의 결과가 만족스런 것이 아니라고 해도, 우리 신앙을 유지하는 데 여전히 충분한 것이다. 우리는 완벽한 성공을 소망할 수 있는 모든 권리가 있다. 남녀를 불문하고 성실한 일꾼들은 적절한 수로 모여들었고, 귀중한 경험이란 기금을 축적했다. 따라서 이 운동은 멸망하고 말 운명은 분명히 아니었다.

카디는 우리나라의 다른 곳에서도 그리고 본 아슈람에서도 상당히 다양한 활동을 일으켰지만, 여기에서는 더 상세히 다룰 수 없다. 다음과 같이 말하는 것으로 충분할 것이다. 목화 수확량은 증대되었고, 물레는 제작되었으며, 천은 염색되었고, 씨빼기에서 베짜기에 이르기까지 전 과정을 위해서 손으로 작동되는 단순한 기계들이 제작되었으며, 이런 기계들은 수시로 개량되었다. 보다 더 성능 좋은 물레를 제작함으로써 만들어진 진보는 내 마음에 한 구절의 시가 되었다.

(8) 불가촉천민제도의 폐지

아슈람은 봉사하기 위해서, 그리고 필요할 경우 진리를 섬기다가 죽기 위해서 설립되었다. 그래서 만일 아슈람이 불가촉천민제도가 죄라고 간주하면서도 그것에 종지부를 찍기 위한 어떤 일도 하지 않았다면, 그것은 사탸그라하(진리파지) 아슈람이란 이름에 도저히 어울리지 않았을 것이다. 남아프리카에서도 우리는 불가촉천민제도를 죄라고 간주했다. 그래서 본 아슈람이 인도에서 설립되었을 때, 불가촉천민제도의 폐지가 쉽게 그 주요 활동 가운데 하나가 되었다.

아슈람 설립 한 달 안에 두다바이는 가족과 함께 들어오기를 신청했다. 나는 아슈람을 시험하는 때가 그토록 빨리 올 줄은 꿈에도 몰랐다. 두다바이의 신청은 슈리 암리트랄 타카르가 지지해 주었다. 나는 그가 추천한 가족을 받아들여야 한다고 느꼈다.

두다바이의 도착은 아슈람의 평온한 분위기에 폭풍 발발의 신호탄이 되었다. 카스투르바와 마간랄 간디 부부, 이들은 모두 이른바 불가촉천민들과 함께 살아가는 일을 꺼렸다. 카스투르바가 아슈람 규칙을 준수하든지 아니면 아슈람을 떠나야 할 지경에까지 이르렀다. 그러나 남편에게 순종하는 여인은 아무 죄도 짓지 않는다는 논의가 그녀에게 호소력이 있었고, 그녀는 진정했다. 나는 아내가 스스로 죄라고 간주하는 일에 대해서 남편 때문에 순종해야 한다고 생각하지는 않는다. 그러나 나는 이 경우에는 아내의 태도를 환영했다. 내가 불가촉천민제도의 폐지를 훌륭한 일이라고 보고 있었기 때문이다. 아무도 불가촉천민제도를 지지하면서 동시에 아슈람에서 살 수는 없었다. 아내가 아슈람을 떠날 수밖에 없었다면 나에게 매우 고통스런 일이었을 것이다. 아내는 큰 고통을 겪으면서도 항상 나의 동료가 아니었던가. 그녀와 헤어지는 일은 어려운 일이었다. 하지만 사람은 의무 수행의 도정에 만나는 일체의 어려움을 견뎌내야 한다. 그래서 나는 독립된 인격으로서가 아니라 충실한 아내로서 불가촉천민제도를 거부한 사실을 주저하지 않고 받아들였다.

마간랄 간디의 경우는 내 경우보다 더 어려웠다. 그는 짐을 꾸려 작별인사를 하러 나에게 왔다. 그러나 내가 어떻게 그에게 작별인사를 할 수 있었을까. 나는 그에게 주의를 환기시켰다. 아슈람은 나의 창조물이면서 동시에 그의 창조물이며, 만일 그가 아슈람을 떠난다면 아슈람은 파괴되고 말 것이라고 말했다. 하지만 그는 분명히 아슈람이 망하는 것을 원치 않았다. 그 자신이 창설했던 기관을 떠나는 일에 대해서 그는 나의 허락을 얻을 필요가 없었다. 그러나 아슈람을 떠나는 일은, 그에게 생각조차 할 수 없는 일이었음이 틀림없다. 내 호소에 그는 귀를 닫지 않았다. 아마 마간랄은 나를 자유롭게 하기 위해서 떠날 생각을 했을 것이다. 나는 온 세상과 결별하는 일은 견딜 수 있을 것이지만 마간랄과 결별할 수는 없었다. 그래서 나는 그가 가족과 함께 마드라스로 갈 것을 제의했다. 그와 그의 아내는 거기에서 직물짜기를 더 배울 것이고, 전개된 상황에 대해서 숙고할 시간을 갖게 될 것이다. 그들은 마드라스로 가서 6개월 동안 살았다. 그들은 베짜기 기술에 능숙하게 되었고 성숙한 성찰 이후 그들의 심정에서 불가촉천민제도를 씻어내렸다.[56]

이제 내부의 폭풍이 그쳤다. 그러나 아슈람 외부에도 폭풍은 있었

56 간디는 마간랄과 가족이 수직을 배우러 마드라스로 가 있던 마니랄과 함께 아슈람으로 돌아왔다고 적고 있다.

다. 아슈람 재정을 담당했던 핵심적 인사가 도움을 중단했다. 아슈람 재소자들이 인근의 우물에서 물을 긷는 일을 더 이상 허락받지 못할 가능성조차 있었다. 그러나 모든 어려움이 조금씩 극복되어 갔다. 재정에 대해서는, 나라싱 메타의 훈디(*hundi* : 어음)가 드바라바티에서 인정된 일과 유사한 일이 일어났다. 총액 1만 3천 루피가 예상치 못한 원천에서 주어졌다. 무슨 희생을 치러서라도 두바다이 가족을 지키기 위해서 아슈람이 각오했던 시련은 예상했던 것보다 덜 심각했다. 아슈람은 불가촉천민제도에 대한 반대를 둘러싸고 일어난 시험을 통과했다. '불가촉천민' 가족들은 아슈람에 자유롭게 와서 산다. 두다바이의 딸인 락슈미는 가족의 완전한 구성원이 되었다.

이른바 불가촉천민들이 순종했던 세 가지 천직들은 아슈람에서 실시되었고, 진보된 방법들이 각각 고안되었다. 아슈람에 있는 자는 누구든 차례로 위생봉사를 해야 한다. 이런 일은 특별한 천직이 아니라 보편적 의무로 간주되었다. 이 일을 위해서 외부의 어떤 노동도 관여하지 않았다. 이 일은 푸레 박사가 제시했던 방도대로 계속해서 수행되었다. 대변은 얕은 고랑에 묻혔고, 이는 불과 2~3일 내로 거름으로 바뀌었다. 푸레 박사는 배설물이 12인치의 깊이에 묻힌다면 적합하다고 말했다. 거기에 수백만 마리의 박테리아가 있어서 오물을 청결케 한다. 태양 빛과 공기도 그 깊이까지는 들어갈 수 있다. 그런 과정을 통해서 흙의 상층부에 묻힌 배설물은 쉽게 흙과 섞이는 것이다.

변소는 냄새가 나지 않고 쉽게 청소할 수 있도록 지어졌다. 변소를 사용하는 자는 모두 대변을 충분한 양의 마른 흙으로 덮어서, 그 윗부분은 언제나 마른 상태로 있도록 한다.

다음으로 수직이 있다. 거친 카디는 구자라트 지방의 하리잔 수직공들에 의해서만 짜여졌다. 그 산업은 거의 파멸 직전에 있었고, 수많은 수직공이 생계를 위해서 쓰레기를 뒤지는 일을 할 수밖에 없었다. 그러나 이 수공업이 부흥하고 있었다.

세 번째로 무두질이다. 우리는 그것을 목축 편에서 다룰 것이다.

아슈람은 하위 카스트의 존재를 인정하지 않는다. 카스트 사이의 식사에 아무 제한도 없었고, 모든 아슈람 재소자들이 같은 줄에 앉아 식사한다. 그러나 '카스트' 간의 식사를 지지하기 위해서 아슈람 외부를 향해서 선전하지는 않는다. 그것은 불가촉천민제도의 폐지를 위해서는 불필요한 일이다. 불가촉천민제도의 폐지는 공공기관에서 하리잔에게 부과된 금지 사항의 철폐를 의미하고, 특정 카스트 태생이기 때문에 그 사람과 접촉함으로써 오염된다는 미신을 내버리는 것을 의미한다. 이와 같은 자격 박탈은 입법에 의해서 폐지될 수 있다. '카스트' 간의 식사와 결혼은 다른 종류의 개혁이므로, 입법이나 사회적 압력에 의해서 촉진될 수는 없다. 그래서 아슈람 재소자들은 허용된 음식을 갖고 누구와도 자유롭게 식사하지만, 그런 선전을 수행하지는 않는다.

아슈람 거주의 하리잔을 위해서 학교들이 설립되었고, 몇 개의 우물이 파졌는데, 아슈람이 그런 활동의 재정을 주로 담당했다. 아슈람에서 수행된 진정한 반(反)불가촉천민제도의 작업은 아슈람 재소자들의 개혁적 행위이다. 아슈람에는 높은 사람, 낮은 사람이라는 관념이 들어설 여지가 없다.

하지만 아슈람은 바르나[57]와 아슈라마[58]가 힌두교의 핵심 요소라고 믿는다. 아슈람은 이 유서 깊은 용어들에 대해서 다른 해석을 부과할

57 네 계급.

58 인생의 네 주기.

뿐이다. 네 바르나와 네 단계 아슈라마는 힌두교에만 있는 고유한 조처가 아니라, 세계적 응용력을 지닌 법칙 즉 보편적 법칙이다. 인류가 이 법칙을 깬다면 수많은 재앙에 빠지게 될 것이다. 네 단계 아슈라마는 브라마차르야(*brahmacharya* : 梵行), 가르하스트야(*garhasthya*: 家住期), 바나프라스트야(*vanaprasthya* : 林棲期), 산야사(*sannyasa* : 遊行期 또는 포기)이다. 브라마차르야는 남녀가 자신들의 공부를 실행하는 단계로서 브라마차르야를 지켜야 할 뿐만 아니라, 공부를 해야 할 의무 이외에 어떤 다른 의무에서도 면제된다. 이것은 적어도 25세까지 지속된다. 그때 학생은 자신이 원한다면 가장이 된다. 거의 모든 학생들이 이런 식으로 가장이 된다. 하지만 가장의 단계는 나이 50세에 끝나야 한다. 그동안 가장은 인생의 쾌락을 향유하고, 돈을 벌고, 직업을 갖고, 가족을 부양한다. 50세에서 75세까지 부부는 따로 떨어져 살아야 하고, 민중에 대한 봉사를 위해서 전적으로 헌신해야 한다. 그들은 반드시 자신들의 가족을 떠나서 세계를 큰 가족으로 여겨야 한다. 마지막 25년 동안 그들은 산야시(포기자)가 되어야 하고, 따로 살면서, 사람들에게 이상적인 종교적 삶의 모범을 보여주어야 하고, 사람들이 그들에게 무엇을 주든 그것으로 자신들을 유지해야 한다. 만일 많은 사람이 이런 구도(*scheme*)를 자신들의 삶 안에서 수행한다면, 사회 전체가 향상될 것이다.

내가 알고 있는 한, 아슈라마제도는 인도 이외에는 알려져 있지 않다. 하지만 인도에서도 현재 거의 사라지고 있는 실정이다. 삶의 토대로 의도되었던 브라마차르야란 것이 이제 존재하지 않는다. 나머지 것에 대해서 말하자면 우리에게는 산야시가 있다. 그런데 그들 대부분은 이름으로만 존재하고, 그들에게 주황색 옷을 제외한다면 산야사라고 할 만한 것이 아무것도 없다. 그들 가운데 많은 사람은 무식하고, 학식이 좀 있는 사람들도 브라만의 지자(智者)가 아니라 광신자이다. 명예로운 예외가 좀 있긴 하지만 이 예절 바른 승려들(*monks*)에게 조차도 우리가 산야사에 대해서 즐겨 연상하는 광채가 없다. 일부의 진정한 산야시만이 고독한 삶을 살아갈 수 있다. 그러나 인생의 한 단계로서의 산야사는 이제 스러지고 말았다는 것이 명백하다. 유능한 산야시가 섬기는 사회는 영혼에 있어서 빈곤하지 않을 것이다. 현대의 인도사회와 같이 생필품을 공급받지 못하고, 정치적으로 의존하고 있다고 해도 말이다. 만일 산야사가 우리에게 살아 있다면, 그것은 다른 신앙에 강력한 영향력을 행사할 것이다. 산야시는 힌두교의 하인일 뿐만 아니라 인류의 모든 종교들의 하인이기 때문이다.

그러나 우리는 우리나라에서 브라마차르야가 준수되지 않는 한 그런 산야시를 볼 수 있을 것이라고 결코 기대할 수 없다. 바나프라스트야가 존재한다는 흔적이 전혀 없다. 우리가 성찰해야 할 마지막 단계는 가장(家長)의 단계이다. 하지만 우리의 가장들은 무절제에 빠져 있다. 나머지 세 아슈라마가 없는 가장들은 짐승처럼 살아간다. 자기규제(*self-restraint*)는 사람을 짐승에서 가려내는 유일한 것인데, 그것은 더 이상 실천되지 않고 있다.

본 아슈람은 네 가지 아슈라마를 부활하기 위해서 커다란 노력을 기울인다. 그것은 한 포대의 설탕을 들어올리려는 개미와 같다. 이 노력은 표면상 황당무계한 것으로 보이더라도 본 아슈람의 진리추구의 일부이다. 그래서 아슈람의 모든 재소자들은 브라마차르야를 준수해야 한다. 영구적인 멤버들은 평생 그것을 지켜야 한다. 이런 의미에서 모든 아슈람 재소자들이 멤버가 되는 것은 아니다. 오직 소수의 일부만이 멤버이고 나머지는 학생들이다. 만일 이 노력이 성공을 거둔다면, 우리는 인생에서 아슈라마 구도의 부활을 바랄 수 있을 것이다. 아슈람이 활동한 지난 16년은 결과를 평가하기에 충분한 시간은 아니다. 나는 언제 그런 평가가 가능할지에 대해서 아는 바가 하나도 없다. 오늘까지 성취한 진보에 대해서 아무 불만이 없다는 것만은 말할 수 있다.

만일 아슈라마 구도가 붕괴된다면 바르나의 운명 또한 어둡다. 처음에는 4개의 바르나가 있었지만, 지금은 무수한 구분이 있든지 아니면 오직 하나뿐이다. 우리가 만일 카스트와 하위 카스트의 숫자만큼이나 많은 바르나가 존재한다고 생각한다면, 그들의 이름은 군대(*Legion*)이다.[59] 반면, 내가 생각하듯이 만일 바르나가 카스트와 아무 관련이 없다면 오직 하나의 바르나만이 남을 것인데, 그것은 수드라(*Shudra*)이다. 여기서 우리는 누구를 비난하는 것이 아니라 사태의 진실을 진술하고 있을 뿐이다. 수드라는 봉사하는 사람들이고 다른 사람들에 의존하고 있다. 인도는 속국이다. 그래서 모든 인도인은 수드라이다. 농민은 자신의 땅이 없고, 상인은 물건이 없다. 경전이 부여한 자질을 가진 크샤트리아 또는 브라만도 거의 없다.

나의 느낌에 따르면 바르나제도가 창안되었을 때 상하의 생각은 없었을 것이다. 이 세상에는 높은 사람도 낮은 사람도 없다. 그래서 자신이 상층계급에 속한다고 생각하는 사람은 결코 상층계급이 아니며, 자신이 낮은 자라고 믿는 자는 단지 무지의 희생자일 따름이다. 그는 자신이 낮은 자라는 교육을 주인에게서 받은 것이다. 만일 브라만(*Brahmin*)이 지식이 있다면, 지식이 없는 자들은 물론 그를 존경

---

59 〔역주〕 〈마가복음〉, 5 : 9를 연상시킨다. 예수가 귀신 들린 사람을 고친 대목이다. 예수가 "네 이름이 무엇이냐" 하고 묻자 귀신이 "내 이름은 군대니 우리가 많음이나이다" 하고 대답했다. 하지만 간디는 여기에서 단순히 바르나가 많음을 지적하고 있을 뿐이다.

할 것이다. 그러나 만일 그가 그에게 바쳐진 존경 때문에 우쭐대며, 상층계급에 속한다고 스스로 상상한다면, 바로 그 순간부터 그는 더 이상 브라만이 아니다. 덕은 언제나 존경을 자아낸다. 하지만 덕이 있는 사람이 자신에 대해서 과대망상을 품는다면, 그의 덕은 세상에 아무 의미가 없게 된다. 모든 종류의 재능은 위탁물(*trust*)이고, 사회의 이익을 위해서 사용되어야 한다. 개인은 독자적으로(*unto himself*) 살아야 할 권리가 전혀 없다. 실상 독자적으로 살기란 불가능하다. 우리가 사회로 나가서 살 때(*unto society*) 비로소 완전히 독자적으로 살 수 있을 것이다.

고대의 지위가 무엇이었든지 오늘날에는 그 누구도 상층계급에 속한다고 주장하면서 살아갈 수 없다. 우리 사회는 우월하다는 주장을 자발적으로 받아들이지 않을 것이며 오직 협박 아래에서만 그럴 수 있을 것이다. 세상은 이제 활짝 깨어 있다. 이 깨어남은 일종의 방탕을 낳았던 것 같다. 하지만 여론은 이제 상하의 어떤 차별도 인정할 준비가 되어 있지 않으며, 그런 차별은 사방에서 공격을 받고 있다. 인간의 혼들이 동등하듯이 만인은 동등하다(*equal*)는 자각이 부단히 늘어나고 있다. 우리는 모두 한 분 신의 피조물이라는 사실이 상하에 대한 일체의 관념을 배격한다. 우리가 누구의 태생이 고귀하지도 비천하지도 않다고 말할 때, 만인이 모두 동등한 재능을 갖고 있다거나 갖고 있어야 한다는 의미는 아니다. 모든 사람들이 재능이나 재산 혹은 기회에서 동등한 것은 아니다. 하지만 모든 사람들은 다른 성향·능력·연령을 가진 형제자매처럼 동등하다.

만일 바르나제도가 영적인 배열이라면, 그 안에 상하의 구별이 있을 여지가 없다.

그래서 네 바르나는 지위에 있어서 동등하며 태생에 의해서 결정된다. 그것들은 다른 직업을 선택하는 사람에 의해서 변할 수 있다. 하지만 바르나가 법칙상 태생에 의해서 정해지지 않는다면, 모든 의미를 잃어버릴 것이다.

바르나제도는 경제적이며 동시에 윤리적이다. 그것은 전생(前生, *previous lives*)들과 유전의 영향을 인정한다. 모든 사람들이 동등한 힘과 유사한 성향을 지니고 태어나는 것은 아니다. 부모도 국가(*the State*)도 아동 하나하나의 지성을 헤아릴 수 없다. 그러나 각 아동이 유전과 환경 그리고 전생들의 영향에 의해서 지시된 직업에 대해서 준비한다면 아무 어려움이 없을 것이고, 성과 없는 실험에 단 한순간도 낭비하지 않을 것이다. 혼을 죽이는 경쟁도 없을 것이다. 만족감이 사회를 채울 것이고, 생존경쟁도 없을 것이다.

바르나제도는 상하의 온갖 차별의 철폐를 함의한다. 만일 목수가 구두 제조공보다 우월하다고 하고, 변호사나 의사가 이 두 집단보다 더 우월하다면, 아무도 자진해서 구두 제조공이나 목수가 되고 싶지 않을 것이고 모두가 변호사나 의사가 되고 싶을 것이다. 그들은 그렇게 할 자격이 있고, 그렇게 하면 칭찬도 받을 것이다. 다시 말해서, 바르나제도는 악으로 간주되고, 그 제도 자체는 폐지될 것이다.

그러나 모든 사람들이 부친의 직업을 가져야 한다고 제안했을 때, 그 제안은 직업을 가진 자가 생계를 위해서만 벌고 그 이상은 벌지 않겠다는 조건이 수반되어야 한다. 만일 목수가 구두 제조공보다 더 많은 돈을 벌고 변호사나 의사가 앞의 두 사람보다 더 많이 번다면, 모든 사람들은 변호사나 의사가 될 것이다. 현재가 바로 그런 경우인데, 그 결과로 증오가 증가하고 변호사와 의사가 필요 이상으로 많아지게 되었다. 사회는 구두 만드는 사람과 목수가 필요하듯이 변호사나 의사가 필요할 수도 있다. 이 네 직업들은 일종의 실제 사례로서만, 비교하기 위해서 여기에 선택된 것이다. 사회가 다양한 여타 직업에 대해서 특별한 요구를 하는가의 여부를 숙고하는 일은 여기에서는 무관한 일이다.

그렇다면 학문은 장사가 아니고 부를 축적하기 위해서 사용되어서는 안 된다는 원리는 바르나제도의 핵심 부분이다. 그래서 변호사나 의사의 직무가 필요한 정도만큼 그들은 직무를 수행함으로써 생계비만을 벌어야 한다. 그리고 예전에는 실제로 그랬다. 촌락 의사(바이드야)는 목수보다 더 버는 것이 없었으며 생계비만 벌었다. 간단히 말하자면, 모든 기술과 직업의 보수는 동등해야 하고 생계를 유지할 수 있어야 한다. 바르나들의 수에 대해서 존엄성 같은 것은 없다. 바르나들의 가치는 사람의 의무를 정해 준다는 사실에 기인한다. 바르나는 우리가 원하는 대로 하나이든지 아니면 복수이다. 경전은 넷을 낱낱이 들어 말하고 있다. 그러나 우리가 그것들에 동등한 지위를 부여한 다음, 넷이 있다고 하든 아니면 단 하나가 있다고 하든 그것은 거의 차이가 없다.

이런 것들이 아슈람이 부활하려고 노력하는 바르나제도이다. 그것은 자루걸레를 갖고 대서양을 밀어붙이려고 하는 파팅턴 부인과 같다.[60] 나는 이미 바르나제도의 두 근본 원리들, 즉 사람에게는 상하

---

60 〔역주〕 Sydney Smith의 1813년 토튼(Tauton) 연설에서 나온 말. 그 연설의 내용은 다음과 같다. 시드무스에 엄청난 폭풍이 몰아닥치자 해변에 살고 있던 파팅턴 부인은 나무덧신을 신고 자루걸레를 들고 집 앞에 나타나, 자루걸레를 휘두르며 바닷물을 짜내면서 격렬하게 대서양을 몰아내었다. 대서양이 확 일어났고, 파팅턴 부인의 사기도 충천했다. 그러나 경합이 불공평하다는 것을 굳이 말할 필요는 없을 것이다. 대서양이 파팅턴을 패배시켰다. 그리고 이 파팅턴 부인과 자루걸레라는 구절은 주로 진보에 저항하려고 하는 사람들에 대한 조롱으로 사용되지만, 간디는 아슈람이 내세운 과업을 이루기란 아주 어렵지만 해나가겠다는 결의의 표시로 사용하고 있다.

가 없다는 원리, 그리고 만인이 생계비를 받을 자격이 있고 그 생계비는 모두에게 같다는 원리를 언급했다. 이 원리들은 수용만 되면 사회에 긍정적인 봉사를 할 수 있을 것이다.

만일 그런 계획이 수용된다면, 지식의 획득을 위한 유인책은 전혀 없을 것이 아니냐는 반론이 가능하다. 그러나 오늘날 지식을 얻고자 하는 목적은 지식을 타락시키는 경향이 있다. 그래서 유인책의 완전한 결여는 전적으로 이익이 될 것이다. 진정한 의미의 지식은 자신의 구원, 즉 인류에 대한 봉사를 겨냥한 것이다. 봉사하고자 하는 사람은 누구든 적절한 지식을 갖추기 위해서 노력할 것이 분명하고, 그의 지식은 사회에도 자신에게도 명예가 될 것이다. 또한 부를 축적하려는 유혹이 제거되면, 교수방법과 교과내용에 더 나은 변화가 생길 것이다. 현재는 지식의 많은 오용이 있다. 이 오용은 '새로운 질서'에서는 최소치로 줄어들 것이다.

그런 경우에도 선량하고 유익한 사람이 되려고 함에 있어서 경쟁이 있을 여지는 있을 것이다. 그리고 모두가 생계비를 받는다면 불만(*discontent*)도 무질서도 없을 것이다.

바르나는 오늘날 오해되고 있다. 그 오해는 위에서 개략적으로 설명한 원리 앞에서 사라져야 한다. 불가촉천민제도는 마땅히 사라져야 하고, 바르나는 계급 간의 식사와 계급 간의 결혼과는 아무 관계도 없다. 사람은 그가 원하는 사람과 식사하고, 원하는 사람과 결혼할 수 있다. 그러나 일반적으로 그는 자신의 바르나와 같은 바르나에 소속한 사람과 결혼할 것이다. 그러나 만일 다른 바르나에 속한 사람과 결혼한다고 해도, 그의 행위는 죄로 간주되어서는 안 된다. 사람의 행위가 배척당할 만큼 잘못이라면, 그는 자신의 계급에 의해서가 아니라 사회 전체에 의해서 배척당할 것이고, 사회는 현재의 모습보다 더 잘 구성될 것이다. 이러한 과정을 겪으며 지금 사회에 만연된 부정(不淨)과 위선은 제거될 것이다.

(9) 농업

아슈람 활동 가운데서 이 부문의 존재는 마간랄 간디 덕분이다. 농업 없는 아슈람이 마치 주인공 없는 연극과 같은 것이 될지라도, 그가 없었다면 나는 농업을 시도할 용기가 없었을 것이다. 왜냐하면 나는 우리에게 농업에 필요한 기술도 환경도 없었다고 생각했기 때문이다. 농업은 아주 거창한 사업이고 많은 땅·돈·인력을 요구한다. 나는 농업이 다른 일로부터 — 즉, 우리가 수행할 수 있고 더 이상 미룰 수 없는 다른 불가피한 일로부터 — 우리의 관심을 앗아갈 것을 두려워했다. 하지만 마간랄 간디는 집요했고, 나는 그에게 졌다. 그는 "오직 제 자신의 기분전환으로 시작한다고 해도, 제가 그것을 해보겠습니다"라고 말했다. 마간랄은 나와 거의 논쟁하지 않는 사람이다. 그는 내 이념들을 수행하는 일을 자신의 의무로 생각했다. 만일 그가 내 이념들을 이해하지 못하거나 동의하지 않는다면, 그는 나에게 그렇게 말했을 것이다. 그때에도 내가 만일 내 계획을 고수한다면, 그는 그것이 옳다고 여기고 그것을 실행했을 것이다. 사실 그는 농업 없는 아슈람은 생각조차 할 수 없다고 믿었고, 그 자신이 자신의 신념을 옹호할 수 있는 사례를 만들어야 했을 것이다. 대신 그는 사랑에 대해서 탁월한 논의를 폈다. 그리고 아슈람은 농사일에 착수했다. 아슈람에 있는 대다수의 나무는 마간랄이 심었거나 그의 건의로 심은 것이다.

나는 농업에 대해서 여전히 의심이 있다. 오늘도 나는 그것이 본격적인 아슈람 활동의 하나라고 주장할 수 없다. 그러나 아슈람 내의 토지 경작은 미미하긴 하지만 내가 미안할 정도는 아니다. 상당한 정도의 돈이 그 일에 투입되었다. 그것이 자립하고 있다고 말할 수는 없다. 하지만 이 정도의 농사는 아슈람을 위해서 필요했다고 믿고 싶다. 농사가 없다면 아슈람도 없다. 가능한 한 자체의 채소와 과일을 재배해야 하기 때문이다. 실제로 마간랄은 나중에 아슈람에서 재배한 채소만을 먹겠다고 서약했다. 아슈람은 자체의 곡물과 가축을 위한 목초를 재배할 능력을 얻어야 한다. 아슈람이 농업에 대한 연구를 하지 않아도 되지만, 농장 없는 아슈람은 코 없는 얼굴처럼 보일 것이다.

아슈람 농장은 실험 단계에 있을 뿐이다. 그것은 다른 사람들에게 가르칠 만한 것이 없다. 그것은 농업의 기초적인 지식만을 전수할 의도를 갖고 있다. 처음에는 아슈람에 단 한 그루의 나무도 없었지만, 이제는 유용성을 염두에 두고 심은 나무들이 많이 있다. 채소는 과일과 꿀과 함께 재배된다. 우리는 배설물을 거름으로 사용하는 일에서 만족할 만한 성과를 거두고 있다.

우리는 현대에 개량된 쟁기와 더불어 옛날의 쟁기도 함께 사용한다. 물은 우물에서 펌프로 퍼 올리는데, 이 방법은 농촌에서도 따라할 만하다. 우리는 가난한 농민을 위해서 적합한 옛날 기구들을 솜 편애한다. 그것들은 약간 개량할 수 있겠지만, 확실한 얘기는 아무것도 할 수 없다. 아슈람이 그런 주제에 대해서 신경 쓸 겨를이 없기 때문이다.

(10) 목축

아슈람은 동물의 우유도 육류와 같이 사람을 위한 음식이 아니라고 믿기에 아슈람의 이상은 우유 없이 지내는 것이다. 아슈람은 1년 이상 우유와 기(버터기름)를 사용하지 않았다. 그러나 성인만이 아니라 아이들의 건강까지도 이런 섭생 아래에서 고통을 받자, 아슈람의 식사에 처음에는 기, 다음에는 우유가 첨가되었다. 이렇게 되자 아슈람에서 가축을 길러야겠다는 생각이 분명해졌다.

아슈람은 고라크샤(*goraksha*: 소 보호)를 종교적 의무로 믿는다. 그러나 고라크샤라는 말은 자만의 냄새를 지니고 있다. 사람은 동물을 '보호할 만한' 능력이 없다. 사람은 스스로 모든 생명의 보호자이신 신으로부터 보호받을 필요가 있기 때문이다. 그래서 고라크샤라는 말을 고세바(*goseva*: 소에 대한 봉사)라는 말로 대체했다. 우유나 기 없이 지내는 실험, 그래서 이기적인 목적 하나 없이 소에게 봉사하려는 실험이 성공하지 못하자, 아슈람은 가축을 사육하게 되었다. 우리는 처음에 수소와 암소만 아니라 물소까지 보유했는데, 그때 우리는 물소를 빼고 암소와 수소만을 보유하는 것이 우리의 의무라는 점을 아직 깨닫지 못했다.

그러나 현재로서는 오직 소에 대한 봉사만이 인간 이하의 일체의 생명에 대한 봉사를 대표하고 있다는 점이 나날이 분명해졌다. 그것은 우리가 내디딘 최초의 발걸음으로, 당분간은 그 이상 나갈 만한 자원이 우리에게 없었다. 소의 도살은 아주 흔하게 힌두·무슬림 사이의 긴장을 낳는 원인이다. 아슈람은 이슬람교도의 암소를 무력으로 빼앗는 것이 힌두교도의 의무도 권리도 아니라고 믿는다. 무력으로 소를 구하려는 노력에는 소에 대한 봉사도 보호도 없다. 반면, 그것은 도살을 재촉할 따름이다. 힌두교도는 소에 대한 자신들의 의무를 수행함으로써, 그래서 오직 소의 도살을 아무도 감당할 수 없을 만큼 아주 값비싼 행위로 만듦으로써 소와 그 후손을 지킬 수 있다. 힌두 사회는 지금 이런 의무를 수행하는 것이 아니다. 소는 우리의 홀대로 고통을 당하고 있다. 물소는 소에 비해서 더 많은, 양질의 우유를 주고 있으므로 물소를 기르는 일은 소를 기르는 것보다 돈이 적게 든다. 그리고 만일 물소가 수송아지를 낳으면, 사람들은 그 송아지가 어찌되든 상관하지 않는다. 물소 '보호' 또는 '봉사'가 그들의 의무가 아니기 때문이다. 그래서 힌두 사회는 근시안적이고 비겁하고 무지하고 이기적이어서, 소를 홀대하고 그 자리에 물소를 세워서, 그 과정에 양자 모두를 해치고 있다. 물소의 이익은 우리가 그것들을 보유하는 데 있는 것이 아니라 물소의 자유에 있다. 물소를 기르는 일은 수송아지를 고문해서 죽이는 것을 의미한다. 모든 주에서 이런 일이 일어나는 것은 아니다. 이를테면, 구자라트 주의 경우와 같이 수컷 물소가 농사의 목적에 소용이 없을 때, 그것은 조사(早死)할 수밖에 없는 운명에 처한다.

아슈람은 이런 숙고 끝에 물소를 처분하고 이제 암소와 황소만을 기르기로 했다. 번식의 증대, 여러 종류의 여물을 줌으로써 우유를 증산하고 질을 풍부하게 하는 일, 우유를 보관하고 우유에서 버터를 쉽게 만드는 기술, 그리고 수송아지의 거세에 있어서 가장 덜 고통스런 방법, 이 모든 것들에 주목하게 되었다. 그것은 이제 실험단계에 있지만 만일 암소가 잘 대접받고 암소에서 나온 모든 생산품이 충분히 활용된다면, 유지비 정도는 나올 것이라고 아슈람은 진실로 믿는다.

사람은 암소를 계속 기를 여유가 없다. 그리고 사정이 그렇다면 도살이 불가피한데도 많은 사람은 이 점을 자각하지 못하는 것 같다. 인간은 소를 구하기 위해서 스스로 죽을 정도로, 또는 소가 기생충이 되어 인간을 먹으면서 살아가는 것을 허용할 정도로 자비롭지 못하다. 현재의 가축 수는 너무 많아서 가축을 잘 먹이게 되면, 인간은 자신이 먹을 충분한 음식을 갖지 못할 것이다. 그러므로 우리는 잘 키운 소가 보다 더 많은 산물을 생산해낼 수 있을 것이라는 명제를 증명해야 한다.

이 명제가 옳다는 것이 증명될 수 있기 위해서, 힌두 사회는 종교를 가장한 일종의 미신을 버려야 한다. 힌두교도는 죽은 소의 뼈 따위를 이용하지 않는다. 그들은 소가 죽으면 어떻게 되든 상관하지 않는다. 무두질장이의 직업을 거룩한 것이 아니라 불결한 것으로 보고 있다. 여윈 가축들이 오스트레일리아로 수출되고 거기에서 도살된다. 거기에서 소뼈는 거름이 되고, 살은 육류 추출물이 되고, 소가죽은 부츠나 구두가 된다. 육류 추출물, 거름, 구두들은 인도로 재수출되어 양심의 가책 하나 없이 사용된다.

이런 어리석음이 소의 파멸에 이바지하고, 나라에 거대한 경제적 손실을 입힌다. 이것은 종교가 아니라 종교를 정면에서 부정하는 것이다. 그래서 무두질이 아슈람에 도입되었다. 우리 가운데 어느 누구도 아직 숙련된 무두질장이는 없다. 외부에서 들어온 무두질장이로서 아슈람 규칙을 준수할 만한 사람을 찾을 수 없었다. 그럼에도 불구하고, 현재 무두질은 아슈람 산업의 핵심 부분이다. 우리는 그것이 물레질과 같이 발전되고 보급되기를 간절히 소망한다. 죽은 소가 충분히 활용되기만 하면, 소는 나라에 더 이상 부담이 되지 않을 것이다. 그때에도 이익은 없을 것이다. 종교는 경제에 결코 반대하지 않지만, 언제나 이익의 반대편에 선다. 만일 소가 그 유지비를 지불할 수 있으려면, 죽은 가축이 허비되도록 허용해서는 안 되고 대규모 무두질 공장의 이익을 부풀리도록 허용해서도 안 된다. 이것은 힘으로 할 수는 없다. 그러나 힌두 사회는 소를 보유해야 하고, 소와 송아지가 살아 있는 한 잘 돌봐야 한다. 그들이 늙었을 때에도 귀하게 여기고, 죽은 뒤에는 사체를 충분히 이용해야 한다. 이런 식으로만 소는 구원을 받고, 우리는 아마도 소를 구하면서 나머지 인간 이하의 피조물을 구하는 방법을 배울 것이다. 우리의 무지·게으름·증오 덕분에 오늘날의 소는 파멸의 길을 재촉한다. 다른 가축에 대해서는 적게 말하는 편이 더 낫다.

아슈람은 모든 고샬라(*goshala*: 우사)와 핀즈라폴레(*pinjrapole*: 동물수용소)가 종교적으로, 과학적으로 지어져야 한다고 제의한다. 부자는 그들 자신의 우사를 가져야 할 것이고, 우유와 버터기름만을 사용해야 할 것이다. 우유를 매매하는 것은 죄로 간주되어야 하고, 부자는 공공우사를 운영하여 수지균형을 맞춰야 한다. 그렇게 되면 소는 구원을 받을 것이다.

아슈람은 현재 제한된 목표를 갖고 있다. 아슈람에 모범적인 고샬라를 운영하는 일, 양질의 암소와 수소를 번식시키는 일, 소가 죽었을 때 그 사체를 충분히 활용하는 일, 그래서 소의 보유가 경제적임을 보여주는 일, 일꾼들의 훈련과 훈련 완수 이후에 그들에게 일자리를 제공하는 일이 바로 그것들이다. 이런 일은 현재 진행중이다. 많은 난관이 존재한다. 하지만 우리는 성공을 충분히 자신하고 있다.

(11) 교 육

여기에서 교육이란 말은 통상적 의미와 특별한 의미로 사용된다. 교육 부문에서의 아슈람 실험은 다른 어떤 부문에 비해서도 더 큰 실험이었다.

우리는 아슈람의 여성들과 아동들이 읽기 쓰기 교육을 받아야 한다는 것은 즉시 알았고, 아슈람에 온 남성 문맹자들을 위한 유사기관이 있어야 한다는 것은 얼마 후 알았다. 아슈람에 이미 참여한 사람은 가르치는 일을 맡을 수 없었다. 만일 유능한 선생들이 아슈람에 올 만한 매력을 느끼게 하려면, 브라마차르야 규칙은 그들을 위해서 완화되어야 했다. 그래서 아슈람은 두 구획으로 나눠졌는데, 선생의 구역과 아슈람 그 자체였다.

사람들은 자신들의 단점을 단번에 극복할 수 없다. 이 두 구획이 존재하자마자, 우월과 열등의 감정이 아슈람의 공기를 오염시켰다. 우리가 그것을 억누르려고 혼신의 노력을 다했지만 말이다. 아슈람 재소자들은 영적인 자만심(*spiritual pride*)을 부렸고, 선생들은 이것을 참아낼 수가 없었다. 이 자만심은 아슈람 이상의 성취에 장애물이 되었을 뿐만 아니라 허위의 일면을 지니고 있었다. 만일 브라마차르야가 완벽한 정도로 준수될 수 있으려면 분리는 불가피했다. 하지만 브라마차리(梵行者)가 자신에 대해서 지나치게 높이 생각할 이유는 조금도 없었다. 브라마차리라고 해도 무심코 정신적으로 죄를 짓는 자는 퇴보했고, 브라마차리로 자처하지 않지만 브라마차르야를 애호하는 자들은 진보했던 경우가 충분히 일어날 수 있다. 이것은 지성에는 분명했던 일이지만, 우리 모두가 그것을 실행하기는 쉽지 않았다.

그다음은 교육의 방법에 대해서 의견의 차이가 있었고 이것이 아슈람 행정에 난관을 초래했다. 격론이 벌어졌지만, 마침내 모두가 진정했고, 인내심의 교훈을 배웠다. 이것은 내 관점에서는 아슈람이 경주한 모든 노력의 목표인 진리의 승리였다. 서로 차이 나는 견해들을 품었던 사람들은 그들의 마음에 아무 사악한 의도를 갖지 않게 되었고, 그 차이에 대해서 가슴 아파했다. 그들은 자신들이 본 진리대로 실천하기를 원했다. 그들은 자신들의 관점을 편애했고, 그것이 상대방의 주장에 적당한 무게를 두는 일에 방해가 되었다. 그래서 분쟁이 일어났으며, 그것은 우리의 관대함을 심각하게 시험했다.

교육에 대한 내 나름대로의—아마 독특하다고 할 수 있는—견해는, 동료들에 의해서 완전히 수용되지 않았지만 다음과 같다.

1 어린 소년 소녀들은 8세에 도달할 때까지 남녀공학으로 가르친다.
2 그들의 교육은 교육자의 감독 아래 주로 육체노동 훈련(*manual training*)으로 이뤄진다.
3 남녀 학생들이 어떤 종류의 일을 해야 할지를 결정하는 데, 개별 아동의 적성이 고려되어야 한다.
4 각 과정이 진행될 때 그 과정에 대한 이유를 설명해 주어야 한다.
5 각 아동이 사물을 이해하기 시작할 때, 일반지식이 그에게 주어져야 한다. 읽기와 쓰기의 학습은 나중에 도입돼야 한다.
6 아동은 먼저 간단한 기하학적 도형을 그리도록 교육받아야 하고, 그가 이 도형들을 쉽게 그리게 되면 알파벳 쓰기를 배워야 한다. 만일 이렇게 하면 그의 필체는 처음부터 좋을 것이다.
7 읽기는 쓰기 전에 가르쳐야 한다. 문자들은 인지되어야 할 그림으로 취급되어야 하고, 나중에 모사해야 한다.
8 이런 방식으로 교육받은 아동은 8세가 되면 능력에 맞게 상당한 정도의 지식을 얻게 될 것이다.
9 어떤 것도 아동에게 강제적으로 가르쳐서는 안 된다.
10 아동은 배우는 모든 것에 대해서 흥미를 갖고 있어야 한다.
11 아동에게 교육은 놀이처럼 보여야 한다. 놀이는 교육의 핵심 부분이다.
12 모든 교육은 모국어로 진행되어야 한다.
13 아동은 문자를 배우기 전 힌디-우르두어를 국어로서 배워야 한다.
14 종교 교육은 필수적이다. 아동은 선생의 행동을 보고, 그 행동에 대해서 선생 자신이 하는 말을 듣는 방식으로 종교 교육을 받아야 한다.
15 9세에서 16세는 아동 교육에서 제 2단계에 해당된다.
16 가능하다면 2단계에서도 남녀공학의 교육을 받는 것이 바람직하다.
17 이제 힌두 아동들에게 산스크리트어를, 무슬림 아동들에게는 아

라비아어를 각각 가르쳐야 한다.

18 공작 훈련은 2단계에도 지속되어야 한다. 문예(*literary*) 교육은 필요에 따라서 더 많은 시간이 할당되어야 한다.

19 2단계에서 소년들은 그들 부모의 직업이 무엇인지를 교육받아 자신들의 선택에 따라서 가업의 기술을 발휘함으로써 생계를 꾸려 나갈지 결정하도록 해야 한다. 소녀들에게는 적용되지 않는다.

20 이 단계에서 아동은 세계사·지리·식물학·천문학·산수·기하학·대수학에 대한 일반지식을 얻어야 한다.

21 모든 아동들은 바느질과 조리법에 대해서 교육받아야 한다.

22 16세에서 25세까지는 3단계로, 이 기간의 남녀 청년들은 각자 자신의 소망과 환경에 따라서 교육을 받아야 한다.

23 2단계(9~16세)에서 교육은 자활할 수 있어야 한다. 즉, 아동이 배우는 기간 내내 늘 일종의 산업을 위해서 일해야 한다. 그 산업에서 얻은 수익이 학교 비용을 처리할 수 있을 것이다.

24 생산은 첫 순간부터 시작한다. 하지만 1단계에서는 비용을 다 감당할 수는 없을 것이다.

25 선생들은 아주 높은 임금을 받아서는 안 되고 생계비 정도만 받아야 한다. 그들은 봉사정신으로 고취되어야 한다. 1단계에서 마구잡이식으로 아무나 선생으로 영입하는 것은 경멸할 만한 일이다. 모든 선생들은 인격자여야 한다.

26 거대하고 값비싼 건물들이 교육기관을 위해서 필요한 것은 아니다.

27 영어는 여러 언어 중의 하나로만 교수되어야 한다. 힌디어가 국어라면, 영어는 다른 국가와의 거래에서, 그리고 국제간 교역에서 사용돼야 할 것이다.

여성교육에 대해서, 나는 그것이 남성교육과 달라야 할지, 그리고 언제 시작되어야 할지 확신이 없다. 하지만 여성을 위해서 남성용의 시설과 같은 시설이 있어야 하고, 필요하다면 특수 시설이 있어야 한다는 점을 강하게 믿고 있다.

문맹의 성인들을 위해서는 야간학교가 있어야 한다. 그러나 그들이 읽기 · 쓰기 · 셈하기를 반드시 배워야 한다고는 생각하지 않는다. 그들이 일반지식을 얻기 위해서는 강의 등을 통해서 도움을 받아야 하며, 만일 그들이 원한다면 우리는 읽기 · 쓰기 · 셈하기를 가르치도록 해야 할 것이다.

아슈람에서 우리가 한 실험을 통해서 우리는 한 가지 사실에 대해서 확신을 갖게 되었다. 즉, 일반적으로 말하면 산업, 특별하게는 물레질이 교육에서 높은 지위를 차지해야 한다는 확신, 교육은 촌락생활과 관련이 있으면서도 그 생활을 향상시킬 수 있을 뿐 아니라, 주로 자활적이어야 한다는 확신을 심어주었다.

이러한 실험들 중에서 우리는 여성 부문에서 가장 큰 성공을 거두었다. 이들은 자유정신(*the spirit of freedom*)과 자신감을 흡수했는데, 내가 알기로 이런 일은 어떤 다른 계급의 여성도 이룬 적이 없었던 일이다. 이 성공은 아슈람의 분위기 덕택이다. 아슈람의 여성은 남성에게 부과하지 않는 어떤 규제에도 종속되지 않는다. 그들은 모든 활동에서 남성과 절대 평등(*absolute equality*)의 기반을 가졌다. 아슈람의 일 가운데서 남성을 제외하고 여성에게만 할당된 일은 단 하나도 없다. 요리는 양성이 모두 돌보았다. 힘에 부치는 일에서 여성들이 면제된 것은 물론이다. 그런 것을 제외한다면 남성 · 여성은 모든 곳에서 함께 일한다. 아슈람에는 푸르다(*purdah*) 또는 라즈(*laz*)[61]와 같은 것은 없다. 여성은 어디 출신이든 아슈람에 들어오는 순간부터 자유의 공기를 호흡하고, 일체의 공포를 자신의 마음으로부터 던져 버린다. 그리고 나는 브라마차르야라는 아슈람 규율이 이런 상태에 커다란 기여

---

61 베일.

를 했다고 믿는다. 성인이 된 여성은 아슈람에서 처녀처럼 살아간다. 우리는 이런 실험이 위험을 가득 안고 있음을 알지만, 위험을 감수하지 않고서는 여성에게 어떤 각성도 불가능할 것이라고 믿는다.

아동 결혼이 존재하는 한 여성은 어떤 진보도 이룰 수 없다. 사회적 관습에 따르면 모든 소녀들은 결혼하도록 되어 있고, 그것도 월경이 시작되기 전이어야 한다. 미망인의 재혼은 허용되지 않는다. 그런데 여성이 아슈람에 들어오게 되면, 이런 사회적 관습들이 잘못이고 반(反)종교적이라는 말을 듣는다. 그러나 그들은 아슈람이 스스로 설교한 바를 실천하는 것을 보고 충격은 받지 않는다.

통상적으로 교육이라고 불리는 것 가운데 그리 많지 않은 부분만이 아슈람에서 실시된다. 그런데도 우리는 아슈람의 남녀노소가 지식을 간구(懇求)하고 있고, 그것을 위한 시간이 없다고 불평한다는 점을 안다. 이것은 좋은 징조이다. 아슈람에 들어온 사람들 가운데 많은 이가 교육을 받지 않았거나 교육에 관심이 없다. 그들 가운데 일부는 거의 읽거나 쓰지도 못한다. 그들이 아슈람에 들어오기 전에는 진보를 위한 욕구조차 없었다. 그러나 그들이 아슈람에 조금 살게 되면, 그들은 지식을 늘리려는 욕구를 갖게 된다. 이것은 대단한 일이다. 지식을 위한 욕구를 만드는 일이 대개 내딛어야 할 첫걸음이기 때문이다. 그러나 나는 아슈람에 이런 욕구를 충족시킬 만한 충분한 시설이 없었다는 점에 대해서 그리 후회하지 않는다. 아슈람의 규율 준수가, 충분한 수의 유자격 선생들이 아슈람에 참여하는 것을 가로막았던 것으로 보인다. 그래서 우리는 다른 사람을 가르칠 수 있도록 훈련받을 수 있는 아슈람 재소자들로 만족해야 했다. 아슈람의 많은 활동은 재소자들이 필요한 자격을 얻는 과정에 실시될 수도 있고 앞당겨질 수도 있다. 그러나 그것은 그리 문제가 되지 않는다. 지식에 대한 욕구에 시간제한은 없어서 조만간 충족될 수 있기 때문이다. 참교육은 아동이 학교를 떠난 다음에 시작된다. 공부의 가치를 인정한 자는 평생 동안 학생으로 남는다. 그가 자신의 의무를 양심적으로 수행하는 사이, 그의 지식은 나날이 증가하고야 말 것이다. 그리고 이것은 아슈람에서 잘 이해되고 있다.

선생 없이 어떤 교육도 불가능하다는 것은 미신이고, 이 미신은 교육이 진보하는 길에 놓인 장애물이다. 사람의 진정한 스승은 자기 자신이다. 그리고 요즘은 자기 교육(*self-education*)을 위한 수많은 도움이 있다. 근면한 사람은 많은 사물에 대한 지식을 스스로 쉽게 얻을 수 있고, 필요하다면 선생의 도움을 받을 수 있다. 경험은 최상의 학교이다. 상당히 많은 종류의 기술은 학교에서는 배울 수 없고 일터에서만 배울 수 있다. 기술에 대해서 학교에서 얻은 지식은 흔히 앵무새와 같다. 다른 주제들은 서책의 도움을 받아서 배울 수 있다. 그래서 성인(成人)이 필요로 하는 것은 학교라기보다는 지식에 대한 갈증 · 근면 · 자신감이다.

아동들의 교육은 주로 부모들이 맡아야 할 의무이다. 그래서 생동적인 교육적 분위기를 창조하는 것이 수많은 학교의 설립보다 더 중요하다. 이런 분위기가 확고한 토대 위에 형성되기만 하면, 학교들은 적당한 때 생겨날 것이다.

이것이 아슈람의 교육 이념인데, 지금까지 일정 부분은 실현되었다. 아슈람 활동의 모든 부문들이 진실한 학교이기 때문이다.

(12) 사탸그라하

나는 이 글에서 이미 아슈람의 다양한 활동을 좀 다루었다. 아슈람은 진실한 행동의 고수를 통한 진리추구를 위해서 탄생했다. 아슈람이 진리를 추구하는 동안, 우리가 사탸그라하라는 무기를 사용하도록 요구받는다면, 아슈람은 사탸그라하를 실험할 것이고, 그 규칙과 한계를 탐색할 것이다. 이 규칙들의 광범위한 틀 역시 이미 논의되었다.

그러나 사탸그라하의 한계는 무엇인가? 언제 이 무기가 열렬히 사용될 수 있을까? 인간이 진리를 고수하는 것 역시 사탸그라하이다. 여기에 논의되고 있는 것은 이런 유형의 사탸그라하는 아니다. 나는 적수에 대한 무기로서 사탸그라하의 유용성을 실험하고 있는 중이다.

그러한 사탸그라하는 동료·친척·사회·국가·세계를 대상으로 실행될 수 있다. 그 뿌리에 … .[62]

사탸그라하 아슈람의 역사(G.), CW 326 ;《전집》56 : 170

62 이 부분은 여기에서 갑자기 중단되었다.

3. 실용적 지혜

336) 침묵의 언어

인도 평원에서 평생을 살다 이제 히말라야에서 일과 휴양을 겸하고 있는 사람이, 설산에 대한 존경에 푹 빠져서 나에게 다음과 같은 글귀를 보냈다.

> 침묵 속에서 세상을 굽어보며, 엄청나게 춥고 아주 먼 곳에 있는, 하지만 일체의 언설을 뛰어넘는 아름다운 산, 저 히말라야는 무엇과 같은가? 저 산봉은 재를 뒤집어쓰고 명상에 침잠하고, 고요하고 홀로 있는 저 위대한 승려와 같네. 산봉은 위대한 신, 시바 마하데바와 같네.

그 글귀는 홈스(Holmes)의 '침묵 예찬'으로 끝나고 있다.

> 침묵은 우주적 동경이 토하는 진실한 언어이네.

주님의 히말라야 산봉으로부터,
〈영 인디아〉, 1926. 12. 16 ; 《전집》 37 : 151

337) 자기부정

1927

안녕, 마니!
병 걸렸다고 아슈람을 떠나야 하는가? 나는 자네가 어디로 갔는지조차도 모르네. 자네는 도망쳤으니 어쨌든 곧 회복해야 할 것이네. 불편하면 언제든 나에게 와도 괜찮다는 점은 잊지 말게. 자기부정(*self-denial*)은 감내할 수 있는 만큼 효과가 있네. 효과가 없다면 그것은 좋은 것이 아니네. 나는 매일 자네의 소식을 기다리네.

바푸로부터 축복을

마니벤 파텔에게 보낸 편지, 《바푸나 파트로 4 : 마니벤 파테트네》 (*Bapuna Patro 4 : Manibehn Patetne*), 57면 ; 《전집》 41 : 90

338) 봉사정신

트리치노폴리, 침묵일, 〔*1927. 9. 19*〕

자매들에게,

나는 여러분의 수기(手記)를 정기적으로 받아 본다네. 여기에서 여러분의 일을 지켜보고 있네. 혼신의 힘을 다하여 일하는 자는 자신에게 기대되는 일체를 수행하고 있는 자이네. 하지만 우리는 우리가 갖추고 싶은 《기타》의 태도를 우리 일에서 발전시켜야 할 것이네. 그 태도란 우리가 무엇을 하든 봉사정신에서 사심 없는 마음으로 한다는 것이네. 봉사정신이란 신에게 헌신하는 정신이네. 그렇게 신에게 헌신하는 자는 자아(*self*)에 대한 일체의 생각을 잊어버리네. 누구에 대해서도 미움을 갖지 않는다네. 반대로 그는 타인에게 관대하네. 여러분이 행하는 아주 작은 봉사에 대해서도 이와 같은 태도를 지니고 있는지 때때로 자문해 보게.

라마니크랄바이는 내가 나 자신에 대해서 여러분에게 써 보낸 편지 내용에 관해서 질문을 제기했네. 여러분은 내가 답장에서 말한 것을 여러분 모두가 이해했는지 나에게 말해 주지 않았네. 나는 여러분이 내가 여러분에게 보낸 편지에 대해서 의논할 수 있기를 바라며, 대답을 찾을 수 없는 것에 대해서는 나에게 물어보게.

나는 일을 할 수 있을 정도로 충분한 건강을 계속 유지하고 있다네.

바푸로부터 축복을

아슈람 여성들에게 보낸 편지, GN 3665 ; 《전집》 40 : 69

339) 모범을 보이기

〔1927. 10. 25〕63

자매들에게,

여러분의 편지를 받았네. 낙담하지 말게. 다른 사람이 모범 보이기를 기다리지 말게. '다른 사람이 먼저 착한 사람이 되면, 그때 나도 착한 사람이 될 것이다'라고 말하지 말게. 그와는 반대로 우리가 따라야 할 원리는 다음과 같네. '내가 만일 순결하면 다른 사람도 선례를 따를 것이다.' 이런 생각을 구현하고 있는 격언이 둘 있다네, 하나는 '당신이 착하면 세상도 착해질 것'이란 격언이고, 다른 하나는 '개인에게 하는 대로 우주에게'라는 격언이네. 만일 이 말이 사실이 아니라면, 사람은 세상에 대해서 어떤 희망도 품을 수 없을 것이네.

라마는 세상 전체의 버팀목이고 시타는 모든 여성들의 대들보라네. 그래서 여러분 개개인이 순결하겠다는 결심으로 있는 힘을 다해서 노력하고 자신의 의무에 헌신한다면, 여러분은 결국 만사형통하게 됨을 알게 될 것이네. 우리 사전에 '패배'란 말은 결코 있을 수 없을 것이네.

나는 새해 아침 여러분이 어떤 새로운 마음을 먹을지 지켜볼 것이네. 여러분에게 말을 걸지 않는 사람에게 말을 거시오. 여러분에게 오지 않는 사람에게 가 보시오. 여러분에게 골난 사람을 기쁘게 하도록 노력하시오. 이 모든 것은 그들의 선을 위한 것이 아니라 여러분 자신의 선을 위한 것이네. 세상은 채권자이고 우리는 채무자이네.

바푸로부터 축복을

아슈람 여성들에게 보낸 편지(G.), GN 3672 ; 《전집》 40 : 198

---

63 구자라트 새해.

340) 의무에의 헌신

1927. 11. 7, 침묵일

자매들에게,

나는 이 편지를 증기선 위에서 쓰고 있네. 이틀 뒤에 부칠 것이네만, 매주 월요일은 여러분에게 편지쓰기로 한 날이므로, 오늘 그러고 있네.

최근 나는 아슈람에서 이틀을 아주 분주하게 보냈다네. 피곤함을 느꼈지만 아슈람을 떠나고 싶지는 않았다네.

여러분은 자신들의 책임이 나날이 커지고 있음을 보았을 것이네. 여러분 가운데 어느 누구도 낙담해서는 안 되네. 여러분은 자신들의 의무에 몰두하고, 아무도 없더라도 평안하도록 노력하게. 우리의 기쁨은 의무에 헌신하는 데 있어야지, 우리 노력의 성공이나 주변이 우호적이라는 사실에 있는 것이 아니네. 나라싱 메타는 다음과 같이 말했다네. "사람이 만일 만사를 행할 힘이 있다면, 불행할 사람은 아무도 없을 것이다. 그는 적수를 파멸시킬 것이고 친구만을 살려 둘 것이기 때문이다." 하지만 인간은 비천한 피조물이네. 인간은 자신의 에고를 버리고 신과 하나될 경우에만 위대해진다네. 바다에서 떨어진 물 한 방울, 그것은 아무 짝에도 소용없네. 그러나 그 물방울이 바다 안에 남아 있다면 그 가슴에 기대어 이 거대한 증기선의 무거운 짐을 함께 지고 나갈 것이네. 마찬가지로 우리는 아슈람과 하나되기를, 그럼으로써 세상 및 신과 하나되기를 배운다면, 세상이라는 짐을 지고 있다고들 말할 것이네. 그러나 그런 경지에서는 '나' 또는 '너'는 없어질 것이고 '그것'만 남을 것이네.[64]

64 〔역주〕 'That'을 옮긴 말이다. 이 '그것'은 '그것이 당신이다'〔*Tat tvam asi*〕라는 《우파니샤드》 가르침에서 'Tat', 즉 '梵我一如'의 梵(브라만)을 염두에 둔 것으로 보인다. 단, 간디의 사상은 범과 아의 일치보다는 개아(아트만)가 브라만에 귀의한다는 라마누자의 제한불이일원론(制限不二一元論)에 가깝다.

그리고 이 증기선은 화물선에 불과하므로 대단히 조용하다네.

바푸로부터 축복을

아슈람 여성들에게 보낸 편지(G.), GN 3675 ;《전집》40 : 234

341) 심정의 단순성

사바르마티, 사탸그라하 아슈람, *1928. 3. 26*

사랑하는 친구에게,

당신의 편지를 받았습니다. 단순성(*simplicity*)은 심정의 문제입니다. 그러나 우리가 자신들을 속이지 않도록, 우리의 이상은 지상에서 가장 가난한 자가 소유하지 않은 것이면 아무것도 소유하지 않는다는 것입니다.

당신은 당신의 아내에게 그녀의 의지에 반하여 장식물을 포기하라고 강요할 수는 없습니다. 하지만 당신은 동물적 정염 없는 사심 없는 사랑을 통해서, 그리고 나날이 증가하는 당신 자신의 자기부정을 통해서, 그녀를 정복하도록 해야 합니다.

당신의 부친을 부인하지 않으면서 그에게 봉사할 각오를 항상 하고, 당신은 그에게서 따로 떨어져 나와 살면서 당신이 제시한 방식대로 불가촉천민의 소년을 양육할 수 있을 것입니다.

나는 당신의 누이를 받아들일 수 없을 것 같습니다. 그녀가 힌두스타니어를 모를 것 같아서 그렇습니다. 당신은 그곳에서 그녀가 필요로 하는 모든 훈련을 시켜야 합니다.

귀하의 신실한 친구

Sjt. K. S. Acharya
Asstt. Master
Govt. High School
Devangere

K. S. 아차르야에게 보낸 편지, SN 13127 ;《전집》41 : 360

342) 우정의 행위

사바르마티, 사탸그라하 아슈람, *1928. 4. 7*

우의회의 진정한 신장은 우정의 조용한 행위에서 발견되어야 한다. 그와 같은 작은 행위는 수 톤의 고백보다 낫다.

국제우의회(The International Fellowship)의 〈뉴스〉지에
보낸 메시지, SN 13172 ; 《전집》41 : 439

343) 강요 없는 도덕적 성장

〔*1928. 5. 25*〕

안녕, 키쇼렐랄!

나는 자네가 보낸 편지 두 통을 모두 조심스럽게 읽었네. 내가 말한 내용과 그것을 말하는 방식이 자네에게 정확하게 전달된 것 같지 않네.

내가 제안했던 변화에 새로운 것은 아무것도 없다네. 내가 아슈람 재소자의 정의에 대해서 바꾼 것은 아무것도 없다네. 그 변화의 유일한 의미는 우리가 항상 우리 앞에 간직해왔던 이상을 따르는 데 열심히 있는 힘을 다해서 노력해야 한다는 것이네.

나는 어느 누구에게도 압력을 행사하지 않고 행사하기를 원했던 적도 없다네. 나는 최근 독립된 부엌을 사용하기를 원했던 두 친구들에게 압력을 행사하기를 거절했다네. 나는 어느 일에서도 강요하고 싶지는 않네. 나는 (사랑에 의한) 진지한 논의를 사용하고, 모든 것을 분명히 설명하려고 노력했네.

나는 아슈람에 들어온 자들이 아슈람의 도덕적 성장이나 변화에 순응해야 한다는 견해를 갖고 있다네. 그들이 특정한 규칙들에 대해서만 순종하겠다고 말해서도 안 되고, 새로운 규칙들이 제정되고 적용된다면 그것이 계약 위반이 될 것이라고 말해서도 안 되네. 그런

조건 아래서는 어떤 기관도 존재해갈 수가 없다네. 봉급과 기간 등의 구체적인 사안들만 고정되어 있다네. 하지만 일반적으로 말하자면 아슈람에는 도덕적 규제 이외에 다른 규제는 없다네.

그렇다고 해도 모든 재소자들이 브라마차르야에 대한 규칙에 대해서 논의하도록 권유받은 이후, 그리고 그 필요성을 받아들인 이후에야 비로소 우리는 그 규칙을 실행하기로 결정했다네. 내가 이 규칙을 큰 소리로 읽어나가면서, 나는 그것을 준수할 수 없거나 준수하기를 원하지 않는 사람은 아슈람을 떠날 수 있다고 말한 것은 사실이네.

공동취사장은 지금 현재 만족스럽게 운영되고 있네.

나는 자네에게 더 이상의 짐을 부과하지 않으려 하네. 이 편지조차 나는 마지못해 쓰는 것이라네. 솔직히 말해서, 자네는 자네의 병과 먼 거리를 감안하여, 여기에서 일어나는 변화에 대해서 안간힘을 쓰며 생각해서는 안 된다네. 자네가 그렇게 생각하는 것은 도덕적으로 잘못일 것이네.

지금은 평안한가? 자네가 산타크루즈에 머무는 일은 아무 문제가 없다네. 자네가 여기에 올 만한 자격은 충분하다네. 자네는 여기에서도 치료를 받을 수 있을 것이네. 여기의 기후가 거기 기후보다 나은 것이 분명하네. 하지만 여기에 오기로 결정한다면, 다시는 떠날 생각은 하지 말기 바라네.

바푸로부터 축복을

키쇼렐랄 마슈루왈라에게 보낸 편지(G.),
SN 11802 ; 《전집》 42 : 67

344) 삶의 일치

사바르마티, 사탸그라하 아슈람, *1928. 6. 22*

사랑하는 친구에게,

당신에게 상당히 긴 편지를 드리고 싶어서, 답장하는 것이 이렇게 늦어졌습니다. 하지만 저는 당분간 정말로 완전한 답장을 보낼 수 있을 만큼 충분한 여유가 있을 것 같지 않습니다.

당신이 고요한 기도와 회중침묵에 대해서 말씀하신 것, 그것을 저는 이해하고 이론적으로도 인정하는 바입니다.[65] 저는 남아프리카에 있을 때, 그와 같은 여러 집회에 참석해 보았습니다. 그러나 그들의 모습에 별로 감동을 받지 않았습니다. 인도에서도 그것은 실패로 돌아갈 것입니다. 결국 예배에는 많은 방법이 있습니다. 그래서 예전의 방식이 효과가 있다면 새로운 방법을 도입할 필요는 없습니다. 아슈람에서 우리가 할 수 있는 일에 대해서 저는 만족하지 않습니다. 저는 갑자기 또는 인위적 방식으로 귀의의 무드(*devotional mood*)를 얻을 수 없습니다. 만일 아슈람에 있는 우리 가운데 일부가 진실로 기도 중에 그런 무드를 가진다면, 아슈람은 때가 되면 그 효과를 틀림없이 기대할 수 있을 것입니다. 제가 불리한 여건에서도, 때로는 커다란 낙망에도 불구하고 끈질기게 회중기도모임을 유지해온 것은, 올바른 귀의의 무드로 기도 시간에 참가하는 몇몇 진지한 혼이 아슈람에 존재한다는 믿음 때문입니다. 제가 편파적인지는 모르겠습니다만, 제 자신으로 보면 우리의 기도모임이 위엄과 기운에 있어서 아주 완만하긴 하지만 분명히 성장하고 있습니다. 그러나 우리가 목표에서 멀리멀리 떨어져 있다는 사실을, 저는 뼈아프게 느끼고 있습

65 수신자는 이전에 아슈람을 방문했고, 퀘이커의 방식에 따라서 일치된 침묵(*united silence*)의 준수를 제안하는 편지를 보냈다.

니다. 그런데도 저는 당신의 제안을 염두에 두겠습니다. 저는 그것에 대해서 친구와 함께 이미 논의했습니다.

당신은 제가 위생 문제에 대해서 제안을 부탁드린 것을 가볍게 여기는 듯싶습니다. 제 소견으로 우리는 불필요하게 종교적인 삶과 비종교적인 삶 등으로 인생을 엄격히 구획하고 있습니다. 반면, 사람이 자신 안에 진실한 종교를 가진다면 그것은 삶의 아주 작은 부분에서도 드러나야 합니다. 저에게 우리와 같은 공동체에서 위생은 공동의 영적 노력에 그 기초를 두고 있습니다. 삶의 위생적인 면에서, 그리고 사회적 정치적 삶에서 아주 작은 변칙성이 있다면, 그것조차 영적 가난의 표시입니다. 그것은 부주의, 의무 태만의 표시입니다. 어쨌든 아슈람의 삶은 인생의 근본적인 일치의 관념에 기초하고 있습니다.

귀하의 신실한 친구

M. K. 간디

Horace G. Alexander, Esq.
Woodbrook
Selly Oak
Birmingham

호라세 알렉산더에게 보낸 편지,
GN 1405 ; 《전집》 42 : 179

345) 낙담과 평화 *1928. 7. 8*

사랑하는 친구에게,

자네 편지를 받아 보았네. 이제 나이 27세, 자네와 같은 젊은이가 낙담(*despondency*)에 빠진다는 것은 유감스러운 일이라네. 자네는 용감해야 하고 집안의 온갖 난관을 극복해야 하네. 자네는 아내와 애들을 떠나겠다고 생각하지만 그래서는 안 되네. 자살이 죄인 것은 분명하니, 어떤 경우에도 자살해서는 안 될 일이네. 평화를 기대하고 아슈람에 오더라도 소용이 없네. 우리는 어디에 있든 평화를 찾아야 할 것이네. 하지만 내가 전보에서 자네에게 말했듯이, 자네는 라라 라즈파트 라이와 상담해 보고, 그의 충고에 따라서 행동해야 하네. 먼 데 있는 내가 자네를 지도하기란 어렵다네. 나는 자네가 쾌활함을 회복했고, 자네의 연약함을 떨쳐 버렸다는 내용의 답장을 받는다면 기쁠 것이네.

자네가 보내준 돈에서 차감 잔액은 바리돌리 기금에 이월되었네.

귀하의 신실한 친구

Sjt. Shiv Dayal Sawhney
C/o Pandit Mulkraj
Overseer, Camp, Lellpur, Punjab

쉬브 다얄 소흐니에게 보낸 편지,
SN 13467 ; 《전집》 42 : 252

346) 중상(中傷)하는 사람을 불쌍히 여김

공적인 삶에서 책임져야 할 위치에 있는 공공일꾼이 부정직하다는 말을 듣거나, 악의적인 빈정거림을 당하거나, 아니면 공금유용에 대해서 잘못 비난을 받고 있다면, 그는 어떻게 해야 할까? 그는 그를 중상하는 자를 명예훼손으로 법정에 고소해야 하지 않을까? 공공일꾼으로서 그런 행동을 취하는 것이 그의 의무가 아닐까? 그가 그런 행동을 취하지 않는다면 조심성 없는 사람들은 속지 않을까? 그리고 만일 사람들이 어떤 경우에도 법적 행동을 취하지 않는다면, 파렴치한 사람들은 단단한 침묵 뒤에 숨어서 당신의 충고를 따르는 체하면서 그들 자신들의 부정행위에 대한 공공의 정밀 조사를 거부하게 될 위험이 정말로 있지 않을까? 다시 말하자면 법정을 이용하는 길이 완전히 배제되어야 한다면, 무절제한 중상의 악에 대한 다른 교정책이 모색되어야 한다는 결론이 나오는 것이 아닌가?

위에서 말한 문제들은 한 저명한 공공일꾼과 관련하여 제기된 문제들의 일부로, 나는 여기에 대해서 답변을 요구받았다. 나의 대답은 중상(*slander*)과 와전(*misrepresentation*)이 항상 공인의 운명이 되어왔다는 것이다. 대적을 이기는 방법은 비폭력 저항의 방법인데, 그것이 현재 필요한 치유책이다. 법정에서 이긴다고 해서 그것이 결코 무죄에 대한 결정적 증거가 될 수는 없다. 자신의 죄를 감추고, 처벌 없이 못된 행위를 지속할 수 있는 가면으로 법정증명서를 사용하는 깡패의 사례를, 우리는 매일 접하고 있기 때문이다. 다시 말하자면 법정이 명령하는 어떤 처벌이, 사악한 혓바닥에서 나오는 독의 확산을 막을 수 있을까? 전에는 공개적으로 말했던 것이 이제 처벌이 두려워 비밀로 또 귓속말로 전파되고, 훨씬 더 교활한 것이 되지 않을까? 내 충고를 일반적으로 말한다면, 우리는 근거 없이 중상하는 비방에 괘념하지 말고, 오히려 저 중상하는 사람을 불쌍히 여기며(*pity the calumniator*), 그의 최종적인 개심을 희망하고 그것을 위해서 기도해야 한다. 대중에 대해서 말하자면 대중은 부정직한 공복(公僕)으로부터 항상 자신을 지킬 수 있는 법이다. 부패는 사람이 아무리 그것을 숨기기 위해서 노력한다고 해도 언젠가는 폭로될 것이다. 대중은 의심할 만한 정당한 근거가 있는 경우라면 언제나 자신들의 공복을 불러서 엄밀한 설명을 요구할 수 있고, 그를 해고하거나 법정에 고소하거나, 또는 그의 행위를 정밀 조사할 조정관이나 감사관을 임명할 수 있다. 대중이 원하는 대로 이렇게 하는 것은 대중의 권리이며 의무이다. 그러므로 중상하는 자를 거짓 비리 혐의로 하급법원에 고소하는 대신, 최선이며 유일하게 올바른 길은, 대중이 방심하지 않는 경계심을 유지함으로써 실제적 비리를 방지하는 것이고, 그 종복이 대중을 깨워서 망보게(*on the qui vive*)[66] 하는 것이다.

66 〔역주〕 프랑스어가 포함된 구절로 '(거기 가는 사람은) 누구야'의 뜻이다.

이런 방도가 불충분한 것으로 드러나고, 그 이상의 행동이 필수적이라고 느껴지면, 중상한 자에게 판차야트 앞에 출석하여 그의 비난을 제출하도록 요구할 수 있을 것이다. 비난을 당한 쪽은 판차야트 앞에 동시에 출석하여 자신의 입장을 옹호할 수 있을 것이다. 물론 중상하는 자가 철저하게 파렴치한 경우 이런 해결책도 소용없을 것이다. 그가 판차야트 앞에 출석하기를 절대로 동의하지 않을 것이기 때문이다. 그러나 지지할 만한 증거를 제출하는 존경받는 사람이 혐의를 진술한 경우에는, 판차야트에 위임하는 일이 가장 유용할 것이다.

"그러나 자신의 극악을 가리기 위해서 오만불손한 침묵을 가장하는 깡패는 어떻습니까"라고 물을 수 있다. 나의 답변은 다음과 같다. 만일 민중이 경계하고 활짝 깨어 있다면 그런 사람은 절대로 자신의 가면을 오래 유지하지 못할 것이고, 반면 그들이 경계심을 잠들게 한다면, 이 세상의 모든 법정이 동원되어도 극악무도한 행위를 방지할 수 없을 것이다. 왜냐하면 우리는 법률이 티끌 하나 없는 새하얀 옷을 입고 자동차를 타고 돌아다니는 신사 악당에게 아무런 영향도 미치지 못한다는 점을 매일 목격하고 있기 때문이다. 칼라일이 관찰한 대로, 바보와 깡패는 항상 손잡고 돌아다니는 것이 사실이다. 하나가 있는 곳이면 다른 하나도 있게 마련이다. 하지만 진실하고 정의로운 사람은 그 때문에 우려할 필요는 없다. 그로 하여금 다두(Dadu)가 노래한 다음과 같은 내용을 기억하고 깊이 천착하도록 하자.

> 나를 욕하는 자는 내가 존경하고 사랑하는 형제와 같네.
> 그는 무상(無償)으로 내 선을 위해 수고하네.

그리고 나에게서 무수한 죄를 씻는 일을 도와주네.
그리고 보상의 기대 없이 내 도움이 되어 주네.
그는 자신의 혼을 잃고 다른 이들의 혼을 구해 주네.
그는 내 친애하는 친구이며 내 구세주.
오, 람데브여! 그의 장수를 위해 기도해 주게. 그가 영원히 살도록.
다두는 나를 욕하는 자가 나의 최대의 시혜자라고 말했네.
그가 나의 형편없음을 철저하게 각성하도록 해주었으므로.

사람은 자기 자신에게 진실하다면 그것으로 충분하다. 그렇게 되면 그는 '소문의 탁한 흐름을 안전하게 흘려보낼 수 있을 것이다.'

심한 중상(中傷)에 어떻게 대처할까?, 〈나바지반〉, 1928. 12. 2 ; 〈영 인디아〉, 1928. 12. 6 ; 《전집》 43 : 387

347) 동료 일꾼 〔*1928. 12. 5*〕

바이슈리 츠하간랄 님께,
자네의 편지를 받았네. 내가 자네에게 보낸 모든 편지를 나란다스에게 보여주게. 이렇게 하면 자네의 행로가 쉬워지고 그에게도 도움이 될 것이네. 나는 그에게 편지를 써서 소원(疏遠)한 채로 있어서는 안 된다고 충고했네.

만일 산토크벤이 라즈코트로 출발하려고 한다면, 그녀로 하여금 그렇게 하도록 하게. 자네는 그녀를 만나서 떠나지 말도록 만류해도 분명히 괜찮네. 그녀가 아슈람 분위기를 좋아하고 머물러 있기로 결정한다면 나는 행복할 것이네. 그러나 내가 그녀를 기쁘게 하고 만족시키기 위해서 매일 마음을 다해서 노력해야 하는 심리상태에 빠지게 된다면, 나는 그녀가 머무는 일을 반길 수 없네.

우리의 친척들이 국민적인 일에서 서로 동료가 되는 것은 자연스럽고 바람직한 것이네. 자기 이익을 동기로 삼을 때만 어려움이 발생하네. 우리가 개인의 이익을 추구하지 않는다는 확신만 있다면, 우리는 모든 친척을 우리의 일에 참여하도록 초대할 수 있을 것이고, 만일 그들이 참여한다면, 그것은 자신들을 희생제사의 봉헌물로 바치는 일이 될 뿐이네.

라마의 동료 일꾼은 그의 친척이었고, 유디슈티라의 동료도 마찬가지였다네. 예언자 마호메트의 동료 또한 그의 친척이었고, 예수의 동료에는 그의 형제가 포함되어 있었다네. 솔즈베리 경[67]은 친척으로 둘러싸여 있다는 이유로 비난을 받자, 그의 대답은 다음과 같았다네. "나의 친척이 아니라면 내가 누구를 희생시키겠는가? 내가 그들을 제외하고 누구를 신뢰할 수 있을까? 나에게 그런 명예를 누릴 만한 친척이 더 있다면, 나는 그들 역시 바칠 것이네. 나에게 이것은 희생이지 부의 축적 수단이 아니네."

밸푸어(Balfour)는 솔즈베리 경의 친척이었다네. 우리는 정반대의 성격을 지닌 수많은 사례, 즉 사람들이 자신들의 이익을 위해서 친척을 그 자리에 들어앉혀 버린 사례도 알고 있다네. 이 얘기의 결론은 비이기적 동기로 움직여진 사람에게는 친척과 친척 아닌 사람이 같다는 것이라네. 사람이 이기적 동기로 움직이는 경우, 동료가 친척이 아니라고 해서 무슨 차이가 있을까? 그렇다고 해도 자네가 편지에서 말한 대로 우리 모두는 조심해야 한다네. 나는 나의 실험이 그 대가로 나에게 아무것도 요구하지 않았다는 점을 확신하네. 이것은 대등한 사람들에 대해서도 사실이란 점을 믿어도 좋네. 우리나라에서 대등한 자들은 쉽게 함께 일하지 못하네. 자기희생의 정신이 아직 충분히 계발(啓發)되지 않았기 때문이네.

67 〔역주〕 Lord Salisbury(1861~1947): 영국의 보수당 정치가.

나는 고샬라(우사)에 대한 자네의 질문을 정확히 이해하지 못했네. 내가 그것을 이해하기 위해서 자네가 더 자세히 설명해 주어야 할 것이네.

라호리람이 침대에 누워 있지 않고 스스로 움직일 수 있다면, 우리는 그가 우리와 함께 머물 수 있도록 허용해야 할 것이네. 그가 미각을 통제할 수 없다면 그것은 다른 문제가 될 것이네. 그가 선량한 사람이라고 우리가 확신한다면, 우리에게 온 사람을 돌려보낼 수는 없네. 그가 처음 왔을 때 그를 받아들이지 않았다면, 경우는 달라졌을 것이네.

강도들이 아슈람을 습격해왔을 때 우리가 목숨을 내놓을 각오가 되어 있다면, 그것으로 충분할 것이네. 신이 우리의 명예를 지켜주실 것이네. 최선책은 아마 우리 가운데 한 사람이 강도들 사이에 가서 일을 하는 것이네.

바푸로부터 축복을

츠하간랄 조시에게 보낸 편지(G.), 《바푸나 파트로 7 : 슈리 츠하간랄 죠시네》 (*Bapuna Patro 7 : Shri Chhaganlal Joshine*), 16~18면 ; 《전집》 43 : 413

348) 악에서 벗어나는 길

1929. 4. 14, 일요일

안녕, 강가벤!

츠하간랄이 편지로 나에게 다음과 같이 말하고 있네. 자네는 종종 아슈람에서 목격한 악에 대해서 신물 나 도망이라도 가고 싶은 것처럼 보인다고 말일세.

만일 자네가 일체의 악에서 해방된 장소를 알고 있다면, 자네와 나는 모두 거기에 피난처를 구해야 할 것이네. 하지만 만일 자네가 어느 곳이든 악이 있을 수밖에 없다고 믿는다면, 자네, 나 그리고 아슈람에 소속되어 있다고 생각하는 모든 사람들은 아슈람을 있는 그대로 지키면서 아슈람을 청결하게 하도록 노력해야 할 것이고, 결국 삶에서 자신들의 의무를 수행하게 될 것이네. 악을 용납하지 않는 것은 아슈람의 성격이고, 시간이 흘러갈수록 이런 성격이 강화되는 것은 아슈람의 특성이라네.

사람들의 일반 관행은 그들이 어떤 악을 보게 되면 그것을 감추는 것이라네. 악이 세상에서 증가하는 이유는 바로 이런 태도 때문이라네. 하지만 악이 증가하더라도 세상의 본성은 착한 채로 남아 있다네. 바로 그 때문에 이 세상은 존속한다네. 그렇지 않으면, 예전에 망했을 것이네.

내가 말한 것을 잘 반성해 보고 마음을 굳게 가지게나. 염려하지 말고 마음의 평화를 지키게. 자네의 건강을 완전히 회복하게. 자네는 익히지 않은 채소를 먹는가? 자네는 이제 어느 정도의 우유를 소화할 수 있는가?

바푸로부터 축복을

강가벤 바이드야에게 보낸 편지(G.), 《바푸나 파트로 6 : 강가벤》 (*Bapuna Patra 6 : G. S. Gangabehn*), 23면 ; 《전집》 45 : 334

349) '나'라는 생각

예라브다 만디르, *1930. 8. 21*

안녕, 바수마티!

자네의 편지를 받았네. 시간이 좀 지나면, 우리는 어느 누구의 지도 아래에서도 공적인 명분을 위해서 일하는 데 익숙하게 되고 또 상처받지도 않을 것이네. 우리가 그렇게 하기를 배우기만 하면, 우리는 진실한 종이 되었다고 주장할 수 있을 것이네. '나'라는 생각(*the sense of 'I'*)이 없어지게 되면 우리는 누구의 지도력에 굴복했다고 생각하지 않을 것이네. 자신이 영(零, *cipher*)이라고 경험한 자는 삶의 어떤 조건에서도 평화를 경험할 것이네. 그런 심리 상태는 얻기가 쉬운 것은 아니지만, 그것을 위해서 마음을 다해서 노력하는 자에게는 누구에게나 가능한 것일세. 그리고 나는 자네가 언젠가 그것을 얻을 것이라는 점에 대해서 추호의 의심도 없네.

바푸로부터 축복을

바수마티 판디트(Vasumati Pandit)에게
보낸 편지(G.), SN 9284 ; 《전집》 49 : 511

350) 지식과 동기

1930. 10. 16

안녕, 바그완지!
자네의 편지를 받았네. 자네의 동기가 순수하다는 것은 분명하네. 하지만 동기의 순수함에만 만족해서는 안 되네. 사람은 순수한 동기에도 불구하고 실수를 범해서는 안 되기 때문에 지식의 필요성이 인정되었네. 자네가 순수함을 이루는 만큼 아슈람도 순수하게 될 것이라는 점도 역시 확실히 알아야 할 것이네. 아슈람의 순수는 아슈람 재소자의 순수와 별개의 것이 아니라네. 아슈람에 국한하는 한, 영적인 어려움에 처한 사람에게 도움을 베푸는 일에 있어서 나란다스를 능가할 만한 인물은 없네. 토타람지 역시 도와줄 수 있을 것이네.

바푸로부터 축복을

바그완지 판드야(Bhagwanji Pandya)에게
보낸 편지(G.), CW 327 ; 《전집》 50 : 199

351) 절대 낙담하지 마시오

1931. 1. 24 오전 5시

안녕, 마투라다스!
나는 자네의 아슈람 탈퇴를 위한 허가 청원에 대해서 들었네. 만일 자네가 외부에서 보다 더 큰 순수를 기를 목적으로 그런 청원을 냈다면, 자네가 한 일은 잘한 것이네. 하지만 만일 자네가 한 차례 실수를 범했으므로 앞으로도 분명히 또 실수를 범할 것이라고 생각해서 낙담한 나머지 아슈람을 탈퇴하게 해 달라는 허가를 요청한 것이라면, 자네의 행위는 잘못이라네. 이 세상에 단점 하나 없는 사람은 없네. 우리가 아슈람에 모인 것은 완전해서가 아니라, 우리 자신의 단점을 알고 그것을 극복하기 위해서라네. 우리가 실수를 범하는 경우 불행하다고 느껴서는 안 되네. 우리가 실수를 범함에 있어서 우리가 우리의 약점에 의도적으로 복종했다면, 또는 우리가 충분히 경계하지 않았다면, 또는 우리가 그 약점을 극복하기 위해서 투쟁하지 않았거나 충분히 진지하게 투쟁하지 않았다면, 그럴 경우에만 우리는 불행을 느껴야 하네. 자네는 낙담해서는 안 되네.

이 편지를 곰곰이 생각해 보고 적절하다고 생각하는 것을 행하시게.

바푸로부터 축복을

마투라다스 푸루쇼탐에게 보낸 편지,
GN 3752 ;《전집》51 : 85

352) 포기와 자유

1932. 3. 12

안녕, 판디트지!

우리는 많은 책을 읽기보다 단 한 권의 책을 읽고 곰곰이 생각해 보고 그 가르침을 실행에 옮긴다면 직접적인 결과를 얻을 것이네. 산야사는 모든 행위의 포기를 의미하는 것이 아니네. 그것은 욕망에서 일어난 행위의 포기, 그리고 의무로 수행된 행위가 가져올 열매의 포기를 의미할 뿐이네. 이것이 행위에서 벗어나는 참된 자유이기 때문에, 우리는 행위에서 무행위를, 무행위에서 행위를 보기를 배워야 하네. 행위에서 벗어나는 자유는 오직 한 가지만을 의미할 따름이네. 그것은 내가 위에서 설명한 바네. 그리고 사람은 여전히 그런 자유를 얻어야 하네. 이 문제는 행위의 열매를 포기한다는 관념으로 나갔다네.

바푸로부터 축복을

나라얀 카레(Narayan M. Khare)에게
보낸 편지, CW 223 ; 《전집》 55 : 116

353) 다른 사람들을 판단하기

1932. 4. 22

안녕,
나는 자네가 아슈람에 있는 사람들을 판단함에 있어서 잘못했다고 생각하네. 한 사람이 어떤 사람에 대해서 그 사람에게 사랑이 있는지의 여부를 말하는 일은 매우 어려운 일이네. 우리는 다른 사람의 가슴속에 일어나는 선악의 힘들 사이의 투쟁에 대해서 아무것도 모른다네. 우리는 남들의 결점을 볼 준비는 항상 되어 있지만, 그들이 얼마나 많은 승리를 거두었는지는 알 수가 없네. 아슈람에 있는 우리 모두가 완전하다고 말하고 싶은 의도는 없네. 결코 그런 것은 아니네. 그러나 나는 한 구성원이 다른 구성원을 판단할 권리가 없음을 말하고 싶다네. 그것은 관대함(*charity*)의 부족을 드러내는 것이네. 나는 자신의 의무 수행에 있어서 아주 철저한 사람들이 타인에 대해서 흔히 관대하지 못하다는 점을 보아왔네. 그런 사람들은 자신에 비해서 덜 근면한 것을 볼 때 특히 관대하지 못하다네. 이것은 큰 잘못이고, 자신의 진보의 여정에서 장애물이네. 우리가 스스로 돌본다면, 신은 다른 사람들을 돌볼 것이네. 그들이 자신들을 돌보지 못할 경우에 말일세.

나의 글은 자네가 자네 앞에 벌어지고 있는 일에 대해서 기계적으로 눈과 귀를 닫아야 한다고 말하는 것은 아니네. 내가 제안했던 바는 결코 기계적인 동작을 말하는 것이 아니네. 그것은 훈련에서 나오는 정신적 태도이네. 자네가 사랑의 결핍을 보았던 모든 곳에서, 자네는 자네가 결점이 있다고 본 그 사람에게 자네 사랑을 보이도록 가능한 한 온유하게 행동해야 할 것이네. 그리고 만일 자네가 충분한 온유함을 갖고 있지 않았다면, 자네는 그것을 적어도 나란다스에게 알려서 그의 처분에 맡기게.

바푸로부터 사랑을

편지, CW 9048 ; 《전집》 55 : 318

354) 영적 대차대조표

1932. 4. 25

아슈람의 역사를 쓰고 있노라니 여러 가지 생각이 난다. 나는 우리의 많은 결점을 알게 되었다. 이런 반성은 우리가 만들어가는 진보의 대차대조표를 우리가 때때로 작성해야 한다는 결론으로 나를 이끌어 주었다. 사업가는 일별 대차대조표, 월별 대차대조표, 6개월별 대차대조표, 그리고 연말에는 종합적인 대차대조표를 작성한다. 우리는 영적 추구의 사업에 종사하고 있다. 따라서 우리는 영적 진보의 대차대조표를 작성해야 한다. 남녀 각자는 자신을 위해서 그와 같은 대차대조표를, 그리고 우리 모두는 함께 아슈람 전체를 위한 대차대조표를 작성해야 한다. 우리가 만일 이런 실천을 하지 않는다면, 자신의 사업에 대해서 대차대조표를 작성하지 않는 사업가의 사업이 재정적으로 파산하듯이, 우리는 영적으로 파산하게 될 것이다. 우리가 만일 서약 준수 및 다른 활동에서 진보와 퇴보의 여부를 모른다면, 우리는 매사에 기계적이게 될 것이고, 결국 기계보다도 덜 효율적이 될 것이다. 달리 말하자면, 우리는 우리 사업에서 손실을 초래할 것이다.

그와 같은 대차대조표를 어떻게 작성할 것인가? 나는 아래 서너 질문을 던짐으로써 이 질문에 답변하려고 한다.

1 우리는 우리의 신구의(身口意)에서 허위를 범하는가? 여기에서 '우리'는 각자를 지칭한다.
2 만약 사실이 그렇다면, 죄 있는 사람은 누구이고, 어떤 경우에 그들이 허위의 죄를 범했는가? 그들의 죄가 발각되면 그들은 무엇을 했고, 아슈람은 어떤 행동을 취했는가?
3 아슈람이 존재해왔던 이만큼의 세월 동안, 우리는 이 사안에서 진보해왔던가, 아니면 퇴보해왔던가?
4 우리는 이런 질문들을 모든 서약에 관련하여 물어야 하고, 우리가 결점을 볼 때마다 적절한 치유책을 찾아내어 그것을 적용하도록 노력해야 한다.

우리는 우리가 종사하고 있는 여러 활동에 대해서 동일한 태도를 취할 수 있다. 우리는 두 개의 다른 각도에서 그것들에 대해서 생각해야 한다. 경제적 관점에서 우리가 물어야 할 질문은 다음과 같다. 즉, '이 활동은 자립할 수 있는 것인가?' 하나의 활동이 경제적으로 자립할 수 있다면 도덕적 관점에서 보아도 역시 적절한 노선을 따라서 수행되어 왔을 것이라고 우리는 믿는다. 만일 손실이나 이익이 있다면, 우리는 어딘가에 도덕원리들의 위반이 있었을 것이라고 확신해도 좋다. 두 번째 관점은 다음과 같다. '활동이 주로 종교적 동기에 의해서 수행되었는가?' 아슈람에서 우리의 모든 활동은 반드시 종교적인 동기에 의해서 수행되어야 한다. 왜냐하면 우리가 하는 모든 것들은 다르마 곧 진리에 종속되어야 하기 때문이다.

우리의 서약 및 다른 활동에 대해서, 나는 다음 질문을 던지지 않을 수 없다.

1 아슈람에서 사람들이 작은 일에서 다른 사람들을 속이면 어떻게 되는가?

2 우리는 언제 상대방에 대한 불신을 멈출 것인가? 이런 일이 가능하게 하기 위해서 우리가 무엇을 할 수 있을까?

3 외부에서 침입해온 강도가 계속하여 아슈람을 습격하면 어떻게 해야 할까?

4 아슈람 재소자들이 너무 많은 개인 소유물을 가지는 것은 왜 그런가?

5 우리는 왜 인근 촌락들과의 접촉을 늘리지 않는가? 그러기 위한 최선의 방도는 무엇인가?

6 사람들은 왜 아슈람에서 계속해서 병에 걸리는가?

7 우리는 아슈람에서 일하는 노동자들에게 무슨 일을 했는가? 그들이 아슈람에 와서 사는 데 매력을 느끼지 않았던 이유는 무엇인가? 아니, 달리 물어보면, 아슈람에 노동자들이 도대체 왜 있어야 하는가? 아슈람에는 주인과 노동자가 있어서는 안 된다.

나는 이와 같은 질문을 더 많이 적을 수 있다. 하지만 이 정도면 내가 염두에 두고 있는 것을 밝히는 데 충분할 것이다. 나는 청년과 장년을 포함하여 모든 사람들이 성찰을 시작했으면 좋겠다. 이것은 분명 내가 모든 아슈람 재소자들이 일기를 적어야 한다고 역설해온 목표 중의 하나였다.

대차대조표를 작성할 필요성(G.), MMU / II ; 《전집》 55 : 354

355) 봉사와 자아실현

1932. 5. 16

안녕,

무엇이든 희생정신으로만 요구하시오.

구루는 자신의 정의로운 행동으로 우리를 정의(*righteousness*)로 인도하는 사람이네. 참된 전진은 우리 자신을 영(零)으로 만드는 데 있네.

사심 없는 봉사가 삶의 비밀이네. 정염을 이겨내는 일은 최고의 이상이네. 성자들은 주로 그들 자신의 경험에서 사고와 행동의 규칙을 이끌어내었네.

리쉬(*rishi*)는 자아를 실현한 자들이네. 《기타》에 따르면 산야사는 욕망에서 일어난 행동의 포기이네.

자신의 육신을 통제 아래에 둔 자만이 사람(*man*)이네. 내면성에 의한 아름다움은 물리적으로는 경험될 수 없네.

자네의 모든 질문에 대해서 대답했네.

바푸가

편지(H.), CW 9122 ; 《전집》 55 : 464

356) 인생의 고난 *1932. 5. 17*

인생에 곤란이 없다면 그것은 대단히 재미없는 일이 될 것이네. 그런 인생은 기대할 수가 없네. 그래서 인생의 온갖 고난(*roughness*)을 참는 것이 지혜라네. 그것이 우리가 《라마야나》에서 배우는 풍부한 교훈의 하나라네.

편지,[68] 《마하데브바이니 일기》 권 1, 158면 ; 《전집》 55 : 465

357) 진정한 교육과 스스로 돕기 *1932. 7. 10*

나는 아슈람의 역사를 집필하면서 내 생각을 지배해왔던 교육에 대한 중심 이념 하나에 대해서 간단히 설명해 보려고 한다. 어떤 사람들은 아슈람에 일종의 결핍이 있음을 본다. 교육, 특히 문예교육(*literary education*)에 대한 어떤 조처가 없다는 것이다. 나 역시 이런 결핍을 알고 있다. 그러나 그런 결핍은 아마도 아슈람이 지속되는 한 남아

68 수신자는 간디에게 절대 동요된 적이 없었던 자를 만나 본 적이 있었는지 물었다.

있을 것이다. 나는 그 이유를 여기에서 자세히 다루지 않을 것이다.

우리가 교육의 진정한 의미와 그것을 얻는 올바른 방법을 모르기 때문에, 그리고 교육을 실시하는 현 제도가 올바른 것이라고 가정하기 때문에, 사람들은 이와 같은 결핍을 본다. 내가 생각하기에는 교육에 대한 현재의 이념과 그것을 주고받는 방법, 양자 모두에 잘못이 있다.

참교육은 우리로 하여금 아트만 곧 우리의 참자아, 신과 진리를 알도록 도와주는 것이다. 이러한 지식을 얻기 위해서 일부의 사람들은 문예공부의 필요를 느낄 것이고, 다른 일부의 사람들은 자연과학 공부의 필요성을, 또 다른 일부의 사람들은 예술의 필요성을 느낄 것이다. 그러나 모든 분야의 지식은 목표를 자아에 대한 지식에 두어야 한다. 아슈람에서도 마찬가지이다. 우리는 그런 목적을 염두에 두고 수많은 활동을 하고 있다. 그와 같은 모든 활동이 내가 말하는 의미의 참교육이다. 그런 활동은 자아에 대한 지식이라는 목적과 관련짓지 않고도 할 수 있다. 그런 활동이 자아에 대한 지식과 무관하게 진행된다면, 생계나 다른 것의 수단은 될 수 있지만 교육은 아니다. 교육의 일환으로 활동할 때, 그 활동이 가진 의미를 적절히 이해하기, 의무에 헌신하기, 봉사정신 갖기 등은 필수적이다. 첫째(의미의 적절한 이해)는 지성의 계발을 반드시 가져온다. 아무리 작은 일이라고 해도 그 일을 수행함에 있어서 우리는 거룩한 목적에 의해서 고취되어야 하고, 그 일을 수행하면서 그것이 기여하는 목적, 그리고 그것을 수행하는 과학적 방법을 이해하도록 노력해야 한다. 조리·공중위생·목수일·물레질 등 모든 유형의 일에는 과학이 있다. 학생의 태도를 갖고 일하는 사람들은 모두 그런 과학을 알게 되거나 발견해낸다.

만일 아슈람 재소자들이 이런 점을 이해한다면, 그들은 아슈람이 서너 시간이 아니라 항상 교육을 받고 있는 위대한 학교임을 알 수 있을 것이다. 자아 곧 진리(*Truth*)에 대한 지식을 얻기 위해서 아슈람에 살고 있는 모든 사람들은 선생 겸 학생이다. 그는 그가 알고 있는 일에 대해서는 선생이고, 그가 배울 필요가 있는 모든 것에 대해서는 학생이다. 만일 우리가 어떤 일에 대해서건 이웃보다 더 많이 안다면, 우리는 그에게 우리의 지식을 기꺼이 나눠 주어야 할 것이고, 마찬가지로 그가 우리보다 더 많이 아는 것은 그에게서 기꺼이 받아야 할 것이다. 만일 우리가 이렇게 해서 지식을 다른 사람들과 규칙적으로 교환한다면, 우리는 선생의 부재를 느끼지 않을 것이고, 교육은 고통스럽지 않고 자발적인 과정이 될 것이다. 가장 중요한 교육은 인격 훈련(*training of character*)이다. 야마와 니야마의 준수에서 우리가 진보한다면, 진리를 학습하고 알아가는 우리의 능력은 증가할 것이다.

그렇다면 문예교육은 어떤가? 그것은 더 이상 문제가 아니다. 이에 대한 규칙은 다른 활동들에 대한 규칙과 동일하다. 위에서 설명했던 방법은 하나의 미신, 즉 교육을 위해서는 우리가 학교라고 알려진 별도의 건물과 가르칠 선생이 필요하다는 미신을 없애 버린다. 문예교육을 위한 욕구가 우리 안에 일깨워질 때, 우리는 그것을 자조(自助)를 통해서 얻어야 한다는 점을 알아야 할 것이다. 아슈람에는 이를 위한 충분한 여지가 있다. 내가 만일 위에서 내 이념을 분명히 설명할 수 있었다면, 문예교육은 더 이상 문제가 아닐 것이다. 그것을 가진 자는 온갖 기회를 이용하여 그것을 다른 사람에게 전수해 줄 것이고, 후자는 전자에게서 받을 것이다.

교육(G.), MMU / II ; 《전집》 56 : 164

358) 집착과 혐오

1932. 7. 21

하누만프라사드 형제에게,

자네 전보와 함께 편지도 오늘 받았네. 나는 자네가 거기에 있으므로 데브다스에 대해서 우려하지 않을 것이네. 더구나 데브다스는 자네가 자신을 매우 사랑스런 방법으로 대하고 있다고 나에게 편지로 알려왔다네. 그 의사는 정말로 좋은 사람이네. 나는 자네가 때때로 나에게 편지를 보낼 것으로 기대하고 있네.

세속의 물건을 구하기 위해서나 다른 이유에서나 거짓을 이용하는 사람은 집착과 증오로 가득 차 있네. 그는 결코 신에게 도달할 수 없다네.[69] 그리고 나는 자네가 인용했던 사례가 불가능하다고 간주한다네. 진리의 길을 밟으면서 동시에 세속사(*worldly affairs*) 곧 프라브리티(*pravritti*)에서 떨어져 있는 일은 공화(空華)처럼 불가능한 일이네. 프라브리티에서 떨어져 나온 사람이 자신이 어떤 길을 따라가는지를 어떻게 알 수 있겠는가? 진리의 길을 밟는다는 것 자체가 프라브리티 안으로 들어감을 상정한다네. 프라브리티가 없다면 진리의 길을 밟을 기회도, 밟지 않을 기회조차 없네. 거룩한 《기타》는 여러 시구에서 사람은 단 한순간도 프라브리티 없이 존재할 수 없다는 점을 분명히 했다네. 귀의자와 귀의자가 아닌 자와의 차이는 다음과 같다네. 즉, 귀의자는 최고선에 시선을 고정시킨 채 프라브리티 안에 남아 있는 자로서 프라브리티 안에 살면서도 결코 진리에 대한 고수를 포기하지 않으며 집착과 혐오를 약화시키는 자이고, 귀의자가 아닌 자는 프라브리티에 미혹되고, 그의 목적을 추구하는 과정에

---

69 수신자는 다음과 같이 물었다. 즉 "세속적인 목적을 위해서 허위를 사용하는 사람은 신을 봅니까? 또는 진리를 볼 수 있기 위해서 일체의 활동을 포기하는 자가 지복(至福)의 비전(*beatific vision*)을 가질 수 있습니까?"라고.

거짓 등의 악마적 행위로부터 멀리 떨어져 있으려고 노력조차 하지 않는 사람이라네. 이 세속사는 경멸의 시선으로 보아야 할 것은 아니네. 주님에 대한 비전은 오로지 세속사를 통해서만 가능할 뿐이네. 미혹을 일으키는 세속사는 경멸의 시선으로 봐야 하고 언제나 피해야 할 일이라네. 이것은 나의 확고한 생각이며 경험이라네.

바푸로부터 축복을

하누만프라사드 포다르에게 보낸 편지(H.),
《마하데브바이니 일기》 권 1, 323면 ; 《전집》 56 : 209

359) 의심이 있을 때는 행하지 말라 *1935. 3. 29*

분명한 거절은 모든 문제를 해결할 것입니다. 영어 주간지 〈펀치〉(*Punch*)[70]가 제공한 실천적 지혜 격률의 하나는 이것입니다. 즉 "의심이 있는 경우 '행하지 말라'고 하는 것이 〈펀치〉의 충고라고…."

우리는 오늘날의 지배적인 분위기가 철저하게 비도덕적임을 알 수 있습니다. 그런 상황에서는 침묵의 봉사가 유일하게 최선의 길입니다.

마투라다스 트리쿰지에게 보낸 편지(G.),
《바푸니 프라사디》, 157면 ; 《전집》 66 : 531

360) 만물을 포기하시오, 그러면 만물이 당신의 것이오 *1945. 1. 10*

내가 트라방코르 지역 하리잔 여행을 하는 기간 동안[71] 《이샤바스야》(*Ishavasya*)[72]가 나를 붙들었다. 나는 내 모든 연설에 이 우파니샤드의 다음 첫 구절을 꼭 포함시켰다. '존재하는 만물에는 신이 두루 퍼져

---

70 〔역주〕 1841년 창간된 익살스러운 만화가 많은 런던의 주간지.

71 1937년 1월.

72 〔역주〕 《이샤 우파니샤드》(*Isha Upanishad*)를 지칭한다.

있다.' 만물(*It all*)은 그분에게 속하기 때문에, 여러분의 것은 아무것도 없다. 하지만 그것은 어떤 의미로는 당신의 것이기도 하다. 그런데 왜 논의 중에 막히고 마는가? 만물을 포기하라. 그러면 만물은 당신의 것이다. 당신이 만일 뭔가를 당신의 것으로 간주한다면, 아무것도 당신의 것으로 남아 있지 않을 것이다.[73] 이것은 내가 트라방코르 여행에 대한 글을 결론지을 때 사용했던 구절이었다. 그리고 나는 보물을 만났다고 느꼈다. 나는 《이샤바스야》의 간단한 힌디어 번역을 해달라고 비노바에게 요청했다. 으레 그러하듯이 그는 내 요청을 수락했다. 그 결과가 이 번역이다.

M. K. 간디

서언(H.), 《피아렐랄 페이퍼스》; 《전집》 85 : 449

361) 독신생활 *1945. 2. 15*

독신생활(*celibacy*)은 아슈람 재소자들에게만 의무 사항이네. 그것은 다른 사람들을 위한 것이 아니고 하인들에게 적용되지 않을 것이네. 그것은 람 프라사드에게 적용되어서는 안 되네. 그는 아슈람 재소자가 아니기 때문이네. 우리의 아슈람은 진정한 의미의 아슈람이 더 이상 아니네. 그러나 내가 어디에 머물건 간에 그것은 일종의 아슈람이 된다네. 나는 그것을 아슈람으로 부르는 일조차 반대했네. 하지만 모든 사람들이 그것을 아슈람으로 부르기에 나도 묵인했네. 이 말은 서약을 한 자가 그 서약을 깰 수 있음을 의미하는 것은 절대 아니네.

바푸가

메모(H.), CW 5903 ; 《전집》 85 : 651

---

73 〔역주〕《전집》 권 85, 277면에 따르면, 여기까지가 인용 부분으로 되어 있다.

362) 포기이지 고행이 아니다

1945. 3. 17

영어로 고행(*asceticism*)이 현재 필요한 것은 아니네. 하지만 포기의 필요성은 대단하네. 《이샤바스야》[74]를 읽고 그것에 대해서 성찰해 보게. 포기의 내적 의미를 실현하시게. 그것은 《기타》에 잘 설명되어 있네.[75]

바푸로부터 축복을

고페 구르북사니에게 보낸 메모(H.),
GN 1328 ; 《전집》 86 : 114

363) 아슈람에 거주함

마하발레쉬와르, *1945. 4. 26*

안녕, 옴 프라카슈!

자네가 아슈람의 모든 규칙들을 사려 깊게 따르지 않는다면, 아슈람에 거주한다는 것만으로는 아무것도 얻지 못할 것이네. 자네는 아슈람 재소자로부터 인증서를 받아야 할 것이네. 만일 자네의 성미가 급하다면(*hot-tempered*) 그것을 고치게. 아슈람은 기질상의 단점을 극복하는 장소라네. 모두가 그렇게 할 수 있는 것은 아니지만, 자네는 꼭 그래야 하네. 자네는 하나의 이상형을 제공해야 하네. 만일 자네가 아슈람을 좋아하지 않는다면, 거기에 머물러 있는 것은 소용없는 일이네.

바푸로부터 축복을

옴 프라카슈 굽타(Om Prakash Gupta)에게
보낸 편지(H.), CW 5896 ; 《전집》 86 : 439

---

74 《이샤 우파니샤드》의 제 1구를 가리킨다.

75 수신자는 "고행과 포기가 인생에서 얼마나 많이 유익합니까?"라고 질문했다.

364) 불완전하지만 매우 중요한 것

1945. 10. 29

안녕, 데브!

당신의 편지를 받았습니다. 당신은 건강이 좋으면 봉사를 많이 할 수 있을 것입니다. 나는 아슈람이 비록 완전함과는 거리가 멀지만 그 안에는 다른 곳에는 없는 것이 있다는 점을 알고 있습니다. 우리는 다른 장소에 있는 어떤 것들은 의도적으로 포기했습니다.

Sevagram Ashram
Sevagram

데브프라카슈 나야르(Devprakash Nayyar)에게 보낸 편지(H.),
마이크로필름(인도 국립문서보관소 제공) ; 《전집》 88 : 489

365) 침묵을 통한 기쁨

1946. 1. 28

오늘은 나에게 침묵의 날입니다. 그래서 나는 당신네들에게 말을 할 수 없음을 당신들은 용서해 주셔야 합니다. 침묵이 얼마나 좋은 것인지! 나는 그것에 대한 개인적 경험이 있습니다. 침묵으로부터 얻는 기쁨은 독특합니다. 모든 사람들이 매일 일정 시간 침묵을 지킨다면 얼마나 좋을지! 침묵은 소수의 위대한 사람을 위한 것이 아닙니다. 나는 한 사람이 할 수 있는 일이라면 노력만 한다면 모든 사람들이 할 수 있다는 점을 압니다. '침묵을 통해서 만사가 얻어진다'는 격언이 우리 사이에 있습니다. 이 격언에는 상당한 진리가 있습니다.

마드라스 기도모임에서 대독한 연설,
〈더 힌두〉, 1946. 1. 30 ; 《전집》 89 : 423

366) 무집착과 장수

내가 생각 없이 125세까지 살고 싶다고 말한 것은 아니었다. 여기에 깊은 뜻이 있다. 나의 소망의 기초는 《이샤 우파니샤드》의 세 번째 만트라인데, 문자 그대로 옮기면, 무집착(*detachment*)으로 봉사하면서 100살까지 살기를 바라야 할 것이라는 뜻이다. 한 주석서가 말하기를 100이란 수는 실제로 125를 의미한다는 것이다. 오늘날에도 마드라스에서는 100이 116을 의미하기 위해서 사용된다. 전날 어떤 사람이 100루피로 기록된 것을 나에게 제시했다. 그러나 자세히 살펴보면 116루피라는 것이다. 100이란 99 보태기 1이란 것이 우리나라에서는 불변의 공식이 아니다.

여하튼 100이란 수의 의미가 이 논의를 위해서 필수적인 것은 아니다. 나의 유일한 목표는 그 바람의 실현을 위해서 필요한 조건을 적시(摘示)하는 것이다. 그 조건은 무집착의 정신에서 하는 봉사를 의미하고, 그 정신은 행위의 결과로부터 완전한 독립을 의미한다. 그런 무집착의 정신 없이 사람이 125세까지 살기를 바라서는 안 된다. 나는 그런 식으로 그 텍스트를 이해한다. 무집착의 경지에 도달하지 않은 채 125세까지 산다는 것은 불가능할 것이라는 점에 대해서 나는 추호의 의심도 없다. 그 나이까지 산다는 것이 죽을 때까지 그저 살아가는 삶, 즉 산송장과 같은 삶을 살아간다는 것이어서는 결코 안 된다. 이런 삶은 친척과 사회에 짐이 된다. 그런 상황에서 우리에게 지고의 의무는 무조건적인 삶의 연장을 위해서가 아니라 조기 해방(*early release*)을 위해서 기도하는 일이다.

인간의 육신은 결코 탐닉을 위한 것이 아니라 오로지 봉사를 위한 것이다. 행복한 인생의 비결은 포기에 있다. 포기는 생명이고, 탐닉은 곧 죽음이다. 그래서 누구든 결과에 눈독을 들이지 않고 봉사를 행하면서 125세까지 살 권리가 있고, 그렇게 바라야 할 것이다. 그런 삶은 전적으로 그리고 오로지 봉사에 바쳐진 것이어야 한다. 그런 봉사를 위해서 시도된 포기는 말로 설명할 수 없는 기쁨이며 아무도 그것을 앗아갈 수 없다. 그 기쁨의 감로수는 내부에서 솟아나는 것이고 생명을 유지하는 것이기 때문이다. 여기에 우려나 초조가 끼어들 여지가 있을 수 없다. 기쁨 없이 장수는 불가능하고, 설혹 장수가 가능하다고 해도 살 만한 가치는 없을 것이다.

외부 수단을 통해서 125살까지 생명을 연장할 수 있는 가능성의 검토는 이 논의의 범위 바깥에 있다.

125살까지 살기, 〈하리잔반두〉, 1946. 2. 17 ; 〈하리잔〉, 1946. 2. 24 ; 《전집》 89 : 497

367) 인류와 천국

1946. 4. 15

시인은 한순간 성찰한 뒤 다음과 같이 자문했습니다.

> 인간이여, 그대는 왜 신의 이름을 받아들이는 것을 그만두었는가? 당신은 분노·정욕·탐욕은 포기하지 않았지만, 진리는 망각했다. 무가치한 돈 한 푼을 벌면서 신의 사랑이라는 한량없는 가치의 보석을 놓쳐 버리는 것은 비극이 아닌가! 오, 바보여! 당신은 왜 온갖 허영을 버리고 오직 신의 은총 앞에 자신을 던져 버리지 못하는가?

이것은 우리가 지니고 있는 부를 버려야 하고, 처자식을 문밖으로 내몰아야 한다는 의미는 아닙니다. 그것은 사람이 이런 것들에 대한 집착을 포기하고 자신의 모든 것을 신에게 바치고, 그분이 주신 선물을 그분만을 섬기기 위해서 사용해야 한다는 의미일 뿐입니다. 그것은 만일 우리가 그의 이름을 우리 전 존재로서 받아들인다면, 우리가 모든 정욕, 허위 그리고 비천한 정염(情炎)을 자동적으로 버리게 된다는 의미이기도 합니다.

우리는 매일 기도를 시작할 때 《이샤 우파니샤드》의 첫 슐로카를 반복하는데, 그 구절은 만물을 신에게 바치고 필요한 만큼만 사용하라고 요청하고 있습니다. 거기에 제시된 핵심 원리는 다른 사람에게 속한 것을 탐내서는 안 된다는 것입니다. 이 두 개의 좌우명은 힌두교의 정수에 해당합니다.

아침기도에 낭송되는 다른 슐로카는 다음과 같이 말하고 있습니다.

> 나는 세속의 권력을 바라지 않습니다. 나는 천국으로 가기를 요구하는 것도 아닙니다. 심지어 열반(*nirvana*)의 성취를 원하는 것도 아닙니다. 내가 바라는 것은 고통 속에 있는 자들의 고통을 내가 덜어 줄 수 있는 일입니다.

고통은 육체적·심리적 또는 영적일 수 있습니다. 자신의 정염에 속박됨으로써 따라오는 영적 고통은 때때로 육체적 고통보다 더 클 수 있습니다.

하지만 신은 고통을 덜어 주기 위해서 몸소 내려오지 않으십니다. 그는 인간이란 대리인을 통해서 일하십니다. 그래서 다른 사람들의 고통을 경감할 수 있게 해 달라는 기도는, 그런 목적을 위해서 일하고 싶다는 갈망과 그 일에 대한 준비를 의미해야 할 것입니다.

여러분은 이 기도가 배타적인 것이 아님을 알 것입니다. 그것은 우리 자신의 계급이나 공동체에 국한돼서는 안 됩니다. 그것은 모든 것을 포괄하는 것입니다. 인류 전체를 포괄합니다. 그 기도의 실현은 그래서 지상에 천국을 건설하는 것입니다.

기도모임에서의 연설, 〈힌두스탄 타임스〉,
1946. 4. 16 ; 〈하리잔〉, 1946. 4. 28 ; 《전집》 90 : 311

368) 우리 힘을 헤아림

심라, *1946. 5. 2*

내가 이번에 심라에 와야 될 줄은 미처 몰랐습니다. 우리가 만일 신에 대한 믿음이 있다면, 우리는 그분이 우리를 어떻게 처리하시게 될지에 대해서 미리 알고 싶지 않을 것입니다. 무슨 일이 일어나든 그것에 대해서 충분히 대비한다면 그것으로 족합니다. 우리는 내일 우리에게 무슨 일이 일어날지 아는 것이 허용되지 않습니다. 우리가 수립한 최선의 계획도 흔히 실패하곤 합니다. 따라서 최고의 지혜는 미래에 대해서 전혀 걱정하지 말고, 체념하면서 우리 자신을 전적으로 그분의 의지에 맡기는 일입니다.

나는 여기에서 각료대표단(*the Cabinet Mission*)에 대해서 아무 말도 하지 않겠습니다. 그리고 여러분도 나름대로 그것에 대한 호기심을 억제하길 바랍니다. 우리 모두는 조용히 바라보고 기도합시다. 내가 어제 델리의 저녁기도모임에 참석했던 사람들에게 말했듯이, 각료대표단은 우리의 힘이 보장해 준 한계 이상으로 나갈 수는 없을 것입니다. 달리 생각한다면 우리는 바보입니다. 비록 그들이 그 한계 이상으로 나가려고 노력해도, 그것은 우리를 식상하게 할 뿐이며, 우리는 그것을 선용할 수도 없을 것입니다. 그래서 대표단이 아무 열매를 맺지 못하더라도 나는 그들을 비난하지 않고, 오히려 우리 자신의 약함을 비난할 것입니다. 그렇게 되면 우리는 우리 자신의 힘을 잴 수 있을 것입니다. 여기서 힘이란 비폭력적 힘입니다. 우리는 비폭력으로 스와라즈를 얻기로 서약했습니다.

많은 사람은 이번에야말로 각료대표단이 인도의 입장에서 올바른 일을 할 것이고, 영국 세력이 최종적으로 그리고 완전히 철수하게 될 것이라는 신념을 공유하고 있는데, 나도 그중에 한 사람입니다. 이 신념이 어느 정도 정당화될지는 시간만이 알려 줄 수 있을 것입니다.

자 이제 여러분에게 말씀드리고 싶은 문제를 하나 다뤄 봅시다. 지난번에도 나는 그것을 언급했지만, 진실을 말하자면 그런 것은 집 꼭대기에서 몇 번이라도 반복하여 외쳐도 싫증이 조금도 나지 않을 것입니다. 마치 신의 이름을 반복해도 싫증이 나지 않는 것처럼 말입니다. 위선자들도 신의 이름을 그들의 입술에 달고 있지만, 그들 겨드랑이에 무기를 감추고 있다면 무슨 쓸모가 있겠습니까? 만일 라마나마가 심정에서 우러나온다면 사람은 라마 부르기에 결코 물리지 않을 것입니다. 그러므로 내가 말하고 싶은 것을 끝없이 반복하더라도 괘념하지 마십시오. 그것은 여러분에게 영향을 미칠 수밖에 없을 것입니다. 《이샤우파니샤드》의 첫 만트라는, 신이 우주에 널리 차 있고, 사람이 무엇보다도 먼저 자신의 소유물 전부를 신에게 바치는 것이 의무라고 말하고 있습니다. 사람이 자신의 것이라고 부를 수 있는 것은 아무것도 없습니다. 그렇게 다 바치고 난 다음, 사람은 그의 합당한 수요에 필요한 것을 거기에서 꺼내 쓸 수 있지만, 그 이상은 절대로 안 됩니다. 그는 다른 사람들에게 속한 물건을 탐내면 안 됩니다. 나의 사례를 보십시오. 나는 대궐 같은 집에 수용되었습니다. 여러분의 엄청난 사랑이 염려되어, 나는 정부의 환대를 구할 수밖에 없었고, 그들은 나를 여기에 두었습니다. 하지만 정부가 커다란 방갈로를 내 손에 맡겼다고 해서, 내가 그 집 전체를 자유롭게 사용할 수 있다는 것은 아닙니다.

톨스토이는 비길 데 없이 아름다운 우화에서 사람이 어느 정도의 땅이 필요한가 하는 질문에 대해서 대답했습니다. 악마는 어떤 사람에게 그가 하루 종일 달려 경계선을 긋는 만큼의 땅이 그의 소유가 되게 해 달라는 소원을 들어줌으로써 그를 유혹했습니다. 그 사람은 달리고 또 달렸습니다. 탐욕에 내몰려, 결국 해가 지평선에서 막 지려고 할 때,

그는 출발점에 도달할 수 있었지만, 그만 엎어져 죽고 말았습니다. 여섯 자의 땅, 그것이 그의 매장을 위해서 필요한 땅의 전부였습니다. 그래서 내가 만일 방갈로 전체가 필요하다든가, 그것을 소유해야 한다는 믿음으로 날 속인다면, 나는 바보가 되고 말 것입니다. 오로지 비뚤어진 성질의 소유자만이 그 구절을, 사람이 만물을 신에게 봉헌하는 의례 뒤에는 삶에서 좋은 물건들을 무한정 탐닉할 수 있다는 뜻으로 해석할 것입니다. 그것은 그 구절의 진정한 의미를 희화화하는 것입니다. 나는 화려하고 새로운 옷을 입는 사람보다는 낡고 수선한 옷을 입는 사람을 훨씬 더 보고 싶습니다. 찢어진 옷을 입는 것은 게으름의 표시이니 창피한 일이지만, 덕지덕지 꿰맨 옷을 입는 일은 여러분의 가난이나 포기, 근면을 선포하는 것입니다. 마찬가지로 누가 나에게 2만 5천 루피의 돈을 주었을 때 내가 개인적으로 그것을 사용한다면 나는 강도이며 도둑입니다. 나는 연명하는 데 필요한 만큼만 사용할 수 있습니다. 그것이 《이샤 우파니샤드》의 가르침일 것입니다. 만일 여러분이 이것을 이해한다면 여러분은 위대한 일을 이루실 것입니다.

기도모임에서의 연설(H.), 〈하리잔 세박〉, 1946. 5. 12 ; 《전집》 90 : 417

369) 생각의 능력

뉴델리, 〔*1946. 10. 28* 또는 그전〕[76]

내가 거기로 가서 무엇을 할 수 있을지 모르겠습니다. 그곳에 가지 않으면 내 마음이 평안할 수 없다는 사실만은 알고 있습니다.

우리에게는 두 가지 종류의 생각이 있는데, 나태한(*idle*) 생각과 활

---

76 피아렐랄에 따르면, 간디는 대단히 존경받는 친구 한 사람과 의논하고 있었는데, 그 친구는 그 당시 긴 여행을 떠나지 말라고 간디를 설득하려고 했다. 그런데 간디는 1946년 10월 28일 델리를 출발했다. 그는 당시 동벵골에 일어났던 폭동을 진정시키기 위해서 넉 달 동안 도보 순례했다.

발한(*active*) 생각입니다. 우리 머릿속에는 수백만 가지의 나태한 생각이 들끓고 있습니다. 그것들은 중요하지 않습니다. 그러나 저 깊은 곳에서 솟아나는 단 하나의 순수하고 활발한 생각, 자기 존재에 대한 통일되고 강렬한 집중을 지닌 생각, 이것은 역동적인 것이 되고 수정된 난자와 같이 활동하게 될 것입니다.

어느 친구와의 담화, 〈하리잔〉,
1946. 11. 10 ; 《전집》 92 : 608

370) 자신을 비우기 노아칼리 구, 람군즈 우체국 카지르킬로부터, 찬디푸르 캠프, *1947. 1. 4*

안녕, 미라!
자네의 등기우편이 내 앞에 놓여 있네. 뉴스는 이 편지와 함께 파라수람이 자네에게 전해 줄 것이네. 나는 자네가 개략적으로 설명한 입장이 올바르다는 점을 구술할 따름이네. 만사가 신구의(身口意)의 청정(*purity*)에 달려 있는데, 나는 '청정'이라는 말을 가장 넓은 의미로 사용한다네. 그렇게 되면 골치 아플 이유가 없네. 이 근본적 사실만 고수하게. 우리는 '청정'이라는 말을 자주 느슨하게 사용하고 온갖 종류의 탈선에 대해서 변명하네. 내가 여기서 잘 지내고 있는지, 여기에서 무엇을 하고 있는지 조금도 걱정하지 말게. 내가 만일 자신을 비우는 일에 철저하게 성공한다면, 신이 나를 소유하실 것이고, 그렇게 되면 만사가 잘 풀릴 것임을 알고 있네. 그러나 내가 언제 무(無, *zero*)가 될 수 있을까 하는 것은 심각한 질문이네. '나'(*I*)와 '영'(零, *0*)을 나란히 생각하게. 그러면 자네는 인생의 전체 문제를 두 개의 부호로 표시하게 될 것이네. 이 과정에서 자네는 나를 상당히 많이 도와주었네. 이렇게 멀리 떨어져 있는데도 자네는 자네 분야에서 의무를 최대한 수행하고 있는 것처럼 보인다네.[77]

이 편지는 나흘 전 내가 침대에 누워 쉬면서 다른 사람이 받아 적어 놓은 것이네. 그러나 타자는 치지 않았지. 그러는 동안 자네의 다른 편지와 카디의 샘플을 받았네. 팔기 위한 카디를 남겨 두었나? 난민들을 위해서 이런 질문을 던지는 것이네. 일에 도를 넘기지 말고, 과로하지도 말게. "아무 걱정도 하지 마십시오."[78] 도보 순례는 내일 시작되네. 그렇게 되면 자네에게 편지를 보낼 수 없을 것이네. 공보(公報)를 자네에게 보낼 것이네. 다음 구절은 내가 아침 일찍 갈겨 쓴 것이네. "아무것도 기대하지 않는 자는 복이 있을지어다."

바푸로부터 사랑을

미라벤에게 보낸 편지, CW 6521 ; 《전집》 93 : 324

371) 만일과 그러나

1947. 4. 14

'만일'과 '그러나'의 말로 논의해 봐야 소용없습니다. 여차여차한 일이 이런저런 식으로 되었더라면 더 좋았을 것이라고 말하는 것은 잘못입니다. 그리고 이것은 신의 인도를 따른다고 주장하는 사람들에게 특별히 적용되는 말입니다. 심정이 깨끗한 자만이 신의 인도를 받는다고 주장할 수 있습니다. 나는 내 심정을 청정하게 하기 위해서 최선의 노력을 기울입니다. 따라서 나는 신을 나의 구도 속에 넣어두는 것입니다.

편지(G.), 《비하르니 코미 아그만》, 198면 ; 《전집》 94 : 307

---

77 〔역주〕 편지는 여기까지 타자되어 있고 다음부터는 간디가 직접 썼다. 《전집》 권 93, 239면.

78 〈필립비〉, 4 : 6.

372) 부단한 경계

파트나, 간디 캠프, *1947. 4. 15*

과학에는 아주 작은 입자의 무게를 달 수 있는 매우 섬세한 저울이 있는데, 이것으로 먼지나 머리카락 한 올의 무게도 달 수 있습니다. 우리 역시 진리와 비폭력 준수에 있어서 머리카락 한 올 정도의 아주 미세한 타락도 표시할 수 있는 유사한 저울이 있어야 할 것입니다. 우리는 스스로 이런 시험을 치러서 통과하도록 해야 합니다. 따라서 다른 사람에 대해서 이것, 저것을 상상하는 것은 비폭력 수행자의 의무가 아닙니다. 우리를 비판하는 사람이 반드시 우리를 반대하는 사람이라고 믿어야 할 이유는 없습니다. 예를 들면, 두 친구나 형제 사이에 오해가 불쑥 끼어든다고 해도, 그들은 더 이상 형제나 친구가 아닌 것은 아닙니다. 이와 같은 사례들은 많이 있습니다. 예를 들면, 물은 수소 분자 둘과 산소 분자 하나로 이뤄져 있습니다. 하지만 우리는 그 요소들의 분리와 재결합이라는 두 가지 방식으로 실험을 해야 할 것입니다. 그리고 그 결과로 우리가 물을 얻을 때에만 물에 대한 우리의 추론이 정확한 것으로 간주될 것입니다. 유사하게, 우리의 일상에서 햇빛처럼 분명해 보이는 것이 많은 경우 환상으로 드러날 수도 있습니다. 적절한 탐구 없이 추론을 이끌어낸다면, 우리는 진리와 비폭력을 결정적으로 위반하게 됩니다. 우리가 진리와 비폭력 서약을 했으므로, 우리는 매 순간 지극히 조심하고 깨어 있어야 합니다. 나는 라자와 마하라자를 만날 때에는 합당한 존경을 표하고, 그들의 수많은 단점을 알면서도 그들을 환영합니다. 그런 단점에 대해서 그들 스스로 책임이 있는 것은 아닙니다. 그것은 상황 탓에 그들의 성질(*nature*)이 되어 버렸습니다. 우리는 그들을 오직 사랑으로 변화시킬 수 있고, 그때에야 비로소 그들은 우리를 자신들의 친구로서 받아들일 것입니다. 그런데 그들은 여러 경우에 자진하여 회개할 각오가 되어 있었습니다.

여러분은 디나반두 앤드루스가 정부 관리들에 의해서 무례하게 취급받아 왔다는 것을 알고 있습니다. 그러나 그럼에도 불구하고 그는 그들을 이따금 방문해왔고, 그 결과 그들의 일부는 자신들의 행동을 후회했습니다. 내가 여기에 있는 여러분 사이에서 진리와 비폭력 실험에 성공하는 경우에만 나는 펀자브와 신드로 갈 수 있을 것이고, 그러면 나는 모든 곳에서 성공을 거두게 될 것입니다. 그래서 비폭력을 포용한 사람은 부단히 경계하고 자신을 끊임없이 시험해야 합니다.

간디는 원숭이 세 마리의 작은 입상을 가리키며 다음과 같이 말했다.

나의 이 구루는 타인의 악을 절대 보지 말라고 늘 가르치고 있습니다. 바로 그 때문에 이 원숭이가 눈을 감고 있습니다. 다른 한 마리의 원숭이는 귀를 막고 있는데 다른 사람의 악에 대해서 들어서는 안 된다는 것입니다. 셋째 원숭이는 입을 꽉 다물고 있는데, 다른 사람을 비방하지도 말고 어느 누구도 해칠 단 한 마디의 말도 발설해서는 안 된다는 것입니다.

말씀, 《비하르니 코미 아그만》, 205~206면 ; 《전집》 94 : 313

용감한 일본병사

부록

〔*1909*년 *9*월 *18*일 이후〕[1]

여기의 신문들은 용감한 일본인 이토 후작이 어떤 한국인이 쏜 연발 권총의 저격으로 사망했다고 보도하고 있다.

한국은 일본의 이웃에 위치하고 있다. 영국인들이 이집트나 인도에서 세력을 장악하여 권리와 특권을 향유하고 있듯이, 일본인들은 한국에서 그렇게 하고 있다. 일본이 한국에 있는 것은 한국을 돕기 위해서가 아님은 물론이다. 그러나 한국인은 약한 민족으로 알려져 있다. 만일 한국이 러시아인이나 중국인의 지배에 들어가게 되면, 이는 일본에 위협이 되므로 일본은 스스로 한국을 손아귀에 넣었다. 한국 민족은 이 일을 좋아할 리가 없었다. 그들은 늘 일본을 증오해왔다. 이토는 이 사건이 발생하기 전에도 두 차례 공격을 받았다.

그러나 일찍이 러시아의 피를 맛본 일본은 한국에서 그렇게 쉽게 물러날 리 없었다. 세력에 도취하면 늘 그런 것이다. 수영선수가 물에

1 〔역주〕 이토가 암살당한 날에 따라서 1909년 10월 26일 이후라고 해야 할 것이다.

빠져 죽듯이, 칼을 휘두른 자는 주로 칼로 망할 것이다. 연발권총으로 이토를 저격했던 자는 그가 일본이 한국을 지배하는 것을 차마 볼 수 없어서 이토를 죽였다는 점을 담대하게 인정했다. 일본은 한국인에게 교훈을 가르치기 위해서 1만 2천 명 정도의 사람을 죽였다고 한다.

이런 이야기는 세력이란 더러운 것이고, 일단 남의 나라를 장악하게 되면 편안하게 쉬지 못한다는 점을 보여준다. 우리 인도 청년들 중 몇몇 사람은 〔영국인을 몇 사람은〕 죽여야 그들을 축출할 수 있다고 믿고 있다. 이런 일이 가능하다고 해도 그럴 만한 가치는 없다. 일본에서 일어나고 있는 어떤 일은 칭찬할 만하지만, 서양의 방식을 모방하는 것은 존경할 만한 가치가 없다.

그런데 왜 우리는 이토를 용감한 자라고 묘사했는가? 이는 다른 문제이다. 그는 어릴 적부터 애국의 정신을 가지고 있었다. 1841년에 태어난 그는 그가 세상의 일을 알아가기 시작한 인생의 아주 초기부터 일본의 향상을 위해서 일하겠다는 생각을 가졌다. 그는 이런 이상을 추구하느라 많은 난관을 겪었다. 러일전쟁 당시 그는 큰 용기를 보여주었다. 그래서 그는 전쟁의 전문가였고, 수학, 교육, 행정, 한마디로 만사의 전문가였다. 따라서 그는 용감한 자로 인정받아 마땅하다.

한국을 예속시킨 일은 그가 용기를 나쁜 목적에 사용한 것이다. 그런데 서양문명의 마법에 걸린 사람들은 달리 할 수 없었을 것이다. 만일 일본이 세력을 통해서 지배하고, 방어하고, 자기 확장을 시도한다면, 이웃의 땅을 정복하는 수밖에 달리 길이 없었을 것이다. 여기에서 이끌어낼 수 있는 결론은 인민의 참된 복지를 심정에서 생각하는 자라면, 오직 사타그라하(진리파지)의 길을 따라서 인민을 인도해야 할 것이라는 점이다.

〈용감한 일본병사〉(G.), 《인디언 오피니언》, 1910. 8. 1, 《전집》 10 : 77[2]

역자 후기

이 짧은 글은 이토가 한국인에 의해서 암살당한 소식을 듣고서 간디가 남긴 글이다. 간디는 비폭력 원리에 따라서 이토 히로부미(1841~1909)의 침략 행위와 그를 총으로 쏘아 죽인 안중근 의사(1879~1910)의 행위에 대해서 비판했다. 우리 민족이 하나의 '민족'으로 남아 있는 한, 그리고 한국인의 정체성을 일본과의 관계에서 확인하려는 한 안중근은 의사(義士)로 기억될 것이다. 1909년 당시 간디는 여전히 남아프리카에서 인도인의 지위향상을 위해서 투쟁하다가 7월 10일부터 넉 달 정도 런던을 방문하던 중이었는데, 거기에서 이토에 대한 저격과 사망 소식을 들었다. 그리고 간디가 안중근이라는 이름 대신 "어떤 한국인" 정도로 부르고 있는 것은 안중근이 무명인사였기 때문이었을 것이다.

이 글에서 가장 중요한 단어는 사탸그라하(진리파지)인데, 진리와 비폭력의 입장에서 본다면, 이토와 이토를 저격한 한국인은 모두 비폭력의 진리를 고수하지 못했다는 것이다. 간디는 일본을, 러시아의 피를 맛본 나라로, 세력에 도취한 나라로, 그리고 칼로 일어났으니 칼로 망할 나라로 보고 크게 책망하고 있다. 일본이 1945년 실제로 패망하기 30여 년 전에 이미 간디는 그 패망을 예언하고 있다. 간디의 눈에 비친 이토는 용감한 자였지만, 한국을 예속시킨 것은 그 용기를 나쁜 목적에 사용한 것이다. 예속은 주로 1905년에 체결된 을사조약을 염두에 두고 한 말일 것이다. 그렇지만 정복자나 침략자라고 해도 폭력으로 제거하는 것이 올바른 방법이 아니라는 간디의 태도는, 그가 1909년 7월 1일 런던에서 영국 관리를 암살한 인도 청년 마단랄

2 〔역주〕 역자는 이 글에 대해서 다음 두 편의 글을 썼다.
〈간디, 이토, 안중근: 문명의 충돌〉, 《철학과 현실》, 2014년 가을호(통권 제102호), 159~182쪽 ; 〈정의를 위한 폭력은 정당한 것이 아닌가요?: 간디에게 듣는 전쟁과 평화의 참뜻〉, 《질문하는 십대, 대답하는 인문학》, 222~245쪽.

딩그라(Madanlal Dhingra, 1887~1909)와 그 배후 인물에 대해서 신랄하게 비판했던 데서 잘 드러나 있다.

간디는 이 글에서 '서양문명의 마법'이라는 구절을 사용하고 있다. 그는 기술과 과학으로 대표되는 서양문명이 마법처럼 사람을 홀리는 힘이 있다고 본 것 같다. 일본과 같은 나라가 서양문명을 수용해서 세력을 일단 키우게 되면 그 세력으로써 자신을 다스리고, 방어하고, 자신을 확장하게 되고 그 결과로 약한 한국을 정복할 수밖에 없다고 간디는 보았다. 간디는 서양문명이 주는 세력에서 제국주의적 움직임이 거의 자동적으로 나온다는 점을 예리하게 간파한 것 같다. 현대문명의 폭력성을 본 것이다.

18세기 이후 세계사가 이를 증명한다. 영국, 미국 등의 서양 제국주의 국가들은 문명의 힘으로 스스로 강력해진 다음, 그 문명을 미개국이나 덜 문명화된 국가에게 전달하는 것이 자신들의 사명이라고 말하면서 행동에 옮겼다. 그 과정에 폭력에 의한 침략, 예속과 정복이 일어났다. 영국이 인도나 이집트를 정복한 것도 그런 사례 중의 하나다. 미국의 페리 제독은 무시무시한 흑선을 타고 일본에게 개항을 강요해 결국 불평등 조약을 체결하게 했고, 일본은 일본 제국의 포함인 운양호를 조선에 보내서 강화도 조선군의 포대에서 포격을 가하게 했다. 이를 구실로 일본은 조선에 대해서 개항을 강요하고 불평등한 강화조약(1876)을 체결케 했다. 이것은 일본이 서양의 방식, 특히 영국이나 미국의 행위를 모방한 것이다. 간디는 그와 같은 모방에 존경할 만한 것이 없다고 했다.

간디 연보

1869	출생	10. 2	모한다스 카람찬드 간디는 구자라트 카티아와르 포르반다르의 바이샤 가문에서 출생. 포르반다르, 라즈코트와 바나크네르 주 수상인 카람찬드 간디와 그의 네 번째 처 푸틀리바이 사이에서 세 아들 중 막내로 태어나다.
1876	7세		부모와 함께 라즈코트로 가다. 12살 때까지 그곳에서 초등학교 다님. 고쿨다스 마칸지의 딸 카스투르바이와 약혼하다.
1882	13세		카스투르바이 마칸지와 결혼.
1884	15세		육식과 무신론을 실험.
1888	19세	봄	장남 하릴랄 출생.
		9. 4	소속 카스트 장로들의 반대를 무릅쓰고 유학차 영국으로 항해.
		11. 6	런던 이너템플 법학원 등록.
1889	20세	11	신지학회 소속의 블라바츠키와 애니 베전트를 만나다. 《바가바드 기타》, 《아시아의 빛》, 산상수훈을 읽다.
1890	21세	9. 19	런던 채식주의자협회 집행위원이 되다.
1891	22세	3. 26	런던 신지학회 준회원으로 등록하다.
		6. 10	변호사 자격 취득하다.
		6. 11	런던 고등법원에 등록하다. *
		6. 12	인도로 항해하다.
1892	23세	봄	차남 마니랄 출생.
		5. 14	카티아와르에서 법률사무소 개업을 위한 허가 취득. 성공적으로 업무를 수행하지 못하고, 라즈코트에서 법률문서 작성자로 정착.

* 〔역주〕 영어 원전에는 고등법원 등록일이 6월 10일로 되어 있지만 《전집》의 연보에 따라 6월 11일로 바로잡았다. 연보 3면 참조.

1893	24세	4	다다 압둘라 회사의 법률 고문으로 남아프리카로 항해하다.
		6	프리토리아의 객차에서 쫓겨나다. 인종차별에 대한 비폭력 저항을 결심하다.
		7	크루거 총장 자택 인근의 보도에서 구타당하지만 공격자 고소를 거부하다.
1894	25세	4	종교 서적을 공부하다. 여기에는 성경, 코란, 톨스토이의 《하나님의 나라는 너희 안에 있느니라》가 포함되어 있다.
		8. 22	나탈 인도 국민회의를 조직하다.
		9. 3	유럽인 변호사들의 반대를 무릅쓰고 나탈과 트란스발 고등법원에 변호사로 등록하다.
1895	26세	4	더반 인근의 트라피스트회 수도원을 방문하다.
		5	인도 이민법안 내의 재계약 조항에 반대하며 나탈 의회와 리폰 경에 호소하다.
		12. 6	〈인도인 선거권: 남아프리카 거주의 모든 영국인들에게 보내는 호소문〉을 발행하다.
1896	27세	6. 5	인도로 항해하다. 남아프리카 거주 인도인을 위해 여러 집회에서 연설하다.
		11. 30	가족과 함께 남아프리카로 항해하다.
1897	28세	1. 13	더반에 도착, 폭도의 공격을 받다.
		1. 20	공격자 기소하기를 거부하다.
		5	3남 람다스 출생.
1898	29세		차별법률에 관련하여 지방 당국 및 대영제국 당국자에게 청원서를 제출하다.
1899	30세	12.	보어전쟁에 참전하기 위해 인도인 위생병 부대를 조직하다.
1900	31세	5. 22	4남 데브다스 출생.
1901	32세	10. 18	가족과 함께 인도로 항해하다.
		12. 27	남아프리카에 대한 결의안을 인도 국민회의에 제출하다.
1902	33세	2	캘커타에서 고칼레와 함께 1개월 지내다. 라즈코트에서 변호사업 실패, 봄베이로 옮겨 법률업무에 착수하다.
		11. 20	트란스발의 반아시아인 법안에 대항하는 인도인들의 운동을 지지하라는 부름에 응하여 가족과 함께 남아프리카로 돌아오다.
1903	34세	2	트란스발 대법원 변호사로 등록하다. 요하네스버그 법률사무소를 개소하다.
		6. 4	주간지 〈인디언 오피니언〉을 창간하다.

1904	35세	10	러스킨의 《나중에 온 이 사람에게도》를 읽다.
		12	더반 인근에 피닉스 정착촌을 설립하다.
1905	36세	5	타밀어를 배우기 시작하다.
		8. 9	나탈 인도인들에 대한 인두세 징수 법안의 수정을 요구하다.
		8. 19	벵골 분리에 대한 연합된 반대를 요구하고 영국 제품 불매운동을 지지하다.
1906	37세	5. 12	인도 자치를 주창하다.
		6~7	줄루반란 때 위생병 부대에서 봉사. 브라마차르야 서약을 하다.
		9. 11	요하네스버그 소재 제국극장에서 열린 아시아인 등록 법안의 철회를 요구하는 대규모 집회에서 연설하다.
		10. 3	영국 정부에 탄원하기 위해 영국으로 항해하다.
		11. 7	의회 의원들에게 연설하다
		12	남아프리카로 돌아오다.
1907	38세	1~2	《윤리적 종교》에 대한 8개의 논문을 집필하다
		7. 14	인도인에게 재등록하지 말도록 요청하다.
		7. 31	수동적 저항의 중요성에 대해 설명하다. 총파업이 실시되다.
		12. 28	피켓시위에 대한 재판에서 스스로 변론하고 48시간 이내에 트란스발을 떠날 것을 명령받다. 나중에 정부 광장에서 열린 집회에서 연설하다.
1908	39세	1. 10	'수동적 저항'이란 말 대신에 '사탸그라하'라는 말을 사용하다. 2개월 금고형을 선고받다. 다른 모든 사탸그라히들과 함께 1월 31일 석방되다.
		2. 10	미르 알람 칸(Mir Alam Khan)과 다른 파탄인들의 공격을 받고 거의 목숨을 잃을 뻔하다. 병석에서 그 공격자들을 용서해야 한다고 호소하고, 아시아인들에게 자발적으로 지문날인을 하도록 요구하다.
		8. 16	대규모 집회에서 연설하고 등록증명서의 추가 소각을 부추기다.
		8. 23	요하네스버그에서 대규모 집회가 소집되어 등록증명서를 소각하다. 간디의 공격자였던 미르 알람과 다른 파탄인들이 자신들의 과오를 인정하고 '최후까지 싸우기'로 결의하다.
		10. 7	등록증명서 없이 트란스발에 들어가려다가 폴크스루스트에서 체포되다. 2개월간의 징역형에 처해지고, 12월 12일에 석방되다.
1909	40세	1. 16	등록증명서를 제시하지 못하여 폴크스루스트에서 다시 체포되다. 추방당하자 돌아왔고 다시 체포되었으나 보석으로 풀려나다.
		2. 25	폴크스루스트에서 같은 죄목으로 체포되어 3개월 금고형에 처해지다. 5월 24일 석방되다.

		6. 23	영국으로 항해하다.
		7. 10	런던에 도착하다. 엠프틸 경의 도움으로 유력한 영국인 지도자들을 교육하려 하다.
		11. 13	남아프리카로 돌아오다. 도중에 《힌드 스와라즈》를 집필하고 톨스토이의 〈어느 힌두교도에게 보내는 편지〉를 번역하다.
1910	41세	4. 4	톨스토이에게 《힌드 스와라즈》를 보내다.
		5. 8	톨스토이는 수동적 저항이 인도와 인류에게 아주 중요하다는 대답을 해오다.
		5. 30	헤르만 칼렌바흐가 제공한 1천 1백 에이커의 땅에 톨스토이 농장을 설립하다.
1911	42세	4. 22	스뮈츠는 사탸그라하 운동을 중지한다는 조건으로 인도인들의 요구 사항을 수락하다.
1912	43세	10. 22	고칼레가 케이프타운에 도착하다. 간디는 5주간의 여행 기간 동안 수행하다. 유럽식 복장과 우유를 포기하고 식사를 생과일과 건과로 한정하다.
1913	44세	4	카스투르바이가 사탸그라하 투쟁에 참여하다.
		9. 15	사탸그라하가 재개되다. 12인의 남성과 카스투르바이를 포함한 4인의 여성이 더반을 출발하여 폴크스루스트로 향하다.
		9. 23	카스투르바이가 다른 사탸그라히들과 함께 체포되다. 3개월 징역형을 선고받다.
		10. 28	1,700인의 사탸그라히들을 뉴캐슬로부터의 행진에서 지도하다.
		11. 6	2, 221인의 행군자와 함께 폴크스루스트 국경에서 체포되고, 다른 사람들은 월경하다.
		11. 7	폴크스루스트에서 보석으로 석방되고 2, 037인의 행군자들의 행군에 참여하다.
		11. 8	스탠더튼에서 체포되어 신원 확인 이후 석방되다. 행군 계속되다.
		11. 9	티크워스에서 체포되어, 밸푸어로 이송되다.
		11. 11	파업을 선동했다는 죄목으로 둔디에서 9개월 징역형을 선고받다.
		12. 18	석방되다. 석방부터 타결에 이르기까지 간디는 1일 1식 하고 계약 노동자의 복장을 하다.
1914	45세	1. 13	스뮈츠 장군과 협상 개시, 1월 22일 중재안에 도달하다.
		1. 22	스뮈츠 장군과의 협상타결 이후 사탸그라하를 중지시키다.
		7. 18	인도로 가는 도중 런던으로 항해하다. 남아프리카를 영영 떠나다.
		8. 6	제 1차 세계대전 발발 이틀 후 영국에 도착하다.

		8.8	영국인과 인도인 친지들이 세실 호텔에서 환영회를 열어 주었다. 진나, 랄라 라즈파트 라이, 사로지니 나이두가 참석자 중의 일부였다.
		8.13	런던 거주 인도인 학생들의 위생병을 조직하다.
		12.19	건강 악화로 인도로 항해하다. 벵골어를 배우기 시작하다.
1915	46세	1. 9	봄베이에 도착, 위생병 봉사로 카이저-이-힌드 금메달을 수상하다.
		3. 3	고칼레 죽음을 애도하기 위해 푸나 집회에 참석하다.
		4. 7	리쉬케슈에 가고, 스와르가 아슈람을 방문하다.
		5. 20	아메다바드에 사탸그라하 아슈람(나중에 사바르마티 아슈람으로 알려짐)을 개설하다.
		9	사탸그라하 아슈람에 불가촉천민 가족을 받아들이다.
1916	47세		인도와 미얀마를 여행, 3등 열차를 이용하다.
		2. 6	베나레스 대학에서 연설하다.
		10. 21	아메다바드에서 개최된 봄베이 지역대회에서 간디는 진나를 의장으로 선출하기를 제안하다.
		12. 26	러크나우 인도 국민회의에 참석하다.
		12. 29	러크나우에서 열린 전인도 공용문자와 공용어대회를 주재하다.
1917	48세		물레를 사용하여 수직의 천을 대규모로 생산하려는 생각이 마음에 자리 잡기 시작하다.
		4. 10	참파란에서 인디고 농장 노동자들의 문제를 다루기 시작, 8월 노동자의 결의안을 이끌어내다.
		8. 31	마하데브 데사이에게 "당신 안에서 내가 원하는 사람을 찾았다"고 말하다.
		10. 3	참파란 위원회는 농장주들과 협상에 도달하다.
1918	49세	2. 20	봄베이에서 바기니 사마즈 연례집회의 의장이 되고, 여성교육에 대해 연설하다.
		2. 22	아메다바드 직물공장 노동자를 위해 사탸그라하 운동을 지도하고, 3월 18일 협상을 타결하다.
		3. 22	나디아드에서 케다 사탸그라하를 개시하고, 6월 29일 성공적으로 마무리하다.
		4. 27	델리에서 열린 총독의 전쟁협의회에 참석하고, 그 협의회에서 힌두스타니어로 연설하다. 영국군을 위해 모병을 위한 여행을 하다.
		11. 14	구자라트 스와데시 상점을 개점하다.
1919	50세	2. 24	부왕에게 사탸그라하 선서에 대해 통지하다.
		3	사탸그라하 소책자 제 1호를 발간하고, 거기에 소로를 인용하다.
		3.19	마드라스 노동조합 집회에서 연설하고, 와디아가 의장을 맡다.
		4.6	전인도 사탸그라하 운동, 즉 전국적인 하르탈(파업)을 시작하다.

		4. 7	등록 없이 〈사탸그라히〉 지 제 1호를 발간하다.
		4. 10	델리로 오는 길에 펀자브에 들어오지 말란 명령에 불복, 체포당하다.
		~12	봄베이로 다시 호송되는 도중 여러 마을에서 폭력이 잇따르다.
		4. 13	암리차르에서 대학살이 발생하다.
		4. 14	사흘 동안의 참회를 위한 단식을 시작하다. 롤래트 법안에 반대하는 사탸그라하 운동을 지도하다. 자신의 '히말라야만큼 큰 오산'에 대해 고백하다. 펀자브 지역에 계엄령 선포되다.
		4. 18	사탸그라하운동을 중지시키다.
		9	〈나바지반〉 지 편집인을 맡다.
		10	〈영 인디아〉 지의 편집인을 맡다.
		11. 4	암리차르의 골든 템플에서 영접을 받다.
		11. 24	델리에서 전인도 킬라파트 집회를 주재하다.
1920	51세	4. 2	라빈드라나트 타고르가 사바르마티 아슈람을 방문하다.
		8. 1	부왕에게 편지를 보내고, 카이저-이-힌드 금메달, 줄루반란, 보어전쟁에서 받은 메달을 반납하다.
		8. 31	일평생 카디를 착용하겠다고 선서하다.
		9. 8	인도 국민회의 특별회의가 펀자브와 킬라파트에서의 과오에 대한 수정을 보장하기 위해서 간디가 제안한 비협조 프로그램을 수용하다.
		12	나그푸르 국민회의가 합법적이며 평화적인 방법을 통한 스와라즈 성취를 국민회의의 목표로 선언하는 간디 결의안을 수용하다.
1921	52세	3. 30	간디는 비자야나가람에서 힌디어를 인도 공용어로 삼자고 호소하다.
		4	인도에 2백만 개의 물레를 설치할 프로그램을 개시하다.
		7. 31	외제 천에 대한 전면적 불매운동을 지도하다. 봄베이에서 거대한 외제 천 소각(燒却)을 지도하다.
		10. 31	매일 물레질하기로 서약하다.
		11. 19	집단 간의 폭동에 항의하기 위해 5일간 단식하다.
		12	대규모 사탸그라하 캠페인 시작, 국민회의가 전폭적으로 지지하다. 수많은 국민회의 지도자들이 체포되다.
1922	53세	2. 4	차우리 차우라에서 폭동 발생하다.
		2. 12	폭력에 대한 항의의 표시로서 5일간의 단식을 시작하다. 사탸그라하 운동 계획을 포기하다.
		3. 10	선동 혐의로 사바르마티에서 체포되다. 6년형을 언도받다.
1923	54세	11. 26	교도소에서 《남아프리카에서의 사탸그라하》의 집필을 시작하다.
1924	55세	1. 12	맹장 수술을 받다.

		2. 4	교도소에서의 석방을 명령받다.
		2. 12	자신에게 노벨 평화상을 추천하는 의회 결의안을 제출하지 말도록 마호메드 야쿠브에게 요청하다.
		5. 18	교도소에서의 석방 이후 최초로 대중 앞에 등장하여 봄베이에서 거행된 석가탄신기념식의 의장이 되다.
		9. 17	힌두·무슬림 일치를 위해 21일간의 단식을 시작하다. 10월 8일 단식을 중지하다.
1925	56세	2. 15	라즈코트에서 민족학교와 자이나교도 호스텔을 시작하다.
		7. 2	캘커타의 키드포레에 바크르-이-이드 절(節)에 폭동이 발생하다. 간디는 아불 칼람 아자드와 함께 소요 지역을 방문하고 두 집단을 진정시키다.
		9. 22	전인도 직조인연합회를 창립하다.
		11. 7	매들레인 슬레이드(미라벤)가 사바르마티 아슈람에 들어오다.
		11. 24	아슈람 거주자들의 비행 탓에 7일간의 단식을 선언하다.
		11. 29	《나의 진리실험 이야기》의 집필을 시작하다.
1927	58세	1~11	카디를 위해 북부 인도와 남부 인도를 널리 순회하다.
		11	스리랑카를 방문하다.
1928	59세	2. 12	바르돌리 농민들이 사탸그라하 행위로 세금납부를 거부하다. 간디는 8월 6일 성공적 해결에 주도적 역할을 하다.
		12	자치령 지위가 1929년 말까지 부여되지 않는다면, 독립을 선호한다는 결의안을 캘커타 국민회의에 제출하다.
1929	60세	2. 3	《나의 진리실험 이야기》를 완성하다.
		3. 4	외제 천 소각 행위로 체포되었으나 개인적으로 인정되어 석방되다.
		8. 20	국민회의 의장직을 사양하고 대신 자와할랄 네루를 추천하다.
		12. 27	라호르 국민회의에서 인도의 완전독립을 선언하다.
1930	61세	1. 26	자신이 준비한 독립선언이 인도 전역에 선포되다.
		3. 12	사바르마티에서 단디까지 소금행진을 시작하다.
		4. 6	단디 해안에서 소금법을 위반하다. 인도 전역에서 사탸그라하를 개시하다.
		4. 18	치타공에서 폭력이 발생하다.
		5. 5	카라디에서 체포되다. 재판 없이 예라브다에 수감되다. 인도 전역에서 하르탈이 실시되다. 이 해 말까지 10만 명 이상이 수감되다.
1931	62세	1. 26	여타 국민회의 지도자들과 함께 석방되다.
		3. 4	간디·어윈 협정이 체결되다.
		4. 8	암리차르에서 집단주의에 대한 해결책을 시크교도와 논의하다.

		8. 2	치누바이 마다브랄의 가족 사원을 아메다바드 거주 불가촉천민에게 개방하다.
		9. 12	원탁회의에 참석하고 영국 지도자들을 만나 인도의 완전 독립의 필요성을 천명하기 위해 런던을 방문하다.
		9. 26	면화 산업의 대표자들과 대담하다.
		9. 27	브래드포드 미취업 노동자들의 대표단을 영접하다.
		10. 9	마담 몬테소리를 만나다.
		10. 23	이튼 대학 집회에서 연설하다.
		10. 24	옥스퍼드 학감들에게 강연하다.
		11. 6	조지 버나드 쇼 부부가 간디를 방문하다.
		12. 14	스위스에서 로맹 롤랑을 방문한 다음 인도로 항해하다.
1932	63세	1. 4	국민회의 운영위원회가 사탸그라하 재개에 대한 간디 결의안을 수용한 뒤 봄베이에서 체포되어, 예라브다 교도소에 수감되다.
		9. 20	불가촉천민을 위해 힌두교도와 불가촉천민을 분리시킨 분리 선거구에 항의하여 죽기를 각오하고 단식을 시작하다.
		9. 24	간디의 면전에서 상층 카스트와 하층 카스트 사이에 예라브다 협정이 체결되다.
		9. 26	단식을 끝내다.
1933	64세	2	수감 중 하리잔봉사회를 창설하고 〈하리잔〉지를 창간하다.
		5. 8	'자신과 동료들의 정화를 위한' 단식을 시작하다. 교도소에서 석방되다.
		5. 9	사탸그라하 운동을 6주간 중단할 것을 선언하고, 정부에 법령을 철회하기를 요청하다.
		5. 29	단식을 시작한 지 21일 이후 중지하다.
		7. 26	아메다바드 사탸그라하 아슈람의 해산을 선언하다. 33인의 동료와 함께 라스로 행진할 채비를 하다.
		8. 1	제한 명령에 대한 불복으로 체포되어 1년간의 금고형을 선고받다.
		8. 16	수감되어 있는 동안 불가촉천민을 위해 일하기를 허용받지 못하자 단식을 시작하다. 나흘 뒤 병원으로 이감되다.
		8. 23	교도소에서 무조건 석방되다.
1933~		11~	하리잔을 위해 북인도와 남인도를 널리 여행하고, 이 여행의 마지
1934	65세	6	막 1개월은 도보로 여행하다.
		6. 25	자신을 죽이려는 폭탄 세례를 모면하다.
		9. 17	촌락산업의 발전, 하리잔 봉사, 기초기술 교육에 종사하기 위해 10월 1일부터 정치에서 은퇴하겠다는 결정을 선언하다.
		10. 24	전인도 촌락산업협회를 창설하다.

		10. 30	국민회의에서 사임하다.
1936	67세	4. 30	인도 중앙지역 내 와르다 인근의 세바그람에 정주, 본부로 삼다.
1937	68세	10. 22	와르다 교육대회를 주재하다.
1938	69세	2. 3~5	와르다 국민회의 운영위원회에 참석하다.
		10	서북 변경주를 순회하다.
1939	70세	3. 3	지방 통치자가 행정 개혁을 하겠다는 약속의 준수를 보장받기 위해 라즈코트에서 죽기를 각오하고 단식을 시작하다. 부왕의 개입으로 3월 7일 단식을 끝내다.
		7. 23	히틀러에게 편지를 쓰다(전달되지 못하다).
1940	71세		국민회의 운영위원회에 자주 참석하여 적극적 역할을 하다.
		10	사탸그라하 주제에 대해 사전 검열하려는 당국의 요구에 대해서 〈하리잔〉 지와 다른 연대 주간지들의 발간을 중지하다.
		10. 17	제2차 세계대전에 인도가 참전을 강요받자 이에 항의하는 부분적 시민불복종운동을 개시하다.
1941	72세	12. 13	《건설적 프로그램: 그 의미와 위상》을 완성하다.
1942	73세	1. 18	〈하리잔〉 지와 다른 주간지들을 재개하다.
		3. 27	뉴델리에서 스태퍼드 크립스를 만나다. 후에 크립스의 제안을 '만기가 지난 수표'로 선언하다.
		8. 8	'인도를 떠나시오' 운동을 시작하다.
		8. 9	체포되어 푸나의 아가 칸 궁전에 구금되다.
		8. 15	마하데브 데사이가 아가 칸 궁전에서 심장병으로 별세하다.
1943	74세	2. 10	정의에 호소하기 위해 21일간의 단식을 시작하다.
1944	75세	2. 22	푸나의 교도소에 있을 때 카스투르바이가 별세하다.
		5. 6	건강악화로 교도소에서 석방되다. 건설적 프로그램에 헌신하다.
		9. 9~27	진나와의 회담을 시작했으나 27일 결렬을 선언하다.
1945	76세	3. 17	비노바 바베와 키쇼렐랄 마슈루왈라를 세바그람 아슈람의 자신의 계승자로 지명하다.
		6. 25	심라대회에 참석하다.
		12. 19	샨티니케탄에서 C. F. 앤드루스 기념병원의 기공식을 거행하다.
1945~		12~	벵골과 아삼 지방을 순회하다.
1946	77세	1	
		1~2	불가촉천민제 반대와 힌두스타니어 학습을 위해 남인도를 순회하다.
		2. 10	〈하리잔〉 지와 다른 연대지를 다시 발행하기 시작하다.
		4	델리에서 각료사절단과의 정치 회담에 참석하다.
		5. 5~12	심라대회에 참석하다.
		6. 23	부왕이 제의한 잠정 정부에 참여하지 말도록 국민회의에 권고하다.

6. 24 각료사절단을 만나다.

6. 29 델리를 떠나서 열차편으로 푸나로 가다.
도중에 열차를 탈선시키려는 시도가 있었다.

7. 7 봄베이 국민회의 집회에서 연설하다.

8. 16 무슬림연맹이 요구한 '직접 행동'의 결과로서 캘커타에서 4일간의 폭동이 발생하다.

8. 27 '벵골의 비극'의 반복 가능성에 대해 경고하는 전문을 영국 정부에게 보내다.

10. 15 무슬림연맹이 잠정 정부에 참여하다.

11 폭동이 휩쓸고 간 동벵골을 4개월간 도보로 순회하다.

1947 78세 1. 2 "칠흑 같은 어둠이 내 주위를 감싸고 있다"고 말하다.

1. 3~29 도보 순회를 위해 스리람푸르를 떠나다.
비하르주에서 폭동의 영향을 받은 지역을 순회하다.

3. 29 인도 최후의 부왕인 마운트배튼 경이 인도에 도착하다.

4. 1~2 델리의 아시아교섭대회에서 연설하다.

4. 15 진나와 함께 집단 간의 평화를 위해 합동호소문을 발표하다.

5. 5 인도 내부의 분열이 불가피하다는 점을 부인하다.

6. 2 부왕의 분할정책이 드러나다.
국민회의 운영위원회가 이를 수용하다.

6. 6 모든 현안들에 대해 국민회의와 우호적으로 해결하도록 진나를 설득해 주도록 요청하는 편지를 마운트배튼에게 보내다.

6. 12 국민회의 운영위원회에서 연설하다.

8. 15 영국령 인도가 두 개의 자치령으로 분리되다.
영국 통치에서의 해방을 기뻐하면서도 인도의 분리를 개탄하다.
힌두교도와 이슬람교도의 대규모 이동과 함께 광범위한 폭력이 발생하다.

9. 1 캘커타에서 죽을 각오로 단식을 시작하다.
나흘 이후 지역 평화가 회복된 이후 단식을 중단하다.

1948 79세 1. 13 집단 간의 일치를 위해 뉴델리에서 단식을 시작하다.

1. 17 중앙 평화위원회 구성, '평화 선서'를 결정하다.

1. 18 단식을 종료하다.

1. 20 비를라 하우스에서 폭탄이 폭발하다.

1. 30 저녁기도모임으로 가던 중 암살자의 총탄을 맞다.
합장하고 용서의 자세를 보이면서 입술로 '헤이 람, 헤이 람'이라는 말과 함께 이승을 떠나다.

용어해설

abala	약한
abhyasa	지속적인 에너지, 실수(實修)
achara	삶의 방식
achhut	불가촉의
adharma	비도덕적, 부정의
advaita	불이(不二), 일원론
ahimsa	불상해, 비폭력, 무해, 죽이거나 상해하려는 의지의 포기, 일체의 모진 신구의(身口意) 금지, 비강제
ahimsadharma	아힘사를 실천하는 일
akarta	무행위자
akash	공간, 에테르
akhadas	특정 분파의 사두의 센터
akrodha	분노에서의 자유
amanitvam	절제
amrit	감로수
ananda	지복, 환희
anasakti	사심 없음, 사심 없는 행위
anasakti yoga	사심 없는 행위의 요가(훈련)
anekantavada	자이나교의 실재의 다면성 이론
anekantavadi	아네칸타바다를 믿는 자
angarakhun	비교적 엷은 천으로 만든 꼭 끼이는 상의

antyaja	불가촉천민
aparigraha	무소유, 포기
artha	정치, 국가이유, 이익, 물질적 복리
arya	문자대로 하면, '거룩한 자' 또는 '고귀한 자' 원래는 리쉬(聖仙)의 직위명으로서 이들은 아르야마르가, 즉 고상한 길을 걷는 자들이었다.
asan	자리
ashram	영적인 공동체 또는 집단
ashram(a)	인생의 단계
asteya	불투도(不偸盜)
asura	악마
asuri	악마
asvad	미각의 통제
atman	보편적 자아
avatar(a)	문자적으로 '하강'—신격의 성육화
bahadur	용감한, 강력한, 주권을 가진
bania	상인과 농부 카스트
bansi	크리슈나가 분 것과 같은 대나무로 만든 피리
bapu	글자 그대로는 '아버지', 애정과 존경을 표시하는 말
bhajan	귀의의 찬송 또는 찬가
bhajan bhavan	바잔을 부르기 위해 사람들이 모이는 장소
bhajanavali	귀의의 찬송 또는 찬가집
bhaji	익힌 채소
bhakti	신에 대한 귀의·신앙·숭배
bhakti yoga	신앙·귀의·숭배의 길
bhang	인도 대마, 마취제로 사용됨
bhangi	청소와 동물 사체 처리와 관련된 카스트 일원
bhavan	거주처
bhumi	땅이나 흙
brahmachari	brahmacharya의 수행자, 순결의 모범
brahmacharya	충실, 순결, 인생의 4단계 중 첫째

brahmin	브라만 또는 바라문, 네 카스트 중 처음에 속하는 자 주요 임무는 베다 공부와 희생제사의 수행이다.
buddhi	분별, 도덕적 분별력
chaitanya	보편 의식(意識)
chakra	원, 바퀴
chandala	청소부, 불가촉천민
chapati	밀가루로 만든 얇고 납작한 발효하지 않은 빵
charkha	물레
charpai	끈으로 달아맨 침대
chawl	공동주택
chit	지식, 의식
chitta	마음, 순수지각
dacoit	산적, 강도
daivi sampad	신적 계통
dana	보시, 자선
darshan(a)	글자 그대로는 '관점', 철학사상의 학파
dastur	파시교 사제
daya	자비
deva	어근 div '빛나다'의 파생어, 천상의 존재
dharma	의무, 정의, 도덕법, 사회적 개인적 도덕, 자연법, 자연적 책무
dharmaksetra	정의 곧 다르마의 평원
dhed	청소부 카스트
dhoti	허리둘레를 감는 천 조각, 허리감개
duragraha	비행(非行)을 고수함
duragrahi	비행을 고수하는 자
dwadashamantra	12음절의 만트라
ekadashi	음력의 한 달을 둘로 나눈 것 중의 11일째, 자기정화를 위해 사용됨
fakir	무슬림 고행자, 탁발 수도사
gadi	쿠션

gandharva	천상의 존재
gayatri	《리그 베다》에서 태양신에게 바쳐진 가장 거룩한 노래
gazal	페르시아 기원의 서정시 스타일의 시작(詩作)
ghee	버터기름
goonda	무뢰한, 깡패
goraksha	암소 보호
goseva	암소에 대한 봉사
goshala	우사(牛舍), 외양간
grahasthya[garhasthya]	인생 중 두 번째, 즉 가주기
grihastha	가장, 가정생활
gunas	우주적 에너지의 양상들, 성질 또는 속성, sattva(明性), rajas(動性), tamas(暗性)
guru	영적 스승과 안내자
harijan	글자 그대로는 '신의 아들', 간디가 불가촉천민에게 부여한 이름
hartal	보이콧, 파업, 작업 중지
hathayogi	신체적 고행과 요가 기술을 통해 영적 경지를 성취하려는 자
himsa	상해, 폭력
hundi	어음
id	이슬람교도에게 거룩한 날
itihasa	역사, 사건들의 기록
jatiya sarkar	카스트 권위〔자〕
jehad	이슬람교에서 말하는, 불신자들에 대한 성전
jiva	개인적 영혼
jnana	지혜, 지식
jnana yoga	지식의 길
kaliyuga	암흑기 또는 투쟁기
kalmah(kalama)	이슬람교도의 신앙 고백
kama	욕망, 쾌락, 인간의 연정과 행복
karma	도덕법칙, 윤리적 인과와 도덕적 응보의 법칙, 인과론, 행위
karmabhumi	의무의 땅

karma yoga(karmayoga)	사회적 행위를 통한 영적 자각
karma yogin	karma yoga의 수행자
karta	행위자
khadi(khaddar)	수직의 천
kirpan	시크교도들의 작고 굽은 칼
klesha	고뇌, 번뇌
kosha	용어해설
krodha	분노, 화
kshatriya	두 번째 또는 전사계급의 일원
kutchery	시내, 읍내
lakh(lac)	10만
lathi	경찰이 사용하는 철이 박힌 대나무 막대기
lila	유희, 놀이
lobha	탐욕〔한역불전에서는 주로 탐(貪)으로 번역〕
mada	자만
mahajan	지도자
maharshi	위대한 현자
mahatma	위대한 영혼
mahayajna	큰 희생제사, 큰 희생(제사)
mahavakya	글자 그대로는 '위대한 말씀'
mantra	거룩한 음절 또는 주문
maulana	학식이 있고 존경받는 무슬림
maulvi	유식한 무슬림 성직자
maund	무게 단위
maya	우주적 미망의 베일, 외관, 환(幻)
mircha	푸르거나 붉은 매운 고추
moha	원초적 무지와 미망〔한역불전에서는 주로 치(痴)로 번역〕
moksha	해탈, 해방, 깨달음, 영적인 자유와 구속(救贖), 구원
mukta purusha	해탈한 존재
mukti	해탈
mulla	무슬림 종교 지도자

mumukshu	목샤(즉 현상적 존재로부터의 해탈) 추구자
muni	침묵의 성자
nai talim(na yee talim)	신교육
namasudras	벵골 출신의 하리잔 카스트
neti, neti	글자 그대로는 '이것이 아니다, 이것이 아니다' — 상대적 진리를 부정하기 위한 철학적 훈련
nirguna	속성이 없는
nirvana	연생된 존재에서의 해방, 열반
niyamas	yama-niyama를 볼 것
niyoga	남편 이외의 남자에 의한 수태
padarthakosha	용어색인과 해설
panchama	'제5의 카스트', 즉 불가촉천민의 일원
panchayat	5인 촌락위원회
panchayat raj	판차야트에 의한 통치
pandal	연단
papayoni	죄의 소생, 모든 죄인들 가운데 최고 악질
paparaj	외국인에 의한 통치
paradeshi	외래의
paradharma	타인의 의무
Parameshwar(a)	최고의 자아, 유일한 실재
paramatman	최고의 자아
parayan	음송(吟誦), 찬송
paricharya	봉사, 시중
parigraha	취(取), 집착
patel	구자라트 지방의 한 집단 또는 하위 카스트
phoongy	미얀마의 불교승려
pinjrapole	축사 울타리
pir	무슬림 전통 내의 성자
prabhatiyan	신도가 동이 트기 전 하루를 시작하면서 부르는 찬송
prakriti	물질, 자연
prathana	기도, 자기 정화

pravritti	세상에서의 행위의 길, 전진함
prayaschitta	속죄
puja	헌공, 귀의의 대상에게 바치는 숭배와 거룩한 영광
purna swaraj	완전 자치, 전면적 독립
purnavatara	신성의 완전한 성육화, 완벽한 아바타르
purushartha	거룩한 인간의 전형, 인생의 4가지 목표 중의 하나
purushottama	완전한 인간, 보편적 인간
raj	왕국, 통치, 정권
rajas	정염, 동성, gunas를 볼 것
rajya guru	최고의 스승
ramanama(ramanam)	라마 신의 이름을 욈
ramarajya	라마의 통치, 황금기, 이상적 형태의 정부, 지상에서의 신국
ramdhun	라마를 찬미해서 노래함
ratnachintamani	여의주
rattan	지팡이
ravania	심부름꾼
rishi	현자
rotli	발효시키지 않은 납작하며 둥근 빵
rta	우주의 희생제의적 도덕 질서
ryot(raiyat)	인도 농민
ryotwari	토지세 제도
sadhak	진리추구자
sadhana	영적인 훈련
sadhu	고행자, 은둔자
saguna	속성이 있는
samaj	종교적이거나 세속적인 협회
samanaya	종합
samatva	같은 모양, 모든 상황에서의 평정심
samsara	윤회전생
sanatan(a)	영원한

sanatana dharma	영원한 진리
sanatani	베다 전통의 충실한 추종자
sandhya	글자 그대로는 '새벽' 또는 '해질 녘' 하루 중의 그 시점과 관련된 푸자(헌공)
sanghatan	집단주의, 특정 지파나 집단에의 충성
sangh(a)	자발적 집단
sannyasa	포기
sannyasi	세상을 포기한 사람
saptapadi	글자 그대로는 '일곱 발걸음', 7개의 혼인서약
sardar	주로 시크교도에게 사용되는 경칭
sarvodaya	보편적 복지, 사회선, 공공 이익
sat	상주하고 실제적인 옳음, 스스로 존재하는 본질
satsang	종교적 담화〔《전집》에서는 '종교 모임'으로 번역〕
sattva	진리, 선, 순수, gunas를 볼 것
sattvik guna	진리, 선, 순수의 성질, gunas를 볼 것
satya	진리, 참, 존재하는, 타당한, 신실한, 순수한, 효과가 있는
satyagraha	비폭력 저항, 가차 없이 진리를 추구하는 일, 진리의 고수
satyagrahi	사타그라하를 행하는 사람
satyanarayana	신으로서의 진리, 진리의 형태로 드러난 신
seva(k)	봉사
shastra(s)	힌두교 경전
shastri	신학자, 학자
shatavadhani	동시에 백 가지 일에 주목할 수 있는 사람
shraddha	제사일
shuddhi	의례적 청결, 배타성
shudra(sudra)	하인 또는 비천한 카스트
siddha	영적 깨달음을 얻은 자
sloka(shloka)	시구
smriti	구두로 전수된 전통적 설명, 기억을 의미하는 smriti에서 나왔다. 힌두교도들의 의례집, 천계(天啓)로 여겨지는 sruti보다는 덜 거룩하다.

svadharma	자기가 선택한 운명 또는 책무
swadeshi	자족, 자조, 애국
swaraj(swarajya)	자유, 자치, 정치적 독립
syadvada	오직 상대적 술어부여만 가능하다는 자이나교의 교리
syadvadi	syadvada를 믿는 자
tabligh	종교적 정화
takli	물레
taluk(a)	도시나 시골에서 보통 아주 분명히 구분되는 구역
tamas	타성, 혼돈, 암성, gunas를 볼 것
tamasha	유희, 소극(笑劇)
tapas	고행, 속죄
tapascharya	명상과 고행
tapasya	타파스의 실수(實修)
tapovana	명상을 위한 암자
tasbih	무슬림 염주
thana	읍사무소, 경찰서
thugs	보통 약탈·강도·살인하던 침입자
til	깨
tilak(a)	이마 위의 상스러운 점
topi(topee)	(차양용) 모자.
tulsi	향신료용 나륵풀
ulema	이슬람교의 학자, 코란 전문가
upas	독성을 지닌 나무
vaid(ya)	의사, 아유르베다의 실수자(實修者)
vairagya	무관심의 태도
vaishnava	비슈누 신 귀의자, 귀의의 모범
vakil	법률인
vaishya	상인 카스트
vanaprastha	인생의 제3단계, 삼림에 거주하는 단계 또는 은둔자의 단계
vanik(vania)	bania를 볼 것
varna	카스트

varnashram(a)	사회를 4계급과 인생의 4단계로 구분하는 것
vedia	사실주의자
vibhuti	영적인 힘
videshi	외래의
vidyapith	교육기관
viman(a)	비행기
vina	현악기의 일종
vanik(vania)	bania를 볼 것
vrata	서약, 엄중한 결의 또는 영적 결정, 신적 의지 또는 명령.
yajna	희생제사, 희생(제사)
yama-niyama, yamas	도덕적 주요 금계(禁戒)로 아힘사(비폭력), 사탸(진리), 아스테야(불투도), 브라마차르야(순결), 아파리그라하(무소유)가 있으며, 니야마(勸戒)로는 샤우차(*shaucha* : 육신의 정결), 산토샤(*santosha* : 만족), 타파(*tapa* : 고행), 스와드야야(*swadhyaya*: 경전공부), 이슈와라프라니다나(*Ishwarapranidhana*: 신의 의지에 순종함)가 있다.
yoga	영적 훈련, 신과의 합일, 방편
yogabuddhi	카르마 요가, 박티 요가, 즈냐나 요가의 종합을 통한 영적 지식
yogi(n)	영적 훈련을 따르는 자
yuga	연대, 시대
yuga dharma	당대의 종교

찾아보기 (용어)

ㄱ

ㅂ

ㅅ

ㅇ

ㅊ~ㅋ

ㅌ~ㅎ

서명

찾아보기 (인 명)

ㄱ~ㄹ

ㅁ~ㅅ

ㅇ~ㅊ

ㅋ~ㅎ

엮은이 _ 라가반 이예르 (Raghavan Iyer, 1930~1995)

인도 마드라스 출생이다. 봄베이와 옥스퍼드대학에서 교육받았고, 18세에 최연소 봄베이대학 강사가 되었으며, 1956년 옥스퍼드 맥달런대학에서 박사학위를 취득하였다. 1956년 옥스퍼드에서 8년간 도덕・정치 철학을 가르쳤으며, 옥스퍼드 성안토니대학에서 정치학 펠로 겸 강사를, 오슬로대학, 가나대학, 시카고대학에서 교환교수를 역임하였다. 그는 1965년 퇴임할 때까지 정치학 교수를 역임하였다. 1971년에서 1982년까지 로마클럽 회원, 미국 법・정치철학회 회원, 국제간디학회와 신플라톤학회 회원 등을 역임하기도 했다. 1975년에서 1989년까지 〈헤르메스〉(*Hermes*) 지 편집장을 역임하면서, 인간성의 영적 재생에 대한 절대적 헌신 그리고 지혜의 스승들의 존재에 대한 불굴의 확신을 전파하였다. 신지학회 운동 그리고 부상하는 '인간의 도시'를 위해 50여 년간 헌신한 다음 1995년 6월 20일 산타바바라에서 영면했다. 저서로는 본 번역의 텍스트를 포함하여 《마하트마 간디의 도덕・정치사상》(*The Moral and Political Thought of Mahatma Gandhi*, 1973), 《초(超)정치학: 인간 도시를 향하여》(*Parapolitics: Toward the City of Man*, 1977), 《미래의 사회》(*The Society of the Future*, 1977), 《신지학회 교과서》(*Theosophical Texts*, 1984) 등이 있고, 이외에도 수많은 단편적인 글을 남겼다.

옮긴이 _ 허우성 (許祐盛, 1953~)

서울대 철학과 및 동 대학원 철학과를 졸업하였다. 미국 하와이대학 대학원에서 철학전공 박사학위를 취득하였으며(1988), 미국 뉴욕주립대학 객원교수(한국연구재단 강의파견 교수, 1998), 일본 교토대학 종교학 세미나 연구원, 도쿄대학 외국인연구원, 미국 UC 버클리대 방문교수, 한국일본사상사학회 회장, 〈불교평론〉 편집위원장, 일본국제문화교류센터 해외연구원을 역임했으며, 현재 경희대부설 비폭력연구소 소장, 경희대 철학과 교수로 재직 중이다. 저서로는 《근대 일본의 두 얼굴: 니시다 철학》, 《간디의 진리 실험 이야기》 등, 논문으로 "니시다 철학의 양이(攘夷) 적 성격", "제국에 맞서기: 니시다와 만해", "思惟と知覺-西田幾多郎と朴鍾鴻は身體を持った主體であるのか", "간디, 이토, 안중근: 문명의 충돌", "내셔널리즘은 진리와 화(和) 의 적이다", "자유주의의 밖에서: 간디에서 이토를 넘어서 롤즈까지", "붓다는 의분(義憤) 을 어떻게 보았는가?", "The Philosophy of History in 'Later' Nishida: A Philosophic Turn", "Gandhi and Manhae", "Empires en conflict: le bouddhisme selon Manhae" 등이 있으며, 역서로는 《인도인의 길》, 《초기불교의 역동적 심리학》, 《분노》 등이 있다.